国家出版基金项目
NATIONAL PUBLICATION FOUNDATION

1927~1950年
中英两国关于西藏问题的较量与争论

上卷

张皓 著

九州出版社 JIUZHOUPRESS 全国百佳图书出版单位

图书在版编目（CIP）数据

1927～1950年中英两国关于西藏问题的较量与争论 / 张皓著. -- 北京 : 九州出版社, 2016.2（2024.10重印）
ISBN 978-7-5108-4230-6

Ⅰ. ①1… Ⅱ. ①张… Ⅲ. ①西藏问题－史料②中英关系－国际关系史－史料－1927～1950 Ⅳ. ①D677.5 ②D829.561

中国版本图书馆CIP数据核字(2016)第039931号

1927～1950年中英两国关于西藏问题的较量与争论

作　　者	张　皓　著
出版发行	九州出版社
地　　址	北京市西城区阜外大街甲 35 号 (100037)
发行电话	(010)68992190/3/5/6
网　　址	www.jiuzhoupress.com
电子信箱	jiuzhou@jiuzhoupress.com
印　　刷	三河市东方印刷有限公司
开　　本	710 毫米 ×1000 毫米　16 开
印　　张	51.5
字　　数	900 千字
版　　次	2016 年 6 月第 1 版
印　　次	2024 年 10 月第 2 次印刷
书　　号	ISBN 978-7-5108-4230-6
定　　价	158.00 元

目录

序言：西藏问题之所在及实质

西藏，其地理位置非常重要。对外，它“沿印度北境蜿蜒二千哩，与印度成为居高临下”；对内，它与新、青、川、滇等省区“地理上实连一成气”。[1] 因此，西藏必然成为西方列强觊觎和分裂的对象。贝尔（Charles Bell，旧译柏尔，今多译作“贝尔”）的几段言论，透露了英国使西藏成为“缓冲区”、分裂西藏的战略考虑、手段和目的。他宣称：

“西藏地势之高，幅员之大，甚可为印度北方最善之屏障。”但是，如果西藏仍然属于中国，“则仍听中国指示，以逼胁印度边界”。因此，“吾等所求于西藏者何耶？简言之，吾等之所大欲，在于西藏必强而能自主，以其人口之少气候之热，决不能威吓印度，反足为印度之北方坚壁”。又说：“吾等欲以西藏为印度北方一缓冲地。缓冲地今固不少，但多无大用。惟西藏为合吾等理想之地。其北方有广大荒凉之平原，统于拉萨政府之下，西藏中部南部，亦属其管辖。而喜马拉雅山麓沿边诸国又服从英国印度政府之指导，或曾与定有密切之联盟，故西藏之足为一缓冲地，纵不胜于世界各处所有，亦必与之京也。西藏欲得其自主权，自理一切事务，厌恶外人干涉，此诚佳事，理有当然。能如此，则其为缓冲地，必更为有力矣。”[2]

根据这些情况，贝尔提出要抓住时机分裂西藏。他宣称：

> 中国现已微弱，且为西藏所不满。俄国迄今亦无如何势力，此时虽不能担保俄国卷土重来，然其实力确已如此。印度于此乃千载一时之良机。彼为英国殖民地之一，英人又得藏人之好感，西藏对英国势力已全部认识，是则印度政府应如何利用绝好机会乎。[3]

对于英国积极侵藏的战略原因及野心，当时的爱国人士有着清醒的认识，署名“全无若”的作者就引用了贝尔的言论，指出：

英帝国主义积极侵略西藏的原因不外三种：(一)西藏沿印度北境蜿蜒二千哩，与印度成为居高临下，为唇齿之依。假若西藏落入任何一强国之手，英国在印度底势力都受到危险的胁逼，这有唇亡齿寒。柏尔曾说：“吾等欲以西藏为印度北方一缓冲地。缓冲地今固不少(指阿富汗、尼泊尔、锡金、不丹)，但无多大用处，惟西藏为合吾等理想之地。其北方有广大荒凉之平原，统于拉萨政府之下，西藏中部南部，亦属其管辖，而喜马拉雅山麓沿边诸国又服从英国印度之指导，或曾与定有密切之联盟，故西藏之足为一缓冲地，纵不胜于世界各处所有，亦必与之京也。”(二)西藏虽处山岭高原，而富源之丰富，并不如中国人所说，为“不毛之地”，皮毛、麝香，年中出产不少，而金矿之蕴藏，尤有东方加利福尼亚之称，加以开采，希望无限。(三)西藏北延青海、新疆、蒙古，同属高原，同为中国边部荒漠之区，地理上实连一成气，而其民族又多崇奉同一宗教，为宗教信仰的中心，握最高权威的教主就在拉萨，故得西藏、青海，新疆、蒙古不难诱至。将这些广大地域连成一线统属于一个帝国主义之下，可以将中国本部自南至北作一弧状的包围，中国腹部富庶之区，宛然在怀抱里了。[4]

曾任国民政府蒙藏委员会委员长的吴忠信，在 1939 年 8 月 4 日的一份报告中分析了英国侵藏原因、时机及企图。他指出：

英人既并西藏(不丹)，吞哲孟雄，即觊觎西藏，而以保护北印为图藏之口实；又以西藏位长江上游，有高屋建瓴之势，为达其横贯我国，以与在长江英人原有势力联络一气之目的，亦非打通藏路不可，此为英人积极图藏之主因。清末达赖出亡印度，与中土隔绝，并以青、康、藏相互间数数交兵，内部不宁，国防益弛，更予英人以乘机图藏之机会。综考英人对于西藏之初步企图，在使其成为半自主之单位，减削中央统治西藏之主权，同时英国可伸张其实际势力于西藏。如政治、经济、文化、交通之类，于森姆拉(又译为“西姆拉”)草约的规定各款可以证之。我国拒签此约，虽不受其拘束，而英、藏则已照签，西藏已受钳制，故中央与西藏间之悬案一日不决，则中央

> 一日难决于对藏，而英则势利形便，逐渐深入，其为隐患，自不待言。[5]

这段分析，在使西藏成为“缓冲地”与通过西藏伸张势力于长江上中游这两点上，与全无若的分析相同。这些说明，当时朝野人士都认识到了英国侵藏的野心、目的与时机。总之，在英国侵藏政策与步伐之下，西藏问题的产生不可避免。

整个民国时期西藏问题又包括哪些具体问题呢？时人做了概括：

> 分析言之，曰班禅回藏问题，曰康藏划界问题，曰中央在西藏统治权之恢复问题；而尤以后者为诸问题之核心。[6]

当然，这三大问题只是西藏问题中的主要问题，西藏问题还包括其他一些问题，比如英国企图侵占中国西南边疆的领土、反对和阻止国民政府修建西藏公路等问题。这些问题，与当今所谓“西藏问题”虽然有所不同，但本质都是西方列强企图分裂中国。有学者就指出：“所谓‘西藏问题’的实质就是中外反华势力分裂中国的阴谋，虽然西藏独立的阴谋没有得逞，但是却造成了中印边界问题、西藏‘人权问题’和‘西藏流亡政府问题’。‘西藏问题’是在中国国贫民弱的情况下产生的，因而，彻底解决‘西藏问题’的关键在于中国的发展。”[7]

本着分裂西藏的企图，围绕上述三大问题，英国采取了一系列手段。吴忠信就此指出：

> （1）诱胁藏人阻止中央势力入藏，或直接出面劝阻。如护送班禅回藏官员仪仗队及高参议（即高长柱）之不得前进，皆系受此种政策之影响。（2）控制西藏与内地之交通，疏远汉藏之关系。青康官道久经闭塞，国内往来藏地者多取道印度。据报英官对汉人出藏者听其自由，而难其入藏；对藏人回藏者听其自由，而难其出藏，即此种政策之作用也。（3）垄断西藏经济。自内地与西藏之交通梗阻，印藏商务发达，西藏入超年有增加，卢比高涨，在藏地具有极大之信用与势力。（4）觊觎藏南领土。康南、察隅、工布、波密、裸巴一带，农产丰富，易窥巴康之区域，英人屡向藏方要求，虽被婉拒，而营谋未已。（5）暗布英人在藏之势力。劝诱西藏青年前往英、印留学，尤以军官学生为主，近已有留学生代本数名。又每年使用巨额机密费纳交亲英之藏中权要，并闻近已商允藏当局在拉萨设立电台、医院、学校等事。（6）参预中央与西藏谈判悬案之会

议，以便取得较大之权利，并阻扰西藏切实服从中央。[8]

当然，英国的手段还不止这些。它还采取了诸如制造康藏纠纷、力图控制十三世达赖喇嘛转世灵童的遴选等手段。本书各章的探讨与分析，会对此予以揭露。

国民政府对于西藏问题的严重性有着清楚的认识，一些国民党官员把西藏问题放在整个边疆问题来考虑。1931 年 2 月 2 日，国民党元老张继在国民党中央党部总理纪念周上强调指出：

边疆问题之于本党很为重要，范围亦很广。记得总理曾有几句话说，革命成功，首先要建都南京，把中国十八省本部的问题解决；再进一步即建都兰州，把新疆西藏蒙古问题解决；第三步即建都喀什喀尔，就要解决全亚细亚的问题。[9]

7 月中旬考试院举行的首届高等考试中，在普通行政人员中国近代政治史三大题中，其一即为“清代对于蒙古西藏治理之得失如何”[10]，说明国民政府力图吸取清政府治理边疆的得失。在 1933 年高等考试甄录试中，又有一题反映了国民政府考虑在日本侵略的背景下如何开发西北、西南的问题，思考西藏在其中的位置：

我国目前开发西北应以何地为大本营，近自青海西宁至陕西，远至绥远新疆西藏，无论经济军事皆可以此为居中策应之地。试就过去之形势，以卜未来之发展，根据事实而推论之。[11]

国民党执政时期，中英两国政府围绕西藏问题展开的交涉与争论，实质是中国维护国家领土主权的完整与英国企图分裂中国的斗争。1961 年，英国外交部研究起草一份秘密备忘录《西藏对外关系总结》(*The Foreign Relations of Tibet*)，其中说道：

从大约 1911 年至 1949 年，西藏是自治的，来自中国的压力遭到了来自印度的审慎的政治和军事援助的抵制。英国政府则坚持认为西藏是中国的一部分，但拥有独特的政府形式。西藏人一般说来主张他们是独立的，但是有时会做出正式隶属于中国的状态。不管是中国还是西藏，都承认英国在西藏拥有特权。1947 年英国的这一特权被独立的印度接替。[12]

这段总结说明了英国玩弄“宗主权”，竭力阻止中国政府努力恢复西藏地方与中央政府之间的正常关系，英国又是如何强调它在西藏拥有特权。当然，这段总结还不完全，没有说英国 1947 年至 1950 年的所作所为。

中国政府反对分裂、维护国家领土主权完整的立场也是众所周知的，著名藏学家柳陞祺就总结民国时期的情况指出：

尽管英国竭力阻挡，但是“西藏地方和中央关系终将恢复正常已是大势所趋，是任何力量也无法阻挡得了的历史潮流了”。“我们对西藏问题的立场，是从来明确的。第一，中国对西藏的立场，一贯坚持的是主权，而不是其他。第二，关于自治权，这纯粹属于一个国家的内政。任何一个主权国家都不允许外人过问它的内政，这是起码的常识。”[13]

注　释

[1] 全无若：《康藏纠纷与西藏独立》，《创进半月刊》1934 年第 1 期。

[2] [英] 柏尔著，宫廷璋译：《西藏之过去与现在》，上海商务印书馆 1930 年版，第 7、174、122—123、159 页。

[3] 邹得高译：《英国对西藏之策略》，《康藏前锋》1933 年第 4 期，第 50—51 页。

[4] 《康藏纠纷与西藏独立》，第 20 页。

[5] 《吴忠信为拟具入藏任务与组织暨经费意见事致行政院折呈》（1939 年 8 月 4 日），见中国藏学研究中心、中国第二历史档案馆合编：《十三世达赖圆寂致祭和十四世达赖转世坐床档案选编》，中国藏学出版社 1991 年版，第 224 页。

[6] 冷亮：《中央对西藏统治权之恢复问题》，《边事研究》1937 年第 6 卷第 1 期，第 6 页。

[7] 王中文：《“西藏问题”的形成及其嬗变》，《历史教学》2008 年第 4 期。

[8] 《吴忠信为拟具入藏任务与组织暨经费意见事致行政院折呈》（1939 年 8 月 4 日），见《十三世达赖圆寂致祭和十四世达赖转世坐床档案选编》，第 224—225 页。

[9] 《中央与国府之纪念周》，《申报》1931 年 2 月 3 日第 7 版。

[10] 另两题为“中日战争、其影响于我国内外之关系如何”及“戊戌政变之经过、其影响如何”。

[11] 《高考甄录试历史地理试题》，《申报》1933 年 10 月 22 日第 11 版。

[12] 蒋耘译：《西藏对外关系总结》，见《近代史资料》第 108 辑，中国社会科学出版社 2004 年版，第 246 页。

[13] 柳陞祺：《所谓“西藏独立”及西藏的“宗主权”》，见《柳陞祺藏学文集》（汉文卷·上），中国藏学出版社 2008 年版，第 288、291 页。

第一章
西藏问题之由来：英国三面逼近中国西南边疆及中国政府的应对

要探讨1927年至1950年间中英两国政府关于西藏问题的较量与争论，必须首先明了西藏问题是如何产生的。在侵藏急先锋的眼中，“西藏地势之高，幅员之大，甚可为印度北方最善之屏障”[1]。因此，英国的战略目的是将西藏从中国分离出去，作为中国本部与印度的缓冲区，英国宣称：“西藏完全被中英两联邦所包围。”[2]1774年，英印总督哈斯廷斯（Warren Hastings）派遣波格尔（George Bogle）入藏“试图‘打开’西藏的大门”，但是“没有成功”。[3]此后至18世纪末19世纪初，东印度公司的侵略扩张，“使整个喜马拉雅山地带都暴露在它的面前，成为它蚕食鲸吞、恣意掠夺的目标。从此，英国势力在这一地带每前进一步，也就是西方殖民主义的侵略矛头对我西藏更逼近了一步”[4]。在发动第一次鸦片战争、侵略中国东南沿海地区前后至19世纪后期，英国又分阶段、分步法，从西、东、南三面逼近西藏。英国这样逼近的战略考虑，侵藏急先锋贝尔在描述1900年左右与沙俄争夺西藏时透露了：“俄国势力植于西藏及拉萨，而中国又默许之，是为印度一大危险。当时俄国尚未被挫于日本，自负其强，竭力向亚洲进行。英俄协定尚未成立，彼可自由行动，毫无忌惮。此种情形不必过于铺张。盖中国军队之外，再加以西藏人，固可横过西藏，侵入尼泊尔。但俄国军队则不能越西藏而侵印度。印度既不欢迎此举；合印度英国军力，亦足以遏之。惟必横过为印度北境屏蔽之西藏。虽然，中俄若果相亲，则昔属中国近属英国之缅甸，以种族宗教皆与西藏相连之故，难免不发生事故。于是自克什米尔至暹罗一带，为印度陆界三分之二之地，必将常感不安。”[5]

正是在此情况下，西藏问题不可避免地产生了。

第一节　中国失去拉达克：英国对中国西部边境的入侵

从中国西藏西部入侵，首先是将拉达克（Ladakh）地区从西藏分裂出去。今天以列城为中心的拉达克地区，在历史上同中国有着密切的关系。学术界对此作了一定的研究，有的学者不但探讨了拉达克历史上是今天西藏阿里的一部分，而且详细叙述了在1841年森巴入侵西藏战争中驻藏大臣孟保和噶厦、全藏僧俗反击入侵的具体情况，指出了英国和俄国两个帝国主义国家在这一地区的侵略和扩张。[6]笔者赞同和吸收这些研究成果，并在此基础上围绕中国历朝政府主要是清政府的有关处置作进一步分析，探讨中国和拉达克之间关系的历史演变。总的情况是："在1834年，原本属于西藏的阿里三围之一的拉达克遭受到查谟（Jammu）的道格拉族的进攻，这次战争的背后指使者是克什米尔的马哈热哲、古拉伯·辛格和英国人，战争结果是拉达克为亲英的古拉伯·辛格所控制。1841年，辛格支持道格拉王宗拉沃·辛格派兵侵犯西藏西部，森巴战争（西藏称道格拉人为森巴）爆发。当时在驻藏大臣的支持下，西藏僧俗民众共同抗敌，最终打败了入侵之敌。但当时由于清王朝腐败，西藏地方政府摄政官员也缺乏远见和国土意识，无视拉达克人民准备利用这次战争将道格拉人赶出自己的家园的大好时机，没有给予重视和支持，结果西藏与道格拉双方停战和谈时，完全忽略了拉达克的归属问题，更没有考虑其在战略上的意义及英国人对此地的兴趣，最后，拉达克渐渐脱离与西藏的传统关系，并被英国所控制。"[7]从下面的探讨来看，英国的确就是这样逼近中国西部边境的。

一、拉达克曾经在中国的行政管辖下

综观中国和拉达克的关系史，"拉达克从公元7世纪起是吐蕃王朝的一部分，17世纪一度沦为印度莫卧尔帝国的藩属，后来莫卧尔帝国衰落，在19世纪30年代以前，一直归清朝中央政府管辖"[8]。这说明，拉达克在历史上基本在中国行政管辖之下，是中国领土的一部分。侵藏急先锋贝尔也承认："克什米尔东北之拉达克省与喜马拉雅山东部之布丹国，从种族上言之，皆为西藏人。"[9]

关于拉达克的地理位置，中国古代历史文献有着清楚的记载。《旧唐书·西域传》称拉达克为泥婆国地，"在吐蕃西"。《明史·西域传》称拉达克为尼八剌国，"在诸藏之西"。[10]《册府元龟》指出拉达克即历史上的"羊同"，"大羊同周围，

东接吐蕃，西接小羊同，北直于阗，东西千余里”。[11]《西藏图考》卷之五记载说：“拉达克城（列城）在喇萨（拉萨）西南三千七百五十余里。”[12]清王朝的版图基本确定后，《大清一统志》对拉达克地区作了记载：“拉达克城，在喇萨（拉萨）西南三千五十余里，其所属有札石刚、丁木刚、喀式三城。毕底城（在列城西南），在喇萨西南二千八百里。”[13]

关于拉达克同中国产生联系的记载，最早可能见之于《旧唐书·西域传》。它记载说：“（泥婆国王那陵提婆之父）为其叔父所篡，那陵提婆逃难于外，吐蕃因而纳焉，克复其位，遂羁属吐蕃。贞观中，卫尉丞李义表往使天竺，涂经其国，那陵提婆见之大喜。”“……其后王玄策为天竺所掠，泥婆罗发骑与吐蕃共破天竺有功。永徽二年，其王尸利那连陀罗又遣使入贡。”[14]

随着历史的演变，拉达克成为阿里三围的一部分。根据学术界的研究，阿里三围具体为：布让（今天西藏普兰县）、芒域（即拉达克）、桑噶尔为一围，黎域（于阗一带）、祝夏（即唐代的大小勃律）、罢蒂为一围，象雄（即唐代的羊同，今西藏札达县一带）、上下赤代为一围。[15]据1434年成书的《汉藏史集》记载，“阿里三围”是这样产生的：公元869年，吐蕃王朝发生内乱，贵族吉德尼玛衮逃到上部，“将上部各地收归治下，总称为‘阿里’，命长子贝吉衮统治玛域、努热，次子德祖衮统治象雄、吉觉、尼贡、如托、普兰、玛措六个地方，幼子扎西尼玛衮统治迦尔夏、桑格尔”。到元朝时期，阿里三围逐渐固定，分别为雪山、石山和河流围绕的普兰、古格和芒域，“这几处总算起来，有二千六百三十五户”居民。[16]其中，玛域范围大致与拉达克相当。其他文献虽然在音译等方面存在不同，但也证明阿里是这样形成的。《西藏王统记》记载：“吉德尼玛贡（吉德尼玛衮）为阿里王，并统辖布让。他有三子，长子占据玛域（玛尔域），次子扎西贡占据布让，三子德祖贡占据象雄，他们被称为上部三救主。”《青史》记载：“尼玛贡至阿里，他有三子，即白吉贡、扎西德贡和德祖贡。长子据玛尔域，次子据布让，三子据象雄。”《贤者喜筵》也说：“白吉第日巴贡占据玛尔域，次子扎西德贡占据布让，三子德祖贡占据象雄。”[17]

阿里三围形成以后，相互之间展开了混战，各自的管辖范围也随着混战的结果而发生了变化，有时越出了今天的阿里地区进入日喀则等地区。以象雄的管辖范围为例，有的学者在对一些藏文史籍作了研究后认为，大小羊同和周边一些小部落统称为“象雄”部。[18]有的学者将象雄的范围“划在上部阿里地区，将其中心地区称为古格”。有的学者进一步指出象雄的“控制区域随着其部落联盟之武力消长曾发生过不少变化”。全盛时，其“控制区域曾扩展到相当广阔的范围，据称曾分为内象雄、中象雄、外象雄三部”。“内象雄包括现在的阿里、拉达克等地，中象雄则在卫藏一带，多康等地则被称为外象雄。”[19]

尽管如此，阿里地区的范围在阿里三围形成之后大体固定下来。大致于乾隆成书的《西藏志》明确记载说：“查阿里地方甚大，稍西北乃纳达克（拉达克）酋长得中南木查尔地土，一半系谷古结塞地土。谷古结塞酋长之女与朱尔吗特策登为妻。三部通好，其纳达克、谷古结塞二姓，乃新抚之地。”[20]《西藏图考》也记载说：“今阿里地方为西藏之极西边鄙，揆之史传，差为相近，向为颇罗鼐长子朱尔玛策驻防处；稍西北乃纳达克及谷古结塞地土。纳达克、谷古结塞二姓皆新抚之地也，其疆域东自（后）藏界麻尔岳木岭，西自巴第和木布岭二千一百余里，南自匝木萨喇岭，北至与巴拉岭一千三百余里。”“后藏之西为阿里，其西北界近底穆冈城，东有拉达克城，本一小部落也。东西境长一千五百余里，北至叶尔羌十八站，西北为克食米尔，西南为森巴，南为哲孟雄、洛敏汤、廓尔喀。又西南为披楞。其西境内有芒玉纳山，自芒玉纳山以西有地曰补仁。又西曰达坝噶尔，又西曰杂仁，又西北曰噶尔本，又西北曰茹妥，皆拉达克之地。”[21]

拉达克成为阿里三围的一部分后，也就在吐蕃的行政管辖之下。《拉达克王统记》指出，尼玛贡长子白吉贡管辖的玛尔域就是拉达克地区：“长子白吉贡统辖玛尔域，其百姓持黑弓，东边的日土和色卡果赖的德曲葛布尔边区的热瓦玛尔布……向西直到喀切山脚下，从多洞的岩石向上到北边的色卡果布为止，都属于其管辖范围。”“以上记载中的喀切山指的是克什米尔西部的一座山，根据《中国历史地图集》上所标的地理位置来看，喀切山位于今克什米尔列城的西部。‘东边的日土’就是现在阿里的日土县。《中国历史地图集》上，在以今克什米尔列城为中心的地方标有一个历史地名‘麻域’，这个‘麻域’，与以上所引的‘玛尔域’就是同一个藏语地名的不同汉语译名。从地图上可以看出，这个‘麻域’（正确译音为玛尔域）占据以列城为中心向东西延伸的大片土地。”[22]

因此，吐蕃王朝的疆域在阿里三围形成之后发生了重大变化。《汉藏史集》就指出吐蕃分为三大部，上部为“雪山和石山环绕”的阿里三围，中部为“山岩与河流相击之地”的乌斯藏四如，下部为“森林草原之区”的拉热秀周。该史集还明确指出吐蕃王朝“治下的疆域，东方与汉人交界处的边哨抵达贺兰山，该山犹如被白绸覆盖，西方与大食交界处的边哨到达大夏海螺之门，北方与霍尔交接处的边哨抵达如像大鱼脊背的沙梁，南方到达如同水晶块的门达拉瓦底”，又说“在有雪吐蕃之国与四邻各国之接界处，有什巴神所立的四座大碑”，其西面即“在大食与吐蕃交接的岗码岗久龙之地方，有小孜白银之碑，以下为吐蕃”。[23]这表明吐蕃王朝的领土，西面与大食即伊朗接壤。今天巴基斯坦所属巴尔蒂斯坦地区的学者就此指出：“西藏曾经占有广大的疆域，西至吉尔吉特，横跨1200英里的亚洲大陆，而小西藏是其中的一部分，大约12000平方英尺，在东经74~76.35度，北纬34.25~35.48度之间。”[24]其中的吉尔吉特，大致指“在大食与吐蕃交接的岗码岗久龙之地方”。

自元朝将吐蕃纳入中国版图后，拉达克也就在中国的行政管辖之下。元朝时期，由于拉达克部归顺“较卫藏为早”，元政府“仍然保留了他们的职位”[25]，元世祖于1292年“从宣政院言，置乌思藏纳里速古尔孙等三路宣慰使司都元帅”。这三路宣慰使司都元帅府，置“宣慰使五员，同知二员，副使一员，经历一员，镇抚一员，捕盗司官一员”进行治理。[26]其中的“纳里速古尔孙”，是按照阿里三围音译而来的，治理阿里地区。1349年帕木竹巴地方政权成立后，其管辖区域不但“直达极西边区”，“并且所有西部边境的诸小王，也都依照方俗贡献财物和缴纳赋税”。[27]明朝取代元朝后，于“洪武八年（1375年）正月庚午，诏置俄力思军民元帅府、怕木竹巴万户府、乌思藏笼答千户所，设官一十三人”[28]。其中，俄力思军民元帅府置于阿里地区，明太祖任命当地首领搠思公失盐为元帅，要求他“谨遵纪律，抚其部众，使疆土靖安”[29]，管辖今天西藏阿里地区和拉达克地区。

进入17世纪后，拉达克一度脱离于中国的行政管辖。产生这一情况的原因大致有两种，一是适值明王朝统治的衰落，明王朝无力顾及拉达克地区；西藏地方也在割据纷争，第悉藏巴汗忙于内讧，把主要精力用来对付格鲁派，同样忽视拉达克地区。二是印度的莫卧尔帝国强盛起来，迫使拉达克臣服于它，并于1630年唆使拉达克王僧格南杰进攻今天的西藏地区，侵占古格、日土和普兰等地。

清王朝建立之后，拉达克同中国的关系逐步恢复，又在中国的行政管辖之下。17世纪70年代末，格鲁派在固始汗的扶植下打败噶举派上台后，要求周边信仰噶举派的地区改奉格鲁派，并为此而同信仰噶举派的布鲁克巴发生纠纷。同样信仰噶举派的拉达克王德雷结乃以不能坐视为由，于1681年派兵侵入今天的西藏阿里地区。达赖汗与桑结嘉措组织的蒙藏联军不仅将其击败，而且攻占拉达克首府列城。1683年达成协议，拉达克把自1630年以来所侵占土地“划归拉萨直接管辖，并规定拉达克为西藏藩属，每年由拉达克派使团向拉萨地方政府进贡，而拉萨也约定对每年运销拉达克的若干驮砖茶不加阻止”。[30]1732年，拉达克汗德中纳木札尔进一步表示称臣归顺，雍正皇帝下谕“甚为嘉悦”。1738年，驻藏侍郎奕禄针对拉达克汗德中纳木札尔所上表文及贡物一事上奏说，该汗乃呢玛那木札尔之子，“父子并感国恩，凡得准噶尔消息，辄附颇罗鼐以闻”，建议康熙、雍正就“数加恩赍。今后进表若更颁予敕命，量施恩泽，当益劝勉，倾心内向”。清政府采纳此建议，“命赐德忠那木札尔敕书一道，加赏缎匹、瓷器有差”。[31]在西藏森巴战争爆发之前，拉达克对清王朝仍自称“系投顺天朝及商上（清政府称西藏地方衙门为商上）之人”。1828年，拉达克土王敦诺普纳莫札尔遵照驻藏大臣指示，“拿获逃至彼处逆回一百余名”，并派人解交驻藏大臣。清王朝因此赏给五品顶戴、花翎。次年，该部长“特敬备奏书一分，哈达一方，花绸一匹”，请求当时担任驻藏大臣的惠显、广庆“代进，叩谢天恩”，表示“嗣后惟有益矢恭顺，遇事奋勉，以期永保疆土，长享升平”。[32]

拉达克同西藏的宗教关系、婚姻关系也很密切。18世纪初，拉达克汗德中纳木札尔女儿宁达旺姆嫁给六世班禅之父堂拉，生有三子，前两子一为红帽系十世却朱嘉措，一为札什伦布寺的仲巴呼图克图。此外，帕竹噶举派一支派主巴派的一个支系南主巴，“和拉达克王室有宗教关系，拉达克王常常是以主巴派的领袖为师”。[33]

随着拉达克回到中国的行政管辖之下，西藏地方政府发布的政令覆盖了包括拉达克在内的阿里三围。比如，颇罗鼐于1745年发布的文告就“通告居于世间王土之上汉、藏、霍尔、蒙古之全体众生，尤其生息在阿里三围、四部、六岗地方之王公、大官、僧俗官员……一体知晓”。即使在1842年协议之后，西藏地方政府并不承认拉达克地区在中国的行政管辖之外，所发布的文告仍然覆盖“上区阿里三围、下区多康六岗、中区卫藏四部等地域”。[34]

总之，“拉达克是我国藏族分布的极西部分，其土王即吐蕃赞普的一个支系，约在10世纪迁去后，在那里成为一个地方统治势力。由于拉达克地处通往克什米尔、印度的通道之上，它同我西藏地方的阿里和新疆南部的叶城一带关系甚深，尤其同阿里的关系最为密切，政治上时分时和。但这一直是我国藏族内部各地方割据势力之间的权力之争”[35]。因此，“历来西藏政府把拉达克算作阿里一部分，不把它当作外国”，而且“一直把拉达克人当作藏族，他们来藏做生意、探亲访友，行动都较自由。”[36]即使是英国，也承认拉达克为“小西藏”[37]，是西藏地方的一部分，拉达克人“从种族上言之，皆为西藏人”。[38]也正是由于拉达克特殊的地理位置，也成为英国分离中国领土、从西逼近中国而必然下手的地区。

二、森巴入侵西藏与1842年协议

拉达克同中国的上述关系是在什么结束的？著名学者吴丰培认为拉达克是在1843年至1847年琦善担任驻藏大臣期间失去的。他说："孟保经营二载，用兵收复西藏之属地拉达克。而在琦善任内，既不了解拉达克与藏地关系，任由披楞（英国）侵吞而不加过问。"[39]苏联学者节昂列夫则认为中国是在1842年失去拉达克的，他阐述说："英国资本家依靠侵占区的仆从政府制造边境冲突，侵犯中国领土。例如早在1834年，他们唆使扎穆（查谟）国王吉利亚布·辛加（辛格）的军队侵入西藏西部，占据恩加里·科尔苏姆地区。中国军队收复印度河和萨特里河的上游地带，但拉达克地区却沦入英人之手。"[40]由此看来，学术界的看法不尽相同。

中国到底是在什么时候失去拉达克的，这不能不从森巴入侵与1842年的协议谈起。

森巴，即位于克什米尔南部的查谟土邦。不过，藏族人民不但称查谟为森巴，而且延伸将锡克王国也称为森巴。19世纪初，锡克王朝征服克什米尔地区，位于查谟地区的道格拉族统治者古拉伯·辛格成为附属于锡克王朝的查谟土邦总督。辛格派佐尔阿弗尔·辛格（Wazir Zorawar Singh，Wazir又译为倭色尔、瓦齐尔）率军于19世纪30年代初入侵拉达克。到1839年锡克王国因国王兰吉特·辛格死去而处于崩溃、各地割据局面形成之时，古拉伯·辛格乘机控制了克什米尔、拉达克和巴尔蒂斯坦等地，巩固了对拉达克地区的占领。

对森巴入侵当时属于中国西藏地方行政管辖下的拉达克，清政府采取了错误的政策。据《西藏图考》卷之六记载：拉达克以"西界外野番森巴侵占其地，走唐古忒（即西藏）求救，驻藏大臣拒之弗纳，拉达克怨，反投森巴，诱之寇唐古忒"[41]。这说明，这种错误政策不但"致使拉达克最终陷入多格拉（即道格拉）人手中"[42]，而且如后所指出，拉达克为森巴入侵者所利用。当时的驻藏大臣为关圣保（任期为1836年9月至1839年12月），帮办大臣为讷尔经额（任期为1837年10月至1838年12月），他们采取这种错误态度的原因虽然尚待研究，但是有一点是清楚的，两人尤其是关圣保昏庸无能，对拉达克地区的失去有着不可推卸的责任。

森巴在巩固对拉达克的占领后，就开始入侵今天的中国西藏阿里地区。为什么会入侵呢？主要原因有两点：

其一，在经济上，“主要是为了直接控制西藏西部的羊毛，使之能全部通过拉达克运销到克什米尔（包括查谟）”[43]，并“希图唐古特所属之堆噶尔本等处地方出产褐子（褐铁矿），并有金子”[44]。

其二，与此密切联系的是政治原因。森巴不只是企图控制整个喜马拉雅山西北地区的贸易，还企图“得此望彼”[45]，即“企图吞并中国西藏及新疆的叶尔羌，在中亚建立一个独立王国”[46]。清政府就此指出：“因拉达克部落与叶尔羌连界，意欲前往滋事，嗣因叶尔羌路途稍远，先占得唐古特金厂，再占前后藏地方，彼时粮草更必丰足，再往叶尔羌滋事。”[47]

在这种情况下，中国西部边疆所面临的形势非常严峻。新上任的驻藏大臣孟保报告清政府说：1841 年，“森巴头人倭色尔遂调该贼本部落并拉达克八底部落数千贼众、大小贼目五十余人，俱聚集于拉达克协里地方”，“以朝雪山为名，欲求唐古特境”，“不旬日间，已将唐古特所属之茹妥（今日土）、堆噶尔本（今噶尔）二处营官寨夺占，声称唐古特所属之茫玉纳山以外，均系拉达克从前所管界址，将来务必占至茫玉纳山乃止”。[48] 按照孟保所说，茫玉纳山距前藏三千余里，该山“以外距拉达克部落一千七百余里”，可以断定该山即今天阿里地区和日喀则地区交界处的马攸木拉大山。森巴声称该山以外“皆系拉达克从前所管界址”的“根据”，当指 1630 年以来所侵占该山以西的古格、日土和普兰等地。因而在倭色尔侵入阿里地区 1700 余里后，查谟官员得意地写道：“瓦齐尔使查谟大人的力量经印度河和萨特累季河的发源地到达孔雀河上游地区。使查谟的疆域同尼泊尔边界相连。占领了圣地玛旁雍错湖和凯拉斯山。马攸木拉山口成为查谟朝拉萨方向的边界。在几位成功的拉达克王时代，这曾是拉萨和拉达克之间的分界线。这样，布拉马普特拉河的源头也在他掌握之中。总之，瓦齐尔使查谟的统治达到了世界著名的地方。”[49]

查谟的企图和肆无忌惮的侵略，自然严重危害了中国的领土完整和国家利益，清政府震动，不得不采取反击入侵的措施。孟保于 1841 年 9 月“即派噶伦才丹多吉和代本比喜（又称笔喜），带领前藏兵丁前往阿里驱逐入境之敌”[50]。11 月，清政府命令孟保全权负责调度、指挥，反击入侵，要求“一鼓作气，设法进攻，以期全行收复”。孟保遵照此令，不但和噶厦协调一致，调兵筹粮，反击入侵，而且基于森巴“新修碉寨，高耸坚固，自非大炮轰击不能攻取”之情况，“随将藏营所存劈山大炮二位”交骑兵运往前线。这样自 1841 年 9 月进兵以来到 1842 年 1 月，“官兵用命，甫经收复补仁营寨，即歼毙森巴贼首倭色尔，并拿获勾结滋事之拉达克贼目谷朗堪等四名，前后共杀毙森番拉夷大小贼目四十余名，投降者八百三十六名。及至几汤克复未及两月，即将夷贼占去达坝噶尔等处地方一千七百余里全行收复”。[51]“士兵和伕役总共近6000人的道格拉大军，幸存者仅2000~2500人”[52]。1842年初，孟保向清政府报捷，称“边境肃清，事机顺利”[53]。

森巴军队被赶出今天的西藏阿里地区，导致拉达克的局势变化，拉达克人发动了反森巴的起义，并要求清政府予以大力援助。倭色尔被击毙后，“勾结森巴滋事之拉达克头人谷朗堪及八果噶隆诺诺四郎”、八底部落长阿木尔沙父子等“情愿投降”，“恳求”将“拉达克八底两处百姓授归唐古特商上，俾边外各部落，咸知天朝法度，心存畏惧，庶免再行滋事，如蒙允准，小的两部落番民可得全生，小的等情愿同立甘结，各防边界，协力堵御”。[54]

这种情况给清政府进一步解决拉达克问题提供了契机。噶厦认为，从拉达克与中国的传统关系来看，“该部落似与边外各部生番不同”，应“准拉达克及八底两部落投归商上，仍令各守边界，照旧通商”，如此，“该部落恃有所依，自必同心竭力，借资保守边境”。孟保也于1842年4月上奏清政府认为：(1) 就其投诚之心恳切，“若遽绝之，将来该部落人等依附他处，别生事端，乃是更生一敌”；(2)“唐古特边外部落甚多，堆噶尔本等处地方辽阔，又无要隘，即使拨兵据守，该处周历二千余里，地广兵微，声势亦难相顾”，因此“不如遂其所请，权作羁縻，借为边外墙壁”。5月，清政府“着照所议办理”，“妥立章程，以为久安之计”。[55]由此看来，清政府是以拉达克地区作为西藏的屏藩来考虑的，并未采取进一步的行政管理措施。

随后由于中国军队失利，局势逆转。查谟当局最高统治者古拉伯·辛格在得知倭色尔战死、拉达克人发动反殖民统治起义之后，“毫不迟疑地开始组织再次征讨拉达克的行动”，以第万赫里金德（Dewan Hari Chand）为统帅，率兵6000前往。其再次派兵的结果，用查谟官员的话来说，就是不仅“惩罚了叛乱者”，而且在列城附近的卡马尔克德纳尔（Kammlak Tarnar）平原“对拉萨军队取得了完全的胜利”。[56]中国军队败退至班公错南面的咙沃玛（又作咙沃）的一条狭窄的河谷。森巴军队“暗将河之上流砌立长堤，灌我下游营盘”，“两相接仗”。虽然中国军队“尽力抵御，复杀毙贼众二百三十余名，头目二名，未容该贼闯入唐古特境内”，但是也“阵亡如琫（如本，清代西藏兵制，相当于营长）夺结策旺、甲琫（甲本，相当于连长）吉普巴等三名，定琫（定本，相当于排长）二名”，[57]无力将森巴入侵军队从拉达克地区赶出去。

在此情况下，西藏地方政府官员噶伦索康、戴琫（代本，相当于团长）笔喜不得不和查谟当局所派代表第万赫里金德、瓦齐尔拉德努德，于 1842 年 9 月达成《拉萨与查谟当局关于拉达克的协议书》。协议全文如下：

"在毗讫罗摩纪元 1899 年颏湿傅庾阇月二日这样一个吉祥如意的日子，我们——拉萨的官员，一名噶伦索康，一名笔喜戴琫，均系中国可汗（Kha-qua-i-China）的军队的军官——为一方，同另一方——代表斯里摩诃罗阇萨希布、众多阇之罗阇、罗阇萨希布巴哈杜尔、罗阇古拉伯·辛格·琪 (Sri Maharaja Sahib, Raja-i-Rajgan, Raja Sahib Bahadur, Raja Gulab Singh Ji) 的两名官员，一为政府授权的迪万赫里金德（Diwan Chand），一为 Wazarat-panah 瓦齐尔拉德努德（Wazir Ratnu），在充满和平、谅解与协商一致精神的会晤中，在双方诚挚友好、和睦相处的气氛中，再三凭三宝（Qonhaq Sahib/Konchuk Sahib）起誓，并达成如下协议：斯里摩诃罗阇、萨希布巴哈杜尔、罗阇古拉伯·辛格·琪同中国可汗及拉萨的喇嘛古鲁萨希布 (Lama Guru Sahib)，从现在起，永远保持和平、协商、团结的良好关系，并以三宝作证，在各个方面均不违背协议，不挑起纷争，不推诿搪塞，拉达克的四界自古已然划定，对此，目前及将来均不得持有异议。今后，我们每年仍将通过拉达克输出羊毛和茶叶。如有反对斯里摩诃罗阇、萨希布巴哈杜尔的人进入我国领土，我们将不接纳这些反对者的言论，也不会允许他们在我方驻留。凡拉达克商人进入我方领土，不会受到阻扰。凡此各项，均载入有关拉达克四界及保证羊毛与茶叶运输道路畅通之和睦友好的协议中，决不违反。以三宝、迦特里女神 (Gatri Devi)、Choh-mihan 和 Khosh-hal-choh 作证。"[58]

本协议订于毗讫罗摩纪元 1899 年颏湿傅庾阇月二日，时为公历 1842 年 9 月。

根据该协议书译者张鸿年的解释，毗讫罗摩纪元（Vikrma）是流行于北印度一带的印度纪元，颏湿傅庾阇月（Asvayuja）是印度太阴月月名之一。"Sri，用于尊称；Maharaja，意为'王'；Sahib Bahadur，一种称号，……疑指英国殖民者给予的称号；Ji，用于尊称，缀于人名之后。"迪万（Diwan）和瓦齐尔（Wazir）是"一种职级较高的官职"，Wazarat-panah 是"一种授予大臣的称号"，Guru "用于首领的一种尊称"[59]，迦特里女神即岗仁波齐峰，Choh-mihan 指玛旁雍错湖。另外，三宝指佛、法、僧，Khosh-hal-choh 可能是以某个山峰或湖泊作为神灵的名字。协议的要点是："（1）双方停战，永远保持友好关系，各自承认双方旧有的边界，而不用武力改变这条边界；（2）双方按以前的办法进行贸易（西藏羊毛、盐等商品全部通过拉达克转卖），并且彼此为对方官员贸易者提供免费运输及食宿；

(3）克什米尔一方将不会阻止出拉达克往拉萨的贡使等。”[60]

对于这个协议，当时的双方官员认为是一个维持边境原状、各守边界、恢复拉达克与中国传统隶属关系的条约。查谟官员认为：“通过这次的和约，拉达克维持了瓦齐尔佐尔阿弗尔·辛格最初征服拉达克时顿珠南嘉时期的疆域。后来征服的地方，包括日土、噶尔、古格、普兰等地，以及以阿里之名著称的地区，仍属拉萨所有。拉达克国王和拉萨的关系，在查谟和拉萨之间的和约中得到了承认和恢复。”[61]驻藏大臣孟保认为这是一个“同具悔罪永远不敢滋事切实甘结”，而“查向来夷俗，惟以立誓具结为重。今森巴及克什米尔各部落头目，均既出具永不滋事甘结，自不至再有他虞”。[62]中国一些学者根据藏文文本，指出协议不但规定边界维持原状，还规定查谟当局“将不会阻止从拉达克往拉萨的贡使”，“拉达克以后照旧向拉萨的达赖喇嘛进年贡”，因而认为“拉藏间的关系基本上恢复了原样”。[63]吴丰培认为“孟保经营二载，用兵收复西藏之属地拉达克”的原因或许就在于此。

实际上，拉达克地区并没有得到收复。虽然中国军队“粉碎了古拉伯·辛格侵占西藏的阴谋，取得了保卫祖国西南边陲的重大胜利”，但是这一意义不足以抵消清政府在整个战争过程中有关处置和英国入侵所带来的损失。从协议产生的背景来看，它可以说是在查谟当局只能镇压拉达克人起义、无力再次入侵中国，而中国只能保守今天的阿里地区、无力支持拉达克人起义的背景下产生的。虽然查谟当局在协议中“准许”拉达克对中国照旧朝贡，但是“拉达克为查谟完全侵占，从此脱离了与西藏地方原有的关系”。[64]清政府以拉达克作为西藏的屏藩的目的实质上未能实现，中国西部边境的安全自然也很难得到保障，因为：

表面上是查谟土邦入侵中国领土，实际上是英国的入侵，英国人自己承认古拉伯·辛格是“其实行扩张意图的工具”[65]。1830年，英国就派克什米尔番民阿玛阿哩“在藏探问边界隘口、道路、山川情形”。查谟入侵西藏的战争结束后不久，英国即发动了第一次对清政府文献称为“西刻夷人”或“塞哥国”[66]的锡克王国的吞并战争。古拉伯·辛格虽然是附属于锡克王国的查谟土邦总督，“而他却背叛了锡克人，转而替英国效劳”。因而在“克什米尔作为第一次对锡克战争的果实之一，在一八四六年落入英国手里”后，英国就“制造了查谟—克什米尔邦”，以古拉伯·辛格为傀儡工具进行统治，从而“把战略边界推进到喜马拉雅山的心脏”。[67]

面对英国的侵略扩张，清政府因国力软弱而无能为力，只能坐视拉达克被吞并。在1830年拉达克内奸谷朗堪勾结森巴头人倭色尔入侵吞并拉达克时，拉达克土王顿珠南嘉就以自己“原系天朝及商上之人”，要求驻藏大臣、噶厦出兵援助。当时的驻藏大臣惠显（1827年4月至1830年9月在职）却置之不理，命令堆噶尔本营官告以“天朝法度，于边外各部落一视同仁，皆为大皇帝赤子，从无因外番私相构兵，派人偏向帮打之事。且唐古忒边外大小部落甚多，若遇有两家争斗，偏护一家，逐处派人帮助，则是以不干己事，终年劳民动兵，唐古忒反不能自享安静，天下有是理乎？尔虽外夷，此理易明，言之亦当解悟。况听闻此时拉达克所属，尚有几处小部落人民投尔，尔即与新部长释怨和睦，爱惜百姓，使百姓等一体同心协力保守，尔小部长自然相安无事。倘妄希帮打，或任意越境阑入此地，大皇帝派钦差严立边界例禁，彼时不但照例不容入境，且将治尔无故犯边之罪”[68]。在把侵略者赶出今天的阿里地区后，清政府在1843年2月就命令噶布伦索康将军队“分起撤回归伍”，“惟恐该噶布伦等因偶获胜仗，辄邀奖励，或致借端启衅，构怨不休，俾番夷等屡图报复，勾结各夷，别生枝节，不可不防其渐”，下令只需严加防守边界“毋令生番再行窜入边界”即可，而“不可轻举妄动，再生事端”，并声称“傥经此次谆谕以后，仍敢借事贪功，不顾后患，恐恩奖亦不能再邀也”。[69]既然这样，清朝中央政府只能听任拉达克失去。

由此可见，进入19世纪后，清朝因国力不能同昔日相比，无力应付帝国主义的入侵，只有要求边境官员严密防范边界隘口。因此，清政府反击森巴入侵的胜利，只是消极地把森巴入侵者赶出了今天的西藏阿里地区。英国则进而“战胜森巴，已经归附，并将所属之拉达克、克什米尔分与管辖”。而清朝的地方大员也竟然承认拉达克被侵占的现状，驻藏大臣琦善（1843年12月至1847年2月在职）1847年2月上奏清政府，称：不但1842年的议和“言明拉达克已归森巴”，而且在实际上拉达克“与克什米尔已归披楞（英国）属实”。[70]可见，前述苏联学者节昂列夫关于在森巴西藏战争中“中国军队收复印度河和萨特里河的上游地带，但拉达克地区却沦入英人之手”的看法，是符合事实的。

三、拉达克成为英国侵略中国西藏和新疆的跳板

拉达克地区被吞并，不但导致拉达克部落同中国的传统关系中断，清政府以之作为西藏西部边界屏藩的希望完全落空，而且，英国以之为跳板，进一步入侵中国领土西藏和新疆，要求同清政府划“界”通商，极大地危害了中国的国家利益和领土完整。

英国学者称，“按照强权政治的逻辑，处于扩张时期的帝国，总是要向外扩张

它们的边疆”[71]，英印殖民地制造出来后，英国就开始向邻近地区扩张。如前所说，1830年，英国就派克什米尔番民阿玛阿哩“在藏探问边界隘口、道路、山川情形”。1846年制造了“查谟—克什米尔土邦”，“并将所属之拉达克、克什米尔分与管辖”。[72]1849年，英国并吞了旁遮普之后，继承了被征服的锡克王国的疆域。

与此同时，英国竭力并吞中国领土。经过1846、1847两年工作，“划了一条从班公湖稍为偏北的地方到司丕提河（Spiti River）的界线”。1865年，英印政府测量局官员约翰逊（W. H. Johnson）潜入阿克赛钦测量，“在一张地图上把阿克赛钦以及一大块喀喇昆仑山以北的地区都划入克什米尔境内”，约翰逊因此而担任克什米尔驻拉达克的专员。这样“在1868年出版的地图集中，约翰逊线却成为克什米尔的边界，随后这条线又出现在根据这一画法绘制的许多其他地图上”。英国参谋总部军事情报处长约翰·阿尔达（John Ardagh）声称：“为了防止俄国向印度推进，英国不仅应当把整个阿克赛钦包括在英国边界以内，而且应当把根据约翰逊在一八六五年所画的边界走向划归克什米尔的绝大部分的领土，也划入英国边界以内。”他随即画了一条边界，“它不是沿着喀喇昆仑山的分水岭，而是沿着喀喇昆仑山以北的一系列山脉（包括昆仑山脉）的山峰”，这样，“阿克赛钦以及叶尔羌和喀拉喀什河的上游地区就都划入了印度境内”。[73]由此可见：中印之间边界西段沿着喀喇昆仑山的传统习惯线，“不仅在很长时期内为中印两方所尊重，而且也反映在早期的英国官方地图上”。一直到1865年以前，英国官方地图对中印边界西段是同传统习惯线大体一致的，而到1865年后，英国为了寻找一条侵略新疆的途径，企图侵占地势比较平坦的阿赛克钦，派遣军事情报人员非法潜入并非法勘察，设计出一条企图分割阿赛克钦和阿里的界线。[74]

英国双管齐下，同清政府进行交涉，企图强迫清政府接受它所划的边界线。1846年，在查谟—克什米尔土邦制造出来之后，英国即以“其地及该夷所属之地，均与后藏交界”[75]，而要求驻藏大臣“请明定界址，并与后藏通商”。虽然在清政府拒绝后，英国曾于翌年2月声称：“定界一事只欲指明旧界，并非另定新界，亦无须委员往勘。其通商一节，系因加治弥耳夷人本与西藏贸易，现拟仍照旧章，亦不另议新条。”[76]即在表面上声称遵守1842年协议，却又以“查明旧界”为名，派人前往调查山川情形。

对于英国的步步入侵和进逼，清政府由于内地爆发了太平天国起义和第二次鸦片战争，无暇顾及西部边疆，边防空虚，藏军只有3000人，“除分守要隘塘汛及廓尔喀边界汛地未便调遣外，实计步队不过二千”，即使“酌添兵力，亦只千数有奇”，因此只能“严饬边界营官，随时随事严加防范，遇有克什米尔等处番民来藏，必须认真查禁，不准私带披楞字迹入境”。虽然在1846年英国对锡克王国即森巴的吞并战争中，廓尔喀国王即看出其野心不仅在于吞并锡克王朝，而且在于侵略西藏，上禀清政府指出“刻下恐英吉利胜过森巴，还要贪中国地方”，“倘英吉利叫小的借让南方之路，那时小的怕难把守”，要求清政府支持廓尔喀军械粮草，为中国“把守南方之门”，联合对付英国侵略扩张。清政府却予以拒绝，认为不但森巴未必甘心听任英国占据，而且“尔国与披楞正在和好，互相贸易，岂能无端侵犯”，“尔王但当力敦和睦，自可立释嫌疑。至唐古特与披楞，素不相涉，何致远道相犯”。在英国要求“划界”后，清政府幻想英国讲信义遵守1842年协议，1847年2月5日下谕军机处说：“西藏地方，本有一定界址，无庸再行勘定。通商一事，更有原立成约，自应永远遵守。兹该夷因与西刻夷人构兵，据有克什米尔山地，请与后藏交接地方明定界址，并请与后藏通商，殊属显违成约。”[77]对此，不但英国学者认为“或许因为中国从同俄国打交道的经验中懂得，边界条约是邻近的帝国手中用以宰割中国领土的利刃”[78]，现在一些学者也认为“主要是因为中国不了解英国当时的具体意图，不愿在国家处于软弱地位的时候，与列强谈判边界问题”[79]。

不过进一步分析，清政府采取此种态度的原因，至少还有如下两种：

一是清政府认为中国和拉达克等部落之间“本有定界，无庸再勘”：“查堆噶尔本有大小处营官，系达赖喇嘛所属，均与拉达克及英夷所属之库鲁、农底泥底、噶尔厦加木比、作木朗、降纳乌、比宁巴奔阿辖果、觉拉木、聪萨各部落犬牙交错。……营官衙署迤西二三站，尚系唐古特地面。”[80]而这些部落与西藏，基本上遵照了以喜马拉雅山为界的习惯线，“地形上，我们可以清楚地看到，喜马拉雅山脉真是一道天然屏障，两侧的气象和地势都有所不同，或可以用得上阴阳割昏晓之句”。“早已迁徙到喜马拉雅山东北三前的藏族居民，对低地玛域已经心满意足，似乎无心翻山越岭，再去寻找乐土。他们同喜马拉雅山西南面的居民一样，都视喜马拉雅山为圣地。”“可以这么说，一旦天然屏障又被崇敬为神圣的圣地，人们是不会越雷池一步的了。”[81]况且，按照1683年的协议，拉达克承认以班公湖西部为界。[82]至于英属印度，“距边殊远，中隔拉达克界”，自然不用勘察。关于“后藏与加治弥耳交界之处”，“如果有旧案可循，绝无流弊，自应查照旧定界址”而遵循。[83]

二是认为英国的企图在于霸占中国矿产资源，“所重者不在定界而在通商”：

“其所以诡词通商求定地界者，盖以堆噶尔本迤北，峻岭相连，下有金矿，又地尽斥卤，挖即成盐，虽金矿迥不如前，而外间传扬甚大。其盐斥则拉达克、森巴、克什米尔、库鲁、噶尔厦加木比、降纳乌、觉拉木、农底泥底、比宁巴奔阿辖果、聪萨、作木朗以及廓尔喀、洛敏达，皆赖此以资食用。英夷惟利是图，定系垂涎此地。”[84]下谕琦善，如果英人真是“只欲查明旧界”，“自可照旧办理”，“若别有诡谋，着即据理驳斥，以服其心，无令借口”。[85]

在这种情况下，中英之间在拉达克与西藏的边界问题上没有划定，只是存在着相沿的习惯线，英属印度“距边殊远，中隔拉达克界”。英帝国主义为了在两个亚洲大国之间制造和留下争端，有意作了正如臭名远扬的侵略西藏分子黎吉生（Richardson）所承认的调整：“1947 年转移权力时，在新印度与边境地区之间关系的法律基础上作了一些必要的调整。英国国王对各公国的最高主权，由一种吸收它们参加印度主体的政策所取代。”就中印边界西段而言，“喀什米尔的情况是很特殊的，其结果是，在有关印藏边界问题方面，拉达克不作为一个被保护邦，而变为印度的一个完整的部分，尽管它们的行政方式和其他印度的邦有所不同。拉达克与尼泊尔之间的一些以前的山邦并入印度，并置于正规的地方行政之下”。[86]

总结上述，不难看出，在 1842 年以前，拉达克是西藏地区阿里的一部分。在 1841 年至 1842 年的森巴入侵西藏战争中，中国虽然取得了保卫西部边疆的胜利，但这种胜利是有局限的，只是相对于侵略者被赶出今天的阿里地区而言的，拉达克则被森巴吞并了。失去拉达克，留下了严重的后患，严重损害了中国的国家安全和领土完整。1842 年后，英国以拉达克地区为跳板，进一步入侵中国西藏和新疆，并有意制造事端。可见，“如果不是后来藏军在拉达克遭到失败，不得不与查谟当局签订和约、撤回西藏的话，这一地区日后的政治格局，决不会像今天这样”[87]。

英国占领拉达克地区，导致中国西部边疆不稳，到国民政府成立时，其情况正如时人所指出：“其阿里一隅（噶大克居中）名虽属藏，藏人不曾过问，所有政治经济操纵之实力，久已归英，英人之侵略企图，将近告厥成功，舆图变色，恐亦早晚间事。”[88]还需指出的是，由于“拉达克原为阿里的一部分，后为印占克什米尔所占领，但西藏仍沿旧例，不把拉达克人及克什米尔人视为外国人，因其种族和宗教相同，拉达克人及克什米尔人（信回教）来往阿里及拉萨均很自由，这也是不承认克什米尔特别是拉达克被英国占领的表示”[89]。

第二节　英国与滇缅划界谈判，从东南面逼近西藏

英国从西面逼近了中国西藏后，又从东南面、南面两面逼近，这里先说东南面。其基本情况是，英国先设法侵占缅甸，然后从缅甸入侵西藏东南。清政府对此未采取积极的应对措施，驻英使节薛福成则清楚地意识到英国的侵略野心。他乃设法划清滇缅边界，他的意图很清楚，即通过划界，不仅要遏制英国入侵云南，也想遏制其对西康、西藏毗邻地区的侵略。

众所周知，薛福成不但是竭力主张变革旧制、向西方学习的政论家，而且是著名的外交家，于1889年至1894年间担任驻英、法、比、意四国公使。目前，学术界对于其政论主张给予了相当的重视，并给予了基本的肯定，但对于其外交活动，尤其是担任驻外公使期间的重大外交活动之一即同英国谈判中英滇缅划界问题，却探讨不多。以往在这个问题上存在着较大的分歧。薛福成自己评价认为取得了成功，可是1949年以前的一些学者在谈论中英滇缅划界恸史时，对薛福成进行指责，如有人说他在伦敦所绘界图一任英人旨意[90]；有人说，薛福成明知"葫芦地方银矿丰富，可是在光绪二十年同英人商定界务条款时，却询英人之意，订以萨尔温江及湄江（湄公河）之支江分流处为界，使英人藉条约为口实，囊括矿区，留日后勘划纠纷"。至于当代学者，虽然高度评价了曾纪泽的努力，却难以界定薛福成的地位，而以"清政府君臣对中缅边界情况仍不甚了解"、难免吃亏上当一语一笔带过。[91]情况到底如何呢？反映了薛福成什么样的思想或主张？本节从以下几个方面展开，认为他和下节所说的驻藏大臣文硕一样，都想遏制英国的侵略步伐。

一、中英谈判滇缅划界的由来与薛福成的关系

西藏东南面的屏障是缅甸，英国乃先侵占缅甸。本来，缅甸在传统上同清王朝存在着朝贡关系，《清史稿》载称："（乾隆）五十四年（1789），孟云遣使贺八旬万寿，乞赐封，又请开关禁以通商旅，帝皆从之，封为缅甸国王，赐敕书、印信，及御制诗章、珍珠手串，遣道员、参将赍往其新都蛮得列（即曼德勒），定十年一贡。"[92]但是，英国于1823年至1826年、1852年、1885年先后发动了三次英缅战争（Anglo–Burmese Wars），其中第三次是乘清王朝在同法国为越南问题而进行中法战争时发动的，清王朝无暇无力顾及。1885年11月28日，英军开进曼

德勒，俘虏缅甸国王锡保。1886 年元旦，英属印度总督达弗林伯爵（The Earl of Dufferin）宣布缅甸并入英属印度，作为英属印度的一个独立省。

在发动三次侵缅战争的过程中和宣布吞并缅甸之后，英国设法染指西藏和云南，打通入藏、入滇的道路。1876 年 9 月 13 日，英国驻华公使威妥玛（Thomas Francis Wade）和李鸿章签订《烟台条约》，其中有两点值得注意：其一，英国可以派员经甘肃、青海、四川前往西藏，经西藏转印度；也可以派员由印度进入西藏。其二，“所有滇省边界与缅甸地方来往通商一节，……俟英国所派官员赴滇后，即选派妥干大员，会同妥为商订”[93]。这两点对中国的危害性很大，英国政府高兴地宣称：“1876 年印度政府取得了一个明显的胜利，那就是，依据芝罘条约（即《烟台条约》），中国政府在原则上同意英国的探险队可以通过西藏。”[94]

1886 年 6 月 23 日，英国前署驻华公使欧格纳（N. R. O'Conor）与清政府总理各国事务衙门大臣庆亲王奕劻在北京签订《清英缅甸条款》五款：（1）英国允许缅甸每十年向清王朝进呈方物一次，“因缅甸每届十年，向有派员呈进方物成例，英国允由缅甸最大之大臣，每届十年派员循例举行，其所派之人应选缅甸国人”。（2）清政府承认英国在缅甸取得的一切特权。（3）中英两国应派员勘定中缅边界，另立边界通商事务专章。（4）英国同意暂缓派员由印度进入西藏，但原则上规定了藏印边界通商。（5）本条约以中、英文撰写各三份，将于英国京城互换文本。英国迫使清王朝承认其吞并缅甸。显然，清政府以第二款、第三款换取英国承认缅甸与中国的传统关系及暂时不派员入藏。[95] 此五款，严重危害了中国的权益和主权，一方面，“中国对于缅甸，全放弃上国之权利”；另一方面，“该条约第四节，更申言印藏通商之事，自是英藏间关系日趋复杂”。[96]

按照第三款，订约后就应即刻谈判划界，可是双方在 1892 年即六年之后才正式谈判划界。为什么在这么长的时间后才谈判划界？同薛福成有什么关系呢？从有关资料来看，是由于薛福成对西方帝国主义殖民体系侵略的担心和对中国不赶紧划界后果的分析，竭力向清政府提议的结果。

首先，薛福成对英国人不提出划界的原因做了分析。

英国在 1886 年中英议约之后为什么“未尝催问我国家，亦暂且不理”[97] 即不提出划界呢？一个原因在于缅甸人民奋起抵抗，英帝国主义忙于镇压，用英国人自己的话来说就是“头一件大事就是吞灭缅甸”[98]；这使得战争赓续多年。与此同时，英国忙于同法国争夺印度支那半岛。1885 年 9 月，法国在越南得手后向英国提议以谈判的方式划分两国在印支半岛的势力范围。英国拒绝，并立刻于 10

月发动第三次侵缅战争，11 月 28 日占领缅都瓦城（又称华城，今曼德勒），觊觎老挝、暹罗。法国见此，也赶快行动，于 1887 年开始入侵老挝，1893 年入侵暹罗，同英国争夺对暹罗的控制权。这种情况说明，英国忙于在东南亚建立自己的殖民体系，而一时无暇顾及划界。

但更主要的原因在于，英国如果在没有派兵入侵滇边即没有占先着的情况下就划界，并不能获得更多的侵略利益。它所关心的是在其殖民体系建立起来之后，如何将其侵略矛头指向滇边以“扫除英国在印度支那半岛西部及中国西南发展贸易的阻碍”[99]。因此，英兵在占领瓦城后就向中国云南省进迫，12 月 28 日就占据滇缅往来要道八莫（新街）。此后，英帝国主义借口“游历”不断侵略中国滇边土司之地，“并进行调查滇缅边界的工作”[100]。此外，英国发动第一次侵略中国西藏战争的时机尚未成熟，直至 1888 年才发动。

薛福成在出使英国中，洞悉上述英法两国的争夺情形和英兵入侵滇边的企图，指出：“今驻英兵，由华城至新街，密迩腾越，尤为近忧。”[101]他既为清王朝软弱无力而羞愧，又为清王朝不图振兴而愤怒：“其分属英、法之缅甸、越南，尤逼吾南服。我不能闭拒阻遏也，夫人而知之也！知之而不图所安，非所谓狃于积习，粉饰自欺者欤？”[102]

其次，基于以上分析，薛福成提议以划界来遏止英帝国主义殖民体系的入侵。

面对英帝国主义殖民体系的侵略，怎么办？薛福成首先想到的是坚决抗议。在 1891 年到 1892 年两年间，他多次向英国外交部提出抗议，指出：“如有游历人员欲往中国地界，必须先行知照，给发护照，以便保护。倘兵丁欲游历中国边界，不得准其越界。”[103]英国对此抗议置之不理，假装不知滇边土司界是中国不可分割的领土，声称：“缅界与土司界，总须勘划之后，才有一定界限。现在英兵所到地方，归何国管辖，甚未清楚。”[104]

既然抗议丝毫起不到什么作用，清政府又不可能直起腰来坚决抵抗，薛福成所能想到的只能是以划界来遏止英国加紧侵略的步伐。于是，他上奏清政府，首先指出英法两国在暹罗的分赃情况及英国入侵滇边情况：“臣闻英廷正与暹罗勘办界务，又屡次密派干员驰往滇缅交界查看情形，探询矿产，并有创设铁路通接滇边之意。”接着提出必须赶快同英国划界以遏止其侵略，否则一旦英国准备就绪，后果不堪设想：“议者咸知彼俟布置妥协，必将以延搁已久为辞来相促迫，势不能不允其开办，则彼从容，而我仓促；彼谙练，而我生疏；彼措注已周，而我进退失据，临时竭蹶，成算未操，必无不受亏损之理。”[105]

薛福成进而向清政府指出，面对英帝国主义殖民体系的入侵，中国如果仍然继续执行“中国中心”的边疆政策，必定导致领土主权受到极大损失；如果不赶快划界，必有五大担忧，即：“臣闻乾隆年间，缅甸恃强不靖，吞灭滇边诸土司，腾越八关之形势不全，西南一隅本多不甚清晰之界。若我不求展出，彼反将勘入，一虑也。”“我不于边外稍留余地，彼必筑铁路直接滇边，有事一遇，动受要挟，二虑也。”如果坚持以大金沙江为界的新界，“尚可使彼离边稍远”，否则英国就会从大金沙江“行船径入长江，以争通江之利”，三虑也。如果守新界，“则通商在缅境”，否则就在滇境，“将来彼且来择租界、设领事，地方诸务就不能不受牵制，四虑也”。如果守新界，“则迤西一路之铜可由轮船导海北上，运费当省倍蓰，否则（英）独居运货之利，既入滇，窥知矿产之富，或且渐生狡谋，五虑也”。[106]

薛福成的担忧并非空穴来风，他实际上指出了清政府不能再继续执行错误的“中国中心”政策。就历史上缅甸同中国的关系而言，缅甸“为我西南之一边藩”[107]。而中国历代封建帝王视“边藩”的山川为中国的自然版图，正是这种情况使清政府认为两国“无严格境界之需要”[108]。薛福成提出的五虑，实际上指出再不能对滇缅边疆危机熟视无睹，必须改变过去留为“羁縻”之地、不划界的错误做法，赶快划清边界以保卫领土主权。

再次，薛福成分析了以前曾纪泽同英国协商的结果，向清政府建议以订约的形式将曾纪泽的协商结果肯定下来，以保护西南边疆。

1885 年英国吞灭缅甸时，清王朝以缅甸为其藩属不得不“过问”。英国为了取得“中国承认英国在缅甸的措施”[109]，向曾纪泽口头答应：“界务一端，则稍让中国展拓边界，盖指普洱边外之南掌掸人诸土司，听中国收为属地矣；商务二端，则以大金沙江为公用之江，在八莫近处勘明一地，允中国立埠设关。”[110]即是说，在滇缅边界西面，英国同意以大金沙江为界的新界；在南面，同意老界。但是曾纪泽以未深悉滇边情形而持论稍觉游移，又因中外往返查商之际，未能毅然要求以订约的形式将此规定下来，而只是同英国外交部“互存节略存卷”。

薛福成分析了英国答应“让步”的原因有二，一是由于“骤得全缅，喜出望外”，二是可能认为“中国未必竟受”而“以此相尝试”。基于此分析，他向清政府提出：趁当时的当事人即英国外务副大臣克蕾和曾纪泽的英文参赞官马格里（Macartney Halliday）“均未更换”而“据其前说，力与相持”。并认为英国“遽难翻异”，如再经过他“多费笔舌，多磨日月，以与磋磨，虽无速效，断不致别有亏损”。[111]他批评 1886 年 7 月总理衙门同英国订约时未将节略列入约中，要求赶快会勘划界订约，将英国在其侵略未到达滇边的前提下所“让步”的表示肯定下来。

基于以上分析，薛福成敢于负责挑起重担，指出：虽然“审度利弊、随时操纵，固属总理衙门与勘界大臣之事”，但是如果“明知彼族之有阴谋而缄默不言，坐失事机，则咎在使臣”。他要求清政府“敕下微臣催问英外部，以勘定界期与分解办法”。[112]

薛福成的分析，指出了英国对滇边侵略的实际情况与野心，指出了英帝国主义将缅甸纳入其殖民体系的情况下，中国不能再固守中国同藩属之间“无严格境界之需要”的错误政策，要求清政府在英国的侵略未完全深入滇边之际，赶快正视问题，解决边界，以遏止英国的侵略。这是很有道理的，反映了薛福成这些先进人物认为中国处于历史上亘古未有的大变局，必须改弦更张、面对现实、保护国家领土主权的思想。他敢于负责的精神令人钦佩。正是由于薛福成分析得很有道理，再加上 1891 年英兵侵入腾越同当地居民发生冲突，使得总理衙门才认为“自不宜缓”，于 1892 年 7 月上奏清政府推荐薛福成，说他“自到任以后，于划界一事孜孜讲求，……自应令其专任此事”。[113] 清政府采纳此建议，下旨薛福成办理。这样，在薛福成的建议下，中英滇缅界务谈判在英国吞并缅甸六年后开始。

至于英国为什么答应谈判，具体原因至少有二：一是英国经过从 1886 年到 1892 年六年里对滇边的“经营”，在一定程度上已经控制了滇边，二是当时中日两国在朝鲜半岛上的矛盾日益恶化，日本发动对清王朝的战争不可避免，英国可以利用此机会强迫清王朝让步。

二、薛福成在划界谈判开始前和进行中计划以何处为界

“滇边广袤四千里，处处与缅连界。”[114] 在乾隆以前，由于滇边土司“朝滇暮缅，朝缅暮滇”而使得滇缅交界“迄无一定”。在乾隆以后，“缅事粗定，边衅不开，遂有相沿之定界”。[115]“相沿之定界”在什么地方呢？这是薛福成在同英国谈判必须要解决的。为此，他一方面电总理衙门、云贵总督王文韶询问，一方面查阅舆图、史册，并派随员姚文栋到滇边实地调查。然后在对滇缅边界情况大致了解的基础上得出了应该在什么地方划界的结论。

薛福成所认为的“相沿的定界”在什么地方呢？薛福成首先对滇边土司的设置情况进行研究。虽然他没有明确将滇缅边界从北到南分为北、中、南三段，但从他的研究来看，他脑海中是有这样的划分的。

北段，指当时通称的野人山地。该地位于高黎贡山以西，有三土司，即茶山，

1407年设，“在高黎贡山之西，南甸之北，里麻之东”；里麻，1408年7月设，“位于南甸之北，腾越之西，隔大居与孟养为界”；孟养，1404年设，“东至大金沙江，西至大古刺，南至缅甸，北至干崖”。[116]薛福成概括该地位置时指出：“东界腾越、维西两厅边外之雪山，西界更的宛河西境之孟力坡，南界八莫、孟拱，北界西藏米纳隆南之曼诸。其经纬线约起赤道北二十四度至二十七度半，京师西十九度至二十三度有奇。”[117]1891年上半年，英兵侵入茶山土司地昔董，造成北段形势紧张。为此，薛福成一方面向总理衙门强调“野人山地，除八莫外，北纬二十四度以上皆是，向不归缅”，一方面认为由于该地“一通西藏，一通（西康）打箭炉，一通（云南）永北厅，若竟沦于英，则三省边防疲于奔命”，对中国之存亡关系很大。[118]他认为，如果以大金沙江为界，“则自穆雷江、大金沙江以东皆为我有，斩断许多葛藤，滇西可无边警”。[119]

中段，其大部分本来处于薛福成所指的北纬24度以北区域内，但由于薛福成的北段是指不含八关及其边外之地的八莫以北地区，因而中段一般指八莫和八关及其关内外地区土司地。八关从北到南依次为神护关、万仞关、巨石关、铜壁关、铁壁关、虎踞关、天马关和汉龙关，大概位于北纬近24度到北纬25度多之间。薛福成查阅地图和历史，得知明朝时，缅甸“侵夺孟养、孟拱、蛮暮、孟密、孟育、木邦诸土司地”，巡抚陈用宾乃“设八关，筑平麓城，开二十二屯田以御之。设蛮哈守备，统兵五百，驻铜壁，辖万仞、巨石、神护等处；设陇把守备，统兵五百，驻陇川，辖铁壁、虎踞、天马、汉龙等处”。[120]由此可见，八关的设置目的在于“控制关外土司，非所以为滇缅之界”。1875年马嘉理案发生时，清政府在给云贵总督岑毓英的上谕中就指出：“滇省野人虽居铁壁关外，其地仍属中国，不得谓非中国管理。”[121]

至于关内外地区土司，1404年设木邦，“西邻孟养，东及潞江”。由于木邦太大，因而1858年从中分出设蛮暮，“东及八百，西至缅甸，北至芒市，南至束克刺”；设陇川宣抚司，“西至干崖，东至芒市，北至南甸，南至木邦”；设孟密，“东北有南牙山与南甸分界，西南有摩勒江，有大金沙江，俱与缅甸分界”。[122]

南段，除了延伸而来的木邦土司地外，主要为：车里，1386年11月设军民宣慰使司，清时将之归普洱府管辖，“东至落恐蛮界，南至波勒蛮，西至八百大甸（八百大甸宣慰司，明于1388年所设，在孟艮以南，1522年至1566年为缅甸所并），北至元江，南接老挝”[123]；孟定御夷府，“东至威远（和孟连），南至木邦，西至陇川，北至镇康”[124]；孟连，又名哈瓦，明设长官司，清因之，西接木邦，南接孟艮，东为车里，北靠孟定和勐缅；孟艮御夷府，1405 年设，直隶云南布政使司，“东至车里，西至木邦，北至孟连，南至八百大甸”[125]。对于这些沿边地区，薛福成认为虽然“与缅地犬牙相错”，但是自有孟艮、车里两土司“所管旧界为凭”。[126]

总结来说，明朝在滇边及今天缅甸、老挝等地的地方设置茶山、里麻二长官司，孟养、木邦、车里、老挝、八百大甸、缅甸等六宣慰司，孟定、孟艮二御夷府。老界，指乾隆以前之滇缅界，其包括大金沙江内外而拥有其上游，即“西包孟拱、孟养，在大金沙江（今天伊洛瓦底江）之外；西南包蛮暮（八莫）、木邦、孟密，在潞江、大金沙江之间；其南有江自潞江通入大金沙江，为滇界尽处”[127]。乾隆以后，出现了新界：孟拱、孟养、蛮暮、孟艮、木邦、孟密六土司为缅甸所并，“中国不复过问，于是以腾越所属之南甸、陇川、孟卯、干崖、盏达等土司，龙陵所属之遮放、芒市等土司，普洱所属之车里、十三猛土司为新界，西至大金沙江止”[128]。换句话说，如果清政府不承认缅甸对六土司的吞并，那么“相沿之界”指老界；如果承认，则指以大金沙江为界的新界，清政府所谓有案为准，大概指此。

薛福成还查阅了缅甸的边界演变情况作为参证，得知在乾隆五十二年清朝封缅王时，“缅疆南尽南海，北迄孟拱，西包阿拉干，东联麻尔古”[129]。即是说，缅甸“辖境在野人山左近者，不得过赤道以北二十四度”，并不包括野人山地。[130]

总结上述情况，薛福成决定：“须以力争野人山地为第一要义，至少须以大金沙江为界，然后沿边诸土司可以稍安；其次，则争大金沙江为公共之江；又次，则争于新街北岸划一地与我，立埠设关；而争南掌掸人之地为最后焉。”[131]其中心是力争以大金沙江为界，目的在于“借此一着，力争上游，振起全局”[132]。

三、薛福成同英国的激烈争论

既然薛福成根据滇边土司的设置情况和演变情况以及其他方面，得出了应该以何处为界的结论，那么他是如何为此同英国人进行辩论的呢？谈判结果是否达到他的预期目的？我们相应地从三段的争论情况来进行探讨。

北段的争论，以 1893 年初为界，明显分为两个阶段。在第一阶段中，薛福成的确是按照“以争野人山地为第一要义，至少须以大金沙江为界”的既定方针行事的；在第二阶段，薛福成因一系列原因，作了有条件的让步。

薛福成曾经设法将英国的侵略势头阻止在北纬 24 度以南，在正式谈判之前的1892年2月21日就向英国外务大臣沙里士伯（Roseburry，一译劳偲伯力）指出：曾纪泽担任驻英公使时就“说明缅甸辖境在野人山左近者，不得过赤道以北24度”。“将来但照此办理，自易分清界限。且系议定之事，可免多费口舌。”[133]沙里士伯拒绝，说1886年中英双方立约时可惜未将曾纪泽当初之议规定进去，声称：“西洋公法议在立约之后，不可不遵；议在立约前，不能共守。”[134]

薛福成认为英国翻脸不认账的原因是必然的，因为它经过多年的侵略，“磐石之形已成，藩篱之卫已固”[135]，因而决定最低程度以大金沙江为界。1892年6月，他明确向英方“索问前缅王属地以北厄勒瓦谛江（伊洛瓦底江）东所有之地起，至厄勒瓦谛江之根源而止”，理由有五：“一、照大概规矩，中国边界一带野人之地，有别国进来，不得不预备保护；二、其地所居之民，认中国为上邦，凡遇有事之秋，每请中国之示，及请中国帮助；三、该处贸易及一切工作居民，皆中国人，或中国种类之人；四、该处人民之教化，皆中国之教化；五、贸易之事皆中国，且每年加增。”在这里，薛福成实际上从民族关系、政治关系、经济发展及文化影响等方面驳斥英国的野心，强调指出：“中国有此五证，非特可索东边之地，并可索问厄勒瓦谛江西边之地，则分界更觉均匀。”[136]9月，又叫马格里向英国外交副大臣山特生从英方的角度指出北段以伊洛瓦底江为界：（1）既然就情、理、势三者而论应属于中国，那么英国就应归还“以彰公道而联睦谊”；（2）野人山地在伊洛瓦底江东仅有1/4，而在西有3/4，英已占大利；（3）就中英俄三国之间关系而言，如英方归还野人山地，那么就给俄国在帕米尔高原做出了榜样，俄国“亦可速撤”在帕之兵，从而不再对英属印度、阿富汗产生威胁。[137]薛福成还表示，如果英兵退到伊洛瓦底江西，英国利益也不会受损失，因为中国担保伊洛瓦底江东之居民“不至滋事”，而且“务令道路通达及保护商人”。[138]

英方因野人山地为通西藏和西康的要路而觊觎已久，在回照薛福成中声称“英国未能查得中国治理此等野人之实据”，“缅甸曾管理厄勒瓦谛江东之地，直至恩梅开江及迈立开江汇流之处”，声称“除华商外，其地华人始于近四年渐渐来聚”。[139]换句话说，英国企图“以萨尔温江（怒江）及恩梅开江中间之山水流分界处为界”。[140]

薛福成对此坚决反驳指出：“此说不然，缘各国属地土人有向其属国，而无治理实据者甚多。非特边界外有之，即中国十八省内亦有之，如湖南、贵州苗人瑶人各种，居于山中，平时不甚归中国治理，而实未尝不归中国管辖。由此观之，即使中国为治理开钦野人（克钦民族），亦不得未见治理实据，遂谓中国不能有治理之权。”他还强调指出，如果认为中国无证据，那么“英与缅甸更无管辖大金沙江以东野人山地证据”。[141]

英方见辩论不过薛福成，乃采取武力压迫手段，在昔董之外又进攻昔马，声称“野人实在可恶”而不得不派兵惩办，说什么“野人凶悍，中国兵力不能管理”而“徒争此地……必至野人愈横，扰累英人”，因此不能以伊洛瓦底江为界。[142]

薛福成对此批驳指出，“野人自居其地”，而且“颇知耕牧，亦通互市，其驯顺之气实过于台湾之热藩”，怎么“可恶”呢？“即使野人有罪，一俟两国分界议定，无论属中属英及为瓯脱，皆可查明惩办”，怎么能派兵侵略呢？针对英国出兵，薛福成一方面要求总理衙门向英驻华公使欧格纳抗议“何以昔董未退兵，又扎营昔马”，若不速退，我亦派兵前往保护华商，一方面要求总理衙门“电滇帅筹整边防”以护边疆。[143]

从上述来看，薛福成同英方激烈辩论。尽管英方以两次停商相威胁，薛福成也“不顾数次翻议”。英方见薛态度坚决，乃声称大金沙江为界之议并非“出自总理衙门与云贵总督，必系使臣之私意”。薛福成乃“电请总理衙门向英使欧格纳辩论，以昭划一”，指出无论如何都要力争。[144]

可是到1893年初，薛福成突然表示让步，照会英国外交部，提出解决争端的四条办法：(1)“中国所索问厄勒瓦谛江边地全归中国，今改为中国边界应行展拓之地，距边界外址算酌中之数，阔二十英里，自穆雷江起，至北纬二十五度四十分止，归中国。”(2)“自北纬二十五度四十分之地，俟查得该处地理情形，稍详细后，然后两国再定。”(3)“所有照以上所定地界之外，至厄勒瓦谛江之地，均归英国。英国须将江洪、孟连各上邦之权皆归中国，并将萨尔温江之九乡之地，俗呼为科干者让与中国。又由萨尔温江之西中国属地猛卯坡相近处，包括汉龙关在内起，作一直线，至萨尔温江对面马里百地方止，一切之地，皆归中国。”(4)“俟议定边界后，两国再定退兵日期。”[145]从这四条办法来看，薛福成的让步之处在于：(1)北纬25度40分以南、穆雷江（该江发源于今天云南盈江县境，西南向，在八莫稍北处流入伊洛瓦底江）以北这一段同中段紧密相连的地方，中国不再坚持以伊洛瓦底江为界，而改为从当时干崖土司界向西“阔二十英里”为界。至于20英里以外至伊洛瓦底江的地方，“均归英国”。这就是说，薛福成不再坚持北纬25度40分以南的地方以大金沙江为界。(2)北纬25度40分（薛福成随后改为北纬25度35分）以北的野人山地，薛福成虽然没有让步，但答应“俟查得该处地理情形，稍详细后，然后两国再定”；这亦就是后来在《中英续议滇缅界务商务条款》第四条中所规定的“今议定北纬二十五度三十五分之北一段边界，俟将来查明该处情形稍详，两国再定界线”。[146] 英国对此让步表示接受。

为什么薛福成会作上述让步呢？从薛福成1893年8月底的上奏、10月16日致总理衙门函的材料和上述第三条办法来看，原因有二：（1）英国因“重视野人山地”而“不愿分割”，乃有在中段和南段“让我稍展边界”之说，也就是在薛福成所提第三条办法上的“让步”。（2）薛福成因认为自己对北纬25度35分以北的情形不了解而担心被英人蒙混。他说：“英人所注意经营者，欲由滇西野人山通入西藏（指西康而非西藏）。惟自昔董以北球夷、怒夷之地，英人亦未尝深入其境。外部初议约略分至二十八度至二十九度之间。但既为人迹所不至，滇中亦无从查考，万一受彼蒙混，分入藏地，将来彼必执条约为证据，关系非浅。现已再四与争，订明自二十五度三十五分以北暂不划分。”[147] 这就是说，薛福成在中段以北至北纬二十五度三十五分之间争取最低程度以大金沙江为界的立场未能实现。

关于中段之争，主要集中在八莫和铁壁、汉龙、天马和虎踞四关之上。

在八莫上，薛福成争而未果。八莫即蛮暮、新街，明朝初年曾经隶属于木邦土司，万历年间分出设置蛮暮安抚司，到清乾隆时也颁给了宣抚司印。薛福成虽然和曾纪泽一样一度误以伊洛瓦底江为怒江，但对其地理位置及其重要性还是有所了解，说它“在云南边界之西，怒江——即厄勒瓦谛江——上游之东，大盈江——即云龙江——下游之南，形势据怒江之上游，屹然为重镇”。“若中国得之为通商之埠，则边防较为巩固，收税亦扼要隘。”[148] 而且，英国在完全吞并缅甸之前，为了避免清政府武力保卫藩属并换取清政府承认英国对缅甸的统治权，曾经计划“邀请中国友好解决缅甸问题，将中国边界扩展到八莫”[149]，并因此在口头上答应曾纪泽准许中国在大金沙江上开一商埠，中国船舶有在伊洛瓦底江航行之权。因此，薛福成指出“刻下本大臣所争论者，系索八莫之地”[150]。

但是，英国政府毫不让步。早在1885年11月24日，总税务司赫德就致电英国政府，强烈反对上述换取清王朝承认的计划，声称“这种办法将由插入一个似是而非的中国地带，使英国与真正的中国永远疏隔，对西南地区的往来和发展都是不利的”[151]。一名英政府官员也声称：“任何人只消一查地图，就知道八莫战略地位的重要了。即使为了争取中国的友谊，八莫也是一个过高的代价。”[152] 这样，英国在薛福成提出八莫问题时根本不予商量。

其实，薛福成深知英国在1885年12月28日兵占八莫后必然不会答应，但是由于八莫位于大金沙江上，为野人山地的最南段，为了争取八莫以北的野人山地以大金沙江为界，而提出此问题。他的本意在于以中国在八莫的让步，换取英国归还占领的野人山地，其最终目的正如姚文栋向他建议所说的那样："滇西之界，如弃大金沙江外之孟养而不问，并弃大盈江外之新街而不问，亦必以大盈江与大金沙江会合之处为止，其西即以大金沙江为界，其南即以大盈江为界，则虽弃其外户，而犹保寝室之门也，弃其旧属土司，而犹保现属土司所有之分地也。"[153]用英国人的话来说就是："中国拟自太平河（又称太平江，即大盈江下游）起，流入厄勒瓦谛江，离蛮暮北约十五英里，作为两国交界。"[154]薛福成的这一目的是否达到？这就涉及八关及其关外之地之争的问题。

关于四关之争，薛福成初因"八关界址未清"而"尚须理论"。[155]他查阅滇省所绘地图，认为太平江以北的铜壁、巨石、万仞和神护四关尚有安全保障；至于太平江以南的四关，虽然汉龙、天马两关"久沦于缅"，铁壁、虎踞二关"亦早被英占据"[156]，但是由于四关涉及能否以大金沙江为界的问题，因而他决定力争，要求英方"照原界划归中国"[157]，并为此要求总理衙门、云贵总督提出证据。关于薛福成的这一立场，英方评论说："中国视此等旧界甚为要紧，收罗昔时证据共得十七件。"[158]

英方在薛福成提出时声称："英兵所守之界越虎踞关以东者数十里，越铁壁关以东者亦六七里"，汉龙、天马二关也早为缅属。[159]但是由于薛福成据理力争，英方"始允将铁壁关让还中国"，"以库弄河为界"[160]。至于汉龙、天马二关虽然"仍归中国"，但是"汉龙关尚须查勘，如未深入缅境，自可'通融让还'"。"天马关内所筑之路……系八莫、南坎往来要道，碍难隔断，今议将新路归中国，而于稍北一大路许其'借用'。"[161]至于虎踞关，"以该关深入彼境七八十里，已与八莫相近，且隶缅已百余年，一旦弃之，有损颜面"，而拒绝归还。[162]这就是说，铁壁、汉龙和天马三关有条件地归还，而虎踞关因"已与八莫相近"而坚决不还，因为如果归还虎踞关，则势必答应薛福成以太平江流入大金沙江处为界。英方对此认为："如果以太平河（太平江）为界，则附近该处之地，南北约一百五十英里、宽二十五英里，现归英国管辖者，势将让还中国矣。"[163]这样，薛福成的努力失败。

薛福成既然未达到目的，为什么会答应英方"在虎踞关以东划定界线"呢？其原因在于：其一，英方"屡次翻议，又欲借端停商全约"相威胁。薛福成对此认为，如果停商，"彼知中国界址未定，漫无限制，仍可伺机进占"。"再阅数年非特昔马可以不让，即界线亦可如彼意重定"，因而"不值以一隅而妨全局，亦未便争小利而坠诡谋”。其二，英兵早已占据八莫，并占据虎踞关以东数十里，“欲令退让，势有所难”。其三，中国在英国吞灭缅甸而“与西洋为邻”的情况下，“最要关键莫如划定界限，彼此截然，不得逾越”。其四，英方表示：“虽虎踞关不可得，亦稍‘割’地以‘偿’中国：一曰龙川江之大州，得此，则自猛卯通汉龙关较形直捷；一曰蛮秀土司全地，得此，则天马关外更依大山以为固，似较日滇边所守之界有展无蹙也。”[164]

南段，英人在同曾纪泽谈判时答应：“愿将潞江下流以东，自云南南界之外起，南抵暹罗北界，西滨潞江即萨尔温江，东抵湄江（澜沧江下流）左右，其中北有南掌国，南有掸人各地，咸归中国，或留为属国，或收为属地，悉听中朝之便。”[165]薛福成同英方的争论，就集中于此。薛福成将怒江下游地分为三部分，一部分是云南界内的车里、孟连两土司，一部分是孟艮土司，另一部分指两土司之外的南掌掸人地，并因该三部分的利害关系不同而采取的态度不同。

车里、孟连，坚决不能分割。薛福成认为，该两土司“为滇属东南羁縻之最大，加上镇边厅，可抵内省四五府”[166]。他批评清政府的错误态度（光绪十九年六月二十六日，总理衙门致电薛福成，称由于法国争车里，因而英国“以车里归我”，中国“正其狡计”），指出“车里屏蔽滇南，关系形胜，……《会典》及《统一舆图》并滇省来图，皆系滇境，断难一旦弃之”。[167]

英方本知无论从哪方面都不能分割该两土司，但是为了抵制薛福成在野人山地上以大金沙江为界的立场，乃以该两土司曾经入贡于缅为名，“坚索两土司及新设一厅（镇边厅）作为两属”。薛福成对此反驳指出：“车里、孟连隶滇已久，镇边新设直隶同知一官，若忽改为两属，尤属无此体制。”[168]争论的结果，如前所说，薛福成在野人山地上作了让步，换取英方在该两土司问题上的“让步”，即“以全权让我，订定约章，永不过问”[169]。

孟艮。孟艮虽然为缅所并，但它同新街一样，在薛福成看来非常重要，因为：“孟艮在潞江滨，为边外重镇，又系商贾四集之大埠。由缅渡潞而犯思茅，共有三道，而孟艮总扼其江道之冲。窃尝论新街、孟艮之于云南，如鸟之有双翼。新街跨山为险，屏卫其西；孟艮扼江为险，屏卫其南：皆形势必争之地。”认为“昔年英廷欲举潞江下游以东之地归我，即指孟艮以内之地”，批评曾纪泽“何其迟疑不受也”！[170]

由于孟艮早为缅属，英方拒绝归还，但为了表示“格外睦谊”，并换取薛福成在野人山地的让步，声称“已与印督商定，于孟定橄榄坡西南边外让我一地，曰科干，在南丁河与潞江中间，盖即孟艮土司旧壤，计七百五十英方里”[171]。

南掌掸人地。薛福成认为该地具体指萨尔温江以东到湄公河、北纬 18 度 48 分至北纬 21 度 45 分、西经 15 度至 18 度之间的地方，即主要为南掌北部。南掌即老挝，1404 年明朝设宣慰使司，1727 年清改称南掌，“东至水尾，南至交趾，北至车里”。[172]

薛福成认为，英方在曾纪泽交涉时表示此地“悉听中朝之便”的原因有二：（1）担心中国索问向属中国之边外孟拱、孟养、木邦和蛮暮诸土司；（2）掸人地同中国内地关系密切，“民情颇向中国”，且“有乾隆年间所遗界碑及粮台遗迹数处”[173]，但是由于“时异势殊”，即由于“其地十分之六七早已划与暹罗，又与越南之界相错，既不便受彼惠，亦恐致与法国分界又生枝节”，因而曾纪泽所商展之界限“稍有窒碍之处”[174]，因此最好“于车里、孟连两土司边外酌量索地，庶可保护该两土司，而掸地原有各土酋，仍可处以羁縻之列，不必收为属地，似亦不难控制耳”[175]。薛福成这一态度，就是过去有的学者所说的那样，即薛福成为野人山地以大金沙江为界，而在南掌、掸人问题上“不能不略为放松”，“企图牺牲潞东之地以取英人之让步”。[176]

其实，英方“大度”的真正原因在于企图将它同法国的矛盾引向中国，薛福成也看到了这一点。不过，他表示“不便受彼惠”以力争野人山地以大金沙江为界的目的未能达到。

四、《中英续议滇缅界务商务条款》的签订及其评价

由薛福成代表的清王朝同英国进行的第一次划界谈判，以在北段上作了让步，在中段上又不得不顾全大局，在南段上以在野人山地的让步换取英方的“让步”，而宣告结束。1894 年 3 月 1 日，薛福成同沙里士伯代表各自政府在伦敦签订《中英续议滇缅界务商务条款》。该约其七条规定了双方在滇缅划界谈判问题上达成的协议。李鸿章将之概括如下：

（1）“两国界线自北纬二十五度三十五分、北京西经十八度十七分冈尼格接异，随山脊西南过萨伯平（此处有一字不清楚），溯南太白江，以昔马归中国；又溯穆雷江，东南溯既阳江，顺南奔江即红蚌河入太平江。”（2）“溯库延河岸，经洗帕河，以铁壁关、汉董归中国；循山脊至南宛河，向西南转东南；溯南莫河，以蛮秀、天马关归中国；东溯瑞丽江至猛卯；又天马关北有大路，除华民行走处，可另与英人行走，亦许修路护商……”（3）“自猛卯向东南，约划一直线至麻栗坡，

过潞江以科干地归中国，曲折向东南至澜沧江。”（4）“北纬25度35分之北，俟将来查明再定。”（5）“英国允将车里、孟连兼属缅甸之权，均归中国，惟订明中国必不将车里、孟连一小地让与别国。”（6）“勘界官限定换约后一年内相会，三年内一律勘定。”[177]

李鸿章除了省略一些小地名外，基本上将薛福成同英方的争论经过概括出来了。如果要用一句话来概括已定界线，那就是：“自北纬25度35分起，由格林尼址东经98度14分，即北京西经18度16分之尖高山起，东南行至北纬21度27分、格林尼址东经100度12分，即北京西经16度18分之湄公河岸，为两国境界。”[178]

薛福成自己认为，西南两面均收回一些失地：“西面则稍展野人山内昔马等地暨收回铁壁、天马等关；南面则稍拓宛顶边外之地、潞江以东科干之地暨收回车里、孟连两土司。”[179]他还认为，这种结果虽然“未满臣初志”，但是“裨益有五”：“风示各国，俾勿蔑视，一也；隐备印度，杜其窥视，二也；保护土司，免受诱惑，三也；捍卫滇边，防彼勘进，四也；援用公法，稍获明效，五也。”[180]况且还规定“中国之船可随便在大金沙江往来行走”，这样，“形势与英共之，利益与英分之”。[181]总理衙门、云贵总督王文韶、直隶总督李鸿章等也认为“于旧界有益无损”，“西南两面均有展拓收回”。[182]这就是说，薛福成和清政府大体上认为满意。

是不是如此呢？暂且不论是否有五裨益，先看看是不是“于旧界有益无损”。从交涉的全过程来看，薛福成实际上在步步退让：一开始就确定以大金沙江为界，就将原属中国、在老界之内的孟拱、孟养等土司所属土地弃之；接着虽然在野人山地以大金沙江为界同英方僵持，但害怕英方入侵南段而又让步，导致以新界为界的目的落空；虽然英国以武力侵占了八关中的四关，但属于中国领土，并非边界，同英方争四关，实际上默认了英方以关为界的侵略政策。

在此步步退让的情况下，根本不可能“于旧界有益无损”。《中英续议滇缅界务商务条款》的签订，从法律上正式承认了以往为缅甸并去不少、为英国侵占不少的滇边土司地，损失惨重。就北段而言，不但伊洛瓦底江上游以东之地即老界所包括的土司地全部失去，即伊洛瓦底江东到高黎贡山之间也被英国占去不少；就中段而言，在虎踞关以东数十里划界，丢失不少领土；就南段而言，怒江下游即萨尔温江以东之地，乾隆三十一年时有孟艮、整欠和猛龙三土指挥使，猛勇、猛撒和补哈三土千总，整迈和整线两宣抚司，六本和景海两土守备之设，因薛福成认为“时异势殊”等原因而正式分割出去。过去的一些学者总结指出此次划界就使中国损失 92 万方里。[183]

除失地之外，还留下一些祸根。（1）就北段来说，薛福成最终未能坚持以大金沙江为界，使得英国此后任意在江东侵占。而且，薛福成虽然努力遏止英国对北纬 25 度 35 分以北之侵略，但是未能如愿，英国“以界址未定，肆意侵占，开日后片马、江心坡北段界务之争”[184]，导致中英滇缅边界以高黎贡山为界的实际局面。（2）就中段而言，汉龙关、天马关实际上未能收回。英方声称，汉龙关要看是否“深入缅境”，天马关内有条大道“势难隔断”。不能不说日后失去以此为肇始。（3）就南段而言，规定“孟连、江洪（车里）二地，归于中国，但若不先与英国议定，不得让与他国”。英国深知，法国也觊觎滇南，因而先避开，让法国来，然后寻机向中国发难。果然，法国于 1895 年强迫清政府签订《中法境界及通商续议专条》，规定“法国领土扩张至湄公河上流东岸之地，江洪河畔确认为法国领土”。英国以“不得让与他国”为名要求补偿。清政府无法，只得重订《滇缅界务商务续议附款》，割去科干等地，共计损失 1 万方里以上。[185]

更值得指出的是，英国以所谓在南段的让步，换取薛福成在北段的让步，其主要目标在于入侵西藏东南部和西康地区。它从三面入侵中国西南边疆具有整个计划，在西藏东南面“从萨尔温江向北侵略，就有了班洪问题，从滇缅铁路线向东北侵略，就发生了片马问题和江心坡问题”[186]：片马位云南缅甸之间，“当滇西之肩背，扼缅藏之咽喉；占据片马，可背抄卫藏，俯瞰巴蜀，顺长江上游，直趋中国内地”；江心坡位于恩梅开江与迈立开江之间，“钤缅甸之北门，树藏川之外翰，戢滇疆之右翼，弭强敌之东封”。[187] 而尖高山以北自中、缅、印三国实际控制地区交界的底福山口起，至高黎贡山的伊索拉希山口，就是臭名昭著的麦克马洪线东段。这样，英国就这样逼近西藏东南面了。对此，薛福成要么没有认识到，要么认为南段比北段更重要。

以此来说，薛福成同英方的划界结果并不是他所说的收回一些失地，所谓五裨益自然也无从讲起。因此，学者们对薛福成的批评，从这种程度上来说是有道理的。但是，我们不能因此而否定薛福成的努力。从薛福成事先的调查研究和对中国边疆危机的担心来看，从他在谈判中的争论来看，他的努力应该给予肯定，失地不是他的过错，在当时的情况下，他竭尽所能。他划界之所以失败，有的学者说原因有三，即一是由于英国狡猾，二是由于曾纪泽当初未能将英国答应的以条约的形式规定下来，三是由于清政府在 1886 年签订《缅甸条约》时没有立即交涉边界问题。[188]但这不是根本原因，其根本原因，至少包括下列几方面：

其一，传统的以中国为中心的朝贡体系，招架不了西方资本主义殖民体系的进攻。在历史上，中国封建皇帝以中国为中心看世界，构成大陆帝国体系。在这一体系中，封建王朝视中国周边国家为自己的藩属，授予藩属封号、官印，来往文书只能用中文，不能用臣属国的文字，藩属国王即位必须经过批准，藩属要定期觐见。但是在鸦片战争后，帝国主义的入侵，导致这种以中国为中心的朝贡体系土崩瓦解，中国不但未能维持自己古老大国的地位，反而被纳入以西方资本主义为中心的新的世界体系中，沦为依附性的半殖民地。这种情况怎么能保卫自己的领土不受损失呢？

其二，清政府的错误态度，是薛福成失败的又一根本原因。从薛福成 1892 年开始争论到 1894 年 3 月签订条约这段时间来看，正是清王朝同日本关系恶化到甲午中日战争爆发之时。在清政府的眼中，滇缅界务已经处于次要的地位，成为局部的枝节问题，不可能采取强硬的立场，用清政府早在 1886 年 1 月忙于处理对法关系前后所下的圣旨来说就是“断无为一二土司另生枝节之理”[189]。在薛福成的整个谈判过程中，清政府都是持这一态度。英国正是利用这一时机而蚕食滇边土地的，英印总督在 1893 年 7 月致电英外交部说：“潞江、澜沧江中间野番有欲归中国之势，因中国无意经理此等野番，缅甸英官嘱北掸人国之总管相机收为英属。”[190]

其三，同错误的土司政策有关。清政府在滇边继前朝继续实行土司政策，任命部落酋长为土司。如果土司定期朝贡，则“除差发岁银外”，对于土司在所在地区内的所作所为并不过问，治理松弛。这种情况产生的严重后果是：一方面，土司为了维持其特殊地位，而千方百计抗拒中央政府任何改革措施，成为“开发边地之大障碍”[191]，导致清政府对于土司边界，“匪特政府有所不知，即疆吏亦茫然如隔云雾”[192]。曾纪泽在英方询问中缅界线何在时就不能确答，只是说“我界有中国军及中国旗子”[193]，这使得英国借机侵占；另一方面，滇边一些土司同清政府的关系较松散，虽然他们为清政府所设置，但“往往有私贡缅甸”者，导致“英人执此为辞，……或指为两属，或分我边地”[194]。正如有的学者指出的那样，正是在中国实行这种土司制度的情况下，英国就来侵略滇边了。[195]

总之，在英帝国主义殖民体系的侵略下，薛福成认为中国不能再固守以往“中国中心”的传统观念，赶快按照新的国家领土主权的观念，划清边界，保护中国的领土主权。他在谈判划界的过程中，在清政府视滇缅边界为无关紧要的错误政策下，在谈判中竭尽所能，竭力争论。至于划界结果，虽然不是薛福成所说的那样有所“展拓”，但也不是像1949年以前的一些学者所说的那样一任英人旨意、询英人之意。他的本意并不让步，他的失败是落后的清王朝政府阻挡不了新资本主义世界体系的发展等原因所造成的，并不是他的过错。

第三节　进藏游历、通商：英国从南面逼近西藏及中国政府的应对

如前所指出，英国千方百计想打开西藏的大门。在1876年中英《烟台条约》签订后，英国并未即刻要求划清滇缅界线，就是因为时机未到。在吞并缅甸后，英国腾出手来，于1888年发动了第一次侵藏战争，从南面逼近西藏。如何应对英国的侵略，不仅摆在清朝中央政府，也摆在西藏地方政府的面前。对于这场战争，学术界集中探讨了清政府、驻藏大臣升泰的错误立场，也探讨了西藏人民的坚决抗英斗争以及驻藏大臣文硕的支持[196]，取得了一定的成果。不过，尚有一些复杂问题未弄清，比如，清政府为什么让文硕担任驻藏大臣？文硕同清政府、噶厦相互之间各自看法如何？如果文硕不被革去驻藏大臣之职，战争是否会是另一种结局？为什么会有“釜底抽薪”政策出现？种种问题，均值得进一步探讨。笔者重新查阅了有关史料，将视野集中在文硕身上，设法回答这些问题，从中分析英国是如何从南面逼近西藏的，清政府、文硕及噶厦又是如何应对的。

总的说来，文硕之所以担任驻藏大臣，不但是要“开导”噶厦准许洋人进藏游历、通商，而且是要设法改革藏政以加强对西藏的统治。他上任以后，一方面从中国领土主权完整出发，支持抗击英人入侵；另一方面，又因中英力量悬殊、边防薄弱等种种原因，执行清政府的错误政策，要求噶厦妥协让步。他的态度，同噶厦、清政府有相同有不同。清政府撤去其职，主要原因正是他未能完成任务。

一、“开导”噶厦与文硕出任驻藏大臣

文硕，字淑南，满洲正蓝旗人，生卒年月不详。咸丰同治年间，任总理衙门章京，擢至内阁学士兼礼部侍郎。1885年至1888年担任驻藏大臣。由他出任驻藏大臣，不但同当时的历史背景密切联系在一起，而且同他个人抱负和决心有关，从中也表明了清政府在英国发动第一次侵藏战争期间如何治理西藏，应付危局。

文硕上任，是要完成说服噶厦即西藏地方政府不要反对洋人进藏游历和通商的迫切任务。咸丰年间，英人即“每欲进藏游历”，自《烟台条约》出笼、准许洋

人进藏游历以后，更是屡称要“入藏游历，顺便通商”。[197]清政府不得不发给其许可证，并于1879年下令说“洋人入藏人数无多，前往游历，不致有欺压之事，毋庸妄自警疑，致生事端”，要求噶厦“于洋人到藏时，务当饬令汉番弁兵妥为照护”。[198]但噶厦认为，英人以游历通商为名，实际上“派遣侵略分子刺探、收集我方军政情报，汇集山川、道路，为武装侵略西藏提供军事资料”。因此，噶厦一方面对边境各宗谿下令“加强防范，严禁外国人入境，凡可疑分子一概不准到西藏境内经商、游历、朝山、拜湖”[199]；一方面公禀驻藏大臣色楞额，称：西藏地方“乃修习黄教正宗重地”，而“洋人之性，实非善良之辈，侮灭佛教，欺哄愚人，实为冰炭，断难相处”，“英人心深技巧，若令入藏游历，则山川形势为所备知。且恐久之推议租地开山，有防灵脉”，如果强行入藏，“即以唐古忒之众，拼命相敌”，“纵有男绝女尽之忧，惟当复仇抵御，永远力阻，别无所思”。[200]此时，英人由于致力于吞缅战争，一时无暇顾及侵略西藏，因而清政府暂可敷衍一时。

1885年，俄国、英国两个帝国主义国家争窥西藏，中国西南边疆局势陡然紧张起来。俄人13人进入今天聂荣县境内的蒙穹地方。英国见此，于10月照会清政府，声称拟派马科蕾（Colman Macaulay）为特使，来北京商议藏边通商及入藏游历之事。1886年5月，马科蕾声称，“如藏番仍前阻拦”，“即带兵三千，自行保护前进”。[201]

清政府见此情况，决定“许其通缅之请”，以“杜其入藏之谋”[202]，在同中国具有朝贡关系的缅甸问题上让步，承认英国吞灭缅甸的既成事实。而英国也为了取得清政府在缅甸问题上的让步，乃声称“如果准令在印藏边界通商，即可永不入藏”[203]。清政府答应，因而在前述的《缅甸条款》中规定：“烟台条约另议专条派员入藏一事，现因中国察看情形，诸多窒碍，英国允即停止。至英国欲在藏印边界通商，应由中国体察情形，设法劝导振兴商务，如果可行，再行妥议章程；倘多窒碍难行，英国亦不催问。”清政府8月就此下旨说：“英人入藏游历一事，现经订立新约，允即停止，惟须在藏印边界议办通商，应由中国体察情形，设法劝导。如果开办有成，即可永不入藏。是目前紧要关键，仍以开导番众于边界通商为主。”[204]这样，“开导”噶厦妥协让步，从入藏游历通商转到界外通商上来。

文硕上任，还要完成深层次的任务，即设法改革藏政，解决清政府在外来入侵情况下所面临的同噶厦之间的权力矛盾，加强对西藏的治理。自嘉庆即位、清政府边疆政策从积极变为消极以来，驻藏大臣的权力日益削弱。到琦善担任驻藏大臣、1847年奏改章程28条后，不但废除了“商上出入所有一切布施金银，均按季奏报”的规定，而且取消了驻藏大臣及兵丁俸饷向由“在廓尔喀经费内拨交商上生息，以资公用”的规定，导致乾隆时期的规定“荡然无存”。[205]这样，噶厦“不惟不听驻藏大臣约束，转致驻藏大臣办公掣肘。甚至公文折服，须先关白，然后乃得遄行”[206]，清政府对西藏的治理已经非常软弱了，驻藏大臣的权力已成问题。1879年9月1日，驻藏大臣松溎上奏，称自己“镇抚无方，呼应不灵”，要求“另行简放能干大员来藏，以期办理得宜，商上或可遵循，不致任意违抗”。[207]文硕就此指出：“夫藏众骄悍情形竟至如此，无论洋人游历等事万难开导，即无洋人力请游历通商之事，而后此控驭之方，恐亦须大费一番筹画也。”[208]

怎样才能解决遏止英人入侵和巩固西藏地方和清政府中央的关系的双重问题呢？四川总督丁宝桢、驻藏大臣色楞额从西藏政教关系、风土人情等几方面建议：其一，加强边防，“必须该处汉番各官合而为一”，同时由川督和驻藏大臣密切合作，“妥慎筹画”，团结一心共同对付。他们认为，既然中国尚能与法国一战，那么如果万众一心，再加上西藏地理形势和川中练兵，更能抵抗英军入侵。[209]为此，丁宝桢不但练兵，而且驻兵于川西巴塘地区，作为声援。其二，增设必要官制，设法从政制上加强驻藏大臣权力。他们认为，由于“两藏原设粮务二员，游击都司二员，总司军饷营伍随印司官一员，专司地方夷务赏需等项。遇有差委，此数员之外别无可派”，因而必须“于藏中及各路交界之处，择要增设文委员二人，归驻藏大臣统属，专司稽查、护送游历洋人各事”。[210]

文硕非常赞赏丁宝桢、色楞额的建议，上禀给光绪生父、同他政治关系极好的醇亲王奕譞，除了建议由总理衙门同英人交涉暂缓进藏、等待“开导”外，主要在丁宝桢等人建议的基础上进一步提出：(1) 加强川藏关系以巩固边防。由清政府下令丁宝桢“亲身赴藏”会同驻藏大臣“相机酌夺，妥筹料理”，“名为开导藏中僧俗，实则密图边防布置”。(2) 设法巩固驻藏大臣权力和西藏地方与中央的关系，具体措施有二：第一，“治驭番众”必须恰当。在“开诚布公，敕谕达赖、班禅，由理藩院转行颁布，以示绥服”的同时，须“控制宜严”，即：“恩威不容偏废，庶期政柄不致大移。若一宽厚出之，必至一切呼应不灵。缘若辈胸襟眼孔，实同市井炎凉，惟较势力之强弱，不知礼义以自持。”第二，政制上必须改革。除了“择要增设文委员二人”，还须“于现任章京暨曾经出使外洋之学生内，择其谨慎端方，熟谙条约事宜，文理清通，字画整齐者，拣选二三员，派往随同办事，以收指臂之效”。很明显，这是一套内外双管齐下的措施，其目的正在于他所说的“庶期佯缓外侮之来，密图边防之备，而潜消藏俗强悍，即以默寓其中。军威既振，然后在内之德化始得施行，在外之和战皆得操纵”。[211]

这样，在沙俄“逼于西疆”进谋西藏、英国“谋由印度入藏及蜀”的情况下，在必须加强对西藏的治理的情况下，清政府采纳了丁宝桢、文硕等人的建议，决定以色楞额担任库伦办事大臣，由文硕接替色楞额担任驻藏大臣，要求他“到任后妥慎办理，勿稍操切”[212]。

二、支持噶厦抗英与“开导”妥协让步的双重态度

1885 年 12 月，文硕前往成都，同接任四川总督的刘秉璋（时丁宝桢病逝）、提督李培荣协商如何处理藏事。1886 年 5 月，文硕到达拉萨正式上任驻藏大臣。1888 年 2 月，文硕被革职，清政府以长庚接任驻藏大臣。7 月 6 日，升泰抵藏任帮办大臣，文硕离藏。其间，由于入藏游历已经转到界外通商上来，因而文硕主要是处理此事和隆吐山设卡两大问题。在整个过程中，他既支持全藏僧俗立场，又竭力“开导”妥协让步。无论是支持还是“开导”，他都是本着如何才能巩固西藏地方和中央关系、遏止英人入侵的立场。正是在这种立场下，他的做法同噶厦和清政府既有相同又有区别。

（一）界外通商

噶厦坚决反对界外通商，多次“公禀边外通商永不可行，英人倘突然寻衅，实力抵御，不敢徒托空言”，认为界外通商乃“英吉利之人历来尽图侵占别国民土财帛以及地方权衡，一概夺获到手，常用奸计朦混”，“或传习洋教，以及租地、开山、修铁路、采矿砂等事，致妨黄教地脉”，并强调说“目下虽云界外”，一旦允许，“将来后患难知，哲孟雄、不丹就是前车之鉴”[213]，要求清政府“慎重考虑对英政策”[214]。

文硕赞同噶厦的担心和看法。他致函四川总督和总理衙门，辩护指出噶厦并非“不感朝廷厚恩，有心违抗”，而是“委因洋人持教既与黄教大不相侔，且其人性阴鸷，屡鉴缅甸、越南等国被欺之祸”，“深恐自蹈覆辙，此时若一应允，日久难保不致有伤地脉，甚且碍及佛门教法”。他还以自 1842 年五口通商到“兼及长江，繁阜码头尽为侵占，洋商获利不少，华民失业已多”的历史事实，论证指出英帝国主义“强欲藏众通商”“志在地土人民”的侵略野心昭然若揭。[215] 更重要的是，他多方面论证不能屈就英国压力而压迫噶厦让步：其一，从西藏地方对清政府统治政策和在中国的重要性来说，一则由于达赖喇嘛在格鲁派的地位关系到

对内外蒙古、藏区的治理，“因俗制治，绥靖良资。是藏众之向背从违，固非无关国是”。二则“自国初以来，此间久为抚恤番僧布施佛地。乾隆年间，布达拉复奉有仿照藏中佛像恭绘圣容，俾令朝夕顶礼，介祉延熙。是藏地之边徼，固与他处迥不相同，而其得失所系国是者，较之台湾殆尤甚也”。其二，从英国对华关系来说，英国“托名和好”，行侵略之实，动则威胁，连市侩之辈都不如，乃是中国的敌国[216]，因而噶厦“保护边疆黄教之苦心”不能讲是“毫无见地，任意偏执”。总结这两方面，他指出，他原来“之所以迁就英人导我藏众者，本为边务敌情两无窒碍起见”，但是在全藏坚定不移的情况下，如果强其所难，必然“更增疑忌，导之愈力，激之愈坚，正恐敌情未洽，边计先弛，徒使三百年之藩服，梗化离心，而终无补于时局”，更为失计。[217]他要求清政府“饬下总理衙门，将藏中固执峻拒，叠经化诲，犹未领会种种实在情形，及现添派大员亲往开导，事款则圆，未可急骤，致生枝节，有妨和睦之处，婉言照会英国驻京公使，令其转致该国，暂缓开办”[218]。

文硕如此赞同噶厦的态度并为之辩护和论证，是有原因的。除了噶厦的担心和看法本来就是有道理的之外，还有深层次原因，即文硕从上任以来的实践中得出了应该如何才能治理西藏、巩固西藏地方和中央关系的经验教训。虽然从1885年冬到1887年8月间，文硕竭力说服噶厦准许洋人入藏游历通商，派去“开导之员络绎于途，焦敝其口”，但是“该藏番等匪特毫无觉悟，转至目为洋党，强行阻遏”。[219]这使文硕认识到，即使他自己“亲往开释，而甫莅任，恩信未孚，威望未著，亦恐急切弗能化诲”[220]。虽然其间他还打算“以僧化僧”，向清政府建议派“与内地官员相处日久”、“人尚明晰”的棍噶札勒参呼图克图“驰驿前往”开导，但一方面是否成功没有把握，另一方面总理衙门也反对，认为“虽该呼图克图究竟与藏番是否浃洽，亦未能深悉”而“毋庸调往”。[221]在这种情况下，文硕得出结论，无论“开导”什么问题，要想改善和巩固西藏地方和清政府中央的关系，都必须抚绥西藏僧俗，不能强制命令噶厦让步，否则后患无穷。前任驻藏大臣色楞额离任之前即1885年下半年就指出：“虽经前任驻藏大臣及臣等随时剀切晓谕，宽猛兼施，无如藏番心如铁石，百折不回。良由边氓奉佛法为正宗，视洋教为冰炭，兼以言语不通，文字不同，如操之过急，势必驱数百年归顺之赤子从而携贰于吾。”[222]文硕赞同此看法，在1886年8月8日上奏中进一步指出，英国、俄国之所以要求在藏通商，并不是没有认识到在地瘠民穷的西藏“势难图厚利”，而是在于把西藏从中国分裂出去，“非仅为通商而已”。因此在这“英人蓄志既久，俄人又复生心，以一隅之地，两国争窥”的情况下，西藏僧俗的立场“本非毫无情理”，不能“尽斥而非之”。[223] 此后，无论是处理界外通商还是隆吐山设卡，文硕都本着这一立场而支持全藏僧俗。

同时，文硕又由于两大原因而竭力“开导”噶厦同意界外通商。一是清政府严令他必须执行有关命令。总理衙门认为，既然中印边界存在私相贸易情形，“不若名正言顺，择地开办互市，藏印苟得饶益，内地转可相庇而安。英人贪得扩充商货之利，构廛建埔，阛阓云连，必不复萌他衅，各口通商，即其明证”，要求清政府命令文硕“仍遵前奉谕旨”，设法“开导”。清政府采纳此建议，于 1886 年 8 月下旨，文硕等“身膺边寄，于一切操纵机宜，自当仰禀容裁，勿胶成见，首务抚绥开导，未可操切张皇”。[224] 二是同他个人看法有关系：(1) 由于中英力量悬殊，必须两害相权取其轻，要暂时遏止英国的侵略步伐，就必须在当时情况下答应界外通商；在这方面，他和总理衙门的态度是相同的。总理衙门 1886 年 12 月 16 日上奏认为：之所以要拒绝英人入藏游历通商，正“所以防之于腹地，而番俗不致惊疑”；之所以“许其通商于界外”，正“所以导之于边陲，而外情转可帖服”。况且“我朝乾隆中，开恰克图市场，以羁縻俄人，历二百余年，烽燧不惊，市易不变”，因此，“通商互市，亦安边之权术也”，因而向文硕提出，既然中印边境“向有私出贸易，正可藉此开导通商”。[225] (2) 他对中印边界在何处有自己的根据和理由（关于此点，下面要谈到），并据此认为界外通商之处应在大吉岭，要求总理衙门同英人交涉，在通商章程内明确规定以大吉岭作为通商埠口，“以此为断，不得再向内移”[226]。

由于噶厦在此问题上“不惟固执，且怀疑忌”，文硕乃从以下几方面“开导”，强调“不宜拒绝”[227]：

其一，从中英两国的实力对比出发，文硕指出，面对“强悍阴鸷”的英帝国主义，朝廷之所以要求噶厦准许界外通商，是由于西藏僧俗“历来不娴军旅，缓急恐无把握”，在内地民气未复的情况下，“与其开衅滋事，战而不胜，不如权示羁縻”，“迎机驾驭较为善全”，并非迁就英人而“置番民于不顾之意”。如果不自量力，必然导致“溃败决裂，不但边疆不守，辜负圣恩，且自贻伊戚，后悔无及”。他还强调指出，虽然因一些官员不顾民族大义而“甚至亦疑本大臣迁就披楞（英国），恐吓尔等”，但无论是内地官员还是西藏地方官员，都“同办一事，原同一体”，“同系受恩深重之人，岂有人人丧尽天良、左袒英人之理”！既然英国“只期边外通商，明言永不进藏”，那么在中英两国力量悬殊的情况下，可以答应；否则帮凶甚多、自视为西洋大国的英国在“求终未遂，自觉无颜”的情况下，必然“恼羞成怒，构衅必矣”。因此，答应界外通商，“其事不过姑存边外通商之名，藉为英人聊存颜面而已”。[228]

其二，针对噶厦的种种担心，文硕反复指出没有必要，因为如果在界外通商，“我得有自主之权，其害较之入藏游历、撤卡驰防，相去悬殊”：“夫通商而曰边外，且彼曾言许此即永不进藏，是在藏境之外交易互市。英人既不得入藏界，藏商之往贸易者，或多往，或少往，或偶往，甚或无利可图竟不往，藏中皆可自主。”况且，还可“明定章程，预禁传教租地招工略买，以及收纳逋逃顽民，贩卖违禁货物，如军器硝磺及茶叶等，土货进口、青稞等粮食出口之类，并可言明商贩如有赊欠私债，藏中官不与闻管理”，如此，“彼听则许界外通商，不听则仍停止贸易”，“实与黄教地方无大妨碍”，“阖藏可以照旧安居奉佛”。[229]

其三，针对噶厦所说几点，他予以反驳：(1) 噶厦声称，西藏地方上下“人人一心”。文硕指出这“殊难相信”，如果“人人一心”，就不会有人违背禁令同英人私相贸易，也不会发生诸如察雅两大呼图克图属下同室操戈之事件。(2) 噶厦认为“藏律森严，敢有故违之犯，大众群起攻之”。文硕对此一方面批评指出“自古临民御众，惟在抚以宽仁，教义兼施”，不能“专恃严刑峻法以督之”，另一方面指出万一战败，再加上英人善于利诱，一直受到严刑峻法压制者必然乘机而起，反抗贵族的统治。(3) 从边防来说，英人如果达不到界外通商的目的，“必不甘心中途歇手”。虽然我可一时注意边防，但是在旷日持久的情况下“不免于疏懈”，而英人此时突然入侵，“岂不更难备御乎”。[230]

总结以上所言，文硕指出，无论如何处置，总须于事真有实济，不可固执，不可空言誓死，“矜此无名之勇，转贻边境生灵祸患”，界外通商“以时局而论，似可行矣”。[231] 他还说，从保护山川、格鲁派和疆域来说，赞同噶厦反对入藏游历通商和设卡的立场，但是至于界外通商，噶厦如果也加以拒绝，“则是不知审察轻重，昧于通权达变之宜矣”，并强调“此非游历撤卡有理可说者比，虽本大臣欲为尔等辩，然亦无词可措也”。[232] 即使在 1888 年 2 月 19 日英军悍然发动侵藏战争后，文硕都还在“开导”，指出虽然“目下以筹饷筹兵筹军为正策”，但是必须以答应界外通商为“乘势收帆之计”。[233]

尽管如此，噶厦和三大寺僧俗大众仍然“公禀不允边外通商及与英订立条约”，不但声称已经多次阐明“无论如何断不可行”，“曷敢三思擅改，允许通商”，而且强调已经做好准备，“各守疆界，自有天神护佑，必无致犯天慈”。战争开始后，又回答说“目下边务方殷，正在办理巡防，岂能议及界外通商之事”。[234] 此回答同“开导”前和期间完全一样，因而文硕认为是“印版文章”，“深为寒心失望”。[235]

（二）隆吐山设卡问题

1885 年，噶厦基于英国咄咄逼人的侵略，即于“藏属热纳地方以内之隆吐山岩上，新建房屋围墙，以期各保疆土”。英人对此先是声称，藏人“在藏边界外距大吉岭相近百余里地方建立炮台，意在阻止通商”，要求驻藏大臣命令“藏番不可妄为”；继又威胁动武：“藏兵据守西金地方，中国朝廷似有漠然之势，惟有刻即调兵驱逐出境。”[236] 这样，如何处理撤防问题和英国的入侵问题，成为清政府和驻藏大臣的棘手难题。

清政府反对藏军隆吐山设防，于 1887 年 12 月发布上谕认为：“向来哲孟雄自为部落，在后藏界外，不入舆图，且已久附于英。今设卡即在哲境之隆吐山，即不得谓之西藏界内。况英国正议边界通商，而藏众反设卡禁绝通商之路，是显与定约背驰。”“在时机紧迫，隆吐山之卡无论在藏界之外，抑在藏界之内，即为哲孟雄属境，即可藉此撤回，不得任听仍前梗阻，致开兵衅，自取祸殃。”还说：“英于停止入藏一节，尚知通情退让，藏为中国属地，乃藐不知恭顺朝廷。”命令文硕和帮办大臣升泰“饬令迅将卡兵撤回，慎毋再有迟误，自贻罪悔”。[237] 总理衙门和川督刘秉璋的看法与清政府相同，致函文硕声称“现在英人停止入藏，番界藉获乂安，正宜亟筹边界通商，以冀彼此渐除疑忌，岂可造衅生端，使彼诘问有词，波平复起”，要求文硕“谆饬藏番”撤防。[238] 就连较有眼光的前任驻藏大臣、时任伊犁将军的色楞额，也由于误记隆吐山是在哲孟雄境而声称“藏番越界防守是实”。[239] 很明显，这种看法在中锡关系上不但与驻藏大臣、噶厦不同，而且自相矛盾，一方面说不知道隆吐山“是否藏境”，另一方面却又要求撤回藏界，正如文硕所指出，夫隆吐山“既在藏界以内，何以又谓是在哲孟雄境”[240]。

噶厦坚决反对撤卡命令，从以下几方面论证英国“肆意妄为，欺我中国实甚”，如果“大皇帝圣明鉴照，自然断无勒令以地让人之事”，并表示“即使目下有男尽女绝之忧，我等藏众亦不甘心以疆域门户让人”：

首先论证隆吐山“实在是藏治本境，在与哲孟雄、布鲁克巴两部落里西北三面交界之日纳即热纳宗营官寨以内，此乾隆五十九年前藏帅和琳和大臣派游击张志林，与噶布伦丹津拉木结等，与各该部长立定之界”，热纳宗“实是乾隆五十九年奏明藏界之地”。此后，中央政府和噶厦在江孜“向设换防守备一员，戴琫二员，其属帕克里管理隘口营官二员，其下有两贡巴棍及寺院，并有上下卓玛依、捻纳、倾披、廓布、格压、青苍、隆土、日纳等地”。“又嘉庆初年，第八辈达赖喇嘛因彼时哲孟雄部长人亟恭顺，尊从黄教，赏准将热纳宗草场一段拨给该部民通融住牧，并命该部长代办热纳宗营官事。该部长领有商上印照为执。地虽赏准通融住牧，仍是藏中之地，而隆吐山更在此地迤北，是为藏地确切不移凭据。”[241]全藏僧俗尤其对色楞额误言“越界防守”一语最为痛心，批评指出：“不料色将军端居高拱，在此坐镇八年，竟以朝廷所俾封疆辖境，片言之际拱手奉人，固已出诸意表，第不知所奉者是藏属之哲孟雄乎，抑外洋之英吉利乎。”“我喇嘛实在糊涂，不解不解。”[242]

接着针对英国玩弄的“先说设卡之地距大吉岭甚近，意在组织通商，继而变说越守西金之内，又说横截廓尔喀东通印度之路”种种手段，指出：“大吉岭是哲孟雄的南境，隆吐山是藏地东路隘口，相去何远。至西金名目从来未闻，显系捏造，欺蒙总理衙门王大臣，以为砌词狡赖地步。若夫横截大路之说更是奇谈。廓尔喀在哲孟雄之西，印度在廓尔喀暨哲孟雄之南，彼自有路可通，何关藏治东路隘口。”由此可见英人目的显然在于“以西藏为进步阶梯”，“以便东窥四川云南，北窃西宁青海，水陆交冲，蚕食我大清边境”。在此情况下，如果退让作为藏中门户的隆吐山，“势如开门揖盗”。[243]

噶厦还论证了中国和藏边周围各部落尤其是同哲孟雄的关系，指出：“查藏地接壤之哲孟雄，迤东之布鲁克巴，西南之作木朗、洛敏汤诸小部落”，虽然“向来未径行朝贡”，但是“教道、风俗、文字、衣冠与唐古忒多同，互相联姻，事所恒有”。“每年各部长派大头人进藏叩谒驻藏大臣，在达赖喇嘛前瞻礼呈递哈达土仪，各有例赏。偶遇偏灾等事，商上更有赈贷，而各部长若有因事出力之处，驻藏大臣亦曾赏给顶翎，并有奏明之案。”据此情形，“是为藏中属部”，尤其是哲孟雄、布鲁克巴两部落，“遇事莫不谨遵汉番示谕”，“原归汉番版图，本系嫡亲子民”，“该二部之外，方是印度甲噶尔之地”，批评清政府谕旨自己把哲孟雄部落“弃之版图之外”。噶厦还力陈了英国侵略并霸占大吉岭、噶伦绷的情形，谴责英人“擅自夺霸民土，反自以为有礼”。[244]

从上述来看，过去一些学者认为是噶厦的做法引来英人入侵的观点明显是错误的。[245]噶厦不但指出了藏军是在中国自己领土上设防，驳斥了英国种种侵略手段和野心，而且说明了八世达赖喇嘛之所以把英人引为根据的一块牧场交由哲孟雄部长居住和管理的原因，正是由于哲孟雄是藏中属部。正是因为有理有据，全藏上下才对清政府所下严谕“莫不惶恐无地，继之以伤感悲凄”，批评清政府关于“无论隆吐山一隅之地无足轻重，即以全藏而论，亦较畿辅悬殊”的看法是看不到西藏在中国的重要性，最后泣血指出：“四肢有病，天君终恐不能泰然，大概割地求全之谋，终恐不能久恃。”[246]

文硕支持噶厦疆域领土岂能轻易让人的立场，支持抗击英人入侵噶厦的立场。其原因，除了前述他认为只有这样才能加强并巩固西藏地方和中央关系之外，具体到设卡问题上来，还有如下两个：

其一，是文硕从历史档案和其他记载中，得出至少有三大确证可以证明上述噶厦关于边界走向的看法是正确的：（1）查驻藏大臣和琳在乾隆五十九年六月十五日庚午的上奏，“此次经和琳带同游击张志林等，由沿边一带亲自履勘，悉心讲求，一律堆设鄂博，所有唐古特西南与外番布鲁克巴、哲孟雄、作木朗、洛敏汤、廓尔喀各交界，均已画然清楚”。（2）查“嘉庆三年驻藏大臣和瑛西藏赋注”：“帕克里俗名帕里，自帕克里支木山一带藏猛谷日纳宗营官寨，此内为唐古特境，此外为哲孟雄境，其东为布鲁克巴境，俗名竹巴云。按和瑛亦是当时原奏立界之人，其赋中注释悉皆援依档案，言为足据。日纳即热纳之转音，宗者唐古特语，凡山水分歧会合三面犄角形势地基处，皆谓之宗。今热纳宗藏地实与哲孟雄、布鲁克巴东西北三面交接处，形同犄角。”（3）根据驻藏大臣松筠所纂《西招图略》，“藏地边外为廓尔喀、哲孟雄、布鲁克巴诸部，自此而外，至东甲噶尔即阿咱喇、噶哩噶达等处，方为印度交界”。[247]因此，文硕不但向清政府指出“藏界即是隆吐山迤南之日纳宗营官寨，卡伦犹在日纳之北。地即藏境，人即藏民”，撤卡严令“实有窒碍难行”，而且提出“今既查明确实界址，自应以此为据说”。同时要求噶厦对英人的故意含混进行有理有据的反驳。

其二，是文硕看到了不能对英妥协让步而牺牲国家利益，导致西藏僧俗离心离德，毁坏西藏地方和中央的关系：“夫以英使无理之托词，而欲威胁藏番以撤卡，藏番安肯心服就范。甚或铤而走险，岂非敌情未洽，边患先滋，徒失三百年藩服之心，转伤朝廷政体，而益烦西顾之廑乎。夫致英人之藉端挑衅，与激藏番之铤而走险，同一棘手非策，顾势不得已，二者相衡，则藏番之变较英人之来，其得失是非判然远矣。”[248]

基于以上根据，文硕对英人的侵略手段和野心进行驳斥。他针对“英人亦言藏界是在日纳岭，且言决不犯此藏界。然则藏番设卡之隆吐山，更在日纳宗之北，英人又必不容者何也”，指出：“若因其前藏番无备，曾雇土人作为乡导，潜入隆吐山隘口窥探路径，阴将山道开宽数十里至捻纳山，遂欲将藏界截至捻纳山。是乃英人先侵后夺之诡谋，殊失光明磊落，藏番岂肯心服。而藏番因鉴前失，设卡戒严，是为亡羊补牢之正理，又岂肯撤卡乎。夫日捻两音相去甚远，且捻纳地势并非犄角，宗字亦复无着。据此数事，可知英人之无理。”“窥我西藏，蓄意匪一朝夕。”[249]他还批驳了英人所谓设卡阻止通商一语，指出设卡与通商“原是两事，不相牵碍”，即设卡是由英人入侵导致的，“现在转无交易者，实由藏众未悟，不准商民仍前私往，大众齐心，互相访察，初不专系隆吐山一处之设卡否也”。他进一步针对英人所谓只要求界外通商而不入藏一语指出：“扩充商务，要在化解番疑，而不在关乎隆吐山之设卡”，即使噶厦“肯于界外通商，则门户隘口，势亦不能不议设卡巡察弹压匪棍”，英人“如果专重商情，实无他意，则隆吐山撤卡一节，应即作为罢论”。“其界外通商，仍听驻藏大臣从容开导。”[250]

本着上述立场，文硕要求噶厦要认真防守作为门户要区的隆吐山，提出了一系列诸如加强通信、派兵、筹款、加快政府运作的措施。在英人发动侵略战争后，又提出了如何对敌的战略战术，积极布置从昌都地区调集兵马、粮食，要求清政府“饬内外臣工会议隆吐山之事，以定应否调派内地军队入藏支援”[251]。正是由于这一切，文硕赢得了全藏僧俗的爱戴，因此一些学者给予充分的肯定，称赞他“忠于职守，站在西藏人民一边，全力支持他们的抗英正义斗争”，并且认为这正是妥协投降的清政府撤去文硕之职的主要原因。[252]

但是文硕又压制噶厦反击英人入侵，执行了清政府“无论隆吐属藏属哲，将来自可辩明，现在总以撤卡为第一要义”[253]的妥协退让政策，认为只有这样才能遏止英人入侵。在英国发动侵略战争之前，文硕即认为英人既然声称“若不即早撤回藏界”，“定行驱逐”，则应当“审夺机宜，妥细斟酌”。[254]辩护清政府之所以下令撤卡，是由于“不知隆吐山是在日纳即热纳宗以内，实系藏治本境，并非哲孟雄地”，和未能深知全藏僧俗“为朝廷慎重边疆”的决心，并非“弃置隆吐山于不问也”。英人侵略占据隆吐山之后，他不仅认为英人占据该山的原因是因为它“误认其地为哲孟雄境”，而且要求藏兵不要“耀武图功”收复隆吐山，声称由于中英力量悬殊，一切必须“实事求是，量力而行，不可冒昧轻忽，一误再误”而“置边疆得失于不顾”，并说“隆吐山一隅边地与卫藏全局两相比较，其轻重相去万分”：“隆吐山比如院里地下一块铜，帕克里内全藏地方比如屋中桌上一座金”，不能“争铜伤金”，导致英人“攻进帕克里，或绕进江孜、春堆等处藏内门户，则为害更大”，提出“与其劳民伤财，终恐难得把柄，不如以守理遵旨为名，不与披楞交仗”，同时“吁恳天恩，饬交总理各国事务衙门，凭依乾隆年间奏案辩明界址而已”。[255]

不仅如此，文硕还听任英国将同清朝极有关系的哲孟雄、布鲁克巴两部落变为殖民地，反对噶厦关于该两部在天朝版图并要求英人将所侵地方退出的主张。他声称，虽然“该两部落向来亦奉黄教，尊敬达赖喇嘛”，“其两处部长从前得赏顶翎，亦由驻藏大臣随宜鼓励”，但是“并非奏奉大皇帝谕旨，与唐古特番官情形迥不相同”，所以属于“界外两小部落，向本不在朝贡版图之内”。因此，“所有大吉岭等处哲孟雄、布鲁克巴两部落被租被侵地方，历时已久，既非目今急务，自应暂且不议”。[256]从这来看，文硕的态度又是同全藏僧俗截然相反的，并未全力支持全藏僧俗的抗英正义斗争。

从上可见，噶厦坚决抗击英人入侵，表示“誓保国土，维护主权，全藏一心，备战抗英”。文硕从中看到，“如遵从清政府的旨意，毁卡撤防，不支持西藏人民反抗英帝国主义的侵略，将导致清朝政府与西藏人民发生矛盾，且给敌人以可乘之机，助长敌人侵略气焰，后果将不堪设想”，因而支持抗击侵略。噶厦得到文硕的支持，立场更加坚定，不但以拖延撤卡、撤回驻军来应付清政府，同时向英表示：藏军设卡，纯属中国内政，英无权干涉，如英确有诚意通商，就应将在布鲁克巴、哲孟雄之侵略军全部撤走。[257]要英国罢手侵略，恢复中国与不丹、锡金的传统关系，是英帝国主义不能答应的，因而发动了对隆吐山的进攻。清政府见此，不但错误地批评噶厦“不量己力，越疆置卡，肇衅生事”，而且将责任归到文硕身上，批评他“受事以来，不能将朝廷保全该番之意剀切劝谕，近复畏难取巧，反欲藉拒英护藏为名，谓藏地撤无可撤，连章累牍，哓辩不休”，“一切危急窒碍情形，悉置不顾，非但不能开导愚蒙，转为煽其昏焰，其迷误为何如耶”[258]。文硕在清政府的严旨和中英力量悬殊的情况下，要求噶厦撤卡，并以界外通商求得暂时苟安。

三、文硕的失败与去职

上述表明，文硕虽然上任后由于认为“迩年藏番迥非昔比，驾驭稍不合宜，诚恐英波未平，藏波随起，内外交哄，更劳宸廑”[259]而采取了支持噶厦立场和“开导”妥协让步的双重态度，虽然他在一定程度上改善了驻藏大臣和噶厦的关系，并赢得了全藏僧俗的爱戴，但是不但未能完成“开导”噶厦和加强清政府对西藏治理的双重任务，而且因此被撤职。

从表面上来说，文硕未能完成“开导”的迫切任务，是因为噶厦拒绝作任何程度的妥协退让。而噶厦之所以如此，恰恰又说明了文硕上任的深层次任务即改革藏政，巩固清政府对西藏的治理，不仅未能完成，反而更加恶化，主要表现为：(1) 驻藏大臣的权力更加下降。本来，“驻藏大臣奉命总理西藏事务，向来藏中事无巨细，均须具禀请示，饬复后再行办理，方合体制”[260]，可是噶厦却自行其是，在隆吐山设卡、决定出兵收复该山等问题上，就不事先向驻藏大臣禀报。这样，文硕不但无力执行清政府以威令压迫噶厦妥协让步的指示，只得“两面听尔藏众度量自择”[261]，而且在对外交涉方面不得不听任噶厦 1888 年 4 月自行通过哲孟雄僧人颇当喇嘛同英人议和。(2) 噶厦对待驻藏大臣的态度更恶劣。当文硕离任、升泰前来接任时，噶厦要么拒绝提供乌拉，要么声称升泰一行中夹带着洋人，千方百计阻止或延缓其前来接任，升泰一怒之下被迫“折回里塘（又称理塘）暂住”。这样，文硕不但在 1888 年 5 月 8 日才得知升泰 4 月 8 日就已进藏的报道，而且到 5 月 30 日“尚未接据江卡营官禀报到境日期”。[262]

清政府认为，噶厦之所以如此，是文硕“未谙交涉，辄以拒英护藏覆奏”[263]所造成的。1910 年担任驻藏大臣的联豫，也认为驻藏大臣失去权力始于文硕时期，指责他 1888 年放弃外交由中央政府负责的大权，听任噶厦私自交涉，进行“印藏订约”[264]因此，清政府“严旨切责，以长庚代之”[265]，并于 1888 年 5 月 15 日发布上谕说：“印藏通商一事，英人约定并不催办，倘非隆吐设卡，妄生枝节，尽可相安无事。此次开衅与通商绝无干涉。文硕办理此事始终不明机要，于撤卡一节，不但不竭力开导，反代为哓辩力争，一旦兵败卡毁束手无策，乃欲藉通商为转圜，而于藏番之自行商办又不拦阻。种种乖谬轻忽，深堪痛恨。殊不思藏为中国属地，断无听其自主之理。”[266]由此可见，清政府撤去文硕之职，虽然同他支持全藏僧俗的抗英入侵立场有关，但这不是主要原因，而是他这种做法没有完成“开导”和加强驻藏大臣权力、巩固西藏地方和中央政府关系的双重任务。

文硕何以未能完成双重任务呢？这并不是他没有才能。前面已经指出，清政府是在针对驻藏大臣难以行使权力状况而决定推行丁宝桢、色楞额和文硕等人所提加强边防、川藏一体、设法从政制上加强驻藏大臣权力等建议的前提下，任命文硕担任驻藏大臣来推行的。从这种角度来说，“开导”噶厦只是他上任的借口，而设法加强对西藏的治理，才是真正目的。如果这些建议得以实现，他是可以完成任务的。但是从前面的论述中，我们看到的只是“开导”，而没有看到他是否在推行这些建议，因而还需要展开论述。

文硕上任以后，撤换了一些不称职的官员，“把持公事，声名狼藉，不洽舆情，控制上司，意图盘踞”的西藏粮员刘钧，就是其中代表。同时，他针对“额设换防文武官员，各有专司职业，遇事差委恐难兼顾”的情况，请求准调“均曾在藏当差，情形较为熟习”的四川候补知县嵇志文、秀萌和把总萧占先以及“年富力强，情殷报效”的千总刘家霖4人入藏“听候差委”。[267]这说明，文硕已经将增设属员以加强行使驻藏大臣权力的计划付诸实施。不仅如此，他还从设法改善驻藏大臣同达赖喇嘛、班禅喇嘛的关系着手，努力恢复行使驻藏大臣的法定权力。他“切切特谕”门房家丁说:“凡遇藏属人来，无论是否传见，尔等务须以礼相待，不可稍涉简慢。缘我奉命驻藏，到任后一切政治，悉应钦遵乾隆年间教谕定制，会同达赖喇嘛暨班禅额尔德尼秉公商办，体统平行，即与同官无异，谊贵和衷，礼崇相敬。所以优待其使者，即所以致敬其师之义耳。”[268]虽然这些措施有助于驻藏大臣行使权力，但是还不足以恢复以前对内对外噶厦禀遵驻藏大臣指示办理的旧制，双方之间权力关系并没有得到实质上的改进，噶厦仍然藐视驻藏大臣的权力，因而文硕批评噶厦“一味刚愎任情”，“难与开诚布公，共图大事”。[269]

为什么文硕难以实现同噶厦“开诚布公，共图大事”的期望呢？无论是文硕，还是后来任职的驻藏大臣如联豫，都认为其中原因在于“藏卫孤悬，远隔腹地，兵力单薄，抚绥震慑，不足以示国威”。[270]本来在雍正初年，清政府针对“准噶尔窥边”，而“诏以川、陕兵二千人驻防”，“其时云南省军队亦分途入藏”。虽然事后“撤归原省”，但到乾隆时期反击廓尔喀入侵后，“以寨落之多寡为衡”而增设塘讯守兵，并加强领导，“前藏番兵隶驻防游击，后藏番兵隶驻防都司。令四川督臣以头等将备为驻藏之选，统以大臣。其驻藏之兵，令驻藏大臣亲为校阅”。[271]很明显，这不仅有利于加强西南边防，而且有利于加强对西藏的治理。但是到清朝中后期，清政府要么忙于处理内地爆发的起义，要么忙于对付帝国主义入侵，已无暇顾及西藏边防，1841年森巴入侵西藏时，清政府就无兵可派，当时担任驻藏大臣的孟保只好依靠西藏地方军队反击。森巴入侵虽然被阻止，但西藏地方势力越来越大，清政府日益感到控制乏力。清政府决定以文硕担任驻藏大臣，采纳推行丁宝桢等人提出、文硕竭力赞同的川藏一体联防、加强边防的建议，目的即在于加强治理西藏。

这个建议何以未能推行呢？本来，丁宝桢1876年到1885年担任川督期间，致力于练兵加强边防，“治蜀十年，建树显著”。可惜，1885年下半年“卒于任所”。继任其职的刘秉璋虽然也历经沙场，但忙于镇压“盗贼蛮夷”[272]，置西藏边防于不顾。文硕在刘秉璋未到任前即致函四川提督李培荣，要求共同致力于推行此计划；如果刘秉璋到任后不赞成，亦要竭力催促他实行，使他“不至于别开生面”。在上任途中，文硕在成都花费了4个月时间，竭力要求于四川巴塘、理塘（即里塘）到西藏察木多之间驻兵四千。刘秉璋不但拒绝亲身入藏，而且声称：“理塘去巴塘六站，巴塘去察木多十四站，察木多至前藏二十五站，即使巴塘、理塘驻兵，于西藏似无大益。而川省财力久绌，实难供支。”只答应调集100员兵勇作为文硕的亲随，“以备到藏训练教习之用”。[273]英军进攻隆吐山之前，文硕又要求清政府调内地军队支援，清政府却指责他“昧于事情，不顾大局”，“着毋庸议”。[274]这样，文硕推行川藏联防计划的期望落空了，调内地军队以加强边防的希望也落空了。因此可以说，无论是谁担任驻藏大臣，只要中央政府驻军无几，都不能完成巩固边防、加强对西藏治理的任务。后来，联豫所提出的“在察木多以内，举行练兵，添设重镇”解决之道，和清政府决定推行川、滇、边、藏国防一体[275]，原因就在于以练兵加强对西藏的治理，可以说这才认识到了文硕要求的重要性。

文硕在希望落空的情况下只能另想他法。在通过前述支持噶厦立场、同达赖喇嘛开诚布公等措施来设法完成“开导”和加强对西藏的治理的双重任务。任务失败后，他采取了极端的做法，不但执行了清政府“我兵驻藏无几，尤宜严加约束，毋得稍有干涉，致生枝节，将来难于转圜”[276]的错误旨意，命令江孜守备萧占先只能探听边境情形，不能率兵参战，而且拒绝了藏军调用驻藏大臣控制下的抬枪的要求，声称“抬枪仅有八杆，数本不多，番兵又不曾练习，既不合用，倒是赘累，倘有疏失，彼此不便”[277]。他在被撤职后致函升泰声称，“藏番夙性非逼至南墙根下，钉子碰到头颅肿痛不知悔”[278]。于是，升泰选择了1888年5月藏军“碰钉”，“从此畅利遄行”[279]，噶厦只得要求驻藏大臣同英交涉之机入藏，执行清政府妥协退让政策。这种由文硕开其端的做法，到1904年发展成为臭名远扬的“今欲折服其心，非任其战、任其败，终不能了局”[280]的“釜底抽薪”政策。由此可见，虽然文硕在一定程度上支持了全藏僧俗的抗英入侵立场，但从实质上来说是因为他认为只有这样才能赢得全藏僧俗之心，加强清政府对西藏的治理。一旦目的未能达到，他也会同升泰、有泰之类驻藏大臣一样，执行“釜底抽薪”政策。在清政府对英妥协投降政策之下，即使文硕不被革职，结局也没有多大变化。

从上可见，文硕在英人入侵的背景下担任驻藏大臣，不但是要完成说服噶厦不要反对洋人进藏游历和通商的迫切任务，而且是要设法改革藏政，解决清政府中央同噶厦之间的权力矛盾，加强对西藏的治理。他上任以后，一方面从中国领土主权完整出发，支持噶厦疆域领土岂能轻易让人的立场，支持抗击英人入侵，认为只有这样，才能使全藏僧俗人心内向以加强对西藏的治理；另一方面，又因中英力量悬殊、边防薄弱等种种原因，执行清政府不派中央驻军加入作战、要求噶厦妥协让步的政策，竭力“开导”噶厦界外通商和撤卡，认为只有这样，才能暂时遏止英人入侵，求得一时苟安。但是，由于川藏联防计划不能推行，由于中央军队驻藏无几，文硕虽然竭尽全力，并不能完成任务。而清政府撤去文硕之职，主要原因正是他未能完成任务。这样，英国从南面逼近了西藏。

总之，英国千方百计打开西藏大门。它宣称：从 1774 年英印总督哈斯廷斯派波格尔入藏直至 1840 年，“建立沿喜马拉雅山和平边境的需要，贸易的渴望以及通过西藏建立起与北京中国皇帝的联系，迫使英属印度政府不断地寻求打开通往西藏之路和与西藏政府建立正常良好的关系”[281]。为此，它采取三面逼近的侵略战略：其一，在中国西藏西面，东印度公司势力扩展至印度西北部，“扶助山区一个小邦的道格拉（Dogra）王室取得对克什米尔的统治，并置之于自己的监护之下”。随即，通过道格拉发动侵占拉达克的战争，这样，“英国的侵略矛头又随之深入到拉达克和喜马拉雅山的西端”。[282] 其二，在喜马拉雅山南麓，英国首先对不丹、西藏珞瑜地区进行蚕食，待时机成熟后发动第一侵藏战争，从南面逼近了西藏。其三，英国积极经营联结西藏门隅、察隅地区的阿萨姆（又称阿萨密）平原，并发动三次侵缅战争，把侵略矛头直指西藏东南部、西康和云南，从东南面逼近了西藏。国力衰弱的清政府对此不能有效应对，西藏问题的产生不可避免。

这样，对于英国来说，其下一步的问题是如何在三面逼近的基础上将西藏从中国分离出去。对于中国来说，其西南“沿整个喜马拉雅山脉的边境，从西藏东南部的察隅到西北部的班公湖西段”都面临着英国的侵略，“不丹、锡金、尼泊尔、拉达克，原来对我国保持密切关系的地区和邻邦已一一转入英国的势力范围。一度被视为我国后院的西藏，现在一变而为我国西南国防的又一个前沿阵地”[283]。这样，西藏问题成为 1927 年至 1950 年中英两国政府的交涉与争论的重大问题。

注 释

[1] 《西藏之过去与现在》，第 7 页。

[2] 同上书，第 6 页。

[3] 《西藏对外关系总结》，第 245 页。关于哈斯廷斯派遣波格尔入藏的具体情况，可以参见 Clemente R. Markham, *Narratives of the Mission of George Bogle to Tibet and of the Journey of Thomas Manning to Lhasa*, 1876. Reprinted in India。该书中译本见张皓、姚乐野译：《叩响雪域高原的门扉：乔治·波格尔西藏见闻及托马斯·曼宁拉萨之行纪实》，四川民族出版社 2002 年版。

[4] 柳陞祺：《藏族简史（摘文）——17 世纪西方势力入侵至西姆拉会议》，见《柳陞祺藏学文集》（汉文卷·上），第 7 页。

[5] 《西藏之过去与现在》，第 44 页。

[6] 目前有关拉达克失去研究的代表性成果主要有陈家琎主编《西藏森巴战争》所载的两篇论文：周伟洲的《19 世纪前后西藏与拉达克的关系及划界问题》，次仁加布的《试论西藏抗击森巴入侵之战》。另外，可以参见周伟洲主编：《英国、俄国与中国西藏》，中国藏学出版社 2001 年版，第 55—67 页；王宏纬：《喜马拉雅山情结——中印关系研究》，中国藏学出版社 1998 年版，第 39—52 页；（意）L. 伯戴克著，彭陟焱译，扎洛校：《拉达克王国：公元 950—1842 年（八）——道格拉人占领拉达克》，《西藏民族学院学报》2010 年第 6 期。关于拉达克历史研究的其他成果，可以参见李圳：《关于 1679 年拉达克战争一些问题的探讨》，《重庆与世界》2012 年第 6 期。

[7] 孙林：《现代性与民族意识：关于西藏近代史上一次政治改革性质的社会学分析》，《西藏民族学院学报》2002 年第 3、4 期。

[8] 《喜马拉雅山情结——中印关系研究》，第 39 页。

[9] 《西藏之过去与现在》，第 6 页。

[10] 《旧唐书》，中华书局 1975 年版，第十六册，第 5289 页；《明史》，中华书局 1974 年版，第二十八册，第 8586 页。

[11] 《册府元龟》，卷 958，外臣部邑二。

[12] 《西藏研究》编辑部编：《西招图略、西藏图考》（合集），西藏人民出版社 1982 年版，第 159 页。

[13] 转引自周伟洲：《19 世纪前后西藏与拉达克的关系及划界问题》，见陈家琎主编：《西藏森巴战争》，中国藏学出版社 2000 年版，第 119 页。

[14] 《旧唐书》，第十六册，第 5289—5290 页。

[15] 参见伊伟先：《明代藏族史研究》，民族出版社 2000 年版，第 10 页。

[16] 达仓宗巴·班觉桑布著，陈庆英译：《汉藏史集》，西藏人民出版社 1986 年版，第 12、108 页。

[17] 转引自洛桑群培：《西藏历史地名玛尔域和芒域辨考》，见《藏族史论文集》编辑组编：《藏族史论文集》，四川人民出版社 1988 年版，第 448 页。

[18] 《19 世纪前后西藏与拉达克的关系及划界问题》，见《西藏森巴战争》，第 114 页。

[19] 常青霞：《麝香之路上的西藏宗教文化》，浙江人民出版社 1988 年版，第 31 页。

[20] 《西藏研究》编辑部编:《西藏志、卫藏通志》(合集),西藏人民出版社 1982 年版,第 9 页。

[21] 《西招图略、西藏图考》,第 116、185 页。《西藏志》也有相同记载,见《西藏志、卫藏通志》,第 9 页。

[22] 《西藏历史地名玛尔域和芒域辨考》,第 449—450 页。

[23] 《汉藏史集》,第 11—12、114、164 页。

[24] Banat Gul Afrloi:《巴尔蒂斯坦的历史》,拉合尔 1988 年版,第 9 页。转引自杨恩洪:《伊斯兰化的小西藏(巴尔蒂斯坦)民间文化考察》,见《藏学研究论丛》编委会:《藏学研究论丛》(8),西藏人民出版社 1996 年版,第 128—129 页。

[25] 王森:《西藏佛教发展史略》,中国社会科学出版社 1992 年版,第 233 页。

[26] 陈燮章、索文清、陈乃文辑:《藏族史料集》(三),四川民族出版社 1987 年版,第 19、67—68 页。

[27] 五世达赖喇嘛:《西藏王臣记》,民族出版社 1983 年版,第 130 页。

[28] 《诏置军民元帅府万户府千户所等并设官员》,见中国藏学研究中心、中国第一历史档案馆等合编:《元以来西藏地方与中央政府关系档案史料汇编》第 1 册,中国藏学出版社 1994 年版,第 86 页。

[29] 《封俄力思军民元帅府元帅诏书》,见《元以来西藏地方与中央政府关系档案史料汇编》第 1 册,第 80 页。

[30] 《西藏佛教发展史略》,第 208 页。并参见牙含章:《班禅额尔德尼传》,西藏人民出版社 1987 年版,第 58 页;黄奋生:《藏族史略》,民族出版社 1985 年版,第 742 页。

[31] 《班禅额尔德尼传》,第 104 页。

[32] 拉巴平措、卢秀璋、陈家琎主编:《清代藏事奏牍》上册,中国藏学出版社 1994 年版,第 86、85 页。

[33] 《西藏佛教发展史略》,第 159 页。

[34] 中国社会科学院民族研究所、西藏自治区档案馆合编:《西藏社会历史藏文档案资料译文集》,中国藏学出版社 1997 年版,第 72、106 页。

[35] 柳陞祺:《关于古格反耶稣会斗争的材料》,见《柳陞祺藏学文集》(汉文卷·上),第 253 页。

[36] 杨公素:《沧桑九十年——一个外交特使的回忆》,海南出版社 1999 年版,第 235 页。

[37] "小西藏"的概念是相对的,拉达克相对于今天的西藏地区而言称为"小西藏",相对于今天巴基斯坦的巴尔蒂斯坦而言称为"大西藏",巴尔蒂斯坦则被称为"小西藏"。巴尔蒂斯坦位于拉达克的西北方,印度河发源于今天西藏的玛旁雍错湖,经拉达克地区折向西北进入巴尔蒂斯坦,由于这种地理上的接近,拉达克和巴尔蒂斯坦在历史上往来关系密切。因此,"外界在论及这一地区时,常常把这两个地方联系起来。在早期历史中,巴尔蒂斯坦被人们称为'小西藏'(Little Tibet),并以同样的形式称呼拉达克地区,所不同的是巴尔蒂斯坦叫'小西藏',而拉达克叫'大西藏'(Big Tibet)。巴尔蒂人称拉达克地区为'玛域'(Dmay-yul)意为红色地域,这也是拉达克人的自称。他们共同称西藏地区为'拉域'(Lha-yul),意为神佛之地"。参见《伊斯兰化的小西藏(巴尔蒂斯坦)民间文化考察》,见《藏学研究论丛》(8),第 128 页。

[38] [英]大卫·麦克唐纳（David Macdonald）:《西藏之写真》，1935年6月铅印，第1、29页；[澳]内维尔·马克斯韦尔（Neville Maxwell）著，陆仁译:《印度对华战争》，世界知识出版社1981年版，第14—15页;《西藏之过去与现在》，第6页。有的学者认为“小西藏”指巴尔蒂斯坦，拉达克为“大西藏”，西藏本部指拉萨。参见《西藏森巴战争》之“译者说明”和第44页。

[39] 吴丰培:《琦善驻藏奏稿跋》，见《清代藏事奏牍》上册，第199页。

[40] 节昂列夫著，张方廉译:《英国在西藏的扩张》，见张植荣主编:《20世纪的西藏：国外藏学研究论文集》第十辑，西藏人民出版社1993年版，第180页。恩加里·科尔苏姆地区到底何指，虽然有待考证，但非常清楚位于今天阿里地区境内。萨特里河在中国境内称朗钦藏布，出中国境后称萨特累季河。

[41] 《西招图略、西藏图考》，第185页。

[42] [43]《英国、俄国与中国西藏》，第58页。

[44] 《孟保等奏闻噶伦策垫夺结禀明森巴入侵原委并严饬相机进剿折》（道光二十一年十一月初二日），见《元以来西藏地方与中央政府关系档案史料汇编》第3册，第911页。

[45] 《清代藏事奏牍》上册，第182页。

[46] 《英国、俄国与中国西藏》，第58页。

[47] 《清代藏事奏牍》上册，第200页。

[48] 同上书，第200、180—181页。

[49] 《西藏森巴战争》，第43—44页。

[50] 丹珠昂奔主编:《历辈达赖喇嘛与班禅额尔德尼年谱》，中央民族大学出版社1998年版，第605页。

[51] 《清代藏事奏牍》上册，第190、199页。

[52] 《西藏森巴战争》，第46页。

[53] 《清代藏事奏牍》上册，第199页。

[54] 同上书，第193页。

[55] 同上书，第202—204页。

[56] 《西藏森巴战争》，第52、57页。

[57] 《孟保等奏取具森巴与克什米尔各部落头目永不滋事甘结撤兵归伍折》（道光二十一年十一月初七日），见《元以来西藏地方与中央政府关系档案史料汇编》第3册，第922—923页。

[58] 《西藏森巴战争》，第79—80页。

[59] 同上书，第79、80页。

[60] 《英国、俄国与中国西藏》，第61页。

[61] 《西藏森巴战争》，第61页。

[62] 《清代藏事奏牍》上册，第230页。

[63] 周伟洲:《19世纪前后西藏与拉达克的关系及划界问题》；次仁加布:《试论西藏抗击森巴入侵之战》，分别见《西藏森巴战争》第128页，第190—191页。

[64] 《西藏森巴战争》之“译者说明”，第2、3页。

[65] 库马尔:《英美对克什米尔的阴谋》，莫斯科1954年版，第22页。转引自《英国在西

藏的扩张》，见《国外藏学研究论文集》第十辑，第 180 页。

[66] 《清代藏事奏牍》上册，第 89、308 页。

[67] 《印度对华战争》，第 14 页。

[68] 《清代藏事奏牍》上册，第 86—87 页。

[69] 同上书，第 231 页。

[70] 《琦善奏英人投禀欲向西藏交易并现在探听筹备情形片》（道光二十六年十二月二十六日），见《元以来西藏地方与中央政府关系档案史料汇编》第 3 册，第 950 页。

[71] 《印度对华战争》，第 9 页。

[72] 《清代藏事奏牍》上册，第 89、297 页。

[73] 《印度对华战争》，第 11、17、18—19、23—25 页。

[74] "周恩来 1962 年 11 月 15 日致函亚非国家领导人"，《中印边界问题》，第 5、7 页。

[75] 《耆英等奏英使德庇时请于西藏定界通商业经正言拒绝折》（道光二十六年十二月二十日），见《元以来西藏地方与中央政府关系档案史料汇编》第 3 册，第 948 页。

[76] 《耆英等奏据约驳斥英人请与西藏定界通商事有转圜折》（道光二十七年正月初十日），见《元以来西藏地方与中央政府关系档案史料汇编》第 3 册，第 954 页。

[77] 《清代藏事奏牍》上册，第 298—299、89、297、308—309 页。

[78] 《印度对华战争》，第 10 页。

[79] 《喜马拉雅山情结——中印关系研究》，第 40 页。

[80] 《清代藏事奏牍》上册，第 300—301 页。

[81] 汤池安：《评伯戴克关于 1681 年西藏边境战争的性质问题》，《西藏研究》1995 年第 1 期。

[82] 《藏族史略》，第 742 页。

[83] 《元以来西藏地方与中央政府关系档案史料汇编》第 3 册，第 966 页、965 页。

[84] 《清代藏事奏牍》上册，第 301—302 页。

[85] 《字寄琦善英人仍请于西藏指明旧界着即据情办理》（道光二十七年七月二十四日），见《元以来西藏地方与中央政府关系档案史料汇编》第 3 册，第 961 页。

[86] ［英］黎吉生著，李有义译：《西藏简史》，中国社会科学院民族研究所 1979 年印，第 201 页。

[87] 《西藏森巴战争》之"译者说明"，第 2—3 页。

[88] 邓笃申：《英国对西藏之侵略企图及其政治经济实力》，《康藏前锋》1933 年第 3 期，第 17 页。

[89] 《沧桑九十年——一个外交特使的回忆》，第 202 页。

[90] 刘曼仙：《滇缅界务之史的考察及其应付方法》，市隐：《班洪事件之趋归》，分别见《东方杂志》，第 31 卷第 9 号，1934 年 5 月 1 日，第 11、75 页。

[91] 严明德：《中英滇缅界务交涉史》，《云南边地问题研究》（上），云南省立昆华民族教育馆 1933 年 12 月编辑出版，第 463 页。其他许多学者也持类似的态度，参见张诚孙：《中英滇缅疆界问题》，哈佛燕京出版社 1937 年 12 月版，第 140 页；王婆楞：《中缅关系史纲》，正中书局 1944 年 12 月版，第 131 页；"滇缅界务问题专号"，《边事研究》第 2 卷第 1 期，1935 年 6 月；高鸿志：《英国与中国边疆危机》，黑龙江教育出版社 1998 年版，第 146 页，等等。研究薛福成与滇缅划界关系的代表性论文是朱昭华的

《薛福成与滇缅边界谈判再研究》(载《中国边疆史地研究》2004年第1期)。文章总结了学术界有关薛福成的研究情况,并提出了他的研究角度。他在前言中说:“19世纪末驻英公使薛福成与英交涉,主持签订了中英《续议滇缅界·商务条款》。对于此条约中有关的商务条款的评价,大多比较中肯,争论往往集中在边界条款问题上,对其褒贬不一,分歧较大。薛福成在条约签订后,自认为在界务谈判上是成功的,因为它不仅索回了铁壁关、天马关,收回了车里(即江洪)、孟连土司全权,更重要的是划得野人山地一块,使界内土地更有外障,对于云南边界来说,是‘西南两面均有展拓’。后来沈林一在给《出使日记续刻》作跋时写道:‘薛公筹议滇缅分界,既得科干等地,并收回车里、孟连两土司全权。盖自中西交涉界案起,奉命之臣能不蹙地者已鲜,现能拓地千数百里之广,捍卫边圉,此非忠诚智力浃服远人,不能折冲樽俎如是也。’钟叔河在《薛福成:出使英法义比四国日记》的序言中,也认为薛福成此次签订的边界条款,‘在清季数十年外交史上,和曾纪泽赴俄谈判收回伊犁先后比美’。与此恰好相反,解放前,研究中缅界务问题的专著《中英滇缅疆界问题》《中缅界务问题》等均认为薛福成的交涉完全失败,丧失许多领土。2000年由光明日报出版社出版的《中缅关系史》也认为‘清朝政府屈服于侵略者的压力,通过此条约,使英国得到了通过武装侵略得不到的东西’。另外,丁凤麟在《薛福成评传》中专辟一节对此问题作了较为深入的论述,评价相对中肯,虽然他对薛福成在谈判过程中所表现出来的爱国热情与睿智给予了较高的评价,对一些不该由薛福成承担的历史责任给予了澄清,但是总的说来,还是认为此条约的签订使中国丧失了许多土地。虽然上述研究对条约的丧地,对薛福成展地之说做出了一定的研究与分析,但在某些问题上,如薛福成作为当时杰出的外交人才,何以认为此条约使我国边界得到了扩展,还有进一步深入探讨的必要,这样才能对此条约的签订及薛福成本人做出更为准确的评判与理解。”本节研究的角度在于薛福成如何通过划界遏制英国的侵略步伐,与朱昭华的不尽相同。

[92] 赵尔巽主编:《清史稿》卷528,《属国三·缅甸》,中华书局1977年版,第14680页。

[93] 王铁崖:《中外旧约章汇编》第1册,三联书店1957年版,第347页。

[94] 《西藏对外关系总结》,见《近代史资料》第108辑,第251页。

[95] 《中外旧约章汇编》第1册,第485页。

[96] 中国之新民:《哀西藏》(1904年10月23日),见卢秀璋主编:《清末民初藏事资料选编(1877～1919)》,中国藏学出版社2005年版,第18页。

[97] 薛福成:《滇缅分界通商事宜疏》,见邵之棠编:《皇朝经世文统编》(外交),台北文海出版社1989年版,第1879页。

[98] “1886年1月1日伦敦来函Z字第四〇五号”,见中国近代经济资料丛刊编辑委员会主编:《中国海关与缅藏问题》,中华书局1983年版,第57页。

[99] 《中国海关与缅藏问题》,第7页。

[100] 张凤岐:《班洪事件之检讨与我国对策》,见凌纯声等:《中国今日之边疆问题》,南京正中书局1936年版,第83页。

[101] 薛福成:《出使四国日记》,湖南人民出版社1981年版,第112页。

[102] 《出使四国日记》之“自序”,第1页。

[103] “与英外部阻止英员私越滇边土司”,见丁凤麟、王欣之编:《薛福成选集》,上海人民

出版社 1987 年版，第 375 页。

[104]“与英外部议坎具事问答节略”，见《薛福成选集》，第 356 页。

[105]《滇缅分界通商事宜疏》，见《皇朝经世文统编》（外交），第 1878 页。

[106] 同上书，第 1879 页。

[107] 张印堂：《缅甸独立与中缅未定界问题》，《中央日报》1947 年 11 月 25 日第 3 版。

[108] 郑励俭、孙敏贤：《中缅划界史》，《中央日报》1948 年 3 月 11 日第 7 版。

[109]“1885 年 11 月 29 日北京去电第三一八号”，见《中国海关与缅藏问题》，第 46 页。

[110]《滇缅分界大概情形疏》，见《皇朝经世文统编》（外交），第 1894 页。

[111]《滇缅分界通商事宜疏》，见《皇朝经世文统编》（外交），第 1879—1880 页。

[112] 同上书，第 1878 页。

[113]“总署奏筹议滇缅界务请旨办理折”，见王彦威、王亮辑：《清季外交史料》（四），台北文海出版社 1985 年版，第 1574—1575 页。

[114]《出使四国日记》，第 168 页。

[115] 薛福成：《出使日记续刻》，载《出使英、法、义、比四国日记》，岳麓书社 1985 年版，第 617 页。

[116]《中英滇缅疆界问题》，第 54—55 页。

[117]《出使日记续刻》，第 724 页。

[118] 尹明德：《云南北界勘察记》，台北文海出版有限公司 1970 年版，第 82 页；《出使日记续刻》，第 681 页。

[119] 薛福成：《致王制军再启》，见《庸庵文别集》，上海古籍出版社 1985 年版，第 214—215 页。

[120]《出使日记续刻》，第 674 页。

[121]《清季外交史料》（一），第 4 页。

[122]《中英滇缅疆界问题》，第 56 页；《大明一统志》，卷 87，第 33、38 页；《明史》，卷 46，“云南地理志”，第 8 页。

[123]《中英滇缅疆界问题》，第 58 页；《大明一统志》，卷 87，第 32 页。

[124] [125]《中英滇缅疆界问题》，第 60 页；《大明一统志》，卷 87，第 36 页。

[126]《中英滇缅疆界问题》，第 60 页；《大明一统志》，卷 87，第 36 页。

[127]《出使四国日记》，第 168 页；《出使日记续刻》，第 386 页。

[128] 姚文栋：《云南勘界筹边记》，台北文海出版有限公司 1968 年版，第 53 页。

[129]《出使日记续刻》，第 679 页；张凤岐：《云南外交问题》，商务印书馆 1937 年 4 月版，第 96 页；闵为人：《论滇缅西南北之界务》，见谢彬：《云南游记》，上海中华书局 1944 年 8 月版，第 167 页；华企云：《重勘滇缅南段界务的认识》，《东方杂志》第 32 卷第 11 号，1935 年 6 月 1 日，第 15 页；苏大成：《滇缅界务问题之回顾与前瞻》，《新亚细亚》第 8 卷第 6 期，1934 年 12 月 1 日，第 38 页。

[130]《出使日记续刻》，第 718 页。

[131]《薛福成选集》，第 356 页。

[132]《出使日记续刻》，第 611 页。

[133] 华企云：《云南问题》，上海大东书局 1931 年 3 月版，第 75 页。

[134]《薛福成选集》，第 356 页。
[135]《滇缅分界大概情形疏》，见《皇朝经世文统编》（外交），第 1894 页。
[136]《云南北界勘察记》，第 81—82 页。
[137]《出使日记续刻》，第 620 页。
[138]《薛福成选集》，第 461—462 页。
[139]《出使日记续刻》，第 666 页；《中英滇缅疆界问题》，第 138 页。
[140] 内政部、外交部会派滇缅界务调查专员尹明德：《滇缅界务调查报告善后意见并附表图》，1931 年 9 月铅印，第 46 页。
[141]《出使日记续刻》，第 666 页；《中英滇缅疆界问题》，第 138 页。
[142] 薛福成：《出使日记续刻》，第 701、694 页；“使英薛福成奏请饬滇督派兵驻野人山替换英兵片”，王彦威、王亮辑：《清季外交史料》（四），第 1614 页。
[143]《出使日记续刻》，第 701、694—695 页；“使英薛福成奏请饬滇督派兵驻野人山替换英兵片”，见《清季外交史料》（四），第 1614 页。
[144]《滇缅分界大概情形疏》，见《皇朝经世文统编》（外交），第 1894 页。
[145] 薛福成：《出使公牍》，卷 5，第 22 页；《中英滇缅疆界问题》，第 147 页。
[146]《中外旧约章汇编》第 1 册，第 577 页。
[147]《滇缅界务调查报告善后意见并附表图》，第 46 页。
[148]《出使四国日记》，第 90 页。
[149]“1885 年 11 月 15 日北京去电第二四九号”，见《中国海关与缅藏问题》，第 10 页。
[150]《出使四国日记》，第 90 页。
[151]“1885 年 11 月 24 日北京去电第三一一号”，《中国海关与缅藏问题》，第 39 页。
[152]“1886 年 1 月 1 日伦敦来函 Z 字第四〇五号”，见《中国海关与缅藏问题》，第 57 页。
[153]《云南勘界筹边记》，第 33 页。
[154]《出使日记续刻》，第 367 页。
[155]《滇缅分界大概情形疏》，见《皇朝经世文统编》（外交），第 1895 页。
[156]“使英薛福成奏与英议定滇缅界务商务条约折”，见《清季外交史料》（四），第 1630 页。
[157]“使英薛福成奏向英廷索还汉龙天马二关片”，见《清季外交史料》（四），第 1635 页。
[158]《出使日记续刻》，第 863 页。
[159]“使英薛福成奏向英廷索还汉龙天马二关片”，见《清季外交史料》（四），第 1635 页。
[160]“使英薛福成奏向英廷索还汉龙天马二关片”，见《清季外交史料》（四），第 1635 页；“使英薛福成奏与英议定滇缅界务商务条约折”，见《清季外交史料》（四），第 1630 页。
[161]“使英薛福成奏向英廷索还汉龙天马二关片”，见《清季外交史料》（四），第 1635 页。
[162]“使英薛福成奏与英议定滇缅界务商务条约折”，见《清季外交史料》（四），第 1630 页。
[163]《出使日记续刻》，第 367 页。
[164]“使英薛福成奏向英廷索还汉龙天马二关片”，见《清季外交史料》（四），第 1635 页；“使英薛福成奏与英议定滇缅界务商务条约折”，见《清季外交史料》（四），第 1630 页；并参见《中英滇缅疆界问题》，第 147 页。
[165]《出使四国日记》，第 89 页；“使英曾纪泽致总署报近商缅事进行颇顺电”，见《清季

外交史料》(三),第 1178 页。
[166]“使英薛福成奏车里、孟连确系滇境抚驭得宜可免英法暹三国窥视片”,见《清季外交史料》(四),第 1613 页。
[167]《出使日记续刻》,第 813 页。
[168]“使英薛福成奏车里、孟连确系滇境抚驭得宜可免英法暹三国窥视片”,见《清季外交史料》(四),第 1613 页。
[169]《滇缅分界大概情形疏》,见《皇朝经世文统编》(外交),第 1895 页。
[170]《出使日记续刻》,第 681 页。
[171]《滇缅分界大概情形疏》,见《皇朝经世文统编》(外交),第 1895 页。
[172]《中英滇缅疆界问题》,第 59 页;《大清一统志》,卷 87,第 35 页。
[173]《出使日记续刻》,第 375 页。
[174]《滇缅分界大概情形疏》,见《皇朝经世文统编》(外交),第 1895—1896 页;《出使日记续刻》,第 671、611 页。
[175]《致王制军再启》,见《庸庵文别集》,第 215 页。
[176]《中英滇缅疆界问题》,第 140 页。
[177]“直督李鸿章致总署薛使电称滇缅条约请速画押电”,见《清季外交史料》(四),第 1622 页。
[178]《云南外交问题》,第 61—62 页。
[179]“使英薛福成奏与英议定滇缅界务商务条约折”,见《清季外交史料》(四),第 1630 页。
[180]《滇缅分界大概情形疏》,见《皇朝经世文统编》(外交),第 1895 页;《出使日记续刻》,第 760、761 页。
[181]“使英薛福成奏与英订约船可在大金沙江行驶片”,见《清季外交史料》(四),第 1636 页。
[182]《皇朝经世文统编》,第 1895 页;“直督李鸿章致总署薛使电称滇缅条约请速画押电”,见《清季外交史料》(四),第 1623 页。
[183]《中缅关系史纲要》,第 131 页;谢彬:《中国丧地史》,上海中华书局 1932 年版,第 36—39 页。
[184]《中英滇缅疆界问题》,第 149 页。
[185]《中缅关系史纲》,第 132 页。
[186] 王履康:《西藏问题之检讨》,《新中华杂志》1934 年第 2 卷第 18 期,第 14 页。
[187] 孟英庚:《中英俄三角关系之西藏》,《外交月报》第 5 卷第 2 期,第 120 页。
[188] 华企云:《中国边疆》,南京新亚细亚学会 1933 年版,第 72 页。
[189]“滇督岑毓英奏英人屡被缅兵攻挫关外土司请内附折”,见《清季外交史料》(三),第 1267 页。
[190]《出使日记续刻》,第 807 页。
[191] 余汉华:《英法两帝国主义夹攻下之西南滇边》,《边事研究》创刊号,1934 年 12 月,第 13 页;胡冀成:《读过〈云南边地问题研究〉以后》,《边事研究》第 1 卷第 2 期,1935 年 1 月,第 100 页。
[192] 庄病骸编:《外交思痛录》,台北文海出版社 1985 年版,第 36 页。

[193]《中缅划界史》,《中央日报》1948 年 3 月 11 日第 7 版。

[194]《外交思痛录》,第 37 页。

[195] 克勒脱纳:《中国的片马》,《东方杂志》第 28 卷第 1 号,1931 年 1 月 10 日,第 76 页。

[196] 代表性的论著可参见:牙含章编著:《达赖喇嘛传》,第 116—138 页;侯剑、陈光荣:《西藏地方半封建半殖民地社会的开端——隆吐山战役浅析》,《西藏研究》1988 年第 3 期;黄鸿钊:《英国侵藏战争和 1890 年中英会议藏印条约》,《中国藏学》1991 年第 3 期;刘丽楣:《文硕密折的保藏抗英情结》,《中国藏学》2005 年第 4 期;高中华:《抗击英军侵略的第一位驻藏大臣文硕》,《文史天地》2006 年第 12 期;平措塔杰:《驻藏大臣文硕评述》,《西藏大学学报》2008 年第 2 期,等等。

[197]《清代藏事奏牍》上册,第 579、634 页。

[198] 同上书,第 462—463 页。

[199] 西藏政协文史资料委员会编印:《西藏人民抗英斗争史料专辑》,见《西藏文史资料选辑》第 7 辑,1985 年版,第 4 页。

[200]《清代藏事奏牍》上册,第 579、635、462—463 页。

[201] 同上书,第 478 页。

[202] 同上书,第 571 页。

[203] 同上书,第 479 页。

[204] 同上书,第 570 页。

[205]《藏族史料集》(四),第 535 页。

[206]《清代藏事奏牍》上册,第 549 页。

[207] 同上书,第 462 页。

[208] 同上书,第 546 页。

[209] 同上书,第 531 页。

[210] 同上书,第 495—496、471、459 页。

[211] 同上书,第 551、546—548 页。

[212] 同上书,第 572 页。

[213] 同上书,第 643、660、639 页。

[214]《西藏人民抗英斗争史料专辑》,见《西藏文史资料选辑》第 7 辑,第 13 页。

[215]《清代藏事奏牍》上册,第 586—587、589 页。

[216] 同上书,第 587、590—591 页。

[217] 同上书,第 635、587 页。

[218] 同上书,第 547 页。

[219] 同上书,第 560 页。

[220] 同上书,第 559、567 页。

[221] 同上书,第 561、570—572 页。

[222] 同上书,第 477 页。

[223] 同上书,第 562 页。

[224] 同上书,第 571—570 页。

[225] 同上书,第 570、634 页。

[226] 同上书，第 568 页。
[227] 同上书，第 596、634 页。
[228] 同上书，第 596、635—638、618 页。
[229] 同上书，第 618、635—636 页，并参见第 647—651 页。
[230] 同上书，第 636—637 页。
[231] 同上书，第 651、689 页。
[232] 同上书，第 635 页。
[233] 同上书，第 657—658 页。
[234] 同上书，第 644、656 页。
[235] 同上书，第 646—647、694 页。
[236] 同上书，第 480—481、584 页。
[237] 同上书，第 619 页。
[238] 同上书，第 575 页。
[239] 同上书，第 633、607 页。
[240] 同上书，第 627 页。
[241] 同上书，第 621—622、604、627 页。
[242] 同上书，第 607 页。
[243] 同上书，第 622—623、611 页。
[244] 同上书，第 627、604—605、580 页。
[245] 王勤堉:《西藏问题》，上海商务印书馆 1934 年版，第 30 页。
[246]《清代藏事奏牍》上册，第 622、621、623 页。
[247] 同上书，第 568 页。
[248] 同上书，第 615—616 页。
[249] 同上书，第 627—628、615—616 页。
[250] 同上书，第 633—634、638—640 页。
[251] 戴逸、李文海主编:《清通鉴》第 18 册，山西人民出版社 2000 年版，第 7929 页。
[252]《班禅额尔德尼传》，第 202 页。
[253] 朱寿朋编:《光绪朝东华录》第三册，中华书局 1958 年版，第 9 页。
[254]《清代藏事奏牍》上册，第 610 页。
[255] 同上书，第 624、669、675、688、670 页。
[256] 同上书，第 670 页。
[257]《西藏人民抗英斗争史料专辑》，见《西藏文史资料选辑》第 7 辑，第 13—15 页。
[258] 朱寿朋编:《光绪朝东华录》第三册，第 6 页。
[259]《清代藏事奏牍》上册，第 696 页。
[260] 同上书，第 480 页。
[261] 同上书，第 634、619 页。
[262] 同上书，第 682—683 页。
[263]《藏族史料集》(四)，第 168 页。
[264] 吴丰培辑:《联豫驻藏奏稿》，西藏人民出版社 1979 年版，第 5 页。

[265]《藏族史料集》(四)，第 168 页。
[266]《清代藏事奏牍》上册，第 692 页。
[267] 同上书，第 572、574 页。
[268] 同上书，第 560 页。
[269] 同上书，第 646—647、694 页。
[270] 同上书，《清代藏事奏牍》上册，第 696 页；《联豫驻藏奏稿》，第 5 页。
[271]《藏族史料集》(四)，第 157—158 页。
[272]《清代藏事奏牍》上册，第 440 页。
[273] 同上书，第 552、596 页。
[274]《清通鉴》第 18 册，第 7929 页。
[275]《联豫驻藏奏稿》，第 5 页；四川省民族研究所编：《清末川滇边务档案史料》上册，中华书局 1989 年版，第 90 页。
[276]《光绪朝东华录》第三册，第 9 页。
[277]《清代藏事奏牍》上册，第 688 页。
[278] 同上书，第 680 页。
[279] 同上书，第 691 页。
[280] 同上书，第 1187 页。
[281]《西藏对外关系总结》，见《近代史资料》第 108 辑，第 251 页。
[282] [283]《藏族简史（摘文）——17 世纪西方势力入侵至西姆拉会议》，见《柳陞祺藏学文集》(汉文卷，上)，第 9 页。

第二章
英国调整侵藏政策与国民政府确立治藏基本政策

英国在三面逼近中国西藏后，以“宗主权”为切入点，企图分裂西藏。在国民政府整个时期，宗主权都是英国阻止西藏地方与中央政府关系正常化的工具。国民政府则在成立之初，针对英国这一侵略政策，在法律上确立了以五族共和、发展西藏各项事业为特征的治藏政策，这具有积极的意义。

第一节　英国调整侵藏政策：“宗主权”从提出到加剧

清末民初，英国的侵藏政策明显经历两个阶段的演变，第一是从 1888 年发动第一次侵藏战争到 1893 年签订中英《藏印续约》，其特点是如何攫取通商之类的权益；第二是从 1898 年寇松（George Nathaniel Curzon）出任英印总督到 1921 年贝尔提出政策报告，其特点是以“宗主权”为工具，企图将西藏从中国分裂出去。虽然学术界对有关问题或多或少作了一些研究[1]，但是对于第二阶段以宗主权为中心的英国侵藏政策的演变缺乏深入分析。英国学者麦凯（Alex McKay）宣称：“英国承认中国对西藏的宗主权。然而，宗主权一词并无确定的或一致的含义，在西藏问题中亦从未得到合适的解释。但是，一个没有确定含义的词汇，对于英藏关系来说极为通用，对有关的所有国家都有用。”[2] 此段言论透露了英国为何以“宗主权”为工具侵藏，却又声称该词没有确切的含义。其实，“宗主权”从 1903 年提出到 1906 年英俄合谋，再到 1914 年西姆拉会议上的加剧，在每个时期都有所指。1921 年贝尔建议报告的提出，标志着英国以“宗主权”为中心的侵藏政策的演变告一段落。

一、"宗主权"的提出:"变西藏为实际上的保护领"

一开始，英国尚承认中国对西藏的主权。它在1888年发动第一次侵藏战争后，迫使清政府于1890年3月17日和1893年12月5日分别签订中英《藏印条约》和中英《藏印续约》(英方称为《关于锡金和西藏边境的贸易、通讯和游牧章程》)。中国丧失权益甚多，前约之中心在于承认英国占领锡金，后者同意藏印通商。不过，清政府签订两约，也是为了捍卫主权：一方面，两约是由驻藏大臣出面签订的，这是主权的体现；另一方面，续约"条文除关于贸易事宜外，惟第六款最有关系"。"文曰：在西藏之中、英二国人民或西藏人民，以贸易而起冲突者，当探究事情，由派遣哲孟雄之政务官与中国国境官吏会决。其会决之目的，以有确凿事实，下公平判决，报告所属国之法律而处理之。"《申报》认为:"所谓中国国境云云者，英人固明认西藏之国境为中国之国境也。是故中、英人民或西藏人民有冲突，须报告所属国之法律处理之。其曰所属国者，即印哲之人民应受治于英国之法律；西藏之人民应受治于中国之法律是也。"[3]

但在1900年左右，英国开始改变态度。西藏地方政府反对英国吞并锡金，反对与印度通商，设法利用俄国牵制英国；俄国则趁机渗入西藏。英国极为敏感，侵藏急先锋之一的贝尔宣称:十三世达赖喇嘛视俄国为"唯一能破英国阴谋之国"，因而实行"亲俄政策"，"英政府见达赖拒英国总督之信，而于俄帝则不特通函而已，并派专使。专使自俄国返拉萨，除带货物外，并交付一批俄国军械火药"。[4]总之，英国认为虽然中英双方签订了两个条约，但是"对印度政府和西藏的关系未做出任何改进"，与西藏的"通商受到阻碍，印度总督发出的信件未被理睬，而俄国人的种种阴谋搞鬼似有迹象可寻"。[5]又称：虽然"西藏并未对印度构成威胁"，但是"在俄国建立与拉萨的联系"之情况下，"有必要对西藏采取行动"[6]。

1898年，英国政府任命寇松出任英印总督，"这标志着英国开辟印度东北边界新时代的开端"。他一到任，就于1899年5月12日致函英国政府印度事务大臣汉弥尔顿（George Hamilton)，强调要"修正"侵藏政策。他"开始计划派遣使团到拉萨，消除俄国对西藏的影响，将西藏纳入到英印政府的势力范围中来"[7]。1901年6月11日，他又致函汉弥尔顿，首次提出使西藏成为"缓冲国"的计划。他宣称：虽然"对于我们来说，跨越喜马拉雅山并占领它（指西藏)""是一种疯狂的想法"，但是，"重要的是任何人也不能占有它。它应当成为印度与俄国之间的一个缓冲……我的意思是西藏而不是尼泊尔，必须成为我们竭力建立的缓冲国”。[8] 贝尔积极支持“应使西藏为印度北境之缓冲国”，并从两方面来论证：就英国来说，印度北境“现虽已有若干缓冲地，不过其作用较小”，而“西藏所处地位至为重要，其北部平原广芜，其中南各部均于拉萨政府控制统辖之中”。“喜马拉亚山麓诸国，与印度政府更有密切关系，且俱受吾英之保护。假使西藏而长为吾英之屏藩，则天下事孰有善于此者。”就分裂中国来说，“西藏如与中国分裂，则蒙古必将为之续。中国失此两大民族及广饶领土，势必陷于极惨痛之削弱地位”。他还认为英国只能使西藏变成“缓冲国”，不必吞并西藏，因为“在吾英视之，则以保护西藏，其费用既困难，其责任更重大”。因此，他建议：“为示以信义起见，吾英更应表明决无并吞西藏领土之意。”[9]

如何使西藏成为“缓冲国”呢？寇松经过思考，于1903年1月8日致函汉弥尔顿，首次提出“宗主权”问题，以此为切入点，分裂中国西藏。他从三方面作了阐述：

其一，“宗主权”的提出对于英国的必要性。寇松宣称英国的利益已受到严重威胁，这是由于“西藏人方面一直不遵守通过中国人的中介而订的条约、从事破坏已成习性所致，促使这一情况更为加重的是因为他们同另一大国新近缔结了一个协定，使我们蒙受损害”[10]。在两者中，寇松强调前者，称：“在我们看来，在以往，企图通过中国和西藏达成协议的尝试无例外地都失败了，原因在于这个第三者插手于我们和西藏之间。”又称：“西藏渴望接受英国的提议，但由于宗主国的否决而无从实行。”[11] 这样，寇松将中国称为“中介”、“第三者”和“宗主国”。

其二，“宗主权”是一种虚无缥缈的东西，西藏与其中央政府的关系是“国与国”的关系。寇松宣称：“我们认为所谓中国在西藏的宗主权，乃是一种宪法上的虚构，一种政治上的矫饰——这种政治上的矫揉造作，只是为了双方的方便而维持的。”他进而将驻藏大臣、帮办大臣称为“大使”：“其实呢，在拉萨的两个中国驻藏大臣，并不是在西藏当总管，而是当大使；而那中国宗主权的虚构所赖以维持的中国军队，总共只有不到五百个武装简陋的人。”同时，他将十三世达赖喇嘛称为“合法的国主”：“近百年来，西藏第一次受一个达赖喇嘛统治着，这达赖既不是婴儿，又不是傀儡，而是一个年约二十八岁的青年……他是西藏的事实的以及合法的国主。”[12]

其三，有“宗主权”这个工具，以往中英藏两国三方的关系就会改变。寇松宣称：“我们希望派一个英国代表团赴拉萨而不必征求中国的许可或请领中国护照；并且，如果这计划成为定议，就必须执行，无论是遇到什么样的抗议。我们还希望，计划一经定议之后，就不要像一八八八年那样的由于外来的压力而把它放弃。最后，如果缔结新条约，就不仅是由英国和中国签字，而且还要有西藏政府直接派代表签字，这是绝对必需的。否则又将产生最近我们所面临的那种荒谬的局面，即西藏人告诉我们说，他们并不知道他们破坏了一八九〇条约，因为驻藏大臣从未将条约告示他们，而且条约也未经西藏任何代表签字或认可。”这样，寇松提出了所谓“英国派领事或外交代表常驻拉萨”[13]、签订条约由中英两国和西藏地方政府三方而不由中英两国进行的问题。

最后，寇松采纳贝尔的建议，向英国政府强调必须以“宗主权”否定中国的主权：“我们对西藏不抱任何政治性企图，也无意宣布成立保护国或永久占领西藏的任何部分；我们的目的仅限于撤去现时存在的对西藏、印度间一切贸易的封锁，而建立友好邻国之间所应有的和好关系及交往途径。”他危言耸听地宣称：“我们坚信，倘不实施我们所主张的步骤，西藏就将发展一种危险，它在不久的将来，有一天可能会达到威胁的程度。”[14]

2月27日，汉弥尔顿回函寇松，对其建议作出回答。其一，目前，英国还须承认西藏是中国的一个省份。虽然寇松的建议“无疑的是应该极力主张的”，“然而，英王政府不能把问题看成只是关系印度和西藏，近年来，在中国和欧洲各国之间的关系上，中国的地位已大有改变，因此，在决定对于仍然必须承认是中国的一个省份的地方采取行动时，不能不考虑那些已经变更的情况”。其二，与此关联的是，实施寇松的建议的时机尚未成熟。虽然“我们无意宣告成立被保护国或永久占领该地方的任何部分”，“但是，一旦我们约定对西藏施行武装干涉，这一类的措施就可能成为不可避免”。“因此，英王政府的结论是，施行阁下所主张的那些非常容易在西藏事务中导致危局的步骤，时机尚未成熟。”[15]

1903年冬，寇松认为武装干涉的时机成熟，命令荣赫鹏（Younghusband）、麦克唐纳率军发动第二次侵藏战争。1904年4月上旬，英军攻打江孜要塞。8月3日，侵占拉萨。9月7日，逼签《拉萨条约》。条约共十款，其精神“全在第九条”[16]，规定：“西藏土地，本英国如不应允，无论是何外国，一概不准有典卖租给等情；西藏之政事，及一切应办事宜，无论是何外国，概行不得与闻；西藏无论何等事业，各外国不得遣发官民人等来藏协番办理；西藏地方，各外国不得前来修理道路，并筑铁路，安置电线，开矿等事。假如英国愿诺别国修路、筑铁路、开矿、设电线等事，本英国亦一体自行检点，举办西藏各项恒产，一切银业，不得以之与外国抵押对换租卖等情。”[17]日本舆论：“审其条文，在限制西藏之行动，而注重于不经英国政府承认一言。自有此语，而英人已囊括西藏之保护权矣。”[18]

俄国密切注视英国的行动。在英军攻打江孜要塞前后，俄国强调：“俄政府对于西藏虽无所图，但西藏之局面若大有更改，则不能缄默。盖西藏之局一旦大有更改，则俄国或须设法以保全其在亚洲之权利。”又称：“俄国注意于保全中国全国之土地而视西藏为中国之一部分。俄国盼望英国对于西藏之所为不致生出如此之问题。”继任英国外务大臣的蓝斯敦（Lansdowne）一面批评俄国怀疑“英国之对待西藏居心叵测”，一面却称：“凡教化未开之国与教化已开之属土毗连，教化已开之国应得操执地方之上权若干。今英之对待西藏亦应操执此项上权也。”[19]5月10日，蓝斯敦指示英国驻俄大使馆一等秘书斯普灵莱斯（Spring-Rice）“现（向俄国政府）明确无疑地做出如下声明，只要没有其他大国企图干涉西藏事务，他们既不想并吞西藏，即在西藏建立一个保护国；也绝对无意控制它的内政”[20]。

英国逼签《拉萨条约》后，俄国外交大臣蓝姆斯多夫（Lamsdorff）批评英国“变西藏为实际上的保护领”。英国驻俄大使哈丁茨（Charles Hardinge）回称：“目前我们在该国既没有派一个政治代表，也没有派英国军队，只有一小队英军临时驻在该国非常遥远的角落。因此，谈论什么西藏保护领，实属荒唐之至。”[21]英国某议员也声称：“英国无意以西藏为附庸，又不欲管理西藏内政也。”[22]俄国驻英代办沙佐诺夫抓住第九款，批评英国“对这个‘国家’建立实际上的保护制度，并操纵它的内政”。蓝斯敦回称：“第九款是一个克己条款，它对其他强国和我们自己同样起作用。我们不想吞并西藏领土，或干涉西藏的事务，也不想派政治代表驻在该‘国’，但必须明确理解的是，其他强国也同样无此资格。然而我毫不掩饰这个事实，即由于西藏的地理位置，大不列颠完全有必要做它的保护国，并完全应该在西藏事务中居支配地位。”他还对蓝姆斯多夫声称：“倘若任何大国对西藏的对外事务有发言权的话，那个大国必定是英国。”[23]

从上可见，英国为了“变西藏为实际上的保护领”，声称中国对西藏只有“宗主权”。12月2日，英国政府印度事务大臣波罗德里克（John Broderic）致函英印政府，高兴地宣称：寇松在1903年1月8日公函中所说“西藏政府若是卷入与其他列强的政治关系之中，对于印度帝国的边境来说就可能会构成一种危险的情势”，“现在，由于拉萨条约的签订，这种危险已得到了解除”。又说：“我们希望达成这一结果，不是借着在拉萨设立外交代表，而是借着使西藏政府同意缔结一个条约，在这条约中，它应承诺在没有事先征得英国政府的同意以前，无论何外国皆不许派员或派代理人进入西藏，同时西藏也不得做出特权让与或将西藏各进款给予任何外国臣民。”[24] 因此，麦凯也高兴地宣称：“《拉萨条约》赋予英国在西藏牢固的地位和巨大的象征意义。它结束了拉萨外交孤立的历史，并向俄国——英国在中亚主要对手——发出一个信号，那就是西藏在英帝国的影响之下。”[25]

二、英俄合谋：西藏是“一个外国君主统治的国家”

围绕《拉萨条约》产生的西藏的政治地位问题，令人关注。《中外日报》指出须注意三端：“一为径由英国边务大臣与达赖喇嘛自行立约，置中国驻藏大臣于不顾，是英国已不认西藏为中国之属地，并忘驻藏大臣有管理全藏之权，直视之与寄居官等。”“一为约中两载无论何国之语。按此语中实含有中国在内，直视中国与诸国等。约中阴言不得预闻一切应办事宜，又言不得派遣官民到藏，协同藏番办理各事，盖即指驻藏大臣之职掌言，是中国此后不能复有政权于西藏，而驻藏大臣直同虚设，已不言可知。”“一为约中明言，如不经英国允许，即不得如何如何云云，是英国已明认西藏为英之属地，一切外交政策当惟英国之命是听，即与日本之待高丽无异，而西藏此后当脱离中国之羁绊，而受英人之约束。”[26] 英国议员责问英国外交部：“我英是否以西藏为自主之国，抑以为中国之一部？驻藏大臣是否得有全权与我议约？果有全权，则所议之约，可不俟中国批准而即见施行否？若为中国属藩，是否已得华官担保，中国可实能照约行事否？”英国外交部避免回答第一问，仅回答后几问：“议约一节，系由我英与驻藏大臣及西藏代表人会议。英政府所办之事，亦已告知中国政府。”[27] 但是，传闻英国驻华公使萨道义（Ernest Satow）声言：“西藏喇嘛应听其为独立自主之国，则某国自不能干涉。”[28]

一些西方人士认为：“约中之语，并无过情之处，赔款不多，亦不干预其内治，亦不勉强驻公使于拉萨（不驻公使于拉萨者即认中国为上国也）。如是而请驻藏大臣签名，明认中国主权之在彼，而反不愿与闻焉”，此即中国“政策之大误者”。[29] 驻藏大臣有泰则称：在荣赫鹏“逾期不画，每日须偿兵费卢比五万元”的逼迫下，在噶厦“甚苦，亦愿迅结”之下，他只能督率噶厦代表“先行画押”。虽然他本人“因未奉朝旨”而“不敢专行”，但“并非英番径行画押”。[30] 有泰何以督率“先行画押”，有必要对比中英两国档案资料加以分析。

英方档案说，有泰于 1904 年 8 月 21 日提出修正案，就“西藏领土不能割让给任何外国”一款提出：“两个多世纪来，西藏是中国的属地（dependency）。如果决定西藏必须就所有这些事务与英国协商，自此就会损害中国的利益。因此，建议此款规定，中国作为西藏的宗主国（suzerain），不能被视为‘外国’之一，有自由修建道路铁路和开矿等权。”[31]9月11日，荣赫鹏致函有泰：“关于第七次会谈结束的大不列颠和西藏之间的会谈，我荣幸地指出第九款中‘外国’一词并不包括中国。我还荣幸地指出，在这次会谈中我方并不反对中国臣民前往第二款中所列通商码头进行贸易。”[32]9月13日，有泰回函：“关于大不列颠和西藏政府（the Thibetan Government）缔结的条约，我荣幸地指出我一直提到的第九款，由于西藏是中国属地，中国不能受该款限制。然而另一方面，根据第九款，如果事先未得英国的同意，中国政府不能以任何方式，直接或间接抵押或转让他人。至于贵国派驻江孜的代理人，我同意他在需要时到拉萨和我及西藏官员协商商务。”[33]

中方档案说，有泰于9月15日向外务部汇报说：“查十条约内，有碍我中国主权者，无不力争。故商订中英另立一约，曾于漾电叙明。适于八月初三日（9月11日）准荣大臣照会内称，照得本大臣与番众议和订立条款十则，其第九款内开无论是何外国字样，系除中国不在内。第二条亚东、江孜、噶大克通商码头，凡中国商民亦听往来买卖，理合立据照会，请烦查照等因。当即照复。照得贵国与番众所订条约十条，其第九条内开各节，查西藏系中国二百余年藩属，凡中国官民皆可自行举办，早经函达在案。惟我中国不得张言代人办理，更不得阴代别人办理。若以之抵押典给等项于别国，自必先与贵国会商可否。江孜驻扎之官听便来藏，与本大臣及番官会商商务，自可准行。相应立据照会请烦查照等情去后。反复思议，似无碍于中国主权。”9月16日，有泰又综合汇报了荣赫鹏的两次“照会”：“顷准荣大臣两次照会内称，照得贵大臣昨日驾临，述及奉贵外务部谆嘱，英中拟订条约切勿画押云云。查本大臣曾将英中拟订约稿送呈台阅，已经月余。现在与番众所订十条，于七月二十八日（9月7日）已经画押。如以后有为难之处，其十分责任皆系中国担保，本大臣理合将此情节知照番众。所有七月二十八日与番众订约以后，若本国家须按日核算兵费，自当向中国算偿。又称大英国边务大臣荣于七月二十八日在布达拉山与番众画押后，当面吩咐番属，尔等番众之政事，本英国自至西藏，毫未管理，因看尔等自有中国主权，本英国其所来者，须尔番众取保，于十六年条约（1890年中英《藏印条约》）必得应允各等情。相应抄呈乞察核示复。”[34]

对比来看，英方玩弄“dependency”一词，该词的含义不仅为“属地”，还有“附属国”；同时，称中国为“suzerain”，称西藏地方政府为“the Thibetan Government”而未加“local”一词。有泰则强调：其一，按照惯例，中英须另订条约，荣赫鹏承认“自有中国主权”。虽然《拉萨条约》由西藏地方代表先行“画押”，但是其责任与赔款均由中国政府承担。第二，西藏是中国的“藩属”，不能视中国为“外国”。因此，有泰认为“似无碍于中国主权”。虽然他认为“藩属”即“属地”，而“属地”即领土，并未认识到在西方列强那里“藩属”并不同于领土，因而容易落入侵略者的圈套。

清政府外务部不同意有泰的看法，指出：其一，就由谁来订约而言，西藏为中国“属地”，1890年、1893年两次订约“系中英两国派员议定”，“此次自应仍由中国与英国立约，督饬番众，随同画押。不应由英国与番众径行立约，致失主权”。对有泰强调：“开议之始，当以力争主权为紧要关键。希先与英员声明此义。”提出“所有条款，俟英员允与中国妥议，方能酌核”。[35]其二，就《拉萨条约》内容而言，“尚须妥酌。第九款尤为窒碍，其有损中国权利之处”。英国既然“先行照会不侵中国主权，不占西藏土地”，则“应即照定此议，并于正约内声叙明白”。至于第九款中所言“外国”各节，中国“实有万难应允之势”：“一则因中国与各国凡属通商条约，均系利益均沾。西藏为中国属地，不能独异，必无以杜各国之口。一则因此次藏约早经各报喧（宣）传，现在各国纷纷向本部诘问。若中国轻许，则各国群起辩争，中国固将棘手，与英国亦终无益。”外务部强调了西藏同其他省区一样均为中国领土，清政府因而指示有泰“切勿画押”。[36]这样，贝尔宣称：“此约因吾等所认为西藏宗主之中国不允同意，而终未订妥。”[37]

荣赫鹏离开拉萨时对有泰称：既然中国认为“须妥为商办”，则“请即照会”英印政府外交部和英国驻华公使。[38]英国档案称，蓝斯敦指令萨道义于9月23日面见军机大臣奕劻，要求同意《拉萨条约》，声称英国“承认中国对西藏的宗主权”。奕劻称：“驻藏大臣报告接到荣赫鹏上校两封来信，这些信件使中国政府从思想上完全消除了有关中国对西藏宗主权缩小的印象”，因此“准备承认该约，但希望把荣赫鹏上校在两封信中谈到的保证列入中英条约中”。[39]按此，奕劻也不清楚宗主权和主权的区别，还和有泰一样认为荣赫鹏承认了“自有中国主权”。英国政府在10月20日致英印政府电中声称：要求中国承认《拉萨条约》这件事证明英国“一再承认西藏属于中国”“这个一贯的立场”。[40]

但是，“属于中国”在英国那里具有深刻的含义，仍然是“宗主国”的翻版。1905年1月，全权议约大臣唐绍仪、参赞张荫棠、主事何藻翔等赴印度交涉。英方议约代表费礼夏（Stuart Mitford Fraser）宣称英国“只认中国为藏上国”。何藻翔指出：“查上国二字，英文系‘苏索伦梯’（suzerainty），译言所管为属国。而属国自有治民之权，若自认为上国，则西藏等于韩、越、球、缅。主国二字，英文系‘骚付伦梯’(sovereignty)，译言臣民推为极尊，归其管辖，而各事可定者也。前数次会议，费愿认藏为华属，惟英文于属国与属地本同一字，嗣彼声出‘上国’二字，不能不竭力剖辩。”因此，唐绍仪指出：“贵国既接待议约，则我有商议之权，中英所以会议者，以西藏主权在中国也。藏约有干犯主权之语，自当解剖明白。”又指出：“荣赫鹏与我国番僧数人私立约章，我自有权不认，此行并非哀求议和，倘在印不能妥商，我国自有办法，即本大臣奉命使英，亦自有办法。”[41]谈判陷于僵局，唐绍仪等人离开印度返回北京。

1905 年 5 月，俄国舰队在对马海峡败于日军，英国“为此感到从未有的高兴”，因为“俄国需要 25 年才能恢复其威望”。11 月，明托（Minto）出任英印总督。12 月，莫利（Morley）出任英国政府印度事务大臣。在这背景下，英国宣布对藏实行“不干涉政策”(non-interference policy)，莫利在 1906 年 6 月 7 日致明托函中写道：

> 我不能贸然预测我们与西藏的关系最终会是怎么样。但是至于今天的英藏关系如何呢？经过审慎研究，我们对西藏、中国、俄国允诺不干涉，或者避免采取导致干涉的任何行动。我们的这一政策能否使三方满意，并不确定。我就任印度事务部大臣后，为取得中国的同意，我们为什么另外要插手西藏问题这一症结？然而在这里，在关于中国的协议的墨迹未干之前，甚至在我们看到协议内容之前，西姆拉方面提出了远征、考察和所有其他挑衅性行为的政策。如果西藏进行抵抗，再派出这样的队伍，或者无意义，或者结果令人耻辱。不久以后，可以派出考察队伍，我反复重复此点，我并不想说。但是在今天！！考虑到仅仅几周前斯普灵莱斯在致蓝姆斯多夫函中使用的语句，每句话都严肃而又强调地宣布，英国不会采取什么行动干涉西藏……[42]

显然，英国政府认为由于俄国暂时无力与之争夺控制西藏，可以暂时推行“不干涉政策”。侵藏急先锋反对此政策，麦凯宣称：“1905 年底，寇松离开印度，标志着英帝国（对西藏）扩张时代实际上结束。”他指责说：明托“并不拥有寇松那样丰富的知识和中亚细亚的经历”，“其个人驾驭能力也弱得多”。英国新上台的自由党政府“强烈反对进一步扩张英帝国”，莫利“完全反对他称之为的‘寇松主义’，决定将英印政府更置于白厅（英国政府）的控制之下”，明确表示“白厅不再支持任何发展对西藏的责任，希望通过与中俄的协商以解决西藏问题”。“在这样一个强势力的印度事务部大臣和软弱的英印总督之下，寇松时期建立起来的权力机构突然被扭转，对西藏的主导权和政策决定权转到了白厅。”[43]

麦凯看不到英国争霸全球的战略野心，“不干涉政策”实际上是“缓冲国”的翻版。《拉萨条约》出笼后两年里，许多“冒险家”企图入藏“探险”，其中之一即“当时世界上最著名的冒险家之一”的斯文·赫丁（Sven Hedin）。如果莫利要“向俄国表明英国忠实地遵守使西藏中立于所有列强的政策，那么斯文·赫丁最好不要从印藏边界入藏”[44]。因此，推行“不干涉政策”的目的是使西藏保持“中立”，莫利宣称这与前任波罗德里克的立场并无区别，而波罗德里克称“英国对西藏政策的目的仅仅是排除欧洲另一强国即俄国对西藏的影响”。莫利认为要保持西藏的“中立”，就须同中俄两国谈判，英国学者兰姆（Alastair Lamb）认为：“英俄谈判或许的确能消除俄国这个鬼怪（bogy）对西藏的影响，但是对中国这个鬼怪呢？并不需要什么巨大的政治智慧就可看出，西藏对英国、俄国两者都反对，就是对中国静静的（standing）邀请。莫利希望英俄协议将不干涉政策神圣地规定下来，但是此项政策剥夺了英国反对中国在拉萨领土上加强权力最有效的武器。或许他意识到此点：中国人并不使他担忧。然而，他未能进一步看出其政策的含义。如果英俄协议不经意地将藏中之门打开给中国，如果有必要就印藏边境达成协议，那么同与俄国一样，也须同中国达成协议。”[45]

中国也须同英国交涉，确保对西藏的主权。在1905年谈判陷入僵局后，谈判改在北京进行。中国提出：“一、西藏永为中国属土。一切事件均由中国担任。二、英国可有西藏通商之利。惟行政一切事宜，英国不得与闻。三、西藏地方，英国不得驻兵。且无论何国，均皆一律。四、此次英国在藏所用兵费均由中国代偿。”中国让步换取英国“承认中国政府有统辖西藏地方完全之权”。[46]1906年4月27日，《中英续订藏印条约》签订，规定：其一，“英国应允永不占夺西藏土地，并不干涉藏中政事”；“藏中政治，如中国不允他国干预，则英国亦不干预”。其二，“英政府或英商如欲在藏办理各事，应商诸驻藏大臣或外务部”；“藏番与英人之交涉，应由英官与驻藏大臣商办”。其二，“藏中权利，中国允不让给他国”；“如在藏地开矿、筑路，允由中、英两国合办或中国自行办理，则英国允不干预”。[47]中英《藏印条约》及《藏印续约》、《拉萨条约》附在此约之后。国民政府认为此约“大致规定我国在藏主权暨英不干涉藏事之义务”[48]，“中国对藏主权，因以确定”[49]。长期从事西藏工作的著名学者杨公素也认为：“由于清政府的交涉，拉萨条约并不能成立，只能作为北京条约的附件，虽然从北京条约获得了不少特权，英国并没有达到直接谈判，使中国在西藏只有宗主权等企图的目的。清政府在维护主权上付出了很大的代价，但粉碎了所谓宗主权的阴谋。”[50]不过，尽管英国“承认中国政府有统辖西藏地方完全之权”，但是《中英续订藏印条约》“除了肯定英国用武力在我西藏地方夺取到的特殊权益之外，文字上避而不提中国对西藏的主权问题，这是英帝国主义为下一个侵略步骤埋下的伏笔”[51]。

《中英续订藏印条约》签订后，英国又与俄国交涉。1906年5月2日，斯普灵莱斯向俄国政府通报了第一点的内容，强调这是“英国政府放弃对西藏事务进行任何干预的愿望的新证据”，如果俄国“在行动上干预这个‘国家’的内部事务”，“就完全会引起强烈的反对”。[52]这里，英国政府仍然称西藏为“这个国家”。从1906年6月至1907年8月，英国驻俄大使尼科尔森（A. Nicolson）和俄国外交大臣伊兹沃尔斯基负责协商。英国外交部指示尼科尔森以下列五点作为协商的基础：“1. 俄国须（如同英国已经这样做了）确认中国对西藏的宗主权，承诺尊重西藏的领土完整，并对西藏内政不进行任何干涉。2. 在上条规定之下，俄国须承认英国由于地理位置的关系，特别关心除英国以外的任何其他大国不得干扰西藏的对外事务。3. 英俄两国政府须各自承诺不派代表前往拉萨。4. 英俄两国政府同意，不为自己或其臣民在西藏谋求或取得铁路、道路、电报、矿山或其他权利的让与。5. 英俄两国政府同意，西藏岁入，无论为实物或现金，均不得抵押或让与两国政府自己或两国的臣民。”[53]

对俄国来说，伊兹沃尔斯基声称目的只有一个：“即在可能范围内防止西藏与外界隔绝，防止英国吞并西藏。”因此，“一项限制英国人行动自由的协定将十分重要”。由于“我们并没有对西藏施加影响的任何手段，如果近来谈及我们对上述国家可能施加影响的话，则我们的全部计划只是建立在当今达赖喇嘛的亲俄倾向，他幻想在我们支持下使西藏获得完全独立”，但是“政治依靠个人太靠不住，尤其在西藏问题上”。因此，“英国政府开始同我们谈判西藏问题的总协定，并向我们提出了实际上完全符合我们利益的明确提案，此事具有特别重要的意义”。[54]俄国总的态度是：“将西藏重新置于中国宗主权之下，英俄两国彼此应允不侵犯西藏领土完整、不干涉西藏内政。”[55]

根据各自企图，英俄双方讨价还价。根据英国政府《关于拟议中的英俄两国有关西藏问题的通信备忘录》，双方讨论的核心有两点。

其一，西藏为英俄在中亚细亚一带争夺的缓冲区。伊兹沃尔斯基声称，俄方

“认为就第 1、3、4、5 点达成一致并不困难”，但是第 2 点的“含义和范围并不清楚”。他强调：“如果俄国确认英国因地理位置而具有特殊利益，那么英国就应认识到俄国在西藏具有‘精神’（spiritual）利益。”他还询问：“干扰”（disturbed）一词何指？尼科尔森回答：“将第 2 条最后 5 个单词（disturbed by any other Power）的含义解释为‘（除英国外的）任何其他大国介入（西藏），诸如建立保护制度或特别的条约关系’，就是‘干扰’。”伊兹沃尔斯基回称：如此，虽然“‘干扰’一词的含义完全清楚了”，但是“最好改动与这个问题有关的整个句子”，即：“关于中国宗主权、不干涉西藏内部事务的其他各点，俄国政府十分愿意完全接受。这些各点在俄国看来足以防止任何大国（any Power）渴望在西藏建立保护制度或特别的条约关系。”依此，俄国把“任何其他大国”改成“任何大国”，指英国也不能“在西藏建立保护制度或特别的条约关系”。[56]

其二，“‘西藏’一词如何辨别（sense)”，即是地理名称还是行政单位。伊兹沃尔斯基认为西藏是“行政单位”（administrative unit），即“西藏是中国的一个普通省份”。英印政府则宣称西藏是地理单位，“包括以西藏著称的全部地理区域。它位于昆仑山脉（the Kuenlun range）之南，并延伸至处于中国政府和中国行省本身（proper）直接管辖下的柴达木（Tsaidam）附近地带的北面和东面”。“这一地区全部处于西藏当局充分而自治的权限之下；而且，西藏的自治权在北部地区也得到行使，这里一年大部分时间里并无人烟，只有狩猎者和寻金人。此外，上柴达木和拉脊山西部（Western Thaiji）也属于西藏领土。”它进而声称：“西藏是中国宗主权下的一个外国君主统治的国家（a feudatory state)，不仅拥有很大的自治权，而且有权和邻近国家就相互之间贸易、边界缔结条约。”伊兹沃尔斯基提出：“西藏的地理区域，应考虑为中国所确认的区域里。”[57]

综合来看，英俄两国同意西藏为双方争夺的“缓冲区”，俄国承认英国“以其地理地位之原因，对于保持西藏对外关系现状有特别利益”。英国进而企图在它指定的地区里推行西藏“自治”。俄国未直接回答西藏是否“一个外国君主统治的国家”，但赞成英国关于宗主权的提法。这样，英俄双方于 8 月 31 日签订《西藏协定》，规定：第一款，“两缔约国约定尊重西藏领土完整，并不干涉西藏内部行政”。第二款，“按照所承认的中国对西藏宗主权的原则，大不列颠及俄罗斯约定，除通过中国政府外，不与西藏直接交涉……”第三款，“大不列颠政府和俄罗斯政府各约定不派代表至拉萨”。第四款，两国约定“不为自己或其臣民在西藏谋求或取得铁路、道路、电报及矿山的让与或其他权利”。第五款，“西藏岁入的任何部分，无论为实物或现金，均不得抵押或让与大不列颠或俄罗斯国家或两国的任何臣民”。[58]

当时的中国报刊则认为英俄两国确认了“中国于西藏有无上之权”[59]。《振华五日大事记》登载《西藏协定》的内容为：第一款，“英俄两国之对西藏均当承认清国主权，互相尊重，保全西藏，不得有所干涉。如有外交事件，须经清国之手办理”。第二款，“英俄两国均不得有并吞清国西藏领土之事”。第三款，“英俄两国均不许派代表之员驻在西藏拉萨首府”。第四款，“英俄两国均不得向清国要求西藏各处铁道、电报、矿山各利权，且不许派研究学术之远征队前赴西藏。惟英俄两国之佛教徒，因宗教上之事可与达赖喇嘛有直接之关系”。第五款，“英国前所占领之秋五毕（译音，即春丕谷）地方，约以三年为满。届时即当退还”。[60]对比上述来看，差异较大，特别是第一款、第二款；第五款也不相同。或许因此，麦凯宣称：“至1907年底，英国丧失了或者说让出了荣赫鹏所取得的大部分利益，使中国弥补了荣赫鹏使团离开西藏后的权力真空。虽然中国的前进步伐在张荫棠离开拉萨到西姆拉商谈之后慢下来，但是很清楚中国将西藏纳入了其帝国范围。”[61]

但是，按照英俄两国档案，英俄在正式的国际外交文件中首次以中国只有宗主权来否定中国对西藏的主权，这是双方“勾结公然推翻我国对西藏的主权关系的一个新步骤”[62]，“不仅为1912年英国政府提出‘西藏在中国宗主权之下自治’，妄图将西藏从分裂出去，提供了所谓依据，而且为俄国把‘中国在外蒙古之宗主权’，‘外蒙古自治’载入1913年中俄《声明文件》和1915年《中俄蒙协约》，妄图将外蒙古从中国分裂出去提供了先例，造成了极其严重的后果”[63]。这就是双方勾结的各自企图所在。

三、英国侵藏行动加剧：“西藏在中国宗主权之下自治”

在《西藏协定》出笼后几年里，英国政府继续推行“不干涉政策”。1910年2月，清政府革去十三世达赖喇嘛的名号。有人询问英国政府的态度，它回答“这是中国在行使有效的宗主权，所以英国政府对此无权干涉”。这种“有效的宗主权”“可以说是对宗主权的一种解释”。[64]俄国驻英大使本肯多夫在1911年6月29日致俄国代理外交大臣尼拉托夫函中分析说：“英国看到中国人在这个国家的成就，自然不会满意。它认为保持某种自治是可取的。不过，它并不认为达赖喇嘛在这方面有用处。这有多种原因，主要原因之一是，他缺乏毅力和个人勇气，这对强化他的地位将始终是一种障碍……而且他对印度帝国的臣民——佛教徒只有很小的影响。”[65]

但在辛亥革命爆发、中国政局动荡之时，英国政府抓住时机将“不干涉政策”改为积极干涉政策，于1912年2月拟定三项方针：第一，中国对西藏只有宗主权而无主权，即使派遣驻藏大臣，也“不能干涉西藏内政”；第二，“除了驻藏大臣带有纯属礼仪性小型卫队外，中国军队不得驻在西藏”；第三，“除了驻藏大臣及其属员外，中国不得派遣其他文职官员驻在西藏”。[66]在十三世达赖喇嘛6月24日起程返回拉萨时，英印政府对他希望“看到西藏在中国的宗主权之下保持内部自主权，不受中国干预”，期待他“竭尽全力去达到这些目标”。[67]随后传闻英国已与噶厦私自订约，条款为：“（一）英政府承认西藏有独立国资格，认达赖喇嘛为教皇。（二）英政府在西藏得占商务上优先权，并得遍设通信机关。（三）英政府为保护西藏治安起见，暂时可以进兵并帮助编练军队。（四）英政府对于西藏财政上可以酌量补助。（五）此约签字后，中国对于西藏只有宗主权，不得碍其主权，并与一千九百零四年及一千九百零六年之中英条约划清界限。”[68]这样，英国决定推行“西藏在中国宗主权之下自治”的分裂政策，中国舆论指出：“（英国）对藏办法已定，分布（为）三期。第一期，与俄商定划分在藏权限，缔结条约，俾得各自营谋。第二期，派员与达赖喇嘛磋商，订定英藏协约，扶助其独立，整理其内政。第三期，俟在藏势力已经巩固后，即效法俄在库伦所为，亦认藏为属地。”[69]

中国政府自然要采取措施遏制英国的分裂企图，其中一项措施是以四川都督尹昌衡平定康藏地区，云南都督蔡锷予以配合，另一项是拟改西藏为行省。英国政府批评中国政府此举“趋向于逐渐扩大其对西藏的宗主权”，宣称：“将来中国只能在严格规定的一定范围之内进行干预。我国有一切理由使西藏永远不再被剥夺它重新夺得的自治。”[70]中英双方交涉与争论不可避免，自此至1914年，发生三次较大的争论。

第一次发生于1912年下半年。英国以威吓不承认中华民国，反对中国政府改西藏为行省、驻兵和派遣官员。这是“宗主权”在此时的含义，中国政府予以反驳，捍卫治藏主权。

8月上旬，英国外务大臣格雷（Edward Grey）指示驻华公使朱尔典（J. N. Jordan）通知中国政府：“英国承认中国的宗主权，不承认中国有权独自和积极干预西藏管理，因为那同1906年专约第一款相抵触，因此无论袁世凯政府发表主张，要将西藏与中国本部行省同等看待，英国也不能允许中国人在西藏担任行政职务。英国正式反对西藏条例中的这种规定：反对在拉萨和西藏加强中国军队现有编制。”[71]8 月 17 日，朱尔典提出备忘录，无理要求：“（甲）中国不得干涉西藏之内政，并不得于西藏改设行省。（乙）中国政府不得派无限制之兵队驻扎西藏各处。（丙）英国现已认定中国对于西藏有宗主权，应要求中国改订新约。（丁）英政府前曾根据条约特设通信机关，后经中国军队擅行截断、杜绝。印藏之交通，当由中国保护。（戊）如中国政府不承认以上各条件，英国政府绝不承认中华民国之新共和政府。”[72]他宣称：“英国承认中国于西藏有宗主权，惟不得于西藏行使实权。”[73]显然，该备忘录“是英国政府对自己过去同清政府签订关于我西藏地方的所有条约的一个全面的否定，并进而粗暴干涉我国内部事务的一纸‘哀的美敦’书”[74]。12 月 23 日，中国政府逐一反驳：“（甲）中国按照一千九百零六年之中英西藏条约，除中国之外他国皆无干涉西藏内政之权。今谓中国无干涉西藏内政之权，理由甚无根据。至于改设行省一事，为民国必要之政务。各国既承认中华民国，即不能不承认中国改西藏为行省。况中国对于西藏并无即时改设行省之意，此中颇有误会。现在中国认定不许其他一切外国干涉西藏之领土及其内政。（乙）查中国并无派遣无限制军队驻扎西藏之事。惟按照一千九百零八年之通商条约，英国以市场之警察权及保护印藏交通委任于中国，故中国于西藏紧要各处当然派遣军队。（丙）中英关于西藏之交涉已经两次订立条约，一切皆已规定明确。今日并无改订新约之必要。（丁）中国政府从前并无有意阻碍印藏交通之事，以后更当加意保护，断不阻碍印藏交通。（戊）承认中华民国是另一问题，不能与西藏问题并为一谈，深望英国先各国而承认中华民国。”[75]

第二次发生于 1913 年 2 月。英国政府进而企图制造西藏“独立”，变西藏为其“保护国”。中国政府坚持西藏为中国的领土、拥有当然主权的基本立场。

2 月 7 日，英国政府提出：“（一）英国为保护西藏起见，与中国改订中英西藏条约。（二）中国驻藏官员，非得英政府承认，不能执行职务。（三）英国承认西藏为宗教国，得代行一切非及教之职权。（四）现驻藏长官得有一小队保护外，不得再驻华兵。（五）所有西藏债务，英国愿为负担。（六）英国对于西藏，得暂订法规。”[76]按此，英国要求中国以条约形式承认其分裂西藏。或许，英国政府认为这些条件是中国根本难以接受的，因而将这几项修改为：“（一）英国承认中国对藏地有保护权，无自主权。（二）英国于西藏有自由行动之为，中国不能过问。（三）西藏商务之利益，英国与中国同享。惟商埠内人民财产应由英国保护。（四）

中国对于西藏不得无故进兵。即遇有事故，亦须先经英国政府承认始能进兵。（五）中国建筑西藏铁路，如有聘用洋员、需用物及筹借款项情事，须由英国承办。（六）西藏之开采矿产须由英国与中国合办。”这些条件表面上“似与二月七日之条件稍形让步”[77]，实际上强调了英国不仅对西藏有“自由行动”之权，而且拥有与中国相等的权利。

中国外长陆征祥反驳：其一，在西藏的政治地位方面，“西藏为中国领土，无与英国缔结条约之权。倘有此举，中国绝对不能承认”。其二，在对西藏的主权方面，“中国于西藏有立法、司法、行政之权。英国不得有意妨碍”。“中国振兴西藏须聘用英人，按建筑事业如聘用客卿，中国有自由之权。贵国无干涉之理。”“不能进兵、驻官更属无理。”“藏英债务之关系，除经中央认可、有约可查、照数偿还外，余均无效。”他强调英国“须确守中英藏约”，因此：“英国不得在藏卫任意增驻军队”；“英国须遵守印藏条约，不得在西藏自由行动”；“英国务重邦交，不得阴助西藏”；“英国无开采西藏矿产之权”；“英国不得私售军火与达赖及暗运军火情事”。他试问：“中国如对于爱尔兰半岛之一小村落，请英兵不得进兵、驻官，贵国愿守此等无意义之法律乎？”英国政府回称：“必始终遵守前约，决不侵犯中国在藏之主权”，但“现在为保护在藏英人起见，不得不有必须之举动”。[78]不知何故，英国在这里用“主权”而不用“宗主权”一词。

第三次发生于1914年西姆拉会议期间，英国政府企图“以条约形式，把中国关于西藏的主权改成英俄两国在1907年圣彼得堡条约中杜撰的所谓宗主权，加以合法化和具体化”[79]。

英国政府代表麦克马洪无理要求：中国承认西藏“独立”，取消《中英续订藏印条约》关于“英国应允永不占夺西藏土地，并不干涉藏中政事”的规定；中国不得驻军于西藏。中国政府代表陈贻范强调：“西藏为中国领土之一部分，其向为中国领土之关系，继续无间。”“中国可派驻藏长官驻扎拉萨，所享之权利，与前相同。并有卫队二千六百名，除一千名驻扎拉萨外，余一千六百名由该员斟酌，分驻各处。”“西藏于外交及军政事宜均应受中国中央政府指示而后行，非经由中国中央政府不得与外国订商。”[80]

根据1914年4月25日英国驻俄大使布坎南（G. Buchanan）致俄国政府信函所列附件，麦克马洪提出的西姆拉条约草案共11款。以所谓“西藏为非属于中国统治权，乃属于中国宗主权之‘国’”[81]为核心，其主要点可以概括为三个方面：

第一，实施所谓中国宗主权下的西藏“自治”。有关各款规定，中英两国政府均须“保证尊重该‘国’领土完整，保证不干涉应由拉萨西藏政府掌管的外藏行政管理（包括达赖喇嘛的寻访和掌政）”。中国政府“保证不将西藏变为中国的行省”（第二款）。虽然中国可以按照过去的做法继续派遣一名高级官员驻扎拉萨，但是所带卫队“在任何情况下不得超过三百人”（第四款），此外保证“不派军队去外藏”，并保证：“在该‘国’也不派驻文武官员，不设立中国移民点。本条约签订之日，如果外藏尚有任何此种军队和官员，他们均应于三个月内撤走。”（第三款）英国政府保证“不兼并西藏或西藏的任何部分”（第二款），“不在西藏派驻文武官员（委员卫队除外），不在该‘国’设立移民点”（第三款）。“为订立本条约，西藏边界和外藏内藏的分界线应分别以红线和蓝线绘于所附之地图上。本条约任何一条规定不应侵犯西藏政府在内藏的现有权力，其中包括遴选和任命寺院高僧以及对与宗教制度相关的所有事务的完全监督权。”（第九款）

第二，赋予英国在西藏特有的经济贸易权益。第六款规定：“1906 年英中条约第三款特此作废。不言而喻，1904 年英藏条约第九款第四节中的‘外国’一词不适用于中国。给予英国贸易的优惠待遇不得少于给予中国贸易或最惠国贸易的优惠待遇。”第七款不仅规定“1893 年和 1908 年的贸易章程特此作废”，还规定“西藏政府保证同英国政府议定外藏新贸易章程，以便立即实行 1904 年条约的第二款、第四款和第五款”。

第三，赋予英国在西藏特有的政治与军事权益以及仲裁地位。中国政府须承认“由于西藏的地理位置，一个有效的西藏政府之存在，保持印度边界以及与之毗邻各国边界的和平秩序，对于英国有着特殊的利害关系”（第三款）。“中国政府和西藏政府保证彼此不进行关于西藏的任何谈判或订立关于西藏的任何条约；保证不与任何其他大国进行关于西藏的任何谈判或订立关于西藏的任何条约，但是 1904 年 9 月 17 日的英藏条约以及 1906 年 4 月 27 日的英中条约所规定的英国同西藏之间的此种谈判和协议除外。”（第五款）“当英国驻江孜委员有必要同西藏政府磋商由 1904 年 9 月 17 日英藏条约所产生的问题，而这些问题又不能在江孜以通信和其他办法解决时，英国委员可以带卫队前往拉萨。”（第八款）“如果中国政府和西藏政府对本条约引起的问题有争议，上述政府将保证将争议提请英国政府公正调停。”（第十款）[82]

布坎南还称，有关各方签约后应有一“照会”，概括宗主权下的中“藏”关系：“一，以上缔约各方认为西藏为中国领土之一部分。二，西藏政府举行达赖喇嘛遴选和掌政后，西藏政府将其掌政一事报告中国政府，然后中国政府驻拉萨代表将中国政府授予合法法王职位的封号正式转授给法王。三，外藏所有官员的遴选和任命，不言而喻属于西藏政府权限。四，外藏不应派代表出席中国国会或其他类似机关。五，英国驻西藏商务委员所属卫队，不言而喻，不得超过中国驻拉萨代表卫队的百分之七十五。六，中国政府在1890年英中条约第三款中保证防止西藏方面对西藏——哲孟雄边界的侵略行为，此项保证特此取消。七，本条约三签署国立即进行调查，在报告第三款各节已付诸实施之后，第四款所指中国高级官员即可自由进入西藏。”[83]

与前相比，上述内容除其中还涉及英俄争夺暂且不论外，其余发生了如下变化：

其一，中国被定性为西藏的“外国”之一。《中英续订藏印条约》第三款规定：《拉萨条约》“第九款内之第四节所声明各项权利，除中国独能享受外，不许他国国家及他国人民享受”[84]。布坎南声称，为了保证西藏“取得的自治的利益”，第六款宣布英中条约第三款作废，从而取消了中国的独占权利。“根据对此款作的补充，1904年英藏条约第九款所指‘外国’一词不适用于中国，这一节的含义是允许中国臣民享有西藏政府可能提供给他们的任何租让权的。”[85]

其二，在藏民族居住区域制造民族矛盾。布坎南宣称，将西藏“划分为两部分，分别属于两种不同制度，在不同程度上由中国和西藏进行控制”，“不管怎样，陛下政府认为，西藏人提出要求在所谓‘外部地区’的领土上实行绝对自治是有充分理由的”。与此相联系，所谓“照会”中第一项好像英国承认西藏是中国领土的一部分，但是这里的“西藏”是否指“内藏”，值得怀疑，因为英方宣称：“西藏分为外藏和内藏成了已经完成的西藏条约的基础，而且中国要承认外藏自治，不过内藏（青海及西藏东部）仍属中国主权范围。”[86]

其三，西藏成为英属印度与中国本部的“缓冲区”，英国加强了对南亚次大陆的殖民统治。俄国政府指出：“英国政府向中国宣称，英国政府有意保护尼泊尔、锡金和不丹，使之不致遭受中国军队的任何侵略行为之害……现在英国自然会利用时机充当接壤的那些王国的庇护者，并且保护它们使之不致遭受可能来自西藏的危险，使它们更加服贴（帖）地屈从英国驻扎官‘好意的领导’，这样英国既可从中得到可能的好处，同时又孤立了西藏。”[87]

这些变化骇人听闻，新任驻藏办事长官陆兴祺指出，“其内容之酷烈，（英国）指据西藏为己有，固不仅剥尽我国主权而已”[88]。英国政府却认为“理所当然”，布坎南声称：“近几年来的事件使局势发生了根本变化，并且使各有关方面的关系也发生了深刻改变。”如果要“保证西藏有一个太平盛世的前提”，“那就必须要修订现行的诸项协定”。[89]

与此同时，英国向俄国提出修订 1907 年之英俄《西藏协定》，以“废除协定中限制英国的规定，让英国在该国自由行动”[90]。

布坎南向俄国政府转达英国政府的两项要求：其一，废除前述《西藏协定》中第四款。否则，英国政府就无权禁止西藏“向中国之外的任何他国臣民提供任何租让权”。英国政府希望俄国政府对此“不会提出任何其他异议”。其二，俄国政府须接受西姆拉草约第六款和第八款。第六款赋予英国同中国一样在西藏享有同等贸易待遇的权利。至于第八款，英国政府解释说：“英国驻江孜商务委员只是在绝对必要的情况下才前往该处。”“根据英俄协定第二款所给予陛下政府就商务同西藏当局直接交往的权利，只有在英国委员有可能不时亲自同比驻江孜的更高级的西藏官员讨论这类问题的条件下，这项权利才是有效的。”布坎南虽然宣称“有关西藏边界、两个西藏地区以及商务的文件对俄国并无实际利害关系”，但承认“此条约第六款和第八款授予英国的某些权利实施起来，将在某种程度上同英俄的 1907 年西藏协定某些条款相抵触”。[91]

俄国政府对两点极为注意：其一，草约第十款“授权英国政府在西藏政府同其宗主国中国发生争执时予以仲裁，从而将西藏置于英国单独保护之下”。其二，第六款、第八款使英国“有权随时派其商务委员前去拉萨，并在西藏获得租让权”。[92] 英国政府回复：“删去第十款，代之以英文文本具有指导意义的例行规定”；在未同俄国达成协议之前，“不使用根据该条约第六款和第八款所取得的权益”。这样，麦克马洪于 7 月 3 日与噶厦代表擅自草签所谓“条约的新文本”。该文本按照俄国的要求删去草约第十款，代之以第十、第十一两项新的条款，分别规定：“英文文本应具有权威性，条约一经签署立即生效。”[93]

对于上述英国侵藏政策的变化，俄国政府驻加尔各答总领事纳博科夫于 7 月 16 日向俄国政府汇报，认为《印度时报》“以下所言是完全正确的”：“十年前，寇松勋爵假惺惺承认中国对西藏的主权；而为了同西藏建立直接的关系和维护中国无法保证的英国利益，又派出荣赫鹏远征军。但是，英国政府后来放弃了这一政策，而且在 1907 年协定中重新承认了中国的主权。我们既然承认这一主权，我们就应当允许中国运用它拥有的一切手段来维护和确保自己的权利。然而，当中国为此采取措施时，爱得华·格雷爵士却声言：中国‘无权指望以武力重新将西藏划为中国的行省’。”[94] 虽然该报认为英俄协定承认了中国的主权，但是指出了英国侵藏政策的变化。中国政府在麦克马洪擅自签订所谓“条约的新文本”后指出：“中国政府不能擅让领土，致不能同意签押，并不能承认中国未经承诺之英、藏所签之约或类似之文牍。”[95] 此立场将英国与中国的第三次争议结束。

此后，英国又在1919年、1921年两度要求中国政府讨论，都因种种原因而未进行。寇松回到英国后于1919年出任英国政府外交大臣。1921年8月26日，他照会中国驻英大使顾维钧宣称：1914年之草约“规定了西藏在中国宗主权之下的‘自治’”，“除了界务条款外，中国对此是接受了的，并且在承诺1919年商议时再次确认了此态度”。他威胁“如果不从速开议，则英国政府就将西藏视为中国宗主权之下的‘一个自治国’，今后以此为基础与西藏交往”。他引诱说：“如果中国同意重新开议，则陛下政府准备竭力劝说西藏政府以草约为基础，根据中国1919年表达的意愿，接受一项令中国满意的解决方案。”[96] 在致驻华公使艾斯顿（Alston）电中，他威胁说：“如果中国不在一个月内同意开始续议三方解决方案，则我们就单独开议。如此，如果有必要，我们就：自由地与西藏交往，而不再征询中国；与西藏人建立更紧密的关系；不时派遣官员前往拉萨与西藏政府商量；扩展藏印之间贸易；给予西藏人需要的合理帮助，以便其发展需要和保护他们的国家（country）。”为何以一个月为限？他说：“由于在拉萨的印度政府代表贝尔先生不能无期地停留下去，在他返回印度前有必要确切了解如何解决西藏问题。”[97]

其实，贝尔是不得不离藏的。1920年4月上旬，十三世达赖喇嘛对入藏宣慰的中央政府代表朱绣表示“余誓倾心内向，同谋五族幸福”[98]。11月，贝尔入藏“干涉藏事”[99]。一段时期后，十三世达赖喇嘛对他指出：“藏人仇视已深，若不速行，不能复任保护之责。”[100] 贝尔乃于1921年10月19日离藏。之前，中国政府于9月10日答复英国政府：“现川滇不靖，无从实地调查，且各方面均有牵涉，需要全国充分谅解才能决定。现在情势比民国四年、八年尤其困难，勉强开议，不易结束，况太平洋会期甚迫，筹备已日不暇给，顾维钧大使亦职务繁纷，本案不论在京、在英皆非最短期内所能兼顾办理。本政府意见俟太平洋会议后必设法及早开议。”[101] 英国政府同意缓议，但在1922年2月太平洋会议结束后，中国政府坚定地维持主权，未再续议。

1921年11月下旬，贝尔回到印度。他向英国政府提交报告，强调须抓紧时机分裂西藏。他宣称：由于中国推行汉、满、蒙、回、藏五族共和，由于西藏人民“倾向中国者尚多”，一面“以为西藏无独立能力”，一面认为“假使藏人不加入中国为五族共和之一，则将来必为印度所灭”，“中国人甚可利用此种心理，以解决汉藏问题”。他建议说：虽然西姆拉草约“因时代之需要，而加以相当之修改固无不可”，因而“吾人可以酌拟如下”：(1)“外藏之适宜边界。”(2)“西藏在内藏权利之维持。”(3)“外藏之自治及中国军队与其殖民企图应一律排除于西藏之外。”(4)“英藏间之事务应直接交涉。”(5)“对英国商务应有相当便利。”(6)“英藏边境之维持，应如圣莫拉会议所规定。”[102] 这些要点的核心在于如下两大方面：

其一，反对中国政府恢复设置驻藏大臣和派驻军队。按照贝尔所言，十三世达赖喇嘛曾对他称：“在圣莫拉（即西姆拉）会议中，对驻藏大臣许以三百名卫队入驻拉萨，曾经条文规定，所以未将此事呈明英政府。”贝尔回答：“余则根本反对驻藏大臣之驻扎。当初中国政府之派遣军队随同驻藏大臣而来也，则曰此种军队，所以保护达赖，而为其拱卫者也。嗣后此种卫队逐渐增加，而移转其指挥之权于驻藏大臣。其后更来一副贰之驻藏大臣焉。”他又宣称：如果十三世达赖喇嘛一定同意恢复驻藏大臣的设置，则“英国代表亦来一人同驻拉萨”；“驻藏大臣如非卫队不可，则应以藏军组织之，而无须乎中国军队，且卫队数目以少于三百名为善”。[103]

其二，把内藏纳入西藏，制造“大西藏”。贝尔宣称，这样做有“根据”，即：(1)“以种族宗教语言而论，内藏男女与外藏（Outer Tibet）人民，均系兄弟姊妹。西藏政府于内藏地方，确有其实力存在。此种事例，不一而足。”(2)“西藏北部为猓貉（Golok）地方，盗匪之区也，中国人莫敢前往，惟达赖喇嘛经过其地，则受意外之欢迎，且承认达赖为统治之君主。余遇见由猓貉地方前往拉萨者，无一不郑重声言猓貉地方属于西藏，并非隶属于中国。”因此，“内藏地方，宗教问题完全由达赖喇嘛及其大臣解决，普通官吏之任免亦然”。[104]

以上构成英国1921年后侵藏政策的基础，贝尔声称：“吾英应继续一九二一所定下之政策，继续阻止中国使者由印度入藏。假使中国军队侵入西藏而竟成功，吾英应以外交手段及其他可能方法与尼泊尔、布丹、锡金诸国合作，禁止谷米及食物入藏，以断绝中国军队之粮道。”[105]

现在，可以对“宗主权”问题以及以此为中心的英国侵藏政策演变做出结论了。一方面，由于“宗主权”与主权的区别混淆不清，“宗主权”成为英国欺骗中国政府的工具。有人说“宗主权需要同地方的自治权联系起来看。但无论是宗主权还是自治权，要替它们下一个明确的定义是不可能的，因为是唯一按照每一事例的具体情况来做出决定的”。有人说“宗主权具有很大的伸缩性，需要看一个中央政府对地方行使有效到什么程度来做决定”。[106] 萨道义也声称“中国人履行义务的程度，就是她享有宗主权的限度”[107]。到1943年，英国政府还在一份备忘录中声称：“我们承认中国对西藏拥有宗主权，这是一重障碍，因为中国政府可以申辩：宗主权就包括一定程度的统治在内。”[108]曾任蒙藏委员会驻藏办事处处长的沈宗濂也曾询问英印政府外长卡罗 (Olaf Caroe)：“我们中国一贯坚持对西藏拥有主权，而你们说是宗主权，请问这宗主权是指什么呢？”卡罗“也说不清楚”，查阅包括英国百科全书在内的书籍后回答：“这个名词解释的伸缩性很大，当一个中央政府的权力能够到达时，这是主权，如果达到不了，这就是宗主权。”[109]

另一方面，1898至1921年是英国政府提出“宗主权”到加剧实施的历史时期。最初，它提出中国对西藏只有“宗主权”，目的是“变西藏为实际上的保护领”。随后，它声称西藏是“一个外国君主统治的国家”，并与俄国合谋在正式的国际外交文件中首次以中国只有“宗主权”来否定中国对西藏的主权。继之，它与中国政府发生三次争论，其行动逐步加剧，企图强迫中国同意西藏“自治”；并要求俄国政府同意其在西藏的“行动自由”。贝尔建议报告出笼后，它不但反对中国政府恢复设置驻藏大臣和派驻军队，而且企图制造“大西藏”，以这两大内容为核心、以“宗主权”为幌子的侵藏政策基本确定。在后来的整个民国时期，英国基本上遵循和推行这一政策。

第二节　五族共和下的民族自治：国民政府治藏基本政策的确立

在弄清英国政府如何以“宗主权”为中心调整侵藏政策后，我们来分析国民政府成立初期确立的治藏政策。虽然学术界对此已有一些探讨，但是我认为尚未提炼出国民政府治藏政策的基本特征；一些观点，如国民政府认为只有统一问题而无民族问题，也值得商讨。[110]在国民党成为全国性执政党、国民政府上升为中国的中央政府的过程中及初期，国民党要人的口中就不断出现要解决西藏问题和对付英国侵略的问题，如1927年7月6日蒋介石称：“我们要统治全中国，我们要扩大西藏、蒙古、东三省都在我们党的指挥之下。”[111]1929年1月，张继强调：“西藏是世界上的高原，也在帝国主义之下，还没有受到青天白日旗的光辉。”[112]李宗仁指出：“近数十年来，英国人民之居西藏者时怂恿西藏士人变叛中国。日俄战争时，英人乘机将军队开到拉萨，胁迫藏人订结英藏和约，将西藏所有土地完全画入英国势力范围，清廷虽然提出抗议，但仅有宗主权，英藏和约仍得承认。民六达赖喇嘛受英暗助，宣言独立，驱逐中国驻藏官兵，英人乘机取得操纵全藏事务特权。民十四英人又逼藏人入英籍，用英语。现在西藏一切政治经济权柄，完全在英人掌握。”[113]

与此同时，一些西藏人士也要求国民政府“速定治藏方略”[114]并解决西藏问题，如1929年6月22日格桑泽仁向蒋介石“报告藏中一切情形及今后治藏意见”，安迟汪曲坚赞提出三点建议：(1)“请辩明藏族中爱国亲英之孰为顺逆”；(2)“于最短期间解除西藏民众痛苦，扫除反抗分子，俾班禅早日回藏”；(3)“本三民主义扶植弱小民族之自由平等，并将前后藏分为两个部分，地位同等”。[115]

正是在此过程中，国民政府初步确立了治藏的基本政策，其内涵与特点可以分为两个方面。

一、实行五族共和，西藏是中国领土不可分割的一部分

1912年1月1日，孙中山就职中华民国临时大总统，发布宣言：“国家之本，在于人民。合汉、满、蒙、回、藏诸地为一国，即合汉、满、蒙、回、藏诸族为一人。是曰民族之统一。武昌首义，十数行省先后独立。所谓独立，对于清廷为脱离，对于各省为联合。蒙古、西藏意亦同此。行动既一，决无歧趋，枢机成于中央，斯经纬周于四至。是曰领土之统一。”[116]这样，他不但明确批驳了西方列强所说的西藏与蒙古“独立”的本质所在，还明确指出了中国是包括西藏地方在内的多民族统一的国家。2月18日，他又以临时大总统名义专门发布公告，号召五族共和团结为一家：“中华民国之建设，专为拥护亿兆国民之自由权利，合汉、满、蒙、回、藏为一家，相与和衷共济。”他呼吁各民族“务当消融意见，蠲除畛域”。[117]他在去职临时大总统后仍然不断阐述五族共和的思想，强调“族无分乎汉、满、蒙、回、藏，皆得享共和之权利，亦当尽共和之义务”[118]。1924年1月，中国国民党第一次全国代表大会通过宣言，重释新三民主义核心内容：“一则中国民族自求解放；二则中国境内各民族一律平等。”“承认中国以内各民族之自决权，于反对帝国主义及军阀之革命获得胜利以后，当组织自由统一的（各民族自由联合的）中华民国。”[119]这段解释，当然包括藏民族在内。

这样，孙中山就提出了以五族共和作为解决西藏问题、实现西藏地区持久稳定的根本方针。国民政府成立后，就根据这一方针，以五族共和及西藏区域自治、西藏为中华民国不可分割的一部分，为治藏的基本政策。

1928年6月25日，格桑泽仁向蒋介石提出：“康藏民众希望五族为一家，共受党治，以总理之三民主义实现到西藏一带，则民众受惠不浅，乞钧座注意及之。”[120]蒋介石表示赞同。在1929年3月召开的国民党第三次全国代表大会上，

格桑泽仁又以西藏代表的身份，提出遵照《建国大纲》第四条内载“对于国内各弱小民族，政府当扶植之”之原则，拟请大会推选起草委员规定具体扶植方法，交国民政府执行案。他认为孙中山的民族主义的要素有三，“第一中华民族自求解放，第二国内各弱小民族一律平等，第三一切被压迫民族之解放”，《建国大纲》第四条规定了“对于国内之各弱小民族，政府当扶植之，使之能自决自治”的政策。基于此点，他提出并强调：

> 本党对于国内各弱小民族虽有扶植原则之规定，而无具体之实施方案。今为贯彻总理之民族主义计，为建设一劳永逸之中华民国计，必须根据政纲，内定扶植之原则，订出一具体之实施方案，如教育政治军事实业等等。此诚为中华全民族实现统一之急务，亦即中华民国制宪之前提也，盖无扶植弱小民族实施之方案，则扶植之原则等于无；不扶植，则不能自决自治；不能自决自治，等于不能一律平等；不能一律平等，则无异恢复前清一族之宰割，或变而视为殖民地，此岂本党主义之许可，抑岂中国国民革命之意义耶！更有虑者，惟恐被帝国主义者所利用，则弱小民族之本身，辗转痛苦，永无宁日，而中华民国亦不能久安长治，此所谓门户不保，则堂奥难存！是本党值兹三次全国代表大会之际，急应根据扶植弱小民族之原则，订以实施之方法，领导整个中华民国国土上之各个民族，使之有健全之自决与自治之能力，增进爱国之观念，认识共同之敌人，则帝国主义者无从诱惑而利用之，从此汉满蒙回藏四万万同胞咸在本党主义领导之下，亲爱精诚，团结一气，建设真正民主之新中国，则幸甚矣！[121]

这段言论不仅阐述了中华各民族之统一、团结与平等的思想，还提出了民族自决自治的主张。国民党三全大会通过《对政治报告之决议案》，作为边疆地区的施政方针。决议案首先强调：

> 本党致力国民革命，既以实现三民主义为唯一目的，则吾人对于蒙古、西藏及新疆边省，舍实行三民主义外无第二要求。虽此数地人民在方言习俗与他省不同，在国家行政上稍呈特殊之形式，然在历史上地理上及国民经济上则固同为中华民族之一部，而皆处于受帝国主义压迫之地位者也。

这就指出了包括西藏在内的边疆省区，为中国领土不可分割的重要组成部分；边疆民族，为中华民族的重要一员。接着，决议案阐述了辛亥革命之意义“为一方铲除满洲之宰制政策，一方为打破列强之瓜分政策”，宣布在“军阀之恶势力已被摧毁”的历史阶段，以三民主义解决民族团结问题。决议案就此强调：

> 中国境内之民族，应以互相亲爱、一致团结于三民主义之下，为达到完全排除外来帝国主义目的之唯一途径。诚以本党之三民主义，于民族主义上，乃求汉、满、蒙、回、藏人民密切的团结，成一强固有力之国族，对外争国际平等之地位。于民权主义上，乃求增进各国内诸民族自治之能力与幸福，使人民能行使直接民权，参与国家之政治。于民生主义上，乃求发展国内一切人民之经济力量，完成国民经济之组织，解决自身衣、食、住、行之生活需要问题也。

这样，国民党中央提出了“国族”与“民族自治”两个重要概念，以此解决民族问题。决议案最后宣布国民党要：

> 本此主义上之真义，以全力昭示蒙、藏、新疆之人民；并根据国家生存上共同之利益，努力实现汉、满、蒙、回、藏诸族有组织的密切团结，共谋经济上、政治上、教育上之建设。盖唯国内民族政治巩固之力量，始足以戢止国外帝国主义之政治掠夺；唯国内民族经济及教育充实之力量，始足以排除国外帝国主义之经济侵略。本党敢郑重述明：吾人今后，必力矫满清军阀两时代愚弄蒙古西藏及漠视新疆人民利益之恶政，诚心扶助各民族经济政治教育之发达，务期同进于文明进步之域，造成自由统一的中华民国。必如此，庶足以保持中国永久之和平，而促进世界之大同也。[122]

有学者认为从《对政治报告之决议案》中可以看出，国民党此时在“民族主义”上主要强调的是各民族的团结与统一，在承认蒙藏及新疆地区有“特殊性”的情况下，更加强调的是这些地区在历史、地理及国民经济上与内地的密切联系；并用更具有民族同化因素的“国族”一词来取代“中华民族”，而不再提及国民党一大和二届三中全会上明确提出的民族平等和扶助国内弱小民族的主张。在民权主义上，尽管提出要“增进各国内诸民族自治之能力”，但其实质含义是指以县自治为核心的地方自治而非保障少数民族权利的民族自治，不再明确承认各民族的自决权；至于“发展经济力量”等民生主义主张，更是面向“国内一切人民”的普遍政策。可见，这一名为“蒙藏与新疆”的决议案，究其根本，则只有国家问题、地方问题，而没有民族问题。[123] 这些看法过于牵强，国民政府不仅强调历史上形成的自然关系，而且强调了中华民族团结一致不可分割的统一性，并非未注意到民族问题。对比这个决议案的通过与格桑泽仁的提案，即可看出。

进而言之，格桑泽仁以蒙藏委员会委员的身份向国民政府提出：“查我国专制时代，对于蒙藏民族，是为化外，故于称谓之间，已表现轻鄙之态，相沿至今，不幸犹然。”提出：“今本党统一全国，训政伊始，对于国内任何民族，无论在形式上，精神上，当遵总理遗教，一律平等，似前此对于西藏民族加以猥亵轻鄙之声，自应明令禁止。”他要求：“从新规定称谓，若以民族别之，则无论康，藏，青海，均可称为藏人，犹之汉人，满人，蒙人，回人者是。若以地方名之，则可称为前藏人，后藏人，西康人，青海人，犹之内蒙人，外蒙人，浙江人，河北人者是。”国民政府采纳他的建议，于 1929 年 10 月 5 日通令：“查西藏民族，与汉，满，蒙，回民族，同为中华民族，揆诸党义，自不应加以歧视。”“以后对于西藏民族，不得再沿用番蛮等称谓，以符中华民族一律平等之旨。”[124] 后来，国民政府再次通令“对于蒙藏各族，不得再行沿用番蛮鞑子等称谓，用符中华民族一律平等之旨为要”[125]。1932 年，石青阳对贡觉仲尼等人强调：“中华民国以五族合组而成，西藏乃五族之一，一切平等，从无歧视。”他还强调西藏在中国中的地位：“按之历史，唐代以来，一千余年，文化政治，息息相关。国家无藏，便是已缺之金瓯；藏离国家，不异去革之毳。”[126] 这就进而强调了民族平等、国家不可分割的思想。

总之，国民政府强调“中央对西藏民族当本国内各民族一律平等之旨，以求与内地人民一致，俾造成统一的中华民族”[127]。九一八事变爆发后，1932 年 12 月 9 日国民党四届三中全会通过《慰勉蒙藏来京各员并团结国族以固国基案》，“宣告汉、满、蒙、回、藏各地同胞一致团结，以御外侮而奠国基”[128]。

在实行五族共和的同时，国民政府明确指出西藏是中华民国领土不可分割的一部分。

国民政府成立以前的民国历届中央政府颁布施行的宪法，都做了明确的规定；国民政府亦是如此。1912 年 3 月 11 日，南京临时政府公布临时约法，明确规定：“中华民族领土为二十二行省、内外蒙古、西藏、青海。”随后，北洋政府在 1914

年5月1日公布的《中华民国约法》、1923年10月10日制定的《中华民国宪法》中，都明确规定了西藏是中华民国领土的一部分。国民政府于1931年6月1日公布施行的《中华民国训政时期约法》，亦作了这样规定。国民政府进而强调两点：

其一，针对英国及其他列强对西藏的觊觎，国民政府明确指出了西藏在中华民国中的政治地位。它指出，《中华民国训政时期约法》规定："中华民国领土为各省及蒙古、西藏；中华民国永为统一共和国。西藏在中华民国中的政治地位是明确的，不可动摇的。"[129]这样规定的目的，是"明示领土之范围，用杜强邻之觊觎"[130]。蒙藏委员会将此约法抄发60份给十三世达赖喇嘛，"令仰遵照，并转饬所属一体遵照"[131]。

其二，针对有人把西藏与中国的关系，比喻为印度与英国的关系，即殖民地与宗主国的关系，国民政府明确指出西藏是中华民国领土不可分割的一部分。1928年2月27日，国民党中央委员白云梯强调"对于蒙藏方面，吾人应视同本国各省一样，不可认为殖民地"[132]。1929年6月，蒙藏委员会总务处长刘朴忱广播讲话，进一步指出："现在的蒙藏地方，对中央不是殖民地的关系，不是藩属的关系，也不是欧美人所说保护国和宗主国的关系，是整个中华民国地方与中央的关系。"[133]这两点，对于维护国家领土完整、反对外来侵略，具有积极意义。

在制定上述基本治藏政策的同时，国民政府还向英国交涉，明确中国对西藏的主权。

1928年10月9日，外长王正廷照会英国驻华公使兰普森（Miles Lampson）：中英两国关于《藏印通商章程》是1908年4月20日签订的，距今已有相当长的时期，对于今天已不适合。该约第13款规定："此次章程自两国全权大臣及西藏代表员签押之日起，应通行十年。若期满后六个月内，彼此俱未知照更改，此章应再行十年。每至十年，俱照此办理。"[134]照会据此强调："今年4月20日，第二个十年已结束。因此，国民政府提议中英两国应根据现况，缔结新的藏印条约，以发展藏印之间贸易，并加强中英两国的友好关系。"[135]

兰普森建议英国政府："最好对此置之不理；即使要回答，也要非常的简便。如果予以争辩，现在的南京政府就会反驳，从而给它提供炫耀自己的机会。而目前汉藏关系仍然朦胧模糊（nebulous），我们没有必要去争论它那不确定的主权。"[136]英国政府采纳其建议，在关于中国局势1928年演变的评估报告宣称：在10月，国民政府照会英国驻华公使，提出协商拟定新的关于西藏的协定，以取代1908年贸易协定。英国政府1908年协定已经被1914年西姆拉草约取代，而中国政府拒绝签订三方的协议。“考虑到中国对西藏的权力极为软弱，也考虑到任何回答都会引起中国的抗议，对中国的回答应简洁明了。虽然英印政府和英国政府就此点达成一致，但是最终决定不理，因而没有给中国任何回答。”[137]

二、赋予西藏自治的权力，确立西藏各项事业的基本政策

针对“英日常常说人道主义、民族自决……是对我国西藏满蒙而唱此高调，以逞其侵略之阴谋”[138]，国民政府推行五族共和下的民族自治。上述刘朴忱的广播讲话，就是根据国民政府的有关指示做出的。讲话批评历代王朝采取的羁縻政策已经不适合时代的发展，强调在帝国主义入侵的情况下，各兄弟民族要团结起来。他进而指出国民政府要采取的治理边疆的政策，不同于传统的羁縻政策：

> 我们所说的统治，是要光明，磊落，公正，平允，就是谓：群众如何联合起来？力量如何集中起来？各民族的个性如何互相的发挥光大起来？所以对于蒙藏的旧文化，凡是和民族生存相沿下来的，我们要保护利用，蒙藏的坏习惯恶制度，凡是有伤人道，阻碍进化的，我们要徐图废除。最终的目的，我们是要本着总理的遗教，扶植蒙藏民族，使其能自决自治，联合成一个整个的大中华民国。

他还阐述了自觉、自决、自治的具体含义：“自决自治，不是我们站在旁边唱两句高调，他们就会自决自治，是要我们真诚地恳切地去唤醒他们，使他们知道环境危险，赶快地自觉了，才能有效哩。”蒙藏会的工作，就是从自觉、自决、自治三步去扶植蒙藏民族。

自觉：第一步“从宣传入手”，第二步“要做联络工夫”，“每年定期举行内地人到蒙藏去，组织考察团，一方面调查，一方面宣传，再由蒙藏人轮班到内地，组织观光团”；第三步“要积极地从教育着手，如保送蒙藏青年到内地或出洋留学啦，在适当地方设立蒙藏补习学校，速成学校或各种讲习研究班啦”。

自决：“政治的自决，蒙藏人民因还在不能自觉的时候，固然谈不到；就是生活上的必要条件，蒙藏人至今对于农工商业，还是完全的不懂，还是完全依赖外国和中国内地的输送。这种现象，哪里还有自决的能力呢？所以……要想养成蒙藏人有自决能力，第一步须要采用农业政策，言农并不是漠视牧畜，因为牧民是农的副业，我们不主张保守不经济的游牧，同时却要极力提倡改良新的牧畜。但

是，蒙藏人游牧习惯已久，农业很不容易提倡的缘故，有好几种关系：(1) 以国家经济及土地生殖论，农的收入比较游牧的收入多百倍，以个人经济论，一人游牧所得比一人耕田所得多十数倍，且耕田太劳苦，游牧则消闲无事，所以蒙藏人不喜耕田。但是我们所主张的农业，是使用机器的大规模的农业，这做法个人所得的利益，也能得百倍，国家的收入，就更不必说了。蒙藏人还能不愿意吗？(2) 农垦移民的话，蒙藏人最厌恶的缘故，就是因为过去的农垦办法，完全（为）贪官土豪等所操纵，多一处土地开荒，蒙藏人便少一处牧地，蒙藏人没有生活，当然是要拼命反对农垦，所以我们现在主张，要在蒙藏地方实行总理的平均地权，使蒙藏人人人有田耕，有地牧，自然不反对了。至于工业的办法，我们第一步先提倡手工业，第二步再设置皮毛的大工厂，商业是蒙藏人向来没有的，我们主张消费合作事业。”

自治：在帝国主义入侵的危险时期，自治具有全新的含义。就蒙古地区来说，“一方面赶快培养新的统治力，就是在蒙古的盟和旗里面，设置参事会，使蒙古人民渐渐有参加政治之权，一方面还得利用旧的势力，使蒙古在这过渡的期间，不至于弄成无政府的大混乱状态”。就西藏来说，“因为情形更为复杂，组织更为混乱的缘故，第一步先要政教分离，然后各事才有头绪，否则在那纷乱无章的多头政治之下，是绝对没有办法的。等到这一步办到之后，我们也可以仿照蒙古设立参事会或参议会等自治机关，逐渐地领导西藏人脱离宗教首领的统治，才有效哩”！[139]

刘朴忱的讲话，阐述了自觉、自决、自治的含义。具体就自治来说，国民政府根据西藏地方政治、经济、文化宗教等方面与内地差别较大的特殊情况，赋予西藏地方自治权。1929 年 9 月 10 日，蒋介石对贡觉仲尼等人表示：“中央应本总理宽大之主义，许藏人完成自治。”[140]9 月 12 日，国民政府为派员与贡觉仲尼协商所拟“解决西藏办法九条”中规定“中央予西藏以充分自治权”。1930 年 3 月，国民政府为谢国樑入藏与十三世达赖喇嘛洽商所拟“解决汉藏问题条件”十一条中有“国民政府承认西藏有完全自治权”。此后，国民政府在一些法律文件中，都有关于赋予西藏自治权力的规定，如 1935 年特派护送班禅返藏专使“入藏训条”中，规定“允许西藏有完全自治权，其自治方案另定之”。1947 年 1 月 1 日公布的《中华民国宪法》规定：“西藏自治制度，应予以保障。”虽然“完全自治权”最大限度地照顾到现状，但是国民政府赋予西藏的自治权，是在中央政府主权管辖下的地方自治，中央管理西藏地方的国防、外交等重大事宜。

当然，赋予西藏“完全自治权”，并不是要承认现状。蒙藏会认为：“蒙藏行政制度，官署组织，另成系统，沿袭至今，已不适宜。本会对于蒙藏一切设施，自应尽力，推行训政，除旧布新。惟其人民智识固蔽，拘于积习，一旦积极革除，难免不生反感。本会因势利导，拟照施政纲领，循序渐进，力求事实上之效果，以调查宣传为入手办法，而实际建设，分而进行。”[141]可见，蒙藏会计划以渐进方式逐渐建立蒙藏地区的行政组织，改变国民党三全大会决议中所提出的边疆的“特殊形式”。不过，这只能在西藏问题得到解决的情况下才能进行，在未能解决之前，国民政府只能承认现状，于5月23日规定：“在蒙藏行政制度未经确定以前，所有名称官职暂准照旧。”[142]不过，国民政府也曾计划改革西藏社会阶级关系和行政制度，1930年1月14日蒙藏会设计委员会“开全体会议，关于解放蒙古西藏奴隶案，决议推吴鹤龄、孟元亮等审查”[143]。2月27日电称：“蒙藏委员会二十七日开四九次会，对解放西藏蒙古奴隶意见书，议决照原案通过。”[144]8月13日电称：“蒙藏会设计委会十三日开第十五次会议，关于改革西藏地方行政方针案决交第一组审查。”[145]次日又有电称：“蒙委会拟就改革西藏地方行政制度办法四项，正在讨论中。”[146]虽然此后关于类似的讨论也很多，但是议而不决，决而不行，无法实施。

在推行五族共和下民族自治的同时，国民政府还在各个方面就治藏政策做了特别的规定。

其一，作为中华民国领土的一部分，西藏享有与其他行省一样的参政、议政权利。

1912年3月《中华民国临时约法》规定西藏可选派参议员五人。1913年，北京政府公布《第一届国会西藏议员选举法》、《参议院议员选举法》、《众议院议员选举法》、《参议院参议员选举法实施细则》，对西藏地方选举参议员、众议员办法等都有明确规定。国民政府于1931年1月公布《国民会议代表选举法》、《国民会议代表选举施行法》，依法选出前藏代表6人、后藏代表4人参加5月举行的“国民会议”。

此后，国民政府在有关法律条文中都规定了西藏享有参政议政的权利：1937年5月21日，国民政府颁布《国民大会组织法》，规定西藏参加国民大会代表名额，即由在西藏地方有选举权人选出者十名。1938年4月12日颁布的《国民参政会组织条例》，规定西藏代表在国民参政会中的名额，西藏参政员有喜饶嘉措、丁杰、罗桑扎喜、阿旺坚赞等人。此外在立法院、监察院等中央机关中都有藏族委员。西藏代表为国家大政方针建言献策，实现西藏人民参政、议政的权利。这些措施针对英国反对西藏派遣代表参加立法院之类机关而来，体现国民政府对西藏的主权管理和治藏基本原则。

其二，对包括西藏在内的边疆地区政教领袖，予以特别的优待。

国民政府对待边疆政教领袖特别予以尊重的方式有两种：“一为对于边疆政教领袖的封号，一为对于边疆政教领袖的礼遇。”[147]同时，国民政府还对西藏等边疆政教领袖来京予以特殊对待。1931 年，国民政府仿照清代“年班燕飨”之制，责成主管机构蒙藏委员会设立蒙藏招待所，招待蒙古、西藏等因公来京人员及蒙藏初次来京求学人员。1932 年 12 月 19 日，国民党四届三中全会通过《慰勉蒙藏来京各员并团结国族以固国基案》，规定由行政院“赶速于首都地方为蒙藏僧俗来京供职人员设备适宜之住所”，并“参酌旧制，制定各项办法”。[148]根据此决议案，蒙藏会遂于 1934 年 1 月 8 日拟具《边疆宗教领袖来京展觐办法》、《蒙藏回疆各地方长官及各宗教领袖人员来京展觐礼节单》、《达赖班禅代表来京展觐办法》、《蒙藏新疆回部来京展觐人员招待规则》等，1935 年 1 月 14 日行政院核准《蒙藏回疆各地方长官及各宗教领袖人员来京展觐赏赉办法》等，这些规则、办法的规定至为详细，并经行政院核定，公布实施。

国民政府还对发展西藏地方事业也作了一些规定。1929 年 2 月 23 日《国民政府蒙藏委员会训政时期施政纲领》颁布，其职责是“规定行政系统、促成全民政治、扩充公安设备、调查外交情事、整理财政、发展交通、兴办教育、整顿司法事务、振兴实业、保护宗教”等。在蒙藏委员会历次向国民参政会所作的工作报告、蒙藏委员会年度计划中，建设西藏都是国民政府施政的一个重要内容。1930 年 1 月，教育部和蒙藏委员会共同制定《蒙藏教育实施方案要目》，以后陆续颁布《待遇蒙藏学生章程》、《保送蒙藏学生办法》。

更值得一提的，是 1930 年 6 月 17 日国民党三届二中全会通过的《关于蒙藏之决议案》。该决议案可以说是继国民党三全大会通过的《对政治报告之决议案》之后，又一关于治理边疆基本政策的法案。它规定：其一，派员宣慰蒙藏，“宣达中央扶植蒙藏民族之政策与决心，慰问并调查蒙藏人民之疾苦”。其二，在南京成立蒙藏学校，“为储备蒙藏训政人员及建设人才之机关。由蒙藏各地选送优秀青年应试入学。并附设蒙藏研究班，指导促进关于蒙藏事情之专门研究”。其三，从教育着手，促进蒙藏地区的经济与文化的振兴，在教育部特设蒙藏教育司负责蒙藏教育，“通令各盟旗及西藏西康等地主管官厅，迅速创办各级学校，编译各种书籍及本党党义之宣传品；实行普及国民教育，厉行识字运动，改善礼俗，使其人民能受三民主义之训育，具备自治之能力”，“在首都及其他适宜之地点，设立收容蒙藏青年之预备学校。特定国立及省立之学校，优遇蒙、藏、新疆、西康等地学生之办法”。其四，加强对蒙藏地区的宣传，其要点为：“阐明蒙藏民族为整个中华民族之一部，并释明三民主义为蒙藏民族唯一之救星。”“说明蒙藏民族所处地位之危险，帝国主义有侵略阴谋之恶毒，及第三国际曲解民族自决之煽动宣传。”“说明对于蒙藏各地教育、经济之设施与交通实业之建设，应由中央政府协助其地方政府依据本党主义、政纲尽力进行。惟军事、外交及国家行政，必须统一于中央，以整个的国家力量谋蒙藏民族之解放。”“说明本党训政之意义，督促蒙藏人民积极培养自治之能力，完成自治之组织，并优先登录蒙藏人民参加地方行政，并奖励蒙藏优秀分子来中央党政机关服务。”决议案责成蒙藏委员会积极筹备实施，并规定“在第一期内，应特别注重于调查蒙藏情况，革新行政制度，兴办教育，及筹备自治诸项”。[149] 国民政府在对西藏宣传时，专门将三民主义和国民党党义翻译成藏文，印发成小册子进行宣讲。

总而言之，以一大广播讲话即刘朴忱讲话、两大决议案即《对政治报告之决议案》和《关于蒙藏之决议案》为中心，国民政府确立了治藏基本政策，其基本内涵是：反对帝国主义的侵略和分裂，西藏是中华民国领土不可分割的重要组成部分，实行五族共和下的西藏民族自治和民族团结，发展西藏各项事业，西藏人民参政议政。这些，深刻体现了主权原则。

注　释

[1] 代表性成果可参见：高鸿志的《辛亥革命时期英国分裂中国西藏的阴谋》，《安徽大学学报（哲学社会科学版）》2001 年第 5 期）；柳陞祺的《所谓“西藏独立”及西藏的“宗主权”》，载《柳陞祺藏学文集》（汉文卷·上）；艾虹、李晔的《英俄对中国西藏的侵略与西藏“宗主权”谬论的由来》，《东北师大学报（哲学社会科学版）》2010 年第 3 期；冯建勇的《1888 ～ 1911 年英俄在西藏的角逐》，《西藏研究》2010 年第 6 期；梁俊艳的《英国对藏政策的调整与“麦克马洪线”的前期策划——以 1911 年威廉逊事件为中心》，《中国边疆史地研究》2011 年第 4 期，等等。

[2] Alex McKay, *Tibet and the British Raj–The Frontier Cadre 1904-1947,* Curzon Press, 1997, p.14.

[3] 《申报》1912 年 11 月 1 日社论：《证明英人无可干涉藏事之理由》。

[4] 《西藏之过去与现在》，第 43 页。

[5] 黄鸿钊译：《英俄在西藏的争夺——外交文件选译》，见《近代史资料》总 48 号，第

3 页。

[6] *Tibet and the British Raj–The Frontier Cadre 1904-1947,* p.12.

[7] Ibid., ppxx, 11.

[8] 普布扎西：《与历史的一次对话——新华社记者访西藏自治区社会科学院民族研究所所长、研究员巴桑旺堆》，中国西藏新闻网，http://www.chinatibetnews.com/xizang/2004-07/21/content_27853.htm。

[9] 《英国对西藏之策略》，第 50 页。

[10] 《英俄在西藏的争夺——外交文件选译》，见《近代史资料》总 48 号，第 3 页。

[11] 《印度政府外务部致英国印度事务大臣汉弥尔顿函》（1903 年 1 月 8 日），见《西藏地方历史资料选辑》，生活·读书·新知三联书店 1963 年版，第 182—183 页。

[12] 同上书，第 183 页。

[13] 同上书，第 183、184 页。

[14] 同上书，第 184、185 页。

[15] 《英国印度事务大臣汉弥尔顿致印度总督》（1903 年 3 月 27 日），见《西藏地方历史资料选辑》，第 185、186 页。

[16] 《论藏英交涉》（1904 年 10 月 23 日），见《清末民初藏事资料选编（1877 ～ 1919）》，第 548 页。

[17] 《驻藏大臣有泰致外务部抄陈英送修约十章电》（光绪三十年七月二十三日发），《西藏地方历史资料选辑》，第 215 页。

[18] 《论藏英交涉》（1904 年 10 月 23 日），见《清末民初藏事资料选编（1877 ～ 1919）》，第 548 页。

[19] 《英国蓝皮书（英俄对藏政策）》（1910 年 9 月 28 日），见《清末民初藏事资料选编（1877 ～ 1919）》，第 634—635 页。

[20] 《英俄在西藏的争夺——外交文件选译》，见《近代史资料》总 48 号，第 8 页。

[21] 同上书，第 15 页。

[22] 《藏英藏事纪要》（1904 年 8 月 6 日），见《清末民初藏事资料选编（1877 ～ 1919）》，第 444 页。

[23] 《英俄在西藏的争夺——外交文件选译》，见《近代史资料》总 48 号，第 18、25 页。

[24] 《英国印度事务大臣波罗德里克致印度政府公函》（1904 年 12 月 2 日），见《西藏地方历史资料选辑》，第 219、221 页。

[25] *Tibet and the British Raj–The Frontier Cadre 1904-1947*, pxx.

[26] 《哀西藏》（1904 年 10 月 23 日），见《清末民初藏事资料选编（1877 ～ 1919）》，第 23 页。

[27] 《藏事述要》（1904 年 9 月 14 日），见《清末民初藏事资料选编（1877 ～ 1919）》，第 449 页。

[28] 《西藏独立之问题》（1904 年 9 月 29 日），见《清末民初藏事资料选编（1877 ～ 1919）》，第 450 页。

[29] ［美］林乐知：《藏约签名之关系》（1904 年 11 月），见《清末民初藏事资料选编（1877 ～ 1919）》，第 550 页。

[30] 《有泰驻藏奏稿》，见《清代藏事奏牍》下册，第 1196 页。

[31] *Inclosure 3 in No.20. Suggested Amendment made by the Amban to the Draft Convention, and handed by him to Colonel Younghusband on August 21, 1904.* 印度事务部秘密档案。

[32] *Inclosure 3 in No.90. Colonel Younghusband to Yu Tai, Lhassa, September11, 1904.* 印度事务部秘密档案。

[33] *Inclosure 4 in No.90. Yu Tai to Colonel Younghusband. Lhassa, September13, 1904.* 印度事务部秘密档案。

[34] 《有泰驻藏奏稿》，见《清代藏事奏牍》下册，第 1196、1196—1197 页。

[35] 同上文，第 1195—1196 页。

[36] 同上文，第 1198—1199、1195 页。

[37] 《西藏之过去与现在》，第 46 页。

[38] 《有泰驻藏奏稿》，见《清代藏事奏牍》下册，第 1204 页。

[39] 《英俄在西藏的争夺——外交文件选译》，见《近代史资料》总 48 号，第 16 页。

[40] 同上文，第 21 页。

[41] 何藻翔：《藏语》，上海广智出版社 1910 年版，第 19—20、18、20 页。

[42] Alastair Lamb，*The McMahon Line, A Study in the Relations between India China and Tibet, 1904-1914,* London: Routledge & Kegan Paul; Toronto: University of Toronto Press, 1966, p.63.

[43] *Tibet and the British Raj–The Frontier Cadre 1904-1947,* pp.14, 27-28.

[44] *The McMahon Line, A Study in the Relations between India China and Tibet, 1904-1914,* pp.63、64.

[45] Ibid., pp.65, 66-67.

[46] 《藏事纪闻》（1905 年 12 月 11 日），见《清末民初藏事资料选编（1877 ～ 1919）》，第 589 页。

[47] 《藏事述闻》（1906 年 6 月 6 日），见《清末民初藏事资料选编（1877 ～ 1919）》，第 591 页。

[48] 《驻英大使馆报告》（1944 年 7 月 15 日），见台北“外交部”编印：《外交部档案业书——界务类》第五册西藏卷（一），2005 年版，第 76 页。

[49] 《藏案纪略》，见《外交部档案业书——界务类》第五册西藏卷（一），第 66 页。

[50] 杨公素：《所谓“西藏独立”活动的由来及剖析》，《中国藏学》1989 年第 1 期。

[51] 《藏族简史》，见《柳陞祺藏学文集》（汉文卷·上），第 61 页。

[52] 《英俄在西藏的争夺——外交文件选译》，见《近代史资料》总 48 号，第 28 页。

[53] “Doc.75. Memorandum on the Correspondence relating to the proposed Agreement between Great Britain and Russia on the subject of Thibet.” Kenneth Bourne and D.Cameron Watt: *British Documents on Foreign Affairs–Reports and Papers from the Foreign Office Confidential Print. Part I. Volume 13, China, Miscellaneous, 1894-1910,* University Publications of America, 1991, pp.476-477.

[54] 《第一件 俄国外交大臣伊兹沃尔斯基奏英国政府通过其驻俄大使尼科尔森向俄国政府递交西藏问题提案折》（1906 年 6 月 12 日），见陈春华：《俄国外交文书选译——关于

1907年英俄〈西藏协定〉》,《中国藏学》2013年第1期。
[55] 《第三件 俄国外交大臣伊兹沃尔斯基就英国政府向俄国政府递交西藏问题提案事致驻华公使璞科第密函》(1906年6月15日),见《俄国外交文书选译——关于1907年英俄〈西藏协定〉》。
[56] "Doc.75. Memorandum on the Correspondence relating to the proposed Agreement between Great Britain and Russia on the subject of Thibet." *British Documents on Foreign Affairs–Reports and Papers from the Foreign Office Confidential Print. Part I. Volume 13, China, Miscellaneous, 1894-1910,* pp.478, 482-483.
[57] Ibid., pp.485-486.
[58] 《英俄专约》(1907年8月31日),见《西藏地方历史资料选辑》,第235—236页。
[59] 《英俄又提议西藏问题》(1910年7月27日),见《清末民初藏事资料选编(1877~1919)》,第601页。
[60] 《英俄协约之半关于西藏者》(1907年10月16日),见《清末民初藏事资料选编(1877~1919)》,第624页。
[61] *Tibet and the British Raj–The Frontier Cadre 1904-1947,* pp.39-40.
[62] 《藏族简史》,见《柳陞祺藏学文集》(汉文卷·上),第62页。
[63] 《俄国外交文书选译——关于1907年英俄〈西藏协定〉》见。
[64] 《所谓"西藏独立"及西藏的"宗主权"》,见《柳陞祺藏学文集》(汉文卷·上),第290页。
[65] 王远大译:《沙俄侵略西藏——外交文件选译》,见《近代史资料》总48号,第63页。
[66] *The McMahon Line, A Study in the Relations between India China and Tibet, 1904-1914,* p.434.
[67] 《沙俄侵略西藏——外交文件选译》,见《近代史资料》总48号,第80页。
[68] 《中英西藏交涉记》(一)(1913年1月20日),见《清末民初藏事资料选编(1877~1919)》,第486—487页。
[69] 《中英西藏交涉记》(三)(1913年2月20日),见《清末民初藏事资料选编(1877~1919)》,第489页。
[70] 《沙俄侵略西藏——外交文件选译》,见《近代史资料》总48号,第84、85页。
[71] 同上文,第83页。
[72] 朱绣编:《西藏六十年大事记》,1925年刊印本,第61页。
[73] 《西藏划界之内幕》(1914年8月20日),见《清末民初藏事资料选编(1877~1919)》,第610页。
[74] 《藏族简史》,见《柳陞祺藏学文集》(汉文卷·上),第80页。
[75] 《中英西藏交涉记》(一)(1913年1月20日),见《清末民初藏事资料选编(1877~1919)》,第485页。
[76] 《中英西藏交涉记》(二)(1913年2月5日),见《清末民初藏事资料选编(1877~1919)》,第487。
[77] 《中英西藏交涉记》(三)(1913年2月20日),见《清末民初藏事资料选编(1877~1919)》,第489页。

[78] 《稍纵即逝之西藏交涉（续中英西藏交涉谈）》（1913 年 3 月 5 日），见《清末民初藏事资料选编（1877 ～ 1919）》，第 490—491、491—492 页。
[79] 《藏族简史》，见《柳陞祺藏学文集》（汉文卷·上），第 80 页。
[80] 《英国在西姆拉会议上的阴谋》，见《西藏地方历史资料选辑》，第 286 页。
[81] 同上文，第 287 页。
[82] 王远大译：《俄英在西藏的交易——外交文件选译》，见《近代史资料》总 64 号，中国社会科学出版社 1987 年版，第 70—71 页。
[83] 同上文，第 72 页。
[84] 《中英续订藏印条约》（光绪三十二年六月），见《西藏地方历史资料选辑》，第 229 页。
[85] 《俄英在西藏的交易——外交文件选译》，见《近代史资料》总 64 号，第 67 页。
[86] 同上文，第 68—69、80 页。
[87] 同上文，第 66 页。
[88] 《驻藏办事长官陆兴祺致大总统电》（1914 年 4 月 28 日），见《西藏地方历史资料选辑》，第 301 页。
[89] 《俄英在西藏的交易——外交文件选译》，见《近代史资料》总 64 号，第 69 页。
[90] 同上文，第 61 页。
[91] 同上文，第 67—68、73 页。
[92] 同上文，第 75—76、76 页。
[93] 同上文，第 76、79 页。
[94] 同上文，第 81—82 页。
[95] 《北洋政府外交部致驻英公使电》（1914 年 7 月 6 日），见《西藏地方历史资料选辑》，第 302 页。
[96] *Copy, F3142/59/10,* 印度事务部秘密档案。
[97] *F3222/59/10, The Marquess Curzon of Kedleston to Sir B. Alston(Peking). Foreign Office, August26, 1921.* 印度事务部秘密档案。
[98] 《西藏六十年大事记》，第 57 页。
[99] 《北洋政府外交部致驻英公使电》（1921 年 7 月 30 日），见《西藏地方历史资料选辑》，第 316 页。
[100] 陆兴祺编：《西藏交涉纪要》下篇，1931 年刊印本，第 98 页。
[101] 《外交部为答复英使缓议节略内容致英使馆电》（1921 年 9 月 10 日），见《元以来西藏地方与中央政府关系档案史料汇编》第 6 册，第 2464 页。
[102] 《英国对西藏之策略》，第 4、7 页。
[103] 同上书，第 5—6 页。
[104] 同上书，第 6、7 页。
[105] 同上书，第 8 页。
[106] 《所谓“西藏独立”及西藏的“宗主权”》，第 290 页。
[107] 《英俄在西藏的争夺——外交文件选译》，见《近代史资料》总 48 号，第 16 页。
[108] 柳陞祺：《用历史的眼光认识西藏》，见《柳陞祺藏学文集》（汉文卷·上），第 410 页。
[109] 同上文，第 411 页。

[110] 刘国武的《1927—1937 年国民政府的对藏政策及接管措施》(《史学月刊》2004 年第 4 期)一文认为:“抗战前十年是国民政府对藏政策的形成时期,国民政府一直以国家统一问题和边疆问题取代西藏的民族问题,并打下了传统治边政策的烙印。国民政府力图通过使西藏与内地在各方面融为一体的办法来接管西藏。在内忧外患的形势下,国民政府的对藏政策和措施只起到了避免西藏局势更加恶化的作用。”徐柏永的《国民政府治藏政策及其实施研究(1927—1949)》(陕西师范大学 2000 年博士学位论文)一文,及蒲政的《南京国民政府成立前后的治藏政策》(2009 年四川师范大学硕士论文)一文,认为国民政府成立“制定了包括政治、经济、文化、宗教等方面的一系列政策”,力图突破西藏与中央在英国入侵后形成的“不正常的关系,恢复中央对藏原有的统属关系”,但是收效甚微。王海燕的《1927—1937 年国民政府的治藏政策》(2004 年中央民族大学硕士学位论文)一文,分析了国民政府治藏的一些具体措施,其特点、意义及不足。

[111]《蒋总司令前日在党员欢迎时演说》,《申报》1927 年 7 月 8 日第 14 版。

[112]《元旦日之北平景象》,《申报》1929 年 1 月 7 日第 9 版。

[113]《李宗仁对比意两约之意见》,《申报》1929 年 1 月 9 日第 6 版。

[114]《蒙藏会讨论治藏方略》,《申报》1929 年 4 月 10 日第 8 版。

[115]《西藏代表报告藏情》,《申报》1929 年 6 月 23 日第 7 版。

[116]《临时大总统宣言书》(1912 年 1 月 1 日),见《孙中山全集》第 2 卷,中华书局 1982 年版,第 2 页。

[117]《告国民消融意见蠲除畛域文》(1912 年 2 月 18 日),见《孙中山全集》第 2 卷,第 105 页。

[118]《在张家口各界欢迎会的讲话》(1912 年 9 月 7 日),见《孙中山全集》第 2 卷,第 451 页。

[119]《中国国民党第一次全国代表大会宣言》(1924 年 1 月 23 日),见《孙中山全集》第 9 卷,中华书局 1986 年版,第 118、119 页。

[120]《蒋总司令宴各军代表》,《申报》1928 年 6 月 27 日第 9 版。

[121]《西藏代表向三全会提案》,《申报》1929 年 3 月 23 日第 9 版。

[122] 荣孟源主编:《中国国民党历次代表大会及中央全会资料》上册,光明日报出版社 1985 年版,第 646—647 页。

[123] 闫天灵:《试论抗战前十年国民政府对内蒙古的政策定位》,《中国边疆史地研究》2001 年 1 期。

[124]《国民政府训令直辖机关禁止以番蛮等称谓加诸西藏民族文》(1929 年 10 月 5 日),见张羽新、张双智编纂:《民国藏事史料汇编》第 4 册,学苑出版社 2005 年版,第 382—383 页。

[125]《申令禁止以番蛮鞑子等称谓加诸蒙藏各族以符中华民族一律平等之旨》,《民国藏事史料汇编》第 1 册,第 243 页。

[126]《石委员长致西藏全体代表书:论中央与西藏之关系》,《蒙藏旬报》1932 年第 2 卷第 2 期,第 1 页。

[127]《国民政府招待达赖代表》,《申报》1930 年 9 月 17 日第 7 版。

[128]《中国国民党历次代表大会及中央全会资料》下册，第 183 页。
[129]《中华民国训政时期约法》，见《元以来西藏地方与中央政府关系档案史料汇编》第 7 册，第 2960 页。
[130]《宪草委会决定国家要素》，《申报》1933 年 2 月 26 日第 8 版。
[131]《蒙藏委员会为抄发饬遵中华民国训政时期约法事致达赖喇嘛公函》(1931 年 7 月 10 日)，见《民国藏事史料汇编》第 5 册，第 106 页。
[132]《白云梯之蒙藏院谈》，《申报》1928 年 2 月 28 日第 4 版。
[133]《蒙藏委员会委员刘朴忱先生在中央广播电台报告词》(1929 年 6 月)，见《民国藏事史料汇编》第 4 册，第 367 页。
[134]《藏印通商章程》，见洪涤尘:《西藏史地大纲》，正中书局 1947 年版，第 311 页。
[135] "Doc. 375[F6198/296/10] Sir M. Lampson to Lord Cushendun. Peking, November 13, 1928." *British Documents on Foreign Affairs–Reports and Papers from the Foreign Office Confidential Print. Part II. Volume 35, China, June 1928-December 1928,* pp.359-360.
[136] "Doc. 376[F6201/296/10] Sir M. Lampson to Lord Cushendun. Peking, November 13, 1928." *British Documents on Foreign Affairs–Reports and Papers from the Foreign Office Confidential Print. Part II. Volume 35, China, June 1928-December 1928,* p.360.
[137] Annual Report, 1928. *British Documents on Foreign Affairs–Reports and Papers from the Foreign Office Confidential Print. Part I. Volume 20, China,* p.112.
[138]《军官团及军校欢迎革命军事领袖》，《申报》1928 年 8 月 6 日第 8 版。
[139]《蒙藏委员会委员刘朴忱先生在中央广播电台报告词》(1929 年 6 月)，见《民国藏事史料汇编》第 4 册，第 367—369 页。
[140]《赵戴文为贡觉仲尼等会见蒋介石声明达赖喇嘛不背中央不亲英人等致阎锡山电》(1929 年 9 月 10 日)，见《民国藏事史料汇编》第 4 册，第 374 页。
[141]《训政时期蒙藏委员会训政工作分配年表（附说明书）》(民国十八年七月)，西藏自治区档案馆藏。
[142]《蒙藏行政制度未经确定以前所有名称官职暂准照旧令》，见《民国藏事史料汇编》第 1 册，第 293—294 页。
[143]《首都纪闻》，《申报》1930 年 2 月 15 日第 9 版。
[144]《首都纪闻》，《申报》1930 年 2 月 28 日第 8 版。
[145]《蒙藏会之设计会议》，《申报》1930 年 8 月 14 日第 8 版。
[146]《首都纪闻》，《申报》1930 年 8 月 15 日第 7 版。
[147] 周昆田:《边疆政策概述》，"中央"文物供应社 1984 年版，第 72—73 页。
[148]《中国国民党历次代表大会及中央全会资料》下册，第 183 页。
[149]《中国国民党历次代表大会及中央全会资料》上册，第 766—767 页。

第三章
国民政府成立初期解决西藏问题的尝试及英国的掣肘

国民政府成立初期，在确立治藏政策的同时，一方面派遣刘曼卿、贡觉仲尼入藏沟通意见，一方面计划召开西藏会议，设法通过在拉萨、南京两地协商以解决西藏问题。英国也调整侵略政策，借尼泊尔与西藏的纠纷派遣莱登拉（Sardar Bahador Laden La）、威尔（Weir）入藏，向十三世达赖喇嘛施压，一方面竭力维持在藏侵略特权，一方面阻止西藏地方与中央关系的正常化。这样，中英两国政府在国民政府成立初期就展开了一场激烈的较量。

第一节　贡觉仲尼到京、入藏与驻京：国民政府与噶厦初步协商解决西藏问题

一、从英方两份资料说起：英国对贡觉仲尼、刘曼卿入藏的敏感

在确立治藏基本政策的过程中，国民政府开始考虑如何解决西藏问题。行政院认为，第一步是“如何祛除中央与西藏间之隔膜”[1]，为此需派人入藏沟通双方意见。刘曼卿是国民政府所派西藏视察员。她于 1929 年 7 月 15 日从南京出发，7 月 24 日从上海起程，取道川康入藏，8 月入四川，1930 年 2 月 28 日抵达拉萨，5 月 27 日离开拉萨，7 月 25 日回上海，8 月 7 日返回南京述职。贡觉仲尼是国民政府派遣的“赴藏慰问专员”。他于 1929 年 11 月 7 日起程，经海道入藏，1930 年 1 月 16 日到达拉萨，8 月 30 日返回南京。他比刘曼卿起程晚，但是先抵达拉萨。两人入藏所起的作用不同，刘曼卿在于传达国民政府解决西藏问题的诚意，贡觉仲尼在于传递双方如何解决西藏问题的看法。

英国政府对贡觉仲尼、刘曼卿的入藏极为注意，认为两人是“南京派出的许多非官方代表团”[2]。此论调强调他们是“非官方”性质的，其含义深刻，即否认他们入藏的政治性质。但是，英方的两份资料却又掩盖不了英国政府对他们入藏政治目的的担忧。

一份资料是英国驻华使馆向英国政府提交的《关于1930年中国局势演变》的评估报告。该报告首先宣称国民政府派遣贡觉仲尼、刘曼卿入藏的时机：在发生尼藏冲突时，“中国立即抓住机会，对西藏施加其影响，接连派出两个使团，其中一名为喇嘛，另一名为汉藏混血的青年妇女。他们携带蒋介石和其他国民党要人给达赖喇嘛的信，于这年初抵达拉萨”。接着强调他们入藏的目的：“毫无疑问，他们的目的是恢复中国对西藏的传统主权。他们力劝西藏政府发展同南京的亲密关系；作为回报，在与尼泊尔的斗争中西藏会得到中国的武器援助。”再接着，认为国民政府达到了一些目的：“达赖喇嘛成功地避免了令人怀疑的中国通过军事援助的安慰（comfort），告诉使团说与尼泊尔的冲突已在印度政府的友好调解下解决，因此派遣中国军队入藏已不必了。但是，达赖喇嘛敏感地担心，如果不安抚一下中国政府，它可能会以武力解决班禅返藏问题，因此对它作了一定的回应。莱登拉在藏三个月，汇报了中国影响显著地增加。在此时，发生了华北反叛南京的事件，迫使两个中国使团提早回到他们的国家。如果不出现此种情况，中国会增加对西藏的影响。”[3]这份报告总括性地评价了贡觉仲尼、刘曼卿两人入藏的目的，认为在他们的努力下西藏与中央的关系得到一些恢复，并认为如果不是因为国民党新军阀混战，恢复会更进一步。

另一份资料是侵略西藏急先锋之一的黎吉生的几段论述。他在《西藏简史》中首先宣称，国民政府的成立，使派遣官员入藏的时机来到，并对贡觉仲尼和刘曼卿作了对比：在1929年前，“中央政府仍然是四分五裂，无力采取什么决定性的措施”。在1929年至1930年，“南京建立了一点安定的样子，才有两个代表团派到拉萨去”。刘曼卿是“非正式的”，贡觉仲尼是“比较重要的”，达赖喇嘛“对这两个代表团都给予友好的欢迎”。接着，黎吉生谈论了贡觉仲尼入藏的意义和英国的不满，说：贡觉仲尼“从中国政府带来一些建议，并探询有无直接解决的可能”。“（达赖喇嘛）没有通知印度政府就和札萨（也译作扎萨）讨论了中国政府的来文和达成一种协议的可能性。这在1925年以前，还希望一个三方条约时，他是不肯这样做的。”再接着，黎吉生颠倒黑白地宣称十三世达赖喇嘛的态度：“尽管如此，通过雍和宫札萨送出的答复，仍然在西藏自治和不承认中国的宗主权方面，表现了不妥协的立场。实际上，他是要求在与中国保持密切的外交关系下，把西藏当作独立国待遇，中国表示愿意提供实际援助，但碰到一个他们不愿意给予满足的要求。这就是武器的供应。关于班禅的回藏，达赖喇嘛只准备考虑他个人问题，这就意味着他拒绝班禅的随从和中国的护送武装。”同时，黎吉生又自相矛盾地宣称：“的确，这是达赖喇嘛对中国态度的和缓，他准备讨论中国政府的建议而不和印度政府商量，但不应当忽视的是，代表中国进行讨论的是达赖喇嘛自己的官员，他驻南京的代表。更有进者，从他回答的语气看来，他希望得到英国人所未能办到的成就，在不作任何让步的情况下，满足自己的要求。把达赖喇嘛招待这些代表说成是达赖情愿接受中国的主权，或者说成是他的态度是坚决转向中国，简则（直）是在抓不足恃的救命草。”[4]

对比来看，这两份资料所说不同。英国驻华使馆认为国民政府是抓住尼藏冲突的时机，派遣贡觉仲尼、刘曼卿入藏，担心国民政府插手南亚，而他们两人是在冲突于 1929 年 12 月正式发生之前就已起程入藏。黎吉生则认为，国民政府是以其上升为中国的中央政府为契机，派人入藏解决西藏问题的。他虽然认为贡觉仲尼入藏协商标志着西藏地方政府同中央政府开始直接协商解决西藏问题，却又宣称十三世达赖喇嘛要求国民政府承认西藏为“独立国”；这和英国政府所称十三世达赖喇嘛对国民政府的要求“作了一定的回应”是矛盾的。无论怎样，这两份资料说明英国对贡觉仲尼、刘曼卿入藏极为敏感。

的确，贡觉仲尼、刘曼卿入藏意义重大。曾任国民政府驻泰国大使的李铁铮指出：刘曼卿“成功地消除了达赖喇嘛对国民党政权的某些怀疑，并帮助为拉萨和中国恢复正式关系铺平了道路，但是她的任务是半官方的，对有政治性质和关于西藏的地位的讨论就委托给贡觉仲尼”[5]。李铁铮所说刘曼卿为半官方的并不属实，但指出了贡觉仲尼、刘曼卿两人所起的作用不同。刘曼卿的入藏，下节探讨。这里先探讨贡觉仲尼的入藏。

贡觉仲尼（1883—1944，又译为棍却仲尼）在西藏地方与中央的关系史上拥有独特的地位。他曾任西藏驻京堪布、雍和宫札萨克喇嘛罗桑策垫、蒙藏委员会委员和常务委员、立法院立法委员、国民党中央执行委员。对这样一位历史人物，学术界有所研究。虽然也提到了他作为慰问专员的入藏情况，但是不但尚未见专文探讨，而且对十三世达赖喇嘛与国民政府的互动及英国的干涉情况未分析。[6]因此，本节以贡觉仲尼到京、入藏和驻京为切入点，加以探讨。

二、贡觉仲尼到京：与国民政府协商解决西藏问题的原则

国民政府与西藏地方政府的代表首次接触，可以追溯到蒋介石北伐进入平津地区、国民政府上升为中国的中央政府之际，即1928年下半年。这年7月，蒋介石到北平，顺便游览雍和宫，接见了在雍和宫的堪布贡觉仲尼，贡觉仲尼陈述了解决西藏问题的看法。十三世达赖喇嘛得到报告后，立即做出回应。当时，西藏传言蒋介石是文殊菩萨的化身，因而十三世达赖喇嘛及三大寺大喇嘛“表示着一种很想合一的态度”[7]。1929年1月下旬，驻五台山堪布罗桑巴桑（曾任雍和宫堪布）奉十三世达赖喇嘛之命，前往南京晋见蒋介石，“备述一切”。罗桑巴桑称：“余此次代表达赖来京，系为表示吾藏内向热诚。达赖对于中国早已极望和平统一，现在革命成功当更具无穷希望，此后前后藏人决为党国效力，完成五族真正共和。”这显然是十三世达赖喇嘛的态度，因而蒋介石回函，由罗桑巴桑带回。蒋介石首先检讨中央政府不遑顾及边陲的错误，称“民国成立十有八年，徒因军阀专横，中原多故，共和真谛，未克实施，而边远情形遂多隔阂”。接着，他提出西藏问题的解决已摆在议事日程上，说：“今寰区统一，军事告终，内外相推，励精图治，绥远、热河、察哈尔、青海、宁夏、西康各区均已改建新省。西藏为我中华民族之一，政府现正督饬蒙藏委员会调查实际，用资建设。”他称赞经过罗桑巴桑陈述，“藉悉法座高瞻远瞩、倾诚党国之决心，遥望西陲，至为佩慰”。他强调，中华民族必须团结统一，抵御帝国主义的侵略：“昔我总理孙先生创立三民主义，深有鉴于帝国主义者侵略我国所领导之民族使侪于奴隶之列，安南朝鲜可为殷鉴。自非合吾五族之力一致奋斗，不足以图存，而民族主义之精神，即所以求中华民族自由平等之路也。藏卫接壤强邻，帝国主义者所压迫久矣，幸赖法座深明大义，内向情殷，此后愈当并力一心，修内政而御外侮，自不难相与造成民有、民治、民享之中国，以屹立于世界，进而扶助弱小民族，跻于大同，普度众生，实我佛之弘愿也。”[8]这是蒋介石首次致函十三世达赖喇嘛，谈论五族共和，解决西藏问题。

1928年3月，国民政府就在讨论主管蒙藏事务的机关蒙藏委员会的成立问题[9]，但是一直未能成立。罗桑巴桑晋京，加速了蒙藏会的成立。1929年2月1日，蒙藏委员会正式成立，正副委员长为阎锡山、赵戴文，而“实际主持会务者”为委员、总务处长刘朴忱。刘朴忱“极注意于西藏问题，思所以与达赖协商和平解决藏事之道”。[10]蒙藏会成立后不久，即于2月22日提出：“查解决班禅达赖间

之问题及中藏隔阂情形，若非选派佛教中有关系名望之人入藏宣慰，不足以奏效。今西藏专使人选，以章嘉呼图克图为最宜，请转呈派该章嘉呼图克图入藏宣慰，以资疏通。”[11]这里及以后多次说的中藏关系，指中央和西藏地方的关系，这说明国民政府已在考虑派遣专人入藏宣慰，协商解决西藏问题，人选初定为章嘉呼图克图，但是不知何故，他未能入藏宣慰。6月17日，国民党三届二中全会通过《关于蒙藏之决议方案》，规定：“派员宣慰蒙藏，由中央特派对党国有重要资望之专员十人至二十人，分赴蒙古、西藏，宣达中央扶植藏民族之政策与决心，慰问并调查蒙藏人民之疾苦。”[12]此决议再次表明国民党中央要派人入藏宣慰，虽然未提具体人选，但规定了人选标准。不过，即使能找到这样的人选，很难说十三世达赖喇嘛会接受。

十三世达赖喇嘛也有意与国民政府洽商。他在指示罗桑巴桑晋京后，又指示贡觉仲尼、楚称丹增进一步协商。报载：“棍却仲尼和楚称丹增二人于今春三月绕道新疆东来，行程计有六个月之久。今已由太原转乘平汉车到平，将再由平晋京谒蒋主席。他们在平的时候，曾对新闻记者说现在后藏，以拉萨地方面谕，一切交通、邮政机关都操于外人之手。达赖近已有相当的觉悟。自革命完成，中国已有巩固的中央政府。达赖闻讯，对中央绝对地服从。现在对中央第一步即为恢复原来的关系，第二步即希望国府能与西藏通达消息云云。由此观之，达赖现仍诚服中央，这是可喜的消息。”[13]5月，贡觉仲尼，与蒙藏会专门委员谢国樑在北平会晤，希望到南京接洽，称：“极愿代表达赖南下参加（孙中山）奉安大典，藉表敬意，并联络中藏感情，惟切须严守秘密，不宜登载报纸，恐惹英人质问。”[14]显然，贡觉仲尼等希望以参加国民政府即将举行的孙中山遗体安放中山陵大典为契机，南下会谈。蒙藏会欢迎，并派专门委员谢国樑到北平接洽，国民政府还“谕派参军处筹商招待”。奉安大典于6月1日举行，但是贡觉仲尼等“未能赶到”，表面上是“因病稽延”[15]，实际上因参加典礼显目，顾忌英国的干涉和阻拦而作罢。

8月7日，贡觉仲尼、楚称丹增提出“准于十日内由国樑（即谢国樑）随同赴京”[16]。按此，他们应在8月17日前抵达南京；也可能是指到太原去后10天内到京。8月中旬，他们和翻译巫怀清一起到太原拜见蒙藏会委员长阎锡山，强调十三世达赖喇嘛对中央政府绝对诚意服从，现在首先应该恢复原来的政治关系。贡觉仲尼表示，十三世达赖喇嘛函令他声明三原则：“（一）达赖并无亲英之事，其与英国发生关系，不过系因英藏壤地毗连，不能不与之略事敷衍耳。（二）达赖仇华亦属误传，民六、民九、民十三达赖均有派员来华并发有护照，内中言明中藏亲睦，现有护照可证。（三）达赖、班禅感情素惬。其始之发生误会，系因班禅部下之人行为不法，达赖逮捕数人，班禅遂惧而出走，并非达赖所逼。”[17]三原则，可以说是十三世达赖喇嘛在国民政府成立之后首次对西藏地方与中央政府的关系、达赖系统与班禅系统的关系的公开表态。

恰在此时，报纸称“达赖受英人之怂，进兵犯巴安”。贡觉仲尼、楚称丹增二人强调：“仅有少数藏兵驻扎察木多，并无进犯巴安事。如查明果有此事，请政府先治我二人之罪。显系有人捏造，欲破坏大局，使中央无和平解决藏事之余地，应请特别注意为要。”[18]9月初，刘曼卿自成都致电国民政府证实“所有前日各报记载藏兵进逼巴塘，均属传闻失实，别有作用”。[19]这是否与英国造谣有关，尚不能确定。但是在9月2日贡觉仲尼、楚称丹增、巫怀清三人到京并受到蒙藏会副委员长赵戴文的热情欢迎后，英国注意到他们晋京，认为他们“是达赖喇嘛指定的特别代表，目的是解决（effect）西藏政府和中国政府之间的友好关系（rapprochement）”[20]。

9月10日，贡觉仲尼等晋谒蒋介石，再次声明达赖“不亲英人、不背中央、愿迎班禅回藏”的三原则。蒋介石予以肯定，一方面表示“此事自当实现”，一方面强调“中央应本德理宽大之主义，许藏人完成自治”[21]。在晋谒蒋介石后，贡觉仲尼要巫怀清与刘朴忱密谈，将三原则具体化为六条，即：“一、达赖确实愿输诚中央；二、诚意欢迎班禅回藏；三、将来行政系统，军政、外交归中央办理，益派遣驻藏长官，藏人有充分自治权；四、军事可以边防军名义，由班禅率少数军队回藏；五、森姆拉草约，原系藏人主张，将来达赖可声明由中央主持解决，则英人方面自难藉口；六、将来达赖派正式代表，必须西藏三大寺承认，始能有效。”[22]这几条都很重要，明确提出了如何划分西藏地方与中央的权力，并提出了九世班禅可以率领少数军队返藏，作为国防军戍守边疆。依此，西藏与中央的政治关系当然可以基本恢复。

9月11日，谢国樑建议：“中央对达赖先取和平解决一切，然后调停班禅与达赖之误会，使班禅得以回藏。一致团结，对付外交，庶可保全领土，恢复主权。”[23]9月12日，刘朴忱与贡觉仲尼等人会商，提出“解决西藏问题之预办事项”，其中提出：先决条件为“诺那呼图克图与格桑泽仁两委员之去留，拟调委相当地位，先避开藏事之关系”；派遣代表方面，“拟先派棍却仲尼偕同我方派员到藏疏解，二次再派江卜桃梅及中央大员入藏宣慰”。还拟定《解决西藏之具体办法》："一、西藏与中央关系恢复如前。二、达赖、班禅应加入中国国民党，并负责筹划西藏党务之进行。三、达赖、班禅加入本党后得为政府委员。四、外交、军事、政治均归中央办理。五、中央予西藏以充分之自治权。六、班禅回藏，由达赖派员欢迎，中央护送。七、达赖、班禅在西藏之政教权限一切如前。八、中央以达赖、班禅为西藏政教之首领。九、班禅归藏时，拟派国防军随同入藏，以资保护。十、达赖在京设立办公处，经费由政府发给。"[24]

可以说，这十条是对上述六条的具体回应。9 月 13 日，蒋介石再次接见并宴请贡觉仲尼、楚称丹增二人，对十条表示认可，"惟诸那、格桑两委员之去留及班禅成立卫队两事，须于棍等回藏、达赖有派正式代表之电文后再办。"贡觉仲尼还"面陈达赖渴欲输诚之内因"有五："一、藏人吃茶，全用中国品，中藏绝交，茶价贵至十倍。二、藏边驻兵，不能购用中粮，边民困苦，时生怨言。三、班禅日思借兵报怨，现欲借俄以逞。若英俄相争，藏地糜烂。四、藏币重三钱余，英币重七钱余，惟藏币十四五元方能兑得英币一元，出口必用英币，经济损失太大。五、前者有廿余俄人潜入藏地，借名学佛，实则阴传赤化。藏预言者汉人来好，俄人来藏地大乱。此言藏人甚信。"[25]9 月 15 日，刘朴忱、张至心与贡觉仲尼商定："先请政府派棍却仲尼入藏，留楚称丹增驻京。其手续如下：一、国府给特派状。二、主席致达赖书。三、主席致达赖礼品。四、阎委员长致达赖及察绒葛布伦书。五、棍赴藏旅费二千五百元。六、西藏驻平堪布办公费月供给一千五百元，棍楚等预支六个月共九千元。七、国府发给密电本。八、棍楚等拟赴普陀山即径回平，给旅费六百元。九、预定于明年四月前由藏回京。"[26]蒋介石当即批准，贡觉仲尼入藏宣慰的时机成熟。

9 月 16 日，文官处公函蒙藏会："主席谕，达赖喇嘛代表棍楚二堪布不日回藏，应由蒙藏委员会选派专员一人随同入藏宣达中央意旨，并资考察。"要求蒙藏会"迅即选派"，并要求考虑一下"该专员应以何种名义及该员衔名"。[27]巫怀清提出：贡觉仲尼、楚称丹增和当时住在雍和宫的江卜桃梅"均极愿由中央派遣回藏，因此事可邀达赖之嘉慰"。赵戴文在向阎锡山汇报此点时首先认为从中"可想见达赖之极愿输诚"。接着，他分析说："江卜桃梅系达赖最信任之人，事易见功。棍系总葛布伦（亦称噶布伦、噶不伦）信任之人。总葛布伦因前有救达赖性命之特殊关系，故居总揆，握有军政大权。后以亲英关系，达赖夺其实权。现总葛布伦仍谋恢复旧日信任，亦欲顺达赖意，以作成中藏和好。是江卜桃梅与棍却仲尼二人，均有由政府正式派遣回藏之必要。"[28]

国民政府基于噶厦内部政治关系的考虑，决定以贡觉仲尼一人入藏慰问。9月11日，谢国樑即建议："中央解决藏事如取和平方法，则棍却仲尼来京最为重要。以职分论，彼为札萨克堪布，较普通呼图克图为优，以关系论，彼有亲弟彭措热垫最为达赖所亲信，现任察戍（擦绒）噶不伦，英人极端笼络，曾为亲英首领。现达赖有意亲华，彭欲迎合达赖意旨，又欲居亲华首领，屡函棍设法向中央政府疏通。政府对于棍如特别优遇，将来解决西藏事可期顺利。"[29]此建议得到国民政府的采纳，谢国樑后来就此指出："政府原拟派棍却仲尼、楚称丹增二人回藏，嗣棍向国樑表示，谓伊与察戎噶不伦系兄弟，拟请主席密与察戎一函，以促达赖信任。国樑素知察戎系亲英首领，前年受英人贿使，欲加不利于达赖，遂被削去总司令及总噶不伦职位。因与英人亲密，故得仍留现职。去岁，察戎屡次函托国樑援助棍却仲尼，想以亲华之功，迎合达赖，恢复旧职。国樑密陈政府，将计就计，遂改派棍一人回藏，以促藏事之进行。"[30]

在确定以贡觉仲尼入藏宣慰后，国民政府进一步确定了解决西藏问题的具体政策。9月22日，赵戴文致电阎锡山，汇报已与贡觉仲尼商定八款问题，经蒋介石认可，"交棍以非正式之名义带回，作达赖派大员来京时之责任范围"[31]："第一款，西藏与中央关系应如何恢复？第二款，中央对于西藏统治权应如何行使？第三款，西藏地方自治权如何规定？范围如何？第四款，达赖、班禅加入中国国民党。第五款，达赖、班禅在西藏政教上地位与权限一律照旧？抑或另有规定？第六款，班禅回藏，达赖如何欢迎？中央如何护送？第七款，达赖是否在京设立办事处以便随时接洽？至于经费，可由中央发给。第八款，西藏对于中央有无其他要求？"[32]这样，《解决西藏之具体办法》具体定为八款。

贡觉仲尼随身携带蒋介石的两封信函和阎锡山的一封信函入藏。蒋介石在致十三世达赖喇嘛的信函中，称他为"达赖大师法座"，对其"倾诚内向，爱护共和，至为佩慰"，再次阐述了国民政府的治藏政策，即一方面强调："自先总理领导革命，创立民国，一以力求中华民族自由平等为职志。政府秉承遗训，奠定寰区，对于藏卫人民，无时不思以至诚博爱之心为谋安定。"一方面强调："际此赤白帝国主义鲸吞蚕蚀之秋，我中华民族务必团结一致，共同对外以争存。法眼精详，必能远瞩高瞻，则外人拓植之阴谋，当无所施其狡矣。"最后，蒋介石说"特派雍和宫堪布棍却仲尼赴藏慰问，并宣布中央意旨，希与接洽"，盼望十三世达赖喇嘛"选派负责大员来京商洽一切"。[33]在致察绒（察戎）函中，蒋介石除了称赞他"拥护共和、倾诚内向"外，主要是强调中华民族的团结与统一问题，指出：

“藏卫虽遥，其地为中华民国之领土，其民为中华民国之国民，无不尽力扶植地方自治之基，以争存于世界。方今帝国主义以侵略弱小民族为急务，如印度、缅甸、安南、朝鲜均被其蚕食鲸吞，可为殷鉴，能不寒心？执事匡扶藏族，威望夙孚，必能远瞩遐观，深明时事。现在中央政府励精图治，欧美各国已另订条约，尊我主权，藏卫服从中央，外人何敢轻于窥伺？”最后表示：“执事有所提议，并望随时见告，以便商榷进行，共图幸福也。”[34]对比来看，两封信函都强调了中华民族必须团结与统一的问题，指出了西藏是中国不可分割的领土，要求十三世达赖喇嘛和察绒为中华民族的团结与统一做出贡献，共同反对英国侵藏。

尚无资料说明蒋介石的两封信函内容与贡觉仲尼有何关系。但是，在阎锡山致十三世达赖喇嘛的信函中，贡觉仲尼要求阐述三点：(1)“中藏不通往来者已十余年，此次棍、楚等来京，陈述达赖意旨及苦衷，所有十余年经过，中央已完全谅解，遂派棍堪布回藏宣达中央意旨，以收和衷共济之效。”(2)“中央本总理扶植蒙藏民族之主义，一秉大公，与蒙藏团结一致对外。”(3)“达赖如有向中央申述意见，阎总司令无不尽力帮助，至一切详细情形，棍堪布当可面述也。”[35]阎锡山采纳这几点，并同蒋介石一样，“希法座再派大员，共筹建设，寻见五族共和之真正民主政治，以一致团结而振兴，帝国主义者之侵略，亦无可逞矣”。[36]这反映了贡觉仲尼的期望，间接也说明他对蒋介石的信函也有意见贡献。

从上可见，贡觉仲尼分析了十三世达赖喇嘛的内向心理，并根据他要求声明的三原则同刘朴忱等人商定了六条。国民政府依此提出八款，贡觉仲尼表示同意。这样，他作为入藏慰问专员，被国民政府派遣入藏。对于诺那呼图克图曾要求回藏“调和达赖与班禅之感情，藉释纠纷而御外侮”，国民政府认为在目前情况下“无从着手”，而应“暂从缓议”。[37]

三、贡觉仲尼入藏：十三世达赖喇嘛的欢迎与对八款的回答

1929年11月21日，蒙藏会接到驻平办事处转来雍和宫的呈报：“本庙主持棍却仲呢声称，近接西藏达赖佛来文，内称因公令职回藏，恳乞于本年十一月十日起，除去往返程途，请假六个月回藏。”[38]这一呈报含义丰富：其一，为了避免英国的干涉，强调的是十三世达赖喇嘛指示贡觉仲尼回藏。其二，体现了遵照中央政府的规定。按照惯例，需要中央政府主管机关的批准；蒙藏会也立即准予备案。其三，表明了往返时间，11月10日起程，1930年5月中旬以前返回。

贡觉仲尼提前三天，于1929年11月7日“由平起行赴藏”[39]，取道印度。

他抵达印度噶伦堡时致电十三世达赖喇嘛报告，十三世达赖喇嘛回电“尔奉国民政府委派，自应从速来藏”，并要求他“行抵靖西一带时，随即电呈”。贡觉仲尼的致电，显然意在了解十三世达赖喇嘛对他入藏的态度，十三世达赖喇嘛的回电使他感到振奋，他因而“兼程赴藏”。[40]1930 年 1 月 16 日抵达拉萨。

英国密切关注着蒋介石信函的内容和贡觉仲尼如何入藏。关于前者，英国担心国民政府打算以尼藏冲突为契机派遣中央军队入藏，认为蒋介石的“信函的内容包括：如果需要，中国政府可以援助西藏抵御布尔什维克的入侵”[41]。2 月 11 日，英印总督欧温（Irvin）也宣称：“尼泊尔驻藏代表向尼泊尔政府报告，西藏政府派往中国的使节带着南京政府的信函，于 1 月 16 日回到拉萨。这引起尼泊尔政府极大惊慌。”“如果英印政府提供贡觉仲尼及其使命的信息，尼泊尔政府无比感谢。”[42] 关于后者，英国注意到两点：其一，发现十三世达赖喇嘛给予贡觉仲尼“极大的礼遇”[43]。英国政府驻锡金政治专员威尔报告：“西藏政府从达赖喇嘛卫队中挑选 16 名士兵，到位于拉萨之南、大约 12 英里的那塘迎接贡觉仲尼。在拉萨南大约 3 英里的坚赞鲁顶（Kyimtebe Lup-ding），如本门特巴（Rupeu Men-tebe）和扎河（Tza-he）率领全部藏军以及达赖喇嘛的卫队欢迎贡觉仲尼。”[44] 该报告只强调欢迎的热烈程度，而未说明是按照什么仪式来迎接的。英国驻江孜商务委员认为“贡觉仲尼作为南京政府的使节，受到了前所未有的欢迎”[45]。侵藏急先锋贝尔则宣称，十三世达赖喇嘛是“按照西藏迎接贵宾的习惯”，“派官员们出去迎接”，给予他们“热烈欢迎和盛情款待”的。[46] 其二，发现十三世达赖喇嘛是按照接见中央专使的仪式来接见贡觉仲尼的。威尔报告说：“达赖喇嘛在罗布林卡的格桑频章（Cheusa Phetrang）接见贡觉仲尼。为这次接见，格桑频章装饰上了各种颜色的丝织帷幕。达赖喇嘛站起身来接受贡觉仲尼代表南京政府递送的信函，同时锣鼓声高声敲起。据说，这次接见南京专使在‘首都’产生了深刻的影响。”[47]

的确，十三世达赖喇嘛是按照接见中央专使的仪式欢迎贡觉仲尼的，这在西藏地方与中央的关系恢复上具有重大的意义。曾经入藏的法尊法师记载说：当时拉萨街头传言贡觉仲尼“是中央和委座（蒋介石）的腹使人”，“是带皇帝的金印送与达赖的”，“是来传委座的旨意的”。因此，十三世达赖喇嘛要求贡觉仲尼“摆尽那十二分的官派来藏”，贡觉仲尼于是“就拿出他那大堪布的架子来，沿途支差的入藏了”。“到了拉萨的那天，达赖便传了全藏僧俗官员全套披挂，排开队伍，开了正门，迎接他一直进去，他朝见达赖，递上所携的物品的书信的时候，达赖也从座上站起，一件一件恭恭敬敬地接了，然后慰劳了他几句，就溃退（原文如此）了。据说这种仪式迎接，在西藏是最隆重的仪式，止（只）有皇帝的圣旨到了，才用这种仪式迎接，对于别的事皆不用。”[48]贡觉仲尼自己也向国民政府汇报说：“于一月十六日行抵西藏拉萨，当日达赖佛命西藏文武官员率领马步军队到坚赞鲁顶迎接，列队进藏，并蒙特别优待。”“此次中央派员慰问，西藏文武官员以及民众人等均皆欣幸，将来中藏谅必吉祥之妥协。”[49]

贡觉仲尼抵达拉萨后展开了一系列活动。1月19日，他拜见十三世达赖喇嘛，“谈话数小时”。1月22日，他拜见司伦贡嘎旺秋。1月23日，同噶厦各噶伦（即葛布伦）会谈。[50]他还同刘曼卿商议如何活动，言：“同做一家事，当效一家人，此后遇有事故可随时就商。”[51]3月15日，贡觉仲尼向阎锡山报告了有关情况：“当将尊函及各项赠品敬谨赍呈达赖佛爷及察绒、沙北（噶伦夏摆），俱已分别收受，并甚欣悦。仲尼即将中央德意力为宣达，并再三婉陈吾藏应仍与中央力谋联络，以收唇齿辅车之效，颇蒙佛爷及察绒采纳。刻正预备复书，并选派大员随同促（仲）尼来京报聘并面陈一切。一俟筹备妥当，即由仲尼先行电报启程日期，藉释钧注，所有详细情形，仍当面陈，以防泄露。”[52]按此，贡觉仲尼的协商并不顺利，经他“再三婉陈”后，十三世达赖喇嘛才同意选派大员来京协商如何解决西藏问题。此外值得注意的是，贡觉仲尼是向蒙藏会委员长阎锡山而非国民政府蒋介石报告，但称阎为总司令而不称委员长。当时，阎蒋中原混战即将爆发，或许是由于反蒋阵营人物众多，贡觉仲尼认为阎锡山会获胜。落款为“棍却仲尼谨启十九年三月十五日拉萨察绒府”，而名字前未写上“入藏慰问专员”的字样。

此报告发出之后在相当长的一段时期里，贡觉仲尼未向国民政府汇报。在他起程返回内地之前，才自拉萨“寄呈密函，备述政府德意，达赖喇嘛及僧众等尊崇中央情形”[53]。信函全文如下：

四海尧天国民政府蒋主席伟鉴：近想道履康泰，办理国政，庆洽共和，曷胜荣幸。弟辱荷重任，吉抵西招，幸赖国恩普照，藏民备极欢迎，自应仰体中央，竭诚图报，庶几不负公望。惟适值东三省达尔罕亲王特派代表二名至藏，专为中国统一太平及环球奠安之举，恭请达赖喇嘛暨三大寺僧众数万在大招会集，讽诵太平经典一月有余，实属繁冗，无暇应复中央回文，以致不能相达，以职是之故也。目下达赖喇嘛尊崇中央，所需复文躬亲料理，不日完竣，命下之日，即当转呈。否则今岁三月十五日所有藏情，由英文电达政府，系托蒙藏委员谢国樑转呈讫，谅来洞鉴之中。旋又发生廓藏交涉一层，

> 电致中央做主。幸喜我国毅然维持，派人相助等电，奉复之下，上致（至）达赖喇嘛、擦戎噶布伦，阖藏僧俗大众深感大德，欢呼震地。伏思一电之威，闻风惊胆，相仇以解。此亦国威震慑所致也。刻下藏境敉平，派人相助一节，曾电政府，恳请收回成命，谅能俯如所恳。惟望中藏恢复旧情之处，仰赖台端赞助，共襄盛举，是所感祷，伏冀珍重，便希赐复，即颂文祉。雍和宫札萨克堪布棍却仲尼鞠躬。[54]

这封信函经过邮路时，英国曾考虑是否打开偷看。英印驻锡金政治专员威尔向英国政府报告说："贡觉仲尼（给国民政府）的报告是用挂号信寄出的，信函经过英国驻江孜商务委员所在铁孜桥（Teesta Bridge）时，商务委员将其扣留一段时期，等待指示是否打开。考虑到我们和西藏及中国两方面的关系都友好，我不赞成打开，但是恳求英印政府指示如何处理。"英印政府指示"不打开"。[55]之所以下达此指示，在于英印政府认为：虽然"毫无疑问，南京政府采取积极措施，劝说达赖喇嘛回到中国怀抱"，但是"达赖喇嘛所提条件，看来仍然只是像以前那样仅承认宗主权（the Dalai Lama does not now seem averse to being on better terms than before with the suzerain power）"。[56]

其实，此封信函含义丰富，英国不能理解中国传统的政治文化。其一，贡觉仲尼及噶厦认为反蒋阵营已不可能获胜，因而不再向阎锡山而是向蒋介石汇报。抬头与落款，体现了西藏地方与中央政府的关系。抬头称蒋介石为"四海尧天国民政府蒋主席"，"四海"的含义不言而喻；"尧天"出自《论语·泰伯》"巍巍乎，唯天为大，唯尧则之"，意为尧帝能法天而行教化，随后人们以"尧天"来称颂帝王盛德和太平盛世。贡觉仲尼如果未得到十三世达赖喇嘛的同意，不会用此称呼，因此其含义深刻。落款为"雍和宫札萨克堪布棍却仲尼鞠躬"，体现的是西藏派驻雍和宫的堪布向中央政府的呈文。其二，再次强调了十三世达赖喇嘛"尊崇中央"的态度，并解释了为什么在相当长一段时间里没有汇报会谈情况，虽然其真实原因在于静观蒋介石与阎锡山等人的大战。因此，舆论给予高度评价，7 月 24 日专电称："中央于今春特派专员，经印度转往西藏，慰问达赖并传达中央意旨。顷该专员已有电报告，抵藏后备受文武官吏欢迎，并将中央意旨向达赖详陈，达（赖）甚为感激，誓一致拥护。"[57]

不过，十三世达赖喇嘛在两点上未同意蒋介石的建议：其一，中央军队入藏守卫西南边疆问题。十三世达赖喇嘛担心蒋介石在中原混战之后借口派兵入藏抵抗尼泊尔入侵，武力解决西藏问题，因而强调尼藏冲突已经解决，派兵入藏已无必要。其二，蒋介石要求噶厦派遣大员入京协商解决西藏问题。十三世达赖喇嘛的信函未做出回应，说明他暂时不愿派遣大员入京协商，这与上述相比，其态度有所变化。出现这种情况，与英国的阻挠分不开。当时，英国政府一方面要求尼泊尔停止与西藏的冲突，一方面派遣莱登拉以调停尼藏冲突为名，入藏破坏。刘曼卿就此指出，英国在她入藏期间派遣莱登拉破坏她“入藏之目的，而欲施其陷害”[58]。其实，莱登拉不仅是破坏刘曼卿的活动，还破坏贡觉仲尼的活动。而其破坏结果，正如英国驻华使馆高兴地宣称“西藏的亲英感情再次复苏”[59]。

贡觉仲尼携带十三世达赖喇嘛对国民政府所提的八款答复返回南京，呈交国民政府，原文如下：

第一款，中央能将中藏施主关系照前至诚有信之待遇，而西藏以前原系至诚相见，现在更要竭诚拥护中央。第二款，西藏政教谋根本安定之法，商洽立约后，必更稳。第三款，从此中藏施主诚意谋西藏安全，其范围自应照旧。若原系西藏地方，刻下未在西藏政权之下者，自应仍归西藏范围，久后必安。第四款，达赖喇嘛现在年高，加之政教事务渐繁，又因三大寺及上下菊巴僧俗官员未经同意之前，不能来京。至班禅现住内地，除札什伦布寺庙宇教务外，素无其他政务可管，自应就近加入国民党，但素无解决藏事之发言权。第五款，西藏政教向归西藏政府掌治，班禅早在后藏有一庙宇。至札什伦布系第一辈达赖所修建，后一辈达赖到拉萨时，无人掌其庙宇，时选班禅掌管札什伦布，并赠号班禅。后由五辈达赖因屡次师徒关系，将札什伦布给与班禅。若照以前旧规办理，西藏人民无不悦服。第六款，班禅左右人等造前后藏名目，意在分离，素不遵守藏政府法令，往往以下犯上，思想行为均系恶化。甲辰年，英人到拉萨时，班禅前往印度与英人密谋，不得结果，仍回札什伦布。又辛酉年，班禅联同钦使设法谋夺达赖政教各权，后由三大寺及全藏人民反对，不得已仍回札什伦布。又向章班禅应出军粮四分之一，不但任意不交，还作不法行为。彼时若照西藏法律着实解决，焉有现在之事。因思前辈达赖与班禅师徒关系很深，竭力忍让。彼等不但不悔悟，还拥班禅舍札什伦布而逃。当时具函请其回藏，并未容纳，因与库伦共党有谋，便往库伦，因库佛圆寂，方到内地。而此间将札什伦布庙宇，业经派员妥为保护。至左右班禅人等时常挑拨，现在未申明逃奔理由之前，西藏碍难欢迎。第七款，先设办事处于南京、北平、西康三处，以后若有加添之处，再当陈请。第八款，为防侵略守土之故，目前只希望中央接济军械，以谋地方安全，如有所需，再当陈请。[60]

十三世达赖喇嘛对八款的回答，可以归纳为两点：其一，在西藏地方与中央的关系上，他致函曾任北洋政府驻藏办事长官的陆兴祺说："敝处遵即承认中藏一家，恢复旧制，以副尊嘱。"[61]他还表示今后"更要竭诚拥护中央"。但是，他将中央政府与西藏地方的关系称为"施主关系"，并要求国民政府以"立约"形式承认西藏现状，索要西康和青海藏区。对于加入国民党的问题，表示九世班禅喇嘛可以加入，而他自己不必加入。此外，明确表示不派大员入京协商解决西藏问题，只表示在必要的几个地方设置办事处。对于中央军队入藏保卫西南边疆问题，明确反对，仅仅要求接济军械。其二，在藏传佛教系统的关系上，将达赖与班禅两个系统关系的恶化原因全部归咎于九世班禅喇嘛属下的挑拨搬弄，并声称九世班禅喇嘛除札什伦布寺的教务外，对藏事并无任何管理权力，即不再承认清政府确定的达赖、班禅分别治理前后藏之制。因此，要恢复此制的时机并不成熟。同前述十三世达赖喇嘛宣明的三原则相比，他对八款的具体回答是很大的退步。之所以如此，是因为他和噶厦认识到国民政府不可能派兵入藏解决西藏问题。另一大原因，当然是英国的竭力阻拦和干涉，后来入藏的孔庆宗一针见血地指出："贡觉仲尼到达拉萨，原负有代表南京政府会见接洽藏事的使命，在英帝国主义看来，足证达赖倾向祖国之意已逐渐明朗化，自不免更加惊惧。遂不惜采取武力恫吓政策，企图压服达赖，从而破坏西藏与祖国原有关系的恢复。"[62]

西藏分裂分子夏格巴曾宣称："中国政府几次试图送一名代表到西藏来。但是对所有要来西藏的中国人都一律拒绝入境。1927 年北京雍和宫的西藏堪布贡觉仲尼回到西藏，蒋介石总统交给他一封信带交达赖喇嘛。信中允许给达赖以全面支持，如果同意西藏是中国的一部分，他也许诺让班禅回到西藏去并不附带任何条件。由于这是蒋介石第一次向他写信，达赖喇嘛欢迎这封信和带信的人。达赖喇嘛把回信交给这位堪布，信中表示欢迎建立友好关系，但避免提西藏成为中国的一部分。"[63]这段叙述不但竭力否认十三世达赖喇嘛的内向态度，否认贡觉仲尼入藏宣慰的意义，而且充满史实错误，连贡觉仲尼入藏的时间都搞错，更不清楚蒋介石是第三次致函十三世达赖喇嘛。从上述看出，虽然贡觉仲尼协商解决西藏问题并不顺利，但是他入藏宣慰的整个过程充分体现了西藏地方与中央的政治关系。

四、贡觉仲尼回京与驻京：中央政府官员与噶厦官员的双重身份

十三世达赖喇嘛虽然最终决定不派噶伦入京协商解决西藏问题，但还是决定派贡觉仲尼等人驻京。他于 1930 年藏历 6 月 28 日致函陆兴祺说："承示蒙藏会将于阳历三月举行，着速派代表列席等因，遵即特派雍和宫札萨克及驻京堪布卓尼罗藏娃，并加派商上卓尼尔阿旺坚赞、纳仔营官仔仲顷批土丹二人由藏前往会同办理，该员等不日就道。"[64] 噶厦也致函陆兴祺，说："蒋主席函催代表，兹派雍和宫札萨克棍堪布，畀以全权文凭赴京讫，续派商上卓尼阿旺坚参、纳孜营官仔仲顷批吐丹二人，不日就道。"[65] 这两封信函具有独特的意义，那就是在驻藏大臣不再设置后，驻藏办事长官相当于驻藏大臣；十三世达赖喇嘛和噶厦分别致函陆兴祺，显然具有按照传统向驻藏大臣禀报的意味。国民政府是以召开蒙藏会议为契机，要求十三世达赖喇嘛派遣噶伦入京协商如何解决西藏问题。虽然国民政府对十三世达赖喇嘛未派遣噶伦入京有些失望，但是对贡觉仲尼赴京表示欢迎。贡觉仲尼告知奉命到尼泊尔公干的巴文峻、谢国樑二人，十三世达赖喇嘛已派他和降巴曲汪等赴京。巴文峻建议国民政府说：贡觉仲尼等人"虽非藏中重要人员，亦可征达赖确有倾向中央之诚意，我政府似宜特别招待，予以位置"[66]。

但是，贡觉仲尼以何种身份回京，值得考虑。如前指出，贡觉仲尼应在 1930 年 5 月前返回南京。他抵达拉萨后不久汇报："何时起行回京，容后再报。"[67]7 月 26 日的一则专电称："中央派赴西藏慰问专员，与达赖晤面，传达中央意旨，达赖甚表欢迎。顷据蒙委会息，该专员于本月初离藏，携来公文及礼品甚多，约下月可抵京。"[68] 按此，贡觉仲尼是以国民政府入藏慰问专员的身份起程的。但是，未见资料说明他起程返京时得到何种礼遇，而刘曼卿起程时，十三世达赖喇嘛赠送她 1 尊金佛和 1 包药末，并派亲信、近侍慈典拉护送。[69] 这说明，贡觉仲尼又是以西藏地方政府官员的身份起程的。7 月 12 日，他抵达印度加尔各答与陆兴祺会面。在他要取道印度时，国民政府文官处曾要求行政院指示有关机关照料，行政院于 7 月 16 日回函文官处，回答已训令蒙藏会查照办理贡觉仲尼来印度招待一事。[70] 陆兴祺向国民政府报告：贡觉仲尼"携有重要公文、礼物，应否派员护送晋京"？蒋介石手谕"行政院知照"。[71]

在贡觉仲尼返京途中，发生了袁世凯任命的驻藏办事长官陆兴祺的身份是否仍然有效的问题，陆兴祺与巴文峻、谢国樑发生争执。7 月 19 日，巴文峻和准备

入藏的谢国樑抵达加尔各答，准备与贡觉仲尼协商调解尼藏冲突的办法。但是，贡觉仲尼住在陆兴祺家中，巴文峻、谢国樑二人“无法得见”。[72]二人乃致电国民政府，指责陆兴祺“欲操纵藏事，匿棍堪布不使见面”，因此要求国民政府“电谕棍堪布与职等会商，再来京”。[73]谢国樑更激烈地指责：“陆兴祺系侨印商人，因与梁士诒有戚，谋得暂代驻藏办事长官，历十五年，靡费数十万（年费二万四千元），未入藏一步，未办一事。”“国民政府成立，知其贻误藏事，长官一职，早已无形取消。去岁本会曾呈请政府令该前长官将印卷派员护送至京，有案可稽。兹该前长官乘棍却仲尼来印，即迎至家，极端笼络，一面电告政府派员护送，市（示）好藏人，冀恢复长官原职，其用意早在洞鉴之中。及职等到印，奉到钧电，即与该前长官商量，托棍不肯见询，棍住址亦不告及。”[74]贡觉仲尼则指责谢国樑“招摇捣乱”，要求国民政府“严电制止”。[75]7 月 28 日，国民政府致电陆兴祺，命令贡觉仲尼同巴文峻、谢国樑二人“接洽后，再行来京”[76]。国民政府此电，未否认陆兴祺的身份。因此，陆兴祺在 8 月 2 日接到此电后，始带贡觉仲尼与巴、谢二人见面。贡觉仲尼告知二人，十三世达赖喇嘛已派他和降巴曲汪等人赴京。

贡觉仲尼既是作为入藏慰问专员身份回京述职，又是作为十三世达赖的代表与国民政府有关机关协商如何处理西藏问题。8 月 30 日，他回到南京。9 月 2 日，他向蒙藏会报告了“西藏内地现时情形及此次来京任务”[77]。9 月 10 日左右，他随同蒙藏会委员长马福祥到河南商丘晋谒蒋介石。9 月 12 日，贡觉仲尼返回南京。9 月 15 日，他晋谒行政院院长谭延闿，“国府以该代表远道来京，于西藏与内地之联络上有重大关系，特以礼号迎入，由礼官导见。”贡觉仲尼“对达赖拥护中央及西藏近情陈述颇详”。谭延闿强调：“中央对西藏民族当本国内各民族一律平等之旨，以求与内地人民一致，俾造成统一的中华民族。”[78]9 月 17 日，贡觉仲尼午宴蒙藏会“在京各员”，“对西藏最近情形报告甚详”。下午六时，国民政府设宴为贡觉仲尼洗尘，“邀各院部官长作陪”。[79]

贡觉仲尼随身携来了十三世达赖喇嘛致蒋介石的信函和礼物。目前尚未找到此信函的汉文及藏文原文，据英方档案，十三世达赖的函称：“已经收到贡觉仲尼所带来的信函和礼物，并同贡觉仲尼作了个人交谈。”“对中国和西藏的重新统一表示最为满意”，支持马福祥接任蒙藏会委员长，并同意马福祥代表他处理西藏事务。[80]依此，十三世达赖喇嘛认为西藏地方与中央的关系已恢复，并赞同蒙藏会处理西藏事务的职权。

在设宴招待贡觉仲尼的次日即9月18日，蒋介石回函十三世达赖喇嘛，全文如下：

达赖大国师法鉴：径复者，罗藏瓦楚称丹增来京面呈棍专员此次赴藏，荷大国师不时延见，礼遇优渥，具见倾诚内向，尊重中央之盛意，闻之曷胜钦慰。中央政府誓遵总理扶植国内民族之遗教，以力谋藏民今后之福利。现在棍专员业已到京，所有西藏各问题已令蒙藏委员会马委员长妥为商办矣。先此布复，顺颂慧祺。[81]

此回函的含义深刻：其一，蒋介石在贡觉仲尼携带给十三世达赖喇嘛的信函中，称十三世达赖喇嘛为“大师”，经十三世达赖喇嘛同意，贡觉仲尼称蒋介石为“四海尧天国民政府蒋主席”，蒋介石这里称十三世达赖喇嘛为“大国师”，而“国师”是元政府封给萨迦派著名领袖八思巴的。可见，国民政府采用蒋介石回函的方式封十三世达赖喇嘛为“大国师”，这是对“四海尧天国民政府蒋主席”的回应。其二，再次表示要实行五族共和的政策，发展西藏事业；赞同十三世达赖喇嘛由马福祥处理西藏问题的表态。英国也注意到蒋介石的回函意义，其档案记载说：蒋介石的回函称“已收到贡觉仲尼带来的回函，对十三世达赖喇嘛希望支持中国中央政府非常高兴”，承认过去中央政府的政策“欠诚实，或欠考虑”，因而在西藏地方与中央政府之间引起了隔阂。但是他强调西藏地方与中央政府的关系“根本上是非常亲密的”，希望“将来取得完全的统一”。英国还注意到，贡觉仲尼在晋谒蒋介石时和马福祥一块表示十三世达赖喇嘛“会忠实执行蒋介石的指示”。[82]

贡觉仲尼作为西藏地方政府派驻南京的官员，同国民政府有关机关协商驻京办事处如何设置。国民政府指出：当时“对藏第一要务即在如何祛除中央与西藏之隔阂”，因而派遣北平雍和宫札萨克喇嘛贡觉仲尼携带蒋介石的亲笔函入藏慰问，十三世达赖喇嘛“因受感召，乃有驻京代表之派遣”，“藏事至此，始有转机”。[83]这就是贡觉仲尼回藏慰问特有的意义。英国驻华使馆把贡觉仲尼等人视为十三世达赖喇嘛派遣的“全权代表”（plenipotentiary delegates），并称“代表团的使命是重申西藏对中央政府的誓约”；同时也注意到贡觉仲尼带来了十三世达赖喇嘛作为地方大员送给蒋介石、谭延闿的一些礼物。[84]

贡觉仲尼与有关机关协商的中心是如何设置驻京办事处，而其焦点在于名称与数量。按照西藏班禅驻京办公处成立的先例[85]，国民政府拟定名称为西藏达赖驻京办公处，因此10月17日专电称“西藏达赖喇嘛又派代表数人来京，向中央商洽一切，并拟在京设立西藏达赖办事处，办理一切事宜”[86]。但是十三世达赖喇嘛不同意，要求定名为西藏驻京办事处，以代表全西藏。他除了指示贡觉仲尼到商丘请示蒋介石（当时蒋介石在商丘指挥对反蒋阵营的中原混战）外，还致函马福祥“请就近商洽办理”。[87]经过协商，内政部、蒙藏会于12月联合呈文行政院，同意十三世达赖的要求，提出：“西藏设立驻京办公处，系去岁蒋主席派棍却仲尼赴藏时携去八款之一。本年八月间，棍却仲尼回京复命，携有达赖答复蒋主席书，对于设立驻京办公处一件表示赞同，并请同时成立驻平、驻康二办公处。迨棍却仲尼赴归德（商丘）谒见蒋主席时，又蒙面谕迅速组织成立。所有西藏驻京办公处，自应准其及早组织，以资办公。至北平寺庙林立，向为喇嘛汇集之地，与西藏关系甚多；康定为川藏往来要道，将来该处事务势必日见纷繁，所请同时成立驻平、驻康二办公处一节，似应一并照准。”[88]

此呈文强调十三世达赖喇嘛与中央政府在设置驻京办事处的问题上达成一致，并指出了同时设置驻平、驻康办事处的必要。呈文提出后，行政院很快答复，据12月31日专电称：“西藏达赖喇嘛为便利通讯，拟设驻京、驻平、驻康三办事处。经蒙藏会呈请行政院，饬拨经费，经第五次国务会议决议，设置三处原则通过。”[89]另外值得注意的是，呈文提出的是设置“西藏驻京办公处”，但各则专电称是“办事处”，贡觉仲尼的有关呈文和国民政府的批文也表明的是“办事处”。办公即处理公共事务，办事则指做事，两者含义显然不同，十三世达赖喇嘛在此名称上的要求也不同于九世班禅喇嘛。

1931年2月9日，三个办事处开始办公。2月10日，贡觉仲尼呈文蒙藏会：“案奉西藏达赖佛谕开：兹派棍却仲尼为西藏驻京办事处处长，阿旺坚赞为副处长；派曲批图丹为西藏驻平办事处处长，巫明远为副处长；派隆巴曲汪为西藏驻康办事处处长，楚称丹增为副处长。等因。奉此，除分别遵照外，理合具文呈报钧会鉴核，俯予转陈，实为公便。”[90]蒙藏会规定：这三个办事处由国民政府核准设立，秉承达赖喇嘛的指示并接受蒙藏委员会的监督指导，分别办理关于西藏在南京、北平及西康的应行接洽事宜；三个办事处的处长、副处长人选，由达赖喇嘛遴选，呈由蒙藏会核准备案。[91]3月23日，贡觉仲尼从北平南下到南京，“商洽西藏选举国民会议代表事宜”。[92]4月26日，西藏驻京办事处正式成立，贡觉仲尼任驻京总代表，“以便随时接洽藏事”。[93]

西藏驻京、驻平、驻康三个办事处的成立，标志着民国时期西藏地方政府与中央政府的联系渠道发生了重大变化，即从西藏驻京堪布改为驻京代表。按照清例，西藏驻京喇嘛，“大者曰掌印札萨克达喇嘛，曰副掌印札萨克达喇嘛；其次曰扎札萨克喇嘛；其次曰达喇嘛，曰副达喇嘛；其次曰苏拉喇嘛；其次曰德木齐，曰格思规”[94]。有学者指出：在驻藏大臣撤置后的一段时期里，十三世达赖喇嘛按照旧例派遣驻京堪布，“以保持和中央政府的联系渠道”。这些僧人的生活经费、在京职务升迁等由中央政府来提供和决定。因此，他们的身份是双重的，一方面是西藏的驻京人员，一方面是中央政府管辖下的僧人。[95]三个办事处由国民政府核准设立，秉承达赖喇嘛的指示并接受蒙藏会的监督指导，分别办理关于西藏在南京、北平及西康的应行接洽事宜；三个办事处的处长、副处长人选，由达赖喇嘛遴选，呈由蒙藏会核准备案。

贡觉仲尼到京、入藏与回京及驻京，在民国时期的西藏地方与中央政府关系恢复上具有独特的意义。《国民政府建都南京以来关于蒙藏行政之设施》报告，在“恢复西藏原有关系”中专门对此作了总结，说：“政府以完成统一，西藏关系，亟应恢复，于十八年八月派贡觉仲尼为慰问专员，入藏宣达中央德意；全藏官民感动，倾诚内向，拥护中央。次年八月，贡觉仲尼回京复命，同时经达赖喇嘛派为西藏总代表，加派阿汪坚赞曲批图丹等为代表，常川驻京，就近接洽藏事，并设立西藏驻京、驻平、驻康三办事处，从此西藏关系，日趋密切。”[96]因此，美国学者戈尔斯坦（Melvyn C. Goldstein）认为国民政府通过贡觉仲尼入藏宣慰取得了两项成就，即：“第一，西藏人不再要求英国人插手西藏与国民政府间的协商谈判，在西藏和国民政府间做出任何一项最后决议时不再需要英国人充当保证人。这一条是西姆拉会议协商失败之后达成和解的最大障碍。第二，达赖喇嘛恢复了同国民政府的正式关系。他同意把‘堪尊罗松’（两名僧官教师和一名翻译）这一机构改组成为办事处，以便能够与国民政府打交道，并在南京、北平和打箭炉（西康的康定）建立了办事处。”[97]对比来看，这一结论是正确的。总之，贡觉仲尼入藏的积极成果，是西藏驻京、驻平、驻康三处办事处的成立。虽然内地的一些寺庙如北平的雍和宫、山西的五台山寺庙也具有沟通西藏地方与内地关系的功能，但毕竟不是正式的办事机构，因而三个办事处的设立具有特别重要的意义。

不过，这一意义是有限的，国民政府未能解决西藏问题。如前指出，对于八款中恢复西藏地方与中央关系的第一款，十三世达赖喇嘛对陆兴祺表示“敝处遵即承认中藏一家，恢复旧制，以副尊嘱”，但是如何恢复，尚未协商。蒋致余记载说：蒋介石阅读十三世达赖喇嘛的此表态后，批示“仍交蒙藏委员会办理”，但是不意发生第三次康藏冲突，“又以交通阻梗，信息迟滞，留言孔多，误会滋甚”，因而“对于西藏问题，除设立西藏驻京平康三办事处外，未能及时进行”。[98] 如后所指出，第三次康藏纠纷的发生，与英国竭力阻拦西藏地方与中央的正常关系恢复密切相关。因此，英国表示高兴，贝尔即宣称：“达赖喇嘛虽然正在加强其对中国的依赖，削弱了与英国的联系，但他小心谨慎，并未完全放弃英国。”[99]

第二节　刘曼卿：国民政府以之沟通西藏地方与中央的意见

刘曼卿（1906—1941），藏名雍金，国民党元老戴季陶为其取名德美西。她在西藏地方与中央正常关系恢复道路上享有特殊的地位并发挥了极大的作用，孙中山之子孙科对此做了恰如其分的评价：“政府眷念西陲，特派刘曼卿女士赴藏视察，由川、康而往拉萨，转印度、香港而归南京，于役一年，行程约四万里。……长途远征方之汉代张（骞）、班（超）诸人，故未遑多让，而吾国女子奉政府命从役边陲克著殊绩，则曼卿实为吾国有史以来所创见。”[100] 对于这样一位巾帼英雄，学界已有研究。有学者叙述了刘曼卿不畏艰难远赴西藏的精神；[101] 有学者简要介绍了她的生平及《康藏轺征》、《边疆教育》两本著作，并认为她是西藏的回族女杰；[102] 有学者分析了她进藏期间“在国家与桑梓之间”[103] 的心态；还有一些学者叙述了她一路赴藏及在拉萨的一些基本情况。[104] 不过，这些研究还不足以全面反映她的地位与作用，对英国政府的干涉和阻拦也缺乏分析，因而本节从三个方面来论述。

一、刘曼卿：沟通国民政府与西藏地方之间意见最合适的人选

国民政府成立后“急欲明了西藏之真相，以便相机应付”[105]，因此急需派遣一位非常适合的特使前往西藏，沟通西藏地方与中央相互间的意见。刘曼卿应时、应运而生。

从各方面来说，刘曼卿是最为合适的人选。第一，就经历来说，刘曼卿 1906 年出生于拉萨，9 岁随父离开拉萨到印度大吉岭居住，11 岁左右到北京。[106] 这说明她具有地道的拉萨口音，在大吉岭的两年又学了一些英语，对拉萨到大吉岭的情况有一定的了解。到北京后，她学汉语，入市立第一小学读书，毕业后就学通州女子师范学校。这说明她文化水平高。第二，就志向来说，刘曼卿立志要为家乡服务。她在通州女师毕业后，“入道济医院学护士，盖以卫生教育，为西藏所急需也”[107]。第三，就家庭和社会关系来说，她的母亲为西康巴塘地区的藏族，外

祖母一家居住在康定。这说明刘曼卿在西康具有一定的社会关系。她的父亲为刘华轩，而刘华轩曾任最后一任驻藏大臣联豫的秘书，后又任九世班禅喇嘛的秘书。在刘曼卿入藏时，刘华轩随同九世班禅喇嘛的心腹阿旺敬巴供职于班禅驻成都办公处。刘曼卿的姑母阿加曲珍，在十三世达赖喇嘛出逃印度时“曾作最大之经济帮助”，因而十三世达赖喇嘛“待彼甚优”。[108]这些情况说明刘曼卿同达赖、班禅两个系统都有一定的关系，可以沟通两个系统之间的意见。

英国千方百计了解刘曼卿的情况。英国驻重庆领事馆向英国政府汇报她“极富语言天赋”。[109]英国驻尼泊尔使节宣称她是驻藏大臣联豫的女儿，大约25岁或30岁，拥有英文学位证书。[110]在刘曼卿入藏期间入藏破坏的莱登拉汇报：“她出生于拉萨，大约24岁。在她12岁时，她的父亲把她送到中国，在中国受了12年的教育。据说，她的汉语、藏语和英语都很好。她的身份证说她大学毕业。”[111]其他英方情报人员称，刘曼卿“能说一口流利的藏语”[112]。

刘曼卿发挥自己才干的渴望与西藏地方和中央政府相互间意见沟通的需要吻合起来。1928年冬，驻山西五台山寺院的堪布罗桑巴桑奉十三世达赖喇嘛之命，前往南京晋谒蒋介石。罗桑巴桑“隔于语言，惧不能毕其意”，要求刘曼卿“为通译”。蒋介石对刘曼卿的经历和语言才能“颇致嘉许”，随即委任她为文官处一等书记官。[113]在此前后，国民政府向边疆地区派出视察员或调查员，以了解边疆情况。由于康藏交界冲突不断，再加上有人提议西康建省，向西康派出人员很有必要。12月4日，国民政府下令“派吴醒汉、魏崇元为视察西康专员”[114]。1929年2月26日，再次下令吴醒汉、魏崇元为视察专员。吴醒汉为武汉人，毕业于湖北陆军小学堂，辛亥革命元勋；魏崇元为旅居上海的四川著名文人。派遣两人为视察西康专员的原因尚不清楚，但国民政府亟望了解康藏情况的目的很明确。但是，两人并未前往西康“视察”，因而“时逾半年，视察专员无形撤销”[115]。6月下旬，蒙藏会也曾计划“派员赴西藏考察”[116]。

在这一背景下，刘曼卿于6月呈文国民政府，“志愿到康藏调查现状，以供政府参考，整理国防”。呈文提出：“窃康藏为中国五族之一，土地之大，物产之富，向为列强所垂涎。曩因国事靡定，不暇注意边防，致使英帝国主义者乘机侵略，一日千里，瞻念前途，不寒而栗。去岁全国统一，训政开始，然一年以来，对于西藏问题未闻有何种之具体计划。对于西康组织省政府，尤迟迟无期。索厥原因，良由国内军事尚未大定，而政府又无从明了康藏现状。盖两地隔膜既久，因为种种关系，不许内地汉人入境。职原籍前藏拉萨，现住西康巴塘。随父在外留学八年，宗旨在回归西藏，提倡改良藏东女界生活，以期渐次促进于文明。在去冬欲回家，适住五台山达赖代表罗桑巴桑来京，托职翻译，一同晋谒钧座。乃过蒙奖饰，畀职以文官处一等书记官之职。然数月以来，虽兢兢工作，终因才疏学浅，不克尽职，私心甚为歉疚。故特呈请志愿前赴康藏调查。其动机，纯粹出于两点：一、蒙政府知遇之德，当图以报效；二、职既为西藏之一分子，不无桑梓关念。舍此之外，决无希图名利之心理。倘蒙成全志愿，准如所请，职当即日摒当就道。去四月，住三月，来四月，以十一月为期限，详查康藏之现状，汇记成册，以供政府之参考。但求事实之成绩，不计名义之有无。谨布腹心，敬候批示祗遵。”[117]

在这件呈文里，刘曼卿分析了英帝国主义侵略西藏的严峻形势，阐述了前往康藏地区调查的必要性，表明了她为家乡服务的心愿，阐明了她是前往调查的合适人选。此外，她还提出了前往调查的目的与时间安排。这样，她明确提出了由她前往沟通西藏地方与中央政府之间关系的必然性与必要性。6 月 20 日，蒋介石批准刘曼卿为西藏视察员，以文官处书记官的名义入藏，“试探达赖的态度”[118]，即了解十三世达赖喇嘛对新成立的中央政府的政治态度。7 月 8 日，根据刘曼卿的提议，国民政府委任文官处二等书记官、藏族人孔党江村为“西藏调查员”，与她同行。

关于刘曼卿以何身份前往视察，存在一些争论。李铁铮在其博士论文中认为，国民政府决定以刘曼卿“以半官方身份到拉萨”[119]。刘曼卿本人则指出，国民政府“准以书记名义辅轩西使”[120]。显然，刘曼卿并非半官方身份，而是完全代表中央政府的。国民政府饬令财政部说：“兹派刘曼卿赴西藏公干，着发给旅费洋五千元。”[121] 因此，一些学者认为刘曼卿是历史上“中央政府派往西藏的第一位女性视察要员”，又说国民政府批准她“以书记名义出使西藏”。[122] 至于英国方面，视刘曼卿“为汉族女子使藏第一人”[123]，莱登拉宣称刘曼卿“为文官处的一等文官”[124]，其他谍报人员则称刘曼卿是蒙藏会的“密探”[125]。无论怎样称，英国各方面人物都认为刘曼卿是来自国民政府的官员。

不过，这种情况也反映了蒋介石要自己来掌控解决西藏问题。他委任刘曼卿为文官处一等书记官，而非蒙藏会官员。文官处并非如一些学者所说为行政院下辖机构[126]，而是直辖于国民政府，“掌理关于国务会议及府内一切文书、机要、印铸等事项”[127]。刘曼卿随身携带给十三世达赖喇嘛的信函，虽然是以文官长古应芬的名义写的，实际上是按照蒋介石的指示所写；至于是否他亲笔所写，难以断定。贡觉仲尼曾询问蒋介石已致十三世达赖喇嘛两函，是“何时所寄，何人转致，内容如何”[128]。文官处回答，其中之一信函，即“经奉主席谕，由处致函，交由刘书记官带去”[129]。

二、取道西康：“打破一二十年来康藏和内地不交通的记录”

按照计划，刘曼卿入藏4个月，在拉萨逗留3个月，回来4个月，共11个月，而“国府有限时九月之命”[130]。奉命后，经过一段时间准备，刘曼卿即于1929年7月24日从上海出发，取道四川、西康入藏。关于抵达拉萨的日期，说法不一。她回到南京后，对记者说是1930年2月28日抵达拉萨[131]，在正式呈国民政府的文中说是3月1日抵达拉萨的[132]。英方说她是2月11日抵达拉萨，随行有3人。[133]有的学者说她是2月1日抵达拉萨的[134]，李铁铮称她是2月7日抵达的[135]。至于起程回返内地，十三世达赖喇嘛亲自为刘曼卿挑选5月27日“为上好吉期”，称“可于此时回京”。[136]但刘曼卿自称具体起程日期为6月1日，7月25日回到南京[137]，李铁铮则认为她是7月27日回到南京的[138]。尽管说法不一，但是基本可以肯定刘曼卿1929年7月24日起程，1930年7月25日左右回到南京。对比原计划来看，刘曼卿入藏时间花费6个月多，多了两个月多。在藏一百余日[139]，同原计划逗留时间差不多。从拉萨经由印度返回，花费近两个月。“往返时间共计三百六十四日”[140]，超出她计划的11个月。

传统的入藏路线有海路和陆路两条，海路经由印度，陆路取道内地。李铁铮认为：如果刘曼卿像贡觉仲尼一样取道印度，则会节省很多时间。[141]但是，刘曼卿不仅要前往西藏，还要调查西康现状，自然必须取道西康。另外，蒋介石要避开英国的干涉和阻拦，因而安排刘曼卿秘密入藏，连主管蒙藏事务的机关蒙藏会都不知道，它致函文官处说：“贵处书记官刘曼卿等派往康藏调查状况，本会无案可稽。”[142]外交部也是在蒋介石安排她取道印度返回必须与英国打交道时才知道，也致函文官处称：“惟该员籍隶康藏，藏文原名译音若何，是否取道印度前往。并请将曾否请领护照及所持护照系何处发给，经何处英领签证，请一并查示，以便办理。”[143]可见，刘曼卿经由川康入藏，具有特定的意义，那就是：自1912年以来，刘曼卿“打破一二十年来康藏和内地不交通的记录”[144]。她“以一弱女子而至极边，为国勤劳，诚破天荒之举也”[145]。

此意义的取得，很不容易。刘曼卿本人身体并不好，有肺病，医生曾言“非得长期休养不为功”，但是她“决心力疾前往”。[146]刘曼卿的亲友“视此为出生入死之途”，规劝她“藏兵已进占巴塘，康、藏间起绝大纷乱，过境将于难”。刘曼卿的父亲刘华轩疑问："使四方，不辱命，尔能之耶？"刘曼卿回答："政府有意抚绥康、藏，他人辞劳不敢往，我等藏族，宁容推卸，故政府授命，儿顿忘其愚鲁也。"[147]川康边防总指挥刘文辉也疑问："青年徒趁血气，未知世故，以康、藏蛮荒地，君能履之无难色耶？"刘曼卿答以："一事之成，自必有多数供牺牲，某即愿为牺牲之一分，以促社会人士之觉醒。且人各有能不能，某生长边地，越蛮荒，入四裔，此其能；若屈处内地，舍所能用不能，误公复误私矣，故行志特坚耳。"[148]

刘曼卿向国民政府汇报了沿途情况。9月8日，她和孔党江村致电古应芬："职等奉命立即首途，到渝失红卧病念余日。于支日（9月4日）抵蓉。虞日（9月7日）晋谒川主席（刘文辉）。承以藏康近况见告，并多方指示康地近为廿四军派兵驻守，现平靖如旧。川康沿途匪势早息，所有前日各报记载藏兵进逼巴塘，均属传闻失实，别有作用。除各报声明更正外，特此附闻，以释垂注。职等拟于真日（9月11日）离蓉，一切情形抵康后随时电告。"[149]

10月17日，刘曼卿致电古应芬转蒋介石：已于10月16日抵达炉霍，计划于11月4日入藏。[150]10月26日，抵达巴塘。[151]她回到南京后，一说是9月中旬抵达打箭炉，9月28日抵达巴塘[152]；一说是9月29日到打箭炉，10月28日到巴塘[153]。日期记忆，难免有出入，这反过来说明路程的艰难。

12月3日，刘曼卿、孔党江村自江卡致函，由商旅带至巴塘，交给刘曼卿弟弟巴月照。此函至1930年3月21日才至巴月照手中，巴月照当即转呈文官处。此函描述了从江卡到昌都的情况：刘曼卿本拟以客商形式入藏，但是由于藏军"早已知道职等系奉南京政府命令进藏接洽"，乃公开身份，从南敦（又作兰敦）入藏。驻守南敦的甲本（相当于连长）拉朱误认为刘曼卿是班禅的侄女而阻止入藏。刘曼卿"当下说明与班禅无关系"，而其口音又系拉萨口音，"自与后藏人不同"[154]；又说明"吾奉命中央政府，抚慰西藏而来也"。拉朱"深信而起敬"，表示"彼等亦时思中央与西藏有复合之时"[155]，派人护送至江卡。驻守江卡的如本（相当于营长）西噶得彬阻止刘曼卿十来天，刘曼卿向其首先阐述"中国统一情况，政府对蒙藏政策与一切计划，再简单讲三民主义"。西噶得彬对国民政府派员入藏"愿竭诚欢迎，惟能否直接到拉萨，只有请示昌都"。1929年12月4日，刘曼卿等离开江卡前往昌都，西噶得彬派人护送。[156]

1930年1月初，刘曼卿抵达昌都。[157]她本想"昌都不致再有阻挡"，因而计划休息三天，于1月30日前抵达拉萨。[158]但是，负责康藏边界事务的噶伦萨旺晴布阻止她继续前进。刘曼卿记载说:“(昌都总管)态度至为倨傲，略询数事，即曰游藏者到此为止；再西非请示达赖，得其允许，不能行也。余请之再三，昌都总司令始允派遣快马驰报达赖，候示再定。候有二十八日之久，快报返昌，谓达赖已许余西行，余得藏兵之护送，即日就道。”[159]总之，由于传闻刘曼卿是九世班禅喇嘛的妹妹或侄女，认为她是“班禅奸细”[160]，萨旺晴布因而予以阻拦。查证无关系后，噶厦“表示竭诚欢迎”[161]。

刘曼卿“除沿途宣传调查因公耽搁者外，计在西康江卡、昌都两地被西藏长官阻留，待该长官派译差赴拉萨向达赖请示，俟回示到达，准允继续前进之时，已在两地逗留四十九日”[162]。但是，她打破了1912年以来康藏不通往来的纪录，而其原因，归纳有二，一是她本人的精神，她“以一弱女子万里西去，道途崎岖，盗匪遍处，历经艰困，可谓巾帼英雄”[163]，这一点不必再多言。二是中华民族团结与统一的血肉关系和历史发展的必然趋势，这一点在她入藏途中得到深刻体现。

国民政府发给刘曼卿的“护照”(身份证明文件)称:“兹有本府文官处文书局书记官刘曼卿因公前往西藏，所有经过地方，应由该管官吏军警妥为保护，无得留难阻滞。”[164]国民政府致电重庆的刘湘、成都的刘文辉下令“沿途军警地方官吏妥为保护”[165]。刘湘派人送给刘曼卿等人通行证，刘文辉回电“已电令沿途地方官吏，俟刘书记官到城，妥为保护”[166]。从成都到巴塘，沿途驻军和寺庙喇嘛均派人保护刘曼卿。[167]

进入西康后，刘曼卿沿途受到极大欢迎，“人民皆感激欢呼，奋慨者有之，流泪者有之……莫一不愿藏案早日和平解决”[168]。她向国民政府汇报说:“职等溯自出发以来，沿途毕受康民欢迎，均以南京革命政府成立，此系第一次派来藏康地方之官员。同时，职曼卿系藏籍女子，一般人更引以为新奇，故每到一村，僧民妇女咸载道欢迎。”[169]一些老人对刘曼卿说:“公青年也，为青年中国奔走，望勿遗吾老弱，更望勿遗吾老弱之康、藏。”即使是土匪，也希望西藏问题早日解决，刘曼卿记载说:“中途遇土匪，余对此已成司空见惯，绝无惊异。讵匪徒早闻吾等为中央官吏，不敢劫掠，且赠胡桃数十枚以供啖嚼。”[170]

从昌都到拉萨，刘曼卿也受到噶厦和藏族人民的极大欢迎。十三世达赖喇嘛派几名喇嘛和虾素代本到达孜县迎接，称:“今年法神，圣人告语，谓将有女子从东方来，造福于藏人，今果应。”[171]时人记载说:“达赖佛爷既然这样欢迎中央政府所派的人员，一般西藏人民更来得特别注意，街上的人都挤满了，挤得走都走不动了，大家都是远远地烧起香来。”刘曼卿指出：抵达拉萨时，十三世达赖喇嘛派虾素在雅鲁藏布江边迎接，“这回在西藏从中级以下的军政长官没有一个不来欢迎，听说这种欢迎的盛况为二十余年来所未有”[172]。她停留拉萨期间，十三世达赖喇嘛极为优待，“态度良好，复派高级军官蝦苏（即虾素），专事招待”[173]。

英国则不但密切注视其行程，还设法阻拦。

在1929年8月刘曼卿溯江抵达重庆时，英国驻重庆领事馆当即向英国政府作了汇报，这说明英国此前就已注意到刘曼卿入藏的目的。在她抵达打箭炉时，英方情报人员宣称她于9月26日抵达，“目的是调查当地的政治状况”；并从该地前往巴塘。[174]在她抵达康藏交界时，英国驻尼泊尔使节根据在拉萨的间谍来信，向英国政府作了汇报。刘曼卿抵达昌都时，英国驻尼泊尔使节挑拨地宣称刘曼卿说：“汉人已组织一支大军侵略西藏。这意味着西藏会降临大灾难。因为我是西藏母亲的一员，所以要尽力避免灾难降临圣土，这是正确而值得称赞的，因而恳求给予进藏调和中藏关系的机会，而不要立即推行进军西藏这一强力措施。于是，中华民国以我作为女特使，要我携带一封信给达赖喇嘛，命令我完成此任务，再返回（南京）。”并称：刘曼卿要求萨旺晴布考虑一下，如果仍然拒绝她前往拉萨，就须考虑一下这“对西藏是好还是坏”，并要求他写一封信“说明阻止前往的原因”。该使节批评十三世达赖喇嘛指示萨旺晴布安排刘曼卿前往，并一路予以照料。[175]在刘曼卿抵达拉萨之前，英印政府派遣莱登拉（即刘曼卿所称的联典，又译为冷代尧）“借调停尼泊尔战事问题之名到西藏来”[176]，计划于2月15日抵达拉萨[177]，显然要监视刘曼卿。莱登拉批评说：“刘曼卿从藏东、昌都而来，噶厦向她提供免费乌拉，安排好拉萨的住处，并指派一名俗官帮助她。”[178]

刘曼卿的外祖母要求她“归途仍须取道康定”[179]。不知何故，蒋介石安排刘曼卿取道印度返回[180]，文官处乃公函外交部“电饬驻印度总领事，迅即办理”[181]。英方注意到此点，刘曼卿准备回南京时，英方情报人员马上向驻华公使兰普森汇报她要经由印度和新加坡。[182]她进入印度时，英印官员索取护照。刘曼卿指出：须在中国驻加尔各答总领事馆才能取得，“今初出藏境，无需此物”[183]。中国驻印度总领事卢春芳致电外交部报告：“刘曼卿等于七月一日乘金生轮赴港转京。”[184]在刘曼卿登船时，英印官员“翻箱倒箧，大搜行李，虽一勺一碟之微，必反复省视之”；并要拆阅公文，宣称“自带信件为损害其邮政之收入”。刘曼卿指责：“某以国家使者，持照过境，竟如彼刁难，大英国法律其有如此文明乎。”[185]

三、与十三世达赖喇嘛的两次会谈：交换恢复西藏与中央关系的意见

分裂分子夏格巴企图否认刘曼卿拉萨之行的意义。他宣称："1930年刘曼卿女士被允许进入拉萨作非正式访问，她父亲是中国人，母亲是西藏人。她也带来了蒋介石的信，她作了几次非正式的接触建议和中国建立密切联系。但她没有得到西藏政府的鼓励。"[186]

虽然十三世达赖喇嘛指示欢迎刘曼卿前往拉萨，但是她要见他很不容易。首要原因在于英印政府的破坏和阻拦。莱登拉与噶厦中的亲英派"密谋愈急"，千方百计阻止达赖接见刘曼卿；如不能阻止，亦将阻止她"不得回内地"，或劫杀或软禁。[187]3月19日，莱登拉向英印政府报告："刘曼卿随身携带南京政府的重要信函，但是达赖喇嘛至今还未见她。"[188]刘曼卿也指出：十三世达赖喇嘛"初欲以隆礼接予，遣吹鼓手郊迎，且定到时即赐面"，但是"后经亲英派某君之阻挠，更有某僚谗吾于佛，故礼减等，几不得一晤"。其次，内地的国民党新军阀混战也影响了十三世达赖喇嘛和噶厦对刘曼卿的态度，噶厦"得密电，内地内乱大起，北五省助阎叛中央，张学良调解无效，两军前线已接触，政府重分南北"。有人据此对十三世达赖喇嘛称"内地内乱又起，刘某来历不明，请拒见之"，十三世达赖喇嘛"几为之动"。[189]

刘曼卿"以上好哈达封贽见礼藏银四两、黄油饭费三两，赘以政府公文、私人名片……外附各色绸缎六种、总理遗像及国府蒙藏会照片多张、茶碗零什"等礼物，托虾素送给十三世达赖喇嘛。十三世达赖喇嘛"回赐每月招待费七十五两"。刘曼卿指出：十三世达赖喇嘛若不接见，则她"将于三月末返回复命，中央与西藏地方政府之离与聚、恩与怨，俟政府自决之"。噶厦马上做出回答："不日来虾素来告，佛对君之来意与君在道路所受辛苦尽知之，接谈殊无问题。佛实以习梵未了，而君亦应调摄，请再候一二日当急谋面。藏军总司令龙虾氏（即龙厦）亦传言，幸君勿作小丈夫，君之一身系内地与西藏，望稍静心思之。"[190]

3月28日，十三世达赖喇嘛第一次接见刘曼卿，刘曼卿面交了孙中山的像、蒋介石的近照及以文官长古应芬名义所写的信函，并根据国民党有关决议介绍了国民党三民主义的内涵和国民政府关于边疆的政策。1929年3月，国民党第三次全国代表大会通过的决议案称："本党致力国民革命，既以实现三民主义为唯一目的，则吾人对于西藏及新疆省舍实行三民主义外，实无第二要求。""本党之三民主义，于民族主义上乃求汉、满、蒙、回、藏人民密切的团结，成一强固有力之

国族，对外争国际平等之地位。于民权主义上，乃求增进国内诸民族自治之能力与幸福，使人民能行使直接民权，参与国家之政治。于民生主义上乃求发展国内一切人民之经济力量，完成国民经济之组织，解决自身衣食住行之生活需要问题也。”“今后宜本此主义上之真义，以全力晓示蒙藏新疆之人民，并根据国家生存上共同之利益，努力实现汉、满、蒙、回、藏诸族有组织的密切团结……造成自由统一的中华民国。”[191]6月17日，国民党三届二中全会通过《关于蒙藏之决议方案》，将这些规定具体化为：“一、阐明蒙藏民族为整个的中华民族之一部，并释明三民主义为蒙藏民族唯一之救星。二、说明蒙藏民族所处地位之危险，帝国主义者侵略阴谋之恶毒，及第三国际曲解民族自决之煽动宣传。三、说明对于蒙藏各地教育经济之设施与交通实业之建设，应由中央政府协助，其地方政府依据本党主义政纲尽力进行，惟军事外交及国家行政必须统一于中央，以整个的国家力量谋蒙藏民族之解放。四、说明本党训政之意义，督促蒙藏人民积极培养自治之能力，完成自治之组织，优先登录蒙藏人民参加地方行政，并奖励蒙藏优秀分子来中央党政机关服务。”[192]根据这些规定，蒋介石在古应芬致十三世达赖喇嘛的信函中强调：“自我孙总理领导革命，创建共和，尤以扶植弱小民族，共跻平等地位为职志。现在统一告成，寰区奠定，三民主义深入人心，党治邦基日臻巩固。自蒋主席总揽枢机，对于边地人民，从前藩属，无时不本和平博爱之精神，力谋扶植。回念满清暮气，军阀淫威，漠视苛待情形，深为可痛。盖五族共和之幸福，必依主义而实行，凡我同胞，当能共喻斯旨。”同时，蒋介石向十三世达赖喇嘛寄予希望：“法座望重西陲，必能洞观大势。于帝国主义者侵略之阴谋，谅不受其笼络，倾诚内向，千载一时，匪为藏卫振兴之机，抑亦中央政府所深为嘉赖者也。”[193]

李铁铮指出：在第一次见面中，刘曼卿“努力解说国民党的原则及政府为国民建设和发展的计划”，“还传达了蒋介石总统对当前西藏形势的深切关怀，及迫切看到西藏作为兄弟重新加入民国大家庭的愿望”。[194]的确，刘曼卿向十三世达赖喇嘛阐述：国民政府是中国新的中央政府，这个政府依据孙中山的遗教，积极于五族共和的建设，自国民政府主席蒋介石以下“各院部长官，莫不痛惜于中国之分崩离析，姑无论西藏之诚否受英人挟制，要不能让其久立于整个的中国团体之外，甚愿得一机会使大家互相了解，仍和好为兄弟如初”。她强调，自己入藏，是“出万死一生，亦思以汉、藏人之双重资格，从中为之引线贯穿”。她希望十三世达赖喇嘛“顾念大局，体惜愚忱，赐以明白之答复”。十三世达赖喇嘛表示“予之感想，与汝正同”[195]。他称：“这二十多年来，就民国的总统来说，已经换过六七个了，然而从来没有一个总统能关心我们西藏的。此次蒋主席关念我们，派员到这里来慰问，我们感激极了！”[196]他强调：虽然“惟此时时不我许，容后当再详细见告”，保证“决不负汝此行”。显然，他对国民政府抱怀疑态度，对英国的干涉也很顾虑，因而吞吞吐吐，不敢明言。话未说完，侍从即“以托盘陈点心进”，这“如内地官场之端茶碗”送客，刘曼卿“故请辞”。[197]

5月25日，十三世达赖喇嘛第二次接见刘曼卿。一开始，刘曼卿对有人阻拦表示不满，称“客居已三数月，辱荷优待，感何可言，惟向中央复命亦不可违，久留荒废职务，将受重惩，愿早日得归”。十三世达赖喇嘛歉意地回答：“汝之好意吾早领之，吾不敢背中央前已言之，累汝久待者，实因汝等远来劳顿，应稍加休养，方可言归，非有留难之意。”如果说第一次会见之特点，在于刘曼卿阐述国民党的三民主义及国民政府关于边疆的政策，那么这次会谈的特点在于，十三世达赖喇嘛以如何恢复西藏与中央正常政治关系为中心，阐述了自己的态度。这些问题可以归纳如下，他要求刘曼卿转报国民政府，并特别嘱咐她“归寓记之于书册，以免遗忘”[198]。

其一，反对内乱，主张“中国真正和平统一”。十三世达赖喇嘛批评“过去中央均漠视西藏，弃如石田”，对国民政府成立后即派刘曼卿入藏表示钦佩，希望国民政府“始终如一，继续不断，更进而为实际之互助”。他强调“吾所最希求者即中国之真正和平统一，前偶闻某某先后叛变，吾日诵经持咒以嘱其平复”，称赞刘曼卿等“此次亦在三大寺念经礼佛，于国家不无益处”。[199]“某某先后叛变”，指1930年2、3月间先后发生的唐生智、冯玉祥与蒋介石的战争，十三世达赖喇嘛表态支持蒋介石，希望蒋介石“速操胜利，宇内早观统一”。[200]

其二，关于当时恢复西藏与中央正常关系的三大问题，十三世达赖喇嘛一一做了表态。

首先是康藏纠纷问题，主张维护中华民族的团结和统一。十三世达赖喇嘛要求刘曼卿：“请转告政府，勿遣暴厉军人，重苦人民，可派一清廉文官接收。吾随时可以撤回防军，都是中国领土，何分尔我。倘武力相持，藏军素彪悍，吾决无法制止其冲突，兄弟阋墙，甚为不值。”强调“中国只须内部巩固，康、藏问题不难定于樽俎”。[201]

其次是九世班禅喇嘛返藏问题，十三世达赖喇嘛维持既得利益，反对九世班禅喇嘛武力返藏。十三世达赖喇嘛称：“吾与班禅原有师弟之谊，绝无若何意见，闻渠近日旅居蒙古，想亦有不适之苦，吾至以为念。”[202] 他强调与九世班禅喇嘛的不合，“皆因渠之左右所为”。这把达赖、班禅两个系统关系的恶化原因归结于九世班禅喇嘛属下的挑拨。十三世达赖喇嘛进而强调：“前藏一般军政官吏，深恐班禅左右兴兵犯藏，故防范极严。”这实际上是反对国民政府以武力解决九世班禅喇嘛返藏问题。刘曼卿虽然当时未作回应，但回到南京后向国民政府建议：“班禅与达赖因种种关系，自有合作之可能。抑惟有以和平手段，始于政府与西藏均有利益矣。”[203]

至于恢复中央驻藏办事长官的设置，十三世达赖喇嘛并未谈到，只是就派遣代表参加拟议中的西藏会议及派遣代表常川驻京两大问题表态：“至于派遣代表，因西藏以教为本，人民对于政治，颇为冷淡，对于中原情形，尤为隔膜，恐去亦难有贡献。惟既承谆嘱，当竭力选派青年数人赴会，彼等虽无甚智识，而头脑敏活，可以在中央领受教诲，遇事则直达于吾以请决。俟挑齐后，当命其陆续登程。若全权代表，则一时尚难其选。”显然，他企图维持现状，强调：“吾于政府所希求者不大，能于最近与藏以织布机、制革器，及各种工人已足。”刘曼卿“急答，此决能邀准，不惟工人，即各科实业家及技师亦未为不可”。[204] 西藏会议后来未能开成，国民政府以召开西防会议作为善后，西藏代表与会；至于驻京问题，如前所指出，十三世达赖喇嘛设置了西藏驻京办事处，以贡觉仲尼任处长。

其三，关于对英国的态度与关系，十三世达赖喇嘛坦称：“英国人对吾确有诱惑之念，但吾知主权不可失，性质习惯不两容，故彼来均虚与周旋，未尝与以分厘权利。”他对刘曼卿曾对尼泊尔驻拉萨商务专员强调“中、藏是一家，倘无故侵藏，中国断不能坐视”，“甚嘉之”。他还关心印度人民反对英国的殖民统治，提出中国应帮助印度人民，指出：“印度人民近来因反对英国受极度之压迫，有难言之痛苦，中国在扶助弱小民族之立场上，应予以切实之帮助。”[205]

此外，十三世达赖喇嘛还对第一次会谈中刘曼卿所谈孙中山和三民主义的问题作了回应。他询问了国民党各要人是否均属于孙中山信徒，又“复问内地近代名人何以多出广东”。刘曼卿“告以广东为总理（孙中山）桑梓，平时受总理精神之感化甚多，且粤人富有创造精神，故能成大业”。她希望“藏人亦常常接受孙先生之学说，则人民思想自有进步”。这次晤谈达四五小时之久，可见十三世达赖喇嘛的内向态度。在刘曼卿辞别时，他“复锡以哈达，并红丝络一联，亲为置肩上”。[206]

逗留拉萨期间，刘曼卿设法从事两方面的活动，并将孙中山遗像多份分送噶厦各要人和有地位的喇嘛。[207]

其一，争取噶厦上层人物的支持。刘曼卿首先拜会噶伦察绒。察绒“笑谓予曰世皆指渠为亲英派”，但是强调“学西人盖取其长，岂鄙人竟有卖藏、卖中国之意耶？！”她要求他“终守此语不移，果为爱藏爱国而有刷新之志，子其行之勿瞻徇，否则慎诸”。对藏军总司令龙厦，刘曼卿“望能恳切告达佛，速转向中央，派出全权代表与中央输诚，政府无不大度包容”。[208]龙厦要求她：“祈告中央，藏政府非不欲奉行三民主义，然以人民之顽固，幸勿操急，徒致纷扰。以云外交，藏人决以中央之行动为行动，断不至单独有所表示。再者内地军备，闻远不及列强，请加意准备，使内足以镇变护边，外足以御侮持平为要。”他还嘱托她“继续为藏努力，对中原要士亦应鼓吹其注意边事”。[209]刘曼卿向虾素提问：“藏中究有英人若干？”虾素“诧云”：“内地恒以为藏地英人充满乎，实则全藏殊少英人踪迹，不惟政府机关无英籍职员，即工厂兵械厂亦无英国技师，因宗教上之种种歧异，欧西人敬信基督而非毁佛陀，故藏人与英实有根本不相容之点，前吾藏闻孙总理为耶教徒，故此间人即有敬而远之之意，外人更难入彀。”[210]

其二，“分赴拉萨附近各大寺院敬香、诵经，借以从事调查、宣传”[211]，强调国民政府“对于信教允许绝对自由”[212]。刘曼卿针对传言内地排挤佛教，“痛论我国不主一教，故宗教不渗入政治，政治于适可条件下不干预宗教，故法律有信教自由之明文，执政者兼各教而有之，并无因教排揎之事”[213]。对三大寺，刘曼卿一方面阐述“中央对藏之态度，取不歧视、不压迫之态度，其办法让藏人自决自治，而由中央资助之，故宣言不用兵、不用狡计，一味感之以恩、示之以诚，吾来即达此意”；一方面强调“内地近虽反对邪说迷信，但非否认宗教之价值，更非摧毁佛教，愿诸君子勿以革命后新中国之新举动为怪，而自远之”。[214]

对于上述会谈和活动，刘曼卿后来作了总结。她说：“曼卿此行目的，实欲使藏民及其执政者明了三民主义。”“抵藏后，予乃竭力宣慰中央德意，及告以垂念边陲之殷，故深得藏民及藏联统领兵司喇嘛等之热烈欢迎，达赖亦延为上宾。渠对于中国向甚诱惑，尤不认识革命。经详细解释，及告以中央政策，对于信教允许绝对自由。是以达赖经此解释后，对于国府极表明服从，且渐有厌恶英人之心矣。”[215]又说：“余与达赖及达赖以下各高级军官，作多次之谈话，详释孙总理创造三民主义五族共和之意义。达赖颇觉中国政府与西藏隔膜二十余年，日处外人积极侵略压迫之下，亟应打破隔膜情形，力求合作，以达共存共荣之目的。达赖询及蒋主席，曾诵经为蒋主席祈福。察其倾向中国之心，确有十分表现也。余留藏三月，除于公务上有所接洽外，余暇尽用于向喇嘛民众宣传本党主义，及政府施政情形，闻者群相惊喜，咸认为三民主义到藏第一声。”[216]

这些情况有力地反驳了夏格巴所谓刘曼卿“没有得到西藏政府的鼓励”的谬论。不过，他的言论反映出刘曼卿努力的不容易。十三世达赖喇嘛总共接见刘曼卿两次。上面已经指出，莱登拉和噶厦中亲英分子竭力阻挠十三世达赖喇嘛接见刘曼卿，十三世达赖喇嘛两次接见来之不易。第一次接见是在 3 月 28 日，即在刘曼卿抵达拉萨差不多一个月之后。此后，刘曼卿“又逾四五十日仍不得藏方复示”，“只闻有人放风，谓将系予”。她乃“提出最后警告，约九日十五日廿二日，再留难则舍命出印度，果中央有为，必有以对藏”。5 月 19 日，刘曼卿又坚决地“要求于二十五日不领回公文，不要乌拉，单骑出走，请致意达赖，并谓吾以藏人之立场，无论西藏地方官府待我如何，予回内地决不作挑拨非毁之辞，只望我西藏同胞早日觉醒耳”。噶厦同意刘曼卿“在廿五日以前与达赖一晤方行”。[217] 于是在 5 月 25 日，即第一次接见之后差不多两个月，十三世达赖喇嘛才得以第二次接见她。两人会谈时，除小侍在旁服侍外，仅有土登贡培“立于侧”[218]，而土登贡培是十三世达赖喇嘛的亲信和“重要随员”，执掌“内务军事”[219]。十三世达赖喇嘛本拟第三次接见，但是未能如愿，在刘曼卿准备回京时叫人传话给刘曼卿，“谓时已不及待，佛欲赐见而不可得，敬赠金佛一尊，及药末一包，为佛亲持咒者，有此乘舟车可免危险”[220]。西藏广大僧俗群众极为希望恢复与中央的正常关系，两次接见之后，再加上刘曼卿频繁与噶厦上层人物接触，“外间盛传汉、藏和好已成事实”，因而刘曼卿“偶行道中，路人皆呼万岁”[221]。

英印政府之所以竭力阻挠，在于刘曼卿作为国民政府的秘密特使，其与十三世达赖喇嘛的会谈具有特殊意义，那就是开创了 1914 年西姆拉会议以来西藏地方与中央直接协商解决西藏问题的先例。刘曼卿起程返回内地经过加尔各答停留时，莱登拉自大吉岭赶来威胁她说：“中藏交涉决不能舍英独举，以英于地势上，于条约上，均负有中藏居间人之义务。”刘曼卿指出：“中国在西藏本有其主权，英为客体，尚望勿劳过问。”莱登拉“闻言面赤者再”。[222] 这一对话，反映了问题之所在。此外，刘曼卿切身感受到英印政府对西藏地方事务的干涉，莱登拉即批评噶厦所办警政“如许丑态”，要求“整顿之”。刘曼卿反驳莱登拉本为客卿，“竟敢如此狂言，可谓荒谬已极”。[223] 无论如何，英印政府的干涉影响较大，刘曼卿从察绒公馆中发现“厅际悬蒋主席像，旁衬以英国帝后合照”[224]，从中可知噶厦对中央政府和英国政府的态度。

总而言之，国民政府以刘曼卿入藏与十三世达赖喇嘛和噶厦交换如何恢复西藏地方与中央正常关系的意见。就国民政府成立之初西藏问题的情况来说，刘曼卿是入藏沟通意见的最合适人选。她不畏艰险，取道康藏，打破了1911年以来康藏交通断绝的历史，“康藏交通当然恢复”。在她之后，内地一些人士组织“康藏步行团”，希望穿越康藏，步行直抵大吉岭。[225]在拉萨的三个月里，她同十三世达赖喇嘛、噶厦上层人物会谈，到哲蚌寺、甘丹寺、色拉寺等寺庙与喇嘛交谈，交换恢复西藏地方与中央正常关系的意见，宣传国民政府的边疆政策和国民党的三民主义。十三世达赖喇嘛对她表达了维护国家统一、民族团结的政治态度，要求国民政府重视边疆。因而时人认为“女士宣达中央意思，向之与政府十余年不通问闻之达赖，今已派有代表驻京，中藏接近，咸称女士说合之功”[226]。因此，国民政府褒奖刘曼卿，称赞她“前赴西藏调查，往复一年，驰驱万里，克宣党国怀柔之义，无愧轺车专对之材”[227]。

第三节　从西藏会议到西防会议：国民政府设法通过内部会商解决西藏问题

在派遣贡觉仲尼、刘曼卿入藏协商的同时，国民政府还筹划召开蒙古会议、西藏会议，尝试解决边疆问题。经反复协商，蒙古会议于1930年5月举行，但是西藏会议一直未能召开，国民政府最后以西防会议[228]善后。这一问题，反映了国民政府在形式上统一中国大陆后力图通过内部协商解决历史遗留问题，反对外来侵略和干涉。

一、召开西藏会议之目的：国民政府力图通过会商解决西藏问题

国民政府计划召开西藏会议，目的是通过内部协商，解决历史遗留的西藏问题。蒙藏会成立后即拟定施政纲领，呈报国民政府。根据1929年2月23日颁布的《训政时期国民政府施政纲领》，蒙藏地区的施政纲领可以分为10类，即：(1)确定行政系统，“革新蒙藏旧行政制度”、“改组各盟公署旗札萨克府及土司”；(2)促成全民政治，“废除奴隶制度”、“规定王公待遇”、“设立人民参政机关”、“训练蒙藏自治行政佐治人才”、“实施全民政治”；(3)扩充公安设备，“创办警察”、“整顿团防”、“剿办土匪”、“设立卫生机关”；(4)调查外交情事，“整理外交档案”、

“调查外人之活动情况”；(5) 整理财政，“整理地方税收”、“废除苛捐杂税”、“创办蒙藏实业银行”；(6) 发展交通，“整理台站”、“修筑公路”、“修筑铁道”、“增设邮局”、“增设有线无线电台”；(7) 兴办教育，“规定留学内地及出洋学生之优待办法”、“编译各种蒙藏书籍及宣传品”、“创办各级学校及职业学校”、“实行普及平民教育”、“厉行识字运动”、“改善礼俗”；(8) 整顿司法事务，“规定司法机关之系统”、“养成司法人材”；(9) 振兴实业，“调查耕地牧地”、“改良牲畜”、“奖励合作事业”、“开发矿产”、“保护奖励新业工商业”、“兴办林垦事业”；(10) 保护宗教，“保护喇嘛庙产”、“优待宗教领袖”。[229]

这些规定既设法改革蒙藏地区现存政治制度及阶级关系，又设法发展各项事业。国民党中央规定训政时期为6年，要在短短几年里完成这些工作，实际等于幻想。但是，国民政府设法与蒙藏地区的代表协商实施方案。因此，国民党三届二中全会于6月17日通过《关于蒙藏之决议案》，规定：“举行蒙藏会议。蒙古由各盟、旗长官及人民各推出代表若干人，西藏由达赖、班禅喇嘛及西藏人民各推出代表若干人，同来中央参加会议；并由中央派定若干人一律出席。会议之任务为报告蒙、藏之实际情况，讨论关于推行训政及蒙藏地方之一切改革事宜，呈请中央核定施行之。蒙藏委员会之委员，对于蒙藏会议应一律参加。此项会议于民国十九年三月前举行。”[230] 据此，国民政府决定11月召集蒙古会议，12月召开西藏会议。

7月5日，蒙藏会呈交《蒙藏委员会民国十八年度第一期行政计划表》，其中规定“计划关于蒙藏会议一切应行筹备事宜”[231]。蒙藏会提出：“为促成蒙藏会议起见，拟由蒙事、藏事两处职员中选派熟悉边地情形人员，再由内蒙各台站管理局及西康、蒙藏委员会驻西康通讯处等机关酌派委员共四十人，分往蒙藏两地宣传中央意旨。”[232] 行政院8月3日批准。9月1日，以蒙藏会有关人员为基础成立筹备会，“并请各院部会派员参加，以便同抒意见，筹拟提案”[233]。蒙藏会强调，《关于蒙藏之决议案》“关系蒙藏前途至为重要”[234]，并解释“此次会议在中央以实行扶植蒙藏民族，使能自决自治为目的，在民众则以改革蒙藏，解除一切痛苦为目的”[235]。11月6日，蒙藏会致函十三世达赖喇嘛、九世班禅喇嘛及西康政务委员会：“此次会议在中央以实行扶植蒙藏民族，使能自决自治为目的，在民众则以改革蒙藏解除一切痛苦为目的。所有康藏民族，地方政务，何者急欲革除，何者亟谋建设，应提各项议案尤须早日预备，以便开会时由各区代表提出讨论，会商解决办法。”[236] 国民政府要求“各院、部、会就其主管事项分别预备提案”[237]。在提出提案后，筹备会于11月6日开会讨论，决定“本案定名为蒙藏会议提案标准，方式依照建国大纲为体裁，以本会蒙藏施政纲领，及进行程序为根据，并将此次九种提案归纳汇编”，推吴鹤龄、巴文峻、刘朴忱、邹德高、张至心负责汇编，一周内完成。[238]这说明，由于国民党三届二中全会决定1929年11月、12月分别召开蒙古会议、西藏会议，国民政府已在抓紧时间筹备。

蒙藏会议第一次推迟至1930年5月召开后，蒙藏会并未放松规划。它责成下属机构设计委员会专门负责提案问题。蒙藏会委员刘朴忱提议：“此次举行蒙藏会议，所有中央各院部会就其主管事务及蒙藏地方长官民众，就其地方情形，对于蒙藏会议所提议案，似应预定一有系统之标准计划，庶可切于实际，而利进行。”[239]1月，蒙藏会常会通过设计委员会制定的蒙藏会议提案要目，分10大项42案，即：（1）关于民政提案要目，为《确定蒙古地方行政制度案》《确定西藏地方行政制度案》《奖励王公自动取消封号案》《解放奴隶案》《蒙古地方自治实施办法案》《西藏地方自治实施办法案》；（2）关于财政者，为《确定蒙古地方财政收入与用途案》《确定西藏地方财政收入与用途案》《筹设蒙藏银行案》；（3）关于教育者，为《蒙古各盟旗应限期成立教育行政委员会案》《西藏各宗应限期成立教育行政委员会》《斟酌地方情形筹设简易师范案》《普及蒙藏小学教育案》《划分学区筹设中等以上学校案》《筹备社会教育事项案》《制定留学办法案》《确定教育经费案》；（4）关于卫生者，为《于蒙藏适宜地方，分别设立卫生行政机关，专办卫生事项案》《于蒙藏适宜地方，创设专门医学校案》《于蒙藏适宜地方，筹设医院案》《确定卫生经费案》；（5）关于宗教者，为《确定蒙古各地喇嘛庙之管理权及保护办法案》《确定西藏各地喇嘛庙之管理权及保护办法案》《改善喇嘛生活案》；（6）关于司法者，为《于蒙藏适应地方，限期筹设简易司法机关案》《于蒙藏适宜地方，筹设地方法院案》《划定司法区域筹设高等法院案》《改良原有监狱筹设模范监狱案》《确定司法经费案》；（7）关于交通者，为《蒙藏铁道建设案》《蒙藏邮政建设案》《蒙藏电政建设案》《蒙藏航政建设案》《蒙藏公路建设案》《蒙藏台站整理案》；（8）关于农矿者，为《蒙藏农业计划案》《蒙藏矿业计划案》《蒙藏林业计划案》；（9）关于垦牧者，为《蒙藏垦务计划案》《蒙藏牧畜计划案》；（10）关于工商者，为《蒙藏工业计划案》《蒙藏商业计划案》。

显然，这10大项42案将关于蒙藏地区的施政纲领通过提案的形式，进一步细化。如果在蒙藏会议上通过，就可加以实施。2月5日，蒙藏会设计委员会召开会议，会议主席刘朴忱“略谓蒙藏会议日迫，而对于该会提案要目，已经修正通过，应根据该要目，逐项编制议案，以期妥善”。会议决议：(1)“各组提案要目，仍归各组担任编制议案”；(2)“间期限每星期完成一项提案”；(3)“各委员加入本会各组协助办理”；(4)“限每星期二上午以前交到文书组”；(5)“限二月底将各提案一律完成”。[240]

与此同时，蒙藏会“为使唤起蒙藏民众，一致拥护中央，不再受强邻之诱惑起见，特用汉蒙藏文……拟编制一种图书宣传品”，“以备蒙藏会议完毕后，交各代表携回散发”[241]。3月，罗桑坚赞以蒙藏会藏事处处长的身份发表广播讲话，阐述召开蒙藏会议、实现中华民族团结与统一的意义。他强调：在国民政府一方，是“希望蒙藏人民要晓得中华民国是整个不可分割的，譬如一家五个兄弟，互相亲爱，互相帮助，五族由是团结起来，外而抵抗帝国主义的侵略，内而厉行共谋政治改良，发展国家势力，务使蒙藏人民达到自决自治之目的”；在蒙藏一方，“所有西藏代表，一律参加会议，报告西藏历受英帝国侵略及经过痛苦情事，共同讨论抵抗办法，蒙藏同胞，要彻底地觉悟，服从中央命令，真确的认识三民主义，在党的领导之下，建设新蒙古新西藏，使蒙藏人民，完成自决自治之全功，使蒙藏人民为整个的中华民族之一分子”。[242]

从上述来看，国民政府从内外两方面阐述了召开蒙藏会议，尤其是西藏会议的意义。但是，西藏会议并未在当年5月份如期召开，先推迟一个月至6月，随即推迟至9月，接着又推迟至1931年5月。由于反复推迟，国民政府有了更多的时间来规划西藏会议的议程，有关机构遵照指示，提出了更详细的要解决的问题。以军事而言，军政部于1930年10月30日提出《请中央特派高级军事专员前往西藏，实地调查军事情形及确定整理计划案》。提案分两项，一为“关于西藏应行调查事项”，包括10小项，即“现在西藏外交上与军事关系之状况”、“西藏各处现有外人于军事上有关系之经营状况”、“西藏境内及国境上有无英国军队及其数量、编制、兵种、器材与设备”、“前后藏、西康所属军队之数量、素质、兵种、编制及其使用之器械与训练程度及其配布”、“前后藏、西康之军费各若干及筹备与支给之方法”、“前后藏、西康现时关于军事上征集人员、马匹之方法”、“前后藏、西康之交通状况”、“前后藏、西康政治状况，是否遵照中央政令之规定进行及现在进行之程度如何”、“前后藏、西康人民教育之程度及其对于三民主义之认识如何”、“前后藏、西康人民一般生活之状况”。一为“关于西藏应行整理事项”，包括6小项，即“西藏各部应了解总理所示国内各民族一律平等及天下为公之遗教，亟与中央同心协力，谋军事上整个之建设，以重国防”、“西藏政府不得与外人缔结关于军事上之条约”、“西藏政府下之军队不得聘用外人，应商中央妥定计划，派员前往协同训练”、“选派康藏优秀青年送中央军官学校肄业”、“设立康藏屯垦委员会，适宜划分屯垦区域，实行移兵屯垦政策”、“由蒙藏委员会与训练总监部政治训练处协商，指派熟悉康藏情形兼通康藏语言且受过政治训练人员，分赴康藏各地任宣传、指导、党务、政治等工作”。[243]这些内容从反对外来干涉的角度，力图巩固国防并解决西藏问题。其他各部、委员会也踊跃提案，如建设委员会提出《组织西藏事业建设考察团案》，交通部提出《请调查康藏全区重要繁盛都市以便筹设短波电台而通信案》。

这样，从施政纲领到各个具体问题，国民政府召开西藏会议的目的日趋清晰。1931 年 1 月 31 日专电称：“据蒙藏会息，此次会议之主要点：（1）西康金矿之富甲于全国，应设法开采；（2）达赖班禅双方感情，拟藉此机会，以图解释；（3）巩固国防，以免外人觊觎；（4）他如教育交通之兴发、政治之改革暨其他种种重要问题，均待兹会解决。”[244]9 月 21 日，蒙藏会致函十三世达赖喇嘛，总结召开西藏会议的意义说：国民党三届二中全会决定召开蒙藏会议，“当以蒙古、西藏均为中华民国民族之一部，中央为遵奉总理遗教，以扶植蒙藏民族，使之能自决自治，与国内各民族实行团结起见，特举行蒙古、西藏两种会议。其主要意义，一方面在集合蒙藏地方长官、民众会集一堂，尽量报告蒙藏地方实际情况，并讨论关于推行训政及一切兴革事宜，一方面欲使中央政府统一全国，完成革命之种种工作，得使边远官民充分了解。此种会议，关系蒙藏前途至为重大，自应克期举行，以副中央关怀边远，扶植蒙藏之至意”[245]。

不过，西藏会议拟讨论的内容也有局限，那就是没有明确提出恢复中央军队的驻扎问题，也未提出九世班禅喇嘛的返藏问题和康藏纠纷问题。这些问题不能避开；如果避开，即使西藏会议得以召开，也会流为空谈，议而不决，决而不行。因此，蒙藏会“某委员”在 1929 年 9 月 8 日就指出：“据谓西康近年以来，土匪蜂起，骚扰特甚。现闻达赖与英人勾结企图独立，最近在印度购枪，并强驱藏人代为运输，源源不绝，可见英人之窥藏野心迄未稍泯，吾人应特别注意。自去年中央决定西康改省后，以种种问题，省府从未成立。迩来西康人士，来京请愿者甚多。国府以此事关系国防甚为重要，现正特别考虑，拟召集各地西藏闻人来京商榷。”[246]九世班禅喇嘛的代表蒋致余也于 1930 年 1 月 14 日强调：“自班禅出走后，英人遂大施其压迫手段，尤以经济侵略为烈，达赖不堪其苦，于是始知英人之狠毒，而识中国之宽大，幡然悔悟，故于去年特派代表来京，请求归附中央。

班禅本一忠厚长者，对于达赖除因政治上主张不同略有意见外，并无重大恶感，故于达赖此次之请求归附中央极表赞同，而其失和根本上原因已无形消灭。且鉴于英人侵略，眷恋藏众，日不释怀，恻然生兄弟阋于墙外御其侮之心，深知达赖困于英人掌握之中欲求自拔而不可得，日日思念达赖不置，甚望中央加以援助，俾西藏问题早日解决，自今以后两教主一心一德，努力合作，以救两藏民众。”他对“国民政府已移其目光注意于藏事之解决，特召集西藏会议”[247]而表示高兴。

二、西藏会议代表的产生问题：由谁来讨论解决西藏问题?

既然召开西藏会议的意义重大，由哪些人来参加就很重要；否则，即使西藏会议召开了，问题也得不到解决。因此，蒙藏会强调“蒙藏会议代表名额及产生标准事项，为筹备会议最要之一端”[248]。在决定召开西藏会议后，国民党中央就开始考虑此问题。1929年7月3日，中政会决议：“蒙古由各盟旗长官及人民推出代表若干人，西藏由达赖班禅及西藏人民各推出代表若干人，同来中央，参加会议；应由中央派定若干人，一律出席会议。”“蒙藏委员会之委员对于蒙藏会议，应一律参加。”[249]7月16日，蒙藏会临时会议推选格桑泽仁、罗桑囊嘉、诺那呼图克图、吴蜀西、萧必达等数人，根据此决议“研究西藏代表产生法”。[250]研究结果，在7月31日蒙藏会副委员长赵戴文致委员长阎锡山的函中体现出来：

> 会内规定西藏会议代表八十四人分配法，系前藏二十六名，达赖二人，前藏政府二人，色拉、白棒（哲蚌寺）、噶登（甘丹寺）三寺八人，噶登尺青一人，五台山罗桑巴桑、北平雍和宫棍却仲尼、楚称丹增三人，民众选派十八人。后藏二十六名，班禅二人，后藏政府二人，札什伦布等五寺六人，班禅驻各地办公处六处长六人，民众选派十人。西康二十六名，诺那等呼图克图五人，西康政府二人，阿敦千总一人，中甸千总一人，金川十八路土司一人，西康国民协进会一人，昌都等四寺四人，汉藏总商会一人，西康三十九族一人，民众九人。青海代表六名，札西清大寺一人，果洛和石户一人，囊谦刚咱二千户二人，卷千本一人，阿嘉呼图克图一人。

为何如此分配，格桑泽仁等人解释说：“此次奉谕公推代表，本欲于民众方面多为推举，乃西藏地方政教之权限不分，多半掾（操）诸各寺庙之呼图克图，以故旅京同志因陋就简，于呼图克图中广为延纳，一以免民众之畏缩不前，一以体察情形，特为便宜从事也。”[251]8 月 1 日，阎锡山回电赵戴文，同意按此呈报国民政府，“惟须注意代表如何产生及如何分配二事，以期减少争执与迟误”[252]。

8 月 26 日，蒙藏会通过《西藏代表额数及产生分配方法》：“（一）每土司营官各派代表一人，其所属之民众各派代表一人；（二）每呼图克图派代表一人，其所属之民众各派代表一人，但呼图克图以有政治地位者为限；（三）各喇嘛寺庙各派代表一人，但以有政治地位者为限。（四）班禅、达赖各派代表十人。”[253]根据此方法，拟定《西藏代表标准及人数》，总额 171 名，分为：

（一）“达赖、班禅各派代表十人”，共 20 名。

（二）前藏，分三类，第一类为“各营官所属之地方，各由该官民合推代表一人”：德青、墨竹宫、江达、拉星、硕板多、洛隆宗、江卡、业党、曲水、贡噶、朗噶孜、哈拉乌苏、洛隋宗、你母宗、姐地宗、洞噶宗、编补、翠南，共 18 名；第二类为“各呼图克图所属之地方，各由该官民合推代表一人”：热贝、打杂、第穆，共 3 名；第三类为“各喇嘛寺庙各推代表一人”：色拉、白棒、噶登、木隆、永安、昔德、撮孟领、此觉领、打隆、多吉札、贡巴萨、箭头、普巴鹊、桑爷、第穆、贡嘎取低、编布江甲取低、仔当撮噶、得（德）青、编布干滇取低、嘎冻、塞贡巴、硕戈杨仔、业当让堆、降取领、顷公甲、真贡，共 27 名。

（三）后藏，分两类，第一类为“各营官所属之地方，各由该官民合推代表一人”：江孜、甘霸、纪龙、拉孜、昂仁、彭错领、结、协尔噶、巴朗、彭饶、波让、达巴、茹妥、杂让、定日、滇格、龙济、戎辖，共 18 名；第二类为“各喇嘛寺各推代表一人”：札什伦布、拉仔取地、昂仁取地、彭错领、那当、响德青饶垫、音棍、干滇饶结、他巴刻居、扎喜干卑、桑竹干滇、达昌母且、森隆卡取、若多桑竹得青、写我取、荡洽多、谷玉让定马、偏枝苏、样卓桑丁、扛巴者喜取领、正洛布扛、甲金仔取地、打那吐滇、冷竹此取地等，共 27 名。

（四）西康，分三类，第一类为“各土司所属之地方，各由该官民合推代表一人”：明正、瓦斯交、金川十八路、木襄、崇喜、毛了、理塘、德旺、莫那喜、错桑、曲登、上乡城、下乡城、章谷、生卤、空撒、麻河、甘孜、道孚、巴塘大营官、巴塘小营官、德营、义敦、贡嘎领、盐井两、瞻化五、阿敦何干等，总共 29 名；第二类为“各呼图克图所属之地方，各由该官民合推代表一人”：纳噶、各蘸、诺那、祥秋、贡嘎、札巴，共 6 名；第三类为“各喇嘛寺庙各推代表一人”：南母、昂曲、节冷、理塘、桑批领、浪荡、竹瓦、争则、刚达、率乌、丁林、大吉、德格、噶夺江教、降卡、占恭、练色、瞻对、丹巴、率日、德清冷、德主冷等，共23名。

由此看出：第一，国民政府以达赖、班禅、营官、土司、呼图克图及喇嘛教寺庙为单位，分配代表数额，十三世达赖喇嘛与九世班禅喇嘛所派代表各自仅有10名。方法明确规定："达赖、班禅所派代表，须由达赖、班禅发给证明文件。其余各项代表，须由各该管呼图克图、喇嘛寺、营官、土司发给证明文件，方为有效。"[254]第二，以行政区域划分而言，国民政府将藏区按照传统的藏、卫、康三区来分配，达赖系统即前藏共58名，班禅系统即后藏共55名，西康58名，各所占名额基本相等。

计划如此召开的西藏会议，显然为达赖系统所反对。因而，蒙藏会随即在9月12日所拟《解决西藏问题之预办事项》中提出了"官民代表，应使达赖如何办理"[255]的问题。此话含义明显，即提出了由十三世达赖喇嘛"如何办理"遴选代表。不过，阎锡山在致十三世达赖喇嘛的信函中，表意与此不同：信函一方面强调了西藏地方代表与中央政府代表坐下来召开西藏会议，以解决西藏问题的重要性，一方面要求十三世达赖喇嘛派遣代表与会："自本年承中央特命，负责处理蒙藏事务，夙夜疚心，深恐蒙藏千万人民有一夫不得其所，而二者之中又以藏事为尤复杂。诚以道阻且远，藏人之舆情固无由达于中央，中央之意旨亦无由达于西藏。中外隔阂，疑障滋多。顷者棍、楚两堪布来京转陈尊意倾向中央，具见光明智慧普照大千，尘海重云一时扫尽，能不令人欣喜赞叹，额手称庆。本会秉承中央意旨，对于蒙藏民族，一遵总理遗教，力予扶植，共济艰危。大师屏障西陲，直亦同此宗旨。明年三月在京开西藏大会，希即选派负责大员前来与会，共谋解决之策。"[256]依此，十三世达赖喇嘛只是派遣"负责大员"与会，并非负责遴选来自西藏的"官民代表"。

至11月上旬，蒙藏会改变了上述两大标准，仅按照行政区域来分配代表；名额也大为减少。它致函十三世达赖喇嘛、九世班禅喇嘛及西康政务委员会，提出：

> 迭经本会会同国内内政部开会讨论，精密审查，结果决定西藏代表依据从前分配前藏、后藏、西康为三区，每区各出代表三十人，官民各半；达赖、班禅各派十人。而各区内之三十人如何分派，应由现在管辖各该地方之最高长官遵照本会选派代表办法认真办理，统计全藏代表为一百十人，业经呈奉国务会议议决照准。

此方法一方面将名额基本相等，改为完全相等；一方面规定十三世达赖喇嘛、九世班禅喇嘛各自所派的名额不变，其他代表则由各该地最高行政长官办理。《西藏会议代表推选办法》规定，“前藏后藏西康最高行政长官，依照本办法对蒙藏委员会负责办理推选代表事宜”。它将西藏会议代表分为几类：其一，达赖、班禅两个系统的代表，“由达赖、班禅指定之”。这显然指两位藏传佛教领袖的代表。其二，“前藏后藏西康长官代表，由各该地方最高行政长官规定办法，通令所属有行政权之寺院堪布、呼图克图、营官、土司等，各推代表，齐集该管最高行政长官公署互选之。”这是指行政系统的代表。其三，“前藏、后藏、西康民众代表”，这是“民众”方面的代表，但也是“由各该地方最高行政长官规定办法，通令所属有行政权之寺院堪布、呼图克图、营官、土司等，分别召集所辖民众，推选代表，齐集该管最高行政长官公署互选之”。办法规定后两类代表“推定后，须由各该地方最高行政长官每人发给证明书一件，书内注明长官代表或民众代表字样”，并“由各该地方最高行政长官限令其于开会期前到京，不得延误”。由于西藏会议推迟至1930年5月召开，办法明确规定“前藏后藏西康推选代表，统限于十九年二月底办竣，不得迟误”。《西藏会议代表产生标准及分配名额表》规定：“达赖、班禅所派之代表，须由达赖、班禅发给证明书。前藏、后藏、西康地方代表，须由各该地方最高长官发给证明书，方为有效。”[257]

这个分配办法未说明代表的产生标准，仅对名额作了划分，其特点是达赖系统、班禅系统的名额相等，“官民代表”多于宗教系统代表，说明国民政府努力把宗教系统与行政系统分开来，重视前藏、后藏、西康等“各该地方最高行政长官”。蒙藏会指出，这是“迭经精密会商，始拟定关于西藏代表应依照从前分配国会议员的先例，并参酌现在情形”而拟定的。[258]此外，蒙藏会还拟定了《蒙藏会议代表招待规则》，对来自内外蒙古、前藏后藏、西康的代表的招待作了详细规定，予以特别照顾，而对于“中央所派出本会议人员及蒙藏委员会委员不适用本规则之规定”[259]。

青海、新疆、云南、甘肃等省对《西藏会议代表推选办法》提出质疑。1930年1月15日，蒙藏会就“中央代表应如何选派，沿边各省政府应否选派代表”一事，呈文行政院：已经函知十三世达赖喇嘛、九世班禅喇嘛、西康选派代表，“现距会期仅有两月，中央代表似应早日派定，以便届时出席。至沿边各省如热、察、绥、辽、吉、黑、新疆、青海、西康、宁夏等省，与蒙古、西藏或地属同区，或壤土相接，与蒙藏地方制度之兴革，政治之设施，均有密切关系。为免除将来窒碍计，蒙藏会议亦有选派代表出席之必要”[260]。1月21日，行政院会议决议：“沿边各省准每省派代表一人参加；中央代表，呈请政府选派”[261]；追加青海代表20名，新疆10名。2月4日，国民政府下令：“辽宁、吉林、黑龙江、热河、察哈尔、绥远、新疆、青海、宁夏等省及西康地方，应各派代表一人，并以内政部长，蒙藏委员会委员长、副委员长为中央代表。”[262]按此为13名（其中“西康地方”何指，尚不清楚），与青海、新疆的30名加起来共43名，与上述110名加起来，达153名。蒙藏会向十三世达赖喇嘛解释：由于“沿边各省政府对于藏事不无关系”，特“加追沿边各省政府得各派代表一人”；“复准青海省政府咨，以该省藏族居多，请派代表参加；并奉行政院面谕，新疆回部人数繁多，情形特殊，应派代表参加”。[263]

按理，此次代表确定后，西藏会议应如期召开。但是，西藏会议再一次推迟。1931年1月初中原混战基本结束后，国民政府决定5月召开西藏会议，会议代表名额问题的争吵又热烈起来。1月22日电称：“出席代表额数，青海原定一人，现增加十二人，回教准派代表二十人，西藏各旗（宗）亦稍有增加，约共在百人之数。”[264]对此，蒙藏会强调“代表数目，原依照代表产生标准法分配”，前后藏、西康110名总额未变，青海代表是20名而非12名，新疆回部代表非20名而为10名。至于青海名额增加原因，蒙藏会强调是“青海省政府以青海番族繁多，较前后藏而有余，请准选派代表，以免向隅”[265]。至于增加新疆名额的原因，蒋介石亲自从新疆地理位置及其与西藏关系的角度作了说明：“新疆僻处西北，为回族繁盛之地，风俗习尚均与内地大不相同。该部政治情况及民间疾苦亟应广事咨询，力谋建设。即就藏事而论，该省南部邻接后藏，唇齿相依，关系尤切。该省回部实有选派代表出席西藏会议之必要。”[266]

由上可见，关于代表名额总数及分配之协商分为三个阶段，最终结论是：前后藏、西康代表各30名，达赖系统、班禅系统代表各10，青海藏民代表20名，新疆回部代表10名，滇、黔、绥、察等省各选代表1名。虽然还有一些余波，比如，甘肃、青海要求重新分配，蒙藏会于7月11日同意“电甘肃、青海两省政府，关于西藏会议代表人数，就人额查明两省唐古忒人数，重行分配”[267]，但是关于代表名额分配之争至此基本告一段落。

做出上面分析后，有必要弄清十三世达赖喇嘛和九世班禅喇嘛的各自态度。综合来看，有如下特点。

第一，两人对于选派代表的态度，是积极的。蒙藏会曾于1930年3月14日指出："伏查蒙藏会议代表全数共三百零二人，其实际能莅京出席者约计有内蒙各盟旗部落及青海左右翼两盟共一百零二人，达赖系统、班禅系统及前后藏、西康代表共六十人，蒙藏两方约计共一百六十二人。"[268]60人，加上青海、新疆30名，再加上"沿边各省"及中央代表13名，应有103名以上。这说明，不仅九世班禅喇嘛，而且十三世达赖喇嘛，对派遣代表参加西藏会议的态度都是积极的。在《西藏会议代表推选办法》通过后，班禅驻京办事处就致电西藏各地积极筹备，推派代表来南京参加会议。九世班禅喇嘛的代表蒋致余于1930年1月14日在上海发表谈话，说九世班禅喇嘛"现正电召各地代表赴北平"会商参加西藏会议问题。并说会商之后，"对于西藏会议将有根本解决"。[269]5月25日，十三世达赖喇嘛对刘曼卿表示：虽然说"因西藏以教为本，人民对于政治，颇为冷淡，对于中原情形，尤为隔膜，恐去亦难有贡献"，"惟既承敦嘱，当竭力选派青年数人赴会，彼等虽无甚智识，而头脑敏活，可以在中央领受教诲，遇事则直达于吾以请决。俟挑齐后，当命其陆续登程"。[270]

第二，在要求国民政府提高遴选代表权限上，十三世达赖喇嘛和九世班禅喇嘛的态度是相同的。据1931年2月3日专电，蒙藏会拟定了前后藏、西康代表推选办法，即：(1) 前藏代表由达赖指派；(2) 后藏代表由班禅指派；(3) "西康民众代表由各该地方最高行政长官规定办法，通令所属有行政权之寺院堪布土司等分别召集互选之。"并规定："各区代表选定后，须经最高行政长官发给证明书，以资识别。""各处选定之代表由各该地最高行政长官限令其开会期前到京，俾免延误。"[271]同上述1929年11月8日通过的《西藏会议代表推选办法》及1930年1月3日蒙藏会的回答相比，其意味在于：十三世达赖喇嘛和九世班禅喇嘛遴选代表的权力增加，即达赖系统的代表和前藏、班禅系统和后藏的"官民代表"，均分别由十三世达赖喇嘛与九世班禅喇嘛负责指派。但是，代表产生后的证明书是由各该地"最高行政长官发给"的，说明国民政府仍然强调行政系统。

第三，在西藏代表的产生问题上，达赖与班禅两个系统之间存在争端。虽然尚无材料直接说明此点，但是有两种情况可以佐证争端是存在的，而且很激烈。一是1931年5月召开的国民会议代表之争。十三世达赖喇嘛致电蒙藏会，强调全藏的政教大权由其执掌，因而西藏代表应完全由他遴选，不能由在内地的藏族人士"权宜"产生。九世班禅喇嘛对此反对，强调：按照在北洋政府时期西藏在参众两院的国会议员名额由前后藏平均分配的先例，国民会议代表也应由双方各定一半。蒙藏会予以折中，将西藏代表分为正式代表与列席代表两种，十三世达赖喇嘛遴选正式代表6名，九世班禅喇嘛遴选4名；列席代表，达赖系统为3名，班禅系统为5名。两个系统的代表额数相等，但暗含达赖系统重于班禅系统的意思。二是1932年上半年的国难会议代表之争。3月20日，十三世达赖喇嘛训令贡觉仲尼等人呈文国民政府。针对国难会议法定西藏人民代表“应由当地民选”这一点，呈文强调并批评说：“查法定人民代表应由各地方人民依法产生，此为现代选举之通则，亦民主制度之大经，本无待于请求。惟国家对于西藏地方选举，向于法律之外附加富有弹性之条文，以资迁就，几成一种立法例。即如民元国会议员及二十年国民会议代表等，凡法定应由西藏地方选出者，皆加订容许条文，曾由前蒙藏院或蒙藏委员会在中央政府所在地集合西藏旅京少数人就近举办。此种特别权宜办法，超出地方之范围，由旅京之少数人所支配，非惟不足代表地方全体之公意，亦与民选原则不符。”呈文还提出：中央政府召集国难会议，“其目的在集中全国人民之意见，使成一整个的表现”，“值此机会，自当使西藏人民真正爱国意见得以直接尽量表现，以集中于全国意见之林，而完成一整个的目的”，因而西藏人民之代表应由西藏当地人民自由选举，“毋再有特别权宜之规定，俾本地真正民意得以自动表现”。“此为西藏人民之权利，亦其对于国家之义务，无庸旅京少数人民一再越俎代庖。”[272]即是说，十三世达赖喇嘛强调西藏代表理应由他来决定。由于存在争端，国民政府着手协调：1930年11月26日电称：“蒙藏会派罗桑坚赞赴平转赴沈阳，晋谒班禅，拟对西藏内部事宜有所调解，并商洽定期召集西藏会议办法。”[273]1931年3月28日，马福祥宴请贡觉仲尼等，请九世班禅喇嘛的代表罗桑囊嘉等人作陪。[274]

三、西藏会议改为西防会议：协商解决西藏问题的时机并不成熟

1929年6月下旬，蒙藏会筹备召集蒙藏大会，已推定克兴额、吴鹤龄、格桑泽仁、张至心、罗桑囊嘉为筹备委员。根据国民党三届二中全会于1930年3月前举行蒙藏会议的规定，中政会于1929年7月3日决议，于11月召集蒙古会议，12月召集西藏会议，并“由国民政府筹备一切”[275]。国民党中宣部部长叶楚伧解释说：“关于蒙藏问题，最近中央接到关于蒙藏党政案甚多，但因地方僻远，不能得正确决定。二全会曾议决召集蒙藏会，时间在十九年二月前。今日政会觉太迟，应提前进行，俾得到决定，故定十一月召集蒙古会议，十二月召集西藏会议，并拟于会前派人前往调查实际状况，作将来讨论基础。此种办法，统交国府筹备。”[276]国民政府交由行政院筹备，行政院则交由蒙藏会具体负责。

7月8日，文官长古应芬致函十三世达赖喇嘛："现在政府定于本年十二月举行蒙藏会议，即祈法座派出代表一二人，于本年十二月以前到京参加会议。如因途远，派员参加不便，则请在现驻内地藏员，酌派参加，并盼先行电告。"[277]此封信函由刘曼卿携带前往，但她1930年1月抵达拉萨时，原定1929年12月会期已过，自然无法举行。即使十三世达赖喇嘛选派了代表，也会"因为路途遥远，不能按期到京"[278]。此外，阎锡山8月1日致电赵戴文指出："分配代表，新疆、青海亦在内。查该两处距京遥远，按程计算，十一月以前万难抵京。会期如不能更（改），似有不令各该代表出席之嫌。且派遣代表，必须经过种种手续，十一月开会，即内蒙亦觉促迫。而西藏情形尤为复杂，办理选举，当更困难。我意，中央既议决明年三月以前举行，似宜呈请政府展期至明年二三月举行。"[279]国民党中央采纳其建议，于9月4日决定将西藏会议展期至1930年3月举行。蒙藏会向有关各方解释说："关于会期事项，前以蒙藏地方路程遥远，而选派代表赴京出席，尤须经过相当时期。二中全会原定本年十一、十二两月举行蒙藏会议，实际万难赶办，已由本会呈请展期，以便从容筹备。"[280]这是西藏会议的第一次推迟。

尽管推迟举行，但是1930年3月日期瞬至，因而蒙藏会仍然抓紧要求有关各方派遣代表来南京。在1929年9月10日就有电称："蒙藏会以蒙藏会议已订明春举行，顷电蒙古各旗盟及西藏班禅等于会前预备提案，并派定代表，以便届时参加。"[281]此电未提达赖系统的代表，但9月17日专电则不同："蒙藏会拟具出席蒙藏会议代表额数及其产生方法，已呈请行政院核夺。一俟奉准，即饬蒙古各盟旗及西藏达赖班禅等遵命派遣代表，届时来京出席。"[282]11月6日，蒙藏会致函十三世达赖喇嘛、九世班禅喇嘛及西康政务委员会三方，强调"现距开会期间仅只四月，选派代表亟须举办"，要求"依照规定办法，迅速选派代表筹备提案，并希将派定代表姓名先行电支本会"。[283]如前所指出，阎锡山还专门致函十三世达赖，要求派遣代表与会。但是，蒙古代表吴鹤龄、班禅驻京办事处处长罗桑坚赞等于12月24日向蒙藏会提出：蒙藏会议"为期已迫，内蒙较近各旗代表尚可如期赶到，而青海、新疆及前后藏距京穹远，交通不便，又值此军事时期，各代表决不能如期到达"，要求"将十九年二、三两月蒙藏会议，展期一二月，俾蒙藏各地从容推选代表，准期来京出席会议，以收集思广益之效"。[284]1930年1月7日，行政院会议通过阎锡山的呈文，决定"将蒙古会议展至十九年四月，西藏会议展至五月举行"[285]。这是西藏会议的第二次推迟。

1月19日，蒙藏会"以西藏会议虽呈请中央展期至五月举行，为期亦仅三月，兼之西藏距京窎远，交通不便”，特函九世班禅喇嘛、十三世达赖喇嘛“早为预备，各代表务于四月三十日以前，集中北平”，“以便备车来京出席云”。[286]2月12日《中央日报》载称：“班禅达赖二氏，因蒙藏方面受帝国主义之经济压迫，日益严重，故对于中央之蒙藏会议，认为团结民族抵御外侮当务之急，达赖主教，以政治关系，不克来京，蒙藏委员会刻致电达赖主教，迅速选派代表人员，早日到京出席。”[287]2月14日，蒙藏会向行政院提出经费预算，其中“筹备费二千三百元，大会经费一万三千七百八十元，特别费八百元，连同招待代表旅费约数九万九千八百元，共计洋一十一万九千八百元”。蒙藏会强调由于蒙藏会议“期限临迩，蒙旗代表现已陆续首途”，要求行政院“令饬财政部迅予拨发施行”。[288]2月18日，行政院会议决议由蒙藏会委员长充任蒙藏会议主席。2月26日，行政院指令说，蒙藏会此次提出的预算超出原来10万元的预算，要求蒙藏会“照原案在十万元内改造预算，呈候饬拨”[289]。3月14日，蒙藏会要求行政院令饬财政部拨款，称蒙藏会议“定于四五两月分别举行，期限已迫”[290]。3月15日，行政院下令财政部拨款。由此来看，西藏会议能够如期举行了，但是国民政府决定蒙藏会议“展缓至六月举行”，九世班禅喇嘛因而也“决定暂行留辽（辽宁），以慰一般参谒者之喁望”[291]。这是西藏会议第三次推迟。

但是，6月里也不能召开西藏会议。5月20日电称，原定在这个月举行的西藏会议“以各代表起程尚无确期，或将展至秋间举行”[292]。这个原因并非事实，因为在如前所说5月25日十三世达赖喇嘛对刘曼卿已表示代表遴选好之后命其起程时，刘曼卿指出“西藏会议延期，中央嘱藏代表缓行”[293]。6月28日之电解释说，蒙藏会是“因现时交通不便”，而“拟将西藏会议缓期至本年九月间举行”[294]的。但是，蒙古会议却不因“交通不便”而如期举行。8月4日专电称：“西藏会议代表马泽昭、丁伯衡、邹国琪等一行十三人，因在途未接得展期开会之电，于四日到京，赴蒙藏会谒委员长马福祥陈述一切。结果，仍暂缓召集开会。”[295]可见，一部分代表已经抵达南京要求召开西藏会议，但如下所指出，由于与达赖系统未协商好，国民政府仍然决定推迟召开。至于推迟至何时，尚需与达赖系统协商。无论怎样，这是西藏会议第四次推迟。

8月中旬，接任蒙藏会委员长的马福祥亲自到北平与贡觉仲尼协商，贡觉仲尼面交十三世达赖喇嘛的亲笔函，并“请示整顿藏事之方针”。两人交谈后，蒙藏会称“结果颇为圆满，西藏会议，不久即可召集开幕”[296]，因而“令藏事处负责筹备西藏会议，并准备提案”[297]。8月28日之电进一步称：“西藏会议已着手筹备，蒙藏会拟聘该会明了西藏情形者参加协商，会同草拟各提案，人选不日决定。”[298]接着，蒙藏会致函行政、立法、司法、考试、监察五院秘书处及国民党中央各部会，称蒙古会议已于5月举行，“现在西藏会议开会伊迩，所有关于西藏方面各种提案，务请迅赐检送，以便编列议程”[299]。9月2日，蒙藏会晚宴到南京协商的贡觉仲尼，“并邀各院部会秘书长及国府各处局长参事等作陪”，贡觉仲尼报告“西藏内地现时情形及此次来京任务”[300]。此后，有电称：“蒙委会（蒙藏会）对西藏会议正积极筹备，并请各部会拟送提案，一俟军事结束，即定期举行。”[301]接着有电文称，蒋介石已与马福祥商定1931年5月内国民会议闭幕后即行召集西藏会议。[302]

如前所指出，十三世达赖喇嘛致函陆兴祺表示：“承示蒙藏会议将于阳历三月举行，着速派代表列席。”“遵即特派雍和宫札萨克及驻京堪布卓尼罗藏娃，并加派商上卓尼尔阿旺坚赞、纳仔营官仔仲顷批土丹二人由藏前往会同办理，该员等不日就道。”[303]虽然十三世达赖喇嘛所说1931年3月与蒋介石同马福祥商定的5月有所出入，但此信函说明蒙藏会曾通过陆兴祺劝说十三世达赖喇嘛，也说明他决定派代表前来南京。1月10日，蒙藏会致电驻加尔各答总领事卢春芳：“达赖所派来京代表及随从代购二等船票，请酌量办理。”[304]1月23日，贡觉仲尼就对阿旺坚赞、曲批图丹一行10余人来京出席西藏会议一事，要求蒙藏会知会海关予以照料。[305]1月28日之专电也称：“蒙藏会以西藏会议为期不远，先电康藏各机关早日准备提案，并推代表早日来京。至对于达赖派来之亲善代表十二人随带礼物行李七十余件，已函请财部转知津海关免税放行，并拟派员赴沪招待。”[306]1月31日专电又称：“大会经费拟定万元，会场仍假励志社。”[307]由此看来，西藏会议终于可以召开了！

实际上，十三世达赖喇嘛与国民政府只是在设置驻京办事处问题上达成一致，其他问题并未协商好。因此2月5日专电称：“西藏会议原定五月间举行，兹蒙藏会以康藏新疆各地路途遥远，交通阻滞，按此期间，公文之往返与代表之行程，恐不克如期到达，已呈行政院，请予展期。”[308]2月14日电称：“西藏会议因路途远隔，出席代表五月间不及赶到，由蒙藏会陈明情形，奉行政院指令，暂缓议定日期。至西藏达赖所派亲善委员十二人来京报告一切，日内即由平南下。”[309]2月17日报载：这12人已于16日离开北平南下，“携带礼物七十箱来京谒蒋主席报告一切，并将留京充西藏会议之代表”[310]。3月25日，贡觉仲尼、楚称丹增等人及青海各地代表共20余人由平抵宁，“将留京出席西藏会议”[311]。贡觉仲尼称：

“西藏会议之目的，大致以发展建设事业为惟一要图。”[312]显然，达赖系统提出召开西藏会议的条件与前述国民政府的目的是不同的；这也是十三世达赖喇嘛派代表前来之因，如果国民政府不同意，达赖系统的代表就不参加。推迟至什么时候呢？九世班禅喇嘛询问蒙藏会：西藏会议至本年5月举行期限届至，“现在西康民选代表均已陆续抵炉（霍），该项会议能否如期举行”，“以便转饬该代表等结伴首途为荷”。[313]蒙藏会回答：“西藏会议准于五月内举行，希即转电知照为盼。”[314]4月19日，行政院指令财政部先行拨付一部分经费。

然而在这之后，西藏会议因康藏纠纷问题而第五次推迟。2月28日就有报称“西藏会议约八月内可举行”[315]，因而刘文辉5月3日询问：西康“各县选定代表十五人已陆续来炉（霍）报到，其第一组已出发赴省，随即东下”，但“近阅报载，此项会议复有展期之说，未审确否”？[316]蒙藏会于5月9日回电：“西藏会议期限确已届，但前后藏代表尚无起程来京确息，俟该代表等有电到京，再行电达，请转知西康代表暂缓东下。”[317]但是，九世班禅喇嘛已于5月4日晋京准备参加西藏会议后，此后一些青海代表也陆续抵达。蒙藏会仍然于7月3日提出“西藏会议俟秋后定期召集”[318]。至于具体时间，有电称为9月、10月间[319]；而其原因是“政府须待藏兵撤出西康”[320]。因此，九世班禅喇嘛准备回北平到沈阳，“如西藏会议有期，再来京参加”[321]。

按照这一安排，10月前应能解决康藏冲突，但是并不能，因而第六次推迟接踵而来。关于原因，有的说是“惟因路程遥远、交通不便，非在两三月前决定确期，必难准时赶到”[322]，有的说是“筹备不及”[323]。而实质原因，是康藏纠纷不但未解决，反而“又复扩大”，因此开会日期“须俟纠纷解决后始能决定”。已到南京近一个月的青海代表询问蒙藏会“究竟何时开会”[324]。蒙藏会还未回答，8月10日专电就称西藏会议“将展至明年二三月间举行”，并说“达赖已电呈中央，决派重要代表来京参加，将西藏一切政教问题提出解决”。[325]8月12日，九世班禅也致电南京，定9月底由呼伦贝尔起程，在10月10日前“准可抵京”出席国民党第四次全国代表大会及1932年春举行的西藏会议。[326]但至1931年9月5日，蒙藏会才开会决议指定王之觉、贡觉仲尼等人“审查”西藏会议何时可以召开。[327]而审查结果，正是8月10日专电所说的1932年春，这说明蒙藏会事先已与贡觉仲尼交换了意见。十三世达赖喇嘛不仅表示要派“重要代表”参加，而且提出解决“西藏一切政教问题”；这与前述西藏会议“以发展建设事业为惟一要图”不同。

表面上十三世达赖喇嘛做了让步，实际不然。蒙藏会在1931年9月21日的信函中争取他速派代表到南京，这反过来说明他不会派遣代表与会：

及至蒙古会议闭幕之后，西藏代表仍无来京确息，以致一再迁延，尚未择定会期。现在西康、青海各代表均经依法选出，且有分赴北平及来京报到者。并据该代表等迭电呈请迅定会期，以免久候，各等情到会。经本会再四商酌，以西藏官民代表为此次西藏会议主要中心，贵处应选各代表已否选出，迄未准函复到会，自未便遽定会期。但已经来京各代表既不能长久守候，而中央决议要案亦未便延不举行，当将此案经过情形提出本会第九十一次常会详细讨论，决议应函催达赖大师。并预计文件到达及推选代表、筹备提案等种种手续约需三月，各代表由藏抵京行程亦需三月，以最速限度计算，共需半年以上。现在提早开会，西藏代表固属不能依时赶到，若再迁延时日，则时届明年夏令，天气炎热，各代表均系初次来京，势必诸感未便。当经决议，预定明年春间为适当开会期间。

蒙藏会还附上了西藏会议代表产生标准、分配名额表及推选办法、提案标准各一份，“希即依法推定代表，按期来京出席。”还强调：“此次所定会期，系专为西藏代表远道来京着想，届时能否赶到，有无窒碍情形，务希于函到之日先行详细电复。”[328]此函还表示，如果1932年春不能召开西藏会议，夏季就因“天气炎热”不宜举行，也就说不得不取消。

在这种情况下，9月25日电称：“出席西藏会议之青海藏代表团因会议召集无期，已由蒙藏会代请发给川资，暂行返青，以免长期耽搁。”[329]虽然考试院院长戴季陶10月26日对他们说“四全大会后将召集西藏会议”[330]，但是10月31日电称：“兹以开会尚需时日，各代表旅费告罄，由蒙藏会呈请国府转令财政部，先于西藏会议经费项下拨旅费一万五千元，俾各代表先行回青，免致长期滞留。”[331]1932年1月28日电又称：“出席西藏会议青海代表锡埒图等二十余人抵平数月，会议无期，今午随从一部携物品与骡驼七十四、马二十头、轿车一辆，由平绥路运青。”[332]这进一步说明，国民政府对西藏会议的召开已不抱希望了！

但是，如果干脆取消召开计划，国民政府不仅无法做出交代，也有损其作为中央政府的威望。因此，在争取十三世达赖喇嘛派遣代表参加的过程中，它就在考虑如何善后。先是计划于1931年10月10日召集青藏两地代表“举行谈话会，讨论藏事”[333]。在1932年春不能召开西藏会议后，蒋介石决定以“西防会议”善后。

9月21日至28日，西防会议召开。会议由参谋本部而不是由蒙藏会出面召集有关省区及部会的代表召开，参谋次长贺耀祖主持，参加者有陕甘代表王冲天、云南代表李培天、青海代表马腾云、四川善后督办代表傅常川、康边防督办代表张笃纶、军政部代表程泽润、蒙藏会代表谢百诚、参谋本部代表陈倬及王纶、外交部代表刘师舜、蒙藏研究会代表钟体道等人。尚无资料说明达赖、班禅两个系统的代表是否参加，但有资料说“会前，班禅及达赖代表贡觉仲尼，均有重要之建议”[334]。会议讨论的问题，集中在三点。

其一，西藏地方与中央正常政治关系的恢复问题。贺耀祖强调，西防会议是“慑于国际事态之严重，西陲问题之重大”而召开的，“希望西藏同胞者有三：（一）应明了地理环境，非与内地结合，不易自存；（二）应明了历史，汉藏文化沟通已久，不必强立异同；（三）应明了本党民族主义各民族一律平等之真谛”。[335]王冲天提出，派遣大员前往西藏宣慰；“解决藏事，应视为内政问题，不宜涉及国际性”；“实行移民殖边，以防外人窥伺”[336]。九世班禅喇嘛的提案，强调恢复西藏与中央的关系，划分相互间的权限，即：“中央派大员二人，分驻前后藏办事”；“西藏与任何国家或地方，订结任何条约，非经中央核准者，概作无效”；“西藏之军事外交，概归中央主持”。会议通过了《对西藏政策最高原则案》，要点为：“（甲）保持我国国土之完整，以固西陲边防；（乙）遵照总理遗训，汉满蒙回藏五族，一律平等，共存共荣。”[337]此外，会议还通过了《西康建省呈请国府迅速筹办案》《改善西藏行政制度案》《西康交通实业之改进案》《青海西康西藏各种问题建议案》《康藏问题治标治本办法案》等一系列提案。

其二，康藏纠纷问题。贺耀祖强调：“康藏纠纷迄今未已，于西南国防关系至巨，亟须设法和平解决，以免引起重大问题。”[338]贡觉仲尼认为：“康藏纠纷，原属细故，嗣因当事者各秉意气，遂将事态扩大，如果中央能遴选公正大员，径往西藏与达赖商议和平解决办法，极易奏效。此后双方能为国家前途着想，一秉诚意，坦白相见，不难化干戈为玉帛也。”[339]会议虽然认为“康藏如再发生战事，应由青、滇两省出兵援应”[340]，但是强调解决康藏纠纷的第一步，是“呈请政府召开和平会议，由蒙藏会召集关系各省府代表及西藏负责代表，推诚相见，解决一切纠纷”[341]，并建议“此项会议必须早日召集”[342]。

其三，班禅返藏问题。九世班禅喇嘛提出，恢复前后藏分别治理之制，“前藏之政教权，归达赖主持；后藏之政教权，归班禅主持”。贡觉仲尼表示，十三世达赖喇嘛并非如外间所言“拒绝班禅返藏”，“盖达赖未尝欲侵夺班禅之权，当日达赖与班禅之发生意见，亦由于一般宵小从旁蛊惑，至疑忌互生，乃酿成班禅之出走。”他强调，“班禅不论何日返藏，不仅达赖决不有不规行为，即民众亦甚欢迎也。”但是，如果九世班禅喇嘛率军回藏，“则予殊不敢担保此后纠纷不再扩大”。[343]可见，达赖系统实际上反对九世班禅喇嘛返藏。会议对此问题未做出什么决议。

可见，即使西藏会议未能召开，国民政府也想通过西防会议解决西藏问题。贡觉仲尼的谈话，表明十三世达赖喇嘛与噶厦在康藏纠纷问题上有所让步，但仍然企图维护既得权益，反对九世班禅喇嘛返藏。虽然西防会议通过了一系列提案，但是由于十三世达赖喇嘛并未派遣代表与会，这些提案只是表明了国民政府的态度，并不能得到实施。

总之，国民政府成立之初，即计划召开西藏会议，力图通过内部协商解决历史遗留的西藏问题。为此，蒙藏会积极筹备，拟定覆盖发展政治、经济、文化、教育等各方面的方案，恢复西藏地方与中央政府的正常关系，解决康藏纠纷和班禅返藏问题。由于西藏会议召开的意义重大，代表如何产生值得考虑，国民政府最终确定由达赖、班禅两个系统，前后藏、西康、青海、新疆回部以及有关省份派代表参加。与此同时，国民政府努力争取十三世达赖喇嘛派遣代表与会，十三世达赖喇嘛也曾表示派遣代表与会。但是，国民政府通过召开一次会议、内部协商以解决西藏问题的时机并不成熟。在此过程中，蒙藏会委员长人选三易。阎锡山 1929 年 1 月出任委员长后开始策划召开西藏会议。1930 年中原混战期间，马福祥接任委员长，更以相当精力筹备召开西藏会议。但是后来他也提出辞职，虽然蒙古各盟旗联合驻京办事处驻京代表吴鹤龄等 18 人、十三世达赖喇嘛的代表贡觉仲尼等人及九世班禅喇嘛的代表罗桑坚赞等联名“恳请俯顺群情，毋任辞卸”[344]。1932 年 1 月 28 日石青阳接任蒙藏会委员长后，这年春也未能召开西藏会议。国民政府只能召开西防会议予以善后，西藏问题的解决只能搁置下来。

第四节　尼藏冲突：英国竭力维持在藏特权和阻止噶厦与中央关系的正常化

在 1929 年至 1930 年贡觉仲尼、刘曼卿入藏“改变西藏地方二十年来与祖国关系隔绝的情况”[345]之际，发生了尼泊尔与中国西藏之间的冲突。虽然战争一度一触即发，但冲突最终和平解决。虽然学术界的看法有所不同[346]，但是无论怎样看，中英两国政府围绕尼藏冲突展开的较量，对于两国具有不同的意义。对英国来说，此次冲突深刻反映了英国政府竭力维持既得的侵藏特权和阻止西藏地方与中央政府关系的正常化。对中国来说，国民政府力图恢复中尼传统的政治关系并且进一步解决西藏问题。

一、尼藏冲突之实质：在藏特权问题与阻止十三世达赖喇嘛的内向

1930年初，突然传来尼泊尔要进攻西藏的消息，达赖系统与班禅系统都向国民政府作了汇报。当时作为国民政府入藏慰问专员的贡觉仲尼，自江孜汇报："尼泊尔政府于一月二十六日派兵九千人入藏，西藏政府亦预备开拔军队巩固前线，制止尼兵行动。"[347]2月28日，班禅驻印度通讯处报告说：1929年9月，尼泊尔国王命令“全国官兵，给假三月，回籍省亲后，攻打西藏”；命令全国24县县长“拓筑入西藏之军用汽车道，宽约二丈”。12月，“购买械弹粮秣，征发牲口”。这些“次第完备”后，于1930年1月“即发动员令”，由王太子巴布塞姆希率领，“五千人开驻雅山，二千人开驻吉隆，三千人开驻库䘵，又五千人开驻仰隆，四万四千人开驻握隆墩（以上各地皆尼藏交界），四千人留守都城，共计六万七千人”；对西藏的“进攻方向，已定在藏地怕克理（帕里）”。该通讯处还认为，冲突与英国密切相关，因为在进攻的军队中有二万数千尼籍士兵从英军中调回，从英印购买的军实“已运至尼印交界之比尔拉加地方”，“军装则订购至五十五万套之多”。[348]

对比来看，两份报告存在差异，贡觉仲尼的比较简单，所报尼军仅为九千。而班禅驻印通讯处的报告比较详细，不仅强调尼泊尔经过数月的精心准备，以全国之力进攻西藏，而且认为与英国的支使密切相关。班禅驻京办事处处长罗桑坚赞更为强调：尼泊尔所有军装武器来自英属印度，英国“且允许先给二千匹骡马，以资运送”[349]。英文报纸《北华捷报》摘要登载了班禅驻印通讯处的电文，然后指责："电文没有一句真话，拉萨如何打电报给南京？”[350]

对于这场冲突爆发之因，当时的中外舆论有着不同看法。《申报》认为原因在于英国唆使，而藏传佛教中达赖与班禅两大系统的矛盾给予英国制造战争的机会："夫尼泊尔在喜马拉亚山之中央，介乎西藏与印度间之一小国，面积仅约五万余方哩，人口只五百万，不过较不丹稍大者耳，政权则操之于廓尔喀，族力亦甚

弱，何以今日乃有兼并西藏之雄志？其故，一因尼泊尔虽亦名为一独立国，然自与英订立尼泊尔条约及西喀利条约后，英得派兵驻守，实际上早已为英之保护国，故恃英为后援也。一则因西藏之纷乱，自班禅出走，达赖愈专恣愈益扰怀，故虽有宣布独立之意，以冀维系人心，然人心实已向外，亦为授尼泊尔以勾结之机会也。”[351]

《英文导报》则认为，尼藏冲突的爆发是英俄争夺中亚细亚的结果：“中亚现为国际政治中之又一火药库……据君士坦丁堡报告，英帝国主义在中亚大为活动，现正用种种方法在苏联东边造成一敌抗的圈线，通至喀什噶尔及塔迪吉斯坦之西藏高原最为英人所注意。按尼泊尔位于藏印之间，自视为一独立国；西藏则亲英或亲华，态度游移。苏俄与西藏接境，向有染指印度之心。英国知此，故无论其对西藏是否有侵略兴味，而必欲于印度及苏俄宣传之间设一缓冲国，同时俄方因被尼泊尔西藏所阻对于印度宣传之路不通，昔英国对彼方增加注意，足使俄人之侵印更加困难，故乘机大诋英帝国主义。总之，在遥远之西藏、尼泊尔，现正有一深刻之暗斗在进行中，于中国有绝大关系也。”[352]

这些看法有一定的道理，因为都抓住了中、英、俄、尼四国关系中和藏传佛教问题中的某个方面。尼藏冲突的导火线是杰波夏巴（Gyalpo）事件。杰波夏巴是尼籍商人，违背噶厦严厉禁吸纸烟的法令，“当街大抽，藏警往拘，匿入尼领署，卒捕杀之。”[353]当街抽吸纸烟，只是噶厦抓捕杰波夏巴的一个理由，冲突的实质是英国企图维持在藏特权和阻止十三世达赖喇嘛的内向，《西藏史地大纲》记载说：

> 查此次尼藏纠纷发端之原因，缘尼泊尔人在西藏经营商业者甚众，藏中凡所用之米布洋货等物，大半由尼商运销，向来习惯，尼人在藏经商，有不纳任何捐税之规定。民十八年，达赖因财政困难，令侨藏尼民，照通例缴纳税捐，因之遂起抗税风潮，达赖为震慑起见，曾拘捕一人；后该犯乘隙脱逃，避入格布丹公署（即尼国驻藏领事馆），以图幸免；旋为达赖所知，当即派兵前往拘获，执行枪决，藏尼之纠纷遂起。[354]

这段论述指出了外国的两大特权，即贸易特权和领事裁判权。英国政府强烈指责噶厦的行为，其驻华使馆在关于1929年中国局势的评估报告中宣称：“9月，西藏官员强行进入拉萨的尼泊尔使馆，带走那名叫杰波夏巴的谢尔巴（Sherpa）商人，将之投入监狱；至于其国籍，西藏官员并不宣明，以此避免尼泊尔驻藏代表的反对。这一事件引发西藏与尼泊尔之间的紧张，尼泊尔要求西藏正式道歉。”[355] 在关于 1930 年中国局势的评估报告中又称：“尼藏冲突是西藏当局轻率引发的……杰波夏巴称自己是尼泊尔人，并到尼泊尔驻藏代表处避难。他最终死于西藏人的虐待。”[356] 这里提出的问题值得深思：西藏“所用之米布洋货等物，大半由尼商运销”，但是尼商为何“有不纳任何捐税之规定”？为何十三世达赖喇嘛至 1929 年才规定尼商“照通例缴纳税捐”？为何他下令到尼泊尔代表处捕人？为何遭到英国政府的指责？对比 1856 年之《西藏尼泊尔条约》与 1908 年之《藏印通商章程》，这些问题即可一目了然。

《西藏尼泊尔条约》是 1855 年尼藏战争之后缔结的，规定“从今以后，西藏不得对于廓尔喀政府之商民及其他臣民，征收商税路税及其他各税”，“廓尔喀政府将在拉萨开设商店，享有珠宝首饰衣服粮食，以及其他各货之自由营业权”。还规定：“廓尔喀官吏不得审判拉萨人民商贾间发生之争端。西藏政府不得审判居于拉萨法区之廓尔喀人民商贾。”[357] 贝尔将此概括为：其一，“西藏每年付给尼泊尔一万卢比”；其二，“尼泊尔人获得了在西藏居住，而且不缴纳任何关税或赋税的权利，尽管生活于其中的西藏人要缴纳这些赋税”；其三，“尼泊尔官长审理尼人在西藏的一切犯罪案件，自己裁决尼泊尔人之间的一切纠纷，与西藏法官联合决定有关西藏人和尼泊尔人利益的问题。”他总结强调：“这正是尼泊尔决定要保持的真正的有利地位。”[358]

《藏印通商章程》规定：英国人“得在各商埠内，租地建筑房栈”；“凡往各商店之英国官民以及货物等，应确循印藏边界之通商大路前往，不准擅往商埠外各地”，“惟印度边界人士，向在藏属居住贸易者，因习惯既久，仍得照旧按通行规例来往贸易。但此种人如是往来贸易时，应按向例，服从地方官管理”；“如英印人民在各商埠与中藏人民有所争论，应由最近商埠之英国商务委员与该商埠裁判局之中藏官员，会同查讯，面议办法”，“如有意见不合之处，应按照被告之国法办理”。[359]

由此看来，无论是尼泊尔商民还是英国人、“英印人民”等，均在西藏享有贸易和治外法权，尼泊尔商民还享有不交捐税的特权。而“仍得照旧按通行规例来往贸易”的含义深远，根据 1893 年 12 月 5 日的《藏印续约》中第三款的规定，为：“英商在亚东贸易，自交界至亚东而止，听凭随意来往，不得阻拦，并可在亚东地方租佃住房栈所。”“其英国商民赴亚东通商，无论与何人交易，或卖其货，或购藏货，或以钱易货，或以货换货，以及雇用各项役马夫脚，皆准循照该处常规，公平交易，不得格外刁难。”[360] 尽管未说明是否免税，但是“不得格外刁难”，这说明“英国商民”在亚东享有的特权与尼泊尔商民在拉萨享有的差不多。尼籍商人事件，实际上反映了英国、尼泊尔在藏是否享有免税特权、治外法权的问题，十三世达赖喇嘛下令拘捕并处死尼籍商人，反映了噶厦在竭力收回这些权力。这并不是一件小事，尼泊尔企图维护有关特权，英国政府自然会想到十三世达赖喇嘛下一步会对“英国商民”采取相同的行动。因此，《北华捷报》宣称：“根据 1856 年的和平条约，尼泊尔人享有各种货物免税和相当程度的治外法权。由于缺乏对治外法权的明确而又可以为各方接受的解释，经常发生针对尼泊尔籍的诉讼争端。”杰波夏巴是因“拒绝付税”而非蔑视噶厦严禁抽吸大烟的法令而被抓捕，批评“拉萨当局派警察进入代表处，以武力带走杰波夏巴，他随后死去”[361]。黎吉生指责藏军总司令龙厦“藐视”治外法权，派人进入尼泊尔代表处捕人。[362] 英国驻华使节宣称尼泊尔人“享有某种治外法权”，指责噶厦不应对其“不正当地征税”（unduly taxed），杰波夏巴事件“导致尼泊尔采取行动”。[363]

进一步分析，英国殖民主义体系对中国西南边疆的冲击，导致尼泊尔与中国传统的政治关系发生本质性的变化。本来，“作为报答，尼泊尔保证如果西藏遭到侵略，将给后者以帮助”[364]，但是如黎吉生所称：“从 1856 年尼泊尔人征服西藏和强求贡金和治外法权以来，两‘国’关系远不和谐。在 1880 年、1883 年和 1895 年，都几乎引起战争；尼泊尔政府由于积极支援了 1904 年的荣赫鹏远征，尤其不得西藏的人心。驻拉萨的尼泊尔代表有权审理当地的尼泊尔人，是造成恶感的经常因素。”[365] 即使在尼藏冲突解决后，尼藏之间关系也不好，黄慕松 1934 年入藏致祭十三世达赖喇嘛时即指出：“现藏尼感情异常恶劣，视如仇敌。在拉萨，凡尼代表临任或去任，藏方总不派人迎送。西藏若有大事，尼代表亦不致贺。尼邦人民在藏有治外法权，尼侨若有违法行为，应由尼人代表办理，藏政府不得过问。”[366]

《西藏史地大纲》又记载说：杰波夏巴事件本“不致引动大兵以相抗”，但英国因其侵略“屡被藏人所反抗”，“乃利用尼泊尔之名以武力侵压西藏；尼泊尔国王慑于英人之淫威，不敢反抗，遂从之”。[367] 这一论述指出了英国挑起尼藏冲突的险恶用心，并非无据。英国之所以如此，是企图以此冲突逆转十三世达赖喇嘛的政治态度，黎吉生列举下面几点，承认晚年的十三世达赖喇嘛对英国的政治态度发生了变化：

> 在印度受过军事训练的藏官都被免职，另派职务。西藏新军的训练也听任废弛了，警察力量衰微了。江孜的英文学校，在仅仅两年内就取得了优异的成绩，也被关闭了。为英国商务代办处开办的汽车邮递，也在西藏政府的请求下停办了，达赖喇嘛进一步断绝和英国联系的迹象，还表现在对班禅的事务上。班禅有几次非正式地请求英国出面调停他与拉萨之间的关系；这一建议终于向达赖喇嘛提出了，接触的时机非常不利，当时正好有一位班禅的亲属企图逃亡而受到严惩，达赖喇嘛冷淡地拒绝了这一建议。[368]

与此同时，十三世达赖喇嘛打算改善康藏之间关系及与中央政府的关系。英国政府注意到这一点，英国驻华使馆在关于1927年中国局势的评估报告中就称："由于1927年春英国领事和大多数侨民自四川撤走，关于中藏边界发生什么事无从知晓。不过，就所知，除了平常的土匪活动外，局势相当平静。"[369]接着，国民政府派遣专使入藏，沟通西藏地方与中央政府的关系。如前所指出，刘曼卿1929年7月15日起程，1930年2月28日抵达拉萨；贡觉仲尼1929年11月7日起程，1930年1月16日抵达拉萨。英国政府批评十三世达赖喇嘛对两人"都给予友好的欢迎，没有通知印度政府就和札萨讨论了中国政府的来文和达成一种协议的可能性"。"这在1925年以前，还希望一个三方条约时，他是不肯这样做的。"[370]见此，英国政府曾要求十三世达赖喇嘛同意英印官员访问拉萨，但遭到婉拒。因此，它指责十三世达赖喇嘛在国民政府成立后要求中央政府"全力保护西藏'以免成为另一个印度'"，而"某种程度上对英国冷淡"。[371]尼藏冲突就在这种情况下发生，刘曼卿说自己是在"居停中骤得（此）噩耗"[372]的。这能说是巧合？！

就当时尼泊尔与英国的关系，按照贝尔所说："（尼泊尔）对英国是友好的，并给我们提供过非常宝贵的军事援助和其他方面的帮助。第一次世界大战期间，她派遣了二十万士兵，约占十八至五十岁之间成年男性的百分之二十。这不愧是一个地处大喜马拉雅山的安全后方、远离战场国土的盟国的一个巨大贡献。"[373]因此，中国舆论不能不认为尼藏冲突爆发原因之一在于英国的唆使："尼泊尔虽亦名为一独立国，然自与英订立尼泊尔条约及西喀利条约后，英得派兵驻守，实际上早已为英之保护国，故特英为后援也。"[374]这是一方面。另一方面，全亚细亚联盟理事长黄攻素认为："（尼泊尔）内有能战精兵十万，对于印度革命党袒庇甚力。近年印度革命风潮甚炽，英人欲和缓印度革命，故挑拨尼泊尔向西藏侵略，使尼藏交恶，英人可收渔人之利"。[375]

在上述情况下，正如印度报纸所指出：“英政府乘尼泊尔与西藏间之小争，煽惑尼泊尔与西藏断绝关系，英人显图利用目下时局，进兵西藏，使西藏全归其支配。”[376]但是，黎吉生辩称英国并未唆使，是“尼泊尔决定入侵西藏”的。[377]《北华捷报》一方面批评国民政府“传播谣言的真实目的，即暗讽英‘帝国主义’煽动尼泊尔通过西藏‘侵略’中国”，一方面宣称“尼泊尔完全独立于大不列颠之外，虽然与大不列颠的关系极为友好，但是不会听从她指挥”。[378]

中国各方予以反驳。蒙藏会参事巴文峻发表广播讲话，指出：“此次藏尼纠纷表面虽系缘侨藏尼民纳税问题而起，内中实有某帝国主义者之嗾使也。”[379]他肩负调解使命，到尼泊尔后向国民政府汇报：“此次尼藏发生冲突，全为英帝国主义所策动，并非出于尼泊尔之本愿，惟尼泊尔为莞尔小国，无力抵御强英，一时不得不听命。”[380]贡觉仲尼指出：尼藏冲突表面上是“因藏尼居民发生小纠纷”，而其实质“乃尼泊尔妒忌中国与西藏之和好”。[381]

从时间上来看，尼商事件发生于1929年9月，但英国唆使进攻的时间是1930年1月，而英国政府指责“1926—1930年间，拉萨政府在某种程度上对英国冷淡”[382]。如上所指出，贡觉仲尼、刘曼卿先后抵达拉萨。显然，英国政府根据贡觉仲尼、刘曼卿的行程而挑选了尼藏冲突发生的时间，孔庆宗就此指出：“贡觉仲尼到达拉萨，原负有代表南京政府回藏接洽藏事的使命，在英帝国主义看来，足证达赖倾向祖国之意已逐渐明朗化，自不免更加惊惧。遂不惜采取武力恫吓政策，企图压服达赖，从而破坏西藏与祖国原有关系的恢复。适其时尼泊尔与西藏因尼商纳税问题，发生纠纷，英帝国主义遂乘机于一九三〇年一月二十六日嗾使尼泊尔突然派兵大举入藏。”[383]

二、中国各方对处理尼藏冲突的反应及国民政府派员调解

尼藏冲突发生后，中国有关各方立刻予以回应，并讨论如何处理。首当其冲的是十三世达赖喇嘛。他认识到：“这是英帝国主义要的讹诈手腕，尼泊尔小题大做，讨好英人，其实并无对藏作战以逞大欲的决心，因而亦以政治手腕对付之，不为所慑”。[384]他采取了两项紧急措施：

其一，“下总动员令，限各地驻军、民军于一月内在拉萨集中待命”，并计划将“汉籍青年尽编制为兵伍”。[385]中央社电进一步称：十三世达赖喇嘛“调藏军四万，布沙噶（即萨嘎）协各尔（不详，可能在今天聂拉木县境）定节（即定结）等处防堵，并征集民兵为后备队”[386]。虽然调动藏军4万不太可能，但是部署藏

军严守入藏要隘“严阵以待”[387]，备战是实。就江孜而言，英国驻江孜商务代办发现：步兵增加至500名，装备上了来复枪；新招募了100名，送到江孜附近兵营进行训练，招募还在进行；此外，骑兵增加到150名。[388]

其二，致电国民政府“请兵三师救援”[389]。《北华捷报》转载《泰晤士报》言论，声称十三世达赖喇嘛自1912年宣布“独立”以来，西藏就“独立于中国之外（independent of China）”，他“根本不可能致电南京寻求帮助；即使有必要，在这种情况下，他也不会请援”。[390]这遭到贡觉仲尼的有力反驳：“当英人指使尼军入藏时，达赖佛极为镇静，不谋于众，独自决策。他用我的名义写一电稿，令我亲送至江孜英政府所设置的电台，以明码拍至南京友人转报此事于政府。他采用这个方式，意在使英籍电员视作要电，密报英国当局，就会发生作用。我即日遵办，后来果收息事之效。”[391]这是向英国表明，如果它还唆使尼泊尔入侵西藏，西藏就要与中央政府团结一致加以回应。

九世班禅喇嘛“以后藏适当其冲，亦请中央援以兵力，俾资应付”[392]。而其措施，主要是组织卫队，入藏保卫。他指示王罗皆、罗桑坚赞、阿旺敬巴呈文国民政府，提出：“尼泊尔大举攻藏，乞准予组织卫队入藏，发给枪五千支、弹二百五十万发、军装五十套，月发饷十万元，如一时不能筹发，拟请准其自行设法办理，俾收复原有领土。”[393]《中央日报》证实了这一消息，专门报道说：“（九世班禅喇嘛）以此次尼泊尔国侵犯西藏，情势危急，拟编制成立卫队，相机回藏援助，现由辽宁凤凰钢厂，订购德国制造大批枪械子弹，计有步枪，马枪，手提机关枪，及各枪所用子弹刺刀等多种，拟呈中央领发护照，以便起运。”[394]

九世班禅喇嘛更深刻的用意在于乘机解决返藏问题。王罗皆等人向国民政府提出解决班禅返藏问题的时机已经到来：“一俟敝佛到达藏边，先由政府简派之大员驰赴拉萨，宣达中央意旨。如是，在达赖方面，自必感激中央援助之恩，顾念敝佛同胞之谊，激发天良，推诚合作，一致内向；在尼泊尔方面，敝佛夙与其国王比希米哲交谊甚笃，一经敝佛派员调解，不独可以弭止尼藏之战争，或且可以恢复中尼之关系。即在英国方面，敝佛以藏人参与藏事，纯属西藏范围之事，政府更振振有词，易于应付，而英人无所施其侵略弱小民族之惯技矣。”看来，九世班禅喇嘛把返藏问题想得过于简单了，呈文即认为这三方面措施“在今日具有实力之中央政府下，不过一举手一投足之劳，即可将十九年来久悬未决之西藏问题统内政、外交而解决之”[395]。罗桑坚赞自己还呈文国民政府，指责近年来十三世达赖喇嘛多次“侵入”尼泊尔境界，仇怨加深，以致酿成战端。[396]言下之意，要解决尼藏冲突，就须解决班禅返藏问题。

社会各界人士出现了乘机出兵、自应调解两种截然不同的主张。有人提出“最好趁着达赖请求派兵的当儿，迅速率兵入藏，一则可以不失信于教主，二则可以抵御尼泊尔之入侵，三则趁此机会恢复西藏，可收事半功倍之效”[397]。西康旅居北平的学生赞同此主张，批评国民党新军阀“各方忙于内战，无暇顾及，最痛心者民众熟视无睹，毫无表示”，要求国民政府“与英交涉，限尼撤兵，并派兵至藏，及速组西藏省府”。[398]黄攻素致函蒙藏会，在分析尼藏冲突的发生与英国的关系的基础上，建议最好调解，因为：其一，“窃以此举纯属英人从中挑拨所致，根本办法在疏解尼藏两方，使化干戈为玉帛。尼泊尔素日对中国感情甚佳，达赖喇嘛前虽有亲英疏华之名，系出英人一时挑拨毒计，然其心实内向中国。”其二，“以华藏之兵与尼泊尔战，则尼泊尔必转向英国表示同情，而少数华兵与藏兵决非犷悍尼泊尔军之敌，而英人至少对于藏尼援助印度革命之尤可无虞矣”。[399]

国民党中央、国民政府内部各机关也展开讨论。对西藏问题颇有关系和研究的蒙藏会委员谢国樑呈文国民政府，提出要辩证处理好尼泊尔犯藏和西藏问题的关系，他认为:“查尼泊尔自清乾隆归顺后历称恭顺，惟以民国成立以来不遑顾及，朝贡始绝。欲复西藏，先抚尼邦，亦一良策也。如此时中国置不过问，则西藏必借英兵以抗尼，达赖内向之心恐仍归乌有，藏事愈不堪设想矣。”如何才能辩证处理呢？他提出了具体的建议：对尼泊尔，首先“由政府速电尼泊尔国王停止军事行动，所有关于尼藏交涉，我国政府当设法调解”；接着，“政府速派员慰问尼泊尔国王，并任疏解尼藏争端，藉以招其归来。”对西藏，首先“由职电复藏人，嘱其力持镇静，严行准备，中央已电谕尼王停止军事行动，并派员前往晓谕，万一决裂，中央当力予援助”；接着，“政府速派员进藏，援助藏人解决尼泊尔交涉，并乘此商洽中藏善后办法，解决藏事正是事机。”他还提议:“政府宜速派设驻印度领事，以便传达消息而利藏事进行。”[400]

国民党中央机关报《中央日报》基于两点，认为不必出兵：其一，尼泊尔军队开进雅山、吉隆、库禄、仰隆、握隆墩等地“均为藏尼交界”，尚未侵入中国境内。其二，虽然传闻尼泊尔“所有军实，均系由印度购办”，但是“有无某帝国主义者，为其背影，颇属疑问”[401]，需要查证。如果吉隆指西藏吉隆县，则尼泊尔军队已侵入中国境内，《中央日报》第一看法就是错误的。

巴文峻进一步从中尼传统经济与政治关系的角度，阐述宜和平解决冲突。就经济关系而言，他认为:“尼藏以喜马拉雅山为天然分界，唇齿相依，亲如兄弟，素来一无隔阂。尼人在藏者多住于都会，率皆从事于工商业，拉萨为其中心，在西藏之商工界中最占势力，凡藏中所用之毛织物、绢绸绢布、披肩、铁器陶器铜器、佛像佛具等自行制造者，类皆以尼泊尔人为职工。”总结此点，他强调：“两处人民相依之密切关系，于此可见一斑矣。”接着，他就政治关系指出：“我国自乾隆五十九年征服廓尔喀后，封原有之尼王为额尔德尼王，廓王为果敢王，永为我国藩属，每三年来朝一次。每次贡使，道经西藏、四川等省入京时，沿途招待仪式之隆重，与夫入京朝见后赏赐之丰厚数以百万计，以是尼人至今怀念中土的思想，与往昔无异。民元以来，尼王尚遣使入京一次，当时因我政局不定，行至四川又行返去。”根据此种政治关系，他认为：“此次尼兵预备侵藏，若我国处理得法，非独中藏问题可以解决，即中尼往昔之关系，亦未尝不可以藉此恢复也。”他还赞同《中央日报》的看法，称：尽管国民政府接到了数起“关于尼藏纠纷叙述之报告”，但是“报载尼兵进占江孜，此项消息并不确实，尼兵亦未侵入藏境，因由尼泊尔入藏之要道有四，一由尼泊尔之首府噶多曼都（今称加德满都）热索桥出济龙（西藏吉隆）者，二由噶多曼都经朗卡格密、由木萨桥出接拉木（即西藏聂拉木）者，三由叶楞城出绒辖（属西藏定日县）者，四由鄂博出喀达（不详）之东南者。各要隘达赖皆驻有重兵防守，尼兵一时实不易侵入也”。即是说，他认为不必紧张。最后，他建议国民政府：虽然“解决尼藏纠纷已有办法，因事关秘密，不便宣布”，但是“尼藏问题宜速行解决，不宜持久；持久则达赖各方困难横生，或生变故”。[402]

负责处理尼藏冲突的机构是蒙藏会和外交部。在冲突爆发消息之初，时任蒙藏会委员长的阎锡山即提议派专门委员谢国樑、巫怀清分别到西藏、到尼泊尔“分任调解，并即相机常川居住该处，联络感情，宣传德意，以为逐渐收复西藏之张目”。他认为，谢国樑“前在西藏任土兵统领，熟悉藏情，并与达赖、班禅俱有交谊”，“(巫怀清）虽属尼人而颇有才具，可为我用；且该员原系尼泊尔资送来京学习汉文，故与尼人情感时厚。若以重任委之，必能无负使命”。[403]他强调：贡觉仲尼自江孜来电“既有尼泊尔嫉妒中藏和好之语，且以此促成交烘之因，足证西藏方面实已倾心内向”，因此，“若不乘机派员前往调解，一方无以慰西藏归顺之情，一方无由宣传中央之德意”。[404]外交部也主张调解。它一方面电令驻印度总领事卢春芳“克日前往调查真相”[405]，“俟调查明晰后，再行定夺”[406]；一方面建议国民政府：“尼泊尔系半独立国受英国之保护，至必要时，我国将与英国交涉，请英阻止尼泊尔犯藏之军事行动。”[407]

3月26日，国民党中央政治委员会召开第219次会议，采纳谢国樑、巴文峻等人的建议，通过《解决中尼问题条件》4条及《蒙藏委员会原拟解决尼藏问题手续节略》。前者反映了国民政府按照传统关系解决尼藏纠纷，规定："恢复中尼旧日密切之关系"；"尼藏问题由国民政府特派员秉公处理，尼政府应先下令停止军事行动"；"国民政府如派专员赴尼泊尔时，尼政府应负保护全责，并予以种种便利"；"尼泊尔得派专员常川驻京，由国民政府酌给办公费"。[408] 后者将这些原则具体化，规定由外交部"致电尼帕尔，令其停止军事行动"，听候中央政府调解；由谢国樑致电贡觉仲尼转十三世达赖喇嘛，告知此情形；命令驻印总领事卢春芳、副领事梁长培"迅赴印度，协同特派员解决尼藏问题"；任命蒙藏会参事巴文峻（因巫怀清"因病不克远行"而改派[409]）、专门委员谢国樑为赴尼、藏特派员前往调解，并调查"所有此次尼藏发生战事原因及内中有无英人指使各节"。[410] 根据此决议，国民政府在给蒙藏会的训令中强调了调解对于解决中尼关系和西藏问题的重要性，认为："此次事端发生，大抵英人唆弄。设或英人得乘机解决尼事，日后藏事将不堪设想。"[411] 行政院在给蒙藏会的密令中，认为前述贡觉仲尼的来电仅对尼藏冲突"略有报告，但未叙述详细情形，内中有无英人指使，亦未叙及"，指示蒙藏会"饬令驻藏专员先行设法查明事实，再议应付方针"[412]。

总之，国民政府的处理方针是派遣专人前往调解。外交部长王正廷两次出面对记者阐述了这一方针。3月14日，记者"询以西藏班禅驻京办事处长罗桑坚赞曾呈国府，谓尼泊尔大举攻藏，请速设法防范，外部对此有所准备否"，王正廷回答："尼泊尔寇藏问题，外部已电各方调查真确情形，日内并拟特派专员入藏视察，作为事实的根据，再设法布置。"[413]4月11日，王正廷又对记者言："尼泊尔举兵犯藏问题，传闻起因系有尼泊尔重要人员被西藏方面杀害，故尼泊尔遂进兵边境，作示威意，惟真象究竟如何，仍待调查。本部前令驻印度总领前往调查，现正起程。俟调查明晰后，再行定夺。"[414]

不过，国民政府是以中央政府身份命令尼泊尔停止犯藏，并力图恢复"旧日密切之关系"。在巴文峻从尼泊尔回来后，蒙藏会参事楚明善在国民党中央广播电台的讲话，进一步指出派遣巴文峻出使尼泊尔的原因：乾隆年间，清政府封尼泊尔王"为统领兵马果敢王"，尼泊尔自此成为"中国的属国"，此后"历代朝贡，世世罔替"。民国初年，尼泊尔还派贡使，惜"因当时中藏失和，被阻不得通过，遂与中国不通来往"。楚明善强调：西藏与尼泊尔，"一个是中国的领土，一个是中国的属国，中国当然要出来制止或调停，这才是宗主国应持的态度，也就是巴参事出使该国的原因”。[415]

正因为这样，蒋介石分别致尼泊尔国王和十三世达赖喇嘛的信函具有深刻的含义。在致尼泊尔国王函中，蒋介石称：“吾中华民国遵奉先总理孙中山先生所定三民主义，努力国民革命。现已完成国内统一，将进而联合素有关系各民族共同奋斗，促进世界大同。尼中邦交笃厚，相沿已久，关系密切，迥异泛常。前闻尼藏突起纠纷，双方均有军事准备，本主席为两国人民之安宁计，至深系念。曾经驰书相劝停止军事行动，谅邀鉴察。兹特派蒙藏委员会参事巴文峻赍函前往慰问，并持赠本主席照片及国产物品，用表微忱，即系查收洽为盼。”[416]信函一方面强调了国民政府要“联合素有关系各民族共同奋斗”，一方面指出“尼中邦交笃厚”，因此特派巴文峻前往“慰问”，落款为“大中华民国国民政府主席蒋”。

在致十三世达赖喇嘛的函中，蒋介石说：“中藏以道路穹远，过从久疏。上年特派棍却仲尼堪布持函赴藏慰问，谅达左右。国民政府秉承先总理孙中山先生遗训，以维持和平为职志。前闻藏尼稍有纠纷，本主席眷怀西陲，系念至深。前曾致函尼泊尔国王，劝其停止军事行动，所有尼藏交涉由中央负责解决，藉维双方安宁。除特派蒙藏委员会参事巴文峻赴尼接洽外，兹派行政院参议谢国樑赴藏商办一切。”[417]信函强调了中央政府对西陲的重视，指出尼藏冲突“由中央负责解决”。信函以“达赖大师法座”称呼十三世达赖喇嘛，落款为“蒋”。

总之，国民政府决定了不能出兵，而是将尼藏冲突当作两个地方之间的冲突来处理。它出面调解，对西藏当然是以中央政府的身份，对尼泊尔也是以此身份。

耐人寻味的是，英印政府所派遣的莱登拉已于1930年2月15日抵达拉萨，而国民党中政会在一个半月后才于3月26日正式决定处理尼藏冲突的方针，派遣巴文峻、谢国樑前往调解。两人拖延一个多月后仍未出发，其原因据蒙藏会4月29日报告，在国民政府令拨5万元经费中“惟财政部仅拨发三万元”。尽管蒙藏会称“一俟款项如数领齐，即可成行”[418]，但是又拖延一个月后两人始于5月30日才从南京出发，于7月19日抵达印度加尔各答时发现“尼藏纠纷现已解决”[419]。

蒙藏会发给谢国樑的文件称，谢国樑是“自京经云南入藏公干”，要求“沿途各军警暨车站稽查人员一体验照放行，勿得留难阻碍，至误前行”。[420]发给巴文峻的护照称，巴文峻是“自京经云南转赴泥（尼）泊尔公干”[421]。“公干”二字，说明国民政府力图将尼藏冲突当作内部冲突来处理。英印政府严查从印度入藏的关口，以阻止和拖延巴文峻、谢国樑的行程。尽管如此，两人努力完成自己的任务，向国民政府汇报：由于“英已派员进藏，防更严”[422]，“职等拟由尼泊尔或不丹潜行入藏，以省时日。万一不能通过，即由云南进藏”[423]。

巴文峻“变名商人，避免英人的耳目，费尽周折，始得秘密入尼”。巴文峻在尼泊尔的情形，按照蒙藏会参事楚明善的广播讲话，为：

> 到了尼泊尔以后，以商人名义谒见他的外交部长，寒暄以后出示国书。该部长神色遽变，严重非常，除道谢中国好意外，无他词。以尼人素尊中国为上邦，钦使亲临，故不胜惶悚。该部长即禀明总理比目生萨尔，当派人招待，并接洽谒见时期。届时，由皇宫派四轮马车迎接，喝道而入，极为隆重。见礼毕，由巴参事致来意，尼总理深觉荣幸，极表谢意，并说尼小国若弹丸大，蒙中华大国派使慰问，不只觉荣幸，并深觉惭愧云云。出宫即被迎至政府招待馆，一切均由宫中支应，送酒食，送猪羊，送香花，待遇至为优渥，并被邀参加其阅兵大典与宰牛胜节，共住尼四十五日，于十月十四日离尼邦。辞行之日，该总理云，本应派员贡礼上邦，因婆教不准渡海，而西藏道路又不通，只好将进献贵国礼物虎皮、宝刀、犀角、金佛、铜狮、牙盒、金缎、像片等数十件及国书两封，请贵使带呈，俟后中藏路通，再来中国。临行并派员数十人，护送出境，并将礼物押送至加尔各答。十月十四日登轮，十一月三十日到京。[424]

巴文峻是国民政府成立后第一位入尼特使。黎吉生宣称：“中国政府也想从中取利，打算派代表到尼泊尔去进行调停，但遭到了断然的拒绝。”[425]但是，楚明善公开的广播讲话表明，尼泊尔政府以“钦使”礼节欢迎他的到来，体现了尼泊尔与中国传统的政治关系，巴文峻完成了沟通中尼友好关系的使命。有电称：“蒙藏会前派参事巴文峻……赴尼泊尔谒见该国国王。旋藏尼纠纷解决，巴乃离藏，经印度返国。”[426]而“藏尼纠纷解决”的含义，巴文峻回到南京后作了注解：“此次赴尼，该国皇帝及总理派员招待，备极殷勤，对我国和平处理极表感谢，并交付国书两件及赠送蒋主席礼物皮衣铜器等件，赍回转呈。”[427]

进一步言之，在尼藏冲突已经解决的情况下，巴文峻本无前往调解的必要。但是，他仍然以此为名前往尼泊尔，意义重大。楚明善就此指出：“我人为屏蔽西藏起见，为扶植印度弱小民族起见，联络尼邦，均所必需，望政府及留心边疆者注意焉。”[428]此后，国民政府注意处理与尼泊尔的关系，于1932年特派专使赴尼泊尔，赠授尼泊尔首相兼大元帅为中国陆军上将，颁予一等宝鼎章，赠送礼品。[429]1933 年尼泊尔新首相就职后，国民政府又“颁给其勋章，以增中国与尼泊尔之睦谊”[430]。1933 年 12 月 1 日，尼泊尔新格亲王到上海，表示：“前年尼泊尔与西藏发生误会，几至用兵”，幸好国民政府派专使前往，“消弭战祸”。[431] 应该说，巴文峻前往尼泊尔，是中国遭受西方殖民主义体系冲击以来的一个里程碑。

至于谢国樑，他“所负使命，除调解尼、藏军事纠纷外，更重要的是：送达南京所提解决藏事问题的具体意见于西藏地方当局”[432]。8 月 15 日，谢国樑及其秘书谢瑞清“由印到缅，拟改途，由滇入藏”。谢瑞清“因感冒瘴气，于九月廿二日在瓦城（即缅甸曼德勒）病故”，谢国樑“亦病在缅休养月余”。同驻加尔各答的总领事卢春芳协商后，谢国樑还是决定“由印进藏”，并邀请当时在仰光任主笔的谭云山以秘书长名义同行。11 月 2 日，他们“由印动身，并乔装骑马入藏”[433]。11 月 26 日，抵达亚东。在 12 月 17 日即将抵达拉萨时，十三世达赖喇嘛派人来接，而谢国樑病逝途中，为恢复西藏地方与中央政府的正常关系贡献了自己的生命。12 月 18 日，谭云山护着谢国樑遗体抵达拉萨。12 月 20 日，十三世达赖喇嘛特此致电继阎锡山之后担任蒙藏会委员长的马福祥：“政府专员谢国樑行抵藏地朗地方病故，会办谭云山十八日抵藏，现驻罗布岭岗。详细情形，该会办谅能转达。”[434]

12 月 22 日，谭云山拜见十三世达赖喇嘛，呈交蒋介石及马福祥的信函和照片。拜见后，他致电蒙藏会报告了谢国樑临终前“将一切责任”托付给他，并称“此次达赖接待尚好，诸事似宜办理”。[435]12 月 31 日，他又致电请示“公务进止如何”，强调“若失此良机，则大可惜”。[436] 蒙藏会则认为“谭云山并非中央所派，原电所称系谢专员极力邀请同行，并以秘书长名义相强各节，是否均系实情，本会无从得悉”，因此在 12 月 22 日致十三世达赖喇嘛电中“请其酌给川资，遣回印度”[437]。蒙藏会犯了大错，错过与噶厦交换意见的良机！1931 年 6 月 30 日，谭云山到南京向国民政府说：“当余在拉萨时，西康战事已发作，其起因即如报上所载之细故。此事如专视达赖一人之态度，表面似乎尚好，但其暗中据有独辖全藏及西康之野心，然察其一般人民心理，则全部倾向于中央，且极希望国府有相当办法，使与国内相联络。至外传内中有英人指使等情，据余个人观察，恐未为事实，盖英人在藏，并无若何势力，达赖亦善于利用之。”[438]

三、莱登拉、威尔先后入藏：英国竭力挑拨西藏与中央政府的关系

英国政府敏感地意识到：“如果尼藏冲突纯属地方问题，中国有力量很快会按

其期望和平解决。”[439]它采取两方面措施，除了上述竭力破坏巴文峻、谢国樑二人的使命外，主要是派遣莱登拉、威尔先后入藏从事罪恶活动。它批评国民政府“用最坏的眼光看待英国在尼藏冲突中的表现”[440]。

如前指出，英国政府的目的是阻止十三世达赖喇嘛的内向；如果他要求中央政府派军入藏共同反击入侵，对英国的战略利益显然不利。况且，英国政府发现，无论是尼泊尔还是西藏，都不想发生战争，尼泊尔驻江孜官员就告诉英国驻江孜商务代办担心战争爆发。[441]此外，西藏民众“对于尼泊尔背景之英帝国主义，尤为切齿，时常举行反帝国主义运动”[442]，拉萨街头流传的话语也不利于英国的战略利益：其一，“尼泊尔在侵略西藏”；其二，“所有驻扎在藏东前线——康——的部队向拉萨移动，阻止侵略者前进”。[443]前者说明西藏人民认为英国是侵略者，英国驻锡金政治专员威尔承认：西藏严重怀疑英国支持尼泊尔，英国对西藏的影响降至最低点[444]；后者说明，如果康藏地区的藏军调往藏尼边境，康藏纠纷就会缓和下来，英国的企图就会落空。

因此，英国政府认为不能使冲突继续下去，要把它掌控起来。英国驻华使馆在关于 1929 年中国局势的评估报告中声称：“有人认为这一争端实际上会引发战争，但是英印政府向双方提出斡旋，竭力避免爆发公开冲突。”[445]即是说，英国政府指示英印政府具体负责掌控尼藏冲突。

英印政府将要斡旋尼藏冲突的电文特地安排在 1930 年 1 月 26 日送达噶厦手中，因为这天是尼泊尔政府威胁反对西藏动员的日子。英印政府还设想：其一，如果噶厦 2 月 4 日从拉萨发出道歉电文，电文应在 2 月 16 日送达加德满都。如果尼泊尔政府对电文内容满意，冲突就会马上缓和，而不利于英印政府继续利用冲突干涉西藏问题。如果江孜电台拒绝转发，“则西藏和中国政府迟早会意识到此点”而会团结一致，也不利于英国的操纵。其二，英国必须利用好时机，因为在噶厦准备发出新的道歉信时，贡觉仲尼作为国民政府的专使已经抵达拉萨，国民政府就会利用此机会解决冲突。总之，英印政府强调江孜电台须控制电文发出的时间，最好在 2 月 14 日星期五中午从江孜发出，以便电文 2 月 16 日送达加德满都。同时，英印政府要求英国政府指示驻华公使向国民政府强调尼藏冲突已经解决，国民政府不必插手。[446]

根据上述安排，英印政府首先致电噶厦，宣称：其一，“虽然并非故意扭曲，但是事实严重被歪曲了。我们了解到，虽然尼泊尔毫无疑问进行了其他方面的战争准备，但是尼泊尔首相根本没有大规模动员军队，仅仅可能是向边境线附近的产粮地派出少量的保护部队。我们有理由相信，即使是这一布置，也遭到了反对。”其二，“如果西藏制造杰波夏巴事件的目的是废除尼泊尔目前享有在藏的条约特权（capitulatory regime），则南京政府的影响并不利于和平解决冲突”，“不准许中国插手西藏事务（Tibetan pie）整体上是有利于西藏的”。[447]

接着，英印政府派遣莱登拉入藏“调解”，英印总督欧温于2月10日向驻锡金政治专员威尔发出指示：

> 我赞同你关于藏人这次表现的看法，即他们渴望在莱登拉抵达拉萨之前的行动表现非常自然。因此，非常重要的是，无论是你还是他们都不要采取什么行动，避免给拉萨带来影响，从而导致他们改变计划；或者，莱登拉认为什么时机合适，就什么时候抵达拉萨。要有把握地计算到，对我们非常有利的是，莱登拉抵达拉萨的时间，应与西藏发出的道歉在我们所期望到达加德满都的时期吻合；此道歉西藏政府虽然许诺发出，但还未发出。达赖喇嘛在1929年11月4日电文中所提信函（顺便说一句，此信函特别提到“道歉”）于同月16日到达加德满都……因此，莱登拉在江孜的停留时间不能过长，即是说不能超过在此隆冬下经过艰难行程后的身体康复所需时间（此种行程，即使是像莱登拉这样有经验的旅行者都很担心）。一旦身体恢复，莱登拉就应从江孜继续出发，登上协调的舞台。[448]

按此，尼泊尔政府在1929年11月16日已经收到十三世达赖喇嘛发出的第一封道歉信。如果冲突未在英国的“调停”下就缓和下来，其企图自然未得逞。因此，英印政府对此“道歉”并不满意，继续制造紧张局势，为莱登拉入藏“调解”制造时机，迫使十三世达赖喇嘛进一步让步。为此，英印政府精确计算了莱登拉抵达拉萨的时间。

在发出上述指示的次日即1930年2月11日，欧温又致电威尔，称已收到“英国驻尼泊尔使节2月8日来电，告知尼泊尔首相说已经收到西藏政府民众大会关于道歉信已发出的电报”[449]。按此，噶厦已经发出了第二封道歉信，并通过电报首先通告了尼泊尔政府。同日，英国在江孜的电台向噶厦转发了尼泊尔国王关于“确认已收到西藏表示要发出道歉信函的电报”[450]。对此，英印政府仍不满意，欧温就对威尔宣称：“我们一直在焦急地等待着西藏的道歉，此信件使我们大大地缓了口气。尽管如此，由于电报中不适当地使用不寻常的‘西藏政府建造了首领官邸’一语，描述尼泊尔驻藏代表，引起了一些误会。因此，在未收到实际的道歉信之前，我们还不能认为西藏已经道歉。”显然，噶厦在莱登拉入藏前赶快表示已发出道歉信，意在阻止他入藏。而此道歉信的发出，恰在贡觉仲尼以国民政府慰问专员的身份抵达拉萨之后几天，欧温即说：“尼泊尔驻藏代表向尼泊尔政府报告，西藏政府派往中国的使节带着南京政府的信函，于1月16日回到拉萨。这引起尼泊尔政府极大惊慌。”又说：“如果英印政府提供贡觉仲尼及其使命的信息，尼泊尔政府无比感谢。”[451]如果莱登拉终止入藏，等于说尼藏冲突是在国民政府调解下解决的，英国自然不愿看到此点。

按照英国驻华公使馆所说，莱登拉“是在英国机构服务的西藏官员”，时任大吉岭警察总监，英印政府指示他劝说十三世达赖喇嘛“给予尼泊尔国王应有的道歉”[452]。2月3日，莱登拉抵达江孜，并致电噶厦。噶厦被迫同意“他可以前往拉萨”[453]，因为英印政府在他抵达拉萨前已发出了尼泊尔将在2月26日派军9000进攻西藏的电报[454]。2月8日，他携带欧温致十三世达赖喇嘛的信函离开江孜，按照计划于2月15日抵达拉萨。

莱登拉入藏后一个月，贡觉仲尼于3月15日向阎锡山报告：“藏中刻甚安谧，前因一人之事致与尼泊尔发生误会，几起战端……兹由英国政府派莱登劳（即莱登拉）先生来拉萨调和藏尼事件期复归于好，正在疏解中。”[455]在英国的压迫下，十三世达赖喇嘛于3月向尼泊尔正式发出所谓“令人满意的道歉”[456]。7月9日，欧温在英印议会上宣称：“西北边界之大局日有进步。进一步讲，尼泊尔与西藏之冲突，自印度政府派遣友好使团赴拉萨与达赖喇嘛作亲善之周旋后，已消释于无形。”[457]刘曼卿也认为：“尼泊尔犯藏，确有其事；但经英人伦德生（即莱登拉）从中调处，旋即和平解决。”[458]

如此看来，尼藏冲突是英国调解解决的。实际上如上所指出，由于十三世达赖喇已经向尼泊尔方面表示道歉，尼藏冲突在莱登拉入藏前已经得到基本解决。但是，英国由于尚未实现其企图，继续制造紧张局势，以便莱登拉有理由入藏。他“调解”的主要之处就在于强迫十三世达赖喇嘛做出所谓“令人满意的道歉”，即同意尼泊尔、英国继续享有在藏特权。英印政府高兴地宣称莱登拉之行“极为成功”[459]，“紧张关系于是松弛，各方放心了”[460]。另外值得指出的是，要求十三世达赖喇嘛道歉的尼泊尔首相沙希尔·江（Shamsher Jang）在莱登拉“调解”期间极为奇怪地去世了，英印政府称赞新任首相“令人满意地解决了争端”[461]。这些说明，尼藏冲突的发生、发展与结束，均在英国的掌控之中。

除了继续维持英国在藏特权外，莱登拉入藏还有如下两大目的。

其一，破坏贡觉仲尼、刘曼卿与噶厦交换如何恢复西藏地方与中央政府关系的意见。

英国政府在关于1930年中国局势演变的评估报告中分析了贡觉仲尼、刘曼卿入藏的目的与意义："中国立即利用尼藏之间争端，施加对西藏的影响。南京政府接连派出两名使者（一名是喇嘛，另一名是汉藏混血的年轻人），于1930年初抵达拉萨。他们带去蒋介石和其他中国要人给达赖喇嘛的信函。""两人此行目的，当然是要恢复传统的中国对藏权利。南京政府劝告西藏政府发展与南京的紧密关系，许诺一旦尼藏之间发生冲突会给予武器援助。达赖喇嘛告诉使者，尼藏之间争端已通过英印政府的友好调解而解决，因此中国派遣军队进入他的领土不再需要，以此回避了中国那令人怀疑的军事援助许诺。但是，或许因为担心中国政府如果得不到安慰，可能会以武力手段恢复班禅的地位，达赖喇嘛在一定程度上回应了南京的提议。莱登拉在其三个月在藏的报告中指出中国的影响明显增加了。"[462]

刘曼卿则指出了莱登拉如何破坏的情况："不数日有联典（莱登拉）者，为尼泊尔事件入藏，此君即尼人，而自称英籍，后渠欲破坏予入藏之目的，而欲施其陷害，但卒未成功。""微闻英人联典也者与亲英派诸人密谋愈急，谓不能阻达赖见予，亦将阻吾不得回内地。"[463]

其实，国民政府派遣贡觉仲尼、刘曼卿入藏是在尼藏冲突发生之前。冲突发生后，两人自然要与噶厦沟通如何解决。英国担心国民政府乘机派遣军队入藏并解决班禅返藏问题，莱登拉利用此点威胁十三世达赖喇嘛。尽管英国竭力阻挠，但是其评估报告承认"达赖喇嘛在一定程度上回应了南京的提议"。这是指十三世达赖喇嘛派遣贡觉仲尼为驻京代表。

其二，怂恿十三世达赖喇嘛处罚"挑起"尼藏冲突的官员，强迫他"邀请"英印政府官员"访问"西藏，以此阻止他的内向趋势。

如前所指出，英国指责藏军总司令龙厦派军"擅自"进入尼泊尔代表处逮捕杰波夏巴，挑起尼藏冲突。通过对龙厦的处罚，阻止西藏与中央政府关系的正常化。黎吉生非常高兴地宣称："由于这件事情的结果，龙霞（即龙厦）在达赖喇嘛面前的信任大为减低，不久就完全失宠了。达赖喇嘛再一次享受到英国政府友谊的好处。作为一种加强关系的表示，他邀请锡金行政官威尔上校访问拉萨，借以讨论过去五年内的问题，更主要的是恢复双方之间的谅解与友情。"[464]

英国政府的评估报告也很兴奋："在莱登拉入藏期间，英印接到达赖喇嘛的邀请函（此函在1929年就应发出），邀请英国政府驻锡金政治专员访问西藏首都，讨论各种重要问题。自1924年来，英国政府没有一名白人代表在拉萨，结果英国与西藏的关系不断恶化，直至杰波夏巴事件的发生。抓住此时机，英印政府进行调解，西藏的亲英感情再次复苏。"因此，英国政府认为增进与西藏关系的时机到来，接受达赖喇嘛的邀请"[465]，派遣威尔"访问"拉萨。

由此可见，英国制造尼藏冲突的目的之一，就是迫使十三世达赖喇嘛要求英国援助军火，英印政府建议英国政府利用此机会强迫他"邀请"威尔访问拉萨[466]。

刘曼卿是6月1日离开拉萨、起程回内地的。为破坏她借道印度，莱登拉也离藏[467]，威尔则赶快进藏。他在拉萨之行提交的报告中明确宣称："考虑到之前中央政府女特使在拉萨的访问活动，我决定带着我夫人一同前往拉萨。"[468]

威尔是国民政府成立后英国政府首次"访藏"的最高级别官员，英国政府及英印政府对此极为重视，在他入藏之前讨论了其行动方针。7月11日，英印政府建议：为了维持西藏事实上的"自治"，为了维持康藏边界紧张局势，"我们必须准备好满足西藏物资援助的要求，尤其是军火援助"[469]。英国政府回电，一方面强调军火"援助"对于"维持康藏边界现状极有必要"，因而"陛下政府准备在1921年答应份额的基础上进一步提供少部分军火"；另一方面声称"必须注意不要有什么言语和行为鼓励西藏用这批军火去挑战中国的宗主权，也不要使我们暴露在国际公正的谴责之下；军火援助与维持中藏边界现状之间不应联系在一起"。[470]

威尔携其夫人于8月4日抵达拉萨，于10月2日离开。其间，他于8月8日、22日两次拜访十三世达赖喇嘛，递交英印总督的信函和礼物，内称印藏长期存在和保持的"友好"关系将继续造福双方，英印政府对西藏极为关注。[471] 他多次与噶厦官员会谈，除了"就独占羊毛贸易、武器供应和银元供应等一系列问题达成协议"[472]外，其罪恶活动主要在如下两方面：

其一，力图向噶厦施压，阻止其恢复与中央政府的正常关系。

威尔意识到噶厦中一些官员认为西藏不能无限期地维持现状，而应该采取切实行动向国民政府争取"半独立"地位。[473] 他"警告"噶厦说："英国政府反对恢复中国对西藏的权力"[474]，如果噶厦现在就倒向中央，其已经获得的权利就会面临极大挑战，而英国政府则会尽力支持噶厦维持既得地位。为此，他宣称："为了控制外国人尤其是俄国人、中国人和蒙古人的进入，英印政府要求所有到印度的人（除了受到西藏、尼泊尔和英国保护的国民），必须需要拥有大英帝国在中国公使馆的签证和西藏政府开具的证明信才可以从中国经由印度到西藏。”[475]

其二，怂恿噶厦进攻西康，英国会提供必要的武器。

威尔强调，使中国政府批准 1914 年“西姆拉草约”关于西藏边界问题的时机“并不成熟”[476]。言下之意，噶厦须进攻西康以制造“时机”。本来在尼藏冲突紧张之际，噶厦要求英印政府提供下列武器：5 门山地炮、5000 发榴霰弹、10 万发子弹和 5000 支来福枪。威尔明确回答：英国在 1930 年夏之前不能提供武器[477]。即是说，武器援助不能用于防御尼泊尔，只能用于进攻西康；尼藏冲突的基本缓和与康藏边界冲突的再起，须以 1930 年夏为时间点。于是，如黎吉生所狂呼：“在威尔上校从拉萨回来以后不久，西藏人的乱事又酝酿出来了，在 1918 年以来，在西藏边境上保持的武装和平，1930 年末由于金沙江以东两个寺院的斗争而被破坏了。”[478]这样，在 1931 年 8 月 5 日，英印政府决定提供 1 门山炮、1350 炮弹、2 挺机枪、500 支步枪、100 万发子弹等。1932 年 6 月，又决定提供 4 门山炮、500 榴霰弹、1500 枚加农炮、1000 枚炸弹、4 挺马克西姆机枪和 4 挺刘易斯机枪、1500 支步枪、100 万发子弹等。[479]

威尔罪恶活动的效果立竿见影，特别是在康藏纠纷问题上。后来对解决西藏问题颇有贡献的牙含章一针见血地指出：威尔入藏后，“尼泊尔侵藏的军事行动停止了，但藏军第二次向康区进攻的战争却在一九三〇年六月间爆发。从这种情况判断，英帝国主义者派人和达赖谈判的结果，是以达赖命令藏军再向康区进攻，与英国命令尼泊尔停止侵藏战争为交换条件的。其目的是破坏汉藏关系。当时达赖迫于英人威力，不得不接受英帝国主义的条件，这就爆发了藏军第二次向康区进攻的战争”[480]。因此，英国驻华使馆高兴地向英国政府汇报：威尔此行“极为成功”，“抵达拉萨初期，西藏官员对其充满怀疑。但通过接触，消除了怀疑。可以说，他奠定了多年来未曾有过的英藏关系良好基础”[481]。但是，威尔仍不满意，宣称：“来见我的人都似乎有着恐惧的情绪，我收到一封来自查绒（擦绒）的信，虽然很和善，但是向我请求道我和他之间的交流越少越好。现在这种形势已经被迫被我们接受。我也接到另外的一些信息，大多都是表示了官方的友好，但是却找各种借口而不来见我。”[482]

综上所述，中英两国政府围绕尼藏冲突展开的斗争，具有各自的意义。对英国政府来说，尼藏冲突发生的实质是英国政府企图维持在藏特权和阻止十三世达赖喇嘛改善与国民政府的关系。因此，其发生时间是英国有意挑选的，如何演变与何时终止被其操纵。利用此冲突，英国政府派遣莱登拉、威尔先后入藏，一方面继续维持其在藏特权，一方面阻止西藏地方与中央关系的正常化，挑拨康藏纠纷。对国民政府来说，尽管尼藏冲突几乎被英国政府掌控，但是采取了必要的处置措施，以调解为名努力处理与尼泊尔的关系并解决西藏问题。巴文峻前往尼泊尔，是英国殖民主义体系冲击中国西南边疆以来划时代的出使，国民政府努力恢复中国与尼泊尔的传统关系，尼泊尔做出了必要的回应。谢国樑、谭云山入藏具有一定的意义，贡觉仲尼致函蒙藏会，称中央政府派专员前来帮助解决尼藏纠纷，全藏僧俗深感大德，“伏思一电之威，闻风惊胆，彼此相仇以解。此亦国威震慑所致也。”[483] 因此，行政院认为尼藏冲突解决后“西藏当局曾函中央表示感激之意，藏事至此始有转机”[484]。不过，此意义有限，十三世达赖喇嘛仍然维持既得权益，于 1931 年 6 月召集三大寺喇嘛一致通过他所提条款：“对中央绝对不信任，抗英拒汉”；“西藏独立”；“对川宣战”；“达赖为无上的神，所有全藏政治都归达赖掌握”。[485]

注 释

[1] 《国民政府行政院关于 1929—1946 年对西藏问题的处理》（1946 年 8 月），国民政府行政院档案（二）6386。

[2] 《西藏对外关系总结》，见《近代史资料》第 108 辑，第 255 页。

[3] “Annual Report on China for 1930.” *British Documents on Foreign Affairs–Reports and Papers from the Foreign Office Confidential Print. Part I. Volume 20, China*, 1991, pp.304-305.

[4] 《西藏简史》，第 114 页。

[5] 李铁铮：《西藏历史上的法律地位》，湖南人民出版社 1981 年版，第 156 页。

[6] 研究贡觉仲尼的有三篇代表作。陈庆英的《解读西藏驻京堪布贡觉仲尼到京任职的几份档案》（《西藏大学学报》2007 年第 1 期）一文，对民国初年贡觉仲尼出任驻京堪布的几份档案进行分析，认为在驻藏大臣不再设置的背景下，西藏驻京堪布的设置，对于西藏地方与中央关系的沟通具有特别的意义。喜饶尼玛的《民国时期西藏驻京总代表贡觉仲尼评述》（《中国藏学》2000 年第 1 期）一文，对 1924 年至 1938 年间贡觉仲尼的驻京活动作了评述，认为体现了“对国家和民族的真诚”。达瓦次仁的论文《评述民国时期西藏僧官贡觉仲尼》（西藏大学 2006 年度硕士学位论文），叙述了“贡觉仲尼一生的经历及其在维护祖国统一等方面的贡献”。后两文均提到了贡觉仲尼担任“国民政府赴藏慰问专员”入藏的一些情况。

[7] 法尊法师：《我去过的西藏》，见《民国藏事史料汇编》第 18 册，第 390 页。

[8] 《蒋主席致函达赖喇嘛》，《申报》1929 年 1 月 30 日第 9 版。

[9] 《法制局提出蒙藏会组织法案》,《申报》1928年3月8日第8版。

[10] 蒋致余:《三十年来藏事之回顾及其解决之途径》,南京大陆印书馆1932年版,第53—54页。

[11] 《蒙藏委员会为酌派章嘉呼图克图入藏宣慰事致国民政府文官处公函》(1929年2月21日),见中国第二历史档案馆、中国藏学研究中心编:《中国第二历史档案馆所存西藏和藏事档案汇编》第6册,中国藏学出版社2010年版,第412页。

[12] 《二中全会通过之三要案》,《申报》1929年6月19日第9版。

[13] 《康藏之警》,《东方杂志》第26卷第16号,1929年8月25日,第6页。

[14] 《蒙藏委员会为贡觉仲尼代表达赖喇嘛参加孙中山奉安典礼事致蒋介石呈》(1929年5月25日),见《元以来西藏地方与中央政府关系档案史料汇编》第6册,第2471页。

[15] [16]《国民政府文官处为达赖代表贡觉仲尼等来京派员招待事致参军处等函》(1929年8月12日),见《中国第二历史档案馆所存西藏和藏事档案汇编》第7册,第238页。

[17] 《行政院为据闻阎锡山电告贡觉仲尼等面称达赖声明无联英仇华等三事》(1929年8月20日),见《中国第二历史档案馆所存西藏和藏事档案汇编》第7册,第271页。

[18] 《蒙藏委员会专门委员谢国梁为贡觉仲尼等即日来京向政府陈述藏情事致蒋介石快邮代电》(1929年8月28日),见《中国第二历史档案馆所存西藏和藏事档案汇编》第7册,第328—329页。谢国梁,有的写为谢国樑。其具体情况,可以参见喜绕尼玛、张召庸的《民国时期藏事传奇人物谢国梁评述》,载《青海民族学院学报(社会科学版)》2009年第4期。

[19] 《赴藏专使刘曼卿等为报抵蓉及川康近况事致国民政府文官处电》(1929年9月8日),见《中国第二历史档案馆所存西藏和藏事档案汇编》第7册,第394页。

[20] *Visit of the Dalai Lama's Representativevs to Nanking.* 英国政府印度事务部秘密档案。

[21] 《赵戴文为报贡觉仲尼等拜见蒋介石声明达赖喇嘛不亲英人不背中央等意情形致阎锡山电》(1929年9月10日),见《中国第二历史档案馆所存西藏和藏事档案汇编》第7册,第408页。

[22] 同上文,第412—413页。

[23] 《谢国梁关于解决及研究藏事几点意见致阎锡山呈》(1929年9月11日),见《元以来西藏地方与中央政府关系档案史料汇编》第6册,第2479页。

[24] 《赵戴文为派员与贡觉仲尼等洽商会呈蒋介石解决西藏具体办法事致阎锡山电》(1929年9月11日),见《中国第二历史档案馆所存西藏和藏事档案汇编》第7册,第433、434—435页。

[25] 《赵戴文为报贡觉仲尼等赴蒋介石宴并面陈达赖喇嘛输诚之内因等情形致阎锡山电》(1929年9月14日),见《中国第二历史档案馆所存西藏和藏事档案汇编》第7册,第474—475页。

[26] 《赵戴文为派贡觉仲尼入藏应办手续事致阎锡山电》(1929年9月21日),见《中国第二历史档案馆所存西藏和藏事档案汇编》第8册,第13—14页。

[27] 《国民政府文官处为选派专员随同贡觉仲尼等入藏宣达中央意旨事致蒙藏委员会公函》(1929年9月16日),见《中国第二历史档案馆所存西藏和藏事档案汇编》第7册,

第 490 页。

[28] 《赵戴文为报巫怀清与刘朴忱私谈中央派遣回藏人选情形事致阎锡山电》（1929 年 9 月 10 日），见《中国第二历史档案馆所存西藏和藏事档案汇编》第 7 册，第 417—418 页。

[29] 《谢国梁关于解决及研究藏事几点意见致阎锡山呈》（1929 年 9 月 11 日），见《元以来西藏地方与中央政府关系档案史料汇编》第 6 册，第 2479 页。

[30] 《蒙藏委员会参事巴文峻等为陈藏中内情及入藏行程事致蒙藏委员会马福祥密呈》（1930 年 8 月 3 日），见《中国第二历史档案馆所存西藏和藏事档案汇编》第 9 册，第 476—477 页。

[31] 《赵戴文为政府派贡觉仲尼等入藏向西藏当局提出八项办法致阎锡山电》（1929 年 9 月 22 日），见《元以来西藏地方与中央政府关系档案史料汇编》第 6 册，第 2482—2483 页。

[32] 孔庆宗:《回忆国民党政府对西藏政务的管理》，见全国政协文史资料研究委员会编:《文史资料选辑》第 93 辑，文史资料出版社 1984 年版，第 88—89 页。

[33] 《蒋介石为派员赴藏宣慰事致达赖喇嘛函》（1929 年 9 月 23 日），见《民国藏事史料汇编》第 4 册，第 379 页。

[34] 《蒋介石为派贡觉仲尼赴藏宣慰事致噶伦擦绒函》（1929 年 9 月 23 日），见《民国藏事史料汇编》第 4 册，第 379 页。

[35] 《赵戴文为代征询派贡觉仲尼等对拟致达赖喇嘛信函内容事致阎锡山电》（1929 年 9 月 27 日），见《民国藏事史料汇编》第 4 册，第 381 页。

[36] 《阎锡山为再派大员来京共筹建设五族共和事致达赖喇嘛函》（1929 年 10 月 21 日），见《民国藏事史料汇编》第 4 册，第 385 页。

[37] 《文官处为诺那呼图克图请回康宣慰奉谕暂缓事致蒙藏委员会函》（1930 年 6 月 3 日），见《元以来西藏地方与中央政府关系档案史料汇编》第 6 册，第 2497 页。

[38] 《蒙藏委员会驻平办事处为贡觉仲尼因公回藏给假六个月请予备案事致蒙藏委员会呈》（1929 年 11 月 17 日），见《中国第二历史档案馆所存西藏和藏事档案汇编》第 8 册，第 176 页。

[39] 《楚臣丹增等为贡觉仲尼已由平起行赴藏致刘朴忱电》（1929 年 11 月 8 日），见《元以来西藏地方与中央政府关系档案史料汇编》第 6 册，第 2491 页。

[40] 《巫怀清为报贡觉仲尼抵噶伦堡接达赖喇嘛电催速来藏事致刘朴忱函》（1930 年 2 月 9 日），见《元以来西藏地方与中央政府关系档案史料汇编》第 6 册，第 2495 页。

[41] *From Lieut. Colonel J. L. R. Weir, Political Officer in Sikkim to the Foreign Secretary to the Government of India, New Delhi, Dated Gangtok, the 21st February*. 英国政府印度事务部秘密档案。

[42] [43] *From Viceroy, Foreign and Political Department, to Secretary of State for India, Dated New Delhi , 11th February*. 英国政府印度事务部秘密档案。

[44] *From Lieut. Colonel J. L. R. Weir, Political Officer in Sikkim to the Foreign Secretary to the Government of India, New Delhi, Dated Gangtok, the 21st February*. 英国政府印度事务部秘密档案。

[45] *From Viceroy, Foreign & Political Department, to Secretary of State for India, repeating telegram from Political Offier, Sikkim, Dated New Delhi , 9th February*. 英国政府印度事务部秘密档案。

[46] [英] 查尔斯·贝尔（Charles Bell，即柏尔）著，冯其友、何盛秋、刘仁杰、尹建新、段稚荃、莫兆鹏合译：《十三世达赖喇嘛传》，西藏社会科学院汉文文献编辑室 1985 年铅印，第 367 页。

[47] *From Lieut. Colonel J. L. R. Weir, Political Officer in Sikkim to the Foreign Secretary to the Government of India, New Delhi, Dated Gangtok, the 21st February*. 英国政府印度事务部秘密档案。

[48] 《我去过的西藏》，见《民国藏事史料汇编》第 18 册，第 390 页。

[49] 《国民政府文官处为抄送蒙藏委员会报告中央代表贡觉仲尼行抵西藏受到达赖欢迎与谒见等情代电事致行政院公函》（1930 年 3 月 24 日），见《中国第二历史档案馆所存西藏和藏事档案汇编》第 8 册，第 160 页。在 1930 年 3 月 15 日致阎锡山函中，又说是 2 月 16 日抵达拉萨的（参见《贡觉仲尼为报会见达赖喇嘛等晤谈情形事致阎锡山函》（1930 年 3 月 15 日），见《元以来西藏地方与中央政府关系档案史料汇编》第 6 册，第 2496 页）。

[50] 《国民政府文官处为抄送蒙藏委员会报告中央代表贡觉仲尼行抵西藏受到达赖欢迎与谒见等情代电事致行政院公函》（1930 年 3 月 24 日），见《中国第二历史档案馆所存西藏和藏事档案汇编》第 8 册，第 160 页。

[51] 马大正主编：《国民政府女密使赴藏纪实：康藏轺征》，民族出版社 1998 年版，第 94 页。

[52] 《国民政府文官处为抄送蒙藏委员会报告中央代表贡觉仲尼行抵西藏受到达赖欢迎与谒见等情代电事致行政院公函》（1930 年 3 月 24 日），见《中国第二历史档案馆所存西藏和藏事档案汇编》第 8 册，第 160 页。

[53] 《国民政府文官处为抄转贡觉仲尼备述达赖及僧众尊崇中央情形事致行政院公函》（1930 年 7 月 24 日），见《中国第二历史档案馆所存西藏和藏事档案汇编》第 9 册，第 441 页。

[54] 同上文，第 446—448 页。

[55] *From Viceroy, Foreign & Political Department, to Secretary of State for India ,repeating telegram from Political Officer, Sikkim, Dated New Delhi , 9th February*. 英国政府印度事务部秘密档案。

[56] *From Lieut. Colonel J. L. R. Weir, Political Officer in Sikkim to the Foreign Secretary to the Government of India, New Delhi, Dated Gangtok, the 21st February*. 英国政府印度事务部秘密档案。

[57] 《达赖表示拥护中央》，《申报》1930 年 7 月 24 日第 6 版。

[58] 《国民政府女密使赴藏纪实：康藏轺征》，第 79 页。

[59] *Report on China for Year 1929. Kenneth Bourne and D.Cameron Watt: British Documents on Foreign Affairs–Reports and Papers from the Foreign Office Confidential Print. Part I. Volume 20, China*, p.304.

[60] 《回忆国民党政府对西藏政务的管理》，见《文史资料选辑》第 93 辑，第 90—91 页。
[61] 《西藏交涉纪要》下编，第 225 页。
[62] 《回忆国民党政府对西藏政务的管理》，见《文史资料选辑》第 93 辑，第 91 页。
[63] 孜本夏格巴·汪钦德丹著，李有义译：《西藏政治史》，中国社会科学院民族研究所历史研究室藏族史组 1978 年铅印，第 222—223 页。
[64] 《西藏交涉纪要》下编，第 225 页。
[65] 《西藏噶厦公所致陆兴祺函》（1930 年藏历 7 月 6 日），见《西藏地方历史资料选辑》，第 322 页。
[66] 《蒙藏委员会参事巴文峻等为陈藏中内情及入藏行程事致蒙藏委员会马福祥密呈》（1930 年 8 月 3 日），见《中国第二历史档案馆所存西藏和藏事档案汇编》第 9 册，第 476 页。
[67] 《国民政府文官处为抄送蒙藏委员会报告中央代表贡觉仲尼行抵西藏受到达赖欢迎与谒见等情代电事致行政院公函》（1930 年 3 月 24 日），见《中国第二历史档案馆所存西藏和藏事档案汇编》第 8 册，第 160 页。
[68] 《赴藏专员不日返京》，《申报》1930 年 7 月 27 日第 8 版。
[69] 《国民政府女密使赴藏纪实：康藏轺征》，第 115、116 页。
[70] 《行政院为西藏慰问专员贡觉仲尼来印招待事给蒙藏委员会训令及已令蒙藏委员会查照事致国民政府文官处公函》（1930 年 7 月 16 日），见《中国第二历史档案馆所存西藏和藏事档案汇编》第 9 册，第 424 页。
[71] 《国民政府文官处为奉谕派员护送贡觉仲尼来京事致行政院公函》（1930 年 7 月 17 日），见《中国第二历史档案馆所存西藏和藏事档案汇编》第 9 册，第 430 页。
[72] 《蒙藏委员会参事巴文峻等为陈藏中内情及入藏行程事致蒙藏委员会马福祥密呈》（1930 年 8 月 3 日），见《中国第二历史档案馆所存西藏和藏事档案汇编》第 9 册，第 476—477 页。
[73] 《国民政府文官处为巴文峻等请电贡觉仲尼与其会商后再行来京事致行政院密函》（1930 年 7 月 28 日），见《中国第二历史档案馆所存西藏和藏事档案汇编》第 9 册，第 465 页。
[74] 《蒙藏委员会参事巴文峻等为陈藏中内情及入藏行程事致蒙藏委员会马福祥密呈》（1930 年 8 月 3 日），见《中国第二历史档案馆所存西藏和藏事档案汇编》第 9 册，第 476—477 页。
[75] 《行政院秘书处为院交贡觉仲尼电呈谢国樑来印招摇捣乱乞严电制止一案奉谕函达事致蒙藏委员会密函》（1930 年 8 月 4 日），见《中国第二历史档案馆所存西藏和藏事档案汇编》第 9 册，第 480 页。
[76] 《国民政府文官处为据陆兴祺电陈贡觉仲尼已遵谕与巴文峻等会面并定三日起程来京事致行政院公函》（1930 年 8 月 4 日），见《中国第二历史档案馆所存西藏和藏事档案汇编》第 9 册，第 483 页。
[77] 《蒙委会宴达赖代表》，《申报》1930 年 9 月 3 日第 8 版。
[78] 《国民政府招待达赖代表》，《申报》1930 年 9 月 16 日第 7 版。
[79] 《达赖代表在京酬酢》，《申报》1930 年 9 月 18 日第 4 版。

[80] D. O. No. F. 47-X/30. *Copy to India Office and Peking, Foreign and Political Department, Simla. the 13th October, 1930.* 英国政府印度事务部秘密档案。

[81] 《蒋介石为贡觉仲尼自藏到京等情复达赖喇嘛函》(1930 年 9 月 18 日),见《元以来西藏地方与中央政府关系档案史料汇编》第 6 册,第 2499 页。

[82] D. O. No. D. 4152-X. *Copy to India Office & Peking, Foreign and Political Department, Simla. the 29th September, 1930.* 英国政府印度事务部秘密档案。

[83] 《国民政府行政院关于一九二九——九四六年对西藏问题的处理》(1946 年 11 月),见《民国藏事史料汇编》第 1 册,第 219 页。

[84] *No.1336 (26/344). His Majesty's Minister, Peking, presents his compliments to His Majesty's Principal Secretary of State for Foreign Affairs ,and transimits herewith three copies of the undermentional paper, Peking. 19th September 1930.* 英国政府印度事务部秘密档案。

[85] 西藏班禅驻京办公处处长罗桑坚赞在呈文中明确称成立的是"西藏班禅驻京办公处"。参见《西藏班禅驻京办公处为组织成立备案事致蒙藏委员会呈》(1929 年 1 月 18 日),中国第二历史档案馆、中国藏学研究中心合编:《九世班禅内地活动及返藏受阻档案选编》,中国藏学出版社 1992 年版,第 6 页。

[86] 《达赖设驻京办事处》,《申报》1930 年 10 月 18 日第 8 版。

[87] 《达赖派代表来京》,《申报》1930 年 12 月 28 日第 7 版。

[88] 国民政府蒙藏委员会档案(一四一)2572。

[89] 《达赖筹设三办事处》,《申报》1931 年 1 月 1 日第 12 版。

[90] 《民国藏事史料汇编》第 5 册,第 24 页。

[91] 国民政府蒙藏委员会档案(一四一)2572。

[92] 《达赖代表由平南下》,《申报》1931 年 3 月 24 日第 4 版。

[93] 《回忆国民党政府对西藏政务的管理》,见《文史资料选辑》第 93 辑,第 90 页。

[94] 释妙舟:《蒙藏佛教史》,广陵书社 2009 年版,第 220 页。

[95] 陈庆英:《解读西藏驻京堪布贡觉仲尼到京任职的几份档案》,《西藏大学学报》2007 年第 1 期。

[96] 《蒙藏委员会关于 1927—1937 年蒙藏行政之设施》(1937 年 4 月),见《民国藏事史料汇编》第 6 册,学苑出版社 2005 年版,第 266 页。

[97] [美] 梅·戈尔斯坦著,杜永彬译:《喇嘛王国的覆灭》,时事出版社 1994 年版,第 223 页。

[98] 《三十年来藏事之回顾及其解决之途径》,第 54、55 页。

[99] 《十三世达赖喇嘛传》,第 368 页。

[100] 孙科:《序言》,见《国民政府女密使赴藏纪实:康藏轺征》,第 23—24 页。

[101] 沈国凡:《民国女特使刘曼卿不畏艰险万里赴藏》,《文史春秋》2007 年第 2 期,第 40 页。

[102] 周传斌:《刘曼卿——民国时期的西藏回族女杰》,《西北第二民族学院学报(哲社版)》2000 年第 3 期。

[103] 康欣平、王娜娜:《在国家与桑梓之间:刘曼卿进藏期间的心态分析》,《北方民族大学学报(哲社版)》2009 年第 4 期。

[104] 田文:《国民政府女官刘曼卿单骑赴藏》,《炎黄春秋》,2003 年第 3 期;丁小文:《国民政府使藏“女钦差”刘曼卿》,《民国春秋》1995 年第 5 期。

[105]《刘曼卿女士西藏历险记》,《开发西北特刊》1932 年创刊号,第 66 页。

[106] 有学者认为刘曼卿是 9 岁即在 1915 年离开拉萨的,11 岁即在 1917 年到北京(参见贾逸君:《民国名人传》,岳麓书社 1993 年版,第 550 页)。但有的学者认为,刘曼卿一家是在 1911 年至 1912 年拉萨发生大乱时期离开拉萨的,刘曼卿 12 岁即在 1918 年到北京的(参见喜饶尼玛:《导读——巾帼女杰刘曼卿》,见《国民政府女密使赴藏纪实:康藏轺征》,第 6 页)。笔者采纳前一种说法。

[107] 黄警顽:《探险家刘曼卿女士小传》,见《国民政府女密使赴藏纪实:康藏轺征》,第 28 页。

[108]《国民政府文官处为巴月照函称刘曼卿已抵拉萨四月音信全无请转达赖与之接洽促速回京奉准照办事覆巴月照笺函》(1930 年 5 月 30 日),见《中国第二历史档案馆所存西藏和藏事档案汇编》第 8 册,第 287 页。

[109] *Tibetan Affairs: report on British Consulate-General, Chungking, November 27th, 1929.* 英国政府印度事务部秘密档案。

[110] *From Lieut. Colonel C. T. Daukes, L. I. E., British Envoy at the Cort of Nepal, to The Foreign Secretary to the Government of India , New Dehli, Dated The British Legation, Nepal, the 19th February 1930.* 英国政府印度事务部秘密档案。

[111] *From Lieut. Colonel J. L. R. Weir, Political Officer in Sikkim to the Foreign Secretary to the Government of India, New Delhi, Dated Gangtok, the 21st February.* 英国政府印度事务部秘密档案。

[112] *Mr Acting Gensul General Kitsen to Sir Miles Lampson, British Censulster General, Chungking, April, 9th, 1930.* 英国政府印度事务部秘密档案。

[113]《国民政府女密使赴藏纪实:康藏轺征》,第 1 页。关于刘曼卿怎样为罗桑巴桑当翻译、怎样成为文官处官员,有不同说法。民国时期出版的《民国名人传》说:“民国十七年,蒙藏委员会在京成立,以女士谙藏语,延聘入京,为罗桑巴桑通译,以靓蒋介石。蒋委为国府文官处一等书记官。”(参见贾逸君:《民国名人传》,第 550 页)。一说是罗桑巴桑经人推荐而聘请刘曼卿为其翻译的,此前刘曼卿为北京道济医院护士(参见王存福:《一代女杰——刘曼卿》,《四川统一战线》,2008 年第 3 期)。一说是罗桑巴桑“偶然得知刘曼卿熟谙藏汉语文之后”而“力邀其为翻译”的,蒋介石“颇为赞赏”其才干而委任其为文官处一等书记官(参见《导读——巾帼女杰刘曼卿》,《国民政府女密使赴藏纪实:康藏轺征》,第 7 页)。一说是蒙藏会成立后“礼聘懂藏语的刘曼卿为西藏使者罗桑巴赞(桑)当翻译”,蒋介石赞赏她的才干,委任她为文官处书吏(参见《国民政府使藏“女钦差”刘曼卿》,《民国春秋》1995 年第 5 期)。

[114]《行政院公报》第 4 号,1928 年 12 月 12 日。

[115] 转引自郭飞平、段金升:《制衡与牵制:南京国民政府治理边疆的政治策略——以边疆行政区域的新规划为中心》,《云南行政学院学报》2011 年第 1 期。

[116]《蒙藏大会筹备召集》,《申报》1929 年 6 月 25 日第 7 版。

[117]《国民政府文官处文书局谕准书记官刘曼卿志愿到康藏调查现状事笺函》(1929 年 6

月 20 日），见《中国第二历史档案馆所存西藏和藏事档案汇编》第 7 册，第 103—104 页。

[118]《达赖喇嘛传》，第 277 页。

[119]《西藏历史上的法律地位》，第 154 页。

[120]《国民政府女密使赴藏纪实：康藏轺征》，第 2 页。

[121]《国民政府为饬拨刘曼卿旅费交文官处具领转发事致财政部训令》（1929 年 6 月 28 日），见《中国第二历史档案馆所存西藏和藏事档案汇编》第 7 册，第 121 页。

[122]《国民政府使藏“女钦差”刘曼卿》，《民国春秋》1995 年第 5 期。

[123]《国民政府女密使赴藏纪实：康藏轺征》，第 123 页。

[124] *From Lieut. Colonel J. L. R. Weir, Political Officer in Sikkim to the Foreign Secretary to the Government of India, New Delhi, Dated Gangtok, the 21st February*. 英国政府印度事务部秘密档案。

[125] *Mr Acting Gensul General Kitsen to Sir Miles Lampson, British Censulster General, Chungking, April, 9th, 1930*. 英国政府印度事务部秘密档案。

[126]《导读——巾帼女杰刘曼卿》，见《国民政府女密使赴藏纪实：康藏轺征》，第 7 页。

[127] 中国第二历史档案馆编：《国民党政府政治制度档案史料选编》上册，安徽教育出版社 1994 年版，第 127 页。

[128]《蒙藏委员会总务处处长刘朴忱为查询蒋介石致达赖两函情形事致文官长古应芬函》（1929 年 10 月 28 日），见《中国第二历史档案馆所存西藏和藏事档案汇编》第 8 册，第 61 页。

[129]《国民政府文官处为抄送蒋介石古应芬赞慰达赖喇嘛抵御外侮倾诚内向信函事致藏事处处长函》（1929 年 10 月 30 日），见《中国第二历史档案馆所存西藏和藏事档案汇编》第 8 册，第 74 页。

[130]《国民政府女密使赴藏纪实：康藏轺征》，第 3 页。

[131] 张枕志：《刘曼卿女士考察西康西藏的路程谈》，《新亚细亚》1930 年第 1 卷第 1 期，第 123 页。

[132]《刘曼卿等为赴藏所用经费造具清册请予报销并拨发不敷经费归还借款事致古应芬转蒋介石呈》（1930 年 8 月 7 日），见《中国第二历史档案馆所存西藏和藏事档案汇编》第 10 册，第 3 页。

[133] *From Lieut. Colonel J. L. R. Weir, Political Officer in Sikkim to the Foreign Secretary to the Government of India, New Delhi, Dated Gangtok, the 21st February*. 英国政府印度事务部秘密档案。

[134]《民国女特使刘曼卿不畏艰险万里赴藏》，《文史春秋》2007 年第 2 期，第 43 页；《刘曼卿——民国时期的西藏回族女杰》，《西北第二民族学院学报（哲社版）》2000 年第 3 期，第 61 页。

[135]《西藏历史上的法律地位》，第 155 页。

[136]《国民政府女密使赴藏纪实：康藏轺征》，第 114、115 页。

[137] 刘曼卿：《西藏游记》，《时事月报》1930 年第 3 卷第 3 期，第 205 页。

[138]《西藏历史上的法律地位》，第 156 页。

[139] 雷啸岑:《一月来之边疆》,《时事月报》1930 年第 3 卷第 3 期，第 112 页。

[140]《刘曼卿等为赴藏所用经费造具清册请予报销并拨发不敷经费归还借款事致古应芬转蒋介石呈》(1930 年 8 月 7 日)，见《中国第二历史档案馆所存西藏和藏事档案汇编》第 10 册，第 3 页。

[141]《西藏历史上的法律地位》，第 156 页。

[142]《蒙藏委员会为刘曼卿等赴康藏调查本会无案可稽事覆国民政府文官处公函》(1930 年 6 月 6 日)，见《中国第二历史档案馆所存西藏和藏事档案汇编》第 9 册，第 317 页。

[143]《外交部为查询刘曼卿孔党江村藏文原名及护照发放等情以便驻印度总领事遵照办理事致国民政府文官处公函》(1930 年 6 月 3 日)，见《中国第二历史档案馆所存西藏和藏事档案汇编》第 9 册，第 308 页。

[144]《刘曼卿女士考察西康西藏的路程谈》,《新亚细亚》1930 年第 1 卷第 1 期，第 121 页。

[145]《调查边务之刘曼卿行抵拉萨》,《申报》1930 年 6 月 2 日第 11 版。

[146]《国民政府女密使赴藏纪实：康藏轺征》，第 3 页。

[147] 同上书，第 1、12 页。

[148] 同上书，第 12 页。

[149]《赴藏专使刘曼卿等为报抵蓉及川康近况事致国民政府文官处电》(1929 年 9 月 8 日)，见《中国第二历史档案馆所存西藏和藏事档案汇编》第 7 册，第 394 页。

[150]《刘曼卿等为报抵炉出关日期致蒋介石电》(1929 年 10 月 17 日)，见《中国第二历史档案馆所存西藏和藏事档案汇编》第 8 册，第 39 页。关于刘曼卿电文发出时间的记载有错，原文为 10 月 7 日，应为 10 月 17 日。

[151]《国民政府文官处为抄送巴月照转呈刘曼卿等入藏行抵江卡情形报告原函事致行政院函》(1930 年 3 月 21 日)，见《中国第二历史档案馆所存西藏和藏事档案汇编》第 9 册，第 151 页。

[152]《西藏游记》,《时事月报》1930 年第 3 卷第 3 期，第 204 页。

[153]《刘曼卿女士考察西康西藏的路程谈》,《新亚细亚》1930 年第 1 卷第 1 期，第 123 页。

[154]《国民政府文官处为抄送巴月照转呈刘曼卿等入藏行抵江卡情形报告原函事致行政院函》(1930 年 3 月 21 日)，见《中国第二历史档案馆所存西藏和藏事档案汇编》第 9 册，第 151、152、153 页。

[155]《国民政府女密使赴藏纪实：康藏轺征》，第 48 页。

[156]《国民政府文官处为抄送巴月照转呈刘曼卿等入藏行抵江卡情形报告原函事致行政院函》(1930 年 3 月 21 日)，见《中国第二历史档案馆所存西藏和藏事档案汇编》第 9 册，第 151、152、153 页。

[157]《刘曼卿女士考察西康西藏的路程谈》,《新亚细亚》1930 年第 1 卷第 1 期，第 123 页。

[158]《国民政府文官处为抄送巴月照转呈刘曼卿等入藏行抵江卡情形报告原函事致行政院函》(1930 年 3 月 21 日)，见《中国第二历史档案馆所存西藏和藏事档案汇编》第 9 册，第 154 页。

[159]《西藏游记》,《时事月报》1930 年第 3 卷第 3 期，第 204 页。

[160]《国民政府女密使赴藏纪实：康藏轺征》，第 47 页。

[161]《刘曼卿等报告进藏行程沿途所受欢迎情形致古应芬转蒋介石呈》(1929 年 11 月 3 日)，见《民国藏事史料汇编》第 4 册，第 385 页。

[162]《刘曼卿等为赴藏所用经费造具清册请予报销并拨发不敷经费归还借款事致古应芬转蒋介石呈》（1930 年 8 月 7 日），见《中国第二历史档案馆所存西藏和藏事档案汇编》第 10 册，第 3 页。

[163]《民国名人传》，第 550 页。

[164]《国民政府发给刘曼卿赴藏护照（附文书局第二科签呈》（1929 年 7 月 11 日），见《中国第二历史档案馆所存西藏和藏事档案汇编》第 7 册，第 171 页。

[165]《国民政府文官处为刘曼卿赴藏请沿途军警官吏保护事致刘文辉等电》（1929 年 7 月 16 日），见《中国第二历史档案馆所存西藏和藏事档案汇编》第 7 册，第 182 页。

[166]《川康边防总指挥刘文辉为已电令沿途军警地方官妥为保护刘曼卿事覆国民政府文官处电》（1929 年 7 月 20 日），见《中国第二历史档案馆所存西藏和藏事档案汇编》第 7 册，第 189 页。

[167]《刘曼卿女士考察西康西藏的路程谈》，《新亚细亚》1930 年第 1 卷第 1 期，第 123 页。

[168]《刘曼卿等报告进藏行程沿途所受欢迎情形致古应芬转蒋介石呈》(1929 年 11 月 3 日)，《民国藏事史料汇编》第 4 册，第 386、385 页。

[169]《国民政府文官处为抄送巴月照转呈刘曼卿等入藏行抵江卡情形报告原函事致行政院函》（1930 年 3 月 21 日），见《中国第二历史档案馆所存西藏和藏事档案汇编》第 9 册，第 154—155 页。

[170]《国民政府女密使赴藏纪实：康藏轺征》，第 46、45 页。

[171] 同上书，第 75 页。

[172]《刘曼卿女士考察西康西藏的路程谈》，《新亚细亚》1930 年第 1 卷第 1 期，第 123 页。

[173]《西藏游记》，第 205 页。

[174] *Tibetan Affairs: report on British Consulate-General, Chungking, November 27th, 1929.* 英国政府印度事务部秘密档案。

[175] *From Lieut. Colonel C. T. Daukes, L. I. E., British Envoy at the Cort of Nepal, to The Foreign Secretary to the Government of India , New Dehli, Dated The British Legation, Nepal, the 19th February 1930.* 英国政府印度事务部秘密档案。

[176]《刘曼卿女士考察西康西藏的路程谈》，《新亚细亚》1930 年第 1 卷第 1 期，第 124 页。

[177] *From Viceroy, Foreign and Political Department, to Secretary of State for India, Dated New Delhi , 11th February 1930.* 英国政府印度事务部秘密档案。

[178] *From Lieut. Colonel J. L. R. Weir, Political Officer in Sikkim to the Foreign Secretary to the Government of India, New Delhi, Dated Gangtok, the 21st February.* 英国政府印度事务部秘密档案。

[179]《国民政府女密使赴藏纪实：康藏轺征》，第 22 页。

[180]《国民政府文官处为巴月照函称刘曼卿已抵拉萨四月音信全无请转达赖与之接洽促速回京奉准照办事覆巴月照笺函》（1930 年 5 月 30 日），见《中国第二历史档案馆所存西藏和藏事档案汇编》第 9 册，第 299 页。

[181]《国民政府文官处为刘曼卿孔党江村到达拉萨数月毫无音信请转达赖与之接洽促其回

京事致蒙藏委员会外交部等公函》（1930 年 5 月 30 日），见《中国第二历史档案馆所存西藏和藏事档案汇编》第 9 册，第 306 页。

[182] *Mr Acting Gensul General Kitsen to Sir Miles Lampson, British Censulster General, Chungking, April, 9th, 1930*. 英国政府印度事务部秘密档案。

[183]《国民政府女密使赴藏纪实：康藏轺征》，第 122 页。

[184]《外交部为刘曼卿等已于七月一日赴港转京等情致国民政府文官处函》（1930 年 7 月 4 日），见《中国第二历史档案馆所存西藏和藏事档案汇编》第 9 册，第 399 页。

[185]《国民政府女密使赴藏纪实：康藏轺征》，第 125 页。

[186]《西藏政治史》，第 223 页。

[187]《国民政府女密使赴藏纪实：康藏轺征》，第 88 页。

[188] *From Lieut. Colonel J. L. R. Weir, Political Officer in Sikkim to the Foreign Secretary to the Government of India, New Delhi, Dated Gangtok, the 21st February*. 英国政府印度事务部秘密档案。

[189]《国民政府女密使赴藏纪实：康藏轺征》，第 78、95、98 页。

[190] 同上书，第 79、87、87—88 页。

[191]《三全会之政治报告决议案》（续），《申报》1929 年 3 月 30 日第 9 版。

[192]《二中全会通过之三要案》，《申报》1929 年 6 月 19 日第 9 版。

[193]《古应芬为举行蒙藏会议请派员参加并特函介绍刘曼卿回藏事致达赖喇嘛笺函》（1929 年 7 月 8 日），见《中国第二历史档案馆所存西藏和藏事档案汇编》第 7 册，第 161—162 页。

[194]《西藏历史上的法律地位》，第 155 页。

[195]《国民政府女密使赴藏纪实：康藏轺征》，第 92 页。

[196]《刘曼卿女士考察西康西藏的路程谈》，《新亚细亚》1930 年第 1 卷第 1 期，第 124 页。

[197]《国民政府女密使赴藏纪实：康藏轺征》，第 92 页。

[198] 同上书，第 112 页。

[199] 同上书，第 112 页。

[200]《刘曼卿等为赴藏所用经费造具清册请予报销并拨发不敷经费归还借款事致古应芬转蒋介石呈》（1930 年 8 月 7 日），见《中国第二历史档案馆所存西藏和藏事档案汇编》第 10 册，第 5 页。

[201]《国民政府女密使赴藏纪实：康藏轺征》，第 112—113 页。

[202] 同上书，第 112 页。

[203]《西藏游记》，《时事月报》1930 年第 3 卷第 3 期，第 205 页。

[204]《国民政府女密使赴藏纪实：康藏轺征》，第 112、113 页。

[205] 同上书，第 113 页。

[206] 同上书，第 114 页。

[207]《西藏游记》，《时事月报》1930 年第 3 卷第 3 期，第 205 页。

[208]《国民政府女密使赴藏纪实：康藏轺征》，第 93、98 页。

[209] 同上书，第 116 页。

[210] 同上书，第 78 页。

[211]《刘曼卿等为赴藏所用经费造具清册请予报销并拨发不敷经费归还借款事致古应芬转蒋介石呈》（1930 年 8 月 7 日），见《中国第二历史档案馆所存西藏和藏事档案汇编》第 10 册，第 3 页。

[212]《刘曼卿女士西藏历险记》，《开发西北特刊》1932 年创刊号，第 66 页。

[213]《国民政府女密使赴藏纪实：康藏轺征》，第 98 页。

[214] 同上书，第 100 页。

[215]《刘曼卿女士西藏历险记》，《开发西北特刊》1932 年创刊号，第 66 页。

[216]《西藏游记》，《时事月报》1930 年第 3 卷第 3 期，第 205 页。

[217]《国民政府女密使赴藏纪实：康藏轺征》，第 109—110 页。

[218] 同上书，第 90 页。

[219] 妙舟法师编：《蒙藏佛教史》，拉巴平措、陈家琎主编：《蒙藏佛教史、西藏佛教史》（合刊，《西藏学汉文文献丛书》第二辑），全国图书馆文献缩微复制中心 1993 年版，第 143 页。

[220]《国民政府女密使赴藏纪实：康藏轺征》，第 114、115 页。

[221] 同上书，第 103 页。

[222] 同上书，第 124 页。

[223] [224] 同上书，第 94 页。

[225]《西康步行团更名康藏步行团》，《申报》1930 年 9 月 12 日第 15 版。

[226]《民国名人传》，第 550 页。

[227]《国民政府颁予刘曼卿孔党江村褒状》（1930 年 7 月 25 日），见《中国第二历史档案馆所存西藏和藏事档案汇编》第 9 册，第 450 页。

[228] 对于国民政府筹备召开蒙藏会议、西藏会议，学术界尚未研究。至于西防会议，也基本上未探讨，只是有关一些著作提到了西防会议，可以参考洪涤尘所著《西藏史地大纲》第 268—269 页，及牙含章编著《达赖喇嘛传》第 299—300 页。

[229]《国民政府蒙藏委员会训政时期蒙藏委员会施政纲领》（1929 年 2 月 23 日），见《民国藏事史料汇编》第 1 册，第 169 页。

[230]《中国国民党历次代表大会及中央全会资料》上册，第 765—766 页。

[231]《蒙藏委员会为送本会预定三个月工作报告表察核事致行政院呈》（1929 年 7 月 5 日），见《中国第二历史档案馆所存西藏和藏事档案汇编》第 7 册，第 147 页。

[232]《行政院为准派蒙藏两处职员分赴蒙藏宣传接洽及尽速拟定筹备蒙藏会议办法事致蒙藏委员会指令》（1929 年 8 月 3 日），见《中国第二历史档案馆所存西藏和藏事档案汇编》第 7 册，第 230 页。

[233]《蒙藏委员会为抄送西藏会议代表产生标准和推选办法事致达赖班禅及西康政务委员会公函》（1929 年 11 月 6 日），见《中国第二历史档案馆所存西藏和藏事档案》第 8 册，第 115 页。

[234] 同上文，第 116 页。

[235]《蒙委会通令蒙古各盟旗推派代表，并令早日预备各提案》，《中央日报》1929 年 11 月 25 日第 1 张第 4 版。

[236]《蒙藏委员会为抄送西藏会议代表产生标准和推选办法事致达赖班禅及西康政务委员

会公函》（1929 年 11 月 6 日），见《中国第二历史档案馆所存西藏和藏事档案》第 8 册，第 117、118 页。

[237]《军政部为西藏会议拟具军事提案致蒙藏委员会函》（1930 年 10 月 30 日），见《民国藏事史料汇编》第 1 册，第 180 页。

[238]《蒙藏会议筹备会第二次职员联席会》，《中央日报》1929 年 11 月 7 日第 1 张第 3 版。

[239]《蒙藏委员会为报蒙藏会议提案标准请鉴核备案事致行政院呈》（1930 年 1 月 22 日），见《中国第二历史档案馆所存西藏和藏事档案》第 8 册，第 353 页。

[240]《蒙藏会昨开设计委会》，《中央日报》1930 年 2 月 6 日第 1 张第 4 版。

[241]《蒙藏会近事》，《中央日报》1930 年 2 月 12 日第 2 张第 3 版。

[242]《罗桑坚赞在中央电台报告蒙藏问题》，《中央日报》1930 年 3 月 24 日第 1 张第 3 版。

[243]《军政部为西藏会议拟具军事提案致蒙藏委员会函》（1930 年 10 月 30 日），见《民国藏事史料汇编》第 1 册，第 180—181 页。

[244]《第十次国务会议》，《申报》1931 年 1 月 28 日第 9 版。

[245]《蒙藏委员会为请速派代表来京出席西藏会议事致达赖喇嘛函》（1931 年 9 月 21 日），见《民国藏事史料汇编》第 1 册，第 183 页。

[246]《蒙藏委会将讨论西康问题》，《申报》1929 年 9 月 9 日第 9 版。

[247]《班禅代表报告，西藏会议前途》，《申报》1930 年 1 月 15 第 13 版。

[248]《蒙藏委员会为抄送西藏会议代表产生标准和推选办法事致达赖班禅及西康政务委员会公函》（1929 年 11 月 6 日），见《中国第二历史档案馆所存西藏和藏事档案》第 8 册，第 117 页。

[249]《五日之国务会议》，《申报》1929 年 7 月 6 日第 10 版。

[250]《蒙藏会议开始筹备》，《申报》1929 年 7 月 17 日第 7 版。

[251]《赵戴文为呈蒙藏委员会规定西藏会议代表名额及分配办法事致阎锡山电》（1929 年 7 月 31 日），见《中国第二历史档案馆所存西藏和藏事档案汇编》第 7 册，第 205—207、217 页。

[252]《阎锡山为西藏会议代表应照会议决定人数呈报政府事致赵戴文电》（1929 年 8 月 1 日），见《中国第二历史档案馆所存西藏和藏事档案汇编》第 7 册，第 218 页。

[253]《蒙藏委员会第五次临时会议公决西藏会议代表额数及产生分配方法案》（1929 年 8 月 26 日），见《中国第二历史档案馆所存西藏和藏事档案汇编》第 7 册，第 290—291 页。

[254] 同上文，第 293—310 页。

[255]《赵戴文为拟条呈蒋介石解决西藏办法九条事致阎锡山》（1929 年 9 月 12 日），见《民国藏事史料汇编》第 1 册，第 174 页。

[256]《阎锡山为选派大员来京参加西藏会议事致达赖喇嘛函》（1929 年 10 月 16 日），见《民国藏事史料汇编》第 4 册，第 390 页。

[257]《蒙藏委员会为抄送西藏会议代表产生标准和推选办法事致达赖班禅及西康政务委员会公函》（1929 年 11 月 6 日），见《中国第二历史档案馆所存西藏和藏事档案》第 8 册，第 117、122—123、121 页。

[258]《蒙藏委员会为请速派代表来京出席西藏会议事致达赖喇嘛函》（1931 年 9 月 21 日），

见《民国藏事史料汇编》第 1 册，第 183 页。

[259]《蒙藏会议提案已制定，经蒙委会常会通过》，《中央日报》1930 年 2 月 1 日第 1 张第 4 版。

[260]《蒙藏委员会为蒙藏会议中央代表应如何选派及沿边各省政府应否选派代表事致行政院呈》（1930 年 1 月 15 日），见《中国第二历史档案馆所存西藏和藏事档案》第 8 册，第 324、325 页。

[261]《行政院五十四次会议呈请选派蒙藏会议中央代表》，《中央日报》1930 年 1 月 22 日第 1 张第 3 版。

[262]《国民政府为准沿边各省各派代表一人以内政部长蒙藏委员会委员长等为中央代表参加蒙藏会议事致行政院指令》（1930 年 2 月 3 日），见《中国第二历史档案馆所存西藏和藏事档案》第 8 册，第 375 页。

[263]《蒙藏委员会为请速派代表来京出席西藏会议事致达赖喇嘛函》（1931 年 9 月 21 日），见《民国藏事史料汇编》第 1 册，第 184 页。

[264]《蒙藏委员会筹备西藏会议》，《申报》1931 年 1 月 23 日第 3 版。

[265]《蒙藏委员会为请更正本月二十三日报载西藏会议代表额数事致中央日报新京日报便函》（1931 年 1 月 26 日），见《中国第二历史档案馆所存西藏和藏事档案》第 10 册，第 465—466 页。

[266]《行政院为蒙藏委员会呈请新疆回部选派十名代表出席西藏会议等情照准转请鉴核备案事致国民政府呈》（1931 年 1 月 29 日），见《中国第二历史档案馆所存西藏和藏事档案》第 10 册，第 481 页。

[267]《蒙藏会常会之决议》，《申报》1931 年 7 月 12 日第 9 版。

[268]《蒙藏委员会为蒙藏会议期限临迩请饬发经费事致行政院呈》（1930 年 3 月 14 日），见《中国第二历史档案馆所存西藏和藏事档案》第 9 册，第 107 页。

[269]《班禅代表报告，西藏会议前途》，《申报》1930 年 1 月 15 第 13 版。

[270]《国民政府女密使赴藏纪实：康藏轺征》，第 113 页。

[271]《西藏会议推选代表办法》，《申报》1931 年 2 月 4 日第 4 版。

[272]《行政院秘书处转呈贡觉仲尼为国民救国会议代表由当地民选事致蒙藏委员会》（1932 年 3 月 21 日），见《民国藏事史料汇编》第 5 册，第 195 页。

[273]《蒙藏会派专员赴沈》，《申报》1930 年 11 月 27 日第 6 版。

[274]《马福祥宴达赖代表》，《申报》1931 年 3 月 29 日第 4 版。

[275]《蒙藏委员会为抄送西藏会议代表产生标准和推选办法事致达赖班禅及西康政务委员会公函》（1929 年 11 月 6 日），见《中国第二历史档案馆所存西藏和藏事档案》第 8 册，第 115 页。

[276]《中宣部招待新闻界，叶楚伧发表本日政会要案》，《申报》1929 年 7 月 4 日第 9 版。

[277]《古应芬为举行蒙藏会议请派员参加并特函介绍刘曼卿回藏事致达赖喇嘛笺函》（1929 年 7 月 8 日），见《中国第二历史档案馆所存西藏和藏事档案汇编》第 7 册，第 158 页。

[278]《中央与国府之纪念周》，《申报》1929 年 9 月 3 日第 10 版。

[279]《阎锡山为呈请政府展期举行蒙藏会议事致赵戴文电》（1929 年 8 月 1 日），见《中国

第二历史档案馆所存西藏和藏事档案汇编》第7册，第221页。
[280]《蒙藏委员会为抄送西藏会议代表产生标准和推选办法事致达赖班禅及西康政务委员会公函》(1929年11月6日)，见《中国第二历史档案馆所存西藏和藏事档案》第8册，第116页。
[281]《首都纪闻》，《申报》1929年9月11日第9版。
[282]《蒙藏会议筹备讯》，《申报》1929年9月18日第6版。
[283]《蒙藏委员会为抄送西藏会议代表产生标准和推选办法事致达赖班禅及西康政务委员会公函》(1929年11月6日)，见《中国第二历史档案馆所存西藏和藏事档案》第8册，第117、118页。
[284]《蒙藏会议将展期，吴鹤龄等呈请》，《中央日报》1929年12月25日第1张第3版。
[285]《行政院五十二次会议》，《中央日报》1930年1月8日第1张第3版。
[286]《蒙委会昨函班禅达赖，会议代表须定期会集》，《中央日报》1930年1月20日第2张第3版。
[287]《蒙藏会近事》，《中央日报》1930年2月12日第2张第3版。
[288]《蒙藏委员会为请饬发蒙藏会议代表大会经费事致行政院呈》(1930年2月14日)，见《中国第二历史档案馆所存西藏和藏事档案》第8册，第394、395页。
[289]《行政院为蒙藏会议代表大会经费经院决议令照原案改造预算呈候饬拨事给蒙藏委员会指令》(1930年2月26日)，见《中国第二历史档案馆所存西藏和藏事档案》第8册，第461页。
[290]《蒙藏委员会为蒙藏会议期限临迩请饬发经费事致行政院呈》(1930年3月14日)，见《中国第二历史档案馆所存西藏和藏事档案》第9册，第107页。
[291]《蒙藏会议提案已制定，经蒙委会常会通过》，《中央日报》1930年2月1日第1张第4版。
[292]《西藏大会展期举行》，《申报》1930年5月21日第7版。
[293]《国民政府女密使赴藏纪实》，第113页。
[294]《西藏大会缓期举行》，《申报》1930年6月29日第8版。
[295]《西藏会议代表到京》，《申报》1930年8月5日第5版。
[296]《蒙藏要闻：委员长马福祥偕同达赖代表公毕返京》，《蒙藏周报》1930年第42期，第6页。
[297]《首都纪闻》，《申报》1930年8月20日第9版。
[298]《西藏会议在筹备中》，《申报》1930年8月29日第4版。
[299]《蒙藏委员会为检送西藏会议提案事致五院秘书处及中央各部会公函》(1930年9月1日)，见《中国第二历史档案馆所存西藏和藏事档案》第10册，第69页。
[300]《蒙委会宴达赖代表》，《申报》1930年9月3日第8版。
[301]《西藏会议在筹备中》，《申报》1930年9月7日第9版。
[302]《蒙藏委员会筹备西藏会议》，《申报》1931年1月23日第3版。
[303]《西藏交涉纪要》下篇，第225页。
[304]《蒙藏委员会为请酌量办理达赖代表及随从船票其余无庸代购事复卢春芳电》(1931年1月10日)，见《中国第二历史档案馆所存西藏和藏事档案》第10册，第290页。

[305]《贡觉仲尼为请发给西藏代表护照并函知津海关免检放行所带行李事致蒙藏委员会总务处长唐柯三函》(1931 年 1 月 23 日),见《中国第二历史档案馆所存西藏和藏事档案》第 10 册,第 435 页。

[306]《蒙藏会拟派员调解康藏冲突》,《申报》1931 年 1 月 29 日第 4 版。

[307]《西藏会议先声》,《申报》1931 年 2 月 1 日第 8 版。

[308]《蒙藏会呈请西藏会议展期》,《申报》1931 年 2 月 6 日第 4 版。

[309]《西藏会议展期》,《申报》1931 年 2 月 15 日第 4 版。

[310]《时事要闻:西藏会议展期举行》,《蒙古旬刊》1931 年第 14 期,第 23 页。

[311]《首都纪闻》,《申报》1931 年 3 月 26 日第 4 版。

[312]《时事要闻:西藏达赖代表之谈话》,《蒙古旬刊》1931 年第 18 期,第 23 页。

[313]《班禅驻京办事处为询西藏会议能否如期举行事致蒙藏委员会快邮代电》(1930 年 3 月 25 日),见《中国第二历史档案馆所存西藏和藏事档案》第 9 册,第 164—165 页。

[314]《蒙藏委员会为西藏会议准于五月内举行事覆班禅驻京办公处快邮代电》(1930 年 4 月 15 日),见《中国第二历史档案馆所存西藏和藏事档案》第 9 册,第 212 页。

[315]《首都纪闻》,《申报》1931 年 2 月 28 日第 8 版。

[316]《刘文辉为询蒙藏会议展期之说是否确切事致蒙藏委员会电》(1930 年 5 月 3 日),见《中国第二历史档案馆所存西藏和藏事档案》第 9 册,第 258 页。

[317]《蒙藏委员会为请转知西康代表暂缓东下事致刘文辉电》(1930 年 5 月 9 日),见《中国第二历史档案馆所存西藏和藏事档案》第 9 册,第 268 页。

[318]《蒙藏会昨开常会》,《申报》1931 年 7 月 4 日第 8 版。

[319]《西藏会议九十月间举行》,《申报》1931 年 7 月 14 日第 8 版。

[320]《西藏会议须藏兵撤出西康再开》,《观海》1931 年第 2 期,第 39 页。

[321]《班禅主张和平解决藏事》,《申报》1931 年 5 月 24 日第 3 版。

[322]《西藏会议日期将在下周中常会决定》,《申报》1931 年 7 月 24 日第 8 版。

[323]《班禅双十节前来京》,《申报》1931 年 8 月 17 日第 8 版。

[324]《西藏会议缓开》,《申报》1931 年 8 月 3 日第 8 版。

[325]《西藏会议展期》,《申报》1931 年 8 月 11 日第 9 版。

[326]《班禅国庆节前将来京》,《申报》1931 年 8 月 13 日第 8 版。

[327]《蒙藏会开常会》,《申报》1931 年 9 月 6 日第 10 版。

[328]《蒙藏委员会为请速派代表来京出席西藏会议事致达赖喇嘛函》(1931 年 9 月 21 日),见《民国藏事史料汇编》第 1 册,第 184 页。

[329]《青代表团请发川资》,《申报》1931 年 9 月 26 日第 8 版。

[330]《甘青代表条陈计划》,《申报》1931 年 10 月 27 日第 7 版。

[331]《青海代表请拨旅费》,《申报》1931 年 11 月 1 日第 9 版。

[332]《青海代表由平返青》,《申报》1932 年 1 月 29 日第 9 版。

[333]《蒙藏会将开谈话会》,《申报》1931 年 9 月 29 日第 9 版。

[334] [335]《西藏史地大纲》,第 268 页。

[336]《西防会议开幕》,《申报》1932 年 9 月 20 日第 4 版。

[337]《西藏史地大纲》,第 268、269 页。

[338]《西防会议开幕》,《申报》1932 年 9 月 20 日第 4 版。

[339]《西藏史地大纲》,第 269 页。

[340]《蒙藏委员会为康藏情势严重迅令各方切实准备并建议五项办法致行政院呈》(1933 年 3 月 27 日),见中国第二历史档案馆、中国藏学研究中心合编:《康藏纠纷档案选编》,中国藏学出版社 2000 年版,第 311 页。

[341]《西防会议昨开首次大会》,《申报》1932 年 9 月 22 日第 8 版。

[342]《石青阳谈康藏纠纷前途》,《申报》1932 年 9 月 30 日第 7 版。

[343]《西藏史地大纲》,第 268、269 页。

[344]《蒙藏代表呈请马福祥回京复职》,《申报》1931 年 12 月 31 日第 13 版。

[345] 孔庆宗:《西藏插手西康大金白利纠纷的真相》,见《文史资料选辑》第 93 辑,第 98 页。

[346] 美国学者戈尔斯坦认为:其一,尼藏冲突是噶厦引发的。1926 年 11 月,西藏政府规定"禁止进口和利用烟草"。尼泊尔富商杰波夏巴 1928 年被捕,1929 年 9 月越狱逃到尼泊尔驻藏代表处,被龙厦派人抓出而死。其二,尼藏冲突是英国调停解决的,认为"只是由于英国人于 1930 年居中调停,才避免了这场一触即发的战争"。(《喇嘛王国的覆灭》,第 165 页)研究西藏地方史的著名学者刘丽楣不同意此看法,认为尼泊尔与西藏是"因为某些细小事物(件)发生纠纷"的,英国"见有机可乘,暗中唆使尼泊尔入侵西藏,战争一触即发"。国民政府"识破了英国的图谋,派员入藏和遣使尼泊尔进行劝慰和调解,促成双方弭兵和解","在无形之中,使英国侵略西藏的图谋,又一次破产,保护了西藏的安全,进一步密切了西藏地方与国民政府的关系"。(刘丽楣:《国民政府化解尼藏战争危机的历史意义》,《中国藏学》2010 年第 4 期)但是有学者不同意此看法,认为:"经过尼藏冲突,国民政府与噶厦关系正常化的趋势被中断,而英国则利用这一事件修复了业已受损的英藏'友谊',扭转了噶厦的政治态度。"(魏少辉:《1929 ~ 1930 年尼藏冲突再研究》,《中国藏学》2014 年第 2 期)另有学者折中两种观点,认为:"英印政府通过干预藏尼纠纷,试图恢复自身在西藏地方的影响力,莱登拉受派入藏,为锡金政治官威尔 1930 年拉萨之行创造了条件;同时,南京国民政府在藏尼危机发生后也派出谢国梁、巴文峻两位特派员,加强了与西藏地方和尼泊尔的关系。"(邱熠华:《1930 年尼泊尔与西藏地方关系危机探析》,《中国藏学》2012 年第 2 期)

[347]《阎锡山等为拟派员调解尼藏冲突事致蒋介石密呈》(1930 年 2 月 17 日),见《元以来西藏地方与中央政府关系档案史料汇编》第 6 册,第 2514 页。

[348] 傅也文:《西藏问题之今昔观》,《时事月报》1930 年第 2 卷第 4 期,第 174 页。

[349]《罗桑坚赞在中央电台报告蒙藏问题》,《中央日报》1930 年 3 月 24 日第 1 张第 3 版。

[350] Alleged Invasion of Tibet, *the North-China Herald,* March25, 1930. p.465.

[351]《尼泊尔图并西藏说》,《申报》1930 年 2 月 28 日第 7 版。

[352]《西藏风云紧急》,《申报》1930 年 4 月 28 日第 6 版。

[353]《国民政府女密使赴藏纪实:康藏轺征》,第 88 页。

[354]《西藏史地大纲》,第 246—247 页。

[355] "Annual Report on China for 1929." *British Documents on Foreign Affairs–Reports and*

Papers from the Foreign Office Confidential Print. Part I. Volume 20, China, p.205.

[356] "Report on China for Year 1930." *British Documents on Foreign Affairs–Reports and Papers from the Foreign Office Confidential Print. Part I. Volume 20, China,* p.304.

[357]《西藏尼泊尔条约》，见《西藏史地大纲》，第 292、293 页。

[358]《十三世达赖喇嘛传》，第 345 页。

[359]《藏印通商章程》，见《西藏史地大纲》，第 307、310、308 页。

[360]《藏印续约》，见《西藏史地大纲》，第 296 页。

[361] *Nepal and Tibet,* the North-China Herald, March25, 1930. p.466.

[362]《西藏简史》，第 115 页。

[363] *Enclosure No. 2 in Mr Toller's No. 105 of November 25th, 1930. Tatsienlu, November 6th, 1930.* 英国政府印度事务部秘密档案。

[364]《十三世达赖喇嘛传》，第 345 页。

[365]《西藏简史》，第 115 页。

[366] 中国第二历史档案馆、中国藏学研究中心合编：《黄慕松、吴忠信、赵守钰、戴传贤奉使办理藏事报告书》，中国藏学出版社 1993 年版，第 108 页。

[367]《西藏史地大纲》，第 246—247 页。

[368]《西藏简史》，第 113 页。

[369] "Annual Report, 1927." *British Documents on Foreign Affairs–Reports and Papers from the Foreign Office Confidential Print. Part I. Volume 20, China,* p.21.

[370]《西藏简史》，第 114 页。

[371]《西藏对外关系总结》，第 255 页。

[372]《国民政府女密使赴藏纪实：康藏轺征》，第 88 页。

[373]《十三世达赖喇嘛传》，第 346 页。

[374]《尼泊尔图并西藏说》，《申报》1930 年 2 月 28 日第 7 版。

[375]《全亚细亚联盟理事长黄攻素揭露英帝国主义挑拨尼泊尔向西藏发动军事行动函》（1930 年 3 月 7 日），见《民国藏事史料汇编》第 4 册，第 406 页。

[376]《一月来之边疆：西藏问题仍颇严重》，《时事月报》1930 年第 2 卷第 6 期，第 317 页。

[377]《西藏简史》，第 115 页。

[378] *Nepal and Tibet,* p.466.

[379]《尼藏问题与蒙古会议》，《申报》1930 年 4 月 14 日第 7 版。

[380]《西藏史地大纲》，第 249 页。

[381]《阎锡山等为拟派员调解尼藏冲突事致蒋介石密呈》（1930 年 2 月 17 日），见《元以来西藏地方与中央政府关系档案史料汇编》第 6 册，第 2514 页。

[382]《西藏对外关系总结》，《近代史资料》第 108 辑，第 255 页。

[383]《回忆国民党政府对西藏政务的管理》，见《文史资料选辑》第 93 辑，第 91—92 页。

[384] 同上文，第 92 页。

[385]《国民政府女密使赴藏纪实：康藏轺征》，第 88 页。

[386]《达赖调藏军防堵外兵》，《中央日报》1930 年 3 月 26 日第 1 张第 3 版。

[387]《西藏史地大纲》，第 247 页。

[388] *From Lieut. Colonel J. L. R. Weir, Political Officer in Sikkim to the Foreign Secretary to the Government of India, New Delhi, Dated Gangtok, the 21st February*. 英国政府印度事务部秘密档案。

[389]《尼泊尔侵我西藏》,《兴华》1930 年第 27 卷第 10 期，第 36 页。

[390] “Nepal and Tibet,” *the North-China Herald*, March25, 1930, p.466.

[391] 孔庆宗:《回忆国民党政府对西藏政务的管理》，见《文史资料选辑》第 93 辑，第 92 页。

[392]《尼泊尔王太子率兵进攻西藏》,《申报》1930 年 3 月 1 日第 4 版。

[393]《西藏边患日亟，罗桑坚赞请组卫队入藏，蒙藏委会拟具应付办法》,《申报》1930 年 3 月 12 日第 4 版。

[394]《外部派卢春芳调查尼泊尔进犯事件，班禅欲回藏援助达赖》,《中央日报》1930 年 3 月 29 日第 1 张第 2 版。

[395]《班禅请求回藏弭止尼藏战争事致蒙藏委员会呈》(1930 年 4 月 17 日)，见《九世班禅内地活动及返藏受阻档案选编》，第 15—16 页。

[396]《罗桑坚赞关于尼泊尔准备侵藏情况致行政院呈》(1930 年 2 月)，见《元以来西藏地方与中央政府关系档案史料汇编》第 6 册，第 2513、2514 页。

[397]《西藏问题之今昔观》,《时事月报》1930 年第 2 卷第 4 期，第 174 页。

[398]《西康学生发告国人说》,《申报》1930 年 4 月 15 日第 7 版。

[399]《全亚细亚联盟理事长黄攻素揭露英帝国主义挑拨尼泊尔向西藏发动军事行动函》(1930 年 3 月 7 日)，见《民国藏事史料汇编》第 4 册，第 406 页。

[400]《谢国樑条陈调解西藏地方与尼泊尔纠纷办法致阎锡山等密呈》(1930 年 2 月 17 日)，见《中国第二历史档案馆所存西藏和藏事档案汇编》第 8 册，第 405—406 页。

[401]《尼泊尔出兵犯藏边，达赖电请派兵救济》,《中央日报》1930 年 3 月 19 日第 1 张第 1 版。

[402]《尼藏问题与蒙古会议》,《申报》1930 年 4 月 14 日第 7 版。

[403]《阎锡山等为派员调解尼藏冲突事致蒋介石密呈》(1930 年 2 月 17 日)，见《中国第二历史档案馆所存西藏和藏事档案汇编》第 8 册，第 400 页。

[404] 同上文，第 400—401 页。

[405]《外部派卢春芳调查尼泊尔进犯事件，班禅欲回藏援助达赖》,《中央日报》1930 年 3 月 29 日第 1 张第 2 版。

[406]《王正廷报告外交近况》,《申报》1930 年 4 月 12 日第 9 版。

[407]《外部派卢春芳调查尼泊尔进犯事件，班禅欲回藏援助达赖》,《中央日报》1930 年 3 月 29 日第 1 张第 2 版。

[408]《国民党中央执行委员会政治会议关于解决中央与西藏地方及西藏地方与尼泊尔纠纷问题决议之国民政府函件》(1930 年 3 月 26 日)，见《元以来西藏地方与中央政府关系档案史料汇编》第 6 册，第 2519 页。

[409]《国民政府为解决西藏地方与尼泊尔纠纷事给蒙藏委员会训令》(1930 年 4 月 1 日)，见《中国第二历史档案馆所存西藏和藏事档案汇编》第 9 册，第 183 页。

[410]《国民政府蒙藏委员会关于请派员调解尼藏战事呈》(1930 年 4 月 29 日)，见《民国

藏事史料汇编》第 4 册，第 406 页。

[411]《国民政府为解决西藏地方与尼泊尔纠纷事给蒙藏委员会训令》(1930 年 4 月 1 日)，见《中国第二历史档案馆所存西藏和藏事档案汇编》第 9 册，第 183 页。

[412]《行政院为查明尼泊尔侵藏详情事致蒙藏委员会密令》(1930 年 4 月 28 日)，见《中国第二历史档案馆所存西藏和藏事档案汇编》第 9 册，第 240、240—241 页。

[413]《尼泊尔寇藏正调查中》，《申报》1930 年 3 月 15 日第 17 版。

[414]《王正廷报告外交近况》，《申报》1930 年 4 月 12 日第 9 版。

[415]《蒙藏委员会施政报告巴参事出使尼泊尔之经过》，《申报》1930 年 12 月 21 日第 10 版。

[416]《蒙藏委员会为报送所拟分致尼泊尔国主及达赖函稿请转陈核定事》(1930 年 5 月 6 日)，见《中国第二历史档案馆所存西藏和藏事档案汇编》第 9 册，第 264 页。

[417] 同上文，第 265 页。

[418]《蒙藏委员会就派巴文峻谢国梁调解西藏地方与尼泊尔纠纷汇案具文复国民政府呈》(1930 年 4 月 29 日)，见《民国藏事史料汇编》第 4 册，第 414 页。

[419]《蒙藏委员会参事巴文峻等为陈藏中内情及入藏行程事致蒙藏委员会马福祥密呈》(1930 年 8 月 3 日)，见《中国第二历史档案馆所存西藏和藏事档案汇编》第 9 册，第 477 页。

[420]《蒙藏委员会发给赴藏特派员谢国樑护照》(1930 年 5 月 27 日)，见《中国第二历史档案馆所存西藏和藏事档案汇编》第 9 册，第 293 页。

[421]《蒙藏委员会发给赴尼特派员巴文峻护照》(1930 年 5 月 27 日)，见《中国第二历史档案馆所存西藏和藏事档案汇编》第 9 册，第 296 页。

[422]《国民政府文官处为巴文峻等请电贡觉仲尼与其会商后再行来京事致行政院密函》(1930 年 7 月 28 日)，见《中国第二历史档案馆所存西藏和藏事档案汇编》第 9 册，第 465 页。

[423]《蒙藏委员会参事巴文峻等为陈藏中内情及入藏行程事致蒙藏委员会马福祥密呈》(1930 年 8 月 3 日)，见《中国第二历史档案馆所存西藏和藏事档案汇编》第 9 册，第 477 页。

[424]《蒙藏委员会施政报告巴参事出使尼泊尔之经过》，《申报》1930 年 12 月 21 日第 10 版。

[425]《西藏简史》，第 115 页。

[426]《蒙藏会参事自藏返京》，《申报》1930 年 11 月 18 日第 6 版。

[427]《处理尼藏事件蒙会参事返京，巴文凌述尼国招待情形》，《申报》1930 年 12 月 3 日第 4 版。

[428]《蒙藏委员会施政报告巴参事出使尼泊尔之经过》，《申报》1930 年 12 月 21 日第 10 版。

[429]《题张使赴尼授勋》，《申报》1932 年 12 月 7 日第 18 版。

[430]《政府颁给尼泊尔新总理勋章》，《申报》1933 年 4 月 30 日第 9 版。

[431]《张铭昨宴尼泊尔亲王》，《申报》1933 年 12 月 3 日第 14 版。

[432]《回忆国民党政府对西藏政务的管理》，见《文史资料选辑》第 93 辑，第 92 页。

[433]《行政院秘书处为送达谭云山请优恤谢国樑等并请给予名义及汇款事致蒙藏委员会函》(1931 年 1 月 8 日)，见《中国第二历史档案馆所存西藏和藏事档案汇编》第 10 册，第 377 页。

[434]《达赖为告谢国樑在藏病故事致马福祥电》(1930 年 12 月 20 日)，见《中国第二历史档案馆所存西藏和藏事档案汇编》第 10 册，第 326 页。

[435]《谭云山为谢国樑临终将后事托付本人恳请国民政府关照事致蒙藏委员会副委员长王端明电》(1930 年 12 月 22 日)，见《中国第二历史档案馆所存西藏和藏事档案汇编》第 10 册，第 328 页。

[436]《谭云山为报谢专员已安葬公务如何进行请训示等事致马福祥电》(1930 年 12 月 31 日)，见《中国第二历史档案馆所存西藏和藏事档案汇编》第 10 册，第 371 页。

[437]《蒙藏委员会为谭云山并非中央所派已电请达赖酌给川资遣回印度事覆行政院秘书处公函》(1931 年 1 月 10 日)，见《中国第二历史档案馆所存西藏和藏事档案汇编》第 10 册，第 393 页。

[438]《代国府专使考察之谭云山谈藏情》,《申报》1931 年 6 月 25 日第 14 版。

[439] *Enclosure No. 2 in Mr Toller's No. 105 of November 25th, 1930. Tatsienlu, November 6th, 1930.* 英国政府印度事务部秘密档案。

[440] *BRITISH LRGAT(?) ON PEKING, 25th October, 1930.* 英国政府印度事务部秘密档案。

[441] *From Lieut. Colonel J. L. R. Weir, Political Officer in Sikkim to the Foreign Secretary to the Government of India, New Delhi, Dated Gangtok, the 21st February.* 英国政府印度事务部秘密档案。

[442]《西藏史地大纲》，第 247 页。

[443] *Enclosure No. 2 in Mr Toller's No. 105 of November 25th, 1930. Tatsienlu, November 6th, 1930.* 英国政府印度事务部秘密档案。

[444] *L/P&S/10/1113, 1930.* 英国政府印度事务部秘密档案。

[445] "Annual Report on China for 1929." *British Documents on Foreign Affairs–Reports and Papers from the Foreign Office Confidential Print. Part I. Volume 20, China,* p.205.

[446] [447] *From Viceroy, Foreign & Political Department, to Secretary of State for India, Dated New Delhi, 11th February.* 英国政府印度事务部秘密档案。

[448] *From Viceroy, Foreign and Political Department, to Secretary of State for India, repeating telegram. Dated New Delhi, 10th February.* 英国政府印度事务部秘密档案。

[449] [450] [451] *From Viceroy, Foreign and Political Department, to Secretary of State for India, Dated New Delhi , 11th February.* 英国政府印度事务部秘密档案。

[452] "Report on China for Year 1930." *British Documents on Foreign Affairs–Reports and Papers from the Foreign Office Confidential Print. Part I. Volume 20, China,* p.304.

[453] *From Lieut. Colonel C. T. Daukes, L. I. E., British Envoy at the Cort of Nepal, to The Foreign Secretary to the Government of India , New Dehli, Dated The British Legation, Nepal, the 19th February 1930.* 英国政府印度事务部秘密档案。

[454] *From Viceroy, Foreign & Political Department, to Secretary of State for India, Dated New Delhi , 9th February 1930.* 英国政府印度事务部秘密档案。

[455]《贡觉仲尼为报会见达赖喇嘛等晤谈情形事致阎锡山函》（1930 年 3 月 15 日），见《元以来西藏地方与中央政府关系档案史料汇编》第 6 册，第 2496 页。

[456] “Report on China for Year 1930.” *British Documents on Foreign Affairs–Reports and Papers from the Foreign Office Confidential Print. Part I. Volume 20, China,* p.304.

[457] “Political Crisis over India.” *The North-China Herald,* July 15, 1930, p.100.

[458]《西藏游记》，《时事月报》1930 年第 3 卷第 3 期，第 205 页。

[459] “Report on China for Year 1930.” *British Documents on Foreign Affairs–Reports and Papers from the Foreign Office Confidential Print. Part I. Volume 20, China,* p.304.

[460]《西藏简史》，第 115 页。

[461] “Nepal and Tibet,” *the North-China Herald,* March25, 1930, p.466.

[462] “Report on China for Year 1930.” *British Documents on Foreign Affairs–Reports and Papers from the Foreign Office Confidential Print. Part I. Volume 20, China,* p.304.

[463]《国民政府女密使赴藏纪实：康藏轺征》，第 79、88 页。

[464]《西藏简史》，第 115—116 页。

[465] “Report on China for Year 1930.” *British Documents on Foreign Affairs–Reports and Papers from the Foreign Office Confidential Print. Part I. Volume 20, China,* p.304.

[466] *Register No.P. 7728/29.* 英国政府印度事务部秘密档案。

[467]《国民政府女密使赴藏纪实：康藏轺征》，第 124 页。

[468] “Doc.19/ Inclosure in Doc.18. Letter from the Political Officer in Sikkim, Gangtok, November18, 1930.” *British Documents on Foreign Affairs–Reports and Papers from the Foreign Office Confidential Print. Part II. Volume 39,* p.32.

[469] “Doc.222. Government of India to India Office. Simla, July 11, 1930.” *British Documents on Foreign Affairs–Reports and Papers from the Foreign Office Confidential Print. Part II. Volume 38, China. November 1929-December 1930,* p.208.

[470] “Doc.223. Draft telegram from India Office to Government of India.” *British Documents on Foreign Affairs–Reports and Papers from the Foreign Office Confidential Print. Part II. Volume 38, China,* p.209.

[471] *L/P&S/10/1113 , 1930.* 英国政府印度事务部秘密档案。

[472] “Report on China for Year 1930.” *British Documents on Foreign Affairs–Reports and Papers from the Foreign Office Confidential Print. Part I. Volume 20, China,* p.304.

[473] *IOR,L/P&S/10/1113,Letter form the Political Officer in Sikkim ,No.7(14)-p./30,Deted Gangtok, 18th November 1930.* 英国政府印度事务部秘密档案。

[474] “Report on China for Year 1930.” *British Documents on Foreign Affairs–Reports and Papers from the Foreign Office Confidential Print. Part I. Volume 20, China,* p.304.

[475] “Doc.19/ Inclosure in Doc.18. Letter from the Political Officer in Sikkim, Gangtok, November18, 1930.” *British Documents on Foreign Affairs–Reports and Papers from the Foreign Office Confidential Print. Part II. Volume 39,* p.35.

[476] “Report on China for Year 1930.” *British Documents on Foreign Affairs–Reports and Papers from the Foreign Office Confidential Print. Part I. Volume 20, China,* p.304.

[477] *Register No.P. 7728/29.* 英国政府印度事务部秘密档案。

[478]《西藏简史》，第 116 页。

[479] 参见周伟洲、周源主编:《西藏通史·民国卷》上册，中国藏学出版社 2008 年版，第 184 页。

[480]《达赖喇嘛传》，第 283 页。

[481] "Report on China for Year 1930." *British Documents on Foreign Affairs–Reports and Papers from the Foreign Office Confidential Print. Part I. Volume 20, China,* p.304.

[482] "Doc.19/ Inclosure in Doc.18. Letter from the Political Officer in Sikkim, Gangtok, November18, 1930." *British Documents on Foreign Affairs–Reports and Papers from the Foreign Office Confidential Print. Part II. Volume 39,* p.34.

[483]《文官处为抄送贡觉仲尼备述达赖喇嘛及僧众尊崇中央情形密函致行政院公函》(1930 年 7 月 24 日)，见《元以来西藏地方与中央政府关系档案史料汇编》第 6 册，第 2499 页。

[484]《国民政府行政院关于一九二九——九四六年对西藏问题的处理》(1946 年 11 月)，见《民国藏事史料汇编》第 1 册，第 219 页。

[485]《西藏问题之检讨》,《新中华杂志》1934 年第 2 卷第 18 期，第 19 页。

第四章
康藏冲突（一）：英国制造“大西藏”的企图与三次康藏冲突的爆发

第三章中指出，在威尔离藏后，康藏纠纷再起。吴忠信指出：“民国十六年国民政府成立，十八年贡觉仲尼奉使赴藏，西藏亦派代表来京，关系似较好转，然不旋踵又于民国十九年因大金、白利两寺争产问题，再度发生康藏纠纷。”[1]

的确，在中英两国政府关于西藏问题的交涉与争论中，康藏纠纷（包括青藏纠纷）问题是焦点之一。其产生与发展，自1917年至1939年，长达20多年。时人曾指出：“从光绪或者更前些时间到民元时，是以中英为中心的外交方式的西藏问题。民元后，政府无力顾及西陲，转变到以英藏为中心。以后因为达赖的独立国企图，而演变成了康藏纠纷，使西藏问题变为三角的中英藏关系。”[2]当时国民政府颁布的中小学时事教材也写道：“西藏问题，是我国近代重要边疆问题之一。它与西康的纠纷，不但有关我国西陲两省的治安，且有关整个中华民族的兴亡；它们纠纷的内在意义，也不仅是汉藏两个民族的冲突，而是含有中英冲突的严重国际性质。”[3]英国政府在关于中国局势演变的1922年评估报告中，也将康藏界务问题视为“大不列颠与中国之间唯一重要、悬而未决的问题”[4]。康藏纠纷在西藏问题中的性质与地位于此可见。一些学者阐述了整个康藏冲突的演变情况[5]，也对其中一些微观问题作了探讨[6]，还有学者考察了中英双方关于康藏议界问题[7]。下面，我在吸收这些研究成果的基础上，进一步探讨康藏纠纷（包括青藏纠纷）的缘起与1914年之前英国政府分裂中国战略企图及步骤的关系、三次康藏纠纷的发生与英国政府挑拨的关系、中英藏两国三方之间的交涉与争论等一些问题。

第一节　康藏青藏界划问题与英国分裂中国的企图和步骤

要了解国民政府是怎样针对性地处理康藏纠纷，需要先将康藏纠纷的实质和根源弄清楚。如果没有英国制造“内藏”、“外藏”的野心，如果没用英国政府在所谓西姆拉会议上及幕后玩弄“内藏”、“外藏”的阴谋，如果英国政府不唆使和支持噶厦“东侵”，就不会存在所谓康藏纠纷问题。

一、西藏的行政区域范围以及时人关于康藏、青藏界线的讨论

康藏纠纷的缘起，首先要从西康作为行政区域的形成和西藏的行政范围说起。今天中国四川康定至克什米尔、印度、孟加拉之地区，昔时分为四部，即康（又称喀木）、卫（达赖喇嘛所在地）、藏（又称咯齐，班禅喇嘛所在地）和阿里。藏文古文献记载说，西藏曾经包括上三部（阿里）、中四部（卫藏）和下六部（西康、青海）。清政府采取措施，对西南地区的行政区划做出改革，奠定了以下的行政格局。

第一，前藏、后藏的划分逐渐形成，“康”地被一分为二划入西藏、四川。

自打箭炉（康定）西南至喜马拉雅山南麓地区，清政府一度称为危地、喀木地和藏地，《卫藏通志》记载说：“打箭炉西南、达赖喇嘛所属，为危地，拉里城东南，为喀木地，班禅额尔德尼所属，为藏地，合三地为危地耳。”[8] 这里的“危”，应通“卫”；打箭炉以西、丹达山（太昭县）以东，为康地，又称喀木。《大清一统志》记载说：“喀木（康）在卫东南八百三十二里，近云南丽江府之北。东至雅龙（砻）江西岸，西至努卜公拉岭卫界，一千四百里；南至噶克拉冈里山，北至木鲁乌苏河南岸，一千七百里。”

有人称康为前藏，卫为中藏，藏为后藏。清政府将自打箭炉到金沙江东岸的巴塘划入四川，将自南墩（位于巴塘西边）经察木多到察罗松多（位于丹达山以西 50 里处）划入卫而总称前藏，将藏及阿里地区合在一起总称后藏。《西藏史地大纲》记载说：“太昭县以西，亦即丹达山以西，如拉萨等地，凡达赖喇嘛所属者，是为前藏。班禅喇嘛所属者，是为后藏，即唐古特也。藏之外乃为卫，在今印度孟加拉一带。”[9] 按此，原来的“中藏”加上“康”一部分土地而为前藏；本来指“中藏”的“卫”，则自此指“今印度孟加拉一带”。总之，清政府一方面将今天的西藏地区划分为前藏、后藏；一方面并未将“康”作为完整的行政区域来处理，

而是将之分为两部分，分别划入四川、西藏两个行政区。

第二，划分藏、川、青、滇四省区的界线，以“西藏”冠名的行政区域基本确定。

在藏、川、滇方面，1724 年以前，川藏“原以打箭炉为界”。1724 年，雍正帝以巴塘为川藏界线，“巴塘以西之地包括察木多（又称叉木多，即昌都），则属藏有”[10]。接着，清政府依行政便利，将察木多“以南原来并不属西藏所管的大片地方，一并划给西藏管理”[11]。1725 年 12 月，议政王大臣等批复陕甘总督岳钟琪的奏议：“叉木多之外，罗隆宗（lho rong rdzong，今西藏洛隆）、嚓哇（tsha ba，在今西藏左贡）、桑噶吹宗（gsang sngags chos rdzong，今西藏察隅）、衮卓（go'jo，今西藏贡觉）等部落，虽非达赖喇嘛所管地方，但罗隆宗离打箭炉甚远，若归并内地，难以遥制，……其罗隆宗等部落，请赏给达赖喇嘛管理，特遣大臣前往西藏，将赏给各部落之处，晓谕达赖喇嘛知悉。”[12]依此，今天东接金沙江西岸、南连云南和缅甸的 7 县，即贡觉、察雅、芒康、左贡、洛隆、八宿、察隅，划入西藏行政区。因此，《卫藏通志》记载说，“雍正三年（1725 年），松潘镇总兵周瑛勘定，疆址始定，于南墩宁静山岭上建立界碑。岭东之巴塘、理塘属四川，岭西属西藏。”[13]1726 年，清政府更明确地将昌都、洛隆、桑昂曲等地划给西藏，巴塘、理塘、德格等地仍由四川管辖，中甸、阿墩子（德钦）、维西划给云南，以金沙江为川藏、滇藏的界线，因此《西藏志》也记载说“西藏东至巴塘之南墩宁静山为界”。[14]

在青、藏方面，清政府于 1731 年把原属蒙古和硕特部七十九族游牧部落（位于藏北和黄河源以南）中之霍尔三十九族划给西藏，四十族划给青海，青藏以“西宁所管之那木称、巴彦等番族为界”[15]。

这样，西藏的行政区域确立，《卫藏通志》记载说：“卫藏疆域，旧志所载，东至巴塘之南墩，东南至类伍齐番族，东北至青海所属之纳木称（即那木称）、巴颜（即巴彦）番族，南至珞瑜（又译洛渝）茹巴怒江，西南至布噜克巴（即不丹）部落，北至草地，通回部沙雅尔，西北通部回（回部）和阗。”[16]而“康作为一个地理概念，大致上包括鲁共拉以东，大渡河以西，巴颜喀喇山以南，高黎贡山迤东以北的一片地方。即今西藏昌都地区、四川甘孜藏族自治州、青海玉树藏族自治州的全部及四川阿坝州、云南迪庆州的大部分地区。在地理上属青藏高原东南部和青藏高原向川西台地的过渡地带”[17]。

在国家强盛时，上述行政区域划分并不存在问题。但是在英国殖民主义体系的冲击下，矛盾就产生了，“康”地是否单独作为一个行政区域的问题被提出来了。有学者指出：“在清末赵尔丰经营川边之前，所谓‘康’主要是一个传统的地域文化概念……赵尔丰在川边实行改土归流之后，特别是1914年川边特别区成立后，‘康’逐渐从历史、地理、语言、文化区域向行政区域转变，随之康藏边界也逐渐行政化。”[18]既然西康要作为行政区域，其行政区域及与西藏的界线如何划分就成为整个民国时期的重大问题之一，中国有关官员（这里不包括西藏地方政府官员）和学者展开讨论，热点集中在北线和南线两段。北线自西向东的交界处依次为：

边坝、鲁共拉大山与丹达山。边坝“系昌都以西四部落之一”，距离昌都400余公里。据嘉庆《四川通志》所载其辖境自拉孜起，至鲁共拉山止。[19]鲁共拉山位于今天西藏嘉黎县东北，与丹达山相距300多里。丹达山位于今天西藏边坝县城西南，为“康与藏历史上之权威界限”[20]，因而国民政府蒙藏委员会委员长黄慕松、九世班禅喇嘛及蒙藏会驻藏办事处官员蒋致余等人均主张以丹达山为界，其中黄慕松的观点具有代表性：清末收回边坝，“则康藏界址自应划于鲁共拉大山根与拉里之间”，即以丹达山为界。[21]许多学者赞同此观点，华企云即认为：“西藏东半部地，清季划为川边所辖，今则已建西康行省。其疆域北接青海，东接四川，西连西藏，南界云南及印度之阿萨密。其西与卫相接，有丹达地，是为康卫交界点。往昔丹达山往东之居民，恒自称为康坝娃，其西之居民，则自称为藏坝娃，是其交界之明证。”他质问：“宁静山以东已同内地，若其西地不属康而属藏，则将置康地于何处耶？”[22]陈健夫也认为：“以丹达山为康藏界址，无论由经济，政治，历史各方面言之，对于康藏双方都无妨碍，能使双方有机会同样地发展，这种理由并不深邃，试揭开康藏地图一看便会明白。”[23]

昌都。昌都原名察木多，“自昔为西康都会，处于澜沧江上流与鄂穆曲河二水合流中间，三面环水，只北面通陆”，为川滇藏青交通枢纽，清时设有粮员营汛塘站。[24]《卫藏通志》说：“察木多，古名康，又名喀木……二水合流，为西藏门户，界通川滇。北河有四川桥，南河有云南桥，滇省旧曾设镇于此，今归并川省，设台站，有正副呼图克图三人。”[25]因此，昌都划入西藏还是西康，成为两地争议的重点。《蜀报》根据察木多之地理位置，强调：“今日不欲固边保藏则已，苟欲固边保藏，非急将察木多划并入川，实别无良策。”[26]

江达。江达位于昌都东北部，原系德格土司领地，1909年划归四川西邓科府。同赵尔丰、尹昌衡一样，黄慕松也主张以江达为界，认为按清制“江达以东为康，以西为藏”[27]。华企云也提出以江达为界：“惟是宣统二年，边军征藏时，已直抵江达，故严格言之，今日康藏之界限，实以江达为鸿沟矣。”[28]其他人也认为“正确的西藏境域，乃是西康江达以西、唐古剌山昆仑山以南的一片高原”[29]。

德格。江达位于金沙江西岸，而德格位于金沙江东岸，“居西康之北，与俄洛、色达两地接壤”，为康、青、藏的主要交通枢纽。1909年，清政府废除德格土司，设置德化州。黄慕松认为：德格以西区域是康藏划界的中心问题之一，这片区域“原属川边，亦系康地，康藏分界极为分明”[30]。

南线的讨论较北线简单，自西向东依次为：

巴塘。巴塘位于金沙江东岸，“在里塘之南（应为西）五百余里……昔为拉藏罕所属，今设正副宣抚司”[31]。巴塘所属之巴木塘，即三莽里之一，通称上莽里，刘曼卿称之为“内地与西藏间分野”[32]。

里塘。《卫藏通志》记载说：里塘“在打箭炉之西六百余里”，“昔隶青海部落”，“为西藏要地”。[33]

打箭炉。《卫藏通志》记载说：打箭炉“为中华之极西，西域之极东”，“昔为南诏地，今隶明正宣慰使司”[34]。

黄慕松根据一些方志所载，认为西康疆域“东起打箭炉，西至丹达山，计三千余里；南与云南之维西、中甸两厅相接壤，北逾俄洛、色达两地与甘肃交界，计四千余里。其西南过杂榆，外经‘野番’境，即为英属地。境域之广，倍于川，而等于藏”[35]。华企云指出：“昔之康，乃今昌都（察木多）地方……至于今日所称之‘康’，则实指逊清季川边务大臣所经营之川边而言，其地域则南接云南，北连青海，东起泸定，西迄丹达山。其间南北界已毫无纷议，惟西迄丹达，毗连西藏地方，则时起纠葛。”[36]对比来看，两人均认为西康西界丹达山，但在东界四川这点上，华企云所认为的泸定位于康定东南，同黄慕松所说不同。

不过，有人认为康藏应以金沙江为界。陈健夫指出：康藏界址“自明末至清雍正初年以努卜公拉山为界，自雍正初年至清末是大都在宁静山以西，自清末至民国六年以江达为界，自后康藏迭起纠纷，至今尚未彻底解决，由现在实际情形谈，康藏双方是以金沙江为界的，因为两军隔江相峙之故”！他建议：在西藏与中央的关系未正常化之前，“维持现状，以金沙江为界，但千万不可由中央政府明文订定以确定西康疆域，免得妨碍西康未来的省治，只能作为一种暂时的协定。”[37]即使是西康省设置后任省政府主席的刘文辉，也主张以金沙江为界。

青藏边界划分，也有讨论。由于青海介于甘肃、新疆、西康、西藏、四川五个行政区之间，“足为西部西南的屏障”[38]。其与西藏以何处为界，颇受关注，热点地区如下：

其一，当拉岭。西藏称当拉岭为当·沙买拉山，“乃唐古拉（当拉）山脉之统称”。朱绣所著《海藏纪行》说：当拉岭“为青海玉树与三十九族之界山”[39]，“当拉岭之西，有大山蜿蜒，屏障于玉树西南境者，番名奢午拉（山），地图所谓唐古拉大山是也。本昆仑之南干，与哈喇昆仑并行，为后藏、新疆之界线。东迤入前藏，与青海分界，横贯于中坝、格吉、拉休（秀）、迭达诸族之间，崇山峻岭，千岩沟壑。入川边东南，迤于金沙江之西，澜沧江之东，至云南境，为云岭山脉，即金沙江与澜沧江之分水岭也。地学家又有横断山脉之称。亚东山脉皆自西而东，独此自北而南，为无数之纵谷，故以横断称之”[40]。按此，唐古拉山脉自西向东，然后折向东南到横断山脉，成为新藏、青藏、滇藏的分界线。

其二，玉树二十五族。二十五族在昆仑山以南、当拉岭以北。朱绣认为：此处“面积南北八百余里，东西二千余里。商业繁盛，人民众多，为青海南部精华荟萃之所。清雍正三年，划归青海办事大臣治理，会盟贡马，经数百年。民国三年，裁撤青海办事长官，归甘边宁海镇守使管辖，旋设玉树治理员，治理民刑、开垦事宜，又设玉防司令部于结古，沿边驻兵，商旅往来，不啻内地”[41]。言下之意，自然属于青海的行政范围。曾任青海省政府主席的马麒也强调：“昆仑山以南、当拉岭以北之区域，东西长二千余里，南北广一千余里，雅砻、金沙、澜沧诸江之上游，皆流衍其中，气候较青海北部为暖。玉树二十五族，耕牧相杂，物产极富，实青海精华所在。”[42]

其三，三十九族。《海藏纪行》记载说：“三十九族本土（吐）番（蕃）之支裔，与玉树二十五族同种，居黑水之上游，西至沙克河为界，东北与当·沙买拉（山）毗连。昔为青海蒙古降服，自清初削平罗卜藏丹津乱后，渐次招抚，雍正九年，暂归驻藏大臣管辖，载在贡马之列，后由理藩院奏派夷情部（郎）管理征收、民刑事宜。”[43]1931 年 8 月 16 日，三十九族民众代表彭楚在南京称：“三十九族位于康藏西宁之中部，地方约六千余里，在西藏之东，相距拉萨约二百余里，与西康之类伍齐紧接，地势在中国入藏之各道中，为最平坦之道途。中藏铁路，取道西宁一路，为较易办。西宁至拉萨一道，即须经过该族。”[44]即是说，虽然三十九族一度归驻藏大臣管辖，但只是暂时管辖。无论从其地理位置、入藏交通，还是从历史来看，均应划入青海行政区。

在上述讨论下，众人一般认为西藏的行政范围是：“东界西康的江达，南界英属印度不丹哲孟雄（一名锡金）尼泊尔，西界印度的克什米尔，北界新疆，东北是青海，东西相距二千一百里，南北一千四百里，面积二百五十万方里，人口约六百万。”[45]

二、“大西藏”与“大西藏国”：英国分裂中国的“宏伟蓝图”

本来如谢彬所指出的那样，既然西藏属于中国的领土，康藏界线就无争执之必要，只需根据主权行使的方便来划即可。[46]但是随着英国发动第一次、第二次侵藏战争，如何巩固西藏边境的问题摆在中国政府面前。清政府认为，稳藏必先治康，治康须以西康为行政区域。赵尔丰担任川滇边务大臣兼驻藏大臣，与其兄、四川总督赵尔巽合作，推行改土归流。西康共有土司380余处，改土归流后已设县治41县。1908年，赵尔丰以德格发生动乱之机进兵征伐。有人称“该地系西藏东部最大的区域，握有西藏全境的政治经济中枢”，赵尔丰将德格纳入中央政府直接治理之下。1909年，赵尔丰进至察木多，“实行以武力改革各地政制，确立西康行省之基础”[47]。他担任四川总督后，代理川滇边务大臣的傅嵩炑奏请设置西康省，提出西康的行政区域划分为：“东至打箭炉（康定）起，西至丹达山止，计三千余里。南与云南之维西、中甸两厅接壤，北越俄洛色达野番与甘肃交界，亦四千余里。其西南隅过杂（察瑜）外，经野番境数日程，即为英属。西北隅毗连西宁……东南隅抵四川宁远（西昌）所属各州县境；东北隅乃四川、甘肃之交。”[48]赵尔丰也提出，“东起打箭炉，西至江达”[49]为西康辖境。黎吉生就此宣称：“赵尔丰提出了一个建立西康省的计划，它包括四川的一部分和西藏伸张到工布江达广大地区，距离拉萨差不多六十英里的地方。这个建议绝没有得到皇帝的批准，就西藏所属的领土来说，也绝不能见诸实行。但是赵尔丰的流产的蓝图，可以在这个世纪出版的中国地图中看到；许多英国地图也接受了中国的这种虚构的绘图法，画有同样的界线。”[50]这一方面说明英国政府密切注意西康建省，一方面说明英国政府实际上是看到了并承认上述青、康、藏的行政区域范围。

吐蕃强盛时，一度覆盖除今天西藏以外，还包括喜马拉雅山南麓地区和青、甘、川、滇四省藏族人民居住的地区。因此，贝尔在其《西藏之过去与现在》一书中将西藏分为三个区域，第一区域为印度河、萨特里日河和雅鲁藏布江等河流区域，第二为所谓张塘区，包括西藏北部湖泊地带和麻达木地区，第三为张塘区域与四川间的地带，即西康。柏斯吞（Boston）在其《中国》一书中将西藏分为四个区域，第一为雅鲁藏布江和印度河流域，第二是昆仑山南德张塘区，第三为青海，第四为康。英国一“驻中国之藏边领事”[51]对此作了更明确的概括：“当其最盛之日，国境所辖，除西藏本部而外，如尼泊尔（Nepal）、不丹（Bhutan）、上缅甸（Upper-Burma）、土耳其斯坦（Turkestan）及中国之西部，均属之。”[52]

然而，英国人所称“Tibet”一词“总是倾向于与整个藏族聚居区对应”[53]，英国政府提出了一个分裂中国的“大西藏”计划，而这里的“大西藏”并不包括喜马拉雅山南麓地区，却将川、青、甘、新等省藏族居住地区包括在内，英国政府在1907年的一份备忘录中即宣称：

西藏是“地理单位”,“包括以西藏著称的全部地理区域。它位于昆仑山脉（the Kuenlun range）之南，并延伸至处于中国政府和中国行省本身（proper）直接管辖下的柴达木（Tsaidam）附近地带的北面和东面”；“此外，上柴达木和拉脊山西部（Western Thaiji）也属于西藏领土”。[54]

英国政府陆军部在其所绘亚洲地图中，对此作了进一步的描述，并还用“国界线”来标明：

> 关于西藏，自云南阿墩子以北，向北经盐井西，密迩巴安（即巴塘）西北，截金沙江，向北依着山脉，由德格、甘孜间斜上，至北纬三十二度十分、东经一百零一度二十分，作直线入青海界，越积石山，截黄河至约北纬三十四度处，再东北向，到夏河（拉卜楞寺）之西，折向西北，绕贵德，复北上，接祁连山。[55]

关于“大西藏”的面积，贝尔宣称“约在七八十万方英里之间”，柏斯吞认为是70万方英里。这与中国政府的统计差距甚大：国民政府1931年关于全国各省区的统计，西藏为999999平方公里[56]，《开发西北》认为“共二百五十余万方里”[57]。由此观之，英国政府眼中的“大西藏”不仅囊括了西康，还覆盖了新疆与青海以及云南。谢彬指出：“就西藏人与外国人，所谓丹达山为康藏分界一点观之，康实清代之固有领土，康之西界既止于丹达山，则康已非西藏版图，实中国内地矣。惟是外人强词夺理，恒谓康为西藏之一部……”[58]华企云指出：“青海居西藏之东北，在我地图上与西藏实为两地；但因英人久蓄图藏之野心故，在英国地图上青海已包括于西藏之内，以为中英交涉西藏问题时可为拓地之谋也。”[59]

在“大西藏”的区域中，英国政府实施“大西藏国”的计划，上述那个“驻中国之藏边领事”就对于如何在“宗主权”下推行此计划做了交代：

> 大不列颠的使者虽来而复去，而西藏主权，及其领土之完全则由是显现。吾英人已从西藏直接获得正式的条约，与吾人所希望的商业上之便利，同时闭上国门，不使外人势力之侵入是邦。惟对于中国不视其为外人势力，并认中国在西藏之特殊地位，冀其坚守拉萨条约。吾人进而与中国谈判，结果成立一九〇六条约，继而成立一九〇八年之商约。[60]

这说明，英国政府多次派人入藏及签订《拉萨条约》、《中英续订藏印条约》、《中英修订藏印通商章程》，都是企图推行“大西藏国”。该领事还声称：

> 吾英实际与藏以领土完全行政独立，不受侵害。又与中俄两国缔结条约，证明并非饰词。吾人对藏绝无政治上之野心。然而赵尔丰解释一九〇四年之条约，谓此约实为久后英国合并西藏之影子。[61]

所谓“并非饰词”实际上表明英国政府决心推行“大西藏国”，赵尔丰自然对《拉萨条约》警惕万分。“大西藏国”要在“大西藏”地区推行，该领事坦白说“吾人承认中国之宗主权当然非为束缚藏人计”[62]，即鼓励噶厦中的分裂分子“独立”。苏联《真理报》指出：“英国所作创建大西藏国之计划中，不仅包含西藏，并且新疆、四川及中国其他部分而包含之。”[63]中国报刊《时事旬报》指出：所谓“大西藏国”，“不仅指西藏领域而言，即以西藏为中心，北达新疆南部（通称南疆或喀斯加尔一带），连给（连接）青海东北部，西藏东部，四川及云南东南部之广大区域，几占中国西半部之领土”[64]。换言之，英国政府企图在这片地区“实际与藏以领土完全行政独立”以分裂中国。

对于英国制造“大西藏国”的企图和原因，中外舆论看得很清楚，有关分析和报道很多，这里举出两篇文章为代表。一篇是《创进半月刊》于1934年第1期所载《康藏纠纷与西藏“独立”》。该文指出：“西藏北延青海、新疆、蒙古，同属高原，同为中国边部荒漠之区，地理上实连成一气，而其民族又多崇奉同一宗教，为宗教信仰的中心，握最高权威的教主就在拉萨，故得西藏、青海，新疆、蒙古不难诱至。将这些广大地域连成一线统属于一个帝国主义之下，可以将中国本部自南至北作一弧状的包围，中国腹部富庶之区，宛然在怀抱里了。”[65]

另一篇是《时事旬报》在1935年第27期所载《英国建造“大西藏国”之轮

廓》。该文指出："英国侵犯西藏，始初全为保持印度之安全而起，迨侵西藏后，渐觉苏俄在西藏北境之势力伸张及中国'共匪'军之势力发展，大感长江流域既有权益之危殆，视苏俄在新疆势力的扩展即为西藏及印度权益之威胁，又苏俄一旦如能开辟新疆长江间的国际路线，则英国在华西部势力见中断，而其在中国既有之诸权益，将有从根本破坏之危险，此即英国企图'大西藏国'建设之直接原因。"[66]

总之，分裂新疆、青海的前提是分裂西藏，然后侵入中国腹地；同时，从与苏联争夺中亚细亚的角度，并维护英国在华的既得利益，这些就是英国政府制造"大西藏国"的企图和原因。为了制造"大西藏国"，英国政府采取了一系列措施，其中有：(1)"建设印藏铁路（现已兴工至江孜），作为巩固在藏势力之基础。"(2)"为开发新疆资源，着手印新大铁路建设计划。"(3)"煽动西藏军队进攻西康四川及青海，图谋扩张势力。"(4)"在启尔基（新疆西南部）附近建设英军驻防地，指挥军事行动。"[67]可见，制造康藏、青藏纠纷，是英国侵略措施中的重要一环，英国政府后来坦白说在1913年至1927年里，"西藏政府在印度政府的政治支持和某种程度上的军事援助下独立于中国之外行动"。即是说，英国政府承认自己在这一时期里竭力制造"大西藏国"。同时，它也承认此举遭到中国政府的反对，因为中国"坚持西藏是中国的一部分"[68]。

还值得指出的是，英国政府制造"大西藏国"与分裂新疆是同时进行的，《英国建造"大西藏国"之轮廓》一文就叙述说：

> 为实现"大西藏国"建设计划的英国侵略政策，一面侵蚀川康、青海，同时努力南新疆之进展。以驻喀斯加尔（喀什）英国领事馆为总部，在南疆各部都市，栽殖政治势力，又指导英印商人，力求贸易增进，图谋积极发展，借以对抗从北疆南下的苏联势力，利用新疆民族的复杂性，及宗教之不统一，煽动土民发生变乱，利用西藏喇嘛教和印度婆罗门教及印人在新疆社会层的潜在实力，作为新疆侵略工具，努力英国势力的扩张。[69]

新疆南部在20世纪30年代初期出现的所谓"东土耳其斯坦伊斯兰共和国"，就是英国政府这一侵略政策的结果。因此，正如时人所指出："在这个'大西藏国'的观念下，于是我们便有康藏青藏不断的战乱纠纷，与中国内部的混乱相承而来。但是假如你要寻求一切康藏纠纷的根本原因，不在中国当局，亦不在西藏拉萨，而是蕴藏在英国印度的总督府。”[70]

三、“内藏”与“外藏”：英国分裂中国的具体措施

为了方便地分裂中国，英国政府仿照俄国把蒙古分为内外蒙古的做法，“设计了‘内藏’、‘外藏’的名目”[71]，并在西姆拉会议上正式提出。西姆拉会议于1913年10月至1914年4月召开，英国政府对于其代表的组成极为重视，以英印政府外务大臣麦克马洪（Henry McMahon）亲自担任全权代表，曾经担任驻华公使的罗斯（Archibald Rose）为其“关于中国方面之事之顾问”[72]，贝尔为关于西藏问题方面的顾问。[73]相比之下，中国政府未高度重视，只是以西藏宣抚使陈贻范为中央政府代表，副宣抚使王海平为副代表，伦青·夏扎为噶厦代表为随行与议。这不但开了中英藏两国三方一起协商的恶例，而且在一些时候，夏扎感到不舒服（indisposed），贝尔就代表他发言[74]，可见英国政府的险恶用心。

一开始，夏扎除了提出“中国承认西藏自主，不得进兵西藏”之外，还要求：“西藏与中国以打箭炉为界”[75]，“西藏境界应包括昆仑与安定塔以南之新疆部分，青海全部，甘肃、四川之西部与打箭炉，及云南之西北部与阿墩子”[76]。他提出此点，除了受英国政府的唆使外，还与十三世达赖喇嘛的看法有关：“五辈达赖的区域就是固始汗所统有的藏卫青海西康之疆域”，“这是西藏原有的疆域”。[77]黎吉生认为：“西藏人……把青海和打箭炉都包括在内，虽然有一些根据，如大部分居民是藏族，有许多大寺院和达赖喇嘛有直接联系，有些小邦新近被置于拉萨的统治之下，但它伸展到在过去的一千年里，很难证明是由西藏政府实际统治的大片地区。”[78]但是麦克马洪支持夏扎的提议，宣称：“西藏境界，自昆仑安定塔以南至新疆省、青海全部、甘肃之西部、四川省之打箭炉及云南省之阿敦子以西，皆包括在内。”[79]如此，“几将川边之地及青海全境划归西藏”[80]。陈贻范“初以西藏为我领土，不应划分疆界；嗣允以清末赵尔丰边军兵力所及之地为限，以江达为界”，西康“须领有江达及江达以南之土地”。[81]黎吉生批评陈贻范“宣称应在通过工布江达距拉萨以东仅仅六十来英里的线上。这不仅全部恢复了赵尔丰晚近征服的地区，而其包括了很多在谈判时仍然由西藏政府完全统治的地区”[82]。

麦克马洪进而于3月11日提出了“内藏”、“外藏”问题：(1)“怒江以东及德格、瞻对（今新龙）、察木多三十九族各地，沿用喀木多之名称，定为特别区域。”[83] (2)“现以订立本约之故，所有西藏境界，与内藏外藏之分界，以红蓝线绘明于所附之地图内。”[84]黎吉生对“内藏”、“外藏”的划分及“根据”作了这

样的解释：

> 外藏是指金沙江以西的广大地区，长期以来西藏政府就行使完全的统治权。这一地区也就是建议中的中国宗主权应当有限制地使用的地区。内藏是一个广阔的边沿地带，北从昆仑山脉起东达甘肃省和四川省的边境，这一带的居民主要是藏族并和西藏有宗教上的联系。这一带中国政府可以自由任命官吏，派遣军队，但内藏也应受不准改西藏为行省的限制，不允许改为中国的省份……接受这些边界线，如建议附图所载，意味着中国将交出重要市镇昌都和由赵尔丰直接从西藏夺获的，从金沙江到怒江之间的地带，中国人在这样地区的地位已经很成问题了。同时也意味着在中国十八省以外的一些新地区，将被包括在西藏——“内藏”之内……对西藏来说，这意味着德格和瞻对这两个很有价值的地方将被划出，不受拉萨直接统治。这些地方坐落于金沙江以东的地区，1860 年西藏的统治曾经扩展到这一带。[85]

英国政府在向俄国政府通报中，首先提出要“将西藏划分为两部分，分别属于两种不同制度，在不同程度上由中国和西藏进行控制”，接着宣称必须这样做：“陛下政府仔细研究了中国政府和西藏政府对边界和领土的要求，并将这些要求同它所掌握的有关此问题的材料比较之后，确信调解两个政府过分的和彼此矛盾的要求的唯一希望”，在于划分“内外藏”。“不管怎样，陛下政府认为，西藏人提出要求在所谓‘外部地区’的领土上实行绝对自治是有充分理由的。”[86]

所谓“特别区域”属于“内藏”，“外部地区”即“外藏”。“特别区域”的含义就在于作为“外藏”和中国内地的“缓冲区”，“外藏”作为中国与英属印度的“缓冲区”。英国政府以此实施“大西藏”、“大西藏国”的步伐暴露无遗：第一，“英国以建立所谓‘内外藏’之名称，希图于边务上肆行其侵略之阴谋；故英人在会议中除提案外，关于界务之划分，仅以红蓝线所绘之附图说明之。图中规定之内外藏地址，包括川边特别区域，与青海西康之全部。而其提案之第二条中划中藏境界为‘自昆仑安定塔以南至新疆省、青海全部、甘肃之西部、四川省之打箭炉、云南省之阿墩子以西’完全包括在内”[87]。第二，“所谓‘内西藏’者，包括玉树二十五族及西康全境，其计划乃欲使外西藏完全自治，而内西藏中国虽有若干治权，不得驻兵，藉为‘外西藏’留一缓冲地”[88]。总之，英国政府企图“把西藏区划成内藏与外藏两部；即把西藏本部作为外藏，把川康一带作为内藏”，在

“外藏”推行“自治”。这样一来，英国政府可以达到至少三个目的：第一，“内藏川康一带便可利用做中国本部与外藏间的缓冲地带。”第二，“外藏的西藏本部便可以整个地成为英国完全的前哨地带了”。[89]第三，在西藏地方与中央政府之间埋下矛盾与冲突的种子，黎吉生宣称：划分的“结果将会出现两种地位不同的地区。外藏多少像一个中国的自治领，内藏将是一个和平争取的地带，较好的或较有吸引力的行政将可以赢得它”[90]。

陈贻范先有三次妥协。3 月 18 日，他第一次妥协，提出：“拟以怒江迤东已设郡县之地，完全归中国治理，怒江迤西至江达，保存前清旧制，声明不改设郡县，达木蒙古与三十九族亦仍旧制。”3 月 28 日，第二次妥协：“川、藏以丹达（原注：嘉黎府所属）为界，怒江以西至丹达，不改旧制，不设郡县。”[91]4 月 7 日，陈贻范第三次妥协：“1. 川藏应以怒江（或称萨尔温江）为界。2. 怒江以东归中国完全治理。3. 怒江以西属于西藏自治范围，但条件是西藏系中国领土的一部分，与外蒙一律。4. 青海当然归中国完全治理。5. 三十九族（Jyade）仍同以前一样由中国治理，但中国在三十九族地区照旧不设郡县。”[92]总之，陈贻范先允以江达为康藏之界，“几经争议，复让至丹达，最后让至怒江。至青海方面，初以当拉岭为界，继以昆仑山为界，而我所让内藏区域，如当拉岭以北，怒江以东之地，并声明得由我自由经营，巩固其地位”[93]。他的基本立场是：西藏为中国领土，不能以金沙江为康藏之界，也不能将三十九族等地划入西藏；同时，又承认现状，即在有争议的地方不设县治。

麦克马洪于 4 月 17 日以“让步”、让中国占了很大“便利”的口气提出：“将亨色脱岭（原注：祁连山脉之拜生图岭）东北之青海地，及金川、打箭炉、阿墩子划出内藏，全归中国，瞻对、德格划入内藏。”[94]此语严重危害中国的主权与领土完整：第一，麦克马洪居然以裁判官、调停人的身份来插手中国省区划界，其言语听起来是在解决两国间的划界问题。第二，除了阿墩子（属云南德钦县）外，德格位于金沙江东岸，金川、打箭炉位于雅砻江以东地区，瞻对即今天四川新龙县位于雅砻江西岸。实际上，麦克马洪提出了康藏以雅砻江为界的问题，这实际上把金沙江以东地区割裂开来，制造新的矛盾。黎吉生宣称：英国政府提出以雅砻江为康藏界线是有“根据”的：“一种明显的和解是遵循历史的分界，即以金沙江为界，这条界线至少从清朝以来就存在的；但是还有一个保全西藏在金沙江以东各藏人小邦和寺院的利益，这些小邦在赵尔丰进行改土归流以前，根本不受中国人的控制，辛亥革命以后，中国人在这里的势力也很微弱而不稳定。”[95]

陈贻范不同意，于 4 月 20 日提出：(1)“当拉岭以北青海原界，及阿墩孜（即阿墩子)、巴塘、理塘各地，仍照中国内地完全治理”；(2)“川藏以怒江为界，怒江以东及德格、瞻对、察木多、三十九族各地，仍沿喀木名，定为特别区域，怒江以西归西藏自治范围”。[96] 陈贻范虽然仍然坚持以怒江为康藏界线，但是表示怒江以东及德格等地为“特别区域”，即不再坚持“得由我自由经营”，实际上同意了英国政府提出的上述“留一缓冲地”的要求。

虽然陈贻范如此妥协，但是英国政府仍然企图将整个“内藏”地区变成“缓冲区”。麦克马洪未直接回答陈贻范的妥协，而是将对中国政府的“让步”转到青海上来，于 4 月 27 日提出：“凡白康普陀岭（原注：噶达素齐老峰)、阿美马顷岭（原注：大积石山）东北之地，划归青海。”[97] 噶达素齐老峰在青海巴颜喀喇山北麓，为黄河发源地；大积石山位于甘肃西南部，处于青藏高原与黄土高原的交会处。他宣称，如果陈贻范不在 4 月 27 日签字，则英方将与噶厦代表“单独订约”，并将此“让步”删去。陈贻范乃草签，其中第九款为“所有西藏边界以及外西藏与内西藏之分界，以红蓝色绘明于本约所附之地图内”。

这就是麦克马洪 3 月 11 日提出的第二项要求。陈贻范草签的原因，有人说是“为避免会议之破裂”，其实是草约第一条称“订约国承认西藏为中国领土之一部分”[98]。但是，陈贻范没有认识到，西藏本来就是中国领土不可分割的一部分，何须英国通过召开中英藏两国三方会议来承认！如果中国政府接受，英国政府分裂中国的整个企图就得逞了。5 月 1 日，中国政府照会英国政府指出：西藏问题乃中国内政，英国不能干涉。陈贻范乃以“不能擅让领土，改变疆域”[99] 为由，拒绝正式签署《西姆拉条约》。他还声明：“凡英藏本日或他日所签之约，或类似之文件，本国政府一概不能承认。”[100] 英国政府后来认为：“中国政府否决了其代表的行为，从来都没有批准过这个条约，因为它不同意所提出的有关将西藏与四川有很大争议的领土置于拉萨控制之下的中藏边界划分条款。”[101] 随之，第一次世界大战爆发，“英人无暇东顾，会议遂搁置焉”[102]。

英国政府见西姆拉会议上不能强迫中国政府让步，乃采取两方面措施。一方面，英国政府指示麦克马洪悍然与夏扎私下订立草约，其中规定“分西藏为内外两藏，以盐井、巴安（巴塘)、瞻化（新龙)、德格为内藏与四川的境界线，以康普陀岭及阿美马顶岭为内藏与青海间之境界线。外藏的领土则包括拉萨、日喀则、察木多”[103]。时人对此概括说：“外藏别为一省，包括西藏至西康之昌都，设独立政府，名义上仍属在中国主权之下，中国与英国俱不干涉其内务，但得派代表驻拉萨”；“内藏包括理塘、巴塘，直接由中国统治”。[104]

另一方面，继续以“调停人”的身份向中国政府施压。英国政府指示驻华公使朱尔典于6月6日向中国政府提出“以怒江以西为外藏，当拉岭以北昆仑山以南（按即青海玉树地方）及怒江以东至打箭炉为内藏”[105]。8月，中国政府提出修改案：(1)“打箭炉、巴塘、理塘各土司所属之地，归四川省治理”；(2)“察木多、八宿、类乌齐各呼图克图及三十九族土司所属之地，皆划入外藏”；(3)“昆仑山以南，当拉岭三十九族，察木多德格土司以北，及青海南部之地，划入内藏。内藏改名为康藏”。[106]由此看来，双方立场相去甚远，中国政府不可能接受英国政府无理的干涉和要求，英国政府说：“在以后的数年中，中国政府拒绝了英国关于边界问题的种种调和，而这些调和可以促使中国承认西姆拉条约。这些建议毫无结果。”[107]

英国政府在竭力割裂康藏的同时，企图割占中国藏南土地，积极鼓吹侵藏“学者”麦凯叙述说：“贝尔利用西姆拉条约兼并达旺（Tawang）和几块较小的土地。在条约所附备忘录（notes）中，达旺成为印度的一部分。但是，直至1914年达旺毫无疑问是西藏的一部分，贝尔和印度政府都承认此点。按照贝尔对其政府所建议，西姆拉条约意味着‘西藏同意将达旺地区的使用……此外包括其他位于印度西北边界前沿的西藏领土……让与印度’。”[108]

总而言之，康藏“界划纠纷，实为数十年来康藏祸乱之症结”[109]，其始作俑者即为英国政府。西藏的行政区域本已确定，清政府对川藏、青藏的界线也作了明确的规定，“康”作为一个文化区域而非行政区域的性质也很明确。然而在英国政府“大西藏”及“大西藏国”的“宏伟蓝图”下，康藏、青藏的界划矛盾产生了，西康是否单独作为行政区域也摆在中国政府的面前。在其“宏伟蓝图”下，英国政府声称“有权规范中藏间关系”[110]，要求“中国政府对于西藏，谅解英国地理上的特殊地位”[111]，宣称“英国的关切主要是对外藏，希望通过条文对西藏地位的规定而得到政治上的保障”[112]。为此，它采取双管齐下的阴谋手段，一方面“指使藏方积极谋脱离中国，并将西藏分为内外藏，外藏为藏本土，内藏竟扩大至青海川边”[113]；一方面企图割占中国藏南达旺等领土，这一手段正如苏联政府所指出，“英帝国主义，已用蚕食外缘土地之方法令‘大西藏’变成‘小西藏’。现时则努力牺牲中国其他部分之领土”使“小西藏”扩大为“大西藏”[114]。英国政府在西姆拉会议上的企图不得逞，康藏纠纷、青藏纠纷接踵而来！

第二节　1917年至1918年英国政府与第一次康藏冲突

如前面所指，在1914年西姆拉会议上的阴谋未得逞后，英国政府不甘心，因而在民国史上发生了三次康藏冲突。尽管藏军进攻西康与四川军阀相互之间的内斗有关，但是“英帝国主义之煽动，唆使”，才是康藏冲突爆发的主要原因。[115]每次康藏纠纷的发生，都与当时的格局变化及英国阻碍西藏地方与中央政府关系的正常化有着密切的关系。中英两国政府关于康藏问题“争论的焦点先是西藏和四川省交界的划分，后是所谓后藏和前藏之间交界线的划分”[116]。

1917年至1918年发生之第一次康藏冲突，表面上是川藏两军争夺澜沧江至金沙江之间康地，实质上是英国政府企图将这片区域囊括进“内藏”以制造西藏“自治”。为此，英国政府对冲突发生时间、导火线地点做了精心安排，并派台克满（Eric Teickman）前往掌控。在英国人员训练、武器援助下，藏军占领了金沙江以西区域。台克满乘机“调停”，先后签署了《边藏停战条约》和《边藏停战退兵条约》，规定川藏“暂时”以金沙江为界，英国政府在西姆拉会议上的有关计划得逞。中国政府无所作为，将康藏纠纷搁置下来，以待有利时机再解决。

一、冲突之发生：英国政府竭力唆使与精心安排的结果

要论述清楚第一次康藏冲突是怎样发生的，还需追述并重复一下英国政府分裂中国的有关企图。康藏区域本有定制，康地“东起打箭炉，西至丹达山，计三千余里；南与云南之维西、中甸两厅相接壤，北逾俄洛、色达两地与甘肃交界，计四千余里”[117]。西藏“东至巴塘之南墩，东南至类伍齐番族，东北至青海所属之纳木称、巴颜番族，南至珞瑜茹巴怒江，西南至布噜克巴（即不丹）部落，北至草地，通回部沙雅尔，西北通部回（回部）和阗”[118]。然而在1914年西姆拉会议上，英国代表麦克马洪宣称：“西藏境界，自昆仑安定塔以南至新疆省、青海全部、甘肃之西部、四川省之打箭炉及云南省之阿墩子以西，皆包括在内。”[119]这样“几将川边之地及青海全境划归西藏”[120]。他进而划分“外藏”、“内藏”，前者“指金沙江以西的广大地区”，后者“北从昆仑山脉起东达甘肃省和四川省的边境”。如此，重要城镇昌都即察木多以及金沙江到怒江之间康地被划入“内藏”。[121]

第一次康藏冲突发生的表面原因是：1917年9月，“驻扎类乌齐河之藏兵越

界割取马草，边军拿获，解送昌都，经统领彭日升讯明管押。藏人寄信交涉，请将所获藏人交还，由藏官自行办理。彭统领不审机势，辄将获犯斩讫，送还首级，以致激怒藏人，遂发大兵攻击恩达、类乌齐”[122]。英国政府指责彭日升撕毁了1914年的停火协议，“因为两军前哨基地之间的细小争端而动用其全部军队进攻藏军”[123]。后来签订的《边藏停战条约》明确冲突之责须由边军承担：“驻扎类乌齐暨昌都之汉军偶因细故攻击藏军，故此汉藏于今岁大起冲突。”[124]而实际原因，除了十三世达赖喇嘛对康地“蓄谋已久”外，即为英国政府为分裂西藏而竭力唆使、精心安排的结果。

关于英国政府在西姆拉会议后如何“唆使藏人练兵叛华，彼得坐收渔人之利”的情况，驻藏办事长官行署秘书长李嘉喆向藏事促进会作了汇报：在政治上派遣贝尔“勾诱坚桑朗噶，入藏大肆野心，向藏当局条陈改革三事：甲、废剃度；乙、提寺产；丙、征僧兵”。在军事上，由英印政府售卖给噶厦“枪五千支、大炮三尊、机关枪数十架”。[125]与此同时，英国政府多方施压，迫使噶厦与内地冲突：在军事上，英印政府“以大吉岭为驻藏英兵大本营，随时换防添派”。在边境上，英国政府以“枪款问题，要求割让藏南边境与不丹毗连之麦隅，为抵债”，同时积极修筑深入藏南地区之交通，“其进取计划，一由西力古里至低斯达中，分支至大吉岭；一由阿萨密至白马岗，分支直达滇边与缅甸”。[126]

十三世达赖喇嘛也采取一系列备战措施。1914年9月，他派遣代理代本崔科率军前往江达驻扎，并从日喀则、江孜、定日等地调兵前往康区。1916年，他“编练藏军精锐部队”，“按藏文字母的顺序对新旧军营进行整编，制定军旗，并宣布藏军司令部的纲领和体制”。[127]这些措施得到英国的帮助和支持。英印政府在西藏江孜创办军官学校，在印度果札、西罗举办军事训练基地，帮助十三世达赖喇嘛训练军官及使用现代军事武器，侵藏积极分子麦克唐纳承认参加第一次康藏冲突的藏军是英国用“新式战斗方法”训练出来的。[128]

第一次康藏冲突于1917年9月后爆发，并以类乌齐事件而非以其他地方为导火线，是英国政府精心策划的结果。十月革命的爆发使俄国这个同英国争夺中亚细亚的劲敌不复存在，英国政府认为制造康藏边界冲突的机会到来。类乌齐是康藏边境上最为敏感的地区。它“位于察木多东北大约40英里处的紫曲（Dza Chu或Sze Chu）上，紫曲在察木多之南汇入澜沧江。类乌齐是类乌齐寺所在地，也是彭日升将军指挥下的中国军队在察木多的前沿阵地。类乌齐之东与北地区属于噶布伦降巴邓打喇嘛（the Kalon Lama，又写为降巴顿打、江巴登达）军队控制的地区，来自康地、附属于西藏的牧民也在此生活”；这片地区“位于嘉德（Gyade）边缘，而嘉德是导致1914年西姆拉会议破裂的焦点之一”。[129]对比《说报》1914年8月20日关于西姆拉会议争执焦点的报道，嘉德即指三十九族地区；“彼藏中所要求者，将令青海南半、怒江以东地均归察木多所辖，席卷而入后藏自治范围。北京方面雅不欲以四川边界混为前藏，至多不过令青海以南地并归自治之区者，东至怒江为限耳。于是青海之半东暨察木多东七百五十迈当内移，并入前藏。盖以青海久隶于中国，怒江以东地久归中国统治之下。中国军队今日尚驻察木多，西连怒江畔，均在防守中。此则中国方面所持之理由也。”[130]这份报道说明，夺取类乌齐是夺取青海南部和察木多的前提和条件。英国政府宣称：在西姆拉会议上将康藏边境上一些地区，尤其是察木多、乍丫（Draya）、芒康（Markam），划给西藏，而这些地方仍在汉人手中。[131]言下之意，必须以武力夺取。

为掌控这次冲突，英国政府免去寇勒斯（O.R.Coales）驻打箭炉观察员的职务，而以台克满继任。英国学者指出：“台克满虽然只有33岁，但是已在驻北京公使馆拥有相当的经验。很有可能，关于西藏问题的1916年9月备忘录就是他起草的。此外，他还曾前往位于甘青（Kansu-Kokonor）地区的西藏边界游历，而这一地区恰恰是西藏在中国革命爆发之后获得的。显然，他到打箭炉继任，不仅仅是观察和报告。”台克满自己对朱尔典声称其目的是“调查川藏边界问题的过去、现在或许将来的情况；当然，这一切对任何人不能有所暗示”[132]。

在上述情况下，虽然彭日升“处置失宜”[133]，但是第一次康藏冲突的发生不可避免。十三世达赖喇嘛在辛亥革命爆发后宣布“独立”时，川边各县藏族居民响应，仅南路之泸定、康定、巴安三县，及北路之道孚、瞻化、炉霍、甘孜、德格、邓柯、石渠、昌都八县尚在川军手中。袁世凯下令四川都督尹昌衡、云南都督蔡锷进军，“除南路之科麦、察隅，北路之恩达、硕督、嘉黎、太昭等县外，皆相继克服收复”[134]。英国政府以威胁不承认民国政府为手段，压迫袁世凯下令停止进军解决西藏问题。第一次康藏冲突爆发后，台克满入藏，中国政府“迭请撤回”，英国政府置之不理，藏军“遂屡次犯边”，台克满在“其中拨弄情事自属难免”。[135]藏军“蓄锐已久，饷充械利，兼以四出煽惑，一时各县番民背汉投藏者数不下十余万”，而边军“久戍，饷械匮乏，军无斗志，又因分防多处，兵力益单，衅端一开，遂难据守”。[136]至1918年上半年，藏军占领恩达、昌都、贡觉、同普、德格、白树、邓柯、石渠、瞻化等金沙江以西全部地区。藏军“既得昌都，分兵两路，以破竹之势，长驱而入”[137]。至1918年10月，藏军所占康地，

“除葱坡埂之役所失太昭、嘉黎、硕督、察隅、科麦五县不计外”，康南被占宁静（江卡）、武城（三岩）、贡县（贡觉）、察雅（乍丫）、昌都、恩达、类乌齐、三十九族，康北被占德格、白玉、邓科、同普、石渠[138]，康藏传统上的地理格局被打破。

英国政府高兴地“看到藏军不只攻占了赵尔丰所占过的金沙江以西地区，而且还占领了金沙江以东的一些县，已达到了它所主张的‘外藏自治’的目的，还夺取了‘内藏’大部分土地”[139]。黎吉生宣称：“彭将军的威吓证明是吹嘘的，西藏人迅速地重新夺下昌都，在给予惨重打击后，把中国人一直赶到金沙江以东很远的地方，甚至威胁打箭炉。”[140]贝尔声称：西藏人“彻底击败”了中国军队的“进攻”，把中国军队“从他们一直占领的大片西藏领土上赶了出去”，“这是一个了不起的胜利”。[141]

有人认为，边军战败是川边镇守使陈遐龄的罪恶导致：“陈与边军统领彭日升相怨，利藏军铲彭。昌都被围一年，告急文书如飞雪，不顾，且饬甘孜驻军不得越境一步，致边军覆没，藏兵东侵，失陷昌都、白玉、邓科、石渠、德格等十余县。”[142]另有人也批评“陈令团长朱宪文坐镇道孚，不准进援”[143]。但有资料说：陈遐龄“派营长蒋国霖往援，国霖吞饷投藏，余军亦阻塞不前。昌都援绝”[144]。无论对其行为如何定论，但是如无英国政府的武器援助，藏军难以取胜。虽然贝尔竭力否认说：“正当英国忙于世界大战的时候，中国人却在准备更加猛烈地进攻西藏。因此，在拉萨的西藏小军火工厂只得全力以赴，制造尽可能多的弹药。”[145]但是时人指出藏军“所用器械，均最新新式快枪、大炮”[146]。英国政府也承认：藏军使用的是英印政府 1914 年提供的“严格用于防御的英国武器和军火”，同彭日升的部队相比占有压倒性优势。[147]

二、《边藏停战条约》：西康被一分为二

在此情况下，英国政府“指示其副领事台克满出面‘调解’，目的在使达赖方面巩固其已得的占领地区”[148]。台克满在冲突爆发之初“即托词赴巴安调查。当经力阻不听”[149]；随即潜往昌都与降巴邓打会晤，“自认调停人”，并提议在昌都开停战会议[150]。1917 年 12 月 31 日，他向英国政府发出第一批电文，其中不仅“仔细而有力分析了康藏冲突演变情况”，而且“就英国所期望的自治西藏和中国四川之间稳定的界线调整提出了一系列详细的建议”。[151]接到英国政府的指示后，他函告中国有关各方，称奉英国政府及英国驻北京公使朱尔典之命“居中言

和”[152]。陈遐龄报告说“调停”经历两个阶段：台克满先是“诱刘分统赞廷前往昌都。而该分统贸然与噶布伦议立停战条约十三款。台领又复折绒坝岔两军前线，与委员韩光钧再四磋商，提出停战条件，迫不得已，始允双方暂时停战”[153]。两个阶段的结果，是分别签订了《边藏停战条约》和《停战退兵条约》。

先来看看第一阶段。1918 年 5 月 19 日，台克满与降巴邓打第一次见面会谈。[154] 有人指出：“嗣边军往援正取胜之际，巴塘英领台克满出面阻挠，主张议和。”陈遐龄同意“停战议和”。降巴邓打提出三条：“一、撤退驻藏华兵；二、藏兵须驻川边；三、中国须偿兵费五十万圆。”陈遐龄“以无权接受”而拒绝。于是，“战事又启。然以无力抗拒，则又再议停战”。[155] 时人叙述说：“边军分统刘赞廷部下三营之兵，血战仅余一连，巴盐两县，危在旦夕，暗潮起伏，南路各县，亦将不保。刘赞廷乃单骑赴昌都，因驻宁静之英国副领事台克满，出任调停，与西藏噶布伦喇嘛降巴顿打，在昌都会议停战。”[156] 但陈遐龄向中央政府报告：台克满“侦知边军刘分统赞廷庸懦无能，战败胆落，遂赴巴安诱其到昌议和”，而刘赞廷“竟不请命，贸然前往”。[157]

无论刘赞廷是否“贸然”，但是他于 1918 年 8 月 19 日与降巴邓打缔结《边藏停战条约》，其遗害如下：

其一，严重危害了中国国家主权与领土完整，英国政府企图推行西藏“自治”。

虽然第 1 条对中英藏两国三方有所区别，称分统刘赞廷“应任大中国交涉委员”，噶布伦喇嘛降巴邓打“应任拉萨政府交涉委员”，台克满“系大英国领事，应任大英政府交涉委员”，但是其他条文将西藏与中英两国并列：第 2 条称“此合同为暂时之用，俟异日中藏英政府三方开议，另订永远条约”，“如欲更动，必须三方政府允许方可”；第 4 条、第 12 条中规定“俟中藏两政府议决允准此约后”、“俟中藏两政府批准后”；第 13 条说“此次合同成立后，汉藏英画押人员，务宜立时将此合同飞报各政府，听候三政府批准”。[158] 时人还将其中“飞报各政府”记载为“立刻呈报本国政府”。[159] 国民政府蒙藏委员会委员长石青阳指出：“条文曰中藏英三方政府，是西藏已成为独立国。”[160] 这是英国政府企图推行西藏“自治”的深刻体现。

其二，将康地一分为二，英国政府达到了设置“缓冲区”的目的。

第 3 条规定川藏界线“暂时”为：“巴安、盐井、义墩、得荣、理化、甘孜、瞻化、炉霍、道孚、雅江、康定、丹巴、泸定、九龙、定乡、稻成等十六县，与该处施（迤）东之地方，归汉官管辖，藏军文武不得驻扎该处之境内。查类乌齐、恩达、昌都、察雅、宁静、贡觉、武城、同普、邓柯、石渠、德格、白玉等县，与该处迤西之地方，归藏官管辖，汉军文武官员不得驻扎该处境内。”[161]这样就划定川藏以金沙江为界，“西康三十三县中所保存者，只有十七县了”[162]，英国政府宣称：“由于这些地区是西姆拉会议上划给西藏的，藏人的进军对此解决来说是正确的，因为他们所占领的地区是合法给予他们的。”[163]既然是“暂时”的，则按照英国政府在西姆拉会议上所说，金沙江至雅砻江之间地区通过“善政”来争取，雅砻江将来可以成为川藏边界线，从而留下了康藏继续冲突的隐患。

第 4 条规定：“除地方维持秩序用土兵外，藏军不得驻金沙江之东，其驻扎南路之汉军不得过金沙江之西，而江西仍用土兵一百名，其驻扎北路之汉军不得过雅龙（砻）江之西。”第 10 条规定：划界之后川藏交界地方以“不多驻军队为然。至巴塘及甘孜之汉军，各以二百名为限；又驻昌都及宁静之藏军，亦以二百名为限”[164]。这就将自澜沧江（昌都位于澜沧江上）至雅砻江之间划为“缓冲区”，英国达到了西姆拉会议上在内地与“内藏”之间设置“缓冲区”的目的。

台克满承认上述规定依据于他 1917 年 12 月底草拟的计划。他认为必须抓住藏军取胜的暂时优势，“说服汉人和藏人接受 1913 年以来事实上的界线”。他写道：“川藏双方均对目前事态烦得要死。由于藏人属于软弱一方，而其目前能自治的原因在于中国持续的内乱，这种事态对他们来说更危险。虽然汉人无论如何不愿放弃以萨尔温江为界，虽然藏人同样不愿意放弃金沙江—湄公河分界线和昌都，然而毫无疑问，双方都愿意明智地妥协接受目前的界线。”[165]

其三，英国政府俨然以“中人”面目插手中国内部事务，并企图永远操纵西藏问题。

第 1 条规定：“现汉藏长官均欲和平办理，各守现在驻扎地点，而大英政府亦愿从中调和，始订此停战合同。”第 9 条规定：“自立此合同后，若边地汉藏长官再起有冲突……可速将冲突实在情形函知英领事出为调停，而英领事定尽中人之责任。”第 13 条规定：此合同用汉、藏、英三种文字各缮 6 份，合计 18 份，刘赞廷、降巴邓打、台克满各“执汉藏英合同各二份”，“因英领事为此事之中人，应以英文合同为主”。[166]这些规定的含义是：首先，“曰面请英领调停云云，则藏事且永受英国之干涉矣”[167]。其次，以英文为主，英国政府成为仲裁官！台克满坦白这是根据其建议而规定的：“我对我的西藏和中国同行指出，由于中国未赋予刘赞廷代表其谈判的充分权力，我们必须达成地方协议，然后报告我们各自的政府，请求批准。”[168]

《边藏停战条约》定名为“条约”，但条文中称“合同”，说明争议很大。陈遐龄报告说：英国政府“深知我国内讧未息，川中兼顾不及，陆军后方粮弹不济，故敢强刘分统与噶布伦议立停战条约十三款”[169]。中国政府指出：台克满还代替刘赞廷“用英文电致政府，力言藏兵凶猛，我兵溃败，所有险要，尽为藏人所据，意存恫吓，播弄情节，更为显然，是英使一面派人挑拨藏番，一面迫我订约之心已昭然若揭。此等举动，未免迫我太甚”[170]。但刘赞廷将台克满所拟十三条与《边藏停战条约》分开来，一方面强调“台克满所独拟之十三条，并未签字，即不能认为有效”：“当开议时，台克满即以其所独自拟议之十三条作为停战之条件。赞廷立拒绝之。谓：‘川藏两军之冲突，为中国境内局部之事，非外人所可得而干预！’至台克满所独拟之十三条，即照原文电呈中央；并请中央就近与驻英公使切实交涉。旋奉中央电令：‘准双方停战，余事听候查办。’”[171]一方面强调并非擅自签订《边藏停战条约》：“我们一直在等待四川和打箭炉的答复，终于到7月底收到了。四川督军强调他同意和平谈判，并表示在达成协议之前不会派军西藏。川边镇守使（陈遐龄）同样同意和平解决，并倾向于在边界问题最终解决之前提议以金沙江为临时界线。”[172]

三、《停战退兵条约》：再次明确川藏“暂定”以金沙江为界

按照石青阳所说，《边藏停战条约》“成后，甘孜所属绒坝地方边藏两军尚在交战，未经停止。刘赞廷复与降巴邓打会话，请台克满前往调停议约休战”[173]，乃有《停战退兵条约》四条的签订。实际上，四条是川藏两军对峙的产物，也是台克满再次“调停”的结果。

陈遐龄批评台克满“所议种种狂悖”[174]，“以条约损失威权，作为无效”[175]。藏军进攻甘孜，“使甘孜陷，则道（孚）炉（霍）不保，而全康坏矣”[176]，陈遐龄以余宪文率军迎击。余宪文“大战藏军于甘孜之绒坝岔，血战二十余日，始据雅砻江之东，与藏军扼守”[177]。随即，甘肃、云南两省所派援军分别抵达北路、南路，“于是贺方棋、周绩涵、张光典、曾鼎、戴世英、王政和、谌煜七营，相继至，凡十二连人，循雅砻江北岸，着着进屯，衔接绒坝岔粮道”[178]。台克满了解到绒坝岔新驻来自打箭炉军营、装备优良，受过良好训练的3000名川军，意识到不可能再保证藏军获胜。[179]因此，他“遂倡言双方停战议和”[180]。藏军本计划作战下去，遭到台克满的反对。黎吉生宣称：“台克满于是进行调停，取得西藏人的撤退。他的建议受到英国政府停止供应军火的支持，没有英国的军火西藏人是

无法前进的。这对西藏自然是一种打击，他们的不满可以从台克满的报告中看出来，因为他们认为这是夺回内藏的一个很好的机会。”[181]

在对峙的情况下，川藏双方也认为有必要议和。1918 年至 1920 年，四川先后发生所谓“靖国战争”、“倒熊（克武）之战”、“靖川战争”等一系列军阀混战，陈遐龄作为川边镇守使却卷入其中，因而也不想继续对峙。他通过在印度的西藏办事长官陆兴祺要求十三世达赖喇嘛“休兵息民，听候中央解决”[182]，并派韩国钧（一称韩光钧）前往协商。十三世达赖喇嘛感觉到“汉、藏纠纷尚未平息，大批官兵需要常驻康区，百姓倍受运送军粮之苦”[183]。他复函陈遐龄称“不肯悖逆中国施主，甚愿息兵”，由川、藏双方及英国三方“各派替身议和”。复函把中央政府与西藏地方的关系称为“施主”关系，并引狼入室“必须牵入英国做证者，足证受英唆使，听人愚弄”[184]。

1918 年 9 月 2 日，台克满赶到川藏两军相持之绒坝岔。9 月 20 日，他“与驻扎甘孜之边军团长朱宪文，及川边镇守使派来之交涉员韩国钧，西藏兵官却让带本（即代本，相当于团长），土司甲宜齐等，共同磋商”[185]。台克满对《边藏停战条约》有两点不满：其一，详细规定了停火线，却未规定有效期限，如果中国政府拒绝批准，等于无效。其二，刘赞廷即使得不到中国中央政府授权，至少也应得到川边镇守使授权签订，则条约的有效性会好得多。他决定，新的停战退兵条约必须解决这两个问题。[186] 按照台克满所说，川藏双方同意缔结《停战退兵条约》的原因在于：“虽然双方争执不休，然而事实上均感不安。对藏人来说，他们面临着自冲突爆发以来相当多的汉军，从而卷入严重的敌对。对汉人来说，他们了解到藏人在昌都的举动，如果昌都地区落入藏人之手，则藏人就会牢固控制他们背后的整个地区，他们就面临着严重的危险。”[187] 在这种情况下，《停战退兵条约》四条于 10 月 10 日签订：

第一条，汉藏长官均愿和平办理，汉军退甘孜，藏军退德格县所管之境内。自退兵之日起，南北两路汉藏各军不得前进一步，停战一年，听候大总统与达赖喇嘛允否昌都交涉。第二条，此系停战退兵条件，并非正式之议和条件。第三条，定退兵期间以中历十月十七日、藏历九月十二日起，至中历十月三十一日、藏历九月二十六日退完止。第四条，此次条议，以川边镇守使派出之交涉员韩光钧、甲宜斋与西藏噶布伦派来之委员康曲洛桑、邓竹、后藏带本却让、贞冬认定，英国副领事台克满为证人。此条件立后，画押人员必得立时呈报政府。[188]

此条约之英文名称直译为《汉藏双方关于相互退兵停战的补充协定》（*Supplementary Agreement Regarding Mutual Withdrawal of Troops and Cessation of Hostilities Between Chinese and Tibetans*）。显然，它是《边藏停战条约》的补充，其特点为：

其一，再次规定川藏暂时大致以金沙江为界线。

四条虽然未明文规定，但实际上接受了十三条中有关规定，即“以盐井、大索、德化、里塘、甘孜、瞻对、章谷、康定、丹巴、炉（泸）定、稻城十三县为汉军驻地，以类乌齐、恩达、昌都、同普、邓柯、石渠、德格等地为藏军驻地”[189]。石渠、德格等地位于金沙江以东，西藏“强烈主张德格全境须由其控制”[190]，川方也同意，陈遐龄说：“藏番退德化境内，我军退甘孜境内。”[191] 刘赞廷认为：“西康所失之各县，暂归藏管；北路以绒坝岔，南路以宁静山为界。”[192] 黎吉生宣称：“中国人承允不进到甘孜以西。一条大致沿着金沙江走的边界线，差不多和清代的历史边界相同，被接受为临时的边界。”[193]

其二，明确规定了一年期限，川藏双方签订各有目的，但局势演变有利于西藏。

陈遐龄解释说：“停战期间，以一年为限，议出条件，呈候中央命令，再为解决。”[194] 但时人指出：“此约规定有效期间为一年。但翌年期满，陈遐龄并未准备恢复，反出兵东争四川。藏人方面，则已拓地十一县，九万二千余方公里，超过森姆拉会议以来，历年要求未得之地数倍，自已踌躇满志，无再东侵之意。直至民二十年，此线始复破裂。”[195]

其三，明确康藏冲突为中国内部事务，这是一个进步。

第 4 条一方面明确规定四条经川藏双方“认定”，由川边镇守使陈遐龄、噶布伦喇嘛降巴邓打所派代表签订。刘赞廷指出，是由川藏双方自己“直接交涉”的，由四川委员韩光钧、西藏代本琼让签字的。[196] 台克满尽管仍“以英国副领事的身份充当证人和‘中间人’（middleman）”，但是“不再称自己代表陛下政府”。[197] 另一方面，第 4 条将“立时将此合同飞报各政府”改为“画押人员必得立时呈报政府”。尽管有人认为此条规定“各签字委员应速呈报各该政府，请求批准”[198]，但是“各该政府”同“各政府”相比是一个进步，因为前者可以解释为西藏地方政府与中央政府，后者则将西藏地方政府与中央政府并列。

四条签订后，“藏军退于德格，川军驻于甘孜，自此暂行休战矣”[199]。从第三点来看，英国政府似乎让步，其实不然，因为：

第一，英国政府仍在推行分裂西藏的政策。黎吉生曾指责“中国作家们现在痛骂英国对西藏的侵略，是故意忘记英国在这次事件中所起的调解作用”[200]，但是贝尔在高兴地称赞了台克满的所为同时却坦白了何为英国的“调解作用”：“(西藏）东部与中国疆界之争，亦必赖其主持大计，遇中国从此入侵，则赖其报告，有时并赖其阻遏。”[201]英国政府要求噶厦接受金沙江为“永久的国际界线”，条件是“保证供应各种武器，特别是山地炮”，以“确保西藏抵抗中国新的进攻”。[202]

第二，制造康藏继续冲突的隐患。《边藏停战退兵条约》有一附加条款，为：“汉军应撤往甘孜，虽可自由占据战略要地白利寺，但是在停战期间不能越出此点之外。”白利寺即雅拉寺，位于甘孜县境，“与两个寺庙和白利土司（Hor States）官寨相邻，位于康地入藏的北路上。它是汉人最西的前哨基地”[203]。“越出此点之外”，即不能以白利寺为基础占领与白利寺相连的大金寺，1930年之第三次康藏冲突爆发的导火线即在于大金寺与白利土司之间的纠纷。

英国政府后来在1961年制定的文件中总结说：在1914年至1917年间，“中国拒绝了英国关于边界问题的种种调和，而这些调和可以促使中国承认西姆拉条约。这些建议毫无结果。1917年一位在中藏边界的中国军官重新挑起冲突，在冲突中西藏人总的来说取得了胜利。1918年双方签订了停战协定，该停战协定给予西藏人控制原先处于中国人控制下的许多领土的权力”[204]。这段话说明英国政府在第一次康藏冲突爆发前千方百计强迫中国政府承认非法的西姆拉条约，这理所当然遭到中国政府的拒绝。于是，英国政府指使噶厦借故挑起康藏冲突，占领了这些地区，并宣称中国政府如果接受西姆拉草约的话，就不会出现这种情况。

对于《边藏停战条约》，中国政府“毫无表示”[205]。对于《停战退兵条约》，民国政府认为是因“川边要地相继失陷”而不得已由川边出面签订的“停战条件”。[206]整体看来，民国政府无所作为，并打算搁置解决西藏问题。外交部致电驻英使馆说：在中英两国同为协约国的情况下，“若英使不念中英同在协商关系，乘我川事未靖，挑拨西藏为侵略我领土之计，恐系有意邀功，或非出自英政府本意。况各国现正极力抵御德国，西藏问题绝非紧要，何必定于此时解决，究竟英政府意旨如何，希设法探明，并不妨晓以世界各国酷爱和平、尊重公理之趋势，以戢其心。再，政府之意，拟俟川粤平定、兵力充足，然后再议藏事，否则即坐待列强他日之公道判断，此时决不欲解决藏案，致多损失”[207]。此电文希望台克满所为属于个人行为，从国际国内局势出发认为只能搁置西藏问题，坐等“公判”。

驻英使馆探寻后回电，虽然认为台克满“前议藏案时已在京供职，即由专管，现或由彼发生，意图邀功”，但是指出并非其个人行为，强调“英政府因我中央权力不及于外，致边民藏番屡因小故滋生事端”。回电赞同搁置西藏问题，探明英国政府“目前但求我能定一暂行办法，弭息边关（衅），似并无急欲解决藏案之意，即现在重提，英政府确接洽其事，但拟非其本意，印度政府亦无此主张”；并赞同“用兵必确有把握，不可轻启战祸，公判一层最稳”。[208]

总之，第一次康藏冲突表面上是汉藏两个民族之间的冲突，实质上是英国政府企图将自澜沧江至金沙江之康地囊括进“内藏”，以制造西藏“自治”并设置缓冲区。它精心安排了冲突的发生时间和导火线地点。在其竭力唆使和武器援助下，藏军很快占领了金沙江以西区域。接着，台克满乘机“调停”，先后签署了《边藏停战条约》和《边藏停战退兵条约》，规定川藏“暂时”以金沙江为界。中国政府将康藏纠纷搁置下来，以待有利时机再解决。

第三节　1920年前后贝尔入藏与第二次康藏冲突的爆发

英国政府在台克满现场“调停”第一次康藏冲突之时，就指示驻华公使朱尔典在北京向中国政府施压，企图按照其意志划分青藏、川藏边界，中英双方继1914年在西姆拉会议上交锋后又展开一场中央政府层级的争论。这场争论大致起于1918年5月，止于1922年9月，分三个阶段。1920年3月前，英国政府竭力迫使中国政府承认“内藏”、“外藏”区域的划分；中国政府虽然主张川藏以金沙江为界，但因遭到川青各方反对而设法搁置争议。大致在1920年3月至1921年1月争论“暂告停顿”期间，李仲莲、朱绣入藏，设法通过内部协商解决康藏冲突；贝尔则入藏实施“武装西藏”政策，策划康藏冲突。1921年1月后，争论又起，英国政府以所谓划界让步换取中国政府承认西藏“完全自主”；中国政府强调对西藏拥有无可争辩的主权，西藏的天然界址不能更动。由于解决时机并不成熟，川藏界务只能搁置。

一、贝尔入藏之前川藏青藏以何处为界之争：英国无权置喙

在1917年下半年第一次康藏冲突发生后，英国政府于1918年5月30日提议“以西姆拉会议为基础达成中英藏三方协议”，察木多（昌都）、乍丫（Draya，即察雅）、芒康（Markam）划给西藏，德格划给川边。同时，英印政府致函噶厦，

宣称“西藏可以相信其利益由陛下政府驻北京公使谈判解决”。英国政府认为：噶厦希望根据麦克马洪在西姆拉会议上关于“内藏”、“外藏”的划分解决康藏问题。此希望虽然“坦率”，“但是毫无疑问得不到边境上负责官员的赞同。他们清醒地认识到西藏所处的危险地位，也清楚地认识到西藏的自治程度取决于英印政府的物资援助。进一步讲，在设想边军从康藏北路进军之时，噶厦极为诚恳地要求英印政府援助，予以抵抗”。因此，“西藏人事实上会高兴地接受英国的提议，这能保证他们的自治，占有察木多、乍丫和芒康”。[209] 显然，英国政府企图按照其意志划分川藏和青藏边界，制造西藏“自治”。

根据英国政府的指示，英国驻华公使朱尔典于6月28日同中国驻美公使顾维钧交涉。顾维钧提出：“东面川藏界线，拟将东西之段移至巴塘里塘之北，使该二处仍完全属于川边”。北面的青藏界线，拟将1914年麦克马洪在西姆拉会议上“所划沿昆仑山之远藏界线移下至当拉岭昆仑山以北之青海，仍归内地，至东面之察木多，拟割归自治远藏，以副印政府之希望”。至于三十九族，如果英国对于东面川藏界线划分“能完全允任”，“则三十九族亦可削归自治远藏”。朱尔典回称：“欲将巴塘里塘划归川边，尚是有理由之要求，或可尚允。”至于以当拉岭为青藏界线“万难照办”，因为“以当拉岭为自治西藏北界，离拉萨仅五六十英里，断难同意”。他还宣称：“以青海划归西藏，关系甚大，因所谓内藏者，名义上是西藏之一部分，其实除达赖喇嘛之选派寺僧外，与贵国内地无异，贵国政府得自由经营也。”换句话说，已经有“内藏”为“缓冲区”了，不必再以青海南半为“瓯脱地”。如果认为青海南半“系天然之瓯脱地，则划入自治西藏，仍不失其瓯脱地之作用，何必坚欲为内藏耶”？顾维钧反驳指出：“拉萨至当拉岭最少有一百五六十英里，亦不可谓近。”“前贵国马专员（麦克马洪）主张西藏自治之外，复谓内藏为瓯脱地，原欲以减少边界之冲突，今青海南半既全系沙漠，真是天然之瓯脱地。以之为近藏最为合宜。”“青海之地，原归中国治理，与西藏无关，在印会议藏事，本无牵及青海问题之必要，但既已牵及，本国为看重贵国马专员之意见，不得不让一步，而允将青海南半作为近藏，若坚欲划归自治西藏，不免强人所难。”

综合来看，顾维钧称前藏为近藏，后藏为远藏，强调以当拉岭为青藏界线，反对将青海南半划入前藏。朱尔典仍然玩弄“内藏”、“外藏”称呼，并称外藏为“自治西藏”，企图将西姆拉会议上所说外藏界线强加于中国。对顾维钧所言，他无词回答，乃以对巴塘、理塘不让步而施压：“若只要求将巴塘里塘划归川边，以本公使个人之见，尚可设法帮忙，若并青海而要求更改之，实难为力，助所谓巴塘里塘可以设法者，亦不过私人之言，政府之意旨如何，并未接有训令，此层须请注意。”[210] 他威吓：界线问题“若不解决，西藏将为朝鲜之续，实属万难商议”。[211] 中国政府对此恐吓的回应，按照英国政府所称，为：“本来商定 8 月 27 日举行北京会议，期望通过此次会议达成解决康藏边界划分的协议，但在前一日即 8 月 26 日，中国政府代外长派人告知英国驻华使馆不能举行会谈，因为中国全国上下、议会一致反对英国的提议。”12 月 3 日，中国外交部正式告诉朱尔典康藏划界不可能一时解决，提议将来某个时候再协商。[212]

10 月 10 日，在英国副领事台克满的“调停”下，川藏双方签订《边藏停战退兵条约》。1919 年 5 月，英国政府以该约所定一年停战期限即将届满，要朱尔典“催促开议，并请中国政府提出条件”[213]。中国政府也以“不久届满，若不早解决，深恐藉词内犯，川甘边境遭其蹂躏”，于 5 月 30 日提出川藏、青藏界务四条：(1)“打箭炉、里塘、巴塘三土司地仍归川省”，即川藏以金沙江为界；(2)“察木多、八宿、类乌齐各呼图克图及三十九族土司所属划归外藏”，即同意藏军在第一次康藏冲突所占地区；(3)“瞻对、德格及昆仑山以南当拉岭三十九族、德格土司以北青海南部之地划归内藏”，即这些地方不能划入外藏，而是作为青藏、川藏的缓冲区；(4)“滇、新省界仍旧”。[214] 朱尔典报告英国政府核夺后，于 8 月 13 日提出两项所谓“最后调停办法”：“一，将内外藏名称取消，打箭炉、巴塘、里塘、道孚、镶（炉）霍、瞻对、冈拖等处划归内地，德格及以西划归西藏境地；二，仍沿用内外藏名称，将打箭炉、巴塘、里塘、瞻对、冈拖等地划归内藏，中国不设官驻兵，德格划归外藏。”[215] 无论何项，英国的企图都极为阴险：按照前项，自打箭炉至瞻对（今新龙）位于金沙江至大渡河之间，英国似乎主张川藏以金沙江为界。但是，冈拖即岗托位于金沙江西岸，属于今天西藏江达县。将岗托划入内地，而将岗托以东、位于金沙江东岸的德格及以西划入西藏，明显制造康藏继续冲突的火种。按照后项，英国眼中的“外藏”即西藏，“指金沙江以西的广大地区”；“内藏”指“北从昆仑山脉起东达甘肃省和四川省的边境”。[216] 如果将属于康地南路的打箭炉等地划入西藏，则川藏以大渡河为界；将属于康地北路的德格划入“外藏”，则在川、青、藏三省区之间划一“缓冲区”。

中国舆论却对英国取消内外藏名称感到满意，认为：“当森姆拉会议提出划界时，英人强立内藏名目，盖仿内外蒙之例，以为其时外蒙自治，则外藏亦应从之，及外蒙取消自治，则外藏之名亦无所根据，故又提议取消之，所谓出乎反乎者也。虽然，西藏为我国领土，强分内外藏名称，原与我国无益，英使自动取消，乃合理之举。”[217]因此，中国外交部认为“在英使方面比较地颇已尚（让）步，不能谓无解决诚意”。

但是，中国外交部认识到英方两项办法“与我国希望尚属相去悬殊”，因为：“德格地方按之会典及官书所载，实系打箭炉厅辖境”；察木多等处“属藏一节，多不赞同开议，恐照此定议，激起各方面反对，主张缓办”。朱尔典则“坚不同意”。[218]他表示冈拖可“划归中国”，声称：“该地为西宁同前藏要道；又前许瞻对，为产金之区，均与中国有利害关系，较之德格以西荒僻之地，不可以道理计，不能以大小为比例。”中国外交部询问：“昆仑山以南，当拉岭以北，原拟作为内藏之地，如何办理？”朱尔典回称：“此处离拉萨太近，不愿中国在彼处驻兵，致起冲突，必须划归西藏。且该处系不毛之地，不知中国力争何所取义。”中国外交部指出并表示：“该处地系青海辖境，政府无权变更领土，以故不能不有所坚持。但为预防冲突起见，中国可以保证，将来在该地维持一切现状。”[219]这里争论的中心是昆仑山以南、当拉岭以北的地区，即玉树二十五族之地。时人认为，其内涵是：“由德格以西的地方起，全部划入外藏的领域内，同时英政府对于内藏的保护国名义则自动取消，承认该部分为中国本部的领土。”[220]

9月5日，中国外交部以征求意见为名，向全国各省区发出著名的“歌电”，公布上述交涉内容，最后认为：“所称界线……实已大有进步，若不乘此议结，中藏势必日益隔阂，将来恐无恢复之日。又原以文件内声明西藏为中国领土之一部，拟置正约外。”[221]全国这才知道所谓“内藏”、“外藏”的事实真相，立即反对。

有关系的川青两方的态度最为强烈。陈遐龄强调与藏方“拟定暂时退兵地点，系一时权宜之计，川边划界，不能以此为凭”[222]。四川督军熊克武提出：“北自石渠，南讫察隅、盐井均早改设县治，最小范围亦当以此为界。”[223]四川省议会通过议案，首先强调康藏冲突“系我内政范围，无外人置喙余地”[224]。接着，它列举各种证据说明“川边原系康地，康藏分界极为分明”：“清制：江达以东为康，江达以西为藏。查《四川通志》雍正四年会勘划界案内，于江达特设汉、藏两官，盖以该地为康、藏分界之故，证一。清末，特改康境为川滇边务大臣辖区，亦以打箭炉至江达为界，经四川总督赵尔巽、川滇边务大臣赵尔丰及驻藏办事大臣联豫会同划定，于江达立有碑记，并有奏案可查，证二。民国元年，川边经略使尹昌衡改江达为太昭府，以硕督、嘉黎、恩达、察隅、科麦等五县属之，设官分治，经北京内务府颁布在案，证三。现制，川边为特别行政区域，亦以打箭炉至江达为界，共置县缺三十有三，与热、察、绥、京并等行省，版图案牍，在在可稽。”

它批评外交部“不谙边情，昧于地势，其条件仅以争回德格为恢复川边原有辖地，而不知德格以西，尚有石渠、昌都十七县，共二千余里之地，竟直令其沦亡！且冈陀（即岗托）在德格之西，既以冈陀划归川边，何以反将德格划归西藏？”它还强调：“川边向分南、北、中三路，今划南、北两路属藏，而以中路寥寥数县属汉，孤悬于藏番三面之中，一朝有警，何以恢复？”[225]

甘边宁海镇守使马麒反对“将昆仑南、当拉岭北之地作为内藏，中国不设官，不驻兵，德格归外藏”。他首先认为：近来舆图多以当拉岭即唐古特大山为青藏天然界线，已导致青海一些地方被划入西藏，因为当拉岭“西起新、青、藏之交，东迤至昌都杂楚、鄂穆楚（也称鄂穆曲河）两河之交而止，绵亘千余里”，而“青海所辖玉树二十五族中之巴彦囊谦、苏鲁克等土司，其地尚有错出岭南在鄂穆楚河及索克河各流域者”。他进而认为：如果再以当拉岭以北为界，“未审以何处为止境”？至于昆仑二字“尤属含糊”，如果指西起“新疆南部之托古兹达坂（即今天新疆且末县境内的托库孜达坂），由是东迤横贯青海中部，绵亘二千余里”之昆仑山，则“举青海大半部、玉树二十五族纵横数千里之地”划入西藏。他指出：“查当拉岭以北，昆仑山以南，东西长二千余里，南北广千余里，金沙、鸦砻（即雅砻江）、澜沧诸江之上游，皆流衍其中，气候较青海北部为暖，玉树二十五族耕牧相杂，物产亦称丰饶，实青海菁华所在，自前清收抚青海之初，即将玉树二十族（应为二十五族）划归西宁夷情衙门管理，二百年来，此疆尔界，与西藏毫无关系。”他还责问“内藏”、“外藏”之划分，指出：“今既议划昆仑南、当拉北为内藏，又议划德格以西为外藏，同一地方，究以何处为内藏何处为外藏耶？”他最后强调：“不独青藏界线应请照前清会典旧图为准，即川边与西藏亦各有定界，岂可轻事变更！总而言之，西藏本中国属土，年来与川边构怨，譬犹兄弟阋墙，自应由兄弟解决，万不能任他人从旁干涉。吾国苟有一息生气，所有划界会议，应从根本否认，此约一签，大好河山，一笔断送，凡属五族，谁不解体？”[226]

云南督军唐继尧赞同川青两省的主张，认为“川边行政区域，早经改土归流，且地属西康，不得认为藏地”，并强调“西藏为中国领土，能否许其自治，中国自有主权，无庸他人代为要求，尤不得以川边青海新疆各边地划入西藏自治区域”。[227]留日学生通电，一方面指出：“夫西藏者，中国之版图也，领土主权，自始属我”，“即英人亦无否认西藏为我领土之论”。一方面强调：“英使所提之划界办法，将云南、四川、甘肃、新疆各边界万余里之地，要求划归西藏范围，完全撤销西南屏障，此事关系我国存亡，万不可轻为让步，以造将来无穷之巨祸。盖英人侵略西藏之目的一达，则可以侵入四川。倘四川归英掌握，则可顺大江东下，而图谋各省矣。呜呼，瓜分之祸已兆边陲，蚕食之患将及内部。”[228]

总之，各方“坚主西藏问题是中国内政，不容任何外国干涉，西藏的行政区划，亦久已明确，更不需要重划‘内’‘外’”[229]。在此情况下，中国以日本阻止为由提出缓议。贝尔极为不满，宣称：“四川云南两省关怀西藏最切，皆视为其附庸，四川尤然。时有英军入藏之谣，实则全无根据，自不足重视。但各处学生仍倡首集会抗议，中国政府见争持太烈，遂自称暂时中止谈判。传闻此次争持，系日本暗唆所致。此颇有可信之理由。盖日本近年颇足左右中国政府，政府中有力军阀，大半受日本势力之卵翼。日本乘欧战之机，紧握中国命脉，自不惮以其新得之便利，损害其同盟之英国。”[230]

11 月 26 日，朱尔典对中国政府称：“西藏事前次谈后又阅三月，中政府仍一再迁宕缓议，实属不顾邦交。中政府之种种藉词，所云日出阻碍者，查日使业已声明，事与无涉，决不预闻。”[231] 中国政府从两方面回答：其一，“藏案不愿即行解决，正为顾全中英邦交起见。盖全国人民视藏案较山东问题尤重，现因山东问题已激起排斥日货风潮，若同时提议藏事，必又惹起激烈反对”。其二，“英国在华商务极盛，倘因此发生同样风潮，不特非中国之愿，抑亦非英国之利。况西藏情形与外蒙相类，现外蒙已自请取消自治，对于藏事，政府方在与英议订条约，尤难邀国民谅解”。[232] 朱尔典乃于 12 月 3 日声明：“一、无侵略西藏之野心；二、英国绝无供给西藏军火之事；三、尊重中国为五族共建之国家；四、藏界问题以维持印度之完全为目的，其他并无奢望；五、将来双方商议此事，英政府必可酌量让步。”[233]

朱尔典发表此声明后，即于 1920 年 3 月 1 日任期届满，中英交涉因此“暂告停顿”[234]，至 1921 年 1 月艾斯顿接任才又开始。很奇怪，新公使在近一年以后才接任。而就在这段时间里，贝尔入藏，第二次康藏冲突随即发生。

二、贝尔入藏：英国干涉中国内政并推行“武装西藏”政策

在同英国政府争论的同时，中国政府认为要改善西藏同中央的关系，“首先必须恢复同西藏的直接联系”[235]，因而指示甘肃督军张广建派人“与达赖联络感情，作釜底抽薪之计”[236]。张广建特派管理甘肃青海红教佛僧古朗仓、管理玉树三十六族佛僧拉卜尖贡仓、军事咨议李仲莲和军事参事朱绣入藏。1919 年 8 月，他以甘肃督军名义致函十三世达赖喇嘛：

“迩闻川边与藏因细故龃龉，致动兵革，现虽停战，而双方仍然戒备，此必有不得已之故。……我佛宜主张正义，劝息兵争，遣派左右侍从前往北京觐见，各事悉听大总统主裁。大总统协和五族至公无私，自必准情酌理，嘉惠边陲，何忍使藏民稍受屈抑。较之为一时小愤，同室斗争，背世界之潮流，遗无穷之后患，岂不霄壤悬殊。”他进而表示“所派各员均系广建信用之人”，“如有谘商事件，不妨备细告知，以便转呈大总统鉴核。若尊处有遣派赴京人员，亦可与彼等同回，由青、甘入都，沿途当为照料保护也”。[237]

此信函指出康藏纠纷属于中华民族内部事务，主张听候中央政府解决，不能让外人插手，并要求十三世达赖喇嘛派遣代表赴京协商解决西藏问题。11 月 25 日，李仲莲、朱绣等人到达拉萨，会晤十三世达赖喇嘛、各噶伦等。噶厦虽然“谓中藏交情从此断开而复续，甚愿照旧和好”，但对李仲莲等人表示尔等“系甘肃特派前来通问，未有大总统明文，不能直接解决诸事，深以为憾”。李仲莲等人于是要求噶厦“派人赴京解决川藏各事，藉以解释嫌疑，联络感情”，但噶厦表示“骤派人赴京，实有种种困难，不便前往”，提出“在拉萨或印度开和平会议，请英做证”。于是商定：“俟〇（指李仲莲）等回甘后，由大总统与达赖喇嘛特批全权委员会议地点，汉番两边请英派员做证，和平解决，万无不解之冤。但现届停战期满已久，刻下双方准备待战之际。〇等由藏回甘尚需时日，万一两方军队发生冲突，则于和议前途不无影响。是以议定：一面由〇等禀呈大帅（指张广建），请饬驻扎结古军队静守边界，暂缓进兵，并转呈大总统电令四川所属各边界官军，暂持防守主义，以俟和平解决；一面由达赖令饬昌都统兵官噶布伦亦持防守主义，不得轻开战端。”[238]

可见李仲莲等人入藏是协商解决康藏纠纷，虽然达成川藏停战以待和平解决的共识，但是噶厦不能排除英国的干扰而要求其介入。十三世达赖喇嘛派遣洛桑更登携其信函与礼物到兰州拜见张广建。信函说：“洛桑更登是渠（指达赖喇嘛）心服（应为腹字），遇事可靠，如有机密要件，不妨告知，必能达到目的。嗣后关于藏内一切事件，仍望始终维持，以飨倾向之念。但藏地要情，千万勿令外人窥知，免生他息。”张广建由此认为“达赖倾向之诚及畏某国如虎之说，不为无因”。[239]十三世达赖喇嘛在 1920 年 4 月李仲莲、朱绣等人离藏回甘时设宴饯行，声言：“余亲英非出本心，因钦差逼迫过甚，不得已而为之。此次贵代表等来藏，余甚感激，惟望大总统从速派全权代表，解决悬案，余誓倾心内向，同谋五族幸福。至西姆拉会议草案，亦可修改”。[240]并表示并不知朱尔典“在京所提各条”。

李仲莲等人于此指出“足证英人从中作祟，殊非藏人本心反抗中国也”[241]。

李仲莲、朱绣作为专员入藏之意义，就在于使英国“那种想把西藏问题再拉回到西姆拉会议桌上去的图谋，显然只能是一场徒劳了”[242]。恰在康区“旅行”的路易斯·金（Louis King）要求噶厦阻止入藏，但十三世达赖喇嘛命令放行，称他们“只是携带礼物而来，并非外交官员或谈判者”。路易斯·金认为这“极为不幸”，声称“应立即说服藏人命令使团立即回中国，英国政府应立即派遣官员到拉萨”。暂时负责驻华使馆事务的兰普森也提出遣人入藏，“既作为对李仲莲、朱绣入藏，也作为对中国不断拒绝重开三方谈判的回应”。[243]

至于人选，有三人，即台克满、路易斯·金和贝尔，而以所谓“1910年以来十三世达赖喇嘛的坚定朋友”的贝尔最适宜。他极为注意李仲莲等人入藏路线、逗留时间与结果，说：“中国使者经西藏东部之长途而至拉萨。提出表面有利之新条件于西藏政府，请其委派代表至中国磋商最后协定。但未得具体情况。淹留四五月后，仍于一九二〇年四月离拉萨返国。自是中国在拉萨之影响渐大。”他还认为：西姆拉谈判破裂后，“中国继续禁止西藏由印度输入军火。西藏政府以所储军火今已告罄，觉不能长与中国相持；且觉英未能践言充分援助，卒许接待中国使者于拉萨。此为两国决裂后第一次通使。西藏逼于事势，非其情愿，已显然弃英国而输诚中国。若在向者，则西藏人非英国代表亦出席与闻，则必拒见中国代表矣”[244]。在他眼中，西藏“已脱离中国而独立矣”。而且，他在第一次康藏冲突中做出了“杰出贡献”：“白（即贝尔）富谋略，民六时藏人犯边，连破我十二县之地，即白主张，盖与英副领台克满互相联合，以施行其计，谋欲使中藏大战，双方情感破坏至不能复合也。”[245]因此，英国政府以台克满在川边“调停”，以贝尔入藏“非特增进英藏间之邦交，仰（应为抑字）且解决政治上各种问题”[246]。

英国舆论宣称贝尔入藏“并无政治关系”[247]，但贝尔声称：“盖一九一三年以来，吾等鼓励藏人信赖吾等。一九一四年签约时英政府许以外交援助并许以在相当范围内接济军火，因此吾等时时许其在印度购买军火。但前两年间，吾政府完全阻其取得军火及其他军需品。中国则外人资助军火甚多。吾等不予西藏以便利，是无异委之于中国掌握之中。于是吾等以前与西藏人交欢，今仍返于敌视态度，西藏用有英政府背约弃信而欺骗之感。中国有日本势力为后盾，将日见实行危及印度东北边界。为吾等利益计，必使西藏强盛，能与人竞争而后可以。”中国政府是否利用日本以牵制英国，需查找资料讨论，但是英国的意图很清楚，阻止西藏内向是目的，“武装西藏”是手段。贝尔宣称：“中国使者已设法腐化西藏与其人民之心，使之反英。设吾往拉萨，吾能与达赖及其政府中人私谈解释种种，并竭力挽回信用交谊。”[248]英国政府授权贝尔告知噶厦：“陛下政府现在乐意提供合理的援助，以保护和发展西藏。”[249]

贝尔于1920年11月17日抵达拉萨[250]，这天是他“精心选择的，因为根据藏历是吉日”[251]。1921年10月19日离开。他精心安排了“使团”的组成：以英国驻锡金政治专员公署医官带厄（Dyer）和印度医局的铿尼底两人相伴，两人医术“有价值于拉萨及其附近之藏人”；以赖巴哈德·亚泽克齐林（Rar Pahadur A-chuk Tse-ring）为助手，以邝灼巴里西为随员。贝尔声称：“此两人为吾关于西藏政治之心腹顾问也。”前者病死后，贝尔立即调莱登拉入藏协助。此人“服务于孟加拉警署中”，在十三世达赖喇嘛客居印度期间“任招待之责”。[252]

在拉萨期间，贝尔从两个方面分裂中国，推行“武装西藏”的政策：

其一，要求西藏扩军备战。贝尔声称：“西藏军队仅五千人，殊不足用。吾意财政准备充裕时，当逐渐增至一万五千左右。此似为最低数额，不如此不足以平内乱而御外侮；再多则同时财力亦不能应付矣。”他进而“详细进言军队增加当以渐，招募当遍全‘国’，拉萨附近不可独多，僧侣不宜当兵，欲供军用，不可征寺院及田地产业之直接税”。他声明“完全为吾私人意见，绝非吾政府之指示”。[253]他煽动地强调：“西藏要维护她的独立，反击中国侵略的唯一希望，取决于增加和改进她的军队。”[254]

其二，要求英国政府向西藏提供武器。贝尔向英国政府提出必须提供军火的两个理由。一是抗衡中国与日本，他宣称：“此时西藏无论远近，均显有倾仰另一岛国（指日本）之趋势。以为日本曾助蒙古反对赤化，又为一强国，且渐逼近西藏。其枪价廉物美，蒙古甚流行之。故英国枪不肯出售，可购日本。吾国如继续此种孤高政策，其结果将如何耶？西藏必被逼而倾向中国与日本，印度东北之屏障将渐落于中日联合势力之下。印度无复西藏北部高原为其边界”，只能“以巨款养巨额军队，而驻于卑湿之地”。[255]一为印度须负承担西藏内部“治安”之责，否则“中国再占领西藏，其军队在拉萨，甚至在更南的地方驻扎，很可能形成一个对印度搞阴谋的中心”[256]。他建议：(1)“准许西藏从英属印度（而非从蒙古和日本）购买特定数额之武器和军火，即每年向西藏提供10门山炮、20箱步枪，10000支李－恩菲尔德（Lee-Enfield）型来福枪和1000000发303号子弹。这些武器可以装备西藏期待的10000名普通军队。”(2)“派遣军官到江孜训练藏军，江孜应成为藏军的主要训练基地；藏人应招募许多英国技师帮助他们操作武器，使用来福枪。"[257]此外，贝尔还建议："先助之雇用（应为佣字）寻矿师察看矿山；苟已发见，则助之雇用采矿师试验之，于必要时则实行采炼"；"设一英国学校，教育西藏要人之子弟。校址应在江孜；将来可迁至拉萨。"他强调"上列各项，于吾等并无耗费，盖西藏政府必将照数付款也"。[258]

总结这两方面，贝尔企图阻止西藏与中央关系的正常化："中国见西藏如此发愤图强。必将自来完成和约。盖彼知搁置愈久，则与西藏关系将愈疏也。同时吾等遇有机会，亦宜催中国政府完成和约，因西藏政府于此极为重视；且观以前谈判之历史，可知其希望实属正当。"[259]他"对其取得的成就感到满意"[260]，叫道："我的建议的每一点都被总督和英国政府采纳"，十三世达赖喇嘛也"接受了我向他提出的所有意见，并加以实施"。英国政府决定"允许西藏从印度进口武器，其最高数量以不超过足以进行自卫和维护内部治安为准"，同时"帮助训练西藏军队"，并"帮助西藏招聘英国机械师，指导生产弹药和枪支"。[261]中国政府得知："英员到藏，携有军械二百四十余驼，机关炮四十尊，并飞机粮秣，由宜洛（不知此为何地）运入，暗中在拉萨布置，朝夕不离达赖左右。现拟由拉萨安设电线至江孜与印线衔接，并允续借快枪五千支。"[262]因此，英国政府认为"贝尔入藏，使这一年西藏问题的解决更进了一步"[263]。

贝尔言"一月间，印度政府促吾离拉萨，但吾以种种理由，力持有停留之必要，卒从吾意"[264]，并非所谓他"难以抵抗西藏人的热情招待而不得停留下来"[265]。他赖着不走的原因，一是在于如后所指出，英国政府催促中国政府解决西藏问题，二是在于贝尔要见上述建议得到实施才肯离开。他说："一九二一年十月吾离拉萨，未起程时，凡吾所提议，甚至与其他机关意见相左者，无不被英政府采纳。故吾离拉萨时，能以英国对藏政策之途径详陈于达赖及西藏政府之前。"[266]此外，贝尔要求噶厦割让土地，并建议英印政府"派兵以高压手段迫藏人照约（西姆拉草约）履行"，引起"藏人大动公愤，各寺亦同声质问"。[267]为迫使噶厦让步，英国政府一面由贝尔提出以割地赔偿"欠款"[268]；一面由"印度派兵数千入藏，一由布丹（不丹）进山南工布（在今天西藏浪卡子县境），一由哲孟雄扛多（锡金甘托克）进驻帕克哩（帕里）、江孜，威胁藏人"。中国政府质询时，英国驻华使馆辩称"并无其事，但有探险队探查埃佛思得山巅（珠穆朗玛峰），自大吉岭出发，仆从甚多，或即此误传"[269]。

中国政府责问贝尔"在拉萨究用何项名义"。英国政府回称"系印度政府派往之代表"。[270]西方学者认为：贝尔1920年出使拉萨，是英藏关系史上的分水岭，自 1902 年以来达赖喇嘛作为西藏统治者首次在未征询中国的意见下与英国直接打交道。[271] 这说明，贝尔入藏的破坏性极大。

三、贝尔入藏后：第二次康藏冲突之爆发与划界争议之搁置

贝尔入藏后不久，第二次康藏冲突爆发，《西藏史地大纲》记载基本情况说：

> 民国九年十一月，自四川败退之云南军，又谋二次入川，以川滇交界之处为根据地。驻四川省会之边防军分统刘赞廷，为唐继尧之心腹，深悉西藏之情形，遂自统率一军，与各地藏人相呼应，以扰乱川边地方。十二月，藏人遂又大举入寇，边军剿制乏力，边藏所属之昌都、德格、巴塘、里塘等地，遂先后又被占据。而康定、炉定（泸定）、雅江各地，亦时受虚惊。陈遐龄虽设法进剿，卒以实力不足，未能扑灭。民国十一年之秋，道孚、甘孜、登科一带，里塘属之西倭洛、火烧坡，巴塘属之牛舌度，德荣属之莽里、拉塘等地，均有大股番匪之发现，盘据（踞）要寨，肆行劫掠；定乡一带，匪氛尤为猖獗，边军司令，被其戕害，城中之行政官署及税收机关，亦均被毁，驻边汉民，相率迁徙，教育实业，完全停顿。陈遐龄乃派赵克宽司令率军进剿。并拟定剿匪办法，分三路进兵：一路出炉霍（炉霍）、甘孜，进剿登科（邓柯）、德格、石渠等地，再向察木多、乍丫一带进兵扫击；一路出西俄洛、里塘，进剿巴安、武城、宁静等地，以雅江为根据地，再转向盐井、察隅、科麦一带扫击；一路出川之盐源、盐边，溯雅砻江以入边境，直剿稻成、定乡、德荣等地。并电请甘肃、云南两省当局，严饬沿边各地防军，欲为堵截，以便收回陷地，重振国威。奈以川省当局，对于军实，无力支给，剿匪计划，遂等春梦，自是而后，川省连年内乱，边军卷入漩涡，藏人更得乘机内侵，川边益陷不可收拾之境矣。[272]

这段叙述将藏军称为“番匪”、“匪”，带有民族偏见和歧视。不过，从中可以看出在第一次冲突中与藏军作战的刘赞廷在此次冲突中却与藏军结盟，中国内部的民族矛盾与军阀之争交织在一起，中英两国的较量贯穿始终。

其一，英国政府武装援助藏军，贝尔帮助筹划进攻。在贝尔 11 月到拉萨后，藏军即于 12 月乘川滇军阀争斗之机进攻川边，时人指出：“万余藏军之枪械、军需，全由英国所供给。藏军之军事长官，全由英国所训练。一九二〇年英政府派

在西藏边境钻研十余年之西藏之外交官贝尔，入拉萨住了年余，为之擘划军事，操纵一切。”[273] 英国政府后来承认：“1920 年，贝尔率领一支代表团赴拉萨。此行最重要的收获是出售了大量的武器和弹药，其数量足以影响中藏边境冲突的规模。一些西藏人还在印度接受了军事训练。”[274]

其二，川藏两军基本上沿着金沙江一线相争。昌都在第一次康藏冲突即被藏军占领，冲突结束后并未归还川边。因此，藏军此次冲突所占之点是沿着金沙江东岸的德格、巴塘和位于巴塘以东、金沙江与雅砻江中间的理塘，威胁雅砻江沿线甘孜等地及以东之康定、泸定等地，显然有以雅砻江为川藏交界之势。川军首先设法收复被占之德格、巴塘、理塘等地，再计划越过金沙江。此计划表面上积极进取，然而由于四川军阀内斗而不可能实现，因此能够恢复第一次康藏冲突之后的态势也算不错。因此，英国政府仍能维持以金沙江为界的态势。

总之，英国政府利用朱尔典卸任而使中英交涉“暂告停顿”之机，派遣贝尔入藏实施“武装西藏”政策，策划第二次康藏冲突。冲突发生后，英国政府一方面抗议陈遐龄准备进兵，宣称断不能坐视；一方面指示艾斯顿于 1921 年 1 月接任驻华公使，施压解决康藏划界问题。他一到任，就批评“中国政府令甘肃地方长官对西藏试怀柔之策，一面将西藏问题交涉延期，此种办法，殊非妥善”；要求“从速开议”，根据西姆拉草约解决川藏划界问题。

中国政府“实亦不愿将此问题久悬不决”，因而交涉又开始。外长颜惠庆一方面回应英国无权干涉张广建派人入藏，一方面于 2 月下旬指出：英国无权干涉中国在藏主权；重新讨论“藏案”不能依照西姆拉会议草约，而应以 1915 年中国所提原则为准，“以免根据错误”；“界务则按照西藏之自然界线以为规定，惟其东南与东北所接壤之交界范围，仍应照旧，不能更改”。[275]8 月 18 日，中国政府指示驻英公使顾维钧：“藏事全在界务，事关领土，为约法所规定，政府无操纵之权。如英能于土地问题让步，政府愿于藏中商务、经济方面，如借款、造路等事，设法偿补。希便中探英外部口气，并将我国万无侵犯印度之事详为解说。”[276] 可见，中国政府此时将界务作为西藏问题的中心，它不仅包括川藏划界，还包括中印划界。英国政府坚持以西藏作为印度与中国内地的缓冲区，以金沙江沿线地区作为川藏的缓冲区。中国政府坚持国家领土的完整，而以商务、经济方面的让步换取英国政府的尊重。

8 月 26 日，英外务大臣寇松对顾维钧一方面威胁“如不从速续议，英政府以为对于西藏为自治国一层不便再稽承认，嗣后对藏拟以自治国待之”，一方面宣称“果能重新开议，当可根据一九一四年草约加以修改，以求合于一九一九年中国提案内所表示之意愿，英政府允竭力设法，使西藏对于能满意之解决为之承认”。他进而声称：“一、续议事须于一个月内开始，如期满未开议，则即与自治西藏直接商订协约，并拟饬驻江孜商务委员随时前往拉萨办理交涉；二、如允开议藏事，则议妥后中国前请在印度设领一节，英政府愿照允。”他还解释之所以限定期限，在于贝尔“拟于一月后离藏返印”，“英政府现欲于该员离藏之前将藏案办结”。1919年中国提案，即前述顾维钧向朱尔典提出的界务四条。顾维钧乃询问寇松“英政府对我一九一九年所提划界办法是否可表同意”，寇松回称“此层须查案后方能作答”。[277]

顾维钧分析认为：寇松之所以逼迫，除其本人为侵藏急先锋、英国政局变化需要与英日竞争等因素外，即为利用贝尔在藏和第二次康藏冲突发生之机。贝尔“在藏一切行为未必悉能使藏人满意，现在亟欲回印，或有不得不离藏之故，若听藏人向英之心日淡，英之在藏地位难保，不如使三方即行解决，以资定局”。英国“见我国政局蜩螗，无力抵抗，又与藏人久不往来，难免隔阂，此时解决，彼占优势”。他提出三种办法：“一，以相当理由拒绝克日续议，并声明英如经与西藏订约，不能承认，一面将英于此时催逼开议一层，妥密设法宣露，冀可引起他方注意，藉图牵制。惟仍须防其竟与藏人订约，且藏如不允，难保不胁以兵力，则届时在我须有实力方能抵制，否恐既成之局益难补救。二，允与开议，惟声明华盛顿会议在即，若此时续议藏案，势难兼顾，但恐日本藉口要求满蒙山东问题亦由中日自行商议，即使此项问题在会中讨论，亦须防日本藉口藏案之结局而要求特殊利益，所以中国主张续议藏事当有华盛顿会议告竣后一个月内，并告以我国并无在会提出藏案之意，以慰其心。三，允即开议，但以界务须如我愿，华盛顿会议时讨论满蒙鲁案时，须设法助我等项，为允即续议之交换条件。”[278]第一办法主张缓议，但要防止英国武力威胁西藏私自订约。第二办法仍然以中国一致因东北、山东问题而反对日本为由，指出如再讨论西藏问题，中国必然也反对英国，对其在华利益不利。第三办法提出续议的两个条件。外交部主张缓议，一则因“双方主张既未一致，自难言即时解决”，二则“因国内朝（野）上下多持异议，恐酿风潮”。[279]

中国政府于9月8日向艾斯顿阐述态度，并于9月10日提出节略：中国政府同样具有“早结藏案之诚意”，“惟关系界务，现川滇不靖，无从实地查勘，且各方面均有牵涉，非得全国充分谅解不能率尔定义。现在内外情势比民国四年、八年尤形困难，勉强开议，不易结束，况太平洋会期甚迫，筹备已日不暇给，伦敦顾使（即顾维钧）目前亦职务纷繁，所以本案不论在京、在英，皆非最短期间内所能兼顾办理”，因此“本政府意见俟太平洋会议后必设法及早开议”。[280] 由于中国政府表示在华盛顿会议上不提西藏问题，英国政府表示满意，因而艾斯顿“态度似尚和缓”[281]。10 月，寇松向中国驻英代理公使朱兆莘（顾维钧出席华盛顿会议）提出，英国可以在划界问题上让步，但条件为：“（一）西藏外交，完全自主；（二）英国得修筑藏印铁路；（三）西藏内政，完全自主。”中国政府当然拒绝，再次强调中国对西藏拥有无可争辩的主权，并强调“西藏完全为中国之领土，依天然界址，不能更动”。[282] 已去职的朱尔典建议英国政府“目前最好等待，一旦山东问题最终不再令人关注，中国其他系列问题得到解决，总有重新讨论诸如 1919 年 5 月 30 日中国提案之机会”。他相信“在西藏问题上对中国压力过大，适得其反：只会点燃中国公众反英情绪，并给日本对英国的不信任增加机会”。[283]

华盛顿会议结束后，中国政府于 1922 年 3 月 14 日询问顾维钧英国对续议“有无表示”，并询问：“国内舆论，以藏为领土载在约法，华会又有保全领土之约，对藏宜利用新机会，另辟新途径，设法取销政治争点，政府方针是否可本此进行？”并要求他了解英国“对于此案重视各点，及能否移其注意于商务、经济而放松边界问题”。[284] 顾维钧于 3 月 18 日回电报告英国并未打算续议，因为：其一，政潮问题。印度事务部大臣“为对印政策问题辞职，在朝要人均不愿接替”，3 月 17 日才决定由交通大臣接任。“惟政潮未息，政府动摇，数月内恐将改组；现印督亦有解职之说。”其二，英国政府“正注意于近东会议”，而且与英印政府有分歧。西藏问题“向以印政府之意见为标准”，而英国政府“以西藏商务前途有限，关怀较浅”，但英印政府有何意见“尚未据报”。其三，中英双方立场甚远。顾维钧 3 月 16 日询问英国外交部：“如英欲解决藏案，须将边界问题放松，否则续议亦难了结。”英国外交部回答：“一九一九年贵国外交部所开划界办法，大体均可得英政府之同意，此层当不难了。”[285]

以之看来，中国政府因允诺华盛顿会议结束后“尽可能早地续议”而履行诺言，但英国政府消极。9 月 13 日，即中国政府允诺恰恰一年后，艾斯顿才“口头询问中国外交部现在是否准备履行诺言而续议”。此时担任外长的顾维钧回答：“中国政府同英国政府一样渴望解决康藏界务，但是鉴于议会已处于会期，在续议之前有必要听取其意见。”英国政府就此认为不可能即刻解决康藏界务：“因为中国的政治局势非常复杂，国家四分五裂，中央政府脆弱，要想举行任何严肃的谈判根本不可能。所以，我们必须面临不得不无限制地继续等待谈判解决西藏问题机会的事实。”[286] 这样，中英两国这场围绕划界问题展开的争论结束。

总之，中英两国的这场争论非常独特。在时间上，它产生于第一次康藏冲突发生后的1918年5月，止于华盛顿会议结束后的1922年9月。在自1920年3月至1921年1月争论“暂告停顿”期间，中英两国政府的较量地点实际上从北京、伦敦转到拉萨。中国政府指示甘肃督军张广建派遣李仲莲、朱绣入藏，一方面沟通意见，一方面要求噶厦派人到京，计划通过内部协商解决康藏冲突。英国政府则派侵藏急先锋贝尔入藏，一方面阻拦西藏与中央关系的正常化，一方面实施“武装西藏”计划，第二次康藏冲突随即发生。中英双方的立场相去甚远，英国政府本想利用两次康藏冲突，迫使中国政府承认其“内藏”、“外藏”区域的划分；接着，以所谓划界让步换取中国政府承认西藏“内政”、“外交”“完全自主”。中国政府强调中国对西藏拥有无可争辩的主权，西藏的天然界址不能更动，并利用国内各方态度和爱国热潮、英日矛盾等竭力搁置界务问题。英国政府也不得不等待时机。不过，它在决定等待时机之后，于1924年派遣驻锡金政治官员贝利（Bailey）入藏，建议噶厦趁中国内地动乱之机，采取军事行动确立一条有利的康藏边界线，然后再设法实现“永久的和平”。因此，虽然这场交涉暂时结束，但是英国政府在等待时机制造一场更大的康藏冲突，即第三次康藏冲突。

第四节　1930年威尔入藏“访问”与第三次康藏冲突的爆发

1930年英国驻锡金政治专员威尔入藏“访问”，是英国政府扭转西藏内向、制造康藏冲突的重大举措之一。自1924年藏军总司令擦绒发动未遂政变后，西藏对英态度冷淡，康藏局势平静，英国政府派遣威尔入藏。在“访问”中，威尔努力执行了军火援助藏军分裂中国的政策，宣称要帮助对付“中国人的麻烦”，引诱十三世达赖喇嘛实施“大西藏主义”。威尔离藏后，第三次康藏冲突大规模爆发，英国政府乘机提出所谓“英藏协定”，其实质同吞并布坦（即不丹）的1910年《英布条约》一样。总之，威尔入藏“访问”和制造第三次康藏冲突，是英国政府在国民政府成立初期分裂中国的重要一环，如何处理成为国民政府治理西藏的重要问题之一。

一、威尔“访问”之目的：“讨论各种重要而显著的问题”

威尔声称，自贝尔 1921 年到贝利 1924 年“访问”拉萨，西藏“对大不列颠的友好情谊达到顶峰”，但是自“1924 年以来，西藏的亲英感情不断下降”。他把下降之因归结为“1927 年布尔什维克使团出现在拉萨”和 1930 年初“新的中华民国特使来访”。[287]

传言藏军总司令擦绒·达桑占堆 1924 年至 1925 年间与英国间谍莱登拉合谋发动军事政变，掌握西藏军政大权。[288] 擦绒召集副司令格江丹巴及各代本杰白赛、萨龙瓦、唐本、崔科娃、丁甲瓦、金巴瓦、乃堆、仲巴赛、新卡瓦等秘密会议，商议：(1)“要求允许武官派代表参加西藏政教重大会议”；(2)“军方军事审判无需通过请示噶厦再行办理，诸事概由藏军总司令部全会自行决定”。[289] 这两条的实质是实行政教分离，即剥夺达赖喇嘛的政治权力，而保留其宗教权力。事为十三世达赖喇嘛察觉，他免去擦绒藏军总司令职务，任命龙厦为藏军总司令，但鉴于对英关系，还保留擦绒的噶伦职务。贝尔批评十三世达赖喇嘛在 1925 年“日益坚定地撇开英国，转向中国”，龙厦“明显反英”，而“一贯亲英”的擦绒“失去了大部分权力，继而被贬职”。[290] 另有人认为擦绒“虽然还活着，自由，并且仍然的确属于噶厦成员，但是其政治生涯已经结束”[291]，西藏对英国的态度陷入自 1914 年西姆拉会议以来的低谷[292]。

这种情况使威尔感到忧心忡忡。他在 1928 年接任驻锡金政治专员后，就于 1929 年初提出“无论如何须立刻访问拉萨，恢复和达赖喇嘛的关系”。他写道：“西藏政治局势的平衡属于靠不住的问题之一。达赖喇嘛将所有权力集中在自己手中，具有潜在的危险。他已年老，主要依靠自己的心腹龙厦和土登贡培。西藏官员对此两人极为妒忌；被两人榨取钱财的人，也深恶痛绝。一旦达赖喇嘛圆寂，拉萨不可避免地要发生革命，两人成为第一批牺牲品。权力极有可能掌握在擦绒手中……流血之后所建立的政府，将暂时掌权。”[293] 这表明，英国一度期望十三世达赖喇嘛早点圆寂，龙厦和土登贡培被推翻，擦绒再起掌握权力。威尔入藏目的之一就是挑动亲英派搞分裂，期望西藏权力结构朝着有利于英国利益的方向变化。

1928 年底，国民政府决定设置蒙藏委员会。1929 年 2 月 1 日，蒙藏会正式成立。英国政府立即认为国民政府在“中国政治局势发生根本变化”的时期设置这样“一个国家特别机构”，目的是“推行满族王朝最后几天中断了的对西藏一贯而又持续的政策”[294]，“其任务不仅是把不同的边疆地区置于国民党的政治控制之下，还在于推进这些地区的经济、工业和文化发展”[295]。5月，英国政府“决定批准驻锡金政治官员访问拉萨，表面目的是讨论悬而未决问题，发展与西藏官员的关系”。同时，它认为“威尔只有在得到西藏政府的明确邀请下才能前往访问”。[296]英印政府的态度有所不同，它并不愿意授权威尔“访问”拉萨，认为“没有必要引起势力正在上升的国民党对西藏问题的注意”。由于威尔坚持“访问”，英国政府乃征询负责驻华使馆事务的兰普森中国会有何反应。兰普森一方面支持“访问”，认为“没有必要事先告诉中国人”；一方面赞同英国政府的决定，认为有必要使“西藏政府公开邀请威尔访问”。[297]于是，英印政府派遣莱登拉前往拉萨协商“访问”事宜。7月20日，十三世达赖喇嘛通过莱登拉致函威尔，列举“这年访问拉萨并不适宜”的两个理由：其一，如果同意“访问”，则“难以拒绝其他外人到拉萨”；其二，“川藏边境的动荡不安令人不快”。[298]他还说：“这丝毫没有轻视您之意……希望您不要因为误解而失望。”[299]事实上，他不仅对英国唆使尼泊尔进攻西藏、挑起尼藏冲突不满，而且对如后所指出的觊觎西藏不满。因此，尽管威尔强调并无必要受邀才能前往，但是英国政府认为时机未成熟而顺水推舟决定“应西藏的建议而推迟访问”[300]。

1930年到来后，英印政府认为不能再推迟，因为“中藏直接联系的步伐令人吃惊地加快”：先是贡觉仲尼携带南京政府的信函于1月抵达拉萨，信函表示“中国支持西藏抵抗布尔什维克的侵略”；接着在2月11日，刘曼卿“作为中国中央政府的外交代表”抵达拉萨。它认为，可以利用此机会派遣威尔强行入藏，不必需要“邀请”。5月，英国政府也认为“越来越多的迹象表明，一些十分严重的中藏问题已在讨论之中，毫无疑问需要引起英国的注意”。[301]

在此情况下，尽管刘曼卿还在拉萨，十三世达赖喇嘛利用尼藏冲突基本平息之机，还是于5月1日通过莱登拉邀请威尔“访问拉萨”，“以便讨论各种重要而显著的问题”[302]。英印政府认为：“我们有理由相信，达赖喇嘛接受我们关于近来解决尼藏冲突和派遣代表‘访问’的建议，部分原因是担心中国新的侵略。”[303]威尔声称：在尼藏冲突中，“西藏怀疑我们支持尼泊尔。但是，英印政府及时介入，贡献友好建议，恢复了西藏对我们的友谊，这标志着西藏对我们的感情发生变化。因此，达赖喇嘛希望我今年访问拉萨，讨论重要问题”[304]。无论怎样，英方认为十三世达赖喇嘛“并不准备完全放弃同老朋友英国的关系”[305]。英国政府乃于6月“最终批准威尔入藏访问”[306]：“1924年贝利入藏以来，西藏对英关系就处于不断恶化境地，直至1929年尼藏冲突爆发。英印政府调停解决冲突，标志着西藏亲英感情复苏。陛下政府认为发展我们与西藏关系的有利时机到来，因此批准了计划中的‘访问’。”[307]

实际上，十三世达赖喇嘛是从尼藏冲突中发现还不可能摆脱英国的干涉而发出邀请的。他并不欢迎莱登拉到拉萨协商威尔“访问”事宜，莱登拉在擦绒的帮助下才得以前往。威尔入藏前，十三世达赖喇嘛免去擦绒噶伦之职，有电称：擦绒“向日主张亲英最力，顷忽革职降级。此间咸称，此举足为西藏今日正在排英势力下之表征”[308]。麦克唐纳承认：“擦绒被免去噶伦之职，就在于帮助了莱登拉。”[309]8月，擦绒对前来“访问”的威尔声称：自己之所以丧失地位，就在于亲英。[310]

威尔是国民政府成立后英国政府首次“访藏”最高级别官员，因而对此行极为重视。他提议：“近年来，印度政府自信对西藏的友谊在拉萨产生了有益气氛。我们必须准备充实这些自信。为此，必须准备赠送漂亮的礼物，最好像1921年武器弹药一样的礼物，这样可以明确地证明我们对西藏的真诚。”他进而声称，要使西藏成为印度的屏障，“英国就必须继续军援西藏，使西藏维持一支强大的军队”。[311]围绕其建议，英印政府、英国政府印度事务部和外交部就相互联系的两大问题进行讨论，以便决定其“访问”的行动方针。

其一，如何军援西藏以制造中国分裂。

1930年6月25日，英印政府致电印度事务部：“我们建议授权威尔抵达拉萨后，立即告诉达赖喇嘛，同意按照先前一样，以合理价格分期付款，提供1921年协议的结余军火。”[312]1930年7月11日，又致电印度事务部，再次强调“我们必须准备好满足西藏物资援助的要求，尤其是军火援助”；并声称援助的目的是维持西藏事实上的“自治”和康藏边界的紧张局势。[313]印度事务部回电，声称“陛下政府渴望在谈判重开之前维持康藏边界现状”，“在此情况下，如果达赖喇嘛提出要求，则陛下政府乐意准备考虑在1921年答应份额的基础上进一步提供少部分军火，但是同1921年一样，只能用于自我防御和内部治安。不过，威尔不能主动提出军火援助”。它担心中国和国际社会发现英国的企图，因而指示英印政府“必须注意不要有什么言语和行为鼓励西藏用这批军火去挑战中国的宗主权，也不要使我们暴露在国际公正的谴责之下；军火援助与维持中藏边界现状之间不应联系在一起”。[314]

在1930年7月9日致外交部的函中，印度事务部提出了必须提供军火：“藏尼友好关系的恢复，消除了立即向西藏提供其所要求的武器弹药的障碍。西藏所要求的数额不多，毋庸置疑，符合合理的需要。”它还强调：为了“看到西藏能够自助并维持在中国总主权下的自治”，“现在提供的武器，其数额不应少于 9 年前同意提供的。要想威尔成功‘访问’拉萨，重新恢复以前达赖喇嘛和大不列颠的友好关系，就须立即满足西藏关于武器援助的请求”。[315]7 月 19 日，再次致函外交部，阐述了提供军火的条件：“西藏要求在 1921 年协议之外格外增加军火援助，用于巩固自己的地位，未考虑通过协商解决的可能性就反对其宗主国，而这个宗主国为陛下政府所承认。如果事实是这样，则陛下政府不可能同意援助。”因此，“如果达赖喇嘛进一步提出额外援助的要求，而其数额较少，则授权威尔回答：陛下政府愿意考虑此问题，条件是西藏政府书面保证此项援助只用于自我防御和内部治安”。[316]

其二，中英藏两国三方重开谈判的时机并未到来，维持现状有利于英国的利益。

由于十三世达赖喇嘛已告诉莱登拉“在许多‘重要问题’中，希望讨论如何同中国恢复谈判 1921 年以来停滞的西藏问题”，因而英印政府在上述 1930 年 7 月 11 日致印度事务部的电中提出了是否立即再次召开中、英、藏三方的会议问题。它认为，如果十三世达赖喇嘛再次提出此要求，则授权威尔回答目前“不可能邀请南京政府重开谈判”，一方面西藏“自 1921 年以来事实上维持了自治”，虽然“边界问题处于停滞状态，但是西藏占据的土地比 1914 年分配给它的要多”。“然而，我们相信西藏被迫在其东北边界上部署相当多的军队，感到紧张，因而很自然地要求重开谈判。如果重开，不可能回避我们参加。”[317]

印度事务部回电：“陛下政府一贯承认西藏在中国宗主权下的自治。”“在解决西藏问题的有利时机到来之前，维持现状对于我们来说尽管不是荣誉责任，也是利益责任；但是，我们并不想给西藏留下一种印象，我们或者反对西藏同中国最终解决西藏问题，或者极想鼓励它推翻中国的宗主权。”在这种情况下，英国政府认为：“如果达赖喇嘛提出重开谈判，威尔应明确指出欢迎西藏尽可能和中国达成正式解决：一旦有利机会到来，西藏可以同过去一样依靠陛下政府的卓越表现和介入。但是当下，由于中国中央政府仍然面临内部困难，不可能达成令人满意的解决。还存在这样一种危险，在中国中央政府未完全而有效地控制四川、云南和甘肃之前，协议不可能得到这些省份接受。”[318]在致外交部的函中，印度事务部强调：“陛下政府在西藏与中国的关系上不仅负有特定的一般责任，而且毫无疑问，维持目前中藏边界的领土现状直至达成解决边界问题协议的有利时机，对陛下政府的利益相关。”[319]

总之，当时的印度事务部大臣维基伍德·本（Wedgwood Benn）和外交大臣亚瑟·亨德森（Arthur Henderson）协商后决定向西藏提供更多的武器（数额不定），条件是“西藏政府书面保证这些援助只能用于自我防卫和内部治安”。维基伍德·本解释了此句话的含义：“陛下政府不仅在西藏与中国的关系上具有特定的义务，而且在维持中藏边界现状以待正式解决时机的到来这点上，无疑具有特殊的利益。”[320]

二、威尔“访问”的内容：挑拨和分裂中国

1930年6月1日，刘曼卿离开拉萨。7月27日，威尔从江孜起程，8月4日抵达拉萨，10月2日离开。之所以在8月4日抵达，一方面是因为英印政府指示他在这天或左右抵达，以便将其“访问”的指导方针在最快的时间里传达给他[321]；另一方面“根据藏历，这天是吉祥日子”。威尔宣称：“考虑到之前中国中央政府女特使在拉萨的访问活动，决定我夫人应一同前往。”还认为：“如果有医生伴随，会取得政治优势。”[322]因此，“使团”成员有：其夫人，作为“正式参谋人员”[323]；M.R.辛克莱尔中尉（Sinclair）和波·泽林博士（Bo Tsering），分别为英国驻江孜商务代办处医官、副助理外科医师；以及莱登拉和诺布杜普（Dhondup）。其中，威尔夫人成为“访问拉萨的第一个英国妇女”[324]。威尔携带价值15000卢比的礼物，比贝利1924年入藏时的礼物翻了三倍[325]，可见英印政府的用心与企图。

十三世达赖喇嘛和噶厦对威尔的到来，在礼节上尽量周到、热情、隆重。威尔宣称：噶厦指示白朗宗宗本随行，提供必要的供应、交通。在离拉萨三站地方，派邮政总局局长和一名僧官迎接。在离拉萨大约2英里半的吉彩鲁定（Kentsa Lub-ding），得到达赖喇嘛、首席噶伦和噶厦所派代表的欢迎。入城时，“大约5000名拉萨居民站在道路两旁，观看我们的到来”。下榻地为“幸福花园”德益林卡（Dekyi Ling-ka）。因此，威尔“对沿路整个安排极为满意”，认为“欢迎仪式极为隆重”；返印时所受到的礼节也是如此。在交谈上冷淡。8月8日，十三世达赖喇嘛礼貌性地接见威尔，但未交谈具体问题。8月22日，十三世达赖喇嘛才同他正式交谈。8月31日，三名噶伦同他第一次交谈。他抱怨说：“达赖喇嘛许多事务，宗教的和世俗的，使我在抵达拉萨将近3个星期后才与他第一次交换主张。”[326]他递交英印总督的信函和礼物，信函称印藏长期存在和保持的“友好”关系将继续造福双方，英印政府对西藏极为关注。[327]他与十三世达赖喇嘛、噶厦

官员所商讨的问题，可以归纳为三方面。

其一，反对西藏地方政府恢复与中央政府正常的政治关系。

由于一些噶厦官员认为不能无限期维持现状，而应该采取行动向国民政府争取“半独立”地位[328]。威尔声称：“陛下政府反对中国恢复对西藏的主权（suzerainty），但是欢迎提高中藏关系，以确保两‘国’共同边界的和平与稳定。”[329]他警告说：如果噶厦现在就倒向中央，其已获权利就会面临极大挑战，而英国政府则全力支持噶厦维持既得地位。他宣称：“英印政府已经书面告知，为了控制除了西藏人、尼泊尔人和受到英国保护的国民以外的外国人，尤其是俄国人、中国人和蒙古人经由西藏入印，英印政府要求须持有西藏政府的证明信函。这种信函，类似于陛下政府驻中国使馆向从中国经由印度到西藏的西藏国民，提供的证明。”[330]

针对十三世达赖喇嘛已对国民政府表示通过协商解决康藏纠纷，并表示可以修改西姆拉草约，威尔建议噶厦推迟康藏划界谈判，等待有利时机。他宣称：虽然噶厦已经与国民政府建立了联系，但是国民政府仍然遇到内部纷乱，其命令在四川、云南和甘肃等省并不有效，也不能有效地约束这些省份的地方实力派。因此，西藏遇到这些省份的军阀的挑战时，只能像过去那样依赖英国[331]，“一旦重开谈判的有利时机到来，西藏可以依赖陛下政府和印度政府的友好介入和友谊”[332]。十三世达赖喇嘛不得不表示同意，认为与国民政府重开谈判，或者批准、修改 1914 年“西姆拉协议”的时机并不成熟。[333]

其二，怂恿藏军进攻西康，英国会提供必要军火。

本来在尼藏冲突紧张之际，噶厦于 1929 年两次要求英印政府提供：5 门山地炮、5 千发榴霰弹、10 万发子弹和 5 千支来福枪。在 10 月 20 日致威尔函中，噶厦称：由于冯玉祥派孙连仲计划在吉昆多（Jyekundo）准备，迟早要派遣大军进入西藏，因此希望英国提供 1921 年贝尔许诺的武器。[334]在莱登拉 1930 年春入藏协商威尔“访问”事宜时，噶厦又提出了 1929 年时提出的军火清单。[335]在 1929 年 7 月 8 日给英印政府的报告中，威尔提议在 1930 年夏前不能提供武器，因为藏英关系转冷，而藏尼关系紧张。威尔还回函噶厦，建议放弃结古，因为 1910 年 2 月 2000 名川军就进入拉萨城，如果孙连仲进军，西藏就更抵挡不住。噶厦表示不满，并改而要求按照 1924 年 4 月 15 日协定（decision）供应，因为该协定规定“就西藏方面来讲不设例外”。威尔回称：“1924 年协定并不具有法律效应，不能影响 1921 年协议。”[336]所谓 1930 年夏之前不能提供武器，指：武器援助不能用于防御尼泊尔，只能用于进攻西康；尼藏冲突的基本缓和与康藏边界冲突的再起，须以1930年夏为时间点。

尼藏冲突平息后，十三世达赖喇嘛已对军火不再感兴趣，因而也不想获取贝尔1921年底同意的全额武器，尤其是2.75英寸山炮，一方面由于“贝尔入藏时答应的武器弹药仍然要全额支付才能得到”，一方面“明显认为藏军的发展暂时足以应付可预见的危险”。如前所说，英印政府认为威尔不能主动提出军火援助问题，但是威尔见此，按捺不住地宣称：“龙厦所指挥的藏军并无什么值得特别注意之处，莱登拉帮助建立的拉萨警察也很可怜。”[337]言下之意，藏军必须发展军备。他还强调，使中国政府批准1914年西姆拉草约关于西藏边界问题的时机“并不成熟”[338]。言下之意，噶厦须进攻西康以制造“时机”。他满口表示：“英印政府准备允许西藏政府按照合理分期付款方式，偿还1921年购买军火的余额。”[339]

其三，为唆使噶厦向东“开疆扩土”，在经济上利诱噶厦。

这主要体现在两大问题上，一是给予西藏政府羊毛专卖权，售卖白银。英印政府1930年初获知，十三世达赖喇嘛要邦达昌（Pangdatsang）和土登贡培垄断西藏的羊毛出口，以便直接掌握大部分收入，用于在印度购买白银，然后由拉萨铸币厂铸造藏币。[340]威尔表示，“英印政府最终决定允许西藏政府控制西藏2/3的羊毛销售。尽管这与（1914年）贸易协定冲突，但是作为友谊的表现，英印政府还是同意给予这种羊毛专卖权，并可延续到1933年4月”[341]。为“帮助西藏进行货币改革”[342]，同样“作为友谊的表现”，威尔宣称英印政府“准备以低于市场价很多的价格，售卖质地优良、标准的白银给西藏政府”，但是每笔购买“须以现金支付”。二是暂时不对西藏商人征收所得税，不提高关税。威尔宣称：“作为友谊的象征，已书面告知西藏政府，英印政府乐意暂时放弃征收所得税，条件是：（1）限于在印度无固定商所的西藏商人。（2）限于独自从事商贸活动的个人。”但是，他宣称：“英印政府并不放弃征收所得税，只是在目前对西藏商人在这两项条件下不征收。这项恩惠维持多久，取决于西藏对印度友好态度维持多久。”至于对西藏贸易提高关税，十三世达赖喇嘛和噶厦“考虑到会给西藏人民带来困苦”而“不想讨论”[343]，威尔表示同意[344]。

在另外一些问题上，威尔也尽量“让步”和“善意”。英国提议“在塔拉嘎（Taklakot, 可能是普兰县巴嘎乡）开设新商埠，该地位于印度与尼泊尔之间西藏西部边界”。噶厦认为“藏西有噶大克为商埠已经足够”，毋庸再设新商埠。威尔“同意暂时推迟讨论此问题”[345]。针对十三世达赖喇嘛通过刘曼卿要求中央政府援助建设新工厂，发展水电，威尔宣称英国也可帮助。[346]

英国政府对以上三方面极为满意，认为威尔“极为成功”，他“抵达拉萨初期，西藏官员对其充满怀疑。但通过接触，消除了怀疑。可以说，他奠定了多年来未曾有过的英藏关系良好基础”。又说：“在成功地逗留拉萨期间，威尔能够同西藏政府就一系列问题，诸如羊毛独占贸易和供应西藏武器、银元，达成了协议。更重要的是，他发现达赖喇嘛在渴望获得中国批准1914年中英藏三方关于西藏边界的（西姆拉）协议的同时，仍然赞同英印政府的意见，认为使中国政府同意此协议的有利时机仍未到来。”[347]贝尔高度称赞威尔的“贡献”，宣称：他“和蔼可亲的性格，帮助他与西藏人建立了个人之间的友好关系，特别是在他们遇到中国人的麻烦时，他给了他们以帮助”[348]。威尔自己也声称：西藏驻江孜和亚东的商务代表都说“拉萨对其访问感到极大满意，两‘国’之间的友谊关系牢固地建立起来了”[349]。

尽管如此，威尔并不完全满意。他声称：“虽然我很快就同达赖喇嘛和西藏政府的高级官员建立起极为亲切的关系，但是非常清楚的是，许多西藏官员初次来拜访时就流露出不愿意的脸色，而这些拜访是我们所期待的，其中一些官员还在英格兰受过教育，或在印度的基地受过训。他们不愿意的原因为：(1) 近年来，长久停滞的德里—西藏（Tehri-Tibet）边界问题又开始争论，这是最主要的。(2) 由于将尼泊尔籍人下狱，尼藏两当局之间发生冲突，担心此种冲突演变为战争。(3) 不久前，西藏政府领袖、众所周知亲英的擦绒被贬黜，其原因就在于他对所有外国人都很友好”，因此“所有来访官员担心会遭致同擦绒一样的命运”。[350]擦绒也“小心地与威尔保持距离”[351]，威尔称：“我收到一封擦绒的信，虽然很和善，但是请求说和他交往越少越好，双方都不得不接受此种情况。我也接到另外一些信息，大多数口头表示友好，但是请求原谅不能来见我。”[352]威尔还渴望了解十三世达赖喇嘛与刘曼卿交谈的具体情况，也想知道贡觉仲尼从南京带来什么信件，但是十三世达赖喇嘛缄默不言。[353]

三、威尔“访问”的恶果：第三次康藏冲突的爆发和实质

上面已经指出，威尔何时入藏，与英国政府讨论与给予他行动方针的时间有关。进一步分析，还与大金寺、白利寺两个寺院的斗争与演变为第三次康藏冲突的情况密切相关。

两个寺院的斗争，指西康甘孜县境大金寺（又作达结寺、达吉寺）和白利寺

（又作白茹寺）之间的纠纷。大金寺“位于甘孜、德格之间，西距康藏两军驻边界线之绒坝岔仅10里，有喇嘛2000余人，庙产极大，执西康北路对藏贸易之牛耳”[354]。白利村位于大金寺东30里，属白利土司管辖；白利土司势力较强，拥有家庙白利寺（又称雅拉寺、亚拉寺、雅纳寺、噶札寺）。白利寺也“从事川藏茶叶贸易”[355]，双方既有利益之争，又有不同的政治立场。白利寺支持中央政府和川康，大金寺则“向附西藏”，并在第一次、第二次康藏冲突中支援藏军，因此十三世达赖喇嘛称“大金寺素极恭顺，倚若长城”。[356]民国初年，白利老土司与智古喇嘛结好，请其主持家庙，划拨15民户供其差役。1927年白利老土司去世，其女承袭土司之职，与智古喇嘛不和。1930年，智古喇嘛将为其当差的15户村民转给大金寺，激起白利土司和村民的不满，双方发生冲突。6月18日夜，大金寺喇嘛兵突袭白利土司。刘文辉以马成龙为征甘先遣司令率兵增援白利土司，噶厦派兵增援大金寺，“大白纠纷”有演变为第三次康藏冲突的趋势。正是在此趋势下，威尔于7月赶紧准备起程入藏[357]，英方却颠倒黑白地声称，威尔在起程前往拉萨时“完全不清楚”第三次康藏冲突已经发生，因而“完全不清楚即将到来的危险”[358]。威尔入藏后，尼泊尔对西藏的军事行动停止，第三次康藏冲突却爆发，“从这种情况判断，英帝国主义者派人和达赖谈判的结果，是以达赖命令藏军再向康区进攻，与英国命令尼泊尔停止侵藏战争为交换条件的”[359]。

根据《申报》所载电文，康藏方面冲突演变的基本情况是：首先，藏军攻势顺利。1931年5月3日电称：“达赖犯康，前锋已达爋堆（即瞻对，今四川新龙县），距打箭炉仅里许。”[360]6月17日电称：“藏兵本月十日已占领理塘，距打箭炉仅二百里。”[361]接着，川军反攻，川藏两军沿金沙江对峙。1932年7月23日电和8月11日电称，川军先后克复大金寺和德格，藏军“节节退却，渡过金沙江设防”[362]，但“情有不甘。西藏军事家高领智、蒋穀霞二人主张倾全藏之力，再侵西康，并请达赖出发昌都，亲自督战。现达赖已离开拉萨，度月内可到昌都，藏兵大批正陆续向德格方面运输，企图夺回甘瞻等地，并占领全康”[363]。再接着，藏军利用刘文辉、刘湘之战爆发之机反攻，“由噶伦河召指挥，前锋已迫岗拖一带”[364]。1933年12月5日贡觉仲尼称“康藏两军防地，只一河之隔，接触极易，报载又起冲突说，余虽未接电告，但为可能之事”[365]。但是，两军沿江对峙态势未变，即使十三世达赖喇嘛圆寂后也是如此，12月23日之电即称“金沙江沿岸藏军因达赖逝世、藏地不稳，奉命撤回昌都，康军张我戎旅进驻金沙江沿岸”[366]。

其间，藏军于1932年3月、4月间进攻青海玉树一带，战火扩大到青藏。8

月 9 日电称："达赖请以海南土司二十五族划归西藏为罢兵条件，马步芳覆电拒绝。"[367]9 月 8 日电称："四日夜藏兵猛进，玉树失守，马良臣率青军退大坝，待机反攻。大坝距玉树三百里，达赖以兵力压迫土族并强土族充兵役，马良臣宣慰无效，二十九族均悬黄狮旗，宣称收复西藏版图，形势危急。"[368]其后，双方曾交涉解决冲突，但是据 1933 年 3 月 25 日之电："青藏交涉突传破裂，藏兵拟两路进犯，一攻青科，一攻给古。马步芳饬马训、马彪督部扼要严防。"[369]

根据冲突情况，英印政府暗中援助藏军军火。[370]1930 年 11 月 25 日，2 名如本 (Rupons)、3 名甲本 (Chhyakpons) 率领 300 名藏军，携带早些时候英国供应的 4 门大炮、4 箱弹药，从拉萨抵达大金寺。[371]1931 年 8 月 5 日，英印政府决定提供 1 门山炮、1350 发炮弹、2 挺机枪、500 支步枪、100 万发子弹等。1932 年 5 月 16 日、25 日，噶厦致函威尔，要求提供武器。6 月，英印政府同意提供 4 门山炮、500 发榴霰弹、1500 枚加农炮弹、1000 枚炸弹、4 挺马克西姆机枪和 4 挺刘易斯机枪、1500 支步枪、100 万发子弹等。[372]被马步芳部俘虏的藏军士兵称："达赖确购英械，由印运藏备用。某国司令奈谟加尔曾到拉萨，与达赖会商军事。"[373]蒙藏会也得知藏军"由英籍军官率领向炉霍道间汉军攻击"[374]。英国政府却竭力否认唆使藏军进攻，宣称"英帝国政府及印度政府始终未有在西藏自由行动之野心"[375]。

上述深刻表明威尔入藏与第三次康藏冲突的爆发具有深刻的关系，英方认为："在威尔离开拉萨后不久，东藏发生的事件使达赖喇嘛从两点思考对外政策的根本转变：首先，要同中国人（the Chinese）达成可以接受的和解并不容易。其次，在面临中国人向藏东发起新的进攻的威胁时，英国人（the British）是他唯一可以寻求帮助的现实朋友。"[376]

当时各方对于此次冲突爆发原因和实质的看法不同。就噶厦而言，贡觉仲尼在"大白纠纷"恶化时称"两寺械斗，系宗教上下争执，无关政治"[377]。冲突爆发后，噶厦驻京代表称起因"一为白利达结两寺宗教争执，未依喇嘛寺庙惯例办理，遂致风潮扩大；二为有人利用边军潜助白利寺攻夺藏地"，总之"与藏军无关，藏军自始至终仅在原防自卫"。[378]内地认为"最大原因，在于四川军阀割据，频年内讧"，批评"刘文辉徒醉心四川主席之梦，沾沾以霸占成都为念，坐视西康全境沦陷"；又认为"班禅入京之后，而藏军进逼日紧"[379]，因此与九世班禅返藏问题有关。英方认为诱因一为"达赖喇嘛和班禅喇嘛之间矛盾，这是西藏政治生活不可能避免的"；一为"1918 年台克满调停协定的暂时性，康藏冲突在很大程度上被视为中国的内部冲突”。[380]

综合来看，大金白利两寺纠纷系导火线，达赖班禅两系统矛盾被英人挑拨利用，川军内讧成为英人怂恿进攻的时机。1918年英国副领事台克满调解时，协议附款规定“汉兵不得骚扰大金寺”[381]，停火线恰恰“从大金寺与白利寺两寺中间划过”[382]，这就是英国有意埋下的伏笔。自1924年西藏对英态度冷淡后至1927年间，康藏关系平静，英国政府不满，宣称：“由于1927年春英国领事官员和大多数英国人离开四川，川藏边界上发生什么不再知道。但就目前所知，除了通常的土匪外，局势十分平静。”[383]大金白利两寺纠纷在这种情况下发生并非偶然。纠纷发生后至国民政府成立初期，下列两大问题不断出现在中国内地报刊上，引起国民政府的注意。

其一，西藏的地图变了颜色，“独立”声起。1928年12月15日，《申报》载称“近来欧洲地图将西藏颜色列为英属”[384]。1929年1月，《京报》称“最近英国地图将西藏列入英属”。蒙藏会要求行政院“转饬外交部提出抗议以保领土”。虽然外交部“电令驻英代办陈维城查明，并无此项地图”[385]，但是《京报》所载令人关注，英国所绘地图已“把四川省的西部直到雅砻江的地方，和云南省北边界的地方，都划入西藏版图”[386]。8月28日电称：“西藏将组独立政府，达赖为王兼教主，聘财政、矿务、畜牧、交通四个顾问，两为印度人，一为哲孟雄人，一为缅甸人，皆留英学生。”[387]9月7日，《中央日报》也称“西藏已宣告独立，举达赖喇嘛为元首，已组织新政府，聘有关于财政、矿务、畜牧及交通之顾问，此等顾问均来自印度缅甸”[388]。总结这一切，蒙藏会强调：“现闻达赖与英人勾结企图独立，最近在印度购枪，并强驱藏人代为运输，源源不绝，可见英人之窥藏野心，迄未稍泯，吾人应特别注意。”[389]

其二，康藏局势紧张起来。1929年7月，蒙藏会称：“英人在西藏侵略，贱收原料，贵卖成品，不准抽税，并加工建筑印藏铁道，嗾使藏兵侵占西康二十余县，近虽一度换防，军事照旧进行。”西康方面也报告“英人嗾使藏军万余人占领西康四县，请中央特别注意”。[390]8月下旬，格桑泽仁根据京沪一带报纸刊载重庆专电报告：“英帝国主义者又唆使藏兵，接济枪弹，称兵侵犯未失之西康十三县，已攻陷南北路之甘孜、巴塘，当地驻军迭电川省府告急。”[391]对此，来自西藏的两名堪布在北平也言“达赖并无引英兵占巴安事，现仅有少数藏兵驻察木多”，英国政府宣称“藏番未入巴安县即巴塘，但华官吏华兵队已弃巴塘多年，现巴塘、里塘、打箭炉由川匪头儿主持”[392]，并指责国民政府在川藏、青藏边界同时准备军事行动[393]。9月7日，《中央日报》载称："英国现派有专家在西藏实地测量，以便开筑铁路两条，两路均经过西藏及西康省。（一）从拉萨起经求居（译音）及大绍（译音）以达西康之察理，（二）从江孜起达日古子（译音）为止，又传现有大批藏军，由英国唆使，向西康境内进逼，北平英使馆对此虽经否认，但据川中各种报告，均证明其为事实。"[394]11月14日，又有电称："英人最近有大批宣传员借经商为名，企图侵略西藏，到处挑拨藏人对内地之情感，现蔓延至川边之甘孜、邓柯等县。"[395]

由此看来，第三次康藏冲突的爆发是必然的。十三世达赖喇嘛曾强调康藏"都是中国领土，何分尔我"，"兄弟阋墙，甚为不值"[396]，但是其态度在威尔入藏后"发生了巨大改变"[397]，原因主要有两方面。一方面，十三世达赖喇嘛"进侵西康，思启封疆，早具决心"[398]。有电称："藏方迭发宣言传单，谓自四川泸定桥以西，云南中甸维西以北，青海徂斧（大概指巴颜喀拉山）以南，均属唐古忒地。"[399]1931年5月，"西康民众"要求国民政府"将西康划归达赖管理"。[400]因此，时人认为十三世达赖喇嘛进攻西康目的就是"实行其'大西藏主义'，使西藏成一独立王国"[401]。另一方面，英国施压，《申报》载称："拉萨一度发生内变，达赖喇嘛曾被反对派驱走。此时英方又有派兵入藏镇压之说，反对派见此情形，深恐英方派兵侵藏消灭该派势力（西藏僧侣阶级反对达赖者，尤反对英国），故对达赖实行让步，不久达赖安然返拉萨主持政教。"[402]如果此报道属实，则英国支持十三世达赖喇嘛稳固其地位，是以其进攻西康为条件。

前面所指出的英国在国民政府成立初期分裂西藏的活动，在第三次康藏冲突爆发时期达到顶峰。威尔即报告说：十三世达赖喇嘛在其入藏时"可能开始思考扩大西藏外交活动范围的可能性"，在1932年8月"准备同英印政府签署一项条约，将西藏对外关系的指导权赋予英国，其实质或许同1910年《英布条约》规定布坦一样"。[403]正是在1932年，传出了英国向中国提出所谓"英藏协定"的消息，其要点为：（1）"英国在'西藏国'有各种优先权，英国对藏之输出入贸易品，一律免税。"（2）"英国得在'西藏国'内，经营银行业。又如为保障达赖喇嘛之地位，有应其借款之权利。"（3）"英国在'西藏国'有采掘矿产资源之权利。"（4）"中国军队，今后三十年间，不得驻屯'西藏国'内。"（5）"'西藏国'军队，不能阻止中国军队侵入时，英国军队可援助之。"[404]如果英国的企图得逞，中国则国将不国！因此，国民政府在1934年抨击指出：1914年英国大唱"大西藏主义"，"欲并青海西康两省囊括以去"，"近年达赖常图建立所谓完整的西藏独立，即是英人为欲实现其‘大西藏主义’的企图”。[405]

总之，为扭转1924年以来西藏对英态度冷淡和阻止西藏内向趋势，同时唆使噶厦进攻西康，制造第三次康藏冲突，英国政府利用“调停”尼藏冲突之机，强迫十三世达赖喇嘛“邀请”威尔入藏“访问”。在“访问”中，威尔努力执行了军火援助藏军的政策，宣称要帮助对付“中国人的麻烦”，引诱十三世达赖喇嘛实施“大西藏主义”。因此，大金寺、白利寺纠纷发生后，驻德格藏军“即插手此事，援助大金，打击白利，并与西康驻甘部队直接冲突，扩大为康藏之战”，英国政府则乘机提出所谓“英藏协定”，企图吞并西藏。第三次康藏冲突“对西藏地方与祖国固有关系之恢复，自然不无影响；而其实质则与英帝国主义煽动达赖，妄图制造‘大西藏’，从而实现其吞噬阴谋的一贯侵藏政策有极其密切之关系，故为国民党政权对藏活动中的重要环节之一”。[406]

注　释

[1] 《黄慕松、吴忠信、赵守钰、戴传贤奉使办理藏事报告书》，第128页。

[2] 《西藏问题之检讨》，《新中华杂志》1934年第2卷第18期，第20页。

[3] 张健甫：《藏康纠纷与班禅回藏》，《中华教育界》1934年第22卷第5期，第71页。

[4] “Annual Report, 1922.” *Kenneth Bourne and D. Cameron Watt: British Documents on Foreign Affairs–Reports and Papers from the Foreign Office Confidential Print. Part II. Volume 19, China, 1919-1926*. University Publications of America, 1991, p.125.

[5] 系统探讨整个康藏冲突的代表作为王海兵所著《康藏地区的纷争与角逐（1912—1939)》（社会科学文献出版社2013年版）一书。该书以时间为轴，阐述了1912年至1939年间康藏地区发生的大小战争及有关各方关系的变化。

[6] 学术界的微观研究，可以分为几个方面。第一，关于康藏冲突的爆发原因。王燕探讨了大金白利案的起因及发展、事态的扩大及英国的表现（《浅析第三次康藏纠纷》，《民国档案》2003年第2期）。周伟洲认为1930年之康藏纠纷是大金寺与白利乡争夺财产引发的，并对这场康藏冲突的根源、性质、影响及英国所扮演的角色作了分析（《1930—1933年西藏与康、青战争之研究》，《西藏民族学院学报（哲学社会科学版)》2007年第1期）。唐洪波认为1930年至1932年之康青藏战争发生之主要原因，在于英国企图分裂中国西藏及噶厦中的亲英分子企图建立“大西藏国”（《康青藏战争与英国的侵略活动》，《西藏民族学院学报（社会科学版)》1995年第1期）。第二，国民政府对康藏冲突的处理。刘国武专门分析了国民政府对康藏纠纷的定性和处理（《南京政府对康藏纠纷的定性及解决措施分析》，《史学集刊》2004年第2期）。朗维伟从治藏政策的角度，探讨了国民政府主持调解康藏纠纷的措施和原则（《国民政府在第三次康藏纠纷中的治藏之策》，《民族研究》2005年第2期）。第三，康藏冲突中的中

国内部各方的关系。王海兵从边政、权力和地方的角度，分析国民政府、康、青、藏相互间的关系变化（《1930年代的康、青、藏战争——边政、权力和地方的视角》，《安徽史学》2007年第6期）。杜丽娴以第三次康藏纠纷为切入点，分析了20世纪30年代西藏地方与中央政府的关系演变（《试析1930—1940年中央与西藏地方之关系——以第三次康藏纠纷为例》（中央民族大学2006年硕士学位论文）。

[7] 代表性成果为冯明珠的《川青藏边域史地察——近代中英康藏议界之再释》（上、下，分载《中国藏学》2007年第4期、2008年第1期）。作者“感觉到过去以单一的政治史观来解释民初的中英西藏交涉似有所不足”，因而认为“除考虑政治因素外，还应以自然环境与经济条件重新检讨民初（1913—1919）中英西藏议界之争。因此本文首先交代中英西藏议界所争的境域，此后着重考察其所争境域的环境史地，进而对中英康藏议界进行环境与经济方面的考量”。

[8] 《西藏志、卫藏通志》，第162页。

[9] 《西藏史地大纲》，第183—184页。

[10] 张凤岐:《英侵西藏与法侵云南之透视》，《外交评论》1934年第3卷第8期，第46页。

[11] 柳陞祺:《西藏名义辨析》，见《柳陞祺藏学文集》（汉文卷·上），第96页。

[12] 《清实录·世宗朝》卷38。本处所引来自柳陞祺:《柳陞祺藏学文集》（汉文卷·上），第96页。

[13] 同上书，第196页。

[14] 同上书，第7页。

[15] 同上书，第196页。

[16] 同上书，第187页。

[17] 任新建:《论康藏的历史关系》，《中国藏学》2004年第4期。

[18] 李健:《民国学人笔下的西藏——从5本〈西藏问题〉谈起》，《中国民族报》2012年4月27日第7版。

[19] 黄慕松:《使藏纪程》，见西藏社会科学院西藏学汉文文献编辑室编:《使藏纪程、拉萨见闻录、西藏纪要》（合刊），载拉巴平措、陈家琎主编:《西藏学汉文文献丛书》第2辑，全国图书馆文献缩微复制中心1991年版，第179页。

[20] 任乃强:《西藏自治与康藏划界》，《边政公论》1946年第5卷第2期，第7页。

[21] 《使藏纪程》，见《西藏学汉文文献丛书》第2辑，第179页。

[22] 华企云:《西藏问题》，上海大东书局1930年版，第4—5、119页。

[23] 陈健夫:《西藏问题》，上海商务印书馆1935年版，第187页。

[24] 徐位:《西藏问题之解剖与今后解决之途径》，《外交评论》1934年第3卷第3期，第55页。

[25] 《西藏志、卫藏通志》，第235页。

[26] 黄言昌:《察木多宜划入川疆以固边以保卫藏卫论》（1910年10月17日），见《清末民初藏事资料选编（1877～1919）》，中国藏学出版社2005年版，第103页。

[27] 《使藏纪程》，见《西藏学汉文文献丛书》第2辑，第104页。

[28] 华企云:《西藏问题》，第120页。

[29] 《西藏问题之检讨》，《新中华杂志》1934年第2卷第18期，第14页。

[30] 《使藏纪程》，见《西藏学汉文文献丛书》第 2 辑，第 104 页。

[31] 《西藏志、卫藏通志》，第 233 页。

[32] 《国民政府女密使赴藏纪实：康藏轺征》，第 46 页。

[33] 《西藏志、卫藏通志》，第 231 页。

[34] 同上书，第 230 页。

[35] 《使藏纪程》，见《西藏学汉文文献丛书》第 2 辑，第 46—47 页。

[36] 华企云：《西藏问题》，第 119 页。

[37] 陈健夫：《西藏问题》，第 6、187 页。

[38] 姚绍华：《西藏现状与康藏纠纷》，《新中华》1933 年第 1 卷第 11 期，第 16 页。

[39] 朱绣：《海藏纪行》，见《西藏六十年大事记》，第 142 页注释 [85]。

[40] 同上文，第 114—115 页。

[41] 《西藏六十年大事记》，第 49 页。

[42] 《西藏现状与康藏纠纷》，《新中华》1933 年第 1 卷第 11 期，第 16 页。

[43] 《海藏纪行》，见《西藏六十年大事记》，第 117 页。

[44] 《可怜的三十九族》，《申报》1931 年 8 月 17 日第 10 版。

[45] 黄渠：《川康西藏动乱之前因后果》，《复兴月刊》1935 年第 3 卷第 6—7 期，第 11 页。

[46] 谢彬：《西藏问题》，上海商务印书馆 1926 年版，第 12 页。

[47] 黄叔樵：《英藏交涉近况》，《现代国际》1934 年第 1 卷第 4 期，第 38 页。

[48] 傅嵩炑：《西康建省记》，1912 年铅印本，第 1 页。

[49] 《西藏六十年大事记》，第 25 页。

[50] 《西藏简史》，第 86 页。

[51] 汪今鸾译：《英国总领事：余之西藏观》，上海商务印书馆 1931 年版，“绪言”。

[52] 同上书，第 6 页。

[53] 《民国学人笔下的西藏——从 5 本〈西藏问题〉谈起》，《中国民族报》2012 年 4 月 27 日第 7 版。

[54] “Doc.75. Memorandum on the Correspondence relating to the proposed Agreement between Great Britain and Russia on the subject of Thibet.” *British Documents on Foreign Affairs–Reports and Papers from the Foreign Office Confidential Print. Part I. Volume 13, China, Miscellaneous, 1894-1910,* pp.485-486.

[55] 《西藏问题之检讨》，《新中华杂志》1934 年第 2 卷第 18 期，第 13 页。

[56] 同上文，《新中华杂志》1934 年第 2 卷第 18 期，第 14 页。今天的西藏，为 123 万平方千米。

[57] 《西藏概况》，《开发西北》1934 年第 2 卷第 1 期，第 18 页。

[58] 谢彬：《西藏问题》，第 7—8 页。

[59] 华企云：《西藏问题》，第 2 页。

[60] 《英国总领事：余之西藏观》，第 44—45 页。

[61] 同上书，第 47 页。

[62] 同上书，第 45 页。

[63] 《苏联真理报畅论新疆情势》，《申报》1933 年 8 月 18 日第 9 版。

[64] 张明译:《英国建造“大西藏国”之轮廓》,《时事旬报》1935 年第 27 期,第 6 页。

[65] 《康藏纠纷与西藏“独立”》,《创进半月刊》1934 年第 1 期,第 20 页。

[66] 《英国建造“大西藏国”之轮廓》,《时事旬报》1935 年第 27 期,第 6 页。

[67] 同上文,《时事旬报》1935 年第 27 期,第 6 页。

[68] 《西藏对外关系总结》,见《近代史资料》第 108 辑,第 253 页。

[69] 《英国建造“大西藏国”之轮廓》,《时事旬报》1935 年第 27 期,第 7 页。

[70] 《川康西藏动乱之前因后果》,《复兴月刊》1935 年第 3 卷第 6—7 期,第 10 页。

[71] *Tibet and the British Raj–The Frontier Cadre 1904-1947*, p.56.

[72] 《西藏史地大纲》,第 212 页。

[73] *Tibet and the British Raj–The Frontier Cadre 1904-1947*, p.56.

[74] 《1914 年 4 月 7 日西姆拉会议第六次会议议事录》(英文印刷本),见《外交部档案业书——界务类》第五册西藏卷(一),第 4 页。

[75] 《西藏史地大纲》,第 212 页。

[76] 张忠绂:《民国初期之中英西藏交涉》,《东方杂志》1935 年第 32 卷第 7 号,第 78 页。

[77] 陈健夫:《民国以来中央与西藏之关系的总检讨》,《国闻周报》1934 年第 11 卷第 24 期,第 2 页。

[78] 《西藏简史》,第 93 页。

[79] 《西藏六十年大事记》,第 41 页。

[80] 西藏社会科学院等编:《西藏地方是中国不可分割的一部分(史料选辑)》,西藏人民出版社 1986 年版,第 470 页。

[81] 《民国初期之中英西藏交涉》,《东方杂志》1935 年第 32 卷第 7 号,第 78 页。

[82] 《西藏简史》,第 93 页。

[83] 《中英俄三角关系之西藏》,《外交月报》1934 年第 5 卷第 2 期,第 123、127 页。

[84] 《西藏史地大纲》,第 217 页。

[85] 《西藏简史》,第 96 页。

[86] 《俄英在西藏的交易——外交文件选译》,《近代史资料》总 64 号,第 68—69 页。

[87] 《中英俄三角关系之西藏》,《外交月报》1934 年第 5 卷第 2 期,第 123、127 页。

[88] 《西藏问题之解剖与今后解决之途径》,《外交评论》1934 年第 3 卷第 3 期,第 54 页。

[89] 《英藏交涉近况》,《现代国际》第 1 卷第 4 期,第 35 页。

[90] 《西藏简史》,第 96 页。

[91] 《西藏六十年大事记》,第 42 页。

[92] 《1914 年 4 月 7 日中国全权在第六次会议上发表之声明》(英文印刷本),第 5—6 页。

[93] 《西藏地方是中国不可分割的一部分(史料选辑)》,第 470 页。

[94] 《西藏六十年大事记》,第 42 页。

[95] 《西藏简史》,第 95 页。

[96] 《民国初期之中英西藏交涉》,《东方杂志》1935 年第 32 卷第 7 号,第 78 页。

[97] 《西藏六十年大事记》,第 43 页。

[98] 《西藏史地大纲》,第 219 页。

[99] 陆兴祺:《西藏交涉纪要》下,台北“蒙藏委员会”1954 年版,第 30 页。

[100]《陈专员七月四日上外交部电》，见《西藏地方历史资料选辑》，第 300 页。
[101]《西藏对外关系总结》，见《近代史资料》第 108 辑，第 254 页。
[102] 妙舟法师编：《蒙藏佛教史》，见《使藏纪程、拉萨见闻录、西藏纪要》（合刊，西藏学汉文文献丛书第二辑），第 132 页。
[103]《英藏交涉近况》，《现代国际》1934 年第 1 卷第 4 期，第 40 页。1912 年，瞻对改设怀柔县，1916 年改名为瞻化县，1952 年改名为新龙县。
[104]《西藏问题之检讨》，《新中华杂志》1934 年第 2 卷第 18 期，第 17—18 页。
[105] 见上文，第 18 页。
[106]《中英俄三角关系之西藏》，《外交月报》1934 年第 5 卷第 2 期，第 124 页。
[107]《西藏对外关系总结》，见《近代史资料》第 108 辑，第 253 页。
[108] *Tibet and the British Raj–The Frontier Cadre 1904-1947*, p.57.
[109]《西藏自治与康藏划界》，《边政公论》1946 年第 5 卷第 2 期，第 7 页。
[110]《西藏对外关系总结》，见《近代史资料》第 108 辑，第 254 页。
[111]《英藏交涉近况》，《现代国际》1934 年第 1 卷第 4 期，第 40 页。
[112]《西藏简史》，第 96 页。
[113] 吴忠信：《西藏纪要》，见《民国藏事史料汇编》第 18 册，第 5 页。
[114]《中外新闻：帝国主义者在西藏之阴谋》，《通问报》1934 年 4 月，第 9 页。
[115]《康藏纠纷与西藏独立》，《创进半月刊》1934 年第 1 期，第 17 页。
[116] 顾维钧：《顾维钧回忆录》第 1 分册，中华书局 1988 年版，第 114 页。
[117]《使藏纪程》，见《西藏学汉文文献丛书》第 2 辑，第 46—47 页。
[118]《西藏志、卫藏通志》，第 187 页。
[119]《西藏六十年大事记》，第 41 页。
[120]《西藏地方是中国不可分割的一部分（史料选辑）》，第 470 页。
[121]《西藏简史》，第 96 页。
[122]《英国插手调停藏军内侵订立停战合同及中英交涉西藏界务》，见《元以来西藏地方与中央政府关系档案史料汇编》第 6 册，第 2440 页。
[123] "Annual Report, 1919." *British Documents on Foreign Affairs–Reports and Papers from the Foreign Office Confidential Print. Part II. Volume 19, China, 1919-1926.* p.16.
[124]《英国插手调停藏军内侵订立停战合同及中英交涉西藏界务》，见《元以来西藏地方与中央政府关系档案史料汇编》第 6 册，第 2441 页。
[125]《蒙藏佛教史》，《蒙藏佛教史、西藏佛教史》（合刊，西藏学汉文文献丛书第二辑），第 135—136 页。
[126] 同上书，第 136、135、136 页。
[127]《历辈达赖喇嘛与班禅额尔德尼年谱》，第 397、400 页。
[128]［英］麦克唐纳著，孙梅生、黄次书译：《旅藏二十年》，上海商务印书馆 1935 年版，第 135 页。
[129] *The McMahon Line: 1914-1936,* p.52.
[130]《西藏划界之内幕》（1914 年 8 月 20 日），见《清末民初藏事资料选编（1877 ～ 1919）》，第 609 页。

[131] "Annual Report, 1919." *British Documents on Foreign Affairs–Reports and Papers from the Foreign Office Confidential Print. Part II. Volume 19, China, 1919-1926*, p.16.

[132] *The McMahon Line: 1914-1936*, p.53.

[133]《川边镇守使陈遐龄呈报藏兵进攻昌都请饬达赖罢兵并知照英使交涉电》(1918 年 3 月 24 日)，见《民国藏事史料汇编》第 8 册，第 89 页。

[134]《西藏史地大纲》，第 224—225 页。

[135]《外交部为英使要求解决藏事致驻英使馆电》(1918 年 7 月 5 日)，见《民国藏事史料汇编》第 4 册，第 290 页。

[136]《英国插手调停藏军内侵订立停战合同及中英交涉西藏界务》，见《元以来西藏地方与中央政府关系档案史料汇编》第 6 册，第 2440 页。

[137] 杨仲华:《西康纪要》，上海商务印书馆 1937 年版，第 39 页。

[138] 同上书，第 41 页。

[139]《所谓"西藏独立"活动的由来及剖析》，《中国藏学》1989 年第 1 期。

[140]《西藏简史》，第 103 页。

[141]《十三世达赖喇嘛传》，第 201 页。

[142] 任乃强:《西康札记》，上海新亚细亚月刊社 1932 年版，第 61 页。

[143]《西康纪要》，第 40 页。

[144]《英国插手调停藏军内侵订立停战合同及中英交涉西藏界务》，见《元以来西藏地方与中央政府关系档案史料汇编》第 6 册，第 2441 页。

[145]《十三世达赖喇嘛传》，第 201 页。

[146]《西藏消息》(1919 年 3 月)，见《清末民初藏事资料选编 (1877 ~ 1919)》，第 613 页。

[147] "Annual Report, 1919." *British Documents on Foreign Affairs–Reports and Papers from the Foreign Office Confidential Print. Part II. Volume 19, China, 1919-1926*, p.16.

[148]《所谓"西藏独立"活动的由来及剖析》，《中国藏学》1989 年第 1 期。

[149]《川边镇守使陈遐龄报告》(1918 年 11 月 1 日)，《西藏地方历史资料选辑》，第 308 页。

[150] 刘赞廷:《民六民七康藏战事及交涉之实况》，《康藏前锋》1934 年第 2 卷第 1 期，第 44 页。

[151] *The McMahon Line: 1914-1936*, p.53.

[152]《川边镇守使陈遐龄报告西藏受英人唆使进犯经绒坝岔一役暂以停战及刘赞廷擅订条约经过咨呈附条件》(1918 年 11 月 1 日)，见《民国藏事史料汇编》第 8 册，第 90 页。

[153]《西藏消息》(1919 年 3 月)，见《清末民初藏事资料选编 (1877 ~ 1919)》，第 614 页。

[154] *The McMahon Line: 1914-1936*, p.52.

[155] 华企云:《西藏问题》，第 137 页。

[156]《西康纪要》，第 39 页。

[157]《川边镇守使陈遐龄报告西藏受英人唆使进犯经绒坝岔一役暂以停战及刘赞廷擅订

条约经过咨呈附条件》（1918 年 11 月 1 日），见《民国藏事史料汇编》第 8 册，第 90 页。

[158]《英国插手调停藏军内侵订立停战合同及中英交涉西藏界务》，见《元以来西藏地方与中央政府关系档案史料汇编》第 6 册，第 2441—2443 页。

[159] 华企云：《西藏问题》，第 141 页。

[160] 石青阳：《藏事纪要》，见《民国藏事史料汇编》第 16 册，第 348 页。

[161]《英国插手调停藏军内侵订立停战合同及中英交涉西藏界务》，见《元以来西藏地方与中央政府关系档案史料汇编》第 6 册，第 2441 页。

[162] 陈健夫：《西藏问题》，第 32 页。

[163] "Annual Report, 1919." *British Documents on Foreign Affairs–Reports and Papers from the Foreign Office Confidential Print. Part II. Volume 19, China, 1919-1926,* pp.16-17.

[164]《英国插手调停藏军内侵订立停战合同及中英交涉西藏界务》，见《元以来西藏地方与中央政府关系档案史料汇编》第 6 册，第 2442 页。

[165] *The McMahon Line: 1914-1936,* p.55.

[166]《英国插手调停藏军内侵订立停战合同及中英交涉西藏界务》，见《元以来西藏地方与中央政府关系档案史料汇编》第 6 册，第 2441—2443 页。

[167] 华企云：《西藏问题》，第 141 页。

[168] *The McMahon Line: 1914-1936,* p.63.

[169]《川边镇守使陈遐龄报告西藏受英人唆使进犯经绒坝岔一役暂以停战及刘赞廷擅订条约经过咨呈附条件》（1918 年 11 月 1 日），见《民国藏事史料汇编》第 8 册，第 90 页。

[170]《外交部为英使要求解决藏事致驻英使馆电》（1918 年 7 月 5 日），见《民国藏事史料汇编》第 4 册，第 290 页。

[171]《民六民七康藏战事及交涉之实况》，《康藏前锋》1934 年第 2 卷第 1 期，第 44 页。

[172] *the McMahon Line: 1914-1936,* p.63.

[173]《藏事纪要》，见《民国藏事史料汇编》第 16 册，第 348 页。

[174]《川边镇守使陈遐龄报告西藏受英人唆使进犯经绒坝岔一役暂以停战及刘赞廷擅订条约经过咨呈附条件》（1918 年 11 月 1 日），见《民国藏事史料汇编》第 8 册，第 90 页。

[175]《西康纪要》，第 39 页。

[176] 同上书，第 43 页。

[177]《西藏六十年大事记》，第 46 页。

[178]《西康纪要》，第 40—41 页。

[179] *The McMahon Line: 1914-1936,* p.66.

[180]《西藏消息》（1919 年 3 月），见《清末民初藏事资料选编（1877 ～ 1919）》，第 614 页。

[181]《西藏简史》，第 103 页。

[182]《西藏六十年大事记》，第 46 页。

[183]《历辈达赖喇嘛与班禅额尔德尼年谱》，第 402 页。

[184]《川边镇守使陈遐龄报告西藏受英人唆使进犯经绒坝岔一役暂以停战及刘赞廷擅订条约经过咨呈附条件》(1918 年 11 月 1 日),见《民国藏事史料汇编》第 8 册,第 90 页。

[185] 华企云:《西藏问题》,第 141 页。

[186] *The McMahon Line: 1914-1936,* pp.65、66.

[187] Ibid., p.66.

[188]《英国插手调停藏军内侵订立停战合同及中英交涉西藏界务》,《元以来西藏地方与中央政府关系档案史料汇编》第 6 册,第 2443 页。

[189] 陈重为:《西康问题》,上海中华书局 1936 年版,第 39 页。

[190] *The McMahon Line: 1914-1936,* p.68.

[191]《西藏消息》(1919 年 3 月),见《清末民初藏事资料选编(1877 ~ 1919)》,第 614 页。

[192]《民六民七康藏战事及交涉之实况》,《康藏前锋》1934 年第 2 卷第 1 期,第 44 页。

[193]《西藏简史》,第 103 页。

[194]《西藏消息》(1919 年 3 月),见《清末民初藏事资料选编(1877 ~ 1919)》,第 614 页。

[195]《西藏自治与康藏划界》,《边政公论》1946 年第 5 卷第 2 期,第 9 页。

[196]《民六民七康藏战事及交涉之实况》,《康藏前锋》1934 年第 2 卷第 1 期,第 44 页。

[197] *The McMahon Line: 1914-1936,* p.67.

[198] 华企云:《西藏问题》,第 141—142 页。

[199]《西藏六十年大事记》,第 47 页。

[200]《西藏简史》,第 103 页。

[201]《康藏纠纷与西藏独立》,《创进半月刊》1934 年第 1 期,第 20 页。

[202] *The McMahon Line: 1914-1936,* p.68.

[203] Ibid., p.67.

[204]《西藏对外关系总结》,《近代史资料》第 108 辑,第 254 页。

[205]《西藏六十年大事记》,第 47 页。

[206]《外交部为五月三十日与英使会议川藏界务情况事致驻英使馆电》(1919 年 6 月 6 日),见《元以来西藏地方与中央政府关系档案史料汇编》第 6 册,第 2448 页。

[207]《外交部为英使要求解决藏事致驻英使馆电》(1918 年 7 月 5 日),见《民国藏事史料汇编》第 4 册,第 290 页。

[208]《驻英使馆为英国政府并无急欲解决藏案事复外交部电》(1918 年 7 月 11 日),见《民国藏事史料汇编》第 4 册,第 290 页。

[209] "Annual Report, 1919." *British Documents on Foreign Affairs–Reports and Papers from the Foreign Office Confidential Print. Part II. Volume 19, China, 1919-1926,* p.17.

[210]《顾参事赴英馆会晤朱使问答》(1918 年 6 月 28 日),见《民国藏事史料汇编》第 4 册,第 287 页。

[211]《外交部为英使要求解决藏事致驻英使馆电》(1918 年 7 月 5 日),见《民国藏事史料汇编》第 4 册,第 290 页。

[212] "Annual Report, 1919." *British Documents on Foreign Affairs–Reports and Papers from the Foreign Office Confidential Print. Part II. Volume 19, China, 1919-1926*, p.17.
[213]《西藏六十年大事记》，第 47 页。
[214]《外交部为五月三十日与英使会议川藏界务情况事致驻英使馆电》（1919 年 6 月 6 日），见《元以来西藏地方与中央政府关系档案史料汇编》第 6 册，第 2448 页。
[215]《外交部为报八月十三日与英使交涉西藏情形事致陆征祥电》（1919 年 9 月 1 日），见《元以来西藏地方与中央政府关系档案史料汇编》第 6 册，第 2448 页。
[216]《西藏简史》，第 96 页。
[217]《舆论反对藏约情形》，见《元以来西藏地方与中央政府关系档案史料汇编》第 6 册，第 2456 页。
[218]《外交部为报八月十三日与英使交涉西藏情形事致陆征祥电》（1919 年 9 月 1 日），见《元以来西藏地方与中央政府关系档案史料汇编》第 6 册，第 2448—2449 页。
[219]《西藏六十年大事记》，第 48 页。
[220]《英藏交涉近况》，《现代国际》1934 年第 1 卷第 4 期，第 41 页。
[221]《西藏交涉纪要》下篇，第 83 页。
[222] 同上书，第 84—85 页。
[223]《舆论反对藏约情形》，见《元以来西藏地方与中央政府关系档案史料汇编》第 6 册，第 2458 页。
[224]《四川省议会议案》，《西藏地方历史资料选辑》，第 310 页。
[225]《西藏六十年大事记》，第 71—72 页注释 [77]。
[226]《甘肃督军张广建转报马麒反对与英使会商议定西藏划界》（1919 年 10 月 28 日），见《元以来西藏地方与中央政府关系档案史料汇编》第 6 册，第 2449—2452 页。
[227]《西藏史地大纲》，第 335 页。
[228]《留日学生通电》，《西藏地方历史资料选辑》，第 311 页。
[229]《西藏简史》，见《柳陞祺藏学文集》（汉文卷 · 上），第 87 页。
[230]《西藏之过去与现在》，第 112 页。
[231]《施肇基为英外部催续议及所持严厉态度事情示如何答复事致外交部电》（1919 年 11 月 26 日），见《元以来西藏地方与中央政府关系档案史料汇编》第 6 册，第 2452 页。
[232]《外交部为以藏案不愿即行解决系为顾全中英邦交婉达英外部事复施肇基电》（1919 年 12 月 3 日），见《元以来西藏地方与中央政府关系档案史料汇编》第 6 册，第 2453 页。
[233]《英驻京公使朱尔典关于西藏问题的五点声明》（1919 年 12 月 3 日），见《民国藏事史料汇编》第 4 册，第 298—299 页。
[234]《西藏史地大纲》，第 238 页。
[235]《西藏简史》，见《柳陞祺藏学文集》（汉文卷 · 上），第 87 页。
[236]《西藏六十年大事记》，第 48 页。
[237]《甘督张广建致达赖函》（1919 年 8 月），《西藏地方历史资料选辑》，第 314 页。
[238]《李仲莲等为入藏议定停战和平解决争端事禀甘肃督军张广建转呈大总统函稿》（1920 年 4 月 8 日），见《元以来西藏地方与中央政府关系档案史料汇编》第 6 册，第

2453—2454 页。

[239]《张广建致北洋政府电》(1920 年 7 月 1 日),《西藏地方历史资料选辑》, 第 315 页。洛桑更登因不服水土，抵达青海湟源后未能到兰州，张广建派人取回十三世达赖喇嘛信函及礼物。

[240]《西藏六十年大事记》, 第 57 页。

[241]《李仲莲朱绣呈报抵藏情形文》(1920 年 9 月), 见《元以来西藏地方与中央政府关系档案史料汇编》第 6 册, 第 2456 页。

[242]《西藏简史》, 见《柳陞祺藏学文集》(汉文卷·上), 第 87 页。

[243] *The McMahon Line: 1914-1936,* pp.106、108.

[244]《西藏之过去与现在》, 第 114、112 页。

[245]《西藏交涉纪要》下篇, 第 97 页。

[246]《国务院转发总统府交下英政府派柏尔赴藏活动应予以注意说帖致蒙藏院》(1922 年 5 月 6 日), 见《元以来西藏地方与中央政府关系档案史料汇编》第 6 册, 第 2466 页。

[247]《北洋政府外交部致驻英公使电》(1921 年 3 月 23 日),《西藏地方历史资料选辑》, 第 315—316 页。

[248]《西藏之过去与现在》, 第 112—113、114 页。

[249] "Annual Report, 1921." *British Documents on Foreign Affairs–Reports and Papers from the Foreign Office Confidential Print. Part II. Volume 19, China, 1919-1926,* p.88.

[250] 有学者认为贝尔 1920 年 11 月抵达拉萨时，李仲莲、朱绣等人仍在拉萨，并不正确。参见：Wendy Palace, *The British Empire and Tibet, 1900-1922,* published in 2005 by Routledge Curzon, Taylor & Francis Group, London and New York, p.67。

[251] *The British Empire and Tibet, 1900-1922,* p.67.

[252]《西藏之过去与现在》, 第 114、115、119 页。

[253] 同上书，第 119 页。

[254]《十三世达赖喇嘛传》, 第 244 页。

[255]《西藏之过去与现在》, 第 123—124、124 页。

[256] 同上书，第 191 页。

[257] *The McMahon Line: 1914-1936,* p.116.

[258]《西藏之过去与现在》, 第 124—125 页。

[259] 同上书，第 125 页。

[260] *The British Empire and Tibet, 1900-1922,* p.69.

[261]《十三世达赖喇嘛传》, 第 333、339、340 页。

[262]《北洋政府外交部致驻英公使电》(1921 年 3 月 23 日),《西藏地方历史资料选辑》, 第 315 页。

[263] "Annual Report, 1921." *British Documents on Foreign Affairs–Reports and Papers from the Foreign Office Confidential Print. Part II. Volume 19, China, 1919-1926,* p.87.

[264]《西藏之过去与现在》, 第 120 页。

[265] *The British Empire and Tibet, 1900-1922,* p.137.

[266]《西藏之过去与现在》, 第 126 页。

[267]《陆兴祺解决藏事说帖》(1921年),见《民国藏事史料汇编》第4册,第327页。

[268]《北洋政府外交部致驻英公使电》(1921年3月23日),《西藏地方历史资料选辑》,第315页。

[269]《北洋政府外交部致驻英公使电》(1921年7月30日),《西藏地方历史资料选辑》,第316页。

[270]《顾维钧为英外相催促了结西藏问题并提出书面节略事致外交部电》(1921年8月26日),见《元以来西藏地方与中央政府关系档案史料汇编》第6册,第2460页。

[271] *The British Empire and Tibet, 1900-1922,* p.145.

[272]《西藏史地大纲》,第228—229页。

[273]《康藏纠纷与西藏独立》,《创进半月刊》1934年第1期,第20页。

[274]《西藏对外关系总结》,《近代史资料》第108辑,第254页。

[275]《西藏史地大纲》,第238、238—239页。

[276]《外交部为英如能于土地问题让步政府愿于藏中商务经济方面设法补偿事致驻英使馆电》(1921年8月18日),见《元以来西藏地方与中央政府关系档案史料汇编》第6册,第2459页。

[277]《顾维钧为英外相催促了结西藏问题并提出书面节略事致外交部电》(1921年8月26日),见《元以来西藏地方与中央政府关系档案史料汇编》第6册,第2459—2460、2460页。

[278]《顾维钧为分析英政府亟欲解决西藏问题之原因致外交部电》(1921年8月29日),见《元以来西藏地方与中央政府关系档案史料汇编》第6册,第2461—2462页。

[279]《外交部为朝野反对已告英使缓议事致驻英使馆电》(1921年9月4日),见《元以来西藏地方与中央政府关系档案史料汇编》第6册,第2462页。

[280]《外交部为答复英使缓议节略内容致驻英使馆电》(1921年9月10日),见《元以来西藏地方与中央政府关系档案史料汇编》第6册,第2464页。

[281]《朱兆莘为接外交部电开已告英使西藏问题拟在华盛顿会议后再行开议事致顾维钧电》(1921年9月9日),见《元以来西藏地方与中央政府关系档案史料汇编》第6册,第2463页。

[282]《西藏史地大纲》,第240、241页。

[283] *The McMahon Line: 1914-1936,* p.112.

[284]《外交部为国内舆论宜利用华盛顿会议保全领土之约设法取销政治争点政府可否本此进行事致驻英使馆电》(1922年3月14日),见《元以来西藏地方与中央政府关系档案史料汇编》第6册,第2465页。

[285]《顾维钧为报告英国发生政潮西藏问题似暂搁置事致外交部电》(1922年3月18日),见《元以来西藏地方与中央政府关系档案史料汇编》第6册,第2465页。

[286] "Annual Report, 1922." *British Documents on Foreign Affairs–Reports and Papers from the Foreign Office Confidential Print. Part II. Volume 19, China, 1919-1926,* p.125.

[287] "Doc.19/ Inclosure in Doc.18. Letter from the Political Officer in Sikkim, Gangtok, November18, 1930." *British Documents on Foreign Affairs–Reports and Papers from the Foreign Office Confidential Print. Part II. Volume 39, China, October 1930-December 1931,*

p.32.

[288] *The McMahon Line: 1914-1936,* p.180.

[289] 甘典:《我所了解的擦绒·达桑占堆其人》,《西藏文史资料选辑》I，民族出版社 2007 年版，第 437 页。

[290]《十三世达赖喇嘛传》，第 365 页。

[291] *The McMahon Line: 1914-1936,* p.179.

[292] *Tibet and the British Raj–The Frontier Cadre 1904-1947*, p.120.

[293] *The McMahon Line: 1914-1936,* pp.180, 183.

[294] Ibid, p.177.

[295] *INNER MONGOLIA AND TIBET. Chinese Research Scheme.* 英国政府印度事务部秘密档案。

[296] "Annual Report, 1929." *British Documents on Foreign Affairs–Reports and Papers from the Foreign Office Confidential Print. Part II. Volume 20, China, 1927-1931,* p.205.

[297] *The McMahon Line: 1914-1936,* p.180.

[298] Ibid, p.181.

[299] *Tibet and the British Raj–The Frontier Cadre 1904-1947*, p.120.

[300] "Annual Report, 1929." *British Documents on Foreign Affairs–Reports and Papers from the Foreign Office Confidential Print. Part II. Volume 20, China, 1927-1931,* p.205.

[301] *The McMahon Line: 1914-1936,* pp181, 182, 183.

[302] "Report on China for Year 1930." *British Documents on Foreign Affairs–Reports and Papers from the Foreign Office Confidential Print. Part II. Volume 20, China, 1927-1931,* p.305.

[303] "Doc.222. Government of India to India Office. Simla, July 11, 1930." *British Documents on Foreign Affairs–Reports and Papers from the Foreign Office Confidential Print. Part II. Volume 38, China. November 1929-December 1930,* p.208.

[304] "Doc.19/ Inclosure in Doc.18. Letter from the Political Officer in Sikkim, Gangtok, November18, 1930." *British Documents on Foreign Affairs–Reports and Papers from the Foreign Office Confidential Print. Part II. Volume 39, China, October 1930-December 1931,* p.32.

[305] *The McMahon Line: 1914-1936,* p.183.

[306] "Doc.19/ Inclosure in Doc.18. Letter from the Political Officer in Sikkim, Gangtok, November18, 1930." *British Documents on Foreign Affairs–Reports and Papers from the Foreign Office Confidential Print. Part II. Volume 39, China, October 1930-December 1931,* p.32.

[307] "Report on China for Year 1930." *British Documents on Foreign Affairs–Reports and Papers from the Foreign Office Confidential Print. Part II. Volume 20, China, 1927-1931,* p.305.

[308]《西藏亲英派失势》,《申报》1930 年 10 月 9 日第 6 版。

[309] *Tibet and the British Raj–The Frontier Cadre 1904-1947*, p.120.

[310] *The McMahon Line: 1914-1936,* p.185.

[311] Ibid, pp.183, 184.

[312] "Doc.212. Inclosure in Doc.211. Government of India to India Office, Simla, June25, 1930." *British Documents on Foreign Affairs–Reports and Papers from the Foreign Office Confidential Print. Part II. Volume 38, China, November 1929-December 1930,* p.199.

[313] "Doc.222. Inclosure in Doc.221. Government of India to India Office. Simla, July 11, 1930." *British Documents on Foreign Affairs–Reports and Papers from the Foreign Office Confidential Print. Part II. Volume 38, China. November 1929-December 1930,* p.208.

[314] "Doc.223. Inclosure in Doc.221. Draft telegram from India Office to Government of India." *British Documents on Foreign Affairs–Reports and Papers from the Foreign Office Confidential Print. Part II. Volume 38, China, November 1929-December 1930,* p.209.

[315] "Doc.211[F3784/50/10]. India Office to Foreign Office.—(Received July 11.) India Office, July9, 1930." *British Documents on Foreign Affairs–Reports and Papers from the Foreign Office Confidential Print. Part II. Volume 38, China, November 1929-December 1930,* p.198.

[316] "Doc.221[F3963/50/10]. India Office to Foreign Office.—(Received July21.) India Office, July 19, 1930." *British Documents on Foreign Affairs–Reports and Papers from the Foreign Office Confidential Print. Part II. Volume 38, China, November 1929-December 1930,* p.207.

[317] "Doc.222. Inclosure in Doc.221. Government of India to India Office. Simla, July 11, 1930." *British Documents on Foreign Affairs–Reports and Papers from the Foreign Office Confidential Print. Part II. Volume 38, China. November 1929-December 1930,* p.208.

[318] "Doc.223. Inclosure in Doc.221. Draft telegram from India Office to Government of India." *British Documents on Foreign Affairs–Reports and Papers from the Foreign Office Confidential Print. Part II. Volume 38, China, November 1929-December 1930,* pp208-209.

[319] "Doc.221[F3963/50/10]. India Office to Foreign Office.—(Received July21.) India Office, July 19, 1930." *British Documents on Foreign Affairs–Reports and Papers from the Foreign Office Confidential Print. Part II. Volume 38, China, November 1929-December 1930,* p.207.

[320] *The McMahon Line: 1914-1936,* p.184.

[321] "Doc.221[F3963/50/10]. India Office to Foreign Office.—(Received July21.) India Office, July 19, 1930." *British Documents on Foreign Affairs–Reports and Papers from the Foreign Office Confidential Print, part II. Volume 38, China, November 1929-December 1930,* p.207.

[322] "Doc.19/ Inclosure in Doc.18. Letter from the Political Officer in Sikkim, Gangtok, November18, 1930." *British Documents on Foreign Affairs–Reports and Papers from the Foreign Office Confidential Print, part II. Volume 39, China, October 1930-December 1931,* p.32.

[323] *The McMahon Line: 1914-1936,* p.185.

[324] 《十三世达赖喇嘛传》，第 369 页。

[325] *Tibet and the British Raj–The Frontier Cadre 1904-1947*, p.121.

[326] "Doc.19/ Inclosure in Doc.18. Letter from the Political Officer in Sikkim, Gangtok, November18, 1930." *British Documents on Foreign Affairs–Reports and Papers from the

Foreign Office Confidential Print, part II. Volume 39, China, October 1930-December 1931, pp.33, 34.

[327] *L/P&S/10/1113 , 1930.* 英国政府印度事务部秘密档案。

[328] *IOR,L/P&S/10/1113,Letter form the Political Officer in Sikkim ,No.7(14)-p./30,Deted Gangtok, 18th November 1930.* 英国政府印度事务部秘密档案。

[329] *Report on China for Year 1930.* Kenneth Bourne and D.Cameron Watt: British Documents on Foreign Affairs–Reports and Papers from the Foreign Office Confidential Print, part II. Volume 20, China, p.305.

[330] "Doc.19/ Inclosure in Doc.18. Letter from the Political Officer in Sikkim, Gangtok, November18, 1930." *British Documents on Foreign Affairs–Reports and Papers from the Foreign Office Confidential Print, part II. Volume 39, China, October 1930-December 1931,* p.34.

[331] "Doc.223. Inclosure in Doc.221. Draft telegram from India Office to Government of India." *British Documents on Foreign Affairs–Reports and Papers from the Foreign Office Confidential Print, part II. Volume 38, China, November 1929-December 1930,* p.198.

[332] "Doc.19/ Inclosure in Doc.18. Letter from the Political Officer in Sikkim, Gangtok, November18, 1930." *British Documents on Foreign Affairs–Reports and Papers from the Foreign Office Confidential Print, part II. Volume 39, China, October 1930-December 1931,* p.35.

[333] *IOR,L/P&S/10/1113,Letter form the Political Officer in Sikkim ,No.7(14)-p./30,Deted Gangtok, 18th November 1930.* 英国政府印度事务部秘密档案。

[334] *From Lieut.- Colonel J. L. R. Weir, Political Officer in Skkim, to The Foreign Secretary to the Government of India, New Dehli, Dated Gangtok, the 9th November 1929.* 英国政府印度事务部秘密档案。

[335] "Doc.211[F3784/50/10]. India Office to Foreign Office.—(Received July 11.) India Office, July, 1930." *British Documents on Foreign Affairs–Reports and Papers from the Foreign Office Confidential Print, part II. Volume 38, China, November 1929-December 1930,* p.198.

[336] Register No.P. 7728/29. 英国政府印度事务部秘密档案。

[337] *The McMahon Line: 1914-1936,* p.186.

[338] "Report on China for Year 1930." *British Documents on Foreign Affairs–Reports and Papers from the Foreign Office Confidential Print, part II. Volume 20, China, 1927-1931,* p.304.

[339] "Doc.19/ Inclosure in Doc.18. Letter from the Political Officer in Sikkim, Gangtok, November18, 1930." *British Documents on Foreign Affairs–Reports and Papers from the Foreign Office Confidential Print, part II. Volume 39, China, October 1930-December 1931,* p.34.

[340] *The McMahon Line: 1914-1936,* pp.179, 183.

[341] "Doc.19/ Inclosure in Doc.18. Letter from the Political Officer in Sikkim, Gangtok, November18, 1930." *British Documents on Foreign Affairs–Reports and Papers from the*

Foreign Office Confidential Print, part II. Volume 39, China, October 1930-December 1931, p.34.

[342] *The McMahon Line: 1914-1936,* p.185.

[343] “Doc.19/ Inclosure in Doc.18. Letter from the Political Officer in Sikkim, Gangtok, November18, 1930.” *British Documents on Foreign Affairs–Reports and Papers from the Foreign Office Confidential Print, part II. Volume 39, China, October 1930-December 1931,* p.34.

[344] *The McMahon Line: 1914-1936,* p.185.

[345] Ibid., p.186.

[346] “Doc.19/ Inclosure in Doc.18. Letter from the Political Officer in Sikkim, Gangtok, November18, 1930.” *British Documents on Foreign Affairs–Reports and Papers from the Foreign Office Confidential Print, part II. Volume 39, China, October 1930-December 1931,* p.35.

[347] “Report on China for Year 1930.” *British Documents on Foreign Affairs–Reports and Papers from the Foreign Office Confidential Print, part II. Volume 20, China, 1927-1931,* p.305.

[348]《十三世达赖喇嘛传》，第 368 页。

[349] “Doc.19/ Inclosure in Doc.18. Letter from the Political Officer in Sikkim, Gangtok, November18, 1930.” *British Documents on Foreign Affairs–Reports and Papers from the Foreign Office Confidential Print, part II. Volume 39, China, October 1930-December 1931,* p.39.

[350] “Doc.19/ Inclosure in Doc.18. Letter from the Political Officer in Sikkim, Gangtok, November18, 1930.” *British Documents on Foreign Affairs–Reports and Papers from the Foreign Office Confidential Print, part II. Volume 39, China, October 1930-December 1931,* pp.33, 34.

[351] *Tibet and the British Raj–The Frontier Cadre 1904-1947*, p.120.

[352] “Doc.19/ Inclosure in Doc.18. Letter from the Political Officer in Sikkim, Gangtok, November18, 1930.” *British Documents on Foreign Affairs–Reports and Papers from the Foreign Office Confidential Print, part II. Volume 39, China, October 1930-December 1931,* p.34.

[353] *The McMahon Line: 1914-1936,* p.186.

[354]《西藏插手西康大金寺与白利村纠纷的真相》，见《西藏文史资料选辑》III，第 463 页。

[355] *The McMahon Line: 1914-1936,* p.194.

[356]《西藏插手西康大金寺与白利村纠纷的真相》，见《西藏文史资料选辑》III，第 464 页。

[357] “Doc.221[F3963/50/10]. India Office to Foreign Office.–(Received July21.) India Office, July 19, 1930.” *British Documents on Foreign Affairs–Reports and Papers from the Foreign Office Confidential Print, part II. Volume 38, China, November 1929-December 1930,* p.207.

[358] *The McMahon Line: 1914-1936,* p.190.

[359]《达赖喇嘛传》，第 283 页。

[360]《班禅主张和平解决藏事，西康民众愿受达赖管理》，《申报》1931 年 5 月 24 日第 3 版。
[361]《藏兵图占全康距打箭炉仅二百里》，《申报》1931 年 6 月 18 日第 4 版。
[362]《藏兵集结昌都，藏全境正积极征兵》，《申报》1932 年 8 月 12 日第 4 版。
[363]《藏兵准备大举侵袭西康》，《申报》1932 年 7 月 24 日第 3 版。
[364]《川局益形紧张，刘文辉之兄赴渝调解》，《申报》1932 年 10 月 9 日第 3 版。
[365]《达赖代表贡觉仲尼之谈话》，《申报》1933 年 12 月 6 日第 4 版。
[366]《金沙江沿岸藏军撤回昌都》，《申报》1933 年 12 月 24 日第 3 版。
[367]《藏兵仍图反攻》，《申报》1932 年 8 月 10 日第 8 版。
[368]《藏兵进占玉树，马良臣率青军退大坝》，《申报》1932 年 9 月 8 日第 4 版。
[369]《青藏交涉突传破裂，藏兵拟分两路进犯，马步芳部扼要严防》，《申报》1933 年 3 月 27 日第 5 版。
[370] "Report on China for Year 1931." *British Documents on Foreign Affairs–Reports and Papers from the Foreign Office Confidential Print, part II. Volume 20, China, 1927-1931,* p.398.
[371]《西藏通史·民国卷》上册，第 184 页。
[372]《蒙藏新闻：康藏风云近讯》，《蒙藏旬刊》1932 年第 29 期，第 14 页。
[373]《蒙藏委员会为藏军陷甘瞻窥理化迅电达赖饬令前线返还侵地以凭调解事致西藏驻京办事处电》(1931 年 6 月 13 日)，见《康藏纠纷档案选编》，第 135 页。
[374]《英外部声明否认袒日》，《申报》1933 年 2 月 3 日第 3 版。
[375] *The McMahon Line: 1914-1936,* p.190.
[376]《西藏简史》，第 116 页。
[377]《康藏战事无关政治》，《申报》1931 年 4 月 3 日第 6 版。
[378]《康藏纠纷起因》，《申报》1931 年 7 月 6 日第 4 版。
[379] 胡宏基:《班禅回藏与藏军东侵》，《军事杂志》1930 第 39 期，第 37、38 页。
[380] Alastair Lamb, *The McMahon Line: 1914-1936,* p.190.
[381]《西藏插手西康大金寺与白利村纠纷的真相》，见《西藏文史资料选辑》III，第 464 页。
[382] *The McMahon Line: 1914-1936,* p.193.
[383] "Annual Report, 1927." *British Documents on Foreign Affairs–Reports and Papers from the Foreign Office Confidential Print, part II. Volume 20, China, 1927-1931,* p.21.
[384]《平津近闻》，《申报》1928 年 12 月 15 日第 8 版。
[385]《中华民国国民政府行政院训令第五一三号》(1929 年 1 月 24 日)，中国第二历史档案馆编:《国民政府行政院公报》(5)，第 24 页。
[386] 博平:《达赖死后之西藏问题》，《汗血周刊》1934 年第 3 卷第 2 期，第 3—4 页。
[387]《西藏将组独立政府》，《申报》1929 年 8 月 29 日第 8 版。
[388]《西藏风云正浓，俄事尚未解决，国人何以注意》，《中央日报》1929 年 9 月 7 日。
[389]《蒙藏委会将讨论西康问题》，《申报》1929 年 9 月 9 日第 9 版。
[390]《英人势力侵入西藏》，《申报》1929 年 7 月 5 日第 4 版。
[391]《行政院为格桑泽仁报称英帝接济枪弹唆使藏兵进犯西康请迅组西康省府等情转送中

央政治会议并案核办事致国民政府密呈》(1929 年 8 月 24 日),见《中国第二历史档案馆所存西藏和藏事档案汇编》第 7 册,第 282 页。

[392]《英方否认藏番入川,西藏两堪布入京报告藏事》,《申报》1929 年 9 月 2 日第 8 版。

[393] "Annual Report, 1929." *British Documents on Foreign Affairs–Reports and Papers from the Foreign Office Confidential Print, part II. Volume 20, China, 1927-1931,* p.205.

[394]《西藏风云正浓,俄事尚未解决,国人何以注意》,《中央日报》1929 年 9 月 7 日。

[395]《刘文辉等劝导藏民》,《申报》1929 年 11 月 15 日第 9 版。

[396]《国民政府女密使赴藏纪实:康藏轺征》,第 112—113 页。

[397] *The McMahon Line: 1914-1936,* p.186.

[398]《西藏插手西康大金寺与白利村纠纷的真相》,见《西藏文史资料选辑》III,第 466 页。

[399]《蒙藏新闻:康藏风云近讯》,《蒙藏旬刊》1932 年第 29 期,第 14 页。

[400]《班禅主张和平解决藏事,西康民众愿受达赖管理》,《申报》1931 年 5 月 24 日第 3 版。

[401] 王洁卿:《西藏问题之症结及今后解决之方策》,《边事研究》1935 年第 3 卷第 6 期,第 73 页。

[402]《川战后之康藏》,《申报》1933 年 2 月 5 日第 12 版。

[403] *The McMahon Line: 1914-1936,* p.190.

[404]《西藏之独立运动(续前期,译自日本外交时报)》,南京《国际周报》1932 年 第 1 卷第 13 期,第 4 页。

[405]《藏康纠纷与班禅回藏》,《中华教育界》1934 年第 22 卷第 5 期,第 73 页。

[406]《西藏插手西康大金寺与白利村纠纷的真相》,见《西藏文史资料选辑》III,第 463 页。

第五章
康藏冲突（二）：中国内部的协商与国民政府的处理

蒙藏委员会委员长石青阳在1935年曾批评认为："近年以来，每于国内多事之时，驻康藏军即企图东侵。"[1]康藏冲突成为国民政府面临的重大难题之一。总的来看，国民政府以调解矛盾为主，把康藏纠纷当作中国内部矛盾和地方冲突来处理，反对英国介入；这与北洋政府时期听从英国政府调停极大不同，这是一个极大的进步。大体说来，国民政府的处理分为两个时期，第一时期为黄慕松入藏致祭十三世达赖喇嘛之前，第二时期为其入藏期间和之后，康藏冲突逐渐得到解决，噶厦同意西康建省，但康藏界务问题搁置下来。

第一节　1931年中国内部各方关于康藏冲突的协商

1930年6月，位于西康甘孜县的大金寺（又称达结寺）与白利寺（又称白茹寺）"因争夺寺产酿成战争"[2]，大金寺焚掳白利寺，并袭击川军前哨。9月上旬，川康边防总指挥刘文辉派军支援白利寺，"藏方亦调动部队为大金寺声援，两寺纠纷遂转而为康藏战局"[3]。国民政府站在中央政府的立场上，特派唐柯三为"调解康藏事宜专员"前往调解。虽然学术界提到了唐柯三的调解[4]，但是对其中许多具体细节及由此反映出来的实质问题尚需进一步探讨，才能弄清自国民政府成立以来中国内部有关各方第一次协商解决康藏冲突，因何未能解决。

一、十三世达赖喇嘛欢迎中央政府调解与唐柯三的派出

第三次康藏冲突一发生，国民政府力图按照大金、白利两寺的纠纷来调解处理。10月4日，蒙藏委员会电刘文辉："现达赖代表到京，正商议解决中藏问题，

深恐因地方细故惹起西藏纠纷。希电知西康政务委员会设法排解。”[5]国民政府还令刘文辉一方面撤退所部至朱倭，一方面要“西康军政官吏迅予和平解决”[6]。这说明，国民政府因弄不清刘文辉的态度而尚未考虑派遣中央专员，而是赋予他调解的权力。九世班禅驻康办事处也派桑布喇嘛等人前往调解。

刘文辉一开始并不想让国民政府插手，而是计划由自己来解决；无果之后，不得不要求国民政府主持解决。他在纠纷发生时先派参议朱宪文“约集道孚、炉霍、甘孜各县旧土司头人”进行调解，随后派军法官马昌冀“善言开导”。[7]奉令主持和平调解后，他又通过炉霍商会、锅庄商会“各派代表赴甘调解”[8]。同时，他命令甘孜驻军“力持和平”，要求国民政府命令十三世达赖喇嘛“制止驻德格藏官勿暗助达结”。[9]12月4日，他致电蒙藏委员会委员长马福祥，再次强调“前线官兵驻白利原防，久已停止前进，遵令静待解决”，同时批评“藏方又复增援”，询问“达结如竟不受调解，究应如何处理”。[10]12月8日，马福祥致电十三世达赖喇嘛，称刘文辉“已饬驻军停止前进”，要求十三世达赖喇嘛“转饬停战，静候和平调处”。[11]

十三世达赖喇嘛的态度前后也有变化。他先赞同刘文辉主持调解，随后提出“大白纠纷”属于宗教上的问题，应由他来处理。10月13日，他致电蒙藏委员会，一方面批评“西康驻军偏袒白茹寺，攻击达结寺”，另一方面“请予调解”。[12]他感谢“康属达结、白茹两寺争执，已蒙政府电饬刘总指挥调停”[13]，要求蒙藏委员会“电饬康军迅予调解，以竟全功”[14]。但是，他担心九世班禅喇嘛借机返藏，指责他设立驻康办事处暗中挑拨“大白纠纷”，并称“正在调和之际，谁知桑布喇嘛与甘孜驻防汉官处怂恿，是以汉官偏袒白茹寺，攻击达结寺，该寺抵御”。同时，他要求速电刘文辉撤兵，称“适值汉藏恢复旧谊之间，忽生此衅，大局有碍”[15]。11月14日，他对马福祥指责“十月十四日汉兵一千余，忽然攻击，夺去人地”[16]。蒙藏委员会12月27日回电：“顷奉蒋主席发下刘文辉电呈，达结、白茹因争产械斗，实与班禅无关。达赖不明真相援助达结，现复增援猛攻，和平无望，祈电达赖免除误会一案，并谕据实转电达赖负责调解，幸勿误会。等因。相应电请查照，务请负责调解，以息争端为荷。”[17]此电表明蒙藏委员会、蒋介石赞同刘文辉的观点，批评十三世达赖喇嘛。他强烈不满，于1931年1月25日通过驻京代表致函蒙藏委员会，称：“惟查此次达结、白茹两寺之争执，委由宗教发生问题，自有教主达赖喇嘛主持解决，既非关政治问题，更无汉官干涉之必要。”[18]因此，炉霍商会、锅庄商会所派代表难以调解。

在此情况下，蒙藏委员会于12月12日呈文行政院，提出："查此案现由该两寺之争执，扩大至驻康川军与驻康藏军之冲突，已成不可掩之事实。当此藏事进行幸具端倪，此项纠纷如不及早解决，深恐牵动全局无法收拾。惟西藏距京穹远，究竟此案情形如何，康藏两方各执一词，莫衷一是，非由中央派员亲赴西康实地调查，不足以明真相而资调解。"[19]12月17日，蒋介石批准，指示蒙藏委员会"遴派熟习藏康情形人员赴康调查，妥慎处理"[20]。十三世达赖喇嘛于12月28日致电欢迎请派熟悉西藏问题的"公正大员前往"，并称"藏军自愿退回原防"。[21]他指责刘文辉"在五族共和之际"拨弄是非，称"汉番设要调停，非得政府特派通晓汉番情谊之员就近磋商，若再与刘文辉磋商，势难解决"。[22]这样，他明确表示了愿意由中央政府来调解"大白冲突"。

在"康藏两军均各调集部队准备接战，情势异常紧张"的情况下，国民政府却迟迟不能决定是以行政院还是以蒙藏委员会的名义派出调解专员。蒙藏委员会于12月30日、1931年1月10日两次向行政院提出："惟属会经费极形支绌，此项用费实无法开支。拟请钧院简派专员并由属会派遣熟习康藏人员协助，以便赴康调查真相，彻底解决。"[23]1月17日，蒋介石批示：仍应由蒙藏委员会"遴派妥员前往调解，所需经费仰即核实开列呈候核夺可也"[24]。显然，他因忙于国民党内部的权力斗争而未重视西藏问题。据此，蒙藏委员会于1月24日决定委派委员孙绳武"前往调查，设法调解"，并"派熟悉康藏情形之专门委员"刘赞廷和一名科员"随同前往，以资协助"。[25]

刘文辉表示反对。他于1月27日对马福祥首先强调"此事敝处始终秉承中央意旨力为调解，藏方迄无接受诚意，达赖当然负其咎责。如能将援兵撤退，一切便可消释无余，与其他问题，全不相涉"，继而批评蒙藏委员会应十三世达赖喇嘛之要求而遣人调解，"益使达赖生其氛势，地位因而提高，此后康藏纠纷，必且层出无已"，最后提出仍"由文辉主持调解，似于慎固边防及保持国家威信较为得之"。[26]2月6日，马福祥回电解释并非应十三世达赖喇嘛之请，而是蒋介石批示将刘文辉1930年12月18日之电，由蒙藏委员会"转电达赖，免除误会，负责调解"，恰巧十三世达赖喇嘛来电"亦请派员调处"，因而行政院指示"应由本会遴员请派"。[27]尽管作此解释，马福祥在次日即1931年2月7日呈文行政院："可否准如刘总指挥所请……仍由刘总指挥主持调处。"[28]蒋介石批示仍由蒙藏委员会派员前往调解。虽然未见刘文辉表态欢迎的电文，但是3月23日"西康旅京民众"呈文国民政府，催促调解专员"从速赶赴西藏彻查调解"[29]。

2月12日，蒙藏委员会发布委任令，要孙绳武、刘赞廷“克期驰往，详细查明，妥慎处理”[30]。接着在当日，蒙藏委员会通知康藏双方改派唐柯三，因为孙绳武“另有差委”[31]。其实，在国民政府不派地位较高的大员的情况下，唐柯三是比较合适的人选，唐柯三本人也“慨然请行”。其父“曾官四川成都、宁远、亚洲郡守，并办理川边改土归流事，仁惠有政声”。有此背景，唐柯三先担任蒙藏委员会秘书，“继任委员兼总会务”。[32]

综上，国民政府一开始让刘文辉主持调解，并非如英方所说“立即派遣自己的观察员前往报告，如有可能，并进行调解”[33]。十三世达赖喇嘛欢迎中央政府派人调解，而非如英国政府所说“中央政府尽管面临着外来困难，仍然认为有必要采取一些行动遏制西藏人的意图”[34]。

二、炉霍？昌都？德格？甘孜？何地协商为宜

虽然蒙藏委员会派出了特派员，但是调解还不能即刻进行，有关各方就何地会商、会商什么而产生争论。十三世达赖喇嘛欢迎中央政府派人前往调解，有其深刻目的，即希望与中央政府协商康藏划界问题。为此，他希望在现状上造成优势。因此，就在蒙藏委员会发布委任令的前夕，藏军于1931年2月9日突袭驻甘孜的川军，川军退守炉霍。蒙藏委员会先于3月11日致电川康边防军第2旅旅长马骕“顾念藏局，暂守原防，静候调处解决”[35]，接着于3月16日致电十三世达赖喇嘛“万望仍本中央和平意旨，停止军事行动为祷”[36]。十三世达赖喇嘛则回答不能停止军事行动，先于3月9日致电蒋介石，一方面要求蒋“速饬前方和平了息”[37]，一方面表示藏军不能不“抵御”；继于3月19日致电蒙藏委员会批评“防军不遵国府令，任意违约”，强调“藏民心中歉仄，加以从前汉边失和，藏民心有宿怨”，因而他“碍难遏制”[38]。3月23日，他再次致电马福祥：“已饬前途（？线）旋戈，静候调解。此函二十天方能递到。”[39]二十天的含义深刻，说明十三世达赖喇嘛希望在此段时期里军事上达到一定的目的，即：他下令进占甘孜、瞻化（今新龙），进而攻占理化（今理塘）所属穹坝、霞坝，“于是理化炉霍二县又各失其土地之半”[40]。

刘文辉就此致电蒙藏委员会强调：“职部始终秉承钧旨，顾念藏局，避免冲突，一退白利，再退甘孜，三退炉霍，今已退无可退。”[41]于是，马福祥多次要求十三世达赖喇嘛退兵，称：“似此节节进逼，殊乖和平本旨，恳飞饬藏军立即停止军事行动，退守原防，静候调处。否则，西康责祥严重，公谊私交均属难以为

情。”[42]5 月 1 日，刘文辉对国民政府称“为绥靖地方计，不得已业饬前线官兵，乘胜追击，期于一鼓作气，收复甘瞻”[43]。藏军则“大举进攻旬、昔城、朱倭等处，瞻化、炉霍、道孚均甚危迫”。唐柯三一方面“专电驻甘孜墨色代表，请其遵照达赖命令，退回原防”；一方面要求蒙藏委员会“速电达赖严令前线藏官切实遵办，毋得阳奉阴违”。[44] 虽然十三世达赖喇嘛于 6 月 8 日致电国民政府称“已令前方停止军事行动”[45]，但是蒋介石 6 月 10 日接到了关于藏军“进占理化，距打箭炉仅二百里”[46] 的汇报。英国注意到绒坝岔—甘孜—瞻化一线冲突在 4 月停息，巴塘—理塘一线冲突在 7 月暂时停止，认为：“西藏人占领的西康领土日益增多，现在已经占据了‘台克满线’或称 1918 年临时线以东相当多的土地。汉军企图驱赶藏军，但惨遭失败，因为藏军人数和装备都优越汉军。1931 年 3 月，甘孜落入西藏人之手。”[47]

总之，唐柯三奉命时，藏军尚未攻占甘孜、瞻化；攻占后，情况骤变。在攻占甘瞻期间，十三世达赖喇嘛要求唐柯三速往调解。4 月 2 日，西藏驻京代表贡觉仲尼发表谈话，称：“蒙藏委员会及达赖已电令停止军事行动。又唐柯三等奉命前往调查，日内即启行。”[48]4 月 7 日，又称：“接达赖来电，谓已令藏方军停止军事行动，退回原防，静候中央派员调处。”[49] 十三世达赖喇嘛本人于 4 月 4 日致电蒙藏委员会，一方面批评蒙藏委员会听信刘文辉一面之词，称“藏方抱定仍前和好宗旨”，一方面催促唐柯三前往调解，称“前派调处员谅未起身”。更主要的是，他提出了具有深刻含义的“不知如何调解”的问题，要求蒙藏委员会回答。[50] 英方指出“西藏方面等着看南京政府所派谈判者唐柯三、刘赞廷提出什么解决冲突的条件”[51]。

这样，在何地会商、会商什么，大有问题，十三世达赖喇嘛实际上并不急于会商。4 月 3 日，唐柯三一行起程离宁。4 月 18 日，抵达重庆。5 月 3 日，抵达成都。5 月 12 日，他致电蒙藏委员会：“柯三迭接各界电催，自当早往，以慰众望。惟藏军退回原防必须做到，方能开议，且达赖负责代表不到，亦无从谈判。祈迅赐催办并示知代表姓名及来康日期，以便成行。否则，到康后消息益迟，坐候倍感困难也。”[52]5 月 16 日，他又急电蒙藏委员会：“柯三到蓉日久，急盼达赖复电，以便入康。”[53]5 月 18 日，马骕致电刘文辉催促唐柯三早日入康，唐柯三则对蒙藏委员会指出由于十三世达赖喇嘛迟不答复，“贸然前往，究与何人谈判”？因此务必严饬贡觉仲尼“速电达赖，对于退防、派人二事限期明白答复”，以便早日入康。[54] 次日，蒙藏委员会回电，一面指出“致达赖电早经拍发，惟电报经过印度，检查甚严，至今尚无复电，已再电催复”，一面指示“先行前进，以免延误”。[55]可见，英国在干扰。

5月20日，唐柯三致电贡觉仲尼：“藏方代表至今未派，弟虽赴康，与何人商议……请兄尊重临别之语，力维大局，俾得早日和平解决。”[56]贡觉仲尼次日回电：“西藏赴康人员早已起程，其人名业经去电询问，日内定有复电，再当报告，请安心迅即前往为盼。”[57]就在此时，藏军攻占瞻化。唐柯三致电蒙藏委员会强调“时至今日，图穷匕见，本会似应速决大计。如再听其甘言，万一战乱扩大，恐无词以对川康”[58]。蒙藏委员会要求十三世达赖喇嘛“飞饬立回达结原防，听候调解”[59]。5月25日，西藏驻京办事处告知蒙藏委员会，琼让代本作为西藏地方代表起程到大金寺等候唐柯三，蒙藏委员会乃指示唐赶程前往。这样，唐柯三于6月2日离开成都赴康，英方注意到他在成都逗留了一个月才前往“前线地区”[60]。

6月6日，贡觉仲尼接到十三世达赖喇嘛给蒙藏委员会的电报：“已再令前防不准军事行动矣。至会商，由察木多噶布伦商议为妥，其代本琼让现在火日可地方，唐委员寄函自能接洽商议，盼勿再迟延。”[61]按此，西藏地方代表由驻昌都之噶布伦即拔墨得巴担任，琼让为先行代表已抵达火日可（不知何地，大致位于甘孜县境）。6月8日，蒙藏委员会飞电转告唐柯三。但是，在会商地点上发生分歧，西藏先是要求在甘孜会商，在蒙藏委员会接受其要求后又提出改在昌都。

6月11日，唐柯三抵达打箭炉。次日，他接到琼让请其“赴甘会商”的信函，回函“略事摒当即行出关”[62]。英方指责他“一时逗留打箭炉，毫无疑问与刘文辉的大本营保持联系”；刘赞廷“则立即前往冲突地点”。[63]十三世达赖喇嘛6月17日致电马福祥：“唐专员在川逗留，不知底蕴，到甘会同调解，方能了解（结）。”[64]同日，西康难民代表赵亮功等致电蒋介石，称“达赖受英指使，两次侵扰西康”，并“附民国二年达赖与英国所订密约及布达会议决议案”。蒋介石得报“达赖有进取全康计划”，认为“边陲问题殊不可忽也”[65]，要求唐柯三尽快前往调解。琼让要求在甘孜会商，唐柯三以甘孜仍被藏军占领而提议炉霍。他致电蒙藏委员会：“接藏方代表琼让函，请赴甘孜会商调解办法，但该处现时仍为藏军占领，拟先行交涉退出甘瞻，以示和平诚意。”[66]蒙藏委员会回电：“此案急待解决”，“会商地点即在甘孜亦无不可”。[67]唐柯三则认为：“藏方似乏诚意，惟有先赴炉霍派员往商会议地点，并侦其态度，非甘孜退兵，决难前往。”[68]蒙藏委员会要求唐柯三、刘赞廷分别到炉霍、甘孜，由唐在炉霍主持。据此，他于7月上旬抵达炉霍。

7 月 12 日，唐柯三电告蒙藏委员会拔墨得巴不出昌都一步，开议无期。蒙藏委员会乃要求十三世达赖喇嘛“饬拔墨得巴前往甘孜会商调解”[69]。虽然贡觉仲尼曾表示“藏专员来甘会商”，但是琼让要求唐柯三赴昌都会商，拔墨得巴也“复信不愿来甘，仍请赴昌”。唐柯三对蒙藏委员会强调“既无诚意，纵赴昌亦无良策”[70]，并建议：“非噶来甘，且遵达赖撤兵，决不往议。以强硬主张挫其焰，或易就范，愈迁就愈难解决。”[71]7 月 14 日，唐柯三“得甘孜信，昌都噶布伦新易阿丕（又称阿沛），现已接事”，疑问“月前在康定曾接敏堆巴（即拔墨得巴）来函，方订期会晤，何以未久忽易人耶”。[72]他请示蒙藏委员会怎么办时称：他“羁炉将一月”，琼让“不负责”协商，阿沛拒绝来甘孜，不撤藏兵，也不释放甘孜县知事张楷。[73]

7 月 29 日，唐柯三正式接到阿沛要求其赴昌都会晤的信函。他则先于 8 月 3 日致电催促阿沛到甘孜会商，继于 8 月 7 日“专函专差往催噶伦阿丕来甘”[74]。8 月 12 日，阿沛回函解释了要求到昌都会商之因，并表示愿到甘孜会商：“前请委员等来昌会晤，因是时此间正值新旧噶伦交替中，又恐时间过久，有碍委员等之要公，意以交涉开始，彼此应有向政府请命之举，详斟地点，故具函以昌都为请。非丕等有意为难，不图中藏亲善，祈勿以此介意为祷。今承赐示，谓丕等宜早来甘孜，以便会商一切。贵委员等既不能来昌，只照从速趋就，面商解决大白之案。”他还表示要琼让“先行接洽商筹一切”。[75]如此看来，噶伦阿沛作为噶厦代表愿到甘孜会商！蒙藏委员会指出：“派唐委员赴康调解，原系达赖请求，甘孜会议亦系达赖原有主张，且达白两寺均在甘境，是勘查事实、调解纠纷自不能离甘孜而别求会商地点。”[76]英方总结说：“西藏人提出察木多，中国人提出甘孜或绒坝岔，最终选择在甘孜。”[77]

但是，阿沛拒绝到甘孜，要求唐柯三到德格会商。8 月 21 日，唐柯三回函阿沛指出：“本应赴甘恭候，惟本特派员屡奉中央电令，皆言达赖前允藏兵退回原防，何以甘瞻之军至今未撤，嘱转阁下早日撤兵，以便赴甘会商。”[78]但是，藏军增兵，“计甘孜五百、白利四百、朱克二百、瞻化五百”[79]。因而唐柯三 8 月 22 日致电蒙藏委员会：“得阿丕复函，只允到德格会商，张知事等释回、撤兵事仍不答复，其无意退兵可知”，因此“如尚有转圜余地，即暂留候，否则未便久羁”。[80]因此，琼让日逼刘赞廷催促唐柯三到德格会商。阿沛到德格后也“来函催往会晤”，强调“如不速往，彼即回昌”。[81]唐柯三就此向蒙藏委员会提出：“往则堕其诡谋，不往势将决裂。究应如何应付，祈速示最后办法为叩。”[82]他后来得知：“阿丕实未到德，前函纯系假意。”[83]

综上来看，唐柯三到何处调解、与谁协商调解、调解什么，大有问题。唐柯三本意是在川军驻守的炉霍，调解解决大金、白利两寺冲突。但是，十三世达赖喇嘛“明白表示不肯撤兵，对于会议地点，亦主昌都，并称三大寺派有代表参加会议”[84]。显然，他“实欲乘此解决康藏界址问题”[85]。虽然终于商定甘孜为会商地点，但是由于唐柯三只是调解专员而非解决康藏界址问题的中央大员，阿沛拒绝到甘孜。蒙藏委员会于8月26日致电十三世达赖喇嘛：会商无期，“究应如何解决，请明白电复为盼”[86]。8月31日，十三世达赖喇嘛回答：“刘赞廷与琼让甘孜会面，决定昌都会议，前已电达尊处及棍在案。未有噶伦赴甘之电。噶伦新任冗忙，设再赴甘，加派三大寺代表，枉费时日……唐等远到，何畏数程，仍饬唐赴甘，汉番会议和衷解决为要。”[87]即是说，既然不能解决康藏界址问题，就由琼让与唐柯三在大金、白利两寺所在地甘孜协商解决两寺冲突，要求唐柯三前往甘孜调解。这与蒙藏委员会关于康藏问题“当另案商办”的方针一致，蒙藏委员会因而同意。

三、康藏问题的搁置：“当另案商办”

刘文辉要求藏军从所占地区撤走，并建立西康省。“西康特区汉夷全体民众保固国防后援会”提出四条，前三条强调要解决康藏问题，就须：“达赖应将民国七年侵占之（西康）十一县完全退还，中央听凭设官治理”，“中央应将西藏改设行省，设官治理”，“中央另订优待达赖条件”。第4条提出解决“大白纠纷”的原则是：“饬令达赖撤退帮助大金寺之兵，嘱咐大金寺派人到甘孜听凭汉官秉公处理大金寺与白利村历年来不清之纠葛。汉官为尊重达赖倾向中央亲善汉康人民之意，并允达赖派人到甘孜作居间人，扶助汉官调解两方争执。”该会还称：大金寺“原归甘孜县管辖，应听汉官自由处理，速将帮助之藏兵撤退。否则即是有意开衅，汉方决定对藏用兵，不能再有顾忌”。[88]接着，“西康旅京民众”要求“中央密令刘总指挥暗以相当兵力为康藏交涉之后盾，以作有备无患而防达赖之奸狡”；并要求“从速组织西康省政府，以专责成”。[89]唐柯三抵渝时，刘文辉派人对他强调藏军“所占甘孜各地非退回原防不足言和”[90]。

蒙藏委员会连续致电十三世达赖喇嘛，要求下令藏军撤出甘孜、瞻化，以便妥商调解。唐柯三认为：“大金白利，皆甘孜所辖，甘孜为我属地，则调解该地案件，自不成问题。今该县既为藏据，土地已非我有，岂能仅言调解而置地方主权于不问。故坚持非撤退甘孜之兵，无调解可言。盖藏方若恃其兵力所及，索将占领之地，甘瞻归彼所有，则凡1918年所失之地，皆不啻无形归藏矣。”因此，他认为“不可轻易迁就，撤兵为先决条件，宜据理力争”。[91] 马福祥赞同：“必退兵后始与会议，所见甚是。”[92] 在唐柯三6月11日抵达康定这天，马福祥分发两电给冲突双方。在致十三世达赖喇嘛电中，他强调：“近数月来殚竭心力，委曲求全，均经随时电达。近迭据各方报告，藏军仍节节进逼，连陷甘瞻，进窥理化，群情愤激，诘责不已。势事至此，仍盼遵（尊）处迅饬前线退还侵地，立回原防，并饬派员会同唐专员妥商调解办法，以资救济，公谊私情，庶获两全。否则，惟有引咎卸责，以谢国人。”[93] 在致刘文辉电中，他认为“现藏军既节节进逼，连陷甘瞻，进窥理化，似此情形，和平主张恐难贯彻”，因而提出“不得不另作良图，除将尊电及各方报告汇呈政府请示方略外，切盼尊处体察情形，预筹应付方法，以为准备”。[94] 唐柯三抵达康定后，蒙藏委员会训令西藏驻京办事处“迅电达赖照以前主张，飞饬前线退出甘瞻两县，立回达结原防，以便和平调解而期迅速了结，是为至要”[95]，指示唐“甘瞻藏军希与代本琼让严重交涉，限期撤退”[96]。蒋介石予以肯定，于6月23日训令蒙藏委员会：“查康藏纠纷，经该会迭电制止军事冲突，并派员调解，乃藏兵仍节节进逼，自应精密筹划，以重边防。该会所定策略甚和机宜，仰仍随时注意藏军行动，妥筹应付，并候呈报国民政府鉴核。”[97]

藏方强调甘孜、瞻化为西藏所属，不能撤兵。5月下旬，克门代本致函理化知事刘明哲：“瞻化地方，原属达赖辖区，故奉令带兵到瞻，该县百姓，曩归藏属。又理塘穷霞二坝，亦为藏王百姓，立有界碑，应归藏收回管辖，我并派兵到瞻化各村暨穷霞二坝防守。”[98] 西藏驻京办事处6月15日呈文蒙藏委员会，一方面仍然认为“此案发生原因，系达结、白茹两寺宗教上之争持，其故甚细，本可依宗教方式解决”，一方面批评白利寺破坏国家统一，导致第三次康藏冲突爆发：“无如不肖藏人鉴于达赖拥护中央，藏事即将和平解决，恐于彼辈不利，遂借两寺争持之机会设计破坏，竟向川军马司令（马骕）危词耸动派兵帮助。白茹与达结冲突，遂引起康藏衅端，迭动干戈。”呈文进而强调：十三世达赖喇嘛“深恐局部之争影响中央对于西藏和平统一之大计”，故而“恳请中央派员前往查办”。[99] 十三世达赖喇嘛也于6月17日致电马福祥：“壬子（1912年）起，抱汉藏大局，委曲求全，加蒋主席特派棍（即贡觉仲尼）代表来藏慰问，心甚感激。去岁达白纠纷，迭电中央，奈防守违令反攻达寺，以致藏员莫法，不得不抵抗。今再制止，前线事难听从。”[100]7 月上旬，他又致电蒙藏委员会强调：“甘瞻原属藏地，应由藏军占领，唐特派员屡次提议撤兵，殊属非是。”[101]

这样，各方的争论从藏军撤走问题转到甘瞻谁属上来，马福祥与十三世达赖喇嘛发生激烈争执。在 7 月 4 日致十三世达赖喇嘛的函中，马福祥阐述了甘孜、瞻化属于川边管辖的法理依据：“关于此项康藏界线及其管辖问题，经本会详查旧案，江达以东为康，江达以西为藏。清初曾于此设汉藏两官分治之。清末改康为川边，复经川滇边务大臣赵尔丰及驻藏办事大臣联豫会同重勘，立有界碑。康藏原以江达为界，西康原归边省兼辖，均有明白之记载。证据确凿，毫无疑义。民国以来，西藏不靖，影响西康。藏军防线虽一移于怒山脉以西一带地方，再移于沙鲁里山脉以西一带地方，而西康东部之甘孜、瞻化、炉霍、巴安、理化、盐井、义敦、德荣、道孚、雅江、丹巴、贡嘎、定乡、稻城、康定、炉定十六县及其以东地方，仍由四川省政府派军驻防，设官分治。”他强调：“大师既希望以和平手段公允解决此案，应请迅饬前线将进占甘、瞻两县之藏军限期撤退，以期达白事件迅速解决。”[102] 十三世达赖喇嘛则在 7 月 27 日的回电中再次强调：“甘瞻原系藏境，藏军占领，责有攸归。惟唐与琼让、噶伦未面，提议屡促退回，殊属非是。”他还猛烈批评马福祥“阁下系官领袖，岂肯设此巧计，殊乖和平本旨”。[103]

马福祥于此认为“达赖进侵西康别有企图，不过藉口达白纠纷为其发动，故始则违背中央和平意旨，节节进攻，既占领甘瞻，复不遵令退兵，而于会商地点先主甘孜，忽改昌都，无非托故推延，近复有增兵情形。是达赖争执关键，实超出达白纠纷范围，事件重大，亦唐委员奉派调解范围之外”。因此，他在请示蒋介石后，于 8 月 4 日致函十三世达赖喇嘛，提出：

其一，“康藏问题，当另案商办。”[104] 马福祥说：“夫达白事件为康地细故问题，康藏界限为边局全部问题，各是一事，不相牵涉。当此康藏两军各集所部相持不下之际，自应双方撤退原防，恢复战前原状，先行调解达白事件，其以前康藏纠纷当俟达白事件了结后另行商榷。”他解释说：西藏各项问题“只能循序商洽，逐件进行，由小及大，先急后缓，庶几症结所在不难迎刃而解。所谓巧计者，果何在耶？若如尊电所云，将达白事件与康藏界限作为一谈，是采抱薪救火之策，必贻治丝益棼之讥，不独唐专员不能负责，即福祥亦无法维持”。

其二，关于九世班禅喇嘛问题，国民政府本打算授予他西陲宣化使地位，但接受达赖系统的意见而暂缓授予。马福祥说：1931 年九世班禅喇嘛晋京，中央政府“念及远人羁在内地，未忍坐视困难，因在内地宗教范围内量予以维持”。西藏驻京代表贡觉仲尼提出“中央对于班禅尽可优加礼遇，崇以虚荣，于其属下无妨厚其廪饩，惟不可畀以西陲政治地位，致酿将来纠纷”。“福祥接其来牍，均经立时据情力向中央建议，结果皆准如所请。”总结这两点，马福祥强调“事实俱在，自问对于大师方面实已煞费苦心”。

马福祥进而指出：“西藏与中央隔阂者垂二十年矣，凡属国人，不论在西藏抑在内地，无日不切望恢复原有之关系。”他还强调：“时至今日，统一早已告成，反动亦经歼灭，举国上下均已移其目光于边疆方面。如甘瞻藏军长此不撤，致达白细小事件尚不能及早解决，则中央眷念西陲地方疾苦，或将另谋解决办法。福祥即欲始终维护大师，亦苦再无进言之余地。”他要求十三世达赖喇嘛“贯彻初衷，顾全大局，撤退甘瞻藏军，送回张知事等四十余人，并速令噶布伦拔墨得巴赴甘与唐专员妥商解决达白事件，随后再议康藏界限，则国家地方两受其福”。[105]

马福祥不再提出甘孜、瞻化属藏属康的问题，以避免矛盾激化。信函中所说的班禅问题，主要指达赖系统指责班禅系统制造了“大白纠纷”，英国政府指出“达赖喇嘛一开始就指责整个冲突受到班禅喇嘛的影响，批评南京政府支持他”[106]，并宣称“九世班禅喇嘛支持白利寺反对大金寺，他到南京的目的就在于此”[107]。鉴于达赖系统对班禅系统在成都、炉霍“设办事处有所误会”，国民政府决定撤销该两办事处。[108]班禅系统批评国民政府“厚彼薄此，似失其平”[109]，行政院于2月11日密令蒙藏委员会暂缓撤销，并电告刘文辉遵照。英方认为：“如果南京政府中止支持班禅喇嘛，那么很快就会达成解决冲突的协议。此外，达赖喇嘛会接受五族共和下的地位——虽然是名义上的，甚至放弃察木多。否则，藏军就会前进到东藏边界。”[110]

四、甘孜议定：1931年的协商无果而终

上述表明国民政府只是打算解决大金、白利两寺纠纷，而十三世达赖喇嘛“实欲借达白两寺之事件，求西藏整个问题之解决”[111]。刘文辉对国民政府提出：“达赖如始终固执，即请中央明令申讨”[112]，收复甘孜、瞻化、昌都，彻底解决康藏问题。唐柯三表示赞同，反复强调“西康已定建省，失地悉应收回”[113]，“甘瞻为西康门户”，“若不于此时力图收回，将来西藏会议更难交涉。且门户一失，全康从此危矣”[114]。他要求国民政府“电饬川省速拣精兵数营出关，并利用民兵表示收复决心，再饬滇青两省武装警告藏军，或不战自退”[115]。他还提议：“如中央畀以（刘文辉）筹边全责，补助饷弹，并饬青滇协助，不但收回甘瞻，并可恢复

全康。”[116]

蒙藏委员会一方面认为“驻康藏军无多，藏方当不至重启战端”[117]；一方面向蒋介石提出：“查唐委员赴康，仅负有调解达白事件责任，目下藏方主张既逾出调解范围以外，且整个西藏问题情形复杂，关系重大。在中央未确定解决办法以前，不独唐委员不能擅自谈判，即本会亦不敢轻于主张。”在“英国侵略野心未死”之下，“设西藏有事，不独影响边防，且恐牵动外交”，因此必须“统筹方略，确定办法”。[118]国民政府致电刘文辉，虽然称赞他“筹虑周详”，但是决定“中央慎重边务，处理仍取和平”。[119]因此，蒙藏委员会一方面指示唐柯三“仍主和平，另谋解决办法”[120]，一方面批评其建议“事关军备，中央暂时恐难及此，且川军纵得饷械，亦未必即图远谋。执事处调解地位，此等言论务望特加慎重”[121]。

在九一八事变爆发当日，蒙藏委员会要求唐柯三询问西藏地方代表“会议的目的是否只在调解达白纠纷，抑扩及康藏界限”[122]。次日，蒙藏委员会呈文行政院：“为今之计，无论政府对于西藏问题只图先为康藏纠纷之调解，抑且兼图西藏问题之解决，其办法似不外下列两种：其一，撤回唐专员，将康藏纠纷案暂时搁置，并严申边备，以虞意外。同时特派大员赴藏，与达赖面议解决藏事原则及其手续。俟有头绪，再行商定会议地点，规定会议时期，派定负责人员，详细讨论，徐图解决。……其二，即改派解决藏事专员，并以关系地方负责代表数员，仍赴西康与西藏专员会面。对于解决藏事条件、会议负责人员及谈判藏事应有之种种先决问题，先行交换意见。如意见接近，即行确定会议地点，举行正式会议，力谋解决。”[123]

这两项办法，实际上是针对解决西藏问题尤其是其中的康藏问题，但国民政府认为解决时机并不成熟。正在讨论之际，贡觉仲尼于9月29日奉十三世达赖喇嘛指示，汇报“现已委派琼让为接洽达结、白茹事件之代表”[124]。即是说，阿沛作为噶伦不来甘孜，也就不谈康藏划界问题；琼让作为代本所谈仅为大白纠纷，十三世达赖喇嘛接受了马福祥“其他问题另案办理”的建议。因此，国民政府下令唐柯三“仰仍本五族一家之旨，恺切开导”[125]。行政院也答复唐柯三前述提议：“查现在东北外患正亟，西陲边务宜和缓处置，所请……应暂从缓议。”[126]

琼让对唐柯三提出三点：第一，“大白教民原系达赖所管，无须汉藏交涉”，即大白纠纷须由藏方处理；第二，“康本藏属，无须分别界址”，噶厦也不谈划界问题；第三，“至大白冲突，系由川军扰乱酿成”[127]，责任须由川军承担。唐柯三无法接受，再加上川边居民批评他为“割地专使”，愤而提出辞职。10月2日，他提出“在此无责可负，祈准回京”[128]。10月5日，蒙藏委员会指示他从炉霍前往甘孜会商，唐柯三次日回电：琼让已致函他“限请八日内赴甘”，“今兵未撤，岂能前往”？[129]虽然他遵令于10月上旬抵达甘孜，但是对琼让强调“最终解决，必须等候阿沛噶伦的到来”[130]，并再次对蒙藏委员会提出自己“奉令无状，到炉三月，一筹莫展，负国负康”，“惟有恳请撤职，以为不能任事者戒”[131]。10月10日，他又致电蒙藏委员会阐述了要辞职的实质原因：“查达结为甘辖境，藏兵不撤，甘已非我属地，我何苦轻启调解，且在其强暴势力下有何公平调解之可言，纵往亦不过如刘赞廷再订一次民五条约而已。此事关系重要，愚见与其遇事敷衍，似不如留作悬案，而川军仍守现时边防，统俟另案办理时再为解决，尚可保全中央威信，不至大失边民之心。伏祈酌夺。如中央以办法已定，不便改易，祈专令刘赞廷负责办理，柯三不敢奉令。”[132]10月20日，他以“家慈惊慌成疾，两电促归”为由，“万恳设法调京”。[133]

在此过程中，贡觉仲尼呈文蒙藏委员会：“达赖喇嘛早经派定代表到康静候中央专员接洽。现当日本侵占辽吉情形紧急，我国人精诚团结一致御外之时，爱国热情谁不如我，尤宜亟泯国内一切纠纷，集中全力以赴之。应请钧会迅将前案饬令妥办完结，毋再稍延，以息边争而壹民志。”[134]蒙藏委员会称赞十三世达赖喇嘛的爱国热忱，要求他“电饬琼让开诚会商，迅谋结案”[135]。同时，蒙藏委员会要求唐柯三“格外忍耐，委曲求全，如能顾全中央之威信，即可增长个人之荣誉”[136]，指示唐柯三：既然十三世达赖喇嘛强调团结一致共同对外，先解决“大白纠纷”，则应迅速了结，此案“不能长此延宕”。这说明，国民政府“默认藏军暂时占领甘瞻等地”[137]。

这样，唐柯三与琼让11月7日议定八项“条件”：“（一）甘瞻暂由藏军驻守，俟另案办理。（二）大白事由琼秉公处理。（三）双方前防各驻兵二百。（四）穹霞、朱倭均退还。（五）大金欠汉商债款速还。（六）被虏川军放回。（七）马骕、琼让互派员致谢。（八）恢复商业交通。”[138]

英国政府档案记载为：“（1）最终解决之前，甘孜、瞻化暂由藏军控制。（2）白茹寺问题由琼让代本依公正原则处理。（3）道孚、炉霍、甘孜和瞻化各方（each party）各驻200到300名的军队；超过此数者应撤走。（4）位于瞻化和理塘间的霞坝、穹坝归还理塘，朱倭归还炉霍。（5）琼让代本令大金寺立即偿还所欠打箭炉商人债务。（6）释放所有被俘四川人，四川政府付给被俘期间生活费20000卢比。（7）马骕旅长和琼让代本互派代表致谢。（8）恢复交通与往来；相互间保护商人。”[139]

对比来看，在三大问题上中英双方的看法不同，体现了国民政府、十三世达赖喇嘛各自想法。其一，关于甘瞻及驻兵问题。蒙藏委员会疑问“甘瞻暂驻藏兵，其行政权是否仍旧”[140]，唐柯三回答：“甘瞻既驻藏兵地，议和地不我有，当然无行政权。”[141]不过，他以此让步换取十三世达赖喇嘛同意归还穹霞、朱倭。唐柯三对蒙藏委员会强调：“国事如此，何敢坚持己见，但稍一示弱，损失更大。幸柯坚持强硬态度，琼恐拒绝谈判，恳刘（刘赞廷）转圜，故得收回穹霞、朱倭。”[142]英国政府却认为：唐柯三给蒙藏委员会的电报提出“各驻兵200名，可能表明道孚和炉霍由汉人控制，甘孜和瞻化由藏人控制”[143]，“汉人的控制范围止于炉霍”[144]，因此“汉人从甘孜地区东撤至位于雅砻江支流鲜水河（the She Chu）上的前进基地炉霍和道孚”。规定200名之数，是因为“此数足够维持各自地区的治安，但是不足以向对方发起新攻势”[145]。显然，国民政府只是承认藏军暂时占据甘瞻，而英方则认为实际上表明了以雅砻江为康藏界线。

其二，关于由琼让负责处理“大白纠纷”的问题。蒙藏委员会指示唐柯三说，“所拟条件八项尚妥，惟第二项由琼处理，能否恢复白茹原状，不再发生枝节，请注意”[146]；又提出“大白争执由琼处理一语，终恐未臻完善”[147]。唐柯三回答此项条文“实际仍系双方会审”[148]。而英国政府却认为“根据协定，两寺的冲突由琼让代本代表达赖喇嘛负责解决”[149]，是“依据西藏法律解决”[150]。

其三，关于藏方所提康方道歉问题。唐柯三强调“马骕、琼让互派员致谢”，即互相为冲突的爆发表示遗憾。英国政府却认为此条格外“规定了刘文辉送给琼让8支枪、10捆丝，补偿20000卢比”[151]，这意味着刘文辉要道歉。此外，唐柯三只强调“被虏川军放回”，而未提其他，英国政府则称刘文辉“须支付他们被俘期间生活费用”[152]，也含有刘文辉须承担责任之意。

上述遭到刘文辉反对。他强调：康藏纠纷之要点“全要藏军退出甘瞻，乃有交涉可言”，而八条“无疑撤尽藩篱，乃至道炉等地亦须共同驻兵，不特亏伤体制，且预伏无穷纠纷。又复而致谢馈物，大失情理之常”[153]。唐柯三对此不满，在11月17日致蒙藏委员会电中批评“彼本赞成”，并“曾来电劝柯遵办，以免战祸重开。今忽持异议，不知何意”[154]。不过，刘文辉的态度随后有所变化，唐柯三在11月30日电中说：“刘军长前日轻听人言，对原议条件不满，经柯多方解释疏通，现仍依原议办理。”[155]英方也认为：刘文辉“是否承认并非自己代表而是蒙藏委员会代表所签的协定，是个问题”，他“一开始否认履行协定的责任”，但是到 1932 年 1 月“尽管很勉强，但还是公开接受了协定，条件是补充规定拉萨要保证对白利寺僧人公平对待”。[156]

英国政府认为：八条是“在南京的蒙藏委员会所派代表的努力下签订的临时休战协定。据此，西藏人取得了对边界的临时性调整和其他优势”[157]。“这意味着中国的外交失败。中央政府半官方地解释签订之因，是不得不暂时将西藏问题搁置下来，等待中日争端解决后，再将注意力转到西藏问题上来。”[158] 因此“协议虽能持续几年，但并非永久解决方案”[159]，“中国中央政府迟早会推翻，设法夺回失去领土”[160]。

八条实际上并未签订，唐柯三称为解决“大白纠纷”的“条件”。12 月 10 日，蒋介石下令：八条“揆诸现在情势，尚合机宜”，“即照此办理”。[161] 但紧接着，他就在国民党派系权力斗争中暂时下野。西康旅京同乡国防救亡会反对，要求查办唐柯三，惩办贡觉仲尼；舆论也纷纷反对。因此，即将去职的马福祥于 12 月 21 日、23 日、24 日、25 日、29 日数电唐柯三暂勿签字。新接任蒙藏委员会委员长的石青阳上任后于 1932 年 1 月 2 日也电令缓签。唐柯三以脑疾为由多次要求返回，康案交由刘文辉负责处理。汪精卫在接任行政院院长之次日即 3 月 1 日，下令“西康事件交川康边防总指挥刘文辉负责办理”，唐柯三“着即回京报告一切”。[162] 十三世达赖喇嘛本来就因一些噶厦官员反对退还穹霞、朱倭而犹豫是否指示琼让签字，见此大为反对：“此案端由四川酿衅，设由川办，汉番和好之念恐难就绪。如川藏解决纠纷，非得公正处理，以符公理。”[163] 这样至 1932 年上半年康藏边界的形势是：藏军“占有甘孜、瞻化两县，与炉霍县之朱倭一区，及理化县之穹、霞、噶三村。与康军相持于道孚瞻化界上，及炉霍理化县境内者，约一年之久”[164]。

总结来看，国民政府在“大白纠纷”发生后让刘文辉主持调解，但是十三世达赖喇嘛欢迎国民政府派人调解，蒙藏委员会派出了最佳人选唐柯三。但是，各方在会商地点、会商什么的问题上发生争论。尽管各方就先解决“大白纠纷”、康藏划界问题另案处理上达成一致，并最终议定了八条原则，但是因舆论反对声强烈而未签订，康藏双方的冲突僵持下来。

尽管如此，这场协商具有一定意义，因为它是国民政府成立以来西藏地方政府与中央政府代表坐下来的首次正式协商，体现了中央政府与西藏的统属关系。蒙藏委员会在致十三世达赖喇嘛函中称“贵地方政府”，西藏在给蒙藏委员会的呈文中称“中央”和“西藏地方政府”。唐柯三在给阿沛的函电中以“中央特派员蒙藏委员会委员”的名义，阿沛的回复称“中央特派员唐柯三”。藏军扣押甘孜知事张楷，是以“彼不遵中央命令，有意捣乱，破坏中藏和平”[165]的名义。当时，国民政府具有种种条件：第一，国民政府刚成为中国的中央政府，通过派遣贡觉仲尼入藏慰问、刘曼卿入藏交换意见，西藏设置了驻京办事处，关系密切起来了。第二，蒙藏委员会的主管长官马福祥与十三世达赖喇嘛为“二十年前旧交，非同泛泛”[166]。由于国民党新军阀混战和川军军阀混战、九一八事变的爆发接踵而来，这次协商无果而终。

第二节　1932年至1933年中英两国和噶厦三方之间的争论与交涉

在行政院下令唐柯三返回南京述职后，康藏军事冲突再次爆发并扩大为青藏军事冲突。青康军队反攻，不但恢复1918年第一次康藏冲突停止后的原状，而且准备会攻藏军军事重镇昌都，英国出面阻止。对中国内部各方来说，“西藏系中国领土，藏人系中国国民，内部鹬蚌之争，徒授外人以渔翁之利”[167]。英国则感到兴奋，认为可以乘机发挥两方面的作用：“其一，一旦战争爆发，藏军需要英国进一步的武器和军火援助。其二，英国可以通过驻华外交代表进行干预。”[168]这样，中英两国和噶厦三方之间自国民政府成立以来展开了第一场争论与交涉。

一、康藏、青藏局势的变化与英国政府决定“调解”

与唐柯三协商时，琼让就强调“汉藏边界，应以泸定桥为界，让步亦当划至泰宁为限”，此举在于一鼓作气攻占打箭炉，将西姆拉会议上提出的所谓“内藏”囊括在手。[169]甘孜议定未获批准后，康藏战事于1932年4月1日再次爆发[170]，并扩大为青藏冲突。刘文辉1931年12月报告国民政府：藏军以玉树方面“有骑兵千余，将嘎登、毒则两喇嘛寺占据，距昌都不过三日程”为由，“已调德格及巴里边境两代本布防”，并“即有攻占大小苏莽及囊谦之举”。马步芳1932年4月报告：“藏军故意挑衅，于3月24日，攻占大小苏莽，4月4日又攻占囊谦。刻下我军全数退驻界古（又称结古，即玉树），藏军四面云集界古附近。”蒙藏委员会官员孔庆宗指责“达赖梦想实现‘大西藏’，侵占青海边界之计划，已与占领甘瞻之军事行动，同时并进矣”[171]。

刘文辉在重新奉命负责解决康藏冲突后“决计收复失地，对藏作战”，以4月28日“为开始攻击之期”。[172]他报告国民政府：5月1日“占领朱倭”，7日“收复瞻化”，9日“攻入甘孜县城”。7月9日攻下大金寺，进占绒坝岔，恢复1930

年7月第三次康藏冲突发生时的态势。[173] 接着，进驻玉龙，1932年7月29日进占德格。藏军曾计划反攻甘孜、瞻化，未能实现，只得陆续退出邓柯、石渠、白玉等县，撤守金沙江西岸与川军隔江对峙。接着，青军也发起反攻，马步芳报告：8月27日，克复小苏莽，9月2日克复大苏莽，9月4日克复囊谦，藏军退向昌都嘉藏卡（嘉桑卡）、类乌齐一带，“青海南部现已无藏兵踪迹矣”[174]。

本来在1932年上半年，藏军“占有甘孜、瞻化两县，与炉霍县之朱倭一区，及理化县之穹、霞、噶三村。与康军相持于道孚瞻化界上，及炉霍理化县境内者”[175]。青川军队的反攻，使局势逆转，英格拉姆（Ingram）惊呼：在西康方面，“中国人从甘孜推进，占领了自1913年以来就在藏军手中的大金寺，6月占领江坝（Jungpa）。根据最新报告，他们占领了玉龙和白玉，仍在追赶藏军。藏军撤到位于甘孜以西150英里的德格岗托”[176]。在青海方面，“青军打败了结古附近的藏军，抵达囊谦（Nangchen）”[177]。蒙藏委员会对反攻予以肯定，孔庆宗即认为：一方面，“西康收复江东之邓柯、德格、白玉、石渠四县，扼守金沙江，使1918年以来，残破分裂之川边较为安稳”；另一方面，“西藏急图东进，扩展疆域，遭受此次重大打击，认识了川青部队仍未可轻视，较知警惧”，而“英帝国主义策动康藏相争，企图从中渔利的阴谋未逞”。[178]

由于藏军溃败，不仅军事重镇昌都受到极大威胁，整个西藏地方也“皆谓川康青联军将直捣拉萨，一时大为恐慌”[179]。有人说：十三世达赖喇嘛“曾下令征集十六岁以上五十岁以下之藏人，各寺喇嘛，尽充兵役”，但遭到哲蚌、色拉、甘丹三大寺喇嘛的激烈反对，他“不得不离拉萨出亡，卒服从三大寺之条件，驱逐主战之亲信，取消征兵计划，乃归拉萨”。[180] 国民政府询问英国驻华代办英格拉姆“达赖喇嘛逃离拉萨是否属实”，得到的回答是“完全无根据的传说，是由在加尔各答的某些西藏人散布的”[181]。

英国政府研究藏军失败原因。英格拉姆和驻重庆代理总领事斯达克·托勒（W. Stark Toller）在几份报告中说：冲突再次爆发诱因之一无非是“中藏之间的边界争端”[182]。在甘孜议定后，虽然甘孜与打箭炉间商旅往来逐渐正常，“边界地区局势仍然很平静”[183]，但是“中国与西藏之间的又一场敌对冲突会爆发”[184]。虽然“藏军首先越过1918年台克满之线，因此是侵略者”[185]，但是“很难说哪方应受谴责”，而青川一方要为此次冲突爆发负责，因为“中国人妄自尊大、傲慢，企图占领整个藏族居住的地区，即占领嘎达（泰宁）、巴塘和理塘”[186]。马骕1932年2月15日被部下暗杀，“表面上并无什么特别政治意义”，但他是在唐柯三的客厅里被杀的[187]，刘文辉派出了新指挥官余松林[188]，余松林接任后发起攻势，占领甘孜、瞻化。

英国曾认为“谁先获得援助，谁就会占上风”，因而力图通过援助武器阻止青川军队的反攻。十三世达赖喇嘛也于5月初要求提供6门山炮、1500发榴霰弹和同样数额的HE型炮弹、配备5000000发子弹的4挺刘易斯（Lewis）机枪、4挺马克西姆（Maxium）机枪及3500发子弹。英印政府决定提供：4挺马克秀姆和4挺路易斯机枪、1500枝来复枪及1500000发303型弹药、4门山炮及2000发炮弹[189]。英国基本上同意了他的要求。7月22日，国民政府外交部密咨蒙藏委员会：“达赖曾亲函印度英政府，请售与军器子弹；英已提前借与炮弹五十箱及枪弹等由邦达昌手运回拉萨。”在藏军7月29日从德格败退时，十三世达赖喇嘛“将前两日自外购入之大批新式武器转运前方，以备续战”[190]。虽然英格拉姆认为“藏军不得不撤出西康，或许是因为缺乏武器，但是中国人的武器装备也很糟糕”[191]，但英方还是有人懊悔地称“所援助的武器弹药入藏时间过迟，对藏军包围巴塘未起什么作用”[192]。

十三世达赖喇嘛8月10日致电威尔，邀请其来拉萨“讨论中藏关系问题和班禅喇嘛的地位”[193]。威尔9月初抵达拉萨，12月初离藏。威尔抵达拉萨的时机耐人寻味，英方宣称，当时“拉萨街头盛传中国在西藏东部取得了巨大的胜利，人们普遍相信察木多已经失守，两个星期后中国人就会进入拉萨”，英国“使团”此时入藏“毫无疑问起到了镇静效果”。他原计划停留6周，“却因需要而翻倍”。[194]英国政府要英格拉姆在“适当”时机非正式地告知国民政府威尔出现在拉萨，同时避免暗示“在有必要证明中国政府（采取什么）行为上，英国决定威尔入藏访问时间的长短”，“当然，威尔要利用其影响恢复（康藏）和平”。[195]

威尔认为：在藏军极大失利情况下，十三世达赖喇嘛“准备采取行动同英属印度签署一项条约，确定英藏关系。此关系非常类似于20年前英国确立的与不丹的关系”。他和英印政府均认为，如果签署这样的条约，不仅有悖于英国政府向中国承诺的“宗主权”，而且会使英国“承担对藏的严重的军事责任”，英国对华外交与在华商业利益毫无疑问地遭到巨大损失。因此，英国不宜公开插手康藏战事，所能做的就是利用此机会“就中藏边界达成某种解决”。[196]他强调：这样“帮助西藏人对英国具有极大的利益”，因为“印藏边界线长达1800英里”，“必须永远牢记一个和平和令人满意的西藏对于印度东北边境的防卫来说，花销最少，最有效”。[197]

英印政府虽然认为中国政府不会接受调解，但是采纳了威尔的建议。英格拉姆认为："就中英关系的利益来说，我们应尽可能地避免留下口实，说我们支持西藏反对其'宗主国'中国。"[198]他认为"调解"的性质有二，是"调解永远解决冲突，还是解决中国军队进一步深入到西藏的问题"。他建议采纳后者，并立即抗议中国政府，强调"我们有志于维持外藏的完整和自治和一个有效的西藏政府，使之能维持印度边界和毗邻地区的和平与安宁"，要使中国政府"知道如果挑战外藏的自治，或者以进军察木多或其他方式威胁这个'国家'的完整，陛下政府不能不极其认真地对待"。"陛下政府相信，达赖喇嘛和西藏政府极其渴望和平和永久解决康藏冲突问题。陛下政府准备友好地发挥自己的影响，召开中国政府和西藏政府代表会议，谈判解决此问题。"[199]

二、青川军队会攻昌都与所谓"外藏的完整与自治"问题

英国政府发现，藏军8月8日撤出巴塘标志着西康地区所有军事冲突停止[200]，但是青军的反攻尚未停止。十三世达赖喇嘛一方面要求国民政府下令青川军队中止进攻，一方面要求英国政府向国民政府施压。英国政府乃出面干涉，反对青川军队会攻昌都。于是，中英两国和噶厦三方之间的争论与交涉随即展开。

十三世达赖喇嘛9月11日致电蒋介石，要求制止刘文辉、马步芳的进攻。9月13日，蒋介石告知贡觉仲尼"业经电令川青军事当局停止作战行动"，并强调："惟查此事自发生以来，川省迭告藏兵大举攻袭，藏方则谓川启衅端，各执一词。鄙意汉藏原是一家骨肉，何事不可开诚磋商。达赖喇嘛果有罢战敦好之诚意，最好藏方先行停止军事，一切战斗人员概行向后撤退，俾两军防线距离较远，则误会冲突无自而生，然后彼此再商解决纠纷之根本办法。凡鄙力所及，决当赞助其成。此实永息纠纷重赓旧好之唯一途径。否则，仅仅空言停止军事，恐终无裨于实际也。希以此意转电达赖喇嘛，请其从速决定见复为荷。"[201]次日，9月14日，蒋介石下令刘文辉："西藏达赖喇嘛迭次表示倾诚内向，极愿释兵修好。顷又来电，声称若承中央制止青川不起衅端，藏方决无军事行动等语。查我川青两军出动康境，原为收复失地并防止藏兵内犯，本无所谓启衅。但既据达赖屡次电请，除严电达赖先行停止军事，一切战斗人员概行向后撤退，毋使双方军队过于接近，以免引起误会冲突外，请兄就近缜密观察达赖是否确有悔祸修好之诚意。如所请别无作用，则我方为怀柔边服起见，不妨严阵戒备，相机暂停进攻，以观藏方能否实践所言，一切请兄妥筹应付，最近战况并希详复为盼。"[202]9月23日，参谋本

部一面“电令川康两军停止军事行动，为和平之先声”；一面要求蒙藏委员会转商十三世达赖喇嘛“亦应停止其军事行动，先将金沙江沿岸各渡口之部队撤回，并以同普、武城、江卡等县为缓冲地带，双方暂不驻兵，使前线均无藉口余地而归平静，然后再谋和平解决之方法”。[203]

英格拉姆报告英国政府：青军“致函嘉藏卡（Jazamka）和类乌齐的西藏官员，威胁称如果不从这些地区撤走，就会继续前进至察木多”，噶厦“渴求陛下政府向中国政府坚决施压，停止冲突，以待谈判”。[204]9 月 29 日，外交大臣西蒙（John Simon）致电英格拉姆：“我们能做些什么，回答西藏政府的请求，阻止中国军队进入外藏地区，并在中国军队有可能进军察木多的情况下尽可能地抗议。”他指示英格拉姆“毫不迟疑地”按照下列原则同国民政府交涉：“清楚地表明我们对为西藏合理解决目前争端很感兴趣，需要提醒中国注意英国在藏利益的实质，就是维持外藏地区的完整和自治，维持一个有能力的西藏政府，使之维持印度边界临近地区和西藏毗邻地区的和平与秩序，并免除受到任何列强（该词不包括中国）……你须严肃向中国指出，如果中国挑战外藏的自治，或者以进军察木多或其他方式威胁西藏（此处西蒙未用‘Tibet’而用‘country’一词）的完整，陛下政府不得不严重加以对待。”[205]10 月 5 日，西蒙又指示英格拉姆：“据报，中国军队向嘉藏卡和类乌齐方向前进，西藏官员接到了这两地受到威胁的信函，而这两地均在西藏境内，这是对外藏领土的威胁。在此局势恶化并导致和平遭到破坏面前，陛下政府不能不表示关切。因此，你必须要求中国政府紧急下令停止前进；如果中国军队进入外藏领土，要求撤走。并要求中国军队不要采取敌对行动，等候谈判解决冲突。”[206]

根据西蒙的指示，英格拉姆先同外长罗文干，继与欧洲司司长刘世山（Liu Shih-shan，其他文件中写为 Liu Shih-shun）争论。10 月 6 日，他向罗文干抗议“中国军队入侵外藏”，声称“印度政府和陛下政府对此极为关心”[207]，国民政府“应即设法劝令双方停止军事行动”。他进而以西姆拉草约为据声称：“此次青军逼近昌都，与民国三年前北京外交部派员与英藏两方在印度森姆拉地方会议条约第二条载有尊重外藏疆界之完全之原则不符，该原则已于是年五月一日外交部致英使之节略中承认。现在川青军队准备会攻之商（昌）都，即包括外藏范围以内。”罗文干指出：“该条约未经签订，自不能发生效力，民三外交部节略对于界务一端未予承认，是外藏究以何处为界，殊难确定，因此森姆拉条约第二条之原则无从适用。”[208]

10月7日，英格拉姆对刘世山称：“中国自己向我们允诺承认西藏的自治和完整，并向我们表明准备接受1919年之线为外藏边界线，而目前中国正在破坏此线。”他一方面提出“第一步是停止冲突，因此中国须向其前线指挥发出中止冲突的明令”，一方面称“如果中国同意停止冲突，则我们几乎肯定能得到拉萨一方不再进攻的担保”[209]。10月10日、11日，他提出：“虽然双方军队在某些地方如邓柯（Tengko）都渡过扬子江进行对峙，但是中国军队全部位于江东，藏军全部位于江西。”因此，“双方最好达成谅解，规定西康地区无论哪方不应渡过扬子江”。至于青海地区，“青军应撤到结古，西藏则保证不前进到结古”。[210] 他威胁如果不接受此提议，则“即使中国军队停止前进，也不能保证西藏军队不进攻”[211]。尽管罗文干和刘世山均批评英国无理干涉，并强调“边界问题属于中国内部政治问题”[212]，但是英国的施压产生了影响，国民党中央决定：“如果达赖诚意悔悟，归附中央，自应先行停止军事，令饬川康军事长官严守现有阵地，暂勿进攻，一切悉听中央处理，以免影响外交。”[213]

在国民党中央做出此决定的同时，马步芳于10月11日、12日向国民政府报告“职与川军现取联络形势，并拟候马旅长纭抵昂谦后，即协同川军会攻昌都”[214]，强调“此地若克，康境占地亦完全恢复”[215]。10月13日，蒋介石致电马步芳和青海省主席马麟强调：“康藏纠纷迁延日久，我军出动西康，原为收复失地，本属正当。但近月以来，达赖喇嘛迭次表示倾诚内向，极愿释兵修好。中意值此国难当前之时，藏民又为五族共和之一体，若长此兵争不已，终非国家与人民之福，故电复达赖，告以果诚意谋和，应即先行停止军事，一切战斗人员概行向后撤退，毋使双方军队过于接近，借以避免冲突，然后再行详商和平解决途径。望兄亦转令入康各部暂各严守现有阵地，切勿轻于进攻。如藏方确能遵令撤退，尤勿擅加追击，一切静候中央处置命令为要。”[216] 此外，蒋介石还下令刘文辉“亦迅即令饬入康各部暂各守现有阵地，弗必进攻”[217]。由于马步芳“迄今多日”未回电，而贡觉仲尼又于10月23日对蒋介石表示担心，蒋介石于10月24日再次下令马步芳务必“转饬前方各部暂在现阵地，停止进攻”[218]。接着，蒋介石于10月29日、11月7日先后指示坐镇西安的杨虎城和宁夏省主席马鸿逵分别规劝马步芳、马麟“毋得擅进，静候中央处置命令为要”[219]。在此严令下，青海停止军事行动。

此后，不断传言川军在西康南路各线尤其是巴塘采取军事行动，托勒也报告“川军在撤退时将3挺机枪、8门大炮和13门迫击炮，连同配备的弹药借给青军，便于青军进攻察木多”[220]。十三世达赖喇嘛一方面于 11 月 16 日指示贡觉仲尼向国民政府指责青康“今犹启衅”。蒋介石于 18 日回答强调马步芳所部“早经遵照前令在现地停进，而川军刘文辉部则更无暇进窥康藏”，“今犹启衅”一语“绝难置信”。[221] 另一方面，十三世达赖喇嘛“再次要求英国政府向中国政府施压”。英格拉姆于 11 月 29 日致函罗文干，要求“注意关于中国军队在边界行动的令人不安的报告”。几天后，罗文干口头回答“已再次向前线军官发布了中止冲突的命令”，“敌对行动早已中止”，相信英格拉姆所得报告并不正确。[222] 青川军队会攻计划基本上中止执行。

中国舆论认为刘文辉本计划“与青军联合约攻昌都”，但因与刘湘、邓锡侯、田颂尧的混战爆发而不得不放弃。[223] 英方有人认为，“如果康藏冲突继续下去，西藏肯定会失去昌都”[224]。实际上，中英双方都认为青川军队不可能会攻昌都。蒋介石担心“康藏纠纷迁延太久，如专倚兵力解决，恐益将不易收拾”[225]，认为既然十三世达赖喇嘛表示“倾诚内向”，宜当中止冲突。英国政府注意到“即使中国人能越过德格以西，也不会进攻昌都”[226]：一则马步芳的目的是消除藏军对青海南部重镇玉树的威胁，并不想卷入康藏冲突[227]；二则刘文辉的前线指挥官余松林反对进攻昌都，因为会导致英国干涉[228]；三则川军无力进攻，托勒就报告了川军在撤退途中死伤严重[229]，英格拉姆也注意到“刘文辉在致中央政府电中陈述了渡过扬子江的困难”[230]。因此，中英两国和噶厦三方之间争论的真正问题不是是否进攻昌都，而是所谓“外藏的完整与自治”。英国政府担心国民政府利用会攻昌都之机一举解决西藏问题，因而声称“不能坐视”。国民政府则认为时机并不成熟，决定先中止康藏冲突，康藏边界的解决留待将来。

三、岗托协议的签订：川藏军队再次沿金沙江一线对峙

既然要中止冲突，如何中止，就成为有关各方关注的问题。在唐柯三未返回南京之前，国民政府曾计划另派人前往解决，托勒注意到此点，于 4 月 30 日向兰普森报告：“中央政府已任命四川人黄儒义（Huang Ju-i）继唐柯三为特别专员，前往康藏边界。我在 1 月 25 日信函第 2 段中报告，关于张义波（Chang I-po）的任命看来已成过去。据说，黄儒义先前受雇于中央政府宣传部门，对康藏边界非常熟悉。”尽管托勒声称黄儒义“将尽早离开上海前往康藏边界”[231]，实际上并未见有此任命。川军反攻前，十三世达赖喇嘛要求国民政府“另派公正专员前往负责办理西康大结白茹纠纷一案”[232]。川军反攻后，他于 5 月 18 日致电石青阳：

"藏兵进占苏（莽）、囊（谦），可能调停，命刘自乾（刘文辉）办案，藏方前有恶感之仇，恐中藏和好间必起衅端。"虽然"该电对于青海事件表示可以调停"，但是对于康藏问题"措词强硬"。[233] 随后，他虽仍然强调"中央若将川藏事件仍由刘文辉办理，深恐调解无望，纠纷益大，藏方不能负其责任也"，但是提出"藏方并不先启衅端，尤绝对不能违背中藏和好之旨趣"。蒙藏委员会认为"达赖似已具有希望和平解决之动机"，因而"宜趁此机会，力求和平解决康藏纠纷之途径"。[234] 于是，行政院6月4日训令石青阳"赴西康查办事件"[235]。

石青阳奉令后对贡觉仲尼表示"康藏事件，本系节外枝节，最大只能认为兄弟阋墙，平心静气，决易和平了结"，强调"康藏同为国家领域"，"（中央）主张一贯，毫无偏私"[236]，希望团结一致，"勿使朝夕谋我者窃笑于旁，予以侵略之机会"[237]。7月26日，他针对"外报近传藏方已与英国缔结密约"，专门发表谈话，强调"恐非事实。虽英藏地域相接，西藏物产丰盈，未必不为英人所重视，但达赖平素反英最力，即其所倚为心腹之亲信人等亦均反英，殆未必遽然出此"。但是，由于西藏与中央"交通阻滞，消息阻隔，遇事易滋误会，授外人以可窥之隙"[238]。接着，石青阳于7月29日询问十三世达赖喇嘛如何开诚协商"中藏一切悬案"，可否由贡觉仲尼"负责磋商，或另派大员来京，抑由政府派员赴藏详商"。[239]8月2日，十三世达赖喇嘛回电拒绝：蒋介石任行政院长期间"中藏和好"，但第三次康藏冲突发生后唐柯三与琼让达成的甘孜议院未获批准，"以致决裂"。因此，"现既不欢迎藏使，中使唐会议无效，故藏众决难相信，此间对中央碍难表现"[240]。这样，石青阳以委员长身份入康查办只能作罢。他只能回电解释"欢迎藏使与前无异。唐委员调解无效，由琼让宣布中止"，并"甚望大师提出和平方法"。[241]

于是，十三世达赖喇嘛8月5日指示贡觉仲尼询问蒋介石"中央现对中藏问题究作如何办法，抑或援助四川"[242]。蒋介石8月7日回电："西藏为五族共和之一，无异一家骨肉，中央决不愿用兵力以解决各项问题。但期藏兵不进犯，和平妥商，绝无助川开衅之意。惟迭接各方报告谓，西藏正倾师犯康，添购新械，达赖且将亲出指挥。所报如确，固未谅中央对藏之好意，兵连祸结，亦徒苦川藏人民之苦。请转电达赖，有何固见，尽可倾诚见告。但属合理要求，中央无不乐于容纳，万勿轻信他人挑拨谣言，趋走极端，徒授帝国主义者侵略之机会。"[243] 十三世达赖喇嘛一方面对蒋介石"视藏人如骨肉，各项问题不用兵力解决，绝无助川开衅之意"表示"无任欣慰"，对其"俯念川藏人民"表示感戴，要求他"始终主持，免纠纷之扩大，予川藏以幸福”；一方面辩护“各方报告”“纯系四川方面为向中央请领饷械之计，故造谣言，四处散布”，要求“彻查以明虚实”。[244]8月19日，他又致“皓电”表示拥护国民政府。蒋介石对此表示“佩慰”，认为证明了“达赖喇嘛深明大义、拥护中央之诚意”，并表示“业将来电转电行政院蒙藏委员会加意彻查虚实，秉公核办，勉副藏民之期望。但期藏方确无意犯康，则鄙人当力本和平初衷，以固我汉藏骨肉之亲也”。[245]8月24日，蒋介石致电行政院院长汪精卫和石青阳：“查西藏是否倾师犯康，自应彻查明白。藏方代表呈报中央意见可否容纳，亦应详切核复，不宜久置。吾人对于藏事，如达赖诚意内向，自当用和平方法，以期绥服边隅，亦所以使川人得以安宁。”[246]据此，行政院8月29日做出和平解决西藏问题的决定。[247]

如何才能和平解决呢？9月5日，贡觉仲尼转达十三世达赖喇嘛之电，要求按照“西藏民众请求各节”解决康藏纠纷，即：国民政府不能支持九世班禅喇嘛返藏，也不能任命他为西陲宣化使；康藏应以雅砻江为界。次日，蒋介石回电强调：“藏民要求各节，或因藏方未尽明了中央实情，或因达赖尚未切实表示真意所在，均非开诚布公，彼此从长计议不可，最好请藏方再派负责大员到京恳切详商。”[248]十三世达赖喇嘛则于9月12日要求国民政府派大员入藏商议。9月13日，蒋介石回答：“前电由藏方派大员到京磋商，原系根据中央决定，而达赖喇嘛请改由中央派员莅藏一节，亦自有理由，俟商陈中央，得复后再行电达。”但他在9月16日致行政院代理院长宋子文和石青阳电中指出：虽然十三世达赖喇嘛“请中央派大员莅藏详商一切”，但是强调“惟前由西藏民众请求各节，仍望中央俯予察纳，否则恐于藏事前途难期圆满”。[249]言下之意，派中央大员入藏协商解决西藏问题的时机并不成熟。

在上述过程中，英国政府从两个途径力图介入。一是在拉萨，威尔要求噶厦维持金沙江线。英格拉姆简明地向英国政府汇报了威尔和噶厦讨论康藏边界问题的情况：“西藏政府非常担忧，要求英国调解，劝说中国政府以西姆拉会议为基础进行某些修正（特别是就提议中的边界问题），达成明确的共识。威尔上校……虽然并不完全赞同西藏政府的主张，但是提议：在德里举行和平谈判；无论如何在谈判解决前，德格、瞻化和霍尔（即甘孜）各土司地（states）应非军事化，藏军撤往扬子江西岸，中国军队撤到打箭炉至巴塘一线，西藏政府保证如果中国军队撤到此线，则藏军不会渡江。”[250]威尔“坦率地”强调：“西藏侵入被认为是中国的领土是错误的，如果西藏政府不同意维持台克满线，和平就无希望。”十三世达赖喇嘛于是下令"位于（康藏）边境上的藏军决不渡过扬子江，不要再对汉人发起新的进攻"[251]。

二是对国民政府施压，要求调解。英国政府于8月17日提出："中藏纠纷，若中政府同意，英政府愿调解。"[252]8月31日，英国驻华使馆官员霍尔曼(Holman)拜见国民政府外交部次长徐谟，提出："无论是陛下政府还是印度政府都非常友好地渴望用其力量安排停火，以防止新冲突。"[253]他强调："印度政府因受西藏事务的直接影响，最为渴望和平，将通过其有职权的官员，尽其所能对西藏当局做一切事，确保终止敌对"，"中国政府如欲英政府出面斡旋，如划定疆界等事，俾战事可停，英方颇愿担任"。[254]他还说"在过去不同场合，陛下政府和印度政府都就中藏边界冲突提供过帮助"，并强调西藏"在这种场合依赖陛下政府和印度政府友好地处理"。徐谟"冷冷地回应"："西藏是中国的一部分，因此实际上并无边界问题。"[255]徐谟指出："英国和印度政府能做出的最好方式就是制止向西藏军队供给新的武器，这样西藏就会放弃作战，战斗自然停止"，康藏纠纷"系中国内政问题，应由中国自由裁定，不必第三者从中斡旋"[256]。10月5日，西蒙指示英格拉姆："你可以表明陛下政府认为达赖喇嘛和西藏政府诚恳希望和平并永久解决此问题；为此，陛下政府充分准备发挥自己的作用和影响，召集中藏两政府代表进行会议谈判。"[257]英格拉姆认为"达赖喇嘛向中国政府做出和平姿态，提议以扬子江为界，这样会使目前局势固定下来"。由于青川军不会进攻昌都，"汉人会接受达赖喇嘛的条件"[258]。他在10月7日、11日与刘世山的交谈中提出此问题，遭到拒绝。

这样，英国一面要求噶厦退兵金沙江沿岸，一面建议国民政府以金沙江为康藏界线。中英双方交涉僵持不下，刘世山强调"不能接受英国介入调解的建议，因为康藏边界问题纯属中国内部问题"[259]，英格拉姆宣称不承认属于中国内部问题，批评中国反复说此"陈词滥调"[260]。

总而言之，无论是十三世达赖喇嘛派遣代表到京，还是中央大员入藏协商解决西藏问题，时机并不成熟。英国企图"调解"康藏冲突，这理所当然遭到国民政府的坚决反对。因此，暂时中止康藏军事冲突的问题，只能由当事双方来解决。川康边防总指挥刘文辉派邓镶、姜郁文为交涉员，与十三世达赖喇嘛所派代表琼让在德格岗托协商。10月1日，刘湘向刘文辉发起进攻，二刘之战爆发。10月8日，康藏双方签订《岗托协定》6条如下："第一条，汉藏双方接受议和协定，弃怨修好，所有汉藏历年悬案，听候中央及达赖佛解决。第二条，汉军以金沙江上下游东岸为最前防线，藏军以金沙江上下游西岸为最前防线，双方军队不得再逾越一步。第三条，自民国二十一年 10 月 8 日至 10 月 28 日止；藏历八月五日至八月二十九日。其最前线汉军如对邓柯、白玉、德格，藏军如对仁达、同普、武城境内，双方每处驻军不得超过 200 人，并各派员互相监视撤兵。第四条，自停战撤兵日起，双方交通恢复原状，商民往来无阻，须双方官厅发给执照为凭。并本尊崇佛教，维护佛法之意义，对于在康、在藏之寺庙及住寺潜心修养与往来两地之喇嘛僧侣，双方均一律保护。第五条，自条件签订之日起，各飞报政府存案，共同遵守。第六条，此条件适用于汉藏双方，如有未尽，将来由中央会同达赖佛修改之。”[261]

从上来看，《岗托协定》只是康藏双方中止军事冲突的地方性协定，划界这一核心问题及其他问题由中央政府与十三世达赖喇嘛协商解决，这符合国民政府“康藏问题，当另案商办”[262] 的方针。它又是一个临时性停战协定，并未规定有效期限。它是二刘之战爆发后签订的，威尔认为并非其入藏而是二刘之战解决了藏军面临的危机，认为“如无二刘之战，中国人就会逼迫西藏‘回到以前从属于中国的状态’”[263]。因此，英方认为西藏人聪明地利用了二刘之战达成协定。[264]

当然，康藏双方各有所获。西康收回了邓柯、石渠、白玉、德格四县，虽然并非全部，“仅得邓柯十分之七，德格十分之八，白玉十分之九，石渠十分之九”。藏军则占据了盐井全县“与巴安河西之十三村”，而盐井“为康缅、滇藏交通之枢纽，又为康滇藏缅间纵横千里内唯一产盐之地，关系尤为重大”。[265] 国民政府表示认可，石青阳事先就提出“川军似应于已经恢复民七以前西康之原状，适可而止”[266]。英方也表示赞成，声称：“扬子江上游作为藏康的有效边界；确认西藏人 1918 年取得的德格大部分地区和绒岔坝给西康。非常有趣的是，台克满个人在 1917 年至 1918 年所主张的边界线，非常适合历史实际，此规定符合台克满的主张。”[267] 这说明，尽管国民政府坚决反对英国介入，但是《岗托协定》还是受到英国的影响，因而中英两国政府及康藏双方实际上在沿金沙江一线缓和冲突这点上达成妥协。

四、《青藏和约》的签订：青、藏、川关系的新变化

康藏冲突暂时中止后，有关各方的关注就转到青藏冲突上来。

《岗托协定》签订前后，青藏双方就在协商以何为条件解决冲突。报称青藏将以玉树为界，藏军撤往玉树之南，但青海方面予以否认。[268] 十三世达赖喇嘛提出

“以海南土司二十五族划归西藏为罢兵条件”，马步芳复电拒绝。[269]10月8日又有电称：“西宁电达赖，表示班禅如不返藏，藏兵永不犯青；并希望划清青藏界限，分兵各守。此间空气对班禅来青确有问题。”[270]如此看来，马步芳同意不欢迎九世班禅喇嘛到青海，但在划界问题上未达成一致。蒋介石支持和平解决，于10月24日指示马步芳：“查五族一家，原宜和洽，如藏方果能悔悟前非，遵令停止军事，撤兵后退，则中央自可恕其既往，改从和平解决。”[271]

虽然尚无资料说明英格拉姆是否侦知蒋介石的指示，但是一场围绕英国是否介入的争论随之再次展开。10月25日，英格拉姆对罗文干强调“英国对藏的整体利益和渴望帮助解决的心情”。罗文干指出“英国的任何干涉都会导致严重后果”，因为“中国报刊开始日益怀疑英国的企图”。英格拉姆辩称“英国的调解并非干涉”，而是“渴望把各方弄到一起，达成一个解决方案”。罗文干一方面说“我本人了解英国的做法，但是中国人民不了解”，一方面表示“一旦冲突停止，中国会设法解决边界问题，因而印度政府没有必要担心”。英格拉姆乃询问中国“计划采取什么措施”，罗文干回答：“中国政府将所有各方召集起来讨论边界问题，他们会尽可能派遣地位显著的代表前往康藏边界，设法一劳永逸解决问题。”[272]英格拉姆不甘心，宣称十三世达赖喇嘛“极其渴望在谈判中取得英国的外交支持”，于11月1日直接向蒋介石提出“以西姆拉会议为基础进行谈判，因为除了康藏边界外其他问题实际上均已得到中国和西藏的赞成”。[273]

对此，蒋介石于11月18日致电十三世达赖喇嘛，强调指出“须知汉藏本一家骨肉，同气之亲，一切必须泯去猜嫌，开诚布公出之。无论任何问题，皆应自行设法解决，绝不能再容第三者居间参与。达赖喇嘛主张由英国政府居中继续会议，不啻自生枝节，万难照办”[274]。12月13日，十三世达赖喇嘛又向蒋介石提出由英国居间调解。12月29日，蒋介石复电强调：“汉藏问题纯属内部事务，现为国民政府时期，绝不允他人插手干涉。吾望一如既往，热爱祖国，忠贞不渝，团结一致。”“吾一向主张内部事务不允外人参与，对此达赖喇嘛熟知。”他还表示“达赖喇嘛乃西域边陲之主宰，深信定会安内攘外”，希望将这些旨意“向色拉、哲蚌、甘丹三大寺之所有僧众详细传达，务使维护祖国统一，不允外人插手，内部事务可经内部协商逐步解决”。他提出拟派一二人与贡觉仲尼赴藏“商讨解决汉藏之间悬而未决事宜”。[275]1933年1月8日，十三世达赖喇嘛将蒋介石的电报告知新任英国驻锡金政治专员威廉逊（Williamson），英格拉姆宣称：“达赖喇嘛和西藏政府对蒋介石的回答和总的局势极为不安”，渴望“在英国作为中介的情况下早日举行和平会议；如果中国重开冲突，印度政府要提供新的武器弹药援助”。[276]

由于国民政府反对调解，英国政府自1932年10月25日英格拉姆与罗文干交谈之后至1933年2月讨论对策。综合来看，这场讨论以1933年元旦为界分为前后两个阶段。在与罗文干交谈后次日，英格拉姆提议西蒙说：“现下进一步向中国施压对英国并不利，我们确信冲突各方的敌对已经缓和。我认为为确保进一步缓和，我们只能在这里（南京）进行外交施压，这很管用。”[277]西蒙表示赞同，却又于1932年11月9日指示“只要有机会，就要继续向中国表明陛下政府并不认为康藏边界争端仅属中国内部问题”[278]。12月24日又电示英格拉姆：如果“中国不过分拖延解决冲突，或者冲突不再次爆发”，则英国“不希望强行介入调解”，但“须不断提醒中国政府注意陛下政府希望看到边界问题早日解决”，并“在合适场合询问是否已采取措施”。[279]可见，英国有条件地不坚持调解，但是仍然声称康藏与青藏边界问题并非属于中国内部政治问题。

这一政策在1933年元旦后演变为“鼓励”噶厦同马步芳直接谈判的政策。1月9日，英格拉姆致电西蒙认为：“如果不就西藏地位及我们在藏利益进行令人不快的争论，如果不面临令人尴尬的供应西藏武器问题，则很难就中藏争端向中国提出有效抗议。”[280]在2月6日致西蒙电中，兰普森首先“明确反对给予达赖喇嘛任何鼓励，说中国政府会同意我们调解，因为我相信中国政府不会同意”，如果目前同国民政府商讨此问题，“只会引起争论，这很不明智”。接着，他指出：已向罗文干提出“作为西藏的邻居，我们不能容忍任何问题引起西藏动荡或导致麻烦”，罗文干表示深知此点，因而中国政府已下令停止冲突，但并不同意英国调解。言下之意，国民政府虽然反对调解，但理解英国的利益。再接着，兰普森阐述了必须改变“调解”政策的原因：一则“除非我们像日本在满洲那样准备采取强有力的手段”；二则“中国对西藏的传统态度，犹如全神贯注的父母对待顽皮的孩子。无论是通过惩罚或是自愿，顽皮的孩子总会浪子回头。要引诱中国政府通过我们调解和拉萨达成最终解决，也不可能，因为中国政府实际上不会在意西藏或边界上发生什么，除非我们同日本占领满洲一样占领西藏”。兰普森总结认为：“我们应鼓励而非反对达赖喇嘛同中国通过直接谈判达成协议。即使这次不介入，由于地理上印度对西藏的便利，我们也相信通过提高穿越印藏边界的自由经济关系，仍然能维持对西藏的影响。”他强调：“鼓励”政策当然“并不等于说，如果中国同去年夏季一样侵略西藏边界，我们就不抗议、警告”，“我们所关心的是维持西藏的内部和平，坚决反对中国武装侵略，这种侵略只能引起印度边境的邻居长期动荡，可能引起我们采取行动”。[281] 英国政府采纳兰普森的建议，指示威廉逊通知噶厦：鼓励十三世达赖喇嘛与国民政府直接谈判，英国愿意提供建议和支持。

正是在英国政府讨论过程中，青藏双方于1932年12月拟定停战条款，“其中以藏军侵青后凡青省人民所受之损失由藏方负责赔偿一点，达赖已表示接受；至青藏军队各撤回原防，此后互不侵犯一点，达赖亦无异议。惟于青藏交界处之寺庙内设开市一点，双方尚未同意”[282]。显然，十三世达赖喇嘛以承担责任为条件，换取“互不侵犯”。在威廉逊通知噶厦英国政府的态度后，青藏双方于1933年4月10日签订《青藏和约》8条[283]。按照青海的汇报，青藏双方妥协点在于：第一，“以朵旦寺问题双方驻军误会，以致引起纠纷”[284]，厘清双方在该寺的权限，规定“朵旦寺管理寺院之堪布，由该寺僧众内自行推举后，准达赖大佛加委，堪布权力照旧，以崇教为范围，毫不准干涉政治”。朵旦寺即尕丹寺（又称尕旦寺），位于囊谦县境与西藏交界处。第二，由于青科寺、当头寺一度是藏军攻打青海的重要据点，规定“青科、当头两寺宗教权，准归作巴照旧管辖。惟该两处双方均不得驻扎军队，以免因接壤而起冲突”。青科寺位于西藏江达境内金沙江西岸。当头寺在玉树巴塘，靠近江达。第三，为避免发生冲突，双方先后撤兵，并以二十五族地区为缓冲区，噶厦承认玉树地区属于青海，即“和议条约成立后，藏方即先行撤兵，青方于藏方撤退十四日后即继续撤兵。双方除原驻军额外，其余限一月内完全撤退。兹后青藏两方各守疆土，不相侵犯。如藏兵侵略青海境界，有藏方昌都、巴宿、类乌齐、三十六族头目人等担保。青海军队侵略西藏境界，有玉树二十五族头人等担保”[285]。

对比中英两国政府对《青藏和约》签订的反应，颇有意味。国民政府批评噶厦乘“热河失利、新疆告警、川中内斗激烈时，突向昌都增兵”[286] 之际同青方签订。蒙藏委员会一方面强调和约“系地方停止战争之局部问题”，一方面批评青方“尚未呈报中央”。[287] 在青方要求批准时，蒙藏委员会又不得不同意，认为虽然青方的处理“手续似有不合”，“惟该省政府等为免除战事维持边地治安起见，特与藏方商订和约，以息纠纷。所订条文八项，对于宗教权之限制、商民等之保护，均有详细规定。其余各条，亦均妥适”。[288] 即是说，同意青海省政府所说三点，行政院核准同意。英方在要求噶厦同青方谈判时批评藏军“1932年初不明智地”侵入青海南部。和约签订后，它认为“青藏双方都为冲突爆发而深感后悔，回族马将军的传统政策是自己不卷入拉萨和四川两当局之间争斗，马步芳再次遵循这一政策”；同时，它“应西藏进一步的要求”，同意追加提供新式李恩菲尔德（Lee-enfield）步枪（数目不详）、近3000发炮弹和300万发子弹，这些武器在1933年7月起运。[289]可见，英国要求噶厦签订的目的是唆使噶厦进攻西康。

因此康藏局势又紧张起来，青康藏三方关系出现新变化。在康藏和议时，一些蒙藏委员会官员致电石青阳指出："藏方承认康藏和议，青海除外。""此种单独和议显系藏方战略，青康同受政府命令作战，在理在法均不应有单独行动"，"和战均应由政府统一办理"！[290]石青阳回电说："中藏和议，青康当然一律办理。蒋委员长饬各守原防之电，亦分致青、川、藏三处。"[291]国民政府批评"藏军侵康，青海只作壁上观，而不积极地援康，即是受了'互不侵犯'条约的约束"[292]。8月23日，驻昌都的贞冬噶伦致函德格县长姜郁文，称："前岁和议正望办妥间，川方私调军队将藏方所属朱倭、德格、瞻化等处占去，藏方文武官兵心甚不安。现青藏交涉业经办妥，藏方僧俗民众不胜愉快，川藏交涉亦应了结。"[293]11月中旬，刘文辉报告：藏方陈兵金沙江沿岸，限西康11月5日至12月2日之间答复退出朱倭等地，"否则发生变故，藏方不负责任"[294]。石青阳于11月30日回电，由于"本年达赖迭电表示决遵中央意旨，静候和平处置，目前决不致有何军事行动"，"此次无理要求似非出于达赖本意"。他要求"查明该代本姓名及所领藏军番号，以便电请达赖转行制止"[295]。刘文辉查证后于12月11日回电："南路正式藏兵计有锡葛、克墨、仁青哇三代本，兵额一千三百名以上，外有民兵约二千名。北路正式藏兵计有出科、稽卡、党本、恰本四代本，兵额二千名以上，外有民兵约千名，大金娃五百余名，波密兵三百余名，南北两路均各附有机炮大队。再查昌都又新开到藏兵计千二百名，其统率官长姓氏未详。"[296]

国民政府乃一方面要求十三世达赖喇嘛"以国家前途为重，切实停止军事行动"，强调一切问题"应候中央秉公处理，不得自由行动"；一方面"令青海主席马麟加派步队屯驻金沙江上游玉树一带，与川康边防军切实联络，以固西防"。[297]行政院亦规定马步芳"此后对于青南防务仍应严密戒备"[298]。不过，青藏关系并非完全缓和，噶厦在"以军事进犯西康"的同时，对青海"改为经济侵犯方式，在毗邻西藏之青海边境设关征税，凡青省出入货物悉行课以重税，致青省财政受莫大影响"。[299]

与此同时，噶厦要求国民政府接受其前述条件。10月下旬，贡觉仲尼晋谒蒋介石"解决康藏纠纷，以免两军长此相持，再酿争端，兼杜英俄谋藏危机"[300]。12月4日，贡觉仲尼又称："达赖对和平之心甚切，前曾迭次向中央请求解决，余久奉命数次请求中央迅订解决办法……并另派大员前往调查，以免事态扩大。”[301]12 月 15 日，贡觉仲尼致电蒋介石再次提出：“前次面陈解决藏事意见，亟待俯予采纳，早日奠定边局，除电请达赖佛速饬前方力避冲突，以守和平外，恳请严令刘文辉制止对藏军事行动，并速派公正大员入藏，对于一切问题根本解决，藏事纠纷自可永息。”[302]12 月 16 日，蒙藏委员会认为“目下康藏和平暗礁厥有两点，一为大金寺僧众流离失所，四处骚动；一为德格、瞻对复原问题”，并认为“当前对策，首应允许大金寺失所僧众复能归庙，俾免四处窜扰，牵动大局，以为治标之策，当即电令康边防军就近遵办。至德格、瞻对复原问题，关系康藏各界，此非地方当局所能擅断，当请中央另筹解决办法”。[303]但接着，十三世达赖喇嘛就圆寂了，中英两国与噶厦之间围绕康藏、青藏冲突的争论与交涉告一段落。

综合来看，甘孜议定未获批准后，康藏冲突再起并扩大为青藏冲突。康青军队的反攻不仅恢复了沿金沙江一线对峙的原状，还一度计划会攻昌都。十三世达赖喇嘛一方面要求国民政府下令中止进攻，一方面要求英国提供武器援助并居间“调解”。英国政府乘机提供武器并要求“调解”。虽然新任蒙藏委员会委员长的石青阳接任后“即力谋此案之早日解决”[304]，但是同以前相比，由于要同英国交涉，主要是由外交部出面。国民政府把康藏冲突与青藏冲突当作中华民族的内部矛盾和地方冲突来处理，一方面要求冲突各方中止冲突，一方面“谢绝调解”[305]。英国政府最终以中国内部缓和冲突为条件而不再坚持介入“调解”。这样，康藏、青藏各自议和，签订《岗托协定》和《青藏和约》，恢复了以金沙江一线对峙的原状。虽然这两个停战协定多多少少受到英国的影响，康、青、藏三方之间关系亦出现了新的变化，但是在西藏地方与中央的政治关系恢复进程中具有一定的意义，英国政府就总结说：“双方平等地但将之作为‘内战’来谈判并达成了停战协定，它表明西藏当局承认西藏是中国的一部分。在初期谈判中，西藏人努力让英国担任仲裁者，但中国人拒绝承认英国在这起‘内部’事务中有任何地位。英国没有对休战的任何谈判表示抗议，这是默认违背西姆拉条约的又一例子。”[306]这反过来说明国民政府反对英国介入“调解”的立场同北洋政府相比是一大进步，十三世达赖喇嘛也从行动上承认西藏是中国领土不可分割的一部分。

第三节　1934 年至 1938 年中国内部的再次协商与西康建省

《青藏和约》之后，中国局势先后发生极大变化，主要表现在三方面：第一，四川权力格局与军事形势的变化。自 1932 年 10 月爆发的刘湘、刘文辉之战，至 1933 年 9 月基本结束，民国以来的四川军阀混战随之结束。刘文辉战败退往西康，以雅安为中心，锐意经营西康，西康建省比以往任何时候都为急迫。第二，西藏地方政府权力格局和其与中央政府政治关系的变化。随着十三世达赖喇嘛 1933 年 12 月 17 日的圆寂，噶厦权力发生极大变化，热振呼图克图担任摄政。国民政府派遣参谋本部次长黄慕松入藏致祭十三世达赖喇嘛，协商西藏地方与中央政治关系的正常化。第三，中华民族团结对外的变化。日本于 1937 年 7 月发动全面侵华战争，中华民族团结一致抵抗强敌、反抗外来侵略比以往任何时候都急迫，噶厦对中央政府的政治态度因此发生积极而有意义的变化。随着这些变化，中国内部有关各方再次协商康藏冲突，大金寺问题得到解决，噶厦最终同意西康建省。

一、十三世达赖喇嘛圆寂后康藏冲突之再起与国民政府的处置

按照《岗托协定》的规定，“汉藏双方接受议和协定，弃怨修好，所有汉藏历年悬案，听候中央及达赖佛解决”；“汉军以金沙江上下游东岸为最前防线，藏军以金沙江上下游西岸为最前防线，双方军队不得再逾越一步”。[307] 十三世达赖喇嘛临终时“曾遗嘱传谕制止军事行动”，国民政府“亦已电川康军，毋乘丧进攻”[308]，但是康藏军事冲突却再起。1934 年 1 月 16 日，刘文辉报告藏军不因十三世达赖圆寂而停止在北面从类乌齐向岗托推进，南面在与云南交界金沙江沿河一带增兵并开枪射击，强调康军“决不乘危加兵”，但“藏方青年代本，确有挑起汉藏兵行之企图，藏中内情则因达赖之逝而趋复杂”。[309] 接着，他又和马麟向蒋介石汇报，藏军破坏和约，“乘隙挑战，增兵反攻，战事极烈，新由拉萨运抵昌都之械弹甚多，其驻昌都噶伦命前方代本务须夺回前年失地”[310]，即邓柯、石渠、白玉、德格等地。《申报》也登载了这一情况，称：“西藏民众代表李茂兰云，顷接藏中来信称藏方青年派军官以代本为中心，近在昌都召集会议，对西康有所企图。拉萨司伦曾去电劝阻，并力言达赖圆寂未久，中藏关系亟宜敦睦，不可轻举妄动，破坏中藏感情，但青年军官未加采纳，一意孤行，前途极为可虑。”[311]

贡觉仲尼呈文蒙藏委员会，对此予以否认，并要求更正：“某报载成都通讯，藏军再犯西康，系受英帝国唆使，趁此内乱，成立‘大西藏国’说，亦无根据。西藏和平表示已非一日，事实具在，殊非此种宣传所能中伤。惟此类消息，若任其流传不止，影响必大，请转告取缔，并请各报万勿轻载，免淆惑听闻。”[312] 的确，噶厦与英国产生了极大的矛盾。噶厦认为，在第三次康藏纠纷中“英人不肯

直接助人助兵，只望坐收渔利”[313]，对此深感不满。英国则“声言索取1931年至1932年西藏因插手大金与白利之争，向英印购买枪械之印币十万卢比欠款，以露压迫”[314]。噶厦做出回应，虽然贡觉仲尼对噶厦裁军及减买武器一事予以否认，说“并无所闻”[315]，但是来自加尔各答的电文称：“西藏政府刻决定裁军并限制购买武器，此项决议可使中藏间之关系日臻亲善。闻藏政府刻已派遣代表往迎班禅返藏主持一切。”“西藏政府已决定将大部分军队解除动员令，其由印度输入之军器亦大为减少。此种决定，可视为中国与西藏关系缓和之征象，由此双方可望接近。”[316]

但是，藏军于1934年2月“复攻陷邓柯、德格等县”[317]，而这次进攻恰恰发生在“达赖初圆寂与黄氏（黄慕松）将入藏之际”[318]。这引起了蒋介石的高度重视。他认为“现达赖新逝，藏方内部意见不一，其倾向中央与乘机思逞者，各欲行其主张”[319]，英国怂恿亲英派发动进攻，实为“发纵有人”[320]。英国政府后来坦白了怂恿进攻的原因：“属于保守派的新摄政王请求中国确认他的任命（这是1911年以来西藏人表示臣服于中国的第一个例子），于是进步派在西藏西部重开敌对行动。”[321]

在十三世达赖喇嘛圆寂之前，国民政府于1933年12月13日左右拟定处置康藏纠纷办法三项：(1)“令达赖代表贡觉仲尼再电达赖，以国家前途为重，切实停止军事行动。关于大金青柯两寺喇嘛及甘孜等防地问题，应候中央秉公处理，不得自由行动。”(2)“为巩固西防起见，对刘文辉驻扎西康边境军队并饷械，饬令刘湘酌予接济。”(3)“令青海主席马麟加派步队屯驻金沙江上游玉树一带，与川康边防军切实联络，以固西防。”[322]蒋介石除下令继续执行这三项措施外，还认为：“果能乘此藏军反攻之时，予以打击，使不获逞，则以后藏事解决必易就范，否则若听其反攻得手，气焰益增，以后必更骄蹇难制，此于国家边防及川边安宁均有莫大关系。”[323]按此，蒋介石采取了一系列具体措施。

其一，电令刘文辉“努力固守勿退”[324]。

黄慕松入藏前，“金沙江西岸藏兵全线动员”[325]，噶厦“增兵反攻”，“新由拉萨运抵昌都之械弹甚多”，驻昌都噶伦“命前方代本务须夺回前年失地”[326]。按照刘文辉所说，噶厦“意在毁弃民国二十年康藏和约，进略雅郁等地”[327]。蒋介石认为“果能乘此藏军反攻之时，予以打击，使不获逞，则以后藏事解决必易就范，否则若听其反攻得手，气焰益增，以后必更骄蹇难制，此于国家边防及川边安宁均有莫大关系”，要求刘文辉“努力固守勿退”，要求刘湘“就近加以督责鼓励，并量为接济饷弹”[328]，并命令马步芳与刘文辉取犄角之势。蒋介石指示说：“青康应互相呼应，不妨对藏兵警告青藏康藏两约必须遵守，而示以青康一致协同，以为维持两约之后盾。一切悬案解决问题，日内黄专使由川康入藏，拟乘便附带劝解之，恩威并济，或可期相当之收效也。”[329]

3月17日，根据刘文辉“请令邻省协力援应”的要求，蒋介石致电云南龙云、宁夏马鸿逵出兵与刘文辉呼应，指示：“现时双方冲突，虽不甚剧，但我方不能不慎为防范，协力应付，务希分别督饬所部，与川军切取联络，格外警戒，互相呼应，并盼电复为要。”[330]3月31日，蒋介石致电刘文辉，转达马麟“已饬驻海南马司令彪严加戒备，并与川军切取联络”[331]的汇报。

同时，满足刘文辉关于援助武器弹药及粮食的要求。刘文辉电称：“所部边防军兵残饷竭，械弹不充，关外接济短缺，全军饥疲已极，现战事势趋延扩，深恐稍有差失，如遇挫抑，则恐非退至甘宁原线不止。”[332]甘宁，即甘孜、宁静，甘孜今属四川；宁静即今天西藏芒康县，在昌都地区南部，接近云南。如果退至此线，对西康影响极大，蒋介石极为重视。3月8日，他一电刘湘说：“西康边远，中央鞭长莫及，接济维艰，深恐有无事机……切盼我兄就近加以督责鼓励，并量为接济饷弹，俾能应敌固守。所拨给之饷弹，中央随后当予拨还。”[333]3月20日，再电刘湘，一方面转发刘文辉“乞迅赐饬发七九步枪弹机弹、八二五及八六五迫击炮弹、七五三炮弹、手榴弹各若干发，以应急需”之要求，一方面强调说：“查藏兵蓄意毁约搆兵，刘部饷弹缺乏，设无相当补充，万一稍有差失，于边防及川局均有严重影响，实未可忽视。为特再为转达，务希兄妥为核办，量予增拨。”[334]3月27日，蒋介石三电刘湘：“康军饷弹两缺，须要补偿，亦自属实情，仍希兄体念边防重要，勉为其难，就近力予补充饷弹，免误事机，以固边圉。垫拨之后，中央必当拨还也。”[335]4月8日，四电刘湘：“查康中藏兵步步进逼，刘军饷弹两缺，皆属实情，务盼兄顾念边陲，就近酌予拨济，日后中央定当拨还，否则康边有失，川省屏障尽撤，届时不特藏中媚外者行见得志，而向内者必致势孤，将令藏事益增纠纷，川省受其威胁，后患无穷，实可顾虑。无论如何，切盼兄查照前电，勉力垫拨饷械若干，俾作士气而资捍御为要。”[336]4月21日，刘湘回电已“拨发刘文辉部步枪及子弹各十万”[337]。

其二，在阻止藏军进攻的同时，又避免冲突扩大，避免误会。

藏军开始进攻时，蒋介石“一面由中央饬驻京西藏办事处转电藏方切实制止，一面转电青滇相机警戒”，批评参谋本部“径电青滇出兵策应”，会使“康藏局部之冲突转而酿成中藏全部之纠纷”，认为参谋本部“不免小题大做，或与专使入藏之斡旋”。[338] 随之，他虽然下令刘文辉固守勿退，并电令云南、青海出兵策应，特别是下令青海马步芳出兵与刘文辉成犄角之势，但是下令刘文辉“击退藏军，即谨守东岸，适可而止”[339]。蒙藏委员会也要求噶厦驻京办事处转电噶厦，按照1932年之停战条款停止军事行动，“所有康藏青藏间一切悬案，悉由中央直接解决，以免误会”[340]。

除了军事上避免冲突扩大外，在5月30日清海马步芳请示“拟加派两团兵力，以一团驻玉树囊谦一带震摄（慑），以一团驻大河坝遥作策应，并可督修公路，便利交通”时，蒋介石批示：“加兵青南，巩固国防，并修公路，至佩尽筹，希相机径行酌办。惟现值黄专使入藏之初，一切行动务宜避免藏方误会，并希注意为要。”[341]6月13日，马步芳就青藏贸易及青海南部修路的举措，向蒋介石请示：“1. 保护藏商。沿途以兵工修路，防御野番之劫掠，使藏方商队畅行无阻。2. 达赖历年派乃小本来青购买骡马等物，一律免其货税，以结欢心。乃小本住青最久，本月内入藏，可令藏民知中央德意及青藏和睦之诚挚。3. 刻下应藏商之请，藉保路修路两事，乃续增兵海南两团，避免误会。余俟黄专使旋京确示方针，再请示机宜办理。”[342] 蒋介石回电说：“青海对藏保商免税，力予便利，极表好感，具见处理得当，联络有方，良堪嘉慰，尚希本此辑睦诚挚之态度，努力周旋。惟海南增兵修路，逼近藏边，最易误会，切宜避免一切，应以审慎出之为要。”[343]

在上述措施下，无论是西藏还是西康与青海，都无意扩大康藏冲突。5月14日，贡觉仲尼发表谈话：“自达赖圆寂后西藏政府倾向中央益切，关于康藏一切纠纷悉遵中央意旨办理。中央所派大员已起程赴藏，藏方已准备欢迎。当此中藏关系渐趋佳好之时，藏方决不会有此破坏举动。”[344]6月13日，他为刘文辉增兵康藏边境致电蒋介石：“此间传闻汉方将俟黄专使（黄慕松）抵藏时于藏边准备大批军队向西藏开拔。惟思中央决无此举，否则藏民必生误会，中藏问题从此难解决矣。”蒋介石复电：“黄使入藏，边界准备大军向西藏开拔，不特中央决无此举，即任何方面亦决无此意，乃系绝对无稽之谣言。希即转电噶厦传谕藏民一体释念，切勿误信为要。”[345]

其三，设法解决康藏纠纷的导火线大金寺喇嘛与白利村的冲突。

1932年夏，刘曼卿奉令入康调查。回来后向蒋介石报告说：“近数月以来，因川战迭起，康防空虚，大金寺喇嘛回寺运动，更为积极，随时鼓吹藏军反攻，并以愿充前锋自请。查此事影响康、藏和平前途至大，亟待政府有以补救安抚也。"[346]蒋介石指示蒙藏委员会拟订解决办法。

根据蒋介石的指示，蒙藏委员会于1934年4月拟订了《恢复大金寺及收容侵康喇嘛办法》四条：(1)"西藏在甘孜建筑之大金寺，即日恢复旧观。至侵康喇嘛，如能有悔过自新者，即予收容"；(2)"凡被收容喇嘛之枪械，在自卫限度下得准其携带"；(3)"所有收容喇嘛枪械之数目，一律登记，由地方当局呈报中央备案"；(4)"大金寺恢复后，得由被收容之喇嘛中推选恪守教规而德性高操者主持之"。康藏双方均表示接受，刘文辉回电派代表与藏方协商，表示"决遵中央拟定办法次第进行"[347]。4月10日，贡觉仲尼发表谈话：这四项办法是蒙藏委员会"为根本解决康藏纠纷起见"而拟定的，并经国民党中央政治委员会核准施行，其意"大概为修缮西康达结寺，设法维持该寺僧众生活。因西康边境自前年被刘文辉部占领后，该寺僧众生活即大成困难，强暴之徒自不免铤而走险，以致引起种种纠纷；即西藏内地亦时被骚扰。故根本言之，所谓康藏纠纷者并非西康与西藏之纠纷，乃康藏边境僧众之暴乱尔。总之，俟西藏最近电报到京，对此四项办法，如无其他意见，即可实行"[348]。

6月6日（一说是5月17日），康藏双方代表鉴定《安置达结僧民办法十二条》。刘文辉当日即向蒋介石作了汇报，主要内容是：(1)"达结未安置前，双方均误会，所调部队自五月十七日起至六月六日止，双方各派员监视，同日向后方撤退。"(2)"达结寺应委堪布，由本寺公举大德孚众望者二人，一为堪布，一为协助。取得汉方同意后，由达赖佛委任之，并由汉方加委，但只管理寺乘教务，不得干涉行政及其他（事）务。"(3)"达结寺本庙由汉藏政府派员兵督率修复。"(4)"达结寺原有土地一律发还，自由耕种，按亩纳粮，照章支应乌拉。"(5)"达结寺与西藏各喇嘛寺相同，谨定黄教清规。西康政府对于该寺与康地各寺同等待遇，同样管辖。"(6)"达结僧民回后，仍属康民政府，不咎既往，概许自新，奉公守法，与康民一律待遇，惟不得干犯法规，否则仍应依法处办。"(7)"达结寺自有枪支，除缴存公家许自行觅售得藉以体恤外，特准留用九十枝，由公家按码编号给照。如携带外出时，应报明地方官批准后，始得携带。"(8)"达结寺应与公家具永不滋事切结，所有从前与该寺有宿隙者，由公家解释，各具彼此不得寻仇报复切结存案，用息争端而消隐患。"(9)"达结寺安置后，所有汉藏双方应须商洽之事，仍遵已提条件所定，由中央同达赖佛解决之。"

这份办法，除了就大金寺寺产、喇嘛的生活及地位做出规定外，把康藏冲突归结为"误会"以避免任何一方承担责任，还重新规定了西藏地方与中央之间关系问题由达赖与中央协商解决。蒋介石表示满意，回电刘文辉说：“协议各条，尚属周洽，具见处理得当，能释争端，至为佩慰，康藏边陲，尤资利赖。”[349]国民政府指出：“这次协定的内容，除规定双方军队自五月十七日起至六月六日止各向后方撤退外，主要的是发还大金寺的财产。五年的藏康纠纷，至此总算告一个结束了。”[350]如此看来，国民政府认为第三次康藏纠纷的导火线已解决，下一步就是黄慕松入藏如何解决康藏、青藏的划界了。

二、黄慕松与刘文辉、噶厦的协商：康藏界线如何划定

国人和舆论在黄慕松入藏之际纷纷发表看法，谈论如何解决康藏划界问题。其中，《申报》发表署名“廷”的文章《康藏界务与西康建省》，颇有代表性。文章要求国民政府注意四个问题：

其一，康藏划界不解决，西藏与中央政府的关系就不能解决；而要解决此问题，康藏应以丹达山为界，最低也应以昌都为界。文章说：“在今日之中藏问题中，最与我国有切身之利害者，当莫若康藏之纠纷，而个中症结所在，则厥为界务。以界务问题之久悬未决，川边藏番遂得时时入寇，而为我西陲之大患。民廿，大白事件既起，我军驱藏番于金沙江之西岸，订结‘岗拖和约’，结果始恢复金沙江东岸地，一时边局得有小康之局。讵知至本年二月八日，藏方又借口解决悬案，与我方代表会于矮达。会议中，提出苛刻条件，不惟欲撤废‘岗拖和约’，且欲割据德格、甘瞻及巴安河西各地，我方拒不与议，而边境之战事又见，足征边情复杂，前途多难，正未可以乐观。此次黄氏入藏，颇非易事，甚望政府乘此良机，根据史地铁证，训令黄氏，作为交涉理由，而与藏方相折冲。尝考我国史乘，康人之内属，盖肇始于两汉，其疆域则东起打箭炉，西至丹达山，南与云南之维西、中甸两厅接壤，北逾俄落、色达野番而与甘肃相交界。隆至今日，番人之居于丹达山以东者，仍自称为康坝娃。居于丹达山以西者，自称藏坝娃，尤足证明康藏之分界实在于丹达山。即退一步而采取川康边防总指挥刘文辉氏之意见，最低限度亦当以昌都为界。”

其二，警惕英国的野心，明确中国立场。文章强调：“吾人非不知自第十三世达赖圆寂后，藏方之执政人员实受英人之卵翼，其理想中之康藏界址，必不脱英人之主张。而所谓英人之主张，则早于民二三年之正式会议中见之矣。民二西姆拉会议，英人欲以打箭炉为中藏之分界。民三德里会议，又欲截西藏为内外二部，外藏别立一省，包有西藏及川边之昌都，并设独立政府，以总揽其实权。虽二次

提案，我方迄未予以正式之承认，而彼方欲望之奢，则固已昭然若揭。今由矮达会议之经过以观，窃恐今后藏方之态度，未必遽能和缓，黄氏纵与交涉，结果似可逆料，惟我方立场，则不容不确定耳。”

其三，西康建省的必要性。“与界务纠纷发生连带关系者，则为西康之建省问题。年来，藏方势力虽深入于康，而康人之对藏感情则殊不见佳。在今年军事期内，康中南金沙江以西各部康民尝实行联合，以反抗藏军粮号召，闻其目的则在要求西康之建省。嗣闻黄慕松氏行经康定之日，当地民众亦尝要求七事，其中一三两项即为划清界限，以泯纠纷；充实经费，以建省治。黄氏据情转呈中央，而中央则拟在经费未规划妥善与康藏界务纠纷未完全解决前，先行设立西康政务委员会，以为建省之过渡办法。”

其四，西康如何建省。“言夫西康建省，吾人乃忆及清光绪三十二年（一九〇六）后川滇边务大臣赵尔丰氏之设施。当时赵氏觉边区之重要，建省一举，万不容缓。其于军事方面者，特办四川油糖两捐，以为军饷的款。政治方面者，则请拨江海江汉两关之库平银一百万两，以从事于‘改土归流’。军事政治，相辅而用。每得一地，即委定人员，调查户口，清理粮税，各种设备相继举行。辛苦经营，越时七载，而后西康之行省始略备雏形。为今之计，当然以解决界务为第一义，次之筹划军饷亦为先务之急。查川边军饷，向由省库补助，惟民六时代，川中揭南政府革命旗帜，独陈遐龄镇守川边，附和北廷。以此关系，遂致省款断绝，陈氏无意备边，而丧权辱国之绒坝岔停战条件于焉成立。今二刘（刘文辉、刘湘）关系之恶劣，已臻极点；川边军饷之困难，亦确为事实，似不能不有相当之补救。同时当由中央令行甘青两省，于必要之时，出师协助，藉以震慑藏番。若军事政治悉能擘划有方，则藏方必不敢轻易内犯，不惟界务谈判，可以增加力量；即西康建省前途，亦利赖之。”[351]

其他国人的看法，与此大体相同。国民政府采纳此要求，在《入藏大员训条》中确定了康藏的界址：“A．太昭嘉黎以东三十三县原为清末西康建省区域，但藏方颇多异议。本条第一项统属问题（即‘恢复中央与西藏原有之统属关系’）如能解决，界址问题不妨酌予让步。B．昌都位于西康中部，为川、康、藏、滇、青交通枢纽，在军事上尤占重要地位，必须划入西康范围以内。C．康藏界址确定后，应即树立碑石，以免日后纠纷。”[352]

在解决第三次康藏纠纷导火线的过程中，刘文辉通过西康一些僧民向国民政府提出两项要求，一为由中央政府派员“与西藏划定境界，以免后患”；二为成立西康省，“从速组织省政府，以管理全康政治”[353]。这两项要求，是国民政府愿意采纳的。黄慕松途经四川、西康征求刘湘、刘文辉之意见，二刘表示：“希望根据旧制以丹达山为康藏之界；暂以昌都为界；维持以金沙江为界的现状。三者以何项为宜，个人并无成见，惟中央之命是从。”[354]但据报载，刘文辉提出：“康藏界址最低限度亦须划至昌都，如此项问题能获一适当解决，其他如恢复大金寺问题、安插大金百姓问题俱不难迎刃而解。”[355]黄慕松致电国民政府，进一步报告了刘文辉之态度：“康藏纠纷之症结首在界务问题，解决途径当以丹达山为界，其次西藏区域亦当展至昌都以西。拟最低标准两项：一、照前清边藏定案，凡呼图克图所管之地皆以畀藏，如乍丫、贡觉、昌都皆归藏；凡土司所属皆以归康，如盐井、江卡、三岩、白玉、同普、德格、邓柯、石渠各县，照原有藏境，归诸于康。二、暂依已成和约，自武城以南金沙江下游起，溯江而上至邓柯止，皆以东西两岸为康藏界线，而东岸各县原有管辖之在西岸十县，应仍归旧制，至于盐井县则属其管辖。”[356]

噶厦“理想中之界址则与此大相悬殊”。它过去曾提出以邛崃山脉及镇定铁桥为康藏划界线，随后又提出以泰宁寺为界。5月，琼让代本又向德格县长姜郁文提出“汉军须撤至绒坝岔”。这些反映出噶厦步步提出以甘孜为界：邛崃山脉在大金川与岷江上游之间，是岷江和大渡河的分水岭，四川盆地和青藏高原的地理线；泰宁寺又名惠远寺，在道孚县境，曾为七世达赖喇嘛驻锡之地，十一世达赖喇嘛也转世于此；绒坝岔在甘孜县。

对比噶厦与刘文辉双方的态度，两者“相去诚不可以道里计”[357]。此外，黄慕松取道川康发现，“自1917年康、藏战事发生以后，康民凡居于藏军所占之地域者，其所受痛苦实百倍于川军所驻地区。即如今之河西、昌都、类乌齐、三十九族各地之康民藏民均无日不思脱离藏属，复归内辖”，同普、昌都、洛隆宗、边坝各地人民“诉苦及盼祖国派人治理藏地之请求，无地无之，无日无之”。[358]这些与噶厦的要求也相差甚远，黄慕松要解决康藏划界，不大可能！

黄慕松与噶厦关于康藏划界的协商，大致有两场。第一场是9月16日。是日上午，首席噶伦泽墨（赤门·洛布旺杰）一开始就强调“目下西藏重要问题厥为西康地界之争执”，“汉藏之所以失和者，乃因边界问题启衅”。[359]他指责说：其一，“清末，川边大臣赵尔丰压迫西藏，强夺西藏土地，驻藏大臣联豫奏调川兵二千，由钟颖率领入藏，十三世达赖喇嘛逃至印度”。其二，西姆拉条约已成，而中央代表陈贻范“拒绝签字正约”。其三，1917、1918两年间“因驻昌都汉军擅杀藏兵开战”，在英国领事台克满调解下“缔结停战和约，康藏边界暂安”。但是1930年又因大金寺案，康藏战事又起，“唐柯三奉派入康调解，商订条约十条，又不签字，反击走藏军。数十年来，四川、青海汉官，更迭欺压藏人，致边境不安”。列举这些问题后，泽墨强调：“及今而谋汉藏和好，应先解决康、藏界务诸问题。”[360]如何解决呢？他提出几点：其一，要有第三方居间“解决”。既然中央政府“不愿英国从中调停”可否“请英国以外之国家从中解决”。[361]其二，康藏、青藏划界的标准是“最好预将汉藏语言通行之地方及人民概应退还藏政府”。国民政府如果想“暂管”这些地方，则须实行“如果不在泸定桥至少也应在泰宁确定边界”[362]的甘孜议定，并依此签订正式条约；青海撤退海南及俄洛之兵，西康须将甘孜、炉霍二县之德格、瞻化、霍尔五属等地“概应退还西藏”[363]；撤换西康不良官吏，恢复康藏地区贸易。

由此看来，噶厦不但要求据有昌都，而且要求据有昌都以东到今天四川甘孜以西的广大地区。黄慕松针对噶厦所提，强调“难照西藏意见办到”：其一，“中藏问题纯属内政，无论任何外国不能参加”。其二，“唐柯三与琼让所拟之协定，不独未经签字，无可置喙，且其后又有《岗拖协定》，并亦正式签字，何能更述及唐琼协定”。他还强调指出：“欲解决康、藏界务诸问题，则必先商榷中藏关系。须俟中藏关系确定后始能谈及。”[364]他的随员、总参议刘朴忱补充说：“中藏问题应请西藏首先承认者，中藏是否为一家？如为一家，则边界问题自不难解决；如非一家，则康、青军之击藏军，直击外国耳，中央何能加以制止！”[365]从这些争论看出，虽然黄慕松站在西康刘文辉、青海马步芳的立场上反驳噶厦的要求，但是他强调西藏地方同中央关系正常化的恢复并不在于康藏边界纠纷，如果噶厦“能在中央统治下恢复原有政治关系”[366]，“则地方问题庶易办理”[367]。这是极为正确的。虽然泽墨等噶伦对此均默然，但是仍然提出康藏纠纷的解决是西藏地方与中央关系正常化的先决条件，并于9月25日以公函形式向黄慕松提出，西藏民众大会多数意见认为根本问题在于“毗连地界之安宁”，不能不解决[368]。

10月6日，中央官员与西藏地方官员进行第二场协商。泽墨强调“西康问题为全藏人民最渴望解决者，曷先商议，并希望中央对于地方官吏尤宜严加考核”。黄慕松回答：“以中央之立场，吾人应相当明了。惟中藏之政治关系不先行确定，则内地与边区人士均难释虑，何能求边界问题之解决。”[369]他进而列举几个证据，说明不能按照噶厦的要求进行划界，而须以江达为康藏界线：其一，雍正四年，“会勘划界案内，于江达特设汉藏两官，盖以该地为康藏分界之故”[370]。其二，“清末特改康境为川边，亦以打箭炉及江达为界，经川督赵尔巽、边务大臣赵尔丰及驻藏大臣联豫会同划定，于江达立碑为记，并有案可稽”。其三，“民元川边经略使尹昌衡改江达为大照府，以硕督、嘉黎、恩达、察隅、科麦之五县属之，设官分治，经北京内务部须（？）颁在案”。其四，国民政府以川边为特别行政区，“亦以打箭炉至江达为界，共置县三十有三”。总之，他认为：如果按照噶厦所提“以争回德格为恢复川边辖地条件”，则“德格以西如石渠、昌都等十七县、二千余里地方皆陷于沦亡也。且冈拖在德格之西，冈拖既划归川边，何以德格反划归西藏，此理实不可通”；“又川边向分南中北三路，若划南北两路属藏，而以中路寥寥数县属汉，孤悬于三面藏地，此中一旦有警，何以为守？故以历史关系而论，川边无论如何不应归属西藏也”。[371]

第二场协商之后，黄慕松与噶厦主要是通过往来函件交换意见。10月8日，黄慕松派刘朴忱总参议、巫明远参议前往噶厦面递复函，转达黄慕松意见：“专使对于中藏和好问题之意见”为“对内谋西藏之安定”与“对外谋力量之结合”。前者即指迅速解决康藏和班禅返藏问题，“盖康藏纠纷之发生已亘二十余年，康藏边区均为不安；而在班禅未返藏前，西藏人士其心岂能安？为西藏之永久安定计”。[372]10月17日，噶厦复函黄慕松，仍然提出：“西藏东北之西宁、（西）康边界一节，如前函所陈，最好将通行汉藏语文之地及人民悉数设法交还藏政府。若汉政府有碍难时，以前青藏因边界之事，于先年彼此曾遣代表会议立约盖章者，希予履行。俄洛早属西藏，应仍之，西宁不宜派兵威胁。四川西藏之边界，德格、瞻化、霍尔五属等地人民，一时被汉方派兵强夺，立应交还藏政府。如是则顾全佛法，彼此边界之军皆可撤退。倘获安宁，即汉政府最近尊崇佛教、信赖达赖之心不变者。若以如是盛大之意顾念西藏，则汉藏两方檀越关系一致对外；南京国都，西藏亦可遣派代表常川驻彼，如现在然，和好必见日益增进，西藏可作中国之外城矣。藏地决不容许别国侵入，自当严密防守。”[373]

总结以上来看，刘文辉主张康藏划界处为江达，噶厦主张甘孜，国民政府赞成江达。还值得指出的是英国政府的态度。在《安置达结僧民办法十二条》签订时，“康军以金沙江上下东岸为最前线，藏军以西岸上下流为最前线”[374]，英国认识到分裂内藏与外藏已不可能，它后来在一份对华关系的文件中评价认为：“金沙江成为事实上的汉藏边界。唯一事实上的冲突发生于3月，因甘孜大金寺问题而起。但是这次冲突持续时间不长，两个月后于5月17日签订了停战协定。该协定看来已经弥补边界纠纷；至少是暂时的，因为黄将军及中国使团平安经越甘孜、察木多前往拉萨。”[375]但是，由于主张悬殊，即使黄慕松“调和其间，亦难解决也”[376]。这个问题只能遗留下来，后来由新中国中央人民政府加以解决。

三、大金寺问题之解决与西康建省

在《安置达结僧民办法十二条》签订后，蒙藏委员会委员长石青阳曾称“康藏纠纷，现大金寺问题解决后已无战事”[377]。但是，问题并未解决。《中央日报》6月9日登载了贞冬噶伦给青海省主席马麟的函件，称“青藏感情，更加深情”，青藏边界“安静如常”。但是，康藏边界则不如此，只是准备签约以“勿得战端”。他辩称康藏纠纷导火线：“至于藏方所有大金寺僧等之家属、朱倭土司及女僧等，无故处决，并土地财产完全禁收，以及该僧等之父母弟兄等，均被西康文武长官逼迫蹂躏，甚受荼毒之苦，惨不可状。而该僧等前来声诉，我等不忍坐毙，恳准前往复仇之语。弟当即严饬不准含糊行动，恐生他虞，未曾允许，嗣后德格之大金寺僧七十余人乘夜骑马前往邓柯，当即派队追捕，尤恐川方生疑，只得严饬调回矣。所有邓指挥捏报贵方电称藏兵过金沙江各节，均系边地长官误报，祈请台端委派调查，方能敬悉矣。”“至于中央政府屡次迭电西藏，达赖佛未曾圆寂之先，汉藏一家同敦和好之宗旨，所将大金寺僧安置，并分疆界，而安边境。如能我公仁施格外，与刘总指挥劝导早了。”[378]这些说明，大金寺僧群还未解决，康藏两军隔江对峙，冲突随时可能发生。

大金寺僧人对《安置达结僧民办法十二条》并不满意，1934年7月下旬发生了“阻碍交通，持枪劫掠，将旅行中陕籍商帮大队杀死杀伤数人”的恶性事件，“甚至攻入邓柯县，焚毁县署”。川军“不得不再次出动”，藏军也“陈兵江岸，以示抗御”。[379]而在九世班禅喇嘛准备入藏之际，藏军于1936年底越过金沙江，进占德格、邓柯、石渠、白玉四县。此举一方面“实有阻碍班禅返藏的意味”[380]，另一方面也与英国的侵略有关，《国际汇刊》总结了1935年至1936年英国的侵略情况及因此导致的噶厦内部关系变化，称：“最近英国积极谋在西藏之进出，在军事工作方面已有如次之进展：(1) 英国在西藏最前线根据地之江孜有英国士官指挥之印度骑兵约一个中队驻屯，同（？该）部队为最新装备机械化之部队。(2) 在春丕谷由英国士官、印度下士及印度兵在大规模训练西藏军，该项西藏军总数在一万以上。(3) 在印度与西藏境相接之大吉岭，有英国士官所指挥大部队之印度军驻屯，大吉岭与西藏首都拉萨间以前行军约有一星期之行程，但藏印铁道完成后，大吉岭英军廿四小时内可抵拉萨。”“最近拉萨民众大会表现之情势，亲华之保守派完全没落，反之，亲英派则颇占胜利。”[381]

针对上述情况，国民政府一方面指示蒙藏委员会训令噶厦驻京办事处转电噶厦，“令饬驻康部队安守原防，不得妄生事端”[382]。一方面设法解决大金寺问题，以弭事端。

1935年1月，继姜郁文担任德格县县长，邱丽生以川康边防总部代表名义，与崔科代本签订《安置大金寺僧规约》8条：(1)“创募捐款，修造大金寺大殿”；(2)“发还大金寺原有土地，大金寺照旧对政府纳粮支差”；(3)“大金寺枪杀陕商事件，由藏方负责追赃，陪命价，按律处治要犯”；(4)“封存大金寺所有枪支、子弹，此后该寺外出经商，可声请政府派队保护”；(5)“回寺喇嘛，应遵守规约，奉公守法”；(6)“出具切结，保证彼此弃嫌修好，不报复前仇”；(7)“新选有德望公正的住持主管该寺”；(8)“大金寺焚毁邓柯县府房屋及伤毙官民的损失，由藏方饬大金寺赔偿补修及抚恤费25品（秤）”。[383]刘文辉向行政院汇报说：8条规约“悉遵中央部会迭电范围”拟定，但“其中有略叙声明者：一，甘陕商人货物，业经陆续退还两批，拟俟退至相当程度，始将达结僧人分期安插。二，达结寺枪，条文内虽未限枝数，但双方约定，俟该寺僧等渡江时，由双方检查人员登记人枪数目，提去子弹撞针，并由我方永久保存。三，达结寺堪布，文内叙明，经我方同意后，由西藏委任。所以未全照部会电令指明由达赖佛委任者，因达赖转世尚在寻觅中，但已避去政府字样，免启政教相干之嫌”。[384]以之来看，规约是按照国民政府的指示拟定的，体现了它以中央政府身份处理地方纠纷，噶厦的态度是积极的，刘文辉在执行上大体遵照国民政府的指示，但是出于自身利益而有所保留。因此，参谋本部预料地指出：“原规约第一项双方募捐修复大金寺大殿，第三项追缴所劫甘陕商民货物及第八项陪（赔）修邓柯县府暨抚恤官兵等之规定，将来实行时应妥慎办理，以防再生纠纷。”[385]

大金寺对此并不满意。它派遣3名代表到南京，于1936年2月13日呈文国民政府提出9项要求：“一、拟请由中央简派专员，前往西康召商西藏所派代表及西康地方当局，办理招安事宜，并处理大金寺与白利、孔萨、阿杜三方面新旧各事件，务使大金寺全体回归故土，彻底了结。二、拟请由中央特别拨济国币五万元，专为安抚流亡、建筑僧众居宿之费。三、拟请转令西康当局，对于大金寺所属人民，以及战乱以来甘孜、炉霍两县属地被损扰之村民，一律豁免差粮五年，以示体恤。四、前章谷（炉霍）土司所属岭松四部（共约二百余户）及朱倭土司所属绒坝岔五部（共约四百余户）、阁拢弄三部（二百户），以上三大部分向为大金寺教区范围，现因章谷、朱倭两土司已废除，拟请将该处三处地方仍还大金寺教区外，并由大金寺指导之。五、大金寺僧众及家属千数百人，数年以来流离期间，全蒙前达赖大师暨拉萨政府多方设法安顿，从优接济，使僧众得免于颠沛失所，拟请中央向西藏方面加以奖慰。六、拟请中央特许由主管机关发起在京沪两地募化修复大金寺捐款。七、大金寺旧有财产、土地、教区属民及其他一切，凡属原来有者，均请归还原状。八、仰染活佛现已去世，其原来所有之一切权益，仍请照前立文据，归还大金寺。九、拟请转令康北各县寺院土司僧民，对于大金寺建筑尽量协捐补助。”呈文解释地强调：“属寺之恢复，非仅关系数千僧众之安置，为汉藏团结、边防安宁以及整个西陲佛教之安定计，当为政府所注意者。”所提要求“最大之目的，一则要求中央直接负责派专员安抚。二则要求中央以经济帮助，使能恢复建筑，以为属寺数千僧众栖息之所”。呈文不但声明大金寺“自始至终愿增进汉藏之和好及边防之安宁”，还阐述了对康藏纠纷与划界关系的态度：“至于康北地方行政之隶属与西藏宗教关系，二者之间亦自知各有限度。过去事实之造成，实因被迫无路，绝非属寺之初心。乃驻康边军长官辄谓属寺僧众叛乱，其实属寺对于中央政府以及西康从前历任当局，均始终服从拥护。”[386]

由此看来，大金寺一方面要求解决大金寺问题，恢复它在康北地区的政教地位；一方面表明拥护国民政府的政治态度，同时也说明在康藏划界问题上站在西康方面。这是一个极大的变化，蒙藏委员会表示嘉许，将“安置西康大金寺僧众及修复寺庙”，列为1936年年度“重要工作之一”，并由国民政府先期拨款2万元用于修庙。[387]

在中华民族全面抗战爆发前后，噶厦在康藏划界及西康建省问题上的态度也发生了积极的变化。1937年1月，藏军自德格、邓柯、石渠、白玉等县撤退，刘文辉陆续接防。由于“历次藏军渡江，皆企侵占德格为其重要目的”[388]，藏军此举实际表明噶厦赞成以金沙江为康藏界线。

国民政府迁都重庆后，噶厦之态度进一步发生变化，1938年12月2日路透社电称：“泰晤士报驻印度访员称，由西藏来印之旅客，表示拉萨方面对于中日战争极为重视。西藏各地，皆举行祈祷会，以求华军之胜利。藏人此种同情心中，见西藏与中央政府因西藏东部边界纠纷所引起之嫌，早已冰释，而团结一致。”[389]12月23日，九世班禅喇嘛的秘书长刘家驹也致电吴忠信报告：“据德格来人谈，大金悬案已告解决，招安逃僧，梵宇重兴。藏官汪钦愿将青柯寺一带藏军陆续撤退，并表示拥护中央一致抗战。等语。后防安定，西顾无忧，五族团结，可操胜利。”[390]

在此情况下，康藏双方协商解决大金寺问题，《申报》就此电称：“拉萨以康藏素守条约，康藏问题已解决。此后驻昌都札萨只派一康人，以节经费。大金寺悬案，康藏双方正派员在此会商解决。”[391]经过40余日协商，《安置良善大金僧规约详细办法》签订。时人指出：“抗战开始后，前方态度更进一步转变，其对中央政府以及川康当局的认识，也大大不同，采取完全拥护的态度，而且英国的政府所致成的影响，尤不可忽视，西康当局更不能不顾虑大局，竭力以求后方的安定，因之双方乃愈接近，对大金寺案的彻底解决，互相表示出诚意之容让。故自去年起，川康边防总部以刘文辉部副旅长章镇中及德格县长范昌元为代表，藏方以汪请代本及秘书王廷选为代表，而在德格根据上届的大金寺善良僧安置规约八条，具体并彻底商妥解决办法，于本年一月二日正式签字。”

根据蒙藏委员会有关档案，签字应为1938年12月30日，而非1939年1月2日。至于要点，为：“（一）大金寺应赔偿甘陕商人货物及人命损失七百廿秤（每秤合藏洋一百六十元，等于法币八十元）。但大金寺只须缴付三百二十秤，刘文辉认捐一百九十秤，昌都哲萨喇嘛与哲萨索康二人，共捐一百九十秤，此外廿秤，则由甘陕商人表示免付。（二）被毁之邓科县府，应以一百秤重修。其中大金寺赔公家廿五秤，公家还与县府的房主阿都土司，用大金寺直接赔与县府廿五秤，章副旅长镇中捐五秤，西藏代表汪请代本捐十秤，德格范县长昌元捐十秤，德格土司捐十五秤，共成一百秤，均付与邓科阿都。（三）对于伤亡人员赔款规定大金寺对汉商之负伤三人，每人廿五元医药费，死亡四人，共赔十五秤。（四）大金寺正殿之建修，由甘孜县府指派民工一百五十人，以一月为限，在此一个月内，大金寺对每名工人，发藏洋十元，一个月后，由大金寺直接招雇工人建修。（五）武器问题，前由拉萨方面发与大金寺之枪枝，全部由拉萨收回，惟酌留卅支为大金寺经商之用，作为自卫枪，向官府领取护照，平时枪身存寺，机柄及弹药存县府，必要时发给。”[392]

这些解决办法，明确了大金寺的赔偿数目及有关人物的认捐。国民政府的处理报告说：“迨抗战事起，西康当局复派员与西藏代表交涉，始议定安置良善大金寺僧群详细办法七条，于二十七年十二月当场公布，并由肇事双方出具切结，呈报中央备案，所有因此案影响之公私损失，依允应由大金寺赔偿。为体念僧群困苦，无力担负，悉数由中央发给，其双方交涉出力人员均经奖叙，并发给大金寺修建费贰万元，以示体恤，此迁延九载、阻隔西藏与内地关系之纷争遂告解决。”[393]这表明，国民政府一方面明确大金寺须负挑起康藏纠纷之责，另一方面承担大金寺须承担的损失赔偿，以此解决冲突。

大金寺案件的解决，意义重大。时人对此有了充分的论述，指出：“大金寺案件，据着康藏问题中的决定地位，双方几次见诸干戈，纠缠不决。小的方面，只是一两个喇嘛寺的斗争，大的方面，则为西康对西藏的整个问题，若更扩而大之，简直不妨说是含有严重国际意义的纠纷。但是，这一个重大复杂的纠纷，却在本月二日西康省政府成立的第二天，以互让互说的精神，在德格县圆满解决。使康藏间的关系，划一新纪元，这是在抗战最艰苦的今天，尤其具有伟大的意义，是毫无疑义的。”[394]又说：“在抗战最艰苦的今天，在 × 人正用一切力量与手段分化我国各构成部分，挑拨离间我们全民族的团结之际，几十年来，甚至可以说两千年来被史家视为‘化外’的西藏，却表现了空前的热忱，把康藏间最烦复的一个问题，大金寺案，彻底解决下来，不能不说是抗战中间一大成功，另一方面也就是对 × 人挑拨离间之阴谋的一个铁锤样的打击……这是值得何等庆慰的事！我们只希望我们西康的弟兄们，还能在百尺竿头更进一步，在政治上，军事上，完全配合着抗战建国整个方针，而努力进步。同时，西康当局，也要在这新基础上好自为之，大公无私，以谋汉藏两族之彻底的团结与合作，巩固我们西南半壁的国防，如铜铁一样。”[395]虽然文章未指明英国的侵略野心，但是一看就知道此点。文章还指出中华民族在强敌入侵的背景下，团结一致，共赴国难。在此基础上，一直悬而未决的西康省，终于在 1939 年元旦宣布建立。

总结以上所言，英国企图玩弄“内藏”、“外藏”的花样，分裂中国西藏。噶厦也有将所有藏区纳入其下的企图，康藏、青藏纠纷不可避免地发生，民族矛盾一度尖锐，所谓越界割草事件、大金寺事件，都不过是借口。国民政府解决康藏、青藏纠纷的一大特点，就是“照五族一家，汉藏共存共荣之旨，以政治方法维持和平”[396]，站在中央政府的立场上来处理纠纷，以协商的态度解决问题。同时，坚决反对英国介入“调解”，坚决反对其“内藏”、“外藏”的企图。最终，噶厦也采取了积极而有意义的态度，将康藏纠纷作为中华民族的内部矛盾来处理，一致对外。尽管康藏划界未解决，但是自 1917 年以来的康藏冲突总算告一段落。最后，由新中国人民政府对划界问题加以解决。

注 释

[1] 《蒙藏委员会为遵查大金寺善后安置交涉近况并转电西藏当局令饬藏兵安守原防等情致行政院呈》（1935 年 1 月 22 日），见《康藏纠纷档案选编》，第 383 页。

[2] 《蒙藏委员会为请电知西康政务委员会设法排解大金白利寺纠纷事致刘文辉电》（1930 年 10 月 4 日），见《康藏纠纷档案选编》，第 13 页。

[3] 《国民政府行政院关于一九二九——九四六年对西藏问题的处理》（1946 年 11 月），见《民国藏事史料汇编》第 1 册，第 221 页。

[4] 见《康藏战争与中央调解》，载伍昆明：《西藏近三百年政治史》，鹭江出版社 2006 年版。

[5] 《蒙藏委员会为请电知西康政务委员会设法排解大金白利寺纠纷事致刘文辉电》（1930 年 10 月 4 日），见《康藏纠纷档案选编》，第 13 页。

[6] 《行政院为抄转刘文辉关于调解大白纠纷经过并令西康军政官吏和平解决复电事致蒙藏委员会训令》（1930 年 11 月 13 日），见《康藏纠纷档案选编》，第 18 页。

[7] 《西康民众驻京代表马泽昭等为缕述大白纠纷经过情形并请明令制止事致行政院呈》（1931 年 1 月 23 日），见《康藏纠纷档案选编》，第 41 页。

[8] 《西康政务委员会为请将大金寺不遵中央和解命令情形电呈国民政府径电达赖制止等情致刘文辉电》（1930 年 12 月 11 日），见《康藏纠纷档案选编》，第 22 页。

[9] 《行政院为抄转刘文辉关于调解大白纠纷经过并令西康军政官吏和平解决复电事致蒙藏委员会训令》（1930 年 11 月 13 日），见《康藏纠纷档案选编》，第 18 页。

[10] 《刘文辉为报遵谕和平解决调解大白纠纷制止用兵遵令静待和平解决事致蒙藏委员会代电》（1930 年 12 月 4 日），见《康藏纠纷档案选编》，第 20 页。

[11] 《蒙藏委员会为川军已停止前进希转饬大金寺停战静候和平调处事复达赖电》（1930 年 12 月 8 日），见《康藏纠纷档案选编》，第 21 页。

[12] 《蒙藏委员会为报大金白利纠纷情形并请派员赴康实地调查真相事致行政院呈》（1930 年 12 月 12 日），见《康藏纠纷档案选编》，第 23 页。

[13] 《达赖为闻川军突袭请速查复事致马福祥电》（1931 年 11 月 14 日），见《中国第二历史档案馆所存西藏和藏事档案汇编》第 10 册，第 262 页。

[14] 《蒙藏委员会为藏方已愿和平解决大白案请饬康军迅予调解事致刘文辉电》（1930 年 12 月 17 日），见《康藏纠纷档案选编》，第 25 页。

[15] 《蒙藏委员会为达赖电请撤兵大白纠纷仍希迅速调解事致刘文辉电》（1930 年 10 月 15 日），见《康藏纠纷档案选编》，第 13 页。

[16] 《达赖为闻川军突袭请速查复事致马福祥电》（1931 年 11 月 14 日），见《中国第二历史档案馆所存西藏和藏事档案汇编》第 10 册，第 262 页。

[17] 《蒙藏委员会为大金白利两寺纠纷与班禅无关请免除误会负责调解事致达赖电》（1930 年 12 月 27 日），见《康藏纠纷档案选编》，第 29 页。

[18] 《西藏驻京办事处为报大白案发生经过并请中央严电制止军事行动等情致蒙藏委员会呈》（1930 年 10 月 15 日），见《康藏纠纷档案选编》，第 44 页。

[19] 《蒙藏委员会为报大金白利纠纷情形并请派员赴康实地调查真相事致行政院呈》（1930

年 12 月 12 日），见《康藏纠纷档案选编》，第 24 页。

[20] 《行政院为准予派员赴康调查事致蒙藏委员会指令》（1930 年 12 月 17 日），见《康藏纠纷档案选编》，第 25 页。

[21] 唐柯三：《赴康日记》，见《康藏纠纷档案选编》，第 421 页。

[22] 《达赖喇嘛为藏军复攻康军及派员调停等事复蒙藏委员会电》（1930 年 12 月 28 日），见《康藏纠纷档案选编》，第 31 页。

[23] 《蒙藏委员会拟请由行政院派专员赴康调查由会派人协助事致行政院呈》（1930 年 12 月 30 日），见《康藏纠纷档案选编》，第 32 页。

[24] 《行政院为仍由该会派员调解大白纠纷所需旅费开列呈核事致蒙藏委员会指令》（1931 年 1 月 17 日），见《康藏纠纷档案选编》，第 40 页。

[25] 《蒙藏委员会为遴派孙绳武等前往调查调解大白案并造具旅费预算表请予核发事致行政院呈》（1931 年 1 月 24 日），见《康藏纠纷档案选编》，第 43 页。

[26] 《刘文辉恳请再电达赖速撤援兵遵奉中央电谕调解事致蒙藏委员会电》（1931 年 1 月 27 日），见《康藏纠纷档案选编》，第 45—46 页。

[27] 《蒙藏委员会为派员调解大白争执案并非徇达赖之请等情事复刘文辉电》（1931 年 2 月 6 日），见《康藏纠纷档案选编》，第 47 页。

[28] 《蒙藏委员会为电饬达赖停止军事行动仍由刘文辉主持调解大白争执案致行政院呈》（1931 年 2 月 7 日），见《康藏纠纷档案选编》，第 48 页。

[29] 《西康旅京民众杨仲华等请中央速电达赖制止藏军侵康并拟四项处理办法致蒙藏委员会呈》（1931 年 3 月 23 日），见《康藏纠纷档案选编》，第 92 页。

[30] 《蒙藏委员会选派委员孙绳武赴西康调查处理大金白利两寺案委任令》（1931 年 2 月 12 日），见《康藏纠纷档案选编》，第 49 页。

[31] 《蒙藏委员会为改派唐柯三赴康调解大白案并请转饬寺僧及驻军停止军事行动致刘文辉达赖函》（1931 年 2 月 12 日），见《康藏纠纷档案选编》，第 51 页。

[32] 《赴康日记》，见《康藏纠纷档案选编》，第 419 页。

[33] *The McMahon Line: 1914-1936,* p.195.

[34] “Doc.9[F6848/7/10]. Mr. Ingram to Sir John Simon.–(Received September21.) Peking, August1, 1932.” *British Documents on Foreign Affairs–Reports and Papers from the Foreign Office Confidential Print, part II. Volume 41, China, July 1932-April 1933,* p.17.

[35] 《蒙藏委员会为已派员调解大白纠纷仍希暂守原防静候调处事致马骕电》（1931 年 3 月 11 日），见《康藏纠纷档案选编》，第 61 页。

[36] 《蒙藏委员会为请停止藏军军事行动事致刘文辉达赖喇嘛电》（1931 年 3 月 16 日），见《康藏纠纷档案选编》，第 64 页。

[37] 《达赖喇嘛为陈藏方不得已出兵抵御请饬前方和平了息事致国民政府电》（1931 年 3 月 9 日），见《康藏纠纷档案选编》，第 60 页。

[38] 《达赖为川康防军复攻大金藏民心中歉疚藏政府碍难开导等情致蒙藏委员会电》（1931 年 3 月 19 日），见《康藏纠纷档案选编》，第 69 页。

[39] 《达赖为川边防军复攻大金已饬前途（线？）旃戈静候调解事致蒙藏委员会电》（1931 年 3 月 23 日），见《康藏纠纷档案选编》，第 94 页。

[40] 《西藏插手西康大金寺与白利村纠纷的真相》，见《西藏文史资料选辑》III，第465、466页。

[41] 《刘文辉为藏军进据甘孜请令达赖撤兵并迅示方略事致蒙藏委员会电》（1931年3月23日），见《康藏纠纷档案选编》，第94页。

[42] 《蒙藏委员会为藏军进犯甘孜令饬立停军事行动退守原防静候调处事致达赖电》（1931年3月30日），见《康藏纠纷档案选编》，第100页。

[43] 《刘文辉为报藏军在大盖山方面开战已饬前线官兵迎击并乘胜追击等情致国民政府等电》（1931年5月1日），见《康藏纠纷档案选编》，第110页。

[44] 《唐柯三请催达赖代表速来并告来康日期及姓名事致蒙藏委员会电》（1931年5月12日），见《康藏纠纷档案选编》，第115页。

[45] 《停止军事行动》，《申报》1931年6月9日第3版。

[46] 高素兰编注：《蒋中正"总统"档案：事略稿本》（11）（民国二十年五月至八月），台北"国史馆"2004年版，第304页。

[47] "Doc.9[F6848/7/10]. Mr. Ingram to Sir John Simon.–(Received September21.) Peking, August1, 1932." *British Documents on Foreign Affairs–Reports and Papers from the Foreign Office Confidential Print, part II. Volume 41, China, July 1932-April 1933,* p.17.

[48] 《康藏战事无关政治》，《申报》1931年4月3日第6版。

[49] 《藏军退回原防》，《申报》1931年4月8日第4版。

[50] 《达赖为藏方抱定和好宗旨并盼复如何调解事致蒙藏委员会电》（1931年4月4日），见《康藏纠纷档案选编》，第101页。

[51] *The McMahon Line: 1914-1936,* p.197.

[52] 《唐柯三请催达赖代表速来并告来康日期及姓名事致蒙藏委员会电》（1931年5月12日），见《康藏纠纷档案选编》，第115页。

[53] 《唐柯三为催询达赖复电以便入康事致蒙藏委员会电》（1931年5月16日），见《康藏纠纷档案选编》，第116页。

[54] 《唐柯三请严饬贡觉仲尼速电达赖对退防派员谈判限期答复事致蒙藏委员会电》（1931年5月18日），见《康藏纠纷档案选编》，第119页。

[55] 《蒙藏委员会为达赖尚无复电可先行前进以免久延事致唐柯三电》（1931年5月19日），见《康藏纠纷档案选编》，第119页。

[56] 《唐柯三为催促藏方代表尽速赴康商议解决康案事宜致贡觉仲尼电》（1931年5月20日），见《康藏纠纷档案选编》，第121页。

[57] 《贡觉仲尼为告赴康人员早已起程事致唐柯三电》（1931年5月21日），见《康藏纠纷档案选编》，第121页。

[58] 《唐柯三为瞻化失陷全康震动希速决大计事致蒙藏委员会电》（1931年5月22日），见《康藏纠纷档案选编》，第122页。

[59] 《蒙藏委员会为大金一再进逼瞻化被陷请飞饬藏军退回原防听候调解事致达赖电》（1931年5月22日），见《康藏纠纷档案选编》，第123页。

[60] *P.Z.5339, 1932. Mr. Acting Consul General Toller to Sir Miles Lampson, British Consulate-General, Chungking, June 9th, 1931.* 英国政府印度事务部秘密档案。

[61] 《西藏驻京办事处为请唐委员与察木多噶伦商议为妥事致蒙藏委员会代电》(1931 年 6 月 6 日),见《康藏纠纷档案选编》,第 130 页。

[62] 《赴康日记》,见《康藏纠纷档案选编》,第 436 页。

[63] *The McMahon Line: 1914-1936,* p.196.

[64] 《达赖为大白纠纷川康防军反攻藏方只得抵抗今再制止前线事难听从唐专员到甘方能了结事致蒙藏委员会电》(1931 年 6 月 15 日),见《康藏纠纷档案选编》,第 137—138 页。

[65] 《蒋中正"总统"档案:事略稿本》(11)(民国二十年五月至八月),第 303—304 页。

[66] 《藏兵图占全康距打箭炉仅二百里》,《申报》1931 年 6 月 18 日第 4 版。

[67] 《蒙藏委员会为与琼让会商地点即在甘孜亦无不可事复唐柯三电》(1931 年 6 月 17 日),见《康藏纠纷档案选编》,第 138 页。

[68] 《唐柯三为报藏方似乏诚意拟先赴炉霍派员往商会议地点等情致蒙藏委员会电》(1931 年 6 月 24 日),见《康藏纠纷档案选编》,第 144 页。

[69] 《蒙藏委员会为已电达赖令藏军退出甘瞻送回张县长并饬噶伦前往甘孜会商事致唐柯三电》(1931 年 7 月 20 日),见《康藏纠纷档案选编》,第 157 页。

[70] 《唐柯三为噶伦不愿来甘撤兵释张事不作答复藏方无诚意请主持事致蒙藏委员会电》(1931 年 7 月 30 日),见《康藏纠纷档案选编》,第 161 页。

[71] 《唐柯三为示强硬主张非噶伦来甘并撤退藏兵决不往议事致蒙藏委员会电》(1931 年 7 月 19 日),见《康藏纠纷档案选编》,第 156 页。

[72] 《赴康日记》,见《康藏纠纷档案选编》,第 444 页。

[73] 《唐柯三为报抵炉月余噶伦不来会商藏军不撤如再推诿和议难开等情致蒙藏委员会电》(1931 年 8 月 1 日),见《康藏纠纷档案选编》,第 164 页。

[74] 《唐柯三为报与琼让交涉专差往催噶伦来甘并德墨色增兵瞻化等情致蒙藏委员会电》(1931 年 8 月 6 日),见《康藏纠纷档案选编》,第 168 页。

[75] 《阿沛为遣回张知事及其眷属并不日拟来甘商谈事致唐柯三函》(1931 年 8 月 12 日),见《康藏纠纷档案选编》,第 168—169、168 页。

[76] 《蒙藏委员会为报康藏纠纷调解近况并饬唐柯三坚持原议请鉴核示遵事致行政院呈》(1931 年 8 月 17 日),见《康藏纠纷档案选编》,第 174 页。

[77] *The McMahon Line: 1914-1936,* p.197.

[78] 《唐柯三为请履行达赖原议速撤甘瞻藏军大白各事均易商办事致阿沛函》(1931 年 8 月 21 日),见《康藏纠纷档案选编》,第 175 页。

[79] 《唐柯三为阿沛复信仍不来甘不允释张并藏军于各地配置等情致蒙藏委员会电》(1931 年 8 月 14 日),见《康藏纠纷档案选编》,第 172 页。

[80] 《唐柯三为大白纠纷调解无望如无转圜余地未便久羁事致蒙藏委员会电》(1931 年 8 月 22 日),见《康藏纠纷档案选编》,第 175 页。

[81] 《唐柯三为刘文辉陈惟有假以筹边权宜补助军实负恢复之责别无善策事致蒙藏委员会电》(1931 年 9 月 15 日),见《康藏纠纷档案选编》,第 189 页。

[82] 《唐柯三为藏方催促德格会商速示应付办法致蒙藏委员会电》(1931 年 9 月 1 日),见《康藏纠纷档案选编》,第 181—182 页。

[83]《唐柯三为探得阿沛实未到德格不能再受欺骗事致蒙藏委员会电》（1931 年 10 月 1 日），见《康藏纠纷档案选编》，第 201 页。

[84]《蒙藏委员会为报康藏纠纷案交涉情况进退均难请统筹方略事致行政院呈》（1931 年 9 月 3 日），见《康藏纠纷档案选编》，第 183 页。

[85]《赴康日记》，见《康藏纠纷档案选编》，第 455 页。

[86]《蒙藏委员会为阿沛不来甘会商无期究应如何解决请明白回复事致达赖电》（1931 年 8 月 26 日），见《康藏纠纷档案选编》，第 178 页。

[87]《达赖喇嘛为噶伦冗忙未便赴甘撤兵一事碍难转谕仍饬唐柯三赴昌会议事致蒙藏委员会电》（1931 年 8 月 31 日），见《康藏纠纷档案选编》，第 180 页。

[88]《西康民众后援会为陈康藏历年纠纷情形及达赖支持大金寺事实并提出四条解决意见致国民政府快邮代电》（1931 年 2 月 27 日），见《康藏纠纷档案选编》，第 57—58 页。

[89]《西康旅京民众杨仲华等请中央速电达赖制止藏军侵康并拟四项处理办法致蒙藏委员会呈》（1931 年 3 月 23 日），见《康藏纠纷档案选编》，第 92 页。

[90]《蒙藏委员会为请转达赖饬令前线军队退回原防并派重要人员与唐委员商办事致西藏驻京办事处训令》（1931 年 5 月 4 日），见《康藏纠纷档案选编》，第 112 页。

[91]《西藏插手西康大金寺与白利村纠纷的真相》，见《西藏文史资料选辑》III，第 467、466 页。

[92]《蒙藏委员会为申必退兵后始与会商主张并就近与川康妥商应付办法事致唐柯三电》（1931 年 7 月 31 日），见《康藏纠纷档案选编》，第 163 页。

[93]《蒙藏委员会为迅饬藏兵退还侵地立回原防并派员与唐专员妥商调解办法事致达赖电》（1931 年 6 月 11 日），见《康藏纠纷档案选编》，第 134 页。

[94]《蒙藏委员会为藏军节节进逼连陷甘瞻请预筹应付方法事致刘文辉电》（1931 年 6 月 11 日），见《康藏纠纷档案选编》，第 133 页。

[95]《蒙藏委员会为迅电达赖飞饬藏军退出甘瞻两县以便和平解决事致西藏驻京办事处指令》（1931 年 6 月 18 日），见《康藏纠纷档案选编》，第 139 页。

[96]《蒙藏委员会为交涉撤退甘瞻藏军速释张知事等情事致唐柯三电》（1931 年 6 月 25 日），见《康藏纠纷档案选编》，第 145 页。

[97]《行政院为所定处理康藏纠纷案策略甚和机宜事致蒙藏委员会指令》（1931 年 6 月 23 日），见《康藏纠纷档案选编》，第 143 页。

[98]《刘文辉为报藏方意图侵犯理化请转陈核事致蒙藏委员会电》（1931 年 6 月 1 日），见《康藏纠纷档案选编》，第 128 页。

[99]《西藏驻京办事处为遵训令声复大白纠纷案发生原因等情致蒙藏委员会呈》（1931 年 6 月 15 日），见《康藏纠纷档案选编》，第 136—137 页。

[100]《达赖为大白纠纷川康防军反攻藏方只得抵抗今再制止前线事难听从唐专员到甘方能了结事致蒙藏委员会电》（1931 年 6 月 15 日），见《康藏纠纷档案选编》，第 137 页。

[101]《西藏插手西康大金寺与白利村纠纷的真相》，见《西藏文史资料选辑》III，第 466 页。

[102]《蒙藏委员会为请饬前线藏军撤退以期解决大白事件事致达赖喇嘛函》（1931 年 7 月 4 日），见《康藏纠纷档案选编》，第 152 页。

[103]《达赖为甘瞻原属藏境不应屡促藏军退回事致蒙藏委员会电》（1931 年 7 月 27 日），

见《康藏纠纷档案选编》，第 160 页。

[104]《蒙藏委员会为陈康藏纠纷调解近况并妥筹应付方略事致行政院呈》（1931 年 7 月 31 日），见《康藏纠纷档案选编》，第 162、163 页。

[105]《马福祥为康藏纠纷事再复达赖喇嘛函》（1931 年 8 月 4 日），见《康藏纠纷档案选编》，第 166—167 页。

[106] *The McMahon Line: 1914-1936,* p.195.

[107] "Doc.9[F6848/7/10]. Mr. Ingram to Sir John Simon.–(Received September21.) Peking, August1, 1932." *British Documents on Foreign Affairs–Reports and Papers from the Foreign Office Confidential Print, part II. Volume 41, China, July 1932-April 1933,* p.17.

[108]《蒙藏委员会为国府会议决议撤销班禅驻蓉炉办事处事致班禅驻京办公处训令》（1931 年 1 月 7 日），见《康藏纠纷档案选编》，第 34 页。

[109]《班禅驻京办公处为陈述蓉炉办公处不应撤销请国府复议收回成命事致蒙藏委员会呈》（1931 年 1 月 10 日），见《康藏纠纷档案选编》，第 36 页。

[110] *The McMahon Line: 1914-1936,* p.196.

[111]《蒙藏委员会拟筹解决康藏纠纷和西藏问题方略致行政院呈》（1931 年 9 月 19 日），见《康藏纠纷档案选编》，第 191 页。

[112]《西藏插手西康大金寺与白利村纠纷的真相》，见《西藏文史资料选辑》III，第 96 页。

[113]《唐柯三为西康已定建省失地即应收回康藏问题应与达赖代表在京讨论事致蒙藏委员会电》（1931 年 9 月 19 日），见《康藏纠纷档案选编》，第 195 页。

[114]《唐柯三为陈藏方占据甘瞻全境及炉理之半若不收回将来西藏会议更难交涉等情致蒙藏委员会电》（1931 年 9 月 27 日），见《康藏纠纷档案选编》，第 185 页。

[115]《唐柯三建议饬川省拣精兵出关滇青武装警告藏军以示中央强硬主张致蒙藏委员会电》（1931 年 8 月 27 日），见《康藏纠纷档案选编》，第 179 页。

[116]《唐柯三为商刘文辉同意如中央授以筹边全责可收回甘瞻恢复全康致蒙藏委员会电》（1931 年 9 月 6 日），见《康藏纠纷档案选编》，第 185 页。

[117]《蒙藏委员会为驻康藏军无多不至重启战端仍坚持原议妥为交涉事致唐柯三电》（1931 年 8 月 27 日），见《康藏纠纷档案选编》，第 179 页。

[118]《蒙藏委员会为报康藏纠纷案交涉情况进退均难请统筹方略事致行政院呈》（1931 年 9 月 3 日），见《康藏纠纷档案选编》，第 183、184 页。

[119]《国民政府为康藏纠纷仍派员竭力调解希与蒙藏委员会随时商洽相机应付事致刘文辉电》（1931 年 9 月 10 日），见《康藏纠纷档案选编》，第 187 页。

[120]《蒙藏委员会为康案谈判仍主和平解决并在炉候命事致唐柯三电》（1931 年 9 月 17 日），见《康藏纠纷档案选编》，第 191 页。

[121]《蒙藏委员会为径函噶伦询其会商真意并表明调解责任范围事致唐柯三电》（1931 年 9 月 18 日），见《康藏纠纷档案选编》，第 190 页。

[122] 同上文，第 191 页。

[123]《蒙藏委员会拟筹解决康藏纠纷和西藏问题方略致行政院呈》（1931 年 9 月 19 日），见《康藏纠纷档案选编》，第 193 页。

[124]《西藏驻京办事处为委派琼让为接洽大白事件代表事致蒙藏委员会函》（1931 年 9 月

29 日），见《康藏纠纷档案选编》，第 199 页。

[125]《国民政府为康藏纠纷仍本五族一家之旨恺切开导以利交涉事致行政院指令》（1931 年 10 月 3 日），见《康藏纠纷档案选编》，第 204 页。

[126]《行政院为奉谕刘文辉所请分饬青滇协力补助川军饷械各节暂从缓议事致蒙藏委员会函》（1931 年 10 月 2 日），见《康藏纠纷档案选编》，第 203 页。

[127]《西藏插手西康大金寺与白利村纠纷的真相》，见《西藏文史资料选辑》III，第 466 页。

[128]《唐柯三为阿沛奉令回昌都琼让代表仍受其指示在康无责可负祈准回京事致蒙藏委员会电》（1931 年 10 月 2 日），见《康藏纠纷档案选编》，第 202 页。

[129]《唐柯三为接琼让函限日赴甘会商藏兵未撤岂能前往等情事致蒙藏委员会电》（1931 年 10 月 6 日），见《康藏纠纷档案选编》，第 205 页。

[130] *P.Z.I.451, 1932. Mr. Acting Consul General Toller to Sir Miles Lampson, British Consulate-General, Chungking, November 23rd, 1931.* 英国政府印度事务部秘密档案。

[131]《唐柯三为奉令无状到炉数月一筹莫展恳请撤职事致蒙藏委员会电》（1931 年 10 月 8 日），见《康藏纠纷档案选编》，第 206 页。

[132]《唐柯三为藏兵不撤无公平调解可言若不改易请专令刘赞廷负责办理事致蒙藏委员会电》（1931 年 10 月 10 日），见《康藏纠纷档案选编》，第 207 页。

[133]《唐柯三为家母病请调回京事致蒙藏委员会电》（1931 年 10 月 20 日），见《康藏纠纷档案选编》第 213 页。

[134]《西藏驻京办事处为日本侵占辽吉情势紧急请饬将大白案办结以息边事一致御外事致蒙藏委员会呈》（1931 年 10 月 17 日），见《康藏纠纷档案选编》，第 210 页。

[135]《蒙藏委员会请电饬琼让与唐委员开诚会商迅谋结案致达赖喇嘛电》（1931 年 11 月 3 日），见《康藏纠纷档案选编》，第 219 页。

[136]《蒙藏委员会为请赴甘与琼让切实磋商设法解决康藏纠纷事复唐柯三电》（1931 年 10 月 14 日），见《康藏纠纷档案选编》，第 208 页。

[137]《西藏插手西康大金寺与白利村纠纷的真相》，见《西藏文史资料选辑》III，第 466 页。

[138]《唐柯三报闻与琼让议定解决大白事件八项条件致蒙藏委员会电》(1931 年 11 月 7 日)，见《康藏纠纷档案选编》，第 221—222 页。

[139] *P.Z.757, 1932. Mr. Acting Consul General Toller to Sir Miles Lampson, British Consulate-General, Chungking November 30th, 1931.* 英国政府印度事务部秘密档案。

[140]《蒙藏委员会为已催院速决康案协议八条仍希候示再行签字事致唐柯三电》（1931 年 12 月 8 日），见《康藏纠纷档案选编》，第 231 页。

[141]《唐柯三为甘案再不解决和平必致破裂祈催院速决事致蒙藏委员会电》（1931 年 12 月 14 日），见《康藏纠纷档案选编》，第 235 页。

[142]《唐柯三为拟照八项条件议定解决大白事件事致蒙藏委员会电》（1931 年 11 月 9 日），见《康藏纠纷档案选编》，第 222 页。

[143] *P.Z.757, 1932. Mr. Acting Consul General Toller to Sir Miles Lampson, British Consulate-General, Chungking, November 30th, 1931.* 英国政府印度事务部秘密档案。

[144] *P.Z.I.451, 1932. Mr. Acting Consul General Toller to Sir Miles Lampson, British Consulate-General, Chungking, November 23rd, 1931.* 英国政府印度事务部秘密档案。

[145] Alastair Lamb, *The McMahon Line: 1914-1936,* pp.197—198.

[146]《蒙藏委员会为所拟八项条件已转呈行政院俟奉指令即电知定议复唐柯三电》(1931年11月17日)，见《康藏纠纷档案选编》，第224页。

[147]《蒙藏委员会为相机切商酌改所订条款第二项事致唐柯三电》(1931年12月12日)，见《康藏纠纷档案选编》，第234页。

[148]《唐柯三为原议第二项条文容切商修改另拟处置白利办法六条事致蒙藏委员会电》(1931年12月19日)，见《康藏纠纷档案选编》，第239页。

[149] "Doc.9[F6848/7/10]. Mr. Ingram to Sir John Simon.–(Received September21.) Peking, August1, 1932." *British Documents on Foreign Affairs–Reports and Papers from the Foreign Office Confidential Print, part II. Volume 41, China, July 1932-April 1933,* p.17.

[150] *The McMahon Line: 1914-1936,* pp.197-198.

[151] *P.Z.757, 1932. Mr. Acting Consul General Toller to Sir Miles Lampson, British Consulate-General, Chungking, November 30th, 1931.* 英国政府印度事务部秘密档案。

[152] *The McMahon Line: 1914-1936,* pp.197-198.

[153]《刘文辉为刘赞廷与琼让提议八条有伤体制大失情理不便赞同事致蒙藏委员会电》(1931年11月13日)，见《康藏纠纷档案选编》，第223页。

[154]《唐柯三为刘文辉对新订八条持有异议与中央意见背驰请将此案责其办理事致蒙藏委员会电》(1931年11月17日)，见《康藏纠纷档案选编》，第224页。

[155]《唐柯三为经向刘文辉解释仍依原议办理惟未奉院示未敢签字祈速示遵事致蒙藏委员会电》(1931年11月30日)，见《康藏纠纷档案选编》，第231页。

[156] *The McMahon Line: 1914-1936,* p.198.

[157] "Annual Report, 1931." *British Documents on Foreign Affairs–Reports and Papers from the Foreign Office Confidential Print, part II. Volume 20, China, 1927-1931,* p.398.

[158] "Doc.9[F6848/7/10]. Mr. Ingram to Sir John Simon.–(Received September21.) Peking, August1, 1932." *British Documents on Foreign Affairs–Reports and Papers from the Foreign Office Confidential Print, part II. Volume 41, China, July 1932-April 1933,* p.17.

[159] *P.Z.I.451, 1932. Mr. Acting Consul General Toller to Sir Miles Lampson, British Consulate-General, Chungking, November 23rd, 1931.* 英国政府印度事务部秘密档案。

[160] *The McMahon Line: 1914-1936,* p.198.

[161]《行政院为核准与西藏代表所订康案条件八项即照办理致蒙藏委员会指令》(1931年12月10日)，见《康藏纠纷档案选编》，第232页。

[162]《行政院为康藏纠纷事件交刘文辉负责办理唐柯三回京报告事致蒙藏委员会指令》(1932年3月1日)，见《康藏纠纷档案选编》，第256页。

[163]《达赖喇嘛为大白纠纷案委刘文辉办理殊感骇异事致蒙藏委员会电》(1932年3月29日)，见《康藏纠纷档案选编》，第258页。

[164]《西藏自治与康藏划界》，《边政公论》1946年第5卷第2期，第9—10页。

[165]《阿沛为遣回张知事及其眷属并不日拟来甘商谈事致唐柯三函》(1931年8月12日)，见《康藏纠纷档案选编》，第169页。

[166]《蒙藏委员会为迅与唐委员商定办法早解康藏纠纷事致琼让电》(1931年11月3日)，

见《康藏纠纷档案选编》，第 220 页。

[167]《马麟马步芳为报克复大小苏莽囊谦等地恢复玉树失地情形致中央各部院各省电》（1932 年 10 月 1 日），见《康藏纠纷档案选编》，第 298 页。

[168] *The McMahon Line: 1914-1936,* p.202.

[169]《西藏插手西康大金寺与白利村纠纷的真相》，见《西藏文史资料选辑》III，第 467 页。

[170] "Doc.9[F6848/710]Mr. Ingram to Sir John Simon.–(Received September 21.) Peking, August1, 1932." *British Documents on Foreign Affairs–Reports and Papers from the Foreign Office Confidential Print, part II. Volume 41, China, July 1932-April 1933,* p.17.

[171]《西藏插手西康大金寺与白利村纠纷的真相》，见《西藏文史资料选辑》III，第 467 页。

[172]《康藏政治与军事状况（续）》，《申报》1934 年 4 月 14 日第 11 版。

[173]《西藏插手西康大金寺与白利村纠纷的真相》，见《西藏文史资料选辑》III，第 467 页。

[174]《杨虎城为报击退大小苏莽藏兵并克复囊谦等地情形致军事委员会等电》（1932 年 10 月 11 日），见《康藏纠纷档案选编》，第 299 页。

[175]《西藏自治与康藏划界》，《边政公论》1946 年第 5 卷第 2 期，第 9—10 页。

[176] "Doc.9[F6848/710]Mr. Ingram to Sir John Simon.–(Received September 21.) Peking, August1, 1932." *British Documents on Foreign Affairs–Reports and Papers from the Foreign Office Confidential Print, part II. Volume 41, China, July 1932-April 1933,* pp.17-18.

[177] "Doc.254[F865/16/10] Mr. Ingram to Sir John Simon.–(Received February28.) Peking, January 9, 1933." *British Documents on Foreign Affairs–Reports and Papers from the Foreign Office Confidential Print, part II. Volume 41, China, July 1932-April 1933,* p.315.

[178]《西藏插手西康大金寺与白利村纠纷的真相》，见《西藏文史资料选辑》III，第 471 页。

[179]《刘曼卿为译录达赖喇嘛告全藏官民书致石青阳呈》（1933 年 6 月 26 日），见《元以来西藏地方与中央政府关系档案史料汇编》第 6 册，第 2583 页。

[180]《西藏问题之解剖与今后解决之途径》，《外交评论》1934 年第 3 卷第 3 期，第 46 页。

[181] "Doc.59. Inclosure in Doc.58. Minute of Interview respecting Tibet." *British Documents on Foreign Affairs–Reports and Papers from the Foreign Office Confidential Print, part II. Volume 41, China, July 1932-April 1933,* pp.92—93.

[182] "Doc.9[F6848/710]Mr. Ingram to Sir John Simon.–(Received September 21.) Peking, August1, 1932." *British Documents on Foreign Affairs–Reports and Papers from the Foreign Office Confidential Print, part II. Volume 41, China, July 1932-April 1933,* p.17.

[183] *Mr. Acting Consul—General Toller to Sir Miles Lampson. British Consulate—General, Chungking, April 13, 1932.* 英国政府印度事务部秘密档案。

[184] *Mr. Acting Consul General Toller to Sir Miles Lampson, British Consulate—General, Chungking. March 11th, 1932.* 英国政府印度事务部秘密档案。

[185] *The McMahon Line: 1914-1936,* p.202.

[186] "Doc.9[F6848/710]Mr. Ingram to Sir John Simon.–(Received September 21.) Peking, August1, 1932." *British Documents on Foreign Affairs–Reports and Papers from the Foreign Office Confidential Print, part II. Volume 41, China, July 1932-April 1933,* p.18.

[187] *Mr. Acting Consul General Toller to Sir Miles Lampson, British Consulate—General,*

Chungking. March 11th, 1932. 英国政府印度事务部秘密档案。

[188] *The McMahon Line: 1914-1936,* p.199.

[189] Ibid., p.202.

[190]《西藏插手西康大金寺与白利村纠纷的真相》，见《西藏文史资料选辑》III，第 468 页。

[191] "Doc.9[F6848/710]Mr. Ingram to Sir John Simon.–(Received September 21.) Peking, August1, 1932." *British Documents on Foreign Affairs–Reports and Papers from the Foreign Office Confidential Print, part II. Volume 41, China, July 1932-April 1933,* p.19.

[192] *The McMahon Line: 1914-1936,* p.202.

[193] Ibid., p.203.

[194] Ibid., p.205.

[195] "Doc.19[F7050/710] Sir John Simon to Mr. Ingram(Peking). Foreign Office, September29, 1932." *British Documents on Foreign Affairs–Reports and Papers from the Foreign Office Confidential Print, part II. Volume 41, China, July 1932-April 1933,* p.39.

[196] *The McMahon Line: 1914-1936,* p.204.

[197] Ibid., p.206.

[198] "Doc.9[F6848/710]Mr. Ingram to Sir John Simon.–(Received September 21.) Peking, August1, 1932." *British Documents on Foreign Affairs–Reports and Papers from the Foreign Office Confidential Print, part II. Volume 41, China, July 1932-April 1933,* p.19.

[199] "Doc.254[F865/16/10] Mr. Ingram to Sir John Simon.–(Received February28.) Peking, January 9, 1933." *British Documents on Foreign Affairs–Reports and Papers from the Foreign Office Confidential Print, part II. Volume 41, China, July 1932-April 1933,* p.315.

[200] "Doc.49[F7993/710]Mr. Ingram to Sir John Simon.–(Received November15.) Peking, September24, 1932." *British Documents on Foreign Affairs–Reports and Papers from the Foreign Office Confidential Print, part II. Volume 41, China, July 1932-April 1933,* p.79.

[201] 王正华编注：《蒋中正"总统"档案：事略稿本》（16）（民国二十一年八月至九月），台北"国史馆"2004 年版，第 381—382 页。

[202] 同上文，第 405—407 页。

[203]《参谋本部请电商达赖撤退金沙江沿岸部队并设缓冲地带以便和平解决康藏纠纷事致蒙藏委员会公函》（1932 年 9 月 23 日），见《康藏纠纷档案选编》，第 296 页。

[204] "Doc.254[F865/16/10] Mr. Ingram to Sir John Simon.–(Received February28.) Peking, January 9, 1933." *British Documents on Foreign Affairs–Reports and Papers from the Foreign Office Confidential Print, part II. Volume 41, China, July 1932-April 1933,* p.315.

[205] "Doc.19[F7050/710] Sir John Simon to Mr. Ingram(Peking). Foreign Office, September29, 1932." *British Documents on Foreign Affairs–Reports and Papers from the Foreign Office Confidential Print, part II. Volume 41, China, July 1932-April 1933,* p.38.

[206] "Doc.20[F7188/710] Sir John Simon to Mr. Ingram(Nanking). Foreign Office, October5, 1932." *British Documents on Foreign Affairs–Reports and Papers from the Foreign Office Confidential Print, part II. Volume 41, China, July 1932-April 1933,* p.39.

[207] "Doc.50. Inclosure in Doc.55. Minute of Interview respecting Tibet." *British Documents*

on Foreign Affairs–Reports and Papers from the Foreign Office Confidential Print, part II. Volume 41, China, July 1932-April 1933, p.90.

[208]《罗文干为报英国插手康藏纠纷事及与英使馆交涉情形致蒋介石代电》（1932 年 10 月 18 日），《元以来西藏地方与中央政府关系档案史料汇编》第 6 册，第 2581 页。

[209] “Doc.57. Inclosure in Doc.55. Minute of Interview respecting Tibet.” *British Documents on Foreign Affairs–Reports and Papers from the Foreign Office Confidential Print, part II. Volume 41, China, July 1932-April 1933,* p.91.

[210] “Doc.59. Inclosure in Doc.58. Minute of Interview respecting Tibet.” *British Documents on Foreign Affairs–Reports and Papers from the Foreign Office Confidential Print, part II. Volume 41, China, July 1932-April 1933,* p.92.

[211] “Doc.61. Inclosure in Doc.60. Minute of Interview respecting Tibet.” *British Documents on Foreign Affairs–Reports and Papers from the Foreign Office Confidential Print, part II. Volume 41, China, July 1932-April 1933,* p.93.

[212] “Doc.57. Inclosure in Doc.55. Minute of Interview respecting Tibet.” *British Documents on Foreign Affairs–Reports and Papers from the Foreign Office Confidential Print, part II. Volume 41, China, July 1932-April 1933,* p.91.

[213]《蒋中正“总统”档案：事略稿本》（17）（民国二十一年十月至十二月），第 137—138 页。

[214]《杨虎城为报击退大小苏莽藏兵并克复囊谦等地情形致军事委员会等电》（1932 年 10 月 11 日），见《康藏纠纷档案选编》，第 299 页。

[215]《马步芳为陈报克复青海南部失地并拟会攻昌都等情致中央党部等电》（1932 年 10 月 12 日），见《康藏纠纷档案选编》，第 301 页。

[216] 王正华编注：《蒋中正“总统”档案：事略稿本》（17）（民国二十一年十月至十二月），台北国史馆 2005 年版，第 135—137 页。

[217] 同上书，第 137—138 页。

[218] 同上书，第 206—208 页。

[219] 同上书，第 232—233 页。

[220] “Doc.279. Inclosure in Doc.278. Acting Consul–General Stark Toller to Mr. Ingram. Chungking, December22, 1932.” *British Documents on Foreign Affairs–Reports and Papers from the Foreign Office Confidential Print. Part II. Volume 41, China, July 1932-April 1933,* p.313.

[221]《蒋中正“总统”档案：事略稿本》（17）（民国二十一年十月至十二月），第 405 页。

[222] “Doc.254[F865/16/10] Mr. Ingram to Sir John Simon.–(Received February28.) Peking, January 9, 1933.” *British Documents on Foreign Affairs–Reports and Papers from the Foreign Office Confidential Print. Part II. Volume 41, China, July 1932-April 1933,* p.319.

[223]《康藏政治与军事状况（续）》，《申报》1934 年 4 月 14 日第 11 版。

[224] *The McMahon Line: 1914-1936,* p.200.

[225]《蒋中正“总统”档案：事略稿本》（17）（民国二十一年十月至十二月），第 318 页。

[226] “Doc.9[F6848/710]Mr. Ingram to Sir John Simon.–(Received September 21.) Peking,

August1, 1932." *British Documents on Foreign Affairs–Reports and Papers from the Foreign Office Confidential Print. Part II. Volume 41, China, July 1932-April 1933,* p.19.

[227] *The McMahon Line: 1914-1936,* p.200. 青海南部边区警备司令部秘书长姚钧则称："马步芳的企图是要和川军联络一致，会攻昌都。昌都为西康财富之区，久为藏兵所占领，成为侵略青康之据点，其藏兵之军械、辎重粮秣，俱储备于此，三王千布昂住此地，以重兵坚守，与甘孜、瞻化相为犄角；后来藏兵开入青海，川军乘其后防空虚，收复甘孜、瞻化，马步芳以为乘此时机会攻昌都，可能获大量军械及金银财物，且得川军支持，他可在西北称霸；其次是想在这次战役中，向国民党中央多领些枪枝弹药等军用物资和临时军费，以充实其军事实力；三是借这次战役在蒋介石前邀功，作为他日晋升的资本。"参见《青海三马史料》编辑组：《青藏战争的内幕》，见中国人民政治协商会议青海省委员会文史资料研究委员会编：《青海文史资料选辑》第 14 辑，1985 年印，第 134 页。

[228] *The McMahon Line: 1914-1936,* p.200.

[229] "Doc.278. Inclosure in Doc.278. Acting Consul–General Stark Toller to Mr. Ingram. Chungking, December 22, 1932." *British Documents on Foreign Affairs–Reports and Papers from the Foreign Office Confidential Print. Part II. Volume 41, China, July 1932-April 1933,* p.313.

[230] "Doc.49[F7993/710]Mr. Ingram to Sir John Simon.–(Received November15.) Peking, September24, 1932." *British Documents on Foreign Affairs–Reports and Papers from the Foreign Office Confidential Print. Part II. Volume 41, China, July 1932-April 1933,* p.79.

[231] *P.Z.4135.1932. Mr. Acting Consul–General Toller to Sir Miles Lampson. British Consulate–General, Chungking, April 30, 1932.* 英国政府印度事务部秘密档案。

[232]《行政院为西藏驻京办事处对令刘文辉办理大白案骇异并请派公正专员前往等并案办理事致蒙藏委员会指令》（1932 年 4 月 19 日），见《康藏纠纷档案选编》，第 263 页。

[233]《蒙藏委员会为报藏兵进占青海大小苏莽囊谦等地情形致行政院呈》（1932 年 5 月 25 日），见《康藏纠纷档案选编》，第 268 页。

[234]《蒙藏委员会为和平调解康藏纠纷办法事致行政院呈》（1932 年 7 月 30 日），见《康藏纠纷档案选编》，第 280 页。

[235]《行政院为派石青阳等赴西康查办康案事件致蒙藏会训令》（1932 年 6 月 4 日），见《康藏纠纷档案选编》，第 272 页。

[236]《石委员长致西藏全体代表书：论中央与西藏之关系》，《蒙藏旬报》1932 年第 2 卷第 2 期，第 1 页。

[237]《石青阳力谋解决康藏纠纷》，《申报》1932 年 7 月 1 日第 4 版。

[238]《石青阳谈康藏纠纷事件》，《申报》1932 年 7 月 27 日第 8 版。

[239]《蒙藏委员会为和平商结康藏纠纷及磋商中央与西藏一切悬案事致达赖喇嘛电》（1932 年 7 月 29 日），见《康藏纠纷档案选编》，第 279 页。

[240]《达赖为康藏纠纷调解无效藏众碍难相信中央事致蒙藏委员会电》（1932 年 8 月 3 日），见《康藏纠纷档案选编》，第 281 页。

[241]《蒙藏委员会为政府欢迎藏使并望提出康藏纠纷和平解决方法事复达赖电》（1932 年 8

月 3 日），见《康藏纠纷档案选编》，第 282 页。

[242]《贡觉仲尼为奉达赖电询四川发生军事行动中央作如何办法事致蒋介石电》（1932 年 8 月 5 日），见《康藏纠纷档案选编》，第 282 页。

[243]《蒋介石为期藏方不进兵犯康中央绝无助川开衅之意事复贡觉仲尼电》（1932 年 8 月 7 日），见《康藏纠纷档案选编》，第 283 页。

[244]《贡觉仲尼为转奉达赖为四川开衅致起军事冲突并请容纳西藏代表请陈电致蒋介石电》（1932 年 8 月 19 日），见《康藏纠纷档案选编》，第 286—287 页。

[245]《蒋中正“总统”档案：事略稿本》（16）（民国二十一年八月至九月），第 210—211 页。

[246] 同上书，第 209—210 页。

[247]《行政院为核复达赖呈报中央意见从速议定对藏方案事致蒙藏委员会训令》（1932 年 8 月 29 日），见《康藏纠纷档案选编》，第 287 页。

[248]《蒋中正“总统”档案：事略稿本》（16）（民国二十一年八月至九月），第 305 页。

[249] 同上书，第 388、425—426 页。

[250] “Doc.254[F865/16/10] Mr. Ingram to Sir John Simon.–(Received February28.) Peking, January 9, 1933.” *British Documents on Foreign Affairs–Reports and Papers from the Foreign Office Confidential Print. Part II. Volume 41, China, July 1932-April 1933,* p.315.

[251] *The McMahon Line: 1914-1936,* pp.205-206.

[252]《罗文干为报英国插手康藏纠纷事及与英使馆交涉情形致蒋介石代电》（1932 年 10 月 18 日），见《康藏纠纷档案选编》，第 303 页。

[253] “Doc.50. Inclosure in Doc.49. Minute of Meeting with Mr. Hsu Mo at Waichiaopu on August31, 1932.” *British Documents on Foreign Affairs–Reports and Papers from the Foreign Office Confidential Print. Part II. Volume 41, China, July 1932-April 1933,* p.80.

[254]《罗文干为报英国插手康藏纠纷事及与英使馆交涉情形致蒋介石代电》，见《元以来西藏地方与中央政府关系档案史料汇编》第 6 册，第 2581 页。

[255] “Doc.50. Inclosure in Doc.49. Minute of Meeting with Mr. Hsu Mo at Waichiaopu on August31, 1932.” *British Documents on Foreign Affairs–Reports and Papers from the Foreign Office Confidential Print, part II. Volume 41, China, July 1932-April 1933,* pp.80—81.

[256]《罗文干为报英国插手康藏纠纷事及与英使馆交涉情形致蒋介石代电》（1932 年 10 月 18 日），见《元以来西藏地方与中央政府关系档案史料汇编》第 6 册，第 2581 页。

[257] “Doc.20[F7188/710] Sir John Simon to Mr. Ingram(Nanking). Foreign Office, October5, 1932.” *British Documents on Foreign Affairs–Reports and Papers from the Foreign Office Confidential Print, part II. Volume 41, China, July 1932-April 1933,* p.39.

[258] “Doc.49[F7993/710]Mr. Ingram to Sir John Simon.–(Received November15.) Peking, September24, 1932.” *British Documents on Foreign Affairs–Reports and Papers from the Foreign Office Confidential Print, part II. Volume 41, China, July 1932-April 1933,* p.79.

[259] “Doc.61. Inclosure in Doc.60. Minute of Interview respecting Tibet.” *British Documents on Foreign Affairs–Reports and Papers from the Foreign Office Confidential Print, part II.*

Volume 41, China, July 1932-April 1933*, p.93.

[260] "Doc.57. Inclosure in Doc.55. Minute of Interview respecting Tibet." *British Documents on Foreign Affairs–Reports and Papers from the Foreign Office Confidential Print, part II. Volume 41, China, July 1932-April 1933,* p.91.

[261]《西藏插手西康大金寺与白利村纠纷的真相》，见《西藏文史资料选辑》III，第 469 页。

[262]《蒙藏委员会为陈康藏纠纷调解近况并妥筹应付方略事致行政院呈》（1931 年 7 月 31 日），见《康藏纠纷档案选编》，第 162、163 页。

[263] *The McMahon Line: 1914-1936,* p.206.

[264] Ibid., p.200.

[265]《西藏自治与康藏划界》，《边政公论》1946 年第 5 卷第 2 期，第 10 页。

[266]《蒙藏委员会为和平调解康藏纠纷办法事致行政院呈》（1932 年 7 月 30 日），见《康藏纠纷档案选编》，第 280 页。

[267] *The McMahon Line: 1914-1936,* p.200.

[268]《蒙藏新闻：康藏风云近讯》，《蒙藏旬刊》1932 年第 29 期，第 14 页。

[269]《藏军仍图反攻》，《申报》1932 年 8 月 10 日第 8 版。

[270]《西藏发生纠纷》，《申报》1932 年 10 月 9 日第 3 版。

[271]《蒋中正"总统"档案：事略稿本》（17）（民国二十一年十月至十二月），第 206—208 页。

[272] "Doc.27[F7689/710]Mr. Ingram to Sir John Simon.–(Received October27.) Nanking, October26, 1932." *British Documents on Foreign Affairs–Reports and Papers from the Foreign Office Confidential Print. Part II. Volume 41, China, July 1932-April 1933,* pp.59-60.

[273] "Doc.254[F865/16/10] Mr. Ingram to Sir John Simon.–(Received February28.) Peking, January 9, 1933." *British Documents on Foreign Affairs–Reports and Papers from the Foreign Office Confidential Print. Part II. Volume 41, China, July 1932-April 1933,* p.315.

[274]《蒋中正"总统"档案：事略稿本》（17）（民国二十一年十月至十二月），第 405 页。

[275]《蒋介石为中央与西藏问题纯属国家内部事务绝不允许外人插手并允派员赴藏商讨务使维护祖国统一事致达赖喇嘛电（二件）》（1932 年 12 月 29 日），见《元以来西藏地方与中央政府关系档案史料汇编》第 6 册，第 2582—2583 页。

[276] "Doc.254[F865/16/10] Mr. Ingram to Sir John Simon.–(Received February28.) Peking, January 9, 1933." *British Documents on Foreign Affairs–Reports and Papers from the Foreign Office Confidential Print. Part II. Volume 41, China, July 1932-April 1933,* p.319.

[277] "Doc.27[F7689/710]Mr. Ingram to Sir John Simon.–(Received October27.) Nanking, October26, 1932." *British Documents on Foreign Affairs–Reports and Papers from the Foreign Office Confidential Print. Part II. Volume 41, China, July 1932-April 1933,* p.60.

[278] "Doc.46[F7854/710] Sir John Simon to Mr. Ingram(Peking). Foreign Office, November9, 1932." *British Documents on Foreign Affairs–Reports and Papers from the Foreign Office Confidential Print. Part II. Volume 41, China, July 1932-April 1933,* p.62.

[279] "Doc.87[F8879/710] Sir John Simon to Mr. Ingram(Peking). Foreign Office, December24,

1932." *British Documents on Foreign Affairs–Reports and Papers from the Foreign Office Confidential Print. Part II. Volume 41, China, July 1932-April 1933,* p.121.

[280] "Doc.254[F865/16/10] Mr. Ingram to Sir John Simon.–(Received February28.) Peking, January 9, 1933." *British Documents on Foreign Affairs–Reports and Papers from the Foreign Office Confidential Print. Part II. Volume 41, China, July 1932-April 1933,* p.315.

[281] "Doc.254[F865/16/10] Sir M. Lampson to Sir John Simon.–(Received February8.) Nanking(Via Peking), February 6, 1932." *British Documents on Foreign Affairs–Reports and Papers from the Foreign Office Confidential Print. Part II. Volume 41, China, July 1932-April 1933,* p.279.

[282]《青藏和约草案马步芳电告蒙委会》,《申报》1933 年 3 月 7 日第 7 版。

[283] 英方认为是 1933 年 6 月 15 日签订的。参见：*The McMahon Line: 1914-1936,* p.201。

[284]《青海省政府为报送青藏和约照片及最近防务情形事致蒙藏委员会咨》(1933 年 10 月 7 日)，见《康藏纠纷档案选编》，第 319 页。当时为玉树地区百户长的蔡作祯回忆说："尕旦寺附近原有一片肥沃的耕地，大苏莽百户认为所有权是属于他的，而尕旦寺认为是当地居民献给寺院的。在连年纠纷中，大苏莽百户依靠当时青海统治者马麒、马麟的先后支持，把持主权，尕旦寺亦以西藏为背景，针锋相对，不稍退让，以致每年双方武装抢种抢收，死伤甚多。"参见蔡作祯:《青藏战争中我的经历》，见《青海文史资料选辑》第 2 辑，1964 年印，第 41 页。

[285]《青海省政府为报送青藏和约照片及最近防务情形事致蒙藏委员会咨》(1933 年 10 月 7 日)，见《康藏纠纷档案选编》，第 319—320 页。八条如下:"第一条：尕丹寺管理寺院之堪布，由该寺僧众内自行推举后，呈准达赖大佛加委。堪布权力照旧以宗教为范围，毫不准干涉政治。第二条：青科、当头两寺宗教权，准归作巴照旧管辖，惟两处双方均不得驻扎军队，以免因接壤而引起纠纷。第三条：和议条约成立后，藏方即先行撤兵；青方于藏方撤退十四日起，即继续撤兵。双方除其原驻兵力外，其余限一月内撤退。以后青藏两方，各守疆土，不得侵犯。如藏方侵略青海境界，有藏方昌都、巴宿、类乌齐二十六族头目人等担保。青海军队侵略西藏境界，有玉树二十五族头目人等担保。第四条：藏方官兵如有变归青方，或潜逃青方者，青方不得收留袒护；青方官兵如有意归藏方者，藏方亦不得收留袒护。第五条：双方对于宗教寺院，一概极力保护。第六条：青海如有坏人犯罪逃避藏方者，藏方无论军官民众，均不得袒护隐藏；藏方如有坏人犯罪逃避青方者，青方亦援例遵守。第七条：青海对西藏商民，须极力保护；西藏对青海商民，亦须极力保护。第八条：所有青方俘虏之藏方官兵，在条约成立签字后，青方即完全交归藏方。"参见《青藏战争的内幕》，见《青海文史资料选辑》第 14 辑，第 133—134 页。

[286]《藏康纠纷与班禅回藏》,《中华教育界》1934 年第 22 卷第 5 期，第 72 页。

[287]《康藏纠纷调解办法正在征求意见》,《申报》1933 年 2 月 9 日第 8 版。

[288]《蒙藏委员会为青藏和约应否核准请转院核示事致行政院秘书处函》(1933 年 10 月 30 日)，见《康藏纠纷档案选编》，第 321 页。

[289] *The McMahon Line: 1914-1936,* pp.200、201、202.

[290]《陈敬修等为康藏和议青海不可除外应由政府统一办理事致蒙藏委员会电》(1932 年

10 月 20 日)，见《康藏纠纷档案选编》，第 305 页。

[291]《蒙藏委员会为藏事和议正待达赖表示续定办法事致陈敬修电》(1932 年 10 月 25 日)，见《康藏纠纷档案选编》，第 305 页。

[292]《藏康纠纷与班禅回藏》，《中华教育界》1934 年第 22 卷第 5 期，第 72 页。

[293]《刘文辉为报藏方提出川军占去德格瞻化等处俨有翻约之意等情致国民政府等电》(1933 年 9 月 1 日)，见《康藏纠纷档案选编》，第 317 页。

[294]《刘文辉为陈藏方毁约略地提出非分要求请向达赖交涉迅予制止事致国民政府等代电》(1933 年 11 月 5 日)，见《康藏纠纷档案选编》，第 323 页。

[295]《石青阳为查明西藏代本姓名及番号以便转行达赖制止军事行动等情事致刘文辉电》(1933 年 11 月 30 日)，见《康藏纠纷档案选编》，第 326 页。

[296]《刘文辉为报藏方集兵进逼请示方略事致国民政府等电》(1933 年 12 月 11 日)，见《康藏纠纷档案选编》，第 332 页。

[297]《处置康藏纠纷决定三项办法》，《申报》1933 年 12 月 14 日第 3 版。

[298]《行政院秘书处为奉准青藏和约准予备案事致蒙藏委员会函》(1933 年 11 月 10 日)，见《康藏纠纷档案选编》，第 322 页。

[299]《蒙藏会制止康藏军事行动》，《申报》1933 年 12 月 6 日第 4 版。

[300] 周美华编注:《蒋中正“总统”档案：事略稿本》(23)(民国二十二年十月至十一月)，台北“国史馆”2005 年版，第 354 页。

[301]《达赖代表贡觉仲尼之谈话》，《申报》1933 年 12 月 6 日第 4 版。

[302] 周美华编注:《蒋中正“总统”档案：事略稿本》(24)(民国二十二年十二月至二十三年二月)，台北“国史馆”2005 年版，第 94 页。

[303]《达赖电称对青照约保持和平》，《申报》1933 年 12 月 17 日第 3 版。

[304]《石青阳力谋解决康藏纠纷》，《申报》1932 年 7 月 1 日第 4 版。

[305]《罗文干为报英国插手康藏纠纷事及与英使馆交涉情形致蒋介石代电》(1932 年 10 月 18 日)，《康藏纠纷档案选编》，第 303 页。

[306]《西藏对外关系总结》，见《近代史资料》第 108 辑，第 255—256 页。

[307]《西藏插手西康大金寺与白利村纠纷的真相》，见《西藏文史资料选辑》III，第 469 页。

[308]《达赖死后传藏局有变化》，《申报》1933 年 12 月 22 日第 3 版。

[309]《刘文辉为报藏方南北两路积极增兵不因达赖圆寂停止军事行动等情致国民政府等电》(1934 年 1 月 16 日)，见《民国藏事史料汇编》第 5 册，第 348 页。

[310] 周美华编注:《蒋中正“总统”档案：事略稿本》(25)(民国二十三年三月至四月)，台北“国史馆”2006 年版，第 93 页。

[311]《中藏前途堪虑》，《申报》1934 年 2 月 25 日第 7 版。

[312]《班禅将由百灵庙晋京转返西藏》，《申报》1933 年 12 月 23 日第 8 版。

[313] 孔庆宗:《黄慕松入藏纪实》，见《西藏文史资料选辑》I，第 424 页。

[314] 同上文，第 424 页。

[315]《藏方严令渡河喇嘛退回》，《申报》1934 年 4 月 14 日第 4 版。

[316]《西藏当局决定裁军》，《申报》1934 年 4 月 13 日第 3 版。

[317]《藏康纠纷与班禅回藏》，《中华教育界》1934 年第 22 卷第 5 期，第 72 页。

[318] 文萱编:《一月来之西北》,《开发西北》1934 年第 1 卷第 3 期，第 104 页。
[319]《蒋中正“总统”档案：事略稿本》(25)(民国二十三年三月至四月)，第 93 页。
[320] 同上书，第 410 页。
[321]《西藏对外关系总结》，见《近代史资料》第 108 辑，第 256 页。
[322]《处置康藏纠纷决定三项办法》,《申报》1933 年 12 月 14 日第 3 版。
[323]《蒋中正“总统”档案：事略稿本》(25)(民国二十三年三月至四月)，第 94 页。
[324] 同上书，第 94 页。
[325] 同上书，第 366 页。
[326] 同上书，第 93 页。
[327] 同上书，第 409—410 页。
[328] 同上书，第 94 页。
[329] 同上书，第 410 页。
[330] 同上书，第 174 页。
[331] 同上书，第 382 页。
[332] 同上书，第 93 页。
[333] 同上书，第 94 页。
[334] 同上书，第 314 页。
[335] 同上书，第 367 页。
[336] 同上书，第 427 页。
[337] 同上书，第 539 页。
[338] 同上书，第 66 页。
[339] 同上书，第 523 页。
[340]《蒙藏时闻：康藏问题之近状》,《蒙藏旬刊》1933 年第 68 期，第 5 页。
[341] 周美华编注:《蒋中正“总统”档案：事略稿本》(26)(民国二十三年五月至七月，上)，台北“国史馆”2006 年版，第 204 页。
[342] 同上书，第 306—307 页。
[343] 同上书，第 307 页。
[344]《刘文辉电告击退偷渡藏军》,《申报》1934 年 5 月 15 日第 6 版。
[345]《蒋中正“总统”档案:事略稿本》(26)(民国二十三年五月至七月，上)，第 308 页。
[346]《国民政府女密使赴藏纪实》，第 156 页。
[347]《恢复大金寺办法，刘文辉决遵办》,《申报》1934 年 4 月 17 日第 6 版。
[348]《贡觉仲尼谈解决康藏纠纷》,《中央日报》1934 年 4 月 11 日第 3 版。
[349]《蒋中正“总统”档案：事略稿本》(26)(民国二十三年五月至七月，上)，第 252—254 页。
[350]《藏康纠纷与班禅回藏》,《中华教育界》1934 年第 22 卷第 5 期，第 72 页。
[351] 廷:《康藏界务与西康建省》,《申报》1934 年 9 月 4 日第 7 版。
[352]《黄慕松入藏纪实》，见《西藏文史资料选辑》I，第 425 页。
[353]《英藏交涉近况》,《现代国际》第 1 卷第 4 期，第 39 页。
[354]《黄慕松入藏纪实》，见《西藏文史资料选辑》I，第 421 页。

[355]《康藏纠纷问题，划界意见双方大相悬殊》，《申报》1934 年 6 月 13 日第 9 版。
[356]《解决康藏纠纷刘文辉之意见》，《申报》1934 年 7 月 30 日第 3 版。
[357]《康藏纠纷问题，划界意见双方大相悬殊》，《申报》1934 年 6 月 13 日第 9 版。
[358]《黄慕松入藏纪实》，见《西藏文史资料选辑》I，第 422 页。
[359]《黄慕松、吴忠信、赵守钰、戴传贤奉使办理藏事报告书》，第 32 页。
[360]《黄慕松入藏纪实》，见《西藏文史资料选辑》I，第 426 页。
[361]《黄慕松、吴忠信、赵守钰、戴传贤奉使办理藏事报告书》，第 32 页。
[362]《西藏历史上的法律地位》，第 166 页。
[363]《黄慕松入藏纪实》，见《西藏文史资料选辑》I，第 426 页。
[364] 同上文，第 426 页。
[365]《黄慕松、吴忠信、赵守钰、戴传贤奉使办理藏事报告书》，第 32—33 页。
[366]《十三世达赖喇嘛圆寂致祭和十四世达赖喇嘛转世坐床档案选编》，第 65 页。
[367]《黄慕松、吴忠信、赵守钰、戴传贤奉使办理藏事报告书》，第 33 页。
[368] 同上书，第 34 页。
[369]《使藏纪程》，见《西藏学汉文文献丛书》第 2 辑，第 339—340 页。
[370] 同上书，第 104—105 页。
[371] 同上书，第 105—106 页。
[372]《黄慕松、吴忠信、赵守钰、戴传贤奉使办理藏事报告书》，第 37 页。
[373] 同上书，第 38—39 页。
[374] 方秋苇：《达赖转世与班禅返藏》，《东方杂志》1937 年第 34 卷第 7 号，第 39 页。
[375] "Annual Report on China for 1934." *British Documents on Foreign Affairs–Reports and Papers from the Foreign Office Confidential Print. Part II Volume 21 China, 1932-1939,* p.138.
[376]《康藏纠纷问题》，《申报》1934 年 6 月 13 日第 9 版。
[377]《安钦昨晨赴赣谒蒋》，《中央日报》1934 年 6 月 3 日第 2 版。
[378]《康藏纠纷真相》，《中央日报》1934 年 6 月 9 日第 3 版。
[379]《西藏插手西康大金寺与白利村纠纷的真相》，见《西藏文史资料选辑》III，第 470 页。
[380]《达赖转世与班禅返藏》，《东方杂志》1937 年第 34 卷第 7 号，第 39 页。
[381] 本旬简讯：《英国积极进出西藏》，《国际汇刊》1936 年第 3 卷第 2 期，第 118 页。
[382]《蒙藏委员会为转电西藏当局令饬驻康藏军安守原防不得妄生事端致西藏驻京办事处训令》（1935 年 2 月 2 日），见《康藏纠纷档案选编》，第 384 页。
[383]《西藏插手西康大金寺与白利村纠纷的真相》，见《西藏文史资料选辑》III，第 470 页。
[384]《刘文辉为报陈与藏方代表会商签定安置大金寺僧规约经过并抄送规约八条致行政院等代电》（1935 年 4 月 7 日），见《康藏纠纷档案选编》，第 385 页。
[385]《参谋本部为会审安置大金寺僧规约情形事复蒙藏委员会函》（1935 年 4 月 24 日），见《康藏纠纷档案选编》，第 388 页。
[386]《大金寺代表亚鲁大阶等为沥陈与白利土司等纠纷情形拟具要求九项致国民政府呈》（1936 年 2 月 1 日），见《康藏纠纷档案选编》，第 392—393 页。
[387]《蒙藏委员会为报大金寺僧安置及催促僧众按约返康修寺经过情形致行政院呈》（1937

年 5 月 1 日)，见《康藏纠纷档案选编》，第 401 页。

[388]《刘文辉为报藏军已撤退川军进驻德格等情致军政部长电》(1937 年 2 月 3 日)，见《康藏纠纷档案选编》，第 399 页。

[389]《康藏问题解决》，《申报》1938 年 12 月 3 日第 2 版。

[390]《刘家驹为大金寺案已告解决事致蒙藏委员会吴委员长电》(1938 年 12 月 23 日)，见《康藏纠纷档案选编》，第 402 页。

[391]《康藏问题解决》，《申报》1938 年 12 月 3 日第 2 版。

[392] 刘尊棋:《康藏关系新纪元》(三)，《申报》1939 年 1 月 27 日第 3 版。

[393]《国民政府行政院关于一九二九——九四六年对西藏问题的处理》(1946 年 11 月)，《民国藏事史料汇编》第 1 册，第 221 页。

[394] 刘尊棋:《康藏关系新纪元》(一)，《申报》1939 年 1 月 25 日第 3 版。

[395]《康藏关系新纪元》(三)，《申报》1939 年 1 月 27 日第 3 版。

[396]《康藏纠纷解决方案内容》，《申报》1932 年 9 月 12 日第 3 版。

第六章
十三世达赖喇嘛圆寂与黄慕松入藏致祭

时人曾指出，西藏问题“分析言之，曰班禅回藏问题，曰康藏划界问题，曰中央在西藏统治权之恢复问题；而尤以后者为诸问题之核心”[1]。黄慕松入藏讨论的就是后者。

1933 年 12 月 17 日十三世达赖喇嘛去世后，西藏地方政府与国民政府的政治关系演变进入新的阶段，英国的介入和干涉也发生了新的变化。对于国民政府来说，正如时人所言“咸以达赖圆寂，班禅入藏之始，为解决藏事之时机已至”，但是“恐非简派大员，空言宣慰，所能济事”[2]，因而国民政府抓住机会，派遣大员入藏，以解决西藏地方与中央政府的正常关系。对于西藏地方政府来说，其权力格局发生剧烈变动，掌权派力图维持已得权益。对于英国来说，一方面竭力控制噶厦，一方面千方百计阻挠西藏地方与中央政府正常关系的恢复。这样，两国三方的交涉与争论发生新的变化。

第一节　十三世达赖喇嘛的圆寂与西藏地方政府权力格局的变动

西藏地方政府的权力格局因十三世达赖喇嘛圆寂而急剧变动。按照西藏地方通制，达赖喇嘛通过司伦问政噶厦，行政大权由噶厦行使，但是十三世达赖喇嘛通过两名近侍土登贡培、龙厦总揽大权，两名近侍尤其是土登贡培凌驾于噶厦之上。十三世达赖喇嘛圆寂后，西藏地方政府的权力格局立即重组。按照惯例，在新达赖喇嘛执掌大权前由摄政代理，但是十三世达赖喇嘛圆寂后摄政职位的恢复，是由于噶厦反对司伦贡嘎旺秋掌权；热振当选摄政，是土登贡培、龙厦和以赤门为首的噶伦等相互间较量的结果。接着，赤门、龙厦在达赖圆寂问题上做文章，搞垮土登贡培。但是，龙厦设法废除噶伦制度的努力不可避免地失败，噶厦权力得到恢复，实权落入赤门手中，新的权力格局形成。

1933 年 12 月 17 日 21 时，十三世达赖喇嘛圆寂，西藏地方政坛随之发生剧烈变动。学术界对相关的历史问题作了一些研究。有学者分析了土登贡培在十三世达赖喇嘛逝世之前所拥有的权威以及后来遭迫害的原因，认为“遭到迫害的原因毫无疑问就是遭到了其政敌的打击和报复”。[3] 有学者探讨了围绕摄政职位产生的权力之争。[4] 还有学者辨析龙厦是爱国分子，他为中华民族的团结和统一做出了贡献。[5] 不过，一系列问题尚待解决或需进一步研究：十三世达赖喇嘛圆寂与西藏地方政府内部权力之争有何关系？从土登贡培事件到龙厦事件演变的规律如何？国民政府对此演变的态度怎样？英国的介入和干涉与此有无关系？龙厦到底是否为亲英派分子？等等。这些问题都值得研究解决。

一、历史悬案：十三世达赖喇嘛的圆寂

十三世达赖喇嘛的圆寂，不但引发西藏地方政府权力格局的变化，而且是中国近现代史上的一大悬案。这里有必要对比各种说法，从中找出存在的问题。

十三世达赖喇嘛的保健医生强巴的徒弟帕苏·土登曲杰回忆说：十三世达赖喇嘛患了流行性感冒，服了汤药后“病情仍然没有好转”。12 月 15 日（藏历十月二十八日），土登贡培请来乃琼寺神汉洛桑索朗“问病”，神汉问强巴“有没有治感冒的药感冒灵十四味”，强巴“认为达赖的病情不宜服此药”而说“没有”。神汉乃说：“问一下站在门外的我的佣人，看看他带来没有？”强巴疑问：“一般情况下，神汉跳神是不带药的，为何今日自己带来的药呢？”但是土登贡培“奔往门外，转眼间取来一个小药袋”，神汉“立即掏出口袋内的小勺，从袋内舀了一点药”，十三世达赖喇嘛“神志不清，根本不知道服药，当小勺靠近他嘴边时，他的头就左右摇动”，而神汉“硬是把药倒进达赖的嘴里”，土登贡培“连忙灌水”，十三世达赖喇嘛“才把药服下”。“药刚服下，神汉立即还原成普通人，抓起他的小布袋，逃之夭夭。所以，神汉给达赖服的药，到底是不是感冒灵十四味？至今还是一个谜。”服药之后，十三世达赖喇嘛当天夜里“继续发高烧，说胡话”，12 月 17 日圆寂。[6]

后来作为西藏和平解放谈判代表之一的土丹旦达回忆说：12 月 3 日左右，“达赖喇嘛身患感冒，医生强巴号脉给了药”。12 月 8 日，“上密院众僧伽按惯例前来‘冬朝’，达赖喇嘛接受朝拜并摸顶祝福”。12 月 13 日，下密院众僧伽前来拜会，

十三世达赖喇嘛“因日前疲劳过度，未能到会，只好按例迎请佛衣模拟朝拜”。12月15日，十三世达赖喇嘛“病情日益严重”，噶伦格顿曲塔、赤门、朗穷巴等人在得到布达拉宫财务局值班官员土登夏佳的禀报后，“立即约同卸任甘丹寺法主强巴曲扎去罗布林卡坚色颇章宫西侧之寝宫念经祈祷，遭内侍官土登贡培拒绝，未能进入，无奈返回”。12月16日，土登贡培令土登夏佳邀请乃穷神汉“前来佛座前简易降神”。乃穷神汉洛桑索朗“向手下的喇嘛秘密叮咛带上藏药‘祛感英雄十四味’”，于12月17日“前来罗布林卡达赖喇嘛卧室，随即作法神状，喊道：‘敬服祛感英雄十四味。’在旁的达赖喇嘛保健医生强巴应道：‘这里没有此药。’神汉接着说：‘我的佣人有此药。’然后从佣人所带的布袋里取出‘祛感英雄十四味’，让达赖喇嘛服下。达赖喇嘛服下此药后，竟然丧失说话能力。达赖的保健医生立即走向神汉的佣人处厉声说道：‘刚才让佛座服下的药绝对不是祛感英雄十四味！’佣人惊奇地答道：‘啊？那怎么得了！’”12月18日晚10点左右，十三世达赖喇嘛圆寂。[7]

前段记载未说十三世达赖喇嘛是哪天开始患病的，后段记载说他圆寂时间不同。两段提出的问题是：其一，十三世达赖喇嘛所患的是流行性感冒，但服药后未见好转。由于感冒会引起肺炎、病毒性心肌炎及脑膜炎等一系列并发症，这或许是强巴怀疑不是感冒的原因，他因而反对再用感冒灵十四味，但神汉仍然当作感冒来治。其二，12月15日这天十三世达赖喇嘛已经神志不清，发高烧，说胡话，说明病势很重，脑部功能已严重受损，继续下去会导致昏迷。即使神汉所用药值得怀疑，但是十三世达赖喇嘛是在服药两天后圆寂的，并非服药后立即或一会儿就圆寂。

土登贡培的妻子拉宗卓嘎回忆说：“那是在1933年（藏历水鸡年十月二十二日），达赖喇嘛患了感冒症，二十八日起，病情越发恶化，即遵照‘乃穷’护法神的圣旨，由御医强巴和宠侍土丹贡培共同喂药，结果无效。延至藏历十月三十日圆寂。”[8]这段记载说明：十三世达赖喇嘛是12月9日患感冒的，12月15日趋于严重，12月17日圆寂，前后9天；药是由强巴同土登贡培根据神汉的“圣旨”共同喂的，这与土登曲杰的回忆有出入。

今人编写的年谱说：十三世达赖喇嘛从12月1日起“似患感冒，体现疲惫之态”。12月12日“依照惯例对下密院予以‘冬季接见’，该日达赖喇嘛颇受劳顿”。次日，“未能对上密院予以‘冬季接见’，也未能依例参加燃灯节的各项活动”。“此后，噶厦及甘丹寺卸任赤巴强巴曲扎请求面谒达赖喇嘛，未准，且将噶厦求见哈达退回，谨收下甘丹寺卸任赤巴的哈达及礼品代金。”其间，“医生强巴益西一直在侍奉药物；乃穷护法神假附人体，叩长头，进献药品，达赖喇嘛服下”。12月17日“于格桑颇章附近的寝殿其美巧期中示现圆寂之相”。[9] 以此来看，达赖开始患病时间与拉宗卓嘎所说有所出入；不能肯定是感冒；达赖病势是逐渐加重的，噶厦知道此点，要求晋见但未被批准。

《蒙藏佛教史》所载，与上述不同：“第十三世达赖喇嘛因天年已届，如日之西沉，预知发白逝世，回归天上，电令各处，命办逝世后所需用之各项物品。二十二年十二月十七日，即藏历水鸡年十月三十日，午后酉时许，第十三世达赖喇嘛自知将去，即在丈室聚集布达拉宫之全体司伦噶伦及第九世班禅额尔德尼之代表安钦呼图克图等，作遗嘱曰……遂于当晚戌时入寂，享年五十晋九。”[10] 以此来看，十三世达赖喇嘛神志清晰，并在圆寂之前专门将噶厦上层人物及九世班禅喇嘛的代表安钦召到面前；《中央日报》3月26日所载也说十三世达赖喇嘛圆寂之时“捌达那寺中全体、摄隆霞巴及中委班禅之代表等均在丈室”[11]。酉时为17点至19点，戌时为19点至21点，十三世达赖喇嘛是21点圆寂的，按此则他作遗嘱后至少2个小时才圆寂。

分裂分子夏格巴记载说：“11月份他患了感冒，越来越重，在水鸡年的十一月十三日晚上（1933年12月17日），他去世了。”并说是“突然去世”的。[12]

综合上面各种说法，如果十三世达赖喇嘛是12月1日患病，17日圆寂，为时17天；如果是12月9日患病，则为9天。虽然何时开始患病的说法不一，但都认为是12月15日加重，两天后去世。出现这种情况，有几种可能：其一，十三世达赖喇嘛已身患某种疾病，到12月1日或9日病状以感冒形式呈现，已非药物可治，因而他“自知将去”。其二，开始时以感冒的形式出现，随即出现并发症而在12月15日病势急转直下，土登贡培束手无策而“问病”于神汉。神汉并非神医，仍当感冒来治，不能对症下药，导致十三世达赖喇嘛12月17日去世。依此，十三世达赖喇嘛被毒害的可能性不大。

除上述说法外，下列一些情况与十三世达赖喇嘛的圆寂是否密切相关，值得深思。

其一，西藏地方政府内部权力之争的剧烈和复杂及十三世达赖喇嘛与属下矛盾的加剧。

《中央日报》在3月26日登载了一篇根据“藏中来信”写成的《达赖圆寂时追纪》，说1933年“达赖所训练之前后藏各缙绅之子弟约三千人被宫壁遣散，或为达赖致疾之因也"[13]。宫壁即土登贡培，这支军队如后所说是他组成保卫十三世达赖喇嘛的卫队，并非被土登贡培遣散，这反过来说明十三世达赖喇嘛圆寂前就有人要求他遣散这支卫队，使他气病。

分裂分子夏格巴有几句话，也反映了十三世达赖喇嘛与其属下官员关系的恶化："在达赖死前的几个月，伦钦和噶厦都向他保证所有官员都将勤勉尽职，寺院都在为他长寿而祈祷。达赖在书面回答中表示他对寺院祈祷的赞赏。他说官员们如能忠于职守，一定可以得到成就。但是如果像现在的样子继续下去，鱼目混珠，今天的事情推到明天，他们就要感到后悔。"[14]

其二，十三世达赖喇嘛圆寂前的政治主张及其对中央政府与英国的态度。

1932 年，考试院院长戴季陶、蒙藏委员会委员长石青阳和曾任晚清驻藏参赞大臣的温宗尧就提出"简派大员入藏宣抚，使藏民体知中央，并疏通两民族间之感情，以期共和互助，相安于永远"[15]。十三世达赖喇嘛也深知康藏纠纷长久拖下去"终非了局"，同时认为蒋介石能"统一中国，复兴中国"，因而"便有非向中央请求合作不可的主张"。[16] 就在 1933 年 12 月 15 日十三世达赖喇嘛病势加重这天，蒋介石致电汪精卫指出："顷接西藏代表贡觉仲尼灰电称，前次面陈解决藏事意见，亟待俯予采纳，早日奠定边局，除电请达赖佛速饬前方力避冲突，以守和平外，恳请严令刘文辉制止对藏军事行动，并速派公正大员入藏，对于一切问题根本解决，藏事纠纷自可永息等语，特为转达，请妥予核办。"[17] 虽然此时关注的焦点是康藏分界问题，但是自然要涉及"一切问题"，其中包括九世班禅喇嘛返藏问题。安钦称："达赖自觉年事渐高，而又念班禅久劳于外，颇表示欢迎回藏，催促余等速返内地传达此意……惟达赖复班禅之函，意欲面交余等，适达赖喉痛，未几圆寂。"[18] 虽然感冒也会导致"喉痛"，但是安钦认为十三世达赖喇嘛圆寂是在他要求九世班禅喇嘛返藏时发生的，不能不说两者有关。

至于十三世达赖喇嘛与英国政府关系的恶化，主要体现在两个方面。其一，康藏冲突的解决问题。前面已经指出，英国政府在一份外交文件中认为："双方平等地将之作为'内战'来谈判并达成了停战协定，它表明西藏当局承认西藏是中国的一部分。在初期谈判中，西藏人努力让英国担任仲裁者，但中国人拒绝承认英国在这起'内部'事务中有任何地位。英国没有对休战的任何谈判表示抗议，这是默认违背西姆拉条约的又一例子。"[19] 这段总结，可以大体上反映出十三世达赖喇嘛对于 1930 年至 1932 年康藏冲突的基本态度。其二，九世班禅喇嘛返藏问题。自九世班禅喇嘛 1921 年 12 月出走内地以来，其返藏问题一直是西藏地方与中央关系恢复的重大问题之一。1933 年上半年，十三世达赖喇嘛致电九世班禅喇嘛“回后藏主政”，他乃派安钦活佛“入藏接洽”[20]，班禅驻京办事处就此指出：十三世达赖喇嘛“鉴于个人孤弱，特邀班到藏合作，共谋边疆之防卫”[21]。从这两方面可以看出晚年十三世达赖喇嘛的政治态度。贡觉仲尼在十三世达赖喇嘛圆寂后总结指出：英人曾“不惜多方甘言利诱欲遂其私，幸达赖善运智慧应付有方，苦心孤诣，未堕术中。虽因川岬与中土久未续交，但全藏之领土幸皆完整无缺，而复于近日得以与中央相见也”[22]。当今著名学者多杰才旦也指出：十三世达赖喇嘛在中央政府的要求下“不再坚持所谓的‘西姆拉模式’”，即在协商西藏地方与中央政府的关系时不再坚持“请英国人作为中间调停者参加”；“这一点应视为十三世达赖喇嘛对汉藏关系立场的一个原则性的修正”。[23]

因此，蒋介石在 12 月 25 日致噶厦电中对达赖大师“遽示圆寂”，感到“震悼殊深”，强调“西藏为国家屏藩之寄，中央视如手足，利害与共。对于藏事之处理，均一本向来亲爱维护之至诚出之，继续无间。务期益加亲善，断非任何人所能摇惑鼓动”[24]，从而强调中央与地方要团结一致共同对外。1934 年 2 月 14 日，国民政府专门举行追悼大会，《中央日报》特此说明：“各界以达赖大师生平拱卫边陲，卓著劳绩，故此次在京开追悼会。”[25]

其三，英国政府与十三世达赖喇嘛圆寂的关系及圆寂后的反应。

1933 年 12 月 26 日国民电称：“此处间西藏接得报告，皆称达赖喇嘛之死系由于外人屡次试探爱佛勒斯德高峰之故，盖爱佛勒斯德为喜马拉耶山之最高峰，亦即全世界最高之处，而外人入藏者每喜爬越该岭，致干神怒也。且达赖未死之前，曾通知英当局请通令禁止爬山，以免神宅之不安。”[26] 英国舆论却竭力辩称并非英国政府之罪：“据拉萨方面可靠之电报，达赖实死于神秘情形下毒药之魔手”[27]；“据每日邮报马岭滂通讯员电告，西藏达赖喇嘛实为仇人所毒毙，据称此讯系得诸拉萨可靠方面。设达赖果系为人谋害，则藏中恐将发生变故，按两年前藏地喇嘛曾以反对施于商人之严峻限制为名，群起叛乱，致达赖自拉萨出走他寺。其后卒允若辈要求，并将左右亲信贬逐离藏，始告平息，达赖遂复返拉萨”[28]。虽然这段报道同样反映了噶厦内部问题，但是读起来给人一种此地无银三百两之感！

根据 12 月 19 日路透社电和国民电，英国政府是在该日接到“官电”得知十三世达赖喇嘛去世的。[29] 他圆寂之初，英国政府一时难以判断会产生什么影响[30]，但是重申必须坚持三原则：承认中国“宗主权”下的西藏“自治”；英国不能漠视中国扩大在西藏的影响；西姆拉协议规定西藏是“自治”的，英国须提供适当帮助。[31]接着，英印政府制订了进一步的侵略计划，北平通讯说："达赖圆寂后，印度商人更进一步将西藏红花青果改制各种食品，销售于西藏、青海、甘肃、新疆。又因宗教派别关系，联络后藏青海红教徒、后藏红教嘛嘛甚众，印度人受英人之指导，向后藏扩张宗教势力。其预定计划，拟以宗教商业之联络，实行印藏合作事业。"[32]

可见，十三世达赖喇嘛圆寂前噶厦内部权力之争的剧烈与复杂，其政治主张及对中央政府的态度，以及他圆寂后国民政府、英国政府的不同反应，可以为他圆寂的复杂原因提供一些思考。了解这些问题，就不难理解他临终遗嘱具有的深刻含义："尔等不听吾训诲，吾将去矣。师兄班禅在南京中央有力，应速请彼回藏维持政教，前藏后藏缁素人等应听班禅之教诲。中央和平，救吾等之苦恼於戏。"[33]

二、土登贡培事件：摄政职位的恢复与热振当选

十三世达赖喇嘛圆寂之后，西藏地方政府的权力格局立即发生变动。

这种变动，需要对西藏地方政制追述一下。1895年，摄政第穆"屡次提出辞职"，乃穷寺护法神卦卜达赖"执掌政教宏业时机成熟"，光绪帝复谕批准。本应在18岁"开始亲政"的十三世达赖喇嘛，到20岁得以亲政。[34]1898年，他借故将第穆禁毙狱中。自此至20世纪30年代，《中央日报》刊载说达赖手握西藏地方政教大权。其下设司伦一名，起承上启下的作用。司伦之下设两机关，噶厦"管理政事"；译仓"管理教务"。噶厦由四名噶伦组成，内僧官一员，俗官三员，"称为'外四大臣'，略同内阁"。译仓"为四大中译所组织，称为'内四大臣'"。噶厦与译仓"虽形同并立机关"，但噶厦"尤为重要"。两机关外设马基"总管全藏军队"。[35]夏格巴描述说："达赖喇嘛是西藏政府的首脑，它的支柱包括司伦（首席大臣），噶厦（大臣会议），译仓（僧官会议，它的成员被称为秘书长）、孜康（俗官会议，它的成员被称为财政秘书）和春都（国民会议）。"[36]虽然两段记载略有差别，但基本相同，这是基本通制。

但是，这一基本通制因十三世达赖喇嘛重用两名侍从、保健医生而被打破。两名侍从即土登贡培和龙厦·多吉次杰。土登贡培是十三世达赖喇嘛的亲信和"重要随员"，执掌"内务军事"。[37]他从1921年成为十三世达赖喇嘛的贴心侍从，到1929年，"已经成为全藏赫赫有名的头号实权人物，甚至权力竟大到破礼仪惯例。如历来达赖喇嘛向最高行政机关——噶厦，咨询政事时，须特派布达拉宫的

‘大嘎准’到噶厦，再通过噶厦的‘准仲’向噶伦问政，同时在噶伦坐席前另设坐席才能传达达赖喇嘛的旨意。而这一切礼仪规定，对于土丹贡培则可以例外。他不仅不通过‘准仲’直接获得‘大嘎准’的坐席，甚至噶伦们见他到来，反而诚惶诚恐地奉迎”。“他去噶厦或到其他机关，或去视察其一建筑工程时，一出门，就有人异口同声地高呼‘坚赛贡培驾到’！”[38]此外，土登贡培在1933年下半年用贵族子弟组成一个团，称“仲扎马喀”。按照夏格巴所说：“这个团得到特别的制服、粮饷、住房和其他便利，它的总部就在宫比拉（土登贡培）办公室的附近。他的意图是使这个团帮助他掌握权力。”[39]龙厦的权力虽然不及土登贡培，但也“常常为达赖喇嘛草拟一些重要文件，甚至可以左右达赖的重大决策，成为噶厦政府中举足轻重的人物”。随之，十三世达赖喇嘛虽然撤去龙厦藏军总司令顾问一职，但仍然要龙厦为他“拟写所有的文件，咨询政教大事”。[40]保健医生为强巴，他“除了为达赖喇嘛治病，每天早晨给达赖切脉一次，然后决定达赖一天的饮食外，晚上七点至十一点，还要对达赖内库的各项财务进行结算，并向达赖汇报。此外，还常常给达赖抄写一些公文等”[41]，其地位自然也很重要。

十三世达赖喇嘛还设置了两个机构，剥夺了噶厦的一些权力。一是“扎布基来孔”，由它来统一管理原来“由不同部门管理”的造币厂、制币厂、军火厂[42]；一为“包西勒空”，即征粮检查局，向大小贵族征收粮食。十三世达赖喇嘛以土登贡培、擦绒负责扎布基来孔，以龙厦担任孜本、包西勒空负责人和藏军司令顾问。在这些情况下，噶厦的权力大大下降；以往由噶厦通过司伦到达赖喇嘛的程序颠倒过来了，通过土登贡培、龙厦等人直接通到十三世达赖喇嘛，他甚至要两人签署处理意见。噶伦赤门（前面所说的泽墨）指责：“达赖喇嘛在世时，噶厦徒具虚名，并无实权。近侍贡培和龙厦两人仰仗达赖宠信，掌握实权。”[43]这说明，十三世达赖喇嘛圆寂之后，噶厦必然对这些人物动手。

十三世达赖喇嘛圆寂后三四天，由司伦朗堆·贡噶旺秋、噶伦喇嘛格顿曲杰、噶伦赤门（泽墨）·洛布旺杰和朗穷娃等人共同执政，即“藏中事务暂由司伦及噶厦负责处理”[44]；这就初步剥夺了土登贡培等人的权力。与此同时，众人“围绕着因达赖圆寂，是否需要一位摄政王来掌管政教大业，私下进行争论，同时也在‘春都杰错’（全藏扩大会议）进行酝酿”。12月21日，“春都杰错”召开，有人提议不必设置摄政王，“有在政司伦尧西朗堆，再加上两位僧俗官员为助理司伦便可”[45]，因为司伦“在特殊情况下，可代行摄政王职权”[46]。有人提出按照惯例须设摄政王，由十三世达赖喇嘛生前器重的土登贡培出任。大多数人认为应设摄政王，但反对土登贡培出任，提出最上策是“委派一位大活佛出任摄政，同时仍请司伦尧西朗堆为摄政助理”。大会同意，并决定“通过宗教仪式筛选请封一位大活佛为摄政王，主持政教”，以甘丹赤巴米娘·益西旺堆、热振呼图克图土丹白益西丹巴坚赞、经师普觉活佛土丹江巴次臣三人为候选人，占卦求神，结果热振当选。[47]这样，“藏中事务暂由司伦及噶厦负责处理”转到由摄政、助理摄政负责上来。不过，这只是占卜的结果，还未经过全藏僧俗官员大会通过；热振本人当时也不在拉萨，噶厦派人到热振寺迎请。

由此看来，焦点人物一度集中在司伦贡嘎旺秋和土登贡培之间，两人实际上并无可能。贡嘎旺秋是十三世达赖喇嘛的侄子，有人说他是十三世达赖喇嘛身边红极一时的亲信侍臣[48]，但也有人说他虽然担任司伦，但“年仅三十左右，更无作为”，“实际则徒有虚名”[49]。就前一种说法而言，噶厦要排除十三世达赖喇嘛生前亲信，贡嘎旺秋不可能出任；就后一种而言，他并无什么权力基础，也不可能出任。至于土登贡培，由于他在十三世达赖喇嘛在世时“专横跋扈”而遭到西藏上层权贵的“怨恨”，由于反对英国的介入和干涉而遭到英国的嫉恨[50]，不可能出任摄政。热振出任，并非偶然：其一，与十三世达赖喇嘛的安排有一定的关系。他深知自己圆寂后噶厦政局必然发生变动，因而在圆寂前到热振寺朝圣，送给热振一本白度母女神卜卦册，嘱咐“要以此卦册为今后观察善恶取舍的借鉴”[51]。因此，有人说热振为十三世达赖喇嘛“生前所眷爱，兼且神通广大、素娴法术”[52]。一些僧俗代表强调：“十三世达赖喇嘛一向十分赏识热振活佛，从上次亲临热振寺的玉香，以及各方面征兆情况来看，热振活佛是唯一候选人。”[53]其二，与英国具有一定关系。在热振出任摄政后，有人认为热振是“英国势力下之傀儡”。他为摄政，西藏政权与英国之关系“更为明显”[54]。可见，英国并不反对热振出任。

在摄政职位恢复设置和人选决定后，西藏地方上层权力之争并未结束，所有对土登贡培不满的僧俗官员进而对他动手，并顺便处置强巴，最好借口就是追究十三世达赖喇嘛圆寂的责任。本来在12月22日宁沪一带报刊就登载12月20日路透社电，称“新德里拉萨传来消息，据谓达赖喇嘛有中毒而死之说，此种谣言已引起种种猜测”[55]。这时正争论是实行司伦体制还是摄政体制，时机还不成熟，因而噶厦指示贡觉仲尼呈文蒙藏委员会委员长石青阳，说“达赖佛座治藏，恩周遐迩，全藏上下爱戴如父母，拥护若天神，安有所谓仇人，更难萌此逆谋。此种骇人听闻之流言，确系出于破坏藏局，别有用心”，要求“通知京沪各报分别更正，并咨内政部严行查禁”[56]。

热振出任摄政后，时机成熟，全藏僧俗官员大会于 12 月 28 日召开。[57]会上指责土登贡培“隐瞒达赖喇嘛病情不上报噶厦，私献邪药”[58]，勾结神汉谋害十三世达赖喇嘛。龙厦之子拉鲁·次旺多吉回忆说：强巴说“我一直守护在达赖喇嘛身旁，乃穷护法跳神时，坚持要给达赖喇嘛服用‘包乌十四味’药，我认为根据达赖的病情，不宜服用此药，就说没有”。神汉“说他的随从佣人手里有此药，可用马上拿来给佛王服用”，于是土登贡培“就从佣人手里拿来了一个小口袋，把里面装的药给达赖喇嘛服下去了”，可见强巴“所叙属实”。神汉辩称“我那时正在降神，什么知觉也没有”，其佣人“却承认这个药是他的主人自己带到罗布林卡的”。[59]强巴辩称说，“自己一直是认真负责地给达赖诊病治疗的，只是二十八日服的药是神汉亲自给服下去的，这些情况土登贡培一清二楚”，只是“因为没有充分的证据说明所服的药是毒药”，自己才“当场没说更多的话”。至于土登贡培为什么这么做，有人认为：“土登贡培起初深得十三世达赖宠信，后来达赖又器重另一个侍从官索朗罗布，对他有些疏远。土登贡培很可能因此产生嫉妒，怀恨在心，进而趁达赖病危之机，勾结乃穷寺神汉加害达赖。”[60]对这一切，土登贡培“据理申辩自己无辜，表明他是完全遵照乃穷护法神的旨意献的药，绝无违医妄为。在达赖喇嘛病情恶化时，曾多次准备汇报噶厦政府，但达赖喇嘛执意不允，他恐怕噶厦得报会惊动全体僧俗官员，都来敬献‘永安’礼物，这会使他不能安静养息，反于病情不利”。因此，“明明是遵佛旨等待佛体病情好转，才没有及时汇报噶厦政府的”。[61]

从土登贡培的权力靠山是十三世达赖喇嘛这点来说，他不可能毒害十三世达赖喇嘛；从噶厦因十三世达赖喇嘛剥夺其权力而不满来说，它很可能希望他早日圆寂。因此，认为十三世达赖喇嘛被毒害颇多猜测；土登贡培所言也难反驳。十三世达赖喇嘛圆寂问题只是西藏上层权贵权力重新安排的一个借口。噶厦作出处置：对土登贡培以失职论罪，以对“达赖病危未及时报告噶厦，亦未组织有效的治疗和祈祷为由”，判处发配工布江达，没收其全部财产；对于神汉洛桑索朗，以其“下药不明”而“撤销其大喇嘛职务，交哲蚌寺下属的果瓦康村处置”；对于强巴，认为其“有不可推卸的责任”而判处流放加查县。强巴伤心地说：“我自幼刻苦学习，当了保健医师后，也竭尽忠心为达赖效劳，茹苦含辛奋斗大半辈子，最后落得这种下场。”[62]

国民政府注意到噶厦权力格局变化，对事件提出疑问，关注对土登贡培的处理。噶厦致电驻京办事处否认政变，称“绝无发生变乱之事实”，强调“所有政教措施一律秉承达赖遗志，拥护政府”，要求“据实转呈中央，以制止流言”。[63] 有人说，噶厦本想判处土登贡培死刑，但因“土登贡培再三求饶，念其‘以前忠心侍奉过达赖’，才免于一死”[64]。这反过来说明土登贡培不会毒害十三世达赖喇嘛。不过，土登贡培被免死，与英国政府的态度有一定关系。有学者分析了土登贡培对十三世达赖喇嘛晚年内向的爱国态度具有一定影响[65]，自然属于英国政府眼中的“别派”。孔庆宗也指出土登贡培事件的发生与英国有关：十三世达赖喇嘛圆寂，“一时引起僧俗群众惊疑，人心浮动，亲英派见有机可乘，野心大炽，加之英帝从中鼓动，政潮由此衍成”[66]。但是，英国政府反对处死土登贡培，他 1936 年从流放地到印度寻求政治避难，英印总督“承诺予以保护”[67]。这种情况或许是国民政府支持处置土登贡培的原因。虽然未见国民政府公开支持处置的文件，但是蒋介石亲笔题写刊名的《开发西北》与国民党中央机关报《中央日报》所载文章值得注意。

《开发西北》登载《一月来之西北》，阐述两点：其一，指责土登贡培操纵噶厦，称：“自宫比（指土登贡培）以善媚见宠于达赖佛师，一切政权，暗中操纵，噶厦之名，同于虚设，藏中凡有会议，由伊仓四人（僧官）孜康三人（俗官）合组主席团，而辅以甘丹别蚌色拉三大寺之堪布（传教首师）暨僧俗官员，前后藏民议决之后，由主席团将议案送噶厦，复由噶厦签转呈达赖佛师批准，然后执行，而宫比每于实现授意，把持主席团，指亲近派充之，于开会之时，先行承意取决，名为会议，实则宫比个人操纵也。”其二，指责土登贡培反对国民政府加封九世班禅，称：“民国二十一年，中央政府封班禅佛爷以护国宣化广慧大师及西陲宣化使封号，藏中人民，竟有呈中央反对者，实亦宫比一人所指使，其时三大寺中色拉寺主堪布，曾于会议中提出，谓西藏仍属中国统治，颁赐封典，政府自有权衡，况班禅佛师，为吾全藏教主，中国赐以（封）号，实为尊重吾藏。”[68]

5 月 23 日，《中央日报》登载一篇通讯《达赖逝世后藏人盼班禅回藏》，这是根据“由印度数藏人方面以及数汉人往来西藏者，得悉西藏自达赖逝世后之实在情形甚详”而写成的：其一，批评十三世达赖喇嘛作为西藏地方政教首领，“其威权实无限制，全藏僧俗官民对之无不帖服，较之专制时代之皇帝有过之无不及也。间尝虽有不惬意者，亦只得隐忍含蓄，莫能发露，亦莫敢发露”。其二，指责土登贡培。“当达赖在世时，全藏政教大权虽集于一身，但把持操纵之者则又为一‘监舍’公批拉（指土登贡培）。‘监舍’者，犹往昔宫廷中之宠幸，有权势”，人称

“第二达赖”，“彼遇事凭借达赖名义任意断行，所谓‘内四大臣’、‘外四大臣’均不在眼中，且尤受其指挥，故皆隐忍含恨”。其三，对十三世达赖喇嘛被害也持怀疑态度。“据闻当达赖病时，彼隐其情而不报。及至危急，达赖问各大臣鞥曷尚不见来，彼始通告各‘伽龙’及三大寺喇嘛等。前传达赖为其近人所害者，盖即因此。”其四，认为土登贡培只被流放而“未明遭杀戮者，闻犹藉某外力之保护也”。这封通讯最后认为，土登贡培事件之发生虽然“具一面理由”，但“实则由藏人最好妒忌与报复，多由平日积怨所致也”。[69]

这两篇文章的口吻与西藏地方政府的基本一致，某种程度上反映了国民政府的态度。在此之前，国民政府批准了西藏地方政府的人事变动：占卜之后，噶厦向国民政府汇报：“至上怙主达赖喇嘛之灵童业已认定，但在其未坐床执掌西藏政教前，经西藏僧俗民众同意，并通过在布达拉宫自在观音菩萨面前占卜，由热振呼图克图出任摄政，司伦、噶厦等文武诸事照旧。”[70] 换句话说，全藏政教大权由热振“暂行代摄”，“至军事政治一切事宜，仍由司伦噶厦负责办理”。[71]1934年1月15日司伦、噶厦、译仓及僧俗官民全体大会正式推举热振为摄政后，西藏地方政府于25日致电驻京办事处“即转报中央为要”[72]；这是西藏地方政府自辛亥革命以来首次将重大人事变动向中央政府汇报。1月30日，行政院会议决议“即日呈准国民政府以热振呼图克图代摄达赖佛职权，深信热振呼图克图必能益宏智慧，敷施教化，翊奉中央，以副翊教保民之至意”[73]。2月1日，行政院第145次会议决议“达赖大师圆寂褒崇典礼办法”。2月14日，国民政府专门举行追悼大会，《中央日报》特此说明：“各界以达赖大师生平拱卫边陲，卓著劳绩，故此次在京开追悼会。”[74]

三、龙厦事件：十三世达赖喇嘛生前权力格局的完全终结

其实，热振出任摄政离不开龙厦的支持。按照后来蒙藏委员会驻藏办事处处长孔庆宗所说，龙厦在土登贡培倒台过程中“活动最力”[75]。有学者认为，龙厦这样做的原因是他“一方面存在着赢得摄政地位的想法；另一方面也认准这是对坚塞·土登贡培实施报复的最好时机”[76]。前一个原因很难说，后者有一定道理。土登贡培指责龙厦“不务正业，大部分时间同歌女们厮混，很少关心地方政府的事情”[77]。龙厦藏军司令顾问一职就是十三世达赖喇嘛听了土登贡培的话而被撤的。孔庆宗指责龙厦为了搞垮土登贡培，“暗向藏军及三大寺喇嘛活动，反对土登贡培……并唆使新军千人联名呈控土登贡培私组军队，借端舞弊；一面由三大寺

代表在西藏僧俗民众大会中提出达赖病逝怀疑案，呈请司伦、噶厦核办”。同时，龙厦“签请以噶丹赤八益西旺典、普觉活佛江巴图旦楚臣、五世热振活佛图邓坚白益西旦白坚赞为代摄达赖志为候选人”。[78]显然，如无此举，土登贡培有可能出任摄政。

从上可以说，噶厦利用龙厦与土登贡培的矛盾首先解决了土登贡培，下一步就要对龙厦动手。这是必然的：其一，征粮检查局对大小贵族征粮，“直接触及了大小贵族的切身利益”。但由于当时龙厦“所处的地位，加之有达赖喇嘛做后台，虽然大小贵族对他不满，也无奈何，这就为以后发生的悲剧埋下了不幸的种子”[79]。其二，在土登贡培事件过程中，龙厦“大胆主张西藏政治‘改革’”，“并制定摄政条例”。这被孔庆宗说成是“另组政权”。虽然尚不知“摄政条例”规定的具体内容，但龙厦在土登贡培垮台后以孜本身份兼任藏军总司令，摄政、司伦、噶伦“均有名无权”。[80]这是要恢复自己权力的噶厦所不允许的，众噶伦指责：“达赖喇嘛虽然让龙厦做了一些文牍工作，但他不该胡乱进谏。”[81]因此，龙厦与噶厦的权力之争立刻紧张起来，参与龙厦集团的土丹旦达说：龙厦与土登贡培同为十三世达赖喇嘛的“亲信、宠臣”，因而对土登贡培被流放“深为不安，大有祸已临头的恐惧”。[82]虽然难以说明龙厦是否因此“深为不安”，但说明了他与噶厦的关系紧张。

这种权力之争在英国的介入下变得更为复杂，而国民政府派遣大员入藏致祭的消息恰恰又是龙厦告诉英国的。1933 年 12 月 31 日，他以私人名义向英国驻锡金政治专员威廉逊通报：国民政府接连急电噶厦，表明要派遣一名可靠的人作为专使，立即入藏协商十三世达赖喇嘛圆寂后的有关事宜。噶厦已经表示欢迎，英国政府应当关注此事。[83]英国政府立即采取对策。它“明知南京派员入藏可能打开其控制西藏、封锁内地与西藏往来的缺口，自非所愿；但因此事已为西藏地方当局所接受，遂亦暂时缄默”[84]。但是，它企图在黄慕松到达拉萨前造成亲英派控制噶厦的局面，于是派遣威廉逊的助理诺布顿珠即莱登拉以祝贺热振就任摄政为名，前往拉萨。

莱登拉先是策划擦绒发动政变。擦绒在担任藏军总司令时，就于 1924 年召集代本上书噶厦：(一)“允许武官派代表参加西藏政教重大会议”；(二)“军方军事审判无需通过请示噶厦再行办理，诸事概由藏军总司令部全会自行决定”。[85]这显然是以军干政，十三世达赖喇嘛不能容忍，撤去擦绒藏军总司令职务。十三世达赖喇嘛圆寂后，擦绒“忽然潜逃江孜英人军营中”，“藏中来信”认为擦绒“乃达赖前期之心腹，剥削民款均存英殖民地”，此次潜逃或“惧僧官民众痛恨”或“另有野心媚外”[86]。莱登拉到江孜与他会谈，“劝其统兵协同英兵进入拉萨，举行政治改革”。擦绒以时机未成熟为由，予以拒绝。[87]他后来对黄慕松明确说：“当达赖圆寂时适在江孜，外人有劝其率兵助英人入拉萨行政治上之改革者，以时机未至却之。”[88]接着，在黄慕松启程前一日即4月25日，莱登拉抵达拉萨。他一面刺探西藏地方政府对国民政府派遣大员致祭的态度，攻击国民政府，一面玩弄阴谋诡计使西藏地方政局变动。

龙厦运动恰恰是在这背景下发生的。龙厦成立了一个称为“吉求贡布”的组织，意为“求幸福者同盟”[89]。5月10日，他召集僧俗官员70余人及三大寺主要代表拟定“改革”计划13条。黄慕松入藏途中听闻，其核心有5点：(一)“停止民间差徭五年”；(二)“将各处所囤积之粮食贷与民间，以后不再积谷”；(三)“任官宜按资格，选贤能，严考绩，定任期”；(四)“与中央和好”；(五)“对西康不再用兵”。[90]前两点是解决西藏地方社会的矛盾，第三点针对噶厦制度而来，后两点是改善与中央政府的关系和康藏关系，其进步意义不言而喻，值得肯定。

根据土丹旦达的回忆，龙厦改革运动的核心在两大方面：其一，对去世十三世达赖喇嘛的尊崇和寻找转世灵童。龙厦宣布“将要出现经塔无顶之灾”，“现在若不着手修建十三世达赖喇嘛灵塔，恐怕会引起意外事故”，提出“为了保全政教宏业万古长青，目前最重要的事是寻访十三世达赖喇嘛的转世灵童。吾辈理应全力效劳”。在向噶厦提交的文书中就强调三点，即“请准予修建灵塔”、“尽快寻访十三世达赖转世灵童”、“保全政教宏业万古长青”。其二，改革噶厦制度。龙厦集团成员、俗官米日娃称：僧官们分担了宗教上的忧愁，俗官理应分担政权上的忧愁。他指责噶厦任免官员“极端不公平”，例如：(一)“僧俗官员在任职期间，噶厦规定轮流担任管理糌粑、饲草、柴薪等各项事务，并负责摊派支应。可是我们俗官均有世袭的领地、庄园，一切都有来源。而僧官虽担任助理人员，却两手空空，不好办事。”(二)“掌握政权的四位噶伦中，僧官只有一位”，理应“再增加一位僧官。这样，僧俗双方各有两位噶伦主持政务”。他们把矛头直接指向首席噶伦赤门，批评他“一人独断专行，从各方面都表现着极端的不公道”。[91]这些要求的核心是废除噶伦终身制，僧俗官员之间重新分配权力，即拉鲁所说“主要目的是要实现一定程度的民主”[92]。龙厦将此赋予英国的色彩，认为：“英国的社会制度对西藏很适合。因为英国上有女王，下有办理具体事务的大臣，实行社会选举制度，我们噶厦也应实行这种制度。即达赖喇嘛和摄政王的地位和待遇依旧不变，而且还可以给予至高无上之荣誉，全民予以拥戴，主要对噶厦进行改革，以投票方式选举产生各部大臣，任期为四年。满四年再进行一次选举。选举应公正投票。”[93]

由此可见：其一，龙厦在莱登拉到拉萨之后要求“改革”，又强调改革是仿照英国政制，他是英国走狗的罪名坐实了，英国达到了在黄慕松入藏前利用噶厦内部权力之争摆弄噶厦政局的企图。其二，改革不但要废除噶伦职位终身制，还要剥夺摄政权力，使之虚设，这在当时是根本不可能的，龙厦的失败不可避免。参加 5 月 10 日会议的曲杰尼玛向赤门告密，赤门诱捕龙厦，“以龙厦反对政府，挖其双目，永远监禁，财产充公。株连官吏百余人，除所谓主犯江金贡·索朗杰布、检查官吉朗巴、俗官米日瓦、达赖经书管理员列村·土登格丹、俗官列村·扎木苏尔、僧官扎吞巴、僧官嘎强·丹巴才旺、如本恰巴·旺钦龙拉等判处放逐，财产充公外，其余皆科以罚金”[94]。黄慕松先行入藏的随员蒋致余向国民政府报告：“前捕九人，均有力亲英分子，除龙厦仍监禁外，余流各宗。”[95]

龙厦事件发生后，英国政府竭尽所能进行挑拨。5 月 30 日路透社电挑拨噶厦内部矛盾称：“前任藏军总司令伦夏尔（译音）已遭惨害，闻先被挖目，后始被杀。其人前为达赖喇嘛所信任，今之遇害，想系出于现握西藏政权者之阴谋。”[96]6 月 4 日之电重复该电腔调，称“ 前任西藏陆军总司令隆夏尔五月三十日在拉萨遭人暗害，死状甚惨，先被挖目，后始被杀，其子三人与同志四人现已被逮”。还挑拨西藏地方与中央政府之关系，并向噶厦施加影响：事件发生之因，在于“藏军下级军官四人承认与隆夏尔等结合，拟铲除华人势力，而阻止班禅喇嘛回藏也。此项阴谋之发现，使政府地位愈为稳固；而班禅回藏，亦愈属可能”[97]。

因此，国民政府自然认为龙厦事件与英国有关。石青阳在 6 月 2 日的谈话中指出：“报载西藏前藏军总司令伦夏尔被杀事，未接报告。”[98] 孔庆宗认为：“英帝国主义扶持其走卒攫取藏政，原是一贯阴谋，鉴于擦绒之失败，达赖在世，未敢轻举妄动。今见龙厦登台，乘机促成政变，以图进一步控制西藏地方，破坏其与祖国接近。龙厦有此后台，认为时机已至，又见黄慕松入藏已启行在途，其由海道赴藏之部分先遣人员更距拉萨不远，深恐黄氏一旦到藏，所谓‘亲汉派’必将抬头”，遂发动政变，“谋杀热振、赤门，自为藏王，求英保护”。[99] 蒙藏委员会的报告说：“达赖圆寂后，中央决定派大员入藏致祭，司伦噶厦来电表示欢迎，实有意解决中藏问题。龙厦自知大员到藏，亲汉派必将抬头，本人为反对班禅反汉最力之人，必不见容于大员。故该党徒僧俗官员百余人，拟于中央大员未到藏前谋杀热振、司伦、泽墨噶伦，自为藏王，改变旧制，创立国会，求英保护，拒绝中央大员入藏。”[100]

龙厦事件中有两个问题需要考虑：

其一，龙厦到底是否为亲英分子甚至卖国者。有学者认为龙厦是亲汉派（包括三大寺部分僧人）领袖[101]，而首席噶伦赤门“亲英反汉思想强烈”[102]。有学者从双方面材料，即刘曼卿所著《康藏轺征》及英帝国主义分子黎吉生所著《西藏简史》、柏尔所著《十三世达赖喇嘛传》，强调“龙厦并非亲英分子，他与英国人之间的关系是对立的。所谓‘亲英’的罪名安在他头上是莫须有的”，并批评黄慕松及其随员“入藏伊始，并未对‘龙厦事件’的来龙去脉做一番调查了解，便偏听偏信，凭主观印象，不惜给龙厦戴上亲英帽子，而求自我安慰。同时，也是为了息事宁人，承认西藏地方的既成事实”[103]。然而，不能认为龙厦是受英国左右的，也不能认为他投英卖国。不过，如前所指出，黄慕松入藏致祭的消息就是龙厦秘密通报威廉逊的，英国舆论又作了上述挑拨离间，英国政府后来还认为“1933 年达赖的圆寂导致了西藏两派间的冲突，一派是保守派，它的基础是寺庙和尚，他们倾向于赞成中国；另一派是进步派，它的基础是军队，他们对来自印度的军火感兴趣”[104]。况且，龙厦提出改革恰恰是在莱登拉到拉萨活动及黄慕松入藏前发生的。因此，国民政府把龙厦和擦绒一道列为两名著名的亲英派首领[105]，并非无根据。

其二，龙厦是否以政变推行改革，是否要谋杀摄政热振。有学者认为龙厦“改革的方法则是联络西藏地方政府的中小僧俗官员，建立改革组织，以和平请愿形式进行”，即并非政变。不过，龙厦虽无发动政变之实，但作为藏军总司令却有以武力威胁之嫌；况且要“政治上改革西藏地方原有的封建政教合一的体制，代之以类似西方君主立宪制”[106]，和平请愿形式只能是一种幻想。《中央日报》4 月 4 日称“有人拟危害目前摄政者之生命”[107]。拉鲁指责曲杰尼玛“不仅讲出了他所知道的一切情况，还编造了该组织正在密谋杀害地方政府中的在职噶伦等等骇人听闻的谎言”。噶厦也以龙厦“亲苏分子”、“想在西藏搞十月革命”、“要杀人”、“要毁灭宗教”定罪。龙厦辩护“我们主张噶伦的人选必须经过选举产生，根本没有谋害噶伦的意图”[108]，有学者据此认为“龙厦对‘企图谋杀噶伦’的罪名自始至终没有承认”[109]。但土丹旦达则说：在龙厦鞋中搜出了“制伏赤门·罗布旺杰的咒语”，初审时龙厦“拒不承认”，但在曲杰尼玛“出面对质，一一揭发重大问题后”，龙厦“才低头认罪”。[110] 夏格巴宣称：“一个审查委员会在龙霞的家中找到一些文件，证实了阴谋的存在。他的目的是在谋杀赤门之后推翻政府。”[111]可见，说法不一。根据摄政虚位、废除噶伦制度的情况来看，是否谋杀摄政值得考虑，但对赤门却很难说；热振与赤门对龙厦不同的处理态度也能说明此点。

这样，从土登贡培事件到龙厦事件，噶厦剥夺了十三世达赖喇嘛生前两个侍从的权力，恢复了原有的权力，新的权力格局形成。孔庆宗指出：“龙厦失败后，拉萨政潮平息，西藏地方政府的实权操于噶厦，事实上则入赤门首席噶伦之手。此时摄政、司伦虽在高位，尚徒有虚名，而无实权。”黄慕松进一步认为：噶厦形成了所谓“现政自主派”，它“以首席噶伦赤门为首，掌握大权，朗穷噶伦唯命是听，彭雪噶伦承其意旨，摄政、司伦徒拥虚位，亦与通声气。噶伦以下各级官员多属此派”。[112]英国政府则认为“属于保守派的新摄政王……成功地阻止了敌对行动，保住了自己的权力”[113]。

总之，西藏地方政府的权力格局在十三世达赖喇嘛圆寂前后经历了近侍专权、藏军总司令擅权、噶厦恢复实权的演变。按照西藏地方通制，达赖喇嘛通过司伦问政噶厦，行政大权由噶厦行使，但是达赖通过两名近侍土登贡培、龙厦总揽政教大权，两名近侍尤其是土登贡培凌驾于噶厦之上。他的圆寂，与西藏地方政府激烈的权力之争及当时英国的侵略密切相关。他圆寂后，摄政职位并非按照惯例而是在噶厦反对司伦贡嘎旺秋掌权的情况下恢复的；热振当选摄政，是土登贡培、龙厦和以赤门为首的噶伦等相互间较量的结果。他的圆寂也成为噶厦、龙厦搞垮土登贡培的借口。但是，龙厦设法废除噶伦制度的努力不可避免地失败。这样，两名近侍的权力不但被剥夺殆尽，而且他们本人也遭到处置，噶厦的权力得到恢复，实权落到赤门的手中，新的权力格局形成。

第二节　国民政府遴选黄慕松为致祭大员与英国政府阻挠入藏

民国时期，西藏地方与中央政府的正常关系恢复问题，一直是历届政府面临着的重大难题。国民政府在成立初期尽管派遣文官处秘书刘曼卿入藏沟通意见，也派贡觉仲尼作为慰问专员入藏带去意见，但是一直未实质性地协商解决西藏问题。因此，国民政府一直在考虑如何派遣大员入藏协商，或者由噶厦派遣地位较高的官员入京商讨。十三世达赖喇嘛的圆寂带来了时机，国民政府遴选黄慕松入藏致祭，与噶厦协商，努力解决西藏问题。由于学术界对黄慕松入藏做了一定的研究[114]，但是对于蒋介石的有关考虑及英国政府如何阻挠缺乏深入的研究，本节下面就此进行探讨。

一、黄慕松：入藏致祭大员的合适人选

十三世达赖喇嘛圆寂之初，噶厦“内部意见不一，其倾向中央与乘机思逞者，各欲行其主张”[115]。显然，是否禀报中央政府，一时相持不下。最终，噶厦决定禀报，“藏中来信”就此指出：“达赖圆寂后，外界鲜有人知，即与其临近之强邻亦不得详情，是为向来规章，务须先呈报中央政府认知（在民元前先通报内务大臣而后公诸民众）。”[116]因此，在十三世达赖喇嘛圆寂后三天才于1933年12月20日致电西藏驻京办事处，将十三世达赖喇嘛圆寂、“藏中事务暂由司伦及噶厦负责处理”一事“呈报中央”[117]。

最早得到消息的应是参谋次长贺耀祖、黄慕松，他们于12月21日即以蒋介石名义“径电吊唁”，并向他作了汇报。依此，蒋介石此时才知十三世达赖喇嘛圆寂。是否派大员入藏，其任务如何，在国民政府内外引起争论。贺耀祖、黄慕松向蒋介石提出：“藏事得失，此时实大关键。职等拟请由中央给予达赖以身后哀荣，拟迅派大员入藏致祭，藉谋解决藏事及继任问题，请径电行政院速予施行。”[118]时人也强调必须派大员入藏宣慰，因为十三世达赖喇嘛圆寂，一则给九世班禅喇嘛返藏带来时机，而这“实为中央政治力量伸入西藏之绝好机会”[119]；二则“即现解决康藏纠纷之先机”。他们认为：“中央此次如果处置得当，则历年危机四伏之藏局可即归于安定，而西部边陲亦可从此渐趋巩固矣。”[120]蒙藏委员会也认为可以借机设法解决西藏地方与中央政府的关系，呈文国民政府明确指出：“窃查达赖大师圆寂，政府笃念勋劳，备极褒崇，并特派专使入藏致祭，藉谋旧有关系之恢复，杜绝觊觎，固我边围。筹边大计，莫逾于此。”[121]但是，有人反对，认为西藏问题非常复杂，“恐非简派大员，空言宣慰，所能济事”[122]。还有人认为，只有在“国力足与英人争一日之短长”时才能解决西藏问题，目前“派员宣慰，不仅无济于事，且恐徒取意外之耻辱”，因而最好是“派一素为藏人所敬仰之人物，前往致唁，远较宣慰有益”。[123]各有理由，莫衷一是。

虽然蒋介石一时对“藏中情形有无变化，尚不可知”[124]，但是他当即作出两点决定：其一，按清例，“凡蒙古汗、亲王、郡王等，应派散秩大臣一员致祭。乾隆年间第六辈班禅额尔德尼在北京圆寂，即派亲王致祭”；“颁给玉册玉印，即追封大师之玉册、玉印。大员到藏后，应先举行授册授印典礼，再举行致祭典礼”。[125]他采纳贺耀祖、黄慕松二人派遣大员入藏的建议，致电汪精卫“斟酌以

往中央对藏之史实及中藏关系之现情，妥予核办为荷”[126]。其二，安抚噶厦。12月21日，蒙藏委员会委员长石青阳致噶厦唁电慰问，国民政府以十三世达赖“主持西藏政教，倾向中央，巩固边陲”，明令褒崇，在国民政府成立初期即封达赖为“护国弘化普慈大师”的基础上追封为“护国弘化普慈圆觉大师”。[127]这个封号具有特别的意义，不但继续强调十三世达赖喇嘛是“护国”的，即“护持正教，翊戴中华”[128]，而且“照清朝所封字样加了圆觉两字”[129]。

作出这两项决定后，蒋介石于12月25日致电“拉萨司伦、噶厦并转全藏僧侣官吏民众同鉴：全藏僧民来电均先后接悉。达赖大师遽示圆寂，震悼殊深。中央业已追赠封号，特予褒崇，并定派遣大员入藏慰唁致祭。西藏为国家屏藩之寄，中央视如手足，利害与共。对于藏事之处理，均一本向来亲爱维护之至诚出之，继续无间。务期益加亲善，断非任何人所能摇惑鼓动。切盼各安职业，力维秩序，勿用惊疑。贡觉仲尼诸君在京，一切情形当随时向其咨询实况，妥为处置，幸勿顾虑，希布告大众，咸使闻知”[130]。这封电文明确指出了要派遣大员入藏致祭，强调西藏为中国领土的一部分，中央与地方要团结一致共同对外。

蒋介石12月25日之电在噶厦内部引起强烈反响，爱国派“深知西藏只有返回祖国怀抱始能得救”[131]，他们与亲英派的斗争激烈起来。对于噶厦来说，其一，国民政府派大员“入藏举行册封致祭，以示褒崇”，这关系到“推崇达赖”，噶厦“殊难拒绝，只得表示同意”。其二，岗托停战协定第一条规定“汉藏历年悬案，听候中央及达赖佛解决”，依此，双方早有酝酿国民政府“派员入藏与达赖直接商谈藏事”，“南京经致达赖表示此项意见之电报，仅距达赖逝世前二小时到藏”。因此“南京派员致祭，藏方亦不感觉突然”。[132]除这两个原因之外，十三世达赖喇嘛圆寂前曾草拟遗嘱，强调两点，分别表明对英国与中央政府的态度：“维护佛教，勿使外国基督教或其他宗教乘隙侵入，以混乱西藏佛教之系统，并嘱司伦噶厦，应秉承达赖生前主张，对于中央仍竭力拥护，以维汉藏情感。”[133]换句话说，防止英国乘乱入侵，“对中央则必须修好”[134]。因此，西藏许多人士“久望汉官入藏，一切惟中央是听”[135]。12月24日，噶厦致电驻京办事处“对中央大员入藏一节甚表欢迎”[136]。

蒋介石把大员入藏致祭作为“图谋解决西藏地方问题的一个重要步骤”[137]，其人选自然十分重要。他与汪精卫连日电商入藏大员人选，主要有四位，即石青阳、戴季陶、黄慕松和温宗尧。戴季陶一度“最有望”“赴藏为适当”，但他“因政务羁身，究竟能否成行，尚待考虑”[138]，即是说，蒋介石并不打算派他前往。

石青阳作为西藏事务的主管长官，也“颇思入藏一行”[139]；蒋介石也一度决定“由石青阳前往”，“并电西藏征求同意”[140]。因此，石青阳拟了入藏路线，“原定乘飞机出发，因值冬令，驾驶不便，遂决定由沪乘轮赴东印度，再往尼泊尔入藏，往返行期约六个月”[141]。但是，蒋介石最终决定不派石青阳，在决定派黄慕松后于 1934 年 1 月 11 日致电石青阳，说明最终为什么不派他的原因：“兄不辞跋涉，愿亲入藏解决藏事，许国忠诚，至为佩慰，原甚赞同。惟据日前军委会转来青海马主席截获达赖圆寂前致海南各寺院之电中，有兄接任蒙藏委员会长、推翻中藏和好之语，似藏方对兄不无误会。藏人头脑简单，先入为主。为谈判融洽、解决顺利计，似尚有待于切实疏解耳，不审高明以为然否。”[142]石青阳也意识到自己的不可能：“本人原有意申请入藏勉尽主管边事的职责；但想到老病之躯，恐难胜长途跋涉冰川雪岭之苦；亦思取道印度较便，又恐中途遭英帝国主义的阻挠破坏，反误大事。且行政院多数主张专使入藏，必须通过西康，自履国土，不仅较为安稳，并可沿途实地了解康藏界务纷争等情况，因此，本人即打消原意。”[143]至于温宗尧，参谋本部“曾非正式推荐”，只是担心他“年事已高，恐不愿出山”[144]；汪精卫也打算派温宗尧。蒋介石则致电汪精卫说：“顷据黄次长慕松电告入藏致祭解决藏事，请另派大员领导，彼则随同襄助，并经以此意向兄奉陈等语。按入藏人选，应以有资望有历史而得藏人信仰者为最要件，自以温宗尧为最宜。请兄征温同意，促其为国一行。弟意如派温，即不必再派黄。弟于温黄之间，初无成见。请院径行决定为盼。”[145]据此电来看，蒋介石决定遴选黄慕松，认为如果派温宗尧，就不派黄慕松，实际上反对派温宗尧。

蒋介石之所以遴选黄慕松，是因为：其一，黄慕松属于蒋介石的黄埔系，1925 年担任过黄埔军校高级班副主任。在国民党政治中，派系关系十分复杂，派黄慕松入藏，蒋介石比较放心。其二，从地域政治关系来说，国民党中央要人主要分为以蒋介石为代表的浙江派和以胡汉民、汪精卫、孙科为代表的广东派。黄慕松是出生于梅县的广东人，蒋介石以他出使，广东派自然会支持。其三，黄慕松毕业于日本陆军士官学校，1913 年担任北京政府国防考察委员、陆地测量总局局长，1929 年至 1934 年先后担任参谋本部测量总局局长、参谋次长兼边务组组长、陆军大学校长。其间于 1933 年奉国民政府之命入疆，设法利用盛世才推翻金树仁造成“不稳之机，直接统治新疆”[146]。这些表明黄慕松特有的学识与经验：懂军事，懂国防，而派人到在国防上具有重要地位的西藏、新疆，自然以军事人才较适宜；熟悉边疆政治、经济与地理状况，“深得边陲同胞之信赖”[147]。噶厦表示欢迎，青海南部、西康西部藏族部落领袖也“均一致拥护”[148]。英国政府则注意到黄慕松十分得到蒋介石的信任，1933年曾到新疆解决当地军阀的武装冲突[149]，将其视为对英国不利的人选[150]。

从上可见，国民政府在十三世达赖喇嘛圆寂前夕就在考虑派遣大员入藏。十三世达赖喇嘛圆寂之初，虽然国民政府决定派大员入藏，但是其任务是“宣慰”还是“吊唁”或两者兼而有之，一时未定；“人选亦未定”。[151]蒋介石决定既吊唁也宣慰，把大员入藏作为“举行册封致祭且取得与西藏地方上层直接商谈解决藏事的重要步骤”。他决定派遣黄慕松入藏，因为黄是当时最合适的人选，孔庆宗指出：“其实当时蒋介石并不十分信任石青阳，故以军事骨干分子黄慕松代之，以便直接掌握西藏情况，其后黄氏返京，即接替石氏充任蒙藏委员会委员长，可见其真意之所在。”[152]对石青阳如此，对温宗尧更如此。在这种情况下，黄慕松的提名获得国民政府要员一致的同意。他对入藏充满信心，称自己“颇关心边务，参谋本部成立边务组以来，曾躬与其事，与边地同胞，时多接近，此次奉命西行，当无间隔”[153]。

1月12日，国民政府发布命令特派黄慕松为致祭护国弘化普慈圆觉大师达赖喇嘛专使，规定“其任务有三：（1）举行追赠达赖册封典礼；（2）代表政府致祭达赖；（3）乘便解决中藏问题”[154]。同时，外交部次长刘崇杰告知英国驻华公使兰普森，黄慕松会利用致祭之机讨论一些主要问题。[155]虽然如此，但是国民政府对此并不满意，报载十三世达赖喇嘛生前的掌粮官程文渊、李梦兰到南京，1月27日请愿五事：（1）“如中央不愿放弃藏地，尚怀念藏民，则请政府设法驱除西藏宵小，改良政治，以救藏民”；（2）“请政府派大员挟有实力护送班禅回藏，监督西藏政府，改良一切政治”；（3）“在达赖已死，即应由班禅大师主教，总持一切。代表谨以诚意欢迎其早日回藏，望政府俯顺群情，早颁明令，其促西归”；（4）“入藏大员，须赋以考察指导一切政治教育军事财政各权，遇有陋政，随时改良”；（5）“西藏现在已另成一奇特之地，既非国家，亦不属人，普通愚民久不复知为中国领土，政府苟不早图补救，恐最近时间即有满洲第二出现，恐连名义上为中国领土之虚名亦非我国所有。望矜悯藏民痛苦，轸念藏局危机，迅予重援”。[156]但在1月28日，贡觉仲尼就否认说：“考桑彭错，汉名程文渊，北平籍，被藏政府严缉，卷其所有潜逃于噶伦堡（印度噶伦堡）。父曲罗者，汉名李茂兰，亦内地人，尝流落于拉萨印度尼泊尔之间。当程文渊亡命噶伦堡时，李适在彼，同为西藏所弃，此次竟敢冒称西藏三大寺及僧官民所派代表，巧言簧鼓到处招摇，甚至相偕至各机关谒见当局，分庭抗礼，实行蒙骗手段，敝处除分呈军会参谋部蒙会各关系机关彻查严惩外，并已电藏政府报告。”[157]2月14日，行政院指出特派黄慕松入藏目的“借谋旧有关系之恢复，杜绝觊觎，固我边圉”[158]。黄慕松入藏，“表面虽是册封致祭，而实际则有同时观察藏情，相机与西藏地方当局交换关于解决西藏问题的政治意见”[159]。

二、蒋介石演讲解决西藏问题的政策和拟定入藏大员指导原则

致祭大员人选确定后，黄慕松入藏前，蒋介石着手调整解决西藏问题的政策，并据此拟定入藏大员与噶厦协商的指导原则。

日本发动九一八事变后，国民政府对解决西藏问题的政策作了调整。十三世达赖喇嘛圆寂时，中国严重的边疆危机主要表现为：“外蒙古见夺于俄人远在日本夺取满洲之前，而国联会毫未动容，内蒙古之一部分已被合并于‘满洲国’之内。西藏于中日战争之时已被最近逝世之达赖喇嘛于无声无息中拱手奉于英人。此外新疆亦为英俄两国所争攘，且正利用当地部落以互争雄长。”[160]其中就英国的侵略而言，其特点是它在西藏、新疆、云南同时动手。除西藏不必说外，对新疆、云南的侵略举例来说如：1933年12月，英兵侵入云南葫芦王地。1934年1月，南疆出现所谓“东土耳其斯坦伊斯兰共和国”，《巴黎时报》指出：“英国对此西藏附近之反对汉人反对波尔希维克之政府，具有最严重之立场以援助之。”[161]1934年6月20日左右，云南省报告：“英人由班况班弄东侵，已越过怕唱山，直趋永邦，复攻班老，烧毁民房甚多，并迫令班老投降。”[162]值得指出的是，除英国企图侵略西藏外，日本也觊觎西藏。它利用十三世达赖喇嘛圆寂之机“派遣浪人取道尼泊尔入藏，图谋破坏”[163]。

对西藏问题的处理，是在此严重的边疆危机下进行的。3月7日，蒋介石在南昌北坛官邸演讲《中国之边疆问题》。这是国民政府处理边疆问题、“在各个帝国主义利害冲突之中求生存之路”的指导性文件，其中心可以概括为两点：

其一，中国因国力不够，对边疆地区只能采取“柔性的政策之羁縻”。蒋介石认为，“边疆问题实到处牵涉外交问题，盖谈东北与内外蒙古，不离对日俄之外交，谈新疆西藏不离对英俄之外交，谈滇桂不离对英法之外交，故中国之边疆各方面皆有问题，而每一方面又常常牵涉多角之外交关系，包含国内国外诸多复杂之问题”。他提出，“解决边疆问题之方法”不外两种，“一即刚性的实力之运用，一即柔性的政策之羁縻”，而国民政府在国家实力不够、无暇顾及边陲的情况下，只能

采取“适当之政策”，如此，“边疆问题虽不能彻底解决亦可免其更加恶化，将来易于解决。否则，必将坐失时机，坏国家百年大计也”。他批评过去的中国政府“因不认识自己之环境与实力，对于边疆，向无一定政策，一面既不肯放松，一面又无实力顾及，在此既不能收又不能放之情势下，眼见边疆多故，情形日益恶化而束手无策，甚至直接间接酿出许多大祸”。

其二，“实行‘五族联邦’，加紧充实国力，乃今日应付边疆问题之唯一有效途径”。蒋介石认为，“诚以国家大事，完全为一实际的力量问题，国际关系，乃纯粹决于实际的利害打算，依此而筹边，在今日情势之下，虽欲不放任，事实上也只能放任。放任自治，则边民乐于自由，习于传统，犹有羁縻笼络之余地，外强中干，则诸族隔于感情，惑于大势，绝无把握统治之可能”。因此，目下最适当之“柔性的政策”，即效法苏俄联邦制，本汉、满、蒙、回、藏五族共和之精神，依据孙中山的“国内各民族一律平等”的原则，实行“五族联邦制”，即中国“除本部应为整个的一体以外，边疆皆可许其自治而组织五族联邦之国家”。同时，中国宜“一面机警慎密周旋于列强利害冲突之中，一面努力整顿内部，巩固国基，充实国力，一旦国际大变发生，即可乘机奋起，统一复兴”。[164]

总之，蒋介石在中国国力薄弱而无力对付列强侵略的情况下，对边疆只能实行羁縻政策，实行“五族联邦制”政策。这就是他在新形势下为国民政府拟定的处理西藏问题的基本政策。

在做出这个演讲的前后，蒋介石指示参谋本部、蒙藏委员会等有关单位进行研究，自己也同汪精卫、戴季陶、石青阳、黄慕松往来电文协商。2月12日，来自南京的一封专电透露了协商的基本点。总原则为“除外交、国防及各国通商等重要交涉归中央负责外，其他问题仍由藏政府自行处理”，具体为：其一，“为沟通中藏隔膜，决恢复驻藏办事处”，“驻藏大员，由中央遴选廉洁人员担任，如有贪污及虐待情事，容许藏民随时控告严惩”。其二，班禅须返藏。“班禅回藏后，决以藏民意旨为意旨，中央并将促进其建设，完成近代之自治政府。”其三，关于康藏划界，“如藏方承认中央有宗主权，对于外交秉承中央命令办理，仍照藏方意见亦无不可”。其四，关于国防与军事，“对外国划界，将向英国交涉划清，以免纠纷”；“避免藏民误会起见，派军入藏之议业已取消，但对藏军加以训练，使合于时代化，而巩固国防”。其五，其他方面，“对于达赖、班禅原有薪俸及三大寺津贴，一律仍照前清律例照给”；“劝藏地青年至内地就学及服务中央，以敦感情”，并“在拉萨办一汉藏报社，宣扬政教，消除隔阂”；交通与贸易方面，“先完成主要各汽车道及飞行场，并豁免中藏一切关税，保护藏商至内地贸易”。[165]

这些原则是在蒋介石演讲《中国之边疆问题》之前拟定的。虽然已经涉及要解决一些具体问题，但是各原则尚不十分清楚、具体。因此，蒋介石并不满意。他在演讲《中国之边疆问题》的同时，致电汪精卫强调：“此时中央对于藩属政策，则以五族联邦与民族平等为号召手段，则惟有联络感情与沟通文化为媒介。一面则设法开辟交通，先设航空邮路为起点。何如，请与季陶先生一商之。”[166]他指示军事委员会、内政部、外交部、蒙藏委员会、参谋本部按照《中国之边疆问题》确定的基本政策，分门别类地列举出具体的“解决西藏问题之最高原则”。

其一，关于外交者，规定：(1)“西藏为我国领土，所有应行解决之各种问题，均属内政范围，应由中央与西藏地方政府直接交涉，避免外人干涉。”(2)“西藏过去如有与外国订立条约未经中央承认者，应呈报中央审核处理。”(3)“俟西藏各种问题均有具体解决办法后，由政府与各关系国以平等互惠为原则，另订关于西藏之通商条约。”

其二，关于政治者，规定：(1)“恢复中央与西藏原有之统属关系。A. 中央与西藏仍照前例安设驻藏办事长官。B. 西藏改派负责代表，设立驻京办事处。C. 西藏地方政府之最高级官吏，应照旧例呈请中央任命。D. 西藏地方政治组织如有未臻妥善之处，应依据中央法令，参酌当地特殊情形，详议改善办法。E. 汉藏人民通商旅行，应准绝对自由。F. 西藏地方建设事业，在经济上人才上中央应量予协助。”(2)“确定康藏界址。A. 太昭嘉黎以东三十三县原为清末西康建省区域，但藏方颇多异议。本条第一项统属问题如能解决，界址问题不妨酌予让步。B. 昌都位于西康中部，为川、康、藏、滇、青交通枢纽，在军事上尤占重要地位，必须划入西康范围以内。C. 康藏界址确定后，应即树立碑石，以免日后纠纷。”

其三，关于军事者，规定：(1)“西藏地方军队应确定名额，由中央派员指导训练，专负维持地方治安之责。”(2)“西藏西南边界之国防建设及国防军之统率由中央统筹办理。”(3)“西藏地方为自卫计所需枪械由中央发给，不得向外购买。”

以上三方面为国民政府“对于解决西藏问题之最高原则，其具体办法由入藏大员与西藏地方当局评商拟定，呈候核夺”[167]。这些规定的中心是：要求西藏地方政府同中央政府直接协商解决西藏问题，外人不得干涉；中央政府按前例在藏设立驻藏办事长官，西藏地方高级官员须呈请中央任命；西藏地方军队由中央派员训练，枪械由中央发给，专负维持地方治安之责；西藏西南边界之国防建设及国防军之统率由中央统筹办理。这些原则具体而全面，不仅基本上是按照乾隆五十七年后确立的西藏地方与中央的关系准则拟定的，而且将要解决的各种问题的基本原则都列举出来了，其重要意义不言而喻。蒋介石以此作为“大员入藏训条”，至于具体办法由黄慕松与噶厦协商，然后由黄“呈候核夺”。

这样，国民政府就以十三世达赖喇嘛圆寂为契机，遴选了入藏大员，确立了解决的基本政策与具体的指导原则。这体现了国民政府竭力恢复西藏地方与中央的正常关系，因此时人认为“藏人对中央之态度何如，系于黄使此行者甚大”[168]。问题在于：一是国民政府对西藏噶厦、贵族集团内部自主派、亲英势力的态度不了解，对困难估计不足；二是中央政府是否有能力、有决心反对英国的破坏阻挠？黄慕松在拉萨所面临的现实问题，更为复杂棘手。

三、黄慕松入藏问题：启程日期、入藏路线及随行人员

十三世达赖喇嘛圆寂之初，英国政府虽然一时难以判断会产生什么影响[169]，但认为“中国政府立刻意识到达赖喇嘛圆寂给它带来了解决西藏问题的机会；这个机会是它自 1913 年之西姆拉会议流产以来一直等待着的”[170]。国民政府发表黄慕松入藏命令后，英国政府一方面“多方搜索我国派员入藏之用意”[171]，一方面讨论采取什么新政策。它“明知南京派员入藏可能打开共（此字应删掉——引者）控制西藏、封锁内地与西藏往来的缺口，自非所愿；但因此事已为西藏地方当局所接受，遂亦暂时缄默”[172]。它虽然宣称不反对黄慕松入藏，即使其目的不仅仅是致祭[173]，但是于 2 月 27 日决定对藏政策三原则：“(1) 维持原有西藏（Tibet Proper）即外藏（Outer Tibet）的完整与自治；(2) 维持一个有力的噶厦，使之能维持西藏这个位于印度边界缓冲国（Buffer State）的和平与秩序，西藏情况的变化对邻国锡金、不丹必定产生重大影响；(3) 维持西藏不受除中国以外的俄国或其他列强的影响。”这几项原则，同它宣称要“调解”康藏冲突期间拟定的基本相同，它宣称：“这些原则是英国容忍中国在藏影响的限度。”[174]

在这三项原则下，英国政府除了如上所指出竭力左右西藏地方政府外，还采取几项具体的侵略措施：其一，虽然英国政府未能出面直接阻挠，但是英国舆论明确反对国民政府派遣大员入藏致祭，宣称：“中国政府意欲乘达赖丧事之机会，作一种姿态，俾令边远人民发生拥护之印象，冀藉此以抵消因丧失满洲已损之威望。”[175] 其二，继续在噶厦内亲英派、“大西藏”“小西藏”与康藏纠纷、班禅返藏等问题上大做文章，苏联《真理报》载文《帝国主义者在西藏之阴谋》指出：“西藏为英帝国主义掠夺殖民地政策中一最重要之部分。英人在西藏建立一军事团

体与军队，并利用其军队以推进其向中国遂行军事行动之目的。此项军事行动至达赖圆寂时尚未休止，最近且又复活。英帝国主义已用蚕食外缘土地之方法令‘大西藏’变成‘小西藏’，现时则努力牺牲中国其他部分之领土以扩大之，同时将以西藏之菜汤以佐其鲸吞此等领土之工作，故彼之反对班禅回藏乃极自然。”[176]其三，加紧经济侵略中国西藏，北平通讯说：“达赖圆寂后，印度商人更进一步将西藏红花青果改制各种食品，销售于西藏、青海、甘肃、新疆。又因宗教派别关系，联络后藏青海红教徒、后藏红教嘛嘛甚众，印度人受英人之指导，向后藏扩张宗教势力。其预定计划，拟以宗教商业之联络，实行印藏合作事业。”[177]莱登·拉就是在这些具体侵略措施下前往拉萨“大为活动”[178]的，先行入藏的蒋致余致电国民政府汇报了英国图藏的大致情形。

正是在这种情况下，中英两国政府展开了激烈的交涉与争论，其特点是：表面上为噶厦与国民政府协商各种问题，英国政府则在背后插手，同时向国民政府施加影响。黄慕松的明令发表前及之后，一场围绕黄慕松入藏问题的争论随即开始。

首先是黄慕松入藏的日期问题。1934年1月8日，噶厦电令驻京代表贡觉仲尼等呈文蒙藏委员会：虽然入藏大员之明令“尚未发表，代表等理宜静候”，“惟兹事既经征得西藏同意，应请迅速办理，免劳远人跂望。京藏间道阻且长，大员出发及藏中欢迎，彼此一切筹备，均需时日，更以从速为宜。为此具文呈恳钧会鉴察，转请速派大员入藏，早日出发，以慰远人而利边局”。[179]此呈文提出后，特派黄慕松为致祭专使即于1月12日“先行明令发表”，然后送请国民党中央政治委员会追认，再由行政院会议通过，“以符法定手续”。[180]可见，国民政府在噶厦的催促下很快就发布了命令，1月17日蒙藏委员会致电噶厦传达此明令。

但是，黄慕松未能“早日出发”。1月18日，黄慕松左右说：黄奉令后即与贡觉仲尼“会商一切”，国民党四届四中全会“已定明日开幕，黄次长须出席，故入藏之期须在四中全会开幕再与各方商谈后，始能启程”[181]。全会于1月20日至25日召开，入藏之期应在此期间商量好。但到2月5日，黄慕松对记者称自奉命入藏后“即筹备一切，现大致就绪，俟再与中央商决一切后即行首途”[182]。2月13日，《中央日报》称黄慕松虽然“尚未定确期”，但“定月内可成行”[183]，即2月内成行。次日却报载行政院秘书长褚民谊的谈话，称“致祭达赖专使黄慕松入藏之期须在一个月以后”[184]。2月23日，《中央夜报》虽然称黄慕松“入藏期已定”，但未说具体日期。[185]3月8日石青阳说“黄专员入藏之期定在下月间”[186]，

3月18日《中央日报》进一步称黄慕松“定下星期首途西行”，他“将先遣副官二人，并借用卫兵二十人为卫队，今（十八日）即首途先行”，3月17日蒙藏委员会还为黄慕松饯行。由此看来，终于决定3月内启程。但就在饯行席上，石青阳却“因疾未到”，由副委员长赵丕廉出面主持。[187]

是什么原因使黄慕松推迟行程？综合来看有三个：其一，须与九世班禅喇嘛派到拉萨的代表安钦返京后协商。4月3日，班禅驻京办事处处长朱海山称：已接到安钦4月1日自加尔各答关于“偕西藏各大寺院代表五十余人启程来京之电”，4月15日可到上海。[188]其二，3月，黄慕松到北平与何应钦、黄郛协商。其三，需等候追封十三世达赖喇嘛的玉册玉印。黄慕松也说“留京候玉册、玉印镌成，即行西行”[189]。4月5日《中央日报》称：“因国府追封达赖之玉印现在苏州铸刻，旬日后方可竣工”，因此黄慕松“故须本月中旬始能离京西上”。[190]4月9日则称黄慕松已定4月20日启程。[191]4月20日称：“闻黄氏原有于本月中旬启程之说，近以参谋部及陆大校务须待亲自料理，兼以国府追封达赖之玉印尚未铸就，致未能如期成行。”黄慕松左右4月19日说“黄次长行装大致摒挡就绪，一俟玉印铸就，即可启程，经川入藏，行期约在本月二十六日”[192]。

虽然玉册玉印的雕铸需要一些时间，但是在确定入藏大员人选后即可抓紧完成。黄慕松北平也可以不去。从气候来看，如果1月或2月动身，道路冰雪未化，4月下旬比较适宜。不过，从川康入藏的刘朴忱等人是3月下旬动身的，可见黄慕松也可以提前，4月下旬才启程显有他因。噶厦首次催促大员入藏是在热振出任摄政之后，此后就未再催请，而土登贡培事件、龙厦事件接踵而来，黄慕松等待安钦返回了解情况与此大有关系。因此，他启程和入藏时间主要取决于西藏地方政府权力格局的变化情况。如在他抵达拉萨时，权力格局变化基本上可以告一段落，他5月7日离开成都时向国民政府汇报说“约计路程站数，到达拉萨须四个月以上”[193]。

其次是黄慕松入藏路线及其随员的问题。这是与启程和入藏时间问题的协商同时进行的。当时的入藏路线有三条，一是由西康打箭炉经大雪山入藏，二是由新疆经后藏到拉萨，三是经由印度。前两条“即使途中不生阻碍，亦需三月”，后条“只需月半时间，即可到达”。[194]英国认为：如果黄慕松经由印度，英国就能关注其活动并减少国民政府在康藏边境制造“麻烦”；更重要的是，防止黄慕松经由陆路带领大批卫队入藏，而此种卫队出现在康藏地区，会带来英国不想看到的影响。[195]因此，其前后任驻华公使兰普森、贾德干均宣称英国乐意为黄慕松经由印度入藏提供方便。[196]

如前所指出，蒋介石最初决定派石青阳入藏，石青阳曾拟定“由沪乘轮赴东印度，再往尼泊尔入藏”[197]。不过，黄慕松也并非立刻就决定经由川康入藏；从内地前往，是经由青海还是四川、西康，也有考虑。1月13日，他称：“入藏路程共有三路可达，一经川康，一取道印度，一转俄道。究取何道，亦待斟酌，务求便利。”[198]随即，国民政府决定黄慕松由川康入藏，因为：其一，按前清惯例，中央大员入藏取道川康。其二，“由印度入藏，须经过几个旁的国家，有所不便，且不能目击康藏边境上种种重要的事情”[199]。2月13日，《中央日报》称黄慕松的随行人员唐柯三、林东海、高长柱等“决由海道先行”，但黄本人“究取道青海抑由四川入藏，犹未定”。[200]2月14日，行政院秘书长褚民谊发表谈话，证实此点。[201]大致到2月下旬、3月上旬，国民政府终于决定黄慕松由川康入藏，这样“既可以对边境同胞宣扬中央的德意，复可以视察康藏纠纷的种种因果关系”[202]。3月9日，石青阳还称：“由成都至拉萨共七十四站，需时约九十日。至金沙江以西至拉萨须经过大山七座，均须越岭而过，行走颇为不便……如无雨雪阻滞，则百日可达。”“如经青海而往，在京至青海一段现有飞机汽车，交通较为便利，但由青至拉萨沿途缺乏站台，安息困难，且亦须经过几座大山，交通亦甚不便，以时间计算，亦须百日。故予意拟由川康大道而往，比较妥当。黄专员亦拟取是道。”[203]

英国政府对此表示反对，宣称英国虽然为黄慕松经由印度入藏提供方便，但条件是其随行人员尽可能减少，而且不能携带卫队。[204]黄慕松明确表示先行人员经由印度，而其本人经由陆路。[205]参议蒋致余与秘书王良坤、参议巫明远分别于3月18日、4月12日偕同噶厦代表阿旺扎巴，“携带达赖治丧等费及各种礼品”[206]，“由京出发先行，由印入藏，调查藏中情形，并筹备行署、接洽册封致祭之日期各事宜”[207]。蒋致余、王良坤于5月23日到达拉萨。3月28日，总参议刘朴忱，参议林东海、陈敬修，医官王兆奎，秘书李国霖，副官高长柱等“先行赴川，筹备西行衣食住行及礼品各项事件”[208]。英国见黄慕松“不由海道”而“无法阻挠”。[209]

至于噶厦，一度“以遵海道由印入藏为请，而以由川入藏地方贫苦、办差无力为辞”[210]。它指示驻京代表贡觉仲尼等：“所陈黄专使莅藏路线，如非经由四川不可能时，为免藏边乡民惊恐起见，自中央所派官员及随从外，务请从简。此间候使节莅临边境，即派员随带护从保卫。专使何时启节，该代表等务速电告，以便知照察木多噶布伦。”[211]显然，它反对的原因，是担心黄慕松以带随员为名，乘机“率川康军入藏”。

黄慕松指出：“余之立场，尊重中央体制，专使行署人数，西藏故无庸过问也。”[212]但是，国民政府并无乘机出兵解决西藏问题之意；对黄慕松随从人员的考虑也着重于能够协商解决问题。1 月 13 日，黄慕松称：“是否组织专署，现亦未定。但际此国家穷困，余当力求撙节，俾不虚糜公帑，组织切忌庞大。随行人员，只望能做事，并不在多。”[213]他呈文行政院，提出随行人员的遴选以“必能熟悉藏情”为准，“拟就京内各机关物色调用”，并要求保留所选人员的“原职原薪”，俾使“安心服务”。[214]国民政府以蒙藏委员会委员（实际负责蒙藏委员会常务）的刘朴忱为黄慕松行署总参议并兼任研究组组长，以外交部参事林东海和参谋本部边务组专门委员蒋致余任参议，以蒙藏委员会总务处长陈敬修为文书组组长，以驻加尔各答总领馆三等秘书王良坤、蒙藏委员会编译李国霖为秘书。随行人员尚有唐柯三、高长柱、王维崧，唐柯三“熟悉藏情”；高长柱为参谋本部参议，曾随黄慕松到过新疆[215]；王维崧为黄慕松妹婿，任参谋本部测量总局股长兼陆军大学军需主任。此外，蒋介石 3 月 7 日就黄慕松随员的组成致电汪精卫：“此次慕松兄往藏，最好带有思想与智识之僧人数名同行，并使其久驻在藏，一面学教，一面联络，以固藏人向内之心。”[216]因此，噶厦的担心是多余的。它在了解这些安排后表示赞同取道川康。4 月 10 日，贡觉仲尼就此强调：虽然噶厦来电表示希望黄慕松“经海道入藏，一因西藏僧众甚望在第十四世达赖降生前致祭达赖第十三世，一切均可办完；二因黄专使一行人多，如经西康，则沿途地方恐未能招待周至。但经黄氏表示此为中央明令，后西藏当局即专电到京表示尽力保护”[217]。

在上述情况下，4 月 26 日，黄慕松启程飞赴成都与刘湘会晤。5 月 10 日，到雅安征询刘文辉的意见。7 月 8 日，抵达昌都。8 月 28 日到达拉萨。英国注意到先行入藏人员有 7 名（包括随从）；黄慕松一行 37 名（不包括黄慕松本人）。[218]其中，黄慕松带有两个排约 50 人的卫队和一个杂技团。无论是英国政府还是噶厦，都不再担心黄慕松乘机带兵入藏解决西藏问题。

总的说来，蒋介石遴选黄慕松入藏致祭并借机解决西藏问题，设法利用十三世达赖圆寂之机恢复西藏地方与中央正常政治关系，拟定了解决西藏问题的基本政策与处理原则，其特点为在五族共和下赋予噶厦极大自主权力，国防与外交由中央政府负责。在当时的情况下，黄慕松是入藏最合适的人选。他根据需要挑选随行人员，确定出发时期和入藏路线。由于他是军人，又是民国以来首次入藏的中央政府大员，英国政府表面上“欢迎”黄慕松由海道经印度入藏，实际上是担心他乘机带兵入藏；表面上缄默，实际上予以阻挠。

第三节　黄慕松入藏致祭与协商解决西藏问题

在黄慕松启程后和在拉萨期间，又一场争论与交涉开始。他启程前对记者称：“鄙人此次奉派入藏，代表国府专诚致祭达赖。在拉萨预定勾留两个月，向藏中人士宣达中央意旨。”[219]按此，他本打算在1934年10月底前能够完成任务返回南京。但由于“宣达中央意旨”很难完成，他推迟了一个月，于11月28日动身，而且问题未能根本解决。整个争论的中心是：西藏与国民政府的政治关系是地方与中央的关系，还是“檀越”关系？另有四个问题由此派生而来，即：按照什么方式欢迎黄慕松的到来？黄慕松入藏后如何赠送礼品和朝拜各寺院？是先册封十三世达赖喇嘛还是先致祭？是先协商解决九世班禅喇嘛返藏、康藏纠纷还是西藏地方与中央关系的问题？

一、按照传统举行：迎接黄慕松的仪式和册封致祭诸问题

由于黄慕松是民国以来第一个入藏的中央大员，如何迎接和欢迎摆在噶厦的面前。暂时未找到有关材料说明噶厦是如何讨论的，但其结果是噶厦按照惯例来做的。黄慕松启程后，热振“通饬昌都各地，于黄专使经过时务必欢迎，并负责保护，复派代表由拉萨赴康藏边地迎迓”[220]。按此，7月1日黄慕松抵达江达时，驻军代表楚葛（又称崔科）“率部远迎，计步兵不足二百人，音乐兵约四十名，军队尚整齐可观”。7月8日，“行抵昌都，汉藏僧民及驻昌都部队郊迎十余里。抵行署后，贞冬噶伦来署谒见，互道寒暄”。8月22日，黄慕松抵达仁钦里（仁青岭），先行入藏随员蒋致余、王良坤、巫明远随同西藏地方政府所派代表色新·洛桑顿珠、勒丁·阿旺扎巴、哲阿·洛桑顿珠三人迎接，“备述拉萨当局筹备欢迎及希望专使早日到拉之诚意”[221]。这三名代表来自西藏地方政府三大机构，色新为噶厦所派代表，勒丁为孜噶（专为达赖喇嘛办事的机构），哲阿为雪噶（专为摄政办事的机构）所派代表。对这一切，黄慕松表示满意，向国民政府汇报说：“藏方招待周到，沿途官民对中央印象甚好。”[222]

对8月28日黄慕松进入拉萨的“筹备欢迎，招待颇见隆重”[223]。根据欢迎代表色新的记载，可以归纳为：其一，关于座位的安排，“噶厦派员在拉萨东郊的

贡本塘搭起一顶十分华丽的大帐篷，铺设彩色绚丽的卡垫，陈设精巧茶具。黄专使和噶厦的席位设在正中。四品和小四品以及五品、七品官等，也依照常规安排了座位”。其二，关于欢迎的程序，“28 日上午，噶伦朗穷巴和彭雪巴以及各级俗官，穿着礼服，佩戴整齐，按各自的品位，在贡本塘恭候黄专使的到来。十一时许，黄专使衣着整齐，仪容庄重到达贡本塘，噶伦们将他迎进帐篷之后，黄专使和噶伦互献哈达，互致问候。接着，苏德巴（噶厦大司膳）恭献茶饭（即人参果米饭）。食毕，黄专使起立，全体官员也随之起立。这时，贝勒措科（现拉萨地毯厂所在地）军乐齐鸣，迎接中央政府代表团的藏军列队向黄专使行军礼，黄专使满面笑容，点头回礼，然后上轿”，下榻行署。“第二天，噶伦赤门巴（赤门、泽墨）、朗穷巴、强金·土旦夏加和彭雪巴等高级官员，代表西藏地方政府前往谒见黄专使，黄专使和部分官员在门口迎接，进屋后，互献哈达，地方政府代表把酥油、肉、米、面、鸡蛋等礼物敬献给中央政府代表团。”[224] 这些记载反映了噶厦是严格按照迎接中央大员的礼节来进行的。

黄慕松的记载肯定了噶厦的欢迎仪式。一段记载说：“噶厦派来僧俗噶伦各一员、五品官以上僧俗文武官员，均郊迎于雅普（鲁）藏布江，藏军约一团之众，着最新式服装鹄候欢迎。最为职所意料不及者，为驻藏尼泊尔代表率队，及全市尼民，与不丹代表，驻藏汉民，均各自设帐欢迎，频频以中央德被边氓为谢。计是日拉萨不下万人之市民，均拥挤道中，窥目探视，而过去中藏二十余年之隔阂，在市民观之，实已减除殆尽也。”“午后一时到行署，噶厦四噶伦分别来谒。”[225] 另一段记载说：他由蔡里抵达拉萨乘坐的是大轿，“此轿携运而来，费去千元，纯为体制计，不得不尔也”。他“达彼岸时，汉人整队欢迎，由却让代本等迎至设帐之休息处，俟同人渡齐后续进。于十一时抵汉民总招待处，分帮设帐，循行稍坐，即至尼泊尔代表及回民代表等之欢迎处，旋赴噶厦欢迎处。藏兵及近卫兵约千人全副武装新鲜整齐列队致敬，哲康、笨许两噶伦及四品以上全体官员鹄迎入帐，鼓乐喧阗，礼节隆重。略谈片刻，即入驻行署。万头攒动，欢迎声澈远近，边氓倾向中央之热烈于兹可见，时为下午一时也”[226]。

11 月 28 日，黄慕松启程返回内地，“西藏地方政府在西郊‘吉彩鲁定’（清代建立的接官厅），举行了隆重的欢送仪式。参加欢送的有两名噶伦以及七品以上的僧俗官员”[227]，“欢送仪式如欢迎时，颇为优待”[228]。

回到南京后，黄慕松总结了入藏的感受，认为“从前的治边政策不曾失败，比如过了察木多以后的穷八站等，就有许多地方是莫有东西吃的，然而我们绝莫有饿过一顿或半顿的，因为他们竭力地帮助我们，这可见他们对中央的敬仰”。“当我们到拉萨时，该地的同胞，远出欢迎，至当局更不用说了。”[229]因此，英国政府认为此欢迎是前所未有的[230]，因而“殊为惊愕而颇失望”[231]，在噶厦事先通报时要求它“不要满足汉人比欢迎仪式进一步的要求”[232]。黄慕松也指出了噶厦在服装上的着意安排：各品官员所着服装“全为逊清之黄袍翎帽”，而士兵所着“最新式服装”与手中所持枪枝“皆系购置英国，其操法礼节等，亦为留英学生所训练”。[233]显然，英国的影响在欢迎仪式中也体现出来了。

如果说迎接仪式体现的是噶厦如何对待中央政府大员的态度，黄慕松入藏后朝拜寺庙、分发礼品以及熬茶布施等诸问题，则体现的是国民政府如何按照惯例表现其中央政府立场的问题。国民政府对预算作了认真研究，黄慕松编制了“经费概算书，以十个月计算，连同旅费及各项特支，共计四十万零七千二百八十元”[234]。具体分配是：礼品，国民政府主席林森、军事委员会委员长蒋介石、行政院长汪精卫共赠礼品 5 万元；布施费，8 万 4 千元，其中 2 万 4 千元为西藏各寺基金，每年以其子息襄助各寺，用作熬茶等费；礼物，热振、司伦各 3 千，噶伦每人 2 千，其他官员“均分别轻重”[235]，5 百元以下、3 百元以上不等；熬茶等费 4 万元；职员、士兵川费、薪俸等费 13 万余元；特别费 2 万元，沿途请客及特别用途；其他办公费、护卫等费 3 万余元。这里的礼品、礼物费是不同的，以上总计国币 40 万零 7 千元。[236]黄慕松入藏后，追加经费 2 万 6 千 4 百 36 元。

值得指出的是，国民政府对礼品作了特别考虑。按藏俗，“凡来往交际，先须馈赠礼品，而后宾主始易联欢”[237]。国民政府在征询噶厦及班禅驻京办事处意见的基础上，确定“共需制备各种礼品，计银七千八百一十三元”[238]，黄慕松派人分别在南京、上海、北平、成都和西康置办，“这些礼物除丝绸、锦缎外，还有黄专使身着国民党官服的照片以及搪瓷制作的国民党党徽”[239]。他途经四川时又特意“选购砖茶二百余包”，“盖藏人多食牛羊糍粑，非川茶浓艳不易消化其食物，如入藏时能购备砖茶，无论康藏官民，均所欢迎”。[240]至于祭品，除一般祭品外，国民政府还定制金质海灯一具、十三世达赖喇嘛银质遗像一座。显然，这不仅是按照惯例，而且很有针对性，英国指责黄慕松的先遣人员带着 100 箱礼物、达赖致祭费 5 万美元以及给三大寺的 5 万美元[241]，这恰恰表明国民政府为确保黄慕松入藏取得成功作了尽可能周到的考虑。英国政府就此宣称：“7 月 8 日，中国先遣入藏的人员将修建达赖的灵塔费 5 万美元交给噶厦，将 5 万美元施舍给哲蚌、色拉、甘丹三大寺。显然，这是中国竭尽所能重新控制西藏能够成功的第一迹象，先行交付这些礼物，毫无疑问的是为黄慕松入藏后提出要求先创造一些良好气氛。”[242]

黄慕松8月28日到达，当日17时就到大昭寺朝参，次日朝参布达拉宫。9月1日后又到小昭寺、罗布林卡以及哲蚌、色拉、甘丹三大寺朝参，以粉碎内地不要佛教的谣言。[243]国民政府“关于三大寺及各寺院之熬茶费，均有规定”，黄慕松“鉴于英人过去在三大寺熬茶每一喇嘛仅发洋一元之旧例，为达成中藏和好，而使中央无西陲之忧，决定从优厚起见，拟每一喇嘛发洋二元”。[244]从11月13日起至26日止，陆续在大昭寺、小昭寺、哲蚌寺、色拉寺、甘丹寺“逐一熬茶散钱”[245]。此外，“为使三大寺堪布及喇嘛内向如一起见，乃规定每寺发基金以垂永久，计每年每一喇嘛可获利息藏噶五枚（合中币二角三分），而基本不动。换言之，西藏只要有佛教一日，而中央维护佛教之心当存一日。”[246]

前清体例，驻藏大臣每年正月十五日举行传召一次，“其意即将拉萨喇嘛及附近所有寺院喇嘛集合大昭寺前，宣布逊清皇上德政，维护佛教至意”。黄慕松认为此举“颇易收藏人之心”，“乃规定传召费藏银六百九十一秤，每年所得利息，足可资每年所有被传召喇嘛熬茶之用。此款由噶厦政府与大昭寺堪布负责保管，于每年正月十五日举行传召盛会，宣传中央德意，如是则中央维护佛教之心深印喇嘛，而喇嘛之倾诚内向可始终勿懈也”。[247]在到各寺朝佛时，黄慕松每到一处，都利用机会向寺庙僧众讲述“中央维持佛教之情形，及藏中过去之种种密切关系”，以巩固宗教势力的内向，并通过对宗教的尊崇赢得西藏民心。此外，黄慕松看见拉萨街头大量乞丐，为了表示“中央对僧俗人民一体待遇起见”[248]，乃派员按照乞丐数量发给赈济金，计约2000余名，借以收拾人心。

从黄慕松抵达拉萨当日到9月9日对三大寺及大小昭寺的朝佛“告一段落”后，问题转到册封与致祭的礼仪及日期的安排上来。黄慕松一到拉萨就提出此问题，噶厦也“早允派人来商”，但是称“因派人须经热振、司伦之核准”，才于是日派人，黄慕松感叹“可见西藏办事之曲折”[249]。他提出先册封后致祭，并提出9月19日册封，9月25日致祭。噶厦提出9月19日“不吉，宜另定吉日”[250]，泽墨以“册封为一大喜事，在西藏官民异常悲哀达赖佛圆寂之时，不愿举行，以免藏人反对”而拒绝，提出“册封应俟十四达赖佛转世时再为举行”；并称“中央与西藏和好其事难，册封致祭其事易”，要求“先难后易”。[251]黄慕松“揆其意旨，拟先谋解决西藏问题，如于西藏有利，即接受册封、致祭，否则即藉词拒绝”[252]，指出：“政府派员来藏，原为表彰达赖保障西陲及宏扬佛教，故加追封。

若不先举行册封典礼，不但有违政府派员入藏之初意，并将湮没达赖保障西陲与维持政教之功。”[253]

蒋介石指示黄慕松：“泽墨所言，不但中央对藏诚意尚未了解，即中藏历史之关系及第三者从中干预之危险似亦未顾及。兄所答复者极为得体，尚盼切实开导，使之彻底明白为要。”[254]黄慕松乃对噶厦再次强调：“中央特派本专使为致祭达赖大师专使，册封、致祭为本专使首要任务。”“若先洽商中藏和好而后举行册封致祭典礼，深恐启中央政府与全国民众之疑虑，似属不当。”[255]他还指出：“国民政府体察达赖喇嘛的所有功德和业绩，他使西藏诸事繁盛，百姓康乐。五族一致期望中华民国应当获得安乐、繁荣、幸福、昌盛。正当这一切都在逐渐实现时，至尊达赖喇嘛离开了我们，这一不幸事件使人们陷入了悲痛之中。因此有必要举行隆重的致祭大典。”[256]

噶厦提出“一面交涉中藏问题，一面筹备册封典礼”。黄慕松指出：“册封、致祭为入藏首要任务，二者缺一，殊违中央意旨”；“中央派本使来藏，原为册封、致祭达赖大师，今置此不谈，在中央远隔数千里，不明真相，势生疑虑，在外人亦可藉此挑拨离间，不惟于中藏问题不能解决，反失中藏和好之目的”。他提出“最好一面积极筹备册封典礼，早日举行；一面希望噶厦将西藏政府希望中央之件，在可能范围内条具开来，以便本使相机报告请示转达”[257]。噶厦同意，于是商定册封、致祭大典分别于9月23日、10月1日举行。

这两日，黄慕松率随员着中央政府规定的礼服，西藏地方僧俗官员着西藏最新礼服，齐集布达拉宫，按照惯例举行盛礼。整个过程，有两点值得注意，既充分反映了国民政府与西藏地方政府在册封与致祭问题上达成的一致，也说明黄慕松的首要任务取得成功：

其一，肯定十三世达赖喇嘛为西藏政教事业和中华民族的团结和统一作出了贡献。在册封仪式上，“由姬觉总堪布代受玉册、玉印”[258]。册文说：“达赖喇嘛护持政教，翊戴中华，溥化乌斯，宏敷象教，宜追赠护国弘化普慈圆觉大师封号。”[259]在册封仪式举行的当日，南京市及国民政府各机关悬旗庆贺。

其二，仪式过程“肃静整齐，秩序较佳”[260]。色新记载了致祭举行情况：灵堂大厅“富丽堂皇，庄严肃穆”。“灵堂内设有十三世达赖生前宝座，宝座上供奉着达赖披氅；宝座右边放有金桌茶几，茶桌的边沿嵌有贵重的珍珠宝石；大厅中间的木柱上挂有金丝缎做的各色挂幡；四周墙壁上挂有佛像和‘唐噶’（画轴）。”黄慕松及其随员“身穿藏青色大宫花缎的长袍马褂，头戴礼帽，脚穿黑布鞋”。黄慕松与司伦“平坐”，“其他官员按品级依次就座”。“十一点，开始举行致祭仪式。黄专使起立，全体也随之起立。仪式的第一项是黄专使将一包捐助修建达赖灵塔的黄金敬献在达赖宝座金桌茶几上，同时敬献金制茶架和茶碗盖等器皿。全场脱帽，司仪高呼一鞠躬、二鞠躬、三鞠躬。接着，黄专使代表国民党中央政府追封十三世达赖为‘护国弘化普慈圆觉大师’。仪式完毕，全体人员依次步出大厅。”[261]

据黄慕松给蒙藏委员会的报告，这个仪式是双方根据西藏地方与中央应有的关系协商拟定的：“查册封礼节，未奉明文规定，曾派本行署两参议，藏方噶厦曾派僧官、俗官两员，对于册封礼节会同磋商。始根据民十四年十一月内政部、蒙藏院会同拟定册封班禅礼节，及民九年一月徐树铮呈报册封哲布尊丹巴礼节，并斟酌藏习，会商数次，拟定礼节，尚称适宜。经由慕松及噶厦从权核定，举行如仪。惟因交通时间关系，未克即时函请贵会转呈。至致祭达赖大师秩序，曾由典礼局交下致祭秩序一册，礼堂图式二张。惟其规定之供品及三献礼之献品一节，藏方历次请求改为敬佛物品。慕松为不与其忌抵触，并本中央尊崇德意，权予通融。但为慎重典礼起见，亦曾电请贵会转呈备案，并蒙照准在案。”[262]

在抵达昌都之前，黄慕松曾致电蒋介石，称“松此次入藏，首谋亲善，有待互信共立，然后言事”。蒋介石予以肯定，说“先示信而后言事，为最稳健之步骤。尚希努力为之”[263]。典礼的举行，表明噶厦对国民政府追封十三世达赖喇嘛“护国弘化普慈圆觉大师”的封号是拥护的，从行动上承认了新的中央政府。噶厦对典礼的庄严肃穆表示“感佩”[264]，要驻京代表转呈国民政府：“达赖佛座圆寂后，中央特派黄专使册封致祭。专使已于藏历七月十九日安临拉萨，具仰中央对藏亲爱之意，至深且厚，感慰莫名。藏中正本和平意旨，极力进行。此次自结泽热增司伦、噶伦及烈参以上官员复蒙中央咸加厚赉，仰该代表等一并转陈谢悃。”[265]因此，蒋介石在10月1日致祭大典举行当天的日记中写道：“慕松到藏，藏情较有进步。”[266]

但是，这只能说同过去相比“较有进步”，问题并未完全解决。仪式中有两点就值得注意，一是座位的安排。参加致祭大典者有热振，但色新记载只说黄慕松与司伦“平坐”，未提热振的座位如何安排。二是悬挂国旗问题。黄慕松提出在祭堂悬挂国旗，噶厦反对称“布达拉宫系达赖大师坐锡之处，向无‘外人’悬旗之例，即西藏军旗亦不能上宫”。黄慕松强调：“举行册封时，党、国旗亦曾悬挂抬上宫门，且举行庆吊大典，在内地悬挂党、国旗，已成当然之事，况本使此次代表中央，亦即代表四万万同胞来此致祭达赖大师，若不能悬旗，究属何方来人致祭，似欠妥当。”[267] 但噶厦仍然反对。黄慕松请示行政院长汪精卫：噶厦此举“实有政治上之顾虑”，由于入藏册封致祭“首在恢复感情，倘以此问题发生裂痕，殊非中央德意，可否变通”？“国旗代表国家尊严，不敢轻视，并关系此后交涉甚重，如藏方仍坚持己意”，则拟于致祭典礼举行之日在行署“悬旗举行，以完成致祭典礼”，可否？[268] 汪精卫回示：“致祭日可在专使行辕高悬国旗、党旗。如布达拉无悬旗习惯，自可听之，但不得悬别种旗为要。”[269] 于是，黄慕松是日在专使行署悬旗，此外“将党、国旗抬至布达拉山祭堂，暂不悬旗”[270]。

二、问题之所在：“檀越”关系，抑或“五族共和”？

举行致祭之后，黄慕松与泽墨等噶厦官员协商解决西藏问题。这场协商，以10月10日为界大致分为两个阶段。在这之前，焦点是英国政府可否作为中间人介入？是先协商康藏纠纷问题，还是西藏地方与中央政府的政治关系？国民政府希望恢复中央政府与西藏的正常政治关系，噶厦之态度是“谈判界务问题，而政治上则希望完全自治”[271]。之后，焦点是西藏地方与中央的政治关系如何恢复。

英国政府、英印政府在黄慕松入藏前后讨论对策，并采取具体干涉措施。8月中旬，英国政府宣称“英国之政策在巩固中国在西藏与新疆之势力，以免该两地成为共产宣传进入印度之前站”[272]。9月17日，英印政府外交和政治部长麦特卡夫（H. Metcalfe）致信威廉逊：“关于中华民国特使赴藏一事，印度政府考虑到你们的预见，认为汉人使者入藏可能导致其在拉萨重新派驻一位使臣的局面出现，接踵而来的便可能是汉人在西藏影响的增强，并可能使英国在西藏的影响受到严重削弱。”目前，大英政府不打算对中国政府进一步施加压力，除非事情发展到难以控制的地步。这是因为：英国在中国内地有巨大的商业利益，极不希望与中国政府作对。英国政府不可能像日本割占满洲里一样公开把西藏从中国分裂出去而遭到任何怀疑。英国在西藏真正的兴趣和利益是维持印度边境的稳定，“而且我们的手脚在很大程度上被1914年关于中国对西藏宗主权承诺束缚住了”。虽然如此，但是“我们认为，以某种形式保持印度政府在拉萨的影响是非常重要的”。因此，“我们应当提出所能采取的切实可行的措施来保持同西藏政府的友谊”。为此，“在以后几周，根据事态在拉萨的进一步发展，你们应把整个问题的通盘考虑提供给我”。[273] 显然，麦特卡夫要求威廉逊根据黄慕松入藏的具体行动采取针对性的干涉措施。

具体干涉措施，就是派人入藏阻挠和破坏。莱登拉赶在黄慕松抵达拉萨之前抵达拉萨，“即行散布谣言，尽力攻评（抨击）我政府，即与拉萨政府中之人员（极力散布谣言）连络，并买诱噶厦中之小职员为彼探听消息，与（民众大会）会顶甲（现任郎仔辖）交游，探听会议间之消息”[274]。他秘密会见首席噶伦泽墨、噶伦朗穷娃，探知噶厦的态度：如果黄慕松要讨论中央政府与西藏的政治关系，噶厦将提出“西姆拉条约”所持的立场；如果他们强迫噶厦答应在拉萨设置一位驻藏大臣，噶厦也许会表示同意，条件是不干涉西藏“自治”的企图，这一条件无论在任何情况下，西藏都将坚持。中国反对英国和西藏有任何联系，在此情况下，噶厦可能会直接与中国解决问题；如果西藏“独立”受到威胁，噶厦将请求英印政府的帮助。[275] 在黄慕松与噶厦协商期间，莱登拉“每晚必潜赴泽墨噶伦处”[276] 施加压力。

继莱登拉之后，英印政府还企图派遣贝尔入藏破坏。黄慕松对此情况作了叙述：“并有哲孟雄（锡金）政治部主任威廉逊及比尔（贝尔）爵士，约于八月初先后到江孜会晤，始则向噶厦要求准其入后藏扎什伦布及前藏之桑鸢寺（距拉萨仅日路程）朝佛。噶厦以比尔乃无职之英人，婉拒其请。比尔抵桑鸢寺时，即驰书噶伦，要求来拉萨一游。行至公卡宗（贡嘎）暂住，以待噶厦答复，每日必电话催至拉萨电话局噶厦以迅予答复，候至七天之久，仍无答复，乃返江孜。据拉萨电报局长密称：‘比尔因噶厦延迟答复，于十一月七日怒抵拉萨，九日已启行返大吉岭矣。后因噶厦解决藏事无望，乃准比尔来拉萨，并委派赖心巴远迎。当复函后发出，比尔至公卡宗数日矣。’”[277] 依此，英印政府派遣驻锡金政治专员威廉逊亲自到江孜对贝尔下达指示，贝尔借口“朝佛”和“游览”企图到拉萨，但遭到噶厦拒绝。噶厦与黄慕松的会谈未能如愿后，邀请贝尔到拉萨。

与此同时，英国舆论竭尽挑拨离间之能事。《申报》于9月21日登载了《泰晤士报》关于西藏问题的评论如下：

“英国向视西藏为其禁脔。去年达赖喇嘛圆寂后，藏人遣派喇嘛代表团入京欢迎班禅喇嘛回藏主政，且表示内向之诚意。中央政府因是特简黄慕松为专使，入藏宣慰，并致祭达赖喇嘛。近据黄使来电，抵拉萨时，备受欢迎，而英人遂为大忌。上星期本埠字林西报载伦敦专电，纪泰晤士报评论藏事之要略，其言论尽挑拨之能事。昨日该报复载关于此问题之九月十九日伦敦专电，英人之忌西藏输诚中央，情益显露，而犹强自掩饰，诚可谓欲盖弥彰矣。兹酌译其电文于左：访员（字林报）得悉在英华员对于中国专使赴拉萨所引起英国之反响，殊为惊愕而颇失望，彼等觉黄慕松将军之使命，大为英人所误会，其毁之也，颇欠公允。惟英国观察中藏事务者之意见，以为九月十三日黄将军在拉萨所布告之文，颇由于中政府欲利用达赖喇嘛殡葬之机会，作公开的姿势，以感动边陲之属地，冀藉此抵销因丧失满洲所损之威望，中国对于此事之情感，殆由西藏近有日见倾向印度之表征所激起。印度今日于西藏之贸易，至关重要，而中国对西藏之贸易除茶叶外，已渺乎其微矣。英国政治观察家，谓近数年来，中国报纸之一部分辄诬英国怀有并吞西藏之野心，英国当然目为一种笑谈，而已屡次庄重加以否认。惟迩者藏人之邀请裴尔（贝尔）爵士（一九二〇年英国派赴拉萨之外交委员团领袖）前往拉萨，西藏工程师林贡之声望日隆，其人曾肄业于英国鲁格璧，建筑西藏之第一工厂，今方购置英国机器在拉萨设立电灯厂，与夫前藏军总司令隆夏（龙厦）之被控阴谋排斥中国势力，致遭拔出双目。凡此数端，或曾引起南京方面之妒忌。据此间种种征兆观之，今日西藏局势，紧张殊甚，盖已故达赖喇嘛之转生，在两三年内未能决定。达赖喇嘛在世之日，曾亲掌俗事一切大权，今后一时无特出人物堪任藏地之领袖，而西藏议会进步与保守两派复常相冲突，议会中殊易发生外方干涉之疑念也。”[278]

这立刻引起蒋介石注意。他在 9 月 23 日致黄慕松电中，概括了《泰晤士报》评论的要点，指示黄慕松予以注意：“顷见沪申报译登沪字林西报转载英伦泰晤士报评论藏事之要略，大概谓兄到拉萨后大受欢迎，所负使命大为英人所误会，致引起英国方面之反响。并谓藏人近邀裴尔博士赴拉萨，及西藏工程师林贡在藏购置英国机器建设工厂电灯厂，均为南京方面所嫉忌。而前藏军总司令隆夏被挖双目，亦系为人控告，阴谋排斥中国势力之结果云云。其言极尽挑拨离间之能事，冀图阻挠藏方输诚中央，特转达参考，并希注意。”[279]

入藏之前，黄慕松致电蒋介石请示说：“松此次入藏，首谋亲善，有待互信共立，然后言事。川康当局对藏问题，纯本中央意旨。青滇电信往复所见，亦无出兵解决藏事，当可为一致之后盾。”蒋介石回电：“先示信而后言事，为最稳健之步骤。尚希努力为之。”[280] 在 9 月 10 日的密会中，首席噶伦泽墨向黄慕松提出：“可否依据西姆拉草约开始商谈？”“中藏结一条约如何？”“中央对西藏有具体之办法否？”他还提出“中藏和好非有证人不可，并达赖在印度时亦有藏事请英信仰保证之诺言”。黄慕松指出：“中藏内部问题中央不愿第三者过问。陈贻范革职，乃国人唾弃之结果。”“双方交涉首重诚意。苟无诚意，仅弥缝一时之冲突，虽有证人亦何足恃？”他提出：“达赖停丧在堂，中央不欲有所提示，但极愿聆悉西藏之希望”，“藏方倘有希望，不妨逐条开具出来，松当为转呈中央核办”。泽墨表示同意，称噶厦“将藏关于政治上、宗教上及其他重要问题具体议定后，提请商议”。[281] 黄慕松当即向蒋介石作了汇报，蒋介石于次日指示黄慕松：“先行宣布德意，恢复感情，俟其诚意来商，再议及中藏关系之具体办法，自属不易之步骤。”[282]

在这次协商中，泽墨提出要英国“中间”介入，黄慕松明确反对，强调西藏问题乃中国内部问题，“中央不愿第三者过问”[283]。有学者认为噶厦提出西姆拉草约的目的在于“一是以此为筹码向中央施压，如果中央拒绝，则可向英国政府示意西藏地方与中央直接会谈乃是因南京国民政府反对英人干涉而不得已之举，从而求得英人的谅解”[284]。这看上去颇有道理，但是在9月16日的会谈中，泽墨仍然提出要“中间人”介入，提出“关于此事，英国既不愿从中调停，兹已不提”，“可否请英国以外之国家从中解决”？可见噶厦力图维持现状，因而黄慕松强调“中藏问题，纯属内政，无论任何外国不能参加”。由于国民政府坚决反对，噶厦不再提出此点，焦点转到是先协商西藏地方与中央的政治关系恢复，还是康藏纠纷的问题上来。这成为9月16日至10月10日的焦点。

如前指出，噶厦反复提出“汉藏和好应先解决川藏边界问题”，强调“目下西藏重要问题，厥为西康地界之争执”[285]。黄慕松指出：“中央立场，吾人宜加体贴，倘中藏之政治关系不先行解决，则内地民众及边区官吏之疑虑自不能释，何能求边界问题之解决。”[286] 蒋介石指示黄慕松：“可将恢复中藏关系及解决康藏纠纷同时谈判，同时解决。如藏方不允谈及中藏关系，则对康藏纠纷宁可暂时搁置。致祭事毕，可与商及班禅回藏问题等要旨，甚为恰当，希即依此善为肆应运用可也。”[287] 据此，黄慕松对泽墨强调：“以中央之立场，吾人应相当明了。惟中藏之政治关系不先行确定，则内地与边区人士均难释虑，何能求边界问题之解决。”[288] 可见，噶厦不仅注重康藏纠纷问题，也关注班禅返藏问题，但是特别强调“西康问题能早解决则万事皆了之”[289]。国民政府则把西藏地方与中央政府之间政治关系的恢复当作头等大事，康藏纠纷和班禅返藏问题的协商放在其后。10月10日后，虽然康藏纠纷和班禅返藏的问题不时也提到，但焦点是西藏地方与中央的政治关系性质如何以及双方权力如何划分。

其实，这个问题的协商在黄慕松入藏前就开始了。他6月上旬到达西康时“致电西藏现当局，表示解决西藏问题须由宗教入手，再从宗教上以推动政治。除国防外交及关系国际上之重大交涉由中央直接办理外，其余各事俱由西藏政府自行处理；至关于开发西藏及藏中教育交通等事，中央更以财力与人力相助，并欢迎西藏青年入内地留学，以打通汉藏两民族之感情。至于拉萨三大寺在前清所领之津贴，均一律恢复，由中央照拨”[290]。对此电，未见噶厦作答复。它虽然派琼让、楚歌（崔科）两代本在德格迎接黄慕松，但在致黄慕松文书中“有西藏大国字样”[291]。楚歌是著名的亲英派人物，曾“留学英伦，精明干练”。他对黄慕松称：“中央实为大檀越。”黄慕松指出：“‘五族共和’为中华民国建立之精神，吾人应深加体会。”[292]他抵达昌都时询问驻昌都的贞冬噶伦“中央与西藏政治关系如何继续”。贞冬虽然表示“外交问题，甚望中央为藏处理。内部设施，望中央扶植”，但是认为中央政府与西藏的关系为“中央为藏之施主”。黄慕松当即“说明中华民国为五族所组织，应共同努力，以强固国家”。[293]

黄慕松到拉萨之后至10月10日，噶厦反复强调“檀越”关系。在9月16日的会谈中，泽墨不提自元朝以来西藏成为中国领土不可分割的一部分，而称：“达赖喇嘛第五世统一藏地时，清朝入主中国，尊崇佛教，达赖第五世入京觐见，亟蒙优礼，由此汉藏始发生檀越关系。”[294]在9月27日的会谈中，总参议刘朴忱指出“西藏同胞应回忆中藏之悠久历史，过去数百年间中央对于西藏之维护”，反问泽墨“此其密切关系为何如耶”？泽墨则不但“重述川军哗变之惨祸”，而且进而抹杀历史上的西藏与中央政府的政治关系，宣称“历史之事吾人应全体忘之为好”。[295]

噶厦在10月5日的函件中将“汉藏政府并称”，并说“西藏为观世音教化领域”，自松赞干布、赤松德赞、热巴巾三法王时“即政教合一，至达赖五世始生汉藏檀越关系”。[296]黄慕松强调连问：“五族共和，共同建设中华民国，西藏是否诚意合作？”“西藏对于中央之政治关系如何？”泽墨回称：“如满蒙各族参加，西藏亦可加入”；“对外可用整个力量，但内部则当宜继续昔日檀越关系。若内地人欲揽夺藏人之权，则万难办到”。[297]黄慕松察其语气“是主张西藏完全自治”[298]。他乃从法理上、历史上指出西藏是中国“均为不可分离之一部”，西藏同内地的关系“自唐以来，已具亲密，降及元明，益臻良好，至逊清，更形融洽”，因此，达赖喇嘛生前就“情殷内向”。[299]他进而指出：“檀越乃宗教上之关系，中央对于西藏有此良好之历史，自然继续尽檀越之义务，以发扬佛教，但非更有政治上之连（联）系，决难应付国内与国际之环境。”[300]而“政治关系所指的内容：一为对内谋西藏之安定，即指康、藏问题与班禅问题应迅速解决；二为对外谋力量之结合，即指外交、国防和其他种种力量，必须结合一致，共同对外”，要求噶厦在这两方面“明确表示对中央之政治关系”。[301]黄慕松列举了恢复西藏地方与中央政府正常政治关系的几点：其一，西藏是中国不可分割的领土，噶厦必须服从中央政府，重要官员必须报经中央政府批准，外交、国防、交通等一系列行政事务如系全国性质者，由中央政府统一管理。其二，中央政府“将指定一位高级专员驻扎在西藏，一方面代表中央政府执行全国行政措施，另一方面指导地区自治”[302]，否则“在中央不足以言真实扶植西藏，在西藏不足以言真实拥护中央”[303]。黄慕松也表示，鉴于西藏特殊情况，中央政府保持西藏原有政教制度，“共同尊崇佛教，予以维护发扬”，并允许西藏自治，不干涉西藏自治权限内的任何行政措施。噶厦复函黄慕松：“西藏为佛教领域，须执行政教合一制度；若改变为民国之法规，于政教有悖。西藏为‘自主国’，其内政教，无须‘汉’政府之干预。‘汉’不得在藏设官驻兵。”[304]

对此，黄慕松于10月8日复函指出，他抱着“爱国爱藏之心”入藏，“求所以秉承中央意旨，于中华民国五族共和、共同建国之制度下，以恳挚之态度谋我国族内部之精诚团结，商榷中央与西藏之政治关系，以期永远和好”。他接着指出檀越乃宗教上之关系，强调“诚如尊函所云，内地之于西藏保有檀越之光荣历史者，历有年所”，国民政府“愿继续尽其檀越之义务，与我西藏同胞共同宣扬佛化”。他同时又指出“但在今日情况之下，倘不系以政治上连锁关系，则不适合于国际法与国内法”[305]，亦“决难应付国内与国际之环境”[306]。他派刘朴忱、巫明远面递此复函，强调：“当此国际险恶环境之下，吾人为国生存计，自应亟谋力量之结合，如结合外交力量，结合国防力量，其他种种力量，共同一致对外，方足以自立自足。此次来函所云西藏对中央之政治关系，即指此点，故应请西藏明确表示对中央之政治问题（关系）后，中央始能对外负责安定西藏，亦无抢夺西藏政权之意。”但各噶伦仅“允转呈司伦、热振”，“比（别）无其他表示”。[307]

泽墨如此强调的原因，正在于英国政府的压力。10月3日，黄慕松报告“藏方将准英人贝尔自江孜至桑鸢寺居住，距拉萨不过四十五华里。果尔，则阻止西藏内向之策划将更猖獗也”[308]。英国政府称：“1934年下半年，查理斯·贝尔爵士以私人身份入藏。但是，他被告知不能访问拉萨本身，因为噶厦希望贝尔在中国使团在拉萨期间不要到拉萨。”[309]尽管如此，贝尔入藏给噶厦施加了压力，拉萨市面“颇有离间中藏之流言”，并谓“司伦、泽墨噶伦及彭干佛公为爱国派”。[310]噶厦10月4日突然询问黄慕松“是否有全权证书或其他字据来办理此事”。黄慕松“思彼此商谈将及匝月，何以至今始突然询问”？他指出：“专使来藏，非往外国办理外交可比，何用全权证书及其他字据？倘藏方有所希望，专使当竭尽智能呈请中央鉴核，苟有益于中藏，专使无不努力去做也。”[311]10 月 7 日，黄慕松到泽墨家中访晤，泽墨“即局促不安，有幸勿驾临之表示”。黄慕松“由此益见离间奸策之猖狂，中心势力之缺乏，中藏交涉更觉困难”[312]。被目为“新派者”的擦绒札萨克对黄慕松称：“与英人来往，纯为一种交际。西藏不能独立，惟中国可靠，但办事步骤不宜过急，似宜先从交通教育着手，对于中央可照达赖五世时之檀越关系做去，否则恐无结果。”黄慕松指出：“藉交通教育增进感情为余素所主张，但交通如何联系，教育何人办理，若无主持者，从何进行，此事因果相乘，亦不可不注意及之也。”[313]

黄慕松 10 月 8 日之函提出后，噶厦于 10 月 12 日召集西藏“民众大会”讨论，“连议数日闭会”[314]。10 月 17 日，噶厦复函黄慕松：“西藏原系大悲观音教化之领域，故完全不与其他国度相同，佛法昌明，系于白昼，所以盛传西藏为佛教国家，其施行途径，须有政教合一之执行，爰改变为民国之法规，于教于政，均有极大相悖之处，且接到民众大会呈递盖章之书，谓根本无法承认。西藏为自主之国家，其内政教，无与于汉政府干预，汉方在藏亦不设官驻兵。西藏东北之西宁、（西）康边界一节，如前函所陈，最好将通行汉藏语文之地及人民悉数设法交还藏政府。……如是则顾全佛法，彼此边界之军皆可撤退。倘获安宁，即汉政府最近尊崇佛教、信赖达赖之心不变者。若以如是盛大之意顾念西藏，则汉藏两方檀越关系一致对外；南京国都，西藏亦可遣派代表常川驻彼，如现在然，和好必见日益增进，西藏可作中国之外城矣。藏地决不容许别国侵入，自当严密防守。”[315] 黄慕松总结认为：噶厦仍称“中藏为檀越关系”，并“以五族共和民国不适合西藏政教制度，表以不能合作”，“西藏为自主之国，不愿汉政府干涉，不能设官驻兵”。[316]

是什么原因使噶厦交此函件？黄慕松“迭据各方情报，该项会议中诋民国制度与西藏政教不合，反对五族共同（和），不承认中华民国。探闻发言者，为招待员（琼让）、大卓尼（杨喇嘛）、电机局五品官（仁冈）、五品僧官（罗冈）以及哲蚌寺罗色林堪布，并硕第巴等，皆属现政府（泽墨噶伦）之党与（羽），居中操权者，为司伦、泽墨噶伦、东波大中译三人，非出自大会僧俗官吏之公意也”[317]。他还“探闻爱国者多惧祸缄默，独立派则恃英鼓簧，形势似欠良好。并风闻英、藏昔时另有密约，亦足为西藏内向之障碍，但未得确报”[318]。原因正在于英国的侵略：其一，西姆拉会议期间英国与夏扎噶伦密约，要点为“英国助藏人独立，阻止中国之势力入藏，而西藏倘与中国有所交涉，应请英国为仲裁”。其二，柏尔与十三世达赖喇嘛订立五条，要点为“英国每年供给西藏毛瑟枪千枝，大炮四门。若不能付价时，则以毗连印度与不丹之门达旺地方割偿之，并准英国自阿萨密至波密之间修路一条”[319]。

10月8日，黄慕松请示蒋介石、汪精卫：“前奉训令内开：中藏关系恢复乾隆五十七年以后之办法。等因。体察环境情形，绝难办到，遽尔提出，徒伤感情。能否变通，乞密示。”[320]10月9日，汪精卫指示黄慕松：“藏方既表示诚意共同建设中华民国，以整个力量团结对外，则适度之自治中央自可酌量允准。最近蒙古地方自治政务委员会之设立，即其明证。至于康藏界务之解决，至少须与中藏关系之恢复同时进行，而所谓中藏关系之恢复，又决非空言合作便能了事，必须具备条件见之实行。”[321]10月16日，蒋介石电示黄慕松：“施主仅属宗教关系，殊不圆满。仍盼忍耐周旋，打开僵局为要。”[322]据此指示，黄慕松向噶厦反复“详细说明中华民国五族共和与西藏政教制度并无抵触，中央亦无改变西藏政教之意”[323]。

在这期间，英国政府加紧施压。10月14日，黄慕松得到驻印度总领事馆的情报，印度报纸“极尽挑拨诬蔑之能事”[324]。10月22日，黄慕松向国民政府发电报时“有强烈之电流放出，似为蓄意扰乱电台”[325]。黄慕松在10月24日的谈话中再次“痛陈利害历二小时之久”，“详论五族共和，中华民国与西藏政教制度之无抵触，且中央将许西藏以适当之自治权，不夺藏人之权利，不改西藏之制。与西藏政教制度并无抵触，中央并无改变西藏政教制度之意”。虽然噶厦“似亦明了”，但“惟以英人逼近可畏，中央力不能及；且改变现状，好则无功，坏则受咎为理由，坚持抱定民众大会之决议，不参功（加）五族共和，不承认民国统治，仅认为施主关系”。[326]

这使黄慕松非常沮丧。他回到行署后，“一面派员各方表明中央并无令西藏改为民主制度之意，免负无谓之责任，一面派员向当局再陈利害，聊尽最后之忠告”[327]。10月19日他向蒋介石、汪精卫提出“以致祭事毕为理由，定期回京，此属万不得已之办法”[328]。10月27日，黄慕松日记记载：“闻英人贝尔应藏政府之请将来拉萨，噶厦已派定迎接官二人，一为雪纲公子，一为阿旺扎巴。”[329]10月29日，黄慕松致电蒋介石、汪精卫：10月27日“政府与藏四十余人在布达拉山开会，闻仍持独立”，“又闻英人贝尔将来拉萨，我方持镇静态度，表示不重视此事。想藏方早知中央不容外人干涉中藏交涉之决心，或不过缓和英人感情之作用而已”[330]。10月31日报告：“英人贝尔来拉萨之事，顷派员询据泽墨噶伦，答称贝尔决不前来。”[331]如前指出，噶厦拒绝已到江孜的贝尔到拉萨，但贝尔悍然到达拉萨南面的贡嘎，“每日必电话催至拉萨电话局噶厦以迅予答复”。由于噶厦坚拒，贝尔只得停留在贡嘎，11月7日返抵江孜，11月9日回到大吉岭。[332]

10月28日，蒋介石电示黄慕松：“谈判既无磋商余地，只好以祭礼既毕为理由，暂行返京。但濒行以前仍应多方周旋，预留好感，以为他日续谈之准备为要。”[333]同日，蒋介石还致电汪精卫，指示黄慕松回京前如何处理西藏地方与中央的关系：“黄专使慕松皓（10月3日）一二两电报告渠与藏方噶厦往来两函全文，经嘱贺次长（参谋本部次长贺耀祖）抄陈核阅。弟意慕松在藏务必强求藏方表明中藏之政治关系。如万不得已，可于临行时送一说帖，与藏方述明汉藏关系向来亲洽之历史，必须同心协力以应付环境，与西藏为整个中国之一部，以为将来交涉之地步。不审兄意谓然否？即祈核定电复慕松为盼。”[334]两人商定后指示黄慕松：“请兄临行时送一说帖与藏方，述明汉藏向来亲洽之历史，必须同心合力以应付环境，并申述西藏为整个中国之一部，日前噶厦送来复函，只能作为藏方意见条陈，当归报中央。等语。如此则否认噶厦送来复函所主张，并预留交涉地步。”[335]

11月6日，噶厦口头建议西藏地方与中央政府的关系：(1)“汉藏平等檀越关系，共同拥护内地政府”；(2)“汉政府不得干涉西藏内政，并不得改变西藏政教制度”；(3)“西藏政府对于边地邻国，为敦睦谊，仍得自由交涉，遇有重大事件，可商请汉政府协同办理”；(4)“汉政府有维持保护佛教之责”；(5)“汉政府得派员驻藏，来往均由海道，总员不得超过二十五人，并不得干涉西藏政务”；(6)“在藏之汉人仍归西藏管理”；(7)“国防军由西藏自己办理训练，遇有需要饷械时，则请汉政府协助”；(8)“遇有外患，由西藏自由抵御，苟需要协助时，由西藏请汉政府协助”；(9)“汉政府不得在西藏驻兵”；(10)“达赖转世坐床均由西藏自己办理，俟受职后，再受汉政府册封”；(11)“噶伦以上之授职，可通知汉政府，但汉政府无干涉任命文武之权”。黄慕松“以上各项纯是片面义务，并于领土主权毫无是处，当即婉辞谢却，望彼此本和好之心，嗣后益加努力而已”。[336]11月9日，泽墨、朗中、哲康、彭休四噶伦挽留黄慕松“多住数日，并要求将谈话情形备一说帖，以便提交国民大会”。黄慕松认识到噶厦此举的原因分诚意的与非诚意的二方面观察。(甲)诚意的方面：(1)“一部之俗官，大部之僧官，几乎全体民众，不满当局之处置”；(2)“热振受僧官之忠告，采取慎重态度”；(3)“驻京西藏代表处有电来建议”；(4)“英人贝尔未能来拉萨”；(5)“安钦等二十以外方能到拉萨”；(6)“西康及班禅问题非得中央协助不可”。(乙)非诚意的方面：(1)“取骗得专使据以为后来主张地步”；(2)“设法挽留专使，使大雪封山不得南归，彼有从中取利之时间”；(3)“多方商量，掩饰民众耳目”。[337] 他强调：“再谈这个问题，须藏方确认西藏为中华民国之领土及服从中央，然后有商量之余地。”[338] 他进而指出：“对外必须一致用中华民国之名义，及共同拥护中央政府，如外交、国防、交通以及西藏重要官吏之任命等，均须一致由中央政府统筹办理，但西藏人士亦可前往中央参政，盖中央政权早经开放也。至于对内，则可因地制宜，如允许西藏自治，不干预西藏之自治权限，不改变西藏之原有政教制度。(是) 惟西藏既得自治权允许，则中央为完整领土计，当必派遣大员常川驻藏，代表中央执行国家行政指导地方自治。”四噶伦“比即接受，请专使备一说帖，以便征询民众大会之意见”。[339]

11 月 10 日，黄慕松即派参议林东海、秘书李国霖将说帖送达噶厦，核心如下：

其一，噶厦首先应确认两项重要原则，即“西藏当然为中华民国领土之一部分”，“西藏服从中央”。黄慕松强调，这两项原则“实无碍于西藏之宗教与政治。盖国家领域广大，西藏情形不同于中央，对内自必因地制宜，适应西藏之民意”。

其二，关于西藏政教制度及西藏地方与中央的权限划分，黄慕松“郑重声明如下：(一) 共同尊崇佛教，予以维护及发扬；(二) 保持西藏原有之政治制度，可许西藏自治，于西藏自治权范围之行政，中央可无干预；其在对外，则必共同一致。凡关于全国性质之国家事务，应归中央政府管理，如：(1) 外交应归中央主持；(2) 国防应归中央筹划；(3) 交通应归中央设施；(4) 西藏重要官吏，经西藏自治政府选定后，应呈请中央，加以任命”。这几点“皆共同一致范围以内之整个国家行政也”，而“所谓共同一致者，中央政府非汉政府之谓，实吾等大家之政府也。西藏同胞自可前往参政，外交部、军政部、交通部以及其他各院、部、会均可选任学识相当之西藏同胞服务。其详细办法，西藏可派员赴京与各院、部、会商榷”。

其三，关于中央政府驻藏大员的恢复设置，黄慕松强调“中央既可许西藏自治，则为完整国家之领土主权计，自应派遣大员常川驻藏，代表中央，一面执行国家行政，一面指导地方自治。盖非如此，则在中央不足以言真实扶植西藏，在西藏不足以言真实拥护中央也。至驻藏大员之权限，仍照上述中央政权与地方政权之分配办法，当有明白规定，亦非为干预西藏自治权范围内之行政而设也”[340]。

林东海、李国霖在面交四噶伦说帖时，代表黄慕松口头说明五点：(1)“专使为联络感情起见，未经请示中央，即愿将谈话结果备一说帖送来。”(2)“中央开放政权，予藏人以莫大之利益，并可认西藏自治，俾全藏人民得定其行政权，尤为难得之利益。”（3）“说帖所言，为共同建国之大原则，基此而拟定之施行细则，可从长计议，以适合环境为主，例如外交方面，或藏人加入外交部，或在拉萨设交涉员兼承自治政府之指导等。”（4）“所送说帖，如第一点所言，纯为联络感情，切望噶厦努力设法通过，勿加更改，否则作为私人谈话，置诸罢论，免留妨碍感情之痕迹。”（5）“请考虑后从速见复，因本署职员多从各部会调用，各有本职，未能久候；且天气日冷，将届冬令，一旦大雪封山，不便南行，亟须早日首途也。”[341]

11 月 16 日，噶厦提出十条，答复说帖。序言中针对黄慕松函件所言“西藏为中国政府之域，是无疑义，须予承认一节”，称：“西藏本为大悲观世音所管领域，中国为文殊菩萨管理之领域，各自教化，佛经中亦有区别，且先后交涉有凭可述（证），为众所知。再者，现在西藏之主达赖喇嘛未在位之时，此间是否为领土，仆人不敢决定主人事，无法承认。但既中国政府崇信佛教，特派贵专使临藏，并怀和好盛意，未便直率答复此话。今后汉藏各种事权能不发生争执，增进和好，得获安宁计，彼此公正（开）推诚，不假虚伪，故将下列十条明了易为者，一一书达贵专使，请予酌夺为荷。”“第一条：对外西藏为中国之领土，中国政府须答应不将西藏改为行省。第二条：西藏之内外大小权力暨法规等，无违害政教者，可以依从中国政府之谕。第三条：西藏内务之政教所有例规，应如现在自权自主，所有西藏之文武权力不由汉政府加以干预，应如先后口允者为准。第四条：为西藏地方安宁，故边界之国家及奉行佛法之人类，应予和好如现时，然西藏与外国立约未尽之事，其重要者，由汉政府共同办理。第五条：西藏可驻汉政府代表官一员，但主仆从人数以二十五人，此外不得另派官兵。代表请派其真正崇信佛者一员，新旧替换时，往来皆海道，不得取道西康。第六条：达赖喇嘛未转世认定即位、未亲政教时，代理法王斯穹登位，以及噶伦以上之官，概由藏政府任命，如现在之状况。毕后函陈汉政府驻藏之代表。第七条：西藏所有久住之汉民等，在壬子年汉藏战争以后，即归西藏政府农务局管理，屡经维持，将来应遵地方法律，由西藏政府管理，不能由汉政府驻藏代表约束。第八条：西藏边界所需守土军人，由藏政府自派，如现在之状。外国或者来侵犯时、应发兵之时，方会商汉政府酌行。第九条：汉藏和好，永久不发生纠纷，安宁边界，故东北青藏边界应遵行前年交涉，俄洛早经属于西藏，西藏与四川两地之边界，德格、瞻化、大金寺以上之土地官民，应从速点交西藏政府。第十条，西藏之僧俗人等，背叛西藏政府逃往中国地面者，中国政府不得收留，任为代表等等。”[342]

除康藏划界如下章所述外，黄慕松认为这个答复的核心为：其一，关于西藏之政治地位及其与中央的权限划分，“对外西藏为中国领土，中国政府须答应不将西藏改变为行省”；“西藏内外之大小权力暨法规等，无违害政教者，可以依从中国政府之谕”；“西藏内务之国政、教政所有例规，应如现在自权自主，所有西藏之文武权力不由汉政府加以干预，应如先后口允者为准”；“西藏所有久住之汉民等，在壬子年（1912 年）汉藏战争以后，即归西藏政府之农务局管理……由西藏政府管理，不能由汉政府驻藏代表约束”；“西藏边界所需守土之军人，由藏政府自派，如现在之状。外国或者来侵犯时应发兵之时，方会商汉政府酌行”；“西藏之僧俗人等，背叛西藏政府逃往中国地面者，中国政府不得收留，任为代表”。其二，关于中央政府派驻官员的权限及噶厦同意的条件，“西藏可驻汉政府之代表官一员，但主仆从人数以二十五人，此外不得另派官兵，代表请派真正崇信佛教者一员，新旧替换时，往来皆由海道，不得取道西康”；“达赖喇嘛未转世认定即位，未亲政教时，代理法王斯穹登位以及噶伦以上之官，概由藏政府任命，如现在之状况，当后函陈汉政府驻藏之代表”。其三，关于对外关系，“为西藏地方安宁，故边界之国家及奉行佛法之人类，应予和好如现时，然西藏与外国立约未尽之事，其重要者由汉藏共同办理”。[343] 至此，噶厦承认西藏为中华民国之一部分，黄慕松认为：“西藏当局虽承认政治关系对外为中国领土之一部，但由最后来书第三条至第十条止中七条，要求太过，均非中央所允许而能交涉者。如再行交涉，不惟徒费口舌，亦且增藏人之侥幸心与自大心也。”[344]

由此看来，黄慕松的说帖按照“大员入藏训条”拟定，噶厦的回答“不坚持仅限于檀越关系，对于领土主权较有相当认识”[345]，即终于承认西藏为中国领土不可分割的一部分，因而黄慕松致电蒋介石、汪精卫说：“冀仗钧座德威，藏事得有转机，则中藏之福也。”[346] 但是，政治、边务、防军一系列问题“颇多扞格矛盾”[347]，而其主要原因在于“惧英人实力强大及英经济侵略”，泽墨即指出：“英国国势强大，通藏交通便利，一旦藏英有事，英兵两周内可抵拉萨，即使中央帮忙，增援部队，至快非三个月不能到拉萨。”[348] 黄慕松认为这“非短时间所能商决”，“又虑十月以后，大雪封山”，因而“亦无意继续商谈”。11 月 25 日，司伦对黄慕松明言“有破坏中藏和好之人”。11 月 27 日噶厦开会讨论，黄慕松得知会上有人“欲借助某方”[349]，“有以中藏商谈停顿，恐班禅武力回藏，拟接援某国及整顿军备之讯”[350]。

在噶厦开会当日，黄慕松“为藏人彻底明了中央与西藏之关系，中国与西藏过去历史之真相益加明了起见”，致函辞别：其一，简明扼要追述唐朝以来西藏与内地的历史，强调：虽然“西藏与内地稍有龃龉。但有悠久良好之历史，确实之主权，内而两方人民依然和好，外而国际视听认为一家，所以西藏之于中国，无论在法理上、事实上均为不可分离之一部”。强调专使入藏册封、致祭之目的，不仅“以达赖喇嘛保障西陲，功在国家”而“所以崇德报功、阐扬佛教”，“亦所以团结内部、巩固边防”。其二，指出噶厦10月17日函件对“中藏固有之良好历史，及现在国际情形，与中藏现在及将来之需要，颇为抵触，实非中藏之幸福”，对于10月24日之谈话“不忍率尔呈报中央，使内地同胞闻而失望，贻害中藏大局”。对于十条“自未克符国人之愿望，然群众心理渐见曙光”，只要“从此努力不息，谅必有以安慰国人”。[351]

对此辞别书，噶厦于11月28日回函，抬头为“中央特派致祭达赖喇嘛黄专使阁下”，基本内容为：“奉到贵专使将由此启程返京时所赐十一月二十七日大札一件，详释后，拜读至再，并将全文分呈代理法王热振呼图克图暨内部政务大臣司伦等。至中藏间过去、现在关系之事实，固（如）来函所述，故中央以远大之怀，谋中藏和好，特派贵专使于本年来藏致祭达赖喇嘛。贵专使且能不辞跋涉，贲临此间，尤为全藏僧俗官民所敬佩感谢者。况专使深信佛法，存心救济，为汉藏两方谋福利，殷情备至。前以恢复情感、求和好垂询时，民会之言或有冒触之处，非敝噶伦等故意刁难，致未达解决之途径。况敝噶伦等处境困难之情形，谅为贵专使所深悉。现在主理西藏之达赖喇嘛未在位时，一切行政，必须经过僧俗人民大会讨论决议后，方能行经（施）；未经同意，无敢擅专者。顾西藏境内现在仍从事努力于自有之佛法，其他近合世界新趋势之智识，毫无进步，所以目前商洽中藏问题时，或有不经之语，深望贵专使特予原宥，毋以是项为介。惟冀再度促成中藏和好，俾于最近期间有实现之可能，是所祷祝者。并望报告西藏之经过时，希予善为置辞上达中央政府。此间仍盼望中藏和好逐有进步之心甚切，烦请贵专使鉴核赐示为荷。”[352]

此函件明确表述了西藏与国民政府的政治关系为地方与中央的关系，同时也强调了目前解决西藏问题的时机不成熟，而原因之一在于英国的干扰和破坏，要求国民政府谅解“处境困难”。噶厦中的爱国派诚恳希望中华民族能团结和统一，黄慕松回到南京后称：“在拉萨住了三个月，我曾与西藏行政负责领袖噶伦，谈起中国的情形和中华民族应一致团结的事，噶伦特别的高兴，并且谈得极详细，并很希望中华民族能切实地团结起来。”[353]

三、西藏问题只能暂时搁置下来

黄慕松启程入藏后，蒙藏委员会把西藏在中国的重要性提到前所未有的地步，强调必须处理好西藏问题，指出：西藏“在我国西部，有土地四十六万三千余英方哩，民二百万，城四十七，与英属印度毗邻，为我国之西南屏障，此其在英国阴谋诡计上之重要，实不减东变前之东北，前车之鉴，后事之师”[354]。时人认为：“西藏自达赖喇嘛突然圆寂之后，即现解决康藏纠纷之先机。中央此次如果处置得当，则历年危机四伏之藏局可即归于安定，而西部边陲亦可从此渐趋巩固矣。”[355]马步芳曾言：黄慕松入藏，“数十年来之悬疑问题可望妥善解决，实为边疆之幸”[356]。司伦与各噶伦也“皆希望中藏问题商议解决”，“盖藏方内部政争潜伏，民困已极，加以西英事形势日非也”[357]，从协商情况看，黄慕松顺利完成对十三世达赖喇嘛的册封致祭典礼的使命，始终坚持中央对西藏的主权这一最基本原则，西藏地方政府书面承认了西藏地方是中国领土不可分割的一部分。此外，黄慕松提出：(1)“请西藏派遣重要人员赴京答礼”；(2)“留若干职员驻于拉萨”。[358]噶厦同意。此后，驻藏办事处、交通部拉萨无线电台、中央气象测候局拉萨测候所、国立拉萨小学逐渐设置起来，中央政府与西藏地方的关系朝着有利于统一的方向迈进。因此，这是一次比较成功的洽商。但是，噶厦中的所谓“自主派”不愿意接受中央政府管辖，希望保持“完全自治”，传统的驻藏大臣的权力并未恢复，西藏问题也就未能解决。当然，这与黄慕松和国民政府的努力不够有一定关系，有关官员即指出：“当时黄慕松对藏情没有深加体察、审度机宜、设法与热振和三大寺所代表的爱国势力建立长期性的建设性的政治关系，也没有主动与川康甘青等省联系，协调各方面对藏事的统一认识和措施，以加强中央政府治藏的实力。”[359]

英国政府认为国民政府并未规定黄慕松专使离藏的具体时间。[360]如前所指出，黄慕松启程前称“在拉萨预定勾留两个月”[361]，即在1934年10月底前返京。他为何预定两个月，不很清楚。蒋介石在10月7日的日记中也写道：“黄慕松在藏任务行将完毕，拟于十月下旬经海道归国。”[362]这里的任务，显然不是指正常关系的恢复。10月12日，黄慕松本人向蒋介石提出返京，称：“藏方若无诚意商榷中藏事或礼貌稍衰，则久留于此，适足损中央之威信，增个人之痛苦耳，夫复何益。”[363]但蒋介石要求黄多做努力。噶厦在11月8日提出的返京时间不同，致电驻京办事处：“西藏僧民对中央所派致祭达赖专使黄慕松极为拥戴；总理之三民主义经黄宣达后，僧民尤具信仰。黄俟与安钦晤面洽商后即返京，预计十二月底当可启程。”[364]

11月9日，黄慕松“因归京乌拉马牌已下”，定11月14日、18日两日随行人员“分两批首途返京”，并定11月11日“辞行，正式向噶厦通知”。[365]11月9日，黄慕松致电蒋介石、汪精卫：“中藏政治问题曾经挚诚多方解释，彼方未能领悟，乃停止进行。于支（4日）、微（5日）两日在署欢宴各当局后，通告寒日（14日）首途回京，明灰日（10日）朝布达拉山辞行。今日噶厦既将夫马旅行券交来，突于午后四时，噶伦来访，坚留多住数日。职告以西藏若能认识为中华民国之一部分，服从中央政府，则可暂留，否则决定归京。”[366]11月10日向噶厦送交说帖后，黄慕松致电南京汇报将返回。11月13日，汪精卫电示：“请宣布吾兄系奉中央电令，以致祭事毕应即回京报告，不能久留；至多徇其所请，酌留数日”；“无论藏方诚意与否，总以速行回京为要”。[367]11月15日，黄慕松致电汪精卫：“探闻藏方连日会议之结果，不坚持仅限于檀越关系；对于领土主权较有相当认识。究竟如何，俟发表后续报。铣日（16日）热振、篠日（17日）噶厦、巧日（18日）司伦设宴饯行。何日首途归京，容后续报。”[368]11月18日，黄慕松电：“藏人深知不能离开中国，但欲得优越之权利，诡诈变幻，应付不易。我方如欲令其就范，非持久忍耐不为功。铣日来电，似有磋商可能之一线光明。职忝任专使，目标过大，关系中央威信，国际视听，自未便久留继续谈判，即遵院座迭令回京报告，但一面对藏交涉不宜中断。倘得藏方同意留员办事，当此交涉似有可能进展之时，似宜酌留较为重要人员。”[369]同日，黄慕松还汇报了噶厦的态度：“本日司伦设宴饯行，希望职将中藏关系解决后再归。职告以接噶厦来函后，已申请中央核示。倘中央仍命令回京报告，惟有遵命回京陈明西藏实情，以促问题之得速行解决，留一较为重要人员继续商谈。又闻本日布达拉山上复开会议，于留职问题极有关系。有一电致西藏驻京办事处，想为此事令向中央陈述。倘令职在此问题继续谈判，必需半年以上，且恐未必能收效耳。”[370]

11月22日，黄慕松致电汪精卫：“拟于梗日（23日）婉辞通告噶厦，准于俭日（28日）首途回京。”[371]同日，噶厦致电驻京办事处汇报国民政府：“窃奉西藏僧俗官民全体大会电开：黄专使莅藏后商议中藏问题，本大会曾经议决意见十条提陈专使。旋承专使答复，当用无线电转呈中央核夺，谅已到达。专使现驻拉萨候中央回电。藏人深望中藏问题就专使在藏根本解决，仰该代表等向中央当局报告此意，请速电复专使办理。该代表等俟奉回示，迅即电告为盼。等因。奉此，伏思藏人渴望和平成功，精诚团结，已非一日。黄专使此次莅临拉萨，全藏官民欢欣鼓舞，得未曾有，解决中藏问题，此正其时。若再旷日持久，专使归来，藏人失望，良机一逝，追救无从，藏局前途深堪悬虑。应请中央眷顾西陲，当机立断，就藏中大会所陈意见电复黄专使，即在拉萨速将中藏问题根本解决，永奠边疆。岂惟藏人之福，实亦国家之庥。”[372]11 月 23 日有电称：“西藏方面留黄慕松暂缓返京、商洽中藏间一切悬案。”[373]

对此，汪精卫在 11 月 21 日致黄慕松电中说：噶厦所提十条“虽较前此檀越关系云云，差为和缓，然内容实多未妥”，因而“作为咨询意见，并未正式谈判”。[374] 在噶厦驻京代表转达噶厦电时，汪精卫称：“中央已电令专使回京报告，但如藏方确有诚意，不妨暂留旬日。惟此次藏中大会所陈十条，虽已确认西藏为中国领土之一部分，而其他重要意见相距仍远。专使负国家专任，不能久留，徒淹时日。”在 11 月 22 日电中指示黄慕松注意两点：“（一）如认为可留，务必告以已奉中央电令回国，但藏方若具诚意，不妨稍缓旬日，但决不能久留；（二）藏方条件如大体尚可容纳，方可与商，否则但以听取的态度处之。”[375]

黄慕松回电说：“藏方希望职久留拉萨，借以解决一切，不能谓其缺乏诚意。但藏人办事迂缓曲折，若与之周旋，最少非三阅月之上不为功。故中央倘决心令职始终其事，恐非至明年四月以后不能回京，断非旬日工作能得其端倪。奉电后，当与刘总参议、林参议商议，拟仍照迭令，俭日首途回京。此后交涉，倘藏方确具诚意，拟由刘总参议朴忱随时交换意见，亦可得相当结果。并筹兼顾，觉为妥当。”[376] 同日，林东海向噶厦“通告奉令回京报告”，各噶伦“仍表示挽留，并以须报告司伦、热振为词”，林东海“婉辞答复”，黄慕松“拟于有、宥两日（25、26 日）正式辞行，俭日首途”。[377]11 月 24 日，黄慕松再电汪精卫、蒋介石：“职奉令回京，藏方仍力挽留。今晨在布达拉山开会讨论，适西藏驻京代表电到，大约是报告晋谒中枢谈话之结果，闻多以欲留专使，非将条项修改不可，而又有碍难办到之处，遂不能不允许。职明日往布达拉山正式辞行矣。藏俗到布达拉山辞行之后，即不便再持挽留。”[378]11 月 26 日，黄慕松汇报当日向热振、司伦辞行情况：“热振谓接驻京代表电告，院座有允令再留旬日之急，务望暂留。职询以旬日内有较好之办法否？伊答如此短时间难以确言。职答中央命令回京报告，是为询明西藏情况，借谋解决各种问题，并留总参议在拉萨办事，可代陈一切。热振、司伦以中央留职位较高之刘总参议，影响于民众观感甚佳，颇为满意。”[379]

从 8 月 28 日抵达拉萨到 11 月 28 日启程返回，黄慕松在拉萨时间正好三个月。

在短短的三个月里，就要协商解决英国入藏以来制造的西藏问题难题，是不可能的。黄慕松在拉萨切身认识到自土登贡培、龙厦事件后，“西藏政教大权完全操于首席噶伦泽墨之手”。泽墨“资深望重，手段圆滑而毒辣”，“对于中央，在不妨害其政权下可以服从，中央但须有确切之保证，方可奏效。此次中藏交涉藏事未完全解决者，正为此辈所阻碍”。[380]而“确切之保证”，对当时的国民政府来说，是做不到的。这可从对内对外两方面得到说明。

从内部关系来说，蒋介石无意利用黄慕松入藏以武力解决西藏问题。5月30日，马步芳为调军至青海南部地区致电蒋介石：“查青南玉树囊谦毗连康藏，边防上极关重要。拟加派两团兵力，以一团驻玉树囊谦一带震摄（慑），以一团驻大河坝遥作策应，并可督修公路，便利交通。管见当否，仍乞电示，俾得早日开拔。”蒋介石回电：“加兵青南，巩固国防，并修公路，至佩尽筹，希相机径行酌办。惟现值黄专使入藏之初，一切行动务宜避免藏方误会，并希注意为要。”[381]6月中旬，马步芳又致电蒋介石，提出“刻下应藏商之请，藉保路修路两事，乃续增兵海南两团”[382]。贡觉仲尼为此致电蒋介石：“此间传闻汉方将俟黄专使抵藏时于藏边准备大批军队向西藏开拔。惟思中央决无此举，否则藏民必生误会，中藏问题从此难解决矣。”蒋介石一方面复电贡觉仲尼：“黄使入藏，边界准备大军向西藏开拔，不特中央决无此举，即任何方面亦决无此意，乃系绝对无稽之谣言。希即转电噶厦传谕藏民一体释念，切勿误信为要。”[383]一方面致电马步芳指示：“青海对藏保商免税，力予便利，极表好感，具见处理得当，联络有方，良堪嘉慰，尚希本此辑睦诚挚之态度，努力周旋。惟海南增兵修路，逼近藏边，最易误会，切宜避免一切，应以审慎出之为要。”[384]黄慕松到西康之后，向蒋介石汇报青海、云南“电信往复所见，亦无出兵解决藏事”[385]。

从对外关系来看，英国政府有以武力干涉的可能。黄慕松入藏时，英国在西藏春丕驻有英军官2名，印籍士兵25名；在江孜驻有英军官3名，印籍士兵80名。[386]虽然这是象征性的，但是正如侵略分子贝尔所称：“英国军队苟不驻扎于印度，西藏边疆之政治，苟不隶属于英国管辖之下，西藏必将与印度脱离关系，此乃不易之理也。而尼泊尔、不丹与哲孟雄，亦必不能如目前与印亲善，且一变而疏远，或且成为仇视矣。故英国之武力必须继续而不变，而边疆之政治，亦必仍归英国管辖。”时人就此指出：“观此可见英国对西藏之态度，绝不肯放弃在藏已得权益之毫末。至班禅回藏，亦绝非英人之所欲，苟不得英人之同意，恐班禅回藏亦遥远无期矣。由是以观，虽达赖之死，黄慕松之入藏，中藏关系恐未能因此好转也。”[387]

面对英国的干涉，国民政府为了联合英国对付日本的侵略，只能妥协、让步；这是蒋介石定下的基调。他在3月7日演讲《中国之边疆问题》的同日又演讲《中国之外交政策》。如果说《中国之边疆问题》是国民政府如何处理边疆问题的指导性文件，那么《中国之外交政策》是国民政府对外关系的指导性文件，其中心是在世界各国中，中国只能联英，这是因为：

其一，英国对华侵略的特点与俄、日不同。蒋介石认为：“一般人每以英亦帝国主义国家，对中国亦有野心，因而认为中英无提携之可能，此说亦非全无理由，不过予以为英国无论抱如何之野心，决不致如日俄之侵略，盖彼在东亚并无炽热如日俄之领土野心，而以维持其现有经济的优势为已足也。”

其二，中英两国有联合的必要。蒋介石认为，一方面，英国对华政策趋于友好，“自出师北伐以后，英国即最先对我表示好感，遇事皆善意协商之态度，如租界与租借地之交还，赔款之退还，关税自主之承认，在九一八事变前废除领事裁判权交涉之让步等事实，皆可表示只须中国能稍稍争气，英国随时皆愿亲善”。另一方面，“就太平洋及东亚之大势观之，日本已不能为英国忠实之朋友，甚至在各方面已与英国立于敌对之地位（不过尚未至实时决裂之程度而已）；美国与英国虽在‘血浓于水’之口号下有亲善之形态，但实质上之利害冲突实多。故联络中国以直接巩固其在东亚、间接维护其在世界上之霸权，毋宁为英国所迫切祈求之事”。

总之，蒋介石在严重的外敌入侵面前强调“今后中国外交之出路只有联英。宜以此为固定不移之基本政策”。[388]对西藏问题的处理据此而来。

虽然在各次会谈中，黄慕松“均述及内地‘匪患’渐次肃清，建设事业业已开始，国势日强一日，并及英人在印度受甘地不抵抗反对结果，每年印度政府收入大减，现在伦敦失业已有数百人各情形”，噶厦成员“甚为感动”，尤以姬觉总堪布、彭康公（十一世达赖喇嘛彭康家族后人）“为甚”。[389]但是，国民政府对英国的侵略及其危害性未引起足够的重视。黄慕松言：“吾人从前以为英藏之间如何如何者，事实上并不如是。除了英藏间缔有条约而外，事实上看不出别的关系。”[390]黄慕松7月10日日记：“闻西藏对于英国毫无政治上之关系，不过商业上稍有往来而已。至所谓‘西藏通’之贝尔君，虽屡与达赖佛接近，但皆相见于兵营，向未抵掌私室，如今日之情形者。读其著作，证以事实，思过半矣。”[391]7月23日日记：崔科代本及贞冬噶伦称“英人贝尔至拉萨，每次一个月，有时时间较长。而达赖佛在军营之便宫中不过接近一二次”；在春丕山谷的商人说“英人每年到拉萨一次，必往军营参观”。两种说法“当非虚语，足见贝尔之书，未免张大其词，且可推想西藏与英人彼此利用，其意仅在于军械问题耳”。[392]

当然，国民政府针对英国的干涉，采取了一些反干涉的措施，改善与尼泊尔的关系是重要的一环。在黄慕松入藏前，国民政府饬令主管机关密切注意英国“阴谋运动尼泊尔为侵藏之步骤一点”[393]。9月10日，黄慕松与尼泊尔驻拉萨“重要职员”“晤谈，颇觉融洽”[394]。9月22日，尼泊尔新任驻藏代表拜访黄慕松。10月2日，黄慕松“答拜尼泊尔代表，晤谈甚欢”，该代表希望黄慕松“在藏公毕后往游尼泊尔”，黄“答南京当局亦甚希望尼泊尔显要能到南京一游”。[395] 黄慕松应尼泊尔总理乔德电邀，决定经由印度返京，说：“现值冬令，为程途迅速，视察英人在西藏南部及哲孟雄、不丹、尼泊尔各地经营情形，藉以连络起见。”[396] 他访问尼泊尔四五天，称赞该国“政治建设等情形良好，令人赞叹”[397]。

英国政府宣称它在西藏的代表一时不知黄慕松与噶厦讨论的主题，也不知取得了什么结果。[398] 天下竟有这种颠倒黑白之事！ 12月23日《泰晤士报》登载了一则来自新德里的专电，称：“西藏国民议会已决定不附属于中华民国”，黄慕松“虽百般劝服藏中有力分子，使之脱离英国势力，然彼等均置之不顾，不过表示，愿继续对中国政府维持友好关系”。[399] 英国政府后来还总结说：黄慕松提出“西藏应该是中国自治的一部分，中国政府负责西藏的外交、国防、交通和重要任命的确认”，噶厦则提出“西藏可以承认西藏是中国的一部分，但必须拥有完全的自治和可以与外国建立关系”。黄慕松向国民政府汇报说“西藏人准备将他们的外交自由限定在向中国政府咨询西藏和列强间的重要谈判”，英国则认为“并没有揭示出这种让步”。黄慕松“最实质性的成果是将中国政府的两个代表永久地留在了拉萨。中国赢得了进一步的优势，那就是西藏直接与中国谈判，这样一来，西藏就再次违反了1914年的西姆拉条约，而英国对这次违反并未向西藏提出抗议”。[400] 这一情况是整个民国时期中英两国和噶厦三方之间态度的缩影和反映：“从大约1911年至1949年，西藏是自治的，来自中国的压力遭到了来自印度的审慎的政治和军事援助的抵制。英国政府坚持主张西藏在中国宗主权下实行自治。中国政府则坚持认为西藏是中国的一部分，但拥有独特的政府形式。西藏人一般说来他们是独立的，但是有时会做出正式隶属于中国的姿态。”[401]

实际上，英国政府不但提出了“抗议”，而且采取了进一步的侵略计划。英国驻锡金政治官员威廉逊在1935年1月20日的一封信中制造“中国对西藏的威胁”论。他宣称：“西藏已受到来自其东部和东北部边境的入侵的威胁，迫使他向中国割让土地，黄慕松便一直在制造这种恐惧和威胁”；中国“还会利用西藏对外来入侵的恐惧，得寸进尺地再提出割让领土的要求，并且会竭力威胁西藏，使其允许中国向拉萨派驻代表，以求获得西藏对外事务的发言权”。他叫嚷：“毫无疑问，中国是一个有害的邻邦”，“如果中国人再度获得对西藏的控制权，那就可能不断地激起我们的焦虑和愤怒。我们不能够心安理得地对可能会再度发生的这种事情熟视无睹”。“无论如何，我们都必须继续把西藏当做一个完全的自治的国家对待，如果中国的驻藏大臣出现在拉萨，我们必须只把他当做一名外国代表来对待，在任何时候我们都决不得以何种方式去同他协商或咨询有关西藏事务或对外关系的任何问题”。“西藏目前的局势非常危急”，“我们希望它本质上完全独立，即使在名义上自治也好”。他接着建议英国政府免去西藏地方当局购买军火积欠的几十万卢比，并请求给他一笔约 70000 卢比的资金入藏。[402] 这得到英国政府的批准。

国民政府既然不能采取实质性的措施给予“确切之保证”，西藏问题只能搁置下来。1935 年 2 月 15 日，黄慕松抵沪，谈话：“西藏近状甚好，藏中人民对于中央咸具拥护之诚意……英人在藏之行动均在条约范围之内，并无特殊之势力。藏中常备军队约计数千人，均系征兵。自达赖喇嘛逝世之后，藏中行政暂由热贞（热振）呼图克图代理；至于正式继任之人选则迄今尚未产生。闻西藏将派代表入京答谢中央之德意，人选业经决定，惟何日启行入京，目前尚无所闻。”[403]2 月 16 日回到南京后又称：“西藏一般情形良好，内向之情甚殷。”[404] 这些言论，只不过反映了即将接任蒙藏委员会委员长的黄慕松希望西藏与中央政府的关系日益改善的心理。

注 释

[1] 《中央对西藏统治权之恢复问题》，《边事研究》1937 年第 6 卷第 1 期，第 6 页。

[2] 《西藏问题之症结及今后解决之方策》，《边事研究》1935 年第 3 卷第 6 期，第 68 页。

[3] 达瓦：《十三世达赖喇嘛逝世前爱国人士坚塞·土登贡培的权威及后来遭迫害的原因》，《西藏大学学报》2003 年第 3 期。

[4] 周伟洲：《十三世达赖喇嘛圆寂后西藏上层集团争夺权力的斗争》，《西北民族论丛》2010 年第 7 辑。

[5] 喜饶尼玛：《试析西藏地方近代史上的一桩冤案——龙厦其人其事辨》，见《近代藏事研究》，西藏人民出版社、上海书店出版社 2000 年版。

[6] 帕苏·土登曲杰：《回忆十三世达赖喇嘛的保健医生——强巴》，见《西藏文史资料选辑》I，第 177—178 页。

[7] 拉乌达热·土丹旦达：《西藏地方政府要政见闻》，见《西藏文史资料选辑》II，第

213—214 页。

[8] 拉宗卓嘎：《关于坚赛·土丹贡培》，见《西藏文史资料选辑》I，第 255 页。

[9] 《十三世达赖喇嘛年谱》，见《西藏文史资料选辑》II，第 212 页；《历辈达赖喇嘛与班禅额尔德尼年谱》，第 416 页。

[10] 《蒙藏佛教史》，《蒙藏佛教史、西藏佛教史》（合刊，西藏学汉文文献丛书第二辑），第 140 页。

[11] 《达赖圆寂时追纪》，《中央日报》1934 年 3 月 26 日第 3 版。

[12] 《西藏政治史》，第 227、234 页。

[13] 《达赖圆寂时追纪》，《中央日报》1934 年 3 月 26 日第 3 版。

[14] 《西藏政治史》，第 226—227 页。

[15] 《蒙藏会最近政训：请宣抚西藏》，《蒙藏旬刊》1932 年第 30 期。

[16] 《黄次长慕松讲演出使西藏之经过及感想》，《湖北省政府公报》1935 年第 82 期。

[17] 《蒋中正"总统"档案：事略稿本》（24）（1933 年 12 月至 1934 年 2 月），第 94 页。

[18] 《安钦等昨午觐见林主席》，《中央日报》1934 年 5 月 3 日第 2 版。

[19] 《西藏对外关系总结》，《近代史资料》第 108 辑，第 255—256 页。

[20] 《趋渐光明之康藏问题：安钦西藏代表到京》，《蒙藏旬刊》1934 年第 86 期，第 11 页。

[21] 《班禅将回藏》，《殖边月刊》1933 年第 1 卷第 10 期，第 167 页。

[22] 贡觉仲尼、阿旺坚赞、曲批图丹、阿旺扎巴著：《达赖事略》，1934 年铅印本，第 11—12 页。

[23] 多杰才旦：《十三世达赖喇嘛阿旺洛桑土登嘉措浅析》，《中国藏学》2004 年第 3 期。

[24] 《蒋中正"总统"档案：事略稿本》（24）（1933 年 12 月至 1934 年 2 月），第 126—127 页。

[25] 《达赖追悼会今日在考试院举行》，《中央日报》1934 年 2 月 14 日第 2 版。

[26] 《中央对藏事在缜密研究中》，《申报》1933 年 12 月 27 日第 3 版。

[27] 《英伦对藏非常注意》，《华北日报》1933 年 12 月 21 日第 2 版。

[28] 《英方称达赖系毒死》，《申报》1933 年 12 月 21 日第 5 版。

[29] 《达赖喇嘛圆寂》，《申报》1933 年 12 月 20 日第 3 版。

[30] "Annual Report on China for 1933." *British Documents on Foreign Affairs—Reports and Papers from the Foreign Office Confidential Print, Part II Volume 21 China, 1932—1939,* Ann Trotter, 1994 by University Publications of America, p.80.

[31] *L/P&S/12/4177 P.Z.1140/1934*，英国政府印度事务部秘密档案。

[32] 《英商扩张侵藏势力》，《申报》1934 年 5 月 7 日第 7 版。

[33] 《蒙藏佛教史》，《蒙藏佛教史、西藏佛教史》（合刊，西藏学汉文文献丛书第二辑），第 140 页。并参见《达赖圆寂时追纪》，《中央日报》1934 年 3 月 26 日第 3 版。

[34] 《十三世达赖喇嘛年谱》，《西藏文史资料选辑》II，第 133 页。

[35] 《达赖逝世后藏人盼班禅回藏》，《中央日报》1934 年 5 月 23 日第 2 版。

[36] 《西藏政治史》，第 229 页。

[37] 《蒙藏佛教史》，《蒙藏佛教史、西藏佛教史》（合刊，西藏学汉文文献丛书第二辑），第 143 页。

[38] 《关于坚赛·土丹贡培》，见《西藏文史资料选辑》I，第254页。
[39] 《西藏政治史》，第223页。
[40] 拉鲁·次旺多吉:《回忆我的父亲——龙厦·多吉次杰》，见《西藏文史资料选辑》I，第168页。
[41] 《回忆十三世达赖喇嘛的保健医生——强巴》，见《西藏文史资料选辑》I，第177页。
[42] 《西藏政治史》，第223页。
[43] 《拉鲁家族及拉鲁·次旺多吉的经历》，见《西藏文史资料选辑》II，第585页。
[44] 《西藏驻京办事处为转报十三世达赖喇嘛圆寂致蒙藏委员会代电》(1933年12月20日)，见《民国藏事史料汇编》第5册，第331页。
[45] 李苏·晋美旺秋:《十三世达赖喇嘛圆寂后的西藏政局》，见《西藏文史资料选辑》I，第216页。
[46] 色新·洛桑顿珠:《国民党中央政府代表黄慕松来藏致祭十三世达赖喇嘛片断》，见《西藏文史资料选辑》I，第160页。
[47] 《十三世达赖喇嘛圆寂后的西藏政局》，见《西藏文史资料选辑》I，第216、215页。
[48] 同上，第215页。
[49] 《达赖逝世后藏人盼班禅回藏》，《中央日报》1934年5月23日第2版。
[50] 《黄慕松入藏纪实》，见《西藏文史资料选辑》I，第419页。
[51] 《十三世达赖喇嘛圆寂后的西藏政局》，见《西藏文史资料选辑》I，第215页。
[52] 《蒙藏佛教史》，《蒙藏佛教史、西藏佛教史》(合刊，西藏学汉文文献丛书第二辑)，第144页。
[53] 热振·江白降村:《第五世热振土登江白益西·丹贝坚赞传略》，见《西藏文史资料选辑》III，第2页。
[54] 郎德沛:《西藏现政权与英国之关系》，《边事研究》1936年第4卷第1期。
[55] 《达赖死后传藏局有变化》，《申报》1933年12月22日第3版。
[56] 《西藏代表请取缔达赖被害谣言》，《申报》1933年12月24日第3版。
[57] 夏格巴则说是在达赖圆寂后第四天即1933年12月21日，“春都在龙霞授意下开会讨论达赖突然去世的问题”。见《西藏政治史》，第230页。
[58] 《关于坚赛·土丹贡培》，见《西藏文史资料选辑》I，第255页。
[59] 《回忆我的父亲——龙厦·多吉次杰》，见《西藏文史资料选辑》I，第168页。
[60] 《回忆十三世达赖喇嘛的保健医生——强巴》，见《西藏文史资料选辑》I，第178页。
[61] 《关于坚赛·土丹贡培》，见《西藏文史资料选辑》I，第255页。
[62] 《回忆十三世达赖喇嘛的保健医生——强巴》，见《西藏文史资料选辑》I，第178、179页。
[63] 《拉萨司伦电京欢迎中央派员入藏》，《申报》1933年12月26日第5版。
[64] 《回忆十三世达赖喇嘛的保健医生——强巴》，见《西藏文史资料选辑》I，第178页。
[65] 《十三世达赖喇嘛逝世前爱国人士坚塞·土登贡培的权威及后来遭迫害的原因》，《西藏大学学报》2003年第3期。
[66] 《黄慕松入藏纪实》，见《西藏文史资料选辑》I，第419页。
[67] 《关于坚赛·土丹贡培》，见《西藏文史资料选辑》I，第256页。抗战期间，土登贡培

得知英印政府入侵门达旺地区而向噶厦汇报，被英印政府列为“不法分子”而限期离境。他在中国驻加尔各答领事馆的帮助下回到内地。

[68] 《一月来之西北》，《开发西北》1934 年第 1 卷第 3 期。

[69] 《达赖逝世后藏人盼班禅回藏》，《中央日报》1934 年 5 月 23 日第 2 版。

[70] 《噶厦为热振出任摄政暨司伦等照旧奉职事循例呈报中央政府致西藏办事处电》（1933 年 12 月），见《民国藏事史料汇编》第 5 册，第 336 页。

[71] 《藏迎“结政乌振”总摄政教大权》，见《民国藏事史料汇编》第 9 册，第 66 页。

[72] 《行政院为核准热振总摄全藏政教大权事致国民政府函》（1934 年 1 月 31 日），见《民国藏事史料汇编》第 5 册，第 354 页。

[73] 《蒙藏佛教史》，《蒙藏佛教史、西藏佛教史》（合刊，西藏学汉文文献丛书第二辑），第 145 页。

[74] 《达赖追悼会今日在考试院举行》，《中央日报》1934 年 2 月 14 日第 2 版。

[75] 《黄慕松入藏纪实》，见《西藏文史资料选辑》I，第 420 页。

[76] 《十三世达赖喇嘛逝世前爱国人士坚塞·土登贡培的权威及后来遭迫害的原因》，《西藏大学学报》2003 年第 3 期。

[77] 《回忆我的父亲——龙厦·多吉次杰》，见《西藏文史资料选辑》I，第 168 页。

[78] 《黄慕松入藏纪实》，见《西藏文史资料选辑》I，第 419—420 页。

[79] 《回忆我的父亲——龙厦·多吉次杰》，见《西藏文史资料选辑》I，第 168 页。

[80] 《黄慕松入藏纪实》，见《西藏文史资料选辑》I，第 420 页。

[81] 《拉鲁家族及拉鲁·次旺多吉的经历》，见《西藏文史资料选辑》II，第 585 页。

[82] 拉乌达热·土丹旦达：《我参与“龙厦事件”的经过》，见《西藏文史资料选辑》I，第 232 页。

[83] *Express Letter from Political Sikkim, Gangtok, to Foreign, New Delhi. No, 18(1)—P/33, Dated 31st, December.* 英国政府印度事务部秘密档案。

[84] 《黄慕松入藏纪实》，见《西藏文史资料选辑》I，第 419 页。

[85] 《我所了解的擦绒·达桑占堆其人》，见《西藏文史资料选辑》I，第 437 页。

[86] 《达赖圆寂时追纪》，《中央日报》1934 年 3 月 26 日第 3 版。

[87] 《黄慕松为报擦绒云达赖喇嘛圆寂时外人劝渠统兵协同英兵入拉萨举行政治改革事致行政院等电》，见《元以来西藏地方与中央关系档案史料汇编》第 6 册，第 2672 页。原文为“甘孜”，应为江孜。

[88] 《使藏纪程》，见《西藏学汉文文献丛书》第 2 辑，第 344 页。

[89] 《回忆我的父亲——龙厦·多吉次杰》，见《西藏文史资料选辑》I，第 169 页。夏格巴说：龙厦成立的组织称“克巧恭敦”（kechog kunten），意为“快乐的联合”。见《西藏政治史》，第 231 页。

[90] 《使藏纪程》，见《西藏学汉文文献丛书》第 2 辑，第 245 页。

[91] 《我参与“龙厦事件”的经过》，见《西藏文史资料选辑》I，第 232—234 页。

[92] 《回忆我的父亲——龙厦·多吉次杰》，见《西藏文史资料选辑》I，第 169 页。

[93] 《拉鲁家族及拉鲁·次旺多吉的经历》，见《西藏文史资料选辑》II，第 586 页。

[94] 《黄慕松入藏纪实》，见《西藏文史资料选辑》I，第 420 页。

[95]《行政院秘书处为抄送黄家濂转呈蒋致余报噶厦及三大寺派代表欢迎班禅回藏电事致蒙藏委员会函》(1934年7月4日),见《民国藏事史料汇编》第5册,第412页。
[96]《前任藏军总司令伦夏尔遭惨杀》,《申报》1934年6月1日第4版。
[97]《班禅回藏益有实现可能》,《申报》1934年6月7日第3版。
[98]《安钦昨晨赴赣谒蒋》,《中央日报》1934年6月3日第2版。
[99]《黄慕松入藏纪实》,见《西藏文史资料选辑》I,第423、420页。
[100] 蒙藏委员会:《西藏内情及其对外关系研究报告》,见《民国藏事史料汇编》第18册,第170页。
[101]《现代性与民族意识:关于西藏近代史上一次政治改革性质的社会学分析》,《西藏民族学院学报》2002年第3期。
[102] 王贵、喜饶尼玛、唐家卫著:《西藏历史地位辨》,民族出版社1997年版,第223页。
[103]《试析西藏地方近代史上的一桩冤案——龙厦其人其事辨》,见《近代藏事研究》,第225页。
[104]《西藏对外关系总结》,《近代史资料》第108辑,第256页。
[105]《西藏内情及其对外关系研究报告》,见《民国藏事史料汇编》第18册,第169页。
[106]《十三世达赖喇嘛圆寂后西藏上层集团争夺权力的斗争》,《西北民族论丛》2010年第7辑。
[107]《安钦活佛等来京迎班禅入藏》,《中央日报》1934年4月4日第2版。
[108]《回忆我的父亲——龙厦·多吉次杰》,见《西藏文史资料选辑》I,第169页。
[109]《试析西藏地方近代史上的一桩冤案——龙厦其人其事辨》,《近代藏事研究》,第217页。
[110]《我参与"龙厦事件"的经过》,见《西藏文史资料选辑》I,第234页。
[111]《西藏政治史》,第231页。
[112]《黄慕松入藏纪实》,见《西藏文史资料选辑》I,第420、423页。
[113]《西藏对外关系总结》,《近代史资料》第108辑,第256页。
[114] 学术界的探讨集中于黄慕松入藏之因、过程及意义,如刘国武:《论黄慕松使藏》,《云南民族学院学报》2003年第1期;朱姝:《黄慕松入藏与南京国民政府治藏政策的调整》,达力扎布总主编:《中国近代边疆民族问题研究》,中央民族大学出版社2008年版;张皓:《论黄慕松1934年入藏的历史意义》,《岭南文史》1999年第2期;[美]梅·戈尔斯坦著、杜永彬译:《喇嘛王国的覆灭》;张永攀:《黄慕松致祭达赖与喜马拉雅之旅》,《世界知识》2010年第4期;张发贤:《再论黄慕松进藏及其历史意义》,《西北民族大学学报(哲社版)》2012年第5期,等等。
[115]《蒋中正"总统"档案:事略稿本》(25)(民国二十三年三月至四月),第93页。
[116]《达赖圆寂时追纪》,《中央日报》1934年3月26日第3版。
[117]《西藏驻京办事处为转报十三世达赖喇嘛圆寂致蒙藏委员会代电》(1933年12月20日),见《民国藏事史料汇编》第5册,第331页。
[118]《蒋中正"总统"档案:事略稿本》(24)(民国二十二年十二月至二十三年二月),第110页。
[119]《西藏问题之症结及今后解决之方策》,《边事研究》1935年第3卷第6期,第71页。

[120] 舒：《解决康藏纠纷之机》，《申报》1933 年 12 月 25 日第 5 版。
[121]《十三世达赖喇嘛圆寂致祭和十四世达赖喇嘛转世坐床档案选编》，第 39 页。
[122]《西藏问题之症结及今后解决之方策》，《边事研究》1935 年第 3 卷第 6 期，第 68 页。
[123]《一月来之西北》，《开发西北》1934 年第 1 卷第 1 期，第 105 页。
[124]《蒙藏委员会为达赖致海南各寺院佛谕事希转饬玉树司令严密防范致青海南部边区警备司令部函》（1934 年 1 月 18 日），见《民国藏事史料汇编》第 5 册，第 353 页。
[125]《达赖大师圆寂褒崇典礼》，见《民国藏事史料汇编》第 5 册，第 428 页。
[126]《蒋中正“总统”档案：事略稿本》（24）（民国二十二年十二月至二十三年二月），第 110 页。
[127]《蒙藏佛教史》，《蒙藏佛教史、西藏佛教史》（合刊，西藏学汉文文献丛书第二辑），第 142 页。
[128]《追赠十三世达赖护国弘化普慈圆觉大师封号册文》（1934 年 3 月 1 日），见《民国藏事史料汇编》第 5 册，第 379 页。
[129]《黄次长慕松讲演出使西藏之经过及感想》，《湖北省政府公报》1935 年第 82 期，第 24 页。
[130]《蒋中正“总统”档案：事略稿本》（24）（民国二十二年十二月至二十三年二月），第 126—127 页。
[131]［苏］节昂列夫著、张方康译：《中华民国时期的西藏》，见《国外藏学研究译文集》第 10 辑，第 60 页。
[132]《黄慕松入藏纪实》，见《西藏文史资料选辑》I，第 418、419 页。
[133]《达赖继任问题》，《申报》1933 年 12 月 21 日第 5 版。
[134] 李有义：《西藏问题之分析》，《边政公论》第 7 卷第 3 期，第 2 页。
[135]《行政院秘书处为抄送黄家濂转呈蒋致余报噶厦及三大寺派代表欢迎班禅回藏电事致蒙藏委员会函》（1934 年 7 月 4 日），见《民国藏事史料汇编》第 5 册，第 412 页。
[136]《藏方欢迎中央派员前往》，《申报》1933 年 12 月 25 日第 3 版。
[137]《黄慕松入藏纪实》，见《西藏文史资料选辑》I，第 418 页。
[138]《入藏大员人选，戴传贤最有望》，《申报》1933 年 12 月 28 日第 7 版。
[139]《石青阳本人拟一行》，《申报》1933 年 12 月 29 日第 6 版。
[140]《石青阳将入藏一行，俟得藏方同意复电后即启程》，《申报》1933 年 12 月 31 日第 3 版。
[141]《石青阳将入藏一行，俟得藏方同意复电后即启程》，《申报》1933 年 12 月 31 日第 3 版。
[142]《蒋中正“总统”档案：事略稿本》（24）（民国二十二年十二月至二十三年二月），第 184 页。
[143]《黄慕松入藏纪实》，见《西藏文史资料选辑》I，第 421 页。
[144]《中央决派大员入藏宣慰》，《申报》1933 年 12 月 23 日第 3 版。
[145]《蒋中正“总统”档案：事略稿本》（24）（民国二十二年十二月至二十三年二月），第 156 页。
[146] 包尔汉：《新疆五十年》，文史资料出版社 1984 年版，第 184 页。

[147]《黄慕松谈入藏使命》,《中央日报》1934 年 1 月 14 日第 2 版。

[148]《蒋中正"总统"档案:事略稿本》(26)(民国二十三年五月至七月,上),第 306 页。

[149] *P.Z.699, 1934. Decode. Mr. Ingram (Peking), 18th, January, 1934.* 英国政府印度事务部秘密档案。

[150] *Register No. P.Z.1140/34, Secret, Political Department.* 英国政府印度事务部秘密档案。

[151]《一月来之西北》,《开发西北》1934 年第 1 卷第 1 期,第 105 页。

[152]《黄慕松入藏纪实》,见《西藏文史资料选辑》I,第 419、421 页。

[153]《黄慕松谈入藏使命》,《中央日报》1934 年 1 月 14 日第 2 版。

[154]《蒙藏委员会为藏方主张先议中藏问题待有结果再行册封典礼事致行政院呈》(1934 年 9 月 22 日),见《民国藏事史料汇编》第 5 册,第 431 页。

[155] "Annual Report on China for 1934." *British Documents on Foreign Affairs–Reports and Papers from the Foreign Office Confidential Print. Part II Volume 21 China,* 1932—1939, p.139.

[156]《西藏代表请愿中央五事》,《申报》1934 年 1 月 28 日第 3 版。

[157]《班禅回藏最近尚难实现——石青阳之谈话》,《申报》1934 年 1 月 29 日第 4 版。

[158]《行政院为核准专使入藏分赠礼品概算致国民政府呈》(1934 年 2 月 14 日),见《民国藏事史料汇编》第 5 册,第 372 页。

[159]《黄慕松入藏纪实》,见《西藏文史资料选辑》I,第 419 页。

[160]《巴黎时报论我国内忧外患》,《申报》1934 年 2 月 27 日第 3 版。

[161]《新疆独立阴谋,法报称英为背景》,《申报》1934 年 1 月 27 日第 7 版。

[162]《英人侵入班老》,《中央日报》1934 年 6 月 22 日第 2 版。

[163]《蒋中正"总统"档案:事略稿本》(26)(民国二十三年五月至七月,上),第 411 页。

[164] 蒋介石:《中国之边疆问题》(1934 年 3 月 7 日),载秦孝仪主编:《先"总统"蒋公思想言论总集》第 12 卷,台北,中国国民党中央委员会党史委员会 1984 年版,第 105—110 页。

[165]《蒙藏佛教史》,《蒙藏佛教史、西藏佛教史》(合刊,西藏学汉文文献丛书第二辑),第 148—149 页。

[166]《蒋中正"总统"档案:事略稿本》(25)(民国二十三年三月至四月),第 90 页。

[167]《黄慕松入藏纪实》,见《西藏文史资料选辑》I,第 425 页。

[168] 炯:《黄慕松西上与西藏前途》,《时代公论》1934 年第 3 卷第 6 期,第 2 页。

[169] "Annual Report on China for 1933." *British Documents on Foreign Affairs–Reports and Papers from the Foreign Office Confidential Print. Part II Volume 21 China, 1932–1939,* p.80.

[170] "Annual Report on China for 1934." *British Documents on Foreign Affairs–Reports and Papers from the Foreign Office Confidential Print. Part II Volume 21 China, 1932–1939,* p.137.

[171]《黄慕松、吴忠信、赵守钰、戴传贤奉使办理藏事报告书》,第 110 页。

[172]《黄慕松入藏纪实》,见《西藏文史资料选辑》I,第 419 页。

[173] *Decypher of Telegram from Government of India, Foreign and Political Department, to*

Secretary of State for India, New Delhi, 26th , January. 英国政府印度事务部秘密档案。
[174] *Register No. P.Z.1140/34, Secret, Political Department.* 英国政府印度事务部秘密档案。
[175] 络纬:《西藏问题解决之途径》,《申报月刊》1934 年第 3 卷第 10 期，第 6 页。
[176]《帝国主义者在西藏之阴谋》,《申报》1934 年 4 月 6 日第 3 版。
[177]《英商扩张侵藏势力》,《申报》1934 年 5 月 7 日第 7 版。
[178]《蒋致余电告热振拥戴中央》,《申报》1934 年 6 月 18 日第 5 版。
[179]《西藏驻京办事处为催请大员入藏事致蒙藏委员会呈》(1934 年 1 月 8 日)，见《元以来西藏地方与中央政府关系档案史料汇编》第 6 册，第 2653 页。
[180]《行政院为致祭专使已派定请先明令发表事致文官处公函》(1934 年 1 月 13 日)，见《民国藏事史料汇编》第 5 册，第 346 页。
[181]《黄慕松入藏四全后启行》,《中央夜报》1934 年 1 月 19 日第 1 版。
[182]《黄慕松入藏期未定》,《中央夜报》1934 年 2 月 5 日第 1 版。
[183]《黄慕松月内赴藏》,《中央日报》1934 年 2 月 13 日第 3 版。
[184]《黄慕松入藏行程仍未定》,《中央夜报》1934 年 2 月 14 日第 1 版。
[185]《黄慕松入藏期已定》,《中央夜报》1934 年 2 月 23 日第 1 版。
[186]《黄慕松下月入藏》,《中央夜报》1934 年 3 月 9 日第 1 版。
[187]《黄慕松下周入藏》,《中央日报》1934 年 3 月 18 日第 2 版。
[188]《安钦活佛等来京迎班禅入藏》,《中央日报》1934 年 4 月 4 日第 2 版。
[189]《黄慕松、吴忠信、赵守钰、戴传贤奉使办理藏事报告书》，第 8 页。
[190]《黄慕松入藏期》,《中央日报》1934 年 4 月 5 日第 2 版。
[191]《黄慕松定期赴藏》,《中央日报》1934 年 4 月 9 日第 2 版。
[192]《黄慕松定廿六日入藏》,《中央日报》1934 年 4 月 20 日第 2 版。
[193]《黄慕松呈报自蓉启程日期致林森函》(1934 年 5 月 5 日)，见《民国藏事史料汇编》第 5 册，第 398 页。
[194]《一旬来之班禅与藏情》,《西藏代表迎班入藏》,《蒙藏旬刊》1934 年第 77 期，第 37 页。
[195] *P.E.631/34. India Office. Whitehall, London, S.W.I, 1st, February.* 英国政府印度事务部秘密档案。
[196] "Annual Report on China for 1934." *British Documents on Foreign Affairs–Reports and Papers from the Foreign Office Confidential Print. Part II Volume 21 China, 1932–1939,* p.138.
[197]《石青阳将入藏一行，俟得藏方同意复电后即启程》,《申报》1933 年 12 月 31 日第 3 版。
[198]《黄慕松谈入藏使命》,《中央日报》1934 年 1 月 14 日第 2 版。
[199]《黄次长慕松讲演出使西藏之经过及感想》,《湖北省政府公报》1935 年第 82 期，第 22 页。
[200]《黄慕松月内赴藏》,《中央日报》1934 年 2 月 13 日第 3 版。
[201]《黄慕松入藏行程仍未定》,《中央夜报》1934 年 2 月 14 日第 1 版。
[202]《黄次长慕松讲演出使西藏之经过及感想》,《湖北省政府公报》1935 年第 82 期，第 22 页。

[203]《黄慕松下月入藏》,《中央夜报》1934 年 3 月 9 日第 1 版。

[204] *P.E.631/34. India Office. Whitehall, London, S.W.I, 1st, February.* 英国政府印度事务部秘密档案。

[205] "Annual Report on China for 1934." *British Documents on Foreign Affairs–Reports and Papers from the Foreign Office Confidential Print. Part II Volume 21 China, 1932-1939,* p.138.

[206]《致祭专使行署为催请玉册玉印事致文官处公函》(1934 年 3 月 20 日),见《民国藏事史料汇编》第 5 册,第 390 页。

[207]《黄慕松、吴忠信、赵守钰、戴传贤奉使办理藏事报告书》,第 8 页。

[208]《黄慕松、吴忠信、赵守钰、戴传贤奉使办理藏事报告书》,第 8 页。

[209]《黄慕松入藏纪实》,见《西藏文史资料选辑》I,第 424 页。

[210]《黄慕松、吴忠信、赵守钰、戴传贤奉使办理藏事报告书》,第 8 页。

[211]《西藏驻京办事处为黄慕松专使莅藏随从务请从简事致蒙藏委员会代电》(1934 年 3 月 17 日),见《民国藏事史料汇编》第 5 册,第 383 页。

[212]《使藏纪程》,见《西藏学汉文文献丛书》第 2 辑,第 113 页。

[213]《黄慕松谈入藏使命》,《中央日报》1934 年 1 月 14 日第 2 版。

[214]《十三世达赖圆寂致祭和十四世达赖转世坐床档案选编》,第 41 页。

[215]《黄慕松月内赴藏》,《中央日报》1934 年 2 月 13 日第 3 版。

[216]《蒋中正"总统"档案:事略稿本》(25)(民国二十三年三月至四月),第 90 页。

[217]《贡觉仲尼谈解决康藏纠纷》,《中央日报》1934 年 4 月 11 日第 3 版。

[218] "Annual Report on China for 1934." *British Documents on Foreign Affairs–Reports and Papers from the Foreign Office Confidential Print. Part II Volume 21 China, 1932-1939,* p.138.

[219]《趋渐光明之康藏问题:安钦西藏代表到京》,《蒙藏旬刊》1934 年第 86 期,第 11 页。

[220]《蒙藏佛教史》,《蒙藏佛教史、西藏佛教史》(合刊,西藏学汉文文献丛书第二辑),第 153 页。

[221]《黄慕松、吴忠信、赵守钰、戴传贤奉使办理藏事报告书》,第 14、15、16 页。

[222]《黄慕松报抵桑打伯贡致林森等电》(1934 年 8 月 3 日),见《民国藏事史料汇编》第 5 册,第 419 页。

[223]《蒋中正"总统"档案:事略稿本》(26)(民国二十三年五月至七月,上),第 664 页。

[224]《国民党中央政府代表黄慕松来藏致祭十三世达赖喇嘛片断》,见《西藏文史资料选辑》I,第 161 页。

[225]《黄慕松、吴忠信、赵守钰、戴传贤奉使办理藏事报告书》,第 16 页。

[226]《使藏纪程》,见《西藏学汉文文献丛书》第 2 辑,第 256—257 页。

[227]《国民党中央政府代表黄慕松来藏致祭十三世达赖喇嘛片断》,见《西藏文史资料选辑》I,第 162 页。

[228]《黄慕松为起程时西藏官员欢送情况事致行政院电》(1934 年 11 月 28 日),《民国藏事史料汇编》第 5 册,第 468 页。

[229] 黄慕松:《西藏归来的印象》,《康藏前锋》第 2 卷第 7 期,1935 年 3 月,第 24 页。

[230] *Enclosure in Sub–legation P/L Despatch to Peking No.148 of 5/9/34.* 英国政府印度事务部

秘密档案。

[231]《英报对黄慕松入藏之批评》，《申报》1934 年 9 月 21 日第 8 版。

[232] *Copy of a letter No.7(8)—P/34, dated Camp Gyantse the 22nd, August 1934, from the Political Officer in Sikkim, to the Foreign Secretary to the Government of India, Simla.* 英国政府印度事务部秘密档案。

[233]《使藏纪程》，见《西藏学汉文文献丛书》第 2 辑，第 259 页。

[234]《十三世达赖圆寂致祭和十四世达赖转世坐床档案选编》，第 70 页。

[235]《黄慕松、吴忠信、赵守钰、戴传贤奉使办理藏事报告书》，第 22 页。

[236] 高长柱:《西藏概况》（蒙藏委员会资料之一），台北明星印书馆 1953 年印，第 20—21 页。

[237]《黄慕松、吴忠信、赵守钰、戴传贤奉使办理藏事报告书》，第 22 页。

[238]《十三世达赖圆寂致祭和十四世达赖转世坐床档案选编》，第 39—40 页。

[239]《国民党中央政府代表黄慕松来藏致祭十三世达赖喇嘛片断》，见《西藏文史资料选辑》I，第 161 页。

[240]《黄慕松奉使入藏册封并致祭十三世达赖大师报告书》，中国第二历史档案馆编:《中华民国史档案资料汇编》第五辑第一编政治（五），江苏古籍出版社 1991 年版，第 263 页。

[241] "Annual Report on China for 1934." *British Documents on Foreign Affairs–Reports and Papers from the Foreign Office Confidential Print. Part II Volume 21 China, 1932-1939,* p.138.

[242] *No.7(8)–P/34, From F. Williamson. Esq., E.C.S., Political Officer in Sikkim, to the Foregin Secretary to the Government of India, Simla, Dated Gangtok, the 9th June 1934.* 英国政府印度事务部秘密档案。

[243]《黄次长慕松讲演出使西藏之经过及感想》，《湖北省政府公报》1935 年第 82 期，第 24 页。

[244]《黄慕松、吴忠信、赵守钰、戴传贤奉使办理藏事报告书》，第 28 页。

[245]《黄慕松入藏纪实》，见《西藏文史资料选辑》I，第 423 页。

[246]《黄慕松、吴忠信、赵守钰、戴传贤奉使办理藏事报告书》，第 29 页。

[247] 同上书，第 29 页。1 秤合藏银 50 两。

[248] 同上书，第 29 页。

[249]《黄慕松为报赴三大寺及大小昭两寺朝佛情形事致行政院电》（1934 年 9 月 9 日），见《民国藏事史料汇编》第 5 册，第 427 页。

[250]《黄慕松密报四噶伦提出先磋商中央与西藏问题而后举行典礼致行政院等电》（1934 年 9 月 16 日），见《民国藏事史料汇编》第 5 册，第 429 页。

[251]《黄慕松入藏纪实》，见《西藏文史资料选辑》I，第 422、426 页。

[252]《黄慕松、吴忠信、赵守钰、戴传贤奉使办理藏事报告书》，第 23 页。

[253]《黄慕松入藏纪实》，见《西藏文史资料选辑》I，第 422—423 页。

[254] 周美华编注:《蒋中正"总统"档案：事略稿本》（28）[民国二十三年九月（下）至十二月]，台北"国史馆"2007 年版，第 55—56 页。

[255]《黄慕松、吴忠信、赵守钰、戴传贤奉使办理藏事报告书》，第 32、33 页。
[256]《喇嘛王国的覆灭》，第 233 页。
[257]《黄慕松、吴忠信、赵守钰、戴传贤奉使办理藏事报告书》，第 23 页。
[258] 同上书，第 24 页。
[259]《追赠十三世达赖护国弘化普慈圆觉大师封号册文》（1934 年 3 月 1 日），见《民国藏事史料汇编》第 5 册，第 379 页。
[260]《黄慕松为册封典礼情况等事致行政院电》（1934 年 9 月 23 日），见《民国藏事史料汇编》第 5 册，第 433 页。
[261]《国民党中央政府代表黄慕松来藏致祭十三世达赖喇嘛片断》，见《西藏文史资料选辑》I，第 161—162 页。
[262]《蒙藏委员会为转呈黄慕松抄送册封礼节及致祭秩序等事致行政院呈》（1935 年 1 月 17 日），见《民国藏事史料汇编》第 5 册，第 348 页。
[263]《蒋中正“总统”档案：事略稿本》（26）（民国二十三年五月至七月，上），第 411 页。
[264]《黄慕松为册封典礼情况等事致行政院电》（1934 年 9 月 23 日），见《民国藏事史料汇编》第 5 册，第 433 页。
[265]《西藏代表转噶厦感谢中央派专使入藏册封致祭事致林森代电》（1934 年 10 月 5 日），见《民国藏事史料汇编》第 5 册，第 443 页。
[266]《蒋中正“总统”档案：事略稿本》（28）[民国二十三年九月（下）至十二月]，第 196 页。
[267]《黄慕松、吴忠信、赵守钰、戴传贤奉使办理藏事报告书》，第 25 页。
[268]《黄慕松为噶厦反对在祭堂内外悬党旗国旗请示变通办法事致行政院电》（1934 年 9 月 26 日），见《民国藏事史料汇编》第 5 册，第 436 页。
[269]《汪兆铭为致祭日悬旗事复黄慕松电》（1934 年 9 月 28 日），见《民国藏事史料汇编》第 5 册，第 436 页。
[270]《黄慕松、吴忠信、赵守钰、戴传贤奉使办理藏事报告书》，第 25 页。
[271]《黄慕松为报擦戎云达赖喇嘛圆寂时外人劝渠统兵协同英兵入拉萨举行政治改革事致行政院等电》（1934 年 10 月 9 日），见《民国藏事史料汇编》第 5 册，第 445 页。
[272]《伦敦东京否认英日政治协定》，《申报》1934 年 8 月 22 日第 8 版。
[273]《喇嘛王国的覆灭》，第 187 、188 页。
[274]《黄慕松、吴忠信、赵守钰、戴传贤奉使办理藏事报告书》，第 110 页。
[275]《喇嘛王国的覆灭》，第 174—175 页。
[276]《黄慕松、吴忠信、赵守钰、戴传贤奉使办理藏事报告书》，第 110 页。
[277] 同上书，第 110 页。
[278]《英报对黄慕松入藏之批评》，《申报》1934 年 9 月 21 日第 8 版。
[279]《蒋中正“总统”档案：事略稿本》（28）[民国二十三年九月（下）至十二月]，第 72—73 页。
[280]《蒋中正“总统”档案：事略稿本》（26）（民国二十三年五月至七月，上），第 411 页。
[281]《黄慕松密报与首席噶伦晤谈情形致行政院等电》（1934 年 9 月 10 日），见《十三世达赖圆寂致祭和十四世达赖转世坐床档案选编》，第 57—58 页。

[282] 周美华编注：《蒋中正“总统”档案：事略稿本》（27）[民国二十三年七月（下）至九月（上）]，台北“国史馆”2007年版，第522页。

[283]《黄慕松密报与首席噶伦晤谈情形致行政院等电》（1934年9月10日），见《民国藏事史料汇编》第5册，第427页。

[284] 吕昭义：《英帝国与中国西南边疆》，中国藏学出版社2001年版，第337页。

[285]《黄慕松、吴忠信、赵守钰、戴传贤奉使办理藏事报告书》，第32、35页。

[286] 同上书，第36页。

[287]《蒋中正“总统”档案：事略稿本》（28）[民国二十三年九月（下）至十二月]，第263页。

[288]《使藏纪程》，见《西藏学汉文文献丛书》第2辑，第339—340页。

[289]《黄慕松密报热振等解决中央与西藏问题态度致行政院等电》（1934年9月14日），见《民国藏事史料汇编》第5册，第429页。

[290]《黄使主从宗教着手调解》，《申报》1934年6月13日第9版。

[291]《蒋中正“总统”档案：事略稿本》（26）（民国二十三年五月至七月，上），第664页。

[292]《使藏纪程》，见《西藏学汉文文献丛书》第2辑，第114页。

[293]《蒋中正“总统”档案：事略稿本》（27）[民国二十三年七月（下）至九月（上）]，第59—60页。

[294]《黄慕松、吴忠信、赵守钰、戴传贤奉使办理藏事报告书》，第31页。

[295] 同上书，第34页。

[296]《黄慕松为噶伦提出中央与西藏为檀越关系并要求解决康藏川藏界务事致行政院等电》（1934年10月5日），见《民国藏事史料汇编》第5册，第442页。

[297]《使藏纪程》，见《西藏学汉文文献丛书》第2辑，第339页。

[298]《黄慕松为访泽墨及谈话情形事致行政院等电》（1934年10月6日），见《民国藏事史料汇编》第5册，第443页。

[299]《黄慕松、吴忠信、赵守钰、戴传贤奉使办理藏事报告书》，第44页。

[300]《使藏纪程》，见《西藏学汉文文献丛书》第2辑，第341页。

[301]《黄慕松入藏纪实》，见《西藏文史资料选辑》I，第426页。

[302]《西藏历史上的法律地位》，第171页。

[303]《黄慕松、吴忠信、赵守钰、戴传贤奉使办理藏事报告书》，第43页。

[304]《黄慕松入藏纪实》，见《西藏文史资料选辑》I，第426—427页。

[305]《黄慕松、吴忠信、赵守钰、戴传贤奉使办理藏事报告书》，第37页。

[306]《使藏纪程》，见《西藏学汉文文献丛书》第2辑，第341页。

[307]《黄慕松、吴忠信、赵守钰、戴传贤奉使办理藏事报告书》，第37—38页。

[308]《黄慕松为藏方允即提出中央与西藏关系问题具体答案等事致行政院等电》（1934年10月3日），见《民国藏事史料汇编》第5册，第439页。

[309] “Annual Report on China for 1934.” *British Documents on Foreign Affairs–Reports and Papers from the Foreign Office Confidential Print. Part II Volume 21 China, 1932-1939,* p.138.

[310]《使藏纪程》，见《西藏学汉文文献丛书》第2辑，第340页。

[311]《黄慕松为噶厦变卦不提出中央与西藏根本关系事致行政院等电》（1934年10月4

日），《民国藏事史料汇编》第 5 册，第 441—442 页。
[312]《黄慕松为报交涉困难情形事致行政院等电》（1934 年 10 月 8 日），见《民国藏事史料汇编》第 5 册，第 444 页。
[313]《使藏纪程》，见《西藏学汉文文献丛书》第 2 辑，第 343—344 页。
[314]《黄慕松、吴忠信、赵守钰、戴传贤奉使办理藏事报告书》，第 38 页。
[315] 同上书，第 38—39 页。
[316]《黄慕松将噶厦复函要点报行政院电》（1934 年 10 月 17 日），见《民国藏事史料汇编》第 5 册，第 450 页。
[317]《黄慕松、吴忠信、赵守钰、戴传贤奉使办理藏事报告书》，第 38 页。
[318]《黄慕松密报探闻民众大会情况事致行政院电》（1934 年 10 月 14 日），见《民国藏事史料汇编》第 5 册，第 449 页。
[319]《使藏纪程》，见《西藏学汉文文献丛书》第 2 辑，第 350 页。
[320]《黄慕松为中央与西藏关系恢复乾隆五十七年以后办法难以办到事致行政院电》（1934 年 10 月 8 日），见《民国藏事史料汇编》第 5 册，第 444 页。
[321]《汪兆铭为解决康藏界务须与恢复中央与西藏关系并行事致黄慕松电》（1934 年 10 月 9 日），见《民国藏事史料汇编》第 5 册，第 446 页。
[322]《蒋中正“总统”档案：事略稿本》（28）[民国二十三年九月（下）至十二月]，第 291 页。
[323]《黄慕松入藏纪实》，见《西藏文史资料选辑》I，第 427 页。
[324]《使藏纪程》，见《西藏学汉文文献丛书》第 2 辑，第 351 页。
[325] 同上书，第 365 页。
[326]《十三世达赖喇嘛圆寂致祭和十四世达赖喇嘛转世坐床档案选编》，第 94 页。
[327]《使藏纪程》，见《西藏学汉文文献丛书》第 2 辑，第 361—362 页。
[328]《蒋中正“总统”档案：事略稿本》（28）[民国二十三年九月（下）至十二月]，第 348 页。
[329]《使藏纪程》，见《西藏学汉文文献丛书》第 2 辑，第 361—362 页。
[330]《黄慕松为交涉已停止进行但仍表示商洽余地事致行政院等电》（1934 年 10 月 29 日），见《民国藏事史料汇编》第 5 册，第 454 页。
[331]《黄慕松为办理临行说帖及泽墨噶伦否认英人贝尔来拉萨事致行政院电》（1934 年 10 月 31 日），见《民国藏事史料汇编》第 5 册，第 455 页。
[332]《黄慕松、吴忠信、赵守钰、戴传贤奉使办理藏事报告书》，第 110 页。
[333]《蒋中正“总统”档案：事略稿本》（28）[民国二十三年九月（下）至十二月]，第 370 页。
[334] 同上书，第 369 页。
[335]《汪兆铭嘱临行送噶厦说帖申明西藏为中国之一部分事致黄慕松电》（1934 年 10 月 29 日），见《民国藏事史料汇编》第 5 册，第 454 页。
[336]《黄慕松为婉拒噶厦十三项口头建议事致行政院电》（1934 年 11 月 6 日），见《民国藏事史料汇编》第 5 册，第 455 页。
[337]《黄慕松为四噶伦来署挽留要求将谈话情形备说帖并分析其用意事致行政院电》（1934

年 11 月 10 日)，见《民国藏事史料汇编》第 5 册，第 456 页。

[338]《黄慕松入藏纪实》，见《西藏文史资料选辑》I，第 427 页。

[339]《黄慕松、吴忠信、赵守钰、戴传贤奉使办理藏事报告书》，第 40 页。

[340]《黄慕松入藏纪实》，见《西藏文史资料选辑》I，第 427 页。

[341]《使藏纪程》，见《西藏学汉文文献丛书》第 2 辑，第 376—378 页。

[342]《黄慕松、吴忠信、赵守钰、戴传贤奉使办理藏事报告书》，第 42—44 页。

[343]《黄慕松为陈报噶厦来函所提十项条件并拟即回京事致行政院等电》(1934 年 11 月 16 日)，见《民国藏事史料汇编》第 5 册，第 462 页。

[344]《黄慕松、吴忠信、赵守钰、戴传贤奉使办理藏事报告书》，第 47 页。

[345]《黄慕松报告探闻藏方连日会议情况致行政院等电》(1934 年 11 月 15 日)，见《民国藏事史料汇编》第 5 册，第 461 页。

[346]《黄慕松为行前向噶伦重申西藏为中国一部分必须服从中央政府等原则事致行政院等电》(1934 年 11 月 19 日)，见《民国藏事史料汇编》第 5 册，第 464 页。

[347]《使藏纪程》，见《西藏学汉文文献丛书》第 2 辑，第 381 页。

[348]《黄慕松、吴忠信、赵守钰、戴传贤奉使办理藏事报告书》，第 112 页。

[349]《使藏纪程》，见《西藏学汉文文献丛书》第 2 辑，第 390、391 页。

[350]《黄慕松为起程时西藏官员欢送情况事致行政院电》(1934 年 11 月 28 日)，见《民国藏事史料汇编》第 5 册，第 468 页。

[351]《黄慕松、吴忠信、赵守钰、戴传贤奉使办理藏事报告书》，第 44—45 页。

[352] 同上书，第 46 页。

[353]《西藏归来的印象》，《康藏前锋》第 2 卷第 7 期，1935 年 3 月，第 24—25 页。

[354]《蒙藏委员会编成百六十年来藏事史鉴》(1934 年 5 月 8 日)，见《民国藏事史料汇编》第 5 册，第 398 页。

[355]《解决康藏纠纷之机》，《申报》1933 年 12 月 25 日第 5 版。

[356]《蒋中正“总统”档案：事略稿本》(26)(民国二十三年五月至七月，上)，第 306 页。

[357]《黄慕松密报司伦等皆望解决中央与西藏问题致行政院等电》(1934 年 9 月 12 日)，见《民国藏事史料汇编》第 5 册，第 428 页。

[358]《黄慕松入藏纪实》，见《西藏文史资料选辑》I，第 427 页。

[359] 沈重宇:《回忆蒋介石重庆行营对西藏问题的研究片断》，见《西藏文史资料选辑》II，第 560 页。

[360]“Annual Report on China for 1934.” *British Documents on Foreign Affairs–Reports and Papers from the Foreign Office Confidential Print. Part II Volume 21 China, 1932-1939,* p.138.

[361]《趋渐光明之康藏问题：安钦西藏代表到京》，《蒙藏旬刊》1934 年第 86 期，第 11 页。

[362]《蒋中正“总统”档案：事略稿本》(28)[民国二十三年九月(下)至十二月]，第 216 页。

[363]《使藏纪程》，见《使藏纪程、拉萨见闻录、西藏纪要》(合刊，西藏学汉文文献丛书第二辑)，第 347—348、379 页。

[364]《西藏僧民信仰三民主义》，《申报》1934 年 11 月 9 日第 3 版。

[365]《黄慕松、吴忠信、赵守钰、戴传贤奉使办理藏事报告书》，第 40 页。
[366]《黄慕松为行前向噶伦重申西藏为中国一部分必须服从中央政府等原则事致行政院等电》（1934 年 11 月 9 日），见《民国藏事史料汇编》第 5 册，第 463—464 页。
[367]《行政院嘱与噶厦交涉切不可作正式函件并促速归事复黄慕松电》（1934 年 11 月 13 日），见《民国藏事史料汇编》第 5 册，第 458 页。
[368]《黄慕松报告探闻藏方连日会议情况致行政院等电》（1934 年 11 月 15 日），见《民国藏事史料汇编》第 5 册，第 461 页。
[369]《黄慕松为拟留刘朴忱驻拉萨事致行政院电》（1934 年 11 月 18 日），见《民国藏事史料汇编》第 5 册，第 463 页。
[370]《黄慕松为司伦宴饯然望待解决问题后回京事致行政院电》（1934 年 11 月 18 日），见《民国藏事史料汇编》第 5 册，第 463 页。
[371]《黄慕松为报回京日期及行前办理事宜致行政院电》（1934 年 11 月 22 日），见《民国藏事史料汇编》第 5 册，第 464 页。
[372]《西藏驻京办事处奉转藏中来电请饬专使留藏商谈事致行政院代电》（1934 年 11 月 22 日），见《民国藏事史料汇编》第 5 册，第 464—465 页。
[373]《藏方留黄慕松缓返京》，《申报》1934 年 11 月 24 日第 4 版。
[374]《汪兆铭为告国防会议五项议决办法事致黄慕松电》（1934 年 11 月 21 日），见《民国藏事史料汇编》第 5 册，第 464 页。
[375]《汪兆铭为西藏请专使留藏问题商谈并指示机宜事致黄慕松电》（1934 年 11 月 22 日），见《民国藏事史料汇编》第 5 册，第 465 页。
[376]《黄慕松为仍照迭令定期回京事致行政院电》（1934 年 11 月 23 日），见《民国藏事史料汇编》第 5 册，第 465 页。
[377]《黄慕松为报离藏返京日期事致行政院电》（1934 年 11 月 23 日），见《民国藏事史料汇编》第 5 册，第 466 页。
[378]《黄慕松为已定二十八日离拉萨事致行政院等电》（1934 年 11 月 24 日），见《民国藏事史料汇编》第 5 册，第 466 页。
[379]《黄慕松为往布达拉宫辞行及与热振谈话情形事致行政院等电》（1934 年 11 月 26 日），见《民国藏事史料汇编》第 5 册，第 466 页。
[380]《黄慕松、吴忠信、赵守钰、戴传贤奉使办理藏事报告书》，第 70 页。
[381]《蒋中正“总统”档案：事略稿本》（26）（民国二十三年五月至七月，上），第 204 页。
[382] 同上书，第 306—307 页。
[383] 同上书，第 308 页。
[384] 同上书，第 307 页。
[385] 同上书，第 411 页。
[386] 林东海：《西藏政教与民情》，《康藏前锋》1935 年第 2 卷第 6 期，第 42 页。
[387]《西藏问题之症结及今后解决之方策》，《边事研究》1935 年第 3 卷第 6 期，第 69 页。
[388] 蒋介石：《中国之外交政策》（1934 年 3 月 7 日），载秦孝仪主编：《先“总统”蒋公思想言论总集》第 12 卷，第 103—105 页。
[389]《黄慕松、吴忠信、赵守钰、戴传贤奉使办理藏事报告书》，第 30 页。

[390]《黄次长慕松讲演出使西藏之经过及感想》,《湖北省政府公报》1935 年第 82 期，第 25 页。

[391]《使藏纪程》，见《西藏学汉文文献丛书》第 2 辑，第 136—137 页。

[392] 同上书，第 171—172 页。

[393]《黄慕松留康定考察》,《申报》1934 年 5 月 26 日第 6 版。

[394]《黄慕松密报与首席噶伦晤谈情形致行政院等电》（1934 年 9 月 10 日），见《民国藏事史料汇编》第 5 册，第 428 页。

[395]《黄慕松为藏方允即提出中央与西藏关系问题具体答案等事致行政院等电》（1934 年 10 月 3 日），见《民国藏事史料汇编》第 5 册，第 439 页。

[396]《黄慕松、吴忠信、赵守钰、戴传贤奉使办理藏事报告书》，第 48 页。

[397]《黄慕松到京》,《申报》1935 年 2 月 17 日第 3 版。

[398] "Annual Report on China for 1934." *British Documents on Foreign Affairs–Reports and Papers from the Foreign Office Confidential Print. Part II Volume 21 China, 1932-1939,* p.138.

[399] 蒋默掀:《一月来之边事》,《时事月报》1935 年第 12 卷第 2 期，第 50 页。

[400]《西藏对外关系总结》,《近代史资料》第 108 辑，第 256 页。

[401] 同上文，第 246 页。

[402]《喇嘛王国的覆灭》，第 188—191 页。

[403]《入藏宣慰黄慕松专使昨晨莅沪》,《申报》1935 年 2 月 16 日第 13 版。

[404]《黄慕松到京》,《申报》1935 年 2 月 17 日第 3 版。

国家出版基金项目
NATIONAL PUBLICATION FOUNDATION

1927~1950年 中英两国关于西藏问题的较量与争论

下卷

张皓 著

九州出版社 JIUZHOUPRESS | 全国百佳图书出版单位

第七章
九世班禅喇嘛返藏问题：
达赖喇嘛与班禅喇嘛分别治理制度的延续问题

这里来分析九世班禅喇嘛返藏问题，它涉及的是在新的历史时期达赖喇嘛与班禅喇嘛分别治理前后藏之制是否还能延续下去的问题。虽然学术界对班禅返藏问题作了一些探讨[1]，但是尚须从九世班禅喇嘛本人的努力以及中英两国和噶厦三方之间交涉与较量的角度，对该问题的实质作进一步的探讨。

第一节　九世班禅喇嘛出走内地之因：达赖、班禅分别治理前后藏问题

要研究九世班禅喇嘛返藏问题何以成为民国时期西藏三大问题之一，先要弄清楚这个问题是怎样产生的。有学者分析了九世班禅喇嘛与十三世达赖喇嘛失和的根源，在于八世班禅喇嘛作为格鲁派的领袖，却研习萨迦派教义，导致噶厦不满。并分析认为失和的症结在于：(1)“英帝国主义觊觎西藏，早存吞并蚕食之心，极尽拉拢、离间、调唆之能事，是导致达赖、班禅两大活佛关系破裂的罪魁祸首”；(2)“清末驻藏大臣的错误施政，加深了两佛主之间的矛盾”；(3)“两佛主手下官员，相互构谗，使得本已不睦的两佛关系火上浇油”。[2] 其实，这些虽然是原因，但并非根本症结。根本症结在于：达赖喇嘛、班禅喇嘛互为师徒及分别治理前后藏的制度在英国企图分裂中国的背景下能否继续维持下去的问题。

英国政府曾对十三世达赖喇嘛与九世班禅喇嘛之间失和过程作了概括，说：“自从 20 世纪初期以来，这两位喇嘛间的政治竞争愈演愈烈，似乎来源于英国 1904 年进驻拉萨和 1910 年中国进驻拉萨。当十三世达赖喇嘛 1912 年从印度返回

拉萨时，中国努力用班禅作为其亲华的竞争者。几年以后，拉萨和日喀则间在封建赋税和领地裁定方面不断争吵，1924 年班禅带着大批随从逃到中国内地。”[3] 这基本上反映了双方失和的三个阶段、原因与结果。

一、英国入侵背景下的九世班禅喇嘛与十三世达赖喇嘛关系的变化

1888 年 2 月 26 日，由驻藏大臣文硕主持金瓶掣签，5 岁幼童仓珠嘉错抽中为九世班禅喇嘛，由十三世达赖喇嘛剃度并取法名为曲吉尼玛。1902 年 5 月 22 日，九世班禅喇嘛由十三世达赖喇嘛授比丘戒，是为十三世达赖喇嘛的徒弟。这恰恰是英国发动第一次侵藏战争到即将发动第二次侵藏战争的时期，两个系统之间关系的加强有利于共同应付挑战。1903 年，英国发动第二次侵藏战争，九世班禅喇嘛“十分关注战局的发展，主动向达赖喇嘛提出由班禅拉章承担四分之一的抗英军费”，并派出 200 名僧兵参战，双方“同心协力，发动全藏僧俗人民，英勇抗击侵略军”。[4]

与此同时，在清政府边疆大吏的奏折中多次出现“后藏班禅素与达赖不睦”[5]、双方如同水火的报告。1882 年，年满 6 岁的十三世达赖喇嘛受沙弥戒，理应由其师傅八世班禅喇嘛来授，但噶厦拒绝邀请八世班禅喇嘛，而由摄政第穆活佛来主持受戒。这显然破坏了达赖喇嘛、班禅喇嘛互为师徒之制。1902 年九世班禅喇嘛虽然前往拉萨由十三世达赖喇嘛授沙弥戒，却“由布达拉前击鼓而过”，十三世达赖喇嘛“怒谓班禅过师门而击鼓，妄自遵（尊）大，遂罚银一千五百两”。[6] 英国方面的材料也显示九世班禅喇嘛和十三世达赖喇嘛存在着权力之争。1905 年 5 月 9 日，九世班禅喇嘛属下对英国驻江孜商务代办鄂康诺（O’Connor）称“多年来拉萨妒忌班禅的权力与尊严。拉萨政府逐步剥夺了班禅从前的几乎所有权力，仅上年就侵占了干霸宗的大部分地区。现在又公然威胁要进一步剥夺班禅的领地和特权，而班禅则一直反抗拉萨政府的要求。但班禅害怕达赖返回西藏后，无力抵抗达赖对自己的压力”。他询问英国能否给予“道义与物质的支持”。[7] 不知干霸宗为何地，也不知英国是否误指岗巴宗为干霸宗，但是它发现了达赖系统对班禅系统权力的抢夺，原因之一即在于：“虽然长久以来，世俗政权只在达赖喇嘛手中，但是由于班禅喇嘛在宗教上享有巨大的精神影响，因而成为达赖喇嘛的强有力对手。”[8]

英国政府认为，由于“班禅喇嘛经过西藏时引起的极大激动和崇拜就像基督在欧洲人出现一样”，如果“用极小的价值赢得班禅喇嘛的感情与信任，这样就可

以完成用数百万英镑的代价并通过战争获胜、订立条约和驻扎卫队才能取得的事业”。[9] 于是，英国政府指示鄂康诺出面引诱九世班禅喇嘛，于1905年11月至1906年1月访问印度。在印期间，九世班禅喇嘛会见了英国威尔士亲王（Prince of Wales，后为英王乔治五世）。英国游说“西藏独立”，许诺“在‘独立’后由班禅执掌大权”，九世班禅喇嘛“严词拒绝”。[10] 尽管如此，英国政府蓄意挑拨九世班禅喇嘛与十三世达赖喇嘛之间的矛盾，清政府署理亚东关税务司韩德森（Henderson）向总税务司赫德（Robert Hart）报告说：“班禅在威尔士亲王访印时成了印度政府的客人，并被尊为贵宾。对他的称呼是‘尊贵的殿下’，欢迎时鸣礼炮十起响，由总督贴身保镖护卫，乘四匹马的马车，等等。亲王本人亲自回访，有专列随时供他使用。”“班禅声称，他与印度政府并无政治交涉，我却不能相信。他经常拜访总督，而印度政府政务官员终日进出其下榻的黑斯廷斯公馆。”韩德森又说：“现达赖喇嘛正在返回西藏途中，除非班禅恢复其原有地位而退居札什伦布寺，否则西藏很可能出现严重的骚乱。”[11] 英国政府对此极为肯定，在后来的一份文件中说：“肯定的是，班禅喇嘛从未反英”，他“冒着极大的风险”访问印度并会见威尔士，“后来一直珍惜此段回忆”。[12]

本来在1904年英国军队侵入拉萨、十三世达赖喇嘛夜走内地后，驻藏大臣有泰“请以班禅额尔德尼掌管前藏商上事务，着噶勒丹池巴喇嘛代理”[13]，但是英国政府的企图，引起清政府的警觉。驻藏帮办大臣张荫棠根据印度报纸所载，上奏指出：“英人经营西藏，已非一日，耗费不下千万，阴谋百出……此次又诱班禅来印，待以王礼，印报谓英人深知班禅与达赖不睦，劝令班禅请英保护，拒绝达赖，以图独立，惟班禅年少质愚，虽无远志，难保不为所动。”[14]“印政府遣班禅先回藏，再赴拉萨，胁令藏番拥立班禅为达赖，如达赖回藏，决不承认。”[15] 清政府就此照会英国政府指出：“若逼令干预藏事，即令班禅亲自画押盖用印信，均作为废纸。”[16] 可见，这时清政府尚无以九世班禅喇嘛取代十三世达赖喇嘛的打算，原因之一就是防止英国利用九世班禅喇嘛。噶厦也批评“班禅前往印度，与英人密谋，不得结果，仍回扎什伦布”[17]。

为了巩固西南边境，清政府决定推行藏政改革。按照韩德森所说，“中国如欲保持其对西藏之主权……现在已是采取行动之时”，以“向印度政府及西藏人证明，驻藏大臣有权实施统治”[18]。1907年1月13日，张荫棠提出新治藏政策大纲，其中提出改革西藏地方政制：第一，“拟达赖班禅优加封号，厚给岁俸，如印度各藩王之制，照旧制复立藏王体制，代达赖专管商上事，而以汉官监视之”。第二，“拟特简亲贵，为西藏行部大臣，体制事权，一如印督用王礼，……设会办大臣一员，统制全藏，下设参赞、副参赞、参议、左右副参议无缺，分别治理内政、督练、财政、学务、裁判、巡警、农、工、商、矿等局事宜。其亚东、江孜、札什伦布、阿理、噶大克、察木多、三瞻、三十九族、工布、巴塘等处，酌设道府、同知，均用陆军学堂毕业生，督率番官治理地方，……每有番官之地，应设一汉官”。[19] 这同传统的政教合一之制显然不同，可以说是中央政府设法改革西藏地方制度、使之同内地一样的第一步。

但是到 1910 年，清政府改变了计划。2 月，十三世达赖喇嘛逃往印度大吉岭，一般认为他出逃“之真正原因半系他与驻藏联大人（驻藏大臣联豫）之间的不和，半为他极为惧怕前进中之汉人军队”[20]。实际上，真正原因在于清政府要改革藏政。清政府下令革去十三世达赖喇嘛的名号，一面下令驻藏大臣寻找灵童数人，掣签抽出“作为前代达赖喇嘛真正之呼毕勒罕”，一面计划“乘达赖更迭之时机，决取‘政教分离’主意。以后凡关于西藏一切教务，由达赖专司其事；所有全藏之商务、外交，在西藏省治未设以前，悉由驻藏大臣秉承政府命令相机处治，达赖不得越权干涉”。[21] 清政府之所以革去十三世达赖喇嘛名号，一是由于“俄国图藏，达赖为俄人所蛊惑，亲信俄国，曾拟赴俄国一行”[22]；二是清政府推行的藏政改革，遭到十三世达赖喇嘛的极大反对。清政府见革除十三世达赖喇嘛的名号遭到反对，乃下旨联豫劝说他返藏，但他要求“恢复其名号，并请求除授权他作为黄教领袖处理宗教事务外还授予他处理西藏政治事务权力”[23]，即是说授予他政教大权，并要求“叙入正式公文”，作为他从印度返回的条件，被清政府拒绝。清政府之所以这么做，正如印度《先锋报》发表评论说：“北京来电，他已被正式废黜，因此他虽能上奏皇帝陈诉所遭受之不公平待遇，要求得到秉公处理，但重回中国则无望。如果他向英国政府呼吁，唯一可能的答复就是中国是在条约规定之权力范围之内行事，因为中国对西藏的主权是无可争议。”又说：“对于达赖喇嘛之回归也不会有多高呼声，他本人在喇嘛中也有仇敌，他的出逃对他们是有利的。”[24] 在此同时，清政府命九世班禅喇嘛“到拉萨主持两藏政教”[25]，驻藏大臣有泰上奏称：“查班禅额尔德尼自掌黄教以来，整顿地方，悉有条理。当藏印交兵之际，独能镇静不惊，处置裕如。英人回印，曾往后藏谒见，该班禅额尔德尼接晤之下，彼此极称款洽，洵属难得。”[26] 由此看来，清政府打算以九世班禅喇嘛出面缓和对英关系。

在 1909 年 10 月十三世达赖喇嘛从北京返回到西藏那曲时，九世班禅喇嘛前往迎接，两人相会和好。1910 年十三世达赖喇嘛逃往印度时，九世班禅喇嘛属下一部分人认为他也应去印度，理由是“两佛应在那曲相会合好的基础上，再次在印度大吉岭相会，定能消释噶厦对扎什伦布寺方面的前嫌”。另一部分人则建议九世班禅喇嘛先暂住岗巴宗，派人征求十三世达赖喇嘛意见后再定行止。九世班禅喇嘛乃派扎色瓦携函前往，十三世达赖喇嘛回函“表示欢迎班禅来印”，但口头表示“若班禅不能来印时，可在藏中多关照政教事业”。[27] 加上联豫极力劝阻，九世班禅喇嘛乃返回扎什伦布寺。

对于清政府暂摄藏政的命令，九世班禅喇嘛表示“自应谨遵，曷敢妄渎”，但提出“后藏为紧要之区，地方公事需人料理，且后藏距江孜仅二日程，英人出没靡常，尤宜严密防范，若分身前往（前藏），西藏恐有顾此失彼之虞”。有泰认为“江孜现有暂留洋兵，在在均宜防范，所称后藏紧要，自系实情”，同意九世班禅喇嘛“留于后藏，以资震慑地方”。可见，九世班禅喇嘛以防范英国入侵为由“未接受此项命令”[28]，他不愿打破达赖喇嘛、班禅喇嘛分别治理前后藏之制。

但是，九世班禅喇嘛 1911 年 2 月 5 日应驻藏大臣联豫的邀请来布达拉宫主持 1911 年藏历新年仪式，但其“此行目的为会见驻藏大臣”[29]。夏格巴宣称十三世达赖喇嘛对九世班禅喇嘛住进其夏季住的房屋罗布林卡“感到不快”，对他对驻藏大臣“公开表示亲密，如相伴赴筵或看戏”、挂起与驻藏大臣合影照片更加恼怒，怀疑他欲取代自己的位置。[30] 此外，达赖喇嘛、班禅喇嘛双方有一方外出，对方按照惯例要派人问候，提供需要，而“这次达赖逃亡印度时，班禅一方没有派人问候送行、提供用品，这不知是受了驻藏大臣的压力，还是有其他原因”，但“这件事也使达赖一方的人甚为不满”。[31] 噶厦批评九世班禅喇嘛伙同联豫“设法谋夺达赖政教各权”，只是“由三大寺僧及全藏人民反对，不得已仍回扎什伦布”。[32] 不过，此一时期九世班禅喇嘛处理自己与中央政府、十三世达赖喇嘛之间关系的态度，按照暂行代理亚东关税务司事宜的汪曲策忍所说，为：“后藏之班禅喇嘛坚决要求允许他与达赖喇嘛在一起，然汉官立即策略地劝说他去拉萨，使其意图化为泡影，现班禅喇嘛仍在拉萨。汉官告他称，由于他亦甚愿达赖喇嘛返藏，必可使此事得到满意结果。”[33] 正是由于九世班禅喇嘛主张恢复十三世达赖喇嘛的名号并促使其回拉萨，清政府于 1911 年 2 月 16 日下旨：“此次班禅来见已革达赖乞恩一节，现在达赖是否确系悔过安分自愿回藏？如班禅与达赖消除从前意见，为彼求复执掌，似可乘机体察情形，酌量筹商。”换句话说，清政府也希望两个系统团结。不过，清政府还是希望九世班禅喇嘛执掌大权，疑问“留班禅在前藏暂掌教务一节，已革达赖所属之噶布伦一行人等是否悦服，彼此可以相安”，要求联豫“就近详慎酌核，从长计议，再行详细奏明，候旨办理”。[34]

对于上述情况，英国驻江孜、亚东的商务专员麦克唐纳作了另一种叙述。他宣称：“为使人民就范，并委托能为己利用之西藏首领，所以把班禅喇嘛赶快请到拉萨，以便劝诱他代替的位置。结果，他虽然得到拉萨，除非依照中国人的意旨行事外，一切绝不能自主。当时班禅喇嘛认为停留拉萨为不智，所以在一千九百一十一年复又转回本寺。他经过江孜时，适巧我正在那里。”[35]“班禅喇嘛告诉我说，中国人想教他夺取达赖的位置，这是实在的事情，但经他婉辞谢绝。他并且声明，当他同中国的大臣办理交涉时，确曾在达赖的宝座上，但是他明白解释，谓当时没有预备别的处所，所以他只好在那儿处理一切。关于这桩事情，班禅似乎揣想到是中国人设计陷害，班禅喇嘛曾郑重坚决声明，他往拉萨完全是被要挟，他宁愿牺牲性命，亦不愿对达赖喇嘛有不利地方。”[36]麦克唐纳“很坚强”地要求九世班禅喇嘛“回到札什伦布，静观事态的变化”，宣称“假使这时离开日喀则，未免有倾向中国的嫌疑”。九世班禅喇嘛“考虑一刻后，便决意照办”。[37]

1912年，十三世达赖喇嘛在麦克唐纳的陪同下回藏，九世班禅喇嘛曾派人要求麦克唐纳向十三世达赖喇嘛解释误会。十三世达赖喇嘛称虽然双方的部下难免有误会，但其本人对九世班禅喇嘛“绝无芥蒂”。但后来作为噶厦代表参加西姆拉会议的伦青夏扎对此宣称：“如果班禅和他的大臣对于达赖没有意图，为什么派人前来解释误会？”但是既然英国出面调解，则“无论如何，对于班禅等仍愿以亲善的态度相持”。麦克唐纳乃保证“最近的将来，班禅个人绝无意外危险”。[38]

十三世达赖喇嘛回到拉萨后，伦青夏扎致函麦克唐纳，列举十三世达赖喇嘛不满意九世班禅喇嘛的几个原因，麦克唐纳有所记述：“（一）达赖喇嘛逃亡后，班禅喇嘛被中国人邀请到拉萨占据达赖的位置，这桩事情自然形同篡窃。但是必须要注意的，就是中国人在一千九百一十年达赖逃回印度后将他的名位公然褫夺，并请求班禅承继他的位置。班禅喇嘛是很聪明的，将此事拒绝，不过在那时班禅走进拉萨，政治上已铸成大错。他前往拉萨，至少给人家一个印象，就是他对中国人的意见，定有采纳的倾向。（二）班禅喇嘛的重要大臣，有倾向中国的心理。（三）在一千九百零四年荣赫鹏远征队入藏时，班禅喇嘛政府不帮助拉萨‘中央政府’。（四）班禅喇嘛政府拖欠税银约计数十万卢比，这些税银是从一千九百零四年积累而成。”[39]此外，川军将领钟颖被藏军包围，钟颖向九世班禅喇嘛求援，九世班禅喇嘛“曾令白棒寺喇嘛加以接济”[40]，十三世达赖喇嘛“恶其助汉，罚银四万两”[41]。

从上述看出，1888年至1904年“主持反英之中心人物为达赖喇嘛，此英人尤为深切痛恨，日筹对策：乃一面与班禅通款曲，一面乘日俄有事，以兵临藏，达赖战败，出亡青海”。此后至1911年清政府推行藏政改革，驻藏大臣“奏请褫夺达赖名号，令班禅兼理前藏事”。九世班禅喇嘛“本以亲英之故，时受达赖谴责”[42]，在代摄藏事后“其左右有与达赖旧日亲信争权夺利之事”，终于酿成“双方之嫌怨”[43]。这些现象，反映了达赖喇嘛、班禅喇嘛分别治理前后藏之制还能否继续下去的问题。

二、达赖系统、班禅系统之间关系恶化与九世班禅喇嘛出走内地

在清代，“达赖主持前藏，班禅主持后藏，权限确定”，由中央政府直接领导，由驻藏大臣直接监督。其中，班禅喇嘛管辖后藏扎什伦布寺，委任官员治理所属土地和庄园，征派粮税、差役，噶厦无权过问，这“由来已久”[44]。侵藏急先锋黎吉生挑拨地宣称：“1728年他被封予西部和中北部广大地区的主权。班禅拒绝了这一封予，仅仅接受了靠近札什伦布寺的一些地方。这就是以一个喇嘛反对另一个喇嘛的政策的开始。给予班禅以世俗权力完全是中国人的事情。西藏政府并没有参与其事，而且对班禅的一切封赠，拉萨从来没有承认过。西藏的理论，班禅在他所属地区的权力，不过是和封建贵族或大寺院在他们所占有庄园上的权力一样。但中国人却为了他们的利益，使拉萨与札什伦布之间发生对立，并以给予西藏部分地区的世俗权力和声称他在宗教地位上超过达赖喇嘛等方式，提高班禅的地位。”[45]另一侵略急先锋麦克唐纳宣称：达赖喇嘛、班禅喇嘛分别治理前后藏的制度，是一种“不公平的事体”[46]。这反映了英国唆使十三世达赖喇嘛对九世班禅喇嘛动手，遂其分裂中国的阴谋。

辛亥革命后，驻藏大臣不撤而撤，噶厦乘机强迫扎什伦布寺服从拉萨统治，并采取了一系列措施：其一，1914年冬，在日喀则增设基宗（后藏总管）二人，总管后藏16个宗和班禅喇嘛的4个宗（日喀则、江孜、白朗、浪卡子）、30多个豁卡。其二，从1920年起“向班禅辖地征兵、征税征粮、征劳役”。本来，“班禅辖地自清初起即归班禅，其所属各宗、豁及大小寺院的土地、庄园均由班禅札萨委任官吏治理。宗豁收入、寺院财产、赋税徭役等，均由后藏自己管理、经营、支配，噶厦政府原本是无权过问的”。[47]1921年，十三世达赖喇嘛成立军粮局，要求扎什伦布寺缴纳1/4约25万斤之军粮，并要求援引抗英战争时的先例承担

25% 共 10 余万两之军费。九世班禅喇嘛“一再要求免征各项税收”[48]，噶厦予以拒绝。九世班禅喇嘛的属下刘家驹指责十三世达赖喇嘛仇视九世班禅喇嘛“遇事吹求，苛征不已，致酿成第九世班禅喇嘛离藏之一大原因”[49]。

十三世达赖喇嘛在采取这些措施的过程中，恰恰是其推行亲英政策、企图“独立”的时期；这不可避免地在对内对外两个方面与九世班禅喇嘛产生矛盾，例如：其一，十三世达赖喇嘛推行亲英的文化教育，给予英人一系列特权，同意英人在江孜开辟租界，九世班禅喇嘛及其属下对此极为不满[50]；其二，1917 年藏军进攻驻扎昌都的川军彭日升部，康藏冲突再起，九世班禅喇嘛属下批评十三世达赖喇嘛“同种相残”，指责川边镇守使陈遐龄不但“按兵不动，坐视边军瓦解”，而且竟依靠英人台克满调停[51]；其三，清政府规定藏军额数 3000 人，但十三世达赖喇嘛在英国武器的援助下扩编为 1.5 万人，九世班禅喇嘛批评“扩大藏军违背中央政府规定，乃不义之举”[52]。

1930 年 1 月 14 日，蒋致余代表九世班禅喇嘛发表谈话，强调“与达赖失和之主因，则以政治上主张不同之故。班禅夙主归附中央，达赖主亲英，致感情隔阂；加以英人从中挑拨离间，是以积不相能”[53]。九世班禅喇嘛驻京代表朱福南在 1934 年 6 月九世班禅喇嘛北上时更详细地指出：十三世达赖喇嘛回到拉萨后态度转变，英帝国主义“乘机侵略，助军火经济与达赖，使之叛汉”。“前次藏边之尼泊尔、哲孟雄、不丹三小邦之相继沦没，被英攫去，可为殷鉴。即最近之西藏，经英胁迫利诱，与达赖修订条约，撕毁国防，复将所有学校教育，一律授以藏文及英文，汉文则已取消。至于习惯服饰等，均按英人摹仿。似此英帝国主义之文化侵略，前途殊为危险。再则达赖对汉误于闭关自守主义，汉人入藏境者，多难得其同意；但对英则毫无办法，诚属令人不解。而班禅之主张，总以中央政府为重，因之与达赖政见不合，乃自动离藏，奔走南北，呼吁西陲瞬息之紧急。”[54]

黎吉生宣称九世班禅喇嘛曾希望英国政府“调解他和达赖之间的纠纷”，英国以“这会构成对西藏内政的干涉”而拒绝。[55] 根据麦克唐纳所说，九世班禅喇嘛两次要求英国调解：1919 年，九世班禅喇嘛说“他绝无力量可以供给拉萨政府所苛索的税，因为他管理的藏省断难筹出这样大的款项”，要求“我用我的力量代表他和拉萨政府绝交”。但是，他“似觉得我不相信他”。[56]1922 年，九世班禅喇嘛又提出“居间调处”，麦克唐纳以“印度政府禁止驻西藏的英国代表干预他们任何内政事体”而拒绝。[57] 这反过来说明九世班禅喇嘛确因不满十三世达赖喇嘛亲英而造成冲突。

在这种情况下，九世班禅喇嘛与十三世达赖喇嘛之间的矛盾激化了。九世班禅喇嘛曾对于“中央政府之救援……望穿秋水”，但是当时北洋军阀混战，无暇顾及西南边疆。1923 年 10 月至 11 月，十三世达赖喇嘛先是要求九世班禅喇嘛派出负责官员前往拉萨就军费一事进行协商。九世班禅喇嘛所派 4 名官员到达拉萨后即被扣押审讯，除 1 人外，都被投入监狱。接着，十三世达赖喇嘛“藉请班禅赴拉萨议事为由，派兵三营前往札什伦布”[58]，“实欲幽囚班禅”[59]。后藏民众“均力主与达赖战”，九世班禅喇嘛“以达赖背后有英人在，与之战争已难得胜，即幸而胜，英人仍将帮助达赖回藏”，“故不如不战而至内地，尚可减少两藏民众之痛苦”。[60] 时人就此指出：“达赖的大臣曾经几次引诱班禅到拉萨去想加以谋害，而班禅始终不愿意离开扎什伦布。后来达赖亲英色彩逐渐浓厚了，为了拉萨政府的集权，要直接管辖日喀则。换言之，就是达赖要直接消灭班禅在后藏的统治。”[61]11 月 15 日，九世班禅喇嘛被迫离开扎什伦布寺，前往内地。[62] 英国政府认为九世班禅喇嘛是“因对达赖喇嘛不满，而于 12 月 26 日逃离日喀则”[63] 的。十三世达赖喇嘛派札萨喇嘛接管扎什伦布寺，直接管理后藏，达赖喇嘛、班禅喇嘛之间互为师徒之制以及清政府规定的分别治理前后藏制度遭到破坏。

还值得指出的是，双方对失和之因说法有些不一。十三世达赖喇嘛属下把双方失和之因归结于属下的矛盾，夏格巴宣称：“从达赖和班禅之间的私人往来书信，班禅对达赖是高度尊敬的；主要是他的官员和中国人的勾结才把他置于这种不愉快的地位。”[64]1928 年 6 月，九世班禅喇嘛所派代表阿旺金巴到成都见邓锡侯、田颂尧、刘文辉三军长，阐述失和的原因说：达赖喇嘛、班禅喇嘛分别管理前后藏，“人民是同样的崇拜信仰。达赖在前清时，因为背叛朝廷，倾向英人，惹出多少祸事，被朝廷革去达赖封号，逃至印度。同时朝旨班禅兼管前藏事务。至反正后，达赖借英势力回藏，将前后藏川军一律赶去。有英人为他的背景，势力雄厚，两藏政权概受达赖支配。班禅与达赖宗旨不合，藏中遂分亲华亲英两派，达赖对班禅常常勒索重捐。民国十三年达赖受英人愚弄，想铲草除根，谋杀亲华首领班禅，派兵两营，假邀班禅到前藏商议佛教进行，而实欲杀班以行亲英反华的工作。恶达赖而信仰班禅者暗地给信，于是班禅知达赖阴谋，乃假托守静一月（佛规不会客）”，暗地里出走。[65] 对比看来，九世班禅喇嘛一方的叙说符合实际情况。

麦克唐纳对上述情况非常清楚，并施压驱走九世班禅喇嘛。他说：“当这事变最初发生的时候，我曾派人到日喀则问候班禅喇嘛。适巧他回日喀则的那夜，就同重要的侍从和百余扈卫离开扎什伦布向外逃亡。”[66] 英国政府后来说：“班禅喇嘛只是在到印度避难的请求被拒绝后，才于 1923 年到中国。”[67]

在国民政府成立前，九世班禅喇嘛流寓内地，受到北洋政府和各界的热烈欢迎，深得敬重。他应邀在北京、南京、上海、普陀山、东北、内蒙古各地访游，弘扬佛法，呼吁和平，力主西藏地方与中央政府和好，期盼藏事早日解决。1924 年 5 月，他奉大总统曹锟电进京。12 月 29 日，行至西安发出和平通电，呼吁各方停止内战，团结起来统一国家。1925 年 2 月，他抵达北京，临时执政段祺瑞许诺“一俟国内安定，藏事当可迎刃而解”[68]。3 月 2 日，九世班禅喇嘛向“善后会议”提出五族共和，消弭内战，建设新国家的倡议。1926 年 9 月 7 日，他致电直系军阀吴佩孚，“所望中朝对于西藏仍照从前亲密，使两族人民永久巩固，同卫国家。不图到京以后，适值内讧不息，中枢动摇，至今久困逆旅，欲诉无门”[69]。北洋政府虽然对九世班禅喇嘛尊崇隆重，从优款待，但因内地战乱，无暇应对西藏问题，故对九世班禅喇嘛返藏一事未能有所作为。能不能解决九世班禅喇嘛返藏问题以解决西藏地方与中央政府关系的恢复问题，就留给国民政府了。

第二节　九世班禅喇嘛三次晋京及其努力解决返藏问题

国民党成为中国的第一个执政党后，九世班禅喇嘛对其充满希望。为了解决返藏问题，他在国民政府成立后三度晋京。第一次晋京，1931 年 5 月 4 日抵达南京，7 月 6 日离开，共 66 天。第二次，1932 年 12 月 14 日到达，1933 年 2 月 5 日离开，共 54 天。第三次，1934 年 1 月 24 日到达，7 月 14 日回到北平，共 172 天（其中有 66 天在杭州、上海）。下面，就先分析一下九世班禅喇嘛自己是如何努力通过三次晋京解决返藏问题的。

一、九世班禅喇嘛第一次晋京与受封“护国宣化广慧大师”

1928 年 6 月国民政府成为中国的中央政府后，九世班禅喇嘛就想晋京解决返藏问题。他在 9 月 2 日致国民政府主席谭延闿的函中提出：“今幸革命成功，统一底定实现，三民主义照遍亚洲。而我各省民族同胞早跻极乐世界，独我西藏民族，内受暴政之压迫，外逼强邻之侵略，正处于如水益深、如火益热，奄奄一息，仰求我公鼎力扶持，俾我藏民早登衽席之安，同立于青天白日旗帜之下。”“僧早拟恭趋政府当道处庆贺革命成功，奈僧随从过多，恐扰道途，有种种之困苦，是以未能遂其志愿”，只能“俟有机会瞻睇崇辕相晤，再当详报隐衷矣”。[70] 英国驻华公使兰普森汇报："据报道国民政府于9月底邀请班禅喇嘛到南京，并允诺提供资金，保卫他返藏。"他当即建议英印政府"在印度提供给班禅喇嘛避难所，由此可以预料南京政府会采取什么方式利用班禅喇嘛，从而损害我们与西藏的关系"。英印政府未予采纳，认为："如果提供避难所，达赖喇嘛肯定会误解。因此，给英藏关系带来的危害更大。"[71]实际上，谭延闿马上就要卸职，不能回答九世班禅喇嘛的要求。因而，九世班禅喇嘛在1929年1月20日《驻京办事处成立宣言》中进一步强调："假使国人视线及政府眼光止周旋于珠江、长江、黄河三流域之间，对于边疆仍旧漠视，则……非国家长治久安之计。"[72]但是，由于国民党新军阀混战接连发生，他无望晋京，感叹："浩劫未终，战端又起，水旱洊饥之后，又继以兵戈，嗟我孑遗，将焉托命？"[73]因此，他一度向英国驻华使馆提出"要求英国政府帮助解决返藏问题"。使馆回答"英国政府不可能介入两个系统之争，但是很乐意把班禅希望直接转达的消息带给拉萨"。[74]十三世达赖喇嘛"冷淡地拒绝了这一建议"[75]。

1929年冬，尼泊尔和中国西藏之间发生冲突，九世班禅喇嘛计划借机返藏。他派遣代表王罗皆、阿旺敬巴、罗桑坚赞到南京，于1930年4月2日拜访蒙藏委员会委员长马福祥，除了"报告此次尼泊尔国侵犯西藏情形"外，还阐述了此次"来京目的"。他们计划等候蒋介石回到南京，"请示应付尼泊尔国方针后再离京"。[76]在4月7日呈文蒙藏委员会文中，他们要求国民政府简派大员偕同九世班禅喇嘛返藏解决尼藏冲突，提出"敝佛回藏，自须相当卫队，以资护卫。况大敌在前，尤须相当兵力，以张声势"，强调"此种措施，在今日具有实力之中央政府下，不过一举手一投足之劳，即可将十九年久悬未决之西藏问题统内政、外交而解决之"。[77]国民政府以和平手段处理边境冲突，九世班禅喇嘛的愿望不可能实现，英国政府注意到原因之一在于：十三世达赖喇嘛担心国民政府会以尼藏冲突为契机，派遣军队护送九世班禅喇嘛返藏，因而"采取了一些措施，对南京政府关于和平解决尼藏冲突的建议作出了回应"[78]。

中原混战结束后，九世班禅喇嘛于11月1日致函蒋介石，称他在国民政府成立时就盼望晋京，然而"不图事与心违，发生许多障碍"，提出既然蒋介石取得军阀混战的胜利，"正解决中藏纠纷之机会也"。他批评十三世达赖喇嘛在"少数作恶之人"的蒙惑下"居然违叛中央"，投靠英国，制造康藏纠纷，"虽派代表来京接洽，然事实上未必以诚意倾向中央"；强调他到内地是为了"保护祖国领土、解除康藏痛苦"，要求蒋介石"对于藏事持平处理"，务使他"所抱宗旨得圆满之结果”。[79]12 月 5 日，蒋介石复函九世班禅喇嘛，承认“年来国事蜩螗，中原多故，对于边事，兼顾未遑”，表示“现在军事告终，全国统一，自应绥辑边境，巩固边防”。至于对十三世达赖喇嘛所派代表的批评，蒋介石认为“前月达赖派遣代表来京，表示倾向，中央政府以宽大为怀，对于西藏事务，正在筹备进行，将来自当体察情形，力求平允”，要求双方团结起来，称“台端与达赖，虽一时少（稍）有误会，仍望以大局为重，捐弃前嫌，共御外侮，以纾中央西顾之忧”。[80]这就向九世班禅喇嘛阐述了通过协调达赖、班禅两个系统关系以和平解决返藏问题的方针。

蒋介石计划于 1931 年 5 召开国民会议，8 月举行西藏会议。前者是为了通过《训政时期约法》，该法明确规定西藏是中国领土不可分割的一部分；后者是有关各方在一起协商解决西藏问题。因此，蒋介石致电九世班禅喇嘛晋京“咨商边政”[81]。九世班禅喇嘛表示“决于大会前来京，襄助会务”[82]。班禅驻京办公处长罗桑楚臣称：中央政府要召开国民会议、西藏会议，九世班禅喇嘛“异常欢慰，故拟于最短期间亲来首都展观，藉聆中藏好音，深愿国家领土从此安如磐石，以增进藏人之幸福，恢复中藏之感情，故派鄙人等先行来京接洽一切。今鄙人等已取得国府同意，不日即赴沈阳报告来京经过，冀班禅佛早日莅临，和平解决藏事，以遂其东来之初衷焉”[83]。可见，九世班禅喇嘛向国民政府提出了请求解决返藏问题，以恢复西藏地方与中央政府正常关系的建议，有电称“关于返藏办法已向中央电商，大体就绪”[84]。对于九世班禅喇嘛的到来，国民政府认真准备，蒙藏委员会会同参军处及班禅驻京办事处各派三人组织招待处，国民政府“遴派大员，前往欢迎”[85]。

5 月 4 日，即国民会议召开前一日，九世班禅喇嘛抵达南京，受到蒋介石的代表贺耀祖、邵力子及马福祥的迎接。当日下午，他晋谒蒋介石，“祝蒋政躬安康，暨代表西藏民众致拥护中央之意”。蒋介石“答词甚谦抑，希望五族联合，共同建设新中国”。[86]九世班禅喇嘛“携有西藏产品颇多，分赠中央各要人”，还“拟将留养蒙古之名马百匹，赠送蒋主席，以示拥戴”。[87]在国民会议上，他又称赞蒋介石“奉总理之主义，竟革命之全功”，强调“班禅蒿目边情，倾诚内款，思启政府之远图，迅拯藏民于涂炭，南北驰驱，心力交瘁”，要求“整顿边境，本总理济弱扶倾之训，巩国家主权领土之基”。[88]他向国民会议提出《拟请政府恢复西藏行政原状案》，要求恢复划分达赖喇嘛、班禅喇嘛的固有职权，前后藏行政事务要会商中央政府驻藏长官而行，避免前后藏互相欺侵。接着，他在 5 月 10 日召开的新亚细亚学会会员大会上发表《西藏是中国的领土》的演讲，除了强调自明朝永乐帝以来“宗喀巴创行黄教，达赖、班禅二弟子即分驻前后藏，掌理藏务”之外，主要是按照时间顺序，阐述了前后藏失和之来龙去脉，基本点是十三世达赖喇嘛企图在英国政府的唆使下“独立”、制造康藏冲突、向班禅系统施压，导致他不得不出走内地。他要求“从速解决藏务”。[89]5月13日，他进一步对报界强调：“西藏为中国领土，其行政关系与中国最密切。民国成立以来，中藏间不免隔阂，致行政现象异于旧观。班禅内款陈情，瞬及九载，只以时局未宁，政府未能从速解决藏务，藏康民众在西陲亦睽治化，连年呼吁拯救无方。兹值民会既开，全国代表畅抒伟论，巩我邦基，政府亦不遗边鄙，力求统一。甚愿舆论界本总理济弱扶倾之意，一致赞助，俾西陲民族与中土同享自由平等福利。”[90]由这些看来，九世班禅喇嘛批评十三世达赖喇嘛媚外“独立”，强调西藏与中国不可分，要求国民政府解决返藏问题，恢复前后藏分别治理之制。

英国政府在1929年时担心达赖、班禅两个系统的公开争吵，会使中国政府乘机以武力解决班禅返藏问题，因为“事实上自国民政府在南京成立以后，就不断传言提议中国干涉，以维护对藏主权”[91]。而在这时，它不再有此担心。1931年5月8日，蒋介石宴请九世班禅喇嘛及出席国民会议的噶厦代表，融洽双方关系。5月16日，九世班禅喇嘛呈交解决藏事问题意见书，不再批评噶厦代表来京，而是认为这是噶厦服从中央政府的表现。接着，他提出既然前后藏双方代表均在南京，“机会难得，务请垂念藏民，于最短期间通盘筹划解决藏事，俾班禅得以早日归藏宣示威德”。他进而提出，解决藏事问题之关键在于：其一，对内，前后藏实行分治。根据《训政时期约法》第18条关于蒙藏地方制度“得就地方情形，另以法律定之”，而“西藏所谓地方情形者，即前后藏划分与藏务由办事长官掌理是也”。前后藏“有冈巴拉山为界，人情、风俗、言语，截然不同，实难合而为一”。既然要重订西藏地方制度，“自宜参照前清成案，特派熟习边情、著有声望之大员二人，一驻前藏，一驻后藏，凡练兵、制械与夫用人行政，均须与长官会商而行，有大事则请命于政府”。其二，对外，国民政府不能承认“西姆拉草约”，“不准其他外国干涉藏政。至中藏主权、领土之关系，则由政府依法订定地方行政制度，英国实无过问之权”。[92]5月25日，九世班禅喇嘛利用在国民党中央党部总理纪念周演讲的机会，再次阐述：其一，“黄教在西藏地位，为达赖与鄙人所主持，区域原有一定，同在中国政府保护之下，殊不应有若何纠纷”。其二，“政与教绝对不能分离，若西藏离开政府，即不能自保生存。若政府失去西藏，即不免有唇亡齿寒之虑”。其三，关于康藏纠纷，“希望政府用政治力量，早日促其解决，俾臻安定”。其四，“鄙人久欲将藏疆情况贡献于政府及全国同胞之前，因频年国家多故，时局俶扰，致未有相当机会。现在中央政府基础已臻巩固，又值国民会议全国代表萃集一堂之期，故特来瞻仰国光，向政府及诸同胞陈述一切，深盼对于边徼人民痛苦特予注意，俾早解除”。其五，“鄙人虽非党员，然确信三民主义为救国救民唯一良策，故绝对信仰；蒙藏方面，亦当促其共同信仰。蒙藏社会所赖以维持生存者，向为宗教之精神与力量，如更能以总理全部遗教灌注于民族之心目中，并行不悖，则文化定可进展，痛苦悉能解除”。[93]这样，九世班禅喇嘛阐述了解决返藏问题的迫切心情，再次强调了解决此问题的根本方针在于恢复前后藏分别治理之制，但是“主张不用武力，恐有第三者收渔人之利”[94]，其主张发生了变化。

6月3日，蒋介石指示文官处将九世班禅喇嘛的主张和意见交蒙藏委员会，未表示是否采纳。但6月4日上午，马福祥访班禅，“谈一时余，对藏事有所商洽”。九世班禅喇嘛原计划到杭州游览“作罢”，当日下午赴汤山“住三四日，再往宝华山”，考试院院长戴季陶“定五日至汤山偕同游览”。[95]这说明，国民政府难以立刻解决九世班禅喇嘛想要解决的返藏问题。

既然如此，西藏会议召开日期又无限期推迟，九世班禅喇嘛留在南京已无益。5月23日电称，他“拟再留京月余，即返沈，如西藏会议有期，再来京参加”[96]。这是因为国民政府决定授予他一个封号。蒙藏委员会提出：“查西藏达赖喇嘛通达教理，了澈世务，班禅额尔德尼通达教理，行持精严；此次国民会议，均选派代表参加，其拥护热诚，洵堪嘉尚。拟请中央给予达赖以护国普化广慈大师名号，给予班禅以护国宣化光（广）慧大师名号，以示褒荣，而彰诚悃。”戴季陶赞同此主张，称十三世达赖喇嘛、九世班禅喇嘛“均精通教理，了澈世谛，在国民会议期中，并皆各派代表列席参加，拥护中央，矢忠民国，确属实情”。戴季陶还称：在6月10日的“详细问对”中，九世班禅喇嘛“居心仁厚，陈义忠贞；而对于教理、教义，尤能阐发精微”；至于十三世达赖喇嘛，“虽未见其人，然据班禅所述，修持精严，义理洞澈，亦属不可多得”。因此，他提议：“现在全国统一，允宜各予崇褒，期以赞敷至化，嘉惠黎元。”[97]蒋介石批示：“先发表班禅称号，达赖暂缓。”[98]

6月20日，九世班禅喇嘛欢宴戴季陶、立法院代院长邵元冲、马福祥、外长王正廷、卫生署长刘瑞恒等各院部会长官及蒙藏委员会重要职员共50余人，对

“各方招待盛意”表示感谢。[99] 于是在次日，马福祥呈文行政院：“查班禅额尔德尼此次来京觐见，面陈藏事，并参加国民会议，其拥护中央热诚，洵堪嘉尚。且班禅通达教理，行持精严，康、藏各处喇嘛僧众信仰至深。兹为对于各地喇嘛寺庙宣传中央政令及抚慰信仰佛教民众起见，拟请特派班禅额尔德尼为西陲宣化使，并得在青海、西康两省境内选择适宜地点组织行署，以便办理一切宣化事宜。”这样，蒙藏委员会不但提出封九世班禅喇嘛为“护国宣化广慧大师”，并进而提出以之为西陲宣化使，组织行署。在所拟《特派班禅为西陲宣化使办法》中特别规定：“西陲宣化使得成立警卫队，任保卫宣化使之责，队长由宣化使遴员呈请派充，教练官由中央派充，所需枪械、子弹、无线电台及长途汽车等，均由中央酌给。”同时提出优待办法，主要是西陲宣化使行署经费定为每月 1 万 5 千元，警卫队经费每月 1 万 5 千元，九世班禅喇嘛的年俸 12 万元。[100] 蒋介石批准此办法，但 6 月 22 日国务会议讨论时，“比因达赖代表等不无误会”，决议交内政、外交、实业三部会同蒙藏委员会审查，“略有修正”。[101]6 月 24 日，国民政府发布授予九世班禅喇嘛“护国宣化广慧大师”名号的命令。6 月 29 日，蒋介石电示马福祥：“关于优待班禅办法修正，报告下次国务会议后，即由国府发表。至于班禅名号，拟于七月一日在国府举行，照准可以。”[102] 英国政府注意到国民政府授予的名号，并认为“在给予九世班禅喇嘛一笔可观补助费中，有一部分是用于反英宣传”[103]。

蒋介石之所以选择 1931 年 7 月 1 日举行，是因为该日是国民政府成立 6 周年纪念日（从 1925 年 7 月 1 日广州国民政府成立算起）。九世班禅喇嘛致函蒋介石，又一次称颂蒋“奉行总理遗教，召集国民会议，制定训政约法，统一华夏，绥靖边陲”，表示自己“惟有求国基之永护，为化治之宏宣，本广舌与慧心，阐宗师之大法，涓埃矢报，肝膈摅诚，以上达主席眷顾之隆，下祝藏境无疆之福”。[104] 国民政府的册文称：“广纳赤宙，知微亦复知彰，有德斯能有众。班禅额尔德尼抚辑藏服，翊戴中央，敷教元黎，效忠党国，实阐党国之妙谛，懋膺无上之殊荣，允宜授予护国宣化广慧大师称号。朗烛意珠，奉扬体命。德音普遍，布三民五权之宏规，法铎昭垂，章六度万行之妙用。祇服懋典，益鬯宗风。”[105] 这是他此次晋京的最大收获。

九世班禅喇嘛根据封号典礼的举行及年俸的解决情况，调整离京日期。6 月 25 日，他致电驻平办公处，“谓定七月一日由京来平，谒张学良后赴沈”[106]。于是，西藏驻京办事处定 6 月 27 日为他饯行；这说明达赖、班禅两个系统之间关系在国民政府的调解下有所缓和。在国民政府定于 7 月 1 日“举行接受封号礼节”

后，九世班禅喇嘛定于7月3日启程北上，在平停留数日赴沈阳，应张学良之请为张作霖祠堂落成典礼诵经，然后赴呼伦贝尔。[107]但在7月3日这天，国民政府会议决议："班禅年俸十二万元，每月办事费三万元，招待费停给。"7月6日，蒋介石致电马福祥解释说：九世班禅喇嘛"其名称仍定为西陲，其年俸办公费亦已决定，且曾与达赖代表磋商，双方似尚满意"。可见，国民政府将宣化使署经费与自卫队经费合并为"每月办事费"，这就是上面所说的"略有修正"。因此，九世班禅喇嘛于7月10日"妥适离京"北上。[108]

在7月11日致蒋介石函中，九世班禅喇嘛对第一次晋京做了总结："自五月晋京，列席国民会议，迨六月施行约法，欣统一之有基，期推行之无疑，私幸观光上国，获益綦宏，乃荷嘉号之特颁，兼奉隆仪之叠沛，五中感激，报称何从……"[109]尽管如此，要解决返藏问题很难。英国政府就此指出："班禅喇嘛和达赖喇嘛之间的和解尚无什么进展。事实上，达赖喇嘛还下令，如果班禅喇嘛试图返回扎什伦布寺，则一旦他踏上西藏土地，就直接逮捕他。"[110]

二、九世班禅喇嘛二次晋京与受命西陲宣化使

九一八事变发生时，九世班禅喇嘛在呼伦贝尔。1931年8月12日，他致电南京："定下月底由呼启程，在国庆节前准可抵京出席四全大会及明春举行之西藏会议。"[111]8月16日专电称："班禅定双十节以前过平来京，出席四全代会，俟出席西藏会议后再定行止。西藏会议原定今年秋季举行，现以筹备不及，特改至明春开幕。"[112]9月11日，他致电南京："定一周内离呼伦赴沈，约十月初到京，参加四全大会并商决西藏问题。"[113]9月底，他西行，但是未于10月初抵达南京。而是于是月抵达东乌珠沁旗，11月到西苏尼特旗，1932年3月起在百灵庙"建法坛念经，祈祷和平，并追荐抗日救国献身将士，宣传抗日救国道理"[114]。

在此过程中，国民政府要求九世班禅喇嘛再次晋京。1931年10月13日，戴季陶致电："敌兵压境，国事危急，此时惟有全国各族同胞消释嫌怨，亲爱团结，以和平公道之诚意一致御侮，方克有济。""大师爱国爱民，务恳对于满族各同胞切实教导，使之拥护中央，造成真正统一，为自救救国之道。并恳事竣早日回京，共商一切，不胜感盼之至。"[115]同日，蒙藏委员会也致电："沈变发生，时以为念。现在国事危急，满蒙接近强敌，务盼切实劝导，使边地人民均知拥护中央，以图自救，万勿受人利用。并盼事竣早日回京，共商一切。"[116]同时，日本煽惑九世班禅喇嘛，这一阴谋活动及他的明确态度，在他1932年3月4日《请安抚蒙民通

电》中体现出来："沈阳事变，正班禅拟南来之际，乃倭寇猖獗，得寸进尺，甚至多方离间，播散谣言，以期逞其野心。班禅蒙政府待遇优容，自愧涓埃之报，当此国难，凡属人民，亦宜奋起，况班禅受国家尊重，岂敢稍存坐视。故绕道西行，由东蒙至西蒙，将及五月，沿途经过……宣传中央意旨，喻以大义。"[117]这也反映出国民政府要求他再次晋京的又一原因，是担心他被日本煽惑。

九世班禅喇嘛曾经打算不晋京就解决西陲宣化使公署的设置问题，进而解决返藏问题。1931 年 11 月 5 日，国民政府指示行政院将"护国宣化广慧大师班禅之印"发交蒙藏委员会转送给他。1932 年 2 月 24 日，罗桑坚赞以蒙藏委员会藏事处长的身份将此印送到九世班禅喇嘛手中，他"遵于是日启用"[118]。但是，国民政府考虑到达赖系统的反对，未发给西陲宣化使印玺。九世班禅喇嘛对此不满，在 3 月 19 日致行政院电中强调："班禅以西藏垂危，冒险东来，原冀政府拯救，何期内忧外患，纷至沓来，忽忽九稔，内蒙五载，人地虽属相安，水土终有未宜。自抵吐呢特（苏尼特右旗？）后，青海代表相继来请，已允西行。惟客岁晋京，政府优遇班禅。另饬西陲宣化，迄今文件各项，留中待发。此行应恳给领，以资信守，是所切祷。"[119]收到此电文后，蒙藏委员会于 3 月 21 日呈文行政院转国民政府："查二十年七月国民政府会议曾经议决界班禅大师以西陲宣化使名义，但为时数月，迄未发表。拟请钧会转呈政府将此项名义早日发表，在班禅大师未能回藏以前，指定青海香尔德为其驻锡地点，并通令地方长官妥为保护，则边疆人民因对班禅大师信仰之故，亦可坚其内向之心，党国前途，利赖实深。"[120]4 月 14 日，国民政府照准。4 月 20 日，行政院向青海、西康下达特派九世班禅喇嘛为西陲宣化使的命令。4 月 22 日专电称："班禅允就西藏宣化使，使署将设西宁。"[121]在此期间，蒙藏委员会派陈敬修"到青海宣传中央德意"，青海各寺庙喇嘛等联名致电"拥护中央，西陲极呈佳象"。[122]8 月 22 日，罗桑坚赞称："班禅现在内蒙，定十月间应平佛教会约赴平讲经，年底赴青海转西藏。"[123]换句话说，九世班禅喇嘛并不打算晋京。10 月 9 日，他致电其驻京办事处，称自己"拟在北平就任西陲宣化使职，并组织宣化使署"，指示该处"草拟组织大纲呈请核定公布，以便早日实行组织，进行宣化事宜"。[124]10 月 19 日，驻京办事处将组织大纲呈送蒙藏委员会。

9 月中旬，达赖系统、班禅系统双方之间发生一场激烈的争论。十三世达赖喇嘛的代表贡觉仲尼、巫明远等致电南京，反对九世班禅喇嘛返藏。电文首先强调，在国民政府"派员入藏宣达德意、代表等来京接洽"之际，却发生了康藏纠纷，致使“藏事为之搁浅，误会由此流生”。而康藏纠纷“乃班禅部属挑拨所致，因班禅办事处遍设边省，其徒众奔走满蒙及内地各省筹饷购械”。国民政府不顾西藏驻京代表、三大寺及全体僧俗民众的呼吁，仍然授予班禅“名号、印册俸给并授以西陲宣化使之职”，又“盛传班禅械弹飞机车厢辎重均已备齐，有不久即驻青海设署练兵，联合边吏”，藏人不得不“认为中央援助班禅，夺取西藏政教之权”。接着，电文强调：“中央既遣使怀柔于先，自不能武力征服于后。惟班禅部属力谋武力据藏，无可讳言，班禅如果赴边，战祸势必触发。无论西藏地势险峻，未易遂负，即使班禅获胜，而达赖其他民众岂能甘心，设不得已求助外人或有其他举动，徒供帝国主义者侵略机会。倘班禅失败，藏不认为中央授意，伐藏既不戴德，而班禅亦将永无回藏之日矣。”电文提出建议：“为今之计，莫若力阻班禅暂罢青海之行，而于藏人迭次要求择地，无损中央威信者予以容纳，示无偏袒；一面宣派公正大员赴藏，谋西藏问题之解决，且于宣达中央德意，并考查达赖、班禅地位究竟是否相侔，藏中究竟有无英人背景及其势力，均不难得其真相。同时，于西藏之大寺及全体民众之感情实际联络，借收亲善精诚之效，务使达赖班禅弃嫌释怨，实行团结，拥护中央，一致御侮。”[125]接着，十三世达赖喇嘛致电青海方面，“表示班禅如不返藏，藏兵永不犯青；并希望划清青藏界限，分兵各守”[126]。对此，班禅驻京办事处处长罗桑坚赞予以反驳。他列举十三世达赖喇嘛十大罪状，主要是“背叛中央”、“勾结外援，贻祸地方”、夺取全藏权力等。其中一些谴责与前述九世班禅喇嘛的批评相同，其罪四为“闻茅（第）穆寺有接济汉军粮饷情事，密遣大军四面包围，全寺喇嘛五百余人，杀戮充军，无一幸免”。[127]他要求国民政府讨伐十三世达赖喇嘛，撤销西藏驻京办事处，查办贡觉仲尼。

九世班禅喇嘛批评贡觉仲尼等“滥发宣言，要挟政府”，但是认为“不过系个性冲动，决非达赖佛及三大寺本意”。他也批评罗桑坚赞“不察是非，起兴反驳，实无异给彼以挑拨之机”。[128]他向当时参谋本部召集有关部会召开的西防会议提交一份提案，要点为：“(1) 以恢复中藏间固有之统属关系为原则；(2) 西藏与任何国家或地方订结任何条约，非经中央核准者，概作无效；(3) 划定康藏界址，前藏与后藏以干提拉为界，前藏与西康以丹达山为界；(4) 西康应从速设立省治，以确立行政基础；(5) 前藏之政教权归达赖主持，后藏之政教权归班禅主持；(6) 中央派大员二人分驻前后藏办事；(7) 西藏之军事外交概归中央主持；(8) 中藏间人民往来应绝对自由，不受限制。”[129]依此，九世班禅喇嘛把第一次晋京时提出的主张一一列举出来。

在双方争辩过程中，蒋介石要求九世班禅喇嘛晋京，他也打算晋谒蒋介石解决返藏问题。9月中旬，蒋介石电汇1万大洋给他。10月中旬，他派朱福南、刘家驹到洛阳向国民政府主席林森“报告赴京事宜”[130]。10月31日，参谋次长贺耀祖致电蒋介石，称九世班禅喇嘛希望到武汉商谈。由于国民党中央已定12月15日召开四届三中全会，蒋介石复电贺耀祖：“班禅来汉，本极欢迓。但军次行止不定，事务繁忙，请转告暂时不必前来。俟他日稍暇，再当专约，以图良晤也。”即是说，蒋不想在武汉接见而希望九世班禅喇嘛晋京。由于国民政府停发招待费，朱福南、刘家驹到武汉向蒋介石面称“班禅在平承平市府日拨招待费三百元，极感盛谊。惟迩因市府财政颇困时复，请领无着”，要求“力予设法，照常拨给”。蒋介石致电张学良嘱咐北平市长周大文“勉力维持”。[131]

由于国民党四届三中全会定于12月15日开幕，九世班禅喇嘛于13日专车南下，蒙藏委员会迎接代表陈敬修、罗桑坚赞同车随行，国民党中央及各界热烈欢迎。他14日10点抵达时，受到林森的代表吕超，蒋介石的代表贺耀祖、石青阳、赵丕廉等人迎接。19日，国民党四届三中全会通过决议案，“对于远来与会之班禅、章嘉两大师及各盟旗领袖，表示欢迎”[132]。24日，南京各界举行欢迎九世班禅喇嘛、章嘉呼图克图等人大会，赠送九世班禅喇嘛写有“巩固西陲”四字的锦旗一面。[133]启程时，他发表谈话：“本人奉西陲宣化使之命，就职期暂尚未定，因各重要问题尚待向中央承商。本人久欲赴京，迄未得愿，兹乘（四届）三中全会之时，到京接洽一切。将来对于西藏之种种问题，亦拟于承商后有所调解与措置。俟三中会后返平，先行出发蒙古，因蒙古状况目前颇为急要。本人对三中全会亦拟参加，在京耽延，大约亦无多时日。”[134]抵达南京时，他又发表谈话：“（一）此来系奉国府林主席电邀，列席三中全会。余本早拟晋京，适因海拉尔大水为患，交通隔阻，故迟至今日，始获来京。（二）中央任余为护国宣化广慧大师，俟向中央请示一切，再行在京就职。至何时就职，现尚未决定。就职后，或将赴蒙古一行。”[135]可见，他首先要解决就职宣化使的问题，然后在此基础上解决返藏问题。但是，他认识到即使就职西陲宣化使，如果不能“有所调解与措置”，也不能解决返藏问题。

九世班禅喇嘛虽然早已被任命为西陲宣化使，但是“因事迄未就职”[136]。青海各寺院呼图克图致电石青阳，称国民政府既已发表任命令，自应“令促大佛从速命驾来青，实行宣化，以固国防”[137]。12月22日，九世班禅喇嘛拜见蒋介石和林森，并与有关部会长官会晤，“商谈甚详”[138]。23日，他对记者发表谈话，批评十三世达赖喇嘛说:“西藏原分前藏后藏,达赖主前藏,余主后藏,余素以教化感人,以德辅政。不料达赖竟包藏祸心,受外人利用,称兵内犯。余不忍以兵戎而糜烂人民,遂退让,冀其反悟。讵达赖贪霸无厌,既获全藏,近且迫及青海西康矣。”他要求国民政府“早定大计”。[139]24 日 11 时,国民政府举行九世班禅喇嘛就职西陲宣化使典礼。张继代表国民党中央监誓:“现在我国内忧外患至为迫切,救国要图首在团结国族,遵照总理遗训,实行三民主义,内外上下共同奋斗。班禅大师素为全国民众所信仰,……此次就职之后,定能副中央及全国人民之期许,慰西陲同胞之喁望,并宣扬总理三民主义暨中央德意,促进国防建设及边地一切文化事业,使宗教在政治上得伟大助力。这是中央对于班禅大师就宣化使职之莫大希望。”[140]九世班禅喇嘛宣誓“恪遵总理遗嘱,服从党义,奉行法令,忠心及努力于本职”,“当竭尽忠诚,宣扬德意,冀以宗教之力,上辅中枢,振导人心,挽回末劫,边陲康乐,僧俗咸欢”。[141]既然国民党中央强调“救国要图首在团结国族”,九世班禅喇嘛不再指责十三世达赖喇嘛。他在 1933 年 1 月 21 日蒙藏委员会总理纪念周上演讲时仅言:“民国成立后,驻藏大臣撤去,汉藏之间于是隔膜,感情渐衰,康藏民众,感受不少痛苦。余目不忍睹,乃仰仗我政府德威,入至内地。”他阐述“宣化”的含义说:“蒙政府委余以宣化西陲之职,余为实践责任,不久将赴西陲宣传文化,提倡宗教,使蒙藏民众明了中央实际之意旨与五族联合之必要。”他还解释“西陲”即指青康两省,称:该两省“虽有名词上之区别,其实皆为蒙藏之区域。何以言之?因藏之名词有大藏小藏之分,大藏即为西康,而青海之南,多属西康民族,又青海之北,多属蒙古民族,故谓康青即为蒙藏区域,亦无不可。且如其他宗教、风俗、文字,皆与蒙藏相同,故余对于西陲一隅,极愿尽责宣化也”。[142]这些阐述,是使十三世达赖喇嘛安心。

九世班禅喇嘛虽然二次晋京宣誓就职西陲宣化使,但是并不能依靠国民政府实行武力返藏。1932 年 12 月 8 日,蒋介石致电戴季陶、石瑛、黄慕松:“顷接章嘉呼图克图电称,上月有日(11 月 25 日)在平就蒙旗宣化使之职,启用关防,成立使署,克期出巡等语。并闻使署经费有规定月七千元,及编练卫队两团随同赴蒙之说。查宣化使一衔,应作宗教崇号,即认有设置机关必要,亦应照去岁季陶兄为班禅拟定宣化使行院名义之例,不给经费,不招卫队,只用僧官,以示限于宗教,不涉军事政治范围,方为正办。否则,蒙古、青海与章嘉同等地位之喇嘛,均将援例要求,必滋纠纷,难于应付。”[143]这不仅是针对章嘉呼图克图,也是针对九世班禅喇嘛而言的。12 月 26 日,蒋介石宴请九世班禅喇嘛,提出此问题。同时，军政部、参谋本部提出："蒙藏一切措施，必含有宗教之意义，始能裕如。班禅、章嘉两使行署名称，均宜改称行院，其院内组织及人选，亦宜以僧侣为主干，庶几名正言顺，易见边民之信仰，而收宣化之全功，且与其他行政机关可以稍加区别。"行政院会议"原则通过，交内政、军政两部及蒙藏委员会并邀参谋本部会商修正"。[144]

这些部会在会商审查后拟定《西陲宣化使公署组织条例》，提交行政院会议通过，仍然规定设置西陲宣化使公署。但是 1933 年 3 月份立法院在讨论时，拟改为"行院"。罗桑坚赞当即提出反对，"务请维持原案"。蒙藏委员会支持罗桑坚赞的意见，一则指出"西陲宣化使既为国民政府特任，并指定青海香尔德为其驻锡办公地点，公署名称即根据于此"，二则强调公署组织条例是有关部会在九世班禅喇嘛离京之前商定的。[145] 九世班禅喇嘛也于 4 月 1 日致电石青阳，表示"不胜骇异"，强调"宣化范围虽属西陲，然公署早经国府明令指定青海香尔德，并非余宣化人员而可分移"，"想不致因彼旁嫉论而更易前案也"。[146] 噶厦则支持立法院将公署改为行院，据 5 月 11 日电称，噶厦驻京代表提出：在十三世达赖喇嘛"力排众议，毅然派遣代表来京，西藏对于中央原来密切之关系本已具有和平恢复之端倪"之际，九世班禅喇嘛于 1931 年晋京"要求名义，本有其他作用"，而"中央不察，有畀以西陲宣化使拟议"，代表等"恐以此事另起纠纷，影响藏事，比经力阻始寝，不意二十一年复旧事重提，竟予发表，遂致西藏三大寺僧俗官员及全体民众开会，发表宣言书"。[147] 国民政府折中处理达赖、班禅双方主张，于 5 月 27 日公布《西陲宣化使公署组织条例》，其特点为：其一，公署"直隶于行政院，掌理西陲宣化事宜"[148]，宣化使为特任。即是说，国民政府最终同意九世班禅喇嘛的意见，未将公署改为行院，而且西陲宣化使与蒙藏委员会委员长"俱为特任职，官级平等"，西陲宣化使公署非蒙藏委员会"附属机关"。[149] 其二，公署内设总务处、宣传处，未明文规定设置卫队。这是针对噶厦担心九世班禅喇嘛以卫队为名，实行武力返藏而来。换句话说，国民政府力争通过协调，以和平方法解决班禅返藏问题。这说明，国民政府已经改变了早期确定的"班禅回藏如需保护，当约派军队护送"[150] 的政策，行政院政务处长彭学沛发表谈话强调："达赖、班禅原非绝对不能合作。现达赖已有欢迎班禅回藏、专掌教权之意。"[151]

在上述是设置西陲宣化使公署还是行院的争辩过程中，九世班禅喇嘛于 1933 年 2 月 7 日北上，"京中各党政军机关届时均派代表三人赴浦口车站欢送，蒙藏委员会委员长石青阳、副委员长赵丕廉、委员李培天、陈炳光等及全体职员，均一律渡江送别”。当然，他是在行政院通过公署组织条例后才离开的，《中央日报》称：“班禅大师自去岁由平来京，已一月于兹。闻于宣化西陲一切事宜，已向中央陈述甚详。中央闻已决定方针，按步施行。日前大师以任务完竣，即拟首途赴平，再转赴西北各地，实行宣扬中央德意，团结国族，一致御外。”[152]石青阳送行时谈话：九世班禅喇嘛此次北上，先至绥远讲经，“然后转赴宁夏讲经，为期约一二月，再定期赴西藏。且西藏达赖方面已有电欢迎班禅返藏，翘首西望。余对班禅大师此次西行实抱有无穷之期冀”[153]。2月8日抵济南时，九世班禅喇嘛称“奉中央令赴蒙宣化”，“暂不返藏”。[154]2月9日，他抵达北平，一面称“此次来平，稍待数日，即赴内蒙百灵庙，再转青海”；一面称已派安钦等人为代表入藏协商“关于达赖请回西藏事”，“余赴藏与否，视时机而定，将来宣化使署设青海”。[155]不过，因种种原因，至1935年2月，西陲宣化使公署才成立于阿拉善旗。总之，他此次北上后，前往内蒙各盟旗讲经，随后驻锡百灵庙，等候安钦赴藏协商返藏问题。

三、九世班禅喇嘛三次晋京与就任国民政府委员

安钦于1933年4月3日抵达拉萨。他向十三世达赖喇嘛递交了九世班禅喇嘛的亲笔函，“谓昔日两方情感之龃龉，原于左右互相谗搆，嫌隙日深，致酿事端”。十三世达赖喇嘛“极相嘉纳”，“恳请”九世班禅喇嘛“即行西来，协力治藏”，要求安钦致电他“速返后藏，主持政教”。其时，十三世达赖喇嘛“已悟发白逝世之兆”，因而亲笔致函九世班禅喇嘛“请驾西返，一应各事，当即办妥”。[156]

正在协商之际，十三世达赖喇嘛于1933年12月17日圆寂。12月22日，国防会议“讨论达赖逝世后应付藏事问题”[157]。国民政府致电九世班禅喇嘛“火速晋京，筹商边事”[158]，并派冷融前往绥远迎接，林翔在北平等候。25日，章嘉呼图克图致电九世班禅喇嘛“请对藏事多有筹划”[159]。27日，九世班禅喇嘛致电蒙藏委员会：“恶（噩）耗传来，悲痛欲绝，众生不幸，禅尤独伤。前岁曾遣安钦入藏，正欣追随有日，忽闻达师解脱，宇宙顿晦。回忆我师坐镇西陲，拥我中央，护国宏教，功莫大焉。”要求“转呈政府，请予从优追封达赖大师，并通令各省隆典祭悼，以彰殊勋”。[160]在致戴季陶、石青阳的电中，他表示，“承示拟在京建坛追荐，尤为感激，近因贱躯违和，一俟稍愈，即当南下”[161]。

12月31日下午，九世班禅喇嘛抵达北平。但是，他并未火速晋京，而是“赴京期未确定”。刘家驹谈到九世班禅喇嘛此次晋京任务，一为“达赖逝后中央发起

追悼会，作坛诵经”，二为“蒙古自治及西藏善后青海民众极端欢迎，马步芳亦曾表示亟盼班禅赴青”。前者只是附带，后者才是他要解决的问题；如果国民政府不表示解决此问题，他晋京则无必要。刘家驹又说：九世班禅喇嘛“此次晋京，至多耽延两日”。他本人在谈话中，说“感冒现尚未愈，此次因奉中央电促入京，故力疾首途，在平至多留一二日，即须南下”，即是说 1934 年 1 月 3 日左右就南下。但他又说“四中全会已届开幕，能否赶到列席，尚难预定，亦未拟有提案”。国民党四届四中全会是 1 月 20 日才开幕的，他实际上否定了即刻南下的说法，强调：“本人在绥患牙疾，赴京期须视本人情况与事务忙否而定。”就晋京目的，他说在于“报告蒙边宣抚过去经过，并请示以后机宜”，这与刘家驹所说不同。至于返藏问题，九世班禅喇嘛说“俟向中央请示始能决定”，因此目前计划在“北返后拟先往青海组织宣化使署，并宣传中央德意，以期促进蒙汉各民族团结，一致御侮，挽救国难”。[162] 在 1 月 8 日复章嘉呼图克图电中，他仅言“请赐示硕见”，“至入京确期，并未言及”。[163]1 月 19 日，九世班禅喇嘛又发表谈话：“余因迭接中央各要人电促晋京，商议蒙藏边政，故在平不拟久留，惟因咳嗽头痛，晋京日期，尚难确定。此次四中全会，余能否赶到，尚未决定。”“关于回藏问题，自达赖圆寂后，余哀痛逾恒，藏政如何收拾，余未计及，但返藏一层，须俟与中央商有办法后再定。在京勾留，预定两个月。”这一谈话，与 1933 年 12 月 31 日的谈话基本相同，不同的是在南京停留时间。国民政府同意协商返藏问题，国民党中央政治会议秘书长唐有壬发表谈话：“班禅入藏，尚未闻有确期，惟悉班禅现尚留居北平，日内即将入京。入藏之期，当俟其抵京后，方可决定。”[164] 在北平等候的林翔，将林森、戴季陶的亲笔信面交九世班禅喇嘛。由于他“感冒尚未痊愈”，坐镇北平的何应钦“介绍德国医生狄复前来诊治”。[165]

1934 年 1 月 22 日，蒋介石回南京。当日，九世班禅喇嘛乘火车南下晋京。刘家驹发表谈话，一方面强调九世班禅喇嘛的心情说：“班禅大师离藏迄今已十二年，对于返藏无时不在念中。”一方面指出“大师此次晋京，除对于回藏问题与中央有所商谈外，关于追悼达赖及协商内蒙自治问题，亦为此行重要任务”。[166] 显然，此一谈话与上述不同，前者为此次进京的主要目的。1 月 23 日过徐州时，罗布桑图代表九世班禅喇嘛对记者称：“此行奉中央电召，商洽边事，并为达赖佛追悼主坛，即回伊克昭盟念经，将由青海入藏。藏民迭有来电欢迎回藏主持，达赖转世须班禅亲往审定，并护法。现藏政权由大臣摄理，但教民均盼班禅回藏。将来是否与黄慕松同道，俟到京再定。”[167]

1 月 24 日 13 时，九世班禅喇嘛抵达南京，戴季陶、黄慕松、石青阳等二千余人莅站欢迎。九世班禅喇嘛发表谈话说与达赖系统的关系已经改善，称："余与达赖前次虽略有误会，近已冰释，达曾表示迎余回藏。遽闻逝世，个人至深哀痛，除令蒙藏青海各喇嘛寺诵经追荐，并著一书，嘱达赖从速转世，俾政教主持有人。"[168] 显然，他希望通过双方关系的改善能返藏，并希望返藏后能主持十三世达赖喇嘛转世灵童的寻访。他强调："本人自离藏迄今垂十余年，在去年春季已有回藏意。初因热河事变，继因斡旋蒙局，最近又应中央电召，致未成行。至于此时是否即行返藏，尚待商酌，总之唯中央之命是从。入藏取道何境，尚未决定。"[169] 这样，他表达了希望国民政府早日决定返藏日期与路线的要求。当日，他晋谒林森、汪精卫、蒋介石。晚上，国民政府设宴洗尘。1 月 25 日上午，九世班禅喇嘛列席国民党四届四中全会，国民党各中央委员以他"宣慰边疆，远道来京，均起立欢迎"；下午，石青阳、戴季陶分别与他"谈边情及宗教事甚久"。[170]

按照藏传佛教达赖、班禅互为师徒之制，十三世达赖喇嘛圆寂，是九世班禅喇嘛返藏的最好时机，广大藏区纷纷要求九世班禅喇嘛返藏。拉卜楞布寺嘉木样呼图克图于 1 月 17 日向国民政府提出："现值达赖圆寂，班禅远在蒙疆，藏事无人主持，群众失首，情势危急！嘉木样历来分掌教务，时以国是为重，咸望班佛镇危定倾，伏祈急令班禅大师速定善策，兼程入藏，主理一切，免受外惑，固我边圉，国防幸甚，中华幸甚！"[171]2 月下旬，青海、西康各呼图克图也致电蒙藏委员会强调："值此国难未已，星陨西方，藏中主持无人，西陲可虑实深，恳请钧会转请中央早促班禅大师入藏主持一切，以安西陲而慰众望。"[172]5 月中旬，后藏扎什伦布寺各级僧俗呈文国民政府主席林森，提出："藏众比如婴孩，常以达赖、班禅两佛座为父母，今既失达赖，而班禅仍不回藏，是犹失父母之孤子。""务恳主席迅予赞助班禅大师于木狗（甲戌）年回到藏上，俾西藏教政得以继续维持。"[173] 这些电文有几点值得注意：第一，要求九世班禅喇嘛回藏主持一切，掌握政教大权；第二，西陲即西藏，与前述九世班禅喇嘛所说的青康不同，西陲宣化使听起来是西藏宣化使；第三，木狗年即 1934 年，后藏提出他在这一年回藏。他认为这一切"是边疆人士之团结的好现象"[174]。至于噶厦，在此情况下不好公然反对，在拉萨的蒋致余致电报告说："噶厦派定降巴曲汪为政府代表，三大寺亦派一堪布为代表，前往内地欢迎班禅回藏，约两月后启程。"[175]

九世班禅喇嘛此次晋京，在赠送中央政府的礼物上做了特别的考虑。他"携来西藏羊头一个恭赠政府，大如笆斗，三倍于内地之绵羊，诚属希有"[176]。时人指出，这有三大意义：其一，“‘羊’者，‘祥’也。古祥字原作羊，故今人若写吉庆字，尤其题古玩花瓶和寿屏喜礼一类的东西，在写了‘富贵寿考’之后，一定忘不了‘大吉羊’三字。准此作解，今班禅赠我政府以‘大羊头’，即隐含有‘大吉大祥之国运，将从今始’。所云‘今始’，即‘头’字之谓。”该羊头“大如笆斗，三倍于内地之羊”，“足见一羊可抵‘三羊’”，寓意“三羊开泰”。其二，班禅作为藏传佛教两大领袖之一，在另一领袖达赖圆寂的背景下赠送中央政府大羊头，寓意为无论英印如何侵略西藏，改变不了西藏是中国领土的一部分的事实。其三，在日本侵占东北并唆使德穆楚克栋鲁布制造内蒙“自治”、英国又染指南疆的背景下，中国边疆问题严重，“在在都需要政府予以极度注意和补救的必要”。九世班禅喇嘛呈送大羊头，“自然会想到边疆问题的急应‘亡羊补牢’”！[177]

由于回藏问题，按照石青阳所说，“中央尚在考虑，最近尚不能实现”[178]。因此，九世班禅喇嘛晋京初期，国民政府同他协商两大问题，一为选任他为国民政府委员，另一为参谋本部次长黄慕松入藏致祭。早在 1928 年 9 月 21 日，国民政府会议就通过《优待班禅及蒙藏案》，其中规定“由蒙藏委员会派员入藏，先与达赖喇嘛接洽，俾与班禅冰释误会以后，当任达赖班禅为国府委员”[179]。由于尚未“冰释”，国民党中央未选任九世班禅喇嘛为国民政府委员。由于十三世达赖喇嘛已圆寂，国民党中央乃以九世班禅喇嘛“宣劳边陲，厥功甚伟”而“特选任为国民政府委员”，“此为西藏领袖参与中枢政治之始”。[180]他抵达南京当天，即接到文官长魏怀的公函，内称：“案奉国民政府主席发下中央执行委员会公函漾字第六七号内开：第四届中央执行委员会第四次全体会议议决，选任班禅额尔德尼为国民政府委员。除分函外，特函奉达，即希查照。”[181]1 月 13 日，国民政府举行追荐十三世达赖喇嘛大会，九世班禅喇嘛“躬亲奉经追荐三日，并请中央从优追封达赖，隆典祭悼”[182]。1 月 30 日，黄慕松同他交谈噶厦最近军政情形及致祭专使取道川康入藏问题。同日，戴季陶与他“谈极投机”，商定他 2 月 20 日就任国民政府委员一职；于右任、邵力子、焦易堂等“亦赴班禅行馆访班”。[183]这些问题安排好之后，蒋介石于 1 月 31 日由南京抵杭州，此后在相当长的一段时期里来往于杭州、南昌、奉化、庐山、武汉等地之间。2 月 20 日，九世班禅喇嘛宣誓就任国民政府委员之职，叶楚伧代表国民党中央监誓说：“此次中央选任班禅大师为国府委员，借以充实中央，巩固边陲，解除人民的痛苦。”九世班禅喇嘛表示“当竭尽至诚，仰体总理天下为公之心，推行主义，弘扬大法，以期弼成国家之统一，建设人民之幸福，促进世界之和平”。[184]

在4月25日赴杭州之前，九世班禅喇嘛在南京的活动分为三类。第一，宗教活动。除诵经追荐十三世达赖以外，九世班禅喇嘛“在驻锡地经堂，向太虚法师，超一法师和刘家驹传授大威德金刚不共灌顶法，详释即身成佛之路，并口传密谛”[185]。第二，政治活动。九世班禅喇嘛出席国民党四届四中全会，两次到中央大学演讲，一为《西藏政教之始末》，一为《中藏历史关系及五明之学》。第三，慈善活动。他以4000元布施南京市贫民，并拨款分赠南京、西安、洛阳三处孤儿院及慈善机关。

此时，英国政府插手班禅返藏问题。3月8日，英国驻华公使贾德干（A.Cadogan）访问九世班禅喇嘛，“双方相互道祝，并略询国情”。因英文翻译、国民政府外交部交际科长林桐实在场，双方“关于西藏近情，并未谈及”[186]，但是贾德干提出九世班禅喇嘛“由海道返藏，主持藏务”[187]。3月26日，他回访贾德干“略谈西藏情形”。贾德干本来原定是日晚赴沪“接眷返平”，但“现因尚有事”须与国民政府外交部接洽，“延缓两三日赴沪”。[188]

由于蒋介石已不在南京，对返藏问题的协商一时谈不到，因此九世班禅喇嘛在南京无事可做，乃应邀前往杭州主持时轮金刚法会。3月9日，杭州派代表邀请他前去主持时轮金刚法会。4月9日，“杭州灵隐寺等5000余僧俗，再次来电邀请前去主持法会”。4月10日，他回电“希望他们虔诚修持”[189]，计划于4月24日赴杭。因被派到拉萨去沟通的安钦是日回到南京，九世班禅喇嘛“对西藏情形亟须听取报告”，改为4月25日在“汤山休沐后，即由汤乘汽车直赴杭州”。[190]

4月24日晚，九世班禅喇嘛设宴款待安钦，并为黄慕松饯行，邀汪精卫、孙科、居正三院长作陪。4月26日，黄慕松启程入藏，九世班禅喇嘛抵杭州。4月27日，行政院秘书长褚民谊谈话称：“安钦等此来，曾携有达赖生前亲笔致班禅函件一封。盖当安钦等离藏时，达赖尚健在，故亲笔修函，托安钦面致班禅，……欢迎班禅早日入藏。安钦等现仍留京，专俟班禅由杭返京后，再从详计议。”戴季陶也准备赴杭州“参加时轮金刚法会，俟该法会闭幕后，即偕同班禅一同返京”。记者问，既然“西藏民众已欢迎班禅入藏，且达赖于生前亦极力主张欢迎班禅早日返藏”，则入藏“能否早日实现”？褚民谊回答：这要取决于九世班禅喇嘛的态度，“本人不能代答”，此问题将俟九世班禅喇嘛“自杭返京后，与中央当局及西藏代表会商后取决”。[191]可见，安钦只是携来十三世达赖喇嘛生前给九世班禅喇嘛的亲笔函，如何处理尚需蒋介石决定。随着安钦归来和黄慕松启程，九世班禅喇嘛此次晋京进入第二个阶段。

九世班禅喇嘛于4月25日到杭州后，主持时轮金刚法会。至5月22日，因“已功德圆满”，他应上海市长吴铁城及各界之邀“专车来沪”，有电称他“留沪一周晋京即将返藏主政”。他发表谈话，也说“拟作一星期之勾留，俾便乘机游览全市，参观种种建设，然后晋京”；至于是否赴赣晋谒蒋介石，“俟抵京后方可决定”。记者询问“何日返藏主持西藏大政”，他答称：由于“本人离藏已久，自达赖圆寂，藏政主持无人，故颇思返藏”；而且“藏民颇望本人早日返藏，而各方函电速驾者尤众”，因此“晋京向中央请示后，即返藏主政”。至于“返藏途径，是否经印度或取道青海等处，现尚未决定”。[192]5月23日，他在国民党上海党部举行的宴会上说：“政府对我亦可谓仁至义尽，初则授以护国宣化广慧大师名号，继则特任西陲宣化使，近又选任国府委员，这都是五族平等的表现。”“今后自当格外努力宣化，挽救人心，祈求三宝，加被中国，国泰民安，五谷丰登，以报政府和国人的盛意。”并表示：“假如能够回去，我是主张用主义开导，用佛法宣化，绝不用武力。”[193]在5月28日各界人士20万人举行的隆重欢迎大会上，他演讲《蒙藏为中国重要国防》。6月1日报称：九世班禅喇嘛以上海为全国工商业中心，因而“连日来分往各大工厂参观”。这样，他原定在沪一周的时间延长，回宁日期“大约为本月七日或八日”。[194]但至6月6日，他“晋京日期现仍无确期”。是日10点，他与甘肃省政府主席朱绍良会谈，朱“以班禅大师行将西行主持藏政，甘省与西藏军政均有密切关系”[195]，而专门拜访他。综合来看，九世班禅喇嘛杭沪之行，有几个特点：其一，返回南京不断延期，至6月30日回到南京时，杭沪之行共66天，比较长。其二，指出西藏与内地的关系不可分，以此强调其返藏对恢复西藏地方与中央正常关系的重要性。其三，返藏取道取决于国民政府的决策，表示不以武力返藏。

此种情况，与安钦同蒋介石和其他要人的协商，及国民政府的表态有关。安钦抵达南京后即电蒋“请示赴赣晋谒日期”[196]。5月3日，蒋介石电请安钦到南昌商议。但安钦“并未赴赣”，而是于5月7日到杭州“谒晤班禅，面促早日返藏”，计划“在杭参加法会毕，然后随班禅大师同行返京，再定期赴赣晋谒蒋委员长”。[197]5月中旬，蒋介石派人到杭州向九世班禅喇嘛致意：(1)“希望班禅接受中央意旨及藏民公意，早日回藏主持政教”；(2)“希望班禅回藏后使汉藏关系，日趋密切”。[198]5月23日，安钦回到南京，虽有“赴赣谒蒋”之计划，“惟日前刻尚未定”。[199]6月1日，国防会议“讨论对班禅回藏事，不主张其以武力返藏”[200]。6月5日，安钦在石青阳的陪同下到达南昌晋谒蒋介石。6月6日，安钦发表谈话："藏各部均安谧……惟因藏政无人主持，特欢迎班禅回主政教，班禅表示惟中央命是听。"[201]6 月 12 日，安钦及后藏代表丁杰呼图克图等到沪向九世班禅喇嘛汇报了晋谒蒋介石的经过，有电称"班禅回藏问题，俟蒋委员长由赣返京征求班禅意见后，提请中央考虑后方可决定"[202]。6 月 13 日，安钦到南京与各要人进行协商。

九世班禅喇嘛见安钦的协商，一时无结果，乃要求与蒋介石会面。6 月 22 日，他致电蒋介石，要求会晤。6 月 24 日，蒋回电："请安心静养，待大师痊愈后，再约地会晤可也。"[203]6 月 30 日，九世班禅喇嘛回到南京，同汪精卫晤谈。在对记者的谈话中，九世班禅喇嘛强调"牙疾已痊"，"返藏期及取道路线俟与中央商榷后，始能决定。若将来由陆路返藏，将顺道往伊克昭盟及青海宣化。京中天气酷热，俟在京事务完毕，或赴平或莫干山避暑，顺便与蒋委员长会晤，现尚未能定"。即是说，返藏日期及路线均需商议，如果蒋介石不来南京，他就去晋谒蒋介石。在同汪精卫、石青阳的晤谈中，他说："赴沪参加法会，留滞沪滨为时已久，须与中央接洽。蒋委员长到杭，本人曾电请示，据复电，即赴奉化，尚须至京，嘱在京略候。本人回藏问题尚未决定，暂时不拟离京。安钦佛拟先赴西藏，但起程期未定。"[204]7 月 1 日，汪精卫访九世班禅喇嘛，对其"回藏途径及办法，曾作一度接谈"[205]。7 月 6 日，蒋介石回到南京。次日，他专门宴请九世班禅喇嘛定其行程[206]，接着当日就离开南京到南昌。蒋介石之所以此时才与九世班禅喇嘛会面商定，原因大致是：作为黄慕松随员的蒋致余先行入藏，同噶厦做了初步沟通。同时，噶厦内部的权力斗争告一段落，被视为亲英派的藏军总司令龙厦被抓。在 6 月 9 日，褚民谊即称："障碍已去，而全藏人士又热烈欢迎班禅入藏主政，故班禅入藏不久即可启程。"[207]7 月 1 日，司伦、噶厦及三大寺召开联席会议，"一致决定欢迎第九世班禅喇嘛额尔德尼回藏，并推选强巴琼、瓦格不西、罗桑棍容三人为欢迎代表，即日由拉萨起程入京"[208]。7 月 4 日，行政院将此消息抄送蒙藏委员会。

蒋介石与九世班禅喇嘛商定的返藏路线与日期，按照九世班禅喇嘛所说为："第一步由伊克昭盟赴青海，在青海当有相当之逗留。俟黄慕松先生入藏后，再考察实际情形，然后决定返藏日期。第二步，返藏须有种种准备，准备事宜，决在青海确定。"[209]7 月 14 日，他飞到北平。蒙藏委员会说他是"因气候酷热，居住不惯"而离开的，九世班禅喇嘛则总结此次晋京的成效说："班禅离开藏地十有一年，邱首之思与日俱积。近自达赖圆寂以来，卫藏僧俗迭派代表来京，请即回藏主持一切，以慰众望。此次入京报告，又蒙中央准予赞助，故回藏路线决定取道蒙古、青海。”[210]不论怎样，这是他与南京“作最后之告别”[211]。

由上述来看，九世班禅喇嘛第三次晋京已经解决了返藏问题。但是，由于达赖、班禅两个系统之间立场相去甚远，返藏问题当时不可能解决。对于中央政府，九世班禅喇嘛在7月21日致蒙藏委员会函中提出《由京赴青沿途所需物品节略》和《由青赴藏沿途所需物品节略》，中心是“此次回藏，一方关系国家威信，一方关系人民切望”，因此“请政府务必简派得力文武大员一同护送回藏”，并“请中央派相当军队护送”，同时发给枪炮、飞机、无线电等。[212]对于噶厦，九世班禅喇嘛提出两条件：(1)“班禅离西藏扎什伦布以后，所有珍贵物品悉被达赖攫取，须一概交还”；(2)“现在扎什伦布之行政长官为达赖所委，班禅返藏后，得另行委任”。[213]噶厦反对九世班禅喇嘛“由青海带卫队入藏，而欢迎由海道来藏”[214]，并宣称“班禅在藏确无政权，其亟谋由青入藏者，显系别有用意”[215]。虽然黄慕松按照蒋介石的指示“尽力疏解，务达班禅安稳回藏之目的”[216]，但是协商“尚无结果”[217]。11月1日，蒋介石向九世班禅喇嘛通告此情况。

总之，九世班禅喇嘛三次晋京，其中心是努力解决返藏问题。他首次晋京是在蒋介石在新军阀混战获胜后，期望国民政府武力解决返藏问题。但是，国民政府打算协调达赖、班禅两个系统的关系，和平解决，并因此册封九世班禅喇嘛为“护国宣化广慧大师”。九世班禅喇嘛第二次晋京是在九一八事变发生后，打算先成立西陲宣化使公署，然后在此基础上由国民政府派遣大员与军队护卫返藏。虽然国民政府任命他为西陲宣化使，但在国难发生的情况下，进一步明确了和平协调达赖与班禅的关系、解决返藏问题的政策。九世班禅喇嘛表示赞同，安钦因此入藏协商。九世班禅喇嘛第三次晋京是在十三世达赖喇嘛圆寂之后，希望国民政府利用此机解决返藏问题。国民政府选任九世班禅喇嘛为国民政府委员，期望他以此身份返藏后能加强西藏地方与中央的关系，并为此竭力与噶厦协商。但是，由于噶厦企图维持既得权益，由于国民政府尚无“相当办法”[218]，九世班禅喇嘛的期望不可能实现。他在返藏无望中圆寂。

第三节　九世班禅喇嘛在返藏无望中圆寂

在十三世达赖喇嘛圆寂之前，国民政府尽管派遣贡觉仲尼、刘曼卿入藏沟通意见，也设法召开西藏会议，但是并无机会与噶厦官员坐下来协商解决九世班禅喇嘛返藏问题；第三次康藏冲突的爆发，使这一问题的协商更为困难。十三世达赖喇嘛的圆寂，给国民政府派遣大员黄慕松入藏协商提供了机会。按照藏传佛教达赖、班禅互为师徒之制，九世班禅喇嘛作为当时格鲁派的领袖须返回西藏主持宗教大局，因此国民政府设法解决班禅返藏问题。然而，噶厦企图维持既得权益和九世班禅喇嘛出走内地后形成的前后藏政治格局，反对九世班禅喇嘛返藏。英国政府认为九世班禅喇嘛返藏后会打破西藏“自治”现状，也竭力阻止。这样，一场交涉与较量不可避免地在中英两国和噶厦三方之间展开。

一、蒋介石亲自处理班禅返藏问题与黄慕松入藏协商

黄慕松启程前对记者言：“班禅回藏问题，本人亦无甚意见发表，盖汪（行政院院长汪精卫）已有明白表示，谓西藏如欢迎班禅回藏，则中央亦极愿班禅能回藏主持一切。”[219]1934 年 4 月 28 日，行政院秘书长褚民谊对记者称：虽然“目下西藏上下均欢迎班禅早日入藏主持藏政，班氏态度若何，本人不能代答”，但是“此问题将俟班氏自杭返京后，与中央当局及西藏代表会商后取决”。[220] 安钦返宁后，蒋介石亲自处理九世班禅喇嘛返藏问题。

蒋介石根据黄慕松入藏进程，与九世班禅喇嘛协商其返藏日期。在黄慕松启程后，蒋介石于 5 月 3 日致电安钦“嘱即赴赣”，《中央日报》称他将于 4 日或 5 日携带十三世达赖喇嘛生前致蒋的亲笔函及礼品乘船前往。[221] 但在 5 月 4 日，安钦再电蒋介石“请示晋谒日期与地点”，《中央日报》称安钦“赴赣仅作一二日勾留，因本月十三日以前必须由赣赶回南京，转往杭州参加时轮金刚法会”。[222]5 月 7 日却电称：安钦等“并未赴赣”，他和后藏代表丁杰呼图克图等 50 余人由南京到杭州，参加九世班禅喇嘛定于 13 日至 15 日举行的时轮金刚法会。[223]5 月 23 日，安钦等才由杭州返回南京，赴赣谒蒋“日期刻尚未定”[224]。这说明，蒋介石还在等待时机。不过，他在 5 月 12 日致电在杭州的九世班禅喇嘛，表示两点：“希望班禅接受中央意旨及藏民公意，早日回藏主持政教”；“希望班禅回藏后使汉藏关系日趋密切”。[225]5 月 23 日，《中央日报》刊登了一则通讯，称：“现一切政教事务均由拉萨三大寺会议决定，惟三大寺喇嘛僧众皆以达赖逝世顿失重心，故皆渴望班禅额尔德尼速即回藏，盖班禅与达赖同为西藏之最高领袖，其政治地位虽稍次达赖，而其宗教尊严实较达赖有过之无不及也。徒以其近年与达赖方面稍有隔阂，故奔走内地，致全藏政教尽归达赖掌握，实则其在藏中之潜势力固全未消失，且因达赖之死而更形膨大。而全藏民心则更一面希望中央早将西藏问题解决，

一面渴望班禅回藏。西藏人曾说‘藏人皆希望中央将西藏问题早日解决，希望班禅早日回藏，何以中央总不办理，班禅亦总不回来。若怕有所阻碍，则以二千兵与班禅作护卫，实无人可敢抵御’。”[226]这则通讯的含义非常深刻，一方面强调了九世班禅喇嘛的地位，一方面传达了以武力护送其返藏的试探信号。

九世班禅喇嘛则比较着急。他 5 月 22 日从杭州到上海，回答记者“何日返藏主持西藏大政”的提问时表示“向中央请示后即返藏主政”，但是关于“返藏途径是否经印度或取道青海等处，现尚未决定”[227]，这“须取决于中央”。不过，他说要在上海“参观各种建设”后才晋京，至于“赴赣与否尚未定”。但他再次阐述了迫切返藏的心情，说“藏民盼余返藏甚切；各方来电督促亦甚多，余亦颇思返藏”[228]。同日，他致电蒋介石提出这些问题，并称自己因此“生病”。5 月 31 日，安钦在对记者的谈话中透露了九世班禅喇嘛生病的原因：“上年四月间赴藏曾亲谒达赖佛，据达赖表示甚盼班禅早日返藏。嗣达赖圆寂后，因政教无人主持，藏人更希望班禅大师早日回藏。本人在杭州晤班禅大师，面陈藏人欢迎之意，班禅大师已俯允回藏。惟返藏路线究取道陆路或海道，尚未决定。藏方则主张由海道经印度前往，并将派人迎接，而时间仅需月余即可到达。若由陆路前往，则途程辽远，约需旅行五六月之久。至班禅大师回藏时期，纵本年可以成行，亦须在伏暑以后，盖班禅大师年龄过高，恐不能耐在溽暑期内长途跋涉也。”[229]

5 月下旬至 6 月上旬，蒋介石加快了处理步伐，其原因为噶厦政局发生变化。5 月 30 日，路透社电称：“前任藏军总司令伦夏尔（龙厦）已遭惨害，闻先被挖目，后始被杀，其人前为达赖喇嘛所信任，今之遇害，想系出于现握西藏政权者之阴谋。”[230]6 月 4 日，路透社又电称：“前任西藏陆军总司令隆夏尔（龙厦）五月三十日在拉萨遭人暗害，死状甚惨，先被挖目，后始被杀，其子三人与同志四人现已被逮，因藏军下级军官四人承认与隆夏尔等结合，拟铲除华人势力，而阻止班禅喇嘛回藏也。此项阴谋之发现，使政府地位愈为稳固，而班禅回藏亦愈属可能。”[231]这对英国的阴谋是一打击。6 月 9 日，褚民谊发表谈话称：九世班禅喇嘛“入藏困难问题现已完全解决。路透电前传西藏总司令隆麦尔遇害消息，本人素知达赖生前有一幸臣，渠初为花匠，自经达赖赏识后，藉其聪慧，博得达赖信任，于是擅作威福。此人是否即系遇害之隆麦尔（龙厦），现尚无从证实。总之，障碍已去，而全藏人士又热烈欢迎班禅入藏主政，故班禅入藏不久即可启程”[232]。

在这种情况下，安钦以及后藏代表丁杰呼图克图随同石青阳于 6 月 2 日赴赣晋谒蒋介石。安钦称：“赴赣任务有二：（1）谒蒋委员长报告返藏经过；（2）呈送西藏带呈蒋委员长礼物。”[233]丁杰呼图克图说：“藏人欢迎班禅大师早日回藏，惟班禅大师现因牙疾尚未痊愈，刻正在沪诊治，约一周左右方可返京，然后再定返藏之期。”[234]6月3日，九世班禅喇嘛在上海各界欢迎会上明确说明“在不久的期间我打算回藏，因为自达赖大师圆寂以后全藏和青康人民都要我回去主持藏政”[235]，并表示“本人回藏后将用中央名义竭力宣化，以研究佛学之精神做汉藏融洽之工作。本人今更有大希望两点：(1) 望国人研究佛学，赴藏游历，宣传文化。(2) 汉藏多交换人员服务，使隔阂消除，精诚合作”[236]。6月4日，安钦在晋谒蒋介石报告藏情后对记者说：“因藏政无人主持，特欢迎班禅回主政教，班禅表示惟中央命是听。”[237]6月12日安钦到沪向九世班禅喇嘛报告晋谒蒋介石的情况，6月29日《中央日报》报载安钦的谈话，将此情况公布出来：“前次返藏，与达赖佛接洽班禅大师回藏事宜，曾承达赖表示欢迎班禅佛返藏。本人在藏接到民众欢迎班禅回藏之信计约有三四箱之多，故接洽结果极为圆满。由藏返京后向班禅大师报告一切，亦允返藏。本人俟班禅大师返京晤面后约三四日内即赴北平，料理黄寺及所属各庙事务，约在平耽搁月余即南下由海道再度赴藏。至第二次赴藏任务：(1) 因班禅返藏事宜尚须赴拉萨与黄慕松专使有所商议；(2) 因班禅离藏多年，所有原住寺庙亟应先事布置料理，以便返藏后居住；(3) 并赴后藏宣慰民众。至班禅大师返藏期，因现时天气炎热，年龄过高，不适远行；又因蒙地各盟旗欢迎前往宣化，故来京小住后，将先赴蒙宣化一二月，俟天气秋凉，然后启程返藏。”[238]可见，九世班禅喇嘛虽然着急返藏，但是尚需黄慕松入藏协商及安钦再次入藏与他配合，才能决定。

在这种情况下，蒋介石与九世班禅喇嘛商定其返藏的时间与行程。6月24日，蒋介石针对九世班禅喇嘛5月22日汇报“生病”电回电：“养（22日）电敬悉。贵恙如何，甚念。请安心静养，待大师痊愈后，再约地会晤可也。”[239]蒋介石从江西回到南京后，九世班禅喇嘛于6月30日即在上海“参观各种建设”一个多月后才自沪到宁。他称：“牙疾已痊。返藏期及取道路线，俟与中央商量后始能决定。”[240]不过，他进而对返藏路线作出阐述：“前藏曾邀请由海道前往，故青海蒙番王公及伊克昭盟盟长闻讯，特推代表兴萨班畅达呼图克图、阿若勒鄂齐尔及明玛等南下，约请返藏前先赴各该处讲经宣化，惟尚未应允。若回藏路线与中央商议决定后系取道陆路，则当顺道往伊克昭盟及青海宣化。”“现京中天气酷热，身体颇感不耐，拟与中央接洽完竣，即离京赴平避暑，以后若由海道返藏，再南下过京；若由陆道则由北平启程，不再晋京，惟本人或将改赴莫干山或庐山避暑，顺便与蒋委员长一晤。”“至返藏事务，现拟先由安钦大师赴藏布置住所等一切事宜。若由海道回藏，因途程较近，当俟安钦大师布置完竣始首途；若由陆路，则道路辽远，只须各项事务办理完毕，即行启程。”[241]于是，先由汪精卫于7月1日与九世班禅喇嘛商谈其“回藏途径及办法”[242]。7月7日，蒋介石亲自宴请九世班禅喇嘛，定其行程。[243]

蒋介石的安排，在九世班禅喇嘛7月14日从南京飞到北平后次日的谈话中透露出来：“返藏问题，本人在京时曾晤蒋委员长，一切手续均已商定，惟不便发表”；“中央对于西藏极关心，故嘱本人返藏。本人返藏之主要工作系宣达中央对西藏之意，使西藏与中央、中央与西藏之感情毫无隔膜。本人返藏路线，第一步由伊克昭盟赴青海，在青海当有相当之逗留，俟黄慕松先生入藏后再考察实际情形，然后决定返藏日期。第二步返藏须有种种准备，准备事宜决在青海确定。黄慕松先生常有电报致本人，下月可抵拉萨”。[244]依此来看，九世班禅喇嘛要在黄慕松协商期间北上宣化，如果黄慕松能与噶厦协商好，他就能返藏了！7月31日，他又对记者称“余返藏期原则毫无问题”：由于“一切准备较繁复”，“拟俟平绥路车通后即赴伊盟唪经，然后赴青海转道返藏，预定在今年秋冬之交成行。如时间来不及，或将在下海过冬，俟明年春暖起程，亦未可知”。总之，或在1934年秋冬，或在1935年开春。他还说“藏人内倾情绪未尝一日衰薄，自予有返藏消息传达该地后，官民欢呼热烈，迎驾使者络绎道上，前藏三大寺代表已在途中，不久可到”[245]。

在上述争取国民政府全力解决返藏问题的过程中，九世班禅喇嘛还争取与英国达成谅解。6月6日，他参观了英国停泊在上海码头的兵舰。7月11日，安钦等人拜访英驻华公使贾德干，希望英国支持九世班禅喇嘛返藏，并敦促英国驻锡金政治官威廉逊从中调解。这些说明，由于英国反对陆路返藏，九世班禅喇嘛有所妥协，这就是他在上述谈话中称或许经由海路的原因。他抵达北平曾解释了这么做的原因：“青海西藏与英国接壤，故关系难即断。予与英国要人多相稔，予认为民族自振兴、谈邦交，须分清楚，不能混为一谈；达赖在时，亦根据此主张为国家谋福利。”[246]8月11日，九世班禅喇嘛“带堪布随员及卫队百余人离平赴绥”，另有英籍喇嘛7人“偕行”。[247]

7月4日，先行入藏的蒋致余致电行政院称：“噶厦派定降巴曲旺为政府代表，三大寺亦派一堪布为代表，前往内地欢迎班禅回藏，约两月后启程。”[248]威廉逊向英国政府报告说：“显然，龙厦不再成为九世班禅喇嘛返藏的障碍。”[249]这就是九世班禅喇嘛强调三大寺已派代表来迎的原因，但是他对记者说时欢迎代表并未启程。从当时的形势上看，龙厦政变失败后，僧俗各界“因中央尊重佛教，极表好感”，拉萨的政治气氛非常有利于中央政府，国民政府应抓住这个最佳时机积极推动九世班禅喇嘛返藏。蒋致余讲得很明白，要在两个月后即9月上旬才启程，而能不能启程要看协商情况。

7月8日黄慕松抵达昌都时即向驻该地的贞冬噶伦“说明班禅久居内地，气候不宜，其情势又非回藏不可”，贞冬称“对于班禅回藏问题甚表赞同”，但如何回藏请“到拉萨与其当局共商之”。[250]非常明确，噶厦反对陆路返藏，7月14日就“班禅一行人由青敛财一案”，对蒋致余强调：“班禅左右多数不良，且挟有大批军械。值此在未经商妥以前，即任其由青入藏，势必与驻扎青康交界地方之藏兵发生冲突，危及大局，请电中央予以制止。”蒋致余就此致电行政院，认为噶厦“视此事极为严重”，并建议：“查班禅在藏确无政权，其亟谋由青入藏者，显系别有用意。值此西藏倾诚内向，藏事确有解决之可能，班禅回藏一节，应由专使统筹办理。”要求调查“有无此事。如属实在，即乞制止，免生枝节，贻误边事”。[251]7月26日，西藏驻京办事处代转噶厦致蒙藏委员会电：“接班禅来电，其计划拟由青海转道回藏。此节前曾由西藏僧俗官民全体大会议决，请其海道回藏。……兹班禅复请取道青海，如由青入藏，则随带卫队，恐启人民惊疑，致生误会，所请取道青海，绝对不能赞同。”[252]蒋介石8月10日就此指示黄慕松：“班禅回藏路线虽拟经青海，然除其向来随从之护卫员役外，绝不带兵随行。此层中（蒋中正）可保证，请转告藏中当局，幸勿疑虑为盼。”[253]即是说，蒋介石在护卫问题上让步，但坚持陆路返藏。

关于噶厦的态度，据8月14日电称：“西藏拉萨政府司伦噶厦有电到京，欢迎班禅返藏，并限定路线须遵海道，经过印度返拉萨。中央已电复藏政府，表示赞成。但班返藏路线，政府原定从青海入藏，未便变更，惟声明除派极少数武装兵士护送外，绝不多带队伍，以免沿途骚扰，致惊藏民，请噶厦转告藏方，勿生疑虑。”[254]8月18日，贺耀祖将抵达拉里的黄慕松的电文转给蒋介石：“关于班禅回藏路线及安全自由问题，似应尊重班禅意旨，即中央亦应为筹切实之保卫。今藏方当局借口班禅如由青海入藏，则携带卫兵恐启人民惊疑，致生误会，故请中央令班禅由海道回藏为词。推其意，或不免为其政治地位问题。但班禅只身由海道回藏，在班禅方面断难办到，此层松拟到达拉萨向其当局详加开导。班禅回藏之后，其地位与权限概照其旧。若能得有相当结果，彼时班禅回藏，更较妥适。

松抵拉萨，为期不远，甚望班禅在京稍安，以待松接洽情形如何，再为续陈等语。是班禅回藏时间，苟能稍缓一日，则其倾向必可巩一分，似应照黄专使建议，祈钧座密告班禅。”蒋介石回电说：“慕松虞（即7日）电何以铣日（即16日）乃为转达，所陈各节，希将原电抄呈汪戴两院长密告班禅可也。”[255]9月5日，蒋介石又亲自复电黄慕松，指示“尽力疏解，务达班禅安稳回藏之目的”[256]。

黄慕松在拉萨多次与摄政热振、司伦贡噶旺秋、四位噶伦商谈九世班禅喇嘛返藏事宜，表达了九世班禅喇嘛返藏应坚持的原则：“（一）保持班禅大师之尊严与自由；（二）维持西藏现有之治安。”[257]首席噶伦泽墨等人反对九世班禅喇嘛“由青海带卫队入藏，而欢迎由海道来藏”[258]。这一招很厉害，体现了英国政府的企图，因为英印政府曾同噶厦订有秘密换文，规定“凡内地入藏，必须取道印度前往，英过境护照的考核签订则完全取决于驻华英领”。由于英国政府推行既定的分裂政策，因而从海道“总遭明拒暗阻，鲜有能达入藏目的者”[259]。因此，黄慕松明确指出，九世班禅喇嘛决不能从他国领土返藏，必须从自己国家的领土返藏，而且要带一定数量的卫兵。刘朴忱解释说：“班禅为西藏之大佛爷，假道外国回藏，诸多不便。班禅忠厚长者，酷爱和平，除维持其尊严及安全，须率领相当人员护卫外，当不致多带军队返藏。”[260]黄慕松将此情况向蒋介石做了汇报。9月7日，蒋介石致电指示：“班禅回藏，当非藏当局所能拒绝，亦为青藏人民之所切望。其所藉班禅左右不良及班禅取海道为词，或不免尚顾及其自身政治问题。此亦切肤之事实。现拟一面中央德意，一面晓以大义，明以利害，一俟事机成熟，班禅回藏，尤为安稳。”他嘱咐黄慕松“尽力疏解，务达班禅安稳回藏之目的，一切进行情形仍随时续电”。[261]

九世班禅喇嘛提出安钦再次入藏协商，蒋介石同意。9月11日，他致电告知黄慕松：“安钦奉班禅命回藏接洽，本月中由沪乘轮行。”[262]他同意安钦再次入藏的原因，在他11月1日致九世班禅喇嘛电中表现出来：“回藏问题，黄专使慕松商洽尚无结果。或须安钦抵藏，乃能切实解答也。”[263]

实际上，安钦也不可能成功。九世班禅喇嘛提出返藏两条件交由安钦带往拉萨，一为“班禅离西藏扎什伦布以后，所有珍贵物品悉被达赖攫取，须一概交还”，另一为“现在扎什伦布之行政长官为达赖所委，班禅返藏后，得另行委任”。如果噶厦接受，安钦“即由藏赴青海向日德（即香日德），迎班西返”。[264]前项条件是要噶厦承认错误，后项条件实际上是要噶厦恢复前后藏分别治理之制，要噶厦接受的时机并不成熟，因而这在当时是不可能的。

本拟9月中旬从上海动身的安钦，10月初才抵沪。10月10日，《申报》称他“预定十一日到港之后即行换轮赴印度，经客尔各答而入西藏，会晤中央特派赴藏大员黄慕松氏，而商班禅大师返藏事件，二个月后再行返京”[265]。11月7日，九世班禅喇嘛之嫡亲兄弟庄策觉林抵达南京，有电称他“生长西藏，三十年来从未远涉他处，因念班禅离藏年久，特来晤见，并迎同回藏。现藏中情形极为安定，拟在京谒当局报告藏情后，三数日内即将赴蒙访晤班禅”[266]。实际上，噶厦通过庄策觉林传达了九世班禅喇嘛只有接受其条件才同意他返藏的信息。因此，褚民谊在11月13日的谈话中称安钦“二十日可抵藏”，九世班禅喇嘛“现仍在蒙宣化，返藏日期须视安钦抵藏后情形如何为定”。[267]

无论怎样，黄慕松入藏与安钦再次返藏，都不可能解决九世班禅喇嘛返藏问题。黄慕松“原拟赴后藏扎什伦布一行”，但因“前藏待商问题颇多”，“致未果行”。[268]12月7日，他返京途中与安钦会面于康马，虽然安钦继续前往拉萨，但是这表明安钦入藏与黄慕松配合解决返藏问题的计划落空。1935年2月15日，黄慕松抵沪，称虽然噶厦“对于班禅大师之回藏亦均表示欢迎”，但是“至于班禅大师何日返藏，则本人未有所闻”。他又画龙点睛地指出九世班禅喇嘛不能返藏的两个原因：其一，“英人在藏之行动均在条约范围之内，并无特殊之势力”。其二，“自达赖喇嘛逝世之后，藏中行政暂由热贞（热振）呼图克图代理，至于正式继任之人选则迄今尚未产生”。[269]前者指出英国政府反对返藏，后者指出噶厦反对九世班禅喇嘛返藏原因之一是不让他主持达赖喇嘛转世灵童事宜，也就是反对恢复达赖喇嘛、班禅喇嘛互为师徒之制。2月16日，黄慕松回到南京后表面上自相矛盾地称“班禅返藏，亦无问题”[270]，实际上对前一日的谈话作了补充。

可见，九世班禅喇嘛返藏若是经海路从印度进入西藏，能否配备护卫队和武器都要受制于英国，体现了英国的意志；若是经青海入藏则可以自由配备护卫队和武器，彰显了中央政府意旨。九世班禅喇嘛返藏问题属于中国的内政，国民政府希望走陆路入藏，以宣示国家主权。英国干涉九世班禅喇嘛返藏的目的是控制班禅系统，维持在西藏的地位，不希望看到国民政府的影响力增强。西藏地方当局反对九世班禅喇嘛入藏配备护卫队和武器，是唯恐爱国派的势力扩大，损害自主派和亲英派的既得利益，故西藏当局与英国政府是相互利用，各有所需。九世班禅喇嘛急于返藏并恢复原有地位，在路线上虽然有所妥协，但服从中央政府。许多人认为十三世达赖喇嘛去世之后就可解决九世班禅喇嘛回藏问题，“但在事实上班禅能否实行回藏主政，仍是一个疑问，西藏如何脱离英藏的条约，这亦是一个大问题”[271]。有电称：“班禅回藏尚无把握，因班禅左右与达赖左右感情不能融洽，如班禅愿回藏，而其左右因利害关系，必劝班禅不回；若中央有相当办法，则班禅方可安然而回。”[272]虽然十三世达赖喇嘛圆寂，但是噶厦的立场并未改变，夏格巴即宣称噶厦要求九世班禅喇嘛按照十三世达赖喇嘛所提的条件返藏，由噶厦“提供所有交通和便利，并护送他回到扎什伦布寺”[273]。虽然当时由于英帝国主义和西藏地方分裂主义分子的阻拦破坏，黄慕松未能解决这一问题。但是，他明确表明了中央政府的立场，即九世班禅喇嘛应该而且必须从自己国家的领土上回藏，外国绝不能对此干涉破坏。3 月 25 日，黄慕松接任蒙藏委员会委员长，具体负责处理西藏问题。

二、国民政府启动九世班禅喇嘛入藏程序与英国派遣威廉逊入藏对抗

黄慕松离开拉萨后，热振“为了不使班禅活佛长期留居他乡，在同噶厦进行磋商后，决定迎请班禅活佛返藏”。他致函九世班禅喇嘛“请急速起驾返回，主持扎寺教务，噶厦至诚迎接”。他电令西藏驻京办事处官员“亲谒呈报”，一面“派近侍官仁细·噶细娃等人专程前往迎接”，一面“派信差知照昌都、丁青、那曲各地总管和驻防部队，班禅活佛及其随从经由路站，务必妥善安排，尽礼恭迎”。[274]按此，热振提出的条件是九世班禅喇嘛回到扎什伦布寺主持教务，为此同意由内地返藏。但噶厦的态度与此不同，1935 年 5 月 10 日驻京办事处转呈噶厦的电文说：“班禅由北路回藏，无论取道何地，请勿随带汉蒙人，其所携带随身保护之枪械愈少愈善，并望以后勿再运带枪械入藏。”[275]此电的含义非常深刻，蒋致余就此于 5 月 17 日致电蒋介石报告：“布达拉连日会议，讨论对于班禅回藏问题。班禅要求一切照清末旧例办理。该会议讨论结果，班禅回藏路线由青亦可，惟不得带汉人蒙人前来，俟其抵藏后，一切均可照办。”[276]

英国政府看到了上述变化，赶快采取措施。它发现九世班禅喇嘛派遣安钦、王罗皆（Trungyik Chempo）持其时间为 1933 年 2 月的信函，于 1935 年元旦左右抵达拉萨。英国驻锡金政治专员威廉逊立即于 1 月 5 日致电噶厦和安钦双方，建议“集中于达成令人满意的解决方案，而不要在琐事争吵上浪费时间”。1 月 17 日，九世班禅喇嘛函知威廉逊已派代表与噶厦协商，“以便不诉诸武力而返藏”。并说：“返藏之后，在比十三世达赖喇嘛时代更坚固的基础上发展英藏关系；如果西藏政府不接受我的要求，希望陛下政府在必要时给予我帮助。”但他最后说：“如果陛下政府不能帮助我，则应持中立立场。”依此，他要求英国政府要么帮助他返

藏，条件是发展友好关系；要么是取中立态度。威廉逊则要求九世班禅喇嘛“降低其要求；如果西藏政府给予他逃离西藏之前的地位与财产，他应感到满意”。但是，1月25日班禅驻平办事处人员告知英国驻平使节，安钦的协商“在班禅喇嘛与达赖喇嘛各自管辖划分上陷入僵局”。[277]

1月26日，九世班禅喇嘛抵达阿拉善旗定远营。2月8日，西陲宣化使公署正式成立。3月19日，他催促蒙藏委员会尽快落实返藏事宜：“自派安钦佛、王罗皆等二次入藏，现已数月，叠接函电，卫藏交涉，大体就绪，轻骑回藏，亦无不可。惟闻中藏悬案尚无具体答复，民族感情未见融洽，若就私略公，有负班禅来华倾诚祖国、团结五族之初志。是以有望于执政诸公恩威并济，早定方针，以期解决，而免久悬。”他提出具体要求并强调其意义：(1)“请中央简派得力大员护送回藏。此事不独关系国际观瞻，中央威权，且班禅今后之宣化、建设，诸待指导，咨询有自，俾免陨越。”(2)“此次回藏，交通不便，两月路程，所需数千骑驮，全奈（赖）牛、马、人力运输，对于前次呈请补助入藏旅费，亦望早日决定，以利遄行。”(3)“班禅无论采取何种方式入藏，必须略备卫队，以资安全，而扬国威。切盼政府选派武装整齐、军纪严明之队伍来青，用壮行色。”[278]4月7日，在拉萨协商的安钦也致电蒙藏委员会称：“倘于最近期间送班禅回藏，以中央之官吏护卫之，军队随之而往，民间既无滋扰，则无有不欢欣踊跃而礼拜者。再从而恢复中藏一家，除去民间苦厄，安处之目的可达。倘仍沿柔和之态而进行，中藏问题绝对无有成功之可能。请酌夺。上述情形，希予早决实施方针，并祈明白赐复。”[279]显然，这是对国民政府的婉转批评，九世班禅喇嘛要求当机立断，武力护送其回藏。5月20日，他飞抵西宁，青海省主席马步芳欢迎经由青海返藏。因此，《边事研究》1935年载称：“闻西藏当局对班禅回藏事业已接近，班禅并定于五月间入藏。西藏问题，在不远的将来可获圆满解决。”[280]

在此过程中，国民政府在有关人物和机构中进行了一场关于如何解决九世班禅喇嘛返藏问题的讨论。2月19日，蒋介石致电军政部次长曹浩森：“班禅请发照购枪单事，请与戴院长（考试院院长戴季陶）商洽办理。”[281]4月8日，蒋介石致电行政院、蒙藏委员会，提出应先讨论两个问题：(1)“班禅是否完全利用宗教力量较为有利。”(2)“如组织武力入藏，是否反增阻力，或生其他枝节？届时中央采取何项有效方法？似应详加研究。”他还“另得确报：班禅运到塔尔寺步枪七千枝、山炮十二尊，闻马步芳声言此项枪支似非中央所发，因其炮兵训练官多山西所派，究竟如何，不得而知。总之，将来班禅组军时，必生纠纷，可无疑义，只相（是）在藏、在青区域与时间问题耳”。他认为这“甚可注意”。[282]

竭力主张以武力护送九世班禅喇嘛返藏的是蒙藏委员会驻藏代表蒋致余。他致电蒙藏委员会：“中藏问题无和平解决之望，班禅又何能和平回藏？原中央之助班禅回藏者，非仅为班禅已也，亦欲藉班禅以解决中藏问题耳！倘中央能派兵护送，愚见班禅护卫以五百名为适当。……目下藏中爱国官民鉴于藏当局之倒行逆施，愤激万分，其得中央之来苏，望眼欲穿。”他要求国民政府采纳其建议，“迅予实行”。[283]他对蒋介石打算借九世班禅喇嘛返藏和平解决西藏问题的策略非常不满，也认为是无用的，中央政府不能再犹豫不决，瞻前顾后，应果断地立即武装护送班禅返藏。6月上旬，他又向国民政府分析指出：噶厦反对九世班禅喇嘛返藏的是泽墨、彭休噶伦，附和者为东波、大仲译琼让等，他们宣称九世班禅喇嘛可以返藏，但是不能带卫队，不能带汉蒙人，只能取道海路等。“现噶厦已派降巴曲大寺堪布为迎班代表，拟由结古（玉树）迎班，实则侦察。军队亦在调集中，将对班禅护卫队予以抗拒”；如果失败，泽墨等人则逃往印度。但是，他认为解决班禅返藏问题的时机到来，一则因为广大僧俗百姓不满泽墨等人行为，希望九世班禅喇嘛迅速回藏；二则因为“西藏军队总额仅七千八百人，内有驻康中四千外，余散布于前、后藏。兵籍十有七八为后藏，不独无战斗能力，且无战斗意志。倘青、康军能东、北两路同时并进，哲康噶布伦坚不赴康，昌都自不难下，班禅之回藏亦不待战”；三则英国“绝不敢明目张胆助藏”。总之，他强调：此时西藏“官吏不和，政治紊乱，民不堪命，兵无斗志，藏事解决，此正其时，大功之成，其待公矣”。[284]

蒋介石当时既要“追剿”长征的红军，又要应付日本制造的华北危局，对西藏问题的处理只能是等待。他以西藏不要宣布“独立”，英国政府不要公开支持“独立”，稳定不生事端为第一要务。正是在这种战略考虑下，蒋介石并不支持九世班禅喇嘛以武力返藏，配备卫队是宣示主权的一种政治姿态和策略，而不是达到目的的手段。因此，他有限度地采纳了蒋致余的主张，即：同意成立卫队但作为仪仗队之用，其人数从500人减少为300人，由宪兵司令谷正伦负责选派宪兵一混成营组成；以诚允为护送专使，而诚允的地位在国民政府中并不怎么重要。这使班禅系统感到有些失望，安钦批评蒋介石“柔和之态”，没有采取坚决而果断的对策。7、8月，蒙藏委员会呈报行政院通过《特派护送班禅回藏大员行署办法草案》、《特派护送班禅大师回藏大员行署经费概算书》。8月15日，行政院正式核准签发命令，并知照蒙藏委员会、班禅行辕、西藏驻京办事处等相关机构。这些举措标志着国民政府正式启动护卫九世班禅喇嘛返藏的程序，其间蒙藏委员会副委员长赵丕廉于7月19日充满信心地称九世班禅喇嘛返藏“年底可实现”[285]。

英国政府的态度，以8月26日驻锡金政治专员威廉逊抵达拉萨“访问”为界，前后有所不同。此前，英国政府主要是在幕后怂恿噶厦反对九世班禅喇嘛经由陆路回藏。4月20日，台克满向九世班禅喇嘛转交英国政府的回函：英国政府乐意看到达赖系统与班禅系统化解分歧，并会设法促成达成协议，但是班禅系统应接受噶厦的条件。6月13日，据日本方面所得情报，驻华大使贾德干同国民政府达成如下谅解：(1)“英国对于西藏，今后不作军事的援助并政治的运动”；(2)“国民政府放弃中国本土与西藏的直通公路计划”；(3)“国民政府放弃在西藏设邮局和电报局，以便与中国本土通信连络计划”；(4)“中国得将欧亚航空公司的新疆线延长至加秀加尔”；(5)“加秀加尔至拉萨间设一英华合办的航空公司，定期开班”。[286]在6月28日给印度事务部的报告中，英印政府汇报了干涉情况：九世班禅喇嘛一方面“渴望在中国的支持下利用十三世达赖喇嘛圆寂之机恢复其在藏宗教上的权力，同时附带得到较大程度的世俗权力”；另一方面，他“仍然看中印度政府对西藏的影响，值得利用印度政府的帮助，安全回到西藏”，因此“已向英国提出调解的要求”。英印政府认为，“显然，由于班禅喇嘛的地区毗邻印度边界，印度政府如果能帮助使他与拉萨和解，则能享有非常特殊的利益”。因此同意指示威廉逊入藏“向拉萨口头提出返藏问题，并设法帮助解决他与西藏政府之间的分歧”。[287]英印政府接着汇报：“根据驻锡金政治专员提供的最新情报，在威廉逊抵达拉萨之前，班禅喇嘛自己会到达西藏。不管怎样，他的代表可能会在拉萨。我们认为，应授权威廉逊询问双方需要什么样的保证以维持友好关系，并向双方确认印度政府愿意准备为双方取得合理及有效的保证而承担某种责任。这样的保证不会导致无理干涉，但是会包括：如果双方产生分歧，有一方要求调解，则英印政府随时进行仲裁。”[288]

在得知国民政府准备成立300名卫队并以诚允为护送专使后，英国政府立即采取对策。威廉逊一行于8月26日抵达拉萨，至11月17日病死期间一直活动。英国政府印度事务部的一份文件根据“我”的汇报，概括了活动的基本情况：

> 在与噶厦的首次会谈中，噶厦恳求我们帮助，通过班禅喇嘛的代表，同班禅喇嘛就其要求达成一个更合理的解决方案。随后同班禅喇嘛的代表和班禅喇嘛的协商，是以密码的形式通过中国的电台进行的，有关情况随时做了

汇报。在使团离开拉萨时，西藏政府坚持拒绝退还日喀则、浪卡子、白朗和南木林各宗，并坚定反对班禅喇嘛指挥藏军，也不准备退还拍卖那些伴随班禅喇嘛逃到中国官员的财产所得。后来，我们建议班禅喇嘛尽可能早点回到西藏，并建议他返回之后其个人更容易解决那些次要分歧。我认为西藏政府已经慷慨地答应了班禅喇嘛很多要求，他个人会感到满足，但是他的追随者要求他为他们提出更多的财产要求，他最初提出令人不能容忍要求的原因就在于此，这随后导致他拖延从塔尔寺（Kumbum）返藏。现在还不知道他什么时候能返藏，但是认为可能是在明年（1936年）4月。印度政府在最终解决中的调解问题的确还未提出。我在告别时，热振询问印度政府是否可向班禅喇嘛施压接受西藏政府的要求；而班禅喇嘛的代表则要求印度政府代表他们提出在班禅喇嘛返回时给予更多的财产。这样，班禅喇嘛返藏问题的症结再次产生，但是目前为止并未确认由我们来承担仲裁的责任。[289]

由此看出，英国政府千方百计要出面“仲裁”，强调九世班禅喇嘛如果要返藏，就需“降低其要求”。威廉逊于9月10日致电九世班禅喇嘛，宣称“从外面带回任何官员或士兵极为不明智”[290]，指责其要求“不能容忍”，要求他按照噶厦的条件返藏。上份文件坦白说：“关于班禅喇嘛返藏的一般看法是，如果一切顺利（按照噶厦的要求返藏），则这样一位圣人返回对于西藏和佛教来说是好的；另一方面，如果他坚持在中国士兵和大员的陪同下返回，西藏政府认为这必然导致争吵和流血，则宁愿他根本不要返回。”[291]英国政府在另一份文件里阐述了威廉逊的活动对噶厦态度的影响：

8月1日，尼泊尔驻江孜商务代办告知威廉逊，西藏政府等待其到来之后才就班禅喇嘛问题作出最后决定。我们知道西藏政府在8月15日已就中国卫队问题采取明确方针，但是在10月14日，威廉逊先生利用时机报告，西藏政府非常担心中国，怀疑如果得不到陛下政府强有力的支持，则对中国的态度会软弱，不能再反对中国派遣卫队。鉴于西藏政府的态度不坚定，威廉逊先生引用一个事例，所谓中国临时代表的卫队的5名士兵犯了凶杀案而未受处罚（根据最近情报，全藏大会发现这5名士兵犯下残忍的凶杀案，处以罚金，总额为11英镑）。在发出这份报告之前，威廉逊先生于9月26日全面而坦诚地与噶厦讨论。10月21日，他又和刚返回拉萨的热振进行交谈，重复自己的主张。11 月 14 日，噶厦告知巴特依上尉（Captain Battye）已采取措施归还班禅喇嘛离藏期间所有被没收东西，但是动产已被售卖，所得收益已分发给寺庙，这些不能归还；此外，不能同意分配格外的宗给班禅喇嘛管辖，税收不能变动。[292]

虽然 5 名卫队士兵的具体情况如何值得研究，但是这份文件深刻表明威廉逊千方百计唆使噶厦反对国民政府派遣仪仗队护送九世班禅喇嘛返藏，使噶厦的态度坚定起来。蒋致余具体向国民政府汇报了威廉逊如何挑拨离间。威廉逊宣称虽然英国政府认为“西藏务须设法迎回”九世班禅喇嘛，但是“在昔中国驻扎官兵在藏时，西藏曾被欺压不少，现为西藏计，自应拒绝中国官兵入藏为要。此次中国仅派兵三百名来藏，难道三百名中国兵，西藏亦不能拒绝吗”？针对泽墨等人所提“中国系大国，后再派大兵前来，英国能助兵助械助饷否”，威廉逊强调英国虽然不能直接出兵，但是“枪弹饷粮，英国当可协助”。[293] 此外，蒋致余还探知威廉逊“已派诺若巴图等不时间接向藏当局进言，诱藏抵抗中央，诱藏失败，由英国出面和解”[294]。威廉逊等人散布谣言，称“班禅所有枪弹已被马步芳扣留，中国内地未平，不能西顾”[295]。

蒋致余还汇报了噶厦的态度如何变得益发强硬。9 月 9 日，他报告国民政府：泽墨等噶厦官员连日开会，将爱国派剔除在会议之外，“决电中央，表示反对，电不日即发，并决实力拒抗，连日正在运送枪弹赴康中，前昨二日运去三十驮”。[296]9 月 12 日，蒋致余又报：由于英人的唆使，“彭休等愚暗，且深忌中央夺其政柄，已堕其彀中。刻除前已发往西康二部军队军火外，又正招兵，限下月中开赴藏北与青海毗连（处）防堵班禅入藏”。同时，准备“遣快差赴青递文班禅，内容系请求其除不带汉蒙官兵入藏外，诸事均可接受”。[297]9 月 22 日，噶厦致电蒙藏委员会：“在中藏善后尚未解决之际，中央直派汉蒙官兵护送，民众深滋误会，佥认中藏和好绝望，危机紧迫，不敢缄默。凡藉名护送班禅官兵，无论多寡，不特不得越进藏境，且须一概撤回。班禅如需护卫，亦可依照佛意，俟到藏境，自有藏方准备迎护。”[298]9 月 27 日，噶厦又通过西藏驻京办事处转电蒙藏委员会：“藏人抱定此见，万难变更，请中央令所派护送专使与仪仗兵均勿入藏境，免致临时发生误会。”[299] 这样，噶厦派兵赴金沙江沿线布防。

对于这一切，蒙藏委员会分析指出：(1)“受英人之鼓动，此次威廉逊到拉萨，即为明证”；(2)“屡请中央解决中藏根本问题，而迄未达要求”；(3)“惟恐班禅增加力量，将来有干涉西藏内部政权之可虑”。[300] 这实际上指出两点原因，一为英人的唆使，二为担心前后藏分别治理制度得到恢复。针对此种情况，蒋致余主张“倘中央予以答复，措辞似以严厉较好”，认为“藏方无力，英人不敢明助，当无他虞”，“盖彼对藏迫于事势所不许，惟有教唆藏方反抗之一法耳”。[301] 不过，国民政府因为要致力于应付日本制造的华北危局，而这需要寻求英国的支持，所以未采纳蒋致余的建议。10 月 7 日，蒙藏委员会委员长黄慕松将派遣护送专使及仪仗队的缘由通告西藏驻京代表，令其转达给噶厦：(1)“班禅为维持尊严，保护安全，应带所要之卫队，本委员长前在拉萨曾与西藏各当局当面约定。”(2)“中央应派专使及仪仗队，在迎送西藏之佛教领袖，已有成例，实非创自今日。”(3)“欢迎班禅回藏，为全藏人民所渴望。今班禅俯循民意，实行回藏，如中央不派专使及仪仗队为之保障，不独无以表中央推崇佛教之真诚，且班禅势必自行招募不十分精练之卫队，以壮观瞻。”(4)“基上所述，如果贵噶厦不想班禅回藏则已，否则，不由中央负责予以保障，必由其本人自找保障。总之，班禅回藏之必须保障，乃为必需之事实，今中央于审筹熟虑后，遂本其爱护藏民之心，决定依照旧例，派遣专使及仪仗队护送，此实为万全之策也。”(5)“如贵噶厦忽略实际情形，既不希望中央派人护送，则班禅自行带兵又为不许，不独无以慰全藏人民渴望之殷，而逼班禅久住边界，将来于西藏局势之推移如何，此时实未可逆料也。”(6)“且在班禅准备回藏前，曾向中央要求随带卫队甚多，经中央几经考虑与磋商，始改为仪仗兵三百余人。以此三百余人跋涉长途、担负护送全责，于西藏实有百利而无一害。”(7)“在中央一方为维护班禅在佛教上之尊严，一方为维持现颇安定之藏局，此次派遣专使及仪仗队，实为应有之举动，而亦为避免许多无谓纠纷之因素也。”[302] 由此看来，黄慕松从维护中央政府权力和从噶厦不愿意班禅系统拥有自己武装两个角度，论述派遣仪仗队的必要，同时也委婉地批评噶厦在英国政府的唆使下出尔反尔，因而在回答的措辞上有限度地采纳蒋致余的建议。

对此，英国政府在南京向国民政府施压。10 月 31 日，英国外交大臣塞缪尔·霍尔（Samuel Hoare）两次致电指示驻华大使贾德干（1935 年 6 月 15 日，英国驻华公使馆升级为大使馆，贾德干为英国首任驻华大使）“以精确的词句”抗议国民政府，派遣卫队“有违于西藏政府的希望，会破坏西藏的和平”，“陛下政府对此不能不表示合法关切，因而会采取强烈的例外行动”。[303]“在同中国政府讨论时，如果发现派遣卫队的背后是派驻文官或外交官，或者是打算派驻永久的中国使团，你就须强调陛下政府获知西藏政府强烈反对这样的举动，并竭尽一切使中国政府打消这些念头。”[304]

依据英国政府的训示，贾德干于11月9日向国民政府外交次长徐谟争辩。他宣称国民政府“派遣军队入藏，系违反森姆拉条约第三条”，强调所谓“此事既为西藏政府所反对，本国政府对于西藏之治安，素极关心，亦觉贵国此举有发生困难之可能”，责问“班禅本人必有卫队，何必由中央派队护送”？他在徐谟说明九世班禅喇嘛并无自己卫队后声言：“班禅既无卫队，入藏时其部下甚多，且多武装者，必可加以护卫。且入藏后，可由藏方派队护卫。总之，本国政府根据森姆拉条约第三条及藏方之异议，希望贵国政府对于此事再予慎重考虑。”徐谟指出：“姑先勿论条约问题，先就事实言。班禅喇嘛为保护自身安全及维持其尊严起见，原欲多带卫队入藏，嗣因藏方希望人数不必过多，故中央决定只派仪仗队三百人。但此项部队完全系卫队，而非军队，本国政府并未接到西藏当局表示反对之电报。”总之，“此项卫队完全系为保护班禅与维持其尊严所派遣，本国政府并无藉此机会派遣军队入藏之意”。[305]贾德干宣称：“装备来复枪的300名卫队不能仅被视为仪仗队，宗教领袖的威望并不需要这样的军事展示来维持。近年来，班禅喇嘛来往于中国各个地方，并未感到有必要带上这样一支仪仗队。”徐谟反驳指出：“虽然在所有国家军事展示是共同的礼仪特征，但是在这种场合配备武装的仪仗队对于保护班禅喇嘛是必要的。”贾德干回称：“班禅喇嘛一旦踏上西藏土地、受到他自己的人的迎接，其安全是有保障的”；“西藏人自己也反对派遣卫队。”徐谟指出：“中国政府此时完全不可能撤回仪仗队，因为撤回必然意味着对班禅喇嘛极为不尊重，会导致西藏的不满”；“中国政府并未得到西藏反对派遣卫队的报告，如果西藏政府强烈反对的话，早已报告了中国政府”。他还强调：在中国面临日本的侵略之时，希望英国此举不要包含着威胁。贾德干乃一方面再次强调“陛下政府非常清楚地而又严重地关注卫队问题，诚恳希望中国政府重新考虑此问题”，一方面声称“提请中国政府注意此问题并不能视为一种威胁”。[306]

以之看来，贾德干无理抗议国民政府派遣卫队，蔑视中国主权。英国政府认为，“如果中国官员和卫队出现在西藏，就会给予班禅喇嘛力量推行亲汉政策，就会给近年来出现的亲汉观念提供核心力量而使之发展起来，并且会进一步铲除班禅喇嘛返藏后抛弃中国利益的任何企图”[307]。因此，威廉逊通告噶厦，英国驻华大使馆已向国民政府提出强烈抗议，武力护卫九世班禅喇嘛返藏与噶厦的愿望相悖，将引起英国政府的强烈反对。[308]这样，赵丕廉所说九世班禅喇嘛1935年年底能够返藏的计划落空。

三、国民政府实施九世班禅喇嘛返藏计划与古德入藏阻挠

在威廉逊病死之后，“使团”其余人员于 1935 年 11 月 22 日离开拉萨。蒋致余认为护送九世班禅喇嘛返藏的良机到来，于 11 月 24 日急电蒋介石、孔祥熙：贾德干抗议国民政府派兵护送九世班禅喇嘛回藏，“纯为英、藏此次计议虚声恫吓我中央之狡计，一面对我抗议，一面嗾藏反对，以期阻挠我对藏事之进行。……实际上，英已不敢援助，现藏亦以专事挑拨怨英。自我去年实力经营以藏事以还，英国侵略西藏中坚贝尔之去内地既遭阻于前，威廉逊之来情形又致身败于后，其间虽云天幸，然亦不无人谋。其在藏方，职之应付始终未变强硬态度，现藏方以中央对班禅回藏问题意旨坚决，外援绝望，已渐趋软化其当权之心，彭休寒日（11 月 14 日）且亲向职对以前种种拳致歉意，藏人之心怯情虚可想而知。值此藏失政治重心，英人侵略主谋如尚事，急起直追，以快刀斩乱麻之敏捷手段，迅速解决，更待何时？夫事业愈大，阻难愈多，以今日积弱之国势，谋复久在他人宰割之下数百万方里图，而欲人之一言不发，其可得乎？语云：‘操之自我则存，操之在人则亡。’《后出师表》所谓：‘主伐亦亡，与其坐而待亡，孰与伐之。’等语，实不啻为今日藏事写照。万恳当机立断，迅饬诚专使首途，毋再展缓行期，致长藏方气焰。倘遇英有抗议时，请以内政与成例却之，对英外交，实无何意外可虑。至藏方更无抵抗之能力与决心，一俟中央官兵行抵康境，则藏方自俯首听命，而于二十年来一切纠纷均不难迎刃而解”。[309] 总之，他认为英国不敢实力援藏，噶厦外援已绝，现内心胆怯，中央政府应当机立断，迅速命令九世班禅喇嘛返藏。

英国政府尽管尚在考虑因威廉逊去世而采取何种对策，但是暂时坚持既定政策。11 月 27 日，英国驻华使馆秘书裨德本 (Prideaux-Brune) 到国民政府外交部再次重复 11 月 9 日贾德干提出的“抗议”。这或许是英国政府告诉国民政府不要以为因威廉逊去世而时机到来了。国民政府外交部答复：“查阅此案文卷，并向蒙藏委员会询明，当黄慕松将军前在拉萨时，曾将班禅喇嘛仪仗事，向西藏当局提及，彼等对于此事，并无异议。徐次长已向贾德干大使释明，此项派送班禅喇嘛之部队，纯系护卫，而非军队。此项派遣，除保护班禅喇嘛之安全及维持其尊严外，实无其他用意。”“至于西姆拉条约，中国政府对此未签订之文件向来所持之态度，当为英国政府所深知。此项未尝正式缔结之条约之援引，中国政府殊不能认为适当。且班禅之仪仗队，既非军队性质，无论如何与上述之条款究无关系也。”[310]

国民政府申明仪仗队不是军队，目的是保护九世班禅喇嘛的安全，维护其尊严。至于所谓“西姆拉条约”，中国从来没有承认，英国援引非法的条约是无效的。或许是因英国“访问”团离开拉萨，这一回答比徐谟回答的立场坚定一些。

英国政府的口气也趋于强硬。12 月 23 日，英国驻华使馆向国民政府递交一份备忘录：“关于派遣仪仗队护送班禅喇嘛回藏事，英国政府对于外交次长之解释，认为不能满意。当一九三四年黄慕松将军提及此事时，西藏政府不论采取如何态度，然其现在之态度，则对于派遣中国官员偕同仪仗队护送班禅喇嘛，极表异议。值此西藏反对之际，如中国政府仍坚持其意见，是则班禅喇嘛回藏将致无限地延宕，殊属可能。抑或引起中藏间之困难情势。”“西藏之于中英两国，皆有切肤利益，中国对之应谋一英国政府所承认之政策，藉以维系两国之友好关系，当所企盼。西藏政府既已明白表示其希望，又中国如有与其希望相抵触之行动，将引起危机，故英国政府对于此事极为重视，并愿中国政府不致采取此种可以引起不幸纠纷之途径也。”[311]可见，英国政府态度蛮横，俨然自居为西藏的“保护国”，竟然声称在西藏当局的反对下，如果国民政府坚持派遣护卫队，将会造成九世班禅喇嘛不能回藏、汉藏之间爆发危机、破坏中英友好关系的后果，以此威胁国民政府。同时，英国辩称虽然噶厦在黄慕松入藏时同意九世班禅喇嘛带领一定的卫队，但是态度已经发生变化。

国民政府外交部将此交涉情形呈报行政院，并通报蒙藏委员会，蒋介石命令相关部会讨论对策。此前于 12 月 19 日，黄慕松提出“仍拟依照前定办理班禅回藏事件之（一）维持中央向来对藏之惯例。（二）维护班禅尊严。（三）不妨碍藏中秩序。（四）不致引起对外纠纷等四项原则，继续进行”。他强调：“班禅回藏，为应付西陲局势，确属需要，在目前按照已定计划实施，将来再行相机应付，以策万全”；“因此项事件而引起之对英外交，以事属我国内政问题与之委婉周旋”。[312]在英国政府提出备忘录后，外交部向蒋介石提议：“班禅回藏卫队，仍照原案护送，一面将英使抗议，由蒙藏委员会通知班禅，征询其意见，再定办法。”[313]12 月 27 日，蒋介石主持召开行政院第 242 次会议，批准外交部的提议，指示九世班禅喇嘛回藏按原定计划继续进行，并通知蒙藏委员会及驻藏代表蒋致余、护送专使诚允、噶厦等相关机构和个人。同时，蒋介石将外交部有关英使抗议的谈话纪要转发班禅行辕。由此看来，国民政府将九世班禅喇嘛返藏之期从 1935 年年底推延至 1936 年春。但是，国民政府考虑到国内政治局势的发展，对英外交等情况，没有以武力支持九世班禅喇嘛返藏的决心。因此，九世班禅喇嘛在 1936 年 1 月 12 日的回电中虽然赞成“仍拟依照原定计划，开春入藏”，并“望中央一秉成案，以期贯彻”，但是提出“倘明春行抵藏边，万一藏方有武力抗拒汉兵入藏之事，想善后策划，中央定有成竹”。[314]

接到行政院第 242 次会议决议内容通告后，蒋致余于 1 月 22 日致电蒋介石，提出两个问题。其一，“查所示班佛主照案进行一语，究系指照中央原定方案进行，抑系指照藏方意见进行，未经明白训示，无从悬揣。惟中央派遣官兵护送班禅回藏，自属侧重以武力平定藏乱，收复藏地，与雍正时之护送达赖七世入藏，事同一例。班禅为一忠厚长者，遇事并无主见，全在中央之运用得宜耳。去夏以来，职曾迭次建议，请催班禅迅速前进，一俟中央军进驻昌都，则藏中一切纠纷均可迎刃而解。乃事至今日，中央原定方案似已又呈动摇之势。中央用班禅乎？抑班禅用中央乎？主管机关自应负其责任。此职之未解一也”。其二，要想“现时藏中当局”接受派兵护送班禅返藏，根本不可能。“值此国家危急存亡之秋，无论任何事务，倘不确定方针，猛力干去，宁有一事可成功，一地保全乎？藏自失政治重心后，藏方人自为谋，士不用命，毫无反抗能力。英国徒事挑拨，多所顾虑，从无援助决心。全藏民不聊生，人心思汉。此正解决藏事千载一时之机。倘班禅再迟迟其行，坐失时机，而欲职以虎穴余生与虎谋皮，徒失威信，无裨事实。此职未解之二。”[315] 显然，蒋致余认为噶厦中反对者仅为少数，英国政府不会以武力阻止九世班禅喇嘛返藏，因此国民政府须按照清朝往例，抓住时机，以武力护送九世班禅喇嘛返藏。

罗桑坚赞在北平向英国大使馆参赞贺武（Robert George Howe，1936 年 4 月 5 日至 9 月 2 日以参赞身份代办使事）争取英国政府的支持。有关情况和英国政府的态度，在 1 月 30 日继塞缪尔·霍尔担任外交大臣的艾登（Robert Anthony Eden）给贺武的指示中体现出来：“陛下政府和印度政府已收到洛喇嘛关于帮助解决班禅喇嘛和西藏政府之间一些显著矛盾的恳求，然而也收到了西藏政府的信函。西藏政府在信函中说它已向班禅喇嘛和中国政府就一名中国大员和 300 名卫队陪伴班禅喇嘛返藏的建议提出看法。陛下政府认为，无论中国军队规模大小如何，也无论其目的如何，都不能到拉萨，西藏政府的反对是完全合理的。陛下政府极大地担忧，派遣大员和卫队，不仅会严重阻碍班禅喇嘛和西藏政府之间的和解，而且破坏西藏的和平。因此，陛下政府希望班禅喇嘛无需中国护送，希望他一抵达西藏边界，接受西藏政府提出的愿意派出的卫队；如果他认为有必要，可以同西藏政府协商安排卫队由其自己的追随者组成。”[316]

噶厦也向国民政府坚决反对。它在获知国民政府仍坚持护送九世班禅喇嘛的原定计划之后，以西藏僧俗全体大会名义于2月1日一天内连发三电致蒋介石、黄慕松："目下中藏问题尚未解决，双方边界驻有防守官兵，设再着派越界，不得不出于阻挡。""若谓护送班禅，俾沿途警卫不致有缺，则请送至藏境，由藏境起，应如何尊重体制，增设仪仗以及所需一切，概由藏方负责积极准备，隆重欢迎。""此间并非不遵中央命令，请勿误会，迅速收回护送成命。现在此间已派僧俗官员及三大寺堪布前往迎接矣。"[317]2月7日，西藏僧俗全体大会又致电蒙藏委员会，宣称："现当中藏问题尚未解决之际，边界各有驻军，班禅回藏，无论随带员兵多寡，决加拒绝。……并祈准照前电饬令护送班禅员兵抵内地边界时全行撤回，不令一人入于藏境。至班禅抵藏界时，应需护卫员兵，均当照其所要人数，由藏政府派遣。现在藏政府派接班禅之僧俗官员及三大寺堪布、职员等，均已出发矣。"[318]可见，噶厦仍然坚持中央政府的护卫官兵不得进入藏境，九世班禅喇嘛入藏后由噶厦负责接待护送。

2月4日，贾德干向外长张群"抗议"："兹奉本国外部训令，特来重提班禅喇嘛仪仗队入藏一事。希望贵国政府再加慎重考虑。（一）藏政府曾屡次请求本国政府设法阻止此事，且上年十月或十一月间，藏方曾有电致班禅喇嘛，表示在中藏问题尚未解决以前，藏方不能允许中国仪仗队入境。十一月五日，班禅喇嘛曾有复电，声明渠本无带队入藏之意。又上年十二月二十一日藏政府曾有电致贵国政府，对于仪仗队之准备入藏表示反对。本年一月十日黄委员长复电称班禅已抵青海，仪仗队入藏事，可以和平解决，毋庸过虑等电，历历可考。（二）此事有妨碍西藏治安之虞，盖因藏方既反对该仪仗队入藏，恐因此引起藏方反抗，而班禅回藏或致延搁。（三）此事涉及英国利益，盖英国深愿西藏有一巩固及具有维持治安能力之政府，为达到此项目的起见，英国愿与贵国合作。"张群反驳："西藏既欢迎班禅喇嘛回藏，断无反对仪仗队入藏之理。"贾德干诡辩："班禅本人回藏与仪仗队入藏，截然两事，仪仗队护送至中藏边境已足，在西藏境内，班禅喇嘛之尊严与安全，自可由藏方负责。"并提出："班禅喇嘛瞬将入藏，希望贵方接受本国政府之建议，速谋解决，请转达主管机关再加考虑。"[319]由此看来，贾德干声称噶厦请求英国出面阻止，护送九世班禅喇嘛的卫队只能到康藏边界。2月22日，贾德干又向张群"抗议"。他摘录1935年11月3日班禅喇嘛的信函，称："班禅喇嘛本人并不想由中国军队陪伴。如果卫队抵达西藏边界，将班禅喇嘛交给他自己的追随者，则是巨大的荣耀，各方都会满意。"[320]这就提出了九世班禅喇嘛本人是否有此态度的问题。张群不能确认，只能回答："班禅喇嘛现在或许改变了态度，但是可以确定他在同达赖喇嘛争吵时要求中国政府派遣军队护送返藏。"在贾德干的迭次"抗议"下，张群的态度有所妥协，贾德干感觉到：张群比起次长徐谟来说"相当令人接受，不止一次表示愿意考虑英国的愿望，打算设法找到令人满意的解决方案"。贾德干于是决定"在未来两三周如果得不到他的任何回答，就再次向他施压"。[321]

在将英国政府的诡辩转告蒙藏委员会时附上意见，称："惟英方对于此事既极端重视，自不得不格外审慎考虑，以免引起纠纷。究竟班禅喇嘛之仪仗队应否令其送至藏边为止，相应函请查照妥核办理并见复为荷。"[322]2 月 13 日，蒙藏委员会回复意见给外交部："现在拉萨政策，一方表示坚强反抗，一方利用英人外交压迫，苟中央即于此时放弃原来主张，将使藏方对英益怀威德，对我益存轻视，西藏事件益难办理。英方态度固须重视，惟英人重利，藏方深惧，故合作程度尚存疑问。"因此，"暂时似应持镇静态度，仍拟照案进行"。[323]蒙藏委员会的表态虽然比较委婉，但仍坚持原案护送九世班禅喇嘛出发，与外交部的态度有分歧。

2 月 25 日，黄慕松根据九世班禅喇嘛和平返藏的宗旨拟定六项办法呈报蒋介石："（一）仪仗队应跟随班佛，体察情形，逐步跃进，稳妥保护。第一步拟在青海境内之结古（玉树）准备。（二）班佛在青、藏、康交界之处，须有十分确实之保障。拟请密令青、滇当局及重庆行营，对于班佛回藏时，凡足以妨害和平之意外事变宜有切实注意与准备。（三）拟请设法使班佛方面之随行人员及行李等均减至最低限度，以示无他，而去拉萨之疑，减轻阻障。（四）拟请密令诚专使设法促成班佛与拉萨间为和平回藏之商洽，谋扫除或减少障碍。（五）拟请密令财政部顾全事实，对班佛及诚专使经费多拨现银，收买边地人心，消弭反抗意志。（六）本会仍力与拉萨政府联络，并努力开释，以求其觉悟。"[324]这些办法避重就轻，一味幻想能通过和平途径解决，没有谈及具体应对噶厦反对和英国干涉的办法，亦未提出是否武装护卫九世班禅喇嘛入藏、青康军队是否戒备等实质问题。而诚允护送专使行署的经费前后仅领到 15 万元，面临沿途断绝给养的困难。[325]从此事可以看出，蒋介石无意坚持仪仗队护送九世班禅喇嘛回藏。可能外交部、蒙藏委员会察知蒋介石的心理，故无人建言，才会出现各部会公函往来于途，议事于厅堂，而决事无绪拖延至今的情形，这就使身在兰州的护送专使诚允不知所为，只能是等候国民政府明令"定期首途"之日。

九世班禅喇嘛对国民政府的软弱态度甚为不满，打算自行武装返藏，国民政府外交部则想对英妥协，向蒙藏委员会建议按照英使所称仪仗队护送到藏边为止。这些情况及其危害，在黄慕松3月19日回复外交部公函中体现出来：“今中央已不能劝阻班禅，又不能消弭拉萨反抗，乃忽视班禅愿望，即行决定仪仗队不入藏边之策，岂但失去政治上操纵之弹性，且班禅左右为保障生命，必将利用过去之准备，编队入藏，西藏局势有立陷混乱之虞。”“设若应允英人之请，消息一传，中央威信即行扫地，英人信仰更见抬头，西藏前途何堪设想？！”基于这种情况，黄慕松提出：“我方为整个西藏之维系计，似宜仍照所定计划实施，俟相当时期相机应付，以不背和平安边之方针为要旨。至于对英外交，表示敦睦友谊，仍希贵部婉言应付。”[326]3月21日，黄慕松还为外交部拟定了答复英使的意见：“一、中国本部人民，多数崇奉佛教，信仰班佛，故于班佛回藏，极望政府依照从来礼仪护送。二、西藏官民，崇奉班佛之热烈，中外共知，目前除极少数因自身利害关系之官吏外，无不渴望中央以从来之隆重典礼护送班佛。三、班佛及其左右对于应有之礼仪体制，亦极盼中央照例举行。中国政府基于上述事实，深知俯顺民意，尊崇班佛，举行向例，即所以安定西藏，而安定西藏以及维持其现状，又为中国目前绝对需要，故中国政府希望西藏之和平与英国所有之怀抱，毫无异趣。惟鉴于上述事实，苟欲得其和，必先求其平。中国政府自当本其和平主旨，体察各方情势，努力注意调处，使西藏安定，以免影响邻地治安。”[327]这个答复，针对英国政府所言，论述了国民政府必须“依照从来礼仪护送”的必要性，指出了噶厦中反对九世班禅喇嘛返藏的是“极少数因自身利害关系之官吏”。可见，黄慕松坚持原定计划，反对蒋介石和外交部长张群对英妥协。

此时，噶厦政局发生变动，竭力阻止九世班禅喇嘛返藏的首席噶伦泽墨下台，摄政热振的权力有所增强。英国政府立即调整对策，一方面在威廉逊病逝后即任命古德（Basil Gould）继任为驻锡金政治专员，一方面与英印政府协商如何处理班禅返藏问题。4月13日，英印政府致电英国政府，提出：“班禅喇嘛虽然受到中国的影响，但是渴望回到日喀则和平度过晚年。其和平返藏，会加强现在的西藏政府的地位，因此实施我们维持一个自治、友好的西藏政府的政策。但是，如果不能处理中国的护送和班禅喇嘛的要求，这些目的就不能实现。如果我们采取积极的措施，有达成妥协的可能性。如果要想西藏政府进一步让步，班禅喇嘛会接受西藏的护送而非中国的护送。”它进而建议派遣莱登拉前往拉萨告知噶厦几点：“(1) 陛下政府正在南京就卫队问题向中国抗议，但是中国政府强调并未收到拉萨直接的反对。因此，陛下政府的努力不能有效。(2) 如果西藏政府同意，古德就致函给班禅喇嘛。”前者是怂恿噶厦直接反对国民政府派遣卫队。至于信函的内容，英印政府承认在于：“古德在信中强调西藏政府反对中国政府派遣卫队及其向西藏提供保卫的意愿；关于班禅喇嘛的要求，再次建议在其返藏后，其余与西藏政府的分歧会得到最后的解决。信函还提到班禅喇嘛要求陛下政府调解。为此，陛下政府准备给予古德全权，作为西藏政府和班禅喇嘛之间的保证人或调解人，古德愿意在西藏的任何地方迎接班禅喇嘛并带领他回到扎什伦布寺。”可见，英国企图围绕制造一个“自治”的西藏的政策，不仅反对国民政府护送九世班禅喇嘛返藏，还企图由它来派遣古德“调解”处理并充当“护送”返藏的“大员”。英印政府设想：“古德积极介入西藏政府和班禅喇嘛之间的谈判，代表陛下政府承担某种职责见证双方达成协议并得到执行。为帮助西藏政府对班禅喇嘛作出让步，古德向西藏政府提出一些恩惠，如通过印度免税贸易，在印度训练藏军军官。”[328]

收到此建议后，英国政府一方面仔细研究，一方面要求驻华使节“思考如果实施英印政府的建议，中国政府会作何反应”[329]。5月2日，贺武致电艾登：“除非印度政府更积极地介入西藏政府与班禅喇嘛之间的争端，要想解决不可能。我赞同印度政府介入，前提是：如果可能达成的协议将来被任何一方破坏，印度政府不再承担再次介入的责任。”他同英印政府一样也认为“班禅喇嘛虽然深受中国影响，但是渴望和平回到日喀则度过晚年”，并认为“中国对班禅喇嘛的影响并不大，如能反对掉中国派遣官员和士兵护送，这种影响就会消失”。他还提出：“我虽然不清楚班禅喇嘛对护送问题的态度如何，但是认为古德入藏提出调解，会使他提出不要护送。”他建议：“如果西藏政府接受古德调解，应由它邀请；反对中国护送的责任必须由它来承担。”他认为：“根据这些原则而介入，不会引起中国任何强烈的官方抗议或民众情绪，因为：(1) 中国难以抗议，而英国易于辩护；(2) 中国政府已满足我们对西藏无领土要求计划；(3) 中国人目前忙于应对日本的侵略，西藏问题不会引起多大注意。”他最后认为：“如果劝说班禅喇嘛正式向中国政府提出并不想在卫队护送下入藏，并告诉我们什么时候向中国提出，则会使我们更加有理反驳中国外交部。”[330]英国政府赞同贺武的看法和建议，拟定了处理班禅返藏问题的指导原则和实施措施：在原则上，竭力维持西藏的“完整性”和“自主权”，不受包括中国在内的任何外国势力的影响；在实施措施上，竭力维持和加强噶厦中亲英分子的权力和地位，竭力阻止国民政府卫队入藏，以古德入藏积极调停促成九世班禅喇嘛同噶厦达成协议，若九世班禅喇嘛拒绝调停，英国政府则向噶厦提供援助。

由于莱登拉曾被噶厦授予札萨的头衔，可以随时“访问”拉萨。英印政府派莱登拉先期赴藏，于6月26日到达拉萨，与噶伦会晤，代表英国政府和英印政府调解九世班禅喇嘛和噶厦的分歧，并要求噶厦邀请古德“访问”拉萨。7月15日，莱登拉致电英印政府外交部，称噶厦就班禅返藏问题拟定三个方案：“（一）对班禅采取强硬态度；（二）对中央采取柔和态度；（三）对英人要求藏方敦请其来拉萨调停卫藏事件案，决定不予邀请。万一英人自动前来，亦不拒绝。”[331]可见，噶厦一方面反对九世班禅喇嘛返藏，一方面亦不希望英国介入其与九世班禅喇嘛的分歧。

英国政府不满意，通过莱登拉强调古德“有意为藏调停卫藏事件，惟不便自动来拉萨，希望藏政府请其前来”[332]。噶厦不得已，口头邀请。路透社电称：“西藏当局已聘请不丹英国当局政治官戈尔德氏（古德）至拉萨，闻戈氏日内即将启程前往，接办已故维廉森（威廉逊）之工作。按维氏乃应西藏当局之聘，办理西藏当局与班禅喇嘛间释嫌言好事宜，近患慢性尿毒症，在拉萨逝世。”[333]英国政府指示古德尽快入藏。7月31日，古德一行离开甘托克到达江孜，在英国驻江孜商务专员黎吉生的陪同下前往拉萨，从8月24日到1937年2月在拉萨停留半年，唆使噶厦反对国民政府派遣卫队护送九世班禅喇嘛返藏。同时，古德建议英国政府：（1）英国只有在卫队问题得到“妥善”解决后才能在班禅返藏问题上作出让步；（2）由驻华大使在南京就卫队问题向国民政府进一步施压；（3）亦可以考虑由噶厦为九世班禅喇嘛组织一支卫队。[334]

在英国调整和实施侵略政策之时，国民政府也在协商如何解决班禅返藏问题。外长张群已无意与英方对抗，规劝黄慕松：“如仍坚持原定计划，势必引起重大纠纷。倘事先不加审慎，深恐事后难于收拾。可否即令仪仗队护送至藏边为止之处，仍希察照迭次函文，再予考虑抉择，以期边政、外交相安无事。”[335]此实是自丧国家主权，一旦同意英国的要求，将再次开外人干涉西藏内政恶例，国民政府怎能解决九世班禅喇嘛返藏问题以进而解决西藏问题！蒙藏委员会与外交部商定了一个比较折中的应付英方干涉的办法，于1936年4月22日呈报给蒋介石：“（一）仪仗队之行动，视有无妨碍和平为准，于进至藏边时决定之。（二）现对英方不作肯定答复。”[336]蒋介石很快批复同意，在既定立场上动摇，这是对英国的一次重大让步妥协。

这遭到蒋致余、诚允和九世班禅喇嘛的反对。蒋致余于5月6日致电蒋介石，称热振大权在握，极力反对中央的大卓尼已经被革职，各噶伦对中央驻藏代表开诚相见，恭敬有礼。他强调："藏局至此，实已好转"，"倘班禅不于此沿途草盛之时启程入藏，时机一过，后事难知"。[337]6月15日，西藏三大寺代表到达拉扑楞寺，拜见了护送专使诚允和九世班禅喇嘛等人，称西藏僧俗都渴望九世班禅喇嘛早日回藏。三大寺代表是爱国力量，与噶厦的态度是有区别的。因此，诚允和九世班禅喇嘛相继致电蒙藏委员会称：三大寺"竭诚表示欢迎专使入藏之意"，"班佛入藏绝无阻碍"，"中藏前途，想可乐观"。[338]他们要求蒋介石迅速拿定决心解决班禅返藏问题。

与三大寺代表会谈后的九世班禅喇嘛心情很好，认为回藏希望大增，主张从速启程。在没有得到噶厦明确表态之前，他特将部分行李运至西藏，为回藏做准备。此举显得过于急切，蒋致余报告："班佛首批运来行李三百驮中，有步枪五十八杆、炸弹六百枚、无线电机全架、汽油十余驼，均被拉萨政府令饬黑河宗本扣留。"[339]这使得形势又变得迷离难测，噶厦政府连开五日会议，讨论未果。古德要求噶厦备一内容为"请不派兵护送班禅回藏"的正式公函，托英使转交国民政府。8月24日，蒋致余向蒋介石报告了古德的活动企图："英人此次来藏，其最终目的当在班禅回藏，希图调解卫藏事件，保存其在藏之地位。"[340]古德怂恿噶厦应坚持强硬地对待九世班禅喇嘛的要求，利用国民政府的困境，搞"独立"，这最大程度地符合西藏的利益。这样，在英国的强硬支持下，尽管热振的权力有所加强，但是远不能解决九世班禅喇嘛返藏问题，噶厦明确宣称：九世班禅喇嘛"如强要入藏"，"不辞以集中于拉萨的兵力，与之一决雌雄"。[341]

此时苦等无果，经费拮据的诚允心力疲惫，萌生去意，于7月24日请求辞去护送专使。8月14日，行政院任命赵守钰接任。9月8日，九世班禅喇嘛致电蒋介石，称当前多数人期盼汉藏和好，"兹为促前途顺利及制止少数当局野心起见，拟恳钧座电饬甘青川康军政领袖，详述中央派遣专使及仪仗队三百名护送回藏意义，倘藏方当局执迷不悟，万一武力见拒之时，即相机声援，用期实现和平，统一国防"[342]。但9月14日西藏驻京办事处转呈噶厦致蒙藏委员会电："兹闻护送班禅专使业已易人，谅中央亦不任其越入藏境。现因汉藏问题尚未解决，若遽派官员军队前来，深恐人民发生误会，与汉藏施主关系阻碍极大。"[343]

噶厦以与中央政府政治关系恢复要挟国民政府，这使蒋介石非常为难。自黄慕松入藏以来，西藏地方与中央政府的关系有所好转，西藏问题的解决似乎朝有利于和平的方向发展，这给国民政府莫大的希望。但是，若接受噶厦的要求，国民政府不派一兵一员护送九世班禅喇嘛，就不能彰显中央政府的权力，大大有损中央政府的威信，九世班禅喇嘛返藏的政治意义无形中大为降低。若一味与噶厦和平协商，势必导致九世班禅喇嘛返藏之事无限期拖延下去。若是全力支持武力返藏，又破坏与前藏的和平关系，很可能激起英国的干涉，有损于抗日大局。所以，蒋介石在九世班禅喇嘛返藏问题上难下决断，只能在应付日本侵略的背景下维持西藏现状。

但是至 9 月下旬，蒋致余仍在苦苦哀劝蒋介石："查自达赖逝世，藏政失去重心，藏中群众心理，均趋向于拥戴中央，而于班禅回藏，盼望尤切，并无发生疑虑与误会情事。其为此中梗者，不过少数当权世家，窃恐中央势力入藏有不利于彼等，故不惜抑坚民意，蒙蔽中央。班禅回藏一案，苟主持边政者能于计划之初熟察藏情，以迅疾不及掩耳之手段妥速办理，则大功早告厥成。乃黄前委员长计不及此，事前既坚持征求同意，事后复再三无谓解释，致启藏方轻视之心，多方反对。我愈解释，彼愈疑虑，我愈迟延，彼愈狡展。……职等驻藏日久，目击实情，就藏中现况而论，仍非班禅速回，藏事未由进行，又非派兵护送，班禅不能到达，固不仅有关中央威信已也。目前藏方虽唱拒抗，并未作何准备，英人虽肆挑拨，终难望有结果。惟乞钧座毅然主持，迅饬赵专使率领仪仗队护送班禅迅速前进，一俟班禅一行抵达结固，则藏方态度究竟如何转变，当可明白窥见，届时再行相机前进。只求在我有具体计划，终当获得最后之胜利。"[344] 蒋致余所说的并没有错，但是他不了解蒋介石不愿与英国恶化关系，维持西藏的现状，以不生事端为要务的想法。

在 1936 年年底，英国驻华大使进一步施压。10 月 24 日，英国新任驻华大使许阁森（Hughe Montgomery Knatchbull-Hugessen）到国民政府外交部宣称："关于班禅喇嘛携带卫队回藏事，西藏政府迭向中国政府抗议，要求撤回卫队，而中国方面每否认此事。现在西藏政府或恐中国政府认为西藏未尝表示异议，故特另备公文托本大使转交，兹面递查收。"[345] 英国代转噶厦的公文，是公然侵犯中国主权之举，理所当然地遭到外交部拒绝。但是，英国唆使藏军渡过金沙江，攻击德格、白玉等地，康藏形势骤然紧张，而日本侵华态势日益严重，因而国民政府外交部欧美司司长刘师舜认为在当此对日外交严峻之时，应与英国保持友善关系，11 月 25 日，英国驻华使馆领事褂德本将西藏"托交"公文转给蒙藏委员会秘书周昆田，但未索取收条。蒙藏委员会以非正式手续接收。在英人的要求下，噶厦再次声称："中藏交涉未解决时，中央官军绝对不得入藏。"[346]12 月 10 日，英国驻华使馆给国民政府外交部发来正式照会："按印度边界及毗连各地之邻境，须有一能维持和平与治安之巩固有力政府之存在，乃英国主要利益之一。……是以英国政府及印度政府对于危害上述情形，及妨扰西藏和平与治安之任何行动或情事，极为重视。……英国政府所严重顾虑者，深恐中国政府不顾西藏政府之反对，而坚持其派队护送班禅喇嘛之议，则足以使其返藏之行无期延缓。且如此不仅引起西藏之不安，或竟发生纠纷，甚至可使中藏间发生一困难之情势。本大使是以希望中国政府，不惟鉴于西藏政府之上述愿望，且应顾念上述之英国政府与印度政府之密切关系，以及中英两政府间之友谊，对于下述建议，予以同意。即在中藏边界上，择一相宜地点，使中国护送仪仗队，由班禅喇嘛本人之随从人员代替之。中国护送专使之任务，则交与西藏政府之代表。”[347]12 月 12 日，西安事变发生，蒋介石被扣消息传到西藏。蒋致余特致电行政院：古德一得到消息即“在藏宣传蒋委员长被‘共匪’监视，中国已无希望”[348]。在这种背景下，噶厦于 12 月 18 日致电蒙藏委员会再次要求撤回护送仪仗队。

除上述外，在 1936 年这一年中，英国政府还采取了一系列军事行动：其一，在战略要地江孜，派驻一个骑兵中队，“该部队为最新装备的机械化部队”。其二，在春丕谷大规模训练藏军。其三，在大吉岭派驻大批军队。其四，援助噶厦 2 万支步枪。[349] 噶厦也采取了一些具体的反对九世班禅喇嘛返藏的行动：其一，按照十三世达赖喇嘛遗嘱是欢迎九世班禅喇嘛返藏，因而 1934 年 1 月 27 日推举热振为摄政是“代理”，但是当九世班禅喇嘛自青海向西藏进发时，噶厦于 1936 年 6 月正式推举热振为摄政。这就是说，“西藏政府不待班禅回藏，便将政教大权移植于热振之手，且向南京中央政府声明：西藏的实权不再归于班禅喇嘛”。“西藏政制经过这种变动，无异予班禅返藏行动的一个阻碍，纵使班禅能够返藏，也不过名不符实的了。”[350] 时人对此回忆说：热振屡次“去信电催请”九世班禅喇嘛返藏。当九世班禅喇嘛启程到玉树后，噶厦派四品官多仁赶到玉树迎接，但恰在此时接到班禅行辕所发紧急箭令：“班禅大师即将由玉树起驾，途经拉萨，返回住寺扎什伦布。饬沿途各宗、豁务必派出一千匹差马、一万头役畜、五百名人夫，并备足一千匹坐骑的粮秣及柴火。”全藏大会讨论认为：“当十三世达赖圆寂之际，班禅行辕的部分官员向国民党政府提议，要让班禅担任西藏摄政。一些属员还在街头唱歌哼曲，对达赖圆寂幸灾乐祸。如今又这般无视本府，竟一反旧制，发来此种文告，看来在其身后必欲引入一大批汉人进来，则将严重动摇本府政权。故此，唯班禅安分返藏，方照惯例迎候。若非要按箭令所言，则只有撤回接迎事项。”[351] 英方宣称：热振致函安钦，称九世班禅喇嘛仍未答复噶厦提出的要求，并强调“中国官员或士兵即使是一个”也不能带回，“会派遣藏军卫队前往迎接，三大寺可以保证其安全”。[352] 其二，1934 年黄慕松入藏前，康藏纠纷解决，即“康军以金沙江上下东岸为最前线，藏军以西岸上下流为最前线”，“四年以来，相安无事”。但在九世班禅喇嘛入藏之际，藏军 1936 年底越过金沙江，进占德格、邓柯、石渠、白玉四县，“实有阻碍班禅返藏的意味”。[353]

在上述情况下，九世班禅喇嘛意识到如果不让步，问题不可能解决。安钦自拉萨致电九世班禅喇嘛：“前藏少数人士，对仪仗队虽表面稍持异议，而实际并无坚决反对之计划。经向各方探询，并以个人观察，中央如能允许所带仪仗队于护送到藏后即行撤回，则少数怀疑者当不至再事坚持。”于是，九世班禅喇嘛对噶厦做出让步，提出“仪仗队护送班禅到藏后即行撤回”的建议，报请国民政府明示。[354] 于是，行政院于 1937 年 1 月 13 日决定：“仪仗队护送班禅到达后，即行撤回。”[355] 并通知外交部、蒙藏委员会、班禅系统、噶厦、赵守钰、蒋致余等有关各方。这个决议实际上是一个折中，即将噶厦要求护送至青康边界折中为护送至扎什伦布寺后即撤回。如此看来，似乎可为各方接受了。

四、九世班禅喇嘛在返藏无望中圆寂

根据行政院的决定，外长张群于 1 月 28 日向许阁森提出备忘录：“中国政府认真考虑了卫队问题，认为这是政府应该采取的合适的性质措施，目的是根据传统习惯维持班禅喇嘛的威望，并保护其行程。中国政府相信陛下政府担忧如果卫队进入西藏会破坏印藏边界的安宁，是无根据的。中国政府并不希望导致西藏局势发生什么变化，从而损害印藏边界的安宁，中国政府的政策完全符合陛下政府和印度政府维护印藏边界安宁的目的。在中国本部和西藏之间，所有问题都是以和平的方式解决；根据这一政策，安排仪仗队护送西藏宗教领袖返藏。此外，班禅喇嘛一直同西藏当局就其返藏问题保持联系，因此不会引起误解。总之，中国政府极大地关注班禅喇嘛返藏不会引起国际局势的复杂化，陛下政府或印度政府不会因地理上的临近而担心印藏边界的和平受到破坏。”[356] 这份备忘录实际上向英国政府担保了派遣卫队不会改变西藏的现状。

2 月 2 日，许阁森致电艾登：“看来，中国政府认为卫队涉及荣誉问题，因而坚持原来的计划。我认为，我们过去以为班禅喇嘛本人并不想卫队护送的看法有些轻率，看来他非常渴望卫队。而且很有可能，他希望卫队驻扎在西藏，作为他个人反对西藏政府的护卫。”“我的心情不安，在卫队问题上我们欺骗了西藏政府或西藏政府中的亲英派，因为毫无疑问，中国除非确信不受到反对，才会坚持派遣卫队入藏的原计划。”[357]言下之意，他建议采取强硬的对华措施。

对于行政院的折中决定，噶厦仍不满意，于1937年2月20日通过驻京办事处致蒋介石电“务请制止护送班禅官员及仪仗队越入藏境”[358]，即仍然坚持中央政府的仪仗队不得进入藏境。它担心“卫队和官员一旦到达日喀则，就不仅会迟迟不离开，而且会得到加强”[359]。对此，接替黄慕松担任蒙藏委员会委员长的吴忠信于3月9日奉蒋介石之命召见噶厦驻京代表，一方面指出护送专使及仪仗队“早经明令派遣在道，碍难中途变更”，一方面担保“官员及仪仗队之派遣，首系尊重西藏佛教，再则人数有限，纪律极好，饷粮亦优，又有专使同行约束，绝不致发生不良影响”。同时，他表示中央政府“欢迎派噶伦来京商洽一切问题”，并指出“若能早来，则藏方对各问题之一切意见有何疑虑，均可从长商议，公平解决。则仪仗队等小问题，自易处理。若因此小事而误大计，反有失藏方之诚意”。[360]蒋致余也于是月中旬在拉萨连日设宴招待各噶伦及僧俗官员百余人，提出三个方法：(1)“仪仗队不入拉萨，径赴扎什伦布寺”；(2)“暂缓至本年六月为止，以俟噶布伦入京商洽”；(3)“到藏后即行撤回”。[361]这实际上是向噶厦许诺九世班禅喇嘛回藏不会影响噶厦的权力与地位，因此各噶伦和缓了很多，表示可以继续商洽。蒋致余将此情况向蒋介石作了汇报，蒙藏委员会则认为：“护送班禅官员及仪仗队，应照院会原定办法办理，碍难变更，蒋参议宜照前案不必再与藏方有所洽谈。”[362]即是说，蒙藏委员会坚持前述1月13日行政院关于仪仗队护送九世班禅喇嘛入藏后即撤回的方案，但是这个方案同蒋致余所提办法相比未提仪仗队是否进入拉萨的问题，症结就集中在此问题上来了。

看到国民政府与噶厦双方有可能坐下商讨西藏问题的解决，莱登拉、古德、黎吉生等人“迭向藏中各有力方面活动”[363]。他们宣称：“班禅内部不和，无能为力，可不畏恐。”“中藏交涉，中国政府重视西藏，宁愿联合藏政府，而不注重班禅。”[364]针对“藏方派遣噶布伦入京一节”，他们“声称中藏事项，非有英国参加，藏方不得直接向中央接洽，并声言中国兵力现尚不能达于西藏，且无意用兵西藏，嘱其不必惶惧”[365]。在此挑拨离间下，西藏僧俗大会5月决定不派噶伦入京，武力抗拒中央官兵护送班禅回藏。噶厦据此调集藏军布防昌都、金沙江一带。

蒋致余在向蒋介石汇报与噶厦接洽情况后，就于3月底致电蒋介石再一次提出藏事不能再久拖不决，期望蒋介石速下决断。他指出，西藏问题之解决不外乎“主武力，重班禅；主和平，重达赖”两途，提出“中央既不主武力，侧重班禅，以谋彻底改造西藏，似应贯彻和平初旨，谋藏事之初步解决”，批评“倘一面坚持派遣官兵护送班禅回藏，一面又欲和平应付藏政府，则势必至如治丝而棼，徒旷时日，无裨事实”，并再次批评国民政府对英妥协，强调“藏事为我内政范围，决不能容外人之干涉挑拨”。[366] 他向国民政府汇报了古德等人挑拨离间的情况，并分析噶厦的心理指出：“目下藏方对于中央，明知抗命力有不逮，固具有避免风险、及时和平解决之诚意。对于班禅回藏及护送仪仗队，则又已下铤而走险、实行武力拒阻之决心。”[367] 因此，他改变了赞成以和平方法寻求西藏问题初步解决的态度，认为中央政府如不示威则无法达到和平途径，建议：“不论藏方或迎或拒，策之上者以令刘文辉总指挥收复昌都，压逼藏方立派噶布伦入京解决藏事。其次，则班禅回藏后，仪仗队仍不宜撤回，更一面令刘文辉总指挥增兵康东示威，压逼藏方立即谈判，藏事亦可初步解决。”[368]

对班禅系统来说，九世班禅喇嘛在要求国民政府尽快采取有力措施解决返藏问题的同时，派大堪布旺堆诺布到西康邓柯与噶厦交涉。针对噶厦始终拒绝护送专使和仪仗队的问题，九世班禅喇嘛“以仪仗队为中央所派，不能拒绝，惟允将汉兵带赴后藏，不干涉前藏政务，并在二三年后请中央召回”。显然，他维护中央政府权力，坚持前后藏分别治理之制，因而噶厦“仍认为不可靠”，因此至5月下旬“邓柯会议迄无具体结果”。见此，九世班禅喇嘛左右多主张武力回藏，所列理由是：其一，“英国在西藏并无基础，其所欲见好于拉萨者，未尝不可以见好于扎什伦布，故武力回藏不致引起若何严重问题”。其二，“康藏因信仰佛教，多数拥戴班禅，一旦用兵，康酋必多未协助藏方，僧俗亦必相率来归，况班禅已有枪数千，以之对藏而有余”。其三，“青军方面，亦曾向班禅表示愿协助效劳。惟应否藉重青军，将来须请示中央耳”。九世班禅喇嘛虽然“不欲以兵力与前藏相见，但于必要时恐有实现可能”。[369]

尽管邓柯会商毫无结果，九世班禅喇嘛归念心切，决定于8月中旬启程入藏，因此指示旺堆诺布继续商谈。旺堆诺布提出：“（一）于后藏长（常）练兵内调五百名永远归作班禅卫队，军饷则仍由长练兵饷内拨发；（二）驻后藏之拉萨营官，于近六年中须由班禅方面同意派遣；（三）班禅所代（带）中央仪仗队，到藏后准速撤回，如其不信，俟班禅抵西藏交界时具结，由扎什伦布或三大寺人等担保。”[370] 九世班禅喇嘛根据行政院的决议，让了一大步。噶厦的态度，据蒋致余报告，热振力主和平解决，藏中爱国官民急盼中央官兵迅速来藏，噶厦内心惶急只好求助于问卜，“神示不许抗拒中央护送官兵”。但噶厦提出：“仪仗队只准护送径赴后藏，到后即速撤回，须外国人居间担保，日喀则宗不让，班禅如不允诺，即实行抗拒。”[371] 显然，噶厦反对恢复前后藏分别治理制度，班禅系统必须服从拉萨，而且要英国做担保，无论是班禅系统还是中央政府都无法同意。不过，噶厦在仪仗队入藏问题上的态度有所缓和。

英国政府见此，乃指示许阁森 7 月 23 日到国民政府外交部施压，宣称“仪仗队果入藏，无论藏方意见如何，乃为英方之所不能同意”[372]。此时，日本已经发动全面侵华战争，英国政府利用中国的处境大做文章，迫使国民政府让步。军事委员会委员长重庆行营经过再三考虑，于 7 月中旬最终决定“以避免武力，力图和平送达为宜”，理由是：“（一）边地用兵，扼于地理险阻、人事拮据，收功最为难必。（二）达赖、班禅二系，其初虽在亲英、爱国之分，然达赖晚年亦已同心内向，热振摄位，诚信有加……或不宜因班禅回藏小有参差，遂外视达赖一方而竟绝之也。（三）藏方表示抗拒，据闻其意不在班禅之归，而在扈从之人。……则藏方抗拒之形，乃基于卫身家、卫宗教之心理，尚未可以反对班禅，违逆中央目之。（四）班禅克成愿望，全国所钦，随处安禅，皆可利物。目前似无取冒难回藏，徒增阢隍，即令回藏，亦有侧重政治与侧重宗教之殊。如回藏之旨在收揽达赖政权，则与原有统系相乖，必招噶厦反抗，一朝变置，久而后宁，既难必其有成，成亦虑其弗固，革其无悔，谋国者盖重言之。如回藏之旨在恢宏本有教权，则固全藏人士之所欢迎，毫无阻碍，此时本问题正在变化之际，取舍仍属自如，倘认为挟前旨以去，其道难通，则转以班禅回藏专为宏教之意宣示全藏，以利其行，未为不可。但得归藏以后，坐镇僧俗、稳定后防、辅政相民之效，自然兼收；必欲用兵，反成僵局。现在班禅驻锡玉树，其地瘠陋，非可久留，若我中枢不速运神断，早为解决，则未来事端难保无重劳当宁廑虑者。”[373]

上述理由可归纳为两点：一是西藏地理险要，后勤运输困难，损耗巨大，不利于用兵，非短时能解决，若噶厦背我而附英，则收复困难。二是仍坚持争取达赖集团为先，与噶厦商洽和平解决藏事的指导原则。九世班禅喇嘛虽然内向爱国，但是在实力、政治权力上要远逊于达赖系统，若是坚持扶植班禅而放弃达赖一方，将会引起噶厦的反抗，引起藏中内乱，反而不利于中央政府。这应是蒋介石考虑的不对藏用兵的两个主要原因，都是从西藏地方内部角度出发。至于英国干涉、“剿共”、抗日则是其他三个主要原因，但是，若是公开说出，似易受讥讽。至于所借班禅随从言行不端等都是借口，无关大局。重庆行营所分析的有一定的道理。但是，此次班禅回藏，应是民国二十多年来，中央政府恢复在西藏行政管辖的最好的一次机会。一是，亲英势力已经减弱，藏中僧俗对英人颇为反感。二是，以热振为代表的爱国力量增强。三是，班禅在全藏僧俗中有很高的政治、宗教地位，九世班禅喇嘛回藏是民心所向。四是，国民政府综合实力要强于北洋政府，具备了统一西藏的政治、军事、经济条件。五是，二战阴云已经笼罩欧洲，英国虽然实行对德、日、意的绥靖政策，但也在全力筹划政治、经济、军事的应对，无法军事干涉藏事。同时，英国在华有巨大的商业利益，若是公开出兵西藏，将招致中国人民的强烈反对而蒙受巨大的经济、外交损失。另外，美国也出于在远东利益的考虑而加以反对。这是英国外交部一直反对英印政府前进派强硬政策，也是为什么仅仅对噶厦承诺外交支持，而不是军事支持的最重要原因。所以，若是国民政府果断用兵，虽英国强烈外交干涉但也无实力出兵。重庆行营是抗战时期负责西南国防最高指挥中枢，代表了蒋介石的个人意旨。因此，利用九世班禅喇嘛返藏这一良机，是否果断派兵入藏，是在考验蒋介石个人的政治魄力和战略眼光。事实证明，蒋介石不具备这种政治勇气，不仅在九世班禅喇嘛入藏，在之后的康印公路、热振事件中都放弃了用兵西藏的机会。这正是具体经办藏事的吴忠信、蒋致余等人心有不满，私下议论蒋介石无能的原因。

重庆行营又提出解决九世班禅喇嘛回藏及今后处理藏事的八项办法："(一)由中央迅行派遣诚信素著大员再行披诚晓谕藏方，以政府护送班禅回藏德意，务期彻底谅解，达到仍旧和平护送入藏之目的；如藏方仍不同意，则责令组织迎护队于适当地点与我护送官兵交替，负责保护大师回藏之安全。(二) 如班禅因原护送人员、部队不得入藏而不愿回，即仍令宣化西陲，驻于西宁塔耳寺等处，藉以团结内蒙、甘青诸民族。(三) 西藏问题如不能因班禅之归得进一步解决，则今后对于达赖一系即当益加扶植怀徕，俾与班禅一系同心向内，共护中枢，以宏厥休，而固吾圉。(四) 采纳蒋参议蒸电（7 月 11 日电）第一项意见，明示藏人，准其依照旧时佛法规范治理，绝不轻以新时代政制、政理变更其固有之政治机构与社会组织。(五) 达赖之呼毕勒罕闻已转生，其处所且接近内地，应特别予以寻求之便利与扶助，于寻得后，隆其安送禅榻之礼，藉收精诚团结之效。(六) 特别注意青、康两省政治，于无损宗教精神、不背人民信仰之条件下，力图刷新，以增进藏卫观感，诱其忻慕步趋，俾无形中同化于我。(七) 对西藏各系人物之有才识、可造就者，广为吸引，量能位置于中央机关或送入相当学校肄业，以资鼓舞，而昭宏育，藉挽背我亲英之失。(八) 藏方一向与中央隔阂，交通梗阻不便，实为一有力之因，为促进双方关系，使日臻于亲睦融洽计，宜及时为藏方商洽筹办青藏与康藏间之邮航、公路等，以为完成建国方略中高原铁路系统计划之准备。”[374]

蒋介石避免武力，侧重达赖系统、和平解决西藏问题的基本方针未变，蒋致余、九世班禅喇嘛、赵守钰等表示反对。蒋致余主张采取强硬措施，于7月27日建议：“（一）拟请分饬班禅、赵专使克期首途，早日莅藏。（二）拟请将计就计，分别授意康刘、青马、多吉以去岁藏军东犯善后为词，同时电责藏军退出康境，免再发生意外，促其觉悟。（三）拟请政府电饬热振、司伦、噶厦重提前议，责令立派噶布伦随职入京，商洽解决办法；并责令支给乌拉，先行招待接替人员来藏。”[375]

九世班禅喇嘛赞成蒋致余的意见，在同赵守钰商讨时批评“噶厦态度狡展异常，意在以延宕手段阻我入藏”，认为“若待各项问题解决而后入藏，则入藏仍必无期限”，提出“不问噶厦态度如何，决于阴历七月启程。惟为减少前途阻力计，拟请中央酌派飞机，并饬青、康当局虚作军事准备，以壮声势”。赵守钰疑问，如果入藏到黑水（那曲地区），噶厦“消极抗拒，不供给乌拉、燃料”，或“积极抗拒，实行武力阻止”，或“迎班禅入藏而拒中央官兵”，怎么办？九世班禅喇嘛认为：“（一）过黑水两站即入后藏境界，乌拉、燃料必可得到当地人民供给。（二）必要时不赴拉萨，径回后藏，噶厦不致以武力拒阻。（三）中央官兵由三大寺担保，以祛噶厦疑虑。”并表示“决与中央官兵同进退”。赵守钰“复提噶厦反复无信，拟请蒙藏委员会再电噶厦剀切说明中央爱护西藏之意，并严词加以诘责，一方面再由本使以和平态度致文三大寺代表及多仁台吉等转电噶厦解释一切，以促噶厦之觉悟”。九世班禅喇嘛“对此表示同意”，并定阴历七月初十启程。赵守钰在给国民政府的报告中分析九世班禅喇嘛此次主张之所以积极，不外下列数因：“（一）班佛离藏日久，归念甚切。（二）班佛左右亦欲早日回藏。（三）玉树环境不容久住。（四）抗日战起，非短时所能结束，不趁此时入藏，以后困难更多。”他赞成尽快解决，担心：“万一噶厦以武力抗拒，中央将何以维持威信？”[376]

此时，拉萨盛传抗日战事对国民政府不利，态度变得强硬，邓柯、德格西岸藏军采买大批给养，遣回官兵眷属，似有备战之势。8月19日，行政院第325次会议决议：“抗战期间，班禅应暂缓入藏，先暂住政府指定地点。”[377]陈布雷向吴忠信转达蒋介石的批示：“此时中英关系必须顾全，仪仗队入藏恐启纠纷，应商请季陶先生婉电班禅，劝以特别慎重，如必须入藏，则须得藏方有确实回音，且派队到边境相接，一切妥适后，方可决定。至仪仗队，只能达边境为止，不可入藏。”[378]英国政府对此满意，其驻华使馆于9月29日向国民政府提交备忘录，宣称："英国政府认西藏虽在中国宗主权之下，但在其本身管区内则属自治的，英国政府视其完整与自治为重要利益中原因之一，未经约妥，派遣中国军队以变更现状之企图，尤其于未得西藏政府同意时，英国政府均认为危及本国利益，因此不能不加关切。而信赖中国政府将令仪仗队撤退。"外交部致函蒙藏委员会，解释："我方处此非常时期，既不宜与藏方兵戎相见，尤万不能对英引起重大纠纷"，"统观今日局势，默察英方态度，认为此时不宜令其入藏"。[379]蒙藏委员会无可奈何，国民政府在抗日危局下，最终屈从英国的外交压力，不能武力支持九世班禅喇嘛返藏，以解决班禅返藏问题进而恢复前后藏分别治理制度的希望落空。

接到行政院"暂缓西进"的电令，九世班禅喇嘛回电表示"决不舍中央护送官兵与仪仗队入藏，尤不愿入藏后受拉萨政府限制而与中央疏远，现决遵令缓进"[380]。9月30日，噶厦致电班禅行辕，强调班禅系统必须承认现状："限中央护送官兵到藏后一二月内即由海道全体撤回，并须佛座签字承认今后服从前藏政府命令。"[381]昌都方面也说："职方乌拉，均已筹备就绪，近奉藏政府谕，在交涉未圆满前，不许供应，请暂勿西上。"[382]九世班禅喇嘛本人不愿意此条件下返藏，于10月1日函护送专使，其中说："查（三大寺和藏政府）来电含蓄甚广，毫无欢迎诚意，反欲使班禅与中央断绝关系，听彼指挥。……宁愿牺牲个人，力全大局，……暂缓西行，以待将来。"[383]噶厦宣称："轻骑回藏，不带汉方官员。"[384]

至此，九世班禅喇嘛返藏之念彻底断绝。随后，他发表《告西陲民众书》，号召蒙藏各界同胞爱国爱民，团结一致援助前方将士抗日救国。11月间，他病重不能安卧，饮食难进。12月1日，他在国民政府不能解决其返藏问题的情况下圆寂于玉树寺拉加颇章宫中。临终前遗嘱：

"余生平所发宏图，为拥护中央，宣扬佛化，促五族团结，共保国运昌隆。近十五年来遍游内地，深蒙中央优遇，得见中央确对佛教尊崇，对藏族平等，余心甚慰，余念益坚。此次奉派宣化西陲，拟回藏土，不意所志未成，中道圆寂。今有数事切函如下：后藏事务前已委定罗桑坚赞为札萨喇嘛，所有宣化使职亦着由彼暂代，在未到职前，印信暂交丁杰佛，并由堪布会议厅及回藏设计委员六人共同负责事宜，请示中央，听候处理。至宣化使署枪枝，除卫士及员役自卫者外，其余献于中央，共济国难，待余转生，再请发还。又关于历代班禅所享权利，应早图恢复。最后望吾藏官员僧俗，本中央五族建国精神，努力中藏和好，札萨喇嘛及各堪布，尤宜善继余志，以促实现，此嘱。"[385]

12月23日，国民政府追赠九世班禅喇嘛"护国宣化广慧圆觉大师"封号，派考试院院长戴传贤到甘孜致祭，在重庆设立治丧委员会，举办追荐大会，令中央各部、院、会派人致祭，各省及佛教团体亦来电哀悼，前后藏及藏区各寺院皆派人来玉树祭奠诵经。1938 年 3 月 15 日，行政院指示撤销护送专使行署。4 月 12 日，蒙藏委员会拟定《班禅善后办法》11 条，涉及裁撤西陲宣化使公署，安置人员、灵柩返藏等善后事宜。留在内地的班禅行辕人员，则继续寻访转世灵童，为十世班禅喇嘛认定、坐床、汉藏和好继续工作。1940 年 11 月，赵守钰护送九世班禅喇嘛灵柩交予藏方代表，送归扎什伦布寺安葬。侵略分子黎吉生高兴地宣称：九世班禅喇嘛的圆寂及国民政府忙于应付日本侵略，使噶厦的压力消失。[386]

五、国民政府何以不能解决九世班禅喇嘛返藏问题

在对国民政府、英国政府和噶厦三方之间关于九世班禅喇嘛返藏的交涉与争论的情况作了探讨之后，来总结一下为什么国民政府未能解决班禅返藏问题。就国民政府自身来说，未能解决班禅返藏问题有许多失误和不足。比如，国民政府最初对九世班禅喇嘛入藏期望过高，但至 1937 年“又有置之不问之概。例如仪仗队双薪，行政院已议决取消；而随行去藏者除邮电人员有相当技术经验之外，其他如军事政治建设等项，均未派有专家及熟悉藏事之人。至护送专使前派诚允，后任赵守钰。赵氏被简派已一年余，仍未与班禅见面”。再如，青康两地对九世班禅喇嘛返藏的态度也不一致，马步芳因“过去青藏关系及青军与班禅间之情感，均至为恶劣”而消极，刘文辉则因希望西康早日建省、“康藏划界必须早日决定”之故而“于班禅入藏甚愿帮助”，九世班禅喇嘛本人“亦极愿西康以全力助其回藏”。[387] 但是，这些并非实质原因，实质原因可从三方面来分析。

其一，在九世班禅喇嘛出走内地后，十三世达赖破坏了前后藏分别治理之制，前后藏政教大权悉由达赖系统掌控。关于仪仗队和护送专使问题的争论，实际上是恢复前后藏分理之制还是承认现状的争论。

上面多次提到班禅系统与噶厦各自的条件，这里有必要总结一下。噶厦的基本态度是九世班禅喇嘛可以返藏，但是前提条件是后藏必须服从前藏，班禅系统必须服从噶厦的领导，班禅喇嘛之地位甚至降至只能是扎什伦布寺的“方丈”。九世班禅喇嘛提出的条件则为：(1)“归还自四世班禅喇嘛罗桑却吉坚赞（1569—1662）至七世班禅喇嘛丹贝旺秋（1854—1882）扎什伦布寺积存的所有财产”；(2) 由班禅系统“管理日喀则和另外两个宗”；(3)“归还扎什伦布寺官员及其仆从自班禅喇嘛 1923 年离开以来被没收的所有财产——动产和不动产”；(4)“扎什伦布

寺仆从和官员在全藏自由来往”；(5)“归还在新税制下从后藏地区征收的所有收入”；(6)“扎什伦布寺的行政管理独立”；(7)“西藏政府不能向后藏地区的居民征收任何税”。噶厦同意：(1)“归还班禅喇嘛1923年离藏时扣押的10个或11个溪卡、庄园”；(2)“豁免加在扎什伦布寺庄园的新税、增加税”；(3)“减少特定的其他新税”；(4)“归还扎什伦布寺官员被征收的不动产，但不包括动产”。不同意：(1)归还日喀则、南木林、白朗、浪卡子4个宗；(2)免除分配给的军费份额；(3)“归还属于历辈班禅喇嘛的财产”；(4)后藏行政独立。[388]显然，双方无法达成妥协。

九世班禅喇嘛返藏主要有两个时机，一是黄慕松入藏前后。许多人认为十三世达赖去世之后就可解决班禅回藏问题，但是《申报》1934年5月7日登载了一则通讯，指出：“藏人方面传出消息，达赖圆寂后由司伦噶厦伊苍等主持宗教政治，尚能相安无事。小达赖之产生与否，以时间计算，老达赖逝世仅六个月，此刻万难转世。依照宗教教规，小达赖产生后，应由班禅授以经典。现小达赖既未产生，班禅亦无回藏之必要。班禅回藏问题，困难之点有四：(1)西藏分前后藏，前藏拥护达赖，反对班禅。达赖虽已圆寂，但宗教政治之权，操诸达赖一派之司伦、噶厦伊仓。班禅即能回藏，亦无实权。(2)达赖一派之人物均不满意班禅左右之堪布。堪布非随班禅同行不可，如堪布返藏，拥护达赖一派之喇嘛必起而反抗，故此种难言之痛苦未疏通以前，班禅又难回藏。(3)拥护班禅者为后藏喇嘛，惟后藏多红教，班禅系黄教，黄教在后藏仅有一部分之势力。在宗教方面，班禅如可回藏，亦仅握后藏宗教上之一小部分之权力，前藏大权仍操诸达赖一派之人物。(4)前藏产业丰富，尤以色拉、别蚌、甘丹三大寺为最富，每大寺平均容纳喇嘛二三千人之多。……达赖派之喇嘛既在前藏有权势，而后藏班禅之产业本极有限。又班禅离后藏以前，达赖派人物将班禅产业封锁夺去，如班禅回藏，既无权势，又无产业，故此刻尚难起程。”[389]显然，九世班禅喇嘛也不愿意在回藏后不能恢复原有地位；如果这样，他宁愿不回藏！

另一时机是热振1935年与噶厦协商，同意九世班禅喇嘛返藏。但是，噶厦强调九世班禅喇嘛只能“轻骑回藏”。[390]它不仅“反对一切蒙汉满人入藏”，而且“拒绝中央所派之仪仗队及邮电技术人员入藏”[391]。它担心九世班禅喇嘛在武力护卫下入藏后执掌全藏大权。分裂分子夏格巴曾宣称，黄慕松入藏后九世班禅喇嘛返藏失败的主要原因，就“是1935年国民政府宣布班禅将在西宁成立司令部，由一位中国代表和五百名中国兵护送他入藏”[392]。根据蒋介石的决定，应为300

名。且不论有300名中央军队护送，就以班禅行辕本身的武器装备来说，也不可小视，赵守钰1938年8月报告说:“除其卫士队员以自卫及曾运往藏地者，册列共计各色步枪1790枝，马枪119枝，盒子枪240枝，手提机枪105枝，各色机枪34枝，冲锋机枪24枝，迫炮6门，山炮4门，零件24箱；各色步枪子弹217600发，盒子枪弹48000发，各色机枪子弹21000发，冲锋机枪弹7000发，手提机枪弹31500发，山炮弹1190发，迫炮弹528发，手榴弹418箱，零件18箱，大炮驮鞍及零件51箱。”[393]而噶厦的力量，据黄慕松1935年回到南京所提报告，为大炮19门，机关枪4支，步枪2万余支，兵力1万人左右（包括民兵），枪支“因不善修理、保存不良关系，堪用者甚少，且枪支口径不一，子弹补充困难”；炮虽有19门，“但炮弹甚少，缺乏炮兵人才”；“机关枪仅有堪用四架，不过壮藏军之声威，资官民之壮观耳”。[394]九世班禅喇嘛如果能返藏，有这样的武装，不仅能自卫，而且可以左右全藏局势；况且根据达赖、班禅互为师徒的制度，“班禅圆寂，达赖可以代理后藏，达赖圆寂，班禅亦可以代理前藏”[395]。难怪竭力维持既得权力与地位的泽墨等反对，有如果抵挡不住就逃往印度的计划。

按照达赖、班禅互为师徒之制，如果九世班禅喇嘛能返藏，就会主持十三世达赖转世灵童的遴选，灵童坐床之后应拜其为师，九世班禅喇嘛之地位自然提高，很有可能“整理全藏政教事宜，并主持达赖转世事”[396]。当时有人又认为:“如果班禅不能返藏，十四世达赖转世继承，便有问题。换言之，班禅永久不能返藏，达赖纵是转世了，也是永久不能摄政的。”[397]因为如果转世灵童不经在世的班禅承认，“不惟违反教规，且不能得到国民的信望”[398]。但是，达赖系统对此置而不顾，在转世灵童候选者拉木登珠入藏并立即驻进罗布林卡后，热振“即命西藏大会商议，可否将青海出生的拉木登珠尊为十三世达赖之转世灵童”。西藏僧俗大会“一致决意公秉，同意此项认定，并以全藏僧俗名义签署画押，担保日后对达赖佛之灵童选定决无任何非议”。[399]热振担任灵童正经师，以十三世达赖喇嘛的侍读达尔汗达扎阿旺松热为副经师。热振为灵童削发剃度，赠法名“吉尊江白阿旺洛桑益西曾加措司松旺珠忽巴美白底”（意为“至尊文殊语自在善识圣智持佛大海统领三界无与伦比者”）[400]。国民政府封热振为“辅国普化禅师”后，热振派隆图嘉错为代表到南京对中央表示感谢，隆图嘉错称“班禅回藏问题，余因不参政，不知底蕴”[401]。这说明，即使是对九世班禅喇嘛返藏较为积极的热振，也是不愿意恢复前后藏分别治理制度和达赖班禅互为师徒之制的，这自然而然会影响其欢迎九世班禅喇嘛返藏的态度。总之，噶厦竭力反对的根本原因在于“认为中央援助班禅夺取西藏政教之权”[402]。

其二，与上面相联系的是，国民政府希望九世班禅喇嘛入藏后，西藏问题具有极大改变。蒙藏委员会本着“对藏第一要务即在如何祛除中央与西藏之隔膜”，拟定《国民政府特派护送班禅大师回藏专使入藏训条》，规定：第 1 条，“西藏对于中央应保持原来密切之关系，为中华民国领土之一部（照前清乾隆五十七年以后之办法，查照理藩则例并本党政策办理之）”。第 2 条，“西藏不得与外国订立条约”。第 3 条，“西藏与外国旧订之约，应提请中央政府处理”。第 4 条，“中央政府在中央地方均权原则下允许西藏自治，其自治方案另订之”。第 5 条，“西藏之军政、外交及其他有关全国一致性质之重大事项，由中央政府处理之”。第 6 条，“中央政府得依西藏官员之愿望，允许维持其固有之政教制度”。第 7 条，“中央政府尊崇西藏宗教”。第 8 条，“达赖、班禅之待遇程序，及在西藏政教上之职权，概仍旧制”。第 9 条，“康藏驻军及行政区域，暂维现状，应即恢复交通，所有划界问题，可从长计议”。第 10 条，“中央政府派大员常川驻藏，查照旧例并参酌自治情形执行国家行政，并指导地方自治各事宜”。第 11 条，“西藏得派专员在京设立办事处，并可由中央政府酌给办公费”。[403]

这十一条的本质，同黄慕松入藏时的大员训示基本相同。有人撰文指出：在政治上，九世班禅喇嘛回藏后以其“积年在内地所得之政治经验，就西藏之实际政治现状，绝能使藏政整于上理。西藏政治前途，决能大放异彩，以固我西陲，杜英人之侵略者也”。在文化上，“大师之学之博，固世无其俦，且对五族团结之精义，总理之遗训，又有深刻之认识。今后回藏，决能使汉藏文化沟通，进而完成整个之中华民族文化者也”！在民族上，在外患日亟背景下，中华民族“非一致团结莫能为力”，“大师对五族团结认识，较他人尤为深切……今者大师行将回藏，今后藏民族绝能联合一致，进而合汉满蒙回为一整个之中华民族，实行孙总理之主义，当可断言也”。这三方面“为吾人所望大师者，亦整个西藏今后之动向也”。[404]九世班禅喇嘛本人在告青康民众书中称：“中华民国是建筑在汉满蒙回藏五大民族公共身上的，中国国民党是领导各民族到平等自由路上去的，国民政府是替全中国人民服务、达到国泰民安的机关，所以我们应该团结一致，拥戴这福国利民的党国，各尽其力，来健全这公共的中华民国。”[405]

但是，在达赖与班禅两个系统中，国民政府还是比较注重达赖系统方面；蒋致余对国民政府的批评即是这一问题的反映。有人著文认为：“班禅在西藏的地位远不及达赖，且其势力仅限于后藏一带；虽年龄较已故达赖为高，照理可以做新达赖的监护人；然达赖的一班宠臣，是否能真正欢迎他回藏，也是问题；如果他回藏，则藏事纠纷怕是更要严重了的。”[406]也有人认为，九世班禅喇嘛返藏之“最大效用，不过羁縻藏民，借资号召，一时尚说不上能恢复中央在藏之统治权。因为现今藏中政派可分为政府派、守旧派及青年派。如现握政权之热振、司伦、噶厦属政府派，主张维持现状；守旧派是各寺院的喇嘛，主张迎班禅回藏，但其力量并不雄厚；至于青年派多半是留英学生，不免受英人之诱惑，主张西藏独立。此三派之中除守旧派外，俱不甚愿班禅回藏。是以将来班禅纵勉强安然入藏，其控制全藏政局之能力，极为有限，自不待言”[407]。而噶厦在九世班禅喇嘛圆寂后“即不啻与中央关系之间扫除若干障碍，反日趋接近”[408]。既然如此，国民政府自然不会全力处理班禅返藏问题，认为只有在噶厦同意下才能返藏。

其三，英国竭力阻挠九世班禅喇嘛返藏，除非他返藏后能满足其利益；而国民政府又有许多顾虑，使之处理起来不得不慎重。

不言而喻，英国政府的基本态度是竭力阻挠九世班禅喇嘛在国民政府的支持下返藏，因为维持西藏的现状，甚至把西藏从中国分裂出去，有利于英属印度的利益。虽然国民政府很重视九世班禅喇嘛返藏，“因为这可使中央掌握着西藏的实权，同时也许可以削弱英人在藏的势力”[409]，但是对英国的竭力阻挠未能强硬回应，一则如前所指出，国民政府的既定政策是寻求英国的支持和援助，以对付日本的侵略，二则如时人所指出，“中国一日无制英之实力，则班禅喇嘛之回藏将成绝望，盖英国根本不许西藏反英分子中心人物归藏也”[410]。因此，国民政府要想解决九世班禅喇嘛返藏问题，单纯依靠和平协商是不可能的。

为了取得英国的支持，九世班禅喇嘛多次与英国在华使节协商，英国政府后来的一段总结反映了这一情况：“中国人努力赢得流亡的班禅的友谊，但是事后分析出的他的非常不一致的行动，表明他对政治没有多大兴趣。例如，1923—1928年间，他做出种种努力以保证英国在他和达赖间进行调解，但是在以后的数年中，他又要求中国政府全力保护西藏‘以免成为另一个印度’。大约1926—1930年间，拉萨政府在某种程度上对英国非常冷淡。虽然它对来自南京新国家主义政府的友好使团的态度模棱两可，但是还是表现得很友好，并且忽略了班禅的和平呼吁。但是1932年，由于对中国新表现出的军事力量产生恐惧，最终达赖对班禅作出反应。达赖班禅间的谈判，部分地是在英国的斡旋下，一直拖到1937年班禅去世时。在一段时期中，英国政府建议西藏政府与中国政府直接谈判班禅问题。”[411]在这种情况下，国民政府自然会有一些顾虑，有人指出：“在事实上班禅能否实行回藏主政，仍是一个疑问，西藏如何脱离英藏的条约，这亦是一个大问题。”[412]

在上述情况下，国民政府对九世班禅喇嘛返藏态度的实质，可用这段话来描述：“班禅并没有左右藏事的力量，尤其自从离藏已有十三年之久，虽然藏民对他仍然有宗教上的信仰，但一方他已摸不到西藏政事的权威，一方英人在内作梗，也不容他插势于藏政，所以我们对班禅大师的回藏，并不能认为是必可解决中藏问题，只不过时机所在，我们对于当前的难题，不能不加一番努力，以求其解决之进行而已。”[413]因此，国民政府不能解决九世班禅喇嘛返藏问题，九世班禅喇嘛只能在返藏无望中圆寂！

注　释

[1] 学术界有关成果可以分为三类：其一，从国民政府的角度，分析了国民政府希望借助于班禅返藏，积极谋求恢复对西藏的治权（皮明勇：《九世班禅返藏受阻与国民政府的治藏策略》，《近代史研究》2000 年第 4 期）。其二，从班禅返藏问题难以解决的角度，分析了英国政府的干涉和破坏（李鹏年：《浅析九世班禅返藏受阻及其原因》，《中国藏学》1992 年第 1 期；党元倩：《九世班禅返藏与英国的干涉》，西北大学 2004 年度硕士学位论文）。其三，从九世班禅喇嘛与有关方面关系的角度，分析了他滞留玉树期间遇到的若干问题（桑丁才仁：《九世班禅返藏受阻玉树期间的若干问题》，《青海社会科学》2001 年第 4 期）。

[2] 金雷：《九世班禅与十三世达赖失和原因探析》，《西藏民族学院学报》（哲学社会科学版）2006 年第 3 期，第 23—24 页。

[3] 《西藏对外关系总结》，《近代史资料》第 108 辑，第 254 页。

[4] 江平、李佐民、宋盈亭、辛文波、廖祖桂：《第九世班禅额尔德尼·曲吉尼玛评传》，《中国藏学》1997 年第 3 期，第 13 页。

[5] 吴丰培：《清代藏事辑要续编》，西藏人民出版社 1984 年版，第 139 页。

[6] 《西藏六十年大事记》，第 17 页。

[7] *Captain O'Connor to Government of India, May15. FO. 535, Vol. VI, Inclosure in No, 51.* 转引自伍昆明：《英印政府分裂中国西藏的阴谋与九世班禅赴印》，《民族研究》1999 年第 1 期，第 83 页。

[8] "Annual Report, 1924." *British Documents on Foreign Affairs–Reports and Papers from the Foreign Office Confidential Print. Part II. Volume 19, China, 1919-1926,* p.258.

[9] *Captain O'Connor to Mr. White, November23, 1905, FO. 535, Vol. VII, Inclosure in No, 10.* 转引自伍昆明：《英印政府分裂中国西藏的阴谋与九世班禅赴印》，《民族研究》1999 年第 1 期，第 84 页。

[10] 孔萨益多：《回忆九世班禅出走内地的前后经过》，见张晓明编：《见证百年西藏：西藏历史见证人访谈录》，五洲传播出版社 2003 年版，第 85 页。

[11] 《韩德森为报班禅在印度情况及中国要保持对西藏之主权应采取的行动等事致赫德函》（1906年1月12日加尔各答），中国第二历史档案馆、中国藏学研究中心合编：《西藏亚东关档案选编》下册，中国藏学出版社1996年版，第978页。黑斯廷斯（Warren Hastings）1773年至1785年担任首任英印总督。

[12] “Doc. 79[F2253/4/10] Letter from the Political Office in Sikkim, No.7(7)-p./35, dated February 18, 1936.–(Communicated by India Office, April 17, 1936.)” *British Documents on Foreign Affairs–Reports and Papers from the Foreign Office Confidential Print. Part II. Volume44, China, January 1936-June1937,* p.123.

[13] 张云侠编：《康藏大事纪实》，重庆出版社1986年版，第315页。

[14] 《清季筹藏奏牍》，见《康藏大事纪实》，第320页。

[15] 《张荫棠驻藏奏稿》，见《清代藏事奏牍》下，第1305页。

[16] 佚名：《班禅赴印记略》，《近代史资料》总62号，第98页。

[17] 《达赖喇嘛传》，见《康藏大事纪实》，第384页。

[18] 《韩德森为报班禅在印度情况及中国要保持对西藏之主权应采取的行动等事致赫德函》（1906年1月12日加尔各答），见《西藏亚东关档案选编》下册，第979页。

[19] 《清季筹藏奏牍》，见《康藏大事纪实》，第327页。

[20] 《张玉堂为报达赖出逃原因及要求将吴梅生在海关“新关题名录”中除名等事致裴世楷半官方性函》（1910年2月28日第23号），见《西藏亚东关档案选编》下册，第1117页。

[21] 《西藏六十年大事记》，第27—28页。

[22] 《班禅代表报告，西藏会议前途》，《申报》1930年1月15日第13版。

[23] 《张玉堂为报已被废黜达赖喇嘛想返回西藏恢复权力等事致安格联半官方性函》（1911年2月14日第49号），见《西藏亚东关档案选编》下册，第1159页。

[24] 《张玉堂为呈送印度报纸剪报事致裴世楷半官方性函》（1910年3月8日第29号），见《西藏亚东关档案选编》下册，第1119—1120页。

[25] 《班禅代表报告，西藏会议前途》，《申报》1930年1月15日第13版。

[26] 《有泰奏请十三世达赖喇嘛暂革后九世班禅仍留驻后藏片》（光绪三十一年正月二十四日），见《元以来西藏地方与中央政府关系档案史料汇编》第5册，第1984页。

[27] 彭绕·仁青朗杰：《前后藏失睦初因》，见《西藏文史资料选辑》I，第348、349页。

[28] 《班禅代表报告，西藏会议前途》，《申报》1930年1月15日第13版。

[29] 《张玉堂为报班禅去拉萨及亚东埠羊毛贸易兴旺等事致安格联半官方性函》（1911年2月28日第50号），见《西藏亚东关档案选编》下册，第1164页。

[30] 《西藏政治史》，第198页。

[31] 李苏·晋美旺秋：《噶厦政府与扎什伦布寺拉章之间矛盾的由来》，见《西藏文史资料选辑》I，第483页。

[32] 《达赖喇嘛传》，见《康藏大事纪实》，第384页。

[33] 《汪曲策忍为班禅去拉萨及天花流行等事致安格联半官方性函》（1911年4月18日），见《西藏亚东关档案选编》下册，第1167页。

[34] 转引自《班禅额尔德尼传》，第174页。

[35] 《旅藏二十年》，第 83 页。
[36] 同上书，第 84 页。
[37] 同上书，第 72 页。
[38] 同上书，第 77 页。
[39] 同上书，第 82 页。
[40] 《班禅代表报告，西藏会议前途》，《申报》1930 年 1 月 15 日第 13 版。
[41] 《西藏六十年大事记》，第 17 页。
[42] 《中英俄三角关系之西藏》，《外交月报》第 5 卷第 2 期，第 118 页。有学者认为：九世班禅喇嘛“之所以冒着生命危险赴印，一是为了西藏寺院、僧众、百姓免于灾难，二是为了避免很不利于清朝的一场中英战争”（往迎喜、段光华：《班禅九世被迫赴印述评》，《文史知识》1988 年第 6 期）。但其他学者不同意此看法，认为“班禅赴印并非因英人武力胁迫所致，而是受英人诱骗之故。班禅在印与印督会晤，亦非未曾谈及有关西藏的政治问题，而是向印督提出了请求给予他援助和武器，以对抗前藏等有关西藏政治的事情”。不过，“九世班禅赴印，仅是一个错误，并不影响他后来成为西藏僧俗民众反帝爱国的杰出代表”。（《英印政府分裂中国西藏的阴谋与九世班禅赴印》，《民族研究》1999 年第 1 期）我们赞同此一观点。
[43] 《班禅回藏与藏军东侵》，《军事杂志》1931 第 39 期，第 37 页。
[44] 《班禅代表报告，西藏会议前途》，《申报》1930 年 1 月 15 日第 13 版。
[45] 《西藏简史》，第 44 页。
[46] 《旅藏二十年》，第 262 页。
[47] 团康 · 格桑德吉：《九世班禅出逃内地前后》，见《西藏文史资料选辑》I，第 318、319 页。
[48] 牙含章：《护送班禅额尔德尼返回西藏的回忆》，西藏自治区政协文史资料编辑部编：《西藏文史资料选辑》I，第 117 页。
[49] 刘家驹：《西藏历代藏王及达赖班禅史要》，《开发西北》1935 年第 4 卷第 5 期，第 20 页。
[50] 记者：《西藏达赖对汉之观念》，《海潮音》1933 年第 14 卷第 6 期，第 12 页。
[51] 《西藏历代藏王及达赖班禅史要》，《开发西北》1935 年第 4 卷第 5 期，第 20 页。
[52] 《回忆九世班禅出走内地的前后经过》，见《见证百年西藏：西藏历史见证人访谈录》，第 86 页。
[53] 《班禅代表报告，西藏会议前途》，《申报》1930 年 1 月 15 日第 13 版。
[54] 记者：《班禅达赖谋合作》，《海潮音》1933 年第 14 卷第 4 期，第 5—6 页。
[55] 《西藏简史》，第 110 页。
[56] 《旅藏二十年》，第 161 页。
[57] 同上书，第 262 页。
[58] 《班禅代表报告，西藏会议前途》，《申报》1930 年 1 月 15 日第 13 版。
[59] 《西藏宫代表报告康藏近况》，《申报》1927 年 12 月 26 日第 13 版。
[60] 《班禅代表报告，西藏会议前途》，《申报》1930 年 1 月 15 日第 13 版。
[61] 《达赖转世与班禅返藏》，《东方杂志》1937 年第 34 卷第 7 号，第 37 页。

[62] 宋之枢:《记第九世班禅离藏与返藏》，见《青海文史资料选辑》第 6 辑，第 76 页。

[63] “Annual Report, 1924.” *British Documents on Foreign Affairs–Reports and Papers from the Foreign Office Confidential Print. Part II. Volume 19, China, 1919-1926,* p.258.

[64] 《西藏政治史》，第 198 页。

[65] 《班禅派代表到四川接洽》，《中央日报》1928 年 6 月 15 日第 2 张第 1 面。

[66] 《旅藏二十年》，第 263 页。

[67] “Doc. 79[F2253/4/10] Letter from the Political Office in Sikkim, No.7(7)-p./35, dated February 18, 1936.——(Communicated by India Office, April 17, 1936.)” *British Documents on Foreign Affairs–Reports and Papers from the Foreign Office Confidential Print. Part II. Volume44, China, January 1936-June1937,* p.123.

[68] 《班禅额尔德尼传》，第 242 页。

[69] 刘家驹编:《班禅大师全集》，《民国藏事史料汇编》第 18 册，第 230 页。

[70] 《班禅为请扶持藏民族事致国民政府主席函》(1928 年 9 月 2 日)，见《九世班禅内地活动及返藏受阻档案选编》，第 5—6 页。

[71] “Annual Report, 1928.” *British Documents on Foreign Affairs–Reports and Papers from the Foreign Office Confidential Print. Part II. Volume 20, China, 1927-1931,* p112.

[72] 《西藏班禅驻京办公处组织成立并检呈宣言致阎锡山函》(1929 年 1 月 24 日)，见《九世班禅内地活动及返藏受阻档案选编》，第 8 页。

[73] 《班禅呼吁止兵息争通电》(1929 年 11 月 22 日)，见《九世班禅内地活动及返藏受阻档案选编》，第 12 页。

[74] “Annual Report, 1929.” *British Documents on Foreign Affairs–Reports and Papers from the Foreign Office Confidential Print. Part II. Volume 20, China, 1921-1931,* p.205.

[75] 《西藏简史》，第 115 页。

[76] 《班禅代表在京候蒋》，《申报》1930 年 4 月 3 日第 7 版。

[77] 《班禅请求回藏弭止尼藏战争事致蒙藏委员会呈》(1930 年 4 月 17 日)，《九世班禅内地活动及返藏受阻档案选编》，第 16 页。

[78] “Annual Report, 1930.” *British Documents on Foreign Affairs–Reports and Papers from the Foreign Office Confidential Print. Part I. Volume 20, China,* p.305.

[79] 《蒙藏委员会为转送班禅陈请持平处理藏事致蒋介石函给国民政府文官处公函》(1930 年 11 月 8 日)，见《九世班禅内地活动及返藏受阻档案选编》，第 18、19 页。

[80] 《蒙藏委员会为抄送代拟复班禅函稿转呈核阅事致国民政府文官处公函》(1930 年 11 月 27 日)，见《九世班禅内地活动及返藏受阻档案选编》，第 20、21 页。

[81] 《九世班禅事略》，见《九世班禅内地活动及返藏受阻档案选编》，第 478 页。

[82] 《首都纪闻》，《申报》1931 年 2 月 28 日第 8 版。

[83] 《班禅代表报告中藏关系》，《申报》1931 年 3 月 30 日第 6 版。

[84] 《班禅明日启程入京》，《申报》1931 年 4 月 26 日第 8 版。

[85] 《班禅启程来京，蒙藏会议定招待办法》，《申报》1931 年 3 月 15 日第 4 版。

[86] 《班禅昨日晋京，赴国府谒蒋主席》，《申报》1931 年 5 月 5 日第 6 版。

[87] 《班禅赠蒋名马》，《申报》1931 年 5 月 18 日第 6 版。

[88] 《班禅大师在国民会议上之颂词》(1931 年 5 月 5 日),见《九世班禅内地活动及返藏受阻档案选编》,第 22 页。

[89] 《西藏近三十年历史》,《申报》1931 年 5 月 14 日第 9 版。

[90] 《班禅有回藏意》,《申报》1931 年 5 月 14 日第 8 版。

[91] "Annual Report, 1929." *British Documents on Foreign Affairs–Reports and Papers from the Foreign Office Confidential Print. Part II. Volume 20, China, 1927-1931,* p.205.

[92] 《文官处为抄送班禅拟具解决藏事内政外交意见书致行政院公函》(1931 年 6 月 3 日),见《九世班禅内地活动及返藏受阻档案选编》,第 23、24 页。

[93] 《中央与国府纪念周,班禅演讲政府与西藏之关系》,《申报》1931 年 5 月 26 日第 6 版。

[94] 《班禅主张和平解决藏事》,《申报》1931 年 5 月 24 日第 3 版。

[95] 《班禅移住汤山》,《申报》1931 年 6 月 5 日第 3 版。

[96] 《班禅主张和平解决藏事》,《申报》1931 年 5 月 24 日第 3 版。

[97] 《考试院长请授予达赖班禅名号事致国民政府会议函》(1931 年 6 月 12 日),见《九世班禅内地活动及返藏受阻档案选编》,第 25 页。

[98] 《历辈达赖喇嘛与班禅额尔德尼年谱》,第 642 页。

[99] 《班禅欢宴国府长官》,《申报》1931 年 6 月 21 日第 4 版。

[100]《蒙藏委员会为特派班禅为西陲宣化使事致行政院呈》(1931 年 6 月 21 日),见《九世班禅内地活动及返藏受阻档案选编》,第 26、27 页。

[101]《蒙藏委员会为待遇班禅办法及册封名号事致蒋介石电》(1931 年 6 月 29 日),见《九世班禅内地活动及返藏受阻档案选编》,第 29 页。

[102]《蒋中正"总统"档案:事略稿本》(11),第 332 页。

[103] "Annual Report, 1931." *British Documents on Foreign Affairs–Reports and Papers from the Foreign Office Confidential Print. Part I. Volume 20, China,* p.398.

[104]《班禅为申谢颁赐护国宣化广慧大师名号事致国民政府主席函》(1931 年 6 月 24 日),见《九世班禅内地活动及返藏受阻档案选编》,第 28 页。

[105]《国民政府明令册封班禅护国宣化广慧大师名号之册文》(1931 年 7 月 1 日),见《九世班禅内地活动及返藏受阻档案选编》,第 33 页。

[106]《青海活佛赴平》,《申报》1931 年 6 月 26 日第 4 版。

[107]《班禅即将北上》,《申报》1931 年 6 月 30 日第 4 版。

[108]《蒋中正"总统"档案:事略稿本》(11),第 353、360、368 页。关于班禅何时离开南京,说法不一,《历辈达赖喇嘛与班禅额尔德尼年谱》说是 1931 年 7 月 8 日(见该书第 642 页),本文采用《蒋中正"总统"档案:事略稿本》(11)的说法。

[109]《历辈达赖喇嘛与班禅额尔德尼年谱》,第 642 页。

[110] "Annual Report, 1931." *British Documents on Foreign Affairs–Reports and Papers from the Foreign Office Confidential Print. Part I. Volume 20, China,* p.399.

[111]《班禅国庆节前将来京》,《申报》1931 年 8 月 13 日第 8 版。

[112]《班禅双十节前来京》,《申报》1931 年 8 月 17 日第 8 版。

[113]《班禅近状安适》,《申报》1931 年 9 月 12 日第 4 版。

[114]《历辈达赖喇嘛与班禅额尔德尼年谱》，第 643 页。

[115]《戴传贤为对满蒙同胞切实教导事致班禅电》（1931 年 11 月 13 日），见《九世班禅内地活动及返藏受阻档案选编》，第 36 页。

[116]《蒙藏委员会为对沈变发生盼赴满蒙切实劝导事致班禅电》（1931 年 11 月 13 日），见《九世班禅内地活动及返藏受阻档案选编》，第 36—37 页。

[117]《班禅请安抚蒙民通电》（1932 年 3 月 4 日），见《九世班禅内地活动及返藏受阻档案选编》，第 38 页。

[118]《班禅为报启用玉印日期事致国民政府呈》（1932 年 5 月 5 日），见《九世班禅内地活动及返藏受阻档案选编》，第 45 页。

[119]《班禅请颁西陲宣化使名义文件以资信守事致行政院电》（1932 年 3 月 19 日），见《九世班禅内地活动及返藏受阻档案选编》，第 38—39 页。

[120]《蒙藏委员会为请颁发班禅西陲宣化使名义并允驻青海香尔德办公事致行政院呈》（1932 年 3 月 21 日），见《九世班禅内地活动及返藏受阻档案选编》，第 39 页。

[121]《班禅允就西藏宣化使》，《申报》1932 年 4 月 23 日第 6 版。

[122]《班禅过徐晋京》，《申报》1932 年 12 月 15 日第 9 版。

[123]《班禅将赴北平讲经》，《申报》1932 年 8 月 23 日第 9 版。

[124]《班禅驻京办事处为请鉴核转呈西陲宣化使署组织大纲公布事致蒙藏委员会呈》（1932 年 10 月 19 日），见《九世班禅内地活动及返藏受阻档案选编》，第 47 页。

[125]《达赖代表巫明远电京攻讦班禅，请阻班禅青海之行》，《申报》1932 年 9 月 14 日第 4 版。

[126]《西藏发生纠纷》，《申报》1932 年 10 月 9 日第 3 版。

[127]《西藏史地大纲》，第 265 页。

[128]《历辈达赖喇嘛与班禅额尔德尼年谱》，第 644 页。

[129]《康藏问题研究会提案》，《申报》1932 年 9 月 16 日第 7 版。

[130]《历辈达赖喇嘛与班禅额尔德尼年谱》，第 645 页。

[131]《蒋中正“总统”档案：事略稿本》（17），第 287、479、480 页。

[132]《中国国民党历次代表大会及中央全会资料》下册，第 183 页。

[133]《历辈达赖喇嘛与班禅额尔德尼年谱》，第 645 页。

[134]《班禅过徐晋京》，《申报》1932 年 12 月 15 日第 9 版。

[135]《班禅昨由平抵京》，《中央日报》1932 年 12 月 15 日第 1 张第 3 版。

[136]《宣化大师班禅明晨宣誓就职》，《中央夜报》1932 年 12 月 23 日第 1 版。

[137]《青海各寺院呼图克图等为请促班禅早日赴青宣化事致蒙藏委员会电》（1932 年 12 月 21 日），见《九世班禅内地活动及返藏受阻档案选编》，第 48 页。

[138]《林森召见班禅对西藏问题商谈甚详》，《申报》1932 年 12 月 22 日第 3 版。

[139]《班禅大师访问记》，《中央夜报》1932 年 12 月 23 日第 1 版。

[140]《西陲宣化使班禅今晨宣誓就职》，《中央夜报》1932 年 12 月 24 日第 1 版。

[141]《班禅在西陲宣化使就职典礼上之誓词及答辞》（1932 年 12 月 24 日），见《九世班禅内地活动及返藏受阻档案选编》，第 49—50 页。

[142]《班禅在蒙藏委员会纪念周发表〈西藏历史与五族联合〉演讲》（1933 年 1 月 21 日），

见《九世班禅内地活动及返藏受阻档案选编》，第55、56页。

[143]《蒋中正“总统”档案：事略稿本》（17），第545—546页。

[144]《行政院秘书处为军政部提议将西陲蒙古两宣化使行署改称行院案原则通过事致蒙藏委员会笺函》（1932年12月31日），见《九世班禅内地活动及返藏受阻档案选编》，第50、51页。

[145]《蒙藏委员会为请维持西陲宣化使公署名称事致行政院呈》（1933年3月25日），见《九世班禅内地活动及返藏受阻档案选编》，第58页。

[146]《班禅为请维持西陲宣化使公署原名事致蒙藏委员会电》（1933年4月1日），见《九世班禅内地活动及返藏受阻档案选编》，第59页。

[147]《黄慕松随员分批出发》，《申报》1933年5月12日第6版。

[148]《行政院为西陲宣化使公署组织条例业经国民政府明令公布事致蒙藏委员会训令》（1933年5月27日），见《九世班禅内地活动及返藏受阻档案选编》，第61页。

[149]《财政部为班禅驻京办事处请将宣化使年俸及办公费仍由该处直接支领事致蒙藏委员会公函》（1933年9月16日），见《九世班禅内地活动及返藏受阻档案选编》，第69页。

[150]《蒙藏案的内容》，《中央日报》1928年9月22日第一张第三面。

[151]《班禅达赖团结合作》，《中央夜报》1933年2月14日第1版。

[152]《班禅定今午北返》，《中央日报》1933年2月7日第1张第3版。

[153]《班禅昨离京北上》，《中央日报》1933年2月8日第1张第3版。

[154]《班禅昨过济北上》，《中央夜报》1933年2月9日第1版。

[155]《班禅昨抵平》，《申报》1933年2月10日第8版。

[156]《蒙藏佛教史》，西藏社会科学院西藏学汉文文献编辑室编：《使藏纪程、拉萨见闻录、西藏纪要》（合刊，西藏学汉文文献丛书第二辑），第215页。

[157] 王仰清、许映湖标注：《邵元冲日记》，上海人民出版社1990年版，第1062页。

[158]《蒙藏佛教史》，西藏社会科学院西藏学汉文文献编辑室编：《使藏纪程、拉萨见闻录、西藏纪要》（合刊，西藏学汉文文献丛书第二辑），第197页。起初，国民政府要求班禅晋京，是因为内蒙古“自治”问题。1933年10月，行政院长汪精卫致电班禅“入京晤商内蒙问题”，班禅表示“准备在最近期内由百灵庙启锡入京，面向中央陈述一般蒙情”（《国府明令褒崇班禅》，《华北日报》1933年10月19日第2版）。12月，班禅定1934年1月内“由绥来平，略为耽搁，即转赴南京谒中枢要人”。罗桑坚赞说：班禅大师接到汪精卫电后“本应立时就道，适以蒙古酝酿自治，黄部长（即内政部长黄绍竑）奉派赴蒙指导，大师因以暂留协助。现蒙方问题已告解决，拟即应命赴京觐见”。（《班禅定下月晋京》，《华北日报》1933年12月18日第2版）

[159]《班禅赴京期未定》（1934年1月8日），见《民国藏事史料汇编》第5册，第345页。

[160]《九世班禅为达赖圆寂请中央从优追封并通令各省隆典祭悼事致蒙藏委员会电》（1933年12月27日），见《民国藏事史料汇编》第5册，第335页。

[161]《历辈达赖喇嘛与班禅额尔德尼年谱》，第650页。

[162]《班禅喇嘛到平》，《申报》1934年1月20日第7版。

[163]《班禅赴京期未定》（1934年1月8日），见《民国藏事史料汇编》第5册，第345页。

[164]《唐有壬谈话》,《申报》1934 年 1 月 1 日第 30 版。
[165]《历辈达赖喇嘛与班禅额尔德尼年谱》,第 650 页。
[166]《班禅将到京共商藏事,马步芳欢迎班禅回藏》,《申报》1934 年 1 月 23 日第 9 版。
[167]《班禅大师昨午抵京》,《中央日报》1934 年 1 月 25 日第 1 张第 3 版。
[168]《班禅昨午抵京,下午分谒林主席等,今晨列席四中全会》,《申报》1934 年 1 月 25 日第 3 版。
[169]《班禅抵京情形,返藏与否听命中央》,《申报》1934 年 1 月 26 日第 8 版。
[170]《班禅昨日谒陵》,《申报》1934 年 1 月 26 日第 3 版。
[171]《蒙藏佛教史》,西藏社会科学院西藏学汉文文献编辑室编:《使藏纪程、拉萨见闻录、西藏纪要》(合刊,西藏学汉文文献丛书第二辑),第 198、200 页。
[172]《青海各呼图克图等为达赖圆寂请中央促班禅入藏主持一切事致蒙藏委员会电》(1934 年 2 月 24 日),见《九世班禅内地活动及返藏受阻档案选编》,第 75 页。
[173]《行政院秘书处为抄送扎什伦布寺推岭扎仓等推派丁杰等欢迎班禅回藏呈文事致蒙藏委员会函》(1934 年 5 月 15 日),见《九世班禅内地活动及返藏受阻档案选编》,第 78 页。
[174]《班禅在青康藏旅京同乡欢迎会上致词》(1934 年 2 月 18 日),见《九世班禅内地活动及返藏受阻档案选编》,第 73 页。
[175]《行政院秘书处为抄送黄家濂转呈蒋致余报噶厦及三大寺派代表欢迎班禅回藏电事致蒙藏委员会函》(1934 年 7 月 4 日),见《九世班禅内地活动及返藏受阻档案选编》,第 82 页。
[176]《班禅赠政府大羊头一个,送中央研究院陈列》,《申报》1934 年 2 月 7 日第 3 版。
[177] 赓:《班禅赠政府大羊头》,《申报》1934 年 2 月 17 日第 23 版。
[178]《班禅回藏最近尚难实现——石青阳之谈话》,《申报》1934 年 1 月 29 日第 4 版。
[179]《蒙藏案的内容》,《中央日报》1928 年 9 月 22 日第 1 张第 3 版。
[180]《九世班禅事略》,见《九世班禅内地活动及返藏受阻档案选编》,第 480 页。
[181]《班禅额尔德尼传》,第 204 页。
[182]《九世班禅事略》,见《九世班禅内地活动及返藏受阻档案选编》,第 480 页。
[183]《戴季陶偕西僧访班禅》,《申报》1934 年 1 月 31 日第 7 版。
[184]《班禅昨就府委职》,《中央日报》1934 年 2 月 21 日第 1 张第 3 版。
[185]《历辈达赖喇嘛与班禅额尔德尼年谱》,第 651 页。
[186]《英使昨访班禅》,《申报》1934 年 3 月 9 日第 8 版。
[187]《历辈达赖喇嘛与班禅额尔德尼年谱》,第 651 页。
[188]《班禅访晤英使》,《申报》1934 年 3 月 27 日第 3 版。
[189]《历辈达赖喇嘛与班禅额尔德尼年谱》,第 651 页。
[190]《班禅改定明日赴杭》,《申报》1934 年 4 月 24 日第 8 版。
[191]《褚民谊抵沪谈班禅入藏问题》,《申报》1934 年 4 月 29 日第 10 版。
[192]《班禅大师昨午后莅沪》,《申报》1934 年 5 月 23 日第 9 版。
[193]《历辈达赖喇嘛与班禅额尔德尼年谱》,第 652 页。
[194]《各界热烈欢迎班禅大师》,《申报》1934 年 6 月 1 日第 13 版。

[195]《班禅大师尚无晋京确期》,《申报》1934 年 6 月 7 日第 10 版。
[196]《安钦即赴赣》,《中央日报》1934 年 5 月 4 日第 1 张第 2 版。
[197]《时轮法会定期举行灌礼》,《中央日报》1934 年 5 月 8 日第 1 张第 3 版。
[198]《蒋促班禅回藏主持政教,希望汉藏关系日趋密切》,《申报》1934 年 5 月 13 日第 3 版。
[199]《安钦活佛昨返京》,《中央日报》1934 年 5 月 24 日第 1 张第 3 版。
[200]《邵元冲日记》,第 1124 页。
[201]《班禅回藏益有实现可能,隆夏尔被害之经过》,《申报》1934 年 6 月 7 日第 3 版。
[202]《安钦等一行来沪》,《申报》1934 年 6 月 13 日第 8 版。
[203]《蒋中正“总统”档案:事略稿本》(26),第 418 页。
[204]《班禅由沪抵京》,《申报》1934 年 7 月 1 日第 9 版。
[205]《汪院长访班禅,班禅昨派安钦祈雨》,《申报》1934 年 7 月 2 日第 3 版。
[206]《蒋中正“总统”档案:事略稿本》(26),第 510 页。
[207]《褚民谊昨抵沪谈话,班禅入藏困难问题解决》,《申报》1934 年 6 月 10 日第 10 版。
[208]《蒙藏佛教史》,西藏社会科学院西藏学汉文文献编辑室编:《使藏纪程、拉萨见闻录、西藏纪要》(合刊,西藏学汉文文献丛书第二辑),第 213 页。
[209]《班禅之返藏谈》,《申报》1934 年 7 月 15 日第 8 版。
[210]《班禅行辕为具报入藏沿途所需物品节略致蒙藏委员会公函》(1934 年 7 月 21 日),见《九世班禅内地活动及返藏受阻档案选编》,第 84 页。
[211]《九世班禅事略》,见《九世班禅内地活动及返藏受阻档案选编》,第 481 页。
[212]《班禅行辕为具报入藏沿途所需物品节略致蒙藏委员会公函》(1934 年 7 月 21 日),见《九世班禅内地活动及返藏受阻档案选编》,第 85 页。
[213]《西藏驻京办事处未接前藏乱事消息》,《申报》1934 年 8 月 14 日第 9 版。
[214]《黄慕松、吴忠信、赵守钰、戴传贤奉使办理藏事报告书》,第 30 页。
[215]《行政院秘书处为抄送致祭专使驻京通讯处转呈蒋致余报西藏当局请制止班禅由青入藏电致蒙藏委员会函》(1934 年 7 月 26 日),见《九世班禅内地活动及返藏受阻档案选编》,第 87—88 页。
[216]《蒋中正“总统”档案:事略稿本》(27),第 406 页。
[217]《蒋中正“总统”档案:事略稿本》(28),第 396 页。
[218]《班禅回藏问题》,《申报》1933 年 12 月 31 日第 10 版。
[219]《黄慕松今晨飞汉》,《申报》1934 年 4 月 26 日第 7 版。
[220]《褚民谊抵沪谈班禅入藏问题》,《申报》1934 年 4 月 29 日第 10 版。
[221]《安钦即赴赣》,《中央日报》1934 年 5 月 4 日第 2 版。
[222]《安钦再电蒋请示晋谒日期》,《中央日报》1934 年 5 月 5 日第 3 版。
[223]《时轮法会定期举行》,《中央日报》1934 年 5 月 8 日第 3 版。
[224]《安钦活佛昨返京》,《中央日报》1934 年 5 月 24 日第 3 版。
[225]《蒋促班禅回藏主持藏政》,《申报》1934 年 5 月 13 日第 3 版。
[226]《达赖逝世后藏人盼班禅回藏》,《中央日报》1934 年 5 月 23 日第 2 版。
[227]《班禅大师昨午后莅沪》,《申报》1934 年 5 月 23 日第 9 版。

[228]《班禅昨由杭抵沪》,《中央日报》1934 年 5 月 23 日第 2 版。
[229]《安钦谈藏人盼班禅返藏》,《中央日报》1934 年 6 月 1 日第 3 版。
[230]《前任藏军总司令伦夏尔遭惨杀》,《申报》1934 年 6 月 1 日第 4 版。
[231]《班禅回藏益有实现可能》,《申报》1934 年 6 月 7 日第 3 版。
[232]《褚民谊昨抵沪谈话，班禅入藏困难问题解决》,《申报》1934 年 6 月 10 日第 10 版。
[233]《安钦谈藏人盼班禅返藏》,《中央日报》1934 年 6 月 1 日第 3 版。
[234]《安钦昨晨赴赣谒蒋》,《中央日报》1934 年 6 月 3 日第 2 版。
[235]《昨晨市民大会各界欢迎班禅大师》,《申报》1934 年 6 月 4 日第 9—10 版。
[236]《沪各界欢迎班禅》,《中央日报》1934 年 6 月 4 日第 2 版。
[237]《班禅回藏益有实现可能》,《申报》1934 年 6 月 7 日第 3 版。
[238]《安钦将再度赴藏》,《中央日报》1934 年 6 月 29 日第 2 版。
[239]《蒋中正“总统”档案：事略稿本》(26)(民国二十三年五月至七月上)，第 418 页。
[240]《班禅由沪抵京》,《申报》1934 年 7 月 1 日第 9 版。
[241]《班禅大师昨抵京》,《中央日报》1934 年 7 月 1 日第 2 版。
[242]《汪院长访班禅》,《申报》1934 年 7 月 2 日第 3 版。
[243]《蒋中正“总统”档案：事略稿本》(26)(民国二十三年五月至七月上)，第 510 页。
[244]《班禅之返藏谈》,《申报》1934 年 7 月 18 日第 8 版。
[245]《班禅在平谈话》,《申报》1934 年 8 月 1 日第 11 版。
[246]《班禅在平谈话》,《申报》1934 年 8 月 1 日第 11 版。
[247]《蒋中正“总统”档案：事略稿本》(27)(民国二十三年七月下至九月上)，第 317 页。
[248]《行政院秘书处为抄送黄家濂转呈蒋致余报噶厦及三大寺派代表欢迎班禅回藏电事致蒙藏委员会函》(1934 年 7 月 4 日)，见《九世班禅内地活动及返藏受阻档案选编》，中国藏学出版社 1992 年版，第 82 页。
[249] *Copy of an Express letter No.7(3)—P/34, dated the 1st, August 1934, from Political Sikkim, Camp Gyantse, Tybet, to the Foreign, Simla.* 英国政府印度事务部秘密档案。
[250]《蒋中正总统档案：事略稿本)》(27)(民国二十三年七月下至九月上)，第 59—60 页。
[251]《行政院秘书处为抄转致祭专使驻京通讯处转呈蒋致余报西藏当局请制止班禅由青入藏电致蒙藏委员会函》(1934 年 7 月 26 日)，见《九世班禅内地活动及返藏受阻档案选编》，第 87—88 页。
[252]《西藏驻京办事处转呈噶厦请班禅由海道入藏电致蒙藏委员会快邮代电》(1934 年 7 月 26 日)，见《九世班禅内地活动及返藏受阻档案选编》，第 86 页。
[253]《蒋中正“总统”档案：事略稿本》(27)(民国二十三年七月下至九月上)，第 315 页。
[254]《司伦噶厦电京，欢迎班禅回藏》,《申报》1934 年 8 月 15 日第 3 版。
[255]《蒋中正“总统”档案：事略稿本》(27)(民国二十三年七月下至九月上)，第 328—329 页。
[256] 同上书，第 406 页。
[257]《奉使办理藏事报告书》，第 33 页。
[258]《黄慕松、吴忠信、赵守钰、戴传贤奉使办理藏事报告书》，第 30 页。
[259]《黄慕松入藏纪实》，见《文史资料选辑》第 93 辑，第 116 页。

[260]《黄慕松、吴忠信、赵守钰、戴传贤奉使办理藏事报告书》，第 33 页。
[261]《蒋中正“总统”档案：事略稿本》(27)(民国二十三年七月下至九月上)，第 415—416 页。
[262] 同上书，第 522 页。
[263] 同上书，第 396 页。
[264]《西藏驻京办事处未接前藏乱事消息》，《申报》1934 年 8 月 14 日第 9 版。
[265]《安钦昨晨赴港，换轮赴印入西藏》，《申报》1934 年 10 月 10 日第 14 版。
[266]《班禅之弟到京》，《申报》1935 年 1 月 8 日第 6 版。
[267]《褚民谊谈藏事》，《申报》1934 年 11 月 14 日第 6 版。
[268]《黄慕松电称藏方表示好感》，《申报》1934 年 11 月 26 日第 3 版。
[269]《入藏宣慰黄慕松专使昨晨莅沪》，《申报》1935 年 2 月 16 日第 13 版。
[270]《黄慕松到京》，《申报》1935 年 2 月 17 日第 3 版。
[271] 黄渠:《川康西藏动乱之前因后果》，《复兴月刊》1935 年第 3 卷第 6—7 期，第 26 页。
[272]《班禅回藏问题》，《申报》1933 年 12 月 31 日第 10 版。
[273]《西藏政治史》，第 234 页。
[274]《十三世达赖喇嘛圆寂后的西藏政局》，见《西藏文史资料选辑》I，第 218 页。
[275]《西藏驻京办事处转呈噶厦请班禅回藏勿随带汉蒙人等事致蒙藏委员会代电》(1935 年 5 月 10 日)，见《九世班禅内地活动及返藏受阻档案选编》，第 140 页。
[276]《蒋致余为报布达拉会议讨论班禅回藏情形致蒋介石电》(1935 年 5 月 17 日)，见《九世班禅内地活动及返藏受阻档案选编》，第 145 页。
[277] “Doc. 79[F2253/4/10] Letter from the Political Office in Sikkim, No.7(7)-p./35, dated February 18, 1936.——(Communicated by India Office, April 17, 1936.)” *British Documents on Foreign Affairs–Reports and Papers from the Foreign Office Confidential Print. Part II. Volume44, China, January 1936-June1937,* p.121.
[278]《班禅陈述藏案近况宣化步骤建设计划及回藏意见致蒙藏委员会函》(1935 年 3 月 19 日)，见《九世班禅内地活动及返藏受阻档案选编》，第 110—112 页。
[279]《安钦呼图克图为请中央近期护送班禅回藏事致黄慕松函》(1935 年 4 月 7 日)，见《九世班禅内地活动及返藏受阻档案选编》，第 114—115 页。
[280] 警中:《班禅定五月入藏，西藏问题将获圆满解决》，《边事研究》1935 年第 1 卷第 5 期，第 139 页。
[281] 高明芳编注:《蒋中正“总统”档案：事略稿本》(29)(民国二十四年一月至二月)，台北“国史馆”2007 年版，第 473 页。
[282]《蒋介石为班禅回藏应讨论事宜致汪精卫等电》(1935 年 4 月 8 日)，见《九世班禅内地活动及返藏受阻档案选编》，第 115 页。
[283]《蒋致余为请中央派兵护送班禅回藏事致高长柱电》(1935 年 4 月 14 日)，见《九世班禅内地活动及返藏受阻档案选编》，第 117 页。
[284]《诚允为谢委驻藏重责并抄转蒋致余给马步芳两电事致黄慕松电》(1935 年 6 月 11 日)，《九世班禅内地活动及返藏受阻档案选编》，第 161—162 页。
[285]《赵丕廉由京抵平》，《申报》1935 年 7 月 20 日第 8 版。

[286] 村田孜郎:《班禅回藏问题》,《文化批判》1936 年第 3 卷第 4 期,第 9 页。

[287] "Doc. 281[F4503/12/10] India Office to Foreign Office.–(Received July 12.) India Office, July 11, 1935." *British Documents on Foreign Affairs–Reports and Papers from the Foreign Office Confidential Print. Part II. Volume43, China, April 1934-December1935,* p.282.

[288] Ibid., p.283.

[289] "Doc. 48[F1036/4/10] Extracts from the Report on the Mission to Lhassa in 1935.–(Communicated by India Office, February 20, 1936; Received February 22.)" *British Documents on Foreign Affairs–Reports and Papers from the Foreign Office Confidential Print. Part II. Volume44, China, January 1936-June1937,* p.69.

[290] "Doc. 79[F2253/4/10] Letter from the Political Office in Sikkim, No.7(7)-p./35, dated February 18, 1936.–(Communicated by India Office, April 17, 1936.)" *British Documents on Foreign Affairs–Reports and Papers from the Foreign Office Confidential Print. Part II. Volume44, China, January 1936-June1937,* p.122.

[291] "Doc. 48[F1036/4/10] Extracts from the Report on the Mission to Lhassa in 1935.–(Communicated by India Office, February 20, 1936; Received February 22.)" *British Documents on Foreign Affairs–Reports and Papers from the Foreign Office Confidential Print. Part II. Volume44, China, January 1936-June1937,* p.70.

[292] "Doc. 79[F2253/4/10] Letter from the Political Office in Sikkim, No.7(7)-p./35, dated February 18, 1936.–(Communicated by India Office, April 17, 1936.)" *British Documents on Foreign Affairs–Reports and Papers from the Foreign Office Confidential Print. Part II. Volume44, China, January 1936-June1937,* pp.122-124.

[293] 中国第二历史档案馆藏:《蒋致余致南京行政院汪兆铭急电》(1935 年 10 月 16 日),蒙藏委员会档案,一四一 /2358。

[294]《蒋致余为报闻西藏抗拒护送班禅仪仗队入藏并拟请中央撤回驻藏人员等情致行政院等电》(1935 年 9 月 9 日),见《九世班禅内地活动及返藏受阻档案选编》,第 195 页。

[295]《蒋致余为报闻英人在藏蛊惑及藏政府遣差与班禅商洽等情致行政院等电》(1935 年 9 月 12 日),见《九世班禅内地活动及返藏受阻档案选编》,第 198 页。

[296]《蒋致余为报闻西藏抗拒护送班禅仪仗队入藏并拟请中央撤回驻藏人员等情致行政院等电》(1935 年 9 月 9 日),见《九世班禅内地活动及返藏受阻档案选编》,第 194—195 页。

[297]《蒋致余为报闻英人在藏蛊惑及藏政府遣差与班禅商洽等情致行政院等电》(1935 年 9 月 12 日),见《九世班禅内地活动及返藏受阻档案选编》,第 198—199、198 页。

[298]《噶厦为拒阻中央派员暨仪仗队护送班禅入藏事致蒙藏委员会电》(1935 年 9 月 22 日),见《九世班禅内地活动及返藏受阻档案选编》,第 202 页。

[299]《西藏驻京办事处为转陈噶厦请勿派官兵护送班禅入藏等事致蒙藏委员会快邮代电》(1935 年 9 月 27 日),见《九世班禅内地活动及返藏受阻档案选编》,第 207 页。

[300]《蒋致余为报闻西藏抗拒护送班禅仪仗队入藏并拟请中央撤回驻藏人员等情致行政院等电》(1935 年 9 月 9 日),见《九世班禅内地活动及返藏受阻档案选编》,第 195 页。

[301]《蒋致余为报闻英人在藏蛊惑及藏政府遣差与班禅商洽等情致行政院等电》(1935 年 9

月 12 日)，见《九世班禅内地活动及返藏受阻档案选编》，第 198 页。

[302]《蒙藏委员会为再申派专使及仪仗队护送班禅回藏缘由复西藏驻京办事处代电》(1935 年 10 月 7 日)，见《九世班禅内地活动及返藏受阻档案选编》，第 211—212 页。

[303] "Doc. 364[F6770/12/10] Sir Samuel Hoare to Sir A.Cadogan(Nanking). Foreign Office, October31, 1935." *British Documents on Foreign Affairs–Reports and Papers from the Foreign Office Confidential Print. Part II. Volume43, China, April 1934-December1935,* p.381.

[304] "Doc. 365[F6770/12/10] Sir Samuel Hoare to Sir A.Cadogan(Nanking). Foreign Office, October31, 1935." *British Documents on Foreign Affairs–Reports and Papers from the Foreign Office Confidential Print. Part II. Volume43, China, April 1934-December 1935,* p.382.

[305]《徐次长会晤英大使贾德干谈话记录》(1935 年 11 月 9 日)，见《九世班禅内地活动及返藏受阻档案选编》，第 227、228 页。

[306] "Doc. 1[F71/4/10] Sir A.Cadogan to Mr. Eden.–(Received January4.) Peking, January4, 1936." *British Documents on Foreign Affairs–Reports and Papers from the Foreign Office Confidential Print. Part II. Volume44, China, January 1936-June1937,* p.1.

[307] "Doc. 79[F2253/4/10] Letter from the Political Office in Sikkim, No.7(7)-p./35, dated February 18, 1936.–(Communicated by India Office, April 17, 1936.)" *British Documents on Foreign Affairs–Reports and Papers from the Foreign Office Confidential Print. Part II. Volume44, China, January 1936-June1937,* p.124.

[308] 参见《喇嘛王国的覆灭》，第 205 页。

[309]《蒋致余请中央勿顾英国恫吓速送班禅回藏致军委会委员长蒋、行政院代院长孔等电》(1935 年 11 月 24 日)，见《九世班禅内地活动及返藏受阻档案选编》，第 222—223 页。

[310]《刘司长与英大使馆秘书禅德本谈话摘要》，见《九世班禅内地活动及返藏受阻档案选编》，第 228 页。

[311]《照译驻华英大使馆备忘录》，见《九世班禅内地活动及返藏受阻档案选编》，第 237—238 页。

[312]《蒙藏委员会为拟定应付英国干涉护送班禅回藏原则和意见致行政院呈》(1935 年 12 月 19 日)，见《九世班禅内地活动及返藏受阻档案选编》，第 233—234 页。

[313]《行政院为饬将英干涉护送抗议通知班禅征询意见事致蒙藏委员会训令》(1935 年 12 月 27 日)，见《九世班禅内地活动及返藏受阻档案选编》，第 236 页。

[314]《班禅为仍照原定计划开春入藏事致行政院电》(1936 年 1 月 12 日)，见《九世班禅内地活动及返藏受阻档案选编》，第 245 页。

[315]《行政院秘书处奉抄蒋致余关于现值班禅回藏千载一时之机致蒙藏委员会笺函》(1936 年 1 月 27 日)，见《九世班禅内地活动及返藏受阻档案选编》，第 251—252 页。

[316] "Doc. 27[F457/4/10] Mr. Eden to Mr. Howe(Peking). Foreign Office, January30, 1936." *British Documents on Foreign Affairs–Reports and Papers from the Foreign Office Confidential Print. Part II. Volume44, China, January 1936-June1937,* p.23.

[317]《西藏民众公会为请收回护送成命由西藏自行迎接班禅回藏事致行政院等电》(1936年2月1日)，见《九世班禅内地活动及返藏受阻档案选编》，第262—263页。

[318]《西藏驻京办事处译转僧俗官民全体大会请勿派员兵护送班禅入藏电致蒙藏委员会函》(1936年2月7日)，见《九世班禅内地活动及返藏受阻档案选编》，第273、274页。

[319]《外交部为英使续行干涉派队护送班禅回藏事致蒙藏委员会公函》(1936年2月6日)，见《九世班禅内地活动及返藏受阻档案选编》，第271—272页。

[320]“Doc. 50[F1082/4/10] Sir A. Cadogan to Mr. Eden.—— (Received February 24.) Nanking, February 24, 1936.” *British Documents on Foreign Affairs–Reports and Papers from the Foreign Office Confidential Print. Part II. Volume44, China, January 1936-June1937,* p.83. 根据英国政府的文件，先是在1935年10月28日，威廉逊致电九世班禅喇嘛，称：“除了指挥藏军、管理格外的宗和中国卫队与护送大员这三项要求外，西藏政府接受了班禅喇嘛其余所有要求。”九世班禅喇嘛于11月3日回电，首先确认“你告诉我，西藏政府关于我提出的要求，有三个未接受，即：(1) 我希望指挥全部藏军（后藏地区）；(2) 我渴望管理比以前更多的宗；(3) 我希望带来中国官员和士兵”。接着说：“为避免未来可能出现的麻烦，我必须坦言。我已告诉我的代表应告诉西藏政府我的要求是什么。我诚恳地指出，西藏政府认为我希望随行带来中国官员和士兵是不正确的，这并不是我的要求……”见：“Doc. 79[F2253/4/10] Letter from the Political Office in Sikkim, No.7(7)-p./35, dated February 18, 1936.——(Communicated by India Office, April 17, 1936.)” *British Documents on Foreign Affairs–Reports and Papers from the Foreign Office Confidential Print. Part II. Volume44, China, January 1936-June1937,* p122.

[321]“Doc. 50[F1082/4/10] Sir A. Cadogan to Mr. Eden.– (Received February 24.) Nanking, February 24, 1936.” *British Documents on Foreign Affairs–Reports and Papers from the Foreign Office Confidential Print. Part II. Volume44, China, January 1936-June1937,* p.83.

[322]《外交部为英使续行干涉派队护送班禅回藏事致蒙藏委员会公函》(1936年2月6日)，见《九世班禅内地活动及返藏受阻档案选编》，第272页。

[323]《蒙藏委员会为英使干涉派队护送班禅回藏所述意见不实仍按原案进行事复外交部函》(1936年2月13日)，见《九世班禅内地活动及返藏受阻档案选编》，第275页。

[324]《黄慕松为遵拟班禅和平返藏办法六项请鉴核致蒋介石折呈》(1936年2月25日)，见《九世班禅内地活动及返藏受阻档案选编》，第287页。

[325]《诚允请拨行署经费等事致蒙藏委员会函》(1936年2月18日)，见《九世班禅内地活动及返藏受阻档案选编》，第280页。

[326]《蒙藏委员会为阐述处理英干涉护送班禅卫队入藏事要旨致外交部公函》(1936年3月19日)，见《九世班禅内地活动及返藏受阻档案选编》，第295—296页。

[327]《黄慕松为代拟答复英使对藏事请求要点事致外交部长张群函》(1936年3月21日)，中国第二历史档案馆、中国藏学研究中心合编：《九世班禅内地活动及返藏受阻档案选编》，第299页。

[328]“Doc. 95[F2381/4/10] Mr. Eden to Mr. Howe(Nanking). Foreign Office, April 30, 1936.” *British Documents on Foreign Affairs–Reports and Papers from the Foreign Office Confidential Print. Part II. Volume44, China, January 1936-June1937,* pp.138-139.

[329] Ibid., p.138.

[330] "Doc. 99[F2457/4/10] Mr. Howe to Mr. Eden.–(Received May 2.) Nanking, May 2, 1936." *British Documents on Foreign Affairs–Reports and Papers from the Foreign Office Confidential Print. Part II. Volume44, China, January 1936-June1937*, pp.140-141.

[331]《行政院秘书处奉转蒋致余报闻噶厦议定对班禅回藏问题三方案电致蒙藏委员会笺函》(1936 年 7 月 24 日)，见《九世班禅内地活动及返藏受阻档案选编》，第 323 页。

[332] 同上文，第 322 页。

[333]《最近之康藏》，《康藏前锋》1936 年第 4 卷第 1/2 期，第 78 页。

[334] *L/PC/12/4181.* 英国政府印度事务部秘密档案。

[335]《张群为处理英干涉护送班禅仪仗队入藏对策希再予考虑抉择事致黄慕松函》(1936 年 4 月 6 日)，见《九世班禅内地活动及返藏受阻档案选编》，第 302 页。

[336]《蒙藏委员会为与外交部商定应付英干涉护送班禅仪仗队入藏办法事致行政院呈》(1936 年 4 月 22 日)，见《九世班禅内地活动及返藏受阻档案选编》，第 304 页。

[337]《行政院秘书处奉转蒋致余报闻噶厦热振留任藏局好转班禅宜早返藏等事致蒙藏委员会函》(1936 年 5 月 13 日)，见《九世班禅内地活动及返藏受阻档案选编》，第 306—307 页。

[338]《诚允报闻哲蚌寺代表昂旺堪却表示中央本和平主张班禅入藏绝无阻碍情事致蒙藏委员会电》(1936 年 6 月 20 日)，见《九世班禅内地活动及返藏受阻档案选编》，第 310 页。

[339]《行政院秘书处奉转蒋致余报闻班禅运藏武器被噶厦扣留等情事致蒙藏委员会笺函》(1936 年 7 月 4 日)，见《九世班禅内地活动及返藏受阻档案选编》，第 315 页。

[340] "蒋致余致蒋介石敬电" (1936 年 8 月 24 日)，"班禅返藏案"，"国史馆" 藏外交部西藏档 172—1/0018/019/4。转引自陈谦平：《抗战前后之中英交涉》，第 61 页。

[341]《班禅回藏问题》，《文化批判》1936 年第 3 卷第 4 期，第 10 页。

[342]《班禅为报与西藏迎禅代表晤谈情形并坚持按原定计划回藏事致军委会电》(1936 年 9 月 8 日)，见《九世班禅内地活动及返藏受阻档案选编》，第 344 页。

[343]《班禅驻京办事处为转呈噶厦反对中央护送班禅官员卫队入藏事电致蒙藏委员会代电》(1936 年 9 月 14 日)，见《九世班禅内地活动及返藏受阻档案选编》，第 344 页。

[344]《行政院秘书处奉转黎丹等驳复噶厦反对中央派员护送班禅入藏意见电致蒙藏委员会函》(1936 年 9 月 29 日)，见《九世班禅内地活动及返藏受阻档案选编》，第 348—349 页。

[345]《外交部为英使转递噶厦反对中央派队护送班禅入藏公文拒绝收转事致蒙藏委员会公函》(1936 年 10 月 24 日)，见《九世班禅内地活动及返藏受阻档案选编》，第 354 页。

[346]《蒙藏委员会为英驻华使馆转递噶厦拒绝中央派员护送班禅入藏事致行政院呈》(1936 年 11 月 27 日)，见《九世班禅内地活动及返藏受阻档案选编》，第 357—358 页。

[347]《外交部为英使馆照会干涉中央派专使仪仗队护送班禅入藏事致蒙藏委员会函》(1936 年 12 月 25 日)，见《九世班禅内地活动及返藏受阻档案选编》，第 365—366 页。

[348]《行政院秘书处奉转蒋致余报闻英人在藏宣传西安事变消息请饬青川增兵严防电致蒙藏委员会笺函》(1936 年 12 月 19 日)，见《九世班禅内地活动及返藏受阻档案选编》，

第 363 页。

[349]《班禅回藏问题》，《文化批判》1936 年第 3 卷第 4 期，第 10 页。

[350]《达赖转世与班禅返藏》，《东方杂志》1937 年第 34 卷第 7 号，第 39 页。

[351]《第五世热振土登江白益西·丹贝坚赞传略》，见《西藏文史资料选辑》III，第 3 页。

[352] *From Government of India, Foreign and Political Department, to Secretary of State for India. Dated Simla, 18th August, 1936.* 英国政府印度事务部秘密档案。

[353]《达赖转世与班禅返藏》，《东方杂志》1937 年第 34 卷第 7 号，第 39 页。

[354]《蒙藏委员会为拟定护送班禅仪仗队入藏办法致行政院呈》（1936 年 12 月 31 日），见《九世班禅内地活动及返藏受阻档案选编》，第 368—369 页。

[355]《行政院为准仪仗队护送班禅到藏后即行撤回致蒙藏委员会指令》（1937 年 1 月 13 日），见《九世班禅内地活动及返藏受阻档案选编》，第 371 页。

[356] "Doc. 304[F689/11/10] Sir H. Knatchbull-Hugessen to Mr. Eden.–(Received February2.) Nanking, February2, 1937." *British Documents on Foreign Affairs–Reports and Papers from the Foreign Office Confidential Print. Part II. Volume44, China, January 1936-June1937,* p.342.

[357] "Doc. 305[F686/11/10] Sir H. Knatchbull-Hugessen to Mr. Eden.——(Received February2.) Nanking, February2, 1937." *British Documents on Foreign Affairs–Reports and Papers from the Foreign Office Confidential Print. Part II. Volume44, China, January 1936-June1937,* p.342.

[358]《行政院秘书处奉抄西藏驻京代表请制止护送班禅官兵入藏代电事致蒙藏委员会笺函》（1937 年 2 月 22 日），见《九世班禅内地活动及返藏受阻档案选编》，第 379 页。

[359] "Doc. 79[F2253/4/10] Letter from the Political Office in Sikkim, No.7(7)-p./35, dated February 18, 1936.–(Communicated by India Office, April 17, 1936.)" *British Documents on Foreign Affairs–Reports and Papers from the Foreign Office Confidential Print. Part II. Volume44, China, January 1936-June1937,* p.124.

[360]《蒙藏委员会委员长吴忠信召见西藏代表事由及谈话要点》（1937 年 3 月 9 日），《九世班禅内地活动及返藏受阻档案选编》，第 385 页。

[361]《行政院秘书处奉转蒋致余密陈解决中央与西藏关系及班禅入藏问题办法电致蒙藏委员会笺函》（1937 年 3 月 18 日），见《九世班禅内地活动及返藏受阻档案选编》，第 390—391 页。

[362]《蒙藏委员会为拟议解决藏事办法四项并转饬蒋致余知照事致行政院秘书处公函》（1937 年 4 月 2 日），见《九世班禅内地活动及返藏受阻档案选编》，第 399 页。

[363]《行政院秘书处奉转蒋致余密陈解决中央与西藏关系及班禅入藏问题办法电致蒙藏委员会笺函》（1937 年 3 月 18 日），见《九世班禅内地活动及返藏受阻档案选编》，第 391 页。

[364]《行政院秘书处奉转蒋致余报告英人挑拨西藏与中央关系并对解决藏事办法速予训示电致蒙藏委员会笺函》（1937 年 3 月 31 日），见《九世班禅内地活动及返藏受阻档案选编》，第 396 页。

[365]《蒋致余致蒋介石电》（1937 年 5 月 10 日），见《九世班禅内地活动及返藏受阻档案

选编》，第 409 页。

[366]《行政院秘书处奉转蒋致余报告英人挑拨西藏与中央关系并对解决藏事办法速予训示电致蒙藏委员会笺函》（1937 年 3 月 31 日），见《九世班禅内地活动及返藏受阻档案选编》，第 396—397 页。

[367]《行政院秘书处奉转蒋致余报告藏中对中央及班禅回藏均有疑虑并陈解决途径电致蒙藏委员会笺函》（1937 年 4 月 13 日），见《九世班禅内地活动及返藏受阻档案选编》，第 401 页。

[368]《行政院秘书处奉转蒋致余报告英员柯尔返英并陈乘班禅返藏之机收复昌都等情电致蒙藏委员会笺函》（1937 年 6 月 18 日），见《九世班禅内地活动及返藏受阻档案选编》，第 421 页。

[369]《蒙藏委员会调查室抄送班禅左右主张武力入藏班禅不欲兵戎相见情报致藏事处函》（1937 年 5 月 26 日），见《九世班禅内地活动及返藏受阻档案选编》，第 415 页。

[370]《安钦呼图克图为班禅代表向拉萨代表提出班禅入藏三项要求事致吴忠信函》（1937 年 7 月 16 日），见《九世班禅内地活动及返藏受阻档案选编》，第 423—424 页。

[371]《蒙藏委员会为班禅与噶厦商讨仪仗队入藏条件及藏方问卜神示不许拒抗中央护送官兵等事致赵守钰电》（1937 年 7 月 27 日），见《九世班禅内地活动及返藏受阻档案选编》，第 437 页。

[372]《外交部为英使表示仪仗队入藏无论藏方意见如何英国不能同意事致蒙藏委员会公函》（1937 年 8 月 4 日），见《九世班禅内地活动及返藏受阻档案选编》，第 441 页。

[373]《军委会办公厅为转送重庆行营对解决班禅回藏问题及今后处理藏事的意见致蒙藏委员会公函》（1937 年 7 月 19 日），见《九世班禅内地活动及返藏受阻档案选编》，第 426—428 页。

[374]《军委会办公厅为转送重庆行营对解决班禅回藏问题及今后处理藏事的意见致蒙藏委员会公函》（1937 年 7 月 19 日），见《九世班禅内地活动及返藏受阻档案选编》，第 428—429 页。

[375]《行政院秘书处奉转蒋致余报告热振力主速派噶伦入京商决藏事等情并建议解决藏事办法三事电致蒙藏委员会笺函》（1937 年 7 月 28 日），见《九世班禅内地活动及返藏受阻档案选编》，第 439 页。

[376]《赵守钰为与班禅入藏对策事致蒙藏委员会电》（1937 年 8 月 8 日），见《九世班禅内地活动及返藏受阻档案选编》，第 443—444 页。

[377]《行政院为班禅暂缓入藏致蒙藏委员会训令》（1937 年 8 月 19 日），见《九世班禅内地活动及返藏受阻档案选编》，第 452 页。

[378]《陈布雷转示蒋介石为顾全中英关系班禅入藏须特别慎重仪仗队不可入藏谕致吴忠信函》（1937 年 9 月 28 日），见《九世班禅内地活动及返藏受阻档案选编》，第 457 页。

[379]《外交部为英国干涉班禅仪仗队入藏并亦认为不宜入藏事致蒙藏委员会公函》（1937 年 10 月 1 日），见《九世班禅内地活动及返藏受阻档案选编》，第 459 页。

[380]《行政院秘书处奉转赵守钰报告班禅同意暂缓入藏请指定驻地等事电致蒙藏委员会笺函》（1937 年 10 月 8 日），见《九世班禅内地活动及返藏受阻档案选编》，第 464 页。

[381]《班禅堪布厅为噶厦所提条件无法接受大师率属移驻甘孜事致班禅办事处电》（1937

年 9 月 30 日)，见《九世班禅内地活动及返藏受阻档案选编》，第 458 页。
[382]《护送班禅额尔德尼返回西藏的回忆》，见《西藏文史资料选辑》第 1 辑，第 184 页。
[383] 同上文，第 185 页。
[384] 同上文，第 184 页。
[385] 豆格才让、扎嘎:《班禅世系的产生及历世班禅转世过程》(下)，《西藏研究》1991 年第 3 期。
[386] “[F462/272/10]No.231. India Office to Foreign Office.–(Received January).” *British Documents on Foreign Affairs–Reports and Papers from the Foreign Office Confidential Print. Part III, from 1940 through 1945, Series E, Asia, 1914–1949,* p.326.
[387] 沈云龙:《班禅回藏问题》，《国论》1937 年第 2 卷第 10 期，第 1335 页。
[388] “Doc.79[F2253/4/10] Letter from the Political Office in Sikkim, No.7(7)-p./35, dated February 18, 1936.–(Communicated by India Office, April 17, 1936.)” *British Documents on Foreign Affairs–Reports and Papers from the Foreign Office Confidential Print. Part II. Volume44, China, January 1936-June1937,* p.121.
[389]《英商扩张侵藏势力》，《申报》1934 年 5 月 7 日第 7 版。
[390]《护送班禅额尔德尼返回西藏的回忆》，见《西藏文史资料选辑》I，第 184 页。
[391]《班禅回藏问题》，《国论》1937 年第 2 卷第 10 期，第 1335 页。
[392]《西藏政治史》，第 235 页。
[393]《蒙藏委员会为点验堪厅武器案业已结束事致行政院呈》(1938 年 8 月 26 日)，见《九世班禅圆寂致祭和十世班禅转世坐床档案选编》，中国藏学出版社 1991 年版，第 55—56 页。
[394]《黄慕松、吴忠信、赵守钰、戴传贤奉使办理藏事报告书》，第 76、73、75、77 页。
[395] [396] 刘文敷:《西藏问题》，《边事研究》1934 年第 1 卷第 1 期，第 90 页。
[397]《达赖转世与班禅返藏》，《东方杂志》1937 年第 34 卷第 7 号，第 39 页。
[398]《班禅回藏问题》，《文化批判》1936 年第 3 卷第 4 期，第 10 页。
[399]《第五世热振土登江白益西·丹贝坚赞传略》，见《西藏文史资料选辑》III，第 4 页。
[400] 同上文，第 5 页。
[401]《一月来之康藏》，《康藏前锋》1936 年第 3 卷第 6 期，第 54 页。
[402]《达赖代表巫明远电京攻讦班禅》，《申报》1932 年 9 月 14 日第 4 版。
[403] 中国藏学研究中心、中国第二历史档案馆:《民国治藏行政法规》，五洲传播出版社 1999 年版，第 37 页。
[404] 恒:《论班禅回藏》，《康藏前锋》1935 年第 2 卷第 7 期，第 3 页。
[405]《班禅告青康民众书》，《西北问题》1935 年第 1 卷第 4 期，第 2 页。
[406] 周行健:《达赖之死与西藏问题》，《人言周刊》1934 年第 1 卷第 1—25 期上册，第 95 页。
[407]《班禅回藏问题》，《国论》1937 年第 2 卷第 10 期，第 1336 页。
[408] 吴忠信:《西藏纪要》，见《使藏纪程、拉萨见闻录、西藏纪要》(合刊，西藏学汉文文献丛书第二辑)，第 14 页。
[409] 黄嘉德译:《班禅活佛访问记》，《人间世》1935 年第 40 期，第 38 页。

[410]《西藏现政权与英国之关系》,《边事研究》1936 年第 4 卷第 1 期,第 9 页。

[411]《西藏对外关系总结》,《近代史资料》第 108 辑,第 255 页。

[412] 黄渠:《川康西藏动乱之前因后果》,《复兴月刊》1935 年第 3 卷第 6—7 期,第 26 页。除了英国因素外,据 1937 年美国传言还有日本因素:"日本要支持班禅回藏,援其在亚洲北部建立一大国度的计划。"(《达赖转世与班禅返藏》,《东方杂志》1937 年第 34 卷第 7 号,第 33 页)传言是否属实,需要研究。

[413] 马中侠:《班禅大师与西藏》,《边疆半月刊》第 2 卷第 5 期,第 8 页。

第八章
从十四世达赖喇嘛坐床到热振事件：西藏与中央的政治关系在改善中顿挫

十三世达赖喇嘛圆寂后，其转世灵童的寻访及十四世达赖喇嘛的坐床，成为西藏问题中的最大问题。这不但“为西藏政教之大典，亦系调整中央与西藏关系之时机”[1]。国民政府对此极为重视，认为“达赖转世，关系中央在藏政权之隆替”[2]。从1935年6月至1940年2月，国民政府坚持和行使历届中央政府对达赖喇嘛转世问题的主权，派遣蒙藏委员会委员长吴忠信入藏主持十四世达赖喇嘛坐床典礼。1940年4月14日，吴忠信启程返回内地。

英国政府也非常重视达赖喇嘛转世与坐床问题对国民政府解决西藏问题的重要性，黎吉生即宣称：“自黄慕松1934年入藏以来，中国在西藏的影响持续上升。如果中国渐次采取措施，则达赖喇嘛转世和坐床问题是一个极好的机会，中国的影响会进一步扩大。”[3]因此，英国千方百计阻拦国民政府的努力。由于国民政府和西藏爱国人士的努力，更主要是由于藏传佛教是中华民族文化的重要组成部分，英国的阴谋未能得逞，吴忠信顺利主持了十四世达赖喇嘛的坐床大典。

但是，英国不愿意看到西藏地方与国民政府政治关系的改善，乃利用西藏地方政府内部激烈的权力斗争，与分裂分子勾结，唆使和制造了“热振事件”。当事人之一的曲吉尼玛指出：热振事件，既是“西藏近代史上统治阶层内部为争权夺利而发生的尖锐、复杂的一场政治斗争，也是帝国主义者长期进行煽动、挑拨，企图使西藏与祖国分离，精心策划的必然结果。尽管当时国民党政府由于腐败无能，对这一事件束手无策，但事件本身却充分表现了西藏一部分爱国者维护祖国统一，反对分裂的爱国主义的思想和行动”[4]。总之，热振事件发生之根源，“是西藏噶厦政府内一小撮亲英分子勾结英帝国主义妄图分裂祖国”[5]。这样，西藏地方与国民政府的政治关系在改善中遭到顿挫。

第一节 十三世达赖喇嘛转世灵童的寻访与热振权力的逐步加强

热振，即五世热振土登江白益西·丹贝坚赞，中国近现代史上著名的西藏地区爱国领袖。他在十三世达赖喇嘛转世灵童的寻访、遴选中有着举足轻重的地位。他于1912年出生于西藏山南地区加查宗。1917年，被十三世达赖喇嘛亲自遴选为五世热振。1931年，考取格西拉让巴学位。1934年1月至1940年12月，担任代理摄政、摄政（杰曹摄政）。六世热振认为：其间，他“秉承十三世达赖喇嘛之旨意，不负西藏僧俗重托……寻访到十三世达赖喇嘛的转世灵童；密切了祖国与西藏的关系；巩固了当时的西藏地方政权”[6]。探讨此问题，不但能弄清热振所起举足轻重的作用到底如何，而且有助于我们认识十三世达赖喇嘛转世灵童寻访的真实情况及其与西藏地方政府内部权力变化的关系。由于学术界尚未探讨[7]，本节下面就来分析。

一、从代理摄政到摄政：热振的地位在反对九世班禅喇嘛返藏中提高

前面已经指出，热振是在十三世达赖喇嘛圆寂后的西藏地方权力格局的变化中出任代理摄政的。他上任以后，其职位发生了从代理摄政到正式摄政的演变。这个问题，需要从他出任代理摄政的情况说起。有学者认为：当时“大家一致同意的”候选人有三位，即热振、甘殿池巴米娘·益喜旺对、达赖经师普觉活佛土丹江巴次成。但是，“究竟三人中决定由谁当选”，是采取宗教仪式抽签选出热振的。[8]其实，这是十三世达赖喇嘛生前对自己圆寂后的噶厦权力格局有意安排。从各种情况来说，十三世达赖喇嘛有意以热振出任摄政：其一，热振1912年出生于山南地区加查宗的一户贫苦家庭，是十三世达赖喇嘛亲自选定的，名字是他取的，削发剃度是他亲自弄的，其他各项佛事仪轨也是他亲自主持的。这说明他与热振具有师徒关系。其二，1931年，热振在19岁就考取了格西学位。这固然是他自己“潜心闻思显密经典”的结果，但如无十三世达赖喇嘛有意安排他在藏传佛教中的地位，是不可能年纪轻轻就考取的。其三，1932年5月，十三世达赖喇嘛到热振寺，亲自将寿瓶放在热振的头上，并言：“我看今后，你也夏季住罗布林

卡，冬季住布达拉宫为好。”他还将一本《预言经》通由土登贡培赠给热振，并由土登贡培带话给热振：“今后凡遇选定辨认活佛等法事，只要按照这部《预言》，就不会有讹谬。我也一直以这部经文为依据。”这显然是把行政大权与活佛挑选权交给热振，暗含由热振负责其转世灵童的遴选。因此在推选摄政人选时，有人即强调：“十三世达赖喇嘛一向十分赏识热振活佛，从上次亲临热振寺的玉香，以及各方面征兆情况来看，热振活佛是唯一候选人。”[9]

当然，热振中“选”，同英国政府也有一定关系。英国政府先是认为热振仅有 12 岁，随后认为 23 岁，这说明它对热振并不了解。热振当选后，英国政府注意到他未即刻就职。[10] 英国政府当时称：“热振在官员中并不受到怎么欢迎，对行政事务也不在行。泽墨的影响日益增大，他是 1913 年西姆拉会上噶厦代表团的助手，他比大多数藏人对外界的了解要多得多。”[11] 这说明泽墨颇受英国政府的赏识，噶厦权力格局的重新安排考虑了英国政府的因素。1934 年 8 月 22 日，威廉逊向英国政府报告说：“目前，拉萨的所有权力掌握在热振、司伦和泽墨手中，其他人并不重要。”[12] 这就意味着三人对达赖喇嘛转世灵童遴选问题会展开较量。二则，按照达赖班禅互为师徒之制，许多藏传佛教信徒希望九世班禅返藏主持达赖喇嘛转世灵童寻访事宜。如果九世班禅能返藏，热振也就可能只能“代理”到他返藏时。

热振出任代理摄政后，马上面临着的就是处理黄慕松入藏致祭十三世达赖喇嘛和九世班禅喇嘛返藏的问题。前项问题以及探讨，无须赘述。后项问题虽也探讨过，但是尚可从与热振的关系角度加以分析，热振的态度值得深思。8 月 2 日，他对莱登拉说，得知黄慕松与噶厦要协商九大问题，其中之一即为九世班禅喇嘛的返藏问题；并称他不知为什么汉人会提出此问题，因为九世班禅喇嘛不久就会返藏。至于其余八大问题，热振表示不知。[13] 莱登拉就此向英印政府报告：热振在同他的谈话中“表现出对九世班禅喇嘛返藏前景的极大兴趣”[14]。在 11 月 26 日与黄慕松的协商中，热振要求黄慕松“担任调人”，黄慕松“告以海道回藏非班禅所能办到，必须酌带卫队，经由青海，藏方如能确予以安全保障，可代请勿多带军队。回藏后不特宜一切照旧，且须加以优待方可”。热振与司伦贡噶旺秋“均表示同意，并担任保障之责”。[15] 这看起来好像是热振欢迎九世班禅喇嘛返藏，而且同意恢复达赖与班禅两个系统之间关系的旧制。

但是，热振的态度随即出现变化，而且与英国的唆使有关。1935 年 9 月，威廉逊在拉萨宣称“班禅所有枪弹已被马步芳扣留，中国内地未平，不能西顾”，唆使噶厦“以兵抗拒班禅回藏”。[16] 于是，彭休等噶伦建议噶厦致电国民政府，反对护送专使率兵入藏，将电文呈报热振签字。热振签字同意，电文于 9 月 22 日发出。[17]9 月 23 日，蒙藏委员会回电热振、贡噶旺秋及众噶伦，解释说：“中央此次特派诚专使允护送班禅大师回藏，原诚专使系满洲同胞，在东北历任高等法院院长，吉林民政厅长、代理主席，现任本会委员，为人老成持重，酷爱和平，对边事尤多研究。至仪仗队，系由中央宪兵司令挑选，其任务为尊重体制，其性质为爱好和平，军纪严肃，军誉素佳。此次诚专使指导此项仪仗队护送班禅大师回藏，对中藏人士感情当有裨益也。”[18] 但在 9 月 27 日，噶厦回电仍然反对。行政院院长汪精卫乃专门致电热振，再次解释说“中央援照旧例派遣护送专使与仪仗队原为尊崇佛教，爱护和平，班禅回藏目的，亦在安定人心，维持政教”[19]。热振的态度稍有所变化，派欢迎代表到塔尔寺同九世班禅喇嘛协商，九世班禅喇嘛返藏问题表面上出现了转机，10 月 13 日有电称诚允就此发表了谈话：“西藏代管政教之热振佛及前藏官民等，派代表八人抵青欢迎班禅入藏，班禅月底可行。”[20] 热振也于 12 月 21 日派人秘密告诉蒋致余，要求注意“中藏问题”，称“藏方已有和平解决意”。但是，蒋致余并不抱乐观态度，他建议国民政府说：虽然热振有此表示，“惟藏人狡黠异常，无所不为其极。纵使其有和平解决藏事诚意，亦必待其彻底觉悟，自动请求，方可望其就范。万恳注意此点，暂勿和平解决意旨。而对于班禅回藏问题，仍乞按照原定计划进行。逼串愈紧，则办事愈顺，收效愈大。”[21] 果不然，贡觉仲尼等驻京代表在 1936 年 2 月 7 日将全藏僧俗大会来电转呈蒙藏委员会，仍然反对护送九世班禅喇嘛回藏，并指责蒋致余“在藏违法杀人，擅弄威权，致令人民侧目而视”[22]。

从渊源关系来说，四世热振曾任九世班禅喇嘛经师，具有师徒关系，因此五世热振“亦渴望迎请班禅回藏”[23]；而且十三世达赖喇嘛遗嘱欢迎九世班禅喇嘛返藏，因而 1934 年 1 月 27 日是推举热振代理摄政。但正是代理摄政的问题，使热振的态度发生变化。当九世班禅喇嘛自青海向西藏进发时，噶厦政局变化，热振于 1936 年 6 月正式被推举为摄政。由于热振是爱国力量的代表人物，蒋致余认为“藏局至此，实已好转”。但是，他立刻从中认识到“班禅回藏，仍无定期”[24]。在下面所述的寻访之争正式开始后，热振签字同意噶厦提出的致国民政府之电，反对派遣专使率领仪仗队护送九世班禅返藏，电文于 1935 年 9 月 22 日发出。[25]12 月 21 日，热振还派人告诉蒋致余，要求注意“中藏问题”[26]。九世班禅喇嘛于 1936 年 6 月自青海向西藏进发，显然与热振宣布转世灵童已经寻得有关。但恰在九世班禅喇嘛进发时，热振被推举为正式摄政，此举含义在于：“西藏政府不待班禅回藏，便将政教大权移植于热振之手，且向南京中央政府声明：西藏的实权不再归于班禅喇嘛。”“西藏政制经过这种变动，无异予班禅返藏行动的一个阻碍，纵使班禅能够返藏，也不过名不符实的了。”[27]

尽管如此，国民政府仍然对热振做说服工作。7月2日，诚允就仪仗队问题致电热振“告之以诚，明之以理，动之以情”：“中央为班禅大师入藏策安全、崇佛教、壮观瞻起见，准由敝使带领仪仗队官兵共三百人沿途护送，借资警卫，比诸前清五世达赖入京回藏、六世达赖由青入藏时，所派护送均由王大臣带满蒙汉官兵数千人之例并无不合，亦不为过。况此次所选派之仪仗队皆受相当教育，明礼法，守纪律，自无滋扰之情事发生。所有官兵食品，均自行筹备，价买牛骡驮运，给养无亏，所过各地，并不征发粮食与乌拉。”他要求热振“转谕藏中僧俗人等咸知此意，毋自惊疑”。由于还负有代授热振封册及金印的使命，诚允最后一并指出：“倘荷贵禅师不惜金玉之言，说觉群迷，忘弃前尘，不着我相，一致趋重和平，班禅大师能早日回藏，贵禅师册封典礼亦可同时观成，中央和西藏地方和好如初，共谋双方乐利，岂独国家之幸，亦藏方之福也。”热振于7月11日回电诚允，对其所言“至深欣慰”，表示：“班禅大师回藏，实为佛教众生之无上幸福，前此藏方群众，对护送官兵入藏与藏中政教利害关系，不无疑虑。兹承来电解释，词意详明，自当遵嘱极力开导，转令知照。以后情形，当电再告。惟望贵处福利佛教众生，设法敦促班禅大师迅速入藏，至所盼祷。”诚允就此致电蒙藏委员会认为：“热振既能谅解听命，乘此良机，积极策进入藏，前途当可乐观。”[28]同日，热振宴请蒋致余，司伦贡噶旺秋作陪。热振表示关于九世班禅喇嘛回藏问题，“已饬由噶厦召集民众会议讨论解决办法”[29]。但是，他与司伦、噶厦于9月18日再次联名致电蒋介石，要求撤回仪仗队。12月中旬，“又照前电所请径电行政院暨蒙藏委员会请予照办”，“藉安藏中人心，否则藏人必生误会”。[30]1937年4月2日，热振对蒋致余称噶厦“节录呈报请示”，“所有中央对藏及班禅回藏各问题，仍须交由民众会议商讨一次，作最后之决定”，他“现已令饬噶厦遵办”。[31]7月17日，接任诚允护送九世班禅喇嘛返藏的赵守钰抵达玉树。他于7月31日致电热振：“现定八月护送班禅大师取道黑水入藏，并奉中央命，携带颁发贵摄政之册封、金印。此册封与金印，本专使不久将亲自奉至于贵摄政之前。良晤匪遥，先此电达。”热振回电：“承携来中央颁发本人之册封、金印，将亲授于本人。逖听之余，无任忻（欣）慰。良靓匪遥，诸容面罄。”[32]由此看来，国民政府的说服工作似乎见效了。

如无英人的干扰和破坏，国民政府努力成功的机率会大些。英国政府向热振提出由它来调解达赖与班禅两个系统的矛盾，古德入藏目的之一即是如此。换句话说，英国政府企图阻拦国民政府的努力。热振在1936年10月4日蒋致余询问时表示：古德称其“此次来藏，唯一任务在从中调停卫藏事件”，“本人比即以决绝态度答称，卫藏为吾藏政府内部之事，吾人自能妥为处理”。[33]但在1937年6月1日，蒋致余针对“此间盛传班禅带领仪仗队入藏事已说妥”一事，询问热振。热振回答：“此项仪仗队前经请求撤回，中央以系特派保护班禅，不能中途撤回，藏方已去电班禅，应允其率领来藏，惟到后自必撤回，其中并须置有确实可靠之人保证。”[34]蒋致余误解了热振的意思，认为“所谓保证人，意在指三大寺而言。因前者藏方对英人提议调停班禅事，已以内部事件谢绝英人，似不至再提以英人为保证”，并认为“据此以观，班禅回藏，或不至引起战事亦未可知”。[35]因此，他向九世班禅喇嘛提出建议，九世班禅喇嘛同意，表示：“班禅所代（带）中央仪仗队，到藏后准速撤回，如其不信，俟班禅抵西藏交界时具结，由扎什伦布或三大寺人等担保。”[36]随后，蒋致余认识到热振所指的意思，于7月11日向国民政府报告“情势突变”，噶厦“决定不派噶布伦入京，实行武力抗拒中央官兵护送班禅回藏”，并“已令两代本押枪五百支赴康”，原因之一与“英人不无挑拨关系”，之二“为噶厦仍惑于四川与中央之暗潮尚未解决，并中日有即将战争之传闻”。[37]8月8日，九世班禅喇嘛秘书长刘家驹致电吴忠信，更明确地指出：噶厦代表“坚拒汉方官兵经过拉萨；即赴后藏，亦须他国担保撤回”[38]。对此，国民政府的态度也很明确：“国际担保，决不可行。”[39]

除了所谓“国际担保”外，噶厦还要求班禅系统从属达赖系统。9月20日，蒋致余宴请热振、贡噶旺秋商讨。热振未表态，贡噶旺秋言“班禅回藏问题已告解决，赵专使（即赵守钰）及仪仗队已可于最近护送班禅顺利入藏”[40]，但其条件是“限中央护送官兵到藏后一二月内即由海道全体撤回”，九世班禅喇嘛须“签字，承认今后服从前藏政府命令”。对此，九世班禅喇嘛本人“不愿在藏方挟持条件之下即行入藏”，行政院也一方面“不能不顾及中央威信”，一方面“又值困难严重，对英关系，尤应顾全”[41]，因而决定“抗战期间，暂缓西进”[42]。可见，热振未表态，是事先噶厦内部已经就此达成一致。国民政府依靠热振解决九世班禅喇嘛返藏问题的希望基本上落空了。

在九世班禅喇嘛圆寂后，吴忠信于12月13日致电热振告知此事，并称“关于西藏一切善后，有赖于大师与执政诸员之努力甚多，尚冀益历精诚，协和众庶，期政教之相依，为地方之保乂”[43]。热振称：“噩耗传来，我等僧俗民众万分悲痛，衷心为其早日转世祈祷与祭祀、布施，并拟与哲蚌、色拉、甘丹三寺及扎什伦布寺商议。”[44]可以说，热振对九世班禅喇嘛所能做的就是此点。

总结以上所言，热振最初担任的是代理摄政，意味着九世班禅喇嘛返藏尚有希望。但正是在噶厦反对九世班禅喇嘛返藏的过程中，热振担任正式摄政，其地位大为提高，九世班禅喇嘛返藏的希望基本落空。时人回忆指出：热振屡次“去信电催请”九世班禅喇嘛返藏。当九世班禅喇嘛启程到玉树后，噶厦派四品官多仁赶到玉树迎接，但恰在此时接到班禅行辕所发紧急箭令：“班禅大师即将由玉树起驾，途经拉萨，返回住寺扎什伦布。饬沿途各宗、谿务必派出一千匹差马、一万头役畜、五百名人夫，并备足一千匹坐骑的粮秣及柴火。”全藏大会讨论认为：“当十三世达赖喇嘛圆寂之际，班禅行辕的部分官员向国民党政府提议，要让班禅担任西藏摄政。一些属员还在街头唱歌哼曲，对达赖圆寂幸灾乐祸。如今又这般无视本府，竟一反旧制，发来此种文告，看来在其身后必欲引入一大批汉人进来，则将严重动摇本府政权。故此，唯班禅安分返藏，方照惯例迎候。若非要按箭令所言，则只有撤回接迎事项。”[45]

时人认为，九世班禅喇嘛返藏之“最大效用，不过羁縻藏民，借资号召，一时尚说不上能恢复中央在藏之统治权。因为现今藏中政派可分为政府派、守旧派及青年派。如现握政权之热振、司伦、噶厦属政府派，主张维持现状；守旧派是各寺院的喇嘛，主张迎班禅回藏，但其力量并不雄厚；至于青年派多半是留英学生，不免受英人之诱惑，主张西藏独立。此三派之中除守旧派外，俱不甚愿班禅回藏”[46]。此种看法有一定道理，噶厦“疑虑中央派兵入藏，意在剥夺其现有之权力，更疑虑班禅意在借中央所派官兵之势力，图取达赖原有势力而代之”[47]；热振的担心也是如此。

对此，国民政府做了妥协。它在1937年上半年即九世班禅喇嘛返藏希望即将完全破灭之时认为：“达赖、班禅二系，其初虽有亲英、爱国之分，然达赖晚年亦同心内向，热振摄位，诚信有加，去年西安之变，曾率众修法祈祷，救国敬上之忱，不以在远而衰；且其政事无阙、僧俗咸安、全宇绥宁，有足多者，我中枢协和（五）族，力谋复兴，达班二系，功绩并著，优遇从同，或不宜因班禅回藏小有参差，遂外视达赖一方而竟绝之也。”[48]字里行间，透露出国民政府在热振出任代理摄政时对其抱有希望，但到此时不得不表示“不宜因班禅回藏小有参差，遂外视达赖一方而竟绝之也”，“而西藏政府以班禅既已圆寂，即不啻其与中央关系之间扫除若干障碍，反日趋于接近”。[49]

二、十三世达赖喇嘛转世灵童的寻访与热振权力的加强

热振的地位在反对九世班禅喇嘛返藏的过程中得到提高，其权力在十三世达赖喇嘛转世灵童的寻访过程中得到加强。

十三世达赖喇嘛圆寂后不久，就有转世灵童已降生的报道，噶厦内部各派政治势力也展开了较量。《字林西报》登载了一篇标明时间为 1933 年 12 月 28 日来自打箭炉即康定的“通讯”，称：“达赖喇嘛于十二月十七日逝世，而打箭炉至二十二日始知之。乱事之起，大约将出于三方面：（一）表同情于班禅喇嘛者，愿见其复位；（二）表同情于目前僧侣政体者，愿见主教继续握权；（三）拉萨之青年派，愿有强固之政治组织以控制藏地。青年派之权势，现日见膨胀，彼等志欲使西藏在列国中占较重要之地位，现占据台尔吉对面扬子江右岸之藏军，即为该派所组织。此辈曾受教育之青年，不喜喇嘛主治，而欲于拉萨实施新政体，他日喇嘛首领往觅第十四代达赖喇嘛时，恐各派将一现权力之高下也。东藏现已产生二达赖喇嘛，一出于里塘，一出于刚达。今次选举，将发生重大之政治关系。现特里本（哲蚌寺）有喇嘛与黄教僧徒七千七百名，其喇嘛大半来自东藏，若辈倾向中国。又塞拉（色拉寺）有喇嘛五千五百名，迦尔丹（甘丹寺）有喇嘛三千三百名，彼等皆抱中立之态度，特拉希享波（扎什伦布寺）有喇嘛与黄教僧徒四千名，完全赞助其宗教领袖班禅喇嘛。东藏之大喇嘛庙，皆倾向中国，而愿见班禅之复位。”[50]十三世达赖喇嘛转世灵童的最早报道，大概出自此段通讯。《字林西报》与英国的关系非常密切，它登载此则通讯值得深思，从中看出英国政府注意到了：第一，噶厦内部各派之间、达赖系统与班禅系统之间围绕转世灵童问题已经开始较量；第二，“青年派”即深受英国影响的亲英派反对寻访转世灵童，企图改变西藏政教合一的政制；第三，大部分僧侣主张转世灵童在东藏地区寻找，即遵循西藏地方与内地的政治与宗教关系，热振主张在青海寻访与此不无关系，他显然属于“愿见主教继续握权”者。

在 1934 年，关于达赖喇嘛已经降生的流言更多。新年一到，“某方”就宣称转世灵童已降生于拉萨。拉萨位于前藏，与上述西康地区不同，显然“某方”主张在拉萨寻找。这当即遭到噶厦的否认，1 月 9 日电称：“西藏驻京代表否认继任达赖已降生于拉萨之说，并称该处迭接藏方来电，并未述及此事，恐系某方空气作用。”[51]

可以说，达赖喇嘛转世灵童的寻访正式开始于1935年6月6日至13日十三世达赖喇嘛遗体安葬典礼举行之后，有关各方围绕此一问题的较量也正式开始。安葬典礼一结束，热振就按照达赖喇嘛转世灵童寻访仪轨，率首席噶伦泽墨、纪仓佛等高级僧俗官员，于6月17日前往曲科杰圣湖（拉姆拉错湖）观影，求得转世灵童征兆。他专门向国民政府作了汇报："不佞于本日首途，往朝南海，占验达赖转世何方。"[52]但是到1936年3月1日，他才在全藏僧俗大会上正式公布观影结果，称达赖喇嘛转世灵童已降生于青海塔尔寺汉人地方。至于拖延宣布和断定为转世灵童的根据，蒋致余向国民政府作了汇报："前在天海，彼（即热振）及其左右确有所见。因去年年月不利，故至今日始行宣言详述：先见一破蓝式房屋，继见一所三层汉式房屋，上盖琉璃瓦。于是彼即为达赖转世问题虔诚祷卜，海中遂现出藏文中之第三十 (a)、第一 (ka)、第十六 (ma) 亚字母，继现出一条大路，远远望有前所见之三层汉式房屋。其旁有一蒙古包，惟不甚显。旋又为西藏政局虔诚祷卜，海中复现出一西藏房屋，形长方，外有走廊与阑干，一面有门，门有帘，室中有一服黑色衣裳之巨人，揭起此帘。室内又有二巨人，各执旗帜二面，恍惚又似藏中呼图克图所掌之华盖。远处有无数穿灰色军服之军队蜂拥而来。并云：依其推测，新达赖当转生于中国本部蒙古或青海。盖所现藏文三字母似为定都功棚密三之第一个字母，意译为青海塔尔寺人。"[53]

"去年年月不利"，是指热振当时面临着泽墨的挑战，热振推迟宣布的原因在于泽墨提出了另一人选。黄慕松离开拉萨后，实权派泽墨、彭休两噶伦"仍在做其独立迷梦"[54]。泽墨对热振极不恭敬，"甚至有时只穿白布裙，赤着上身径直闯入摄政王热振活佛驻锡之处"。他认为自己在各位噶伦中任职时间最长，资历较深，权力较大，理应获得"摄政王助理"之职。[55]泽墨一党的夏格巴指责热振"观影"结果，宣称他"什么也没看见"[56]。泽墨以甘丹池巴出面称达赖喇嘛转世于拉萨附近的达布鲁浪地方。甘丹池巴与泽墨"极接近"[57]，在商议代理摄政人选时泽墨支持他[58]。英国政府支持泽墨的挑战，宣称："热振在官员中并不受到怎么欢迎，对行政事务也不在行。泽墨的影响日益增大，他是1913年西姆拉会上噶厦代表团的助手，他比大多数藏人对外界的了解要多得多。"[59]这样在宣布"观影"结果之后，热振与泽墨的权力之争白热化，双方都提出"辞职"。全藏僧俗大会同意泽墨辞职，恳请热振留任，表示"嗣后所有藏中政教事务，悉唯其命是听"[60]。曾反对中央政府之大卓尼杨喇嘛也因"失职"而被热振革除。这样，"藏局（为之）一变"：其一，就转世灵童的寻访而言，"现藏中官民对其（甘丹池巴）卦词啧有烦言，群以热振海码所见者为可靠”[61]。其二，为噶厦权力格局有利于热振的变化奠定了基础。1937 年，贞冬噶伦去世，热振以彭康填补其遗留之职。热振还罢免喇嘛噶伦哲康之职，原因之一在于哲康要求向英国政府提供了有关达赖喇嘛转世灵童寻访的情况。对此，黎吉生伤心地称：贞冬噶伦的去世使噶厦“失去最有动力最有进取心的噶伦”，英国“失去最好的朋友”。彭康虽然与“我们英国的关系非常友好”，但是他“一时被视为亲汉分子”，因而“我们英国不能期望他在噶厦里给我们什么帮助”。[62] 哲康被罢免，使“我们在噶厦失去了诚实而可靠的支持者”[63]。

蒋致余将上述情况及时地向蒋介石做了汇报。在 1936 年 3 月 26 日的电文中，蒋致余报告：“热振前次所提泽墨愿往南京就商藏事一节，嗣职往晤泽墨商马牌运汽油事，泽墨亦经提及请职电呈中央请示，职知其狡诈，答以在事无成绩前，不敢负责请示。现泽墨辞职已经照准，藏局一变。只须热振留任，而尊东噶布伦、马机丹巴勒让及擦绒均与职交谊尚好，彭休近来亦有相当联络，可望好转。”“关于达赖转世事，甘丹池巴所呈达赖已转生于达布鲁浪地方卦事，因去年有人言该地生有一异相小孩，似系第珠物（佛）转世。甘与泽墨极接近，故不惜沟通摭拾，伪称达赖转生该地。现藏中官民对其卦词啧有烦言，群以热振海码所见者为可靠。且泽墨现倒，人更将群起而攻。”[64] 在 5 月 13 日电文中，他报告：“西藏民众会议全体官吏均经各盖私章具名，嗣后所有藏中政教事务，悉唯其命是听。”[65]

在泽墨“辞职”之前，纪仓佛寻访小组于 4 月底启程前往青海沿途寻访。泽墨的“辞职”被批准后，5 月 26 日就有电称“西藏电告达赖喇嘛业已转世，在拉萨东北汉人地方寻得”[66]。此电的含义非常丰富，一方面表示热振在噶厦内部的权力较量中取得第一回合的胜利，一方面提出转世灵童要“在拉萨东北汉人地方寻得”。不过，转世灵童并未此时就寻得，热振还面临其他政治派别的挑战。就在宣布转世灵童已寻得的次日，就有电称：“蒙藏会负责人云达赖继任者仍在寻觅中，尚无线索发现，报载已转生说不确。西藏驻京办事处亦否认其事，谓该处并未接到拉萨方面电告。”[67] 从此至 1938 年 7 月，拉木登珠才被“寻得”，可见此次较量比与泽墨的较量更为激烈。

这次较量在热振与贡噶旺秋之间展开。据《康藏前锋》的报道，早在 1934 年 2 月，“后藏面积辽阔，居民游牧荒原，聚散无常，交通又不便，故转世达赖于二月前始在后藏贫民家发现，坠地时且头顶暗记，此孩一一吻合，‘司伦噶厦’据报后，欢喜若狂，亲偕僚属捧呈金册玉印”，迎接到拉萨。[68] 此报道稍有失真，因为不是“后藏贫民”，而是贡噶旺秋的妹夫绕西颇本之子；也有可能，假借“后藏贫民”所生。贡噶旺秋为十三世达赖喇嘛的侄儿，又为司伦，具有实力。

此事使热振抓紧了寻访的步伐。1937 年 3 月 17 日中央社电称：“西藏政府因第十三世达赖喇嘛圆寂已久，迄今尚未觅得新达赖，特派格藏佛给仓佛同赴青海，寻觅转世之第十四世达赖喇嘛。格藏佛等刻已抵达玉树，即向西宁进发。”[69]给仓佛即纪仓佛，既然他于 1936 年 4 月底出发，何以说此时才“特派”出发？两个月之后，中央社 5 月 17 日电称：纪仓佛“在青省寻访转世之达赖，三月以来，迄无所获，刻彼等已抵甘省，转往安都阿日宗喀各地继续寻访”[70]。这说明纪仓佛 2 月份抵达青海了，但未寻得转世灵童，因而 7 月 11 日中央社又电称：“西藏派来青海寻访达赖之格麦赛欧却堪布等一行五人现已由玉树抵塔尔寺。”[71]这说明纪仓佛是 7 月上旬抵达塔尔寺的。此后不久，中央社 7 月 21 日电称：“传第十四世达赖喇嘛，已经西藏派抵青海访寻人员格桑佛等在塔尔寺中访到。”[72]对此过程，噶厦官员拉鲁做了记载：“噶厦接连收到了青海方面发来的灵童寻访情况的函电，回电令继续寻访。经过各处的探询，在湟中当采之地发现一名非凡的童子，格巫仓活佛（纪仓佛）一行人前去看望时，该子向格巫仓活佛喊‘上师’，并兴冲冲地钻进了他的怀抱，当发现暗戴在格巫仓活佛脖子上的十三世达赖喇嘛的佛珠串时，抓住并执意要。他父母不懂拉萨标准藏语，但该子见到孜仲洛桑才旺时，对着他喊‘孜仲’（僧官），见到格巫仓活佛的侍从僧时，称其为‘阿嘎’（安多方言僧人之意），另外，还毫无差错地辨认出了十三世达赖喇嘛使用过的东西。”[73]以之来看，拉木登珠是 1937 年 7 月中旬正式寻访到的。

尽管如此，但是至 1938 年 7 月青海寻访小组才向拉萨汇报湟中县祁家川红崖村有一祁氏（一说赵氏）四岁幼童拉木登珠颇为灵异。在长达一年之后才正式上报，说明期间较量非常激烈。期间，普布觉活佛小组汇报在西康访得一名灵童，康色活佛小组则认定司伦贡噶旺秋的外甥颇为灵验。蒋致余对此作了总结汇报：“关于达赖转世问题，现可分为三派：一派即热振宣言达赖转生于东北汉人地方；一派即接近泽墨之甘丹池巴，课云达赖转生为二人，一生于达布，一即接近司伦之工辈（工布）；普鹊（普布觉）呼图克图（其前辈为已故达赖之师）课云，达赖转生于卫之中央，意谓生于拉萨。目下白棒寺（哲蚌寺）之护法神指示与热振同。”[74]张威白也总结以上“达赖人选情形”，汇报说：“窃查十四辈达赖化身，根据佛典身、心、性之揭谛，应选灵异小儿三人。曾经热振观海、乃琼降神手术（续），业已选定（一）降生于青海，即派纪仓佛前往迎迓者是；（二）降生于三十九族碧儒地方，派定噶厦雪巴前往迎迓；（三）降生于山南们朱岭，派定吞巴前往迎迓。俟此三个化身到达拉萨后，分别驻锡于附近寺庙，然后三者之中签定一人而坐床执政。”[75]

张威白的汇报反映了三派各有“依据”，但谁更有“依据”，取决于相互之间的角逐结果。热振要求认定拉木登珠为转世灵童，但贡噶旺秋、噶伦、西藏僧俗大会三方认为“俟摄政卜卦、乃穹神预示后，若结果都趋一致，即可将灵童迎至西藏”。热振依据十三世达赖喇嘛赠送给他的《预言经》再度问卜，乃穹护法神支持热振主张。但是，贡噶旺秋仍然力主“将在西藏寻到的一些征兆显著的童子与青海拉木登珠一起按旧制实行金瓶掣签，抽中何人，即认定何人为灵童”，热振“只得暂缓最后认定”。[76]这样大致在1938年8至9月间，热振、贡噶旺秋、噶厦和三大寺堪布商定将三名灵童召集在拉萨，按照宗教仪轨遴选谁是真正的转世灵童。与此同时，热振与贡噶旺秋的权力之争开始激化。热振在出任代理摄政时，噶厦要求司伦贡噶旺秋“照旧出任司伦，协同热振活佛执政”[77]，形成摄政、司伦联合执政的格局。此时，热振提出“愿辞去摄政职务”，原因有二：“吾年纪较轻，又无实际经验，无力胜任教政两务之重担。再者，属下多不从吾使唤。”[78]显然，后者才是真正原因。众官员要求热振继续执政至十四世达赖喇嘛亲政时为止，保证“愿诚惶诚恐遵从命令，绝不怠慢”；噶厦还将贡噶旺秋及其他官员签署的保证书提交热振。

这只是暂时的妥协，如果贡噶旺秋的外甥也参加掣签，自然存在当选的机会，热振当然不愿意看到。于是，他于1939年春再次提出辞职，并强调：“过去从未有过摄政王同司伦共同执政的先例，而我现在却如‘一教二佛’，不仅不便主持政务，且对确认达赖喇嘛转世灵童多有不便。”[79]噶厦召开“春都舍堆杰措”（全藏机要大会），认为：“既然热振活佛和朗顿·贡噶旺秋司伦政见不和而影响寻访和迎请达赖喇嘛转世灵童之大事，实难继续一同共事。”[80]“在迎请达赖灵童方面，如果司伦不便协作，为此犯难，即可随其所愿，接受辞职。本府一切责权，谨祈摄政热振活佛统摄。”热振独揽大权。由于贡噶旺秋长期担任司伦职务，噶厦提出保留其“前任司伦”的名义与薪俸，热振同意。时人认为，热振“谓司伦阻挠迎立，唆三大寺罢免之，自兼司伦”[81]。黎吉生指责“废除司伦一职，是热振为确保自己的独立与权力所采取的终极行动”，贡噶旺秋在热振代理摄政时出任司伦，是因为热振年轻，没有经验，但现在不再需要设置司伦一职了。[82]其权力与地位因贡噶旺秋的去职而达到顶峰。[83]同泽墨一样，贡噶旺秋的失败是必然的，因为广大藏传佛教信徒反对投靠外人，贡噶旺秋即对黎吉生称其“已经尽力了，但力不能及”[84]。黎吉生虽然认为由于两人的辞职而致使“西藏与中国的关系更为紧密”，并认为“就目前来看，这种趋势因热振亲汉而不可避免”，但是又乐观地认为这“并不能改变我们与西藏官员的关系”。[85]

巧合的是，贡噶旺秋辞职之后，《申报》就登载了一篇通讯，称“十三世达赖喇嘛的转身业已找到，第十四世达赖喇嘛即将产生出来了”。通讯以蒙藏委员会、西藏驻京办事处以及在渝藏人所说和藏传佛教习俗的角度，对上述寻访之争作了总结，说：“这次达赖转身的发现地点是在青海”来之不易，“并非观海一次即可获得”。热振在十三世达赖喇嘛圆寂后观影“举行了几百回”，“始于二十五年冬季获得结果”，才“隐隐约约有青海字样”。于是，热振“断定未来的达赖喇嘛定在青海”。尽管如此，又“经年余之寻觅”，转世灵童才于 1938 年秋季“在青海西宁的地方被人找到，而且生期与达赖死期同时，完全符合西藏教规。在西藏生期与达赖的死期同时，也是确定为达赖转世的一个必要条件”。[86]

第二节　拉木登珠和吴忠信入藏问题：七世达赖喇嘛先例的延续问题

上面从噶厦内部权力之争的角度论述了达赖喇嘛转世灵童的寻访问题，紧接着的是转世灵童和中央大员如何入藏的问题。拉木登珠之所以会被“寻访”到，是九世班禅喇嘛、国民政府和社会各阶层认可的人选；英国政府也认为对其并非无利。关键的问题是，国民政府是否按照清政府派遣大员和卫队护送七世达赖喇嘛入藏的先例，解决拉木登珠的入藏问题。其结果是，由马步芳派兵护送至青藏边界，中央大员吴忠信取道海道入藏。这实际上是一种折中处理，先例未能延续，恢复传统的治藏主权尚待时日。

一、拉木登珠：各方关系下确定的转世灵童

其实，热振之所以主张拉木登珠为达赖喇嘛转世灵童，与九世班禅喇嘛的行动与主张有一定的关系。1936 年 7 月上旬，九世班禅喇嘛致电噶厦，“略谓达赖转生青海一带，现伊正派员寻访”[87]。于是在 7 月中旬，噶厦“又加派硕第巴喀，美公子锁南旺堆，黑河宗本小堪布青饶丹增及商上卓尼阿汪某某三人，随同吉仓前往青海寻访”[88]。9 月 2 日专电称：“日前电传达赖已转世一节，据达赖办事处息，迄未接得电告。蒙藏委员会电藏询问，一说班禅在青海塔尔寺时曾传达赖已

在境内转世，究竟真假如何，尚难证明。据悉按照过去，班禅及达赖转世礼俗，均系互相祈祷而产生，并须经过正当选举。故十三世达赖喇嘛圆寂后，第十四世达赖喇嘛之转世须俟班禅返藏，经过祈祷，并派员四出找觅，方可确定，礼节甚为繁重。”[89]这些电文说明九世班禅喇嘛主张在青海境内尤其是在塔尔寺所在地区寻找，同时说明他与噶厦在争夺转世灵童的寻访权。虽然拉木登珠是由纪仓佛“寻”到的，但是九世班禅喇嘛表示赞成，亲自致函纪仓佛称：“此子生时，村人皆见祥虹射其家，及问本家父母，皆隐瞒不言。然视其子，容貌魁伟。”[90]曾任班禅驻京办事处处长、蒙藏委员会委员的朱海山指出：“达赖十三世圆寂时对于转生方向及特征留有遗言，其堪布弟子遵照遗言赴离拉萨三百余里之海中观察特征，当时海中：（1）显一地方民族复杂，服饰各异。（2）显出藏文三字，意为塔尔寺，缘塔尔寺为中国民族最复杂之处，向有民族展览之目。达赖弟子当即遵照遗言，根据特征，派出专员赴青海寻觅达赖转生后身。”“该专员等前年行抵西宁，适班禅驻节该地，对于寻觅达赖后身有所指示。该专员等遵照指示，遄赴青海，在红土崖土人家，即将达赖后生寻获，当电中央。”“以达赖后身在塔尔寺附近寻获，与达赖遗言相符，印象极佳，此次回藏决可获得群众拥戴为十四世达赖喇嘛。”[91]

至于内地，无论是时人还是国民政府，也主张或承认以拉木登珠为转世灵童，并希望以此为契机使西藏与中央政府的关系得到极大的改善与提高。孔庆宗在噶厦宣布找到拉木登珠时即评估认为：“（一）亲英司伦停职，亲华之热振独揽大权；（二）噶厦中之亲英噶厦一人免职；（三）青海灵儿（达赖转世）系热振所选，抽签后，热振可当权十八年，此后有利于我。”[92]时人从五世达赖喇嘛与十三世达赖喇嘛的遗言或其他宗教做法的角度，论证转世灵童只能降生于塔尔寺附近区域：“第一世达赖生于明洪武二十四年，迄最近转生的达赖共为十四世。其间道德学问最高者为五世，政教权势最盛者为十三世。达赖五世深通因果，曾有预言说：‘达赖十四世如转生青海，则道德学问比五世尤高。’现在达赖十四世果在青海寻获，所以西藏人民对于他的期望很高。达赖十三世，是于民国二十二年十二月十七日圆寂，而其转生后身才于去年在青海塔尔寺寻到，其间足足费了五年光阴，各负责喇嘛百般苦索，备历艰辛，才算找着了新主。”“本来西藏相传，达赖圆寂后四十五日即化为赤子降生。在九世以前的各达赖，圆寂时，必指明降生何地，但其后则只有所谓‘观海照鉴’之法，以明新达赖降生之地。什么叫作‘观海照鉴’呢？原来，这种典礼是在拉萨附近的腾格里海举行的。在典礼举行的时候，海面上会发生一种类似‘海市蜃楼’的景象，这就是灵异的指示，可以详细记下，以为下世达赖转生地的根据。十三世达赖喇嘛圆寂后，由现摄藏政的热振呼图克图（大喇嘛能转生者，称‘呼图克图’）循例举行‘观海’礼，听说因为每次显示的景象不清楚，先后照了几百回，到了民国二十五年五月间，才发现新达赖产生地的环境是‘一座盖着琉璃的大庙，庙旁有一蒙古包’。但西藏虽有琉璃瓦大庙而绝无蒙古包，于是推测达赖五世的预言或会应验，乃开始派遣喇嘛向青海及蒙古边境寻访（按另一说称，在上次‘观海照鉴’时，海中显出一地方民族复杂，服饰各异，并有藏文三字，意为塔尔寺云）。”[93]

在拉木登珠启程入藏时，《申报》提出了新达赖喇嘛的遴选与中央政府的关系：“一般人对于该达赖后身抱有深切之希望，预料其平安到藏，得良好之教育，有高深学问。并希望西藏摄政当局、藏方同胞遵照十三世遗言，以达赖后身继承位号，妥为辅导，使达赖后身成龄当政，以国家民族为重，使西藏与中央密切联系，形成唇齿相依之势，以固边陲，国家民族之前途实深利赖。”[94]《时事月报》载文发出希望：“西宁为黄教祖师宗喀巴诞生地，密迩内地，接近中枢。大师转生于此，盖显示其不忘师承，及倾诚内向之意，将来阐扬黄教普化西陲，领导全藏同胞，在中央统一政权之下，共同努力，扑灭东亚之恶魔，实现世界之和平。”[95]

《新青年》载文，不但更肯定拉木登珠就是转世灵童，而且希望西藏地方与中央政府的正常关系得到恢复，还幻想英国政府不要再干涉：“我们从过去达赖第十三世的遗言里，知道他对于转生方向和后身特征，曾有指示；又从达赖第五世的预言里，知道‘第十四世如转生青海，则道德学问，比五世尤高’；照这两点看来，现在的喇嘛丹珠，转生因果，既证明不同于往世，即将继位为第十四世，殆无疑义。所以这一次护送回藏的礼节很隆重，将来回到了拉萨地方，一定可以受到现在摄政的热振呼图克图的热烈拥戴。不过，我们所最关心的一个问题，是今后西藏地方对于中央的关系，应该赶快恢复以往合理的状态。从前达赖第十三世在世，对于中央和西康地方，所发生种种误会和纠纷，应该一扫而空；对于过去班禅活佛不能安然返藏的症结，虽然现在班禅亦已圆寂，希望对于他的徒从，也应该采取合作的态度。此外，还有一点，就是中英两国，对于西藏地方的历史上纠纷，虽然一时不容易清结，不过，我们希望英国能够了然于西南投资的利益所在，此后应该遵守中英间关于现行有效的条约，不要再干涉西藏地方对于中央恢复关系的志愿。这是因为达赖活佛转生后，对于澄清西藏局势的一些希望。”[96]

英国政府注意到寻访地点与九世班禅喇嘛对转世灵童寻访的影响。1936 年 8 月 31 日路透社电称：“西谟拉（西姆拉）据消息灵通之旅行家由西藏传来消息称，达赖喇嘛转世现已觅获，惟其地点刻严守秘密，据传乃在蒙古或满洲或藏南某处之二层楼屋中。预料俟班禅喇嘛回至拉萨时即将公布，现有英国政治官一员正在拉萨为班禅布置回藏事宜。”[97] 对此，9 月 1 日中央社电予以否认：“记者向关系方面探询，均称尚未接有此项报告，即最近西藏来电，亦未提及此事。除向藏方询问外，暂难证实此说。”[98]1938 年 9 月，热振致电蒙藏会，称“业经派员于西藏内部访得灵儿二人，青海西宁访得灵儿一人”，要求转呈国民政府“鉴核”。[99] 该电发出意义很大，因为“依照向例转电呈报，有所请示”。之所以推迟两年之久才发出，原因之一即在于英国的阻拦，热振后来向吴忠信谈到“灵儿呈报中央及英人破坏之经过”[100]。英国政府见到噶厦已经呈报，指示黎吉生到拉萨弄清情况，以便采取对策。

英方宣称：国民政府是 1938 年 9 月得知寻访到拉木登珠一事的，英国驻锡金政治专员“在甘托克于 12 月才听到”[101]。可是，黎吉生于 1938 年 10 月就抵达拉萨，次年 10 月才离开返回江孜。他一到拉萨时就发现“西藏普遍认为在青海地区找到的候选人，几乎肯定就是真正的转世灵童”，但是噶厦并未对他明言已经找到，“仅言希望尽快找到”。“拉萨流言四起，相互矛盾。一说他（即拉木登珠）已经离开安多（Amdo），一说还未。这些流言的出现，恰逢他离开塔尔寺的家乡之时。”[102] 根据这种情况，黎吉生大肆进行挑拨和破坏活动。他拜访了即将担任喇嘛噶伦的丹巴江央，丹巴江央宣称噶厦同意拉木登珠入藏之因是“不能危害西藏独立”[103]。他还同基尧根布（Chikyao Khenpo）进行“极为高兴”的谈话，因为此人“可能对新达赖喇嘛的遴选产生重要影响”，并“强烈地渴望明确宣布西藏从中国独立出去”。[104]1939 年 4 月下旬，他向英国政府提交了一份报告；此后，他又多次汇报情况，提出建议。综合来看，主要内容如下：

第一，提醒英国政府注意国民政府“坚持行使中华帝国的对藏权力”而向噶厦提出的要求：“(a) 西藏政府应立刻决定三名候选灵童谁是真正的达赖喇嘛；(b) 如果西宁灵童未能当选，中国政府不会支付有关花销；(c) 中国政府须派遣代表参加达赖喇嘛抵达拉萨的典礼，并授予热振封号；(d) 如果青海灵童中选为达赖喇嘛，应按照七世达赖的先例准许青海民众在他入藏途中参拜他；(e) 按照七世达赖的先例，中国政府应派遣大员护送达赖喇嘛入藏。”黎吉生强调：“七世达赖是 18 世纪早期在汉区发现的，由 2 万名卫兵护送到拉萨，他使中国长期控制西藏直至近来。”[105] 他不厌其烦地重复：“新达赖喇嘛出生于西宁一户非常富裕的家庭。他和他的父母不会说藏语。毫无疑问，中国人希望通过其家庭影响他。但是，据我所知，历辈达赖喇嘛到拉萨后均不能与自己家属联系。有趣的是，中国在向西藏政府提出要求时提出的是七世达赖的先例。七世达赖是在 18 世纪早期在中国发现的，2 万名卫兵护送到拉萨，他使中国长期控制西藏成为可能。”[106]噶厦回称“对这些要求不能同意”[107]。虽然黎吉生错误地认为拉木登珠的家庭“非常富裕”，但是其言论反映出英国政府担心国民政府按照先例以军队护送拉木登珠入藏。

第二，向英国政府分析了在泽墨、贡嘎旺秋失败的情况下，支持拉木登珠为转世灵童对英国并非不利。黎吉生一抵达拉萨，就发现“西藏普遍认为在青海地区找到的候选人，几乎肯定就是真正的转世灵童”。但是，噶厦对他并未明言已经找到，“仅言希望尽快找到”。因此，他指责噶厦对其隐瞒消息。不过，黎吉生建议英国政府赞同拉木登珠为转世灵童，因为：

(1) 在何时宣布拉木登珠为转世灵童的问题上，国民政府、热振、噶厦三方之间存有争议。黎吉生分析说：“噶厦与热振双方可能达成妥协，不要在灵童启程入藏时就宣布其为达赖喇嘛转世灵童，而是在其抵达拉萨前才宣布。然而，中国报刊于 7 月 21 日就宣布青海灵童为转世灵童，而正是在这天青海灵童启程离开西宁。噶厦激烈否认中国报刊的宣布。看来，中国政府自己承认了现状，或者希望占有策略上的优势。但我认为，是藏人取得了策略上的胜利。正式宣布青海灵童为达赖喇嘛转世灵童，是 8 月 23 日。”“很值得注意的是，噶厦的宣布对于中国政府所同意的掣签问题并未说些什么；按照惯例，自七世达赖以来之历辈达赖喇嘛的遴选，须经中国政府同意。可见，西藏政府以一种非常重要的方式确保了自己的独立……这种情况，仅仅满足了中国政府的一点点要求，基本上满足了西藏政府的要求。”[108]总之，“中国政府看来已经改变立场，它打算派遣代表参加掣签，而现在却立刻要求进行掣签而不把所有灵童都带到拉萨”[109]。但是“噶厦并未满足中国政府的愿望而立即宣布拉木登珠为转世灵童，而是在拉木登珠抵达拉萨之前才宣布”[110]。

(2) 噶厦对热振与国民政府的协商“并不知晓”，“只是在宣布青海灵童为达赖喇嘛转世灵童之前不久才得知具体情况”。在热振与噶厦之间分歧解决之前，带着拉木登珠入藏抵达那曲的西藏官员“得到指示，有权自由处理拉木登珠问题”。[111]至 8 月 23 日，“所有官员保证承认拉木登珠为真正的转世灵童，一旦反对或者违反誓言，或被驱逐，或财产被剥夺”[112]。但是，双方“达成的共识，更有利于西藏政府而非热振，比中国政府所期望的相距甚远，因而西藏政府更愿意接受”。

（3）国民政府并不能通过支持拉木登珠为转世灵童获取什么。黎吉生认为："新达赖喇嘛出生于西宁一户非常富裕的家庭。他和他的父母不会说藏语。毫无疑问，中国人希望通过其家庭影响他。但是，据我所知，历辈达赖喇嘛到拉萨后均不能与自己家属联系。"

（4）热振主张从"汉区"遴选转世灵童"并非是毫无根据的猜疑"，支持热振以拉木登珠为转世灵童对英国并非无利。黎吉生宣称："过去几年来，我们不止一次注意到热振依靠中国的问题。我也注意到热振 1936 年派遣私人代表到中国和以其名义的盖章问题；此外，他不断派遣一些低级别官员和商人到中国，这些人在他与中国政府之间起着桥梁作用。我并不认为这些事反映出的问题有多么重要，因为……我认为热振这么做是从其个人利益考虑的。他的政策并不确定，他的行动是从金钱角度来考虑的。西藏的不幸在于，虽然许多官员不同意他的一些做法，但是没有人明确反对。可以看出，噶厦反对热振背着它去这样做，这或许就是降巴邓打喇嘛噶伦（Kalon Lama）和哲康噶伦（Trekhang Shape）最近辞职的原因。宗教与传统的权力，热振拥有的最高权力以及僧俗官员对他的顺从，使人不敢反对他。许多僧俗官员与我们的关系非常友好，虽然其中一些是热振的亲信，但是他们对他行动的影响甚小。依此来看，我们不能认为他对我们抱有敌意。相反，他对我们极为殷勤。由于送一些贵族子弟到我们代表处学英语，他遭到保守官员的反对。由于我们在关税问题上对其让步，他从中所获利益甚丰，他因而认为与我们的关系是无价的。不过，我们必须注意到他仍然会继续设法从双方（指中英两国）获取利益，只要中国继续供应他，他就会支持中国的政策而反对西藏自治。"[113]

由上来看，黎吉生完成了英国政府交给的弄清情况以便拿出对策的任务，英国政府称赞他"在拉萨的工作非常杰出"[114]。根据他的汇报，英国政府决定了对中国遴选拉木登珠为转世灵童的态度。报告提交前，英国政府还对泽墨、贡嘎旺秋"寻访"到的灵童抱有幻想，路透社电称："截至现时，可认为有达赖喇嘛转世之可能者计有五人，惟其中为拉萨当局所承认者仅有三人，闻西藏当局现正设法迎此三人前往拉萨，并将举行拈签，以决定谁属真正达赖喇嘛。闻三人之一，为五岁童子，刻在青海；其余二人则居西藏。拉萨当局现正与青海当局谈判，将此童子送至拉萨，以便举行拈签典礼。"[115]报告提交后，路透社的口气改变，8 月 12 日电称："新达赖喇嘛将从三候选人中选出，其二在拉萨附近发现，一在青海发现。现信被选出者，殆必属诸青海发现之孩。"[116]9 月 14 日又电称："西藏各领袖官吏在拉萨举行秘密会议，已正式承认一五岁童子为第十四世达赖喇嘛。按此童子经过五年来之访寻，始于今年夏间在中国某小村发见。”[117]英国政府于8月28日正式决定：由于“新达赖喇嘛仅有5岁，也未抵达拉萨；而且，热振与噶厦之间存在分歧”，英国政府暂不出面，但由英印政府向“西藏摄政和大臣共同”发出一封“适当的祝贺信”。[118]

二、英国政府企图阻止吴忠信入藏

在1938年7月青海寻访小组向噶厦汇报认为拉木登珠颇为灵异之前，拉木登珠与中央政府大员的入藏问题就摆到议事日程上来了。1938年4月26日，蒙藏委员会呈报行政院：“达赖早日转世，原为中央及全国人民一致之企盼。惟转世经过必须呈报政府，办理各项手续后，方为妥当。若任其自行处理，非特违背中藏历史关系，且恐发生争执纠纷。准电前由，拟请钧院令饬青海省政府严密注意，并婉劝寻访人员，务将经过情形呈报政府，听候核办。在未经呈请办理各种手续以前，严防其秘密迎返西藏。”[119]行政院电令青海省政府密切注意，及时报告藏方人员寻访灵童情形。

热振在确定拉木登珠为转世灵童后，如前所指出，于9月致电蒙藏委员会报告，要求蒙藏委员会转呈国民政府“鉴核”。噶厦驻京代表也于9月23日转呈噶厦致蒙藏委员会电：“关于达赖佛转世一事，经僧民代表在各地详细访寻之结果，在西藏内部所寻选者，有灵异幼童二人，在西宁塔尔方面所寻选者，有灵异幼童一人。依照西藏宗教仪式，所寻选之幼童应聚集西藏，降鸾掣签，认定真正达赖之转世，既多灵异后，复经庄严之金本巴瓶典礼拈定。现典礼期将近，关于西宁塔尔寺地方所选者，请中央政府俯允该主持人迅将寻选幼童送至西藏，参加典礼，并恳发给执照，以利行程。”[120]该电未提请求中央政府派员入藏主持掣签问题，只是“已依照向例转电呈报，有所请示”[121]。

这是一个彰显中央政府对西藏主权的良好机会，国民政府决定派大员入藏主持掣签典礼。10月8日，蒙藏委员会拟定《达赖喇嘛转世掣签征认办法》，呈报行政院。办法首先强调了由中央政府执掌掣签大权的必要性：“查西藏以教导政，由来已久，宗教首领兼管政治实权，故历辈达赖之贤不肖，均与西藏治乱及中藏关系之亲密与隔阂发生直接影响，清高宗明鉴及此，对于喇嘛之转世方式，经多年之研讨，始颁金本巴瓶指认呼毕勒罕定制，法良意美，存心深远，其所以杜纠纷防奸谋者在此，怀柔蒙藏悦服边疆者亦在此。”因此，“我中央欲图将来统驭西藏政治，必先把握宗教首领之产生权也。”根据此点，蒙藏委员会提出筹藏三原则，“因势利导，俾此重大问题早得解决，庶几藏局得以安稳，藏事可望调解”：“（一）中央对藏固有之权，决不放弃；（二）中央与西藏间尚待解决之政治问题，此时暂缓进行；（三）调整近年来各项悬案，消除疑虑，解释误会，以期融洽感情，增进合作。”这三项原则的中心是坚持达赖喇嘛转世灵童遴选大权必须由中央政府来行使，其他问题可以在此问题下协商解决。蒙藏委员会强调指出：此权“为中央对藏固有之权，亦即抚驭西藏之要道，自不容有所放弃”。蒙藏委员会提出三项解决办法：“（一）国民政府特派大员前往拉萨，会同热振呼图克图主持第十四辈达赖喇嘛掣签事宜；（二）国民政府特派大员会同热振呼图克图主持第十四辈达赖喇嘛掣签事宜，并得由该员指派代表就近办理之；（三）国民政府特派蒙藏委员会委员长会同热振呼图克图主持第十四辈达赖喇嘛掣签事宜，并得由该委员长指派代表就近办理之。”第一种办法是大员须前往拉萨，第二、三两种大员不去，而是由大员指派代表就近参加，其区别在于第二种为大员人选未明确为谁，第三种明确为蒙藏委员会委员长。蒙藏委员会解释说：这三种办法，“虽于维护体制之中隐寓权变之意，而皆以达到中央实施对藏固有之达赖转世掣签权为主旨。第一种办法，在表示中央重视此事，依法办理，但须派员前往，至少需费二三十万元，且恐被拒前往，转成僵局。第二种办法，既表郑重，兼顾法制，费用较省。第三种办法，在未设驻藏办事长官以前，以中央主管长官负责处理，藏方无可置疑，指派代表参加，亦可省费”[122]。显然，“第一项办法最为妥善”，“如能由藏方自动电请派员尤佳”[123]，但“届时如发生阻碍”，则实行第三种办法，吴忠信向蒋介石表示“此项办法既握对藏主权，又不与英人摩擦”[124]。行政院召开会议决议：“案关重要，应由蒙藏委员会先与藏方商洽妥当，再行呈报院核定。”[125]

蒙藏委员会将所拟三项办法电告接替蒋致余担任驻藏代表的张威白，令其与噶厦就近协商。电文强调：“此次举行第十四辈达赖转世掣签典礼，亟盼圆满告成，但须遵照旧制办理，始为国家之福，尤为西藏之利。”[126]电文还指示张威白，在还未恢复设置驻藏办事长官的情况下，如何解决掣签事宜，但最好是实施第一项办法。

与此同时，蒙藏委员会设法安排转世灵童入藏的时机，以争取噶厦同意中央政府派遣大员入藏主持掣签事宜。青海省主席马步芳于1938年10月23日，以“此间蒙藏王公、千百户及各寺活佛等，以寻获达赖正身，照依佛教仪式，请求礼拜致敬后再予起锡赴藏”为由，提出“以蒙藏信仰所关，礼拜似属可行”。[127]吴忠信回电马步芳说："据西藏驻京办事处呈报访寻转世达赖经过情形，恳请中央准将西宁选得之幼童送至拉萨参加典礼到会。经呈奉院令，由会先与藏方商洽掣签办法后，再行呈核。""西宁选得之幼童，吾兄设法挽留，荩筹至佩。何时可令赴藏，应俟院令遵行，仍请兄特予注意为荷。"[128]可见，蒙藏委员会的方法是先定掣签后迎请青海灵童，特请马步芳配合中央政府，待与噶厦商议妥当认定办法之后，予以放行，以迫使噶厦答应由中央政府派员主持灵童的认定转世事宜。

马步芳借故"挽留"纪仓佛寻访小组，迫使噶厦不得不请求中央政府下令对灵童放行。噶厦驻京代表阿旺桑丹等于11月8日致电吴忠信："关于十三世达赖喇嘛转世一事，前承钧座召集桑丹面商各件，随即电呈噶厦请示办理。顷奉噶厦回电略开：中央对西藏绝对诚意，藏中僧民非常感激。至在西宁所预选之灵异幼童，望中央准予迅速送至藏中，赓即电呈中央请示办法。目前为早达到认定大恩无涯之真正达赖转世计，恳请中央电知西宁主席俯允该主持人员迅将幼童带至西藏参加典礼，勿再逗留。"[129]由此看来，噶厦颇为焦急，令驻京办事处请求中央派员将青海灵童送至拉萨参加典礼，却并未谈及掣签事宜，大有不愿中央与闻之态。因此，吴忠信指示张威白与噶厦协商，指出"至电令马主席准将西宁选得之幼童送藏一层，到相当时期，自无问题"[130]。

遵此指示，张威白探寻热振口风，"似有如果灵异可证，由乃琼降神指定，即可援引第九辈、十三辈不就金瓶掣签之例，并有偏重降生青海化身之态度"。张威白也认为"此度十四达赖人选与仪式，为中藏亲密及控御西藏之良好关头"，因而"一面导其遇事呈报中枢，一面告其率由旧章"。[131]关于与噶厦协商的基本情况，张威白于11月20日致电吴忠信报告说："夫西藏本中国领土，岂能随其自生自灭？但藏方夜郎自大，何尝不想自弹自唱，是以对于十四辈达赖人选，初则隐而（不）言，大有不愿使中央与闻之态。嗣经职多番诱导，噶厦始电告代表专呈钧会。其热振之电，催促多次，方于昨日送来发出。初步工作已算做到。惟先定掣签仪式，再令马主席放行纪藏（仓）佛等办法。"[132]蒙藏委员会从中认识到，噶厦"初有不愿中央与闻之姿态，恐后更不愿中央人员之参加"，更谈不上请求中央政府派遣大员入藏主持掣签事宜。[133]张威白认识到，倘如噶厦认为国民政府以青海灵童为人质要挟，则无转圜余地，并认为"如青海之灵异小儿中选，自是能揽全藏政教，万一落选，则仍是一平凡小儿。再则，藏中传言达赖化身之小儿不止预定者三，倘舍青海者而另补一人，则僵化或有不堪设想"[134]。因此，他建议蒙藏委员会：先同意噶厦的要求而下令青海省政府放行，然后"电令热振、司伦、噶厦将掣签仪式呈报钧会转呈核夺”。待噶厦提出仪式后，中央政府再提出 10 月 8 日拟定的前两项办法，倘如噶厦不同意，再提出第三项办法，在“掣签手续完成后，中央以赉赐新达赖物品而派员入藏”，“俟新达赖坐床执政时，中央再派员入藏册封”。[135] 蒙藏委员会不同意此提议，指示张威白“如不妥为接洽，期达到中央派员参加掣签之目的，则主权一失，后患堪虞”；并解释前面所述三项办法“伸缩性甚大，具体言之，中央之意为：(一) 不过维持派员参加之权；(二) 决不借达赖转世一事牵涉其他政治问题；(三) 只须藏方应允请中央派员参加掣签典礼，则幼童之送藏毫无问题；(四) 幼童将来赴藏，全由纪仓佛等护送，中央不另派人员随同进藏。综上四点，中央要藏履行之义务十分简便，既非留质要盟，更非含有恶意，完全出于爱藏之诚，进谋中央与西藏间之福利，可谓于藏百利而无一害”。它令张与噶厦切实商洽，在三项办法中“择一接受为要”。[136] 而噶厦复电“仍请将西宁选得之幼童先行送藏”，未谈及掣签典礼之事。

11 月下旬，热振在致蒙藏委员会的复电中，同噶厦一样，只是要求“将西宁选得之幼童先行送藏”，未谈及掣签典礼之事。吴忠信回电，“自当转电青省府督促纪仓佛将西宁所选幼童早日送藏”，以安慰热振。[137] 吴忠信于 12 月 3 日再次电告马步芳，“所有贵省选得之幼童，应俟派员办法商妥，奉到院令后，再准启行。惟为口头之应付计，不妨令纪仓佛等先行准备，以裕商派要员之时间，而免留质要盟之口实”[138]。马步芳复电：“尊意高远，极所钦佩，谨当如嘱办理。”[139] 马步芳对纪仓佛的拜见请行多次拒绝，迫使噶厦再次致电吴忠信请饬令青海省放行。同时，吴忠信电令张威白可告噶厦中央政府已电令青海省政府“督促”纪仓佛启行。张威白遵照指示，对噶厦强调“达赖新选，关系全国宗教，中央为慎重计，务派大员参加”，为此吴忠信要亲自前来。[140]

12 月 12 日，热振致电吴忠信：“达赖大师转世之化身三灵儿内，在青海公绷之灵儿，已蒙转电青海省政府督促纪仓佛速将西宁所选灵儿送来拉萨，良深感慰。所有中央派员参加办法一则，业经与司伦、噶厦商议，三灵儿迎到后举行掣签典礼之际，为昭大信、悦遐迩计，中央应当派员参加。但目前中央驻藏长官现有张咨议在此，可以参加，抑或另行派员入藏，二者孰适，可于届时当再行呈报相商。”这样，热振同意中央政府派员参加，以争取国民政府下令马步芳放行，但倾向于张威白参加。热振接着要求放行：“至于各佛法卦内所示，今年内若不将三灵儿齐迎入藏，于达赖本身实有不祥之兆。因此关系重大，仔肩难当，恳请先将在青之灵儿，饬令青海省府催促纪仓佛随同即速启程进藏为感。”[141] 热振这一态度，与噶厦相同，噶厦指示驻京代表对吴忠信强调“如要另派代表，现有张咨议在藏，就可由咨议参加”[142]。在一段时间里，吴忠信未对热振的来电作出回答，而是与噶厦协商。12月18日，噶厦通过驻京办事处电复吴忠信，表示诚恳接受“钧会前定达赖喇嘛转世掣签办法三项中之第三条内所载，由蒙藏委员会委员长指派张咨议威白就近办理”，并由中央政府特派一位“和蔼而洞悉边地情形之官员”，与西藏驻内地一名代表，“同赴西宁主持其事，俾使灵儿早日到达藏中”。[143]这一电文的含义，蒙藏委员会予以肯定，认为“其率由旧章，尊重中央意旨之心，愈益显明，而中央对藏主权，亦更为确定”，建议“国民政府明令发表特派蒙藏委员会委员长吴忠信会同热振呼图克图主持第十四辈达赖喇嘛转世事宜，并得由该委员长指派代表在拉萨就近参加掣签征认典礼，以昭慎重”。[144]但是，第三项办法是有限的，因为没有明确规定国民政府派遣大员入藏主持的问题，这就是蒙藏委员会所说的“变通”之处：“本会以旧例举行达赖掣签典礼，应由驻藏大臣亲临监视，目前虽未正式设置驻藏办事长官，而此事关系中央对藏主权，自应慎重处理，旋经酌拟变通办法往复电商，卒获藏方同意。”[145]12月24日，行政院会议决议：“(一）呈请国民政府特派蒙藏委员会委员长吴忠信会同热振呼图克图主持第十四辈达赖喇嘛转世事宜。(二）电青海省政府派员护送纪仓佛及西宁灵儿至西藏边境，并特给旅费五千元。”决议还规定“掣签征认典礼，该委员长得派代表在拉萨就近参加”。[146]即是说，虽然由吴忠信会同热振主持，但吴忠信并不入藏，而是由他指派张威白就近参加；这实际上变通接受了前面所说噶厦“现有张咨议在藏，就可由咨议参加”的要求。12月27日，蒙藏委员会将此决定以训令形式下达给西藏驻京办事处。12月28日，吴忠信分别致电马步芳、热振，传达这一决定：“(一）呈请国民政府特派蒙藏委员会委员长吴忠信会同热振呼图克图主持第十四辈达赖喇嘛转世事宜。(二）电青海省政府派员护送纪仓佛及西宁灵儿至西藏边境，并特给旅费五千元。”“再，掣签征认典礼，该委员长得派代表在拉萨就近参加。”[147]同日，国民政府明令吴忠信会同热振主持十四达赖转世事宜。12月29日电称：“达赖后身，现在西藏觅得二，青海觅得一，均绝顶聪敏，童子三人，究谁是，决用抽签法判明……并请中央派大员监视，以昭郑重。”[148]1939年1月5日，吴忠信致电热振，传达此命令。

吴忠信入藏之“先决问题，系在通过印度及灵儿由青海入藏”[149]。1月13日，热振致电吴忠信，表明两点：第一，接受由吴忠信与他共同主持十四世达赖喇嘛转世事宜，但反对吴忠信入藏，要求“明令派驻藏咨议参加”；第二，要求催促马步芳放行，“现据纪仓佛电称，不知何故，尚未动身。似此迟延，究竟何日方能到藏？或马主席有意不遵中央命令之态”，并强调“灵儿若今年不能入藏境，各护法所示，对达赖有灾难暨全藏僧民亦有不祥之兆”。[150]这是热振就灵童入藏事宜第一次致电吴忠信。热振还直接致电马步芳，要求放行。吴忠信于1月27日回电含蓄指出国民政府大员须入藏主持，说：“关于明令派员就近参加典礼一节，俟掣签定期再行办理。”[151]班禅驻京办事处提出：“此事关系重大，应请中央依照清制，派遣大员入藏，留督签定，行辕亦应派人同往，以昭郑重。”[152]由于马步芳一时未放行，热振于2月22日对张威白称：“此次十四辈达赖产生，我等五体投地，皆唯中央是赖。中央派定吴委员长与本人主持，业已敬谨接受。但马主席借故推诿，久不放行。近据纪仓佛来电，不唯启程无期，并谒见主席亦觉艰难。”他强调“以十四辈达赖生于汉地，中藏前途无形中已水乳融洽”，“如再迟延，则恐灵儿有夭折不好之事发生，则中藏大势已去，无可挽回”。张威白赞同他的看法，提出：“窃查此事过去藏方固有独行不使预闻之心，但现已秉承中枢办理，纵青海灵儿确系达赖化身，然亦当维持金瓶掣签之威信。若青海方面借故留难，在此未掣定之灵儿，本无朝拜向例。”[153]

热振于2月27日二电吴忠信，再次指责马步芳说：“近据马主席转来塔尔寺僧民妄称欲将未签定之灵儿先要就地定妥，又称要照七辈达赖，行种种支离荒诞措辞推诿；马亦借故迁延。”他强调若再拖延，“则对于各护法所示于达赖本身大有灾殃之忏语，尚不知出何不祥之事，则谁负其咎”？他“请中央派员立刻飞青，速将灵儿督促送藏”。[154]吴忠信当即通过张威白告诉热振，蒋介石已经电令马步芳护送灵童入藏，“以便举行掣签典礼”[155]。接着在3月10日，吴忠信直接致电热振，告知此事。4月3日，热振与司伦、噶厦等联名致电吴忠信“速请中央派员飞青，督促灵儿等入藏”，批评马步芳“亦未必敢不遵中央命令”。[156]期间，2月28日孔祥熙在国民参政会上报告：“我今天所以特别提出西藏向诸位报告的，还有一个缘故，就是第十四辈达赖喇嘛的呼毕勒罕要本年度内选择。根据定制，西藏的长官已经在西藏寻得两位灵童，在青海塔尔寺附近又寻得一位。现在青海的这一位，中央已令青海省政府护送到西藏去，将来三位灵童要在拉萨大昭寺举行最隆重的掣签典礼，国民政府已在去年十二月廿八日特派蒙藏委员会吴委员长会同西藏执政热振呼图克图主持办理。”[157]

噶厦仍然反对大员入藏，再次提出将张威白职位提高，以便他就近参加。对此，蒙藏委员会于3月下旬一方面强调吴忠信入藏的重要性，指出吴忠信“亲自到拉萨，会同热振主持此事，并代表中央册封热振及授予司伦、噶伦等勋章，以表示中央尊重西藏政教及慰劳其负责各人员之意”；一方面指出提高张威白职位，“按照公务员考绩法，此时殊碍难办到也”。[158]4月5日，孔庆宗致电张威白，要求他与噶厦协商吴忠信入藏问题，说：“近因国民参政会开会，主张应由政府所派大员妥速前往处理，以示中央重视达赖转世盛典之意。藏情特殊，解释罔效，中央拟即派委座亲自入藏，会同热振主持办理。委座以职责所在，惟有从命。”并为安抚噶厦说，“委座此行使命单纯，随从简少”。[159]

1939年上半年贡噶旺秋去职之后，拉木登珠与中央大员的入藏问题更为紧迫。热振一方面电令纪仓佛护送拉木登珠入藏[160]，一方面与张威白协商中央大员的入藏问题。4月8日，张威白向热振指出中央大员入藏的原因与目的：“中央尊崇佛教，爱护西藏及重视十四辈达赖掣签升座典礼”；册封、授勋。针对热振的担心，张威白强调吴忠信“所带随从无多”。热振一方面表示“吴委员长亲自来临，均表欢迎”；一方面提出吴忠信“迅速飞青，与灵儿一同入藏”。同时，他“似有不愿有碍中藏和平之人同来之语气”[161]，即是说，反对班禅系统人员同来。热振还提出两点：其一，吴忠信早日启节飞青海督促灵童入藏，“迟则夏秋有泥泞水阻之苦”；其二，“关于赏赐藏方僧俗官吏物品，亦恳从丰”。[162]随后数日，热振批准噶厦公函电告驻京办事处，令其呈报蒙藏委员会，称极表欢迎吴委员长亲莅拉萨，请由海道入藏。4月23日，噶厦致电驻京办事处向国民政府汇报：“主持十四辈达赖掣签事宜，前由代表等转来中央所提三项办法，由藏方选择其一，藏中曾决定选择三项中第三项办法，由蒙藏委员会吴委员长指派张咨议威白代表就近办理，电令代表等转呈中央在案。现吴委员长既拟亲莅拉萨，藏方因中藏情感日益融洽起见，极表欢迎。”[163]

4月29日，热振三电吴忠信，一方面对国民政府拨1万元香火费表示感谢，一方面催促马步芳早日放灵童启程，称：“青海马主席有不遵中央命令，屡次推诿，借故留难，至今尚未放行，甚为寒心。然而屡蒙中央大恩关照，特派我公主持达赖事宜。如再不启程，则唯有偏劳我公飞青，设法与达赖转世之灵儿同行为感。”[164]他还致电蒋介石，提出同样问题。蒋介石称赞热振态度，指示吴忠信说：“此次该摄政自动电请吾兄飞赴青海将达赖转世灵儿督同护送入藏，实不失为改进中央对西藏关系之一良好时机。惟青海方面对于护送灵儿准备工作，目前办理究系如何情形，暨兄可否亲往一行，即请掣具意见呈复候核为盼。”[165]吴忠信乃询问马步芳，马步芳于5月15日回电称：“此间灵儿刻正摒挡行装，容俟起程期定，遵即奉闻。”[166] 黎吉生宣称：“噶厦的计划受阻于青海省主席（Silling Amban）。青海省主席了解到噶厦的打算（显然，拉萨没有什么秘密能保守住）。他意识到拉木登珠对他自己和中国政府的重要性，因而企图敲诈噶厦。”[167]

由于马步芳并未定下日期，热振乃于5月19日四电吴忠信，“恳请设法令其克日动身，否则惟有恳劳钧座速飞西宁，将灵儿护送一同入藏”[168]。吴忠信于5月23日回电，告知马步芳5月15日电的内容，可见吴忠信本人对“青海灵儿何时可以启行，亦难预料”[169]。5月29日，西藏驻京办事处转呈噶厦电，其意与5月19日热振电基本相同。热振对此极为着急，乃于6月7日直接致电蒋介石，“务派吴委员长从速飞青，督促灵儿于藏历六月间得能一同启程入藏”[170]。

6月5日，蒋介石指示吴忠信与马步芳商量，提出“请其将灵儿送来中央，即由中央发给护送费数万元，亦无不可，届时再由中央派员将灵儿护送入藏”[171]。吴忠信建议由赵守钰“以私人名义赴青”与马步芳协商，因为他与马步芳“交谊至笃”[172]；财政部也拨发赵守钰旅费。蒋介石同意，于是吴忠信致电热振，表明已派人赴青海解决问题，本人则“取道海道入藏”[173]。在此情况下，马步芳6月15日电告“兹定于农历五月中旬由青动身”[174]，赵守钰也就用不着赴青海。热振对此表示满意，于6月20日五电吴忠信，“惟恳加紧催促，能于今年夏季青海商队入藏时一同启程前来”；并要求吴忠信告知其启程行期。[175] 据土丹旦达所说，噶厦为拉木登珠入藏交付给马步芳40万英镑，并负责赠送塔尔寺“一套熔金手写《甘珠尔》大藏经”。[176]

在中央大员入藏问题上，热振与一些噶伦的主张不同。8月23日，熊耀文致电张威白指出：青海灵童已经动身一个多月，“不久即将到藏”，而英国仍然拒绝发护照给吴忠信，必然导致吴忠信难以成行，从而影响转世典礼的举行。他要求张威白设法使热振饬令噶厦通知英印政府，强调“万一在此时期藏方有所变化，殊于西藏及热振不利”[177]。张威白乃于8月25日通过他人询问热振，热振回答“已饬令噶厦照办”[178]。8月30日，噶厦“自动通知”[179]英印政府。9月1日，热振转告蒙藏委员会：“敬悉委员长随率职员仆役十九人取道印度入藏，本人已同噶厦电告英属印度沿途妥为关照矣。”[180] 吴忠信入藏，带有国民政府特派热振主持典礼之特派状、蒋介石致热振手函、国民政府册封热振之册文及金印、采玉勋章。蒋介石信函说：“达赖转世大典进行顺利，具征勋劳，殊深嘉慰。中央以此次大典关系西藏政教前途之兴盛，特派蒙藏委员会委员长亲来主持，借示怀念边疆、精诚团结之意。吴委员长为中正之多年旧交，关于藏方一切有须中央协助主持之事宜，请执事向之开诚陈说，必当竭力赞助善为处理也。”[181]当然，噶厦最终同意中央大员入藏主持典礼的一大原因，在于藏传佛教与内地不可分割的关系，吴忠信指出：“惟达赖喇嘛为西藏政教领袖，复为蒙古及青康蒙藏同胞之信仰所归。自清乾隆以还，其历辈转世达赖，必须得中枢政府之承认，始可发生效力，号召一切。此又为西藏不得不接受中央意旨之隐衷，亦为中央对藏迭经提示所据之要旨。”[182]

在热振同意吴忠信入藏之后，蒙藏委员会电告马步芳可以放行青海灵童和纪仓佛小组。马步芳又起私念，一面敷衍蒙藏委员会，称青海灵儿正整装待发，待启程定期；一面却拖延不动。噶厦不得不屡电蒙藏委员会请求吴忠信亲莅西宁，率领灵儿入藏。马步芳阳奉阴违，目的是索要钱财。蒋介石洞悉其意，指示吴忠信可由中央发给青海“护送费数万元”[183]。马步芳呈报蒙藏委员会：青海灵童定于农历五月中旬动身，派师长马元海为护送专员，“路费及到藏交际各费约需一十万元，恭请转请发给，俾得按限起程”；至于“年来在青寻觅候选灵儿”之费，“均已由藏方支付清楚”。[184]蒋介石照准，令军需署先行如数垫发。至此，青海灵童入藏已无问题。时人指出：“青海的马步芳将军，以达赖转世在他的辖地，便派人保护，主张在青海养育，不久拉萨又宣布在其附近觅得一位转世者时，马将军方答应将他送往拉萨喇嘛寺，这才于去年七月十三日（应为7月15日）起程往西藏，旅费亦由国民政府开支，计十万元。”[185]对这一切，英方却宣称：“为了使青海放行拉木登珠，拉萨不得不支付给中国一笔高额钱款，至少220000上海元（Shanghai dollars），或许为400000上海元。并不清楚，此笔钱款是仅仅使马步芳的钱袋子鼓起来，还是作为中国一揽子交易的一部分，这样中国政府中的一些人就同意不必金瓶掣签。可以肯定的是，至少有220000上海元于1939年10月通过邦达昌和香港、上海银行支付给中国政府某个部门。”[186]

对于拉木登珠的入藏日程，热振做了安排：1939年7月15日，由塔尔寺启程。9月19日，抵达那曲，“10月12日前抵达拉萨，因为10月12日是藏历八月底，藏历九月不吉利。如果拉木登珠不能于藏历八月抵达拉萨，他就不得不推迟于藏历十月抵达”[187]。在他的安排与催促下，拉木登珠于9月26日进驻热振寺，10月4日入驻日加寺，10月7日抵达拉萨住进罗布林卡。英方注意到拉木登珠9月抵达那曲时，前去的噶厦官员就是把他当作达赖喇嘛来引接的。[188]

根据孔祥熙于1939年3月21日致中国驻英大使郭泰祺电，“藏方请派大员，政院已派蒙藏委员会吴委员长忠信前往主持”[189]，说明噶厦已经同意大员入藏。

实际不然。最终噶厦同意国民政府派遣大员入藏主持之因，罗桑坚赞所说具有一定道理。他于2月27日致电国民党各首要称：“窃查达佛转世中土，关系中藏前途至切，况掣签大典例须由我驻藏大员监督主持。今藏方请中央护送仅及藏边，公然藐视祖国，破坏教规，务使达佛与祖国断绝关系。复查此呼毕勒罕早经班佛亲自认定，宿命前因，神灵不爽，蒙藏僧俗，远近咸钦。若经中央册立，即不入藏掣签，当亦为世所公认。设或以藏方径自以所选两童掣签要挟为虑，则有达佛七世前例可按，非但僭立教主，终必自取败亡，纵欲梗阻，量不敢尔。今若任其妄拟悖行，不独有损国体，抑何以维系蒙藏民心？得失机宜，毫厘千里。”[190]蒋介石就此认为：“所陈不无见地，若仅送至藏边，实于中央威信有碍；若径由中央册立，在此非常时期，是否适宜，亦有考虑。但此事确为中央改善西藏关系之重要时机，不宜坐失。”[191]

综合上述来看，热振和噶厦对于中央大员入藏的态度经过三步的演变。第一步，表示“为保持中藏情感日益亲善计”，“诚恳接受”1938年10月8日蒙藏委员会拟定的《达赖喇嘛转世掣签征认办法》中第三项办法。第二步，“敬谨接受”12月28日国民政府关于吴忠信会同热振主持十四世达赖喇嘛转世事宜的命令。第三步，于1939年4月23日致电，对吴忠信以蒙藏委员会委员长身份亲临拉萨主持“极表欢迎”，吴忠信作为中央大员“入藏问题乃告确定”。这样，国民政府对转世灵童的处理“初步告一段落”。[192]

三、吴忠信入藏时间与噶厦迎接问题

在协商拉木登珠与中央大员入藏的问题时，入藏时间问题也在协商，拉木登珠启程及入藏日期与中央大员入藏的时间问题是联系在一起的。

在1938年9月热振向国民政府汇报后，拉木登珠何时入藏的问题就提出来了。噶厦致电蒙藏会，提出掣签典礼期“将近”，要求中央政府准许纪仓佛“迅将寻选幼童送至西藏，参加典礼”。[193]吴忠信于1939年2月下旬致电热振，称“灵儿今年内定可启程入藏，此事决能办到”。2月27日，热振致电吴忠信，再次指责马步芳“妄称欲将未签定之灵儿先要就地定妥，又称要照七辈达赖，行种种支离荒诞措词推诿”。他强调若再拖延，“则对于各护法所示于达赖本身大有灾殃之忏语，尚不知出何不祥之事，则谁负其咎”？要求“中央派员立刻飞青，速将灵儿督促送藏”。[194]4月上旬，热振、贡嘎旺秋、噶厦等联名要求灵童早日启程。黎吉生认为：“看来，噶厦打算在1939年早期时候把灵童弄到拉萨”，但其计划受阻于青海

省主席马步芳，马步芳“意识到拉木登珠对他自己和中国政府的重要性，因而企图敲诈噶厦”。[195]如前所指出，马步芳称青海灵童定于7月中旬动身，蒋介石同意发给他要求的“路费及到藏交际各费”[196]11万元。至于纪仓佛等人的寻访费用，噶厦准备向英人借款，蒋介石决定“由中央以补助灵儿登座大典经费之名义，偿付藏方”[197]，以维护国家威信。黎吉生宣称：“中国政府不愿意支付的钱实际上已经支付。”[198]

英国政府担心国民政府按照惯例派卫队与大员护送拉木登珠入藏。关于卫队，英国驻华大使卡尔（Clark Kerr）宣称中国报刊报道马元海所率卫兵为600名[199]，黎吉生称热振身边人所说为300名，并言“热振希望卫队经由那曲，在9月底或10月抵达拉萨”[200]。由这些捕风捉影的消息，黎吉生断定“中国人决不会放弃这样一个派兵护送的机会，这是他们一直想得到的”[201]。侵略急先锋贝尔以噶厦的口吻宣称：“西藏政府认为他确实是达赖喇嘛，但他们知道，一旦他们宣布他是达赖喇嘛，中国政府便一定坚持要派大队人马来护送他。这队人马将来到拉萨，并赖着不走。”[202]实际上，国民政府并未派兵护送，这在拟定上述《达赖喇嘛转世掣签征认办法》时就已决定。哲康向黎吉生透露护送入藏的“汉兵”为20名或30名。[203]拉木登珠抵达拉萨后，黎吉生注意到“中国普通卫兵不过20人，中国马家军……差不多全副武装，虽然现在还看不出有什么威胁，但是他们的行动非常值得关注”[204]。这说明英国一方面放下心来，一方面仍然密切关注。

关于大员护送，卡尔称国民政府已派大员前往西宁。[205]实际上，国民政府在已同意由纪仓佛负责的情况下不再派大员。此外，吴忠信向蒋介石解释说：灵童已经动身，“如在此时期，再派一人赶往，企与青省护送人员会合同行，在川、青及边地交通十分困难之现状下，实无法赶及；且青省府既已派师长马元海护送，责有专属，中央如再派员同行，则一方易兹青省府误会，以为中央对之不能信任，一方复权责不专，易兹纷歧，甚至有所诿卸”。但是“为灵儿到藏后一切布（部）署便利起见”，由蒙藏委员会藏事处处长孔庆宗“兼程西进，期能在灵儿之前到达拉萨”。[206]吴忠信讲了两个理由，前者并不成立，后者虽有一定影响，但主要原因是：吴忠信如果亲往护送拉木登珠入藏，必然按照惯例带领卫队以壮行程，英国必然制造事端。他称：“有人主张余由陆路入藏者，不知陆路入藏实际上困难更多，而外交上之复杂情形尤较海道为甚。”[207]而由海道入藏，随行的奚伦称“英国政府电嘱印度政府，予以各种便利”[208]。

吴忠信关于入藏时间问题的考虑，也是从2月开始的。他从海道进入印度，取道印度入藏，必须征得英国政府的同意。随同吴忠信入藏的国民参政会参政员奚伦曾称："途径由海道入藏时间，较陆行为短暂。其行程为由港出发，经仰光而至印度之加尔各答，由陆路直达喜马拉亚山脚之大吉岭，而后入藏，由旱道入拉萨。此次英国政府电嘱印度政府，予以各种便利，中央极表好感。"[209]吴忠信通过奚伦，将其一路行程公开表露出来。黄慕松入藏曾言"自践国土，较为方便"，而吴忠信却认为英国会"予以各种便利"，不知他何以有此说法。他认为："现行政院方面又有人主张余由陆路入藏者，不知陆路入藏实际困难更多，而外交上之复杂情形尤较海道为甚。"[210]为何陆路入藏的外交较海道为甚，很不清楚；至于陆路入藏实际困难更多，大概与吴忠信的身体健康有关，他在10月31日的日记中说："余自本年一月二日发头晕，后迄未见愈，近则更甚，高血压在九十度以下，似此随时均可发生危险。"[211]

3月21日，行政院院长孔祥熙电令驻英大使郭泰祺，询问英国的意见，称"英方对于西藏问题素极注目，请密为探询"，吴忠信将前往拉萨主持转世灵童掣签典礼，拟取道印度入藏，"伊为文人，职司蒙藏，此次前往，拟取道印度入藏，以期便利。盼先向英方交涉，给予假道便利"。[212]郭泰祺联系后，英国政府要求"我方将随从人数、经过地方及抵印日期见告，以便转为向印度部洽办"[213]。显然，英国政府极为关注人数、经过地方及日期问题。

黎吉生认为，仅关注这些问题还不够，噶厦未向他提及欢迎中央大员入藏主持一事，他从中国驻英大使馆联系吴忠信取道印度签证一事才得知，因而对噶厦未通告很不高兴。[214]黎吉生认为，"中国政府已经安排好拉木登珠的入藏问题或即将安排好"，"这反映了中国政府态度的变化，它首次提出了派遣大员参加达赖喇嘛坐床大典的问题"。他因而去询问噶厦的"意向"。噶厦一方面解释"灵童入藏问题仍有困难，有关安排还未做好"，一方面安慰黎吉生说"中国代表参加掣签典礼并无必要"。[215]噶厦在4月23日正式表示欢迎大员入藏时，要求吴忠信电告"首途日期"[216]，并希望吴忠信"由海道入藏较为便捷"[217]。这两项要求的提出与黎吉生的挑拨与破坏有关，他宣称："西藏政府要求我们目前不要许诺向吴忠信提供什么便利，英印政府因此建议英国政府告诉中国驻英使馆，只有在西藏政府要求提供便利时才提供。"[218]

5月中旬，英国政府正式回答国民政府：为了"方便"起见，可先由国民政府"将入藏日期与藏方定妥后，再由藏方径行通知印度政府洽办"[219]。英国政府此举含义深刻，"纯系森姆拉会议破裂径与藏方直接交涉之口吻"[220]，企图迫使国民政府承认西藏有“外交”权，如意盘算是：若噶厦不通知英印政府，则英国可以借词拒绝吴忠信进入印度；若噶厦通知英印政府，则表明西藏地方与国民政府是“平等”的政治关系。因此，英国政府在6月中旬再次面告中国驻英大使郭泰祺，郭泰祺报告国民政府说：“此事英方及印政府均无阻挠之意，且愿予以便利，但只须藏方有欢迎表示。故英方仍坚持应由我国直接通知藏政府，并可将上叙英方态度转告西藏，印政府一俟接到藏方通知，假道绝无问题。”[221]显然，若由蒙藏委员会知会噶厦通知英印政府，则陷入了英人的“圈套”，行政院即指出：英方此举“隐含有使我承认西藏半独立之意义，先例一开，后患堪虞”[222]。因此，它强调“绝非我方所能承认”[223]。

对此，国民政府从两方面来处理。一方面，设法安慰噶厦。在接到噶厦的电文后，吴忠信在要求行政院指示驻英使馆查询英国政府的态度的同时[224]，指示蒙藏委员会藏事处处长孔庆宗要张威白告诉噶厦下列情况，以安其心：“委座为人和平正直、体贴人情、最持大体，在政治上向有地位声望，信用尤著，极为蒋委员长及政府所信任。此次为达赖佛转世之大事而入藏，实出于对藏之好意，于藏有利无害，不致使其为难。随从人选慎重简单，大多为本会人员，弟亦将随往。”[225]另一方面，由国民政府出面对英交涉。国民政府向英国政府指出吴忠信“纯为参加达赖转世抽签典礼，毫无政治作用，随从亦极简单”，英方“所提商定日期各节，似无必要”。[226]同时，国民政府决定“设法由藏方自动通知英国，如能办妥，则吴委员长经印度入藏”；“如海道不可能，则改派人员由陆路入藏”。前项将由蒙藏委员会知会噶厦通知英印政府改为由噶厦“自动通知英国”，并由张威白设法处理。可见，国民政府做了一些让步。如果行不通，吴忠信就不入藏，改派人员由陆路入藏。吴忠信理应同黄慕松一样，取道西康入藏，在自己的国土上要顺利得多。在与噶厦协商入藏事宜时，入藏工作就应准备好。即使在7月15日青海灵童启程后，吴忠信马上取道西康也来得及，张威白建议他“先灵儿之前莅临拉萨”，以便与热振面商是否举行金瓶掣签。[227]但吴忠信在7月16日呈文行政院中提出：“兹预定九月上旬由渝首途，十一月经过印度。如外部对英交涉顺利，自可酌量提早。”[228]这把入藏时间取决于对英交涉，显然很被动。

英国政府还非常关注国民政府是否按照先例派专人、卫兵护送拉木登珠入藏的问题。国民政府本应按照惯例须派遣专人护送，但是却未如此。至于原因，吴忠信向蒋介石作了解释：灵童已经动身，“如在此时期，再派一人赶往，企与青省护送人员会合同行，在川、青及边地交通十分困难之现状下，实无法赶及；且青省府既已派师长马元海护送，责有专属，中央如再派员同行，则一方易兹青省府误会，以为中央对之不能信任，一方复权责不专，易兹纷歧，甚至有所诿卸，是以本会仍觉不再派员赴青为妥。但为灵儿到藏后一切布（部）署便利起见，拟再电饬孔处长兼程西进，期能在灵儿之前到达拉萨”[229]。吴忠信讲了两个理由，前者并不成立，后者有一定影响，主要原因是英国政府的阻拦。8 月 12 日路透社电称：“中政府蒙藏委员会主席吴忠信不久将率华方使节团赴拉萨，此为使中国与西藏间关系益臻密切之另一努力。此团将于九月间启程，取道印度而往西藏。该团除其他事务外，并将参加新达赖喇嘛之就位礼……按此前华方派使节团赴西藏，系一九三四年事，由黄慕松率领。”[230] 此电透露了英国政府对吴忠信入藏目的、意义与时间的关注，暗含要设法阻拦。

噶厦担心吴忠信所带人员甚多，孔庆宗曾言共有 20 余人。孔庆宗作为入藏大员的先遣专员，于 7 月 2 日带着 10 人先行出发。西藏驻京代表询问藏事处代处长熊耀文随吴忠信的“尚有若干”[231]。熊耀文回答：“前次随孔处长入藏者，职员仅六人，连同厨司仆役共十人。此次由海道入藏者，职员约十四人，厨司仆役等五人。两共职员二十人，仆役九人，计二十九人。其外并拟随带摄影师二三人，尚在商洽中。”[232] 在吴忠信于 8 月 11 日致电热振说“定国历九月首途，十一月过印度”[233] 之后，噶厦于 8 月 20 日致电吴忠信提出“请带实用必需不得不带之人，此外请无多带，否则必能惹起僧俗官吏犯疑心病”[234]。8 月 22 日，吴忠信要求张威白向热振说明随行人员具体情况：秘书长罗良鉴，曾任安徽、江苏两省民政厅厅长、蒋介石侍从室副主任；顾问曹经沅、奚伦，前者曾任安徽省政府秘书长、贵州省民政厅厅长，后者为国民参政会参政员；秘书周昆田，为蒙藏委员会秘书。“其外，如英文秘书、医官、会计、庶务、译电、管印、舆夫、摄影师等总共不过十三四人；另厨师、理发、侍役等五人。”依此，23 人左右。吴忠信还强调两点：第一，他入藏的历史意义及不带一兵一卒，以安噶厦之心。“查此次达赖转世，关系西藏政教全局至为重大，中央为郑重大典举行，始有特派本人主持之举。在中央主管长官亲自入藏，实开历史创例，而为尊重达赖之意。此次本人经由海道入藏，不带一兵一卒，将来即以西藏军队护卫，亦为对西藏极端信赖之表示。”第二，随行人员人数及人选的必要性。他指出：“就典礼论，此次办理达赖大典，为各方观瞻所系，如人数过少，既恐分配不敷，亦无以昭示隆重。就事实论，本人长途跋涉，来往需时，即为随身办事起见，亦属万不可少。且此项人员，均系现任文职，经临时调借，又均为向来共事甚久、相知最深之人，其品诣操行，夙所深信。”[235]

英国驻华使节和黎吉生密切注视着上述国民政府与噶厦的协商。卡尔汇报了吴忠信随行官员13名、仆从5名，共18名[236]；黎吉生从哲康噶伦那里得知护送孔庆宗带着礼物入藏的卫兵不过10人[237]。

英国政府见吴忠信未带兵入藏，不再担心，便把注意力转到拉木登珠的启程及抵达拉萨时间的问题上来。为此，黎吉生千方百计向噶厦打听并施加影响。他向英国政府报告说：“7月17日，获知在中国的西藏代表向西藏政府报告，灵童于7月19日启程入藏。西藏政府仍未就灵童问题达成一致。”黎吉生询问噶厦有关日期安排，噶厦回称虽还未选定，但随后会决定。他宣称：灵童启程日期实际为7月21日。[238]他又说：“9月12日，拉萨得知达赖喇嘛将于9月19日抵达那曲(Nagchuka)，希望他在10月12日前抵达拉萨。10月12日是藏历八月底，藏历九月不吉利。如果达赖喇嘛不能于藏历八月抵达拉萨，他就不得不推迟于藏历十月抵达。”[239]

英国政府之所以关注拉木登珠入藏的时间问题，是因为该问题与吴忠信的入藏主持十四世达赖喇嘛的时间联系在一起。7月10日，噶厦要求吴忠信“决定行期，俾便先期通知印度、英政府予以保护”[240]。8月23日，熊耀文致电张威白指出：青海灵童已经动身一个多月，“不久即将到藏”，而英国政府仍然拒绝发护照给吴忠信，必然导致吴忠信难以成行，从而影响转世典礼的举行。他要求张威白设法使热振饬令噶厦通知英印政府，强调“万一在此时期藏方有所变化，殊于西藏及热振不利”[241]。张威白乃于8月25日通过他人询问热振，热振回答“已饬令噶厦照办”[242]。8月30日，噶厦“自动通知”英印。但英方拖延不办，国民政府外交部乃于9月21日左右一方面指示驻英大使郭泰祺“查洽”，一方面“向英国大使馆催办多次”。英国大使馆称：“前已再次电请印度政府答复，尚未得复，当再电催。”[243]9月23日，英国驻华使馆参事禅德本回函，询问所经路线，特别是询问是否经由缅甸，以便与缅甸政府协商。[244]这说明英国担心国民政府乘机关注缅甸问题；这大概与后来中国军队入缅作战有一定的关系。

10月5日，吴忠信终于领到护照签证。英国政府最终同意签证，原因大致为：第一，此时，欧洲战云密布，德国于9月22日向波兰发动了闪电进攻，英国无暇顾及外交施压中国。第二，英国担心吴忠信由陆路带兵入藏，如果不在海路问题上让步，国民政府势必指示吴忠信由陆路入藏，国民政府曾指出：“达赖转世，中央简派大员参加典礼为宗教之习惯，吴委员长赴藏事（势）在必行，假道印度如不予同意，势必改由陆路前往，但须携带卫队以资保护，倘迫而出此，英方不能见责。”[245]第三，国民政府采取由噶厦“自动通知”英方的做法，这“虽非我方所愿，但为迁就事实起见，不得不姑予照办”[246]。可见，国民政府也作了一定的让步。第四，英国已经达到了延误吴忠信的目的，吴忠信领到护照后最早只能在10月中旬出发赴藏，比原定计划9月出发晚了一个月之久。签证发放后，裨德本还多次致函吴忠信，询问抵达缅甸、印度的时间。国民政府告知英国政府：吴忠信“一行十九人分由香港及滇缅公路前往仰光，其预定行程如下：(一）吴委员长本人率少数随员先赴香港，约在十一月初旬或中旬由香港动身乘轮赴仰光，十一月下旬或十二月初旬到达；(二）其余人员乘汽车经滇缅公路，亦约在十一月下旬或十二月初旬到达仰光，一俟吴委员长与所有随行人员在仰光集合后，最多耽搁一星期，即一同启程赴加尔各答；(三）在加尔各答耽搁三五日，即乘车赴大吉岭入藏”。由此看来，国民政府实际上宣布吴忠信不参加拉木登珠的剃发典礼，尽管国民政府还说明“惟现在交通困难，海上船运情形如何，尚难确悉，上列行程临时有无变更，亦难逆料”[247]，吴忠信已经赶不上参加拉木登珠的剃发典礼了！

热振曾于9月17日致电蒋介石汇报“剃发、坐床等大小典礼，均俟吴委员长到藏后办理”[248]，但噶厦在10月21日电中说拉木登珠已“驻锡罗卜岭岗格桑颇章宫殿。所有应行大小礼节，均已办理妥善。至于剃发、赠号并受戒以及坐床等各典礼，自当诹吉继续举行，随即次第呈报”[249]，未说等吴忠信到拉萨后才办理。热振计划于11月23日为拉木登珠剃发，于1940年2月23日举行坐床大典，并将此向国民政府作了汇报。根据十一世达赖喇嘛、十二世达赖喇嘛和十三世达赖喇嘛的先例，剃发“亦在未签定之先也”[250]。蒙藏委员会藏事处处长孔庆宗于1939年7月2日由重庆动身取道西康，争取在灵童之前到达拉萨。他本称于11月23日抵达拉萨，如此“能如期参加”[251]剃发典礼。不知何故，拉木登珠出家典礼改于11月24日举行，热振为灵童削发剃度，赠法名“吉尊江白阿旺洛桑益西曾加措司松旺珠忽巴美白底”（意为“至尊文殊语自在善识圣智持佛大海统领三界无与伦比者”）[252]。孔庆宗却于11月25日才抵达，“迟到一日，未能参加”。他解释说:“在委座未到藏前，不致因此有表示态度之嫌，亦觉适宜也。”[253]实际上，热振与噶厦是未经掣签，就决定了拉木登珠为十四世达赖喇嘛，孔庆宗自然不便参加以避免表态。

蒙藏委员会对此不满，致电孔庆宗指出：吴忠信来函称定于11月22日飞仰光，“与行辕陆路人员会齐”后乘船赴加尔各答。热振曾于9月17日致电蒋介石汇报“灵儿剃发、坐床等大小典礼，均俟吴委员长到藏后办理”，但在10月16日致蒋电中却称“大小礼节均已办理妥善”[254]，语气变化。噶厦也于10月21日致电吴忠信转蒋介石，称：“十三辈达赖真身转世于青海公绷，迭蒙中央先后维持，饬令青海马主席，得以灵儿一行人等于藏历六月一日由青首途，沿途毫无险阻，于八月七日到达黑河，二十五日安抵拉萨，驻锡罗卜岭岗格桑颇章宫殿。所有应行大小礼节，均已办理妥善。至于剃发、赠号并受戒以及坐床等各典礼，自当诹吉继续举行，随即次第呈报。”[255]此电明确表明各典礼的安排不想向中央政府汇报，也不想取得中央政府批准后才举行。林森、蒋介石于10月27日分别致电热振，强调“征认手续暨各种礼节，应俟吴委员长莅藏后会同热振呼图克图主持办理，会衔呈核，方足以昭大信而杜纠纷，希即遵照为盼”[256]。11月21日，热振复电林森，择定11月24日为拉木登珠举行出家典礼日期，1940年2月23日为举行坐床典礼日期。蒙藏委员会于1939年11月27日指示孔庆宗：“现剃发既成过去，自可不提，惟坐床登位大典，至关重要，必须俟委员长到后举行。”[257]10月24日德国海通社电称：“原订十一月中举行之即位大典现已决定展期，因中国首席代表蒙藏委员会委员长吴忠信届时不能如期赶到，而西藏对于吴氏之出席视为极端重要。”[258]12月8日，噶厦向蒋介石汇报已经“照从前规矩剃发、赠号、受戒”，并称“不远即登布达拉宝位”。[259]孔庆宗认为此语表明噶厦“态度圆滑，不无可虑”，因而致电吴忠信“迅予启节入藏”。[260]

11月2日，吴忠信启程前往香港，经缅甸仰光转印度加尔各答、大吉岭、噶伦堡，进入西藏。吴忠信于12月14日抵达印度噶伦堡当日，专门致电热振，一方面称一路“一切平适”，一方面强调“现订国历本月十九日继续前进”。[261]而所谓“一切平适”，是指英国政府对其取道印度的态度，吴忠信要孔庆宗转告噶厦：“此次沿途备受英方热烈欢迎，英国锡金行政长官亲来加伦堡（噶伦堡）晤面，表示异常诚恳。”[262]热振回电吴忠信，表示已派人前来交界处迎接入藏。

1940年1月2日，吴忠信抵达江孜。1月15日，他抵达拉萨。噶厦迎接他的“热烈景况为藏中历史上所仅见”[263]。噶厦派20名官兵组成卫队专程到亚东护卫，亚东总管策松平康陪同吴忠信到拉萨，所有驻拉萨藏军700多人全体出城列队欢迎，沿途民众观者如堵。噶厦官员、三名接待官以及蒙藏委员会驻藏办事处处长孔庆宗等到堆龙赤桑桥迎接，吴忠信改乘轿子。“到达西郊接官厅时，噶厦政府的噶伦、达赖喇嘛和摄政王的代表首席知宾以及七品以上的僧俗官员，均肃立恭候，举行迎接礼仪。在江当那噶，藏军仪仗队也列队接受吴委员长的检阅。此后，吴委员长一行到色兴别墅下榻。接着，四位噶伦代表噶厦，携带米、面、酥油、糌粑、鸡蛋等礼物，前往色兴别墅向吴委员长等行见面礼。噶伦私人也向吴委员长及其随行官员赠送了礼品。当晚，地方政府在色兴别墅设宴为吴委员长一行洗尘。”[264]发往内地的电称：“西藏官僧军民往欢迎者途为之塞，炮声震天，欢洽异常。”“西藏摄政热振呼图克图对吴氏礼遇极为隆重，并特派噶伦詹东公子、霞渣公子、乔巴公子、泽松彭康公子等，专司招待（四贵子皆藏方大世家、乔巴公子并精英语）。”[265]吴忠信所下榻的贵族色兴家的别墅，其“正房柱子上，挂了一面桔红底色、黑色金丝绒镶边的三角旗，旗正中写一汉字。旗下挂一根鞭笞犯人的红色木棒，以示吴委员长的权威”。噶厦专门派有接待官，并交代说：“吴委员长的职位还在驻藏大臣之上，你们在接待时应格外尽心敬重才是。”[266]古德就此认为吴忠信在西藏僧俗各阶层眼中为新的驻藏大臣。

综合来看，拉木登珠入藏时间与吴忠信入藏时间密切相关。热振与噶厦在剃发典礼时间问题上固持己见，既是对国民政府维护既得权力的体现，也是对英国让步的表示。在吴忠信取道问题上，噶厦担心吴忠信乘机率兵入藏；英国也是如此。国民政府既无以军队护卫拉木登珠入藏的计划，也无由吴忠信率兵入藏的打算，因而决定取道印度；这实际上是对英国一种妥协的表示。既然国民政府作了这些妥协，噶厦对吴忠信的到来不但举行隆重的欢迎典礼，而且是按照高于驻藏大臣的规格来迎接吴忠信的，吴忠信等于清代的钦差大臣。

第三节　吴忠信主持坐床大典与古德的干扰和破坏

吴忠信“抵藏后，将留至明年夏间”[267]。他指出：“余此行重在完成手续，且为安定西藏人心，扶持热振地位。”[268]其中心是与热振共同主持十四世达赖喇嘛的坐床大典，一则表明中央政府的治藏主权，二则借此提高热振的政治地位。他向热振转交了国民政府的委任状，热振于1940年1月23日致电国民政府主席林森，表示：“接奉派状，不胜欣感之至。所有达赖喇嘛坐床典礼，后当继续速呈。”[269]吴忠信“完成手续”所面临的重大问题，一是对转世灵童的认证，二是中央大员在坐床典礼上的座位问题。英国政府派遣古德入藏，竭力干扰和破坏。

一、免签问题：国民政府承认拉木登珠“灵异特著”

吴忠信一开始面临的棘手问题，就是处理是否掣签的问题。在1938年夏噶厦宣布寻访到转世灵童时，蒙藏委员会参照旧例呈报行政院，提出："现第十四辈达赖既在青海境内找获灵异小孩三名，自应依法举行掣签手续，确定呼毕勒罕属谁。"[270]蒙藏委员会还附上喇嘛转世办法二份，请行政院转饬有关各方执行。按此，应进行掣签，以确定人选。《申报》主张掣签产生。它在噶厦正式宣布已在塔尔寺附近寻访到转世灵童时说："但据另一方面消息，前年春季之拉萨东北汉人地也找到了两个被认为达赖转世者。依照西藏的教规，除观海外，达赖喇嘛的遗言也可作为寻觅达赖转世的根据，例如达赖圆寂时，遗言将转世于何处，后来在那个地方找到的生期与达赖死期同时的，便得被认为达赖转世。据说，在拉萨找到的，即是以此为依据的。截至现在达赖的转世，总共找到三位，大约不会再有新的发现了。至于在这几个中，如何确定哪一位是真的达赖转世呢，则将举行一隆重的抽签典礼来决定他。此项典礼，系根据前清乾隆五十七年（一七九二）藏人所制定的金瓶抽签定律而举。据闻过去喇嘛之衣钵传受，一向由'吹忠'（即喇嘛圆寂后暂摄藏政作法降神）秉公指认，乾隆五十七年时乃制定这金瓶抽签的定律。在拉萨大认寺中，置一金制之瓶，而将寻获的被认为达赖转世的小孩姓名各写一签，放入瓶中，由'吹忠'对众拈定。拈着谁，谁就承继第十四世达赖喇嘛。未拈着的，也都给予重要职位，而认为这些小孩虽不是达赖转世，但亦属于天神之流。"[271]

前述热振对拉木登珠入藏日程和下榻地的安排，反映了热振的有关行动。伴随着拉木登珠的行程，热振接连采取了一系列行动：第一，于 1939 年 8 月 23 日召开全藏僧俗大会，提出青海灵童为转世灵童，无须掣签。是日，"拉萨全市民众焚香除道，藏方僧俗全体官员齐集布达拉大会，由洞波大中译宣读纪仓佛在青海访灵儿经过。关于灵儿父母、家宅各状，决与热振观海象征、乃琼降神预言吻合无讹。又以十三辈达赖佛珠、手杖混以类似之佛珠、手杖，均能分析无差。此灵儿确系达赖化身，毫无疑异。再据乃琼预示，热振确与十四辈达赖有缘，无须金瓶掣签"。热振此举，显然对另外两名灵童置之不理。[272]第二，于 9 月 24 日再次召开全藏僧俗大会，决定：（1）"派定彭休噶布伦、洞波大中译、僧俗官各二十人赴黑河候迎。"（2）"推定普布确、打弄扎两呼图克图为灵儿经文教师。"（3）"青海灵儿确系为十四辈新达赖。"（4）"如大众对青海灵儿有疑异之点，在大会中应即发表（无人敢说不字），倘以后察觉有蜚语流言，当即削职、抄家、徒流。"（5）"计日灵儿阴历八月底能到，援例暂驻热嘉日吹小寺，数日后即移驻热振寺，筹办十月迎入罗布岭岗（即罗布林卡）。"[273]第三，拉木登珠入驻罗布林卡后，热振三次召开全藏僧俗大会，讨论“可否将青海出生的拉木登珠尊为十三世达赖之转世灵童”。全藏僧俗大会“一致决意公秉，同意此项认定，并以全藏僧俗名义签署画押，担保日后对达赖佛之灵童选定决无任何非议”。[274]热振担任灵童正经师，以十三世达赖喇嘛的侍读达尔汗达扎阿旺松热为副经师。

依此来看，热振三次召开全藏僧俗大会，“自专自主”，宣布拉木登珠为十四世达赖喇嘛，逼迫政敌承认并保证以后不提出异议。其目的“使在野失势者无另拥灵儿、攫取政权之野心。其外，应付英方，及避免中枢大员监视掣签，不过是附带问题”，而大会通过这些决定的“主要因素，不外在朝者赢得附和热振、保全自己的官职顶戴”。[275]热振的政敌对此非常不满，批评他“隐事戳破，圭玷难磨”[276]。黎吉生抱怨噶厦对其隐瞒信息，发现“至8月23日，一切已解决，因为布达拉宫召开全藏大会，已决定西宁灵童为转世灵童”[277]。

对于热振此举，国民政府如何处理，需认真考虑。在8月16日的电文中，张威白一方面从噶厦内部权力斗争的角度指出应支持热振，一方面向吴忠信提出要考虑是否进行金瓶掣签：“关于达赖化身之说，乃宗克巴（宗喀巴）身后寓传贤任能之意；金瓶掣签，乃清高宗从俗决疑杜弊定变之苦心。此度十四辈达赖青海灵儿，在热振认为千真万真，不欲掣签，但嫉视热振者不无闲言。职窃查热振指定青海灵儿，诚为爱国表示，本可援九辈、十三辈之例而从之。盖虑金瓶掣签，青海灵儿落选，则今后藏政而入另一势力范围之掌握；若不掣签而定，是我自行放弃金瓶之权。”[278]在8月26日的电文中，他除了同意热振所说拉木登珠“确系达赖化身”外，建议吴忠信：“对掣签或不掣签事，面与热振会商，比较亲洽易办。”[279]在8月28日的电文中，张威白强调虽然应同意热振遴选拉木登珠，但是强调应由中央政府来最后决定：“征诸热振平时谈话。汉人灵儿入主藏政，汉方是不会不愿意。但我方对于西藏，纵该等有拥戴汉人灵儿之心，亦断不能由其自专自主，自弹自唱。假使不举行金瓶掣签，亦当候钧座抵藏之时，会同热振将青海灵儿特异之点呈报中央核准后，迎灵儿入罗布岭岗，即举行就位典礼，方不丧失主权。”[280]

热振本人的态度是值得充分肯定的，他于9月17日致电吴忠信转蒋介石，一方面对蒋解决拉木登珠启程问题“感激无涯，实为欣慰”，一方面表示“灵儿入藏后所有一切应行征认、剃发、坐床等大小典礼，均俟中央代表吴委员长到拉萨时，应如何办理，再当次第呈报”。吴忠信予以充分肯定，指出：“此电询开西藏与中央关系中三四十年来未有之局，亦属中央对藏统制权充分之表现。余入藏办理达赖转世之任务，已具有圆满完成之希望。此电实系余办理此案最使我满意一件大事，不胜欣慰。”[281]蒋介石于9月24日回电热振，一方面称赞热振说“此次达赖转世事宜，执事慎重将事，欢迓青海灵童，筹备大典，具见尊隆法统，不负中央委托之至意，良深嘉慰”；一方面指示说：吴忠信已启程来藏，“所有一切典礼，自必协同执事虔诚办理”。[282]

在拉木登珠启程入藏之前，张威白于9月22日致电蒙藏委员会报告说：“查向例，西藏新选达赖化身，由藏方择定入藏日期，通知驻藏大臣出奏，奉旨批准后方能入拉萨，否则灵儿须暂驻日加寺（距拉萨约十里）候旨。今十四辈灵儿，藏方已订藏历八月二十五日到达拉萨，虽未得藏方之正式通知，而热振已当面明白表示，是以在形势上不能不维持中央主权。除面促热振速为呈报外，谨先电呈。”10月1日，张威白又致电报告：拉木登珠于9月26日到达热振寺，热振表示要专电呈报拉木登珠到达拉萨日期，希望国民政府的核准复电于10月8日前到达。[283]热振于10月1日发出的电文说：“达赖化身于藏历八月十四日到达热振寺，定期于藏历八月二十二日驻锡日加寺，于藏历八月二十五日迎入拉萨。谨电呈报。”吴忠信对此予以充分肯定：“查藏方对于达赖转世，一切手续，尚能尊重中央主权，依照旧例办理。”[284]“向例，达赖呼毕勒罕在寺候旨，乃入拉萨，亦有历史价值。十三辈达赖在此候旨，栖留寺中一年有余。此次第十四辈达赖亦在此信宿，俟奉国府明令乃入罗布岭喀，循旧制也。”[285]林森以国民政府主席名义，于10月5日回电热振予以照准，并指示：“至征认示意，一俟吴委员长到藏后，自即会同执事依例妥商慎重办理。”[286]

随后，热振与噶厦的态度有所变化。拉木登珠按期抵达拉萨后，热振于10月16日向林森作了汇报，称“所有坐床吉期，嗣当随时呈报”，但他同时又称拉萨为“藏都”[287]，并称“大小礼节均已办理妥善”[288]。噶厦也于10月21日致电吴忠信转蒋介石：“十三辈达赖真身转世于青海公绷，迭蒙中央先后维持，饬令青海马主席，得以灵儿一行人等于藏历六月一日由青首途，沿途毫无险阻，于八月七日到达黑河，二十五日安抵拉萨，驻锡罗卜岭岗格桑颇章宫殿。所有应行大小礼节，均已办理妥善。至于剃发、赠号并受戒以及坐床等各典礼，自当诹吉继续举行，随即次第呈报。”[289]此电明确表明各典礼的安排不想向中央政府汇报，也不想取得中央政府的批准后才举行。因此，林森、蒋介石于10月27日分别致电热振，强调：“达赖化身灵儿平安到达，无任欣慰。惟征认手续暨各种礼节，应俟吴委员长莅藏后会同热振呼图克图主持办理，会衔呈核，方足以昭大信而杜纠纷，希即遵照为盼。”[290]

先行入藏的吴忠信的秘书华寄天指出：热振只迎拉木登珠，并且安排他住进罗布林卡，“已充分表现无掣签征认之心”。他建议：“吴委员长莅临后，能于会同热振将青海灵儿之点会呈国民政府，援九辈不掣签之例核定，尚能保存中央控制西藏之威信。”[291]1940年1月26日，热振呈文吴忠信，详细叙述了占卜、观湖征兆、寻访经过、青海灵童灵异等情况，称“西藏僧俗大众，贵贱大小皆中心诚信，认为十三辈转世之真身”，“因群众情投意合，不须掣瓶，照例剃发受戒，业已呈报中央在案”，“谨诹定正月十四日举行坐床典礼”。[292]他要求吴忠信转报国民政府免予掣签。

吴忠信面对既成事实，命张威白接洽热振活佛，指出噶厦应履行固有仪式，并需按驻藏大臣旧例验看核定青海灵童，再呈报中央政府批准。噶厦先坚持吴忠信进殿会晤拉木登珠，隐含使吴“拜见”拉木登珠之意。吴忠信严正指出驻藏大臣与达赖本属平行，应依照旧例，“国家体制所关，万难稍涉迁就，决中止往访”[293]。此举对噶厦产生重大影响，拉萨市面甚至传言“将演政潮者”。热振“为安定人心计，亦不能不从速解决此问题”。他与吴忠信商定1月31日在罗布林卡“便见”拉木登珠。[294]

是日，吴忠信在罗布林卡殿外看视灵童，履行了验看灵童手续。随后，吴忠信致电行政院：“忠信复查所述灵异各节，均属确实，拟请转呈国民政府颁布明令，特准以该灵童拉木登珠继任第十四辈达赖喇嘛，并发给坐床大典经费四十万元，以示优异。”[295]蒋介石予以批准，后来参加西藏和平解放谈判的代表土丹旦达指出：“很清楚，达赖灵童早已内定稳妥，只不过在大家面前做了一个表面文章。”[296]2月5日，国民政府颁布命令：“青海灵童拉木登珠，慧性湛深，灵异特著，查系第十三辈达赖喇嘛转世，应即免予抽签，特准继任为第十四辈达赖喇嘛，此令。”[297]国民政府发表的公报解释说：“达赖喇嘛第十四世之选出，未经拈嗣手续，按近有候补者三人送往拉萨，候拈嗣决定。惟据政府宣布，因在青海发见之中国童子已有种种确凿特征，证明其为达赖喇嘛转世无误，故拈嗣仪式应予取消，渠即将任为达赖喇嘛第十四世。”[298]

这样，国民政府正式批准认定拉木登珠为十三世达赖喇嘛转世灵童，并免予金瓶掣签，继为第十四世达赖喇嘛。热振非常高兴，于2月17日致电国民政府主席林森，称：“兹奉国府明令，青海灵童拉木登珠特准继任为第十四辈达赖喇嘛，并赏赐拨发坐床大典经费四十万元；又蒙国府颁赐册封金印及采玉二等勋章，已于国历二月十五日由蒙藏委员会吴委员长亲授。敬颂之余，肃电叩谢，并祝国泰民安、中藏亲洽。”[299] 接下来的问题，就是吴忠信如何主持坐床大典了。

二、“完成手续”：吴忠信主持十四世达赖喇嘛坐床大典

吴忠信主持十四世达赖喇嘛坐床大典，深受英国的干扰和破坏。英国政府派人入藏“观礼”的考虑正式开始于拉木登珠启程之后。1939 年 8 月 24 日，黎吉生提出要留在拉萨，因为：其一，在礼节上，“如果我在达赖喇嘛抵达拉萨前不久离开，是不礼貌的”；其二，“如果中国派遣大批官员前来，我们在这样一种重要场合最好有两名代表”。[300] 按照张威白 7 月 11 日所汇报，古德“业已到达江孜，俟灵儿抵藏时，彼即将前来拉萨”[301]。他于 9 月 16 日向英国政府提交一份入藏参加十四世达赖喇嘛坐床典礼的报告，随后在几份报告中又作了补充，主要内容是：其一，关于入藏之目的，“一方面，如非必然，我不能使我自己及继任者将来的对西藏工作更为困难；另一方面，很有必要观察中国人做些什么”。其二，关于随员的组成，古德特别提出在江孜的医务官马雷（O'Malley）上尉或其继任者，因为“在拉萨，同所有官员接触最多的就是和蔼而医疗水平很高的医生，他使我们能及早地与新达赖喇嘛身边的人员建立良好的关系”。[302] 其三，关于入藏时期，古德先是提出 9 月或 10 月，但最好与吴忠信同时抵达，同时又认为“由于我代表的是总督阁下和印度政府对新达赖喇嘛坐床的良好祝愿，在大典举行前不久抵达的意义比在大典举行前已经在拉萨待上很长一段时间的要大”[303]。随后，他得知噶厦确定 1940 年 2 月 22 日举行坐床大典，提出于 1 月 1 日左右从甘托克出发，2 月初抵达拉萨，同时又强调这一安排“要视吴忠信的行动如何而变化”[304]。

1939 年 12 月 6 日晚吴忠信前往大吉岭。通过与吴忠信的接触，英印政府外务副大臣 W.R. 赫（W.R. Hay）于 12 月 2 日致函孟加拉总督柏内尔（Pinnell），确信吴忠信的地位仅相当于内阁中不重要的部长。[305]12 月 9 日，英国政府指示古德入藏[306]；同时要求驻华大使卡尔弄清国民政府期望吴忠信入藏达到什么目的，以便古德相机行事[307]。卡尔要求国民政府外长王宠惠予以说明。王宠惠回答一为“参加第十四辈达赖喇嘛坐床大典”，一为“向藏方解释中央怀柔之意”，“此外并吴（无）其他任务”，要英国“冀免猜忌”。[308] 卡尔汇报中国政府在 1940 年 2 月 5 日发布拉木登珠为十四世达赖喇嘛的命令[309]，古德特别选择这天“始达拉萨”[310]，噶厦派代表一人，兵 200 迎接[311]。古德宣称，此行“主要目的即在于观礼”，同时对英国侵略政策演变的新阶段到来做了画龙点睛的说明：“达赖喇嘛坐床大典，

标志着最近一阶段以来我们努力维持西藏现状的成功，标志着新阶段的开始。”[312]

古德所谓“观礼”，实际上是干扰和破坏吴忠信主持十四世达赖喇嘛坐床大典。坐床大典上对“中央主权最有关系者”[313]为吴忠信的座位问题。在吴忠信入藏途中，噶厦确定十四世达赖喇嘛坐床典礼于2月举行[314]，但具体哪一天，未确定。吴忠信抵达后，商定23日举行，随后又改23日为24日[315]，但最终定于22日上午在布达拉宫举行。其中原因为何，尚不清楚。但一个症结问题为吴忠信的座位问题，其日记对此作了记载。2月14日日记：“贡觉仲尼来谈，云噶厦之意，坐床之日拟以余与热振相向对坐，余答词甚坚决，谓有辱国体，万难迁就。”2月18日日记：“贡觉仲尼来谈，报告接洽噶厦经过，据云噶厦对于余在坐床日座位，允照旧制办理，改与达赖并坐南向，惟座垫高低或略有差别，并谓藏方尊重中央大员，一切须求圆满。余比托贡此后全权与噶厦接洽，一面并以最后经过告知热振，后经热振改正，与伊本人并例。余严词告之云，此来余系代表国府主席，如不能得适当座位，对中央万难交代，届时惟有请假缺席而已。此等大事，热振在表面上尚不能完全主持，或亦应付环境使然耶？”2月20日日记：贡觉仲尼来谈，“据称本日三噶伦及布达拉总堪布、大卓尼等会商结果，对于余之座位决定全照旧例办理”。[316]关于这一切，吴忠信向国民政府做了报告：“其于中央主权最有关系者，则为座位问题。在初，西藏政府拟以忠信与司伦或热振相向对坐，忠信均未接受，乃照驻藏大臣旧例，请忠信与达赖面南而坐。”商定其座次如下：“1. 达赖及忠信坐北面南。2. 中央官吏坐东面西。3. 热振率司伦及僧官等坐西面东。4. 噶伦及各世家公子坐南面北。5. 尼泊尔、不丹代表坐东面西，位中央官吏之下。”[317]这样，不仅在达赖喇嘛坐床大典上恢复了清朝时期中央特使面南的座位，还不顾古德的压力和破坏，没有安排古德的座位。不过典礼举行时，十四世达赖喇嘛的“坐高约五尺”，吴忠信“坐达赖左方，地位面南，与之平行，适如旧制”，但其“坐垫高约三尺”。[318]

典礼举行当日，蒋介石电贺十四世达赖喇嘛：“据蒙藏委员会呈报二月养日（22日）为法驾坐床盛典，庆溢宇内，欢腾遐迩。国人尊崇佛教，素具诚信。瞻望西陲，时切驰仰，弘法利生，诸维慧照，特此电贺。”[319]典礼举行后，热振致电国民政府：“国历二月二十二日，即藏历正月十四日，遵令举行第十四辈达赖喇嘛坐床典礼，地址在布达拉大殿。是日蒙藏委员会吴委员长忠信率属亲临主持，甚称吉庆，藏中僧俗官员一致欢腾。又于国历二十六日吴委员长代表中央致送达赖喇嘛珍贵礼品多件，隆仪稠叠，尤纫德意。谨电呈谢，敬祈睿鉴。”[320]噶厦也致电林森、蒋介石："承中央特派代表蒙藏委员会委员长亲临，并赐赠礼品，祥瑞十分，感戴无际。"[321]奚伦、周昆田致电国民党中央通讯社称："第十四辈达赖坐床大典，在吴委员长忠信主持之下，本日晨六时在布达拉宫正殿举行，计到中央及西藏官员共五百余人。吴委员长座位在达赖之左，面南平坐，中央官员坐东面西，热振呼图克图率各僧官坐西面东，三噶伦及藏中俗官则坐南面北。典礼于九时许完成，极为隆重严肃。同时，拉萨市内并表演赛马、跳神及摔交各项游艺，空气异常热烈。"[322]同时，重庆在长安寺举行隆重庆祝大会，国民政府各部会长官、各机关团体代表千余人参加，蒋介石也亲往出席，"民众参加者为数逾万。热烈情况，空前未有"[323]。

从上述可见，"西藏对中央之关系益臻亲切也"[324]。热振在感谢重庆各界庆祝十四世达赖喇嘛坐床的电中表示："达赖坐床，远承古语，值此遐迩之欢腾，尤征汉藏之亲睦。"[325]蒙藏委员会发给各报的宣传材料说："我们在庆祝第十四辈达赖喇嘛坐床的今天，对于辅国普化禅师热振呼图克图摄政六年以来处理西藏政教事务的成绩，与乎（夫）促进中央与西藏亲密关系的功勋，敬致佩忱。并望今后更能益励忠诚，辅佐第十四辈达赖喇嘛，导化西藏僧俗同胞，努力抗战建国大业的完成，则西藏幸甚，国家幸甚。"[326]

显然，英国的企图未能得逞。英国政府在后来的一份文件中一方面导出了中英两国争论之点，一方面指责热振的内向："英国和中国关于选举册封新达赖的考虑不可能一致。英国考虑，这些事情就像纯西藏事务一样，中国官员只是作为观察员参加。而另一方面，中国则考虑，把西藏摄政王当作是这样的人：履行手续寻找中国同意的达赖候选人，按照中国确认选择方法的指示，同意中国委员长在册封仪式上拥有和驻藏大臣曾经拥有的同样的地位，等等。可能摄政王确实在一些正式的行为上表示出臣服于中国，但是又试图想方设法地向英国人隐瞒。"[327]这实际上透露了当时英国政府对热振极为不满的心情，吴忠信就此指出："英国代表古德以无适当座位，迄未出席，而藏政府亦听任其不参加。此纯为我国本身之事，与英方无涉。此礼成后，西姆拉条约已无形中被撕毁矣。"[328]

古德颠倒黑白地宣称：噶厦避免中国介入达赖喇嘛转世灵童的寻访，并"达到了目的，极为成功，因为中国人同我们、尼泊尔人和其他外国人一样，在坐床问题上并未做些什么"，"吴忠信看来并未成功完成其任务"。[329]分裂分子夏格巴否认吴忠信主持坐床的意义，宣称"中国声称吴忠信是派到拉萨去主持达赖喇嘛的坐床的，但实际上，吴的出席仪式比其他国家的代表并没有更多的意义"[330]。

英国政府在一份文件中也宣称："古德代表陛下政府和印度政府，同中国、尼泊尔和不丹的代表一道参加了新达赖喇嘛的坐床大典。中国的报道强调中国代表主持了典礼，但实际上西藏并未赋予他多于英国和其他外国代表更多的优先权。"[331]但是，美国合众社2月23日电指出："六龄达赖入座时，由现摄政热振呼图克图、中央特派大员吴忠信冀护。典礼极为隆重，自晨六时至九时达三小时之久，参与大典之喇嘛与中国政府官员计有五百余人。灵童入座时，吴忠信坐于其左，故事实上吴氏已与达赖处于同等地位矣。"[332]

无论噶厦中的分裂分子和英国政府怎样诡称，古德入藏是"观礼"，却"以座位问题未出席"[333]，并于3月8日向英国政府做了汇报。3月11日，英国政府询问："你是否曾希望应邀参加2月22日的典礼？你被排除参加的原因，是在于宗教偏见，还是因为热振在座位问题上满足中国的要求？"[334]3月14日，古德回电："(1) 自然不是因为宗教偏见，因为尼泊尔人、不丹人也参加了典礼，而且吴忠信本人属于佛教徒。四年来，英国使团作为唯一外国人每年应邀参加新年第一天举行的宗教活动。(2) 2月22日的坐床典礼并不比2月23日的送礼仪式有何重要，宗教含义也是如此。我们不参加坐床典礼，影响并不重要。(3) 2月22日这天，并不赠送重要礼物，吴忠信也不在这天赠送礼物。我所考虑的问题是，我们是出现在2月22日的典礼上，还是带着礼物单独出现在2月23日的仪式上，我选择了后者。拉萨普遍认为这是一个正确的决定，它扩大了祝贺坐床和礼物的重要性。"[335]可见，古德承认是由于热振按照驻藏大臣之制解决吴忠信的座位问题而未出席的，同时辩称参加礼物赠送仪式的意义比参加典礼更重要。古德的辩称苍白无力，就是黎吉生也曾称"赠送礼物的场合很多，但是重要礼物是在坐床大典上赠送的"[336]。

不过，古德表白了座位问题上既然没有得逞，在布施与赠送礼物上要干扰和破坏。这一破坏并非只是在2月23日，而是开始于2月13日。是日"为藏历正月初五日。按藏俗，每岁自初五日起，至二十六日止，无论公家私人，均排日在大昭寺向喇嘛施粥、熬茶、散钱，喇嘛亦讽经祈祷，谓之攒招"，因此吴忠信代表中央政府到大昭寺拈香、施粥、熬茶、散钱。[337]古德则特地选择这天代表英国政府、英印政府与拉木登珠会面，2月19日路透社电称："英国派往拉萨之代表团于西藏新年之第五日晋谒转世之达赖喇嘛。年幼之达赖以双手置于高尔特氏（代表英政府及印度政府）及史唐顿博士之前额，并各赐哈达一方围于二人额上。据称达赖喇嘛现年五龄，接见英代表团时态度极为自然，在场之僧侣、官吏及来宾，无不为其神态所震慑。”[338]高尔特即古德。

2月23日赠送礼品仪式，是噶厦向古德建议的。在仪式上，他“坐东向西，其地位尚不及噶伦”[339]。但是，他精心准备了各种礼物：“（1）送给西藏官员的各种礼物费，其中约半为武器，20000卢比；（2）两头大象及运到拉萨费，5000卢比；（3）对寺庙布施费，15000卢比；（4）使团路费及其他开支，5000卢比；（5）金条，15000卢比。”[340]总数为60000卢比。古德宣称，这些礼物中最有价值的是“特别吉利”的两头大象。他又说，送给十四世达赖喇嘛的礼物包括幼儿脚踏摩托车、带有飞鸟的时钟；此外“在坐床典礼上的礼物，除了金条和其他并不引起一个孩童稀奇的礼物外，尚有金手表、音乐盒”[341]。换句话说，脚踏摩托车、飞鸟时钟是专门针对孩童特点挑选的。周昆田指出英国赠品中还“有手枪数支及风琴、望远镜等等”[342]。

估计到英国会有此招，吴忠信曾指出“此次任务重大，且以主管长官亲身入藏为历史之创举，非广予布施，不足以慰西藏僧俗人等之望”[343]。他带去礼品300驮，对十四世达赖喇嘛、热振、噶伦等六品以上官员300多人都有馈赠；布施三大寺为首的前藏喇嘛藏银约10两，对后藏扎什伦布寺喇嘛也派人布施。“礼品之精美，数量之丰富”及“赠送之普遍，均开历史上之创局”；对喇嘛的布施“亦打破藏中过去布施之记录”。[344]这是特地安排的，周昆田指出：同英国所赠礼物相比，“我中央所赠礼物最丰富、最出色，计品类三十种，无一不是国货，如湘之刺绣、闽之漆器、杭之绸缎，以及瓷器、玉器、金银器、景泰蓝等等……其中最惹人注目者：（一）为银质嵌金字挂屏四幅，长五尺，宽约二尺。第一幅系林主席款书光照震旦四字，第二幅系蒋委员长款书诚感诸天四字，第三幅系孔院长款书泽被众生四字，第四幅系吴委员长款书宏宣佛化四字。（二）为珊瑚念珠一挂，计一百零八粒，每粒均大如龙眼，闻价重连城云。以上各物，现俱陈列布达拉宫，颇似我国物产陈列馆，藏中僧俗官吏莫不争往一观，以开眼界也。”[345]

可见，古德这一干扰和破坏也未能得逞。噶厦专门致电林森、蒋介石表示：“承中央特派代表蒙藏委员会吴委员长亲临，并赠赐礼品，祥瑞十分，感戴无际。”[346]十四世达赖喇嘛、热振、噶厦回赠中央政府各要人的礼品也比较丰富：国民党总裁蒋介石礼物16箱，国民政府主席林森5箱，立法院院长孙科、司法院院长居正、考试院院长戴季陶、监察院院长于右任共4箱，西康省政府主席刘文辉5箱；另送吴忠信“及中央各部会长官物品计一百件，内有铜像二百尊，氆氇六十匹，藏香五十大捆，生皮大小三百张”。[347]相比较起来，噶厦回赠给英国的礼物，仅以十四世达赖喇嘛的名义送给英印总督礼物 5 箱。[348]

热振在西藏地方与中央政府政治关系的恢复中起了极大的作用，国民政府也基本上达到了借机提高热振的地位的目的。吴忠信称他“入藏以来，迭与热振摄政晤谈，尚能开诚商洽”[349]。奚伦称赞热振“人极机智达练、对于政教双方握有实权、素为藏民所拥戴”，并称赞“热振呼图克图自达赖逝世监摄藏政后倾心内向，电请中央于达赖转世时派遣大员前往监视，以昭郑重”。[350] 十四世达赖喇嘛坐床后，虽然不再设置“杰曹”（法王），热振的头衔从“杰曹摄政”改为“摄政经师热振呼图克图”，但是他的地位进一步提高。蒋介石还专门致电热振，称：十四世达赖喇嘛坐床大典之举行，“举国欢腾”，“尚盼善为翊赞，普化政教，以副厚望”。[351]

三、宣扬德意与难解症结：吴忠信与噶厦关于一系列问题的协商

尽管吴忠信入藏的主要任务是主持十四世达赖喇嘛的坐床大典，但是他必然要利用机会与噶厦协商西藏地方与中央政府的关系，奚伦在阐述吴忠信入藏使命时说：“吴氏此番入藏，除参与第十四世达赖喇嘛转世典礼外，同时并将宣扬中央对于藏民之德意，一方面并调查西藏之政教设施，俾对整个的西藏藏民谋更进一步之福利，在蒋总裁领导之下成为国防上坚强的一环。”[352]

在决定启程日期后，吴忠信于 1939 年 8 月 4 日拟具《奉派入藏任务及对策》呈交行政院。该文件所附《对藏政策之检讨》阐述了治藏的基本政策及解决西藏问题的两项办法与五个原则。文件针对当时的西藏问题现状，提出“为今之计，一面应昭示公诚，以坚其信；一面应妥为宣慰，以安其心。尤要者，政府在可能范围内，为之解除困难，予以便利，同时晓以五族一家及国家至上之大义，俾了然于中央之宽大为怀及民族之休戚与共，庶乎情感既和，诈虞尽释，而后新的关系始可以次建立”。这就是继续遵循以诚治藏的基本政策。在这基本政策之下，西藏问题只能通过协商解决。吴忠信就此认为：“至于中央在藏治权之确立及康藏间之界务诸大端，为对藏问题之症结。在抗战之现状下，欲求彻底解决，既不可能，如遽予谈判，反易生枝节，似应暂置不提，以免误会。但若机缘许可，能于因势利导之中，加强与藏之连（联）系，忠信当一秉中央历次宣示之治边方针及对藏国策，相机与之商讨，冀有进一步之成功。”他进而提出：“近年以来，中央与西藏关系逐渐好转，同时印度多事，英人对藏政策亦较缓进。惟根本解决，尚非其时，目前办法：第一，对藏应先从树立信用、收拾人心入手，再相机谋整个政治

关系之调整……第二，对英应先从避免摩擦、联系情感入手。”根据这两项办法，吴忠信拟定了目前解决西藏问题的基本原则，认为应以争取噶厦的诚意合作为要，并对英国敷衍应付，具体说来为：“（甲）在外交方面，应力避与英人发生摩擦，而与尼泊尔、不丹等善意联络。（乙）在政治上扶持热振，使爱国派渐握实权，加强中央与西藏之联系，同时联络亲英、自立两派，以减少对我之反感，并进而为我所用。（丙）设法健全中央在拉萨设置之办事机关。（丁）在宗教方面，须由熬茶、布施等佛事，竭力联络三大寺及各寺院。（戊）在民众方面，应善用宣传及实施德惠。”他总结认为：“西藏政教、语文及风俗习惯，与内地不同，故应付之法，亦应因其性习而施之。大抵初在勿触其忌，勿启其疑，施之以恩，示之以信，晓之以利害，而后在维护其政教之原则下，徐导其协作，进而使其服从。”如能办到，则“政治悬案之解决及中央既定国策之实现，亦不难依次观成也”。[353]这几项原则可以说切中要害，如果能实现，必能产生重大作用。但是，国民政府对英国的阻挠及噶厦维持现状的态度认识不足，要在这种情况下解决西藏问题是不可能的。行政院院长孔祥熙对吴忠信的建议批示：“对外固应联络感情，避免摩擦，惟有关主权之事，亦未便曲为迁就。”[354]

9月，国防最高委员会通过《蒙藏委员会委员长吴忠信奉使入藏谈话要旨》11条，其中心为：第一，关于西藏的政治地位。“中央在保持中华民国之完整之唯一条件下，中央只求增进西藏地方人民之福利。”“西藏为中国领土之一部，但中央不将西藏划为省区，可按照特种地方自治，允许西藏维持其政教制度”，西藏则“应服膺三民主义”，“应拥护国民政府”。这与黄慕松入藏的谈话要旨基本相同。第二，关于西藏地方与国民政府的政治关系与权力划分。“中央应在拉萨设驻藏办事大员，代表中央宣达意旨，并体察地方情形随时具报”；“西藏得在国民政府所在地设立办事处，负联络之责。西藏人员经中央依法遴选者，得在各院、部、会及所属机关任职”。“西藏治安应由西藏负责维持。但如受外国侵犯或遇其他重大事变，请求中央政府援助时，中央当尽量予以援助”；“中央对于西藏宗教、卫生、经济、文化等项建设事业，可循西藏之请求，予以物质上及人才上之补助”。“西藏对外关系，应由中央政府依照国际条约及惯例统筹办理。”这在黄慕松入藏的基础上进一步提出了提高中央政府驻藏机构的地位，同时就一系列问题提出了基本解决原则。第三，关于康藏划界问题。“应由西藏与西康省政府会商查勘，呈请中央核定，或径由中央根据地理及其他情况从详研讨，秉公决定之。”[355]蒋介石在吴忠信启程时指示：“现藏方输诚中央态度日见鲜明，吾兄此行安边卫国，定有建树。到藏之后，对于热振及藏中重要人员一律优加联络，切实结纳，并对有实力之人物相机允许予以扶助。”[356]

吴忠信提出“对藏应先从树立信用、收拾人心入手，再相机谋整个政治关系之调整”[357]。而“树立信用、收拾人心”之举措，除了上述中央政府赠送的礼物之外，就是颁发勋章和褒状。对于级别较高的热振、司伦及四名噶伦共6人，国民政府颁发勋章，因为“勋章乃国家名器，不可多发”；对于级别较低官员，则颁发褒状。[358]吴忠信向行政院说明这6人“拥护中央，安定地方，艰苦辛勤，劳绩昭著”，提出“我中央对于地方负责人员，允宜颁给勋章，以示奖励而昭激劝”。[359]最终，国民政府颁给热振、司伦二等采玉勋章，噶伦朗琼白玛敦朱、彭休泽登夺吉、彭康扎喜夺吉、丹巴嘉祥三等采玉勋章。吴忠信于1940年2月15日上午，在锡德寺册封热振并授勋，颁发金册、金印及勋章，下午授予四噶伦勋章。这取得了一定的效果，彭康噶伦就致函蒋介石表示：“蒙赐钧座玉照暨纪念章、衣料等等，均已如数敬领，谨谢宠赐。今后我中央军事、政治等等，在钧座领导之下，定如春潮澎湃，日渐进步。在西藏方面，必能拥护到底。”[360]

值得指出的是，国民政府颁发勋章，注意到噶厦的权力格局变化，原计划给司伦贡噶旺秋颁发二等采玉勋章，但因其“业经辞职，且因政治关系，无授勋必要”[361]。对热振授予仪式，吴忠信日记一段值得注意：“热振此次受封既在其邸庙举行，又其参加者皆其直属部分，噶伦无一人参加。一则不欲过事铺张，予反对者藉口；一则以金印性质属之个人，如在布达拉举行，则成绝对公物。此种苦心，余亦曲谅。”[362]

在十四世达赖喇嘛坐床各事办理完毕之后，吴忠信就九世班禅喇嘛灵柩送回西藏安葬、入藏交通、噶厦与中央政府的关系等问题与噶厦交洽。噶厦复函：“除中央公务人员因公入藏可随时由无线电接洽外，其他朝山礼佛暨商界往来等事，系关于地方太平，双方应宜原谅，当照承认。”“且汉藏中往来不便者，皆因边境不平之所致，请将藏土德格、夥科、瞻对等地归还藏方，并由中央严饬各边界不得照前滋事。俾得边地平静，则西藏人众心信意服，汉藏和平较前尤进。”“关于班辕之事，灵柩、财物现在何地？亦请中央调查，当即遵从函令，行至边界，自当欢迎，以及应当顾念之事，亦当从妥办理。”[363]可见，噶厦虽然同意九世班禅喇嘛的灵柩可以回藏安葬，但提出内地商民入藏仍需要详查，因公入藏需要驻藏办事处与噶厦商洽；避谈噶厦与中央政府的关系，并索要康区的德格等地。吴忠信评论指出：不管其回答是否令人满意，“而其夜郎自大，以独立国家自居，则属其内在精神。其对交通问题尚不肯放松，对其他较大问题，自无法可以商谈”[364]。综合来看，吴忠信主要解决了蒙藏委员会驻藏机构的地位提高问题，其他症结问题仍很难解。

吴忠信赴藏前，国民政府已经筹划在拉萨设立正式的办事机构。黄慕松由藏内返，留刘朴忱、蒋致余及交通部无线电台台长张威白驻藏，负责联络，但是“藏方仍不允中央过问其内部事务”[365]。刘朴忱病故后，由蒋致余负责。但是，蒋致余因积极主张解决西藏问题而遭到噶厦反对，不得不于1938年夏离开。他离开之后，仅有张威白一人留藏，蒙藏委员会委任其为咨议，令驻藏联络。国民政府设法解决这一问题，蒙藏委员会曾拟高长柱驻藏，噶厦内部对此有不同意见，热振支持，于8月致电吴忠信表示：“本人为中藏和平计，屡饬司伦、噶厦从速决定。现经认定，高参议许可前来，祈释锦念。”[366]但因种种原因，高长柱未能前往，蒙藏委员会决定以张威白代替蒋致余的职务，热振支持，噶厦驻京代表阿旺桑丹等致电吴忠信表示：“关于钧会令派拉萨电台张工程师为咨议，并代理蒋参议职务一节，藏方僧民深为感戴。前任蒋参议在藏行为，业已电陈在案，兹不再赘。至张咨议，不特待人诚恳温和，而且洞悉大体，实为藏方僧民所最欢迎最信仰者。”[367]

国民政府规定：“中央应在拉萨设驻藏办事大员，代表中央宣达意旨，并体察地方情形随时具报。”[368]据此，吴忠信决定提高蒙藏委员会驻藏机构的地位，并拟定了两个名称，一为蒙藏委员会委员长驻藏行辕，二为蒙藏委员会驻藏办事处。行政院认为“行辕不合体制，办事处地位太低，均非所宜，应改为驻藏办事长官公署”[369]。吴忠信与热振协商，热振认为：“（一）藏中内情复杂，人民疑虑夙深，此时骤设高级机关，易兹误会；（二）英国代表古德在此未去，正密切注意中藏政治问题，不无可虑；（三）按照十三辈达赖向例，此次（等）重大案件必先交僧俗民众大会解决，预计万难通过，届时徒损中央威信，本人心殊不安；（四）此次完成达赖坐床典礼，汉藏情感恰臻圆满，此时吴委员长尽可先行返京复命，本人在此当再徐为运用，总期达到中央希望；（五）本人受中央厚恩，无时不思竭诚图报，既有所见，不能不（掬）诚相告。”[370]

吴忠信电陈行政院，请示办法。行政院批准吴忠信所拟设立行辕或办事处办法，与藏方商洽。吴忠信几经考虑，为免蹈覆辙，决定对藏采取通知方式而不取洽商方式，以免其表示拒绝意见，反成僵局。1940年3月25日，吴忠信任命蒙藏委员会藏事处处长孔庆宗为驻藏办事处处长，咨议张威白为副处长，并限于4

月 1 日成立，“至以前之留藏人员等项组织及名义，即行撤销”[371]。同时，吴忠信分函通知热振及噶厦。至于蒙藏委员会驻藏办事处，由于其“地位太低”，噶厦并不反对。3 月 30 日，吴忠信电呈行政院报告蒙藏委员会驻藏办事处在拉萨成立经过。[372]虽然在留藏人员的基础上设置了蒙藏会驻藏办事处，但是由于英国对中国内部事务的干扰和破坏，噶厦又竭力维持现状，国民政府未能实现设置驻藏办事长官的目的，亦就是未能恢复传统的驻藏大臣。至此，蒙藏委员会驻藏办事处正式成立，为办理藏事发挥了重大作用。

蒙藏委员会驻藏办事处的设立，很不容易，英国政府极力反对。黎吉生宣称：“虽然吴忠信本人不会成为驻藏大员而留在拉萨，但是他肯定会在自己离开拉萨后留下一两名人员，其级别比现在中国驻藏代表的要高。”[373]吴忠信在其 2 月 29 日日记中记载了该日与古德的争论：“古德询余何时启行，驻藏办事须留得力人否。答以留人一节尚未决定，中国对西藏本无何种希望，此来不过希望其安定而已。古德云，此时伊所希望者亦在安定二字。余更谓君意吾早知之。次谈及中英邦交。余云，中国极愿与英及美永远作朋友，目前中国仇敌只以日本人为唯一对像（象）。古德亦云，英国向来对于属地多主开放，不欲过分干涉，结果对英感情均甚好，如美利坚即其实例。盖亦暗示英之传统殖民政策，对藏亦不能例外也。”这反映了英国对蒙藏委员会驻藏办事处设置的重视及关于西藏地方在中国的地位与关系的错误看法。国民政府为了抗日大业，不愿在西藏问题上同英国僵持，因而吴忠信日记接着说：“在我国对日抗战情况之下，对英当然取密切联系。此次我国对藏态度经此一谈，予英人以了解，在外交上亦有必要也。”[374]

吴忠信所说噶厦“对交通问题尚不肯放松，对其他较大问题，自无法可以商谈”，深刻说明噶厦维持现状的心理与企图。3 月 31 日，吴忠信派孔庆宗、张威白与热振协商，热振的态度及古德从中作梗，吴忠信是日日记做了记载。孔、张二人提出：“吴委员长虽有意与西藏商谈各项问题，但对西藏感觉为难之事概未提说。”交通问题属于平常，噶厦“或须稍加考量”。“依理言之，尼泊尔、印度、英吉利等人民均可自由入藏，对汉人何独不然？就感情言，吴委员长不惜远道跋涉来藏，中央费若干钱财，事事均极圆满，今商请恢复交通，不但可增双方感情，于西藏尤极有利，希望对此小事勿生枝节，早日完满答复，否则将来青、康、滇边境因此发生麻烦事件，仍累佛爷处理。”热振回答：“交通问题据所属报称迭经商讨，大众不免有所怀疑：一、交通畅达之后，汉人源源而来，愈积愈众，西藏何以善其后？二、西藏所处环境困难，一方固要重视中央意见，同时亦须顾虑英国、印度、尼泊尔、日、俄等国之意见。英官古德已明白表示，如吴委员长不走，彼亦当长住拉萨，可以推知其意向所在。若各国同样要求人民自由入境，则西藏将无法应付。万一日、俄等国武力侵略西藏，将何以御之？以此甚为焦虑。三、青、康、滇、平等处商人每年仍有通行者，今吴委员长所提恢复交通之意，广泛难明，佥谓恐有政治作用。”二人强调：“中央与西藏关系密切非他国所能比拟，休戚相关”，“万一外国真有以武力侵略西藏之事，只要西藏需要……中央决不袖手旁观”。热振却答道：“现在西藏形势复杂，一般看法，以为客气点说，西藏系自治，坦白说西藏是独立国。对中央，英、俄、日本、尼泊尔等国都是一样，无论西藏自身人力如何，总要自己向各国应付，无须他国代劳。前清向西藏压迫，直至军事冲突，可见藏人之意志。且英国承认西藏是独立国，现僧俗官员中实有不少倾向英国者，所以中央对于西藏之事最好缓和，求其进步。但中央与西藏之关系究与他国不同，我总嘱咐主办人员对于交通问题，务从最好方面商决，以答复吴委员长。”[375] 热振也这么说，吴忠信自然无法继续谈下去！吴忠信只好在临别时向热振提出几点：“甲、对西藏方面者：一、中央必尊重黄教；二、必不干涉西藏内政；三、西藏如需要中央帮忙，中央必照办。乙、热振个人如需要帮忙，中央必努力为之。丙、中央所希望热振者：一、保护旅藏汉族百姓；二、恢复交通等事。”[376]

症结难解的原因之一，正是英国的破坏与干涉。古德警告噶厦说：“森姆拉条约英藏双方既已签字，即应有效，此后如与中国谈判政治问题，应先告以内容。”他挑拨说：中国“现为民国”，吴忠信等人为“党人”，其“一切主张皆与贵族不利”。热振曾要求噶厦在吴忠信离开拉萨前“商讨有关各事，速谋解决”，但是在英国压力下要求吴忠信考虑“西藏所处环境困难”，并“望中央对于西藏之事最好缓和，求其进步”。吴忠信认识到“西藏对英，究仍有所畏惧，以是中央在藏关系之发展，颇多受此影响”。[377] 因此，英国政府称赞古德的干扰和破坏“相当成功”，而吴忠信的努力“就不那么成功了”。[378]

对于古德的破坏活动，吴忠信的日记作了披露。3 月 12 日日记：贡觉仲尼对吴忠信称“外间有询余是否进一步对藏政府说话者”，吴忠信“答以决不再说，并云此间高级人员意见亦殊不愿余再提其他问题”，贡觉仲尼认为“此时不说更好”，吴答其意“亦如此”。他认为“此事或为藏方当局托其示意，亦未可知”。[379] 3 月 13 日日记：“傍晚，贡觉仲尼来谈，对噶厦方面希望我方不谈政治问题，更作露骨之表示。余询其系全体意见否，又能据以入告否。贡答，乃全体意思，并可据以入告。于此，则藏当局之心理已可概见矣。闻英方代表曾警告噶伦，谓森姆拉条约英藏双方既已签字，即应有效，此后如与中国谈判政治问题，应先告以内容，云云。”[380]3 月 19 日日记：“午后，马宝轩来谈，述英代表对藏当局警告之经过，据云热振迭嘱噶伦，在余行前商讨有关各事，速谋解决，意殊诚恳，其于环境困难何云云，亦可叹也。”[381]

古德最初打算“一旦坐床典礼结束，就离开拉萨返回锡金”[382]，接着计划 5 月 9 日离开[383]，但随后对热振宣称“如吴委员长不走，彼亦当长住拉萨”[384]。他还于 3 月 13 日询问吴忠信何时离开拉萨，吴忠信回答大致为 3 月 22 日，但尚不能确定。古德认为吴忠信离藏时间大致是 5 月 10 日至 25 日。[385] 实际上，吴忠信是 4 月 14 日启程内返的。古德仍待着不走，直至 6 月 3 日。吴忠信在拉萨共 89 天，古德 109 天，吴忠信指出：“古德之迟迟弗去，其意固有在也。”[386]

尽管吴忠信因为时机不成熟而未能解决一系列症结，但是其入藏的意义在黄慕松入藏的基础上进了一步。4 月 14 日，吴忠信在其日记中总结他在拉萨的活动说：“余驻拉萨三月，对于达赖转世典礼办理至为圆满。缘热振以西藏僧侣官民咸认拉木登珠为真正达赖，曾于一月二十六日具文向余报告寻获经过，并请免以抽签，经余转呈国府核准。此一篇洋洋万言之藏文呈文，自应成为我国家对于中藏关系中重要文献。又举行典礼时，英国代表古德以无适当座位，迄未愿出席，而藏政府亦听任其不参加。此纯为我国本身之事，与英方无涉。此礼成后，西姆那条约已于无形中被撕毁矣。至于其他问题，因机会不够，及藏政府未能了解中央诚意，只得暂缓讨论。”[387] 在 5 月 13 日日记中，吴忠信对中国驻印度加尔各答领事黄朝琴及随行人员列举了入藏的收获：“甲、热振呈奉国府明令，以灵儿系达赖化身免予抽签；乙、达赖坐床大典中央特使恢复前清钦差大臣面南座位；丙、僧俗官员及三大寺、乃穹之内向；丁、驻藏机构之确立。以上所述，足证明政府收回已失治藏主权，实为民国有史以来之创举。”[388] 在致友人的函中，他概括了他入藏在历史上的地位：“查西藏与中枢之关系，自清末以还，每多蹭蹬，中虽设法改善，究少圆满结果。此次第十四辈达赖转世，弟奉令主持，藏方僧俗官民，均表示热烈欢迎，汉藏关系之亲密，实以现阶段为最。”[389]

6 月 11 日，吴忠信自昆明飞重庆时发表谈话称：“本人赴藏主要任务，系主持第十四辈达赖喇嘛转世坐床大典，其一切经过已迭见各报。此次大典一切均照旧日体制办理，得以完成任务，同时汉藏感情亦更有增进，此皆我国抗战精神之表现，尤其是蒋委员长对藏威德所感及，现在西藏地方自达赖坐床后一切甚为安定。”[390]“至于全藏僧俗对于抗建国策均一致拥护，且具信心，咸认抗战三年我国愈战愈强，必能获致最后胜利。现蒙藏委员会已于拉萨设立办事处，此后中央与西藏关系必能益增亲密。”[391]

时人则总结了吴忠信本人对历史的贡献，说：“自从民国二十五年起，吴忠信就开始做蒙藏委员会的委员长了，一直到现在未有更换。吴先生任职以来，深悉已往只注意借西藏活动政客而不与实际负责接洽之错误，故努力进行与摄政达赖连络，且吴先生本人对佛教又有深造，为藏人所谅解，汉藏关系遂告重振，抗战以来，西藏朝野均一致拥护中国，佛会也常做礼拜祈求中国抗战胜利，于此可见中华民族之真正团结已有坚实基础。此次达赖喇嘛第十四世转世，举行加冕典礼，吴忠信先生奉政府之命，主持大典，吴先生奉命后，即由渝至港，由港转道经仰光，经印度等处入西藏，沿途颇受各地欢迎，经过英属地方也受英人之优裕招待，吴先生于出发之前，早就决定此行不顾一切危险，单人入藏，绝不带一点武器，他立意以一己之诚去博得全藏人民之诚，但求西藏能切实与中央合作，以能达到民族统一，自求解放，共同努力之目的。”“吴先生早于月前抵达西藏，他在西藏一切都很顺利的，而藏人对他之欢迎实为空前，从此中华民族史加紧团结而走入一个新的康庄大埠，在历史上开一异彩。”[392]

古德则向英国政府汇报了此行收获：在英国对西藏的关系上，他离开拉萨时的感觉是“西藏这个‘国家’的政府与人民礼节水平非常高，对他给予最大的敬意”；在告别交谈中，他首次阐述了英国政府在达赖喇嘛坐床后的政策。在中国的内部关系上，达到了分裂中国的目的，所谓“西藏通过寻找遴选达赖喇嘛，使自己赢得了更大的自信，对未来充满了更大的希望”。噶厦对英国所送礼物极为喜欢，认为象征着未来。“普遍认为，达赖喇嘛认为我们是赠送他喜欢礼物的人。显然，礼物赠送反映了达赖喇嘛是如何看待我们的，我们是如何看待达赖喇嘛的。”[393]古德入藏“观礼”的破坏性和挑拨性程度由此可见。

第四节　热振事件：噶厦与中央政府的政治关系在改善中遭到顿挫

自十三世达赖喇嘛圆寂后，热振担任代理摄政与摄政，停止了康藏、青藏之间冲突，迎请黄慕松入藏致祭册封，与中央大员和平协商藏事，承认西藏是中国的一部分；迎接吴忠信入藏主持十四世达赖喇嘛坐床典礼，同意蒙藏委员会在拉萨设立办事处。这样，西藏地方与中央的政治关系较十三世达赖喇嘛时期向前迈进了一步，因而吴忠信指出国民政府已恢复了治藏主权。但是，这种治藏主权是有限度的，诸如恢复设置驻藏办事长官之类问题尚未解决。热振对吴忠信表示："此次完成达赖坐床典礼，汉藏情感恰臻圆满，此时吴委员长尽可先行返京复命。本人在此当再徐为运用，总期达到中央希望。"[394]热振此种努力遭到噶厦内亲英派分子和英国的阻挠和破坏，热振事件的发生使西藏地方与中央的关系在改善中遭到极大的顿挫，使西藏问题的解决陷入低谷。

一、热振与中央政府的关系日益密切

在论述热振事件发生的前因后果之前，须先对热振对中央政府的态度及解决西藏问题的有关主张展开论述。综合来看，热振主张改善噶厦与中央政府的政治关系，支持与维护中华民族的团结与统一，同时又借助国民政府的支持以巩固自己的地位，但又企图维护西藏的现状，并因此保持了与英国一定的关系。

热振主张改善噶厦与中央政府关系的主要表现，是支持国民政府派遣大员入藏致祭、主持坐床大典，不断派遣代表到内地，与国民政府函电往来频繁。

1934 年 5 月，热振致电黄慕松，欢迎入藏，并称"已令藏边驻军将领转饬沿途各部队切实保护，所需夫马亦由经过藏民供应"[395]。先期入藏的黄慕松随员蒋致余致电南京："抵拉萨后曾一度谒见热振呼图克图，对中央关念西藏政情及愿扶助西藏地方当局增进僧俗福利各点，略为陈述。热振对中央盛意表示拥戴。"[396]黄慕松完成致祭任务后，热振要求他多留时日，黄慕松提出"派重要官员来京"，热振"颇以为然"。[397]黄慕松指出：热振"对于留员一节甚为满意，盖恐余去后，藏民将不满政府之所为，得一职位较崇者继续其事，可以缓和人心也"[398]。与此同时，热振委派热振寺募化官隆图加错为驻内地代表。因此，黄慕松认为热振"甚和蔼，对于中藏关系颇具热心"[399]。

10 月，安钦奉九世班禅喇嘛之命回藏接洽，蒋介石要求其携带一信函给热振。信函全文如下："热振呼图克图慧鉴：国家缔造，遭际艰虞。西土安宁，端资法主，不幸圆寂，叹悼同深。大师秉守成规，提絜纲领，覃敷德泽，善洽人心，远道传闻，良深慰藉。此次黄专使驰抵拉萨，迭有报告，具悉爱护宗邦，备致诚恳，中央嘉慰，尤无既极。从此发皇正教，辑睦人民，福到西域，奠安全国。中天固夙具愿心，大师亦定有同志，必能与黄专使熟筹审处，用达平成。今乘安钦大师回藏之便，附以东南土产数事，聊以将意，至可受纳。相机一帧，并望督存。专此布臆，敬祝健康。"[400]蒋介石的信函肯定了热振的积极态度，表示支持热振。11 月上旬，热振、司伦、噶厦致电国民政府："西藏僧民对中央所派致祭达赖专使黄慕松极为拥戴。总理之三民主义经黄宣达后，僧民尤具信仰。”[401]

黄慕松回到内地后，热振于1935年3月11日致电黄慕松，一方面表示“达赖佛圆寂后，中央派大员来藏致祭封册。贵专使又不辞远劳，藏中官民莫不感佩”；一方面对于前述噶厦关于九世班禅喇嘛返藏问题、康藏纠纷的主张表示歉意，称“前请之件似有未妥，敬请转报中央，赐予原宥”，提出“关于解决地方悬案，请予以主持”。[402]3月15日，他又致电黄慕松表示：“临别面谈中藏大局，务希善为转呈中央，当能俯如所请。至此间亦抱定和平宗旨，尚希始终维持，静候佳音，是所盼祷。”[403]他特派罗桑色图、苍吉周娉古、宫书士三人到南京“答谢中央致祭达赖盛意”[404]。6月17日，热振致电林森、汪精卫“答谢中央致祭达赖”：“达赖喇嘛涅槃证果，金塔功德，辱蒙专使宠锡，优礼有加，并承蒋参议致余供奉布施，藏中官民同声感激，谨申谢悃敬请崇安。”[405]

自1935年至吴忠信入藏，热振极为关注国民政府的人事安排与变动，支持蒋介石的领袖地位；在日本发动全面侵华战争后，热振表示维护中华民族的团结与统一，共同反对外来侵略。10月20日，热振与司伦、噶厦致电祝贺蒋介石兼任行政院长：“倾悉国民政府会议委任阁下兼任行政院长，业已就任，吾等深感欣慰。”[406]7月11日，热振对蒋致余“询问内地佛教现况甚详”，表示“现正在学习汉语，将来定当晋京普谒中央当局”。[407]7月16日电称：“西藏执政摄政热振呼图克图由拉萨来电，庆祝蒋院长五十寿辰，蒋去电覆谢，来往电文如次。热振电南京行政院院长蒋钧鉴：钧座秉钧党国，造福人群，功业勋名，炳耀日月。兹逢五秩荣庆，本拟袛具稽仪，聊申臆悃，只以山川远阻，未克如愿，惟有时常虔祷三宝，恭祝钧座康强仁寿，国事日增兴隆，圣教众生，普被福荫，肃电奉祝，敬请睿安，诸维垂察不宣。西藏执政摄政热振呼图克图等，蒸印。蒋复电拉萨热振呼图克图大师法鉴：蒸电诵悉，贱辰辱贺，惭感交并。所愿弘宣教化，造福西陲，引颁法云，神驰不尽，端复申谢。”[408]1937年初，噶厦驻京代表阿旺桑丹等遵照热振的指示，以蒋介石提出辞职而电呈蒙藏委员会，提出对蒋介石“一再辞职，异常惶忧，请转呈恳切慰留”。蒙藏委员会一方面转达，一方面电复阿旺桑丹等，称：“委座为复兴中国唯一之领袖，中央决不任其高蹈”，“该代表等敬护领袖，深切关怀，至堪嘉慰”。[409]10月1日，热振致函蒙藏委员会驻藏代表蒋致余：“近期日本于中央所属几省兴师致乱，吾等深感忧虑。为祈求佛祖神灵保佑中央抗战胜利，国运昌盛，吾等常予祈祷，供奉三宝法神等情，已先电告西藏驻京办事处转呈。兹再特请参议阁下尽速详秉中央。”[410]1938年9月26日，阿旺桑丹等致电吴忠信表示:“现值东邻构衅，荼毒生灵，劫运当前，人天悲悯，吾国丁兹艰厄，奋斗图存，全国民族应具同心。藏方竭诚拥护中央，实无其他意见。”[411]

与此同时，热振派遣代表到内地，加强联系。1937 年 3 月 18 日电称:“南京西藏地方政府首领热振呼图克图自中央派黄慕松专使前往后，虽不断有代表性质之人来京，然皆非正式代表，兹于前月热振特派拉萨大堪布西丹加索为赴京正式代表。西丹氏由拉萨经锡金、印度，由加里加答（加尔各答）乘英邮船沙丹拿号十九日可抵港。在厦门一停，二十一可到沪。”[412]3 月 22 日《申报》进一步报道说:“西藏地方政府首领热振呼图克图自前年中央派黄慕松专使前往宣慰，乃时有派人赴京，然均非正式代表。兹热振呼图克图为鉴于中央与边处，以地面辽阔交通欠便，难免隔阂，为谋沟通起见，特于前月推派正式代表拉萨大堪布西丹加索赴京，晋谒中枢当局。西丹氏为青海人，幼年即赴西藏求学，学问深邃，尤精经学，现年五十余，其门下在京供职者至众。西丹氏于上月启程东来，今晨即可过沪转京，不拟停留。中央党部特派科长李永新、科员李金福、蒙藏委员会藏事处长孔庆宗偕要员季国翼、沈子翼、教育部代表王魁梧、西藏驻京代表兼西藏驻京办事处处长图丹桑结，偕同随员等，均于昨晨来沪欢迎，即将陪同西丹氏入京。又西丹氏此次同行有随员九人，中央派往欢迎之监委黎丹及秘书杨质夫亦于今日同来。”[413]5 月 12 日电称：热振“派巴洛珠璧达等六人由藏到京，购办应用物品，并馈赠蒙委长吴忠信以狐皮贡香普鲁等西藏土产”[414]。5 月 17 日电称:“西藏热振呼图克图代表巴洛珠丹达由蒙藏会处长孔庆宗陪同于十七日晨十时觐见林主席致敬，主席当在会客室接见。巴洛除代表热振敬候主席政躬康泰外，并呈进礼品。”[415]

还值得一提的是热振在康藏纠纷问题上的态度。1934 年 2 月，“西康大金寺无业喇嘛与防军”，“突然强渡通天河，进攻德格观音寺等处”。蒙藏委员会致电噶厦询问，热振回电略称:“此次大金寺无业喇嘛之举动，藏方迄未得报，真相未敢逆料，恐系该批喇嘛等无宿无食，出此下策，但决本中藏和好之旨，予以严厉之制止。”蒙藏委员会因此转呈行政院鉴核:“至该寺喇嘛曾于二十年康藏战争时，大金寺被焚，全体三千余人无所归宿，生活维艰，每有不法举动，中央为免后患并解决此次争执起见，拟先令其停止军事冲突，后将予以收容，供其生活，但须解除武装。”[416] 这样，热振提出了解决导火线的建议，并得到了国民政府的采纳。

随之在 9 月 13 日与黄慕松的谈话中，热振“谆以早日解决中藏问题为嘱，有西康问题能早解决则万事皆了之口气”[417]。10 月 2 日，黄慕松在致祭典礼举行后访热振、司伦，但两人对他所言“中藏问题宜先恢复中藏关系”的强调，“答词空洞”[418]，仍然提出康藏问题。在黄慕松入藏期间，热振成为泽墨等人在康藏纠纷问题上的挡箭牌。热振的这一态度，值得批评。

随后，热振的态度发生了变化。1936 年 12 月，藏军“趁西康驻兵薄弱之际出兵金沙江，先后占据白玉、德格、邓柯、石渠等四县”，国民政府要求热振解决此事。热振的回应及解决情况，据 1937 年 2 月 5 日电称：“迄至最近，此事已告结束，盖西藏热振方面已接受中央劝告，于去岁派参军士郎多吉到康晋谒刘文辉，就近商洽一切，结果甚为圆满。藏方已愿将白玉等四县归还西康，刘氏当调百三十八师章镇中部前往接防，藏军则已退回藏境。刘氏并为化除双方隔阂起见，特派罗君侠、陈文瀚二人常驻昌都，俾与西藏取得联络。”[419]热振此种积极主张值得肯定。

对于上述热振的主张与行动，黄慕松给予充分的肯定，认为热振对恢复西藏地方与中央的关系很诚挚，“盖现热振为五世，其三世热振曾为法王，入觐中朝，在内地圆寂也”[420]。国民政府给予热振相应的肯定。1935 年 5 月 29 日，国民政府颁布命令，以热振为“辅国普化禅师”。令称：“热振呼图克图阐扬道化，世著令名，自达赖圆寂，综摄全藏政教，翊赞中央，抚绥地方，丕绩懋昭，深感嘉尚。着给予辅国普化禅师名号，用示优隆。”[421]蒋致余将此命令转达热振，热振表示：“中央已电司伦、噶厦，甚好，不日即将开会，对僧俗官员征询意见。”但个人“已决定接受”，并将致电汪精卫、黄慕松表示感谢。[422] 6 月 17 日，热振致电国民政府表示：“中央以不佞忝膺民选，摄行藏政，笃念诚顺，宠锡册印，待遇优渥，民众欢欣。不佞已召集僧俗官员征询意见，佥谓中央盛意可感，自当敬谨接受。为简便迅速起见，拟请将册印交敝代表邮藏，由蒋参议转交接受。再蒋参议深悉藏情，办事努力，所有中藏一切善后事宜，仍请电饬藏当局，迅向蒋参议接洽，以竟全功。”6 月 20 日，汪精卫复电：“筱（17 日）电诵悉，具见卫国翊教之盖忱，从兹中央爱护西藏之诚意，益赖导扬，弥增亲切，曷勿欣庆，所请将册印邮藏转交一节，已交蒙藏会办理，特电奉复。”[423]11 月，国民政府颁布加封热振为“辅国普化禅师”的册文：“宏法利生，为行持之本愿；敦教导俗，洵治世之良规。热振呼图克图妙契玄微，广穷正觉，扇宗风于宝树，化溥乌斯，沛法雨于珠林，德弘鹿苑，风声所树，厥德懋昭，着加给辅国普化禅师名号。於戏！布中枢之德意，涣汗遥颁，永西土之教思，边陲长奠。式颁册命，尚其祗承。”[424]

吴忠信入藏，随身携带国民政府颁给热振的金印，上刻“禅定大师热振呼图克图”。吴忠信还奉命通知热振当选为国民大会代表。如前所指出，吴忠信于1940年2月15日在热振驻锡之细德寺正殿举行册封热振及授予热振勋章典礼。

但是对于下列问题，热振无力办到，或企图维持现状，或企图保持与英国一定的关系。

第一，关于英国企图在拉萨设置无线电台的问题。在黄慕松入藏期间，英国政府认为国民政府在拉萨设置无线电台对其极为不利，因而要求莱登拉予以阻止。[425] 1934年7月24日，热振在与莱登拉的“私人谈话”中称噶厦反对黄慕松在拉萨设置无线电台，莱登拉强调如果设置，“汉人就会利用无线电通过打箭炉直接同中国联系，这对摄政极为不利”。热振称“中国给西藏制造了许多麻烦，并相当间接地暗示如有必要会寻求英国的帮助以对付中国”[426]。1936年9月，英国政府要求在西藏设置无线电台。虽然热振对蒋致余表示“决不敢丧失主权”[427]，但是，蒋致余得知“英电员日前已到，发电机亦已运来，实行通报数日”。他乃于9月24日询问热振，热振回答：“此案事前未经英方通知，设置以后，经令噶厦交涉。据噶厦报告，英官回答，对于设立无线电台，各国间原均自由，并未限制。且中国现既在藏设置电台，英国何独不能设立，故无事前通知之必要，并许以彼等去时即将此项电台赠送藏方。”[428]

第二，关于噶厦从英国购买武器的问题。1936年9月24日，蒋致余询问热振噶厦购买武器问题，热振称：“英人现尚未涉及关系英方事件，惟藏方向印度购办水机关枪及轻机关枪各数架，业经双方议定。”蒋致余询问是否购买大炮，热振回答“不甚清楚”。[429]

第三，关于九世班禅喇嘛返藏问题。1936年7月连续5天召开会议，决定：“(一)对班禅采强硬态度；(二)对中央采柔和态度；(三)对英人要求藏方敦请其来拉萨调停卫藏事件案，决定不予邀请。”[430]9月上旬，噶厦所派迎接九世班禅喇嘛返藏代表多仁台吉，携带热振、噶厦、三大寺信函，对九世班禅喇嘛说“无不切望和平，倾城祖国”[431]。但是在1937年5月9日，西藏僧俗大会决定“实行武力抗拒中央官兵护送班禅回藏”[432]。在这种情况下，赵守钰致电吴忠信、赵丕廉说：“万一噶厦以武力抗拒，中央将何以维持威信？窃念中央对藏素本和平政策，何况值此抗战之际，更不容再启边衅。且玉树至黑水间二十余站，杳无人烟，给养运输万分困难，青康即以兵力相助，亦为天然环境所限制。”[433]

第四，关于噶厦派遣代表到南京与国民政府协商解决西藏问题。1936年10月4日，蒋致余在询问英人在拉萨活动一事时提出：“钧座（蒋介石）眷念西藏甚深，信赖我佛尤切，钧座对于藏事解决办法电到已久，而噶厦任意延宕，若即若离。现班禅已由加拉寺首途赴结古，所有藏中一切事项，自以及早商洽为妥。”热振回答：“钧座之人格伟大，中外同钦，爱护西藏与本人之热诚，尤为感激。所有电令，不可等闲视之，今晨司伦来谒，曾经以上意见恺切详明晓谕之，责成司伦督率噶厦迅即召集民众大会，讨论解决办法，以便进行，否则以后一切彼不负责。”[434]1937 年 2 月 12 日，蒋致余致电代理行政院长孔祥熙，指出：“关于噶布伦入京商洽事一节，热振、司伦、民众会议均有此意，但噶厦仍在徘徊观望中，且英人在此百端破坏，亦不无影响。”[435]4 月 2 日，热振对蒋致余说：“至派噶布伦赴京商洽一节，快（决）经大会决定，且谋解决藏中一切事项，自非如此不可，彼无时不在催促中。惟藏人多疑少断，根性使然，故不免多所耽搁。总之，当力促噶布伦入京早日实现也。”[436]5 月 9 日，西藏僧俗大会“以抽签方法决定不派噶布伦入京”[437]。对此，热振无可奈何，于 7 月下旬“曾召集各噶布伦严词训责，略谓：中藏事项，自以速派噶布伦入京商洽和平解决为上策，汝等殆不愿去，而必待俘前往乎”？虽然热振“词意极切”，但是噶厦“仍抱观望犹疑态度”。[438]

对于上述问题，热振于 1940 年年底在西藏僧俗大会上含蓄地予以肯定。他说：“在我出任摄政王期间，我已努力尽职尽责；在确认达赖喇嘛转世灵童上未误国事，边境是安宁的，政教事务也很平顺，这一切，各位都是很清楚的。”[439]

综合来看，热振一方面主张改善西藏地方与中央政府之间的关系，一方面又企图维持现状。曾任蒙藏委员会驻藏办事处处长的陈锡璋评价说：“关于十三世达赖喇嘛转世灵童之寻访、迎请，均是由他总其大成。1934 年黄慕松进藏吊唁十三世达赖喇嘛，1940 年吴忠信主持第十四世达赖喇嘛坐床仪式，均是由他欢迎招待。驻藏办事处和无线电台先后成立。藏人亦未在康、青边境生事。总的说来，在热振摄政期间，是民国以来中央与西藏地方感情较好的一个时期。所以在西藏谈起拥护中央的，皆以热振为领袖人物。”“他的思想可说是代表一般喇嘛接近中央的传统观念，同时也是遵循十三世达赖喇嘛的遗策：一面靠拢中央，一面拉着英国，依违两可，以为苟安之计。”[440]时人也指出，虽然热振主张改善与中央政府的关系，但是也担心国民政府“收回政权”，因而“采不即不离之态度，以观时变”。[441]

英国从其角度批评热振，同时也看出了他对国民政府依违两可的态度。黎吉生宣称：“我相信，热振并不想成为傀儡，犹如中国控制期间的摄政一样。但是，如果对他行贿，对他阿谀奉承，如果中国并不打算像过去那样对藏人傲慢、专制而招致反抗，则藏人不会积极反抗中国采取行动以恢复以前的巨大影响。如果中国直接想确保自己的控制并否认西藏自治，则西藏就会反抗。”他又宣称：“热振所作所为在于加强他与中国的地位，这与噶厦的政策相违背。虽然我还无什么证据，但是可以说他之所以如此，是受了中国的贿赂、许诺和阿谀奉承。”[442]这也预示着，英国政府势必要对热振动手！

二、流言之谜与热振决定避祸

1940年年底，拉萨城开始流传热振与其弟媳有染，称热振“破戒于异性”，不仅“无资格再担任达赖喇嘛的经师”[443]，而且“没有给达赖喇嘛传授出家戒律的资格”[444]；并说：“下年达赖喇嘛要受‘沙弥戒’，热振活佛考虑到若不提前辞职，那时可能有人借口闹事，给政教大业带来麻烦。”热振是否与其弟媳有染，“无以为证，而且这传闻是否构成热振活佛辞去摄政王及达赖经师职务的重要因素，尚有待于考证”[445]。当时在拉萨的蒙藏委员会驻藏办事处官员柳陞祺后来所说的几件“无头案”，也未提到此流言，只言热振“忽然倦勤”[446]。

在藏传佛教中，对一个活佛的打击，再也没有什么比与弟媳有染更为过了。英国、噶厦中的亲英分子对热振下手是必然的，因为：其一，热振对中央政府的态度。曲吉尼玛指出：黄慕松入藏吊唁十三世达赖喇嘛和吴忠信入藏主持十四世达赖喇嘛坐床大典，以及热振接受国民政府授予的“辅国普化禅师”的封号，并赞同国民政府设立驻藏办事处，使西藏地方与中央政府的关系“较前密切”[447]，热振活佛执政为恢复中央政府与西藏地方政治联系做出了有益贡献。这遭到了英印政府、西藏地方自主势力和亲英派的反对。黎吉生指责说：“他被认为是亲汉的，而且他们的确在他身上有很多算盘；他的亲汉可能是由于接受了大量金钱，但是，结果他会希望或能够做什么致命地危害西藏地位的事，却不可能。”[448]

其二，热振在揽权的政治斗争中排除异己，打击对手，树立了很多政敌。贡噶旺秋被革除司伦职务后，“与丧失职权诸贵族与新派人物，暗相勾结，构成反热阵线”。他们指责热振“爱国”，并指责他未按惯例对十四世达赖喇嘛进行掣签。其他贵族“见热振锋利，又惧其援引中央势力入藏，改革政治，消灭贵族特殊之地位”，因而支持反热阵线。[449]吴忠信通过与贡噶旺秋交谈，认识到他“年少有为，虽暂时不管政事，将来必有东山再起之日”[450]。

其三，西藏地方近年来经济困顿，物价昂贵，贵族生活奢侈，贪索贿赂风行，又为普通僧俗民众不满。而热振本人生活奢侈的享乐作风，则授予政敌攻击口实。总之，陈锡璋认为：“热振摄政数年，因知识与经验均不足，引用一班少壮，左右缺乏老成持重的人，加以英人忌他接近中央，对他施加压力。内外压力重重，热振难以应付。”[451]

在上述几个原因中，噶厦内部的权力斗争的激烈是最主要的。前面已经提到过，这里再引申言之。黎吉生宣称，在废除司伦职位后，热振的权力与地位达到顶峰。1937 年，贞冬噶伦（Tendong Shape）去世，噶厦因此“失去最有动力最有进取心的噶伦”，英国“失去最好的朋友”。[452] 热振任命彭康（the Yapshi Phunkang Kung）担任贞冬遗留的噶伦职位。此人虽然“温和而典雅”，但并无什么才能，噶厦也不欢迎他。他得以担任，是因为他是热振的“一名年轻宠信的父亲”。虽然他与“我们英国的关系非常友好”，但是他“一时被视为爱国分子”，“我们英国不能期望他在噶厦里给我们什么帮助”。喇恰（Lachag，又译为拉洽，噶厦专管传召大会开支和收入机构的主官）贡桑泽（Kungsang Tse）因不重视整修罗布林卡，被热振免职，热振以卓特库索（Chokte Kusho）继任。英国政府指责说：“这一惩罚很严厉，贡桑泽如果不是因为其他原因而招致热振的讨厌，热振不会罢免其职。”卓特库索是热振的亲信，虽然噶厦所拟候选人员名单中并无其名，但是热振还是任命他为喇恰。[453]

吴忠信入藏期间，热振向他坦言“用人行政时有困难”，并强调自己“时时引为危惧”的是，“其前辈热振曾代理第十二辈达赖喇嘛，以内部反对，前往北京，其后即病殁未归”。[454] 言下之意，他也可能因内部剧烈的权力斗争而不得不前往内地。吴忠信切实感觉到“热振以负有政治责任地位之人而不能举其责，同时又无人辅助推动，其结果对人民亦不能卸责”，“念其处境之苦，为之感叹”。[455] 热振“乃卑不足道，且有危机也”[456]。吴忠信在 1940 年 4 月 11 日的日记中记载了当天与丹巴江央的谈话及感想：“午后，接近喇嘛噶伦丹巴嘉样（丹巴江央），谈一小时三十分之久。伊谓热振呼图克图现值青年，经典尚有根底，而应事经验不足。热振交办事件，如僧俗大会不予通过，噶伦居中，实觉难处。丹巴嘉样乃热振之亲信，其言若此，余代热振危矣。且热振贪财之名传遍全藏，复又好色，结怨必多，余不知其何以善后也。”[457] 总之，吴忠信认为“实心爱国，人亦天真”，“应事经验不足”。[458]

土丹旦达则认为热振“静修”另有原因，并批评其处置违背了清政府的惯例：“当时社会上很多人认为，现正值第十四世达赖喇嘛剃度受戒之时，卸任摄政王热振总有什么不敢向达赖喇嘛受戒的亏心事而躲避，他狡猾地先将政权让给达扎活佛，企图三年过后，重新收权。根据以往惯例，摄政王只有自己辞职的权力，而无任命他人担任摄政王的权力。谁担任摄政王，要由全藏会议讨论选出，禀报皇帝批准后才能执政。从事实分析，热振其所以私下任命达扎任摄政王，大概认为达扎活佛时已 69 岁高龄，其家庙势力又很弱小，再过三年后不难收回政权。”[459]

流言蜚语传开后，热振让热振寺圆光师森格岗喇嘛占卜，卦辞称：“若继续担任摄政，尽管对本府政权之巩固，对活佛自身及拉章基业之腾达，皆大有裨益，然达赖仅能享年十一岁。若卸任摄政，即能使达赖吉祥高寿，进而摄理政教。热振活佛亦将长寿增华。”[460]

这个卦辞如何出现，尚不清楚，但其寓意深刻。热振分别召集集团成员进行商议。他首先召集核心成员札萨江白坚赞、前任札萨江白德来、雍乃喇嘛洛桑益西朗吉、卡多喇嘛洛桑土旦、森本堪布阿旺洛旦等人商议，认为静修一段时期，避避风头，就能消除凶兆。雍乃喇嘛提出：“为了避免凶兆，暂时离职二至三年再继任摄政为宜，目前只能暂设代理摄政；倘如让公德林呼图克图或经师普觉活佛接任摄政，将来不可能交出政权。达扎·阿旺松绕是你的经师，且年事已高，他心地善良，完全可以信赖，让他权且摄政，就便于到时候由您复任摄政王。”阿旺洛旦提出不必辞职，认为“有凶兆可以祈祷消除”，并警言达扎“其人不是一个好货，他是一个心毒手辣的人，让他掌了权，将难以收权”。热振批评阿旺洛旦“不该说达扎活佛的坏话”，并呵斥他说：“你对我师如此非礼，是不守誓言的不肖弟子。”[461] 雍乃喇嘛是热振的译仓统领（秘书长），“主管并起草政教公文”，热振对他“很信任，也很敬重”；而雍乃喇嘛与达扎“曾在十三世达赖喇嘛的经师普觉活佛处灌顶传经”，因而与达扎的关系“也一直很亲密”。[462]

接着，热振召集在噶厦任职的亲信成员噶伦喇嘛丹巴江央、俗官噶伦平雪·次仁多吉和彭康·扎西多吉商议，将决定告知众人。丹巴江央、平雪表示赞成，说：“达扎活佛既是达赖喇嘛的经师，又是你的圣师，年寿已高，请他接任摄政最为适宜。”但彭康表示反对，认为不必辞职。再接着，热振向担任孜本及以下官员的成员告知决定，孜本曲吉尼玛建议“绝不可辞职”，说：“失去权力就会丧失一切，不如暂时离任回寺静修以避凶兆，在此期间只让达扎活佛代理摄政，主持达赖喇嘛受沙弥戒仪式和日常的政教事务，遇有重大事情可让他到热振寺向您请示。”[463] 由此看来，热振按照热振集团的结构与官职高低分别作了交代。众人意见不一，阿旺洛旦、彭康反对辞职，其他赞同。是离任或离职还是辞职，意见也不一致，热振称是“辞职”，雍乃喇嘛与曲吉尼玛提出“暂时离职”、“暂时离任”，再“继任”，因而提出达扎是“代理摄政”；丹巴江央、平雪提出的是达扎“接任摄政”。

热振最终决定："一个代理摄政王不宜主持达赖喇嘛受沙弥戒，我还是决定让达扎活佛任正式摄政王。"[464]

热振之所以选定达扎，是因为：其一，辅佐热振的希德寺斋戒活佛推荐达扎。其二，热振本人从达扎处"受过桑（密咒）、德（胜乐）、晋（威德）三种灌顶"[465]。其三，达扎"平时敬事热振甚谨"，看上去数十年来生活简朴，处事谨慎，忠诚老实，给所有人留下了一副善良的面孔。热振属下认为达扎"恭顺"，热振可以"遥制"。[466]陈锡璋分析认为："1. 达扎是热振的教经师，关系相当密切。2. 达扎年届古稀，风烛残年，权利思想应较淡泊。3. 热振将最高职位相让，达扎应感他的恩情，不致相负。4. 达扎不过一小活佛，财产不丰，交游不广，在宗教和政治两方面，均无雄厚的潜力。因此，热振自以为可以指挥如意，进退咸宜，于是将重大职权就拱手奉让了。"[467]按照资格与惯例，出任摄政的有四家寺院，即功德林、丹结林、策墨林及锡德林。除丹结林"因爱国为前达赖撤毁"，余三家。达扎为"业党寺之小活佛"，却能打破惯例。[468]总之，有人认为达扎"对政治本来没有什么兴趣，而且年事已高，也没有什么精力"，热振以他代理，"乃是希望政权不要落到反对派手里，以便等候机会，东山再起"。[469]他"深信达扎是唯一能够代行摄政而又能理解自己的人"[470]。此外，达扎此时与英国政府的关系并不亲密，黎吉生在 1939 年 8 月达扎被选为十四世达赖喇嘛副经师时曾称："我们对达扎知之甚少，据说他已 60 岁。"[471]因此，尽管一些属下反对，热振仍然"十分悦意让达扎继任摄政，仍嘱托噶厦僚属和西藏大会中的关键人物以及一些挚友保证公举达扎"。孜本（审计官）鲁康瓦"在大会说话很响"，热振"恐其作梗，便将他支使到堆龙德庆巡查居麦扎仓（下密院）属地问题"。[472]

达扎工于心计，一方面对热振宣称"二至三年内尽心尽力主持政教事务，并发誓到期定将摄政王位奉还"[473]；一方面对热振集团成员进行分解，对曲吉尼玛说，如果在其"接任摄政和首席经师一事上多多尽心"，在事成之后即提升曲吉尼玛为噶伦[474]。

1940 年年底，热振向噶厦提出辞呈："前曾提出辞职事，因司伦和诸噶伦以及全体僧俗官员坚持要我继续任职，并向我上书保证忠诚勤奋供职，当时我也不便拒绝，只好继续留任。在我任职期间完成了寻访达赖喇嘛转世灵童、迎请到拉萨的大事，后又举行'剃度'取法名和坐床等宗教仪式。边境安谧，政教统一。但如今经佛、神卦卜预示我流年不利，有性命之忧，因此我不得不辞去摄政。此事我已向达赖喇嘛作了请示。现请噶厦提交全藏会议讨论决定。"[475]他对全藏僧俗大会称："建议在达赖年幼时期，由达扎活佛出任摄政王，这是因为达扎活佛本是达赖喇嘛的副经师，他对达赖喇嘛很尊敬，也很忠诚，以后将仍然会是这样的。再说他年事较高，对政教事务博学多识，我的卦签预示他很吉祥，诚心期望诸位批准我的要求！"[476]

根据曲吉尼玛的回忆，全藏大会"还是坚持热振活佛继续担任摄政"，只是由于热振"执意不肯"，而且达扎表示"我因年迈，只能任职二三年，到时候再奉请热振活佛复任摄政王"，才一致同意达扎接任摄政。全藏大会通过一份"纪要"规定："热振活佛为消除不祥征兆，暂时辞职回热振寺静修，由达扎活佛接任摄政二至三年，期满后仍由热振活佛继任摄政，直至达赖喇嘛亲政为止。"[477]

纪要规定了热振只是"暂时辞职"，达扎虽然是"接任"而非代理，但其任期仅有二三年。之后由热振"继任"，任期为至十四世达赖喇嘛亲政。当时热振28岁，十四世达赖喇嘛6岁，如果他18岁亲政，热振如能"继任"，则有12年任期。12年任期满时，热振40岁，仍是年富力强，十四世达赖喇嘛能否如期亲政，很难说。这预示着，热振如果没有强大的力量，要如愿按期"继任"，几乎不可能，他理应看到此点。但是，他充满信心，这份纪要一式四份，每份盖上六颗公章，热振、达扎、噶厦、全藏大会各存一份，意味着各方担保热振能继任。此外，"按惯例，现任摄政王的座位在上席，前任摄政王的座位在下席。但鉴于三年后仍由热振活佛继任摄政王，故决定热振活佛仍坐上席，而接任摄政王达扎活佛座位设在下席"。或许，这就是曲吉尼玛所说的热振、达扎双方"都达到了各自的目的"。[478]

1941年1月16日，热振致电蒋介石："兹以本衲摄理藏政七载有余，仰承钧座维护，诸事甚为顺利。……兹以本衲身体精神诸多羸弱，政务殷繁，更兼才疏学浅，深感不胜，乃向达赖喇嘛及三大寺、藏政府大会辞职，已经大会决议通过，准卸仔肩。继任人选，已由大会公推现任达赖云蒸达扎佛继任。"[479]藏历新年第一天，达扎就任摄政。从此西藏与中央政府的关系逐渐恶化，突出表现在两个方面：一是达扎集团毫不留情地打击以热振活佛为代表的爱国派，导致爱国势力式微，无人再公开亲近中央；二是，达扎集团放弃了十三世达赖喇嘛晚年的"中间路线"，走亲英自主道路，大搞西藏"独立"，致使位于中国西藏东南的领土为英印所侵占。

如前所指出，英国政府指责热振撤换一系列亲英分子，企图推翻热振而后快，因此热振是在英国的压力下而决定"静修"的。黎吉生却否认地宣称："摄政是由于日益不得人心而辞职的，他对琼让台吉的严苛处置，增加了人们的不满。琼让是一位年长的保守官员，曾经批评过摄政的贪婪。甚至拉萨的大多数僧人也日益不满，并敢于对他过分贪财的行为公开咒骂了。任命一个极端保守的喇嘛——达扎活佛接替他，就使那种说什么‘亲英’或‘青年西藏党’分子赶走了他的故事，成了胡说白道。整个事件是一个西藏的内部问题，完全无国际意义可言。”[480]

三、热振复任问题及其与达扎之间的关系恶化

达扎上任之始，就声明自己的拉章不从事商业活动，并惩戒贵族官员的腐败，革除奢侈的生活作风，获得了广大僧俗官员的好感，“甚至热振活佛的追随者在回顾当时的境况时都说，当时他们拿热振的行为与达扎所确立的高标准的道德准则比较，都感到羞愧”[481]。但是在初步巩固自己的地位之后，达扎露出了外好内坏的本质，搅得西藏政坛风波动荡。

达扎“执政后，将噶厦政府内的人事做了大改组，把政府各主要部门中热振一派的官员全部清洗，由达扎一派的官员所取代”[482]。他以然巴·土登贡钦、索康·旺清格勒、噶雪·曲吉尼玛、拉鲁·次旺多吉为四大噶伦，以群培土登为仲尼钦莫（噶厦秘书长），以著名分裂分子夏格巴接替哲玉娃的孜本职务，以格桑楚臣为藏军总司令。同时，迫使色拉寺吉扎仓籍基巧堪布阿旺丹增去职，以亲信降央吉·钦饶丹增接任。这样，达扎形成了自己的政治集团。热振所信赖的噶伦朗穷被撤职，另两名噶伦即喇嘛噶伦丹巴江央、俗官噶伦平雪（彭雪）都倒向达扎一边。曲吉尼玛批评指出：丹巴江央“完全是靠热振活佛提拔起来的”，热振“把他视为自己最可信赖之人物之一”，但是“当热振活佛希望复任摄政的关键时刻，丹巴江央却忘恩负义地站到达扎一边去了”。[483]他们认为：“如果三年以后热振重新摄政，那将对在政噶伦的地位带来不利影响。”为了阻止热振复任，他们“要求将新任摄政的地位、待遇、薪俸、印章以及住房规格等，都加以肯定”。[484]

1944年春，达扎摄政满三年。按照原来约定，应还权于热振，但达扎“丝毫没有交权的表示”。热振天真地认为“只要自己亲自去拉萨见达扎一面，就可使达扎履行三年前的诺言”。[485]当时认为，如果此举不成功，则计划：第一，热振以“去扎什伦布寺朝佛”为名，经印度前往内地求援；第二，“由藏北去祖国内地，以期借国民政府之力，命令达扎交还西藏摄政大权”。热振预料取道印度，会因英国阻挠而出不去，决定“经藏北出走”，并“做了初步准备”。[486]最终，这也因达扎采取了防范措施而告吹。

1944 年 12 月 3 日，热振利用参加色拉寺吉扎仓佛事机会返回拉萨，面晤达扎，要求重新执政。达扎“手抻着耳朵装聋作哑，未作回答”。热振“亲眼看到自己过去所培养起来的一些上层当权者们，都倾向了达扎方面”[487]，并不支持他复任。陈锡璋分析说：“色拉寺因为热振是它寺中的大活佛，表示积极拥戴。最大而人数最多的哲蚌寺，则因达扎是它寺中的活佛，加以当局对该寺控制较为严密，因而未作显明的表示。至于甘丹寺，因距离拉萨市较远，一贯追随哲蚌、色拉两寺，现在该两寺既尚无一致的表现，它也就抱着观望态度。因此，色拉寺就落了孤单，发挥不出很大的作用。关于贵族方面，则热振年少气盛，不好伺候，而热振所接近中央，又不足恃，所以不肯出力支持热振。与其说他们是观望中立，毋宁说他们侧重在维持达扎职权的一方面。”[488] 沈宗濂批评达扎“工作方式欠妥”，敦请他将职位交还热振。[489]

（一）是否邀请热振诵经祈祷之争

恰在 1944 年正月三日宗教仪式上占卜达赖喇嘛有凶兆，热振提出以三大寺名义邀请他到拉萨为达赖喇嘛“长寿永生，诵经祈祷”。三大寺堪布认为：噶厦虽“曾决定由三大寺和全体僧众进行诵经祈祷”，但是“此事是关系到达赖喇嘛健康的重大问题，而热振活佛则是与众不同的圣佛，由他为达赖喇嘛诵经祈祷永保长寿就更加灵验”。[490] 他们要求召开全藏大会予以决定。噶伦彭康同意。以前受热振“一贯信赖”的噶伦喇嘛丹巴江央却声称：“达扎活佛明明健在，何必请热振活佛来诵经祈祷？真是多此一举。我劝诸位堪布管好各自的教务为好。”他威胁说：“诸堪布还是老实点好！再不老实将会像自己手中的念珠一颗一颗地抹掉，到那时候就不要后悔了。”噶伦平雪也声称：“噶伦喇嘛说的正是，你们把各自的寺庙的教务管好就是了，不要自找麻烦。”噶伦索康·旺清格勒（又作旺钦格列）称：“热振活佛也是为避免凶兆回寺静修的，我们千万不要打扰他。”[491]

几天后，达扎下令热振一方的哲蚌寺廓芒扎仓堪布群培杰布、阿巴扎仓前任堪布阿旺克乔、色拉寺堆扎仓堪布坚赞森格等“为达赖喇嘛消除凶兆、闭门静坐诵经祈祷，并要求严守戒律，不得出门与外界接触”，这实际上“是把热振方面的人软禁起来，剥夺其参加各级会议及发表言论的自由”。曲吉尼玛致函热振说：“从各方面的情况看，达扎尚无交权的表示，请吾佛暂不要来拉萨。”[492]

（二）以“开光仪轨”为名，回拉萨复任之争

借为达赖诵经祈祷回拉萨回任摄政的计划落空后，热振仍未放弃“只要到拉萨面见达扎摄政，就可收回权力”的希望。热振及其手下雍乃喇嘛、卡多喇嘛、觉哲活佛等与色拉寺吉堪布阿旺嘉措密议，由阿旺嘉措“以色拉寺吉扎仓的大经堂‘维修胜利竣工’，需要请有名望的活佛‘开光仪轨’为名”[493]，邀请热振。雍乃喇嘛等人商议两策：其一，倘若热振与达扎协商交还权力不成，“就让热振活佛以‘去扎什伦布寺朝佛’之名，出国经印度赴南京向国民政府求援”。其二，倘若第一策“因英国当局阻挠”而落空，则“改由藏北去祖国内地，以期借国民政府之力，命令达扎交还西藏摄政大权”。热振本人“很同意第二种意见”，“决定带一行精干人马经藏北出走，并且做了初步准备，还选定随行人员”。他对江白坚赞说：“我想达扎活佛是会交权的，即使是不交，也得解决热振、达扎两拉章之间的矛盾才是。”[494]这样，他“抱着重掌政教大权的希望，离热振寺赴拉（萨）。到拉萨门仲桥时，受到噶厦政府盛大迎接。这时很多人产生了一种错觉，即认为热振活佛此次来拉萨，肯定要重任摄政。于是噶厦政府的僧俗官员，各大寺活佛、堪布以及富商大贾等蜂拥前来朝拜，连喜德热振拉章周围的大街小巷也挤满了前来朝拜的人群”[495]。柳陞祺就此指出：“藏政府对他来去的送迎，执礼之恭，排场之大，虽几乎和他当摄政的时候不相上下，但是多数人怀疑，里面必有暗门。”[496]达扎派之幕后操纵人达扎扎莎丹巴塔钦“力主达扎不可交出政权”[497]。仪式完毕后，热振会见达扎，对其说：“我已结束了为消除凶兆、静坐修经的功德，并考虑到您年事已高，继续主持政教事务有困难，故特地来到拉萨。”[498]但是达扎予以拒绝。

热振无奈回热振寺后，准备按照雍乃喇嘛所提第二策行事。但是，此事被卡多活佛无意泄露给吉扎仓的其他伦布强佐，迅速传开。噶厦采取防范措施，导致计划流产。

（三）澎波宗宗本事件

1944年秋至1945年，支持热振的色拉寺吉扎仓与澎波宗（又称彭布宗，今林周县，属于色拉寺庄园地）发生借贷纠纷。一些百姓向宗本楚臣（群培土登的哥哥）告状，说色拉寺吉扎仓、阿巴扎仓派几名僧人“逼还粮债”。楚臣支持抗拒交粮，宣布“可以不还”。这导致两扎仓与该宗本冲突，僧人“失手”打死楚臣。楚臣之兄仲译钦莫群培土登要求噶厦处理，要求两扎仓交出凶手，但两扎仓回称：

"收回粮债是用之于众僧的，由此引起的事应由众僧承担，要罚就罚众僧，不必交出什么凶手。"[499]双方僵持。

1945年，吉扎仓、阿巴扎仓决定打破惯例不参加传召集会，这使噶厦"感到很不光彩"。经过调解，两扎仓同意参加，但是达扎与译仓密谋后决定"利用在传召，色拉寺堪布及管家等人去罗布林卡觐见达赖喇嘛的时候将其逮捕"。吉扎仓堪布阿旺嘉措得知消息，立即乔装逃往内地。达扎借机下令继续审理楚臣被杀一事，派遣藏军没收吉扎仓的武器，"将首犯流放到各宗、谿；没收色拉寺吉扎仓的全部枪支弹药"[500]；免去阿旺嘉措的扎仓堪布职务，任命亲信索布格西继任，重创了三大寺中支持热振的喇嘛势力。这是达扎消灭热振集团采取的非常重要的一步，导致热振集团与达扎集团公开决裂对抗，矛盾越演越烈，为期两年半，直至1947年热振被害。

陈锡璋从噶厦内部派系斗争的角度指出热振不可能复职："查西藏现当政者多恐摄政身故、热振复位，欲乘摄政生前造成一新局面，以保禄位。缘拉鲁与热振为不共戴天之仇；索康因母舅庄田被热振没收，有切齿之根；葛须巴昔于热振执政时献媚无所不至，下台后反眼若不相识，自知将来不能见容；冉巴头脑简单，本属傀儡；至摄政管家，自知摄政登台死无葬身之地，故皆不惜孤注一掷。摄政老朽，不难为此辈把持蒙蔽，未必完全出于自动。"[501]柳陞祺从分析"当时舆论"的角度，指出热振不可能复任："现摄政打札（达扎）本人以年高体弱，无所作为，听凭几个左右在摆弄政局，以至贿赂公行，上下交征，可是就因为如此，他被认为较易对付，一般当权的就可以上下其手，而不掣肘，他的坏处，反成了他的好处；至于热振佛正当年，作风自然不同，再说他任摄政时，雷厉风行，有时未免过分并连及私怨，所以有几个当权的就唯恐他再度执政，无形中形成了一种反热振的结合，这亦是他的精明，反成了他的致命伤。所以，无论是从当时的事态、还是从后来的演变观察，我们像是能归纳出这个结论：热振佛比较受一般人的拥戴，这一般人不只是老百姓，乃是包括相当数目的僧俗贵族而言；反之，打札佛则比较符合少数人的期望，而在西藏，那一般人是往往跟着那少数人走的。"[502]

热振把自己不能复任的原因，归结为自己在噶厦内已无支持者。因此，他设法改变噶厦人事。1946年秋，他要亲信札萨江白坚赞、雍乃喇嘛设法支持多卡尔娃、桑颇等人担任噶伦，尤其是支持多卡尔娃。他强调："如今我们已无人在噶厦内任职，急需把可信者安置进去，这是事关重大的事，以前我们没有意识到，是属失策。"[503]但是，此举未能成功。

四、手榴弹事件之谜与热振事件的发生

在激烈的权力角逐中，在黎吉生的挑拨下，达扎对热振动手了，热振事件不可避免地爆发了。蒙藏委员会分析事变的原因：“现任西藏摄政达扎年六十余，且患水肿病，政治上系一傀儡。在藏实际握政权者为葛许巴（即噶雪·曲吉尼玛）与拉鲁两噶布伦（西藏政治制度由四名‘噶布伦’组成‘噶厦’，其权位等于内阁），拉鲁即此次政变之主角，政变原因兼有争夺政权与报私仇两种性质。缘达赖十三在时，龙厦（留英学生，时任藏军总司令）及宫比拉（土登贡培）最有势力，达赖十三逝世，热振摄政，将龙厦及宫比拉罢免，并将龙厦刺瞎。热振因受倾轧辞去摄政职，迄今约有三年，在藏潜势力仍大，拉鲁为龙厦之子，入阁为‘噶布伦’，现仅数月，执政后即趁机陷害热振。”[504]达扎掌握实权，手段毒辣，欲致热振于死地，又获得英人的支持。黎吉生直接插手，是导致热振事件发生的“最主要的因素之一”[505]。

1945 年，热振及其亲信筹划寻求国民政府的政治、军事的支持。据拉鲁·次旺多吉的回忆，热振对军统局驻拉萨站情报员侯国柱说：“当我辞职时，请达扎代我出任摄政王，本来在私下里已经订好盟约，三年后还政于我。现达扎不仅不准备还政，还做了许多恶事。如果这一状况继续下去，西藏必将为帝国主义所吞并，这是我们无法容忍的，要求中央支持我重新当政。”并说：“如果我能重新当摄政王，一定为增进中央与地方关系做贡献。”侯国柱一方面答称“中央曾答应予以支持”，一方面告知“中央已委托他为国民大会的委员，要他赴内地出席国民大会”。热振虽然“很想去内地，但却不敢前往”。他秘密召见代表甘孜地区出席国民大会的好友，委托“二人务必代表热振向国民党政府陈述达扎投靠外国，破坏汉藏关系的罪行，恳求中央明令达扎辞职还权”。[506]蒙藏委员会驻藏办事处处长陈锡璋称：“在活佛秉政期间，祖国与西藏关系密切。恳望活佛尽快复职上任。”[507]热振“恳请国民党政府明令达扎离任，协助兑换大笔银圆（兑换用金在西藏筹措），拨给大批武器装备。只有给予有力的扶助，方能一如中央所望。否则，我自己不便要求当摄政”。国民政府曾几度密电：“所言之事，将会办妥。”[508]

热振于 1945 年 12 月委托西康甘孜白利村甲本顿珠朗杰和大商人士多朗杰前往内地。雍乃喇嘛提出三项建议，由热振交代二人带到南京：“一是按照国民党政府的意愿，请中央下令达扎，要他按过去所商之‘君子协定’，三年交权；二是请国民政府借款二十万元，以便用于求助拉萨各大贵族、头面人物活动之经

费；三是如若前两项不成，务请‘国民政府’派军队和飞机支援，强行迫使达扎交权。”[509]侯国柱也建议热振“应重行摄政，中央定会支持，必要时可派飞机来接应”[510]。

与此同时，热振与亲信雍乃喇嘛、卡多喇嘛、弟弟紧锣密鼓地策划复位行动，紧密与国民政府联系。据噶厦抓捕热振后搜获的密信记载：热振给其弟等人信中说：“你托马官捎来的信收到，内情尽知，前次斯巴捎来达赖喇嘛父亲的话，提到达赖喇嘛询问热振现在如何？要他来见。还有中央严电噶厦宣称，西藏是中国领土，这已是国际公认的，中央要派员驻藏理事，藏王要选藏人拥护的，特别要选懂得汉藏团结的人，只有热振能胜任，要热振当西藏的藏王。近来各贵族都在忙碌此事。达赖喇嘛的父亲还特地叮咛斯巴说，这些话只能告诉热振一人，不能透露给其他任何人。至于这些话是否真实，需请札萨亲自往达赖喇嘛父亲那里去问问，并且亲自觐见达赖喇嘛问明实情，立即返回相告与我。还请你查明中央是否真的给噶厦发了电报？如系事实，那对我们将有很大的危险！不论中央的电报是否属实，要注意我方是否有人在京探听，请他们要求南京政府派飞机前来接应。否则，我们的一切希望都将破坏，我真诚地表示事成之后，保证忠诚地服务于中央，以报答深恩。要抓紧做好上述工作，以免噶厦官员狼狈为奸干坏事。如前所述，电报事若需全藏大会讨论通过方能生效，我们可通过哲蚌寺、色拉寺的堪布们多送点礼物就是了。如果色却扎仓的堪布不参加会议，可通过卡多堪布做好扎仓内部的工作，想方设法推选代表前去参加大会。会上，如果提出摄政王人选问题，我们就得亲自出马，阐明当初我当选摄政王的经过。必要时，可提出查噶厦公文中有关我当选摄政王方面的文件，明确提出要热振当摄政王。若需我亲自出面，那将是迫不得已的事了。详情已托曲益告你。现捎去二十支七九步枪，请你们收留。再嘱，你要在召开全藏大会之时，想方设法推荐哲蚌欧扎仓前任堪布参加会议。”[511]

1947 年到来之后，局势更为紧张。西藏驻京办事处给噶厦发来绝密急电：“热振的代表哲郝尔加本之子朗敦和拉嘎尔之子土多二人请求南京中央政府派军队、飞机并配给军械，支援热振。蒋介石答应五天之内给以答复。”[512]英印政府在噶伦堡的邮局检查员查获了热振致国民政府的信函，信函“请求中央命令达扎将摄政职位归还热振，并请中央发给步枪三千支，配以相当数量之子弹与士兵，又借与印币三百万盾，此外请中央派飞机数架以示威胁，不必作战”[513]。吴鼎昌、罗良鉴认为热振势力已经被摧毁，处境危险，中央政府鞭长莫及，不可能武力援助。

热振事件的导火线为手榴弹事件。拉鲁·次旺多吉首先陈述过程说："1947年元月，一名自称是来自西康的不速之客，进入堪布阿旺朗加宅邸，献上一个包裹，上写道：'敬献给达扎摄政王启。'落款是'——昌都总管宇妥多吉敬上'。那人说：'这是送给摄政王的东西，我的主人随后就来到。这东西请老爷暂时保管一下。'""阿旺朗加对来人的话信以为真，静等物主到来后再呈递。不料等到藏历二月十七日还未见有人来"，阿旺朗加的孙子格顿打开包裹看个究竟，手榴弹随即爆炸，好在格顿没有出事。阿旺朗加问询赶来"便把手榴弹碎片拾起，连同被炸坏的木盒呈递达扎摄政王，向他陈述了原委"。接着，拉鲁·次旺多吉认为是雍乃喇嘛密谋炸死达扎："这起爆炸案，在审理热振案件中才查明，原来这颗手榴弹是青巴代本（藏军团长）去昌都时，噶厦政府发给他手榴弹中的一枚。青巴去世后，他的女婿次登平措买马时，给了马主人罗诺娃·次仁多杰两枚手榴弹。罗诺娃又把它们卖给热振拉让，其中的一枚被雍乃喇嘛用来作此案。雍乃喇嘛此举，是为了借阿旺朗加之手杀死达扎摄政王。事明后，噶厦就此事罢了次登平措的官，以示惩戒。"[514]

但另有资料说："打渣（达扎）以年老又有倦勤意，一时盛传热振将重掌政权，引起少壮派大为不安。而现在噶伦中之四大噶伦有一僧三俗，除然巴喇嘛噶伦（然巴·土登贡钦）与热振无恩怨外，索康汪青（索康·旺清格勒）及噶须巴（噶雪·曲吉尼玛）、拉鲁色（拉鲁·次旺多吉）三噶伦，均为反对热振者，咸恐热振登台后，于彼等不利，彼等认为处置热振之时期已熟。于本年（一九四七年）四月初以手榴弹一枚，装置于译仓（原注：秘书处），伪称热振谋刺打渣，派刺客用计时炸弹，饰作礼品，送献打渣，而在译仓爆炸。打渣信以为真，遂下令逮捕热振及其亲友。"[515]

对比来看，一说通过阿旺朗加送给达扎，一说通过译仓呈送给达扎；一说是雍乃喇嘛企图谋杀达扎，一说是旺清格勒等人制造借口。曲吉尼玛的回忆同拉鲁的基本相同，曲吉尼玛还说了"另外一枚手榴弹的下落是：当仲孜们去查封热振拉章时，发现一个红包裹，上面写有'内有金银'的字样，打开一看，却是一枚手榴弹，就立即扔到江色夏林卡的空地上爆炸了"[516]。柳陞祺指出阿旺朗加为达扎的亲信，以阿旺朗加的家为译仓所在处："现摄政亲信的某仲译钦波（意译大秘书，或机要秘书，四品僧官）宅内，忽然有炸弹爆炸，伤一仆役，并且说，那炸弹是被包得像一件礼物，是由人送往该仲译钦波那里请代转呈现摄政打札的，所以显然后者才是送炸弹的人的真正的目标。”[517]另据热振·江白坚赞和土登年扎所说，炸弹是雍乃喇嘛一手策划，通过阿旺朗加献给达扎，“妄想置他于死而后快”[518]。

无论怎么说，手榴弹事件深刻反映了达扎对热振必然动手，蒙藏委员会驻藏办事处一针见血地指出所有一切都是达扎的有意布置和安排：“炸弹如果系热振所送，何以不登摄政之门，而送至仲译钦卜之家？又该木匣既书明呈送摄政要件，何以其仆役敢于搁置一个月又十三天之久？又何以胆敢启视？且炸弹如系热振所送，何以热振在拉萨及本寺均毫无准备？”[519]

达扎在逮捕热振前采取了一系列“有计划之行动”：第一，3月25日，将十四世达赖喇嘛身边之总堪布免职。“据藏人观察，因总堪布与热振同属色拉寺结扎仓喇嘛，为热振之所提拔，且总堪布能授意达赖发表意见，故必将其去职。”第二，下令“驻拉萨第二、第四两营请假兵丁限藏历三月十五日（阴历五月五日）以前全数归队；一面又扬言中央在青海玉树增兵，以淆观听”。[520]第三，热振集团在噶厦无人支持，上层贵族中仅有十四世达赖喇嘛的父亲祁才仁同情热振，达扎下令毒死祁才仁。

英印驻藏代表黎吉生唆使达扎抓捕热振。4月上旬，黎吉生对达扎宣称：“热振派遣植霍尔·普顿朗和拉噶尔·普世多二人前去南京参加了国民党大会，受到优礼接待，胜过噶厦派去的两名札萨。尤其值得注意的是，热振派去的这二人参加国大后留在南京。他俩承认西藏是属于中国领土而非独立，要求国民党派兵入藏，并给予武器和经济援助。国民党也准备派大军入藏，支持热振活佛重任摄政，还决定派飞机轰炸拉萨。”“据悉，国民党已给了植霍尔·普顿朗很多武器和金钱，热振拉章与扎什伦布寺拉章联合起来，要在色拉寺建立军事基地，由热振方面发动叛乱，在扎什伦布寺也建立军事基地，由扎什伦布寺拉章发动叛乱。”[521]达扎听了密告，立刻命噶厦“要严加注意”[522]！黎吉生见噶厦只是“严加注意”，还未采取行动，便进一步煽动说：热振已提出要求前去印度，实际上“是企图借口赴印而取道北路去内地”[523]。尼泊尔代表对此透露：“热振致函中央，函中有热振印章，信封则有彭康图章，被英国邮局检查员在葛伦堡查获，藏方认为谋逆有证，非严办不可。”[524]

手榴弹事件发生后，噶厦于4月13日“立即开了超高级密会”，参加密会的有噶伦喇嘛然巴·土登贡钦、索康·旺清格勒、噶雪·曲吉尼玛、拉鲁·次旺多吉、基巧堪布钦绕热旦共5人。旺清格勒宣称：“如果不是英国人黎卡逊（即黎吉生）

预通情报，我们现在还蒙在鼓里，不知会发生什么事情呢！目前的情势就是要看谁动手得快，是争速度，我们只有立刻派人去‘迎请’热振活佛来拉萨，别无他法！”与会者赞同。达扎决定由旺清格勒、次旺多吉两噶伦，藏军总司令格桑楚臣当夜率兵200名前往“迎请”热振，众人还决定“由摄政王、噶伦和基巧堪布主持审理此案，由仲尼钦布和孜本共同审判热振。同时还规定了审判会上不准提及英人黎卡逊送情报的事，只可提南京的来电内容”。[525]4月14日，噶厦召开僧俗官员大会，传达西藏驻京办事处来电内容，宣布热振“犯上，企图谋害摄政王，危及政教大业”，要求“团结一致，共同对敌”。这些措施执行的实际情况是：格桑楚臣在拉萨主持，旺清格勒、拉鲁率兵500名直奔热振寺，噶厦下令“查封与热振事件涉嫌的诸大户，逮捕了热振札莎江白坚赞及其助手，同时逮捕了彭康、卡多喇嘛及沙多晋美等人”，雍乃喇嘛自杀。[526]此外，噶厦“并将在拉萨之热振家札萨两人及热振之妹夫三多昌（原注：西康在藏之巨商)，色拉寺卡朵活佛及前任噶伦彭康父子等逮捕下狱。复令驻昌都之札萨宇妥，将昌都襟熊寺择尼活佛（即热振的师父）逮捕”[527]。对这一切，柳陞祺批评指出：“这次藏当局擅加逮捕，查封门户，事先连向驻拉萨的中央代表机关——蒙藏委员会驻藏办事处一个信都不递，似乎是开了一个很不好的先例。”“足见藏当局设计之周，行动之密，以及他们的对象是谁了。”[528]

此时，色拉寺僧人已经奋起反抗噶厦，武装暴动。达扎及噶厦决定武力镇压。黎吉生也唆使和支持噶厦镇压，并由“英方无线电员福克升为藏政府装置布达拉与军营间之无线电话，以利指挥”[529]。4月18日，噶厦派藏军围攻色拉寺。4月19日下午，用钢炮轰击，色拉寺喇嘛顽强抵抗。4月21日，色拉寺全体僧众急电国民政府：“素仰我中央以保护宗教，安定地方为怀，对此当不忍坐视。伏恳速派大军入藏，解决危局。”[530]

如何处理，摆在国民政府面前。4月15日，陈锡璋将热振被捕一事电告蒙藏委员会。4月19日，蒙藏委员会请示蒋介石如何处理。陈锡璋分析热振被捕内幕，认为现在当权的摄政、噶伦深知若热振复位后，必死无葬身之地，故不惜铤而走险，孤注一掷，置热振于死地。“其轻视中央，则昭然若揭。我对此事变若取缄默态度，恐将西藏人心尽失。国民大会西藏已派代表参加，其为中华领土，重复昭示世界。我平靖地方乱事，英人即有理由可以公然出面干涉，即使引起对英纠纷，尚不失现在相持之局面。际此千钧一发，若遇事求全，则进退失据，坐失西藏。”[531]同日，蒙藏委员会建议蒋介石认为：“查热振自退居后，对摄政达扎心存怨怼，暗中活动复位，失之过激，以致引起达扎及当政者之嫉视。此次既系内讧，在局势未明朗前，中央似宜采取静观态度。惟热振素来倾忱中央，对其安全亦未便漠视。拟由本会沈处长宗濂以私人名义急电拉萨四噶伦，嘱以热振为国民政府册封之禅师、中央监察委员，中央对其安全负有保障之责，望慎重处理。”[532]蒙藏委员会把事件定性为权力之争，批评热振不应争权，定下不以武力支持热振的基调，只要求噶厦保护热振的生命安全；即使如此，不由蒙藏委员会委员长出面而由沈宗濂以私人名义致电噶厦，措施非常软弱。4 月 23 日，蒙藏委员会将蒋介石批示意见电致达扎：“色拉寺为佛法圣地，全藏官民均有保护之责，不容有摧毁屠杀情事，应设法和平解决。”[533]4 月 24 日，噶厦派人向陈锡璋解释缘由：“谓此事起因由于炸弹案，前经面达，色拉寺吉扎仓少数喇嘛反抗，政府不得不武力制裁，虽有机枪大炮，然只向有喇嘛据守之山岩发射，并未轰击庙宗，只要喇嘛就范，藏政府决不苛求。当于转陈摄政后详复中央，至于中央在藏官员和汉回人民，早派警切实保护。”[534]同日，蒋介石亲自致电达扎，质询热振被捕事：“查热振主持十四辈达赖转世，功绩至著，且经国民政府册封为禅师。中央至为关切，希执事慎重处理，并将详情迅为电复。”[535]

达扎置之不理，藏军于 4 月 27 日以大炮对色拉寺发起总攻击。4 月 28 日，达扎回复蒋介石逮捕热振原因，称热振寄来炸弹谋害官员，热振本人及其亲信已经承认并签字，“非本衲有意冤枉曲屈无罪之人”[536]。4 月 29 日，噶厦致电蒙藏委员会：“兹因前任摄政热振恶意要谋害摄政打扎呼图克图，寄送来炸弹事，今由该热振及其党诸人在大会人众已经承认签字讫，且所谋及对藏政府做大恶之事，已获得该本人之亲笔字札很多为凭，西藏大会人众见此，咋咋吐吞。因此不得不拘禁有关系重大之数人，而色拉寺籍‘札仓’内该无知识之数僧，不守本分，助恶乖法，作恶无厌，反抗政府，持枪射击，且将籍札仓之本‘堪布’及其仆等四人杀死在寺内，作此无法大恶之事，因三大寺及西藏大会人众，一致同意将反抗政府者稍加责罚问罪，直至现在，并无轰击摧毁寺庙，大为忍让。总之，该热振及色拉籍札仓谋作无违法之事，有该本人亲笔之字札真据，且有承认之供辞，并有该本人签字为证。此乃人所共能可以观看，而中央可渐渐明了洞鉴。所有中央在藏官员及旅藏商民等，色拉籍僧不得为害之，应当切实保护，陈主任谅早电达矣，希释（锦）念。”[537]5 月 18 日，藏军围攻色拉寺，查封热振在结札仓的住宅。达扎“又从江孜、定日等地调集藏军至拉萨，增加力量”[538]，“谓有中央大员前来拉萨，全藏军队须集中拉萨‘欢迎’”[539]。

吴忠信向蒋介石提出两点意见，一为“毫不过问，至中央有力量时再做根本解决”，二为“彻底过问，遇有阻碍，亦不退缩”。[540]国民政府在1946年就已定下“不干涉”的方针，因而不会采取任何实质援助措施。面对现实，国民政府颇为无奈，但求保全热振性命，蒋介石于1947年5月3日通过蒙藏委员会驻藏办事处致电达扎：“务盼泯释猜嫌，早日和平了结，恢复热振自由，并将办理情形具报。”[541]噶厦透露了“中央命令的要点有二：一是保护佛法，勿得炮轰寺院；其次是热振乃中央册封的呼图克图，且主持寻觅十四辈达赖佛有功，应加优待，并从宽发落”[542]。但是，达扎对于蒋介石的命令置之不理，“宁肯战败投英，不愿释放热振”[543]。

热振事件发生后，达扎“成了实际主持西藏的唯一的权威活佛”。他采取一系列措施，使西藏地方与中央关系恶化：(1)“派拉鲁噶伦总管驻扎昌都并在康青边境各要隘严密检查。”(2)“密派拔凤卡佛管家长驻康定，以经商为掩护，刺探有关各方动静。拉鲁又曾密派干员前往甘孜、瞻化，策动该两地土司叛乱。”(3)“重用德格色为打当代本，将其部队调往宁静驻防（按德格色为康德格土司之子，德格位于金沙江以东，宁静为金沙江以西。打当代本则为藏军第九营营长）。”[544]黎吉生对此仍不满意，他对达扎宣称“国民党政府的报刊评论热振事件说，西藏热振事件的性质是中英之争”，要求达扎“予以反驳”，并“公开提出‘西藏独立’的主张”。[545]

五、西藏地方与中央政府的关系在改善中遭到顿挫

热振事件的发生，使西藏地方与中央政府的政治关系在改善中遭到极大的顿挫。噶厦由中上级僧俗官员组成的“村蜀”来审讯热振，柳陞祺最终了解到审讯的大体情况：“有人问他何以西藏要亲中央？他的回答是：中央与西藏在宗教地理上都无法隔离，1904年英将荣赫鹏攻入拉萨之后，军事赔款概由中央代付，所以不啻是中央的钱赎回了西藏的身。又问他是否想用炸弹谋刺现摄政？他说毫不知情，并且说，他平生还没有见过炸弹是怎么一个形式。但最后问他是否有信给中央方面要求给予武力支持，以谋复掌政权的时候，他自承认确有几个亲信人物极盼望他重执政权，但他本人并不鼓励，可是亦未加抑制，不过他确劝导过他们不要操切，并说出三个先决条件：(一）如用武力，必须先将自己的属下部署妥帖，使可以作战。(二）假如战败，哪一条是后退之路？（三）退去的地方，必须仍然可以继续他们的斗争。可是他的几个助手，例如他的札萨、喀托仁波且等似乎都

缺少一点远见，所以就断送了他。”[546]

由此看来，热振指出西藏是祖国不可分割的重要领土，“勾结中央”成为他“罪证”之一，达扎判决所谓“热振犯下了将政教合一制之圣地西藏断留给外国汉人之严重罪行，理当没收其全部资财，但念事主达赖佛之金容玉颜，没收其水鼠年（1912年）以来的财产，留下此前所有什物及生意本钱”[547]。尽管热振辩护自己“并不鼓励”复任摄政，但是也指出了一旦时机成熟就以武力解决。因此，虽然一部分僧俗官员、三大寺堪布不同意严惩热振，达扎还是于5月6日密令总看守格桑阿旺在监狱毒害热振[548]，断案判词却宣称“热振被本府守护神祇所诅咒，导致心脏疾痛而寿终”。同时，达扎还企图将热振排除于藏传佛教呼图克图行列，使之无资格再成为摄政候选人：“从此以后，不再寻访热振土登江白之转世；赤（热振寺法台）阿旺群典之转世灵童可以寻认，但只能授予措钦（寺内法会）活佛之品级，断不许加入摄政人选之列。”[549]

虽然迄今为止尚未找到材料直接证明英国对流言之起有着什么直接的关系，但是可以说，英国对逼使热振去职起了极坏作用。黎吉生之所以竭力挑拨达扎对热振动手，是因为英国政府已在考虑允许印度独立后如何维持西藏现状，并继续制造西藏问题。其《西藏简史》透露出几点：其一，热振事件是在1947年英国向印度移交侵藏权益下发生的，英国必然要唆使达扎对热振动手。黎吉生宣称：这年初在印度举行亚洲会议，达扎派遣代表参加。“大约就是亚洲关系会议在印度进行的时候，拉萨为前摄政活佛所组织的一场政变所震动了。”“热振阴谋对西藏政府的扰乱，一点也不是内部倾轧的迹象，而是适应英国将权力移交印度民族政府，就要切断英国与西藏的传统连（联）系时，中国继续阴谋策划的明证……由于前摄政的死亡，一个潜在中国危险已经消除了……”其二，热振事件是在英国的策划下进行的。首先，“代表团的无线电官员，受噶厦请求，被允许安装和维持属于西藏政府的无线电台，以便他们在炮轰戒扎仓时使用”。接着，“事变和审讯的官方通知曾由西藏政府送交英国代表处”。“噶伦们也把英国代表团的主管官员请去会见，听取关于这一事件的官方报告。”[550]对比分裂分子夏格巴的一段话，证实英国的阴谋和企图：“在这一危机（热振事件）结束后，英国政府正准备把权力移交给印度人。西藏政府开始忧虑是否还能得到像英国人时代的外交支持。1947年7月，拉萨的英国代表正式向西藏政府保证英国政府和印度政府将与西藏在对华交涉中保持旧有的关系，达成一种谅解，即印度政府作为英国政府的继承者，将继承并遵守英国和西藏所订条约的义务。”[551]

国民政府也得到了关于英国罪恶行径的汇报。蒋介石所得汇报说："热振佛为恤民，减少伤亡，已自投拉萨受禁。惟离拉萨五里之色拉寺僧众二千余人于四月二十二日晨，仍图冲入拉萨，抢救热振。曾发生战斗，英方炮队助战，向色拉寺方面轰击，并以英驻藏代表处报务员福克斯主持军讯设电台二座于皇宫于兵营。"他因而认为"西藏事变英人有人参加，似属事实"。[552] 国民政府外交部也汇报说："谨查英驻拉萨代表团无线电台台长福克斯为藏方执政变乱分子主持军事通讯，设电台二座于皇宫与兵营事……殆属确实。又藏方军火，多购自英印，事诚有之。唯英代表团在拉萨人数不多，复无重兵驻扎，当无炮队。所传英方炮队助战，向色拉寺轰击一节，似属不确。"[553]

拉萨汉藏僧俗官民期望国民政府采取强有力措施处置达扎。他们责问国民政府："怎么中央就不管了？为什么不派一队飞机来弹压一下，而后再叫双方和平公正地解决？"[554] 他们批评国民政府无所作为，指出达扎之所以敢于违抗中央政府命令，"系探得中央对此事并无若何举动"，要求国民政府采取下列措施："1. 严令西藏政府释放热振，并停止围攻色拉。2. 密令青省进兵青藏边境，以为色拉寺声援。3. 派遣飞机至拉萨或昌都散发传单，藉以震慑。4. 迅筹此次事变死伤损失之善后救济办法。"[555]

蒙藏委员会驻藏办事处官员也批评国民政府的无力应对。他们指出，"凭我们满口满纸的主权，而西藏当局的行为言论，可说只差一点就是独立"，因而"都认为中央对此应当并且一定有所表示"。[556] 柳陞祺还进而指出热振事件的第一大恶果就是"中央在藏的威望的堕损"："藏当局公开地说，此案的发动是根据他们的驻南京代表的报告，说是某日报披露了热振方面与中央的条款而引起。由于藏当局装胡羊的天才，我们无法知道这报纸的名字，更无法领教原文。假如是事实，我们就不懂关系方面为什么不对此作任何声明？藏方不理一切，而擅自处置，对中央方面有没有什么解释？假如没有，这是什么话？在事发之后，中央命令他们不炮轰寺院，他们轰了；命令他们优待热振，而热振的命不出二十四小时就完了。最后案了之后，公告热振罪状，他的'私结'中央竟被列为大罪之一，这又像是什么话？"[557]

采取什么对策，国民政府有关机关争论不休。蒙藏委员会提出："派飞机数架由青海基地起飞，分赴拉萨及西康之昌都侦察，并散发劝告传单"；"由青海派骑兵入陈藏边，又由西康派兵至金沙江畔，我军防区内距藏方康境要地昌都最近之处所，以作前进姿态"。[558] 外交部认为"藏乱至此，中央已不能采取行动"。它拟定彻底解决西藏问题与维持中央政府在藏现有地位两项办法。所谓彻底解决办法为:“(一)责令西藏当局，严惩事变祸首拉鲁、噶许巴(即噶雪·曲吉尼玛)等，并秉承中央意旨，组织西藏政府。(二)驻军康藏要地，西藏方面，国防外交由中央主持，准许内政上自治。”至于实行步骤，则为:“(一)电令西藏当局立即停止军事行动，限期严惩拉鲁、噶许巴等事变祸者，秉承中央意指(旨)组织西藏政府，并宣布为防止变乱再起计，中央决派兵驻守康藏要地数处(包括拉萨在内)。(二)届期如藏方无遵行之事实表现，即令青海骑兵越境入藏，同时又令西康出兵越金沙江向西，贯通西康全境，入藏与青海军会师拉萨。(三)于我军越境之日，即通知英方:中央出兵宗旨，在于平定藏乱，维持西藏秩序。中国决尊重英方在藏条约上利益，并愿保障中国与邻近西藏各国之和平。以英方在印即将交出政权，印人尚未实际取得政权之际，英印殆不致过分干涉。如英方只在外交上抗议，我方即一面在外交上与之辩解，一面依原定计划施行。万一事出意外，英方出兵入藏，我方驻藏军队仍不撤守，唯应力避与之冲突，即将此事提出‘联合国’安全理事会解决，或提请美国仲裁，我方均可操胜算。”[559]所谓维持中央政府在藏现有地位的办法，其目的为:“西藏政府罢免拉鲁、噶许巴等事变祸首，对热振加以追封并优为葬祭，赔偿色拉寺及热振本寺之损失，如有没收财产之事应全部退还。”至于实施步骤，则为:“(一)中央对西藏政府加以谴责，提出上述各端，令其切实遵办。(二)同时由青海派骑兵入驻藏边，并由西康出兵金沙江畔，以为胁迫，作待机进击姿态。(三)向英方抗议福克斯助长藏乱之行动，要求将福克斯及其他有关人员撤换，劝告并要求英方禁运军火入藏，藉以探测英方对藏乱之姿态。我方在军事上所采之待机姿态，不须通知英方，俟英方询问时，始加以解释。”[560]但是，无论是彻底办法还是维持现状办法，国民政府都未实施。国民政府之所以未采取行动，是得知达扎打算一旦中央政府采取武力行动，就将十四世达赖喇嘛“迁往安全地方”，因而“一般人顾虑倘达赖迁往印度或竟至危害其安全，则藏局将愈趋复杂，难以收拾”。[561]

对于热振事件的善后问题，国民政府也未能果断而有效地处理。热振派到内地求援的邓珠朗杰、图多郎嘉提出善后三请求:(1)“查热振呼图克图乃中央册封，此次事变后被达扎政府革去呼图克图名号，仅准以普通活佛转世，系藐视中央，玩忽典令。今后热振呼图克图转世，应请中央明令使其保有原有地位及封号。”(2)“所有此次藏政府没收热振呼图克图财产及庄田，即请中央令饬藏政府悉数发还。”(3)“此次事变，与热振有关之僧民生命财产损失至大……拟请由中央拨款卢比二十万盾，以资安抚救济，藉示政府厚遇藏中亲汉分子之德意，亦可使其待机图报，为国效命。”[562]蒙藏委员会回答说：第一项“自可令饬依照旧例办理”；第二项“前已蒙主席蒋电令西藏摄政达扎对于热振佛后事宜妥为办理，所有遗产切实保护在案，自不必再行电令”；第三项“已据情呈请主席蒋迅赐核示”。[563]对于前两项，达扎置之不理；对于第三项，蒋介石复电蒙藏委员会：“此时对热振在藏有关人员之救济，事实上似多困难，已交行政院先对已死之图岛及邓珠本人核拨三四万卢比，以资救济矣。”[564]

国民政府未积极支持热振，有其他原因：第一，前面已经指出，热振对国民政府也持依违两可的态度，也企图维持西藏现状，陈锡璋总结说：热振的思想“可说是代表一般喇嘛接近中央的传统观念，同时也是遵循十三世达赖的遗策：一面靠拢中央，一面拉着英国，依违两可，以为苟安之计”[565]。第二，蒋介石要全力对付人民解放军；即使要出兵，也面临许多困难，这更使他决定不出兵。交通部就从交通不畅的角度提出不宜用兵：“闻藏方已将西藏某地送与英国，掉（调）枪械三万支，准备与中央周旋。即西康邻近各地之康人，亦闻有蠢蠢欲动之势。但中央方面因公路未通，大兵赴藏给养颇难，一时尚不致用兵。”[566]第三，噶厦做出一些缓和姿态。1947 年 7 月 28 日，拉鲁上任昌都总管时，即拜晤驻藏办事处驻昌都科长左仁极，要求“代为电呈中央报告到任日期”，左仁极向蒙藏委员会报告说“相谈甚欢”，其“意尚恳挚”，认为“昌局似已好转”。[567]此外，噶厦在国民政府提出的一些维持秩序的问题上也做出了一定的回答，国民政府最终认为：“热振圆寂后，中央屡次电令噶厦妥理善后，迭据电陈：‘各寺已恢复诵经，地方僧俗安堵如常，热振系得疾而不治圆寂。’自此事变以后，藏政府负责者，对于中央驻藏人员较前更加礼貌，在表面上，似尚无碍于中央之威信，当事变之初，既因种种牵制，未临之以兵，事变之后，又未裁之以法，此时或可作为悬案，留待将来相机善处，必不有所表示，较为妥当。”[568]新担任蒙藏委员会委员长的许世英，于 8 月 2 日公开发表谈话：“西藏政教之争早成过去，热振所属已得厚恤，若干报纸有关军事报道，概多捕风捉影，实为旧事新传。”又说：“中央对边胞政事之态度，一向宽大而公正，今后仍将本此原则，积极防患于未然，以免不幸之流血事件一演再演。至由边胞政争可影响疆防一点，诚属应予注意之事，然如内地与边疆交通日趋便利，双方隔膜减少，就吾人所持之治边政策论，似亦不必早作杞忧。”[569]

热振没有认识清楚自己在噶厦中的权力地位已经岌岌可危，却幻想三年后能安然复职。他自己总结说：“我和达扎是师徒之交，以前情谊很深。后来我看到达扎拉章的经济条件不很富裕，决心助他一臂之力，于是就把摄政地位让给他几年。当时，我们谈妥了，说三年后我重新回来摄政，他答应了。三年后，我回来复位时，达扎却不肯让位，并为此而嫉恨，多次设法陷害我。从此，我们之间有了隔阂，那些噶厦和译仓（秘书处）的首脑人物及追随达扎的贵族，也千方百计地打击我们热振拉章。这样，我曾派了两名康巴商人，即加奔布和拉卡布到内地，请求蒋介石为我重新执政一事，给予不论任何形式的援助，然而没有得到明确的答复。”[570]从中来看，热振也没有认识清楚自己企图维持现状的态度，是国民政府没有给予“明确答复”的原因之一。

但是，热振毕竟属于爱国力量的代表人物，不积极支持与维护他的地位，必然使西藏地方与中央政府的关系倒退。时人指出：吴忠信入藏主持十四世达赖喇嘛坐床后，“政府如能把握良机，对西藏积极经营，清除亲英派，支持热振，可能挽回颓局，但政府以战事关系，不暇顾此，坐视亲英派的势力扩大，结果掀起西藏的政变，而造成今日不易收拾的局面”[571]。国民政府也最终后悔地认识到：“西藏此次政变虽大部为个人争夺政权，与政策无关。但此次政变之主要分子如拉鲁（其父龙厦过去即为亲英派首领）及噶许巴等若继续执政，西藏政府将无疑更为亲英。又热振素以倾向中央见称，中央最高当局以其威震宇内之个人名义迭电释放尚且无效，如不续采有效办法，中央在藏声望将逐渐降低。据蒙藏委员会观察，该会驻藏办事处以后不特无法工作，且将难以立足，数年来对藏事努力之成就，将大部分付诸东流。”[572]

注 释

[1] 《黄慕松、吴忠信、赵守钰、戴传贤奉使办理藏事报告书》，第 212 页。

[2] 《蒙藏委员会令向噶厦解释掣签三项办法真意并促噶厦接受事致张威白电》（1938 年 11 月 26 日），见《十三世达赖圆寂致祭和十四世达赖转世坐床档案选编》，第 156 页。

[3] “[F462/272/10] No.231. India Office to Foreign Office.–(Received January).” *British Documents on Foreign Affairs–Reports and Papers from the Foreign Office Confidential Print. Part III, from 1940 through 1945, Series E, Asia, 1914-1949,* p.351.

[4] 噶雪·曲吉尼玛：《回忆热振事件》，见《西藏文史资料选辑》I，第 453 页。

[5] 热振·单增晋美：《历世热振活佛简史》，见《西藏文史资料选辑》I，第 351 页。

[6] 《第五世热振土登江白益西·丹贝坚赞传略》，见《西藏文史资料选辑》III，第 9 页。

[7] 学术界对十三世达赖喇嘛转世灵童的寻访及十四世达赖喇嘛的坐床作了一定的研究，

取得了三大成果：第一，对十三世达赖喇嘛转世灵童的寻访、认定和坐床作了“考实”，认为“西藏地方政府按照历史惯例和宗教仪轨有秩序地进行，但每个工作步骤和关键问题都呈报国民政府”，国民政府“给予批准，免于掣签，准予坐床，这在法律上确认了其地位”（馨庵：《第十三世达赖喇嘛转世灵童寻访、认定和坐床考实》，《中国藏学》1995 年第 3 期）。也有学者叙述了十三世达赖转世灵童寻访的基本情况（玛爾：《十三世达赖、九世班禅圆寂致祭及其转世灵童的寻访》，《青海民族研究》1996 年第 1 期）。第二，分析了拉木登珠 1938 年至 1939 年滞留青海的原因，认为可以分为前后两期来说，前期是国民政府利用拉木登珠问题与噶厦进行协商，后期是马步芳的个人企图（扎洛：《第十三世达赖喇嘛转世灵童候选拉木登珠 1938—1939 年间滞留西宁问题探析》，《西藏民族学院学报（哲学社会科学版）》2004 年第 2 期）。第三，对十四世达赖喇嘛坐床的史实作了考证，批驳“夏格巴之流正是从他们否认元代以来历代中国中央政府对西藏地方主权的谬论出发，否认当时中国国民政府对十四世达赖喇嘛转世的一切维护主权的活动”（周伟洲：《关于十四世达赖喇嘛坐床典礼的若干问题》，《中国边疆史地研究》2007 年第 2 期），并指出“国民政府对西藏地方是行使国家主权的，西藏地方在民国时期复杂的国内和国际环境下没有突破中央政府主权管辖的大框架”（张发贤：《十四世达赖喇嘛坐床前后的历史问题》，《西藏民族学院学报（哲学社会科学版）》2009 年第 4 期）。

[8] 《班禅额尔德尼传》，第 201 页。

[9] 《第五世热振土登江白益西·丹贝坚赞传略》，见《西藏文史资料选辑》III，第 2 页。

[10] *No.7(4)-P/34. From F.Williamson Esq.,I.C.S., Political Officer in Sikkim, to the Foreign Secretary to Government of India, New Delhi. Dated Gangtok, 18th, February.* 英国政府印度事务部秘密档案。

[11] *Copy of a letter No.7(4)-P/34, dated the 22nd, August 1934, from the Political Officer in Sikkim, to the Foreign Secretary to the Government of India, Simla.* 英国政府印度事务部秘密档案。

[12] *Copy of a letter No.7(4)-P/34, dated the 27th. April 1934, from the Political Officer in Sikkim, Gangtok, to the Foreign Secretary to the Government of India, Simla.* 英国政府印度事务部秘密档案。

[13] *Copy of a letter No.7(8)-P/34, dated Camp Gyantse the 8th August 1934, from the Political Officer in Sikkim, to the Foreign Secretary to the Government of India, Simla.* 英国政府印度事务部秘密档案。

[14] *Register No. P.Z.5222/34, Secret. Political Department.* 英国政府印度事务部秘密档案。

[15] 《黄慕松为往布达拉宫辞行及与热振谈话情形事致行政院等电》（1934 年 11 月 26 日），见《民国藏事史料汇编》第 5 册，第 466 页。

[16] 《蒋致余为报闻英人在藏蛊惑及藏政府遣差与班禅商洽等情致行政院等电》（1935 年 9 月 12 日），见《民国藏事史料汇编》第 6 册，第 77 页。

[17] 《噶厦为抗拒中央派员暨仪仗队护送班禅入藏事致蒙藏委员会电》（1935 年 9 月 22 日），见《民国藏事史料汇编》第 6 册，第 79 页。

[18] 《蒙藏委员会为特派专使及仪仗队护送班禅入藏事致热振等电》（1935 年 9 月 23 日），

见《民国藏事史料汇编》第 6 册，第 79—80 页。

[19] 《班禅为谢中央一再向藏政府解释派遣专使及仪仗队护送入藏缘由事致蒙藏委员会电》（1935 年 10 月 14 日），见《民国藏事史料汇编》第 6 册，第 85 页。

[20] 《诚允到青后班禅即启程返藏》，《申报》1935 年 10 月 14 日第 7 版。

[21] 《行政院秘书处奉转蒋致余对噶厦阻拒中央派员护送班禅回藏批答意见电致蒙藏委员会函》（1935 年 12 月 30 日），见《民国藏事史料汇编》第 6 册，第 108 页。

[22] 《西藏驻京办事处译转僧俗官民大会请勿派员护送班禅入藏致蒙藏委员会函》（1936 年 2 月 7 日），见《民国藏事史料汇编》第 6 册，第 131 页。

[23] 《第五世热振土登江白益西 · 丹贝坚赞传略》，见《西藏文史资料选辑》III，第 3 页。

[24] 《行政院秘书处奉转蒋致余报闻热振留任藏局好转班禅宜早返藏等事致蒙藏委员会函》（1936 年 5 月 13 日），见《民国藏事史料汇编》第 6 册，第 180 页。

[25] 《噶厦为抗拒中央派员暨仪仗队护送班禅入藏事致蒙藏委员会电》（1935 年 9 月 22 日），见《民国藏事史料汇编》第 6 册，第 79 页。

[26] 《行政院秘书处奉转蒋致余对噶厦阻拒中央派员护送班禅回藏批答意见电致蒙藏委员会函》（1935 年 12 月 30 日），见《民国藏事史料汇编》第 6 册，第 108 页。

[27] 《达赖转世与班禅返藏》，《东方杂志》1937 年第 34 卷第 7 号，第 39 页。

[28] 《诚允为致电热振阐释护送班禅入藏旨意及热振电请敦促班禅迅速入藏事致蒙藏委员会电》（1936 年 7 月 12 日），见《民国藏事史料汇编》第 6 册，第 185 页。

[29] 《行政院秘书处奉转蒋致余报闻热振已命噶厦召集民众会议讨论班禅回藏办法等情电致行政院笺函》（1936 年 7 月 20 日），见《民国藏事史料汇编》第 6 册，第 187 页。

[30] 《行政院秘书处奉转西藏驻京办事处请撤回派遣仪仗队护班禅入藏成命事代电致蒙藏委员会笺函》（1936 年 12 月 18 日），见《民国藏事史料汇编》第 6 册，第 231 页。

[31] 《行政院秘书处奉转蒋致余报告中央对藏及班禅回藏各问题藏中将举行民众会议决定等情致蒙藏委员会笺函》（1937 年 4 月 2 日），见《民国藏事史料汇编》第 6 册，第 261 页。

[32] 《赵守钰为不久亲送册封金印至拉萨致热振电》（1937 年 7 月 31 日），见《民国藏事史料汇编》第 6 册，第 287 页。

[33] 《蒋致余为报往晤热振及英人在藏活动情形致蒋介石电》（1936 年 10 月 4 日），见《民国藏事史料汇编》第 6 册，第 215 页。

[34] 《行政院秘书处奉转蒋致余报告噶厦已允班禅带仪仗队护送入藏到后撤回等情致蒙藏委员会笺函》（1937 年 6 月 1 日），见《民国藏事史料汇编》第 6 册，第 274 页。

[35] 《行政院秘书处奉转蒋致余报告噶厦复班禅允仪仗队抵藏即撤回办法等情并恳中央政治军事兼筹并进迅送班禅入藏》（1937 年 5 月 20 日），见《民国藏事史料汇编》第 6 册，第 272 页。

[36] 《安钦呼图克图为班禅向拉萨代表提出班禅入藏三项要求事致吴忠信函》（1937 年 7 月 16 日），见《民国藏事史料汇编》第 6 册，第 277 页。

[37] 《军委会办公厅为转送重庆行营对解决班禅回藏问题及今后处理藏事的意见致蒙藏委员会公函》（1937 年 7 月 19 日），见《民国藏事史料汇编》第 6 册，第 280 页。

[38] 《刘家驹为噶厦因华北战起态度突变拒绝护送班禅官兵路经拉萨等情事致蒙藏委员会

电》（1937 年 8 月 8 日），见《民国藏事史料汇编》第 6 册，第 289 页。

[39] 《蒙藏委员会为护送班禅入藏须由国际担保决不可行等事致赵守钰电》（1937 年 8 月 10 日），见《民国藏事史料汇编》第 6 册，第 291 页。

[40] 《蒋致余为当众面斥英人流言噶厦已接受班禅及仪仗队入藏事致蒙藏委员会电》（1937 年 9 月 21 日），见《民国藏事史料汇编》第 6 册，第 296 页。

[41] 《蒙藏委员会为噶厦无意接受班禅回藏蒋致余电称各节暂毋庸议事致行政院呈》（1937 年 10 月 12 日），见《民国藏事史料汇编》第 6 册，第 301 页。

[42] 《班禅堪布会议厅为噶厦所提回藏条件无法接受大师率属移驻甘孜事致班禅办事处电》（1937 年 9 月 30 日），见《民国藏事史料汇编》第 6 册，第 297 页。

[43] 《吴忠信为班禅圆寂致热振及噶厦电》（1937 年 12 月 13 日），见《民国藏事史料汇编》第 6 册，第 310 页。

[44] 《蒙藏委员会为追随班禅堪布人员安置等事致班禅驻京办事处指令》（1937 年），见《民国藏事史料汇编》第 6 册，第 320 页。

[45] 《第五世热振土登江白益西·丹贝坚赞传略》，见《西藏文史资料选辑》III，第 3 页。

[46] 《班禅回藏问题》，《国论》1937 年第 2 卷第 10 期，第 1336 页。

[47] 《行政院秘书处奉转蒋致余报告藏中对中央及班禅回藏均存疑虑并陈解决途径电致蒙藏委员会笺函》（1937 年 4 月 13 日），见《民国藏事史料汇编》第 6 册，第 262 页。

[48] 《军委会办公厅为转送重庆行营对解决班禅回藏问题及今后处理藏事的意见致蒙藏委员会公函》（1937 年 7 月 19 日），见《民国藏事史料汇编》第 6 册，第 279 页。

[49] 《黄慕松、吴忠信、赵守钰、戴传贤奉使办理藏事报告书》，第 131 页。

[50] 《达赖圆寂后之藏局》，《申报》1934 年 2 月 8 日第 10 版。

[51] 《西藏驻京代表否认达赖降生》，《申报》1934 年 1 月 10 日第 7 版。

[52] 《热振电告接受封号，汪院长去电嘉勉》，《申报》1935 年 6 月 22 日第 6 版。

[53] 《蒋致余致行政院电》（1936 年 3 月 1 日），蒙藏委员会档案，一四一 /2900。

[54] 《诚允为谢委驻藏重责并抄转蒋致余给马步芳两电事致黄慕松电》（1935 年 6 月 11 日），见《民国藏事史料汇编》第 6 册，第 52 页。

[55] 《拉鲁家族及拉鲁·次旺多吉的经历》，见《西藏文史资料选辑》II，第 593 页。

[56] 《西藏政治史》，第 233 页。

[57] 《蒋致余为英国教唆藏方拒阻仪仗队入藏等事致蒋介石电》（1936 年 3 月 26 日），见《民国藏事史料汇编》第 6 册，第 174 页。

[58] 《班禅额尔德尼传》，第 201 页。

[59] *Copy of a letter No.7(4)-P/34, dated the 22nd, August 1934, from the Political Officer in Sikkim, to the Foreign Secretary to the Government of India, Simla.* 英国政府印度事务部秘密档案。

[60] 《行政院秘书处奉转蒋致余报闻热振留任藏局好转班禅宜早返藏等事致蒙藏委员会函》（1936 年 5 月 13 日），见《民国藏事史料汇编》第 6 册，第 180 页。

[61] 《蒋致余为英国教唆藏方拒阻仪仗队入藏等事致蒋介石电》（1936 年 3 月 26 日），见《民国藏事史料汇编》第 6 册，第 174 页。

[62] “[F462/272/10] No.231. India Office to Foreign Office.–(Received January).” *British*

Documents on Foreign Affairs–Reports and Papers from the Foreign Office Confidential Print. Part III, from 1940 through 1945, Series E, Asia, 1914-1949, pp.354、353.

[63] *From H. R. Richardson Esquire, I.C.S., British Trade Agent, Gyantse & Asstt. to the Political Officer in Sikkim, British Mission, Lhasa, Tibet.* 英国政府印度事务部秘密档案。

[64] 《蒋致余为英国教唆藏方拒阻仪仗队入藏等事致蒋介石电》（1936 年 3 月 26 日），见《民国藏事史料汇编》第 6 册，第 174 页。

[65] 《行政院秘书处奉转蒋致余报闻热振留任藏局好转班禅宜早返藏等事致蒙藏委员会函》（1936 年 5 月 13 日），见《民国藏事史料汇编》第 6 册，第 180 页。

[66] 《达赖传已转世》，《申报》1936 年 5 月 27 日第 6 版。

[67] 《达赖转生说不确》，《申报》1936 年 5 月 28 日第 7 版。

[68] 《边疆时事纪要：西藏达赖转世说》，《康藏前锋》1934 年第 2 卷第 2 期，第 45 页。

[69] 《藏政府派格藏佛赴青寻觅新达赖》，《申报》1937 年 3 月 18 日第 4 版。

[70] 《 寻觅转世之达赖佛》，《康藏前锋》1937 年第 4 卷第 8、9 期，第 86 页。

[71] 《寻访达赖人员行抵塔尔寺》，《申报》1937 年 7 月 12 日第 8 版。

[72] 《第十四世达赖已访到》，《申报》1937 年 7 月 22 日第 8 版。

[73] 拉鲁·次旺多吉：《拉鲁家族及拉鲁·次旺多吉的经历》，见《西藏文史资料选辑》II，第 594 页。

[74] 《蒋致余致行政院电》（1936 年 4 月 16 日），蒙藏委员会档案，一四一 /2900。

[75] 《张威白为热振等偏重青海灵童为化身并拟援例免予掣签事致蒙藏委员会电》（1938 年 11 月 13 日），见《十三世达赖圆寂致祭和十四世达赖转世坐床档案选编》，第 153 页。

[76] 《第五世热振土登江白益西·丹贝坚赞传略》，见《西藏文史资料选辑》III，第 4 页。

[77] 拉鲁·次旺多吉：《热达矛盾起因及我等受命于达扎摄政王迎请热振活佛的经过》，见《西藏文史资料选辑》I，第 384 页。

[78] 《西藏地方政府要政见闻》，见《西藏文史资料选辑》II，第 218 页。

[79] 《热达矛盾起因及我等受命于达扎摄政王迎请热振活佛的经过》，《西藏文史资料选辑》I，第 384 页。并参见《西藏地方政府要政见闻》，见《西藏文史资料选辑》II，第 218 页。

[80] 《回忆热振事件》，见《西藏文史资料选辑》I，第 454 页。

[81] 任乃强：《本年西藏政变之始末》，《边政公论》1947 年第 6 卷第 4 期，第 2 页。

[82] [83] “[F462/272/10] No.231. India Office to Foreign Office.–(Received January).” *British Documents on Foreign Affairs–Reports and Papers from the Foreign Office Confidential Print. Part III, from 1940 through 1945, Series E, Asia, 1914-1949,* p.353.

[84] *Copy of a demi-official letter No. 4(4)-P/39. dated the 24th October 1939, from B. J. Gould Esquire, Political Officer in Sikkim to Major W. R. Hay, Deputy Secretary to the Government of India in the External Affairs Department.* 英国政府印度事务部秘密档案。

[85] *Copy of a D. C. Letter No. 3(2)-P/39, dated Lhasa, Tibet. The 25th August 1939. from H. R. Richardson Esquire, British Trade Agent, Gyantse, etc., to B. J. Gould, the Political Officer in Sikkim.* 英国政府印度事务部秘密档案。

[86]《十四世达赖喇嘛由金瓶抽签产生》,《申报》1939 年 3 月 28 日第 7 版。

[87]《行政院秘书处奉转蒋致余报闻班禅运藏武器被噶厦扣留等情电致蒙藏委员会笺函》(1936 年 7 月 4 日),见《民国藏事史料汇编》第 6 册,第 188 页。

[88]《行政院秘书处奉转蒋致余报闻热振已命噶厦召集民众会议讨论班禅回藏办法等情电致行政院笺函》(1936 年 7 月 20 日),见《民国藏事史料汇编》第 6 册,第 187 页。

[89]《达赖转世说未证实》,《申报》1936 年 9 月 3 日第 11 版。

[90]《热振为访得拉木登珠灵异情形并请转报中央政府免予掣签事致吴忠信函呈》(1940 年 1 月 26 日),见《十三世达赖圆寂致祭和十四世达赖转世坐床档案选编》,第 285 页。

[91]《达赖十三世转生后身寻获》,《申报》1939 年 7 月 20 日第 4 版。

[92]《外交部密电驻英使馆,现藏方极表欢迎吴委员长,希迅商英外交部予以过境便利》(1939 年 5 月 30 日),见《外交部档案业书——界务类》第五册西藏卷(一),第 205 页。

[93] 小珊:《由西藏黄教说到新达赖登位》,《申报》1939 年 10 月 22 日第 15 版。

[94]《达赖十三世转生后身寻获》,《申报》1939 年 7 月 20 日第 4 版。

[95] 万灿:《西藏达赖坐床大典》,《时事月报》1940 年第 22 卷第 3 期,第 121 页。

[96] 绍先:《西藏达赖活佛转生》,《新青年》1939 年第 2 卷第 5 期,第 12 页。

[97]《达赖喇嘛转世说》,《申报》1936 年 9 月 1 日第 14 版。

[98]《达赖转世说未证实》,《申报》1936 年 9 月 3 日第 11 版。

[99]《蒙藏委员会向第一届国民参政会第三次大会所作工作报告》(1939 年 1 月),见《民国藏事史料汇编》第 6 册,第 244 页。

[100]《黄慕松、吴忠信、赵守钰、戴传贤奉使办理藏事报告书》,第 254 页。

[101] Alastair Lamb, *China, India & Tibet 1914-1950, A History of Imperial Diplomacy,* p.282.

[102] "[F462/272/10] No.231. India Office to Foreign Office.–(Received January)." *British Documents on Foreign Affairs–Reports and Papers from the Foreign Office Confidential Print. Part III, from 1940 through 1945, Series E, Asia, 1914-1949,* p.348.

[103] *From H. R. Richardson Esquire, I.C.S., British Trade Agent, Gyantse & Asstt. to the Political Officer in Sikkim, British Mission, Lhasa, Tibet.* 英国政府印度事务部秘密档案。

[104] *Copy of D. O. letter No. 7(2)P/39. dated the 11th October 1939, from the Political Officer, to C. A. G. Savidge, Esquire, Under Secretary to the Government of India in the External Affairs Department.* 英国政府印度事务部秘密档案。

[105] *Decypher of Telegram, from Government of India, Department of External Affairs, to Secretary of State for India.* 英国政府印度事务部秘密档案。

[106] "[F462/272/10] No.231. India Office to Foreign Office.–(Received January)." *British Documents on Foreign Affairs–Reports and Papers from the Foreign Office Confidential Print. Part III, from 1940 through 1945, Series E, Asia, 1914-1949,* p.351.

[107] Ibid., p.349.

[108] Ibid., pp.348、350-351.

[109] *Decypher of Telegram, from Government of India, Department of External Affairs, to*

Secretary of State for India. 英国政府印度事务部秘密档案。

[110] *From H. R. Richardson, Esquire, I. C. S., British Trade Agent, Gyantse, & Asstt. to the Political Officer in Sikkim, British Mission, Lhasa, Tibet. To the Political Officer in Sikkim, Camp via Yatung, Tibet*. 英国政府印度事务部秘密档案。

[111] "[F462/272/10] No.231. India Office to Foreign Office.–(Received January)." *British Documents on Foreign Affairs–Reports and Papers from the Foreign Office Confidential Print. Part III, from 1940 through 1945, Series E, Asia, 1914-1949*, pp.350、349.

[112] *From H. R. Richardson, Esquire, I. C. S., British Trade Agent, Gyantse, & Asstt. to the Political Officer in Sikkim, British Mission, Lhasa, Tibet. To the Political Officer in Sikkim, Camp via Yatung, Tibet*. 英国政府印度事务部秘密档案。

[113] "[F462/272/10] No.231. India Office to Foreign Office.–(Received January)." *British Documents on Foreign Affairs–Reports and Papers from the Foreign Office Confidential Print. Part III, from 1940 through 1945, Series E, Asia, 1914-1949*, p.351.

[114] *P 2760/272/10, Foreign Office, S. W. L. 25th April, 1940*. 英国政府印度事务部秘密档案。

[115]《达赖喇嘛即将转世》,《申报》1939 年 3 月 11 日第 4 版。

[116]《吴忠信下月赴藏》,《申报》1939 年 8 月 13 日第 6 版。

[117]《藏方正式承认达赖喇嘛》,《申报》1939 年 9 月 15 日第 8 版。

[118] *Minute Paper. P. Z. 5398/39. Department*. 英国政府印度事务部秘密档案。

[119]《蒙藏委员会为请令青海省府饬寻访人员将寻访情况呈报中央政府核办严防秘密迎藏事致行政院呈》(1938 年 4 月 26 日),见《十三世达赖圆寂致祭和十四世达赖转世坐床档案选编》,第 135 页。

[120]《蒙藏委员会为拟定达赖喇嘛转世掣签征认办法事致行政院呈》(1938 年 10 月 8 日),见《十三世达赖圆寂致祭和十四世达赖转世坐床档案选编》,第 144 页。

[121]《黄慕松、吴忠信、赵守钰、戴传贤奉使办理藏事报告书》,第 254 页。

[122]《蒙藏委员会为拟定达赖喇嘛转世掣签征认办法事致行政院呈》(1938 年 10 月 8 日),见《民国藏事史料汇编》第 6 册,第 367—368 页。

[123]《蒙藏委员会为权拟办法三项供与藏方洽商事致张威白电》(1938 年 10 月 25 日),见《民国藏事史料汇编》第 6 册,第 370 页。

[124]《黄慕松、吴忠信、赵守钰、戴传贤奉使办理藏事报告书》,第 210 页。

[125]《行政院秘书处为达赖喇嘛转世掣签征认办法与藏方商洽后再行呈院核定事致蒙藏委员会笺函》(1938 年 10 月 20 日),见《民国藏事史料汇编》第 6 册,第 369 页。

[126]《蒙藏委员会嘱与藏方妥商达赖转世掣签办法事致张威白电》(1938 年 10 月 25 日),见《民国藏事史料汇编》第 6 册,第 369 页。

[127]《马步芳请准灵童先在青礼拜再行入藏事致蒙藏委员会电》(1938 年 10 月 23 日),见《民国藏事史料汇编》第 6 册,第 369 页。

[128]《吴忠信为青海灵童何时可令赴藏应俟院令遵行事致马步芳电》(1938 年 10 月 25 日),见《十三世达赖圆寂致祭和十四世达赖转世坐床档案选编》,第 151 页。

[129]《西藏驻京代表为请速将青海送藏参加掣事致蒙藏委员会代电》(1938 年 11 月 8 日),见《十三世达赖圆寂致祭和十四世达赖转世坐床档案选编》,第 152 页。

[130]《蒙藏委员会为先商中央派员参加掣签办法再令灵童进藏事致张威白电》(1938 年 11 月 11 日),见《十三世达赖圆寂致祭和十四世达赖转世坐床档案选编》,第 152 页。

[131]《张威白为热振等偏重青海灵童为化身并拟援例免予掣签事致蒙藏委员会电》(1938 年 11 月 13 日),见《十三世达赖圆寂致祭和十四世达赖转世坐床档案选编》,第 153 页。

[132]《张威白为先定掣签式再令灵童赴藏事致蒙藏委员会电》(1938 年 11 月 20 日),见《十三世达赖圆寂致祭和十四世达赖转世坐床档案选编》,第 154 页。

[133]《蒙藏委员会令向噶厦解释掣签三项办法真意并促噶厦接受事致张威白电》(1938 年 11 月 26 日),见《十三世达赖圆寂致祭和十四世达赖转世坐床档案选编》,第 157 页。

[134]《张威白为与噶厦商洽掣签征认达赖转世灵童须慎重办理事致蒙藏委员会电》(1938 年 11 月 20 日),见《十三世达赖圆寂致祭和十四世达赖转世坐床档案选编》,第 155 页。

[135]《张威白为掣签征认转世达赖办法五点意见事致蒙藏委员会电》(1938 年 11 月 20 日),见《十三世达赖圆寂致祭和十四世达赖转世坐床档案选编》,第 155 页。

[136]《蒙藏委员会令向噶厦解释掣签三项办法真意并促噶厦接受事致张威白电》(1938 年 11 月 26 日),见《十三世达赖圆寂致祭和十四世达赖转世坐床档案选编》,第 157 页。

[137]《吴忠信为待掣签典礼商妥并奉院令后再准灵童启行事致马步芳电》(1938 年 12 月 3 日),见《十三世达赖圆寂致祭和十四世达赖转世坐床档案选编》,第 157—158 页。

[138] 同上文,第 157—158 页。

[139] 同上文,第 157—158 页。

[140]《张威白为报与噶厦商洽中央派员参加掣签典礼经过情形事致孔庆宗电》(1938 年 12 月 13 日),见《十三世达赖圆寂致祭和十四世达赖转世坐床档案选编》,第 159 页。

[141]《热振为中央应当派员参加掣签典礼事致吴忠信电》(1938 年 12 月 12 日),见《十三世达赖圆寂致祭和十四世达赖转世坐床档案选编》,第 158—159 页。

[142]《张威白为报与噶厦商洽中央派员参加掣签典礼经过情形事致孔庆宗电》(1938 年 12 月 13 日),见《十三世达赖圆寂致祭和十四世达赖转世坐床档案选编》,第 159 页。

[143]《西藏办事处为噶厦接受中央所定达赖转世掣签办法事致蒙藏委员会代电》(1938 年 12 月 18 日),见《十三世达赖圆寂致祭和十四世达赖转世坐床档案选编》,第 160 页。

[144]《蒙藏委员会为请国民政府明令特派吴忠信会同热振主持十四达赖转世事致行政院呈》(1938 年 12 月 20 日),见《十三世达赖圆寂致祭和十四世达赖转世坐床档案选编》,第 161 页。

[145]《蒙藏委员会向第一届国民参政会第三次大会所作工作报告》(1939 年 1 月),见《民国藏事史料汇编》第 6 册,第 245 页。

[146] [147]《行政院为呈请国民政府派员主持十四辈达赖转世并电青海省府护送灵童赴藏事给蒙藏委员会指令》(1938 年 12 月 24 日),见《十三世达赖圆寂致祭和十四世达赖转世坐床档案选编》,第 162 页。

[148]《达赖后身现已觅得三人决用抽签判明》,《申报》1938 年 12 月 30 日第 8 版。

[149]《黄慕松、吴忠信、赵守钰、戴传贤奉使办理藏事报告书》,第 210 页。

[150]《热振为请催马步芳放行灵童入藏并接受主持掣签事致蒙藏委员会电》(1939 年 1 月

13 日），见《十三世达赖圆寂致祭和十四世达赖转世坐床档案选编》，第 171 页。

[151]《蒙藏委员会为电复热振派员参加典礼俟掣签定期再办事致行政院呈》（1939 年 1 月 27 日），见《十三世达赖圆寂致祭和十四世达赖转世坐床档案选编》，第 177 页。

[152]《班禅驻京办事处为请中央派员护送灵童入藏并留督签定事致蒙藏委员会呈》（1939 年 2 月 11 日），见《十三世达赖圆寂致祭和十四世达赖转世坐床档案选编》，第 177 页。

[153]《张威白为报告与热振谈话并请电催马步芳速允灵童启程事致蒙藏委员会电》（1939 年 2 月 22 日），见《十三世达赖圆寂致祭和十四世达赖转世坐床档案选编》，第 178 页。

[154]《热振等为马步芳拖延灵童启程请中央派员飞青督催事致蒙藏委员会电》（1939 年 2 月 27 日），见《十三世达赖圆寂致祭和十四世达赖转世坐床档案选编》，第 180 页。

[155]《蒙藏委员会为蒋介石已电令马步芳速护灵童入藏转告热振事致张威白电》（1939 年 2 月 27 日），见《十三世达赖圆寂致祭和十四世达赖转世坐床档案选编》，第 181 页。

[156]《热振等再请中央派员飞青督促灵童启程事致蒙藏委员会电》（1939 年 3 月 29 日），见《十三世达赖圆寂致祭和十四世达赖转世坐床档案选编》，第 184 页。

[157]《孔祥熙在参政会报告边省政情》，《申报》1939 年 3 月 3 日第 3 版。

[158]《蒙藏委员会藏事处为碍难提高张威白职位事致西藏驻京办事处函》（1939 年 3 月 29 日），见《十三世达赖圆寂致祭和十四世达赖转世坐床档案选编》，第 184 页。

[159]《孔庆宗为中央拟派吴忠信亲自入藏会同热振主持达赖转世事致张威白电》（1939 年 4 月 5 日），见《十三世达赖圆寂致祭和十四世达赖转世坐床档案选编》，第 185、186 页。

[160]《第五世热振土登江白益西·丹贝坚赞传略》，见《西藏文史资料选辑》III，第 4 页。

[161]《张威白为热振欢迎吴忠信亲自入藏主持达赖转世事致吴忠信电》（1939 年 4 月 8 日），见《十三世达赖圆寂致祭和十四世达赖转世坐床档案选编》，第 186 页。

[162]《张威白为与热振洽谈吴忠信入藏结果圆满赏赐西藏官员应从丰事致孔庆宗电》（1939 年 4 月 8 日），见《十三世达赖圆寂致祭和十四世达赖转世坐床档案选编》，第 187 页。

[163]《西藏驻京办事处为奉转噶厦对吴忠信亲莅拉萨极表欢迎事致蒙藏委员会代电》（1939 年 4 月 23 日），见《十三世达赖圆寂致祭和十四世达赖转世坐床档案选编》，第 188 页。

[164]《热振为请吴忠信飞青与灵童同行入藏事致蒙藏委员会电》（1939 年 4 月 29 日），见《十三世达赖圆寂致祭和十四世达赖转世坐床档案选编》，第 189 页。

[165]《蒋介石为热振请吴忠信亲赴西宁督办护送灵童入藏事致蒙藏委员会代电》（1939 年 5 月 4 日），见《十三世达赖圆寂致祭和十四世达赖转世坐床档案选编》，第 191 页。

[166]《马步芳为青海灵童正备装待发事致蒙藏委员会代电》（1939 年 5 月 15 日），见《十三世达赖圆寂致祭和十四世达赖转世坐床档案选编》，第 191 页。

[167] "[F462/272/10] No.231. India Office to Foreign Office.–(Received January)." *British Documents on Foreign Affairs–Reports and Papers from the Foreign Office Confidential Print. Part III, from 1940 through 1945, Series E, Asia, 1914-1949,* pp.348-349.

[168]《热振等为请令马步芳护送灵童克日启程事致吴忠信电》（1939 年 5 月 19 日），见《十

三世达赖圆寂致祭和十四世达赖转世坐床档案选编》，第 193 页。

[169]《蒙藏委员会报告最近办理派员入藏等情况事致行政院呈》（1939 年 5 月 26 日），见《十三世达赖圆寂致祭和十四世达赖转世坐床档案选编》，第 194 页。

[170]《热振为设坛修法祝抗日胜利并请派吴忠信飞青督促灵童赴藏事致蒋介石电》（1939 年 6 月 7 日），见《十三世达赖圆寂致祭和十四世达赖转世坐床档案选编》，第 197—198 页。

[171]《蒋介石为促使灵童成行之方针事致蒙藏委员会代电》（1939 年 6 月 5 日），见《十三世达赖圆寂致祭和十四世达赖转世坐床档案选编》，第 196 页。

[172]《蒙藏委员会为派赵守钰赴青与马步芳面商灵童入藏事致蒋介石电》（1939 年 6 月 9 日），见《十三世达赖圆寂致祭和十四世达赖转世坐床档案选编》，第 198 页。

[173]《蒙藏委员会为已派要员赴青洽催护送灵童入藏事复热振电》（1939 年 6 月 12 日），见《十三世达赖圆寂致祭和十四世达赖转世坐床档案选编》，第 199 页。

[174]《马步芳为请发给护送灵童费用事致蒙藏委员会电》（1939 年 6 月 15 日），见《十三世达赖圆寂致祭和十四世达赖转世坐床档案选编》，第 200 页。

[175]《热振为谢派员赴青洽催灵童启程事致蒙藏委员会电》（1939 年 6 月 20 日），见《十三世达赖圆寂致祭和十四世达赖转世坐床档案选编》，第 203 页。

[176]《西藏地方政府要政见闻》，见《西藏文史资料选辑》II，第 219 页。

[177]《熊耀文等为请促噶厦早日通知印度俾如期成行事致张威白电》（1939 年 8 月 23 日），见《十三世达赖圆寂致祭和十四世达赖转世坐床档案选编》，第 235 页。

[178]《张威白为热振已饬令噶厦通知印度政府吴忠信过境事复熊耀文电》（1939 年 8 月 25 日），见《十三世达赖圆寂致祭和十四世达赖转世坐床档案选编》，第 235 页。

[179]《蒙藏委员会请为吴忠信一行办理护照事致外交部公函》（1939 年 9 月 4 日），见《十三世达赖圆寂致祭和十四世达赖转世坐床档案选编》，第 239 页。

[180]《热振为已告印度沿途关照事致吴忠信电》（1939 年 9 月 1 日），见《十三世达赖圆寂致祭和十四世达赖转世坐床档案选编》，第 238 页。

[181]《蒋介石为有须中央主持事宜可向吴忠信陈说事致热振函》（1939 年 10 月 20 日），见《十三世达赖圆寂致祭和十四世达赖转世坐床档案选编》，第 260 页。

[182]《西藏纪要》，见《使藏纪程、拉萨见闻录、西藏纪要》（合刊，西藏学汉文文献丛书第二辑），第 25 页。

[183]《蒋介石为促使灵童成行之方针事致蒙藏委员会代电》（1939 年 6 月 5 日），见《十三世达赖圆寂致祭和十四世达赖转世坐床档案选编》，第 196 页。

[184]《马步芳为请发给护送灵童费用事致蒙藏委员会电》（1939 年 6 月 15 日），见《十三世达赖圆寂致祭和十四世达赖转世坐床档案选编》，第 200 页。

[185] 菊：《第十四世达赖喇嘛即位》，《申报》1940 年 2 月 11 日第 15 版。

[186] *China, India & Tibet 1914-1950, A History of Imperial Diplomacy,* p.283.

[187] "[F462/272/10] No.231. India Office to Foreign Office.–(Received January)." *British Documents on Foreign Affairs–Reports and Papers from the Foreign Office Confidential Print. Part III, from 1940 through 1945, Series E, Asia, 1914-1949,* p.349. 黎吉生说，拉木登珠是 1939 年 10 月 8 日抵达拉萨的，见同文件第 350 页。

[188] *China, India & Tibet 1914-1950, A History of Imperial Diplomacy,* p286.

[189]《孔祥熙为向英国交涉吴忠信假道印度入藏事致郭泰祺电》(1939 年 3 月 21 日)，见《十三世达赖圆寂致祭和十四世达赖转世坐床档案选编》，第 183 页。

[190]《罗桑坚赞为达赖转世应由中央派员监督事致中央党政军各首要代电》(1939 年 2 月 27 日)，见《十三世达赖圆寂致祭和十四世达赖转世坐床档案选编》，第 179—180 页。

[191]《吴忠信为塔尔寺僧民所称各节已予马步芳已允妥送灵童入藏事复热振电》(1939 年 3 月 10 日)，见《十三世达赖圆寂致祭和十四世达赖转世坐床档案选编》，第 182 页。

[192]《黄慕松、吴忠信、赵守钰、戴传贤奉使办理藏事报告书》，第 135、136、135 页。

[193]《蒙藏委员会为拟定达赖喇嘛转世掣签征认办法事致行政院呈》(1938 年 10 月 8 日)，见《十三世达赖圆寂致祭和十四世达赖转世坐床档案选编》，第 144 页。

[194]《热振等为马步芳拖延灵童启程请中央派员飞青督催事致蒙藏委员会电》(1939 年 2 月 27 日)，见《十三世达赖圆寂致祭和十四世达赖转世坐床档案选编》，第 180 页。

[195] "[F462/272/10] No.231. India Office to Foreign Office.–(Received January)." *British Documents on Foreign Affairs–Reports and Papers from the Foreign Office Confidential Print. Part III, from 1940 through 1945, Series E, Asia, 1914-1949,* pp.348—349.

[196]《马步芳为请发给护送灵童费用事致蒙藏委员会电》(1939 年 6 月 15 日)，见《十三世达赖圆寂致祭和十四世达赖转世坐床档案选编》，第 200 页。

[197]《蒙藏委员会为达赖灵童迎入拉萨应依旧例办理事致文官处代电》(1939 年 10 月 5 日)，见《十三世达赖圆寂致祭和十四世达赖转世坐床档案选编》，第 262 页。

[198] "[F462/272/10] No.231. India Office to Foreign Office.–(Received January)." *British Documents on Foreign Affairs–Reports and Papers from the Foreign Office Confidential Print. Part III, from 1940 through 1945, Series E, Asia, 1914-1949,* p.351.

[199] *Telegram XX. No.31, dated 4th (& received) 5th September, 1939. from Kerr, Shanghai, to Governor General(E. A. Department), Simla.* 英国政府印度事务部秘密档案。

[200] *Telegram XX., No.437/445, dated 7th (recd. 8th) August 1939. from Richardson, Lhasa. to Gould, Gangtok.* 英国政府印度事务部秘密档案。

[201] *D. O. No.3(7)-L/39. British Mission, Lhasa, Tibet.17th August 1939.* 英国政府印度事务部秘密档案。

[202]《十三世达赖喇嘛传》，第 400 页。

[203] *From H. R. Richardson Esquire, I.C.S., British Trade Agent, Gyantse & Asstt. to the Political Officer in Sikkim, British Mission, Lhasa, Tibet.* 英国政府印度事务部秘密档案。

[204] "[F462/272/10] No.231. India Office to Foreign Office.–(Received January)." *British Documents on Foreign Affairs–Reports and Papers from the Foreign Office Confidential Print. Part III, from 1940 through 1945, Series E, Asia, 1914-1949,* pp.349-350、350-351.

[205] *Telegram XX. No.31, dated 4th (& received) 5th September, 1939. from Kerr, Shanghai, to Governor General(E. A. Department), Simla.* 英国政府印度事务部秘密档案。

[206]《蒙藏委员会为护送灵童入藏中央不宜另派人同行等事致蒋介石代电》(1939 年 7 月 10 日)，见《十三世达赖圆寂致祭和十四世达赖转世坐床档案选编》，第 212 页。

[207]《黄慕松、吴忠信、赵守钰、戴传贤奉使办理藏事报告书》，第 210 页。

[208]《参与达赖转世大典奚伦离沪入藏》，《申报》1939 年 11 月 8 日第 9 版。

[209]《参与达赖转世大典奚伦离沪入藏》，《申报》1939 年 11 月 8 日第 9 版。

[210]《黄慕松、吴忠信、赵守钰、戴传贤奉使办理藏事报告书》，第 210 页。

[211] 同上书，第 212 页。

[212]《孔祥熙为向英国交涉吴忠信假道印度入藏事致郭泰祺电》（1939 年 3 月 21 日），见《十三世达赖圆寂致祭和十四世达赖转世坐床档案选编》，第 183 页。

[213]《郭泰祺为英国请将吴忠信入藏时间及随行人数等见告事致孔祥熙电》（1939 年 3 月 24 日），见《十三世达赖圆寂致祭和十四世达赖转世坐床档案选编》，第 183 页。

[214] *Copy of a memo. No. 3(7)-L/39, dated Lhasa, Tibet. the 31st August 1939. from H. R. Richardson Esq., ICS., British Trade Agent, Gyantse, etc., Lhasa, Tibet, to the Political Officer in Sikkim, Camp Yatung, Tibet.* 英国政府印度事务部秘密档案。

[215] "[F462/272/10] No.231. India Office to Foreign Office.–(Received January)." *British Documents on Foreign Affairs–Reports and Papers from the Foreign Office Confidential Print. Part III, from 1940 through 1945, Series E, Asia, 1914-1949,* p.349.

[216]《西藏驻京办事处为奉转噶厦对吴忠信亲莅拉萨极表欢迎事致蒙藏委员会代电》（1939 年 4 月 23 日），见《十三世达赖圆寂致祭和十四世达赖转世坐床档案选编》，第 188 页。吴忠信日记说，噶厦是 4 月 21 日来电表示欢迎的。见《黄慕松、吴忠信、赵守钰、戴传贤奉使办理藏事报告书》，第 209 页。

[217]《黄慕松、吴忠信、赵守钰、戴传贤奉使办理藏事报告书》，第 209 页。

[218] *Minute Paper, Political(External), Department.* 英国政府印度事务部秘密档案。

[219]《魏道明为吴忠信假道入藏英国答复须由藏方与印度政府洽办事致蒙藏委员会函》（1939 年 5 月 15 日），见《十三世达赖圆寂致祭和十四世达赖转世坐床档案选编》，第 192 页。

[220]《张威白为青海灵童入藏暨吴忠信假道印度之顾虑事致孔庆宗电》（1939 年 6 月 5 日），见《十三世达赖圆寂致祭和十四世达赖转世坐床档案选编》，第 197 页。

[221]《外交部为英国坚持吴忠信假道入藏须西藏直接通知印事致蒙藏委员会函》（1939 年 6 月 18 日），见《十三世达赖圆寂致祭和十四世达赖转世坐床档案选编》，第 201 页。

[222]《行政院秘书处为假道印度入藏事应注意英方制造西藏半独立企图事致吴忠信函》（1939 年 6 月 27 日），见《十三世达赖圆寂致祭和十四世达赖转世坐床档案选编》，第 207 页。

[223]《张威白为藏中对各灵童反应并盼吴忠信早日到藏事致蒙藏委员会电》（1939 年 8 月 26 日），见《十三世达赖圆寂致祭和十四世达赖转世坐床档案选编》，第 237 页。

[224]《吴忠信为请查询英国对中央派员入藏态度事致魏道明函》（1939 年 4 月 27 日），见《十三世达赖圆寂致祭和十四世达赖转世坐床档案选编》，第 189 页。

[225]《孔庆宗为请相机向藏方酌告吴忠信为人及闻望等事致张威白电》（1939 年 4 月 29 日），见《十三世达赖圆寂致祭和十四世达赖转世坐床档案选编》，第 190 页。

[226]《外交部密电驻英使馆，与英交涉吴忠信经印赴藏事》（1939 年 5 月 22 日），见《外交部档案业书——界务类》第五册西藏卷（一），第 205 页。

[227]《张威白为藏中对各灵童反应并盼吴忠信早日到藏事致蒙藏委员会电》（1939 年 8 月

26 日），见《十三世达赖圆寂致祭和十四世达赖转世坐床档案选编》，第 237 页。

[228]《吴忠信为预定由渝入藏首途日期事致行政院函》（1939 年 7 月 16 日），见《十三世达赖圆寂致祭和十四世达赖转世坐床档案选编》，第 214 页。

[229]《蒙藏委员会为护送灵童入藏中央不宜另派人同行等事致蒋介石代电》（1939 年 7 月 10 日），见《十三世达赖圆寂致祭和十四世达赖转世坐床档案选编》，第 212 页。

[230]《吴忠信下月赴藏》，《申报》1939 年 8 月 13 日第 6 版。

[231]《西藏驻京办事处为询吴忠信入藏随员人数及礼物免税事致熊耀文函》（1939 年 8 月 1 日），见《十三世达赖圆寂致祭和十四世达赖转世坐床档案选编》，第 218 页。

[232]《熊耀文为吴忠信随员人数及礼品事复阿旺桑丹等函》（1939 年 8 月 8 日），见《十三世达赖圆寂致祭和十四世达赖转世坐床档案选编》，第 230 页。

[233]《吴忠信为入藏随员人数及启程经印日期事致热振及噶厦电》（1939 年 8 月 11 日），见《十三世达赖圆寂致祭和十四世达赖转世坐床档案选编》，第 230 页。

[234]《噶厦为请勿多带随行人员入藏事致吴忠信电》（1939 年 8 月 22 日），见《十三世达赖圆寂致祭和十四世达赖转世坐床档案选编》，第 234 页。

[235]《吴忠信为随从人员情况嘱酌告热振事致张威白电》（1939 年 8 月 22 日），见《十三世达赖圆寂致祭和十四世达赖转世坐床档案选编》，第 234 页。

[236] *No. D. 7734-X/39. From the Deputy Secretary to the Government of India in the External Affairs Department, to the Chief Secretary to the Government of Bengal. Dated New Delhi, the 13th November 1939.* 英国政府印度事务部秘密档案。

[237] *From H. R. Richardson Esquire, I.C.S., British Trade Agent, Gyantse & Asstt. to the Political Officer in Sikkim, British Mission, Lhasa, Tibet.* 英国政府印度事务部秘密档案。

[238] "[F462/272/10] No.231. India Office to Foreign Office.–(Received January)." *British Documents on Foreign Affairs–Reports and Papers from the Foreign Office Confidential Print. Part III, from 1940 through 1945, Series E, Asia, 1914-1949,* pp.348、349.

[239] Ibid., p.349.

[240]《蒙藏会密函，藏中指派代表图丹桑结随同吴委员长入藏事》（1939 年 7 月 10 日），见《外交部档案业书——界务类》第五册西藏卷（一），第 209 页。

[241]《熊耀文等为请促噶厦早日通知印度俾如期成行事致张威白电》（1939 年 8 月 23 日），见《十三世达赖圆寂致祭和十四世达赖转世坐床档案选编》，第 235 页。

[242]《张威白为热振已饬令噶厦通知印度政府吴忠信过境事复熊耀文电》（1939 年 8 月 25 日），见《十三世达赖圆寂致祭和十四世达赖转世坐床档案选编》，第 235 页。

[243]《王宠惠为向英国大使馆多次催办护照事复吴忠信函》（1939 年 9 月 21 日），见《十三世达赖圆寂致祭和十四世达赖转世坐床档案选编》，第 244 页。

[244]《禅德本参事函：吴委员长经印入藏事》（1939 年 9 月 23 日），见《外交部档案业书——界务类》第五册西藏卷（一），第 215 页。

[245]《外交部密电驻英使馆，请英外勿阻吴忠信假道印入藏事》（1939 年 5 月 31 日），见《外交部档案业书——界务类》第五册西藏卷（一），第 206 页。

[246]《外交部呈蒋委员长，说明吴忠信委员长假道印度入藏签证事，正候藏方决策中》（1939 年 8 月 21 日），见《外交部档案业书——界务类》第五册西藏卷（一），第

211 页。
[247]《蒙藏委员会代电，吴委员长等入藏行程事》（1939 年 10 月 12 日），见《外交部档案业书——界务类》第五册西藏卷（一），第 218 页。
[248]《蒙藏委员会为达赖坐床必俟吴忠信到藏后举行嘱注意事致孔庆宗电》（1939 年 11 月 27 日），见《十三世达赖圆寂致祭和十四世达赖转世坐床档案选编》，第 276 页。
[249]《噶厦为灵童安抵拉萨剃发赠号受戒暨坐床典礼自当继续举行次第呈报事致吴忠信转蒋介石电》（1939 年 10 月 21 日），见《十三世达赖圆寂致祭和十四世达赖转世坐床档案选编》，第 267 页。
[250]《华寄天为感电已送并探得灵童坐床日期等事致蒙藏委员会代电》（1939 年 11 月 18 日），见《十三世达赖圆寂致祭和十四世达赖转世坐床档案选编》，第 274 页。
[251]《华寄天为热振复电已发并催噶厦复电事致蒙藏委员会代电》（1939 年 11 月 21 日），见《十三世达赖圆寂致祭和十四世达赖转世坐床档案选编》，第 275 页。
[252]《第五世热振土登江白益西·丹贝坚赞传略》，见《西藏文史资料选辑》III，第 5 页。
[253]《孔庆宗为报安抵拉萨谒见热振等情事致蒙藏委员会代电》（1939 年 11 月 26 日），见《十三世达赖圆寂致祭和十四世达赖转世坐床档案选编》，第 276 页。
[254]《蒙藏委员会为达赖坐床必俟吴忠信到藏后举行嘱注意事致孔庆宗电》（1939 年 11 月 27 日），见《十三世达赖圆寂致祭和十四世达赖转世坐床档案选编》，第 276 页。
[255]《噶厦为灵童安抵拉萨剃发赠号受戒暨坐床典礼自当继续举行次第呈报事致吴忠信转蒋介石电》（1939 年 10 月 21 日），见《十三世达赖圆寂致祭和十四世达赖转世坐床档案选编》，第 266—267 页。
[256]《蒋介石为修正代拟之复噶厦电稿事致蒙藏委员会代电》（1939 年 10 月 26 日），见《十三世达赖圆寂致祭和十四世达赖转世坐床档案选编》，第 270 页。
[257]《蒙藏委员会为达赖坐床必俟吴忠信到藏后举行嘱注意事致孔庆宗电》（1939 年 11 月 27 日），见《十三世达赖圆寂致祭和十四世达赖转世坐床档案选编》，第 276 页。
[258]《达赖喇嘛到达拉萨》，《申报》1939 年 10 月 25 日第 3 版。
[259]《噶厦呈报灵童已赠号事致蒋介石电》（1939 年 12 月 8 日），见《十三世达赖圆寂致祭和十四世达赖转世坐床档案选编》，第 277 页。
[260]《孔庆宗为噶厦有灵童坐床不远举行语已电请吴忠信速来事致蒙藏委员会电》（1939 年 12 月 9 日），见《十三世达赖圆寂致祭和十四世达赖转世坐床档案选编》，第 277 页。
[261]《吴忠信为行抵噶伦堡及继续前行日期事致热振电》（1939 年 12 月 14 日），见《十三世达赖圆寂致祭和十四世达赖转世坐床档案选编》，第 277 页。
[262]《吴忠信为抵达锡金日期事致孔庆宗电》（1939 年 12 月 17 日），见《十三世达赖圆寂致祭和十四世达赖转世坐床档案选编》，第 278 页。
[263]《周昆田为吴忠信抵拉萨并受到热烈欢迎情形事致中央通讯社等电》（1940 年 1 月 15 日），见《十三世达赖圆寂致祭和十四世达赖转世坐床档案选编》，第 280 页。
[264] 夏扎·甘登班久：《忆吴忠信来藏主持十四世达赖喇嘛坐床典礼片断》，见《西藏文史资料选辑》I，第 164 页。
[265]《主持达赖转世大典，吴忠信抵拉萨》，《申报》1940 年 1 月 21 日第 3 版。

[266]《忆吴忠信来藏主持十四世达赖喇嘛坐床典礼片断》，见《西藏文史资料选辑》I，第163、165页。

[267]《吴忠信赴港转藏》，《申报》1939年11月4日第3版。

[268]《黄慕松、吴忠信、赵守钰、戴传贤奉使办理藏事报告书》，第247页。

[269]《热振为吴忠信安抵拉萨并谢接奉派状事致国民政府主席电》（1940年1月23日），见《十三世达赖圆寂致祭和十四世达赖转世坐床档案选编》，第281页。

[270]《蒙藏委员会为达赖灵童应依法掣签手续事致行政院呈》（1938年8月18日），《十三世达赖圆寂致祭和十四世达赖转世坐床档案选编》，第140页。

[271]《十四世达赖喇嘛由金瓶抽签产生》，《申报》1939年3月28日第7版。

[272]《张威白为藏中对各灵童反应并盼吴忠信早日到藏事致蒙藏委员会电》（1939年8月26日），见《十三世达赖圆寂致祭和十四世达赖转世坐床档案选编》，第236—237页。

[273]《张威白为西藏当局连日会议商讨认定青海灵童等情事致蒙藏委员会电》（1939年8月28日），见《十三世达赖圆寂致祭和十四世达赖转世坐床档案选编》，第237—238页。

[274]《第五世热振土登江白益西·丹贝坚赞传略》，见《西藏文史资料选辑》III，第4页。

[275]《张威白为西藏当局连日会议商讨认定青海灵童等情事致蒙藏委员会电》（1939年8月28日），见《十三世达赖圆寂致祭和十四世达赖转世坐床档案选编》，第237—238页。

[276]《华寄天为感电已送并探得灵童坐床日期等事致蒙藏委员会代电》（1939年11月18日），见《十三世达赖圆寂致祭和十四世达赖转世坐床档案选编》，第274页。

[277]“[F462/272/10] No.231. India Office to Foreign Office.–(Received January).” *British Documents on Foreign Affairs–Reports and Papers from the Foreign Office Confidential Print. Part III, from 1940 through 1945, Series E, Asia, 1914-1949,* p.349.

[278]《张威白论十四辈达赖金瓶掣签之损益致吴忠信电》（1939年8月16日），见《十三世达赖圆寂致祭和十四世达赖转世坐床档案选编》，第231页。

[279]《张威白为藏中对各灵童反应并盼吴忠信早日到藏事致蒙藏委员会电》（1939年8月26日），见《十三世达赖圆寂致祭和十四世达赖转世坐床档案选编》，第237页。

[280]《张威白为西藏当局连日会议商讨认定青海灵童等情事致蒙藏委员会电》（1939年8月28日），见《十三世达赖圆寂致祭和十四世达赖转世坐床档案选编》，第238页。

[281]《黄慕松、吴忠信、赵守钰、戴传贤奉使办理藏事报告书》，第217页。

[282]《蒋介石以不负中央之托嘉慰热振电》（1939年9月24日），见《十三世达赖圆寂致祭和十四世达赖转世坐床档案选编》，第247页。

[283]《蒙藏委员会为达赖灵童迎入拉萨应依旧例办理事致文官处代电》（1939年10月5日），见《十三世达赖圆寂致祭和十四世达赖转世坐床档案选编》，第253页。

[284] 同上文，第254页。

[285]《黄慕松、吴忠信、赵守钰、戴传贤奉使办理藏事报告书》，第273页。

[286]《蒙藏委员会为达赖灵童迎入拉萨应依旧例办理事致文官处代电》（1939年10月5日），见《十三世达赖圆寂致祭和十四世达赖转世坐床档案选编》，第254页。

[287]《热振为达赖灵童安抵拉萨其坐床吉期当另呈报事致国民政府主席电》（1939年10月

16 日)，见《十三世达赖圆寂致祭和十四世达赖转世坐床档案选编》，第 258 页。

[288]《蒙藏委员会为达赖坐床必俟吴忠信到藏后举行嘱注意事致孔庆宗电》(1939 年 11 月 27 日)，见《十三世达赖圆寂致祭和十四世达赖转世坐床档案选编》，第 276 页。

[289]《噶厦为灵童安抵拉萨剃发赠号受戒暨坐床典礼自当继续举行次弟呈报事致吴忠信转蒋介石电》(1939 年 10 月 21 日)，见《十三世达赖圆寂致祭和十四世达赖转世坐床档案选编》，第 266—267 页。

[290]《蒋介石为修正代拟之复噶厦电稿事致蒙藏委员会代电》(1939 年 10 月 26 日)，见《十三世达赖圆寂致祭和十四世达赖转世坐床档案选编》，第 270 页。

[291]《华寄天为暂缓译送两感电事致蒙藏委员会代电》(1939 年 11 月 15 日)，见《十三世达赖圆寂致祭和十四世达赖转世坐床档案选编》，第 272 页。

[292]《热振为访得拉木登珠灵异情形并请转报中央政府免予掣签事致吴忠信函呈》(1940 年 1 月 26 日)，见《十三世达赖圆寂致祭和十四世达赖转世坐床档案选编》，第 282—287 页。

[293] 见《黄慕松、吴忠信、赵守钰、戴传贤奉使办理藏事报告书》，第 248 页。

[294] 同上书，第 249 页。

[295]《行政院为请发布明令特准拉木登珠继任为第十四世达赖喇嘛并发给坐床典礼经费事致国民政府呈》(1940 年 1 月 31 日)，见《十三世达赖圆寂致祭和十四世达赖转世坐床档案选编》，第 289 页。

[296]《西藏地方政府要政见闻》，见《西藏文史资料选辑》II，第 219 页。

[297]《国民政府特准拉木登珠免予抽签继任为第十四世达赖喇嘛及拨发坐床大典经费令》(1940 年 2 月 5 日)，见《十三世达赖圆寂致祭和十四世达赖转世坐床档案选编》，第 291 页。

[298]《国府明令特准拉木登珠继任达赖喇嘛》，《申报》1940 年 2 月 11 日第 3 版。

[299]《热振为谢特准拉木登珠继任十四世达赖喇嘛赏拨坐床大典经费并颁授册印勋章事致国民政府主席电》(1940 年 2 月 17 日)，见《十三世达赖圆寂致祭和十四世达赖转世坐床档案选编》，第 298—299 页。

[300] *From H. R. Richardson, Esquire, I. C. S., British Trade Agent, Gyantse, & Asstt. to the Political Officer in Sikkim, British Mission, Lhasa, Tibet. To the Political Officer in Sikkim, Camp via Yatung, Tibet.* 英国政府印度事务部秘密档案。

[301]《军委会密代电“关于英方驻哲孟雄政务官哥尔德已抵江孜，似将染指新达赖事”》(1939 年 7 月 11 日)，见《外交部档案业书——界务类》第五册西藏卷（一），第 209 页。

[302] *Copy of a demi-official letter No.7(2)-P/39, dated 16th September 1939, from the Political Office in Sikkim, to the Deputy Secretary to the Government of India in the External Affairs Department, Simla.* 英国政府印度事务部秘密档案。

[303] *Copy of a demi-official letter No.7(2)-P/39, dated 16th September 1939, from the Political Office in Sikkim, to the Deputy Secretary to the Government of India in the External Affairs Department, Simla.* 英国政府印度事务部秘密档案。

[304] *No.7(2)-P/33. From B. J. Gould, Esquire, C. M. G., C. I. E., I. C. S., Political Office*

in Sikkim, to the Deputy Secretary to the Government of India in the External Affairs Department, New Delhi. Dated Gangtok, the 4th November 1939. 英国政府印度事务部秘密档案。

[305] *D.C. No. F. 320(6)-K/39.External Affairs Department, New Delhi, the 2nd December 1939. Visit of Mr. Wu Chung Hsin and party to Tibet.* 英国政府印度事务部秘密档案。

[306] *Foreign Office. S.W.L. 9th December, 1939.* 英国政府印度事务部秘密档案。

[307] *Decypher of Telegram, From Government of India, External Affairs Department, to Secretary of State for India.* 英国政府印度事务部秘密档案。

[308]《部长会晤英国卡尔大使谈话记录“吴委员长忠信赴藏事”》（1940 年 3 月 5 日），见《外交部档案业书——界务类》第五册西藏卷（一），第 225 页。

[309] *General Distribution. From China. Decode. Sir A. Clark Kerr (Chungking) 12th February, 1940.* 英国政府印度事务部秘密档案。

[310]《西藏纪要》，见《使藏纪程、拉萨见闻录、西藏纪要》（合刊，西藏学汉文文献丛书第二辑），第 49 页。

[311]《黄慕松、吴忠信、赵守钰、戴传贤奉使办理藏事报告书》，第 255 页。

[312] *No.7(2)-P/33. From B. J. Gould, Esquire, C. M. G., C. I. E., I. C. S., Political Office in Sikkim, to the Deputy Secretary to the Government of India in the External Affairs Department, New Delhi. Dated Gangtok, the 4th November 1939.* 英国政府印度事务部秘密档案。

[313]《黄慕松、吴忠信、赵守钰、戴传贤奉使办理藏事报告书》，第 149、265、149 页。

[314]《吴忠信已抵江孜》，《申报》1940 年 1 月 5 日第 4 版。

[315]《达赖喇嘛定期登位》，《申报》1940 年 1 月 29 日第 3 版。

[316]《黄慕松、吴忠信、赵守钰、戴传贤奉使办理藏事报告书》，第 262、265、267 页。

[317] 同上书，第 149 页。

[318] 同上书，第 267、268 页。

[319] 萧李居编辑：《蒋中正“总统”档案：事略稿本》（43）（民国二十九年一月至六月），台北“国史馆”2010 年版，第 174—175 页。

[320]《热振为呈谢中央特派吴忠信亲临主持十四世达赖喇嘛坐床典礼并赠礼品事致国民政府主席电》（1940 年 3 月 7 日），见《十三世达赖圆寂致祭和十四世达赖转世坐床档案选编》，第 320 页。

[321]《噶厦为感谢中央特派吴忠信亲临主持达赖坐床大典并赐礼品事致林森蒋介石电》（1940 年 3 月 8 日），见《十三世达赖圆寂致祭和十四世达赖转世坐床档案选编》，第 321 页。

[322]《奚伦等为告第十四达赖坐床典礼盛况事致中央社电》（1940 年 2 月 22 日），见《十三世达赖圆寂致祭和十四世达赖转世坐床档案选编》，第 315 页。

[323]《赵丕廉为渝市庆祝十四达赖喇嘛坐床大会情形事致吴忠信电》（1940 年 2 月 23 日），见《十三世达赖圆寂致祭和十四世达赖转世坐床档案选编》，第 315 页。

[324]《周昆田为西藏各界对特准拉木登珠继任十四世达赖喇嘛赏拨坐床经费册封热振同深感奋事致中央社电》（1940 年 2 月 18 日），见《十三世达赖圆寂致祭和十四世达赖转

世坐床档案选编》，第 299 页。

[325]《西藏摄政电谢渝市各界》，《申报》1940 年 3 月 10 日第 3 版。

[326]《蒙藏委员会为庆祝十四世达赖喇嘛坐床典礼请发行特刊致各报社笺并拟送特刊文稿》（1940 年 2 月 18 日），见《十三世达赖圆寂致祭和十四世达赖转世坐床档案选编》，第 304 页。

[327]《西藏对外关系总结》，《近代史资料》第 108 辑，第 256—257 页。

[328]《黄慕松、吴忠信、赵守钰、戴传贤奉使办理藏事报告书》，第 300 页。

[329] *P. Z. 2171/40. Tibet. Chinese policy in Tibet and the Installation of the Dalai Lama.* 英国政府印度事务部秘密档案。

[330]《西藏政治史》，第 239 页。

[331] "[F7546/2768/10] No. 1. Note on Tibet." *British Documents on Foreign Affairs–Reports and Papers from the Foreign Office Confidential Print. Part III, Volume 6, Part 21, January to March 1943, China,* p3.

[332]《达赖坐床大典在拉萨隆重举行》，《申报》1940 年 2 月 24 日第 4 版。

[333]《黄慕松、吴忠信、赵守钰、戴传贤奉使办理藏事报告书》，第 149 页。

[334] *Telegram XX No.751 dated 11th March, 1940. From Foreign, New Delhi, to Gould, Lhasa.* 英国政府印度事务部秘密档案。

[335] *Telegram XX No.40 dated(and recd.) 14th March, 1940. From Gould, Lhasa, to Foreign, New Delhi.* 英国政府印度事务部秘密档案。

[336] *Copy of a memo. No. 3(7)-L/39, dated Lhasa, Tibet. the 31st August 1939. from H. R. Richardson Esq., ICS., British Trade Agent, Gyantse, etc., Lhasa, Tibet, to the Political Officer in Sikkim, Camp Yatung, Tibet.* 英国政府印度事务部秘密档案。

[337]《黄慕松、吴忠信、赵守钰、戴传贤奉使办理藏事报告书》，第 261 页。

[338]《英赴藏代表晋谒达赖》，《申报》1940 年 2 月 20 日第 4 版。

[339]《黄慕松、吴忠信、赵守钰、戴传贤奉使办理藏事报告书》，第 269 页。

[340] *No.7(2)-P/33. From B. J. Gould, Esquire, C. M. G., C. I. E., I. C. S., Political Office in Sikkim, to the Deputy Secretary to the Government of India in the External Affairs Department, New Delhi. Dated Gangtok, the 4th November 1939.* 英国政府印度事务部秘密档案。

[341] *Copy of a demi-official letter No.7(2)-P/39, dated 16th September 1939, from the Political Office in Sikkim, to the Deputy Secretary to the Government of India in the External Affairs Department, Simla.* 英国政府印度事务部秘密档案。

[342]《周昆田为中央所赠礼品备受注目事致中央通讯社电》（1940 年 2 月 26 日），见《十三世达赖圆寂致祭和十四世达赖转世坐床档案选编》，第 317 页。

[343]《黄慕松、吴忠信、赵守钰、戴传贤奉使办理藏事报告书》，第 215 页。

[344]《周昆田为在藏所办各事均极顺利藏中各界反应良好事致曾少鲁电》（1940 年 2 月 17 日），见《十三世达赖圆寂致祭和十四世达赖转世坐床档案选编》，第 298 页。具体情况，据甘登班久回忆说：第一，"吴委员长为大昭寺、小昭寺的释迦牟尼像各献了红、黄、蓝三色长绫哈达一匹。并在大昭寺的释迦牟尼像前，以汉族佛教徒的供奉仪式点

灯、烧香。在布达拉宫的大慈大悲观世音菩萨莲台前和十三世达赖的灵塔上，也献了三色长绫哈达。在其他各寺庙的经堂佛前，也都献了哈达，并点了酥油灯。当吴委员长一行到达色拉寺和哲蚌寺时，众僧在措钦大殿的楼上举行了隆重的迎接仪式。吴委员长行了佛事，为每个僧众布施藏银十五两（相当于白银一两），给寺庙布施了茶叶，并赠送中华民国国旗一面。给每位堪布赠送了绸缎。由于路程较远，吴委员长未能亲赴甘丹寺，委托其属员和我前往，布施了同等数量的藏银、茶叶。”对于其他大小寺庙，吴忠信“均酌情一一布施”；在传召期间，他“向传召会献了厚礼，并给每个僧众布施藏银七两五钱”。第二，对达赖喇嘛和噶厦官员赠送礼物。给达赖喇嘛的礼物是绸缎、茶叶、土特产和两幅写着对达赖喇嘛赞美词的白色镜框。对热振，吴忠信亲自到其家中赠送优厚礼物：“一枚金质纪念章（重九钱），一套银质餐具，绸缎、地毯、银器、茶叶等。”对卸任司伦贡嘎旺秋、达赖喇嘛的父亲，以及噶伦丹巴降央、平雪、平康和基巧堪布阿旺丹增等，吴忠信“各赠一枚金质佛像纪念章（重七钱五厘）以及内地的土特产品”。对于其他官员，吴忠信按照译仓、孜康所提供的名单，“按官员职位，分别馈赠礼物。送给四品官的礼物，除略少于上述官员外，还授予金质佛像一枚（重六钱）；五品、六品官员均授予铜质搪瓷面佛像一枚”。此外，“吴委员长还向噶厦的重要官员如札萨、台吉、仲译钦波、孜本、达赖和摄政王的首席知宾，藏军总司令以及我们三位接待官赠送了蒋介石及吴委员长本人的照片，后面有他们各自的签名和印章，照片是装在像框里的”。《忆吴忠信来藏主持十四世达赖喇嘛坐床典礼片断》，见《西藏文史资料选辑》I，第 164、165 页。

[345]《周昆田为中央所赠礼品备受注目事致中央通讯社电》（1940 年 2 月 26 日），中国藏学研究中心、中国第二历史档案馆合编：《十三世达赖圆寂致祭和十四世达赖转世坐床档案选编》，第 317 页。

[346]《噶厦为感谢中央特派吴忠信亲临主持达赖坐床大典并赐礼品事致林森蒋介石电》（1940 年 3 月 8 日），中国藏学研究中心、中国第二历史档案馆合编：《十三世达赖圆寂致祭和十四世达赖转世坐床档案选编》，第 321 页。

[347]《蒙藏委员会为吴忠信由藏携回礼品公物开列清单请免验免税事致财政部代电》（1940 年 7 月 28 日），中国藏学研究中心、中国第二历史档案馆合编：《十三世达赖圆寂致祭和十四世达赖转世坐床档案选编》，第 331 页。

[348] *Telegram No.116, dated 4th June 1940, from Gould, Lhasa Camp Natung, to Foreign, Simla.* 英国政府印度事务部秘密档案。

[349]《吴忠信为告与热振晤谈尚能开诚商洽并访晤灵童亲属等情事致戴传贤电》（1940 年 2 月 7 日），见《十三世达赖圆寂致祭和十四世达赖转世坐床档案选编》，第 292 页。

[350]《参与达赖转世大典奚伦离沪入藏》，《申报》1939 年 11 月 8 日第 9 版。

[351]《蒙藏委员会委员长行辕为抄送各界贺达赖坐床函电事致热振函》（1940 年 2 月 23 日），见《十三世达赖圆寂致祭和十四世达赖转世坐床档案选编》，第 316 页。

[352]《参与达赖转世大典奚伦离沪入藏》，《申报》1939 年 11 月 8 日第 9 版。

[353]《吴忠信为拟具入藏任务与组织暨经费意见事致行政院折呈》（1939 年 8 月 4 日），见《十三世达赖圆寂致祭和十四世达赖转世坐床档案选编》，第 220—228 页。

[354]《行政院秘书处为抄转院长对吴忠信折呈批语事致蒙藏委员会函》（1939 年 10 月 21

日），见《十三世达赖圆寂致祭和十四世达赖转世坐床档案选编》，第 265 页。

[355]《行政院为抄送入藏谈话要旨十一项事给吴忠信训令》（1940 年 9 月），见《十三世达赖圆寂致祭和十四世达赖转世坐床档案选编》，第 245—246 页。

[356]《蒋介石为到藏后对热振及藏中重要人员优加联络事致吴忠信代电》（1939 年 9 月 11 日），见《十三世达赖圆寂致祭和十四世达赖转世坐床档案选编》，第 241 页。

[357]《吴忠信为拟具入藏任务与组织暨经费意见事致行政院折呈》（1939 年 8 月 4 日），见《十三世达赖圆寂致祭和十四世达赖转世坐床档案选编》，第 223 页。

[358]《熊耀文等为吴忠信入藏筹备情形事致张威白电》（1939 年 9 月 5 日），见《十三世达赖圆寂致祭和十四世达赖转世坐床档案选编》，第 241 页。

[359]《吴忠信为请颁给热振等六人勋章事致行政院代电》（1939 年 9 月 25 日），见《十三世达赖圆寂致祭和十四世达赖转世坐床档案选编》，第 247 页。

[360]《噶伦彭康为感谢赐赠并表示拥护中央事致蒋介石函》（1940 年 3 月 6 日），见《十三世达赖圆寂致祭和十四世达赖转世坐床档案选编》，第 315 页。

[361]《蒙藏委员会为报颁授热振等采玉勋章情形事致行政院呈》（1940 年 9 月 20 日），见《十三世达赖圆寂致祭和十四世达赖转世坐床档案选编》，第 342 页。

[362]《黄慕松、吴忠信、赵守钰、戴传贤奉使办理藏事报告书》，第 263 页。

[363] 同上书，第 152—154 页。

[364] 同上书，第 153 页。

[365] 张令澳：《侍从室回梦录》，上海书店出版社 1998 年版，第 144 页。

[366]《赵守钰为入藏事接蒙藏委员会转热振电称已由司伦噶厦等决定许可事致高长柱电》（1938 年 8 月 5 日），见《民国藏事史料汇编》第 6 册，第 359 页。

[367]《西藏代表阿旺桑丹等为欢迎张威白任咨议代理驻藏职务事致吴忠信代电》（1938 年 9 月 26 日），见《民国藏事史料汇编》第 6 册，第 366 页。

[368]《行政院为抄送入藏谈话要旨十一项事给吴忠信训令》（1940 年 9 月），见《十三世达赖圆寂致祭和十四世达赖转世坐床档案选编》，第 245 页。

[369]《黄慕松、吴忠信、赵守钰、戴传贤奉使办理藏事报告书》，第 277 页。

[370] 同上书，第 279 页。

[371]《行政院为蒙藏委员会驻藏办事处成立备案事致国民政府呈》（1940 年 4 月 4 日），见《十三世达赖圆寂致祭和十四世达赖转世坐床档案选编》，第 326 页。

[372]《黄慕松、吴忠信、赵守钰、戴传贤奉使办理藏事报告书》，第 154—155 页。

[373] “[F462/272/10] No.231. India Office to Foreign Office.–(Received January).” *British Documents on Foreign Affairs–Reports and Papers from the Foreign Office Confidential Print. Part III, from 1940 through 1945, Series E, Asia, 1914-1949,* p.352.

[374]《黄慕松、吴忠信、赵守钰、戴传贤奉使办理藏事报告书》，第 271—272 页。

[375]《黄慕松、吴忠信、赵守钰、戴传贤奉使办理藏事报告书》，第 291—293 页。

[376] 同上书，第 299 页。

[377] 同上书，第 278、299、292、282、145 页。

[378] *PE. 2239, 1940.* 英国政府印度事务部秘密档案。

[379]《黄慕松、吴忠信、赵守钰、戴传贤奉使办理藏事报告书》，第 278 页。

[380] 同上书，第 278 页。
[381] 同上书，第 282 页。
[382] *No.7(2)-P/33. From B. J. Gould, Esquire, C. M. G., C. I. E., I. C. S., Political Office in Sikkim, to the Deputy Secretary to the Government of India in the External Affairs Department, New Delhi. Dated Gangtok, the 4th November 1939.* 英国政府印度事务部秘密档案。
[383] *Telegram XX No.76, dated 21ST (recd 22nd) April 1940, from Gould, Lhasa, to Foreign, Simla.* 英国政府印度事务部秘密档案。
[384]《黄慕松、吴忠信、赵守钰、戴传贤奉使办理藏事报告书》，第 292 页。
[385] *Telegram XX No.39 dated(& recd.) 14th March 1940. From Gould, Lhasa, To Foreign, New Delhi.* 英国政府印度事务部秘密档案。
[386]《黄慕松、吴忠信、赵守钰、戴传贤奉使办理藏事报告书》，第 278 页。
[387] 同上书，第 300 页。
[388] 同上书，第 306 页。
[389]《吴忠信为入藏主持十四世达赖坐床典礼意义事致陈光甫函》(1939 年 10 月 20 日)，见《十三世达赖圆寂致祭和十四世达赖转世坐床档案选编》，第 263 页。
[390]《吴忠信昨飞抵渝》，《申报》1940 年 6 月 12 日第 6 版。
[391]《蒋中正“总统”档案：事略稿本（43)》(民国二十九年一月至六月)，第 623 页。
[392] 于真:《主持达赖喇嘛坐床典礼之吴忠信先生》，《申报》1940 年 2 月 25 日第 11 版。
[393] *Telegram No.116, dated 4th June 1940, from Gould, Lhasa Camp Natung, to Foreign, Simla.* 英国政府印度事务部秘密档案。
[394]《黄慕松、吴忠信、赵守钰、戴传贤奉使办理藏事报告书》，第 279 页。
[395]《青藏边境并无军事行动》，《申报》1934 年 6 月 1 日第 4 版。
[396]《蒋致余电告热振拥戴中央》，《申报》1934 年 6 月 18 日第 5 版。
[397]《黄慕松为往布达拉宫辞行及与热振谈话情形事致行政院等电》(1934 年 11 月 26 日)，见《民国藏事史料汇编》第 5 册，第 466 页。
[398]《使藏纪程》，见《西藏学汉文文献丛书》第 2 辑，第 388—389 页。
[399] 同上书，第 381 页。
[400]《班禅回藏问题之探讨》，《新亚细亚》1936 年第 11 卷第 2 期，第 72 页。
[401]《西藏僧民信仰三民主义》，《申报》1934 年 11 月 9 日第 3 版。
[402]《黄慕松报告入藏经过》，《申报》1935 年 3 月 12 日第 3 版。
[403]《黄慕松为转报热振来电事致行政院呈》(1935 年 3 月 15 日)，见《民国藏事史料汇编》第 6 册，第 23—24 页。
[404]《章嘉派员到京请示宣化方针》，《申报》1935 年 3 月 23 日第 3 版。
[405]《热振电林主席答谢中央致祭达赖》，《申报》1935 年 6 月 21 日第 8 版。
[406]《热振等贺蒋介石兼任行政院长电》(1935 年 10 月 20 日)，见《民国藏事史料汇编》第 6 册，第 86 页。
[407]《行政院秘书处奉转蒋致余报闻热振已命噶厦召集民众会议讨论班禅回藏办法等情电致行政院笺函》(1936 年 7 月 20 日)，见《民国藏事史料汇编》第 6 册，第 187 页。

[408]《西藏摄政热振电贺蒋寿》,《申报》1936年7月17日第3版。
[409]《边疆时事：西藏代表关切蒋委座去留》,《蒙藏月报》1937年第6卷第4期，第85页。
[410]《热振为抗日战争祈祷并请转报中央事致蒋致余函》(1937年10月1日),见《民国藏事史料汇编》第6册，第297—298页。
[411]《西藏代表阿旺桑丹等为欢迎张威白任咨议代理驻藏职务事致吴忠信代电》(1938年9月26日),见《民国藏事史料汇编》第6册，第366页。
[412]《西藏代表启程来京》,《申报》1937年3月19日第4版。
[413]《西藏正式代表今日可到》,《申报》1937年3月22日第10版。
[414]《巴洛珠璧达等由岁抵京》,《申报》1937年5月13日第4版。
[415]《西藏热振代表觐谒林主席》,《申报》1937年5月18日第4版。
[416]《康藏形势和缓》,《申报》1934年3月20日第3版。
[417]《黄慕松密报热振等解决中央与西藏问题态度致行政院等电》(1934年9月14日),见《民国藏事史料汇编》第5册，第429页。
[418]《黄慕松为陈报访晤热振等谈话情况事致行政院等电》(1934年10月2日),见《民国藏事史料汇编》第5册，第439页。
[419]《康藏一度发生纠纷》,《申报》1937年2月6日第3版。
[420]《黄慕松为拟留刘朴忱驻拉萨事致行政院电》(1934年11月18日),见《民国藏事史料汇编》第5册，第458页。
[421]《国民政府册封热振明令》(1935年5月29日),见《民国藏事史料汇编》第6册，第50页。
[422]《蒋致余为报班禅回藏商洽情形及噶厦之态度等事致蒙藏委员会电》(1935年6月9日),见《民国藏事史料汇编》第6册，第51页。
[423]《热振电告接受封号，汪院长去电嘉勉》,《申报》1935年6月22日第6版。
[424]《国民政府加封热振辅国普化禅师名号册文》(1935年11月),见《民国藏事史料汇编》第6册，第97页。
[425] *Register No. P.Z.3750/34, Secret. Political Department.* 英国政府印度事务部秘密档案。
[426] *Copy of a letter No.7(8)-P/34-II, dated Camp Gyantse the 4th August 1934, from the Political Officer in Sikkim, to the Foreign Secretary to the Government of India, Simla.* 英国政府印度事务部秘密档案。
[427]《蒋致余为报藏方对英人擅设电台案态度并提出中央对策建议等情致蒋介石电》(1936年9月14日),见《民国藏事史料汇编》第6册，第211页。
[428]《蒋致余为报英以电台作饵藏方同意设立中央制止不力等情致蒋介石电》(1936年9月24日),见《民国藏事史料汇编》第6册，第212页。
[429]《蒋致余关于面询热振藏方与英订购军火事致蒋介石电》(1936年9月24日),见《民国藏事史料汇编》第6册，第212页。
[430]《行政院秘书处奉转蒋致余报闻噶厦议定对班禅回藏问题三方案电致蒙藏委员会笺函》(1936年7月24日),见《民国藏事史料汇编》第6册，第189页。
[431]《班禅为报与西藏迎禅代表晤谈情形并坚持按原定计划回藏事致军委会电》(1936年9

月 8 日)，见《民国藏事史料汇编》第 6 册，第 209 页。

[432]《行政院秘书处奉转蒋致余陈报西藏民众会议抽签决定不派噶伦入京无力抗拒中央员兵护送班禅回藏并陈处理藏事意见》(1937 年 5 月 12 日)，见《民国藏事史料汇编》第 6 册，第 269 页。

[433]《赵守钰为与班禅商讨入藏对策事致蒙藏委员会电》(1937 年 8 月 8 日)，见《民国藏事史料汇编》第 6 册，第 289 页。

[434]《蒋致余为报往晤热振及英人在藏活动情形致蒋介石电》(1936 年 10 月 4 日)，见《民国藏事史料汇编》第 6 册，第 215 页。

[435]《行政院秘书处奉转蒋致余报告噶厦对仪仗队到藏后即撤回仍不允等情事致蒙藏委员会笺函》(1937 年 2 月 12 日)，见《民国藏事史料汇编》第 6 册，第 246 页。

[436]《行政院秘书处奉转蒋致余报告中央对藏及班禅回藏各问题藏中将举行民众会议决定等情致蒙藏委员会笺函》(1937 年 4 月 2 日)，见《民国藏事史料汇编》第 6 册，第 261 页。

[437]《行政院秘书处奉转蒋致余陈报西藏民众会议抽签决定不派噶伦入京无力抗拒中央员兵护送班禅回藏并陈处理藏事意见》(1937 年 5 月 12 日)，见《民国藏事史料汇编》第 6 册，第 269 页。

[438]《行政院秘书处奉转蒋致余报告热振力主速派噶伦入京商决藏事等情并建议解决藏事办法三事电致蒙藏委员会笺函》(1937 年 7 月 28 日)，见《民国藏事史料汇编》第 6 册，第 285 页。

[439]《热达矛盾起因及我等受命于达扎摄政王迎请热振活佛的经过》，见《西藏文史资料选辑》I，第 384 页。

[440] 陈锡璋：《西藏从政纪略》，见《西藏文史资料选辑》I，第 288 页。

[441]《本年西藏政变之始末》，《边政公论》1947 年第 6 卷第 4 期，第 1 页。

[442] "[F462/272/10] No.231. India Office to Foreign Office.–(Received January)." *British Documents on Foreign Affairs–Reports and Papers from the Foreign Office Confidential Print. Part III, from 1940 through 1945, Series E, Asia, 1914-1949,* pp.352–353.

[443]《回忆热振事件》，见《西藏文史资料选辑》I，第 454 页。

[444] 夏扎·甘丹班觉：《甘丹夏扎家族史概述》，见《西藏文史资料选辑》II，第 496 页。

[445]《回忆热振事件》，见《西藏文史资料选辑》I，第 454 页。

[446] 柳陞祺：《拉萨旧事（1944—1949)》，中国藏学出版社 2010 年版，第 30 页。

[447]《回忆热振事件》，见《西藏文史资料选辑》I，第 454 页。

[448]《西藏简史》，第 137 页。

[449]《本年西藏政变之始末》，《边政公论》1947 年第 6 卷第 4 期，第 2 页。

[450]《黄慕松、吴忠信、赵守钰、戴传贤奉使办理藏事报告书》，第 299 页。

[451]《西藏从政纪略》，见《西藏文史资料选辑》I，第 288 页。

[452] "[F462/272/10] No.231. India Office to Foreign Office.–(Received January)." *British Documents on Foreign Affairs–Reports and Papers from the Foreign Office Confidential Print. Part III, from 1940 through 1945, Series E, Asia, 1914-1949,* p.354.

[453] Ibid., p.353.

[454]《黄慕松、吴忠信、赵守钰、戴传贤奉使办理藏事报告书》，第 271 页。
[455] 同上书，第 272 页。
[456] 同上书，第 299 页。
[457] 同上书，第 298—299 页。
[458] 同上书，第 271、298 页。
[459]《西藏地方政府要政见闻》，见《西藏文史资料选辑》II，第 221 页。
[460]《第五世热振土登江白益西·丹贝坚赞传略》，见《西藏文史资料选辑》III，第 5 页。并参见《回忆热振事件》，见西藏自治区政协文史资料编辑部编：《西藏文史资料选辑》I，第 454 页。
[461]《回忆热振事件》，见《西藏文史资料选辑》I，第 454—455 页。并参见《第五世热振土登江白益西·丹贝坚赞传略》，见《西藏文史资料选辑》III，第 6 页。
[462] 热振·江白坚赞、土登年扎：《协德雍乃喇嘛在热振事件中》，见《西藏文史资料选辑》I，第 603 页。
[463] [464]《回忆热振事件》，见《西藏文史资料选辑》I，第 455 页。
[465]《第五世热振土登江白益西·丹贝坚赞传略》，见《西藏文史资料选辑》III，第 5 页。
[466]《本年西藏政变之始末》，《边政公论》1947 年第 6 卷第 4 期，第 2 页。
[467]《西藏从政纪略》，见《西藏文史资料选辑》I，第 288 页。
[468]《本年西藏政变之始末》，《边政公论》1947 年第 6 卷第 4 期，第 2 页。
[469] 庄思：《西藏酝酿独立》，《群言》1948 年第 3 期，第 14 页。
[470]《十三世达赖喇嘛圆寂后的西藏政局》，见《西藏文史资料选辑》I，第 220 页。
[471] *Copy of a memo. No. 3(7)-L/39, dated Lhasa, Tibet. the 31st August 1939. from H. R. Richardson Esq., ICS., British Trade Agent, Gyantse, etc., Lhasa, Tibet, to the Political Officer in Sikkim, Camp Yatung, Tibet.* 英国政府印度事务部秘密档案。
[472]《第五世热振土登江白益西·丹贝坚赞传略》，见《西藏文史资料选辑》III，第 5 页。
[473] [474] [475]《回忆热振事件》，见《西藏文史资料选辑》I，第 455 页。
[476]《热达矛盾起因及我等受命于达扎摄政王迎请热振活佛的经过》，见《西藏文史资料选辑》I，第 384—385 页。
[477]《回忆热振事件》，见《西藏文史资料选辑》I，第 455 页。热振·江白降村所记录，文字虽不同，其意则一：“倘若摄政委实濒于凶兆厄运，在尚未禳解消灾之前，同意准予辞职。然务必在三年过后，再度如期俯就。”参见《第五世热振土登江白益西·丹贝坚赞传略》，见《西藏文史资料选辑》III，第 5 页。
[478]《回忆热振事件》，见《西藏文史资料选辑》I，第 456 页。
[479]《热振为辞卸摄政由达扎继任事致蒋介石电》（1941 年 1 月 16 日），见《民国藏事史料汇编》第 7 册，第 71—72 页。
[480]《西藏简史》，第 138 页。
[481]《喇嘛王国的覆灭》，第 300 页。
[482]《热达矛盾起因及我等受命于达扎摄政王迎请热振活佛的经过》，见《西藏文史资料选辑》I，第 386 页。
[483]《回忆热振事件》，见《西藏文史资料选辑》I，第 458 页。

[484]《热达矛盾起因及我等受命于达扎摄政王迎请热振活佛的经过》，见《西藏文史资料选辑》I，第 385 页。
[485]《回忆热振事件》，见《西藏文史资料选辑》I，第 457 页。
[486]《协德雍乃喇嘛在热振事件中》，见《西藏文史资料选辑》I，第 604 页。
[487]《西藏地方政府要政见闻》，见《西藏文史资料选辑》II，第 221 页。
[488]《西藏从政纪略》，见《西藏文史资料选辑》I，第 289 页。
[489]《协德雍乃喇嘛在热振事件中》，见《西藏文史资料选辑》I，第 604 页。
[490]《回忆热振事件》，见《西藏文史资料选辑》I，第 457—458 页。
[491]《回忆热振事件》，见《西藏文史资料选辑》I，第 458 页。
[492] 同上文，第 458—459 页。
[493] 同上文，第 459 页。
[494]《协德雍乃喇嘛在热振事件中》，见《西藏文史资料选辑》I，第 604 页。
[495]《回忆热振事件》，见《西藏文史资料选辑》I，第 459 页。
[496]《拉萨旧事（1944—1949)》，第 30 页。
[497]《热达矛盾起因及我等受命于达扎摄政王迎请热振活佛的经过》，见《西藏文史资料选辑》I，第 386 页。
[498]《回忆热振事件》，见《西藏文史资料选辑》I，第 459 页。
[499] 同上文，第 459 页。
[500] 同上文，第 459—460 页。
[501]《陈锡章为藏当局构陷热振分析内幕情形致沈宗濂电》（1947 年 4 月 21 日），见《民国藏事史料汇编》第 7 册，第 355 页。
[502]《拉萨旧事（1944—1949)》，第 30—31 页。
[503]《热达矛盾起因及我等受命于达扎摄政王迎请热振活佛的经过》，见《西藏文史资料选辑》I，第 387 页。
[504]《签呈〈拉萨事变处置意见〉》，见《外交部档案业书——界务类》第五册西藏卷（一），第 306 页。
[505]《协德雍乃喇嘛在热振事件中》，见《西藏文史资料选辑》I，第 604 页。
[506]《热达矛盾起因及我等受命于达扎摄政王迎请热振活佛的经过》，见《西藏文史资料选辑》I，第 387 页。
[507]《第五世热振土登江白益西·丹贝坚赞传略》，见《西藏文史资料选辑》III，第 7 页。
[508] 同上文，《西藏文史资料选辑》III，第 8 页。
[509]《协德雍乃喇嘛在热振事件中》，见《西藏文史资料选辑》I，第 604 页。
[510] 常希武：《国民党特工人员在西藏》，见《西藏文史资料选辑》I，第 245 页。
[511]《热达矛盾起因及我等受命于达扎摄政王迎请热振活佛的经过》，见《西藏文史资料选辑》I，第 388 页。
[512]《拉鲁家族及拉鲁·次旺多吉的经历》，见《西藏文史资料选辑》II，第 615 页。
[513]《蒙藏委员会驻藏办事处抄送西藏政府关于热振事件公告及信件致蒙藏委员会呈》（1947 年 8 月 11 日），见《元以来西藏地方与中央政府关系档案史料汇编》第 7 册，第 2885 页。

[514]《热达矛盾起因及我等受命于达扎摄政王迎请热振活佛的经过》，见《西藏文史资料选辑》I，第 389 页。

[515]《西藏地方当局谋杀了热振》，见《西藏地方历史资料选辑》，第 356 页。

[516]《回忆热振事件》，见《西藏文史资料选辑》I，第 461 页。

[517]《拉萨旧事（1944—1949）》，第 32 页。

[518]《协德雍乃喇嘛在热振事件中》，见《西藏文史资料选辑》I，第 604 页。

[519]《蒙藏委员会为报热振被捕围攻色拉寺及拉萨秩序等情事致蒋介石等代电》（1947 年 5 月 1 日），见《民国藏事史料汇编》第 7 册，第 358 页。

[520]《蒙藏委员会为报热振被捕围攻色拉寺及拉萨秩序等情事致蒋介石等代电》（1947 年 5 月 1 日），见《民国藏事史料汇编》第 7 册，第 358 页。

[521]《回忆热振事件》，见《西藏文史资料选辑》I，第 461—462 页。

[522]《热达矛盾起因及我等受命于达扎摄政王迎请热振活佛的经过》，见《西藏文史资料选辑》I，第 388—389 页。

[523] 同上文，第 389 页。

[524]《陈锡璋为报藏方以热振致函中央谋逆有证等情致沈宗濂电》（1947 年 4 月 23 日），见《民国藏事史料汇编》第 7 册，第 356 页。

[525]《热达矛盾起因及我等受命于达扎摄政王迎请热振活佛的经过》，见《西藏文史资料选辑》I，第 390 页。

[526] 同上文，第 393 页。另有资料说：逮捕热振的日期是 1947 年 4 月 30 日。参见：《西藏地方当局谋杀了热振》，见《西藏地方历史资料选辑》，第 356 页。

[527]《西藏地方当局谋杀了热振》，见《西藏地方历史资料选辑》，第 356 页。

[528]《拉萨旧事（1944—1949）》，第 34、36 页。

[529]《蒙藏委员会为报热振被捕围攻色拉寺及拉萨秩序等情事致蒋介石等代电》（1947 年 5 月 1 日），见《元以来西藏地方与中央政府关系档案史料汇编》第 7 册，第 2877 页。

[530]《色拉寺僧众为请派大军入藏营救热振等情事致蒋介石等电》（1947 年 4 月 21 日），见《元以来西藏地方与中央政府关系档案史料汇编》第 7 册，第 2873 页。

[531]《陈锡璋为藏当局构陷热振分析内幕情形致沈宗濂电》（1947 年 4 月 21 日），见《元以来西藏地方与中央政府关系档案史料汇编》第 7 册，第 2872 页。

[532]《蒙藏委员会关于热振寺被围等情拟电噶伦慎重处理事致蒋介石代电》（1947 年 4 月 19 日），见《民国藏事史料汇编》第 7 册，第 355 页。

[533]《蒙藏委员会为蒋介石谕示色拉寺为佛法圣地不容摧毁屠杀事致达扎等电》（1947 年 4 月 23 日），见《元以来西藏地方与中央政府关系档案史料汇编》第 7 册，第 2873 页。

[534]《陈锡璋关于与噶伦交涉保护色拉寺等情致沈宗濂电》（1947 年 4 月 24 日），见《元以来西藏地方与中央政府关系档案史料汇编》第 7 册，第 2874 页。

[535]《蒋介石为热振被捕中央至为关切希慎重处理并迅复详情事致达扎电》（1947 年 4 月 24 日），见《元以来西藏地方与中央政府关系档案史料汇编》第 7 册，第 2875 页。

[536]《达扎关于逮捕热振缘由等情复蒋介石电》（1947 年 4 月 28 日），见《元以来西藏地方与中央政府关系档案史料汇编》第 7 册，第 2875 页。

[537]《蒙藏委员会据报西藏噶厦电复，逮捕前摄政缘由及热振供认谋叛情形》（1947 年 5

月 8 日)，见《外交部档案业书——界务类》第五册西藏卷（一），第 304 页。

[538]《蒙藏委员会续报关于西藏当局逮捕热振入狱及派兵围攻色拉寺情形一案》(1947 年 5 月 7 日)，见《外交部档案业书——界务类》第五册西藏卷（一），第 303 页。

[539]《西藏地方当局谋杀了热振》，见《西藏地方历史资料选辑》，第 356 页。

[540]《签呈〈拉萨事变处置意见〉》，见《外交部档案业书——界务类》第五册西藏卷（一），第 306 页。

[541]《蒋介石为泯释猜嫌恢复热振自由并速将色拉寺解围事致达扎电》(1947 年 5 月 3 日)，见《元以来西藏地方与中央政府关系档案史料汇编》第 7 册，第 2878 页。

[542]《拉萨旧事（1944—1949)》，第 47 页。

[543]《西藏地方当局谋杀了热振》，见《西藏地方历史资料选辑》，第 357 页。

[544] 霍甫幽：《拉萨酝酿变化》，《新闻天地》第 50 期，1948 年 10 月 16 日，第 16 页。

[545] 拉鲁·次旺多吉：《热达矛盾起因及我等受命于达扎摄政王迎请热振活佛的经过》，见《西藏文史资料选辑》I，第 395 页。并参见《回忆热振事件》，见《西藏文史资料选辑》I，第 475 页。

[546]《拉萨旧事（1944—1949)》，第 49 页。

[547]《第五世热振土登江白益西·丹贝坚赞传略》，见《西藏文史资料选辑》III，第 8 页。

[548] 夏尔孜·益西土丹：《我当过监禁前摄政——五世热振活佛的狱卒》，见《西藏文史资料选辑》I，第 175 页；龙厦·吾金多吉：《热振摄政王在狱中被害经过》，见《西藏文史资料选辑》I，第 251 页。

[549]《第五世热振土登江白益西·丹贝坚赞传略》，见《西藏文史资料选辑》III，第 8 页。一般认为，藏传佛教除达赖、班禅两大系统外，尚有八大呼图克图，即拉萨的“四大林”丹吉林第穆活佛、锡德林热振活佛、策墨林活佛、功德林济隆活佛，蒙古的哲布尊丹巴活佛，青海塔尔寺的阿嘉活佛、佑宁寺的章嘉活佛，甘肃拉卜楞寺的嘉木样活佛。达扎“违反宗教惯例的荒唐命令，却不为绝大多数僧俗人民所赞同”。1948 年出生于拉萨的一灵童，1951 年被确认为五世热振的转世灵童，取名为六世热振·单增晋美。1955 年，六世热振“作为大呼图克图热振活佛的继承人”，正式接受了“热振阿晋图·诺门罕”的称号。参见热振·单增晋美：《历世热振活佛简史》，见《西藏文史资料选辑》I，第 352 页。

[550]《西藏简史》，第 147、149、150 页。

[551]《西藏政治史》，第 246—247 页。

[552]《蒋主席饬外交部，研拟对英拉萨动乱，提出抗议由》(1947 年 5 月 9 日)，见《外交部档案业书——界务类》第五册西藏卷（一），第 304—305 页。

[553]《部令驻印罗大使密查英印对藏乱态度，并详密报部由》(1947 年 5 月 15 日)，见《外交部档案业书——界务类》第五册西藏卷（一），第 309 页。

[554]《拉萨旧事（1944—1949)》，第 44 页。

[555]《蒙藏委员会续报关于西藏当局逮捕热振入狱及派兵围攻色拉寺情形一案》(1947 年 5 月 7 日)，见《外交部档案业书——界务类》第五册西藏卷（一），第 303 页。

[556]《拉萨旧事（1944—1949)》，第 44 页。

[557] 同上书，第 51 页。

[558]《签呈〈拉萨事变处置意见〉》，见《外交部档案业书——界务类》第五册西藏卷（一），第 306 页。

[559] 同上文，第 307 页。

[560] 同上文，第 307—308 页。

[561]《蒙藏委员会续报关于西藏当局逮捕热振入狱及派兵围攻色拉寺情形一案》（1947 年 5 月 7 日），见《外交部档案业书——界务类》第五册西藏卷（一），第 303 页。

[562]《邓珠朗杰等为热振被害圆寂有关善后请求三项致蒙藏委员会呈》（1947 年 6 月 7 日），见《民国藏事史料汇编》第 7 册，第 362 页。

[563]《蒙藏委员会为热振圆寂善后事项复邓珠朗杰代电》（1947 年 6 月 17 日），见《民国藏事史料汇编》第 7 册，第 362 页。

[564]《蒋介石为拨款救济热振事件逃亡在外僧民事复蒙藏委员会代电》（1947 年 6 月 28 日），见《民国藏事史料汇编》第 7 册，第 364 页。

[565]《西藏从政纪略》，见《西藏文史资料选辑》I，第 288 页。

[566]《为据康定邮局密报西藏局势，电请查照由》（1947 年 7 月 14 日），见《外交部档案业书——界务类》第五册西藏卷（一），第 310 页。

[567]《蒙藏会函外交部，转陈该会驻藏办事处，报告西藏派遣拉鲁进驻昌都事由》（1947 年 8 月 22 日），见《外交部档案业书——界务类》第五册西藏卷（一），第 312 页。

[568]《抄送处理西藏问题之方针一件》（1947 年 12 月 12 日），见《外交部档案业书——界务类》第五册西藏卷（一），第 315 页。

[569]《许世英对本报记者谈蒙藏大致均安谧》，《申报》1947 年 8 月 3 日第 1 版。

[570]《我当过监禁前摄政——五世热振活佛的狱卒》，见《西藏文史资料选辑》I，第 173 页。

[571] 张迪光：《西藏问题之演变》，《边疆服务》1948 年第 27 期，第 6 页。

[572]《签呈〈拉萨事变处置意见〉》，见《外交部档案业书——界务类》第五册西藏卷（一），第 306 页。

第九章
英去印来：英印进一步侵占中国领土与私相授受侵藏权益

上一章指出，吴忠信主持十四世达赖喇嘛坐床大典后，西藏与中央政府的关系得到极大的改善与发展，但是因热振事件而遭到极大的顿挫。在此过程中，国民政府还面临着英国政府两方面的挑战：一方面，英国军队进一步侵占西藏东南部的中国领土；另一方面，英国政府制造第二次世界大战结束后的西藏“自治”问题。1947 年是西藏问题发生变化的关键一年，英国在这两方面的基础上，在不得不退出印度之际却又私相授受侵藏权益，以制造中印矛盾；同时，它“教育”美国政府要同它以往一样唆使西藏“自治”，而美国政府在其“教育”下取代它而逐渐成为西藏问题的幕后黑手。可见，在侵占中国的领土和攫取西藏权益的问题上，是英去印来；在分裂西藏的问题上，是美国接踵而至。本章来讨论第一点。

第一节　英印侵占中印边界东段中国领土与国民政府的处置

中国与南亚次大陆诸国的边界沿着喜马拉雅山，分为西段、中段和东段，其中遭到英帝国主义侵略而成为最大争端的是东段。它位于不丹以东、印度阿萨姆平原以北，它“自云南、西康及西藏实力所及之接境处起，经杂俞（即察隅）、洛俞（即洛渝）以迄门俞（即门隅）为止。即自东经九十八度四分一察隅附近，向西推至不丹东端，东经九十一度半之一扇形区域属之”[1]。这是一条位于喜马拉雅山南麓沿着布拉马普拉河走向的一条传统习惯线，即“从西境阿米垃特勒 Amra Tala 沿靠 Bramaputra 江东至察郎（或茶梅岭）Chameliang”。国际社会是承认的，如 1940 年之《牛津最新地图集》[2] 和 1947 年之《新哈蒙德世界地图集》[3] 所绘中印边界线即是如此。但在 1914 年西姆拉会议期间，英国暗中划了一条“麦克马洪线”，将门隅、洛渝、下察隅划在该线以南。印度独立前后，英印加紧蚕食和侵占中国领土，1946 年之“印度地图所绘之该方面国界，以印度已经侵占控制或认为于印度边防有利之地区为界，由我国所认界线平均向北推进约二百英里，东端抵接近察隅之瓦龙，西端囊括提郎宗门达旺，中部深入白马岗雅鲁藏布江河曲附近，包括洛渝。从地图上观之，与被蚕食之区域，几等于尼泊尔面积”[4]。虽然学术界对中印边界东段问题做了研究[5]，但是尚未探讨印度独立前后英印是如何蚕食、侵略这段中国领土及国民政府是如何处置的，本节下面对此加以分析。

一、寻求对华的有利战略态势：英印侵占“麦克马洪线”以南的中国领土

根据云南德钦设治局派专人调查所得，综合国民政府的抗议，英印入侵的方向有三，“东部向察隅桑昂曲宗推进，中部向白马岗推进，西部向门达旺提南宗（即提郎宗）向崔纳宗方面推进”[6]。

（一）孟崖、提郎宗、达旺及崔纳宗一线

孟崖（又称猛崖）位于不丹北部边界，其北为提郎宗（Dhirang Dzong），提郎宗之北即达旺（Tawang），达旺亦称门达旺、孟大湾（Monda）。它“在西藏南部羊卓雍湖（Yam Drak Tso）之南、不丹边界之北，距江孜约七站，具地有河，河之南为不丹境，河之北为西藏境，纯属藏境”[7]。它是“产米粟，为全藏唯一富庶之区”，其北为崔纳宗。崔纳又称翠南、崔南、错那（Tsona Dzong），“距拉萨仅五日行程”。[8] 英国虽然对达旺属于中国领土“从来没有怀疑过，也没有提出过异议”，但是随着对中国缓冲区战略的确立，决定侵占这块地方，宣称：“不仅把达旺而且把达旺地区北面属于西藏的一大块土地，包括另一个西藏行政中心错纳宗，划归印度。”[9]

这样，形势陡然紧张起来。1942 年，国民政府得报：英印政府“派兵驻提郎宗，抢夺藏官行政权，各村镇由英方另行委派新‘乡约’；英印占领提郎宗后，更进一步对门达旺人民鼓动，使不受藏政府管辖，此两地且经印度官方地图划入印度境内。英印方面，似有由提郎宗门达旺向崔纳宗发展之企图”[10]。1944 年 6 月，国民政府又得报：“西藏南部临近不丹地方，近有大批英军到达，破坏交通，现已将毗邻不丹之村镇占领。藏方委派官吏均被驱逐。”[11]“西藏雀那宗（即错纳宗）所属门达旺地方毗连不丹之各村庄已声明投英属不丹管辖。”7 月，国民党中央组

织部电称："英驻锡金行政长官古德入藏与藏族谈判，与此案有关，闻系以割让门达旺为谈判主题。" 8 月间，军令部报告："西藏已将拉萨南部接近不丹之门达旺，割让于英。英正计划由不丹修筑公路，经门达旺而通密支那或阿萨密。"蒋介石也得知"英方在米拉萨丁驻兵建房，并在提郎宗一带筑路移民"。[12]9 月，外交部确证"英人占据藏南"："英人在孟大湾（门达旺）附近修筑营房及飞机场，并修筑公路，由不丹经藏南至密支那，并移民，一说藏方予以阻止未成，一说已得藏方之默许，以偿买军火之代价。"[13]英军侵入达旺后，进一步向错纳宗推进，"俾先在事实上占领该地，再对藏政府谈判割让"[14]。11 月至 12 月中旬，英国驻锡金政治专员古德到拉萨要求噶厦割让达旺及错纳等地区。[15]

1946 年 4 月 30 日，黎吉生到拉萨，要求将"南门达旺一带地区自绒渠河以南地方割让予英"，西藏僧俗大会决议"予以延宕"。[16]7 月，沙尔夫（Shereiff，曾任英国"驻藏代表"）率助手 12 人，"以采集标本为名，由印度噶伦堡出发，沿藏南边境，经崔南宗及工布一带，测绘要隘"。国民政府就此指出："英方最近发布之地图中，已将雅鲁藏布江沿岸地区划入印边国防，并确定方位为驻军给养之区，印藏边疆交通要隘近复施行严密封锁，非熟悉藏语者，不易入藏，每一汉人入藏，英方必加监视，对于留在印藏之中国政府人员，目为特工，不时搜查，甚至非法逮捕，英人之对西藏，不啻视为禁脔云。"[17]蒙藏委员会驻藏办事处汇报说："现在藏布江流域之英人考察团，包括前拉萨商务代办 Major Shereiff 及前拉达克英代办 Ludlow 及另一医生（名不详），此外有锡金通事二名，仆役等约十名。彼等原拟本年初出发，后因与藏政府交涉未妥，迟迟未能成行。藏政府初不允许，而英人即援我办事处前曾派员考察之列，并以封锁边境、禁止出口等相要挟，复对现摄政送以重贿，最后藏方始予允许，并发给马牌，计骑马二十匹，背夫六十名，并下令沿途保护，尽量予以便利。彼等于十月初由江孜出发，经不丹北之小路而抵达崔纳宗。此地实际已成藏印边境，其南之门达旺已完全在英人掌握之中。由崔纳北上抵孜塘，此为英人预计中之一路线。崔纳之南，英人已完全测量竣事；由崔纳至孜塘，此次测量完毕。由孜塘转入拉加利，此为山南王子属地，其南接近野人山，地势极重要。由此过普丹拉山南入答古，又经答古而入工布。彼等于十二月初抵上工布，现仍在工布考察中。"该处特别指出："英人之目的在完全控制藏布江流域，因此区为藏境精华所在，尤以工布、波密为著。""此地毗连滇康，万一丧失，则内地与西藏之交通将为人所控制，而滇、康之边防亦将受重大威胁。"[18]至 1948 年，印度政府进一步拟定"开发边区五年计划"，其中"拟以一千二百八十万卢比，修筑六百零三公里之公路”，“在塔旺（即达旺）及提郎宗两地，派驻行政官，并设有学校”。[19]

（二）察隅、科麦（桑昂曲宗）一线

上下杂瑜，原属桑昂曲宗管辖。1910年，清政府将桑昂曲宗改为科麦县，上下杂瑜改为察隅县，两县由西康管辖。1944年2月，两名英军军官率士兵30余名侵入察隅，在瓦隆（Walong，亦称瓦龙、瓦弄）筑炉房数间，宣称“瓦龙乃英国领土”[20]。5月，“察隅有英军四十名，扬言察隅已由藏方交与英国，今来收租”，但噶厦“未予承认”，并要求英军离境。6、7月间，英军飞机“数次飞临察隅上空巡视”，“侵入察隅英军逗留一星期后，已返印后，并于察隅树碑一块”。从察隅返回的商人谈：“在察隅再至塞地亚（即萨地亚）途中，有机场四处，电报局一所，沿途有工兵千余人修公路筑营房。”8月间，“英军四十人入察，并于瓦龙修筑营房、碉堡，宣称中印国界系在瓦隆马依地方”。[21]这年冬，英军百余名“又到瓦隆修筑营房，悬挂英国大旗两面，并指瓦隆之居民数家为其属民”[22]，设置哨所。瓦隆之北18英里即为“麦克马洪线”，英国负责侵占洛赫河谷（the Lohit valley）地区的助理政治官员蒙普利斯（Mainprice）宣称：“在卡好（Kahao），位于瓦隆和麦克马洪线的洛希特河谷仍然非常狭窄，找一个合适的空中投掷物品的地点都很不容易，更不用说建立飞机场了。在洛希特河谷上修建桥梁的最好地点毫无疑问位于麦克马洪线以北一点地方。”因此，他强调“麦克马洪线要向北推进几英里，以便把萨玛尔村（Samar）和桑古村（Sangu）包括在内”。[23]

在洛渝地区，英军在“东南距瓦龙三日之结拉，建有竹篱之茅屋十五间，驻有英兵十人。又西南距结拉二日之四郎公建草屋数椽，驻有英兵五人。向西三日程，即至洛渝。与印度交界之突郎林，有房屋七八间，住有英人三名，突郎林为洛渝至萨地亚之捷径，亦为中、印两国分界之天然分水岭”[24]。1945年，英印军队“在瓦隆建营房，立无线电台，派英兵廿余人常川驻守”[25]。1946年1月下旬，4名英军越过察隅到科麦“树立界碑”，对科麦宗本宣称“察隅、科麦两县在汉官管理时早已割让英国，现特来树立界碑接管”。[26]接着，3名英人到察隅勘察路线。1947年，英人“曾派野人三四百人，并大批修路机械，积极修路，期于八个月内完成由印到察之马行路面”；并在距离察隅“三日之吾弄地”，已有军营，“驻有印人军官兵约四五十人”。[27]蒙藏委员会昌都调查员报告：“卅六年英方派尼泊尔籍兵士三百名及印回纳轰两族民工各三百名，另雇有西康逃民百余共一千人，修筑由阿桑东端，绕突郎拉山，循洛渝河右岸，经阿娃拉、木空、甲米林、瓦地，以至瓦龙（隆）之公路，已修至甲米林，占全线三分之一，定卅七年修至瓦隆。成路英军调回本国，真正英人，只见督导路工之高级官二员，英人除占洛渝东端纳轰族居地外，又霸占察隅之瓦隆、德业、达巴三村。”[28]

1948 年 4 月 13 日，蒙藏委员会委员长许世英根据滇西调查组的报告，致函外交部，叙述“英人修筑萨察公路之经过情形”：1944 年，从萨地亚至察隅的公路已修至托洛林，英人“欲继续北修”，但因“藏人反对及其他关系”，而一度停止。1945 年，英人“又复兴修筑该路”。1946 年，公路“已北进至瓦弄”，瓦隆在察隅西南约八百华里，但“再度为藏人反对而中止”。英人“不惜以重金贿赂拉萨之执政藏官，又不断派员向桑昂曲宗宗本（县长）与察隅之神翁（又称协敖——等于各县之乡长）交涉，并以金钱利诱，嘱彼等一面向拉萨方面作有利于英方修筑该路之宣传与报告，另一方面须严禁汉商由察隅经该路前往印度”。英人“贿赂计划成功”，噶厦派人赴萨地亚，“与英人接洽该路至察隅等问题”。[29]《申报》也于 1948 年 5 月 11 日报道：“由印度塞地亚（即萨地亚，为印铁路终点）至西藏边境之公路，已由英方建筑至猓渝（即洛渝）部，如无阻碍，本年底可完成。”[30]

英印以修公路为切入点，企图侵占察隅、科麦一线并将之与印度阿萨姆（亦称阿萨密）地区连接起来；同时，更利于它们操纵噶厦中的分裂分子以左右西藏局势。《申报》即指出：“英国与西藏的条件，每年允许藏商由塞地亚贩运枪械及日用品。此项工程修至察隅后，即由东北部之桑昂（科麦）北修至南都（察木多），另经波密及太昭可抵阿萨密，经印缅到藏，可不经滇境。”[31]国民政府认识到：“英人修筑此公路，并非以察隅为最终目的，倘塞地亚公路通车，则以察隅为基点，沿察隅河北修，经桑昂可达昌都（计由察隅东北行六日即至桑昂，由桑昂北行半月即至昌都），西北修经波密及太昭，可抵拉萨（由桑昂西北经波密、太昭至拉萨须卅余日）。意在以察隅为基点，以交通为手段，图达成侵略我康南洛渝、波密一带肥沃地区之目的。”[32]

（三）白马岗、波密一线

白马岗（Pemako，即今天的墨脱县）与波密位于北纬 29 度至 31 度、东经 94 度半至 97 度间。其地理位置非常重要，两地处于康滇峡谷区和西藏高原间，“密迩印度的阿萨密省（Assam），于印度第一大河恒河（R. of Ganges）的另一主流雅鲁藏布江的大弯曲处，下流入印，名布拉马普特拉河（R. of Brahmaputra），于加尔各答（Calcutta）之东北，与恒河正流汇合，注入孟加拉国湾（B. of Bengal），故波、白二地实处恒河的上游，上卫拉萨，下指加域，内拱康滇，外御印缅，形势冲要”，居民为康巴和藏巴人（Chang-pa & Khang-pa）。英印如果从加尔各答至萨地亚（Sadiya）铁路北上，“即能直达我边境”。[33]

对这一线，英印在 1946 年抓紧侵占，蒙藏委员会驻藏办事处于 12 月 31 日总结说：“英人鉴于中藏关系或有变动之可能，故其在印藏边境之活动突趋积极。最近除派显利夫（即沙尔夫）等在藏布江流域工布、波密、白马岗一带作长期之考察外，其希马拉亚山（即喜马拉雅山）南麓之藏属地区大半已由英人控制，军队来往不绝，其累年伸入之距离约已超过二百公里，本年十一月，英方曾用飞机向该区驻扎之军队及工作人员投掷给养，并实行航空测量。藏方对此一带地区，因气候炎热，不适藏人居住，向不注视，且滇、康、藏、印、缅之边境，过去迄未划清界线，故英人得从容蚕食。”[34] 在印度独立之 1947 年，英印加快修筑公路步伐。它“在丹巴以东，自南向北筑公路，拟通至波密，工人一千八百名，有高级英官二人任督导，测量员、监工为印度孟加拉人，该路在洛渝已有八站通车，距白马岗尚有七站”[35]。这年冬，英军官率领约 500 名士兵至密尔根（Mirging），“所携器械有步枪、机枪、测量器，大约重在测量，其给养由飞机投掷，并拟于该方面修通公路至波密（Pomi）”[36]。

总结以上三线来看，英印在印度独立前后的侵占活动非常猖獗。1943 年，英印政府非法成立所谓“东北边境特区”（Northeast Frontier Agency），管辖门隅、洛渝和下察隅三地区。[37] 英军军官米尔斯（Mills）深入达旺、德让宗一带活动，“规划了未来英国在达旺地区影响的图景，宣称色拉山脊（the Se La rang）代表了英属印度的自然地理边界”。1947 年 1 月，英印政府决定在达旺地区设置所谓税收机关，“对达旺至色拉山脊地区征税，以此表明英国对这一带地区无可怀疑的主权”。[38] 西方学者指出：“一九四七年英国放弃其印度帝国之前，已开始把地图上的麦克马洪线——这条线只在十年前才在地图上出现——移到地面上，作为印度东北部的有效的边界。当时，已经在德让宗、瓦弄以及在部落地区其他地方建立起哨所，由阿萨姆步枪队（类似边防军）防守。这些地区的西藏行政机构已被赶走。英国讨伐队沿着其他河谷进入这个地区，使部落人感觉到英国是这一地区的管辖者。当英国人离开时，印度的继承者向他们保证：新的印度政府会完成他们在部落地区的工作。‘如果有什么好说的，那就是，他们准备推行一种比以往的英国人更为前进的政策。’”[39]

因此，蒙藏委员会驻藏办事处接连报警，沈宗濂于1946年10月24日指出：英国侵占喜马拉雅山南麓地区，自不丹以东至西康之察隅为止，包括达旺、洛渝、白马岗及察隅区域，“近年英人派遣军队（每队三十人至五十人），逐步进占，筑栅立营，禁止藏官收税。最近调查：英人已在离察隅十余里之辖祺树立界碑，瓦龙建营房、悬英旗，且有兴筑飞机场之准备”[40]。1947年7月28日陈锡章的汇报更令人警觉：“兹续探得英军侵入西藏，西起拉达克，东迄桑昂宗，延二千余里，占据村镇六百余处。军队数目来往无定，然控制如此长线，估计约有两万余人。”[41]蒙藏委员会驻藏办事处职员李有义在1948年9月发表文章，进一步总结了英印的侵占情况：英印于中国抗战期间“大事向藏印边境开拓，若干一向封锁之野人山区，如阿萨密北部之洛瑜（这两个字，原文为反爪旁——引者）区（即察隅一带），米希米山区（即白马岗一带）、阿希尔山区（即波密一带），均在战争期间中为英印当局所侵入，这些区域本为藏印边境未划界地带，惟多数土司酋长均曾受中国之册封，向均属于中国”。他还进而指出：“藏印间由不丹起东经孟宗（即孟达旺区）、野人山（达佛喇区）、白马岗、波密至西康缅甸云南接壤处止，幅员约五万平方里之地区，已无形为印方所蚕食，此区在希马拉耶山（即喜马拉雅山）之南，阿萨密之北，森林茂密，土地肥沃，矿产丰富，在藏属各区中以经济价值首屈一指，而国防上之重要性更不容忽视。”[42]

英国政府先是否认修筑公路，宣称国民政府所说为“荒诞的谣言”[43]。接着在事实面前，它不得不承认，一方面称国民政府所指出的路线就是“从萨地亚沿着洛赫河谷而上至利马（Rima）”；另一方面辩称这就是蒋介石1941年至1942年要求修建的从中国至阿萨姆的路线[44]，黎吉生即宣称：“蒋介石在1941年初就命令修一条公路，从四川西南部穿过西藏的东南部，沿洛希特河谷进入阿萨姆。”[45]言下之意，国民政府不应反对。

二、印度独立前国民政府对英印侵占行为的分析及处置：积极而主动

对于英印的侵占行动，国民政府有关各机关作了分析，并在此基础上采取对策。总结来看，国民政府认为英印的侵占活动具有如下特点：

其一，乘国民政府时局艰难，并利用边界现状进行侵占，同时欺骗噶厦。蒋介石谴责英印政府在国民政府“抗战艰苦，无暇顾及西藏之时”，派兵占领洛渝河沿线地区，进而侵占察隅，再进而侵占科麦，欺骗当地藏官说“汉官”“早已割让英国”。[46]此外，英印利用中印东段边界未正式划定、国民政府对西藏的治理尚

未步入正轨、西藏及西康两地方政府对中印边界东段习惯线与“麦克马洪线”之间领土的治理不如其他地方完整等机会，分三路向藏南、康南进行全面侵略，企图造成既成事实。

其二，威吓和引诱噶厦。英印一方面“禁止藏商由塞地亚贩卖军火、毛呢、棉纱、药品入藏”；一方面“宣言如藏方允许该公路修筑至察隅时，英人允许藏商每年由塞地亚贩运毛呢三千码、布匹五百驮及特许出口而有限制数量之枪弹、棉纱、药品及日用品至藏，以为交换条件”。[47]1944 年，英国以巨款活动达扎及四名噶伦。1945 年，英国表示“月由印输藏各种货物七千驮”[48]。沈宗濂指出，英人以军火为诱饵：“经向各方探查，藏方前购枪价已于民三十三还清。本年又向英购大批军火，闻用借款方式。英方条件，闻（一）在察隅驻军；（二）在门达旺驻军，修筑通拉萨之路，并开医院、学校。”[49]古德“一面禁止印度货物输藏，一面以重金贿主政之人。威胁诱惑，藏人难免坠其术中”[50]。

其三，挑拨西藏地方与国民政府的关系，以支持西藏“独立”为条件。英国宣称：国民政府“驻军于青海南部与西康金沙江一带，对昌都威胁太大，若一旦有军事行动，拉萨距离遥远，增援不易，如许英人由塞地亚修筑公路直达察隅，然后再经桑昂（察隅东北部），北至昌都，则必要时可由印、缅迅速接济藏方军火及物资。此公路由印缅直达藏境，不经云南，地域异常偏僻，不许汉商通过，即不易为中国政府探悉，如藏方允许此项条件，则英人于将来国际会议上，设法帮助西藏独立”[51]。

其四，留下中印两国边界争端的祸根。国民政府外交部欧洲司一科科长欧阳中庸指出：“西藏东南与西康西南边界与印阿萨密省接壤，接近印度平原，便于英国设站进取，不但因藏南白马岗、门达旺至桑昂曲宗一带地方，土质肥沃，粮产丰富，引英人觊觎；且据此一带地段向北伸展，可截断我内地与西藏之交通，东进可窥视滇、川、甘、青诸省，今英国虽退出印度与缅甸，但英人经略我康藏南路所造成之既成事实，将留为中印两国争执之因。”[52]

除了上述各点外，我们还看出印度对中国领土的侵占，是企图实现其所谓的印度洋战略圈。如后所指出，英国政府在 20 世纪企图建立“一个内湖、两个同心圆及三个缓冲区”战略圈。印度继承这一“遗产”，印度驻华大使潘尼迦在 1946 年宣称：“印度洋战略圈，包括阿富汗、新疆和西藏，它们是印度北部外围圈，它们构成印度地区的真正安全。”[53]如此，侵占“麦克马洪线”以南中国领土，自然成为其战略目标。1950 年 11 月 20 日，尼赫鲁在印度议会宣称：“有地图也好，没有地图也好，麦克马洪线是我们的确定边界……我们决不容许任何人跨越这条边界。”[54] 世界上竟有这种强词夺理的人！

针对英印的侵占活动，国民政府采取了一系列措施，与英印交涉。以印度独立为界，分为前后两个阶段。综合来看，在印度独立前，国民政府的处置体现在两个方面。

一方面，指示噶厦予以注意，要求噶厦与中央政府协调一致。

1942 年 2 月，蒋介石访问印度，接见尼赫鲁与甘地；此后，印度独立运动轰轰烈烈开展起来。英印政府乃向噶厦施压承认其侵占的中国领土，于 1943 年 3 月指责“噶厦派军官及军队进驻达旺地区，并召见远在南边的如巴、歇尔岗、噶拉塘等地归属英国的藏民，征收税款”，违背了“西姆拉草约”第 9 条。噶厦强调，第 9 条所划的红线与蓝线，“是汉藏之间所定内外藏的划分线”，并非中印之间的界线，达旺地区属于中国领土，英印必须撤走入侵军队。[55] 蒙藏委员会得知英印向噶厦施压后，于 1944 年初要求注意英印侵占察隅、达旺问题。5 月 13 日，噶厦驻京代表阿旺坚赞汇报说：“此事最近据昌都总管报告，察隅方面倒有英国官兵共二十余人，苦力二十余人等情。据报后，立即以自己地方自己定要保护，该处所扎英国官兵人等务必使其撤回原地等语，令饬该总管遵办矣。此事无论如何藏方绝对不能承认。至吴委员长所言塞地亚铁路与门达旺相距不甚远，此时必须慎重一节，西藏自当如此，请中央幸勿顾念。”[56]

阿旺坚赞汇报后不久，古德就于 7 月入藏宣称：由于中国军队“有占领某些地方的企图”（实际上为入缅对日作战的中国远征军在缅甸设立营地），英国必须占据下察隅的瓦弄和达旺的噶拉塘。9 月，噶厦强调这两地“无可争议的属西藏领土，西藏方面一直在该地征收赋税”。10 月，古德提交一份备忘录，宣称：“（英）印政府愿意改变边界，即从色拉（按：色拉系门达旺以南一个山岭）不是向塔湾以北伸展而是向达旺以南伸展（按即将‘麦线’划在色拉以南）。不反对将色拉以南的寺院西藏征收‘自愿布施’（指税差），但给予按年或一次付现布施。1914 年边界线以南西藏私人的土地所有权将不被干预。错噶波、咱门萨（即西藏咱日圣山）等地如划在英国界内一日里程，仍按 1914 年诺言予以调整。”[57] 显然，英印企图以“调整”“麦克马洪线”，强迫噶厦承认英印侵占瓦弄和噶拉塘。

针对此种情况，沈宗濂于 11 月下旬对噶厦“晓谕利害，促将真相呈报中央核夺”。噶厦乃答复古德：“达赖年幼，噶厦不敢作主割地。”要求英军撤退，指出“如英方决计征占，藏方拟将事实公布”。[58]12 月中旬，全藏僧俗大会“通过藏地绝对不割让英国，并全体签字，如有祸患，僧俗共之”[59]。1945年初，沈宗濂对噶厦强调三点：“（甲）果德（即古德）所提要求应予拒绝；（乙）英人占区达旺应予限期撤退；（丙）以后对外事件希一律呈报中央核办。”[60]首席噶伦彭须表示：“关于英人拟占门达旺地区事，自应遵照中央意旨加以拒绝。”[61]针对英军侵占猛崖，噶厦对沈宗濂指出：猛崖“地界远在提郎宗以南，该处租赋仍由西藏政府收取，可决遵中央意旨，限令英人撤退，倘遇困难，定报中央核办”。哲蚌、色拉、甘丹三大寺要求召开全藏僧俗大会“讨论对英问题，并在佛前立誓约，西藏土地决不许任何外人侵略”[62]。

正是在上述情况下，噶厦的态度坚定起来。3月，噶厦致函英国驻锡金专员代理巴布洛桑，指出：“英国政府竟制造了占领无可置疑的系西藏领土的新情况”，西姆拉草约“也未载有将上述地方给予英国政府的明文”，自1914年“迄今三十年左右时期中，一直无任何议论”，“此次却新生枝节，声称西藏领土属英国所有，对此种说法实难接受。若（英国）不立即撤走在噶拉塘、瓦弄的官兵，则有似大虫吃小虫的行径，势将构成使英政府立场、名声遍传于世之根源，亦必然构成使西藏僧俗人民深切痛心之因素”。这样，噶厦正式表示不承认“麦线”。[63]1945年1月，噶厦指示察隅地区的两个宗本对蒙普利斯指出，英军“已侵入无可争辩的西藏土地”。蒙普利斯厚颜无耻地宣称：“英国人就要待在这里不走！瓦隆现在英属印度手中，西藏必须放弃瓦隆的所有权利。”两个宗本回答指出：“同过去一样，真正的界线在曼尼克莱（Menilkrai）附近”，“英国人必须退出此线之外”。[64]5月28、29两日，错那宗宗本代表和达旺寺官员在德让宗对英军军官米尔斯指出：“根本不存在将达旺地区的西藏权利让与英国的条约或协议。西藏要同以前一样征税。”英方承认：“到1945年中，西藏人已经很清楚地表明并不认为麦克马洪线是合法的边界线。”[65]接着，噶厦采取了进一步表明立场的措施。1946年4月，索康对接任英国“驻藏代表”的黎吉生指出，英国“应归还仍在占据的西藏领土”[66]。同年夏，索康以治病为由，前往锡金、印度进行交涉。[67]1947年印度独立时，尼赫鲁要求噶厦同意印度继承旧约，噶厦“复以须将英人侵地交还后商谈”[68]。

另一方面，国民政府有关各机关频繁协商采取对策，向英印交涉。

1944年11月11日，有关各机关讨论英印侵占中国土地问题。关于“英侵占门达旺案”，认为：“查此案牵涉藏布边界问题，现行条约并无规定。应先由蒙藏委员会及军令部调查研究后，再行办理。”对于“英侵占察隅案”，认为：“查英军四十人，确曾一度以游历为名，前往察隅。留一星期后，已返印。至谓英方在察隅修筑公路一节，系据过路商人报告，似系盟方修筑雷多公路之误传。又建筑机场一节，查察隅以南地区，均系悬崖、峡谷，似无可能。惟察隅为由印入藏孔道之一，仍应由主管机关，设法防卫。”[69]1945 年 8 月 25 日，沈宗濂要求国民政府解决边界问题。他指出，近年来自东经 90 度半至 100 度、北纬 27 度半至 28 度半，“纵约八度、横约一度”被英印侵占，强调“若非迅急划定界线，恐难杜绝蚕食”。[70]

1946 年 7 月 2 日，中国外长王世杰提请英国驻华大使史蒂文森（Ralph Stevenson）注意“英国自 1943 年以来在瓦隆附近洛希特河谷的活动”，这些活动包括：“修路；飞机频繁飞临洛希特河谷上空；计划修建飞机场；不顾当地官员的抗议，派驻大约 40 名士兵。”王世杰指出：“所有这些活动发生在西康省的两个县，即察隅和科麦，这是中国的领土。”他最后强调：“中国政府渴望在维持中英之间传统友谊关系之下维持西藏、西康、云南、印度和缅甸边界的现状，相信英国政府的态度也是如此，认为上述对中国领土主权的侵略活动并非英国政府的本意，而是激进的英属印度边官所为。因此，我荣幸地要求您向英国政府汇报，要求迅速下令上述英国官员和其他人物迅速撤走……”[71]1946 年 7 月 20 日，国民政府又照会英国驻华大使馆，要求“撤军，并将私立界碑、营房、要台等营造物拆除，尽力恢复原状”。8 月，史蒂文森回复称中方所指地名在地图上找不出，要求“供给关于该项地名位置较精确之情报”。9 月 11 日，国民政府“绘具略图，再节略致英国大使馆”。10 月 30 日，英国大使馆回称已“将本案转送印度政府查明办理”。11 月 9 日，国民政府照会英国大使馆，“询问印度政府已否由英国政府授予全权谈判并处理中英间关于西藏之一切问题”。[72]11 月 15 日，王世杰再次向史蒂文森指出英国和印度的军队正在侵占中国的领土。对这一切，英国政府认为“中国政府明显企图以瓦隆哨所为借口”，设法“避开噶厦头子，召开中印双边会议，解决西藏问题”。史蒂文森推卸说：“英国政府目前并不想卷入复杂的西藏问题。”[73]12 月，英国大使馆回称：“关于此问题现时不必开始概括讨论，但关于英印军在察隅之行动，均由印度政府与中国政府直接交涉。”[74]1947 年 1 月 28 日，国民政府强调：“对瓦隆的入侵是在英国官员的指挥下进行的，而且英国政府仍然维持着对印度的最终责任”[75]，因此“此事英国仍不能辞其责任”，中国政府不能不向英国政府提出交涉。2 月 14 日，英国大使节略，“仍坚持由印度政府与中国政府办理”。[76]

与印度的交涉也在进行。1946 年 10 月 21 日，蒋介石指示王世杰草拟交涉“英侵察隅、科麦及门达旺”的要点，作为沈宗濂到印度交涉的准绳。王世杰乃草拟："在中印关于印藏全般关系问题未解决以前，印藏应维持原有边界，互不侵越。中国政府希望英印政府对于经营西藏之若干急进分子，予以撤换，以保和平。英印人员自一九四三年起，由萨地亚经洛渝地区，节节进侵西康之察隅，近已进至科麦。中国外交部已向英方提出照会抗议，现尚未获切实答复，又英印人员自一九三八年起，屡次侵略西藏布（不）丹接壤之提郎宗及门达旺各地，西藏地方政府迭与英印政府交涉，均无结果。中国政府甚望英印政府对于上述地区恢复原状，并保证以后不再有此类事件发生。"[77] 可是，沈宗濂未能前往。1947 年 2 月 5 日，国民政府照会印度驻华大使潘尼迦，抗议英印军队侵入察隅、科麦（即桑昂曲宗）。潘尼迦在等待新德里的指示几个月后，才于 4 月 11 日回称："英印部队之行动，完全限于业经接受逾三十年以上之康藏印疆界。"[78]

由上可见，国民政府针对英印的侵占活动，从两个方面进行处置，积极而主动。但是，英印以非法的"麦克马洪线"为由而拒绝，侵略分子黎吉生宣称："还在转移权力以前，中国政府为了取得对西藏主权的承认，抗议印度政府官员在麦克马洪线以南的部落地区活动。英国印度政府以这些地区是在被接受的印度边境以内为理由，拒绝了这个抗议；在 1947 年，对印度新政府又提出类似的抗议，也遭到了同样的拒绝。"[79] 尽管这一时期国民政府积极而主动，但是在强权政治面前仅仅依靠口头和纸面抗议，是起不到什么效果的。

三、印度独立后国民政府的处置：消极而被动

印度独立后，国民党的统治走上了崩溃道路。因此，国民政府对英印侵占的处置，不仅没有进展，反而变得消极而被动。

在印度行将独立及独立时，国民政府进行了一场怎样处理英印的侵占行动的讨论。沈宗濂从各方面论证英印的侵占是非法的：其一，中印边界东段"虽未清划，但藏政府设官收税，并有户口清册，主权属于西藏，有确切证据"。其二，"英人侵占藏境，并无条约根据。仅《辛姆拉条约》（即西姆拉草约）附一地图（此地图从未随条约公布）。此图极为简略，印藏边界用红色铅笔画一粗线，将喜马拉雅山南麓划入印境。藏代表不察，贸然在图端盖一官章，英人即藉口认为西藏同意割让。但《辛姆拉条约》，未经吾国核准，西藏亦无意遵守，（《辛姆拉条约》附件规定'西藏不得派代表出席中国国会及类似机关'。现时西藏派代表出席国民大会，是不愿遵守《辛姆拉条约》束缚之明证）"。他向国民政府提议："我国似宜乘尼赫鲁主持新印政府之际，尼赫鲁对我感情素笃，与印商订友好条约，恢复印藏

旧界。”[80]而外交部欧洲司却认为：“查关于西藏之政治地位问题，中英双方此刻均不拟提出谈判，在此项问题未获解决以前，藏印划界问题似无从谈起，我方似可于交涉英方侵略察隅及门达旺问题时，要求英方撤退最近侵略康藏等地，维持印度与康藏现在疆界，而与英方成立谅解。”[81]陈锡章反对外交部的看法，建议蒙藏委员会：“自西藏西端拉达克起至康藏南部杂渝区域为止，全部印藏边界问题关系重大，宜速准备彻底划清，以固疆域。”[82]时任蒙藏委员会委员长的许世英乃向外交部提出乘机解决界务问题。外交部却认为：“按藏、印沿边接壤之线甚长，除西藏与锡金毗连部分外，余均未经缔结划界条约划定疆界。英、印趁汉、藏不和，乘势内侵我康藏疆土，自不无损失，藏、印疆界确应早日划定。唯此案极为繁重，准备工作甚多，西藏与中央合作系其首要条件，此时是否适宜从事此项工作，似有研究余地。藏、印划界问题似宜在中、印订约以后办理，即藏、印各项条约之修订，似亦应在中印订定友好条约以后。”[83]

在这场讨论中，蒙藏委员会及其驻藏机关要求国民政府采取积极措施，但是外交部却认为在中印友好条约签订后再进行交涉。讨论还未结束，行政院就采纳外交部的建议，于1947年9月26日决定：中印界务问题“仍俟双方订约后再议”，有关边界资料“由外交、内政、蒙藏三部会分别汇集，俾作将来交涉依据”。[84]遵此，内政部、外交部、蒙藏委员会于10月2日召开界务会议，决议：“（一）关于划清康藏与印度疆界问题，按外交部呈准行政院办法办理，即俟中印订约后再议。（二）有关各机关应即分别搜集有关康藏与印度划界问题之资料，以为交涉准备。（三）因有关各机关会同组织勘界委员会，前往康藏印边境勘界，事实上有困难，应呈请行政院，迅予实际组织滇康边区主任公署，俾使就近派员勘查。”[85]这几项实际上是着手准备，外交部特别指出中国与英印的最大争议在于“沿门达旺以至西康察隅一段”，要求蒙藏委员会将洛渝、达旺等地属于中国之证据及资料准备好[86]；并指出对印交涉困难之一在于，“查康藏边境地名，往往为英文地图所有，而为中文地图所无，或反是；又一地名之中文译名甚多，或一地名不能在中英文地图上找出”[87]。这样，国民政府丧失了利用印度独立进行交涉的有利时机。

在国民政府迟疑不决之时，印度却加紧了侵占藏南土地的步伐。1948年6月24日，陈锡璋报告了印度继英国之后修建萨地亚至白马岗的公路，蚕食藏南土地。他强调指出，如果不即刻处理，“则东起察隅，西迄孟隅，其间之无定山区，必遭印方蚕食”[88]。12月17日，驻印大使罗家伦了解道：“印锡金行政官大雅尔抵拉萨后，每日通宵会议商谈印藏划界事，拟将门大旺（达旺）、察隅及科麦三地划入印境，正积极进行，欲于中共未入藏前，划定边界。盖恐共兵入藏，印无法图谋上述三地，现趁火打劫，夺取我领土以自固。故一面藉江孜驻兵换防机会，增加驻兵额至一千五百名，实际占领大喜马拉雅山北界各分水岭，名为联合防共，暗中以武力威胁藏方就范。印认此时为扩充领土之良机，威逼利诱，期在必成，且秘密进行，以资速成。”他提出“急宜设法宣布此项阴谋，使印无成”。[89]蒋介石指示外交部“迅予切实核办”[90]。在这种情况下，国民政府不得不采取行动；而印度独立已一年。

国民政府认为：“英国已将政权移交印度政府，印东北康藏边境，是否仍有英官为印政府服务，尚待确实调查，虽令有此等事实，侵略之责任，仍应由印政府负之，不能责成英官个人或英国政府。”[91]7月4日，它照会印度政府，强调几点：其一，英印所称“麦克马洪线”是非法的，不能作为中印东段边界线。“查中印疆界除一八九〇中英会议藏印条约，对哲孟雄与西藏疆界加以规定外，中国与英印间，并无其他有关中印界务之条约。中国历来所认为康藏与印度疆界，与现在印度出版地图上所表示之康藏与印度疆界线，出入甚大。英印方面地图将原来之中印疆界线，即阿米拉特勒（Amra Tala）至察郎（Chameliang）约长三百五十英里一线，向北推进一百五十英里。以前英人凭借优越条件，怀柔当地部落土民，使脱离中国西藏地方之统治，所造成之既成事实，当不能视为已定之中印国界。但中印素为友邦，对于该方面界务问题，必能本睦邻友助之精神，获得公允适当之解决。”其二，英印与中国西藏的贸易等关系，须通过中国中央进行，印度须停止侵占中国领土。“西康与西藏，均为中国领土之一部。为便利康藏与印度方面通商、贸易、交通之一切计划，中国政府亟愿促其实现，并盼印度政府与中国中央政府洽商办理。今不幸发生上述英印在中国领土察隅、白马岗、门达旺等处测量、修路、派驻军队等事件，不但与中国所期望于此政治独立后之印度者相反，且不免有漠视侵犯中国领土主权之嫌。中国政府不愿西藏问题与友邦印度发生误会，想印度政府亦具同感。”其三，印度政府须承担侵占中国领土的责任。照会要求印度政府对于上述侵略情形“惠予明确覆示”，强调“不论在该方面有无英籍官员主持其事，印度现既为自主之国家，对于此种发生之事件，自应负完全责任”，并“迅即停止进行，恢复原来情势，以免妨碍中印邦交”。照会最后指出：“中国政府更认为从早勘定该方面疆界，实为杜绝边境纠纷之根本办法。在未经中印会同勘界前，双方理宜制止在边境上做刺激性之行动。”[92]

7 月 9 日，印度驻华大使馆发表声明，否认印度的侵占，推卸责任，宣称："英政府已着手一项自印度修筑公路一条自（至）西藏及西康境内之计划，并无其事"，"兹当郑重声明者，即英政府对印度未见是项权力，而印度政府亦无意于国界计划筑路。是项传说及报纸之报道，并无根据"。[93] 国民政府外交部当即指出："该项声明有两点值得提出讨论：（一）我国方面所指系'英印'并非'英国'，所谓筑路事，乃英国历来所经营，而由现在印度政府继续经营者，我对印交涉时，应将此点加以说明，并告以不论有无英人参与其事，中国政府只以独立之印度政府为交涉对象。（二）印度政府似认为，其现在康藏印边境筑路，均系在印度领土内之行动，但究竟中印国界应立何处，中国方面报导未确实言及，印度大使馆声明亦避而不谈。"[94]

在此争议中，英国的角色为旁观者看戏。它乐于看到中印双方的争议，并支持印度。其驻华大使馆在关于中国局势发展的评估报告中，宣称麦克马洪线是"西藏、西康和阿萨姆的分界线"，指出印度政府"也必然继续坚持麦克马洪线"；还宣称印度"正修建一条从阿萨姆到西康省边界的大路"是"一个荒诞的谣言"，"尽管印度大使公开予以否认，但是一些中国官员仍在抱怨"。[95] 在另一份报告中，英国驻华大使馆提起 1942 年时的中英公路之争，称："中国人认为，这条路起自萨地亚，沿着洛赫河谷（Lohit），到利马（Rima）。有趣的是，蒋介石大元帅在 1941 年至 1942 年强调，从同一条线修建自中国到阿萨姆公路的重要性，但因西藏反对而搁浅。"[96] 言下之意，英国认为既然中国当时主张修建这条公路，现在就不应反对印度修筑。

印度在加紧侵占的同时要求噶厦"遵守英藏条约问题"，"西姆拉草约"再度成为焦点。噶厦于 1948 年 3 月指出："应将印藏边界的无可置疑的系属西藏而先后落入印度的土地、庄落、百姓都归还给西藏"，"再就过去的条约问题进行商谈"。[97] 即是说，噶厦要求归还从拉达克至阿萨姆，包括锡金和大吉岭、恒河以北在内的中国领土。印度"驻藏代表"黎吉生宣称：这是英国"通过一系列的协议，建立印度边界的地方"[98]。他所称"协议"，是指并未得到中国政府签字的"西姆拉草约"，其第 9 款称"所有西藏边界以及外西藏与内西藏之分界，以红蓝色绘明于本约所附之地图内"[99]，而"图上的红线是划分中国内地与西藏外藏的界线，英国人在这里做了个手脚，这个划分西藏与中国内地的红线，其中从云南的尖高山以西到不丹与西藏交界的一段，就是夏扎与麦克马洪私划的印藏边界的一段即'麦克马洪线'相合是一条线"。噶厦强调指出：第 9 款中的红线蓝线，

“是汉藏之间所定内外藏的划分线，达旺地区是西藏地方”。[100] 印度政府回称，它“将喜欢得到西藏政府的保证，同意继续保持以先前存在的和英国政府关系为基础的关系，并建议必要时，再进行关于任何新协议的商谈”[101]。

印度政府向噶厦的交涉，引起国民政府注意。9 月，外交部官员邓茹刚提出：“中央与西藏政府取得一致步骤，为讨论界务问题之先决条件。”[102] 陈锡璋先是于 6 月 24 日警言，对于中印东段边界“如不及时整理而听由藏人自决，则东起察隅，西迄孟隅，其间之无定山区，必遭印方蚕食”[103]；接着于 10 月 21 日建议：“应将藏方把握稳定，再言废约划界，庶免由我开启外交门径，而由英玩弄藏印直接谈判，准于向藏方要人剀切说明进行此事，以与中央商定一致意见、作一致行动为原则，方于西藏最为有利。”[104] 蒙藏委员会指示陈锡璋向噶厦强调：“如欲收复失地，必须废约，当由中央外交部先与印度政府交涉废约，约废则失地自然收复。”[105] 于是，噶厦具体负责与印度交涉的索康，于 12 月下旬针对报载噶厦同意印度修筑萨地亚至察隅公路一事，对陈锡章表示：“西藏政府从未与英印任何一方有所接洽，英、印政权业经转移，西藏更无将筑路权让与英人之理，此项消息实属无稽。”[106]

上述照会和指示噶厦注意交涉两项措施，都是被动而采取的。除此之外，国民政府并未采取进一步的行动，而仍然只是讨论如何准备交涉。1948 年 7 月 30 日，外交部、内政部、蒙藏委员会等会商提出组织中印东段边界问题研究小组，“立即派员赴当地搜集实际证据，如官吏之委任状、人民之粮票”，以便交涉。[107] 9 月 25 日，外交部代表欧阳中庸提议从“下述二法着手进行：积极方面：用实力进行，如设置滇康边区绥靖公署等是。消极方面：从学理、历史、人文、地质等方面研究，以证明此地应属中国，并证明英印对于此地并无主权”[108]。在 10 月 26 日所拟 1949 年度工作计划中，蒙藏委员会提出：由于东起西康察隅西至西藏门达旺之国界未定，“致近年以来，英印在该区积极活动，并修筑由印境塞地亚至西康察隅一段公路”。要“杜绝英印窥视，巩固我西南国防”，根本之计在于“必须划清中印两国国界，并积极从事经营建设”，为此首先要派员调查中印东段未定国界。[109] 这些措施并未得到有效推行，行政院在 1948 年 12 月 13 日就下令缓议设置滇康边区绥靖公署；随着国民的统治即将崩溃，印度政府也不把国民政府的抗议放在眼里，争端就这样搁置下来。

总之，英印政府在印度独立前后加紧侵占麦克马洪线以南中国领土，这一方面反映了英国企图在中印两国之间留下领土争端的祸根，另一方面也反映了印度企图建立以其为中心的环印度洋政治圈，因此印度的侵占行为同英国相比有过之而无不及。国民政府为印度的独立曾作出了应有的贡献，而印度反过来却侵占中国的领土！西方殖民主义者、侵略分子、反华分子宣称“麦克马洪线”就是中印东段边界线，其理由是噶厦已在西姆拉草约上签字。[110] 实际上，“历届中国中央政府和西藏地方政府的任何当权者都从未正式承认过”[111]。国民政府的处置，在印度独立前比较积极而主动，但在印度独立后显得消极而被动，丧失了利用印度独立之机遏制英印侵占行为的有利时机，历史的重担只能落在新中国政府的身上。

第二节　英印私相授受侵藏权益及国民政府的应对

近代以来，英印围绕其争夺中亚细亚和印度洋地区的战略，企图吞并不丹、锡金，制造西藏“自治”和“麦克马洪线”问题，攫取驻军权、商埠权、治外法权等权益，非法设置驻藏代表。1947 年印度独立前后，英印私相授受侵藏权益，严重危害了中国的国家主权与领土完整。国民政府曾以 1943 年《中英新约》签订为契机，设法解决英国侵藏攫取的权益；此后又打算利用印度独立之机与印度签订友好条约，解决西藏问题，并对英印私相授受进行交涉与抗议。这些表明了中国政府的严正立场。但是，由于国民党忙于内战，再加上一系列原因，国民政府的应对未能取得什么效果，交涉无果而终。这是近现代中外关系史上的一件重大事件，但是学术界尚无探讨[112]。因此，本节就来分析，以期探寻英印私相授受的本质及国民政府无力处置的原因。

一、算一笔账：1888 至 1947 年英国侵藏攫取了哪些权益?

自 1888 年正式发动第一次侵略中国西藏的战争至 1947 年退出印度，英国攫取了一系列侵藏权益，总的特点是：喜马拉雅山南北两麓地区在英国的全球战略中占有独特的地位，英国竭力分割锡金和不丹，制造西藏“自治”，攫取政治、经济、军事各方面的权益，企图控制西藏。尽管有关论文和著作或多或少都提到了英国攫取的权益[113]，但是尚未综合清算总账，因而必须清算一下，才能深刻体会其危害程度。

（一）企图分裂中国西藏：所谓“内圆”下的西藏“自治”

出于同俄国等强国对中亚细亚和南亚地区的争霸，英国确立了一个总的战略，即“一个内湖、两个同心圆及三个缓冲区”。“一个内湖”，指印度洋。“两个同心圆”，一为“内圆”，由尼泊尔、锡金和不丹三国和阿萨姆部落地区组成；一为“外圆”，由沙特阿拉伯、伊朗、阿富汗、中国西藏及泰国构成。“三个缓冲区”，即中国西藏、印度洋和阿富汗。[114]英国政府将“内圆”具体化为喜马拉雅山脉，以之作为英属印度的北部屏障，它西连拉达克，东接缅甸，包括尼泊尔、锡金、不丹和阿萨姆北部地区。英国政府“首先考虑的是以这个屏障遏制西藏向喜马拉雅山发展的雄心和位于该山脉地带的各国和民族，其次要考虑的是维持西藏为针对中国的缓冲区”[115]。西藏作为中国领土不可分割的一部分，其性质与政治地位本无可非议，但是英国一方面玩弄西藏“自治”，企图分割中国，使西藏成为把印度与俄国及中国内地分隔开来的屏障；另一方面竭力将锡金、不丹等国从它们与中国传统的密切关系中分离出来，加以控制并相机吞并。

使西藏“自治”，成为“缓冲区”，是英俄两大列强争夺的结果。20世纪初，两列强争夺中亚细亚地区时在西藏问题上发生两点争论。其一，西藏是否作为争夺的“缓冲区”。英国政府的本意，按照它1904年6月26日致函荣赫鹏（即率领侵略军进军拉萨的侵略头子）所称：“由于西藏的地理位置，大不列颠完全有必要作它的保护国，并完全应该在西藏事务中居支配地位。”[116]但是，由于俄国强烈反对，英国政府不得不表示：“只要没有其他大国企图干涉西藏事务”，英国“既不想并吞西藏，即在西藏建立一个保护国；也绝对无意控制它的内政”。双方于1907年8月31日在圣彼得堡签订《西藏协定》，宣称“按照所承认的中国对西藏宗主权的原则”，双方约定“除通过中国政府外，不与西藏直接交涉”。[117]其二，西藏是地理概念还是行政单位。俄国认为是一个“行政单位”。英印政府反对，宣称该概念“旨在表示西藏是中国的普通行省之一”；英印政府“把西藏视为中国宗主权管理下的一个封建国家，拥有很大的自治权力，并有权和邻近国家就通商和边界缔结条约”。俄国虽然强调“应考虑把西藏的地理区域确定于中国所承认的那个界限”，但是同意英国所提西藏“拥有很大的自治权力”。[118]

英国企图将这一非法争夺结果强加给中国，但是遭到了中国政府的反对。英国政府多次宣称：在1911年中国革命爆发之机，“西藏抓住机会起而反叛；中国驻军被驱逐，达赖喇嘛重返拉萨。自此时起，西藏事实上享有独立”[119]。1912年8月27日，英国《泰晤士报》发表社论，宣称：“无论我国政策采取何种方针，有一点是清楚的，即我国现在应当坚持：将来中国只能在严格规定的一定范围之内进行干预。我国有一切理由使西藏永远不再被剥夺它重新夺得的自治。”[120]在

1914 年西姆拉会议期间，英国政府与噶厦私自订约，声称从西藏至西康之昌都“设独立政府，名义上仍属中国主权之下，中国与英国俱不干涉其内务，但得派代表驻拉萨”[121]。在“西姆拉草约”遭到中国政府的拒绝批准后，英国政府于 1921 年 8 月 26 日抛出《寇松备忘录》，宣称：“如西藏问题不能从速续议解决，英政府拟即承认西藏在中国宗主权下为自治邦，将来即按此地位与之往来。”中国政府强调指出：“我国不能承认该项英藏会议。”[122]此后，历届中国政府也遵循了这一方针。但是，英国却确立了分裂西藏的“自治”政策，并企图推行。

至于喜马拉雅山南麓尼泊尔、锡金、不丹三国，尼泊尔比较大，虽然深受英国影响，但英国对其控制程度不如锡金和不丹那么强，因而暂且不论，这里仅言锡金与不丹。锡金，又称哲孟雄。1889 年，英国侵占哲孟雄，为其保护国。由于哲孟雄实际上为中国的属国，英国“对于哲之主权，不可不得中国之承认”。在 1890 年所签订的《中英藏印条约》中，清政府不得不承认：“哲孟雄由英国一国保护督理，即为依认其内政、外交均应专由英国一国经办。该部长暨官员等，除由英经理准行之事外，概不得与无论何国交涉来往。”[123]时人指出：“哲孟雄本为我国属邦，自此约成后，哲孟雄即成为英之保护国矣。”[124]至于不丹（又称布丹、布坦），英国侵藏急先锋贝尔曾言：“单就布丹而言，其民原属西藏族，又尊达赖为其精神上之首领，西藏与之联络甚久，几可扩充成为中国式之无形宗主权。且布丹有中国军队戍守，俯瞰阿萨密及遮耳丕格利（Japaiguri）。”[125]这一方面承认了不丹与中国具有悠久的历史关系，一方面透露英国侵略不丹的必然性。1865 年，不丹不得不“割第斯泰河以东之地与英”[126]。1910 年 1 月 8 日，英国进一步强迫不丹订约，规定：“英国不干涉布坦内政；布政府承认关于外交事件受英指挥；倘与哲孟雄发生争端，听候英国裁判；并由英国津贴布国年金，由五万卢比增为十万。”[127]如此，不丹成为英国的被保护国，贝尔所言，既反映了英国的得意忘形，又反映了对中国的危害：“（一）布丹沿孟加拉、阿萨密边境二百五十哩。其山接近印度一最膏腴之地，其地为英属印度之茶园及繁盛之村落。此新条约可以防止中国人干涉。（二）在布丹、锡金两处，尼泊尔人增加甚速。此约助吾等管理之。（三）布丹地最肥沃，能以农业养一百五十万人。供给中国戍兵之稻及其他日用品，毫不为难。今日与吾等接界处，既无英兵，又无印度兵。但中国新式训练之军队若驻于布丹，则吾邻国之茶园村落，除非驻军于靠近印度最不卫生之地带，难期保全无虞。（四）利用此约，可以严阻中国人移殖。”[128]为了殖民统治锡金、不丹，并为了便利侵略中国西藏，英国在甘托克设置驻锡金政治专员（亦称行政长官）制度，派驻政治专员。

这样，英国完成了所谓“内圆”的勾画，在这个“内圆”下制造西藏“自治”。英国政府在 1942 年 11 月 2 日出台《关于西藏的备忘录》的文件中，专门列了一节“英国在西藏的权益”，其中阐述了要从分裂中国西藏角度以维护印度北部边境地区的安全战略：“英国支持西藏独立或完全自治的政策，依据于从克什米尔到缅甸的印藏边界的和平与安宁的利益。这一边界线不仅包含英属印度的三个邦（旁遮普、联合属地、阿萨姆）和两个印度土王（克什米尔、锡金），还包括两个位于喜马拉雅山的独立国家尼泊尔、不丹。”又称：“中国的民族主义者强调中华民国的领土即以前属于称之为‘中国’的所有领土，即满清王朝、满清帝国。但是，由于新中国建基于纯粹的中国民族主义，由于西藏像外蒙古一样已经有一段时间事实上独立于中国的统治之外，中国并无什么理由可以声称对一个国家拥有十足的主权——这个国家已经自治，并决心维持它的独立。”[129] 此小节并未列举英国攫取的其他权益，可见它将“支持西藏独立或完全自治”放在主要所谓权益的首位。它宣称：“我们的政策是，设置一系列包括波斯、阿富汗、尼泊尔也包括西藏在内的缓冲区，保护印度边界，防止遭受任何可能的侵犯。支持西藏自治，属于此政策的一部分。”[130]

（二）外交上分裂西藏：所谓“英国驻藏代表处”、“英国驻藏代表”

由上述看出，在争夺喜马拉雅山南北两麓地区的战略中，英国侵占不丹与锡金的企图得逞，并达到了使西藏成为“缓冲区”的目的。为控制西藏而使之成为真正的“缓冲区”，英国通过侵略攫取了一系列权益。在外交上对中国危害最大的，就是所谓“英国驻藏代表处”（British Mission，有的译为“驻藏代表团”），其头子称为“英国驻藏代表”（the British representative in Lhasa）。

“英国驻藏代表处”和“英国驻藏代表”的设置，随着侵略情况的进行，经历了几个阶段。

第一阶段，为英俄争夺中亚细亚时期。

1903 年 4 月 8 日，俄国政府宣称：“俄国政府并未同西藏、中国或任何别的国家缔结有关西藏的条约，以及俄国政府在那里并无代表，亦无意派遣代表或使节前往拉萨。”11 月 6 日，英国政府致电英印总督，称：“陛下政府批准派遣一个使团向江孜推进”，“但考虑到坚持通商便利问题，陛下政府并不打算在西藏建立一个常驻使团”。[131] 1904 年 6 月 26 日，英印政府致函荣赫鹏称：“在拉萨驻节可能是必需的”；“若不能在拉萨驻节，亦应在江孜设代表。当情况需要时，有权前往拉萨与驻藏大臣或西藏官员商讨问题”。并称：“后一种办法将于西藏政府今后放弃排斥欧洲国家态度时，我们有在拉萨设立代表之权利。”[132]清政府驻藏大臣有泰昏庸，甚至以互换照会形式接受英国的要求。9月7日，荣赫鹏逼签《拉萨条约》，其中有“两点至关重要。第一，英国据此创立了一条撇开清政府直接与西藏地方对话的先例。第二，英国在西藏享有‘特殊利益’的最优惠权利。根据该条约第九款，西藏地方政府同意不允许外国干涉西藏内政，并在西藏派驻任何代表或代理人”[133]。俄国政府坚决反对英国派驻代表，英国政府不得不让步，未批准第九款，“只在江孜设立了商务代表处”[134]。然而，它的让步是有条件的，它对俄国政府宣称：“我们不想吞并西藏领土，或干涉西藏的事务，也不想派政治代表驻在该国，但必须明确理解的是，其他强国也同样无此资格。”1906年，它又要求俄国政府说：“英俄两国政府各自承诺不派代表前往拉萨。”[135]

第二阶段为十三世达赖喇嘛圆寂之后至1940年吴忠信入藏主持十四世达赖喇嘛坐床大典时期。

1934年黄慕松入藏致祭十三世达赖喇嘛之后设置专使行署，并派总参议刘朴忱留下。英方不知羞耻地宣称：“如果中国人能派遣高级军事官员到拉萨，印度政府也能。”[136]英国驻锡金政治专员威廉森于1935年7月入藏，声称要“援例”设立“驻藏代表处”。他自己“主持其事，携有英籍及锡金籍医师，在该处附设诊所”[137]；还配备无线电，“当然也是作为对黄慕松留下无线电的回击(counter)”[138]。国民政府批评指出，该机构“宛若永久性质”[139]。

1936年8月，接任英国驻锡金政治专员的古德到拉萨，黎吉生以“英国驻江孜商务代表兼驻锡金政治专员的特别助理”的身份随行。古德此行的“主要成果”就是在其1937年2月离藏后，以黎吉生作为“一种使节（envoy）留驻拉萨”[140]。为取得此“成果”，古德玩弄了阴谋手段，在噶厦询问他何时离藏时声称他“即刻离开没有问题，因为问题随后可以由黎吉生来协商，黎吉生会待一段时期”[141]。噶厦或许因为认为只是“一段时期”而未反对，英国政府却认为噶厦“1936年接受英国的（永久使团）”[142]。因此，黎吉生兴奋地宣称古德“1936年的出使是英藏关系上的一个里程碑”[143]。蒙藏委员会驻藏办事处官员沈宗濂、柳陞祺一针见血地指出：英国非法“要求西藏当局按1904年《拉萨条约》的第九款，给予它在拉萨设立机构的同等权利。其目的是要用这种方法扼杀中国对西藏的主权，暗地里把中国降到‘外国’地位”，然而“即使在已不存在的‘西姆拉草案’中，也未提到在拉萨设置英国永久机构的问题”。[144]

1940年吴忠信在入藏途中发现：“英人在拉萨设有电台一所，有英籍电务员一人及医生二人，藏方拨德吉林噶地方供其居住，该处距拉萨市约十余里，风景颇佳。另外有英国驻亚东商务委员名饶衣巴多（莱登拉）者，亦常驻拉萨。饶为锡金人，懂英语及藏语，藏政府予以札萨之名义，因之西藏所有典礼彼均可参加，并可与藏官自由交往。”他还指出英国“驻藏代表处”与英国驻锡金政治专员的关系：“所有英人在藏之事务，均由锡金行政长官兼筹办理。”[145]按此，英国企图将西藏与锡金连接起来，纳入其控制之下。古德于3月21日向英印政府高兴地报告：“至于使团主要而实际的效果，在于三年半来我们与西藏政府通过正常的外交渠道有了直接的联系。如果我们就此向西藏政府提及，它会认为我们暗示要设置永久代表机构。这一问题，无论是我们还是他们，目前可能都不想提出。派驻使团，毫无疑问鼓励西藏政府团结一致抵抗中国渗透的企图，确保我们与达赖喇嘛的联系，使我们能在外交问题上与西藏政府合作，而不必通过信函。”[146]

第三阶段为抗战时期至抗战胜利后，英国加强了“驻藏代表处”的设置，并进而明确“驻藏代表”与驻锡金政治专员的权限关系。

1942年7月，噶厦在英国的唆使下成立“外交局”，以贡觉仲尼、索康札萨主管。两人宣称：“外交局设立始于十三辈达赖，现为减少噶厦之繁剧事务，以办理中国及其他外国交涉事件。”记者询问“西藏政府是否认西藏为中国领土”，两人不答而称“俟战后再谈”。[147]噶厦却对英国“驻藏代表”宣称：“鉴于近来西藏在对外事务方面面临着一些急迫的本质问题，根据几年前十三世达赖喇嘛提出的建议，噶厦决定成立新的外交局。”[148]

在这种情况下，英国调整“驻藏代表”的性质，并采取一系列加强措施。9月7日，薛穆致函艾登，宣称：“英国驻藏代表报告西藏外交局7月成立，以前同噶厦打交道，今后则同该局打交道”，因此须明确“驻藏代表”为驻锡金政治专员的助手。[149] 1943年3月，英印政府给噶厦一份备忘录，宣称派驻拉萨的代表是英国驻锡金政治专员的“助理员”。[150]4月9日，武官出生的沙尔夫抵达拉萨，新任“驻藏代表”。国民政府认识到：“在目下情形中，英方破例改派武官驻藏，实另有含义也。”[151]果然，他上任后即对噶厦称：“英驻藏人员应与中国驻藏行政机关享受同样权力，中国机关存在一日，则英方机关亦有存在之必要，如中国机关撤回，则英人亦可撤回。”国民政府指出：“查英官驻藏，向无成例，过去系藉游历为名，留居西藏，故藏方对彼等从未加称代表，今发出此种言论，显系蔑视我主权。”[152]

至1946年底，英国“驻藏代表处”由三大部分组成，“均属印度文官系统Indian Civil Service。行政经费，亦出诸印度国库”。（1）主管部分为英籍代表1人，由黎吉生担任，归英国驻锡金行政长官（Political Officer in Sikkim）指挥。代表之下，有“锡金籍秘书随员五六人”[153]。（2）医院。设医官1人，由格斯瑞（Major J. Guthrie）担任，“并有锡金籍医生、尼泊尔籍药剂师各一人协助之”[154]。（3）无线电台，由福克斯（R.N.Fox）主持。黎吉生却声称：“代表团的规模是很小的，包括一位官员和两位文书，一位医官和少量医务人员，一位无线电报务员。”[155]

在英国的殖民主义侵略中，驻锡金政治专员、驻江孜和亚东商务委员、“驻藏代表”三者之间构成侵略中国西藏的一个体系。中国驻加尔各答领事馆职员保君建1942年10月30日报告：“英驻锡金政治官一人，其下有二副政治官，均为军人，分驻甘（江）孜Gyantse及雅（亚）东Yatung，有商务保护队七十五人。锡金简呼在甘（江）孜者为British Trade Agent，驻雅（亚）东者藏人呼之为Tibetan Trade Agent。”其中“商务保护队”实际上是一种武力威吓的驻兵，1942年9月驻江孜副政治官员的卢德楼（Loodlow，Ludlow）上尉就以“商务考察”为名，“率领一部分商务保护队前往拉萨”。[156]国民政府认为：驻江孜、亚东之商务委员，“性质为商务官，职位略同领事”[157]。“驻藏代表”在这个体系中具有独特的性质，英方宣称：“在理论上，英国驻拉萨代表不过是驻锡金政治专员的延伸，要对其直接负责。”它又把“驻藏代表”称为“拉萨职位（the Lhasa post）”，是“驻锡金政治专员的一个前哨，甘托克的延伸”。“驻藏代表处”虽然“最终扩展了场所，格外增加了医务官这样的人员”，但“严格来讲从来就不是外交使团”，因此“其存在并不意味着英国正式承认西藏为一个主权国家”。[158]因此，柳陞祺指出：“后来国内外的一些著述将该机构称作英国驻拉萨的领事馆，显然是错误的。”[159]

英国企图避开国民政府，以“驻藏代表处”和“驻藏代表”与噶厦直接打交道的用意非常深刻，黎吉生即宣称：“对西藏政府来说只要在拉萨存在着中国政府的压力，一位英国代表就应当在那里。”又称：“它的存在对西藏的各个阶层都建立了更亲密和友好的关系，并对西藏的政策和要求造成了更亲切和彻底了解的可能。”[160]而“噶厦在英人唆使下成立‘外交局’，要独立搞外交。遭到国民党政府的严厉指责，噶厦虽然不敢把国民政府当作外国对待，但“外交局”仍然存在，并与外国特别是英印政府（后来印度独立又与印度政府）、尼泊尔政府及其他如美国来往”[161]。因此，收回外交权成为新中国要解决的重大问题之一。

值得指出的是，噶厦对英国“驻藏代表”、“驻藏代表处”的态度与对蒙藏委员会驻藏办事处的态度是不同的，体现了他维护中国统一的一面。英方很不满意，宣称："孔庆宗博士，吴忠信的继任者，一名中国政府蒙藏委员会的高级官员。他认为他的职位是该委员会驻拉萨办事处，噶厦看来并未争辩此点。他还被准许在拉萨开设中国诊所，安排住院医生，此举在于与正在修建的英国医疗所竞争。吴忠信和孔庆宗都很容易与西藏最高级别的官员接触。中国政府蒙藏委员会驻拉萨办事处现在称之为常设的分支机构，孔庆宗明显能维持他的位置，而与此同时，虽然英国驻藏代表1937年就出现在拉萨，但是直至古德入藏结束之时，西藏仍未正式承认其为英国设在拉萨的永久机构。"[162]

（三）驻军权、商埠权、治外法权等：控制中国西藏的枷锁

除了"在拉萨派驻有外交代表身份的官员"外，英国还攫取了其他方面许多特权，即"在亚东、江孜派驻军队，设立军营仓库，享有邮政、电报及驿站等特殊设施，英国在亚东、江孜、噶大克派有比领事职权还大的商务代表"[163]。

首先是驻军权。在前述致荣赫鹏函中，英印政府宣称："占领春丕谷一个相当的时期，作为支付赔款和履行条约的一个抵押品。"荣赫鹏遵照这一指示，在《拉萨条约》中强迫噶厦同意驻军。俄国政府反对，认为：英国政府强加的赔款，"实非西藏人所能偿还。从而对春丕谷的占领，势将无限期地延长"。英国政府辩称："目前我们在该'国'既没有派一个政治代表，也没有派英国军队，只有一小队英军驻在该'国'非常遥远的角落。"[164]中国政府反对，英国提出每年还款10万卢比，为期25年，英军驻春丕谷25年。商定为清政府代西藏还款，3年还清，还清后英军撤出春丕谷，条件是中国承认拉萨条约。[165]其结果，250万卢比赔款由中央政府赔偿，英军在春丕谷军队于光绪三十三年十二月撤退。1908年4月20日，中英双方签订《藏印通商章程》，其中规定："中国允在各商埠及往各商埠道中，筹备巡警善法。一俟此种办法办妥，英国允即将商务委员之卫队撤退；并允不在西藏驻兵，以免居民疑忌生事。"[166]

1910年，清政府推行藏政改革，加派军队，英国予以干涉。它提出照会："查一千九百八年西藏《通商章程》第十二款，有各商埠筹办巡警之语。夫巡警责任甚简，以华军大队从事，英政府不能相信。故如欲驻扎华军，其数未便过多。"清政府复照指出："中国政府声明各节，原系推诚相告，然不能因此于中国在西藏固有之主权，稍有减损。""巡警一节，业经陆续开办，总以足数弹压地方为止。即华军驻扎边界，亦但使地方宁静，其数本无取乎过多。"英国政府回称："中国政府

在西藏边界驻扎华军，如其数过多，必致印度政府或各邻邦一律对待，曾经照会在案。兹本国政府近因接有报告，恐英国驻藏护兵遇有攻击之虞，为便于增加护兵之兵力，现正派兵队驻于那塘地方。该英军专为保护驻藏英国官员起见，若非遇极危迫之事，该驻军去不过界。惟达赖回藏之后，若有他故，致主变乱有关系英民性命财产危险之处，则驻扎那塘之军立即入藏保护。”又称：“江孜等处，英兵无多，深恐忽遇变乱，力难支持，故派兵驻于边境，以便救应，并无他意。盖此次英国派兵，实见西藏南部将有乱事，不能不预为防备。”清政府指出：“既恐藏南有乱，似可有中国派兵弹压保护。”但英国政府回称：“亦无不可，惟印度甫经派兵，中国忽有此举，似乎近于抵制，亦防冲突。”[167]英国就是这样不顾中国政府的反对，无理派驻军队的。

其次是商埠权。《中英藏印条约》规定，在6个月后商议如何“藏哲通商”，使“彼此均受其益”。双方商议时，英方“欲在仁进冈入藏一百五十余里之法利城，即帕克哩设关通商，并俟十年后再定入口货税”，中方不同意，最终商定“在交界之咱利山下亚东地方，为英商贸易所，并定进出口税，自五年期满，酌定税则。至印茶入藏，最为藏人所反对。但未便在通商约内禁其入境。惟有援华茶入英之例，重征其税，并俟五年限满，方可运入”。[168]1893年12月5日签订之《中英藏印续约》规定：其一，亚东开埠与贸易、租赁住房栈所。“藏内亚东，订于光绪二十一年三月二十六日，开关通商，任听英国诸色商民，前往贸易；由印度国家随意派员驻寓亚东，查看此处英商贸易事宜”；“英商在亚东贸易，自交界至亚东而止，听凭随意来往，不须拦阻；并可在亚东地方租赁住房栈所。中国应允许所建住房栈所，均属合用。此外另设公所一处，以备如第一款内所开印度国家随意派员驻寓。其英国商民赴亚东通商，无论与何人交易，或卖其货，或购藏货，或以钱易货，或以货易货，以及雇用各项役马夫脚，皆准循照该处常规，公平交易，不得格外刁难。所有该商民等之身家货物，皆须保护无害。自交界至亚东，其间朗执、打均等处，已由商上建造房舍，凭商人赁作尖宿之所，按日收租”。其二，免税。除了“各项军火器械暨盐酒各项迷醉药”外，“其余各货，由印度进藏，或由藏进印度、过藏哲边界者，无论何处出产，自开关之日起，皆准以五年为限，概行免纳进出口税。俟五年限满，查看情形，或可由两国国家酌定税则，照章纳进出口税。至印茶一项，现议开办时，不即运藏贸易。俟百货免税五年限满，方可入藏销售，应纳之税，不得过华茶入英纳税之数”。[169]

按照此约，藏民族按照传统入锡金境游牧大受限制，而“通商事英人独得利益”，因而大为反对；“对于亚东开埠之事，亦绝对不肯实行”。英国政府乃借口“藏人不肯履行条约”[170]，派荣赫鹏率兵入藏，提出江孜、日喀则、拉萨、噶大克开为商埠，还提出要在其他地方开辟商埠，“例如今后可能在西藏东部发现的合适之处”[171]。《拉萨条约》规定：其一，不仅亚东而且江孜、噶大克也“即行开作通商之埠，以便应藏商民任使往来贸易”。《中英藏印续约》中“凡开涉亚东各款，亦应在江孜、噶大克一律施行”。并规定除在亚东、江孜、噶大克“设立商埠外，西藏应允所有现行通道之贸易，一概不准有所阻滞”，还规定“将来如商务兴旺，并允斟酌另设通商之埠，亦按以上述之章一律办理”。其二，免税贸易与英国派人驻扎商埠内。“西藏允定除将来立定税则内之税课外，无论何项征收，概不得抽取。”“西藏应允所有自印度边界，至江孜、噶大克各通道，不得稍有阻碍。且应随时修理，以副贸易之用。并于亚东、江孜、噶大克及日后续设之商埠，各派藏员居住。英国亦派员监管各该处英国商务。”[172]

由于《拉萨条约》是英国强迫西藏地方政府签订的，尚须清政府批准。1908年4月20日，中英双方签订《藏印通商章程》，英国所获权益极大：其一，进一步规定了江孜商埠界线，并允许英国商务委员、英印人民“得在各商埠内，租地建筑房栈”。虽然规定“除在此处外，不得在他处建筑房栈”，但是此一规定“不得损及英印人民在此处以外租佃房栈、居住、存货之权利”。其二，关于商埠内通商与商埠外通商的关系，规定：“凡往各商埠之英国官民以及货物等，应确循印藏边界之商路前往，不准擅往商埠外各地，不得由亚东、江孜，无论由何道路绕入藏属内地，以往噶大克；亦不得由噶大克，无论由何道路绕入内地，以往江孜、亚东。惟印度边界土人，向在藏属居住贸易者，因习惯既久，仍得照旧按通行规例往来贸易。但此种人如是往来贸易居住时，应仍按向例服从地方管治。”其三，关于英印商人的财产安全，规定：“凡英国官商在商埠内及往商埠道中之身家产业，应随时由巡警局及地方官实力保护。”“凡官商往来藏印，其公私财产货物途中被劫，应即报明巡警官，巡警官应立即设法拿获劫盗，交地方官立即审办追赃。如盗犯逃至巡警局、地方官权利不及之地，不能缉获，则巡警局及地方官不任偿失之责”，否则就要偿还。此外，还对货物交易形式等权利作了规定，即：“英国人民可任便以货物或钱银交易，任便将货物售予无论何人，任便由无论何人购买土产货物，任便雇赁运载夫马，并任便照地方常规办理一切贸易事宜，不得格外限制刁难，亦不得抑勒强逞。”其四，关于各商埠内的权力，规定：“各商埠治理权，应归中国官督饬藏官。”各商埠商务委员与边界官“均须合宜品级”，双方“因意见难合，不能断定之事”，由驻藏大臣及英印政府“核办”。如驻藏大臣与英印政府“不能断定之事”，“由中英两国政府核办”。这个通商章程还规定：“此次章程，自两国全权大臣及西藏代表员签押之日起，应通行十年。若期满后六个月内，彼此俱未知更改，此章应再行十年。每至十年，俱照此办理。”[173]这个章程给中国带来的危害，正如曾任蒙藏委员会驻藏办事处英文秘书的柳陞祺指出：“其中规定每届十年，可提出修改，否则即继续生效。许多英帝的特权，如在西藏设立所谓商务委员会处，沿途设置驿站，架设电报线，派驻卫队等等，都是根据这一不平等条约。”[174]

再其次为治外法权。咸丰六年之《西藏尼泊尔条约》，赋予在藏尼商之治外法权。援引此例，英国在《中英藏印续约》中要求清政府赋予英人治外法权。该约规定：“凡英国人民在藏内与中藏人民有争辩之事，应由中国边界官与哲孟雄办事大员面商酌办。其面商酌办，因为查明两造情形，彼此秉公办理。如两边官员意见有不合处，须照报告所供，按伊本国律例办理。”[175]《藏印通商章程》进一步规定：其一，关于在藏英人、印人与中国居民之间发生的诉讼案件，英国商务委员拥有会同查讯和主审职权，即：“如英印人民在各商埠与中藏人民有所争论，应由最近商埠之英国商务委员与该商埠裁判局之中藏官员会同查讯。其会同面议之意，系为查明实情，公平办理。如有意见不合之处，应按照被告之国法律办理。凡属此种交涉案件，均由被告之国之官主审；其原告之国之官之可会审。”其二，在藏英印人与英印人之间“因身家产业之权利而起之事，俱归英国官管理”，即：“英印人民在各商埠及往各商埠之商道中，有犯罪者，应由地方官送交最近犯罪之商埠英国商务委员，按印度法律审讯惩办。但地方官于此种英印人民，除应行拘禁外，不得格外凌虐。中藏人民有对于各商埠内或往各商埠之道中之英印人犯罪者，应由中藏地方官拿获，按律惩办。两面审办之法，俱应至公且平。凡中藏人民到英国商务委员处控诉英印人民，中藏官得有派员往英国商务委员公堂观审之权利。凡英印人民到商埠内裁判局控告中藏人民之案件，英国商务委员亦得有派员往裁判局观审之权利。”其三，“西藏大吏遵北京政府训令，深愿改良西藏法律，俾与各西国律例，改同一律。英国允愿无论何时，英国在中国弃其治外法权。并俟查悉西藏律例情形，及其审断办法，及一切相关事宜，皆臻妥善；英国亦即弃其治外法权”。其四，“英国官商雇佣中藏人民合作事业，不得稍加限制。此种受雇之人，亦不得稍加扰害。于西藏人民应享之权利，亦不得因此稍受损失。但此种人于应纳赋税，不能豁免。如有犯罪情事，应归地方官按律惩办，雇主不得稍加抗匿”。[176]

攫取这些权益后，西藏受到英国和英印极大的控制，致使西藏与中央政府的关系难以改善。

在军事上，英国自强迫签订拉萨条约后，一直在江孜、亚东两地“驻戍重兵”[177]。1934 年黄慕松入藏期间，发现英国在亚东有租界，“驻有英国商务代办、电报局长，及印度官一人，印度兵二十五名”[178]。1939 年吴忠信在入藏途中进一步发现，英国将驻军权与商埠权结合起来使用到极致：在亚东，“英人根据光绪十九年藏印续约及三十年英藏条约，在亚东设置商务委员并驻军队……英人为控制亚东计，复在下司马建立营房，设邮电局、医院及学校等，遂废下司马之名不用，而名之为亚东，意在将亚东地点北移，俾便内蚀。商务委员及印度兵二十五人即驻扎于此”[179]。在江孜，英人“驻印兵二十五名，由一英籍上尉军官统率，外有印籍排长四名，英籍医官一名。英人在江孜亦设有商务委员，及电报局、电话局，电话可通拉萨及印度噶伦堡”[180]。至 1946 年 10 月，“江孜、亚东各驻印军五十名，但江孜一处之营房，可容军士五百名；两处均有英籍军官统辖”[181]。

在经济上，亚东辟为商埠后，英国开通亚东到甘托克之路，设置电话、驿站，使之成为“西藏通往印度并且是向外交往的唯一出路”[182]。吴忠信发现英人“自冈多（即甘托克）起至江孜止，每隔相当距离即设驿馆一所，以利行旅，其经营西藏之计划亦云密矣”[183]。而各个商务委员在英国侵藏活动中具有特别明显的地位，英国还采取了一系列便利的措施。且不言驻亚东、驻江孜商务代办的作用，就以驻地处荒凉、遥远、人烟稀少的噶大克的商务委员而言，就可证明英国用意之深。一位多次到西藏西部游历的印度人在其著作中描述说：“每年驻半年，照顾印度行商，配 25 名士兵。英国商务代办（即商务委员）每年 5 月从甘托克出发，赴噶大克，巡视重要商业点，11 月从方便的山口返回印度，也就是说驻任时间在夏季。1947 年 8 月 15 日印度独立，英国商务代办（British Trade Agent）成了印度商务代办（Indian Trade Agent）。附随一流动邮局，当他在西部西藏时，一周收发一次。印度距神山圣湖地区最近的邮局是距普兰（Taklakot）30 英里的噶尔江（Garbyang）和距姜叶马（Gyanima）65 英里的米兰（Milam）。”[184]

英印政府利用贸易问题向噶厦施压，蒋介石的侍从室 1944 年 12 月 7 日致电蒙藏委员会指出了此问题：“据报，英印政府施行禁运货物禁令后，西藏方面煤油、食物之价格均高涨不已。在噶林堡之藏商曾向驻雅东地方之藏政府贸易官请求转向锡金之英政治官及大吉岭地方官并孟加拉省省长接洽解除禁令，惟迄未获英方答复。而藏人之经营出口商、输货往藏者，均被英印派警捆送噶林堡警察局监禁。藏商对此极为愤怒，经雅东藏商贸易官呈请西藏政府向英印严重抗议。又英印行政官对于西藏官员如驻雅东贸易官及唐梅并格林拉泽等人，则暗中允许用官价购买物品运入西藏者，故其他在印之藏官员均欲活动得用官价购货入藏，藉资牟利。”[185]总之，“英国在藏设有邮政电报，江孜、亚东两地建有巨大营房，常川驻扎军队；英货可以免税入口；英人可以自由贸易。因此常能左右西藏之政治，对我主权损失至巨”[186]。在这种情况下，噶厦中一些人对于改善与中央政府的关系心存顾虑，沈宗濂在1946年11月6日致蒙藏委员会委员长罗良鉴电中，就此指出：他们“在中央势力未达到前，不敢吐露真意。揣其心理，一系慑于英人虚声，且亚东、江孜有英驻军威力……有所畏惧；一面心存观望，欲挟英以自重。倘我能向英交涉，取消驻军，此少数人之心理亦将大有改变”[187]。

不仅噶厦曾幻想曾遭受殖民统治的印度会归还英国攫取的权益，就是蒙藏委员会驻藏办事处英文秘书柳陞祺也曾相信“中印两国推翻西方殖民主义统治之时，也就是我国西藏地方摆脱英国势力控制之日”[188]。然而，印度竭力继承、维持上述权益。英国政府在《中国局势——1948年7月每月概要》文件中，专门有一小节《英国在藏权益》，说：1948年7月初，蒙藏委员会要求外交部同英国政府谈判“废除所有在藏特权”。“或许，蒙藏委员会所认为的特权是商埠。根据1904年条款，英国臣民有权进入商埠进行贸易。不用说，这一特权对于印度联邦来说极其重要。印度还不能不决定遵循麦克马洪线（西藏、西康和阿萨姆之间边界）。”[189]可见，英国政府认为商埠与麦克马洪线为印度眼中最重要的两项权益。1948年5月21日，印度驻华大使潘尼迦（Panikkar）向尼赫鲁提交一份《西藏未来及其在印度政策中的作用》的报告，列举了四项侵藏权益：西藏“自治”、驻藏代表、商业利益及“麦克马洪线”；这四项反映了印度的真实意图。1950年11月1日，印度政府照会中国政府，也列举了四项：驻拉萨的代表、驻江孜和亚东的商业代表、江孜驻军、邮政和电讯；这几项未再提西藏“自治”及“麦克马洪线”。1952年2月，印度政府又递交备忘录《关于印度在西藏利益现状》，进而将这几项更详细分列为七项：驻拉萨的“使团”、驻江孜和亚东的商务代表处、驻噶大克的商务代表处、在商业市场以外地方进行商业的权利、在到江孜的商路上的邮政及电讯机关、驻军江孜、朝圣的权利。它宣称：这些权利是基于“惯例和协定”而得到的。无论怎样列举，印度企图：第一，继承英国的喜马拉雅山南北两麓的战略，迫使中国政府承认西姆拉草约，以建立所谓“缓冲区”；并迫使中国政府承认它控制或吞并传统上与中国有着密切关系的锡金和不丹两国。第二，维持在藏既得权益，包括驻藏“代表”，驻江孜、亚东和噶大克的商务代表，驻军权，治外法权，经济特权，电讯权等。第三，侵占“麦克马洪线”以南中国领土。

二、英印私相授受与国民政府的抗议和交涉

英国首相艾德礼（Clement Richard Attlee）宣称，计划在 1948 年 6 月前退出印度。接着，英国政府制定了退出的两大步骤，即“印度王公土邦应成立新行政机构”，及“印度独立后以前与英国所订立之条约不能适用，应另订新条约”。[190] 按照第二项，英印强加给中国的攫取西藏权益的一系列不平等条约或章程也应废除。但是，英国不仅要求中国政府继续承认，而且企图强迫中国政府承认非法的“西姆拉草约”。国民政府坚决反对，展开了一系列的交涉。

自 1943 年 1 月 11 日《中英新约》签订后，负责西藏问题的官员多次要求国民政府通过谈判废除英国在藏权益，噶厦也曾“请中央主持废约”[191]，即要求国民政府废除《藏印通商章程》之类不平等条约。因此，外长宋子文在 7 月出访英国期间一开始就提出西藏问题。英国外长艾登则宣称，英国“关于中国对西藏的宗主权问题”“和中国的立场是不一样的”[192]，即:“英之态度仍认西藏在中国宗主权下为自治邦，英与印度对藏均无领土欲望。但重视西藏与印度间务须保存友好关系，及与印度西北毗邻之疆域保持和平状况。”[193]

见外交部交涉无果，蒙藏委员会要求采取进一步的行动。1944 年 1 月 27 日，蒙藏委员会驻藏办事处处长孔庆宗指出:“自不平等条约废除，英在江孜驻兵已成问题，拉萨设官尤无根据。”[194]3 月，蒙藏委员会采纳孔庆宗的建议，向国民政府提出:“现在中英已成为同盟国，更为去年中英已结新约，英人已宣言放弃在华所订不平等条约的各种特权，西藏为中国领土，凡清末民初正式或非正式对藏所（缔）结的开放亚东、江孜、噶大克等为商埠和在江孜驻兵设邮等等条约，都在取消之列。应请枢府……饬外部根据《中英新约》向英方提出交涉，请英方履行条约，尊重中国主权，撤退江孜、亚东驻兵，江孜暨帕里克等处邮电局移交我方接收，驻藏英领应由我政府批准，以维主权。英人为顾虑共同作战关系，将不便坚持，我方如能在短期内收回主权，藏人见英人让步，失去后援，当易于就范，否则待至战事平定，英方既不愿放弃经营数十年已得的成果，藏人再用挟英自重的政策，解决藏事就要相当的烦难。”[195] 可见，蒙藏委员会要求国民政府利用《中英新约》的签订和战时同盟国的时机，尽快采取行动，废除英印攫取的

在藏权益。

国民政府还未采取行动，英印政府却向国民政府施压接受“西姆拉草约”。古德于7月1日至3日邀请接任蒙藏委员会驻藏办事处处长的沈宗濂到甘托克讨论。古德宣称：当时中国政府未批准“西姆拉草约”的原因有三：“（一）西藏与内地划界问题；（二）协定草案中词句有不妥之处；（三）当时中国无有力政府负此责任。”并称：尽管中国政府未批准，但是“解决西藏问题，西姆拉会议已有良好之基础”。沈宗濂指出：“西姆拉协定既未批准，当然不能作为根据。”古德回称：“余以英人立场，希望在印度政潮再度爆发前，西藏问题得以解决。”沈宗濂予以拒绝，并向国民政府汇报说：“英人恐政潮再度爆发时，不能兼顾西藏问题，而我国立场则与之相反，此中关键及如何运用，均属微妙。因系私人谈话，不便轶出范围，故未与继续讨论。”[196] 看来，沈宗濂深知蒋介石和国民政府当时并不着急，在等待时机。

抗战胜利时，沈宗濂认为时机到来。他指出，虽然《中英新约》已经签订，“而英人在亚东、江孜驻军及印藏间邮政依然”[197]。他提出建议：利用1942年2月蒋介石访印的影响，“在联合国支持印度独立。同时由国民党中央派员同印度国大党会谈，订立君子协定，澄清印度独立后与西藏的关系，要其承认西藏是我领土的一部分”[198]。而国民政府仍未采取积极步骤，1945年8月行政院长兼外长宋子文在英国访问时曾就战后系列问题进行协商，但其中不包括西藏问题。抗战胜利时的有利时机就这样流逝！

英印却在此时开始加紧了私相授受的步伐。1946年9月25日，黎吉生到江孜与沙尔夫会谈。接着，黎吉生到新德里商议改组英印政府文官处及边政机构，提出“对目前所有之殖边机构，拟请印度过渡政府暂予保留，至印度正式政府产生后再行支出”[199]。英印政府一方面“进迫印边，为恫吓西藏，保持其在边疆之地位”，一方面“鼓励西藏政府与印新政府树立外交关系，希冀英藏一切条约协定继续有效”。从这些行动中，噶厦敏感地意识到英印政府在私相授受，派“外交局”局长索康到甘托克和新德里，其“用意在探视印度独立情形，并与尼赫鲁等会晤，以决定西藏之立场”。[200]

这时，蒋介石才重视起来。他决定派遣沈宗濂到新德里同尼赫鲁交涉，于10月21日指示外交部长王世杰，说：“印度政府此种对藏态度，极堪注意。查沈处长宗濂与尼赫鲁系旧识，除已嘱其乘此次派赴尼泊尔授勋经过印度之便，可往访尼赫鲁，与其洽谈，以视其反应如何，再定交涉方针外，特电知照，并希对沈处长特加指示为要。”[201] 针对索康与尼赫鲁的会晤，蒋介石于11月10日对王世杰担心地说："似此西藏与印度又发生外交关系，西藏在外交上势将发生一大转变，对西藏之政局恐亦将有变动。"[202]

王世杰乃拟定沈宗濂同尼赫鲁的谈话要点，其中之一即为缔结《藏印安全保障条约》、修订中英关于西藏各项条约："西藏问题中国愿用和平方式解决，中国并无以武力解决之意，中国对于西藏政教制度，决尊重藏人意见，予以维持，西藏现无中央部队驻守，将来西藏复归中央实际统治，中国亦不拟在藏驻重兵。中国绝无以西藏为基地侵略印度之意，因交通不便及喜马拉雅山阻隔关系，根本上亦乏此种可能，为祛除此种疑虑起见，中国愿与印度政府订立《藏印安全保障条约》。中英关于西藏之各项条约，最近者亦达四十年左右，已不合现在情形，亟应修订。在未修订以前，中国政府对于英印在西藏之条约上权利，仍愿予以尊重。"[203]沈宗濂也于10月24日向国民政府强调：英国在江孜、亚东二埠驻兵，其中江孜离拉萨161英里，"威胁甚大"。他要求"密令驻英大使，试向英政府要求撤退二处驻军"，认为："西藏对此，向表赞同，并曾声明：'如有必要，西藏可派遣人员前往伦敦，协同中央，办理交涉。'想撤退少数之驻军，无关大局，工党内阁或不致十分坚持也。"[204]但是，沈宗濂陪同西藏出席国大的代表到内地后，未返藏回任驻藏办事处处长之职，并于1947年5月辞去蒙藏委员会驻藏办事处处长之职，担任上海市政府秘书长，国民政府通过他与尼赫鲁会晤进行交涉未能举行。

与此同时，国民政府设法取消英国非法设置的驻藏代表处。国民政府外交部于1946年10月30日指出："查中英关于藏事各条约，并未规定英人有派代表赴拉萨或驻拉萨之权。即就一九一四年中英藏三方在西姆拉（Simla）所订之条约而论，（我方未正式签字，不承认其效力，英方则认为有效），亦只规定英驻江孜之商务委员于不能就地解决，又不便以书牍交涉之事项，始可前往拉萨交涉。英方此项派遣，显系违背条约。"[205]蒙藏委员会驻藏办事处指出：其一，英国驻藏代表处为何称为British Mission。"英人于我留置专使行署之后，设立所谓British Mission，顾名思义，似属临时性质。惟迄今十一年余，继续相沿，从未间断，亦未更改名义，用意殆在规避国际责难，暨对我交涉时便于措词。"其二，英国将驻江孜商务代办与驻藏代表处合为一系统。"现任主官黎吉生之全部职衔为江孜英国商务代办兼理拉萨事务。查其根据，系因一九一四年西姆拉会议草案第八款有下列之规定：'大不列颠驻扎江孜之商务委员，如遇在江孜不能了解之事件，得有前往拉萨办理之权。'该草约曾经英藏代表签字，则目下黎氏以其本职江孜商务代办之名义，常驻拉萨，以作政治之活动，似藉上述根据未必要时掩护之工具。"[206]

尽管国民政府作了这样的论证，但是未进一步采取有力的措施，交涉英印政府取消其“驻藏代表处”。

而黎吉生于1947年5月向噶厦提出备忘录，宣称：(1) 1914年在西姆拉所订的“藏英条约”内容及附订的通商条约等，在印藏双方未订新约以前，印度政府愿承担义务，照旧遵守现有之条约；(2) 江孜、亚东、噶大克商务委员、驻拉萨代表照旧留任。[207] 他后来对这两点作了解释，宣称：“英国向印度新政府转移权利与义务的结果，印度新政府除了继承英国与西藏的边界作为印度与西藏的外，还受1914年英藏西姆拉条约的约束，以同年英藏共同声明所作的修改为准。这样接受了的关系1943年的备忘录中曾作过最近的解释……备忘录说明，英国没有无条件地承认中国对西藏的宗主权。印度政府根据这些协议，也取得了治外法权——在江孜、亚东、噶大克保持商务代办并得驻有少量军事卫队；有权审讯商埠内英国属民间的案件；有权与西藏当局联合审问英国属民与西藏人或其他国民之间的纠纷，另外还继承了印度边境与江孜之间的电讯设备及台站，这些在一个时期内是由印度出资维持的。”[208] 显然，英国政府不仅强调非法的“西姆拉草约”，向印度政府私相授受侵藏权益，还提出“麦克马洪线”问题，企图在中印之间留下领土争端；也提出西藏的政治地位问题，为继续分裂中国埋下伏笔。7月16日，英国政府印度事务部致电印度政府对外事务和联邦关系部（Government of India External Affairs and Commonwealth Relations Department），进一步阐述了这一企图：“陛下政府同意按照你所说，在合适时机（向西藏）阐述大英帝国（在西藏）的地位。陛下政府将会感谢，如果指示黎吉生在商定的时间里告诉西藏政府，不管印度和巴基斯坦这两个自治领8月15日在大英帝国的地位变化如何，陛下政府都将继续友好地支持西藏人民的未来繁荣和维持西藏自治。作为回报，陛下政府希望西藏政府同意继续维持现有的友好条约，因为陛下政府希望这些条约为大英帝国驻新德里高级委员或其专署成员不时访问拉萨提供安排。”“如果印度政府同意，黎吉生还可以补充，陛下政府相信8月15日之后，西藏本身和印度之间多年来的密切而热诚的关系，将由印度政府继承而继续下去，黎吉生要向西藏解释现有条约条款所规定的权利和义务因此要转移给印度。”“陛下政府将会感激，如果印度政府以目前情况下最合适的方式，代表大英帝国政府以相同的但已作必要修改的词句，向不丹政府表达亲善和维持已有利益的态度而不论自治。”[209]

印度于7月9日宣布独立后，当即采纳前述黎吉生提出的建议，继承了英国驻锡金政治专员制度[210]，并以大雅尔担任驻锡金行政长官。8月15日，印度政府将英国“驻藏代表处”改为印度“驻藏代表处”，同时将驻亚东、江孜、噶大克的英国商务代表改为印度商务代办。黎吉生宣称：“这种转变几乎是为人所不察觉的。现存人员全部留任，唯一的改变是换了一面国旗。差不多过了一年，英国的公职外科医生被一位印度医生所代替，一位印度官员被派来在英国的主管官员之下，接受训练。”[211]本来是反抗殖民统治而独立的印度，却仍然由帝国主义侵略分子、英人黎吉生来负责其驻藏代表处，“是件令人惊异的事”[212]。在驻军上，噶厦要求撤走军队，所得“回答可能是这样的，虽然印度的官方意见也常常提出这个虽然是不必要的、人力与金钱支出的军事卫队问题，但作为将来与中国谈判时的一个讨价的筹码，这一权力还是值得保持的”[213]。在色拉寺、噶丹寺学习过的堂克喇嘛 1949 年叙述说：“从江孜西南行四五百里至亚东，每五十里有一邮电站，均驻有英印军队。英帝国主义并在江孜设有军事训练团，培养镇压西藏人民的藏军官兵。而操训部队的口令，全用英语，服装也是英国式。去年春天，英国更公开地派遣了约一千名的军队，驻扎在拉萨西南二十站路程的一带地方。”[214]1954 年中印谈判时，只江孜一地“就有印军近 100 人”。印度还提出种种要求，如不仅要把亚东永远作为自由港，“而且要扩大自由贸易范围，要求江孜、日喀则和拉萨也要和亚东自由港一样”[215]。总之，印度“在处理与西藏地方的关系时，不仅企图永远保持旧有特权，还想撇开中国政府进行活动。在公开正式的文件中他们仍然把西藏称为国家，甚至提出要随时自由地来藏视察其在亚东、江孜的‘商务代表处’和驿站，并企图继续享有驻扎卫队的特权”[216]。蒙藏委员会驻藏办事处处长沈宗濂总结指出：“此时，英国发现其在印度的地位不保，1947 年 8 月 15 日，具有日不落神话的大英帝国将其在印度的权力移交给印度独立的政府。同一天，在只有几名英国驻藏成员在场的静悄悄的仪式中，英国国旗降下，升起了印度的三色旗。在亚东和江孜的两个常设商埠和噶达（大）克的一个临时代办处，以及拉萨的常驻机构，都以‘印度’两字取代了‘英国’。按照印度领导人的说法，他们在当地享有‘未界定的权力’。”[217]

不仅如此，英印两国还加紧了分裂中国的活动。潘尼迦宣称：亚洲甚至全世界未来的和平，取决于印度与英国的关系在 1947 年的重组情况，中亚细亚、南亚次大陆及印度洋的安全责任由印度来承担，“新疆与西藏的中立”对于印度的利益极其重要。[218]英国特别安排了由印度召开的泛亚洲会议。黎吉生“以印度行将独立为诱饵，唆使西藏酝酿独立之要求”，并“以印度政府召开泛亚洲会议为词”，胁迫藏政府“组织代表团赴印参加”[219]。按照黎吉生所称，“在这次对印度的访问中，西藏代表团会晤了甘地和尼赫鲁，和印度领导人之间的亲密关系，又前进了一步。这对即将来临的、向新的印度政府转移权力，是十分必要的；为此，自大战结束以来，驻拉萨的英国代表团就在使西藏人有所准备”[220]。显然，“英人在藏之阴谋，在使西藏脱离中国版土，沦为英之附庸，以遂其侵略中国边疆之目的，业已昭然若揭”[221]。而企图维持现状的西藏摄政达扎与噶厦，忧虑“是否还能得到像英国人时代的外交支持”。英国政府保证英印两国政府“将与西藏在对华交涉中保持旧有的关系”[222]。双方达成一种谅解：“即印度政府作为英国政府的继承者，将继承并遵守英国和西藏所订条约的义务。同时也谅解西藏将通过英国驻印度的专员与英国保持接触，如果形势需要可以访问西藏。”[223]对这一切，英国后来在1961年的一份文件中承认：“1947年，随着在印度权力的更替，英国政府放弃了所有英藏条约中关于在西藏的特权和责任，印度政府继承这些特权和责任。与此同时，英国政府通知西藏政府，表示将继续友好地关注于西藏人民的繁荣和西藏自治的维护。”[224]

显然，印度政府继续推行英国“一个内湖、两个同心圆及三个缓冲区”的战略，仍然希望实施西藏“自治”，作为中印缓冲地带。它认为：只有将西藏高原与喜马拉雅山连成一体，才能“防范北方潜在敌人”，因此“维持作为缓冲区的西藏的地位，对印度来说，无论是从防御外敌入侵的观点来看，还是从印度内部防卫和安宁的利益来看，都是至关重要的”[225]。它“不仅企图把中国阻挡在外藏地区之外，还企图强占外藏地区的一部分土地，声称属于印度帝国”[226]。12月，尼赫鲁会见中国驻印大使罗家伦，宣称印度视西藏为一“自治”地区，只承认中国对西藏的“宗主权”。印度某些政党和报纸就此指出：“西藏要成为印度大陆与中国共产主义的‘缓冲国’，以阻止共产主义的南下。缓冲国是假，要把西藏变成印度帝国的一个类似当时锡金的一个土邦是真。”“尼赫鲁在表面上承认西藏的自治，但他的自治的含义是西藏保持在印度控制下的自治。”[227]这理所当然遭到国民政府的反对，黎吉生承认：“中国人从来也没有承认英国政府和后来的印度政府在西藏所建立的地位。”[228]

在上述过程中，国民政府希望通过与印度签订条约来解决有关问题。在1947年2月25日行政院决定以罗家伦担任首任驻印大使的同时，《中央日报》称“中印将商谈友好条约”，并称“中印条约之谈判，甚或将早于中英同类条约之谈判”[229]。该报还发表短评称：“中印两国间，没有一丝一毫的恶感，没有一分一厘的政治军事争执与纠纷。”“中印两国目前都在现代化，在求统一、民主与进步。

我们有共同的抱负，我们有共同的感情，我们这占了世界一半人口的两大民族，应该紧紧把握。”[230]3 月 9 日，梅农（V. K. Krishna Menon）就任驻华大使，声称他“到任后第一件事，即着手与我方商定中印商约”，并称：“中印两国为紧邻，互相帮忙之处正多。在共同的利益上，中印商约，应早予签订。”[231]但是，他 4 月 9 日对中国记者称：虽然印中双方就商约事“口头上曾广泛谈及，惟正式商谈尚需时日，盖印度大使馆商务参赞尚未任命，俟大使馆商务参赞到任后，当可正式商讨”[232]。在罗家伦 5 月 5 日抵达新德里就任驻印大使之前，就传出梅农即将卸任驻华大使的消息。1948 年 4 月 10 日，梅农离任回印度任外交部副部长，称：“印度对华之友好与合作，素为我国外交政策中主要原则之一，今日如此，亦将于来日继续执行是项决策。”[233]虽然《中央日报》看好“现任印国大党常务委员兼联合省内政部长”的克德威，称他“可能继任”驻华大使[234]，其结果却是潘尼迦。这一切说明，国民政府的希望落空了。

自印度独立至 1948 年，英国与印度强迫中国中央政府与西藏地方政府接受它们私相授受的结果。它们对国民政府宣称：“印度自治领政府成立后，所有以前英印政府与西藏在条约上之权利义务完全由印度继承。”[235]1947 年 12 月，黎吉生致函噶厦，宣称：“印度政府和西藏地方政府之间，在各个方面尚未缔结对双方都有利的新条约之前，相互在原有条约的精神下保持友好关系。同时，为了使印度政府感到放心，西藏政府要做出履行条约的许诺。假如西藏政府不愿就此做出保证，必将有损于印藏之间进行正常贸易洽谈的前景。”[236]对噶厦强调：“希望西藏政府与印度政府保持过去与英国政府同样的关系。”黎吉生还特别阐述了印度政府和尼赫鲁的态度：虽然尼赫鲁指责侵藏权益“是英帝国主义不光采（彩）的东西”，印度政府“有明显的机会可以对西藏政府慷慨地作出放弃‘不需要的’特权的姿态，但任何这类的事情也没有做，相反，这些特权看来对印度政府和对它的前任一样的有价值，印度政府切盼西藏人同意它继承全部英国遗产”。[237]噶厦提出废除拉萨条约以及双方私订的“西姆拉草约”，另订“平等新约”，“以期取消英人在藏客邮、驻军等权利，并收复山南之失地”。[238]噶厦“外交局”局长索康向黎吉生提出：“过去英藏间发生战争，因而就边界、通商等陆续订有条约。如今英国在印度（的权益）已告彻底结束，自不能以英藏间所订条约行使于印度政府与西藏间，因而印度新政府和西藏间的边界等问题，只怕会要重（订条）约吧。”黎吉生威吓称：“印度政府获得了连同（英国所订有关）印度的条约及其一切权利，只是为了亲善，才来请西藏政府答复遵守条约的问题，如果不予回答，似乎不予置理的样子，将会使印度政府感到不快和对西藏本身带来危害。而且如果对印藏之间的这些条约不加遵守，西藏可是没有什么可作为国家的文件的依据，尚望就此考虑。”“如果西藏不遵守英藏条约及印度继承权益的话，印度、西藏间现有一切交通来往即将断绝。”可见，“印度政府已不要西藏方面对于是否遵守旧条约作出答复，而直截了当采取大国主义手法，宣布它就是要继承，否则将采取封锁手段（断绝交通来往）对待。这样，西藏地方当局就暂时将此事搁置下来”。[239]

当时代理蒙藏委员会驻藏办事处长的陈锡章认为，噶厦“一贯政策仍希图摆脱中央，直接向印度交涉”。他一面“向噶伦及重要人员谈论，分析当前西藏局势与利害，非与中央合作，绝无发生效力之可能”，一面建议蒙藏委员会：其一，“在中印双方尚未整个调整其对藏关系之前，似应相机向印度表示，非经中央政府许可，不得与西藏当局直接作任何之谈判”。其二，如何处理英国驻藏代表处，“似宜相机与印度交换意见”。其三，“关于英国对西藏不平等条约，应如何设法废止，似宜及时筹划，职当继续劝导藏方将其意见报告中央，以期合作而免参差”。[240]行政院予以采纳，于 1947 年 12 月 12 日拟定《处理西藏问题之方针》，提出了“印度独立后，关于西藏，中央应有之对策”。方针一方面批评英国在退出印度后没有按照“常理”放弃其在藏特权，一方面认为既然“印度政府之负责者，曾有不愿因西藏事务影响中印邦交，及英国在藏设施，印度政府将不坚持之表示”，则可以“俟印度局面稳定后”，通过谈判“废除英藏不平等条约”。[241]

而在此时，国民党的统治日呈败局，蒙藏委员会等不及“印度局面稳定”，于 1948 年 7 月要求外交部同英印谈判废除在藏特权。外交部向英印双方提出废止 1908 年之《藏印通商章程》。英国驻华大使馆当即拒绝，宣称：“根据 1904 年协议，英国人有权入藏贸易。不用说，这些权利对于印度联邦来说是非常重要的。”[242]至于印度政府的态度，按照黎吉生所称是：“应当记住，那些条约（即《藏印通商章程》）已经西姆拉条约第七条予以废除，并由同年英藏双方所签订的新章程所代替了。”印度政府“经过了差不多六个月的拖延”，才回答“只承认 1914 年与西藏的协议有效”。[243]由此看来，英国依据的是 1904 年之《拉萨条约》，而印度却提出非法的“西姆拉草约”，比英国有过之无不及。

不仅如此，印度政府还利用噶厦中著名分裂分子夏格巴，在贸易等问题上做文章，要求噶厦承认其继承英国的侵藏权益。这一切，在 1949 年 3 月 28 日蒙藏委员会调查室主任刘桂楠的报告中透露出来：“据确悉，前西藏商务代表团夏古巴（即夏格巴）等自美英等国返抵印度后，数次自加尔各答至新德里与印政府商谈印藏间一般问题。夏古巴等要求印方免征中国及外国货物经印输藏之关税及西藏输美羊毛所得外汇免予结汇与印度准备银行，而由藏方自行支配。印政府拟以此为交换条件，使西藏承认印度得以继承英国在藏之权宜（益）。数次商谈，意见已渐接近。西藏显然以经济关系而将屈服于印度政治上之要求。查英国在藏设有邮政电报，江孜、亚东两地建有巨大营房，常川驻扎军队；英货可以免税入口；英人可以自由贸易。因此常能左右西藏之政治，对我主权损失至巨。印度获得后，英方即将在藏权宜（益）让与印度，但迄未获得藏方之承认。”他要求国民党政府采取对策。[244]而国民党政府的统治马上就要崩溃了，哪里顾得上对印度的交涉！

三、国民政府无力处置：“以无事为大事，以无功为大功”

国民政府的应对，还包括处理尼泊尔、不丹、锡金，尤其是不丹与锡金两国的问题。尽管英国竭力控制不丹、锡金，但是它发现“这些小邦实际上继续效忠于两方”，“英国只有名义上的权力，而西藏却施行事实上的统治。在英国统治印度的年代中，这种状态一直没有改变”。[245]此外，英印的侵略还遭到中国历届政府的反对。清政府并不承认英国吞并不丹，仍然视不丹与尼泊尔一样为中国的属邦。[246]1910年8月，驻藏大臣晓谕不丹国王，行文“用饬令语气，末有各宜懔遵”。英国政府照会清政府，宣称“凡与该国往来文牍，必先送由英政府转交”。[247]清政府回照指出：“不丹向为中国藩属，中国驻藏大臣，对该部酋行文，向用檄谕程式。尼泊尔即廓尔喀服属中国最久，历年来京朝贡，固我完全之旧邦也。至于哲孟雄部，根据中英藏印条约，归英保护，自不能与不丹、尼泊尔视同一律。至于不丹与英订有若何条约，中国政府未尝闻知，中国驻藏大臣对于不丹行文，采用何种程式，绝对不能受英国政府之限制。”1911年，清政府再次指出：“不丹、尼泊尔两部署，皆系中国藩部，确证历历，不胜枚举，中国驻藏大臣对于不丹行文，当然查照成案办理，惟哲孟雄部，以依中英藏印条约，定为英国保护之邦，如对哲部行文，自可不与不丹、尼泊尔一律看待。”英国政府回称：“英国政府不能承认不丹、尼泊尔两部落犹为中国藩邦，今后中国政府对该两部如仍有所干涉，则英国政府不能不取对抗之行动。”[248]此后，交涉停止下来。1943年3月，英印政府给噶厦一个备忘录，“希望噶厦与不丹有任何交往、要求、控诉，都先要通过英国驻锡金的政治专员派驻拉萨的助理员，由他通告政治专员才可以进行”。此举是想“表明不丹是英国附属国，西藏地方政府不能与它直接交往”。同年4月，噶厦复函“同意将通过英国锡金政治专员商洽，表示同意不丹是英国的附属国，放弃了多年来西藏与不丹的传统的从属关系”。[249]但是，这并未得到国民政府的同意。

针对英印的企图，国民政府采取了一些措施。1944 年 11 月，国民政府认为："对尼泊尔、锡金、不丹三小国，介于西藏印度之间，原为西藏藩属，惟仅朝贡关系，对我并无深切认识。自受英方威迫利诱，陆续归其保护，于是一切皆受控制，与我交往久疏，感情隔膜。"而"英人对藏，遇藏人不能就范之时，则唆使尼、锡、不等出而与藏为难，然后出而调停，从中取利。若我对三小国联络与亲善，则英人纵欲利用，亦难彻底，且该三国与我亲善足为西藏之屏藩，利莫大焉。至联络亲善之法应自宣传着手，如刊送各该国文字之抗建实录、互派访问团或考察团等等皆甚重要。其次则赠与勋章、礼品，俟有相当基础，进而订约及互派使节，惟英人对此三小国，监督甚严，不容他人问鼎。是与之亲善之各种设施，非有精密之处理难其成功也"。[250]其中一些措施逐渐得到推行。1947 年 4 月下旬至 5 月上旬，克利新那将军率领尼泊尔访华团访华。尼泊尔赠送蒋介石夫妇的荣誉勋章，蒋介石特派代理国府参军长吴思豫、蒙藏委员会驻藏办事处长沈宗濂到上海迎接，并专门接见访华团。[251]

1946 年 7 月 17 日，蒋介石指示外交部"核办锡金、不丹不愿受藏统治"，将有关报告抄发给外交部："锡金与不丹为英国访问团事曾举行会议，彼等拟向英访问团提出要求，倘英国不能在印度维持其势力，彼等将另行设法。锡金与不丹有权力之人，曾宣称：'彼等宁受印度统治，而不愿受西藏统治。'又据报：'此等人对英国势力之消沉，颇为焦虑，盖恐英国在印度失势后，彼等将有大困难，且恐西藏政府虽同意将内政大权交予彼等，而外交事务须归西藏统治。惟西藏政府对此问题，及外交关系现均无法着手，又不丹及锡金之代表团已离加城，赴新德里，其重要代表计有拉齐杜机锡金王子、锡金土王之私人秘书巴那也巴等，彼等任务系向英国要求增加其权力，并欲将现政制改革。惟英驻锡金政治官对该事颇不赞成，故不愿参加，且拒绝予以协助之。'"[252]8 月 9 日，外交部次长甘乃光呈文蒋介石："谨查锡金原为西藏属邦，英人自一八四〇年左右开始经营，经《一八九〇年之中英会议藏印条约》，遂划归英印，英人于其全境筑有铁道以达藏边，因英印长期统治之结果，全境印化程度已深。不丹原亦西藏属邦，经《一九一〇年之英不条约》，遂成为英印之保护国，外交受英印统辖，内政大体上自治，以西藏政治之落伍，印度一旦独立，该两地宁受印度统治，不愿重隶西藏，殆无足异。按印度之独立与西藏问题之解决，不无密切关系，收回锡金与不丹问题，似可于异日解决西藏问题时，连同提出解决。”[253]沈宗濂于10月24日进一步指出：“现时印度独立，虽见端倪，但可顾虑者，印度独立后，英国仍维持印度北陲尼泊尔、锡金、不丹诸小国之关系；居高临下，一面可藉以控制印度，一面可操纵西藏，觊觎康青。”他提出：“与锡金、不丹联系，鼓励其脱离英国关系。”[254]

噶厦对于印度政府所提继承英人权益的要求避而不答，“只要求从前英人侵占西藏地方，包括锡金、不丹等地应归还西藏”[255]。1947年3月，噶厦要求英国在退出印度时“交还锡金、不丹两地”。英国政府回称：“此事应由两地人民向英国请愿，方予考虑。”[256]1948年8月7日，印度副外长梅农对罗家伦称：“印度正与锡金、不丹等邦商议合并。”罗家伦虽然回称“中国对土邦绝无兴趣”，但向国民党政府汇报指出“锡金原亦属西藏也”，并指出：“印度虽称打倒英帝国主义，却满心要继续，并巩固其侵略结果。目前扩军气焰甚大。”[257]8月12日，国民政府外交部指出：“查锡金、不丹及尼泊尔，于清时为我藩属，然清廷对此等小邦，除接见其贡使、敕赏其国君外，并无现代之条约关系。”虽然“印度独立后，对在印度联邦内之各土邦，均促使并入印度联邦政府体系内，以构成统一之印度，此为印度政府已定之国策。印度拟归并与中国素无政治及他种关系之土邦，此为印度内政问题，中国毫无过问之理由与必要”，但是“就对我国之关系言，锡金及不丹非其他印度土邦可比”：“在地理上与中国西藏相邻，且扼印藏交通要道，不丹北端土地更接近拉萨；在人文方面，锡金不丹与汉藏相同；在政治方面，则五十八年及三十八年前锡金与不丹犹分别为中国藩属。”因此，“中国对于锡金与不丹之并入印度联邦，自不能不表深切注意”。它要求国民政府向印度政府指出：“不丹与锡金为中印间之缓冲地，对于中印边境之安全颇为重要，若印度合并此二小邦，势必驻兵设防并采取其他措施。中国西南边疆，尤其西藏，必将感受甚大之影响，中国政府希望中印两国政府为谋稳定双方边界之情势，而于适当时间举行会商，讨论各项有关问题。”并提议：必要时，“可由本部发言人或其他政府主管机关（如蒙委会、行政院新闻局）或报纸将我方态度予以宣示，以唤起印方及其他有关人士之注意”。[258]

随着中国大陆即将完全解放，印度进一步设法使喜马拉雅山南北地区成为它与中国的“缓冲区”，并企图加以控制。曾任国民政府驻泰国大使的李铁铮指出：“1949年6月，印度政府借口当地有争端和混乱——而当地过渡政府的总理后来告诉印度报界说并无此事——派遣军队到锡金，并任命一位专员接管政府，英国的前保护国就这样并入印度的疆土。不到两个月，印度与不丹签订一个新条约，把从前英国的津贴从每年 10 万提高到 50 万卢比；宣布不丹于 8 月 8 日成为印度的保护国。8 月 15 日，印度独立二周年，在纪念刊物上印的印度地图把不丹包括在其边界线内。”[259] 期间，尼赫鲁于 7 月 24 日宣称不久将访问锡金及西藏。7 月 30 日，英国《工人日报》指出：“尼赫鲁政府最近控制了印度——西藏边界上的土邦锡金和不丹。该政府目前派使团到西藏去乃是一种将其控制权扩展到更远的地方的企图。这是尼赫鲁政府使自己成为亚洲首要‘反共’国家的图谋的一部分。”[260] 解决这一问题的重担，只能落到新中国政府的身上。

除上述之外，印度政府还任命塞兹（Sathe）为驻新疆喀什噶尔（即今天的喀什）的领事，“而事先并未与中国政府商量”。此领事职位“原来是在英国印度政府的对外事务部之下的，与正规的英国领事职务有所区别。当英国把在印度的权力移交给新印度政府时，他们撤离了在卡西格（应为喀什噶尔）的总领事，印度和巴基斯坦争相要继承这一战略职位的权利”[261]。由于印度事先未与国民政府商议，国民政府拒绝签证，并要求对等地在噶林堡设立领事馆。最终，印度政府“承认对等的原则，并答应考虑今后在噶林堡或其他合适的地方设立中国领事馆”[262]。

总结以上所述，国民政府对于英印私相授受侵藏权益，虽然坚决反对并作了一定的交涉，但收效甚微。其根本原因当然在于蒋介石忙于内战，其身边侍从人员张令澳指出：“抗战胜利后，国内形势的发展颇出乎国民党的意料，蒋介石一面依靠美国调停国共内战，一面却又在作重打内战的准备。况且当时东北、新疆、内蒙问题也日趋突出，这样，蒋如何还有心思去顾及西藏呢？”因此，蒋介石对“西藏问题只能维持现状，不宜多事更张”，“只能以无事为大事，以无功为大功”。[263]

此外还有一系列原因。就国民政府本身来说，起码有三：其一，对印度独立与英印侵藏权益的关系认识严重不足。国民政府在 1944 年 11 月一份文件中错误地认为，印度“立国条件无一具体，敢料印度在五年以内决无真正独立可能，英国纵予印人独立，不过换汤不换药，一好听名词，充其量介于自治领与殖民地之间而已。故将来印度对外政策，仍以英国为转移，印度之独立与否，与西藏问题并无深切关系”。其二，惧怕与英印交涉。在同一份文件中，国民政府认为：“检讨过去中英藏案纠葛，不交涉则已，一遇交涉，英人之要求更进一步，不订约则已，英人潜夺而得之权利多一层保障，良以英人图我疆土，准备充分，复善于运用其制造环境与既成事实之惯技，而我方对于西藏并无整个计划与策略，每遇事件，仅能头痛医头、脚痛医脚，无从取胜。故以后对于藏务，应与英国避免交涉。”如果不能避免，则按照 1924 年北京政府提出的交涉标准进行交涉，即：“（一）西藏完全为中国领土，依照天然界此不能更动。（二）西藏外交应由中国主持。（三）中国对于西藏之交通、内政均有自由之主权。（四）藏境税关税款应由中国派员监督接管。（五）藏边乱事及匪患应由中国军队剿办肃清。（六）为保卫西藏之治安，中国应在西藏驻兵设警。（七）中国驻藏办事处长官有管辖全藏内政、外交之权。”如果缺一项，则“宁可失去谈判机会”。[264] 其三，国民政府有关机关难以协调一致。曾任蒙藏委员会驻藏办事处英文秘书的柳陞祺指出：在英国向印度移交权力、印度独立时，他建议驻藏办事处说：由于“印度政府一向标榜反对英帝国主义侵略，中印两国过去同受其害，现在正好向印度提出修改，以重主权”。驻藏办事处采纳其建议，但是“不久，蒙藏委员会转来外交部答复，说这事当由他们考虑，统筹办理，毋庸我们过问，语言之间，大有越俎代庖，多管了闲事的意思”。[265]

就西藏与中央政府的关系来说，对外交涉需要协调一致，而噶厦企图维持既得利益，不愿意中央政府过问。国民政府在 1945 年 11 月 8 日的一份文件中总结说：“（一）西藏携贰有心，不愿中央过问其对内、对外事务，如中央事先不疏通西藏，使其采取一致态度，则中央同西藏事务提出对外交涉时，西藏必予阻挠，使交涉无由贯彻，反有损中央威信；考其中印东段界务问题，其与印度毗连之西康地方，均实际上在藏方实力控制下，如不取得藏方合作，一切调查交涉，均无法进行。（二）英国及印度对西藏之观点，认为西藏系在中国宗主权下之自治邦，且相沿成习，与西藏当局发生直接交涉，中国既因历来视西藏问题为悬案，任事态演变，西藏当局亦遇事与英印发生直接关系，认为当然矣。（三）英人利用地理优势，在西藏活动，在政治经济方面，处处占优势。故藏方亲英派得势，入英人掌握，印度继承此等既成事实，对西藏亦多事怀柔，而且视西藏为印度东北国防之缓冲地带，殊无愿放弃其权利之意向。（四）印方以西姆拉条约为藉口，谓西藏已签字于该约，承认英印在西藏所享之权利，故西藏当局，如对修订条约无所准备，则中央贸（冒）然向英方及印度提出修约交涉，则英、印方面可藉口西藏不同意而推诿。（五）抗战胜利时，西藏对中央抱敬畏之观察态度，迨我国内多故，焦头烂额，西藏之态度乃由敬畏之观察一变为势利之疏远矣。故我国内地多难，当为西藏怀贰之基本原因。”[266] 外交部认为，“欲谋通盘调整中印间关于西藏之关系，必须先行彻底调整中央与西藏间之关系，而为奠定彻底调整中央与西藏间关系之基础”。因此，它要求蒙藏委员会先“代表中央与西藏当局商取一致之立场与步骤”，“再向印方提出交涉”。[267]1947 年 10 月 30 日，陈锡璋又汇报了“英人在藏权利拟转移与印度政府”之问题：“藏政府大多数人员主张乘机废除对英不平等条约，在新约未成立以前，拒绝印人入境。惟极少数亲英分子勾结摄政亲信从中作梗，而前者不敢力争，尤不敢建议请求中央出面，以致迄今不能决定方针。”[268]

当然，印度政府本着继续推行“一个内湖、两个同心圆及三个缓冲区”的战略，不愿也不想在西藏问题上撒手。因此，曾经大力支持并极力帮助印度独立的蒋介石大失所望，李铁铮经典式地总结指出：“中国人一向为与印度有历史和文化上的关系而感到骄傲，对他们能够脱离英国统治表示极大兴趣。他们相信印度一旦能脱离英国的影响，西藏会高兴地回到中国大家庭中来，想当然地认为印度不会继承英国人在西藏的老政策——印度人在这个政策下肯定有辛酸的经验。但经过一段时间，他们失望了，因为新的印度政府或许出于战略上的考虑，不但在西藏，而且在不丹、尼泊尔和锡金都没有表示与其前任的政策有所不同。”[269]

这样，国民政府无力解决英印私相授受侵藏权益的问题，历史的责任只能落到新中国政府身上。新中国成立后，中国政府与印度政府协商解决了除“麦克马洪线”以外的英印侵藏权益问题，于 1954 年 4 月 29 日正式签订《中华人民共和国、印度共和国关于中国西藏地方和印度之间的通商和交通协定》，印度政府“同意撤走其在西藏的武装卫队，同意由中国折价收回其在西藏经营的邮电企业、设备以及 12 个驿站，并同意中国收回其在亚东商代处以外的租地等，从而取消了印度在西藏沿袭的各种特权”[270]。

注 释

[1] 《蒙藏委员会函转本部其驻藏办事处所呈藏边对外勘定国界刍议》（1947 年 9 月 10 日），见《外交部档案业书——界务类》第五册西藏卷（一），第 138 页。该文件还指出：西段“自尼泊尔西端，沿喜马拉雅山向西北推进，以至与昆仑山新疆喀什米尔接境处。即自东经八十一度，西推至东经七十六度附近之又一扇形区域属之”。其中，从日土宗到什普奇山口一段与印度喜马偕尔邦、北方邦接壤。中段“自尼泊尔西端至不丹东端，即自东经八十一度至九十一度半之地带属之”。其中，中尼边界于 1792 年划定。至于中国与不丹的边界，1890 年中英双方签署《藏印条约》（又称《哲孟雄条约》），规定：“藏哲之界，以自布坦（按即不丹）交界之支莫挚山，至廓尔喀边界止，分哲属梯斯塔及近山南流诸小河，藏属莫竹及近山北流诸小河分水流之一带山顶为界。”（《藏印条约》，见《西藏史地大纲》，第 295 页。）

[2] *The Oxford Advanced Atlas*, John Barthalomew, 6th edition, Oxford University Press, 1940.

[3] *Hammonds' New International World Atlas.* C. S. Hammond & Company Inc. New York, 1947.

[4] 《为台端被派为本部参加中印界务研究小组人员请查照由》(1948 年 9 月 13 日),见《外交部档案业书——界务类》第五册西藏卷(一),第 164 页。

[5] 有学者分析了中印东段边界的“传统习惯线”、“内线”、“外线”及非法的“麦克马洪线”等不同的划线是如何产生的,以及实质(吕昭义:《关于中印边界东段的几个问题》,《历史研究》1997 年第 4 期;吕昭义、李志农:《麦克马洪线的由来及其实质》,《世界历史》2005 年第 2 期)。有学者探讨了抗战前后英国对门隅的侵略(陈谦平:《抗战前后英国对西藏门隅地区的领土扩张》,《民国档案》2003 年第 2 期)。还有学者分析了 1935 年至 1940 年的英国对西藏的“前进政策”,由此爆发了门隅、洛渝、察隅危机(张永攀:《1935—1940 年英国对藏政策与中国西藏门、珞、察地区边界危机》,《四川师范大学学报》2006 年第 1 期)。还有学者分三个阶段,分析了英国的入侵及中印边界东段问题产生的关系(耿昕:《英国对中国西藏的侵略与中印东段边界争端》,东北师范大学 2003 年度硕士论文)。还有学者从英国档案的记载阐述了西藏达旺地区的历史及英国的入侵(房建昌:《从英国印度事务部档案看中国西藏南部达旺边境地区的历史》,《西藏档案》2012 年第 1 期)。

[6] 《说帖:英人侵略康藏边境案之研究》,见《外交部档案业书——界务类》第五册西藏卷(一),第 185 页。

[7] 《会议资料:西藏各案事实经过述要》(1944 年 11 月 4 日),见《外交部档案业书——界务类》第五册西藏卷(一),第 325 页。

[8] 《陈锡章为报英军侵藏占据二千余里等情致蒙藏委员会电》(1947 年 7 月 28 日),见《民国藏事史料汇编》第 7 册,第 365 页。

[9] 《印度对华战争》,第 34、40 页。

[10] 《外交部密照会印度驻华大使馆,关于英印方面向察隅、白马岗、门达旺筑路事》,见《外交部档案业书——界务类》第五册西藏卷(一),第 148—149 页。

[11] 《蒋介石为查明英军到达藏南破坏交通等事致蒙藏委员会代电》(1944 年 4 月 6 日),见《民国藏事史料汇编》第 7 册,第 226 页。

[12] 《会议资料:西藏各案事实经过述要》(1944 年 11 月 4 日),见《外交部档案业书——界务类》第五册西藏卷(一),第 325 页。

[13] 《签呈:欧洲司签报提交藏务会议讨论藏英勾结一案资料概要》(1944 年 9 月 8 日),见《外交部档案业书——界务类》第五册西藏卷(一),第 320 页。

[14] 《蒋介石为抄详查沙利文煽动西藏脱离中央独立及英军渐向崔南推进致蒙藏委员会代电》(1944 年 12 月 9 日),见《民国藏事史料汇编》第 7 册,第 256 页。

[15] 《沈宗濂为报古德在藏煽动西藏独立噶厦拒绝英割地要求等情致蒙藏委员会电》(1944 年 12 月 1 日),见《民国藏事史料汇编》第 7 册,第 255 页。

[16] 《军令部关于英驻藏代表黎吉生要求割地售藏军火及藏政府态度等情致蒙藏委员会代电》(1946 年 5 月 20 日),见《民国藏事史料汇编》第 7 册,第 308 页。

[17] 《英人侵藏之活动》(1945 年 4 月 5 日),见《外交部档案业书——界务类》第五册西藏卷(一),第 77 页。

[18] 《驻藏办事处为报英人考察团在藏南活动详情致蒙藏委员会呈》(1946 年 12 月 31 日),见《民国藏事史料汇编》第 7 册,第 333 页。

[19] 《为请指派参加中印东段界务研究小组人选由》(1948 年 8 月 10 日),见《外交部档案业书——界务类》第五册西藏卷(一),第 155 页。

[20] 《内政部等会呈英人在藏活动及拟设滇康边区特派员公署案》(1945 年 8 月 29 日),见《外交部档案业书——界务类》第五册西藏卷(一),第 343 页。

[21] 《会议资料:西藏各案事实经过述要》(1944 年 11 月 4 日),见《外交部档案业书——界务类》第五册西藏卷(一),第 325—326 页。

[22] 《内政部等会呈英人在藏活动及拟设滇康边区特派员公署案》(1945 年 8 月 29 日),见《外交部档案业书——界务类》第五册西藏卷(一),第 343 页。

[23] *China, India & Tibet 1914-1950. A History of Imperial Diplomacy,* p.488.

[24] 《内政部等会呈英人在藏活动及拟设滇康边区特派员公署案》(1945 年 8 月 29 日),见《外交部档案业书——界务类》第五册西藏卷(一),第 343 页。

[25] 《为台端被派为本部参加中印界务研究小组人员请查照由》(1948 年 9 月 13 日),见《外交部档案业书——界务类》第五册西藏卷(一),第 165 页。

[26] 《蒋介石为核议英军侵占科麦树立界碑事致蒙藏委员会代电》(1946 年 4 月 1 日),见《民国藏事史料汇编》第 7 册,第 305 页。

[27] 《英人在康藏修筑公路已证实》(1948 年 6 月 27 日),见《外交部档案业书——界务类》第五册西藏卷(一),第 146 页。

[28] 《为台端被派为本部参加中印界务研究小组人员请查照由》(1948 年 9 月 13 日),见《外交部档案业书——界务类》第五册西藏卷(一),第 166 页。

[29] 《蒙藏委员会密函外交部,关于英人修筑萨的雅至察隅公路之情形事》(1948 年 4 月 13 日),见《外交部档案业书——界务类》第五册西藏卷(一),第 144 页。

[30] 《印藏边境英筑公路》,《申报》1948 年 5 月 11 日第 2 版。

[31] 《注意英国修筑印藏公路》,《申报》1948 年 7 月 12 日第 2 版。

[32] 《英人在康藏修筑公路已证实》(1948 年 6 月 27 日),见《外交部档案业书——界务类》第五册西藏卷(一),第 146 页。

[33] 洪石波:《注意我国西南的门户——康藏》,《申报》1947 年 8 月 18 日第 2 版。

[34] 《驻藏办事处为报英人考察团在藏南活动详情致蒙藏委员会呈》(1946 年 12 月 31 日),见《民国藏事史料汇编》第 7 册,第 333 页。

[35] 《为台端被派为本部参加中印界务研究小组人员请查照由》(1948 年 9 月 13 日),见《外交部档案业书——界务类》第五册西藏卷(一),第 166 页。

[36] 《外交部密照会印度驻华大使馆,关于英印方面向察隅、白马岗、门达旺筑路事》,见《外交部档案业书——界务类》第五册西藏卷(一),第 148 页。

[37] 房建昌:《从英国印度事务部档案看中国西藏南部达旺边境地区的历史》,《西藏档案》2012 年第 1 期。

[38] *China, India & Tibet 1914-1950. A History of Imperial Diplomacy,* p.478.

[39] 《印度对华战争》,第 59 页。

[40] 《运用外交稳定西藏之说帖》(1946 年 10 月 24 日),见《外交部档案业书——界务类》

第五册西藏卷（一），第 80 页。

[41] 《陈锡章为报英军侵藏占据二千余里等情致蒙藏委员会电》（1947 年 7 月 28 日），见《民国藏事史料汇编》第 7 册，第 365 页。

[42] 《西藏问题之分析》，《边政公论》第 7 卷第 3 期，1948 年 9 月，第 2 页。

[43] “F11270/35/10 Events in China, Monthly Summary for July 1948.” *British Documents on Foreign Affairs–Reports and Papers from the Foreign Office Confidential Print. Part IV, Series E Asia, Volume 5, China, 1948,* p.225.

[44] “F13076/35/10 Events in China, Monthly Summary for August 1948.” *British Documents on Foreign Affairs–Reports and Papers from the Foreign Office Confidential Print. Part IV, Series E Asia, Volume 5, China, 1948,* p.230.

[45] 《西藏简史》，第 139 页。

[46] 《蒋介石为核议英军侵占科麦树立界碑事致蒙藏委员会代电》（1946 年 4 月 1 日），见《民国藏事史料汇编》第 7 册，第 305 页。

[47] 《英人在康藏修筑公路已证实》（1948 年 6 月 27 日），见《外交部档案业书——界务类》第五册西藏卷（一），第 145 页。

[48] 《国民党组织部关于藏当局请英撤退山南门达旺驻兵等情致蒙藏委员会代电》（1945 年 11 月 24 日），见《民国藏事史料汇编》第 7 册，第 292 页。

[49] 《沈宗濂为报英方以借款方式提供西藏军火所索政治条件事致蒙藏委员会电》（1944 年 9 月 6 日），见《民国藏事史料汇编》第 7 册，第 249 页。

[50] 《沈宗濂为报古德在藏煽动西藏独立噶厦拒绝英割地要求等情致蒙藏委员会电》（1944 年 12 月 1 日），见《民国藏事史料汇编》第 7 册，第 255 页。

[51] 《英人在康藏修筑公路已证实》（1948 年 6 月 27 日），见《外交部档案业书——界务类》第五册西藏卷（一），第 145 页。

[52] 《说帖：中印疆界（藏印）及康藏疆界问题》（1952 年 3 月 27 日），“外交部”编：《外交部档案业书——界务类》第五册西藏卷（一），第 183 页。

[53] K. M. Panikkar, “The Defence of India and Indo-British Obligations.” *International Affairs (Royal Institute of International Affairs 1944-),* Vol. 22, No. 1(Jan., 1946), p.87.

[54] “Parliament of India, Parliamentary Debates,” *Official Reports,* Vol.5, No.4. Part 1, November 20, 1950, New Delhi.

[55] 《沧桑九十年——一个外交特使的回忆》，第 238、239 页。澳大利亚学者马克斯韦尔指出：“条约草案所附的那张地图，画出拟议中把西藏分割为两部分（内藏和外藏）的分界线，用红线标志西藏的边界，用蓝线标志拟议的西藏两个部分之间的分界线。红线的大部分是西藏同中国的分界线，但其南端却延伸成弧形以代表西藏和印度之间的边界。”如果中国当时接受了这一点并签了字，英国就可以大做文章说中国已接受了麦克马洪线。“既然在事实上中国既没有接受西藏划区的建议，也没有在条约上签字，而是强烈反对这个条约及其附图，这个问题就只是一个学究式的问题了。”（参见其《印度对华战争》，第 48—49 页。）

[56] 《西藏驻京代表阿旺坚赞等为英兵驻扎察隅等事藏方绝对不能承认事致蒙藏委员会代电》（1944 年 5 月 13 日），见《民国藏事史料汇编》第 7 册，第 230 页。

[57] 《沧桑九十年——一个外交特使的回忆》，第 240、241、242 页。

[58] 《沈宗濂为报古德在藏煽动西藏独立噶厦拒绝英割地要求等情致蒙藏委员会电》（1944 年 12 月 1 日），见《民国藏事史料汇编》第 7 册，第 255 页。

[59] 《军令部关于英威胁藏政府承认白马岗门达旺两地以南地方为英属地藏方决议决不割让等情致蒙藏委员会代电》（1944 年 12 月 23 日），见《民国藏事史料汇编》第 7 册，第 256 页。

[60] 《外交部抄转沈宗濂关于藏政府对英国要求派外交代表割地驻兵等事态度等情致蒙藏委员会代电》（1945 年 3 月 1 日），见《民国藏事史料汇编》第 7 册，第 266 页。

[61] 《外交部为抄送沈宗濂嘱噶厦拒绝英人占地等事致蒙藏委员会代电》（1945 年 2 月 10 日），见《民国藏事史料汇编》第 7 册，第 266 页。

[62] 《照抄沈宗濂来电“呈报藏首席加葛伦决遵旨，限令英人撤出猛崖，及三大寺将开民众大会，不许外人侵藏等由”》（1945 年 3 月 27 日），见《外交部档案业书——界务类》第五册西藏卷（一），第 261 页。

[63] 《沧桑九十年——一个外交特使的回忆》，第 242 页。

[64] *China, India & Tibet 1914-1950. A History of Imperial Diplomacy,* pp.482、483.

[65] Ibid., pp.477、486.

[66] Ibid., p.488.

[67] 《蒋介石为抄送西藏派外交局长赴印与英方交涉门达旺问题报告致蒙藏委员会代电》（1946 年 9 月 1 日），见《民国藏事史料汇编》第 7 册，第 315 页。

[68] 《蒙藏委员会代电外交部关于英印在康藏边境筑路案》（1948 年 9 月 20 日），见《外交部档案业书——界务类》第五册西藏卷（一），第 168 页。

[69] 《藏案会议报告》（1944 年 11 月 11 日），见《外交部档案业书——界务类》第五册西藏卷（一），第 330 页。

[70] 《蒙藏会驻藏沈处长电部，请宋子文访英时，与英商谈藏事由》（1945 年 8 月 25 日），见《外交部档案业书——界务类》第五册西藏卷（一），第 341 页。

[71] *China, India & Tibet 1914-1950. A History of Imperial Diplomacy,* p.489.

[72] 《说帖：中印疆界（藏印）及康藏疆界问题》（1952 年 3 月 27 日），见《外交部档案业书——界务类》第五册西藏卷（一），第 183 页。

[73] *China, India & Tibet 1914-1950. A History of Imperial Diplomacy,* p.491.

[74] 《说帖：中印疆界（藏印）及康藏疆界问题》（1952 年 3 月 27 日），见《外交部档案业书——界务类》第五册西藏卷（一），第 183 页。

[75] *China, India & Tibet 1914-1950. A History of Imperial Diplomacy,* p.491.

[76] 《说帖：中印疆界（藏印）及康藏疆界问题》（1952 年 3 月 27 日），见《外交部档案业书——界务类》第五册西藏卷（一），第 183 页。

[77] 《签呈：呈核所拟蒙藏会沈处长赴尼经印时，与印阁揆尼赫鲁谈话要点》（1946 年 10 月 24 日），见《外交部档案业书——界务类》第五册西藏卷（一），第 78 页。

[78] 《为台端被派为本部参加中印界务研究小组人员请查照由》（1948 年 9 月 13 日），见《外交部档案业书——界务类》第五册西藏卷（一），第 165 页。

[79] 《西藏简史》，第 154 页。

[80] 《运用外交稳定西藏之说帖》(1946 年 10 月 24 日),见《外交部档案业书——界务类》第五册西藏卷(一),第 80、81 页。

[81] 《欧一科签覆蒙藏会沈处长〈运用外交稳定西藏之说帖〉三点意见》(1946 年 10 月 30 日),见《外交部档案业书——界务类》第五册西藏卷(一),第 82 页。

[82] 《陈锡章为陈述印度独立后宜调整中印对藏关系意见事致许世英电》(1947 年 8 月 25 日),见《民国藏事史料汇编》第 7 册,第 373 页。

[83] 《欧洲司签请准与驻印罗家伦大使商询印藏边界事宜》(1947 年 9 月 13 日),见《外交部档案业书——界务类》第五册西藏卷(一),第 138 页。

[84] 《奉交核议驻藏办事处电陈西藏界务问题意见一案,抄送会议记录函请查照由》(1947 年 10 月 7 日),见《外交部档案业书——界务类》第五册西藏卷(一),第 139—140 页。

[85] 《为台端被派为本部参加中印界务研究小组人员请查照由》(1948 年 9 月 13 日),见《外交部档案业书——界务类》第五册西藏卷(一),第 165 页。

[86] 《藏印划界事,将商讨罗大使意见,覆请查照由》(1947 年 10 月 17 日),见《外交部档案业书——界务类》第五册西藏卷(一),第 140 页。

[87] 《说帖:英人侵略康藏边境案之研究》,见《外交部档案业书——界务类》第五册西藏卷(一),第 186 页。

[88] 《蒙藏委员会代电外交部,关于印方修筑自萨迪雅至察隅公路事》(1948 年 6 月 24 日),见《外交部档案业书——界务类》第五册西藏卷(一),第 145 页。

[89] 《函摘:37.12.17 驻印大使罗家伦密函叶公超部长有关印图侵藏边及共军将入藏等情》,见《外交部档案业书——界务类》第五册西藏卷(一),第 178—179 页。

[90] 《总统府令外交部,为有关蒙藏委员会驻藏办事处报称:印方修筑自萨的亚至察隅公路等情,希即迅予切实核办》(1948 年 7 月 5 日),见《外交部档案业书——界务类》第五册西藏卷(一),第 148 页。

[91] 《英人在康藏修筑公路已证实》(1948 年 6 月 27 日),见《外交部档案业书——界务类》第五册西藏卷(一),第 147 页。

[92] 《外交部密照会印度驻华大使馆,关于英印方面向察隅、白马岗、门达旺筑路事》,见《外交部档案业书——界务类》第五册西藏卷(一),第 148—149 页。

[93] 同上文,第 148 页。

[94] 《为台端被派为本部参加中印界务研究小组人员请查照由》(1948 年 9 月 13 日),见《外交部档案业书——界务类》第五册西藏卷(一),第 164 页。

[95] “F11270/35/10, No.188. Events in China, Monthly Summary for July 1948.” *British Documents on Foreign Affairs–Reports and Papers from the Foreign Office Confidential Print. Part IV, Series E Asia 1948, Volume 5, China, 1948,* p.241.

[96] “F13076/35/10, No.188. Events in China, Monthly Summary for August 1948.” *British Documents on Foreign Affairs–Reports and Papers from the Foreign Office Confidential Print. Part IV, Series E Asia 1948, Volume 5, China, 1948,* p.246.

[97] 《所谓“西藏独立”活动的由来及剖析》,《中国藏学》1989 年第 1 期。

[98] 《西藏简史》,第 152 页。

[99] 《西藏交涉纪要》下，“蒙藏委员会”1954 年编印，第 30 页。
[100]《所谓“西藏独立”活动的由来及剖析》，《中国藏学》1989 年第 1 期。
[101]《西藏简史》，第 152 页。
[102]《外交部密函蒙藏委员会藏事处、工商部国际贸易司、内政部方域司、国防部第二厅第二处关于中印东段界务问题研究小组》（1948 年 11 月 18 日），见《外交部档案业书——界务类》第五册西藏卷（一），第 173、174 页。
[103]《蒙藏委员会代电外交部，关于印方修筑自萨迪雅至察隅公路事》（1948 年 6 月 24 日），见《外交部档案业书——界务类》第五册西藏卷（一），见第 145 页。
[104]《行政院秘书处函外交部，关于藏印废约划界问题由》（1948 年 11 月 4 日），见《外交部档案业书——界务类》第五册西藏卷（一），第 171 页。
[105]《国民政府蒙藏委员会一年来施政报告（藏事部分）》（1948 年 4 月 14 日），见《民国藏事史料汇编》第 7 册，第 397 页。
[106]《陈锡章为查询英印修筑塞察公路事复蒙藏委员会电》（1948 年 12 月 24 日），见《民国藏事史料汇编》第 7 册，第 447 页。
[107]《为请指派参加中印东段界务研究小组人选由》（1948 年 8 月 10 日），见《外交部档案业书——界务类》第五册西藏卷（一），第 155 页。
[108]《外交部密函蒙藏委员会藏事处、工商部国际贸易司、内政部方域司、国防部第二厅第二处关于中印东段界务问题研究小组》（1948 年 11 月 18 日），见《外交部档案业书——界务类》第五册西藏卷（一），第 173 页。
[109]《国民政府蒙藏委员会一九四九年工作计划藏事部分稿》（1948 年 10 月 26 日），见《民国藏事史料汇编》第 7 册，第 431 页。
[110] Karan, Pradyumna Prasad, *The India-China Boundary Dispute.* Journal of Geography, 59(1960:Jan./Dec), pp.16-21.
[111] 拉鲁·次旺多吉：《德里秘密换文未曾得到原西藏地方政府的承认》，见《西藏文史资料选辑》II，第 74 页。
[112] 学术界有一些相关成果，代表性的为：王琛、张振江的《论 1947 年 —1954 年印度对藏政策》（《中国边疆史地研究》1999 年第 1 期），探讨了印度对藏政策的演变。王琛另一文《试论 1949—1951 年中国的印度政策与西藏的和平解放》（《当代中国史研究》2002 年第 2 期），分析了新中国政府对印度的争取。
[113] 有关情况可以参见：周伟洲主编《英国俄国与中国西藏》，中国藏学出版社 2000 年版；吕昭义所著《英帝国与中国西南边疆（1911—1947）》，中国藏学出版社 2001 年版；伍昆明主编《西藏近三百年政治史》，鹭江出版社 2006 年版；张永攀所著《英帝国与中国西藏（1937—1947）》，中国社会科学出版社 2007 年版，等等。有学者探讨了印度如何强迫噶厦承认它继承英国侵藏权益（王琛：《印度就继承英国在藏权益与西藏地方的交涉（1947—1949）》，《史学月刊》1998 年第 6 期）。
[114] 周卫平：《百年中印关系》，世界知识出版社 2006 年版，第 19 页。
[115] *China, India & Tibet 1914-1950. A History of Imperial Diplomacy,* pp.289-290.
[116]《英俄在西藏的争夺——外交文件选译》，见《近代史资料》总 48 号，第 18 页。
[117] 同上文，第 8、57 页。

[118] 同上文，第 44—45 页。

[119] “[F7546/2768/10] No. 1. Note on Tibet.” *British Documents on Foreign Affairs–Reports and Papers from the Foreign Office Confidential Print. Part III, Volume 6, Part 21, January to March 1943, China,* p.3.

[120]《泰晤士报》1912 年 8 月 27 日社论:《西藏之未来》。

[121]《西藏问题之检讨》,《新中华杂志》1934 年第 2 卷第 18 期，第 17—18 页。

[122]《驻英大使馆报告》（1944 年 7 月 15 日），见《外交部档案业书——界务类》第五册西藏卷（一），“外交部”2005 年版，第 76 页。

[123]《藏案纪略》，见《外交部档案业书——界务类》第五册西藏卷（一），第 61 页。

[124]《西藏史地大纲》，第 294 页。

[125]《西藏之过去与现在》，商务印书馆 1930 年版，第 66—67 页。

[126]《欧洲司密呈我对印度欲侵并锡金及尼泊尔之说帖》（1948 年 8 月 11 日），见编:《外交部档案业书——界务类》第五册西藏卷（一），第 157 页。

[127]《藏案纪略》，见《外交部档案业书——界务类》第五册西藏卷（一），第 71 页。

[128] 见《西藏之过去与现在》，第 70 页。

[129] “[F7546/2768/10] No. 1. Note on Tibet.” *Kenneth Bourne and D.Cameron Watt: British Documents on Foreign Affairs–Reports and Papers from the Foreign Office Confidential Print. Part III, Volume 6, Part 21, January to March 1943, China,* pp3、4.

[130] *China, India & Tibet 1914-1950. A History of Imperial Diplomacy,* p.322.

[131]《英俄在西藏的争夺——外交文件选译》，见《近代史资料》总 48 号，第 12、4 页。

[132] 同上文，第 13 页。

[133] 沈宗濂、柳陞祺著，柳晓青译:《西藏与西藏人》，中国藏学出版社 2006 年版，第 63 页。

[134] 胡岩:《柳陞祺先生谈所谓的英国“驻藏办事机构”——从黎吉生的去世说起》,《中国西藏》2001 年第 3 期。

[135]《英俄在西藏的争夺——外交文件选译》，见《近代史资料》总 48 号，第 18、30 页。

[136] *China, India & Tibet 1914-1950. A History of Imperial Diplomacy,* p.271.

[137]《驻藏办事处为录送英国使团在藏活动情形文电事致蒙藏委员会呈》（1946 年 11 月 25 日），见《民国藏事史料汇编》第 7 册，第 325—326 页。

[138] Alastair Lamb, *China, India & Tibet 1914-1950. A History of Imperial Diplomacy,* p.271.

[139]《驻藏办事处电外交部，查报英驻藏商务代表黎吉生事由》（1946 年 11 月 22 日），见《外交部档案业书——界务类》第五册西藏卷（一），第 83 页。

[140] *China, India & Tibet 1914-1950. A History of Imperial Diplomacy,* p.272.

[141] Ibid., p277.

[142]《西藏对外关系总结》,《近代史资料》第 108 辑，第 257 页。

[143]《西藏简史》，第 128 页。

[144]《西藏与西藏人》，第 67—68 页。

[145]《黄慕松、吴忠信、赵守钰、戴传贤奉使办理藏事报告书》，第 197 页。

[146] *Telegram XX from Gould, Lhasa, to Foreign, New Delhi, No.42, dated 21st March 1940.* 英

国政府印度事务部秘密档案。

[147]《西藏设立外交局情报》（1942 年 12 月 21 日），见《外交部档案业书——界务类》第五册西藏卷（一），第 248 页。

[148] “[F7252/1689/10] Sir H. Seymour to Mr. Eden.—(Received October 21.) Chungking, September 7, 1942.” *British Documents on Foreign Affairs–Reports and Papers from the Foreign Office Confidential Print. Part III, Volume 6, Part 20, October to December 1942, China,* pp.33-34.

[149] Ibid., p.33.

[150]《沧桑九十年——一个外交特使的回忆》，第 238 页。

[151]《交通部致蒙藏委员会代电》（1943 年 4 月 28 日），见《民国藏事史料汇编》第 7 册，第 181—182 页。

[152]《抄件：委员长侍从室来函〈藏派员赴印习炮术〉》（1943 年 8 月 30 日），见《外交部档案业书——界务类》第五册西藏卷（一），第 254、254—255 页。

[153]《运用外交稳定西藏之说帖》（1946 年 10 月 24 日），见《外交部档案业书——界务类》第五册西藏卷（一），第 80 页。

[154]《驻藏办事处为录送英国使团在藏活动情形文电事致蒙藏委员会呈》（1946 年 11 月 25 日），见《民国藏事史料汇编》第 7 册，第 326 页。

[155]《西藏简史》，第 129 页。

[156]《关于英军事代表团抵拉萨事》（1942 年 11 月 6 日），见《外交部档案业书——界务类》第五册西藏卷（一），第 245 页。

[157]《说帖：欧一科林昌恒驳斥 Forbidden Tibet 乙文所书中国在康藏无主权谬论之意见书》，见《外交部档案业书——界务类》第五册西藏卷（一），第 258 页。

[158] *China, India & Tibet 1914-1950. A History of Imperial Diplomacy,* pp.272、277.

[159]《柳陞祺先生谈所谓的英国“驻藏办事机构”——从黎吉生的去世说起》，《中国西藏》2001 年第 3 期。

[160]《西藏简史》，第 128、129 页。

[161]《沧桑九十年——一个外交特使的回忆》，第 192 页。

[162] *China, India & Tibet 1914-1950. A History of Imperial Diplomacy,* p.286.

[163]《沧桑九十年——一个外交特使的回忆》，第 192—193 页。

[164]《英俄在西藏的争夺——外交文件选译》，见《近代史资料》总 48 号，第 13、15 页。

[165]《所谓“西藏独立”活动的由来及剖析》，《中国藏学》1989 年第 1 期。

[166]《藏案纪略》，见《外交部档案业书——界务类》第五册西藏卷（一），第 68 页。

[167] 同上文，第 71 页。

[168] 同上文，第 61 页。

[169] 同上文，第 61—62 页。

[170] 同上文，第 63 页。

[171]《英俄在西藏的争夺——外交文件选译》，《近代史资料》总 48 号，第 13 页。

[172]《藏案纪略》，见《外交部档案业书——界务类》第五册西藏卷（一），第 63 页。

[173] 同上文，第 66、68 页。

[174] 柳陞祺：《关于在蒙藏委员会拉萨办事处期间的回忆》，《柳陞祺藏学文集》（汉文卷·下），第 772 页。

[175]《西藏简史》，第 153 页。

[176]《藏案纪略》，见《外交部档案业书——界务类》第五册西藏卷（一），第 66—67 页。

[177]《英人侵藏之活动》（1945 年 4 月 5 日），见《外交部档案业书——界务类》第五册西藏卷（一），第 77 页。

[178]《使藏纪程》，见《西藏学汉文文献丛书》第 2 辑，第 406 页。

[179]《黄慕松、吴忠信、赵守钰、戴传贤奉使办理藏事报告书》，第 140—141 页。

[180] 同上书，第 197 页。

[181]《运用外交稳定西藏之说帖》（1946 年 10 月 24 日），见《外交部档案业书——界务类》第五册西藏卷（一），第 80 页。

[182]《沧桑九十年——一个外交特使的回忆》，第 204 页。

[183]《黄慕松、吴忠信、赵守钰、戴传贤奉使办理藏事报告书》，第 140 页。

[184] 普拉纳瓦南达（Swami Pranavananda, F.R.G.S.）：《凯勒斯——玛纳萨若瓦尔（神山圣湖）》（Kailas——Manasarovar），转引自房建昌：《英、印驻噶大克商务代办及国外探险西部西藏小史》，《西藏研究》2001 年第 3 期。

[185]《军委会据报英印对藏施行货物禁运藏方已提出严重抗议等情致蒙藏委员会代电》（1944 年 12 月 7 日），见《民国藏事史料汇编》第 7 册，第 255 页。

[186]《刘桂楠为报英将在藏特权让与印但藏迄未同意事致蒙藏委员会代电》（1949 年 3 月 28 日），见《民国藏事史料汇编》第 7 册，第 456—457 页。

[187]《沈宗濂为报藏中各方对高度自治之态度致罗良鉴电》（1945 年 11 月 6 日），见《民国藏事史料汇编》第 7 册，第 289 页。

[188]《拉萨旧事（1944—1949）》，第 67 页。

[189] "F11270/35/10 Events in China, Monthly Summary for July 1948." *British Documents on Foreign Affairs–Reports and Papers from the Foreign Office Confidential Print. Part IV, Series E Asia, Volume 5, China, 1948,* p.225.

[190]《英退出印度步骤》，南京《中央日报》1947 年 4 月 12 日第 3 版。

[191]《说帖：中印疆界（藏印）及康藏疆界问题》（1952 年 3 月 27 日），见《外交部档案业书——界务类》第五册西藏卷（一），第 184 页。

[192]《顾维钧回忆录》第 5 卷，第 353 页。

[193]《驻英大使馆报告》（1944 年 7 月 15 日），见《外交部档案业书——界务类》第五册西藏卷（一），第 76 页。

[194]《孔庆宗为西藏当局恃有英援藐视中央应设法弭患事致蒙藏委员会电》（1944 年 1 月 27 日），见《民国藏事史料汇编》第 7 册，第 218—219 页。

[195]《蒙藏委员会函，抄送关于西藏外交情报》（1944 年 3 月 14 日），见《外交部档案业书——界务类》第五册西藏卷（一），第 256—257 页。

[196]《沈宗濂关于与古德交谈西藏问题情况致吴忠信函》（1944 年 7 月 8 日），见《民国藏事史料汇编》第 7 册，第 243—244 页。

[197]《蒙藏会驻藏沈处长电部，请宋子文访英时，与英商谈藏事由》（1945 年 8 月 25 日），

见《外交部档案业书——界务类》第五册西藏卷（一），第 341 页。
[198]《侍从室回梦录》，第 152 页。
[199]《国民政府函外交部，藏外交局长应邀赴印，藏情恐生变由》（1946 年 11 月 10 日），见《外交部档案业书——界务类》第五册西藏卷（一），第 83 页。
[200]《沈宗濂为转送驻藏办事处关于印独立后英印藏间活动频繁等情来电致藏事处函》（1946 年 10 月 12 日），见《民国藏事史料汇编》第 7 册，第 317—318 页。
[201]《国府训令外交部，对蒙藏会沈处长访尼赫鲁等事，宜特加指示等事由》（1946 年 10 月 21 日），见《外交部档案业书——界务类》第五册西藏卷（一），第 78 页。
[202]《国民政府函外交部，藏外交局长应邀赴印，藏情恐生变由》（1946 年 11 月 10 日），见《外交部档案业书——界务类》第五册西藏卷（一），第 83 页。
[203]《签呈：呈核所拟蒙藏会沈处长赴尼经印时，与印阁揆尼赫鲁谈话要点》（1946 年 10 月 24 日），见《外交部档案业书——界务类》第五册西藏卷（一），第 78 页。
[204]《运用外交稳定西藏之说帖》（1946 年 10 月 24 日），见《外交部档案业书——界务类》第五册西藏卷（一），第 81 页。
[205]《欧一科签覆蒙藏会沈处长〈运用外交稳定西藏之说帖〉三点意见》（1946 年 10 月 30 日），见《外交部档案业书——界务类》第五册西藏卷（一），第 82 页。
[206]《驻藏办事处为录送英国使团在藏活动情形文电事致蒙藏委员会呈》（1946 年 11 月 25 日），见《民国藏事史料汇编》第 7 册，第 326 页。
[207]《所谓“西藏独立”活动的由来及剖析》，《中国藏学》1989 年第 1 期。
[208]《西藏简史》，第 153 页。
[209] *From Secretary of State for India to Government of India External Affairs and Commonwealth Relations Department, Despatched 00.30 hours, 16th July 1947.* 英国政府印度事务部秘密档案。
[210]《沧桑九十年——一个外交特使的回忆》，第 209 页。
[211]《西藏简史》，第 152 页。
[212]《英美印侵略者制造阴谋事变，妄图侵吞我西藏领土，英印进步舆论反对侵略活动》，《人民日报》1949 年 9 月 3 日第 1 版。
[213]《西藏简史》，第 153 页。
[214] 力文：《急盼解放的西藏人民——西北旅行通讯之六》，《人民日报》1950 年 3 月 15 日第 3 版。
[215]《沧桑九十年——一个外交特使的回忆》，第 218、206 页。
[216] 阴法唐：《周恩来对西藏民族发展的卓越贡献》，《中共党史研究》1999 年第 2 期。
[217]《西藏与西藏人》，第 69 页。
[218] *The Defence of India and Indo-British Obligations. International Affairs (Royal Institute of International Affairs 1944-)*, Vol. 22, No. 1(Jan., 1946), pp.85、86.
[219]《英人侵藏之活动》（1945 年 4 月 5 日），见《外交部档案业书——界务类》第五册西藏卷（一），第 77 页。
[220]《西藏简史》，第 147 页。
[221]《英人侵藏之活动》（1945 年 4 月 5 日），见《外交部档案业书——界务类》第五册西

藏卷（一），第 77 页。

[222]《西藏政治史》，第 246 页。

[223] 同上书，第 246—247 页。

[224]《西藏对外关系总结》，见《近代史资料》第 108 辑，第 257—258 页。

[225]《所谓“西藏独立”活动的由来及剖析》，《中国藏学》1989 年第 1 期。

[226] *China, India & Tibet 1914-1950. A History of Imperial Diplomacy,* p.327.

[227]《沧桑九十年——一个外交特使的回忆》，第 250、251 页。

[228]《西藏简史》，第 157 页。

[229]《中印将商谈友好条约》，南京《中央日报》1947 年 2 月 26 日第 2 版。

[230] 南京《中央日报》1947 年 2 月 26 日短评：《驻印使节发表》。

[231]《关于中印商约事口头上曾广泛谈及》，南京《中央日报》1947 年 4 月 10 日第 2 版。

[232] 冯覃燕：《中印新页——迎梅农大使》，南京《中央日报》1947 年 3 月 10 日第 2 版。

[233]《梅农今离华返印》，南京《中央日报》1948 年 4 月 10 日第 2 版。

[234]《梅农如调职回国，克德威可能继任》，南京《中央日报》1947 年 5 月 5 日第 2 版。

[235]《说帖：中印疆界（藏印）及康藏疆界问题》（1952 年 3 月 27 日），见《外交部档案业书——界务类》第五册西藏卷（一），第 184 页。

[236]《德里秘密换文未曾得到原西藏地方政府的承认》，见《西藏文史资料选辑》II，第 75 页。

[237]《西藏简史》，第 151、153—154 页。

[238]《陈锡章为陈述印度独立后宜调整中印对藏关系意见事致许世英电》（1947 年 8 月 25 日），见《民国藏事史料汇编》第 7 册，第 373 页。

[239]《所谓“西藏独立”活动的由来及剖析》，《中国藏学》1989 年第 1 期。

[240]《陈锡章为陈述印度独立后宜调整中印对藏关系意见事致许世英电》（1947 年 8 月 25 日），见《民国藏事史料汇编》第 7 册，第 373 页。

[241]《抄送处理西藏问题之方针一件》（1947 年 12 月 12 日），见《外交部档案业书——界务类》第五册西藏卷（一），第 315 页。

[242] “F11270/35/10, No.188. Events in China, Monthly Summary for July 1948.” *British Documents on Foreign Affairs–Reports and Papers from the Foreign Office Confidential Print. Part IV, Series E Asia 1948, Volume 5, China, 1948,* p.241.

[243]《西藏简史》，第 154 页。

[244]《刘桂楠为报英将在藏特权让与印但藏迄未同意事致蒙藏委员会代电》（1949 年 3 月 28 日），见《民国藏事史料汇编》第 7 册，第 456—457 页。

[245]《印度对华战争》，第 31 页。

[246] 尼泊尔的情况大致是：清朝乾隆年间，中国与尼泊尔确立宗藩关系，尼泊尔每五年朝贡一次，中国在西藏聂拉木等地开市进行贸易。随着英国对喜马拉雅山南麓地区的侵略，这一宗藩关系受到极大影响。民国初年，袁世凯提出尼泊尔加入中国的汉、满、蒙、回、藏五族共和，但没有结果，两国的宗藩关系结束。

[247]《藏案纪略》，见《外交部档案业书——界务类》第五册西藏卷（一），第 71 页。

[248]《欧洲司密呈我对印度欲侵并锡金及尼泊尔之说帖》（1948 年 8 月 11 日），见《外交

部档案业书——界务类》第五册西藏卷（一），第 158 页。

[249]《沧桑九十年——一个外交特使的回忆》，第 238 页。

[250]《藏案纪略》，见《外交部档案业书——界务类》第五册西藏卷（一），第 75 页。

[251]《尼泊尔访华团抵沪》，《申报》1947 年 4 月 30 日第 2 版。

[252]《国民政府令外交部，核办锡金、不丹不愿受藏统治由》（1946 年 7 月 17 日），见《外交部档案业书——界务类》第五册西藏卷（一），第 285 页。

[253]《为奉抄锡金与不丹不愿受西藏统治之情报一件，谨将处理情形报请誊发由》（1946 年 8 月 9 日），见《外交部档案业书——界务类》第五册西藏卷（一），第 299—300 页。

[254]《运用外交稳定西藏之说帖》（1946 年 10 月 24 日），见《外交部档案业书——界务类》第五册西藏卷（一），第 81 页。

[255]《国民政府蒙藏委员会一年来施政报告》（1948 年 4 月 14 日），见《民国藏事史料汇编》第 7 册，第 397 页。

[256]《行政院抄交本部：蒙藏委员会子冬代电，据报西藏地方政府向英方提出交还锡金、不丹两地问题案》（1948 年 1 月 5 日），见《外交部档案业书——界务类》第五册西藏卷（一），第 144 页。

[257]《驻印罗大使极密电部，关于其与印梅农交涉我在噶堡设领，又印欲扩张势力，交并锡金、不丹等情由》（1948 年 8 月 8 日），见《外交部档案业书——界务类》第五册西藏卷（一），第 153 页。

[258]《欧洲司密呈我对印度欲侵并锡金及尼泊尔之说帖》（1948 年 8 月 11 日），见《外交部档案业书——界务类》第五册西藏卷（一），第 157—158、158、159 页。

[259]《西藏历史上的法律地位》，第 196 页。

[260]《英美印侵略者制造阴谋事变，妄图侵吞我西藏领土，英印进步舆论反对侵略活动》，《人民日报》1949 年 9 月 3 日第一版。

[261]《西藏历史上的法律地位》，第 195 页。译者将新疆喀什噶尔错译为西康卡西格。

[262] 同上书，第 196 页。

[263]《侍从室回梦录》，第 152 页。

[264]《藏案纪略》，见《外交部档案业书——界务类》第五册西藏卷（一），第 75、74 页。

[265]《柳陞祺藏学文集》（汉文卷·下），第 772 页。

[266]《说帖：欧洲司一科欧阳中庸签对英印交涉藏务之说帖》（1945 年 11 月 8 日），见《外交部档案业书——界务类》第五册西藏卷（一），第 345 页。

[267]《外交部呈行政院秘书处及函蒙藏委员会，关于藏印废约划界事，覆请查照由》（1948 年 11 月 27 日），见《外交部档案业书——界务类》第五册西藏卷（一），第 168 页。

[268]《陈锡璋为报西藏当局大多数主张废除不平等条约拒绝印人入境而少数亲英分子从中作梗筹策防杜事致蒙藏委员会电》（1947 年 10 月 30 日），见《民国藏事史料汇编》第 7 册，第 380 页。

[269]《西藏历史上的法律地位》，第 194 页。

[270]《周恩来对西藏民族发展的卓越贡献》，《中共党史研究》1999 年第 2 期。

第十章
英去美来：西藏地方代表出席国民大会与夏格巴的分裂活动

英国政府在不得不逐步退出印度的同时，对西藏问题仍不撒手。它先是制造和唆使噶厦要求战后“自治”，随后支持噶厦内摄政达扎的分裂活动。在其支持下，达扎派遣夏格巴率领商务考察团到印度、美国、英国等国活动，“表面虽称考察，实际则系作政治活动，冀获得各大国之支持而实现其独立之梦想”[1]。这样，英国制造分裂和中国维护国家主权和领土完整，又一次成为战后至 1949 年中英两国较量和交涉的中心。国民政府相应地采取了一系列应对措施，维护对西藏的主权，有些措施和效果值得充分肯定。在此期间，英国政府尽管心不甘，但是不得不面临“日不落帝国”的影响已不复存在的事实，美国逐步成为西藏问题的幕后黑手，中国在西藏问题上所面临的外来侵略逐步从英国过渡到美国。

第一节　战后的西藏问题与《中华民国宪法》有关条文的制定及实施

1946 年 11 月，国民党政府在发动全面内战后攻占解放区军事重镇张家口的背景下，召集“全国各民族各省市各职业代表”[2] 召开国民大会，通过《中华民国宪法》。蒋介石宣称：“大会何以一定要在这个时期召开，对本党前途有何作用呢？这就是因为我们要对付目前最大的敌人——中国共产党。”[3] 其针对中国共产党的目的由此可见。不过，制宪国大的召开和《中华民国宪法》的通过，对于解决边疆问题和维护中国领土完整来说，还是具有一定的意义。大体说来，英国政府在中国抗战胜利前后制造西藏“自治”，中国再一次面临着严重的边疆危机。国民政府调整边疆民族政策，同意赋予西藏“高度自治”，强调中华民族的团结与统一。接着，召开制宪国民大会，通过《中华民国宪法》，规定西藏为中国固有疆域之一，将“高度自治”具体化为中央政府指导下的地方自治，明确西藏及省属藏区参加国民大会、立法院、监察院的名额。接着，国民政府实施有关条文，西藏地方按照规定选举国大代表、立法委员和监察委员，当选者向有关机关报到。这样，再次向世界表明西藏是中国不可分割的领土之一，西藏的政治地位在宪法上再次得到确认。虽然学术界对该宪法做了研究[4]，但是尚未涉及此点，本节从下面予以探讨。

一、英国制造战后西藏“自治”与国民政府调整边疆民族政策

抗战胜利前后，国民政府面临着前所未有的边疆危机。从“自治”的角度来说，主要是西藏地方政府即噶厦在英国唆使下要求“自治”，内蒙古一些王公也“在王爷庙开全盟大会，决定要向中华民国要求盟旗自治”[5]。在这两种“自治”中，最严重的是西藏问题。

近代以来，英国政府一直企图分裂中国西藏。抗战胜利前，它“以藏文报纸经常免费供应藏方贵族世官阅读，鼓吹西藏独立”[6]。它还于1944年11月派遣驻锡金的政治专员古德入藏，与驻拉萨的沙利文一道，利用国民党军豫湘桂作战失利，煽动噶厦“独立”，要噶厦“派外交代表常川驻印”、“停派赴中央代表”。[7]古德还要求噶厦派遣代表出席战后“和平会议”[8]，并“保证于将来战后和会中，英国决提出西藏独立问题讨论，并支持西藏达到此一目的”[9]。抗战胜利后，苏联政府以新疆问题和东北问题做文章，施压国民政府准许外蒙独立。英国认为有机可乘，“鼓动西藏仿效，并表示可首先承认”[10]，接替沙利文担任“驻拉萨代表”的黎吉生加紧煽动，国民党中央所得情报表明：“近来英方更加紧分化中藏工作。前英代表曾向藏当局提出，英帝国向以谋西藏之自由与独立为目的，并护助西藏以大量军火及金钱。现国际战事已息，各民族皆得有平等独立之权利，西藏可向中国要求与外蒙同样之独立。他如国际会议、国际联合会均可由英方提出邀请西藏参加。”[11]黎吉生还唆使噶厦派人前往重庆，认为这样“似乎造成了提出这一问题的绝好机会”；“只有西藏人才能向中国人提出自治问题，我们不能在西藏之前先代表西藏或是其他任何方式同中国商谈西藏问题”，但可以“在他们到达重庆之后，支持其同中国人商谈自治问题，在这种情况下，他们将得到我们外交上的全力支持”。[12]在英国政府眼中，“自治”成为“独立”的代名词，它企图同苏联一样向中国施压准许西藏“自治”。

西藏分裂头子、摄政达扎采纳英国政府的建议，决定组织“慰问同盟国代表

团”，以此名义前往内地。团长由札萨喇嘛绒伯伦·土登桑培担任，副团长为札萨凯墨·索朗旺堆，成员有凯墨·次旺顿珠（四品官）、强俄巴·多吉欧珠（五品官）、益西达杰（翻译）。多吉欧珠回忆指出“此举的罪恶目的所在”：“首先，他们出面慰问‘同盟国’，这就理所当然地认为是他们在向世界宣布：他们不属于同盟国范围，而是独立于‘汉政府’之外的一个地区或者一个国家。这显然是搞‘西藏独立’的一个大阴谋；其次，噶厦政府常用一切国际场合和世界上有名望的人物来为他们的分裂活动争取舆论支持，这是他们的惯用伎俩；再者，通过这次的游说活动，向美英帝国主义乞求援助，来为他们的‘独立’活动做好物资和军事上的准备。”[13] 这也表明噶厦是活动“独立”而不是提出“独立”，显然它认识到西藏情况与外蒙完全不一样。

这遭到国民政府的坚决反对，一场以制造分裂和维护统一为中心的较量随即展开，国民政府外交部指出：“查藏局关键所在，从根本言之，在外交上：乃中、英两国对藏态度之相反，我始终认藏为领土，在我主权之下，为适应地方需要，允许西藏具有自治权；但英国自西姆拉会议以来，虽承认西藏为领土，但只认我对之仅有宗主权，此项态度至今未变。上年（即 1943 年），宋部长（即外交部长宋子文）访英时，曾与外相艾登商谈西藏问题，英方仍坚持西藏之地位，系中国宗主权下之自治邦。”[14]

外患之生，在于内部问题未解决。严重的边疆危机使国民政府认识到必须调整边疆民族政策，并从宪法上完善国家的主权与领土问题。1945 年 5 月，国民党第六次全国代表大会提出要在抗战胜利以后，“必以全力扶助边疆各族经济、文化之发展，尊重其固有语言、宗教与习惯”，并赋予西藏“以高度自治之权”。[15] 8 月 24 日，蒋介石在国防最高委员会与中央常务委员会临时联席会议上发表演讲，阐述了国民党“今后实行民族主义，以及保障自由和平与安定的方针”。他首先提出西藏问题具有特殊性，认为西藏“本自有其悠远历史，且其民族聚居一处，与其他宗族杂居、已经设省之边地迥然不同”。[16] 接着，他阐述了“实施民族主义的三个重要原则”。第一为尊重民族独立平等的原则，中国“断不能效法日本对待高丽的行径”，“凡对于他持有自治能力与独立精神的民族，必须予以精诚的扶持其成长，使之达成自主和独立的目的”。第二为扶助边疆民族自治的原则，强调边疆民族“必须对其祖国以和睦亲善的态度，循合法的程序，向其政府提出愿望，以达成其目的，不可采取反抗祖国的行动，以引起民族之间相互的仇恨”。第三为内地各民族一律平等原则。“各省区以内的大小民族在政治上、法律上一律予以平等，在信仰上、经济上亦予以充分自由而不加以干涉，以达成我们各宗族间精诚团结友爱互助之目的”。根据这三个原则，他提出解决西藏问题的方案：“西藏民族的政治地位……是久悬未决的问题，我可以负责声明，如果西藏民族此时提出自治的愿望，我们政府亦必将赋予高度的自治。”他强调：“……西藏问题的解决乃是我国民革命最大的任务，也是民族主义实现的楷模。我个人必负起全责来解决这个问题。希望我全国同胞亦本着国民革命的原则和民族主义的精神，协助政府来解决这个问题，使其得到圆满的结果。”[17]

1946年3月1日至17日，国民党召开六届二中全会，将边疆民族政策细化为三个方面：其一，维护中华民族的团结和国家领土的完整，强调“我蒙、藏、回三族同胞，俱为构成我大中华民族之一员，而其分布之地区，更为我领土不可分之一部”[18]。其二，“调整边疆政府，并尽量引用边胞参加中央及地方之行政”[19]。其三，发展边疆地区的教育与文化，提出“在边疆民族所在地各级之施教，应注重本族文字，并以国文为必修科，由教育部斟酌施行，各级机关之行文，以国文及本族文字并用为原则”。《申报》评论认为：这几方面之精神，“于扩大边地同胞参加中枢的机会外，着重在扶植边地同胞的自治，与维护边地同胞的固有文化生活，不特足以表示中央对边地同胞的关注，抑亦为他们此后的发展开拓了一条大道”。[20]这三个方面，实际上解释了“高度自治”不能违背国家领土主权的完整与统一。

国民党六届二中全会闭会后，国民党著名学者张其昀于3月24日发表《“少数民族”名词的纠正——并论中国边疆问题》一文。这是一篇以学术文章面目出现的著名文献，它进一步阐述了国民党的边疆民族政策，综合来看有如下几点：

第一，从两个角度论证“少数民族”一词不适用于中国。

首先，从中外对比的角度论证中国并无“少数民族”，只有兄弟同胞之分。文章认为，中国本无“少数民族”（Minority）一词，该词“是从西文翻译出来的”，“海内学者”在翻译1921年出版的美国政治地理学权威鲍曼博士（I. Bowman）《战后新世界》（*New World*）一书时，将Minority译为“少数民族”。文章批评“海内学者似未能详审异同，往往用少数民族一词来通称我国的边地各族，变成很普通的称调”，强调“中外国情诸多不同”，不能“漫为援用”而导致“发生种种困难”。文章以捷克为例，阐述了“什么叫作少数民族”：“捷克是中欧一个国家，人口一千四百余万，其中有日耳曼族二百万人。这些日耳曼人与七千万德国人是同种同文，因语文宗教及历史关系，对德国有浓厚情感，无形中认德国为其祖国。故捷克境内之日耳曼人称为少数民族者，系兼对德国而言，非仅对捷克而言。”文章接着强调中国的情况与欧洲完全不同，欧洲“自罗马衰亡以后迄未统一”，因而“民族的界线与国家的疆界两者不能吻合”，而中国“自秦汉以来向为统一国家”，“中华民族的领土和中华民族的地理分布，大体是相符合的”。文章依照捷克的事例，强调中国并无少数民族，只有兄弟同胞：“中国与苏联及印度诸国为邻，但在中国境内并无斯拉夫人与印度人的杂居区域，故少数民族一词在中国就不能适用。中华民族是一个大家庭，汉族好比长子，满蒙回藏诸族都是兄弟手足。二千多年以来，经过多少次的迁徙混合及彼此通婚，至今各族语言信仰生活习惯虽有不同之处，而在血统上并无严格分野可言。譬如满族又称旗人，我们知道清初的旗人包括了汉军旗和蒙古旗，就是满人本身也不知经过多少变迁，其中参合了渤海契丹、女真、高丽及明代辽东汉人的多种成分，哪里有所谓纯粹的女真后裔。其他各族如蒙如回如藏以及其中诸多支派，都可作如是观。”

其次，从民族构成要素的角度论证中国只有“边民”而无少数民族。文章认为，在构成民族的诸要素中，“语言不是主要的，例如加拿大一部分说英语，一部分说法语，而无害于为一欣欣向荣的民族。宗教也不是主要的，例如比利时北部近荷兰信奉新教，南部近法国信奉旧教。生活习惯更不是重要的，古人所谓广谷大川异制，民生其间者异俗，版图愈大，其经济状况亦愈复杂”。文章提出，“形成民族的主要力量不是别的，乃是共同的历史，共同的回忆，共同的纪念和共同的精神”。例如，美国民族就是由欧洲各国的移民所组成，他们在欧洲是各个民族，但到美国后在“美国精神”下精诚团结，而美国精神“即为独立战争、南北战争及两次世界大战的共同回忆及华盛顿、哲斐孙、林肯、威尔逊辈伟大人物的共同纪念所造成的”。依此，文章强调“一个民族之所由成立，不仅由于地理，而尤在于历史。元史是中国正史的一部分，成吉思汗不仅为蒙族之大人物，亦为全体华人之民族英雄，宗喀巴也是全民族所公有的”。文章进而阐述了中华民族的意识与统一的大义，认为：“中华民族的历史是一部悲喜交集甘苦与共的历史，汉满蒙藏回族犹如一个手掌五枚手指，其中有中华民族的血交流在一起。汉族可比拇指，是历史上的活动中心。我们内部有问题，那是我们家里的事，自己可以商议解决，无待他人起而代谋。假使一个手指被外力割断了，会使整个手掌痛苦不堪，流血不止，这就叫作民族的意识，统一的大义。古来学者尝用‘边徼四裔’一词来通称吾民族的几个支派，用现代语来说，便是分居边地的几派子孙，这原是很正确的观念。所以我们应该根据旧说，称之为边地诸族，或简称曰边民。‘少数民族’一名起于舶来，根本是要不得的。”

从上述来看，文章一方面错误地认为中国并无少数民族，只有“边民”；一方面正确地阐述了中华民族的血肉相连、不可分割的民族大义，指出自己内部之事自己解决，反对外来干涉，强调“所谓领土完整主权独立自应包括整个中华民国而言，否则破碎山河何得谓之完整。无论蒙族、回族和藏族，他们都是中国人，是四万万同胞的一部分”。综合这两方面，文章“竭诚希望少数民族一词不再闻于议场之中，见于报章之上。而且今后民意机关，应该就边疆问题发表宣言，义正辞严地昭告于世界，使外国人从此不得歪曲事实，有所借口”。

第二，提出了一系列处理边疆民族问题的具体政策。

首先，孙中山所强调的中国境内各民族一律平等，具有确切的含义，内地民族与边疆民族一视同仁。文章强调，既然“少数民族”一词不适用于中国，则“宪法中绝对不能有‘少数民族’的字样，即退一步言，于宪法中规定边地诸族之特殊待遇，及致失去了一视同仁的雅量，也是大可不必的。宪法与一般法律不同，宪法所应注重者为立国的主义与夫根据主义所创设的政治制度，至于一般政策往往需要因时制宜，因地制宜，只要在普通法律中规定就够了。例如沿海居民以捕鱼为生计，宪法中不必另立一条保护沿海的渔场，闽广一带方言纷歧，有福州话，广州话之类，宪法中更不能有明文规定以维持此类方言。海疆如此，大陆边疆何尝不然。作者以为中亚高原的牧民与沿海渔民应无歧视，蒙藏诸族的语言与闽广方言也看不出有何大相径庭之处。至于宗教自由乃国民权利应有之义，边地各族当然亦无例外”。

其次，当前边疆之患，起于苏联与英印。解决之道，一则在于修明内政，二则在于处理边疆危机的原则与政策同处理内地“民变”的一样。文章提出，虽然“绝不敢漠视边民的利病，亦不讳言过去边地确有民变。有清一代几次回乱，曾使西北诸省骚然不宁。但是政府处理的方针，应该与对付内地民变并无二致。左宗棠所谓‘但分良莠，不分汉回’，足以说明中华民族之传统精神。加强边民之向心力，其道在于肃清贪污，修明吏治，视慎选县长刷新县政为建国之真正基础，这又是全国性的改革，初不限于边地为然。要之今日中国边疆问题危机四伏，考其原因，非自内发，而由外铄。新疆问题、蒙古问题这些足以摇撼国本的大问题，不发生于抗战方殷之时，而发生于和平恢复以后，其故何在，极可注意！反过来说，苟中印二国能友好相处，西藏必可安然无事”。

再次，对列强打着“民族自决”的旗号分裂中国，予以批驳。文章指出：“民族自决”一词“表面上很动听，实际不免困难业生。一国之内有了少数民族畛域之分，正如古人所说‘非我族类，其心必异’。既然把一块土地划给某一国统治，同时对于这个地方的人民另有条约保护，以致本国政令施行有了种种限制。这些少数民族既非完全本国人，又非完全外国人，人民时时怀抱异志，政府则常感进退失据。少数民族问题为酿成第二次大战重要因素之一。故学者对于威尔逊总统民族自决原则之应用不当，颇多攻击。至于在外国军队占领下所举行的公民投票，硬从祖国的怀抱里挖了出去，而美其名曰民族自决，这与城下之盟会何少异”！[21]

从蒋介石的讲演到张其昀的阐述，国民政府关于战后边疆民族的政策基本确定。无论是民族主义的具体含义，还是处理西藏问题的具体原则，都很清楚。英国政府宣称：“1945 年 8 月，当中国刚刚承认外蒙古独立时，蒋介石宣布，一旦西藏强到足以在政治上和经济上自立的话，中国政府将支持西藏类似的独立。”[22]它却对蒋介石“不可蹈袭高丽过去的覆辙”[23]的警言视而不见。虽然蒋介石一度同意赋予西藏“高度的自治”，但是因“高度自治，去独立仅差一间”[24]而调整了处理西藏问题的具体原则，即：在宪法中确立西藏的政治地位；内地民族与边疆民族一律平等；按照内地“民变”处理英国制造的分裂。这些原则，也适用于处理内蒙古各盟旗提出的自治问题，下一步是如何在宪法中体现出来。

二、国民政府的争取与噶厦决定派代表出席制宪国大

如何反对英国的分裂企图、维护中华民族的团结与统一摆在国民政府面前，蒋介石接连采取了两项措施：首先，争取噶厦选派代表参加国民大会，其电令内容及如何争取，在 1945 年 8 月 23 日沈宗濂致噶厦函中体现出来：“查国民代表大会，原定于民国二十六年即戊寅年，在南京举行，因中日战事发生，未能如期开会。现在日寇已经投降，中国国土全部收复，中央定于本年十一月十二日，即藏历十月初七，在首都召开大会。顷奉蒋主席电令，内开：国民大会西藏原已派定代表十人，现查前派代表散居各地，且间有死亡，名额已不足数，故本年在首都召开大会，深望西藏选派地位崇高、能以传达摄政及噶厦意旨之人，补充足额，前往参加，借以增进中藏情感。会后并由中央招待各代表前往各佛教圣地瞻礼。希即将名单呈阅，以便通知大会。等因。奉此，按国民大会，关系重要，会期约二十日，为时甚短，适值天气凉爽，极合卫生。所有藏代表等，由拉萨启程，往返旅费以及会后朝佛等一切费用，概由中央供给，不致使代表等私人有所耗损。请贵噶厦早日选定代表，于藏历七月三十日前，将名单送交本处，以凭转呈蒋主

席钧察。特此函请贵噶厦迅予办理，并祈赐复为荷。”[25]函件说明了国民大会召开的日期及会期，西藏代表遴选的要求及提出日期，费用的优待等问题。接着，在 8 月 24 日召开的国民党中央常务委员会、国防最高委员会联席会议上，蒋介石专门阐述了处理外蒙与西藏问题的原则。他说：“我们对于外蒙合理合法的要求，决不加以阻碍，并将予以扶持而使之实现。”[26]但是对于“西藏民族的政治地位，在第六次全国代表大会，本已决定予以高度的自治，扶助其政治之进步，与民生之康乐”[27]，在这里“我可以负责声明，如果西藏民族此时提出自治的愿望，我们政府亦必将赋予高度的自治。如果他们将来在经济条件上能够达到独立自主的时候，我们政府亦将如对外蒙一样的精神扶助他们的独立，但必须其能巩固其本身永久独立的地位，不可蹈袭高丽过去的覆辙，一面要求祖国承认其独立，而一面即被日本的违约并吞为其奴辱，又要使我祖国为之数十年之牺牲奋斗，而始获得今日的解放”[28]。

由此看来，蒋介石承认外蒙独立，而对于西藏，一方面认为并不具备独立条件，一方面指出像日本对朝鲜半岛一样英国对西藏的企图，指出并不能从中国分割出去，但可给予“高度的自治”。噶厦派遣代表参加国民大会，可以讨论如何实施“高度的自治”。这样，蒋介石将召开国民大会对于噶厦的重要性向噶厦说明了。8 月 29 日，蒋介石指示沈宗濂征求噶厦关于“高度的自治”的意见，“并切实宣扬中央政策为要”。[29]遵此，沈宗濂向噶厦表示：“此次西藏代表前去参加大会，可以提出各种要求，政府将尽力予以解决。”[30]9 月 5 日，他向蒙藏委员会委员长罗良鉴汇报了与噶厦协商的情况：“中央赋予西藏（高度自治），职已遵照六全大会决议广为宣传，并力促藏方派要员参加国民大会，情形颇为接近。”[31]噶厦于是“决定在慰问同盟国代表团的基础上再增加人数，以作为同时出席南京‘国民代表大会’的代表团”[32]，前往南京协商如何“高度自治”。11 月 6 日，沈宗濂在致罗良鉴电中对此作了分析：“遵将中央政策宣扬，全藏官民对于中央深仁厚德，同深感戴。在民众方面，久苦差役繁重，极度剥削，纵能获得自治，仍望中央予以扶持，出诸水火。在僧侣方面，全藏僧众来自西康、青海者占十之六七，因宗教种族关系，向来倾（向）中央，西藏自治后，仍愿拥护中央，保持密切联系。在官吏方面，老成一派深知西藏缺乏独立条件，惟冀保全禄位、财产，今得中央许以自治，认为私人权利不受影响，表示欣慰庆祝，推选代表在渝参加国大。此派在藏政府会议中极力主张，可见中央政策已收实效。”[33]

英国政府注意到两点：其一，“有些西藏人被蒋介石所说的自治计划所吸引，他们认为这个计划是西姆拉会议流产后非常逻辑的发展”[34]；其二，国民政府规定代表西藏本土的代表为10名，在内地的西藏代表为6名[35]。综合这两点，英国分析认为：西藏代表团的组成，是索康札萨和沈宗濂商定的，他们的观念“是派遣一个西藏使团（a Tibetan Mission）首先到印度，然后到中国去祝贺取得抗日的巨大胜利。顺便作为西藏代表，参加拟议中的南京国民大会”[36]。因此，英国政府竭力破坏。1945年9月21日至1946年1月31日，接任英国驻锡金政治专员的霍普金森（Arthur Hopkinson，又译作霍金森等）专程入藏，“竭力劝说噶厦注意，如果被中国的计划引诱或者相信沈宗濂所说，非常危险”[37]。英国驻江孜商务专员兼驻拉萨商务代办的黎吉生进一步从两方面破坏：其一，他宣称：“以中国政治业已进步，抗战胜利，复积极建设，如西藏派员参加国民大会，是无异承认西藏为中国之一部分，则西藏现行政治体制自不容存在，现任官吏及贵族亦在淘汰之列。”[38]他还宣称：“如西藏代表团参加了中国召开的国民大会，西藏政府就是破坏1914年的西姆拉条约。”[39]其二，如果噶厦一定要派代表，不能派噶伦级别官员。所派代表，不仅要“前往新德里游览”[40]，而且须“赴英京伦敦一行”[41]。

这使噶厦的态度有所转变。其一，它决定“表面参加国民大会，实际仅代表西藏向中国庆贺胜利而已，又必要时并赴英伦作同样之庆贺”[42]。沈宗濂就此指出：“访英中央决不容许。”[43]噶厦“以道出印度，难以拒绝”[44]，并向沈宗濂“再三声明，访印非出本意，决不涉及政治问题”[45]。到南京后，西藏代表向喜绕嘉措说：“此行系奉藏政府命令前来庆祝胜利。虽曾对英国政府表示庆祝，但其意义与此迥异，盖仅为希望不干涉代表团来京之行，故庆贺英国一事，仅为达成庆贺中央之步骤。”[46]其二，重新讨论向中央政府提出的问题。10月26日沈宗濂报告：达扎召集各噶伦“连日开会讨论代表应向中央商请各项问题，虑英人阻挠，内容极密”[47]。11月3日，达扎又召集僧俗官员会议，决定：(1)“赴渝国大代表，应向中央报告全藏人民希望协助之意”；(2)“对于英人仍保持英、藏和好之关系”。[48]最终，蒋介石了解到噶厦决定西藏出席国民大会的代表秉持三原则：(1)“以保持现有特殊地位为原则，不可任意发言，引起中央对藏用武力之决心”；(2)“如中央仍采怀柔政策，则要求独立，最低限度要求完全自治”；(3)“如获独立，则中藏地界之划分须依据西姆拉会议之条款”。[49]他于1946年1月29日指示蒙藏委员会注意。

在提出代表名单上，也出了问题。沈宗濂要求在1945年藏历七月三十日即9

月 5 日前提出名单，但噶厦迟至 9 月 26 日才致函沈宗濂，派土登桑培、索朗旺堆“及新旧任驻京代表等参加国民代表大会，并特派该代表等为恭贺战争胜利专员”，要求“立即呈报中央”。这有两个问题产生。其一，噶厦并未确定两名札萨所率之“僧俗藏官三员名单”，沈宗濂因而要求噶厦“从速派定”，“以便一并呈请中央，准备招待”。[50] 噶厦于 10 月 11 日突然询问沈宗濂“国民大会是否延期”，沈宗濂回答“并无此事”。[51] 至 10 月下旬，噶厦才“遵派代表十人”[52]。其二，军令部曾对蒙藏委员会、外交部及国民党中宣部指出，噶厦本来决定派一名噶伦、各机关各派一名参加国民大会，却改派札萨或台吉一人率随员三四人赴内地参加，级别降低，军令部向蒋介石提出“是否应责令其改派代表”[53]。11 月 1 日，蒙藏委员会说明：“查国民大会西藏地方代表十名，曾经噶厦于民国三十年推派在案。第因大会一再展期，原派代表十名中现在内地者仅二三名。本年夏间，本会复电沈处长转商藏当局，如能改派地位较高而能实际前来参加大会者则较为妥善。”[54] 外交部于 11 月 20 日要求军令部与蒙藏委员会协商，指出噶厦为黎吉生“蜚语所动，变更预定计划”，指示驻藏办事处“相机勒令噶厦对于国大代表人选仍照原定计划办理，以高级要员充任”。[55]

12 月 4 日，蒙藏委员会驻藏办事处向蒙藏委员会呈报西藏出席国大的代表名单。12 月 29 日，西藏驻京办事处在致蒙藏代表选举事务所的公函中，提出了西藏地方代表的名单。在原有“慰问团”人员的基础上，新增加 5 人共 10 人：首席代表 2 名，土登桑培、索朗旺堆；代表 8 名，即益西达杰、图登策敦、土丹参列、土丹桑布、土丹桑格、次旺顿珠、多吉欧珠、益西达杰。此外，书记官为王珠，翻译官为林钦、格西图登谭珠，仆人为姜巴格桑、奔麻策旺、格桑南迦、策登扎喜、屯辛、意希屯达、策林瑙布、王度、巴桑、汤曲、罗桑彭错、巴卓彭错、彭错、土登、图诧、策林奥邦。这份名单，是经过仔细斟酌的，反映了噶厦内部的政治关系及与中央政府的关系。就首席代表而言，僧官札萨喇嘛土登桑培（即琼登敦达，又称达尔康），曾到印度留学，懂英语，曾任电报局局长，“性耿直不苟，对中央尚表好感，其亲汉之成分较亲英为多，盖本人系佛教徒，因宗教关系，亲英心理稍薄，其在西藏政治上颇具势力”。俗官札萨索朗旺堆（即凯墨巴、古桑梓、古桑子），现任“外交局”局长索康之弟，“过去并不亲汉，近年来因与汉人交往密切，亦倾向中央”。[56]《申报》报道说：土登桑培“管理全藏财政局长，在西藏资望甚高”，索朗旺堆“管理全藏盐业负责人，西藏最大贵族之一”。[57] 沈宗濂还汇报：“达氏任财政局长兼电报局长，新升札萨，与摄政关系甚深。古氏为西藏大政家，现任札萨，系索康噶伦之胞叔，曾赴西宁迎达赖。该两员均系三品，与噶伦同级。”[58] 其中，索朗旺堆原为四品，升为三品，说明噶厦虽未派噶伦带队，但将带队官员的品级提到与噶伦相同，在一定程度上满足了中央政府的要求。

在 8 名代表中，土丹参列时任西藏驻南京办事处长；土丹桑格（又作图登生格）时任西藏驻京代表；俗官任喜凯末色，索朗旺堆的妻弟；僧官土丹桑布（又作图澄桑波），曾任前藏区副行政专员，准备出任西藏驻京办事处处长；图登策敦为箴卓僧官，“年事甚轻”，准备出任西藏驻京办事处副处长；罗札僧官益西达杰（又称意希塔佳），已故国民党中央委员贡觉仲尼之徒，“在北平居住颇久，深通汉语”，准备出任西藏驻京代表；来村巴俗官姜邦阿旺，“系西藏农务局之官员”；来村巴俗官多吉欧珠（又称蒋奥巴），其“本人对汉文、汉语甚具根基，为西藏人中最聪明及思想纯正之有为青年”。[59] 首席代表与代表的遴选，反映了噶厦内部的裙带关系及与内地的关系，并说明噶厦借机调换驻京人员。

10 名代表中无人来自三大寺，这反映了达扎与前摄政热振的权力之争。国民政府所得情报说：“一般僧民均言，如不及早设法扶助热振出任藏王，则西藏土地与宗教将有不保之虞。”10 月 23 日，达扎“因恐三大寺堪布参加国民大会于彼不利”，召集三大寺堪布，“提出决定，不准三大寺堪布赴渝”。[60] 在前述 11 月 3 日达扎召集的僧俗官员会议上，也无三大寺堪布参加。由于国民政府竭力劝说西藏代表赴宁出席国民大会，表示“你们去南京，亲友、佣人都可以陪同去”[61]，噶厦因而又增加了索朗旺堆的夫人德央、英语译员桑都·仁青、秘书巴拉·旺久、十四世达赖喇嘛之胞兄嘉乐顿珠和姐夫多吉尼玛。《申报》对其中两人作了介绍，称“嘉乐顿珠，系一青年，能通国语，随同达赖入西藏，愿至内地求学。此次随行，为赴各地朝佛，其中另有女性随员乃凯满（即凯墨）夫人德钦仰谦（即德央），为西藏贵族女子自逊清迄今为第一人”[62]。

黎吉生宣称：沈宗濂“取得了一个战术上的成就；他说服西藏政府派了一个官方代表团到中国去。他通知他们时，并没有提到国民代表大会，只说在 1946 年五月南京将举行一个重要的会议讨论未来的宪法，西藏人应当派一个高级代表团去参加。西藏政府决定不接受这一邀请，但典型的天真和渴望不得罪人，于是决定派一个友好代表团到印度和中国去祝贺盟军的胜利。英国代表团警告他们这样一个代表团在中国将受到压力，同时他们也被提醒英国和西藏之间的规定，即西藏不许在中国议会里有代表。对此，他们的回答是，代表团没有意思做议会代表团”[63]。黎吉生所言颠倒黑白，将其阻挠噶厦派遣代表出席国民大会的失败心理表露无遗。

三、英印政府阻挠西藏地方代表赴京并唆使撤回与国民政府的对策

1945年10月下旬，沈宗濂直接致电侍从室主任陈布雷："开会日期、地点未知有无更改？边地早雪，行将封山，应否敦促即日起程，乞电示祗遵。"[64]陈布雷就此询问蒙藏委员会，蒙藏委员会反问陈布雷："国民大会如能短期举行，拟请电复沈处长敦促该代表等启行。"[65]11月11日，蒙藏委员会致电沈宗濂："国民大会召集日期及地点，俟中央决定后即行电达。西藏地方代表选定后，自可准备首途。"[66]11月21日，沈宗濂要求噶厦"敦促早日就道，盖由拉赴内地，道路既远，途次需时，故以早日登程为宜"[67]。

当时担任英国驻锡金政治专员的霍普金森，前往拉萨阻拦出席国大，未得逞后乃"坚约""前往新德里游览"，西藏地方代表不得不"允为一行"。他派专机迎接并"亲自伴行"[68]，指派锡金人、曾任英"驻藏代办处"处长的热耶巴·索朗多丹和巴布扎西担任向导和翻译。针对英国的企图，首席噶伦土登贡钦在代表们启程时训示说："你们肩负的担子很重，对外只能说去慰问汉、英、美同盟国的胜利，对参加国民代表大会和全藏会议报告书等事项一定要严守机密。每个团员一定要服从团长的指挥，不得擅自行动。"[69]此外，噶厦要求沈宗濂陪同前往南京，首席代表土登桑培、索朗旺堆对沈宗濂强调他们"所负使命重大，陈述事项多端，初次赴渝，人地生疏，语言不通，对上对下，均难发生联系"；其他代表与噶厦一些要员也"请以中藏关系为重，再三敦促"。沈宗濂就此向国民政府指出："该代表等虽不免顾虑过多，惟据密讯，英人坚邀该代表等经印途中赴新德里一行，恐不免乘机离间挑拨，似有同行监护之必要。"国民政府予以批准，沈宗濂与西藏代表"密事联络，切嘱沿途慎重"。[70]

1946年1月2日，沈宗濂先行出发做准备，临行前，他"与噶伦全体，及总堪布作五时密谈，各问题均有相当了解"，他们"对中央之热忱，表示极为诚恳"。[71]沈宗濂本计划1月底抵达印度，但"因值严冬，冰雪塞道"，至2月初"始抵印境"。[72]1月14日，土登桑培离开拉萨。1月25日，索朗旺堆及其他代表"带同礼品起程赴印"[73]，定于2月15日"齐集葛林堡（即噶伦堡），二十日赴冈多（即锡金首都甘托克），二十二日离冈多，二十五日到新德里，住至三月八日，三月九日起前往各处礼佛参观，二十五日离印"[74]，"约在三月底四月初间搭轮赴沪，拟于国民大会开会前半个月到达南京"[75]。至于呈送给中央政府的重要文件，"为避免英人盗窃、中途泄露起见"，由陆路专人护送，2月4日启程[76]，3月1

日左右抵达德格。

为阻挠或迟滞西藏代表赴京，英国政府再次强迫他们到新德里。1946 年 1 月 24 日，中国驻加尔各答的陈质平报告："英驻锡金行政官霍金森再度告西藏国民大会代表，将举行大庆祝胜利，有各土王百余人参加。查新德里定于三月四日至九日举行胜利庆祝周，有阅兵游行各种仪式，并于四日六日特约戏剧，在广场举行特别表演节目，预计有大批土王参加。霍氏坚约该代表等前往新德里游览，当即以此为邀请理由。"[77] 为此，本来前往拉萨阻止噶厦派遣代表的霍普金森，于 1 月 31 日离开拉萨"兼程南下"，计划在甘托克会面西藏代表。为防止西藏代表先行离开，他指示属员"加意招待先到僧官图丹桑批（即土登桑培），暗中监视行动，力阻他往"[78]。

英国举行"胜利庆祝周"，引起国民政府的高度重视。外交部指示驻印使领馆："是否因藏代表到印而特定此庆祝大会，抑系预定此日期，藏代表特赶来赴会，应查明报部。"[79] 驻印专员公署查询后于 3 月下旬回报："印府于本月初所举行之胜利周，非因藏代表抵印而特别举行，藏代表取道印境时顺道参加，其规模浩大，计耗印币一百万盾，阿比尼西亚亦遣代表前来观光，显系印府以庆祝胜利，而向彼等宣扬大英帝国国威。"[80] 此前，沈宗濂于 2 月 8 日向国民政府提议以主持驻新德里专员公署为名，前往相机处理："深恐英人乘机逞其鼓（？蛊）惑之伎俩，藏代表在新德里之行动自应加以注意。新德里专员公署现无人主持，职拟前往新德里一行，暗中加以运用。拟请饬由外交部，将职伴同藏代表访问之意通知印督，免到新德里时印政府不予同时接待，而不能达成任务。"蒋介石当即指示外交部："此事极关重要，而且时机急迫，即希迅予酌办为要。"接着，国民政府外交部次长甘乃光致函印度驻重庆专员梅农，要求转告英印总督，西藏地方代表 8 名到新德里及拜访英印总督将由沈宗濂陪同。[81]

2 月 25 日，西藏地方代表自噶伦堡抵达加尔各答，当晚乘车赴新德里。关于在新德里的情况，中国驻新德里领事薛寿衡于 3 月 10 日做了汇报："西藏国民大会代表八人，随从二人，于二月二十七日抵新德里。三月二日晋见印督，递赠藏政府送英礼品及庆贺胜利公函，由印督招待午餐。三日首席代表二人来本署访候。四日中午武官处乐武官设宴，当晚本署设宴招待，藏代表全体人员由沈顾问接待，极为欢洽。印政府自四日至九日举行胜利庆祝，每日有阅兵游行、烟火、舞蹈、美展及空战演习等节目，各土邦王公及我藏代表各代办被邀参加。现西藏代表定于十日离新德里，赴各处朝佛游览，在新德里期内，本署每日均与之保持接触，未闻有与印政府作任何政治谈判情事。沈处长将于十一日离此。”[82]按此，到新德里去的西藏地方代表不是 10 人而是 8 人，而且比原计划 2 月 25 日晚了 2 天；沈宗濂与中国驻新德里使领馆密切联系，并在西藏地方代表离开新德里后才离开。

国民政府将计划于 1945 年 11 月 12 日召开的制宪国大改至 1946 年 5 月 5 日召开。[83]英国之所以要求西藏地方代表在参加“庆祝胜利周”后“各处朝佛游览”，是企图迟滞他们赴中国内地。中国驻加尔各答领事沈祖征对霍普金森的“招待”及使领馆的对策、西藏地方代表的态度做了系列汇报。2 月 27 日：“闻英方代拟拜佛及参观工厂之城市侨民五六处，每处逗留四五日，意在延展留印时间，使难赶及国民大会会期。”“英方所定日程使藏代表终日奔忙，毫无自由，至之处皆有人陪伴监视，而所备西餐尤所不喜。”[84]3 月 16 日，他报告：“各代表受英方招待，日进西餐，每饭不饱，经与沈处长商定，俟其到达后，由本馆当地侨领及沈处长本人排日欢宴，以表亲睦。”[85]3 月 20 日：“西藏代表对英方监视之照料殊感不满，至加雅地方朝佛后，首席代表古桑梓对英方人员谓‘尔等之照料，吾人实不需要’云云。于是古及代表仆从七人今晨乘车赴孟买，余二十一人明日抵加，英方对赴孟之一行已不加照料，本馆已电孟馆接待，及代订旅馆。”[86]3 月 25 日：“西藏首席代表琼登敦达萨一行，廿一日由加雅抵加尔各答，寓大东旅馆。该代表以天热蚊咬，患皮肤病。霍布金森促入陆军医院或赴岗多，并以警察将拘捕此种有传染病者为恫吓意，在使入医院或至岗多后便于阻止来华。该代表等洞悉其奸，不予允许。彼恼羞成怒，表示不再负招待责任，令于半小时内迁出大东旅馆。现各代表及仆从由本馆协助沈处长在中国旅行社招待所布置住所安置。”[87]3 月 31 日：“霍布金森令藏代表迁出大东旅馆，后嗣又谓：‘皮肤病不传染留住，照预定英方招待至二十八日为止。’是日首席代表琼登敦达迁寓中国旅行社招待所，首席代表桑古梓等一行同日由孟抵加。”[88]可见，由于瓦热那斯城气候酷热、潮湿，毒蚊成灾，西藏地方代表感染了痱子，霍普金森、索朗多丹等宣称他们患了传染病，施压回锡金，阻止前往南京。土登桑培派译员益西达杰请求沈宗濂帮助，沈宗濂帮助代表团住进国民政府驻加尔各答领事馆，霍普金森、索朗多丹的企图失败。

对于英人的阻拦，军令部认为“有诱邀西藏代表赴英伦之企图”，要蒙藏委员会指示沈宗濂“从速陪同该代表等早日赴京”。[89]西藏地方代表启程离开拉萨后，蒙藏委员会驻藏办事处就电请加尔各答领事馆“代定三月底、三月底四月初由印赴沪邮船船位”。但是，“是时尚无邮船可乘，而美军运输船行期不定，船位每船不过十个左右，且不属予（于）中国”。显然，英国在轮船上做文章，使领事馆一时“实无办法”。陈质平领事乃提出乘中国航空公司飞机或者包专机“飞渝转京，大件行李由船运沪，因船运行李物件并无限制”。[90]不过，行李与人分离，多有不便。由于“藏代表及随从二十八人所携带礼物行李约四十驮左右，驮重一百六十磅”[91]，需要两架飞机，沈宗濂直接请示蒋介石定夺，得到蒋介石批准。土登桑培等同意乘飞机前往内地，并对沈宗濂提出于3月25日到加尔各答候机。虽然最终于3月28日才到加尔各答，晚了两三天，但终于冲破英国的阻挠，准备启程到中国内地了。

4月4日，西藏地方代表及随员自加尔各答乘中航公司飞机飞南京，十四世达赖喇嘛之兄嘉乐顿珠、姐夫多吉尼玛（汉名黄国桢）同行。《申报》4月5日电称：出席国大的西藏代表“取道印度飞昆明，五日晨九时离昆，下午飞抵京。渠等为首批乘机来京之国大代表，且为边疆代表最先报到者，抵机场时曾受热烈之欢迎，洪秘书处长兰友对此不辞万里跋涉，欣然赴会之藏胞代表，关怀备至。渠等在开会前，预定谒陵，访察首都市政建设，并畅游京郊名胜，更拟一游栖霞山，会后如时间许可，且拟至镇江、上海、杭州等地观光”[92]。《申报》后来又载文指出：“此次西藏国大代表，先各地代表到京，即为西藏内向之表示。”[93]国民政府设法安排西藏地方代表早日到内地的意义及抵达后的安排，于此可见。薛穆当即向英国政府报告说，中国政府强调国民大会必须包括西藏代表参加，西藏代表已经抵达南京。[94]

按照5月5日召开制宪国大的计划，国民政府安排西藏地方代表会前在南京参观，会后赴外地观光。噶厦则打算利用这个时机协商西藏的地位及与中央政府的关系，如果满意，就参加国民大会；否则，就拒绝。因此，两名首席代表呈文在重庆的蒋介石，提出他们此次来京“除庆祝胜利外，并有关于藏地之苦情上达钧座，望能于国民大会会期前面陈”；并提出“应否来渝晋谒，或在京恭候，敬乞赐示祇遵”。4月16日，蒋介石复函，一方面欢迎西藏地方代表前来参加国民大会，一方面表示“在京相晤可也”[95]。但是，国民政府于4月25日突然下令延期召开国民大会。内政部长张厉生解释说，虽然是由于“各党各派”即中共、民盟问题而不得不推迟的，国民政府“有不得已之苦衷”，但是“失信于代表，颇难辞咎”。他安慰包括西藏地方代表在内的各地代表说：“国大会期虽无期延期，但以情势度之，决不甚远。”[96]但至7月4日，国民政府才宣布于11月12日召开国民大会。

5月12日，蒋介石、宋美龄夫妇接见并宴请西藏地方代表。土登桑培等“均穿戴藏地礼服”，首先“呈递哈达，继呈献达赖佛与达扎摄政王照片及函件并藏产珍贵礼品”。他说：“中国抗战多年，无数军民同胞牺牲壮烈，率赖主席英明领导，胜利果属于我，西藏达赖喇嘛暨达扎摄政以及僧侣大众，皆大欢喜。兹为增进汉藏情感亲密起见，特派代表等晋京，呈献方物，恭祝胜利。”看来，蒋介石安排了庆祝抗战胜利的活动，但对土登桑培等上达的“藏地之苦情”未作表示，仅仅是“慰勉有加”，“垂询西藏风土习惯”并“嘱代表等向达赖佛及摄政致候”。[97]

在这次接见后，蒋介石亲自拟定西藏地方代表“于国民大会延期期间之行程”：6月6日，沈宗濂、熊耀文陪同到沪，上海市政府秘书长何德奎、警察局督察长张达率领仪队及乐队欢迎。《申报》6月7日说：西藏代表“曾至镇江、金山、焦山朝佛。此次来沪，拟作四五日之勾留，将考察各工厂及凭吊战迹，然后赴杭州观光，再回上海，俟彼等之行李到达后，再乘船至普陀山朝佛，并准备赴牯岭避暑。定今晨八时赴市府拜谒吴市长。市长已定后日晚间，盛大欢迎，宴请全体代表，并已决定于餐后邀观梅兰芳戏剧”[98]。6月11日，抵杭州。6月15日回上海，18日到普陀朝佛。7月1日，离沪回宁。7月29日、31日，西藏地方代表分两批抵北平，《申报》说：“彼等习于高原，不耐京渝酷暑，本月赴庐山避暑，因该处缺乏彼等之生活补给品，故乃来故都避暑，在此约有一两月停留，候秋凉即返京。”[99]

正是在国民大会延期召开期间，英国唆使噶厦撤回代表，有关情况及噶厦的态度以及蒋介石的对策在下列电文显现出来：8月29日，蒋介石致电罗良鉴：“八月十四日西藏政府召开大会，会议讨论撤回赴京国民大会代表问题。因英人于藏政府派定国大代表来京时，曾谴责藏方；又于西藏国大代表离印时，填写籍贯为华籍，认为自失独立之地位。现英方谓中央患于共产党，国民大会已宣布延期，如西藏代表未能开会而返，仍可挽回而求独立，并决以友善之态度尽力援助。藏官对英人建议极表赞成，通过召回赴京之国民大会代表。”[100]随后又电示罗良鉴：“查国民大会西藏代表十人来京已久，所有关于国民大会事件及西藏其他问题，希督同驻藏办事处沈处长宗濂妥为，随时具报，借以考察西藏现政府之企图，而定对藏方针。”[101]

遵照指示，沈宗濂在北平与土登桑培、索朗旺堆等协商后，于9月25日向罗良鉴汇报：“就职等观察，各代表尚无克期回藏之意，惟俗总代表索朗旺堆前因水土不服及受其妻病故之感触，确曾电藏政府请假，拟先行回藏，但最近亦再未提及。”虽然如此，但是西藏地方代表提出三个要求：第一，早日晋谒蒋介石，称：“现届秋凉，并闻主席即将返京，代表等拟于下月初离平回京，晋谒主席，呈递藏政府公文；并呈准噶厦，如主席公忙，公文可由沈处长代递。”沈宗濂回答：“回京机位当提早洽办，晋见主席俟回京后再为请示。”第二，关于饶干（邦达昌），认为他“派人遣赴拉萨，煽动共产主义，请中央将其押送西藏讯办”。沈宗濂回答：“饶干如系共产党及有扰乱西藏安宁情事，中央自必惩办，但藏政府须先缴出确实证据。就个人所知，饶干近年翻译之三民主义，与共产主义无关，且其本人及其兄均属资产阶级，不致为共党利用。至于押教西藏一节，即有确实证据，亦须请示上级长官，暂时不能发表意见。”第三，关于班禅转世问题，希望“班禅灵童早日赴藏，办理征认事宜”，要求“中央迅催王罗皆将所带达赖、摄政及噶厦之公文递呈中央，或于代表等留京期间电召王罗皆赴京详商此事”。沈宗濂提出可呈报国民政府，表示“中央对于班禅转世事深望短期内顺利完成”。[102]显然，后两个问题是“藏地之苦情”的具体表现，西藏地方代表希望晋谒蒋介石解决，但是沈宗濂的表态已经说明国民政府的态度，因此蒋介石一时不会再度接见。西藏地方代表并不甘心，通过罗良鉴再次请求晋谒，理由是：“（一）此次西藏新派驻京代表三人呈现藏政府上呈中央之礼品；（二）国民大会西藏代表私人呈现钧座礼品；（三）首席代表二人呈递藏政府公文。”[103]并对罗良鉴强调：“代表等抵京数月，所携藏政府公文尚未呈献主席。在未奉批示以前，是否参加国民大会，尚须报请藏政府。”[104]

这使罗良鉴极为重视，他于11月2日致电蒋介石，要求接见西藏地方代表。他首先再次指出了英国的企图，强调“今春藏方推派国大代表时，英人曾多方阻碍而不果。嗣于代表首途后，复根据西姆拉草约西藏不派代表出席中国之（议）会及其类似机关之条文，向藏方提出正式抗议，要求撤回所派代表”。接着，他分析了噶厦的态度与心理，认为：“藏人心理固愿与和好，但又不敢过拂英情。经此波折，徘徊瞻顾，大感应付棘手。其所以未早作表示者，据报藏政府鉴于共军肆虐，内乱再起，推测国民大会势难短期开成，倘再展期，藏代表即以不便久候为词，转返西藏，对中央对英国，两不得罪。现会期已迫，更感踌躇，故借题延宕，提出上述表示。”他总结认为，对于这些问题“深堪注意”，要求蒋介石“于短期内接见西藏代表，俾其呈递公文”。他还为蒋介石草拟了训词：“所呈公文阅悉。西藏人民希望恢复前清末年西藏与中央之关（系），深为欣慰。各项具体办法，当交关系部会研究后，提出即将召开之国民大会决定，诸位有何高见，亦可在大会上陈述，凡可能办到者，中央一定办理。在抗战时间，西藏与中央之关系逐渐增进，以后建国期中，仍盼精诚团结。中央允许西藏高度自治，本席曾一再申言，今后中央对藏一切设施，必能使西藏同胞满意。”[105]此时，国民大会即将召开，训词要求西藏地方代表将有关问题提交大会讨论，国民政府同意按照“高度自治”原则予以讨论，要求他们出席制宪国大，挫败英国的企图。11月7日，蒋介石回复同意训词大意，但未说明何时接见，而制宪国民大会很快就要召开了，蒋介石夫妇第二次接见西藏地方代表已是在国民大会召开期间。

四、《中华民国宪法》有关条文的拟定：西藏的政治地位与权益问题

1946年11月11日，西藏地方代表向国民大会报到处报到。刚一报到，就发生了是参加还是参观国民大会的争论。噶厦责成昌都总管派人呈递“西藏民众大会”给国大的报告书，提出九项要求，大体是：“西藏乃佛法圣地自治自主之国”[106]；“中国与西藏的关系是施主与受施者的关系。汉、藏的语言、文字、服饰、风俗、习惯都各不相同，长江上游康定以西的地方都要划归西藏，在选认达赖和班禅转世灵童时，中央政府不得干涉等等”。多吉欧珠后来指出：“这是妄图从语言、文字和服饰、习俗的差异上来说明西藏不是中华民族大家庭中的一员，进而割断中央与西藏地方的关系，最后想要达到‘独立’的目的。”[107]蒙藏委员会认为：在九项中，噶厦“再三致其恳切意向者有三：一为西藏系盛行佛法之地，请中央对西藏原有政教各权，准照旧由西藏达赖佛管理；二为请中央划定康藏界务；三为西藏地方如有外国欲加侵略之事发生，请中央帮助”[108]。

土登桑培等将报告书先送交外交部，因外交部强调西藏是中国领土一部分而坚决拒收，只得呈交蒙藏会，要求在国大召开前回答[109]，其意显然是如回答满意就参加国大。蒙藏委员会回复：“中央对西藏政教昌隆、僧俗福利及一般人民安居乐业负有维护之责，关于西藏政教一切旧有成规，中央历来尽力维护，绝无意加以变更，西藏达赖喇嘛之教权自应照旧维护，俾臻隆盛。关于康藏界务应如何勘划，以求合理之解决，可由西藏政府派高级负责官员前来中央，与主管机关商议。西藏地方如有外国侵略情事，中央素极密切注视，并望西藏政府遇有此类情事发生，以最迅速方法呈报中央，中央当本汉藏一体、休戚相关之义，立即负责予以保护。”[110]对于这些回答，土登桑培等人认为“至关重大，在南京不可能有什么结果。如果以后能在拉萨协商，客观条件有利于西藏地方政府，或许能有所进展”。噶厦回电同意“以后再说”，指示：“会场上不要鼓掌；对决议进行表决时，不要

举手；在决议内容里，力争不写关于西藏的事宜。”[111]

计划于 1946 年 11 月 12 日开幕的制宪国民大会，延迟于 11 月 15 日开幕，12 月 25 日闭幕。进入会场时，陈立夫与土登桑培“同进会场，边走边谈”[112]。主席团成员 212 人，其中西藏代表为 2 名。[113] 英国政府极为不满，宣称西藏代表接受作为主席团成员之举“违背了大不列颠和西藏关于 1914 年西姆拉会议附件第 4 款的说明”[114]。蒋介石在开幕词中称各代表来自各省市、各地方和海外，“或则代表区域，或则代表职业”，希望代表们“依法执行各位的制宪任务”，制定一部“适合国情而完善可行的宪法”。[115] 全面抗战爆发前，国民政府颁布了一个《中华民国宪法草案》即《五五宪草》。旧政协会议期间，包括中共在内的各党派协商了一个《中华民国宪法草案修正案草案》。国民政府指定王宠惠、吴经熊等人对修正案草案进行“文字之整理校正”[116]，而成《中华民国宪法草案修正案》，立法院 11 月 22 日“一致无异议”通过，提交给国民大会。《中华民国宪法》就是以《中华民国宪法草案修正案》为蓝本，讨论、修改、通过的。

国民大会共分九个审查委员会讨论宪法条文。第一审委会审查关于前言、总纲、人民之权利义务及选举的条文，第二审委会审查关于国民大会及宪法施行法及解释的条文，第三审委会审查关于总统及行政、立法、司法、监察、考试五院的条文，第四审委会审查关于司法、考试及监察制度的条文，第五审委会审查关于中央与地方之权限的条文，第六审委会审查关于省县制度的条文，第七审委会审查关于基本国策的条文，第八审委会审查关于蒙藏地方制度的条文。除这八个外，尚有综合审委会，王世杰阐述说：“综合审委会即第九审委会，与其他八审委会之地位相等，其职权乃在讨论关联并各组涉及原则之诸问题，所作之决议，并不能改变其他八审委会之审查意见，如有不同之审查结果，均将并提大会。”[117]

拉萨产生的西藏代表及内地产生的西藏代表分别参加各审查委员会为审查委员，其中有参加多个审查委员会的。黄正清、土丹参列、图登策敦、计晋美、拉敏益西楚臣参加第一审查委员会，审查关于前言、总纲、人民之权利义务及选举。益西达杰、拉敏益西楚臣、蔡仁团珠参加第二组，审查关于国民大会及宪法施行法及解释。滇增坚赞参加第三组，审查关于总统及行政、立法、司法、监察、考试五院。绛巴阿旺、多吉欧珠、图登生格参加第六组，审查关于省县制度。刘家驹、土丹桑布、次旺顿珠、蔡仁团珠、宋之枢参加第七组，审查关于基本国策。黄正清、土登桑培、次旺顿珠、土丹参列、图登策敦、土丹桑格、绛巴阿旺、益西达杰、多吉欧珠、计晋美、何巴敦、滇增坚赞、喜绕嘉措参加第八组，审查关于蒙藏地方制度。由此看出：其一，参加审查蒙藏制度的代表最多，充分说明西藏是中国领土不可分割的重要组成部分。其二，不是代表的刘家驹、喜绕嘉措也参加讨论与审查，而噶厦所派首席代表之一的索朗旺堆未参加。其三，来自达赖系统和班禅系统的双方代表在一起讨论，意义重大。根据“出席大会代表自由认定一组或二组”[118]的规定，西藏及省属藏区代表参加的是第一、第二、第三、第六、第七和第八审委会，可见他们关注于大政方针、政权组织体系、省县制度及蒙藏地方制度的讨论。英国特别注意西藏地方代表参加了第八审委会的讨论，“该审委会的主席由国防部部长白崇禧担任”[119]。

（一）西藏在中国的政治地位：西藏是中国领土不可分割的重要组成部分之一

有人提出须在总纲中“添列一条关于我国的版图大小和疆域界限，这是各国宪法中一般的通例”[120]。立法院院长孙科解释说：“第四条关于领土之规定，五五宪草采列举式，因为起草之际，正值九一八事变发生，国家领土被占领，故有采用列举方式之必要，以杜侵略野心，并表示全国人民收复失地的决心。胜利以后，不仅东北失地业经收回，即失去五十年的台湾澎湖，亦已收回，故本草案改用概括方式，规定‘非依法律不得变更’，系指领土变更须根据法律规定办理。就是要经过立法院通过，国民政府公布。”[121]因此，最终拟定的宪法条文，第 3 条规定：“具有中华民国国籍者，为中华民国国民。”第 4 条规定：“中华民国领土，依其固有之疆域，非经国民大会之决议，不得变更之。”这两条强调了西藏等边疆地区是中国领土不可分割的重要组成部分，这些地区的居民是中华民国国民。这样，国民党六届二中全会有关决议写进宪法中。对此，西藏地方代表并无异议，他们在途经印度时的护照上明确“填写籍贯为华籍”[122]。英国政府外交部在 1945 年 1 月的一份文件中就预料到，国民政府必然要规定西藏为中华民国的领土，只不过是条款有所修正。[123]因此，黎吉生竭力唆使噶厦反对第 4 条。[124]

与两条相应的是第 5 条“中华民国各民族一律平等”，它深刻反映了前述张其昀所阐述的国民党关于少数民族的政策。其一，无论是边疆民族还是内地民族，多数民族还是少数民族，均一律平等，不必因“少数”或“边疆”而有所特别。旧政商会议对五五宪草的修正案之第一章总纲第 5 条，规定：“中华民国各民族一律平等。聚居一定地方之少数民族，应保障其自治权。”[125]在立法院讨论此点时，吴云鹏等人也强调宪法中应特别规定少数民族的问题，明文规定“各民族应有之地位”，“俾予保障而符各民族一律平等之真义”。但是，立法院长孙科称：在该条之下“原遵照政协决议加‘聚居于一定地方之少数民族，应保障其自治权’”，蒋介石则“以大小民族待遇应一律平等，不应特别指出”，《中华民国宪法草案修正案》“故将此款删去”。[126]其二，不必列举各民族的名称。如前所指出，张其昀强调为了“一视同仁”，宪法中不必列举边疆民族与内地民族之称，也不必列举多数民族和少数民族的名称。一些代表表示反对，满族代表溥儒、毕天民等人要求“根据五族共和民族平等原则，依照蒙藏各族办法，将满族列入宪法案”[127]，新疆代表麦焕新等提出“各民族内对突厥族之名称及其区域应行规定”[128]。蒋介石则认为：“辛亥革命，总理宣言中有五族共和平等一语，五族就是汉满蒙回藏，满族已经在里面，因此这一条文字可不必修正。”[129]他所说，更主要的是强调维护中华民族的团结与统一，曾任蒙藏委员会驻藏办事处长的孔庆宗就指出：第5条是“就构成中国人民之各整个民族，如汉满蒙藏回族等之平等而言”[130]的。

噶厦中的分裂分子曾向国大提出“中国与西藏的关系是施主与受施者的关系。汉、藏的语言、文字、服饰、风俗、习惯都各不相同”。多吉欧珠后来指出：“这是妄图从语言、文字和服饰、习俗的差异上来说明西藏不是中华民族大家庭中的一员，进而割断中央与西藏地方的关系，最后想要达到‘独立’的目的。”[131]英国驻华大使馆也竭力破坏，挑拨说“国民大会的职能不仅仅是通过一部宪法”，言下之意是要规定西藏的政治地位。但是，西藏地方代表维护国家的团结和统一，对英国大使馆确认说：“宪法要处理边界问题，而这是我们感兴趣的问题。”英国大使馆对此回答“感到有些惊讶”[132]。因此，西藏地方代表最终赞成第5条的规定。

（二）西藏与中央政府的关系：西藏地方自治，予以保障

国民政府既然确定了赋予西藏自治的政策，如何实施此政策就摆在日程上，噶厦、班禅系统、省属藏区提出各自主张。1945年8月29日，蒋介石指示沈宗濂征求噶厦关于“高度自治”的意见，要求他“切实宣扬中央政策为要”。[133]沈宗濂先按照国民党六大决议“广为宣传”，接着根据蒋介石的演讲要点“作进一步之宣传”。[134]11月6日，他汇报了宣传和同噶厦协商的结果，称西藏各阶层均拥护“高度自治”：“在民众方面，久苦差役繁重，极度剥削，纵能获得自治，仍望中央予以扶持，出诸水火。在僧侣方面，全藏僧众来自西康、青海者占十之六七，因宗教种族关系，向来倾（向）中央，西藏自治后，仍愿拥护中央，保持密切联系。在官吏方面，老成一派深知西藏缺乏独立条件，惟冀保全禄位、财产，今得中央许以自治，认为私人权利不受影响，表示欣慰庆祝，推选代表在渝参加国大。

此派在藏政府会议中极力主张，可见中央政策已收实效。此外仅有少数意志薄弱者，则在中央势力未达到前，不敢吐露真意。揣其心理，一系慑于英人虚声，且亚东、江孜有英驻军威力……有所畏惧；一面心存观望，欲挟英以自重。倘我能向英交涉，取消驻军，此少数人之心理亦将大有改变。”[135] 由此来看，西藏各阶层从不同利益角度对“自治”的含义作了不同的解释。噶厦指示出席国大的西藏地方代表秉持三原则：(1)“以保持现有特殊地位为原则，不可任意发言，引起中央对藏用武力之决心”；(2)“如中央仍采怀柔政策，则要求独立，最低限度要求完全自治”；(3)“如获准独立，则中藏地界之划分须依据西姆拉会议之条款”。[136] 据此，西藏地方代表称他们“不拟提出政治性之议题”[137]。

班禅系统则要求国民政府允许班禅堪布会议厅来实施西藏自治。10 月 10 日，罗桑坚赞致函蒙藏委员会，一方面对蒋介石赋予西藏“高度自治”“无任感奋”，一方面指责噶厦“早已背弃祖国，蓄意携贰，以故政治黑暗，不可究诘，人民痛苦，势如倒悬”，若由它来自治，“则不惟有失自治原则，且恐将蹈高丽之覆辙”。他提出：“为求西藏民族真正得获自治之福利计，似应将倾诚中枢、爱护祖国之西藏人士将来畀以领导自治之责任，庶使西藏政治入于正轨，而中央扶植边疆民族之德意，亦可望达到目的。”[138] 国大召开后，班禅系统进一步要求国民政府在保证国家领土主权完整的前提下准许前后藏“划区分别自治”。至于分区自治之下与中央政府的权限划分，他们提出国防、外交权属于中央，“其余均由各地方自治政府负责办理”。在国防上，前后藏原有军队“除达赖、班禅二佛各留原定卫队一千名外，其余应由中央改编为地方保安警察，另请由中央派遣精锐国防军驻守各该要地”。在外交上，“为求国家领土主权完整，所有西藏过去与外国订立之一切条约，应由中央完全废除”。在自治机构设置上，“后藏自治政府各级机构，以原有后藏札萨喇嘛组织制度改组为后藏地方自治政府委员会；前藏自治政府机构以原有噶厦改组为前藏地方自治政府委员会。其余各级机构，暂仍其旧。所有前后藏自治政府之高级职员，简任职以上者应呈由中央任命，荐任职者呈报中央备查”。同时，“为实现全民政治，在各该自治政府下设立民意机构组织。前后藏地方议会，应由各该区域内寺庙及宗（县）选举代表组织之”。为实施这些权限划分，“应请中央特派办事长官二员，分别坐镇前后藏，办理国防、外交及政治之指导事宜”。[139]

来自甘肃藏区的代表黄正清提出，西藏通常指后藏，而川、青、康、甘等省的藏族人口总数在四百万以上，“彼等在文化经济信仰习惯上，自成类型”，因此不要只注意后藏的权益，还须注意他们的权益。他认为，“根据第一章第五条中华民国各民族一律平等之规定，所谓平等，自应包括权利与义务，使其机会均等”，而“宪草中对边疆同胞之地位与权利仍未能广泛包括”，应根据孙中山“对于国内各小民族当扶植之，使之能自决自治”的原则加以改正。[140]

由于西藏自治与盟旗自治是同一时空发生的两件大事，有必要对比一下关于盟旗自治的主张，以更加明晰西藏自治的含义所在；而且，国大把这两个问题是放在一起讨论的，难以分开。蒋介石“主张在订正宪草内，将蒙古盟旗地方加入”，但如何加入，引起争论。白云梯强调“蒙古问题即中国问题”，宪法应注意：(1)“中华民国各盟旗一律平等，聚居一定地方之少数民族，应保障其自治权。”(2)“中央与地方之权限及地方制度中，应使盟部与省、旗与县享有同等地位与权能。”(3)“旗为蒙地之地方自治单位。”金养浩、扎奇斯钦等人也提出“制定合乎中华民国各民族得以平等生存共享繁荣之宪法，确定蒙古民族之自治权利及盟旗之地位”。扎奇斯钦还强调“蒙古自治运动，是全体蒙人一致的要求”，表示“内蒙人民绝大多数一致拥护政府，愿在三民主义下，实行自治”。[141] 他们提出“设盟为省，以旗为县，而予内蒙以自治权益”，盟旗地位相当于省县，“盼宪法对此点能予明文规定”。[142] 来自热河、察哈尔、绥远等省的代表则强调“内蒙情形与外蒙、西藏绝不相同”，因为：(1)“内蒙系汉蒙杂居区域，亦有通婚者，不仅县境如此，即旗内亦住有汉民。”(2)“省蒙汉人民统计，绥有人民二百卅余万，蒙人占十五万人左右，察有人民二百九十余万，蒙人约占八万左右，热有人民七百八十万，蒙民占廿余万。生活习惯除边僻少数地区蒙胞仍保持游牧生活外，大部业已相同，会说国语习国文。”(3) 在权利上“汉蒙一律平等”，但在义务上“蒙胞一向受重视，抗战期间既不征兵，且不征赋”。所以，他们提出“对蒙旗自治原则上同情，惟应为区域自治，即地方自治”，即“在同一地方以地方人民为主的平等自治，区域自治，蒙胞比汉人多，即由蒙胞自负地方行政责任，撤销县政府亦可，唯一个地方决不能有两个行政机构”。[143]

对比来看，盟旗问题的焦点在于各盟是否设省，以旗为单位实行地方自治。虽然还未明确提出整个盟旗结合在一起成为内蒙古自治区，但也相差不远。绥远、察哈尔、热河反对以盟为省，认为这样会将该三省割裂而成十数个省，因而强调“蒙旗制度不应超越现行组织法范围”[144]。而西藏是就整个西藏地方实行自治，其焦点在于西藏的政治地位如何确定，与中央政府的关系如何划分。噶厦企图维持现状，班禅系统代表的态度很鲜明，黄正清提出自治须顾及省属藏区利益。尽管主张不一，但是众人达成共识，“蒙藏地方制度之规定，应在不破坏统一、不割裂民族及不妨害国防之原则下，妥为制定”[145]。

旧政协会议对五五宪草的修正案，在第十一章“省县制度”中并未特别规定蒙藏地区问题，仅在“省”一节中列有一条规定“民族自治区准用省之规定”[146]。《中华民国宪法草案修正案》将此条删去，但未作其他规定，孙科在国民大会上所作《中华民国宪法草案要点说明》未说明删去原由。第六审委会提出将第十一章“省县制度”改称“地方制度”，综合审委会赞同此提议，认为“地方制度，既可包括省县，并可包括边疆地区，似较恰当”[147]。至于在该章中如何规定边疆地区，有人建议于省一节后增加一节为“蒙古西藏区域之自治，按其固有之情况及需要以法律定之”，但有人提出“本章不另分节”[148]，即反对将蒙藏地区的规定单独列为一节。于是，第八审委会在第 120 条后增列一条为第 121 条，规定“蒙古各盟旗及西藏地方自治制度，以法律定之”[149]。综合审委会认为：“蒙藏自治制度，在宪法中固应规定，然蒙藏两地情形不同，似以分列为宜。”[150] 因而改为两款，即：“一、蒙古各盟旗地方自治制度，以法律定之。二、西藏地方自治制度，以法律定之。”[151] 这样，有关条文逐渐拟定。

这时，西藏地方代表益西达杰等表示“不愿在宪法中列入‘西藏’之字眼”，强调“西藏与蒙古不同”；并反对加列第 121 条，称他们“来此参加大会，未奉命讨论此事”。这遭到其他代表的反对。江一平等人认为：“如果不加，则将西藏行同一省，加此一条，即是对西藏现行制度之一种保护。”罗家伦指出：“西藏乃中华民国领土之一部分，我们欢迎西藏列入，此乃表示并非分裂的，而是统一的。”白崇禧也指出：“必须要有，如果没有，则西藏即不能享受国家任何利益。”但是，他承认“西藏情形特殊，中华民国有史以来即如此，吾人自应保存其特殊制度”，因此第八审委会在讨论加列第 121 条时“即已说明西藏仍保留其现在的政治制度，决不变更”。益西达杰等乃提问“西藏是否应归入地方制度中”。白崇禧回答：“宪法中已列有各民族一律平等，西藏为五大族之一，西藏政府亦即地方政府，属地方制度。”益西达杰等反对，称：“吾人不愿增加此条文，因吾等来此参加大会，乃为增进感情，促进彼此之亲密，如果如此一规定，则必影响双方感情。”傅斯年、刘踪萍等表示“应加入此条，惟文字上可酌予修改”。[152] 在 12 月 21 日召开的国民大会上，蒋介石称“‘西藏地方自治制度应予以保障’，地方二字，可以不要”[153]。英国政府注意到：第八审委会“根据西藏和代表的要求，提议维持（西藏）的政治地位”。程序委员会（Steering Committee，可能指综合审查委员会）“在

12月21日关于宪法草案的国民大会第二读会上补充建议，‘西藏地区制度应予以保障’。蒋介石参加了此次会议，提议将‘西藏地区制度’一词修改为‘西藏自治制度’，得到会议通过”。[154]但是，许多代表认为，如果不要，不足以表示西藏地方与中央政府的关系。此外如李铁铮记载说：“当国民大会讨论‘应由法律决定西藏的地方自治’的提议时，他们要求删去这一条款。最后达成折中的解决办法，把字面改成：‘应适当保证西藏的自治’。”[155]

这样，《中华民国宪法》第119条规定：“蒙古各盟旗地方自治制度，以法律定之。”第120条规定：“西藏地方自治制度，应予以保障。”[156]就前者来说，蒋介石强调此条说明“蒙古各民族地位一律平等”[157]，这实际上否定了各盟设省的主张。就后者来说，此条“对于西藏内部的政教制度，特予保障，使其统治阶级不致骤生反感”[158]，即在保证国家统一的前提下承认现状。因此，西藏地方代表最终“很客气很和蔼地对这个决议没有什么争执”[159]。

（三）西藏民族如何参政议政：国民大会代表、立法委员、监察委员之产生问题

《中华民国宪法》规定：国民大会“为中华民国国民行使政权之最高机关”；立法院“为国家最高立法机关”，“代表人民行使立法权”；监察院“为国家最高监察机关，行使同意、弹劾、纠举及审计权”。[160]按照孙中山政权学说，参加这三个机关，就是行使创制、复决、选举、罢免四个民权。西藏名额的确定，是在整个边疆民族和所谓“土著民族”中讨论的，这个问题也难以分开。

有关各方提出不同主张。就西藏和省属藏区来说，噶厦提出，西藏的名额应完全由其支配。班禅系统提出，其所占名额至少应与噶厦相同。黄正清认为，宪草对于川、康、滇、甘、青等省藏民应产生的国大代表、立监委“并未明确规定”，如果不加以改变，“则彼等之权利自将被剥夺无疑”。[161]他领衔62名代表提案，要求“于宪草第廿六条各款‘西藏’之下加‘及省属藏族区域’等字。立委于原有西藏八人外，增加‘省属藏族八人’，监委亦增八人”。就盟旗地区来说，白云梯领衔222名代表提案，提出：（1）关于国大代表，“第廿六条在‘一，由各省区及蒙古各盟’之下，加‘部特别旗’四字；在‘二，由各省参议会及蒙古各盟’下，加‘部特别旗’四字；在‘三，由各县之’下，加一‘旗’字；‘及相当于县’五字，改为‘及其相当’四字”，因为“各盟部特别旗之面积均相当于省，各旗之面积均相当于县”。（2）关于立委，将原定“蒙古各盟共八人”改为“蒙古各盟部

及特别旗共卅人”，监委“由八人增至十七人”，因为“盟部数目共十三个，此为当有不属盟部之特别旗，各盟部之面积均甚大，如定为八人，则每盟部不及一人，实嫌过少。再者盟部与省之地位相同，人口最少之省尚有立委五人，盟旗立委总数增为卅人，并不为多”。察哈尔、绥远、宁夏等省代表则反对，因为蒙胞已得到“相当优待，似不应别有规定”。[162]可见，国大代表、立法委员及监察委员尤其是前两者名额之如何确定，争持甚烈，西藏和省属藏区有关各方要求名额平分，盟旗强调须与省县享有同等权利。

就国大代表名额的分配来说，旧政协会议对《五五宪草》的修正案规定国大代表包括“由各省区及民族自治区直接选出之立法委员”，及“由各省议会及民族自治区议会选出之监察委员”。[163]《中华民国宪法草案修正案》将此修改为：“由各省区、西藏、蒙古及各县直接选出之立法委员”，及“由各省议会及蒙古各盟、西藏地方议会选出之监察委员”。显然，国民政府力图避免宪法中出现“民族自治区”的字样，孙科称：经研究后，“以‘民族自治区’一词，过于空泛，严格而论，内地实亦为‘民族自治区’，同时该词有一种解释，为指蒙藏而言，何不直接改为蒙古各盟及西藏”[164]。他还称：之所以规定立监委为国大代表，“是国大代表都由地方产生，往往容易偏重地方利益，于国家整个需要，反而有不及顾虑或不尽熟悉之处，加上立法委员与监察委员，可以充实国大内容，立法委员监察委员具有两种资格，国民大会开会期间是代表，闭会期间是立法委员或监察委员”[165]。

但是，第二审委会将立监委可为国大代表的规定删去，其意是“立法委员、监察委员不得为国民大会之组成分子”。另增各盟旗及西藏选出代表等款，将第26条修正为：“国民大会以下列代表组织之：一、每县市及同等区域各选出代表一人，但其人口逾三十万者，每增加三十万人增选代表一人；县市同等区域以法律定之。二、蒙古各旗及西藏选出代表，其名额以法律定之……”[166]依此，各省市名额基本确定，而蒙藏地区未定。综合审委会讨论时，刘踪萍主张“边疆民族代表，亦应予较多数目之规定”。毕天民、杨砥中等主张“加列土著民族之选举，并将蒙藏及其他少数民族之代表，分配名额加多规定”。反对者认为，“土著民族分布，并无区域性，不应列于区域选举之外。至各少数民族之代表名额，即予规定，亦应依照比例。”表决结果：第26条第1款“但其人口逾三十万者”之“三十万”改为“五十万”，第2款修改为“蒙古各旗、西藏及其他边疆地区选出之代表，其名额以法律定之”。刘踪萍、麦焕新表示反对，称应考虑“关于边疆民族选举名额之意见，不能以召集之意见，遽付表决，尤不能以为多数压迫少数”。但其他代表认为“边疆民族选举名额之规定，难求一律，应随时随地制宜，另以法律规定会议之精神，在多数尊重少数，少数服从多数，大会对边疆同胞之意见，已尊重备至，不能仍称遭受压迫，强多数服从少数”。[167] 最终，关于县市及边疆民族的条款拟订为：(1)“每县市及其同等区域，各选出代表一人，但其人口达五十万者，每增加五十万人增选代表一人，县市同等区域以法律定之。”(2)“蒙古选出代表，每盟四人，每特别旗各一人。”(3)“西藏选出代表，其名额以法律定之。”(4)“各民族在边疆地区选出代表，其名额以法律定之。”这样，省市名额有所减少。盟旗代表确定，因而刘踪萍表示赞成，仅提出将第 2 款中“每特别旗各一人”之“各”字删去。[168] 至于西藏和“各民族在边疆地区选出代表”名额尚未确定之因，前者在于达赖系统、班禅系统、省属藏区三方面尚未协商好，后者在于“各民族在边疆地区”的名额分配还未确定。

就立委名额的分配来说，第三审委会讨论拟订“立法院立法委员总额，不得超过五百人”，由省市、各盟旗及西藏、侨居国外之国民、职业团体选举产生。名额分配及女性在各项选举中“应占之百分比，以法律定之”，各省市选出之立委总额“不得超过全院总额四分之三”[169]，换句话说，其他各类共占 1/4。第八审委会认为应增加蒙藏“应出”之立监委名额，并“移请综合小组讨论规定”。[170] 综合审委会的拟定与第三审委会基本相同，只在各类立委选举产生中增加“各民族在边疆地区选出者”一项[171]，这样，省市之外的 1/4 名额要分给“各民族在边疆地区选出者”。由于很多人反对硬性规定立委总额及分配，边疆代表又提出关于蒙藏的规定应分列[172]，综合审委会乃修订第 65 条为：“立法院立法委员，依下列规定选出之：一、各省市选出者其人口未满三百万人者五人，其人口超过三百万以上者每满一百万人增选一人。二、蒙古各盟旗选出者。三、西藏选出者。四、各民族在边疆地区选出者。五、侨居国外之国民选出者。六、职业团体选出者。”依此，各省市按照人口多寡确定名额，未再规定硬性占 3/4，其比例实际上减少；其他各类名额之分配“以法律定之”；蒙藏地区分列，即确定各自所占名额，而非共占多少名额，至于到底多少名额，还须看协商结果。

至于监委名额的分配，综合审委会拟订第 96 条为：“监察院设监察委员，由各省市议会蒙古及华侨团体西藏地方议会选举，其名额分配依下之规定：一、每省五人。二、每直辖市二人。三、蒙古各盟共八人。四、西藏八人。五、侨居国外之国民八人。”[173] 对比立委的情况来看，明确规定了每省市、内蒙古、西藏等各自所占名额，而且蒙藏各自所占名额比各省市为多，因此无什么争论。

通过上述几方面，国民政府在宪法上明确规定了西藏的法律地位、在中央政府指导下的自治地位和参政议政的权力。此外，西藏代表还对如何增进边疆民族的利益提出建议。西藏地方代表提出“沟通汉藏文化，加强汉藏贸易，要求政府予以经济之提携”[174]，班禅系统代表提出：“关于前后藏交通之开辟，经济之建设，文化教育之发展，卫生、畜牧等各项之设施，应请中央从速协助办理。”[175]这些看法相同，没有争议。综合审委会采纳第二、第八两审委会的拟定，在第十三章“基本国策”中加列两条，第 146 条：“国家对于边疆地区各民族之地位，应予以合法之保障，并于地方自治事业特别予以扶植。”第 147 条：“国家对于边疆地区各民族之教育、文化、交通、水利、卫生，及其他经济、社会事业，应积极举办，并扶植其发展，对于土地使用，应按其气候，土壤性质，及人民生活习惯之所宜，予以保障及发展。”[176]最终通过的《中华民国宪法》，在第十三章中加列第六节“边疆地区”，这两条列为第 168 条和第 169 条。这样，宪法不仅明白规定了“保障边疆民族之自治权利，或则涉及边疆同胞参加政府的机会”，还规定了“扶助边疆地区我同胞固有文化之发育”。[177]

上述宪法条文的拟定，意义重大。其一，有效地遏制了英印企图分裂中国的野心。1947 年 1 月，英国驻华大使馆在致新德里的电报中称：西藏在宪法上是作为中国边疆地区的一个省区[178]，有关规定是在“地方制度”（Local Government System）一章中[179]。12 月 21 日，罗家伦在反驳尼赫鲁关于“西藏为中国之自治领土，英人所承认者为在西藏之宗主权”的言论时强调：“自治领土非独立国家之谓，西藏之自治权以中国宪法所赋予者为限。”[180]其二，西藏地方代表出席国大参加讨论有关条文的拟定，深刻表明西藏“为中华领土，重复昭示世界”[181]。因此，蒋介石表示满意，称：国大审查意见“较原宪法有更进步者，其中基本国策与地方制度两章，益为充实完备”[182]。至于西藏地方代表的看法，据 3 月 21 日中央社新德里专电称：“一周前抵达加尔各答转返西藏之国大西藏代表团，不久将返拉萨。某西藏代表曾在加尔各答接见记者发表谈话，对此次国大工作及宪法，表示满意。”[183]英国政府非常恼火，在《西藏亲善使团在中国》（*Tibetan Goodwill Mission in China*）的文件中一方面认为“尽管使团成员的行为是两面的，但是如果认为他们无赖，则有点不公平，因为他们的行为在很大程度上受到了中国的压力”；一方面批评说“无论在希望提起中藏边界的问题上还是在参加国民大会上，他们都十分清楚地越出了一个亲善使团的通常职能”，并强调“特别反常的是，他们虽然不能说汉语，但是可以利用参加国民大会的机会应考虑能阐述西藏问题，然而却没有这样做；相反，一点也不吃惊，蒙古和新疆的代表团在会上的声音却比他们的要高”。[184]字里行间，反映出西藏地方代表团维护了国家的统一和中华民族的团结。

五、宪法之实施：西藏及省属藏区参政议政代表之产生

《中华民国宪法》1947年元旦公布，12月25日实施。其间，行政院于12月12日拟定《处理西藏问题之方针》，提出“西藏问题之彻底解决，必须依据宪法，保障其自治”[185]。在国民党的统治即将崩溃的背景下，国民政府只能维持现状。不过，它还是想法实施宪法上有关规定，从1947年到1948年完成了国大代表和立监委名额的确定和分配、选举程序措施的出台及选举，在西藏民族参政议政的道路上迈出了一大步。

在1947年3月28日的立法院会议上，广录、吴云鹏等为蒙藏“争执席次，发言踊跃”，钟天心认为“边地代表要求增加名额，系一种好现象，应予支持”，得到全院“鼓掌拥护”。[186]立法院通过《国民大会代表选举罢免法》规定国大代表总额2937名，其中“全国各县市及其同等区域选出者”2130名，“蒙古各盟旗选出者”57名，西藏及省属藏区选出者由30名增至40名，“各民族在边疆地区选出者”由10名增至17名，“内地生活习惯特殊之国民选出者”10名。[187]最终，国大代表总额确定为3045名，其中西藏及省属藏区、各盟旗、“内地生活习惯特殊”者之名额不变，但各民族在边疆地区者增至34名，几者相加共为141名。[188]

7月15日，国民政府公布《国民大会代表名额分配表》，西藏及省属藏区的40名具体分配为：西藏地方14名，其中女性1名；暂时旅居内地者11名，其中女性1名；省属藏民15名，其中西康6名（“其中应有妇女代表一人”），青海4名（“其中应有妇女代表一人”），甘肃3名，四川1名，云南1名。蒙古各盟旗部群的57名具体分配为：哲里木盟、卓索图盟、昭乌达盟、锡林郭勒盟、乌兰察布盟、伊克昭盟、青海左翼盟、青海右翼盟、巴图塞特奇勒图中路盟、乌拉思索珠克图四路盟、青塞特奇勤图盟共11盟，每盟4名，每两盟8名代表中应有女性1名；伊克明安旗、归化土默特旗、阿拉善霍硕特旗、额济纳旧土乐特旗每旗1名；呼伦贝尔部及察哈尔八旗群各为4名，8名应有女性1名；绥东四旗1名。对比来看，西藏及省属藏区的名额分配是按照系统确定，非按照行政区划，而盟旗恰恰相反。还值得指出的是，国民政府注意推动蒙藏民族妇女参政议政。在蒙族57名“内妇女代表共计六人”，藏族40名“内妇女代表共四人”[189]，两者总计10

名，在国大代表 168 名女性总额中占 6%。

立委总额为 773 名，其中藏民族的名额也有所增加。3 月 29 日，立法院专门讨论边疆民族立委名额的增加问题。次日，通过《立法委员选举罢免法》，规定："全国各省各直辖市选出者，其人口在三百万以下者五名，其人口超过三百万者，每满一百万人增选一名。"据此，西藏由 8 名增至 10 名，"各民族在边疆地区选出者"由 5 名增至 6 名。[190] 依此，省市按照人口多寡确定名额，西藏和蒙族地区则按照民族确定名额。赵佩提议西藏及省属藏区代表名额自 10 名增至 12 名，刘家驹主张增至 20 名。7 月 3 日，立法院通过赵佩的提议，但增加的 2 名"分配于青海藏族"[191]。随后，又部分满足刘家驹的提议，立法院修正立委选举罢免法第 4 条，将西藏及省属藏区选出者由 12 名增至 15 名，具体分配为：(1)"西藏地方五名，内妇女一名。"(2)"暂时旅居内地西藏人民五名。"(3)"省区藏民五名，在青海选出者二名，在西康选出者二名，在甘肃选出者一名。"[192] 依此，达赖、班禅两个系统及省属藏区平均分配名额。

至于监委，基本上不存在什么争议。3 月 30 日，立法院通过《监察委员选举罢免法》，规定监委总额 223 名，其中"每省得选五人，直辖市二人，蒙古各盟共八人，西藏八人"。[193] 西藏 8 名中，"西藏地方选出者五名"，"暂居内地之藏民选出者三名"。[194] 省属藏区无监委名额。

在确定名额的同时，国民政府建立两级负责选举的机构，明确选举程序。就国大代表来说，国民政府设置蒙藏选举事务所，主管蒙藏地区的选举。蒙藏选举事务所设选举监督一人，由蒙藏委员会委员长担任。蒙藏选举事务所下分设各区选举事务所，"各置选举监督一人，在蒙古以盟旗最高行政长官充任，在西藏分别以噶厦及蒙藏选举监督所指定之人员充任，均由选举总务所派充之"。进一步言之，"关于蒙古者，主管选举机关为盟旗政府，上级选举机关为蒙藏选举事务所"。关于藏族地区，达赖系统的主管机关为噶厦，班禅系统及省属藏区的主管机关由蒙藏选举事务所指定，两者的上级机关均为蒙藏选举事务所。[195] 这样，国民政府设置了蒙藏选举事务所、各区选举事务所两级机关，加上蒙藏选举事务所之上的选举总事务所，为三个层级。虽然蒙藏地区的选举由所在系统最高长官负责，但是须受蒙藏选举事务所监督，人员由选举总事务所派充。

关于立委的选举机关，根据《立法委员选举罢免法》的规定，与国大代表的选举基本相同。不同的是，主管立委选举的蒙藏选举事务所要成立选举委员会。《立法委员选举罢免法》第 20 条规定："蒙古、西藏之选举，设蒙藏选举事务所，置选举监督三人至五人，组织选举委员会，办理蒙藏选举事宜，以蒙藏委员会委员长为当然委员兼主席，其委员人选由选举总事务所呈请国民政府派充之。”[196]可见，有两个蒙藏选举事务所，分别主管国大代表和立委的选举。

7 月 30 日，选举总事务所通过国大代表、立委蒙藏各区选举监督人选。西藏地方为噶厦，暂时旅居内地之西藏人民为班禅堪布会议厅，西康、青海、甘肃、四川、云南的省属藏区分别为刘交璋、马步芳、郭寄峤、邓锡侯和卢藻。至于各盟旗，卓索图盟为达克丹彭苏克，昭乌达盟为苏达那不达尔济，乌兰察布盟为巴宝多尔济，伊克昭盟为图布升吉尔格勒，青海左翼盟为索诺思旺济勒，青海右翼盟为林沁旺济勒，阿拉善旗为达理札雅，额济纳旗为塔旺嘉布，土默特旗为荣祥，绥东四旗为胡凤山。[197]对比来看，只有西藏未确定具体人选，而为西藏地方政府和班禅堪布会议厅；省属藏区和盟旗的选举监督或为当地最高行政长官，或为显赫人物。

至于监委的选举机关及程序，依据宪法第 91 条的规定，由各省市议会、蒙古、西藏地方议会，及华侨团体选举产生。《监察委员选举罢免法》进而规定：“选举监察委员之选举人，在各省市为各省市议会议员，在蒙古西藏为蒙古西藏地方议会议员。”蒙古、西藏地方议会“应分别举行选举会，选举监察委员选举会，召集日期及投票日期，以命令定之”。这一规定，同内地监委的选举相同，内地各省市的监委，也是由各省市议会举行选举会，选举产生。但是，西藏并未成立地方议会，《监察委员选举罢免法》乃规定：“在西藏地方议会未正式成立以前，监察委员依制定宪法之国民大会代表选举之成例选出之。”[198]即是说，由噶厦及班禅堪布会议厅选举产生。

由此看来，监委选举机关和国大与立委的不同。此外还有一点不同，那就是“监委选举机构，由选举委会制改为选举监督制”[199]。如前指出，设置分区选举事务所，置选举监督一人。监委选举则不设置分区选举事务所，而由各旗代表会、噶厦和班禅堪布会议厅分别负责，只设选举监督，以下列人员为“当然选举监督”：“在西藏为蒙藏委员会委员长或其所指定之人员。”依此，虽然蒙藏地区各自掌握监委人选决定权，但名义上受蒙藏委员会的监督，当选监委由选举监督“发给当选证书，并申报国民政府”[200]。

对于蒙藏民族的国大代表、立监委当选资格等方面也作了规定。《国民大会代表选举罢免法》、《立法委员选举罢免法》均规定凡年满 20 岁的“中华民国国民”有选举权，年满 23 岁的有被选举权，条件是无下列情事之一者：(1)“犯刑法内乱外患罪，经判决确定者”；(2)“曾服公务，而有贪污行为，经判决确定者”；(3)“褫夺公权，尚未复权者”；(4)“受禁治产之宣告者”；(5)“有精神病者”；(6)“吸用鸦片或其代用品者”。[201] 监察委员候选人要求的年龄大些，《监察委员选举罢免法》规定：“依法有选举权年满卅五岁者，得被选为监察委员。”[202] 这些规定适用于蒙藏地区的选举。不过，《立法委员选举罢免法》规定了蒙藏及其他各民族在边疆地区的立委候选人“以各该地人民为限”[203]。《国民大会代表选举罢免法》和《监察委员选举罢免法》则无此规定。

至于候选人的提出，各有不同。《国民大会代表选举罢免法》规定：“有被选举权而愿为候选人时，经五百名以上选举人之签署，或由政党提名，得登记为候选人，公开竞选。非经登记者，不得当选。”[204] 立委候选人的规定与此相同，不过选举人签署人数多得多，为 3000 人。此外，国民政府公布的《 关于立法院立法委员选举程序》规定：达赖系统与班禅系统的申请人分别向噶厦及蒙藏委员会指定办理之选举机关申请。[205] 监委候选人与这些规定都不同，《监察委员选举罢免法》规定“每一候选人之提出，在各省市及蒙古、西藏应经选举人五人以上之联署”[206]。这里的“选举人”，指各省市议会议员、蒙古地方议会及西藏地方议会议员。

按照规定，“国大代表候选人须经五百名以上选举人之签署，立委候选人须经三千名以上选举人签署始得登记”，否则“不得当选”。但是，“暂时旅居内地西藏人民应选国大代表十一名，立委五名，而暂时旅居内地之西藏人民为数亦少，其联署人数无法达到标准”。因此，蒋介石提出“凡选民在五千人以下之各蒙藏选举单位”，可以“免除候选人登记之程序，由选民直接投票选举，以得票多数者为当选”。[207]8 月 29 日，国务会议通过此提案。

这样，国民政府完成了名额的确定、选举机关的设置、选举程序的确立、候选人资格的明确。根据有关规定，于 11 月 21 日至 23 日“分别在全国各地选区之投票所……票选国民大会代表”，全国各省市及盟旗、西藏之选区“均将如期普遍举行”[208]，这说明国民政府将西藏与盟旗的选举与各省市同时进行。国民政府在总结报告中说：盟旗分 18 个单位选举，57 名代表全部选出。西藏地方及暂时旅居内地之西藏人民与省属藏区共应选出代表 40 名，“其中西藏地方应选出十四名，经选出十三名，因西藏妇女不能参政，至少选妇女代表一名。又暂时旅居内地之西藏人民应选出代表十一名，全部选出。至省区藏民应选出代表十五名，其间由西康选出六名，青海选出四名，甘肃选出三名，四川选出一名，云南选出一名，均依法产生”[209]。至于立委选举，自1948年1月21日起，“全国四十七省市，蒙古十八盟旗，西藏三选区，边疆民族六省，侨民十五选区同时举行投票”[210]。

选举之后，班禅、达赖两个系统分别向国民政府有关机关呈报了当选名单。1947年12月4日，班禅堪布会议厅呈报暂时旅居内地藏民当选国大代表11人：滇增坚赞、拉敏益喜楚臣、计晋美、宋之枢、洛桑喜饶、罗图丹、高洛桑、罗桑、明慈仁、丹巴、计罗秀英（女）。[211]1948年3月23日，西藏驻京办事处提交西藏出席行宪国大代表名单：土丹桑布、土丹策丹、绛巴阿旺、丹巴彭错、丹增唐恪、绛巴扎西、来希嘉错、索朗旺堆、班觉陈列、贡布策林、恪登班巴、凯卓坦巴、生格达结。[212]另外，“省区藏民应选出代表十五名，其间由西康选出六名，青海选出四名，甘肃选出三名，四川选出一名，云南选出一名，均依法产生”[213]。1月8日、1月27日，班禅堪布会议厅先后呈报本系统当选监委3人、立委5人名单，监委为拉敏益喜楚臣、计宇结、何巴敦[214]，立委为计晋美、蔡仁团柱、图丹尼麻、洛桑坚赞、纳汪金巴[215]。7月10日，西藏驻京办事处呈交立监委各3人名单，立委为土丹桑布、绛巴阿旺、丹增唐恪，监委为土丹策丹、绛巴扎西、丹巴彭错。[216]综合来看，在西藏地方选出的13名国大代表中，前6人为西藏驻京办事处成员，后7人“履历未详”[217]，其中有6名又当选立委或监委，虽然宪法上规定立监委不能为国大代表，但是未说明国大代表可否为立监委，国民政府未提出异议。在班禅系统选出的11名国大代表中，有1名女性按照规定选出，有2名也当选为立委或监委。

接着，西藏地方立监委于7月12日分别前往立监两院“办理报到手续，并于十三日分别出席院会”[218]。其意义诚如时任蒙藏委员会委员长的许世英所指出：“行宪后国民大会西藏选有代表出席，立、监两院亦有西藏选出之委员参加，在在均足证明西藏对中枢之拥戴。”[219]这样，国民政府对战后西藏自治问题的处理画上了句号。

综合来看，中英两国围绕所谓西藏的“自治”问题，在抗日战争结束前后展开较量。英国唆使西藏“自治”，宣称西藏之地位“系中国宗主权下之自治邦”。国民政府一方面强调西藏为中国之不可分割的领土，一方面在主权之下“允许西藏具有自治权”。为此，国民政府调整边疆民族政策，同意赋予西藏“高度自治”，强调中华民族的团结与统一，但同时又认为边疆民族是“边民”，中国并无“少数民族”。《中华民国宪法》有关条文，以西藏的政治地位为中心，规定西藏为中国固有疆域之一，对西藏地方自治予以保障，确定藏民族参政议政的权利，国民政府同意赋予的“高度自治”即为地方自治。这样，西藏是中国领土不可分割的重要组成部分，其政治地位在宪法上再次得到明确规定。《中华民国宪法》通过后，国民政府加以实施，确定西藏及省属藏区参加国民大会、立法院和监察院的名额，确立选举机构和选举程序。西藏地方代表出席国民大会参与有关条文的讨论，按照规定选举国大代表及立监委，当选立监委出席立法院、监察院会议。可见，尽管噶厦中存在着一些英国支持的分裂分子，但是广大西藏人民坚决维护国家领土及主权的完整，维护中华民族的团结和统一。因此，沈宗濂高度评价说：继吴忠信主持坐床大典后，西藏与中央之间关系“更明显的进展似出现在1947年，拉萨代表团参加了国民代表大会，参与起草宪法草案和选举总统”[220]。

英国政府自然也看到了上述情况。它总结说：“1941、1946、1947和1948年，西藏代表在某种程度上参加了中国的许多国民大会，包括1946—1947年的制宪国民大会。如果不对西藏参与的程度置疑的话，这将暗示着西藏接受了这样的观点，那就是，西藏是中国的一部分。”它一方面否认西藏代表是参加，称“至少有部分是拉萨官员，他们来中国谈判中藏事务，并且作为观察员参加了这些国民大会”；另一方面又不得不承认“在1946年制宪国民大会期间，西藏人还参与了修订‘宪草’中关于西藏地位的条款”。它又说：“1948年，西藏摄政王和噶厦政府打电报祝贺蒋介石当选为总统，在电文中有‘我们祖国’字样，它暗示着西藏是中国的一部分。这些字样可能是中国人在原文中加入的，然而，拉萨方面没有予以否认。”[221]

第二节　英去美来：夏格巴印美英“商务”之行及国民政府的应对

1947年6月至1949年4月，国民政府围绕夏格巴分裂活动，同印度、美国、英国展开了一场交涉。西藏摄政、分裂分子头子达扎派遣以夏格巴为首的商务代表团到印度、美国、英国等进行所谓“商务”活动，引起极大关注。学术界的研究，或者高度评价国民党政府的措施得当[222]，或者认为英美等国并不主张夏格巴“出访”，接待也不涉及政治[223]，但这些看法均有不当。虽然有学者认为英美已经开始改变了其传统的对藏政策，但是缺乏分析，对英美两国对西藏商务代表团的不同态度及原因也只是简单介绍。[224]综合来看，夏格巴商务代表团是在印度、美国、英国的支持下“出访”三国的。三国对西藏的企图各有不同，印度企图继承英国在藏获得的侵略权益，美国企图取代英国而插手西藏问题，英国继续维持所谓中国在藏是“宗主权”而非主权的老调。国民政府相应地采取了一系列措施，反对夏格巴的分裂活动和这些国家干涉中国的领土与主权完整，表明了中华民族的严正立场，夏格巴“所谋向外贷款贸易，及企图使西藏独立事，均未如愿以偿”。但是，国民政府也有失策，它错误地认为不发给夏格巴等人护照，他们就出不了国，幻想三国会尊重中国主权而拒绝在其所持“西藏护照”上签证，未料到美英两国会变通处理。

一、夏格巴商务代表团之组成与国民政府阻止其出国之努力

达扎考虑派团到印美英三国进行活动，可以追溯到1947年5月毒害前摄政热振之后。6月11日，噶厦“外交局”致函美国驻印度代办麦利尔（Merrell），宣称：“为了西藏商民利益，一方面为了建立西藏与印度、中国及美国，另一方面与英国的友好关系，我们在寻找途径，以促进西藏与上述国家的进出口贸易。为达此目的，我们任命西藏造币局局长孜本夏格巴为商务代表团团长，访问这些国家，并同有关政府会谈。如果阁下向华盛顿的国务院汇报，以便夏格巴抵达后能进行亲切的会谈，我们非常感激。我们授权夏格巴全权处理此问题，希望在各方面得到阁下的帮助。”6月14日，夏格巴致函美国驻印大使格拉迪（Grady），宣称“代表团的主要目的在于了解与研究提高西藏与英国、美国的进出口贸易”，并要求提供与之会谈的美国官员名字，以便准备介绍信。[225]英国驻印度高级官员称：“虽然这个‘国家’之外的局势到底发生什么变化根本不能确定，但是我们必须报告西藏当局正在考虑派遣商务代表团在不远的将来到印度、英国和美国；此外还提议代表团应在其行程中某个或另个阶段访问中国。”[226]

时人指出：虽然称为商务代表团，“实际上西藏出口货只有羊毛和犀毛角，每年只有二百万印度罗比，故其赴英美目的，是因为他们知道英国已经没有力量，不能帮助他们独立，所以想希望美国也能和英国一样帮助他们”[227]。另外，噶厦认为美国是一等强国，“对西藏亦没有直接利害关系”[228]。7月30日，美国驻新德里领事多诺凡（Donovan）回函噶厦“外交局”，一方面宣称已将噶厦派遣夏格巴代表团之事向国务院做了汇报，“因为这样的行动是合适的”；另一方面要求“夏格巴在其计划的访印旅程中访问美国大使馆”。他还致函夏格巴，宣称“已要求国务院官员在其访美期间给予合适安排”。格拉迪向国务院汇报：“考虑到国务院希望避免任何关于影响中国对藏主权的要求，大使馆在回函中，将‘外交部’（Foreign Office）改为‘外交局’（Foreign Bureau）。”[229]格拉迪极力主张到美国，

致电国务卿马歇尔："显然，虽然西藏集团访问华盛顿，其会谈无论是官方的还是非官方，在我们对外贸易上都不会产生任何明显效果，但是从良好关系角度来看，大使馆希望国务院尽可能给予礼貌接待，因为采取这样的措施有利于防止代表团落入无耻之人之手。"[230]多诺凡也提出："从纯粹商业角度来说，商务代表团访美的价值很小，但是美国政府给予友好接待，对于加强美国与西藏政府的关系必定产生长久影响，而西藏是一片广阔而具有战略地位的地区，苏联在这一地区的影响正在扩大。"[231]因此，国民政府认为美国引诱夏格巴访美的目的，是"欲利用西藏为将来对苏联之空军基地"[232]。

英国驻锡金政治官员霍普金森致函美国驻印大使馆，宣称夏格巴商务代表团将于8月启程，其首要目的"尽可能获取金银"，并强调"夏格巴一年多来积聚了黄金10000托拉（大约4000盎司），因此其主要目的或许是'游玩'"。霍普金森还称他担心"抢购黄金及其所含目的""会毁害西藏'简朴、诚挚及其对自己文化的忠诚'"。[233]格拉迪认为，霍普金森作为英国官员，这么讲的目的或许是设法"中止西藏与美国较为紧密的关系"[234]。

国民政府意识到达扎"因处理热振事件未遵中央意旨，心怀疑惧"，所以决定派夏格巴"往英美乞援"。[235]得到夏格巴等"于八月中旬起程赴英美活动"的消息后，国民政府于8月17日指示外交部"转饬我驻英美两大使注意随时具报"[236]。蒙藏委员会驻藏办事处代理处长陈锡璋向国民政府的汇报，指出了夏格巴活动的目的，但未看到美、英、印等国与其"出访"的各自角色："该团名为考察商务，实际是要出去作一番政治活动，主要原因是看着印度取得自治领地位，号称独立，西藏当政亟思仿效，并欲取得世界公认。幕后主谋的是英人，帮衬的是印度人。"[237]英国驻印度官员则从"联合王国所关心的问题来说，我们只能说商务代表团的目的是'探讨从英国出口货物到西藏的可能性'，西藏则出口羊毛、兽皮、毛皮、牦牛尾"。并称："代表团肯定会携带给国王陛下、首相、外务大臣的信件"，虽然"这样的信函的语调几乎令人熟悉的一致"，但是"要尽可能事先得到副本，以便准备在合适时机给予合适的答复"。[238]

至10月25日，噶厦才宣布组成商务代表团。这一则说明达扎在人民解放军对全国发起战略反攻后加紧了分裂活动，二则说明在组团的过程中出现了争执。团长为孜本夏格巴，时任噶厦钞票局总办，达扎亲属及"最信赖之人物"[239]。英国政府非常注意夏格巴，称"夏格巴个人名字叫洛赛顿珠（Losel Dhondup），出生于1906年，1923年进入西藏政府任职，现为六品官，能说一点兴都斯坦语，但不能说英语”[240]。至于其他成员，秘书（一称为副团长）为僧官则康（又称常庆）堪穷，钞票局帮办，曾任帕里税官，夏格巴之弟，亦为达扎“最亲信之人物”[241]。财务为邦达昌，原为西康商人，汉名罗绍庭，任卓木商务总管（一称亚东关监督），“西藏著名商号邦达昌号主人”[242]，“为西藏最富家族之一，亦为该团唯一懂国际贸易之人物”[243]。翻译为索康代本，“现统率藏兵第九营，驻扎拉萨以北三百里远之黑河，乃为康青藏边境之风云人物”[244]。其父为“在藏素以亲英闻名”的索康札萨，其兄为噶伦索康汪青，其姐夫字妥，曾任昌都总管[245]，“一门鼎盛”[246]，他“亦为摄政所信任，粗通英语”。可见，基本上是分裂分子，这 4 人中“除财务邦达昌一人外，均是摄政最亲信的人物，亦是西藏政府中目前最有势力的一派。邦达昌虽然不是亲信，因他在内地和印度都住过很多年，多年来操纵着西藏的进出口贸易，资力既雄厚，经验亦丰富，同时亦是唯一私人有外汇的，他们不得不借重他来解决他们的财务问题”[247]。邦达昌在一年半前曾告诉霍普金森“想访问美国和英国”，因而他还认为商务代表团的组成是其所期望的[248]，但随即了解到邦达昌并不想前往欧美[249]。

商务代表团组成后，噶厦致函蒙藏委员会驻藏办事处，一方面称“为西藏公共福利计，派银行总经理‘孜本’夏古巴率同随员前往印度、美国、中国、英国考察输入西藏商品及西藏输出羊毛、皮革等货之销路，请报告中国政府给予便利，并祈信任”[250]，另一方面“说明要走的路线是经印度赴美国，由美国转英国，然后由英国来南京”[251]。夏格巴宣称，目的有三：(1)“西藏的非亚洲出口物资，主要是羊毛、麝香、皮毛和牦牛尾等，平常是经过印度出口，所有商务都是通过印度商谈，并以卢比支付。商务代表团的目的是寻求印度放松对西藏出口的限制，并要求以美元或英镑支付而不用卢比，这样就需要和外国建立直接商务联系。代表团也要考察进口的前景，找寻农业和毛纺的适当机器。”(2)“代表团打算购买金条作为西藏通货的准备金。”(3)“由于世界不了解西藏的政府地位，因为他们主要从中国方面了解，因此有必要和外国建立正式关系，表示西藏的独立和享有主权的地位，西藏的护照发给每个代表团成员（这是西藏为国外旅行第一次发正式护照)。”[252]

噶厦致函的目的显然“是试探中央对此举的态度”[253]，引起国民政府极大注意。在噶厦宣布组团前一日即 10 月 24 日，国民政府得到报告，夏格巴等“至英美后，将进行采购新式武器运藏，准备独立时应用。最近藏政府更受英人之暗示，拟收复康定以西各地，成立大西藏国。待该商务考察团赴英美购得武器并呼吁西藏独立局势明朗后，即准备举事”[254]。这把问题的严重性提到前所未有的高度。在 1948 年的一份文件中，国民政府详细分析了夏格巴的企图，并将之列为 11 项：“(1) 想在国际间表示西藏独立之身份；(2) 想自由与各国交涉不受中央限制；(3) 藏官商关系密切，思借此行谋利；(4) 英允印独立，藏思联英以为己助；(5) 美为当今强国，思前往联络得其助力；(6) 在英美发表言论，容易耸动国际视听，以为对中央措辞之张本；(7) 先到中央视察情势，借机作政治要求，或要求经济上之补助；(8) 使西藏能与英美商行直接贸易与美金联系；(9) 可能与印度政府秘密洽商印藏关系、英印条约承继问题及收购军火问题；(10) 发展西藏与内地及各国之贸易；(11) 调查由滇缅路入印藏商道。”[255]这些很详细，说明国民政府有关部门作了认真研究，担心挂一漏万。夏格巴等人出国后，蒙藏委员会委员长许世英在 8 月 24 日致立法院函中回答夏格巴等赴美动机及真实目的之责询，认为夏格巴在京所说“此次出国考察，系在设法解脱印度经济之控制，另谋出路”，“当系实在，自属可信”；此外“尚有观察国际环境，探听政治行情，以供西藏政府决策之意”。[256]许世英显然为自己的失策辩护。

1947 年 10 月底，商务代表团启程离藏。蒙藏委员会计算其行程，于 11 月 6 日致函外交部：“夏古巴等抵加尔各答后，何时自加首途飞京，并请电知驻加总领馆，预先电示为盼。”[257]11 月下旬，夏格巴等抵达印度噶伦堡，十四世达赖喇嘛之兄敦泽佛随行；12 月中旬，到新德里，中国驻加尔各答总领事馆“代订旅馆招待”。在总领事馆的劝说下，敦泽佛未到新德里，于 12 月 24 日“离印，搭中航飞沪”，旅费由总领事馆支付。[258]1948 年 1 月 23 日，英国驻印官员报告了印度的有关态度和夏格巴等人到中国内地的计划：“代表团要求 200 万美元，是为了在美国购买黄金、白银。我们问他们为什么要购买黄金白银时，他们回答用于‘支持西藏货币’。显而易见，印度政府已经决定在货币问题上像对待尼泊尔那样对待西藏，但是当然不会给予西藏 200 万美元之类，仅是同意给予代表团外汇交换，以足够支付所需的旅行费用。”“正如我们先前所想，代表团已被告知，印度政府在未收到西藏关于现有条约态度的答复之前，不可能讨论（政治问题）。于是，代表团致电拉萨请示，但是否收到指示还不清楚；无论怎样，印度政府也还未收到西藏外交局的答复。结果，按照大雅尔所说，代表团到德里完全是浪费时间。”“1 月 7 日，代表团离开德里，两人到加尔各答，其他人到印度各地参观工厂。他们希望大约两周后在加尔各答会合，然后乘飞机到中国。”[259]

夏格巴原计划于 1948 年 1 月 7 日离开新德里到印度一些城市参观大约 3 周，

“了解工业设备”后转香港飞上海。[260] 美国驻加尔各答领事馆向美国务院报告，夏格巴等1月19日离开加尔各答到香港，在港停留1周，再飞上海到南京。[261] 但1月13日《申报》电称：“西藏商务代表团……定十四日由加尔各答飞昆明，转港沪飞京。”[262] 蒙藏委员会总务处长黄启鉴、调查室主任刘桂南分赴昆明、香港迎候招待。夏格巴等最终未转港，而是于1月28日从昆明直飞上海。显然，中国驻印使领馆对其做了一些工作。美国则极力活动夏格巴，是否经过香港含义重大，如后所说，正是美国驻香港总领事给夏格巴等人签证的。但据霍普金森对美国驻印使馆所称，夏格巴先飞南京另有原因：“代表团成员会感觉如果访问美英两国后访问中国，中国人会设法了解他们所有活动情况；如果他们礼貌地先访问南京，就可以从美国或英国直接回藏，从而避免南京的不幸检查。”[263]

2月1日，夏格巴等人到南京。2月3日至7日，他们依日拜访蒙藏委员会委员长许世英、经济部长陈启天、财政部长俞鸿钧、外交部长王世杰、内政部长张厉生。夏格巴称：“本团此次晋京，目的在促进西藏与内地之贸易关系，考察内地商品供应西藏之能力及最便捷之运输途径。抵京后，将晋谒蒋主席及蒙藏委员会许委员长致敬，并与各部、会首长有所接洽，及报告西藏一般情况。”[264] 并言：“西藏过去与外间物产交易，运输途径有四：即（一）经由云南，（二）经由康定，（三）经由青海，（四）水路则多经由印度。过去因无正确统计，故物产交易数量无法调查，此次该团来内地考察主要任务即为详细研究藏胞所需物产者何处采购最为合算，经由何处运输最称便捷，以备将来回藏后拟定计划，与内地正式大量通商。”[265] 看来，夏格巴在内地不敢搞分裂活动，而是谈论如何促进西藏与内地的贸易关系。有关机关积极回应，陈启天“对西藏所需茶叶，瓷器及丝织品种类，数量，及可供出口之藏中特产诸如羊毛，牛革，珍贵药物，香料等物之数量，询问颇详，并表示政府决设法为西藏解决对外贸易之各项难题，使生产增加，商务得以发展”[266]。许世英表示：“对内地商务贸易，中央必予以帮助，惟交通商道为繁荣贸易之先着，……就青、康、滇三路交通以何路便利，希报告中央先修公路。”他“告以此纯系商务公路，望勿怀疑”。夏格巴回称“必从速派员调查”，或代表团成员中“一人调查，俟回藏后转报西藏政府，并设法促其实现”。[267] 他还称“将向西藏政府提出报告，然后拟定向内地输出及输入货物种类及数量之计划”。他认为内地茶叶、玻璃、瓷器“售价尚廉，可在西藏扩展销路”。[268]

许世英多次询问夏格巴“对中央有无负政治洽商命令，若至英美，亦有无负政治商谈之使命”。夏格巴答称：中央政府“有所训示，当负责报告；至若至美英，则绝无政治商谈使命”[269]；并再次强调：“代表团之任务，仅在促进西藏与内地之商务关系。”[270]不过，夏格巴还是有政治企图。2月7日，他晋谒蒋介石，“呈献达赖及摄政私函，照片，佛教图画，锦绣风景，名贵毛皮土产等物”。蒋介石“对藏中官民极表关怀，并对伊等内来后之起居，垂询颇详”。[271]蒙藏委员会发布的剪报称：夏格巴晋谒蒋介石，是“解决西藏与内地物资之交易问题”[272]。但夏格巴称：“虽无政治使命，但见蒋主席后，中藏关系当更好。”[273]这显然有伏笔，他要求蒋介石“将西康、青海和甘肃三省藏族人民聚居之地，划归西藏管辖”[274]。

3月7日，商务代表团来往于南京、上海、杭州、无锡、苏州等地游览、考察。4月19日从上海携带各种工业样品回到南京。这些安排是有意的：其一，夏格巴在美国的引诱下，希望只在南京停留2周，然后于3月15日经日本飞美国[275]；司徒雷登说，在南京停留21天，然后在参观沪杭后回南京准备飞日本到美国[276]。虽然说法不一，但是蒙藏委员会的安排极大地挫败了美国及夏格巴的企图。其二，陪同参观上海各工厂的刘桂楠汇报说：“参观上海伟大工厂后，对各代表之影响甚大。过去藏人以为中国只产手工织品，机器之类须依靠外国。今则亲目所睹上海工厂林立，各种物品皆能制造，随变其旧日观念，并感觉西藏之贫乏与渺小，倘离开中央之保护，是无法立足于世界。”刘桂楠“乘机告曰，能成为一个国家而立足于世界，并非易事”。[277]

二、护照问题：国民政府的失策与美国政府的变相签证

噶厦“外交局”“制发出国护照”，夏格巴等“拟持用此项护照”。陈锡璋于1947年10月8日致电蒙藏委员会：“查西藏处处欲显示其独立地位，固属事实，惟英人究以何种方式能使西藏护照出现于国际之间，殊难测度。”要求蒙藏委员会“请外交部密电驻印大使馆注意，相机运用”。[278]10月24日，行政院指示蒙藏委员会三项处理办法：“（一）护照暂不发给；（二）先予商谈西藏选派代表出席国民大会及立法问题；（三）优予招待。”[279]

英国驻印官员说：“我们得知代表团成员携带一西藏文件（a Tibetan document），盖有噶厦的大印，译有打印的英文，还有持有者的照片。此一文件写有持有者的名字和其他特别的信息，要求他希望访问的国家给予其通行的便利。应霍普金森的要求，这里的对外事务部护照部门指示西孟加拉政府给代表团办理到联合王国的签证。”又说：“此种旅行文件虽然不寻常，但是大概是适当的。”[280]1948年1月中旬，英国政府指示驻印官员：“我们应按照个人给予代表团成员的签

证。”[281] 英国驻印高级专员公署致电外交部：“印度政府要求外国人持旅行证件（travel facilities）到英国的签证问题，属于技术程序（mechanical process）；他们这样做，是为了我们。”[282] 由此看来，英国政府支持印度政府的做法，印度政府考虑到了英国的立场。

黎吉生先行前往新德里与印度政府协商，夏格巴在其帮助下“向英印当局及美国驻印使领馆洽谈，可否由西藏自出护照，由英美驻印使馆代为签证”[283]。1947 年 12 月 21 日，驻印大使罗家伦与尼赫鲁会谈，要求“勿承认西藏自发护照”。尼赫鲁称：“藏人入印向无护照，赴英护照系由英驻印高级专员签证，不归印政府办理。”驻印大使馆参事钱存典对印外交次长梅农指出“赴英及其他自治领护照签证，确系由印外交部办理”，梅农的回答与尼赫鲁相同。[284] 罗家伦于 1948 年 1 月 8 日向国民政府报告：“彼自发护照事，经与印政府及有关使馆商洽就绪，彼无法不经本馆同意取得签证，故知难而退，决定先回中国，已于七日离德里赴加城候机转昆明，再来南京。”[285] 蒙藏委员会称：夏格巴等本拟赴美国，“旋因在印接洽美金外汇，未获圆满，乃始决定先行来京，请求中央准予结购美金外汇二百万元，同时并呈请中央发给出国赴美、英考察商务护照”[286]。

夏格巴等人到南京后，国民政府从促进西藏与内地的贸易方面对其强调了西藏与中央的不可分割的关系。英国驻华大使史蒂文森注意到此点。他于 2 月 25 日报告英国政府外交部：“我中国报刊将西藏代表团作为边疆地区的代表团，对他们到达南京通常进行了报道；对边疆地区，中国仍然坚持维持主权。”“这一（主权）所有的态度（a possessive attitude）在中央社关于蒋介石大元帅和行政院院长接近代表团谈话的报道中体现出来。中央社把代表团访问南京的目的称为‘与当局协商如何发展西藏与其他省区贸易的问题’。关于拜访蒋介石总统的报道，引用蒋介石的话，要求代表团成员帮助提高‘西藏和内地其他省区’之间的贸易。中国政府新闻局（the Chinese Government Information Office，行政院新闻局）在正式发布的一件英文公报中对贸易的实质作了总括，附件附后。要指出的是，公报对代表团团长的描述有些模糊，称他为‘西藏地区政府（Tibetan Territorial Government）’的财政局长。”[287] 夏格巴请求国民政府发给“出国护照，以利遄行”。他列举种种理由：(1)“西藏现时通行之藏银纸币，原以黄金为准备金。历年因修建佛塔，大部黄金用罄，以致准备空虚，人民颇生怨望。”(2)“西藏三大寺系全藏经济命脉所系，为巩固三大寺之经济基础，谋有以改进生产，推广贸易以充实之。西藏每年出口土产如羊毛、麝香等，均系运往印度转售美国。现以印度政府统制外汇甚严，西藏销印货品不能直接售与美商换取黄金，听任印政府居间操纵剥削，损失颇巨。又西藏出产羊毛，印商均谓只能用以制造地毯，西藏方面颇为怀疑，故拟赴美考察，准备采购机器，改进产品，并拟将羊毛直接销售与美，免受印方操纵。”（3）“彼等所需美金外汇，计西藏政府公用者约需二百万美金，彼等私人方面，亦需酌量结购。大部分可用印币卢比申请结购，小部分用法币结购。”[288]

蒙藏委员会邀集有关部会讨论，认为“该代表等出国前往英美，或系藉考察商务为名，阴图观察国际环境，乘机做政治活动”。3月10日，蒙藏委员会要求蒋介石定夺。3月15日，蒋指示“设法劝阻从缓出国”。遵此，许世英“劝告不必出国，可将所拟考察事项报由中央政府代为调查”。夏格巴、邦达昌等先后强调：赴英美“系谋改善西藏经济、增进公共福利为目的，绝无政治企图”，噶厦已“明白限定考察各地商品价格及贸易情形，不许谈及政治”，因此“决不敢逾越范围，妄谈政治”。[289]他们提出：其一，西藏已派代表出席行宪国大，“实彼等电噶厦促成，其意显在藉此以邀美汇及出国护照之获准”。其二，团员苏康、邦达昌二人“因天气渐热，水土不服，先后患病，该团因此益显焦躁不安，催询更急”。[290]由于蒋介石反对出国，《申报》4月20日报道：“西藏代表团一行六人，于考察沪杭苏锡各地工商事业并游览名胜后，昨晚乘车晋京，预定在京勾留一周，与蒙藏委员会续作接洽，即行返藏复命。”[291]

许世英的态度发生变化，于4月23日呈文蒋介石发给夏格巴等人出国护照：“自行抵京沪以来，每对来访之新闻记者郑重阐明无政治使命，并曾亲对世英声明不负政治商谈之使命。”“世英复从多方侦察，觉前此所虑其企图作政治活动一点，迄未发现其丝毫迹象。更从外交大势观察，英美两国方自顾不遑，势不能因扶植区区一西藏而开罪中国。又西藏现行政制与英美之民主政治两相凿枘，决非彼等所愿亲附者。且如不准其出国，则必怏怏而去，转增藏事困难。恐彼等仍可自印度径行出国，示远人以不广，窃期期以为不妥。”他提出：其一，“外交部发给西藏商务代表团出国护照，并通知有关使领馆密切关照，暨由中央遴派熟悉藏事之干员随行协助”。其二，“该团所请美金外汇，西藏政府公用部分准结购美金若干元，该代表等私人部分准结购美金若干元。其所准备用以结购之印币及国币之数目，令彼等先向中央银行接洽申请”。他要求蒋介石早日定夺，称：“该团一行，游览京沪苏杭，考察商品贸易，已逾一月。以水土不服，苏康、邦达养壁两代表且婴疾病，亟望早奉训示，以决行止。”[292]5月7日，许世英晋见蒋介石“陈明一切”。蒋介石训示：“美金外汇目前结购困难，可酌增赴美考察旅费；饬询明该团赴美英考察商务之行程、时限、旅宿等费报核。”[293]

遵此，许世英于5月8日查明代表团一行共需旅宿膳食等费两万七千美元。但夏格巴不满意并拒绝接受旅费，与常庆、邦达昌一块“再度详述此次所请结购美汇之用途”，称“现外汇既有困难，拟即于五月十七日先回上海停留十余日，购买用品，再赴香港住一星期，购买用物，然后回加尔各答，转往新德里，向印度政府洽购美汇。如洽购不成，美英之行或即作罢；如洽购成功，再赴美英考察”。许世英指出：“如必需出国赴美英考察，定由我中央外交部或中国驻印大使馆发给护照。”夏格巴称：“如印度政府准结外汇，再由中国发给护照，理固应然，但情不可却。”许世英再次“郑重告以由我中央外交部或驻印罗大使发给护照为宜”，并强调“赠送旅费系出自主席德意，宜可领受”。夏格巴仍然拒绝：“主席盛意至为感激，惟旅费早经西藏政府发给……现所希望者，前请购买生丝及西藏与内地商务进出口货运免税，及免缴外汇保证金一节，仍迄准予所请。”[294]

5月17日，即夏格巴宣称要回上海之日，蒋介石指示许世英：特别赠给旅费从两万七千美元增加至五万美元，“至所请准给该团美金外汇五万元一节，究应酌给若干数目，应与中央银行洽商”。但是，夏格巴一面“仍称旅费早经西藏政府发给，只有心领感谢”；一面称：“前承五月八日面告外汇困难，已于翌日电告西藏噶厦。现因返印之期已定，对总统盛意亦惟有感谢。但一再声明，此事对中央与西藏和好感情关系绝无影响。”[295]对于夏格巴等提出“请准结购外汇二百万美元以供前往英美之需”，国民党政府“以数目太大，国家外汇支绌，未予核准”[296]，但据其所得情报说：“查此项请求固为赴英美之费用，另一面与购买武器不无关系，似宜考虑。”[297]夏格巴宣称5月17日回沪之因，是避免参加5月20日蒋介石就职总统典礼。最终，他还是参加了，当晚赴沪“洽购生丝”，称“约旬日后赴香港小住，酌购货物，再转印度”。蒙藏委员会一面与经济部派员“赴沪协助洽购生丝”，一面“将该团离京赴沪及旬日后赴港各情”于5月28日致函外交部，要求电令罗家伦“注意该团返印后之行动，及出国护照务由我大使馆填发”。[298]

由此看来，国民政府为防止夏格巴出国游说而“阻止其赴美之行，对其出国手续拖延不办”，并非陈锡璋所说是“秘密离开南京，前往香港”[299]的。本拟5月30日前离沪的商务代表团，“在沪因办理购买生丝等手续”而“耽延日久”[300]，有报道称6月21日“飞港转印返藏”[301]，但至6月26日“始洽妥机座飞港”。行前，蒙藏委员会要求在港官员李大超、郭德华“予以关拂”[302]。但在7月1日，夏格巴突然致函蒙藏委员会，称于7月3日由港飞马尼拉转美国，7月6日蒙藏委员会才收到此信函，7 月 7 日夏格巴等就飞抵旧金山。显然，从 5 月 30 日抵沪到 6 月 26 日离沪近一月里，夏格巴与美国驻沪总领事馆秘密协商护照问题，美国政府指示由驻港总领事馆处理。对这一切，英国驻华大使史蒂文森早就得知，在 5 月 19 日给英国政府的报告中就说：在 5 月 14 日的谈话中，“代表团说打算告诉中国当局他们经由印度返藏，但是实际目的是经由香港到美国（如果他们在这里或香港能够得到美国在其西藏护照上的签证），然后从美国到联合王国”。又说：“代表团当然渴望不要把他们目的泄露给中国当局，我向他们担保与他们的谈话是秘密的。”[303]

这引起极大震动，蒙藏委员会当即采取一系列措施：向蒋介石及行政院紧急汇报；致函夏格巴查询“关于出国护照签证事，系经托何国办理”；要求外交部致电驻美大使顾维钧予以注意；指示驻藏办事处向噶厦强调两点，一则要求噶厦“训令夏等遵照在京再四声明赴美绝无商谈政治使命，不得对外作任何政治商谈或发表政治谈话”，二则要求噶厦“训令夏等，今后旅行应与我驻美使领馆商定，并使用中国使馆护照”。[304]同时，驻英国大使郑天锡 7 月 14 日在英国政府表示国民政府“抗议美国驻南京总领事在代表团的西藏旅行证件上签证”的同时，询问英国政府“是否在代表团持中国护照之前不能签证进入英国领土”。英国政府于次日声称：史蒂文森大使“已经在代表团的西藏护照（Tibetan documents）上签证了”。虽然史蒂文森“犯了技术错误”，但是“在这种有争议权限的事例问题上，英国决不能阻止一个知名人士到英国旅行，或者不能坚持他们提供国家的护照”。郑天锡提醒“英国政府有必要重视中国政府的态度”。[305]

国民政府追究责任。7 月 30 日，一些监察委员提出纠正案：“西藏商务代表团未经政府许可发给护照，竟自赴美活动，而政院对上述有损国权之事，未闻如何处置，应予纠正。”[306]8 月 2 日，行政院“饬将本案详细经过及何以疏忽之处迅予申复”。8 月 18 日，蒙藏委员会呈文，辩称：其一，夏格巴等人为何能入印境。“查西藏自清末民初与中枢形成脱辐状态以来，独立自主观念迄未消除。其主要原因厥惟英人统治印度时期，对藏素抱野心，煽动挑拨，有以致之。故藏人入印，向来不须我中央政府签发护照，并可由印径赴英国，而亦无须我国签发护照。”其二，关于为何不派人随同赴港，“一则因该团原已面请中央外交部发给护照，嗣因所请美汇未成，该团遂表示仍回印度，向印度政府洽购，只请就该团由印来京之护照上加以签证，且派员监护，需用款币结请外汇亦感困难，是以未派。本会既以该团离沪赴港之前，电托驻港郭特派员、李主任等照应，原不虞有疏漏。二则因该团系表示返印洽购美汇成功后再行赴美。接准六月初九日外部外欧一一七号代电，已分电驻印驻加使领馆注意，并应防止其请领他国护照。等因。深佩外部防范已甚周密，自无再派员随行之必要”。其三，关于如何促进西藏与中央的关系，“抑有进者，中央对藏现时联络情感，促进政治关系之阶段。西藏商务代表团此次留京数月，虽所请外汇因目前库存不裕，未能满足其愿望，但对中央之优予招待，则深为感激，已为汉藏感情奠立和好之基础。若对其出国赴美英考察商务，采取干涉态度，纵能阻止，然必中（心）怀怨望，有伤和好，且彼等终将另行设法达成出国之目的而后已。如此则与中央目前对藏维持现状，增进情感，以求安定之方针不无违牾，似非计之得者”。由此看来，蒙藏委员会一方面谴责英国的侵略造成西藏特殊的形势，一方面把责任推到外交部身上，并批评蒋介石未采纳其建议。但它承认：夏格巴抵港后“仓促间能取得美国驻港总领事之签证，则非本会始料所及”[307]。

外交部一方面辩称：“藏代表等于沪杭等地考察购货后，曾向蒙藏委员会表示即由沪经港返印。并谓将向印度政府洽购美金；倘成功，仍拟由印赴英美等语。本部以该团既声称返印，遂未发给赴美英护照”[308]，但“本部为恐该团返印后，仍设法潜赴英美，乃再电饬印度罗大使预为布置，并密切注意该团抵印后行动”；一方面把责任推到蒙藏委员会身上，称蒙藏委员会确告“该团即由沪经港返印，暂不赴美英”[309]。对此，许世英无法反驳，10 月 30 日回答立法院的责询时承认：“夏古巴在离京时曾表示，外汇结购不成，渠等赴印洽购美汇，如不成，即取消美、英之行，由印返藏，故我外交当局仅于该团去印护照上签证，未另发给赴美护照。”[310]

由上看来，夏格巴等突然飞美，国民政府存在着重大失策：蒙藏委员会既然事先注意派人前往香港迎接照料，为何不派人随同返港，显然被夏格巴的表现蒙蔽了眼睛。外交部虽然因阻止其出国游说而未发护照，却未尽到职责：对夏格巴与美国驻印、驻华使领馆的活动情况毫无所知，认识不到美国已开始改变对藏政策，却以为夏格巴等人出不了国！

美国政府及其驻外使领馆一开始就在讨论如何使夏格巴等入美的问题。夏格巴启程离藏时，美国务院就于 1947 年 10 月 28 日指示格拉迪：“如果代表团成员仅持旅行证，那么应在 Form-257 上而非护照上签证。如果他们申请签证，而在技术上存在着拒绝入境的可能性，大使馆应立刻打电报汇报情况并请示；国务院会采取措施，与移民机构安排必要的弃权声明书。”[311]“Form-257”是美国对那些来自尚未被其承认为独立国家的居民所发签证。尽管该电文弃权声明书为何物尚不清楚，但是美国设法使夏格巴入美境的意图非常清楚。12 月 22 日，多诺凡请示：中国驻新德里领事表明中国政府并不反对夏格巴等前往美国，但是认为他们应该持中国护照。“如果藏人申请签证，大使馆赞成以 Form-257，并对中国驻印大使馆说明我们政府关于旅行文件和与夏格巴等的谈话限于签证层次。”[312]12 月 26 日，代理国务卿罗维特（Lovett）指示：“不反对发给西藏商务代表团成员签证。如果他们携带中国官方护照，以中国官员身份出访，则可签证 3（1）；如果不持中国护照，则考虑到他们打算前往南京、上海，最好询问他们是否在那里申请中国护照，如果他们回答否，则按照 3（2）旅行者身份在 Form-257 上签证。”如果签发的是 Form-257，则应进一步与中国驻印使馆官员沟通，说明 Form-257 的性质，并“指出美国政府从未对中国在藏主权（sovereignty）提出异议”。总之，“国务院既不希望向藏人施压使他们自己屈服于中国政府，也不希望商务代表团成为美中之间争端”。[313]

正是由于未持中国护照，美国驻印使馆按照指示建议夏格巴先到南京，与美国驻华使馆商谈，“也许可以成功”[314]。到南京后，夏格巴要求美驻华大使司徒雷登签证。司徒雷登请示国务卿：“根据国务院 12 月 26 日的指示，大使馆认为应在代表团成员所持西藏旅行证件上签证，但是设法劝说代表团首先获得中国的出境签证，然后取得大使馆的入境签证。”[315]美国政府指示同意签证，“但必须在中国以外的口岸方可照办”。司徒雷登乃建议夏格巴到香港，由美国驻香港总领事麦肯纳（James E. Mckenna）办理。麦肯纳不仅签证，还代办了机位船票。这是美国制造西藏“独立”险恶的一步，“今后任何国家都可援美国的例子，签证西藏护照”[316]。

国民政府“以美国驻香港总领事未事先征询我国政府意见，即行签证西藏政府自发证件，不但违反国际通例，并有损我对藏主权”，由常务次长叶公超于 7 月 12 日向美国驻华大使馆口头声明与质询：“（一）西藏当局对外无独立办理外交之权，其所发旅行证件，不能替代中国护照；（二）夏古巴等在美无权与美政府洽商事件；（三）美驻香港总领事于发给夏古巴等入境签证前，何以并未通知我驻港郭特派员；（四）美政府对西藏素以承认中国之主权为原则，此次接受西藏地方当局所发证件，中国政府颇为诧异，如此非美驻港总领事私人之错误，是否为美政府变更其对西藏态度之表示，此点盼美政府予以说明。”[317]他还指出：“中国政府认为商务代表团所持旅行证件不能有效，西藏自治权并不包括在西藏外签发旅行证件。”“中国政府担心，美国政府改变其对藏政策是受了英国的影响。”[318]司徒雷登答称：“美国向来承认中国在西藏之主权，且美国政府亦无变更其对西藏立场之意。”至于所询为何签证，称“向国务院查明后答复”。

国民政府指示驻美大使顾维钧“密洽国务院，查询该项签证是否曾经国务院核准发给”[319]。7 月 15 日，顾维钧递交备忘录：“以夏格巴为首的西藏贸易代表团成员所持的旅行证件，不能代替中国政府为出国旅行签发的必要的护照。美国驻香港总领事签证于这些异乎寻常的旅行证件，事先并未通知或磋商于代表外交部的中国驻香港外交特派员，是一项出乎意料之事。估计他这样做也未曾事先向其政府请示。”“美国政府一向承认中华民国的领土主权。因此，中国政府相信，美国总领事为西藏贸易代表团签发旅行证件以代替中国政府的正式护照是一种疏忽，而不是有意违反美国政府尊重中华民国领土完整的传统政策。”马歇尔回答：“美国政府会完全按照中国政府关于西藏的看法和愿望行事。”[320]远东司长巴特沃思 (Butterworth) 回答：“美国驻香港总领事并未在藏人所持护照上签字，而是在美国政府特殊表格上签证。”“关于中国对西藏的主权问题，美国政府的态度并未改变。”[321]他还称：“这是总领事对发给签证规定的误解，因此不必过于认真。”顾维钧指出：“西藏是中国的一部分，而且西藏人如果申请也有资格取得中国的护照。没有护照，我不能理解总领事如何会发给旅行证件为他们到美国旅行提供方便。”[322]

有学者认为：“美国政府向中国表明，美国无意改变西藏政策，国务院亦无意罔顾中国视西藏为一独立国家；华盛顿现在不会将来也不会承认西藏护照的合法性，此种签发只是为了旅游方便。”[323]但正如其他学者所指出，美国政府“既不承认‘西藏护照’是有效护照，同时又默认了西藏人可以不使用中国政府的护照”[324]。这指出了实质所在，美国驻印大使馆在引诱商务代表团访美时就“希望美国驻上海总领事、南京大使馆及国务院尽可能友好招待商务代表团，以任何合适的方法帮助他们”[325]。这个“合适的方法”就是发给所谓“旅行证件”。

国民政府又一失策，在于对夏格巴等人赴英签证毫无察觉。它吸取夏格巴等人赴美签证的教训，指示驻英大使馆向英国强调：“如该团申请赴英签证，英国领事馆应令其呈验中国护照，否则不予签证。”[326]但是，英外交部中国司司长斯格利特（Scarlett）称“该团在南京时已由英大使馆予以签证”[327]，至于其“经法过英之过境签证，系由驻纽约总领事馆发给”[328]。他辩称：“不需当地政府之护照，只需其本人之宣誓书（Affidavit）即予以签证。”驻英大使馆抗议指出：“西藏为中华民国领土，绝非国籍不明者可比”[329]，“英方不应未征中国政府同意即行签证西藏自发之旅行证件”。斯格利特“无言以对，仅示歉意”。[330]

护照与签证问题，是分裂分子夏格巴在美英两国的支持下企图分裂中国的反映。时人指出：“过去西藏人出国多半持着中国外交部的护照，这次他们却不愿再拿中央的护照，因为他们的目的是想表示他有独立的身份，如果拿了中央的护照岂不是把独立的意义丧失了？”[331]这指出了夏格巴玩弄阴谋的实质所在。夏格巴有些得意忘形，宣称：“在他们整个海外旅行期中，他们都是使用西藏的护照和旅行文件，在他们访问过的国家都是加以承认和接受的。这样就建立了史无前例的表示西藏独立的证据。”[332]国民政府最终没有坚持要求夏格巴等人持中国护照，其原因如顾维钧所建议：在目前国民党政府所面临的局势极度恶化时，护照问题“应当细心谨慎地处理，不使争端激化，从而避免拉萨和南京之间公开决裂”，因此“不必声明他们的旅行证件无效和改用正式的政府护照的意见”。[333]外交部认为：“查该团所持旅行证件，已经英国驻华大使馆签证。而据顾大使电告，若强迫该团在美换领我国正式护照，事实上已难以办到。且此时若强其换领护照，美政府未必协助，且势必益增西藏当局对中央之怨意，故本部对该团由美赴英拟不加阻止，惟对其在英行动，则须欲加防范，以免越轨。”[334]至于对美英的交涉，两国虽然对签证问题口头表示歉意，但“并未书面纪录交换存照”。国民政府认为“尚欠周妥”，指示外交部“为将来交涉预留地步计，应相机向英美两国提出书面声明”。[335]这说明国民政府坚持了立场。

三、主权不能被侵夺：印美英的企图与国民政府的应对

夏格巴率团于1947年11月下旬抵印度噶伦堡，12月23日到新德里，1948年1月14日从加尔各答飞昆明，7月7日飞抵旧金山，11月7日前往法国，11月12日抵巴黎，11月20日赴英，12月10日赴瑞士，12月15日飞罗马，12月25日飞孟买，1949年3月回藏。可见，夏格巴等在印度长达5个月，在美国4个月，在英国1个月，在其他国家各自5天至10天不等。仅此历程，就可以反映夏格巴印美英三国活动的情况以及它们干涉中国内政的程度。

煽动分裂分子分裂中国西藏，是当时印度政府的一项政策。1947年12月1日，印度外交部次长梅农致函中国驻印大使馆参事钱存典，对夏格巴来印事推称不知。12月18日，西孟加拉省总督宴请夏格巴等代表及十四世达赖之兄敦泽佛，未通知中国驻加尔各答总领事馆，却邀请英驻印专员及驻加尔各答商务代表作陪。

在夏格巴等抵达新德里前，中国驻加尔各答总领事黄朝琴询问其目的何在，夏格巴称“考察”。到新德里后，中国驻印大使罗家伦也询问，夏格巴辩称“此行纯为商务，并无政治使命”。但是，12 月 31 日加尔各答《政治家报》发表夏格巴的谈话，称“此次系奉藏政府命与印政府商讨藏印商务问题，并俟赴新德里后，分访中、美大使馆及英专员”。尼赫鲁接见两次，甘地接见四次，“行踪均不见报端，当系有意隐蔽。甘地向不多见外宾，而见藏代表四次，殊可研究”。[336] 夏格巴自己也称：“在德里会见了蒙巴顿总督和尼赫鲁总理以及其他印度领导人，讨论了通商事务。印度领导人给代表团以种种协助，并表示了他们对西藏的善意。后来代表团还会见了甘地……当我献一条哈达给他时，甘地问哈达是否西藏制的，当我告诉他这些都是进口的，他表示惊异，他强调了一个国家应当自己制造自己需要的货物。他的这些和其他的直言不讳的劝告使我们商务代表团的所有成员都为之深为感动。”尼赫鲁更明确煽动说：“西藏不能再孤立下去了，必须跟上时代的变化。”夏格巴提出“在印度留驻一名西藏代表”，尼赫鲁同意“设立一个商务代表团”。[337]

印度又一企图，是利用经济问题迫使噶厦承认其继承英国在藏权益。夏格巴在回答《中央日报》记者关于“既然是谈贸易，为什么不找贸易部而找外交部”的提问时称：“我们向印度要求两件事：第一，希望印度供给我们外汇，拿外汇去购买物资。第二，希望从他国购买的物资经过印度时，可以免税。”[338] 印度则提出：其一，“由于西藏通过印度直接和美国、英国贸易，西藏人非政府间的交易不得以美元或英镑支付，但属于西藏政府的出口物资，印度政府愿以美元或英镑支付”。其二，“经过印度直接运到西藏的货物可免收关税”。[339] 刘桂南就此指出：“印政府拟以此为交换条件，使西藏承认印度得以继承英国在藏之权宜（益）。数次商谈，意见已渐接近。西藏显然以经济而将屈服于印度政治上之要求。”[340] 夏格巴还要求印度提供美元以向美国购买金银，印度予以拒绝，称只“可以支付商务代表团足够的旅行费用”[341]。

显然，印度延续了英国的侵略政策。罗家伦从两方面反对。一方面，他向尼赫鲁提出抗议。尼赫鲁却称西藏为中国之“自治领土”而非领土，英人“所承认者为在西藏之宗主权”而非主权。罗家伦强调：“自治领土非独立国家之谓，西藏之自治权以中国宪法所赋予者为限。”他还指出：“英国视西藏宛如一印度土邦，近来英人经营西藏之人物，如前西北边省总督卡罗（Sir Olof Carol）、锡金政治专员霍布斯金与驻藏商务专员黎吉生，在印政治中尚有影响，请注意。”尼赫鲁辩称，虽然卡罗为外交顾问，但是印度“不会继续英国政策”。另一方面，罗家伦对夏格巴指出：“英国退出印度后，形势已变，中央与西藏关系无居间操纵挑拨者，当更密切，中央对西藏政制，只有扶持，无干涉意。”他还提出：关于与印度接洽商务，中央政府“愿为帮忙”。[342]其意是将夏格巴与印度的交涉收归中央政府办理。

夏格巴等人从欧洲返回印度时“均持西藏地方政府护照。事先印方并获得西藏方面之通知，故该团抵印后，孟买机场之海关与移民局等均给予外交官员之待遇”。他们“出入频繁，行动诡秘”。[343]在夏格巴回抵新德里前，罗家伦“为防止该团在印再有越轨活动计”，专门对尼赫鲁指出：“该团本系地方政府派遣，乃闻在欧美时颇受帝国主义及对华恶意者影响，遂有越轨表现，该团回印如对印度政府提出任何有关中国主权或中国行政完整之问题，请不但不予鼓励，并请拒绝与议。”1949 年 1 月 3 日，梅农对罗家伦“保证印度政府无意与该团讨论任何涉及中国主权及行政完整之问题，更未曾梦想在中国自身困难时使其受窘”。[344]

从上来看，夏格巴要求修改旧约，并在结汇问题上以美元支付给西藏。印度则煽动“独立”，宣称要继承英国在藏权益。国民政府对夏格巴强调与印度协商之权应由中央政府行使，反对印度继承英国在藏的既得权益，强调西藏对中国的不可分割性。

在夏格巴在印期间，美国驻印代办多诺凡（Donovan）多次要求他告诉到上海的时间，以便通知美国驻沪总领事及南京大使馆予以照料，同时便于他们向国务院确认商团抵达旧金山时间，以便国务院要求商务部驻旧金山代表与商团联系。[345]夏格巴等人“访美日程”，由美商务部拟定[346]：1948 年 7 月 15 日从旧金山到芝加哥，7 月 19 日到华盛顿，8 月 9 日到纽约，10 月 23 日赴欧。由于活动未果，夏格巴不甘心，因而推迟至 11 月 7 日才离美。在“访美”期间，出现几个与在印度不同的问题。

首先是，夏格巴明目张胆进行分裂活动。他宣称：西藏“自古以来……一向是独立的”[347]，“我们此行是与贵国建立友好关系的”，“西藏与中国的关系，仅只是宗教上的联系，中国根本无权管辖西藏人民”[348]，“请美国在联合国中帮助西藏得到公开承认”[349]。他还宣称：“对中苏印取中立关系”[350]，“西藏与中、苏、印三大国毗邻，若予一国以特权，势难不予其他二国，故只得对三国一律排斥，但希望与美国建立更优良之关系”[351]。

国民政府事先指示驻美大使顾维钧对夏格巴强调“美言行，必求谨慎”，并要求顾维钧“对该团在美言论行动，严密注意，随时具报”。[352]夏格巴发表上述言论后，国民政府指示：如果夏格巴“今后如有类似荒谬谈话”，“我驻外使馆立予纠正为要”。[353]7月20日，顾维钧对夏格巴强调“对外发言务求谨慎”[354]。8月26日，驻纽约总领事张平群致电外交部，汇报了一些纠正情况：“据团长称，本团系商务性质，对美官方从未谈及政治；对记者之谈话，本人并不重视。群答以美国系民主国家，而新闻记者直达人民，经国会能左右政府之政策，故对记者谈话亦有政治影响。彼又称，彼系高级官吏，记者有问又不能伪言不知。群称，记者所问而不愿答复者，尽可拒绝不答，此为一般惯例。许委员长来电联络，欲唤起贵团之注意，望以后再无作政治性之发言。彼答以本人并无意阻止中央与西藏之友善关系，本团既是商务性质，日后当遵守诺言，不谈政治，并称将直接电复许委员长。”[355]外交部还与蒙藏委员会商定两项处理办法：“（一）要求西藏政府训令夏古巴等，不得在外作政治活动或谈话，并训令彼等今后须先与中国驻使商定；（二）训令西藏驻京办事处，自行宣布已参加国大、立法院及监察院，并无独立之意。”[356]在10月30日立法院会议上，许世英指出：“行宪后国民大会西藏选有代表出席，立、监两院亦有西藏选出之委员参加，在在均足证明西藏对中枢之拥戴。”并说夏格巴“对美记者有失言情事，经电我驻美顾大使及纽约张总领事查询，系因该团人士不明了美国生活习惯……未加注意所致，该团团长夏古巴，已请张总领事电告本人（许氏自称），该团今后绝对不谈政治”。[357]《申报》11月4日报道了来自外交部的消息：“西藏商务代表团，于初到美国期间言论有失检之处，惟经我驻美使馆劝告后，即未作政治性之谈话。该团团长夏古巴曾向我驻纽约张总领事平群表示，该团即系商务性质，日后当不谈政治，并将直接电呈蒙藏委会许委员长。”[358]

国民政府的抗议起到作用。美国务院要求商务部注意中国政府的态度，商务部表示“把夏格巴等人视为商人，对代表团的兴趣仅在于商务”[359]。夏格巴等抵芝加哥时，商务部驻该地代表“予以照料”[360]。抵华盛顿时，商务部官员阿亨（Ahern）迎接。赴纽约时，商务部未派人迎接。

与上一问题相关的，是杜鲁门是否接见夏格巴，以及是否由中国驻美大使馆代表商务代表团与美协商的问题。夏格巴宣称要谒见杜鲁门，以便亲递达赖喇嘛的信函及照片、达扎的信函，并“希望同杜鲁门讨论经济与政治问题”[361]。为此，他“已请美商务部代向总统府订定接见日期”。商务部征询国务院意见，国务院向中国驻美大使馆提出不能拒绝夏格巴的请求，一则因为“上次战争期间，美国情报人员入藏工作，颇受藏官方优待，故对该团请见总统事，不愿实加拒绝，否则势必影响美国人民与西藏人民之关系”[362]，二则“杜鲁门总统也愿意接见这个代表团”。它要中国政府不必为此担心，因为“美国政府对中国与西藏之间的关系的态度和政策仍保持不变”[363]。国务院指示司徒雷登向中国政府表明：“虽然商务代表团并非应美国政府之请（behest）访美的，但是美国政府不能不对来自遥远地区（countries）的高级代表予以礼节接待。”[364]

国民政府要求顾维钧一方面“向国务院说明该团仅系商务考察性质，倘其有对美政府机关接洽及交际事宜，我驻美使馆当代为洽办，如有正式交涉事宜，应由中美政府直接磋商”；一方面对夏格巴等指出“如有对外接洽，应先与大使馆磋商，并由我使领馆出面代洽”。[365]遵此，顾维钧向美国指出：“该团赴美，未经我国核准，而美国务卿又已表示尊重中国在西藏之主权，则该团在美，美政府不应予以官方接待，美总统如予接见，即予以政治上地位，中国政府不能赞同。”[366]他向马歇尔递交备忘录，强调：(1)“西藏是中华民国领土的一部分，遵照民国宪法，西藏无权和外国政府进行外交谈判，其与外部世界的关系，要受中国中央政府的指导和批准。”(2)“夏格巴和该代表团的其他成员无权和美国政府发生直接关系，但中国大使馆将乐于为他们访问的目的，提供便利。”[367]谭绍华公使也奉命指出：“如果杜鲁门总统接见夏格巴，中国就会陷入内外交困。在内，立法院会提出强烈批评；在外，就会给中国的北方邻国留下借口。”[368]

顾维钧对夏格巴指出：“关于该团在美考察及接洽商务事，大使馆当予协助，美政府亦愿与大使馆洽办有关该团各项事宜。”[369]他询问夏格巴要递交信函的内容，夏格巴“既不提供资料又不透露情况”，宣称“必须亲自呈递”。顾维钧向国民政府提出“一种妥协的解决办法”：“鉴于国务院的情况和态度，由大使馆为代表团提出要求最为得策，并且我将亲自带他们去白宫……否则，如果国务院径行作出安排，代表团前往白宫并被总统接见，将会造成一种困难和尴尬的情况。后果可能是，代表团觉得愤慨而采取一种更不友好的态度，随之而来的可能情况是拉萨采取某些步骤宣布独立。”[370]外长王世杰指示：“(一）向美方郑重表示，该团仅属技术性质，我国政府认为总统无予接见之必要。且该团赴美，未经我国政府核准，而美国务卿又已表示尊重中国在西藏之主权，则该团在美，美政府不应予以官方接待。美总统如予接见，即予以政治上地位，中国政府不能赞同。(二）如美方坚持核许该团晋谒总统，亦应由我驻美大使率领前往。函件内容如无法于事前探悉，应请美总统于收阅后，饬抄副本送我大使查考。”[371]

美国政府同意由中国驻美大使陪同拜见。8月2日，美国务院负责中国事务助理弗里曼（Freeman）向夏格巴通报了顾维钧的要求，询问夏格巴安排何时拜见为宜。夏格巴宣称："由中国大使陪同拜见没有必要"，因为"代表团仅仅是商务性质的，并无政治目的；拜见总统，只是以达赖喇嘛的名义问候他，递交达赖喇嘛和摄政的信函、照片"。弗里曼回称：在任何情况下，如果不由中国大使陪同拜见，则不可行，因为："虽然西藏拥有相当大程度的自治，但是美国传统上承认并将继续承认中国法律上的主权，美国与中国维持着极为亲切的关系。中国大使是美国承认的中国的外交代表，因此在程序上须由他陪同代表团正式拜见美国元首。"[372]

顾维钧也通告了夏格巴。他强调："中国和美国的关系是非常友好和真挚的，任何关系到中国的事项，美国政府总是通知大使馆，并设法和大使馆一起商定。"[373]夏格巴"颇惊异"，宣称"于印度等处晋见当局，均未经我使节偕往"，一方面宣称"未获西藏政府准许，不敢擅专"[374]；另一方面强调"率代表团访美的目的已经很明确，除了作一次旅行看看这个国家外，目的只为促进贸易，希望得些外汇，并递交三封给杜鲁门总统的信"。顾维钧则"用十分严肃而坚定的语言"[375]强调："凡国内要员晋见他国当局，由驻使偕往介绍，乃国际仪节通例。该团如觉不便，亦可不往，而将所赍函件、像片等交由大使馆代递。将来如有复函，亦当由该馆转递。"他还恳切强调："中央对西藏极为关切，方今国际局势动荡，如西藏政府思觅出路，一入漩涡，前途实堪危险，为中国计、为西藏计，应以力图安宁为上策，如有政治意见，尽可向中央开诚陈商。"夏格巴"决定不见美总统"，但是所携带函件、照片交美国务院而不由中国驻美大使馆转递。国民政府"仍恐该团再行自往请见美总统"，因而指示顾维钧"通知国务院，届时仍应由我国大使率同晋谒"，"希望美国政府慎重处理"。[376]

虽然在拜见问题上美国政府最终接受了国民政府的要求，但是司徒雷登建议马歇尔"非正式地接见代表团"[377]。马歇尔采纳此建议，于8月6日接见了夏格巴等人，巴特沃思及弗里曼在座。此举影响极坏，夏格巴宣称："当代表团到达美国后，曾由国务卿马歇尔接见。当时中国驻美国大使顾维钧表示愿意陪伴西藏代表团会见国务卿，但是西藏代表团拒绝了中国大使的陪伴，不顾他所作的抗议。代表团的成员通知中国人西藏代表团正在会见政府各首脑，中国大使无权陪伴他们去国务院或任何地方。国务院也认为中国大使没有陪伴西藏代表团的必要。"[378]正是在这次接见中，夏格巴递交了达赖喇嘛致杜鲁门的信，内容如下："我很高兴，您身体非常健康并正致力于促进全世界的幸福与繁荣。我也很好，并正在为佛教和众生幸福竭尽全力。我特派西藏政府的财政部长孜本夏格巴及其助手堪穷强基巴（Khenchung Changkhimpa），前往贵国考察商务情况并购买金银，用于西藏进口商品的开销。在这问题上，我诚恳地希望您帮助他们。他们将向您敬献哈达，赠送一张我盖有本人印章的照片和一幅丝织唐卡。”[379]可见，信函内容并非“仅系普通问候及布达友好之忱等语”[380]，还包括“关于出口羊毛和购买金锭以支持西藏币制的问题”[381]的内容；达扎及噶厦的信函内容与此基本相同。8月7日，中国驻美大使馆要求提供这些信件的副本，遭到美国务院的拒绝。[382]

在贸易与寻购金银两大问题中，主要为后者。夏格巴公开称：“此行目的，不在求美国贷款，而在求发展双方贸易，并将西藏需价值四百万美元之金银，为其币制之准备金。”[383]他对马歇尔强调：“西藏多年来向美国出口了相当数量的皮毛，因为尚未从美国进口，所以直到现在还不需要美元。但是现在情况不同了，西藏期望从美国进口金银、机械及其他商品。过几天，代表团要到纽约考察进口这些的可能性，希望国务卿安排该市有关官员接待。”巴特沃斯回答：“商务部正采取措施，指示其驻纽约代表安排代表团的参观。国务院也会高兴与纽约联盟储备银行总裁安兰·斯波罗尔（Allan Sproul）联系，通告代表团的计划，建议他给予适当的帮助。”[384]

实际上，夏格巴密电达扎：“向美借款事，美方可能商谈，但应由一国居间。”由于见不得人，达扎回电“关于与商谈事项不得泄露于任何国家”。[385]在8月7日致马歇尔函中，夏格巴一方面批评印度政府对西藏经由加尔各答的进出口进行种种限制，指责“印度政府扣留了西藏出口所得的美元，而西藏这笔钱本来可以用来从美国进口商品”，美国如能向印施压解决此问题，西藏与美国之间的进出口贸易就会大幅度繁荣起来；另一方面，要求采购50000盎司的金银以稳定西藏币制。[386]在8月27日回函中，马歇尔称“在目前情况下，向印度政府施压不适宜”，但同意采购5万盎司黄金。[387]按照1934年之《美国黄金储备法案》，美国只同意外国政府账户购买黄金，“其含义指可由这种政府的中央银行来购买”。马歇尔解释说：“如果从那些国家进口矿石提炼黄金，则这些国家购买黄金不受此限；有时，也可按照高出官价每盎司35美元几美元的价格，在纽约市场上购买。不过，1947年11月24日后，从国外矿石所提炼进口到美国的黄金，可以从美国出口，但其条件必须是：国内提炼者未参与黄金购买；从矿石提炼黄金国家的出口，以及进口到这些国家，符合有关国家的各自法律规定。”[388]多诺凡疑问，如果同意售卖，如何处理西藏政府“自治权的大小”[389]。马歇尔在致财长斯奈梯尔（Snyder）函中宣称：“国务院并不认为同意西藏购买会影响美国政府继续承认中国对藏主权，因此这不会改变美国的政策。”[390]

夏格巴还不甘心，要求马歇尔第二次接见以“进一步讨论”。国务院以马歇尔“极为繁忙”而拒绝。夏格巴乃提出由副国务卿接见以讨论“涉及国务院的事务”，国务院称巴特沃斯不在而安排远东事务司副司长本宁霍夫（Benninghoff）8月31日接见。[391]夏格巴要求提供200万美元临时性贷款以便西藏立即购买美国已同意采购的黄金。他解释说：临时性是指“代表团返回西藏后不久就归还”；这笔贷款有利于西藏同英国及印度讨论修改关于商贸的“旧条约”。他许诺如果美国同意贷款，则西藏同意美国商人、旅行家、新闻记者等及政府代表访问西藏，宣称“虽然代表团纯属商业与财政方面，但是可以将美国政府的态度报告给噶厦”。本宁霍夫提出，如果噶厦准许美国商人前往西藏，会大大地加强双方关系；至于政府代表，噶厦“是否同意美国在拉萨设立领事馆”。夏格巴回称：虽然他不能代替噶厦表态，但是噶厦会同意的。弗里曼插话指出：如果这样，“美国毫无疑问就改变了承认法律上中国在藏主权的传统政策”。[392]

中国驻美大使馆对此高度关注，向美国再次强调国民政府对夏格巴此行的态度，指出“美国政府不能采取任何危害传统上中国在藏主权的行动”。美国务院表示“美国并无改变传统上承认法律上中国在藏主权的政策”。[393]美国政府乃于9月27日致函夏格巴，称：“目前，美国并无充裕资金向西藏提供贷款以稳定其币制。”[394]同日，向中国大使馆通报了这一决定。[395]

夏格巴另一企图，是寻求美国援助军火。商务代表团曾赴西点军校参观，并向艾森豪威尔赠送达赖喇嘛相片，团员中苏康又为军官。如前所指出，国民政府担心夏格巴出去之目的就是利用外国军火搞分裂。9月30日，蒋介石指示外交部说：“英国为该代表团设法在美购得价值七百五十万美元之物资，多为军械，希注意。”外交部回答：“据本部观察，该团在美时密有洽购军火之事，然似无任何成就”，一则因为“西藏现有军火向来由英印购买”，二则因为“美军火商不易与生人交易，军火出口亦需国务院出口执照，如此庞大数字之售予，国务院并未所闻其事”。[396]10月8日，顾维钧又汇报如下：“藏商务团购械事，经询美外部中国司称，并无所闻，似非事实。该团曾有意向美借款四百万元，在其未提出前，美方即已表示拒绝，不似有此购械巨款。又探据该部军火司称，未曾发出任何运藏出口证；或接有请求，当经向其申明，彼亦同意，倘或有藏方申请出口证，须即与我大使馆接洽。并询以是否可能运藏军器混入运英，或代为设法出口证中。彼称无法知晓，并谓战后由美轮输往各国军械数字均密未发表。各等语。纽约方面，经饬我总领事馆密查，亦未得何迹象。”[397]由此看来，夏格巴活动未果。

有学者认为：“国民政府对‘西藏商务代表团’访美事件的态度非常坚决，使得美国在接待夏格巴等人一行以及他们希望拜会杜鲁门总统的问题上，尊重中国的意见。从‘西藏商务代表团’访美这一事件发展的整个过程，可以看出美国对藏政策的基本立场是尊重中国中央政府的。”[398]国民政府的态度是坚决，但很难说美国尊重了国民政府的立场，马歇尔不但接见了夏格巴，还同意购买黄金，并企图像英国以前一样派驻代表。这充分反映了美国企图插手西藏问题，它宣称：“中国政府应认识到，夏格巴问题的根源在于中国政府对西藏未能行使事实上的主权。”[399]

英国政府密切注意夏格巴在美国如何活动和美国政府的反应。8月11日，英国驻美大使馆向英国政府外交部报告了夏格巴的活动说：“代表团的首要活动是同美国商务部协商，美国国务院帮助他们解决贸易问题，建议他们与商务部谈。在贸易问题中，最主要的是如何为出口货物获取硬通货，而不是目前从印度政府那里收取的卢比。关于此点，他们渴望发展与美国可能还有英国的直接贸易联系，以此减少在贸易问题上以印度为中介的依赖。美国商务部官员强调，美国的建议是此种问题或许应通过私人贸易渠道加以解决，西藏的最好政策或许是尽可能发展与其邻国的贸易关系，但又补充说西藏应考虑派驻一名商务代表驻美，以便帮助确认对美国来说陌生的西藏出口货物的种类和用途，还建议西藏最好委派一位拥有西藏货物经验的美国商家，照料西藏在美国的贸易往来。”“代表团并未要求任何权力谈判协议，美国商务部官员所得印象是这些西藏人主要关心的是收集有用的信息，向他们的政府汇报。美国国务院官员看来认真地只是同他们进行非官方的接触，因为认为涉及的只是贸易问题。”“我了解到，除了关于贸易问题的谈话外，美国商务部为代表团组织了一系列参观访问、娱乐、教育，这些包括参观工厂、大学、国会图书馆（去看西藏书籍）和寺院，代表团看来喜欢这些安排。”[400]由此看来，英国驻美大使馆的关注与国民政府的焦虑有所不同。

英国政府对夏格巴分裂活动的支持也非常积极，国民政府相应地采取了一些措施。

7月7日夏格巴等飞抵旧金山时，英国总领事“亲往机场迎接”，国民政府意识到“似已先有接洽”[401]，中国驻美大使馆批评该总领事安排了夏格巴等在旧金山的活动[402]。9月22日左右，英国驻美国纽约总领事馆询问夏格巴希望何时抵达英国。[403]11月3日，英国政府外交部致电驻纽约总领事馆，称：“请尽可能快地找机会告诉代表团，我们已经收到他们给外务大臣的信函，希望他们在来英国的路上不再有任何困难。”[404]

夏格巴等人抵英前，许世英于10月2日电示：“执事等在美，曾对报界有涉及政治性之谈话，引起各方注意与责难，对中央与西藏之和好关系不无影响。经电请执事等履践诺言，勿谈政治，并经张平群总领事电告，执事等已接受英（许世英）之电告，决履行诺言，今后不谈政治。此次抵英后，即望履践在京时即历次对（世英）诚恳表示不谈政治之诺言。”[405]抵英后，郑天锡强调：“照外交惯例，任何国家有重要人物来英拜访政府当局，俱有该国驻使引见”，如果“单独去见英国国王及首相，将引起外边种种误会”。夏格巴回称：“抗战胜利后西藏曾派代表团至印度拜访英总督，未曾由中国驻使陪往，又此次经美拜访国务卿等等，亦未由顾大使引见。”郑天锡指出：“印度与英国情形不同；且当时未得中国大使陪往，故美总统不接见该团。”夏格巴仍称：“未奉西藏政府命令，不敢有所变更。”郑天锡询问：“西藏政府是否有命令不准该团由中国大使引见异地政府？”夏格巴回称“并无此项命令”。郑天锡指出：西藏问题关系国家主权与领土完整，你亦曾称西藏与中央一家，“今应尊重中国主权，以示合作”。但是夏格巴仍称“未奉西藏政府命令”，“不能自由行动”。[406]

11月26日，夏格巴拜访了英国外交副大臣梅休。郑天锡提出抗议，英国外交部远东司长卡雷对郑天锡称“完全系拜会性质，仅作寒暄”，并称“嗣后该团如与英外部谈及任何问题，必以内容”告诉中国驻英大使馆，但“相信不致再有谈话”。[407]郑天锡指出：“如该团晋谒英当局，应由中国大使馆派员陪往。”[408]但在11月29日，英国竟然同意夏格巴等未经大使馆陪同而拜见首相艾德礼。郑天锡当即提出抗议，梅休宣称：“英国对此并无任何政治作用，一向认为西藏为自治，而受中国宗主权UNDER CHINESE SUZERAITY，此政策至今不变。至于访谒首相，乃非正式之拜会。英皇因病不能接见，近由宫大臣LORD CHAMBERAIN代见，已不刊载宫报。英国对此种非正式拜会，即对于未经承认之政府其派员来此，亦往往行之。”郑天锡指出：“吾等早知该团以商务为名，实欲作政治活动，故愿英国政府考量利害，接受我方意见。”梅休仍称：“英国政府对该团不能不有平常礼貌，允其非正式谒见首相与宫内大臣，实与中国宗主权并无抵触，势难改变。”[409]12月1日，郑天锡又向英外交部常务副大臣欧米·萨根特（Orme Sargent）抗议。萨根特称：“英与西藏曾签有拉萨协定，向有往来，故对之不能不加以礼遇。”郑天锡指出：不能以此为凭，因为“昔年甚至有以领事资格与一省督抚签定协定者，此皆陈旧历史”。欧米辩称：“该团拜会绝无政治作用。”[410]英国政府在一文件中宣称：“我们不能承认中国大使馆有权介入西藏代表团问题，因为陛下政府与西藏的关系仍然受到1914年西姆拉会议的约束，在西姆拉会议上我们承认‘外藏’自治。因此，如果西藏代表团得到合适的授权，则应以独立政府的代表加以对待。”[411]在另一文件中声称：“30多年来，我们和印度政府坚持维持与西藏直接的外交关系。就我们所知，我们没有在一次场合承认中国政府不断强调的他们来负责指导西藏的对外关系。1914年（西姆拉）会议指导了双方关系——印度、我们自己或许还有巴基斯坦作为一方，西藏作为另一方，会议是以国王的名义、代表联合王国和印度召开的。既然我们认为西藏能加入条约（entering into Treaties），则在目前阶段难以认为我们为什么要小心接待西藏商务代表团来访英国或小心对待西藏护照呢，我们也难以同意我们与使团的官方联系要经由中国驻英大使馆。而在目前中国政府无能力对代表团进行处置的情况下，中国人难以坚持自己的要求。”[412]

可见，夏格巴在英国的活动有两个特点：第一，美国总统杜鲁门未接见夏格巴，英国首相艾德礼却悍然不顾国民政府反对接见了，显然对美国插手西藏问题不满；第二，英国仍然重弹中国在藏为“宗主权”而非主权的老调。这一切，正如《人民日报》载文指出：“在‘商务’式的集会中，大谈其西藏‘独立’问题，更奇怪的是在这个‘商务代表团’中，还有一位非‘商务’的军人绥康。代表团在伦敦时，英首相艾德礼曾亲予接见，这当然不是偶然性的或商务性的‘访问’了，而是英美帝国主义在加紧策动对西藏的侵略。”[413]而夏格巴在美国活动未果之因，虽然为“美国当时不愿为西藏公然得罪中国，因小失大”，但是与“英人和印度当政也绝不愿意西藏直接拉上美国，取而代之”有关，美国“了解这种情况，亦有所顾虑”。[414]

至于夏格巴等人在欧洲其他国家的活动，一般为游历，中国有关使馆作了汇报。关于在法国，驻法大使钱泰11月22日汇报：“西藏代表团一行六人……在巴黎游览，均由馆员引导，与法官方人士尚无接触。罗大使情报所称加入联合国事，询诸胡秘书长世泽，尚无所闻。而该团对报馆询问，亦云对联合国并无兴趣。又据该团长面称，以麝香易货，法商仅以法郎结算，且出价较印度市价为低；而绣金钱出品，亦不如战前，故接洽毫无成就。彼等在英，拟勾留二星期，转赴瑞士、义大利，再经印度返藏。”[415]在意大利，驻意大使馆报告说：在夏格巴等抵达前，驻意大使馆即与意大利外交部联系，“该团如与义官方接洽，须经本馆介绍，义外部完全同意。该团抵罗马后即拟与义外部有所接洽，义外部礼宾司即通知该团各事请中国大使馆介绍办理，本馆并派高参事与该团接洽，表示本馆对该团一切活动愿予协助。该团初表示冷淡，谓一俟有需要时再请本馆协助。其后觉人地生疏，言语不通，诸多困难，乃表示欢迎本馆派员陪同该团行动。”[416] 到瑞士，“系游历性质，未与该国政府及工商方面接触”[417]。这些报告，一则说明中国驻外使馆密切关注夏格巴的活动，一则说明这些国家尊重中国的主权。

总之，夏格巴商务代表团是在达扎毒害热振、英国退出印度并向印度移交在藏权益、国民党政府即将崩溃三大背景下的一次分裂活动，但是正如邦达昌致电拉萨说，夏格巴“所谋向外贷款贸易，及企图使西藏独立事，均未如愿以偿”[418]。而夏格巴并不甘心，回到拉萨后“大力建议发展和印度与其他国家的外交关系”[419]。国民政府反对夏格巴等人出国，错误地认为他们不持中国护照，美国、英国会尊重中国主权而拒绝签证，未想到两国会分别按照所谓 Form-257、Affidavit 来处理，既让国民政府认为它们并未改变传统的对藏政策，又使国民政府感觉到它们在支持夏格巴的分裂活动。夏格巴等人出国之举“又开了一恶例，即从此西藏人民可以持西藏护照旅行世界矣，距公开承认其独立业已又进一步”[420]。针对夏格巴的分裂活动和印美英的各自企图，国民政府相应地采取了一系列措施，反对夏格巴的分裂活动和这些国家干涉中国的领土与主权完整，表明了中华民族的严正立场。整个过程中表明，印美两国取代英国成为插手西藏问题的幕后黑手，相互间的争夺情况决定了各自对藏政策的变化。中国政府及中国人民今后要注意此点。

注　释

[1]　《西藏问题之分析》，《边政公论》第 7 卷第 3 期，1948 年 3 月，第 3 页。

[2]　《中共中央宣传部部长陆定一关于蒋方“和平方案”全系骗局的声明》（1947 年 1 月 26 日），见中央档案馆：《中共中央文件选集》第 16 册，中共中央党校出版社 1992 年版，第 394—395 页。

[3]　蒋介石：《最近国际形势之分析与国民大会应注意之点》（1946 年 12 月 20 日），见《先“总统”蒋公思想言论总集》第 21 卷，第 484—485 页。

[4]　比如，有学者认为《中华民国宪法》的制定深受张君劢及党派的影响（郑大华：《张君劢与 1946 年〈中华民国宪法〉》，《淮阴师院学报》2003 年第 2 期；《重评 1946 年〈中华民国宪法〉》，《史学月刊》2003 年第 2 期）。该宪法同《五五宪草》相比具有一定的民主色彩（聂资鲁：《论美国宪法对中国 1946 年制宪之影响》，《江西社会科学》2006 年第 5 期）。笔者也曾分析了该宪法隐藏着的蒋介石与 CC 系的权力较量（张皓：

《〈中华民国宪法〉下蒋介石、CC 系之间的权力之争》，《历史档案》2008 年第 2 期）。

[5] 《蒙代表招待记者，要求盟旗地位确定自治》，《申报》，1946 年 12 月 2 日，第 1 版。

[6] 《签呈：欧洲司签报提交藏务会议讨论藏英勾结一案资料概要》（1944 年 9 月 8 日），见《外交部档案业书——界务类》第五册西藏卷（一），第 321 页。

[7] 《沈宗濂为报古德在藏煽动西藏独立噶厦拒绝英割地要求等情致蒙藏委员会电》（1944 年 12 月 1 日），见《民国藏事史料汇编》第 7 册，第 255 页。

[8] "[F1/1/10] Mir. Henderson to the Under-Secretary of State for India. Foreign Office, 2nd January, 1945." *British Documents on Foreign Affairs–Reports and Papers from the Foreign Office Confidential Print. Part III, Volume 8, For Eastern Affairs, January 1945-December 1945,* p.90.

[9] 《国民党组织部关于古德提出保证支持西藏独立等情致蒙藏委员会代电》（1944 年 12 月 27 日），见《民国藏事史料汇编》第 7 册，第 256 页。

[10] 《沈宗濂为报英人鼓动西藏仿效外蒙独立等情致罗良鉴电》（1945 年 9 月 5 日），见《民国藏事史料汇编》第 7 册，第 282 页。

[11] 《国民党组织部抄送英国唆使西藏当局向中央要求与外蒙同样之独立情报致蒙藏委员会代电》（1945 年 11 月 30 日），《民国藏事史料汇编》第 7 册，第 293 页。

[12] 英国外交部档案，371/53613，1946 年 2 月 2 日外交部远东局克逊和布莱威斯 N.Brewis 所提交的备忘录。转引自：梁劲泰、李碧宪：《英国干涉西藏的不同历史阶段及特点》，《西藏研究》1997 年第 4 期。

[13] 强俄巴·多吉欧珠：《西藏地方政府派"代表团慰问同盟国和出席南京国民代表大会"内幕》，见《西藏文史资料选辑》I，第 139—140 页。

[14] 《签呈：欧洲司签报提交藏务会议讨论藏英勾结一案资料概要》（1944 年 9 月 8 日），见《外交部档案业书——界务类》第五册西藏卷（一），第 321 页。

[15] 《中国国民党历次代表大会及中央全会资料》下册，第 911 页。

[16] 《完成民族主义，维护国际和平》，《申报》1945 年 8 月 25 日第 1 版。

[17] 蒋介石：《完成民族主义，维护国际和平》（1945 年 8 月 24 日），见《先"总统"蒋公思想言论总集》第 21 卷，第 172—173 页。

[18] 《边疆教育会议的召开——并贺国际文化合作协会成立》，《申报》1946 年 12 月 28 日第 2 版。

[19] 《中国国民党历次代表大会及中央全会资料》下册，第 1045 页。

[20] 《边疆教育会议的召开——并贺国际文化合作协会成立》，《申报》1946 年 12 月 28 日第 2 版。

[21] 《"少数民族"名词的纠正——并论中国边疆问题》，《申报》1946 年 3 月 24 日第 2 版。

[22] 《西藏对外关系总结》，《近代史资料》第 108 辑，第 257 页。

[23] 蒋介石：《完成民族主义，维护国际和平》（1945 年 8 月 24 日），见《先"总统"蒋公思想言论总集》第 21 卷，第 173 页。

[24] 《张其昀教授昨在青年会演讲：忧患里的中国》，《申报》1947 年 9 月 2 日第 6 版。

[25] 《沈宗濂为速报国民大会代表名单事致噶厦函》（1945 年 8 月 23 日），见《民国藏事史料汇编》第 7 册，第 281 页。

[26] 《完成民族主义，维护国际和平》(1945 年 8 月 24 日)，见《先“总统”蒋公思想言论总集》第 21 卷，第 174 页。

[27] 《国防中常联席会议蒋主席训辞全文（续完)》，《申报》1945 年 8 月 26 日第 2 版。

[28] 《完成民族主义，维护国际和平》(1945 年 8 月 24 日)，见《先“总统”蒋公思想言论总集》第 21 卷，第 174 页。

[29] 《蒋介石为探询西藏对高度自治意见致沈宗濂函》(1945 年 8 月 29 日)，见《民国藏事史料汇编》第 7 册，第 282 页。

[30] 《西藏地方政府派“代表团慰问同盟国和出席南京国民代表大会”内幕》，见《西藏文史资料选辑》I，第 140 页。

[31] 《沈宗濂为报英人鼓动西藏仿效外蒙独立等情致罗良鉴电》(1945 年 9 月 5 日)，见《民国藏事史料汇编》第 7 册，第 282 页。

[32] 《西藏地方政府派“代表团慰问同盟国和出席南京国民代表大会”内幕》，见《西藏文史资料选辑》I，第 140 页。

[33] 《沈宗濂为报藏中各方对高度自治之态度致罗良鉴电》(1945 年 11 月 6 日)，见《民国藏事史料汇编》第 7 册，第 289 页。

[34] *China, India & Tibet 1914-1950. A History of Imperial Diplomacy,* p.486.

[35] “Enclosure 3 in No. 5.” *British Documents on Foreign Affairs–Reports and Papers from the Foreign Office Confidential Print. Part IV, Volume 1, For Eastern Affairs, January 1946-June 1946,* p.19.

[36] *China, India & Tibet 1914-1950. A History of Imperial Diplomacy,* p.495.

[37] Ibid., p.486.

[38] 《为据报西藏派代表来渝参加国民大会等情，特电参考由》(1945 年 11 月 6 日)，见《外交部档案业书——界务类》第五册西藏卷（一)，第 263 页。

[39] 《西藏政治史》，第 243 页。

[40] 中国第二历史档案馆:《西藏代表出席国民大会档案资料》，《民国档案》1992 年第 3 期，第 44 页。

[41] 《沈宗濂为报陪同西藏代表前来参加国大途经印度等情事致罗良鉴函》(1946 年 2 月 8 日)，见《民国藏事史料汇编》第 7 册，第 300 页。

[42] 《为据报西藏派代表来渝参加国民大会等情，特电参考由》(1945 年 11 月 6 日)，见《外交部档案业书——界务类》第五册西藏卷（一)，第 263 页。

[43] 《沈宗濂为报陪同西藏代表前来参加国大途经印度等情事致罗良鉴函》(1946 年 2 月 8 日)，见《民国藏事史料汇编》第 7 册，第 300 页。

[44] 《沈宗濂为霍金森坚邀西藏国大代表赴印游览事致罗良鉴电》(1945 年 11 月 15 日)，见《民国藏事史料汇编》第 7 册，第 291 页。

[45] 《沈宗濂为报陪同西藏代表前来参加国大途经印度等情事致罗良鉴函》(1946 年 2 月 8 日)，见《民国藏事史料汇编》第 7 册，第 300 页。

[46] 《文官处抄送喜绕嘉措为报与国大西藏代表团谈话情形呈文致蒙藏委员会公函》(1947 年 1 月 11 日)，见《民国藏事史料汇编》第 7 册，第 339 页。

[47] 《沈宗濂为西藏已派定代表及询开会日期支拨旅费等事致蒙藏委员会电》(1945 年 10

月 26 日），见《民国藏事史料汇编》第 7 册，第 287 页。
[48] 《西藏代表出席国民大会档案资料》，《民国档案》1992 年第 3 期，第 44 页。
[49] 《蒋介石对西藏出席国大代表将在会上提案内容事致蒙藏委员会代电》（1946 年 1 月 29 日），见《民国藏事史料汇编》第 7 册，第 299 页。
[50] 《沈宗濂为催定出席国大代表并早日起程事致噶厦函》（1945 年 11 月 21 日），见《民国藏事史料汇编》第 7 册，第 291 页。
[51] 《西藏代表出席国民大会档案资料》，《 民国档案》1992 年第 3 期，第 43 页。
[52] 《沈宗濂为西藏已派定代表及询开会日期支拨旅费等事致蒙藏委员会电》（1945 年 10 月 26 日），见《民国藏事史料汇编》第 7 册，第 287 页。
[53] 《为据报西藏派代表来渝参加国民大会等情，特电参考由》（1945 年 11 月 6 日），见《外交部档案业书——界务类》第五册西藏卷（一），第 263 页。
[54] 《蒙藏委员会为西藏改派国民大会代表事致国民政府政务局代电》(1945 年 11 月 1 日)，见《民国藏事史料汇编》第 7 册，第 289 页。
[55] 《军令部为转抄外交部对国大西藏代表人选仍照原定计划办理代电事致蒙藏委员会代电》（1945 年 11 月 23 日），见《民国藏事史料汇编》第 7 册，第 292 页。
[56] 《函呈西藏派遣国民大会代表姓名及略例由》（1946 年 2 月 5 日），见《外交部档案业书——界务类》第五册西藏卷（一），第 267 页。
[57] 《西藏国大代表昨来沪观光》，《申报》1946 年 6 月 7 日第 4 版。
[58] 《国民政府政务局为沈宗濂请示西藏国大代表可否敦促起程事致蒙藏委员会函》（1945 年 10 月 31 日），见《民国藏事史料汇编》第 7 册，第 288 页。按清制，“驻藏大臣系一品，故藏官最高为二品，如噶伦是，札萨为三品，任喜湛渎为四品，箴卓、罗札、来村巴均为五品官名”；“西藏官员同一官等有僧官、俗官之分，以官职论次序，僧官在俗官之前”。（参见 1946 年 2 月 5 日之《函呈西藏派遣国民大会代表姓名及略例由》，见《外交部档案业书——界务类》第五册西藏卷一，第 267 页）民国时期，延续这一制度。
[59] 《函呈西藏派遣国民大会代表姓名及略例由》（1946 年 2 月 5 日），见《外交部档案业书——界务类》第五册西藏卷（一），第 267 页。
[60] 《西藏代表出席国民大会档案资料》，《民国档案》1992 年第 3 期，第 44 页。
[61] 《西藏地方政府派“代表团慰问同盟国和出席南京国民代表大会”内幕》，见《西藏文史资料选辑》I，第 141 页。
[62] 《西藏国大代表昨来沪观光》，《申报》1946 年 6 月 7 日第 4 版。
[63] 《西藏简史》，第 145 页。
[64] 《国民政府政务局为沈宗濂请示西藏国大代表可否敦促起程事致蒙藏委员会函》（1945 年 10 月 31 日），见《民国藏事史料汇编》第 7 册，第 288 页。
[65] 《蒙藏委员会为西藏改派国民大会代表事致国民政府政务局代电》(1945 年 11 月 1 日)，见《民国藏事史料汇编》第 7 册，第 289 页。
[66] 《蒙藏委员会为速告西藏改派国大代表姓名以便办理手续及旅费会毕一次补发事致沈宗濂电》（1945 年 11 月 11 日），见《民国藏事史料汇编》第 7 册，第 290 页。
[67] 《沈宗濂为催定出席国大代表并早日起程事致噶厦函》（1945 年 11 月 21 日），见《民

国藏事史料汇编》第 7 册，第 291 页。

[68] 《英属锡金行政长官霍金森对于藏方派遣国大代表多方阻挠之情报》(1945 年 12 月 10 日)，见《外交部档案业书——界务类》第五册西藏卷（一），第 264 页。

[69] 《西藏地方政府派“代表团慰问同盟国和出席南京国民代表大会”内幕》，见《西藏文史资料选辑》第 2 辑，1983 年版，第 3 页。

[70] 《英属锡金行政长官霍金森对于藏方派遣国大代表多方阻挠之情报》(1945 年 12 月 10 日)，见《外交部档案业书——界务类》第五册西藏卷（一），第 264 页。

[71] 《西藏代表出席国民大会档案资料》，《民国档案》1992 年第 3 期，第 45 页。

[72] 《沈宗濂为报陪同西藏代表前来参加国大途经印度等情事致罗良鉴函》(1946 年 2 月 8 日)，见《民国藏事史料汇编》第 7 册，第 299 页。

[73] 《驻藏办事处报送西藏出席国民大会代表名单致蒙藏委员会呈》(1946 年 1 月 21 日)，见《民国藏事史料汇编》第 7 册，第 297 页。

[74] 《沈宗濂为报陪同西藏代表前来参加国大途经印度等情事致罗良鉴函》(1946 年 2 月 8 日)，见《民国藏事史料汇编》第 7 册，第 299 页。

[75] 《驻藏办事处报送西藏出席国民大会代表名单致蒙藏委员会呈》(1946 年 1 月 21 日)，见《民国藏事史料汇编》第 7 册，第 297 页。

[76] 《沈宗濂为报陪同西藏代表前来参加国大途经印度等情事致罗良鉴函》(1946 年 2 月 8 日)，见《民国藏事史料汇编》第 7 册，第 299—300 页。

[77] 《驻加城领馆呈藏代表经印赴京之艰难、霍金森之挑拨及索康家族在藏势力等情由》(1946 年 1 月 24 日)，见《外交部档案业书——界务类》第五册西藏卷（一），第 265—266 页。

[78] 《西藏代表出席国民大会档案资料》，《 民国档案》1992 年第 3 期，第 46 页。

[79] 《驻新德里薛寿衡报部，藏籍国大在新德里活动由》(1946 年 3 月 10 日)，见《外交部档案业书——界务类》第五册西藏卷（一），第 270—271、270 页。

[80] 《呈复印政府举行胜利周之原因，非因藏代表抵印而发》(1946 年 3 月 28 日)，见《外交部档案业书——界务类》第五册西藏卷（一），第 272 页。

[81] 《蒋主席饬外交部，转知印督，驻藏沈处长将伴同藏籍国大代表赴新德里》(1946 年 2 月 21 日)，见《外交部档案业书——界务类》第五册西藏卷（一），第 268 页。

[82] 《驻新德里薛寿衡报部，藏籍国大在新德里活动由》(1946 年 3 月 10 日)，见《外交部档案业书——界务类》第五册西藏卷（一），第 270—271 页。

[83] 薛穆向当时的英国外务大臣贝文报告，说是国民大会计划于 1946 年 5 月 6 日召开。参见：“[F6154/25/10] Sir H. Seymour to Mr. Bevin. (Received 15th April) Chungking, 12th April, 1946.” *British Documents on Foreign Affairs–Reports and Papers from the Foreign Office Confidential Print. Part IV, Volume 1, For Eastern Affairs, January 1946-June 1946,* p64.

[84] 《驻加城领馆沈祖征电部，西藏国大代表已抵加城，英多方延宕其行程，以阻挠其进京赴会》(1946 年 2 月 27 日)，见《外交部档案业书——界务类》第五册西藏卷（一），第 270 页。

[85] 《驻加城领馆电报西藏国大在印活动由》(1946 年 3 月 16 日)，见《外交部档案业

书——界务类》第五册西藏卷（一），第 271 页。

[86] 《驻加城领馆沈祖征电部，西藏国大摆脱英人，径去孟买，又达赖兄（嘉乐）顿珠将赴京由》（1946 年 3 月 20 日），见《外交部档案业书——界务类》第五册西藏卷（一），第 271 页。

[87] 《赴京开会西藏国大因不满伴游英驻锡长官霍氏监视而迁居中国旅行社招待所由》（1946 年 3 月 23 日），见《外交部档案业书——界务类》第五册西藏卷（一），第 272 页。

[88] 《西藏代表迁入中旅招待所，四月四日中航专机径飞南京由》（1946 年 3 月 31 日），见《外交部档案业书——界务类》第五册西藏卷（一），第 273 页。

[89] 《西藏代表出席国民大会档案资料》，《民国档案》1992 年第 3 期，第 46 页。

[90] 《驻加城领馆呈藏代表经印赴京之艰难、霍金森之挑拨及索康家族在藏势力等情由》（1946 年 1 月 24 日），见《外交部档案业书——界务类》第五册西藏卷（一），第 265—266 页。

[91] 《驻加城领馆沈祖征电部，西藏国大代表已抵加城，英多方延宕其行程，以阻挠其进京赴会》（1946 年 2 月 27 日），见《外交部档案业书——界务类》第五册西藏卷（一），第 270 页。

[92] 《藏国大代表自昆飞抵京》，《申报》1946 年 4 月 6 日第 1 版。

[93] 张剑梅：《西藏二三事》，《申报》1946 年 8 月 2 日第 8 版。

[94] “[F6154/25/10] Sir H. Seymour to Mr. Bevin. (Received 15th April) Chungking, 12th April, 1946.” *British Documents on Foreign Affairs–Reports and Papers from the Foreign Office Confidential Print. Part IV, Volume 1, For Eastern Affairs, January 1946-June 1946,* p64.

[95] 《西藏代表出席国民大会档案资料》，《民国档案》1992 年第 3 期，第 46—47 页。

[96] 朱凤蔚：《晋京记》，《申报》1946 年 5 月 23 日第 7 版。

[97] 《藏国大代表晋谒主席》，《申报》1946 年 5 月 13 日第 2 版。

[98] 《西藏国大代表昨来沪观光》，《申报》1946 年 6 月 7 日第 4 版。

[99] 《西藏国大代表抵平避暑》，《申报》1946 年 7 月 31 日第 2 版。

[100] 《国民政府为英人阴谋策划西藏召回国大代表事给蒙藏委员会代电》（1946 年 8 月 29 日），见《民国藏事史料汇编》第 7 册，第 314 页。

[101] 《沈宗濂等为报与西藏国大代表洽谈班禅转世征认等情事致蒙藏委员会代电》（1946 年 9 月 25 日），见《民国藏事史料汇编》第 7 册，第 316 页。

[102] 同上文，第 316—317 页。

[103] 《蒙藏委员会为西藏国大代表求见献礼事致蒋介石代电》（1946 年 10 月 13 日），见《民国藏事史料汇编》第 7 册，第 318 页。

[104] 《蒙藏委员会为西藏代表借题延宕参加国大会议请速予接见事致蒋介石呈》（1946 年 11 月 2 日），见《民国藏事史料汇编》第 7 册，第 320 页。

[105] 同上文，第 320—321 页。

[106] 《蒙藏委员会为拟驳覆噶厦称西藏为自治自主之国意见事致国民政府呈》（1948 年 5 月 25 日），见《民国藏事史料汇编》第 7 册，第 403 页。

[107] 《西藏地方政府派“代表团慰问同盟国和出席南京国民代表大会”内幕》，见《西藏文

史资料选辑》I，第 141 页。

[108]《国民政府蒙藏委员会一九四七年度重大措施报告》（1948 年 2 月），见《民国藏事史料汇编》第 7 册，第 387—388 页。

[109] Melvyn C. Goldstien, *A History of Modern Tibet, 1913-1951: Demise of the Lamaist State*. Berkeley: University of California Press, 1989，p.554.

[110]《国民政府蒙藏委员会一九四七年度重大措施报告》（1948 年 2 月），见《民国藏事史料汇编》第 7 册，第 388 页。

[111]《西藏地方政府派“代表团慰问同盟国和出席南京国民代表大会”内幕》，见《西藏文史资料选辑》I，第 142、143—144 页。

[112] 张明：《国大预备会花絮》，《申报》1946 年 11 月 19 日第 1 版。

[113]《主席团候选人数总计二百十二人》，《申报》1946 年 11 月 19 日第 1 版。

[114] *Ext. 5038/47. Draft Letter, 10 JNU 1947.* 英国政府印度事务部秘密档案。

[115] 蒋介石：《国民大会制宪大会开会致词》（1946 年 11 月 15 日），见《先“总统”蒋公思想言论总集》第 21 卷，第 446、447 页。

[116]《政治协商会议对中华民国宪法草案修正案草案》，秦孝仪主编：《“中华民国”重要史料初编——对日抗战时期：第七编，战后中国》第 2 册，中国国民党中央委员会党史委员会 1981 年版，第 536 页。

[117]《综合委会二次会继续讨论国大代表组织，边疆代表问题掀起激辩》，《申报》，1946 年 12 月 16 日，第 1 版。

[118]《中华民国宪法草案审查办法》，见《“中华民国”重要史料初编——对日抗战时期：第七编，战后中国》第 2 册，第 713 页。

[119] *From Agindia Nanking to Foreign, New Delhi. No. 1457 Dated 23rd (& recd 24th) December 1946.* 英国政府印度事务部秘密档案。

[120] 舒泽：《参加“国大”制宪会议的回忆》，《文史资料存稿选编》第 12 辑，中国文史出版社 2002 年版，第 359 页。

[121] 孙科：《中华民国宪法草案要点说明》（1946 年 11 月 28 日），见《“中华民国”重要史料初编——对日抗战时期：第七编，战后中国》第 2 册，第 706—707 页。

[122]《国民政府为英人阴谋策划西藏召回国大代表事给蒙藏委员会代电》（1946 年 8 月 29 日），见《民国藏事史料汇编》第 7 册，第 314 页。

[123] “[F1/1/10] Mir. Henderson to the Under-Secretary of State for India. Foreign Office, 2nd January, 1945.” *British Documents on Foreign Affairs–Reports and Papers from the Foreign Office Confidential Print. Part III, Volume 8, For Eastern Affairs, January 1945-December 1945,* p.90.

[124] *Copy of memorandum No. 9(2)-L/45 dated the 9th December 1946 from the British Trade Agent, Gyantse & office I/C, British Mission, Lhasa, F. C. Gyantse, Tibet, To the Political Office in Sikkim, Gantok.* 英国政府印度事务部秘密档案。

[125]《政治协商会议对中华民国宪法草案修正案草案》，见《“中华民国”重要史料初编——对日抗战时期：第七编，战后中国》第 2 册，第 519 页。

[126]《宪草完成立法程序，呈送政府提交国大》，《申报》，1946 年 11 月 23 日，第 1 版。

[127]《十一章省县制度决改为地方制度，第六审委会之决议》，《申报》，1946 年 12 月 11 日，第 1 版。

[128]《司法院职权问题综合会热烈讨论，立委名额问题再付整理》，《申报》，1946 年 12 月 18 日，第 1 版。

[129]《第二读会》，见《"中华民国"重要史料初编——对日抗战时期：第七编，战后中国》第 2 册，第 724 页。

[130] 孔庆宗：《行宪与西藏及西藏问题》，《边政公论》第 7 卷第 1 期，第 15 页。

[131]《西藏地方政府派"代表团慰问同盟国和出席南京国民代表大会"内幕》，见《西藏文史资料选辑》I，第 143 页。

[132] *From British Embasay, Nanking, to Chancery, Indian Embasay, Far Eeastern Department, Foreign Office, N.1511(107/212/46) of 27-11-46.* 英国政府印度事务部秘密档案。

[133]《蒋介石为探询西藏对高度自治意见致沈宗濂函》（1945 年 8 月 29 日），见《民国藏事史料汇编》第 7 册，第 282 页。

[134]《沈宗濂为报英人鼓动西藏仿效外蒙独立等情致罗良鉴电》（1945 年 9 月 5 日），见《民国藏事史料汇编》第 7 册，第 282 页。

[135]《沈宗濂为报藏中各方对高度自治之态度致罗良鉴电》（1945 年 11 月 6 日），见《民国藏事史料汇编》第 7 册，第 289 页。

[136]《蒋介石对西藏出席国大代表将在会上提案内容事致蒙藏委员会代电》（1946 年 1 月 29 日），见《民国藏事史料汇编》第 7 册，第 299 页。

[137]《国大藏代表谈话，不拟提出政治性之议题，要求经济提携沟通文化》，《申报》1946 年 4 月 8 日第 1 版。

[138]《罗桑坚赞等为请早日宣布班禅正身及提出对战后西藏政治意见事致蒙藏委员会函》（1945 年 10 月 10 日），见《民国藏事史料汇编》第 7 册，第 285 页。

[139]《班禅堪布会议厅为建议前后藏划区自治事致蒙藏委员会电》（1946 年 3 月 31 日），见《民国藏事史料汇编》第 7 册，第 304—305 页。

[140]《宪草必须符合五权宪法　各党各派均希捐弃成见》，《申报》1946 年 12 月 6 日第 1 版。

[141]《蒙代表招待记者，要求盟旗地位确定自治》，《申报》1946 年 12 月 2 日第 1 版。

[142]《八组宪草审委会昨分别举行会议》，《申报》1946 年 12 月 7 日第 1 版。

[143]《内蒙自治问题，热察绥代表主张予以区域自治，蒙人多于汉人可撤销县府》，《申报》1946 年 12 月 2 日第 1 版。

[144]《国大藏代表谈话，不拟提出政治性之议题，要求经济提携沟通文化》，《申报》1946 年 4 月 8 日第 1 版。

[145]《八组宪草审委会昨分别举行会议》，《申报》1946 年 12 月 7 日第 1 版。

[146]《政治协商会议对中华民国宪法草案修正案草案》，见《"中华民国"重要史料初编——对日抗战时期：第七编，战后中国》第 2 册，第 533 页。

[147]《综合审查委员会审查报告》，见《"中华民国"重要史料初编——对日抗战时期：第七编，战后中国》第 2 册，第 720 页。

[148]《十一章省县制度决改为地方制度，第六审委会之决议》，《申报》1946 年 12 月 11 日

第 1 版。

[149]《宪法省县制度改为地方制度，第八审委会全体通过》，《申报》1946 年 12 月 14 日第 1 版。

[150]《综合审查委员会审查报告》，见《“中华民国”重要史料初编——对日抗战时期：第七编，战后中国》第 2 册，第 721 页。

[151]《综审会结束（续）》，《申报》1946 年 12 月 21 日第 1 版。

[152]《综审会结束（续）》，《申报》1946 年 12 月 21 日第 1 版。

[153]《国大开始二读宪章，主席亲自出席说明数点》，《申报》1946 年 12 月 22 日第 1 版。

[154] *From Agindia Nanking to Foreign, New Delhi. No. 1457 Dated 23rd (& recd 24th) December 1946.* 英国政府印度事务部秘密档案。

[155]《西藏历史上的法律地位》，第 191 页。

[156]《中华民国宪法》（1946 年 12 月 25 日国民大会通过），《国民政府公报》第 2715 号，1947 年 1 月 1 日。

[157]《国大开始二读宪章，主席亲自出席说明数点》，《申报》1946 年 12 月 22 日第 1 版。

[158]《行宪与西藏及西藏问题》，《边政公论》第 7 卷第 1 期，1948 年 3 月，第 2 页。

[159]《第二读会》，见《“中华民国”重要史料初编——对日抗战时期：第七编，战后中国》第 2 册，第 724 页。

[160]《中华民国宪法》（1946 年 12 月 25 日国民大会通过），《国民政府公报》第 2715 号，1947 年 1 月 1 日。

[161]《宪草必须符合五权宪法　各党各派均希捐弃成见》，《申报》1946 年 12 月 6 日第 1 版。

[162] 俞振基：《宪草中有关选举诸问题（上）：国大代表提案分析》，《申报》1946 年 12 月 11 日第 2 版。

[163]《政治协商会议对中华民国宪法草案修正案草案》，见《“中华民国”重要史料初编——对日抗战时期：第七编，战后中国》第 2 册，第 522 页。

[164]《宪草完成立法程序，呈送政府提交国大》，《申报》1946 年 11 月 23 日第 1 版。

[165]《中华民国宪法草案要点说明》（1946 年 11 月 28 日），见《“中华民国”重要史料初编——对日抗战时期：第七编，战后中国》第 2 册，第 707 页。

[166]《国大第十一次会议宪法草案审查报告》，《申报》1946 年 12 月 21 日第 9 版。

[167]《综合委会二次会继续讨论国大代表组织，边疆代表问题掀起激辩》，《申报》1946 年 12 月 16 日，第 1 版。

[168]《司法院职权问题综合会热烈讨论，立委名额问题再付整理》，《申报》1946 年 12 月 18 日第 1 版。

[169]《立法委员总额不超过五百人，每省市至少可选四人》，《申报》1946 年 12 月 14 日第 1 版。

[170]《宪法省县制度改为地方制度，第八审委会全体通过》，《申报》1946 年 12 月 14 日第 1 版。

[171]《司法院职权问题综合会热烈讨论，立委名额问题再付整理》，《申报》1946 年 12 月 18 日第 1 版。

[172]《宪草会合审查结果，国大定明日讨论》，《申报》1946 年 12 月 20 日第 1 版。
[173]《综审会宪草审查报告》，《申报》1946 年 12 月 21 日第 1 版。
[174]《国大藏代表谈话，不拟提出政治性之议题，要求经济提携沟通文化》，《申报》1946 年 4 月 8 日第 1 版。
[175]《班禅堪布会议厅为建议前后藏划区自治事致蒙藏委员会电》（1946 年 3 月 31 日），见《民国藏事史料汇编》第 7 册，第 305 页。
[176]《宪草总纲第一条径付二读会讨论》，《申报》1946 年 12 月 22 日第 1 版。
[177]《边疆教育会议的召开——并贺国际文化合作协会成立》，《申报》1946 年 12 月 28 日第 2 版。
[178] *From Hasan, Nanking, to Foreign, New Delhi. No. 3. Dated 9th (recd 10th) January 1947.* 英国政府印度事务部秘密档案。
[179] *From Hasan, Nanking, to Foreign, New Delhi. No. 11. Dated 14th (recd 16th) January 1947.* 英国政府印度事务部秘密档案。
[180]《西藏商务代表团考察案节略》（1948 年 2 月 5 日），见《民国藏事史料汇编》第 7 册，第 387 页。
[181]《陈锡章为藏当局构陷热振分析内幕情形致沈宗濂电》（1947 年 4 月 21 日），见《民国藏事史料汇编》第 7 册，第 355 页。
[182] 秦孝仪总编纂：《蒋公大事长编初稿》卷六（上），中国国民党中央委员会党史委员会 1984 年版，第 337—338 页。
[183]《西藏国大代表对宪法表满意》，《申报》1947 年 3 月 23 日第 1 版。
[184] *Ext 5935/47,Tibetan Goodwill Mission in China.* 英国政府印度事务部秘密档案。
[185]《抄送处理西藏问题之方针一件》（1947 年 12 月 12 日），见《外交部档案业书——界务类》第五册西藏卷（一），第 315 页。
[186]《国代选举罢免法草案立法院修正通过，边地及侨民代表均增加》，《申报》1947 年 3 月 29 日第 1 版。
[187]《国民大会代表选举罢免法》，《国民政府公报》第 2787 号，1947 年 4 月 1 日。
[188]《首届国代统计》，《申报》1948 年 3 月 18 日第 2 版。
[189]《蒙藏等族国代名额分配决定》，《申报》1947 年 6 月 23 日第 1 版。
[190]《立法院立法委员选举罢免法》，《国民政府公报》第 2787 号，1947 年 4 月 1 日。
[191]《宪政史上重要一页，立委名额增加》，《申报》1947 年 7 月 4 第 2 版。
[192]《西藏立委，增加五名》，《申报》1947 年 7 月 4 日第 2 版。
[193]《有关行宪十大法规立法程序全部完成，全国监委将有二二三人》，《申报》，1947 年 3 月 31 日，第 1 版。
[194]《监察院监察委员选举罢免法》，《国民政府公报》第 2787 号，1947 年 4 月 1 日。
[195]《国民大会代表选举罢免法》，《国民政府公报》第 2787 号，1947 年 4 月 1 日。
[196]《立法院立法委员选举罢免法》，《国民政府公报》第 2787 号，1947 年 4 月 1 日。
[197]《蒙藏及侨居国外国民各区选举监督暨选所主委名单》，《申报》1947 年 8 月 1 日第 2 版。
[198]《监察院监察委员选举罢免法》，《国民政府公报》第 2787 号，1947 年 4 月 1 日。

[199]《有关行宪十大法规立法程序全部完成，全国监委将有二二三人》，《申报》1947 年 3 月 31 日第 1 版。

[200]《监察院监察委员选举罢免法》，《国民政府公报》第 2787 号，1947 年 4 月 1 日。

[201]《立法院立法委员选举罢免法》，《国民政府公报》第 2787 号，1947 年 4 月 1 日。

[202]《监察院监察委员选举罢免法》，《国民政府公报》第 2787 号，1947 年 4 月 1 日。

[203]《立法院立法委员选举罢免法》，《国民政府公报》第 2787 号，1947 年 4 月 1 日。

[204]《国民大会代表选举罢免法》，《国民政府公报》第 2787 号，1947 年 4 月 1 日。

[205]《国大代表立法委员选举程序补充释明》，《申报》1947 年 9 月 7 日第 1、2 版。

[206]《监察院监察委员选举罢免法》，《国民政府公报》第 2787 号，1947 年 4 月 1 日。

[207]《蒙藏各单位选举，准免候选人登记》，《申报》1947 年 8 月 30 日第 1 版。

[208]《国大代表开始选举，主席夫妇将亲投票》，《申报》1947 年 11 月 21 日第 1 版。

[209]《第一届国民大会代表之选举》，见《“中华民国”重要史料初编——对日抗战时期：第七编，战后中国》第 2 册，第 818 页。

[210]《选举首届立法委员，全国各地今日开始，主席暨夫人将亲行投票》，《申报》1948 年 1 月 21 日第 1 版。

[211]《国民大会暂时旅居内地西藏人民国大代表当选人及候补人名册》（1947 年 12 月 4 日），见《民国藏事史料汇编》第 7 册，第 380 页。

[212]《蒙藏选举事务所致国民大会选举总所代电》（1948 年 4 月 12 日），见《民国藏事史料汇编》第 7 册，第 395—396 页。

[213]《第一届国民大会代表之选举》，见《“中华民国”重要史料初编——对日抗战时期：第七编，战后中国》第 2 册，第 816 页。据《申报》登载，这 15 名为：西康，陈强立、邓珠娜姆（女）、贾孟康、吴香兰（女）；青海，章嘉、喜饶嘉错、古寿赛、韩机兰（女）；甘肃，杨复兴、黄正清、杨世杰；云南，多吉。参见：《首届国大代表名单》（续昨），《申报》1948 年 3 月 17 日第 2、3 版。

[214]《班禅堪布会议厅为报拉敏益西楚臣等当选监察委员事致蒙藏委员会电》（1948 年 1 月 8 日），见《民国藏事史料汇编》第 7 册，第 383 页。

[215]《班禅堪布会议厅呈报立法委员当选人计晋美等名单》（1948 年 1 月 27 日），见《民国藏事史料汇编》第 7 册，第 394—395 页。

[216]《西藏驻京办事处致蒙藏选事所代电》（1948 年 7 月 10 日），见《民国藏事史料汇编》第 7 册，第 405—406 页。

[217]《蒙藏选举事务所为呈报西藏地方国大代表年籍学历事致选举总所代电》（1948 年 4 月 12 日），见张双智：《元代至民国治藏政策法规汇要》下，第 826 页。

[218]《西藏立监委报到，并分别出席院会》，《申报》1948 年 7 月 14 日第 1 版。

[219]《许世英在立院边政会称对蒙藏力求安定》，《申报》1948 年 10 月 31 日第 1 版。

[220]《西藏与西藏人》，第 68—69 页。

[221]《西藏对外关系总结》，见《近代史资料》第 108 辑，第 257 页。

[222] 付晓丽认为，国民党政府非常关注西藏商务代表团的出访，经过与英美的外交斗争，最终遏制了西藏地方政权的分裂企图，向英美展现了中国外交的新力量、新因素（《国民政府与 1947 年西藏“商务代表团”的出访》，《历史教学》2007 年第 10 期）。并认

为：西藏商务代表团出访是寻求美英印支持其“独立”，英国阴谋干涉、印度企图介入、美国对藏政策的两面性以及国民政府对西藏经营的不善等因素，是西藏分裂势力策划“独立”的原因。印美英等国竞相干涉西藏事务的目的不同，英国对西藏的影响江河日下，美印两国逐渐成为干涉西藏事务的主角。在西藏与祖国的血肉关系下，外国的干涉及分裂分子的阴谋活动并不能把西藏从中国分离出去（《论 1947—1949 年西藏商务代表团之出访》，郑州大学 2005 年硕士论文）。

[223] 关于英国，张植荣、渠怀重认为：“英国政府从一开始就对代表团的访英计划感到烦恼。他们预料同意代表团访英将会同中国产生矛盾，而对英国本身则毫无益处。”“他们拒绝同代表团商谈政治问题，对代表团提出西藏独立的主张，不给予明确的支持，并只是委派商务部而不是外交部官员接待西藏代表团，而且将外交大臣和总理同西藏代表团的会晤限于非正式的礼节。”（《抗战前后中美英西藏问题的交涉》，《抗日战争研究》2007 年第 1 期）。关于美国，胡岩认为围绕西藏的地位问题国民政府与美国政府发生争执，美国政府最后尊重中方的立场，承认西藏是中国领土的一部分（《西藏商务代表团的美国之行与美国对西藏政策的转变》，《西藏民族学院学报（哲社版）》2007 年第 1 期）。加拿大学者谭·戈伦夫认为，美国商业部“把他们作为私营商人代表，仅仅同他们洽谈商业事务”，并认为“美国自始至终都不断将美国—西藏之间的接触情况全部通报给顾大使”（[加拿大] 谭·戈伦夫著，伍昆明、王宝玉译：《现代西藏的诞生》，中国藏学出版社 1990 年版，第 132 页）。

[224] 原喜元：《1947—1948 年间英美对西藏商务代表团的态度及启示》，《沧桑》2006 年第 1 期。

[225] “693.0031 Tibet/8-147. The Ambassador in India(Grady) to the Secretary of State, New Delhi, August1, 1947.” *Foreign Relations of the United States, 1947. The Far East: China, Volume VII,* pp.596、597.

[226] *Ref:710/47/CS/78. Office of the High Commissioner for the Unitged Kingdom, New Delhi, 9th November, 1947.* 英国政府印度事务部秘密档案。

[227]《西藏酝酿独立》，《群言》1948 年第 3 期，第 13 页。

[228] 李有义：《西藏商务考察团之谜》，《观察》1948 年第 5 卷第 16 期，第 3 页。

[229] “693.0031 Tibet/8-147. The Ambassador in India(Grady) to the Secretary of State, New Delhi,August1, 1947.” *Foreign Relations of the United States, 1947. The Far East: China, Volume VII,* pp.597、598、595.

[230] “693.0031 Tibet/11-2147. The Ambassador in India(Grady) to the Secretary of State, New Delhi, November21, 1947.” *Foreign Relations of the United States, 1947. The Far East: China, Volume VII,* p.603.

[231] “693.0031 Tibet/12-3047. The Charge in India(Donovan) to the Secretary of State, New Delhi, December30, 1947.” *Foreign Relations of the United States, 1947. The Far East: China, Volume VII,* p.606.

[232]《外交部为告西藏商务代表团在美活动详情致蒙藏委员会代电》（1948 年 9 月 22 日），见《民国藏事史料汇编》第 7 册，第 423 页。

[233] “693.0031 Tibet/8-2147. The Ambassador in India(Grady) to the Secretary of State, New

Delhi, August21, 1947." *Foreign Relations of the United States, 1947. The Far East: China, Volume VII,* p.598.

[234] Ibid., p.599.

[235]《西藏商务代表团考察案节略》(1948 年 2 月 5 日),见《民国藏事史料汇编》第 7 册,第 386 页。

[236]《国民政府为转告驻英美大使随时报告西藏商务代表团活动情况事致外交部代电》(1947 年 8 月 17 日),见《民国藏事史料汇编》第 7 册,第 373 页。

[237]《西藏从政纪略》,见《西藏文史资料选辑》I,第 290 页。

[238] *Ref:710/47/CS/78. Office of the High Commissioner for the United Kingdom, New Delhi, 9th November, 1947.* 英国政府印度事务部秘密档案。

[239]《西藏商务考察团之谜》,《观察》1948 年第 5 卷第 16 期,第 3 页。

[240] *Ref:710/47/CS/78. Office of the High Commissioner for the Unitged Kingdom, New Delhi, 9th November, 1947.* 英国政府印度事务部秘密档案。

[241]《西藏商务考察团之谜》,《观察》1948 年第 5 卷第 16 期,第 3 页。

[242]《西藏商务代表团今可由港飞抵沪》,《申报》1948 年 1 月 28 日第 2 版。

[243] 李有义:《西藏商务考察团之谜》,《观察》1948 年第 5 卷第 16 期,第 3 页。

[244]《西藏商务代表团今可由港飞抵沪》,《申报》1948 年 1 月 28 日第 2 版。

[245]《荣增打扎摄政以来西藏一瞥》,《申报》1948 年 2 月 15 日第 5 版。

[246]《蒙藏委员会关于西藏商务代表团赴美动机经过等情复立法院公函》(1948 年 8 月 24 日),见《民国藏事史料汇编》第 7 册,第 414 页。

[247]《西藏商务考察团之谜》,《观察》1948 年第 5 卷第 16 期,第 3 页。

[248] "693.0031 Tibet/11-2147. The Ambassador in India(Grady) to the Secretary of State, New Delhi, November21, 1947." *Foreign Relations of the United States, 1947. The Far East: China, Volume VII,* p603.

[249] Ibid., p.598.

[250]《西藏商务代表团考察案节略》(1948 年 2 月 5 日),见《民国藏事史料汇编》第 7 册,第 386 页。

[251] 李冬:《西藏代表团玩什么花样?》,《万象周刊》1948 年新 1 第 3 期,第 2 页。

[252]《西藏政治史》,第 247 页。

[253]《西藏商务考察团之谜》,《观察》1948 年第 5 卷第 16 期,第 3 页。

[254]《国民党拉萨情报》(1947 年 10 月 24 日),《西藏地方历史资料选辑》,第 357—358 页。

[255]《国民党政府外交部拟西藏商务代表团考察案节略》(1948 年),《西藏地方历史资料选辑》,第 358—359 页。

[256]《蒙藏委员会关于西藏商务代表团赴美动机经过等情复立法院公函》(1948 年 8 月 24 日),见《民国藏事史料汇编》第 7 册,第 414 页。

[257]《蒙藏会函外交部,有关夏古巴离藏赴印转京情形》(1947 年 11 月 6 日),见《外交部档案业书——界务类》第五册西藏卷(一),第 84 页。

[258]《西藏商务代表团考察案节略》(1948 年 2 月 5 日),见《民国藏事史料汇编》第 7 册,

第 386 页。

[259] *Ref: 48/TR/31. Office of the High Commissioner for the United Kingdom. 6 Albuquerque Road, New Delhi, 23rd January 1948.* 英国政府印度事务部秘密档案。

[260] “693.0031 Tibet/1-548. The Charge in India(Donovan) to the Secretary of State, New Delhi, January5, 1948.” *Foreign Relations of the United States, 1948. The Far East: China, Volume VII,* p.755.

[261] “693.0031 Tibet/1-1548. The Consul at Calcutta(Thompson) to the Secretary of State, Calcutta, January15, 1948.” *Foreign Relations of the United States, 1948. The Far East: China, Volume VII,* p.756.

[262]《西藏商务代表团今自印飞昆转京》,《申报》1948 年 1 月 14 日第 2 版。

[263] “693.0031 Tibet/11-2147. The Ambassador in India (Grady) to the Secretary of State, New Delhi, November21, 1947.” *Foreign Relations of the United States, 1947. The Far East: China, Volume VII,* p.602.

[264]《西藏商务代表团昨由港飞抵沪》(1948 年 1 月 29 日),见《民国藏事史料汇编》第 7 册,第 383 页。

[265]《西藏商务团自港飞抵沪》,《申报》1948 年 1 月 29 日第 2 版。

[266]《西藏商务团访晤陈启天》,《申报》1948 年 2 月 5 日第 2 版。

[267]《国民政府蒙藏委员会一年来施政报告》(1948 年 4 月 14 日),见《民国藏事史料汇编》第 7 册,第 397 页。

[268]《人物新闻:西藏商务代表团》,《外交部周报》1948 年第 70 期,第 1 页。

[269]《蒙藏委员会为报西藏商务代表团赴美英考察经过致行政院呈》(1948 年 8 月 18 日),见《民国藏事史料汇编》第 7 册,第 411 页。

[270]《人物新闻:西藏商务代表团》,《外交部周报》1948 年第 70 期,第 1 页。

[271]《西藏商务团谒主席致敬并呈献土产等物》,《申报》1948 年 2 月 8 日第 2 版。

[272]《西藏商务代表团拜会市长定今入京晋谒主席》(1948 年 1 月 30 日),见《民国藏事史料汇编》第 7 册,第 384 页。

[273]《西藏商务代表团考察案节略》(1948 年 2 月 5 日),见《民国藏事史料汇编》第 7 册,第 387 页。

[274]《西藏从政纪略》,见《西藏文史资料选辑》I,第 290 页。

[275] “693.0031 Tibet/1-1548. The Consul at Calcutta(Thompson) to the Secretary of State, Calcutta, January15, 1948.” *Foreign Relations of the United States, 1948. The Far East: China, Volume VII,* p.756.

[276] “693.0031 Tibet/2-2448. The Ambassador in China(Stuart) to the Secretary of State, Nanking, February 24, 1948.” *Foreign Relations of the United States, 1948. The Far East: China, Volume VII,* p.757.

[277]《刘桂楠为报陪同西藏商务代表团在沪杭参观情形致蒙藏委员会代电》(1948 年 3 月 3 日),见《民国藏事史料汇编》第 7 册,第 388 页。

[278]《陈锡璋为报藏政府命外交局筹制出国护照等情致蒙藏委员会电》(1947 年 10 月 8 日),见《民国藏事史料汇编》第 7 册,第 379 页。

[279]《蒙藏委员会为报西藏商务代表团赴美英考察经过致行政院呈》(1948 年 8 月 18 日),见《民国藏事史料汇编》第 7 册,第 411 页。

[280] *Ref:773/47/TR/31. Office of the High Commissioner for the United Kingdom, New Delhi, 20th December, 1947.* 英国政府印度事务部秘密档案。

[281] *(F71.71、94). Foreign Office, 13th January, 1948.* 英国政府印度事务部秘密档案。

[282] *Ext. 5113/48.* 英国政府印度事务部秘密档案。

[283]《西藏商务考察团之谜》,《观察》1948 年第 5 卷第 16 期,第 3 页。

[284]《西藏商务代表团考察案节略》(1948 年 2 月 5 日),见《民国藏事史料汇编》第 7 册,第 387 页。

[285]《国民党政府驻印大使罗家伦电》(1948 年 1 月 8 日),《西藏地方历史资料选辑》,第 361 页。

[286]《蒙藏委员会为报西藏商务代表团赴美英考察经过致行政院呈》(1948 年 8 月 18 日),见《民国藏事史料汇编》第 7 册,第 411 页。

[287] *No. 140 (3/1041/48). British Embassy, Nanking, 25th February, 1948.* 英国政府印度事务部秘密档案。

[288]《蒙藏委员会请发给西藏商务代表团出国护照并结购外汇事致国民政府呈》(1948 年 4 月 23 日),见《民国藏事史料汇编》第 7 册,第 400 页。

[289] 同上文,第 399—400 页。

[290]《蒙藏委员会为报西藏商务代表团赴美英考察经过致行政院呈》(1948 年 8 月 18 日),见《民国藏事史料汇编》第 7 册,第 411 页。

[291]《西藏代表团昨夜车晋京》,《申报》1948 年 4 月 20 日第 4 版。

[292]《蒙藏委员会请发给西藏商务代表团出国护照并结购外汇事致国民政府呈》(1948 年 4 月 23 日),见《民国藏事史料汇编》第 7 册,第 400 页。

[293]《蒙藏委员会为报西藏商务代表团赴美英考察经过致行政院呈》(1948 年 8 月 18 日),见《民国藏事史料汇编》第 7 册,第 411 页。

[294] 同上文,第 411—412 页。

[295] 同上文,第 412 页。

[296]《国民党政府外交部致驻英大使郑天锡电》(1948 年 9 月 10 日),见《西藏地方历史资料选辑》,第 361 页。

[297]《国民党拉萨情报》(1947 年 10 月 24 日),见《西藏地方历史资料选辑》,第 360 页。

[298]《蒙藏委员会为报西藏商务代表团赴美英考察经过致行政院呈》(1948 年 8 月 18 日),见《民国藏事史料汇编》第 7 册,第 412 页。

[299]《西藏从政纪略》,见《西藏文史资料选辑》第 3 辑,第 129 页。

[300]《蒙藏委员会为报西藏商务代表团赴美英考察经过致行政院呈》(1948 年 8 月 18 日),见《民国藏事史料汇编》第 7 册,第 412 页。

[301]《边政两月简志:七月份:西藏商务考察团返藏》,《边疆通讯》1948 年第 5 卷第 6—7 期,第 20 页。

[302]《蒙藏委员会为报西藏商务代表团赴美英考察经过致行政院呈》(1948 年 8 月 18 日),见《民国藏事史料汇编》第 7 册,第 412 页。

[303] *No. 395(11/1041/48). British Embassy, Nanking, 19th May, 1948.* 英国政府印度事务部秘密档案。

[304]《蒙藏委员会为报西藏商务代表团赴美英考察经过致行政院呈》（1948 年 8 月 18 日），见《民国藏事史料汇编》第 7 册，第 412 页。

[305] *Cypher/CTP, Confidential. From Foreign Office to Nanking. No. 675. 17th July, 1948.* 英国政府印度事务部秘密档案。

[306]《监院宣告暂休会》，《申报》1948 年 7 月 31 日第 1 版。

[307]《蒙藏委员会为报西藏商务代表团赴美英考察经过致行政院呈》（1948 年 8 月 18 日），见《民国藏事史料汇编》第 7 册，第 411—412 页。

[308]《国民党政府外交部致驻英大使郑天锡电》（1948 年 9 月 10 日），见《西藏地方历史资料选辑》，第 361 页。

[309]《国民党外交部政务次长代理部务刘师舜报告》（1948 年 9 月 17 日），见《西藏地方历史资料选辑》，第 361—362 页。

[310]《许世英在立院边政会称对蒙藏力求安定》，《申报》1948 年 10 月 31 日第 1 版。

[311] "693.0031 Tibet/8-2147. The Secretary of State to the Ambassador in India(Grady), Washington, October 28, 1947." *Foreign Relations of the United States, 1947. The Far East: China, Volume VII,* p.601.

[312] [313] "150.93/12-2247. Telegram. The Charge in India(Donovan) to the Secretary of State. New Delhi, December22, 1947." *Foreign Relations of the United States, 1947. The Far East: China, Volume VII,* p.604.

[314]《西藏商务考察团之谜》，《观察》1948 年第 5 卷第 16 期，第 3 页。

[315] "693.0031Tibet/5-1148. The Ambassador in China(Stuart) to the Secretary of State. Nanking, May11, 1948." *Foreign Relations of the United States, 1948. The Far East: China, Volume VII,* p.758.

[316]《西藏商务考察团之谜》，《观察》1948 年第 5 卷第 16 期，第 4 页。

[317]《外交部为调查西藏商务代表团赴美签证与英政府交涉等情形事致国民政府呈》（1948 年 9 月 17 日），见《民国藏事史料汇编》第 7 册，第 419 页。

[318] "693.0031Tibet/7-1148. The Ambassador in China(Stuart) to the Secretary of State. Nanking, July 14, 1948." *Foreign Relations of the United States, 1948. The Far East: China, Volume VII,* pp.760、761.

[319]《外交部为调查西藏商务代表团赴美签证与英政府交涉等情形事致国民政府呈》（1948 年 9 月 17 日），见《民国藏事史料汇编》第 7 册，第 419 页。

[320]《顾维钧回忆录》第 6 分册，第 409 页。

[321] "693.0031Tibet/7-1648. Memorandum of Conversation, by the Chief of the Division of Chinese Affairs(Sprouse). [Washington,] July 16, 1948." *Foreign Relations of the United States, 1948. The Far East: China, Volume VII,* p.763.

[322]《顾维钧回忆录》第 6 分册，第 411 页。

[323] 张植荣、渠怀重：《抗战前后中美英西藏问题的交涉》，《抗日战争研究》2007 年第 1 期，第 47 页。

[324] 梁劲泰、李碧宪:《美国干涉西藏的历史过程》,《西藏研究》1999 年第 1 期。

[325] “693.0031 Tibet/1-548. The Charge in India(Donovan) to the Secretary of State, New Delhi,January5, 1948.” *Foreign Relations of the United States, 1948. The Far East: China, Volume VII,* p.756.

[326]《外交部为调查西藏商务代表团赴美签证与英政府交涉等情形事致国民政府呈》(1948 年 9 月 17 日),见《民国藏事史料汇编》第 7 册,第 419 页。

[327]《国民党政府驻英大使郑天锡报告》(1948 年 7 月 16 日),见《西藏地方历史资料选辑》,第 365 页。

[328]《行政院为抄送外交部报告西藏商务代表团在欧洲各国活动情形呈文致蒙藏委员会代电》(1949 年 3 月 11 日),见《民国藏事史料汇编》第 7 册,第 455 页。

[329]《国民党政府驻英大使郑天锡报告》(1948 年 7 月 16 日),见《西藏地方历史资料选辑》,第 365 页。

[330]《外交部为调查西藏商务代表团赴美签证与英政府交涉等情形事致国民政府呈》(1948 年 9 月 17 日),见《民国藏事史料汇编》第 7 册,第 419 页。

[331]《西藏商务考察团之谜》,《观察》1948 年第 5 卷第 16 期,第 3 页。

[332]《西藏政治史》,第 248 页。

[333]《顾维钧回忆录》第 6 分册,第 411 页。

[334]《外交部为告西藏商务代表团在美活动详情致蒙藏委员会代电》(1948 年 9 月 22 日),见《民国藏事史料汇编》第 7 册,第 422—423 页。

[335]《国民政府为西藏商务代表团赴美时如有荒谬之谈话应饬我驻外使馆立予纠正事致外交部代电》(1948 年 10 月 26 日),见《民国藏事史料汇编》第 7 册,第 429 页。

[336]《西藏商务代表团考察案节略》(1948 年 2 月 5 日),见《民国藏事史料汇编》第 7 册,第 387 页。

[337]《西藏政治史》,第 247—249 页。

[338] 吴俊才:《“西藏贸易考察团”再来德里》,《中央日报》1949 年 2 月 2 日第 2 版。

[339]《西藏政治史》,第 249 页。

[340]《刘桂南为报英将在藏特权让印但藏迄未同意事致蒙藏委员会代电》(1949 年 3 月 28 日),见《民国藏事史料汇编》第 7 册,第 456 页。

[341] “693.0031 Tibet/1-548. The Charge in India(Donovan) to the Secretary of State, New Delhi, January5, 1948.” *Foreign Relations of the United States, 1948. The Far East: China, Volume VII,* p.755.

[342]《西藏商务代表团考察案节略》(1948 年 2 月 5 日),见《民国藏事史料汇编》第 7 册,第 387 页。

[343]《外交部为抄送驻孟买总领事报告西藏商务代表团抵孟买后情形电致蒙藏委员会代电》(1949 年 3 月 1 日),见《民国藏事史料汇编》第 7 册,第 454 页。

[344]《行政院为抄送外交部报告西藏商务代表团在欧洲各国活动情形呈文致蒙藏委员会代电》(1949 年 3 月 11 日),见《民国藏事史料汇编》第 7 册,第 456 页。

[345] “693.0031 Tibet/1-548. The Charge in India(Donovan) to the Secretary of State, New Delhi, January5, 1948.” *Foreign Relations of the United States, 1948. The Far East: China, Volume*

VII, pp.755-756.

[346]《西藏官员访华府》,《申报》1948 年 7 月 21 日第 1 版。

[347] 公名:《神秘·离奇·荒谬·滑稽:西藏代表团活跃美国》,《周末观察》1948 年第 5 卷第 11 期,第 11 页。

[348]《和平解放西藏前美国密谋插手西藏事务徒劳而返》,http://tv.sohu.com/s2008/xzgsh/index.shtml。

[349]《西藏从政纪略》,见《西藏文史资料选辑》第 3 辑,第 130 页。

[350]《金山总领馆电部西藏财长 SHAKAPA 率领商业访美团五人抵金山往美京谒总统》(1948 年 7 月 10 日),见《外交部档案业书——界务类》第五册西藏卷(一),第 151 页。

[351]《国民党外交部政务次长代理部务刘师舜报告》(1948 年 9 月 17 日),见《西藏地方历史资料选辑》,第 363 页。

[352]《外交部为调查西藏商务代表团赴美签证与英政府交涉等情形事致国民政府呈》(1948 年 9 月 17 日),见《民国藏事史料汇编》第 7 册,第 419 页。

[353]《国民政府为西藏商务代表团赴美时如有荒谬之谈话应饬我驻外使馆立予纠正事致外交部代电》(1948 年 10 月 26 日),见《民国藏事史料汇编》第 7 册,第 429 页。

[354]《外交部为调查西藏商务代表团赴美签证与英政府交涉等情形事致国民政府呈》(1948 年 9 月 17 日),见《民国藏事史料汇编》第 7 册,第 420 页。

[355]《驻纽约总领事张平群为劝阻夏格巴等在美勿作政治性谈话等情致外交部电》(1948 年 8 月 26 日),见《民国藏事史料汇编》第 7 册,第 416 页。

[356]《外交部为告西藏商务代表团在美活动详情致蒙藏委员会代电》(1948 年 9 月 22 日),见《民国藏事史料汇编》第 7 册,第 422 页。

[357]《许世英在立院边政会称对蒙藏力求安定》,《申报》1948 年 10 月 31 日第 1 版。

[358]《藏商务代表团离美赴英考察》,《申报》1948 年 11 月 5 日第 1 版。

[359] "693.0031Tibet/7-1648. Memorandum of Conversation, by the Chief of the Division of Chinese Affairs(Sprouse). [Washington,] July 16, 1948." *Foreign Relations of the United States, 1948. The Far East: China, Volume VII,* p.763.

[360]《外交部为调查西藏商务代表团赴美签证与英政府交涉等情形事致国民政府呈》(1948 年 9 月 17 日),见《民国藏事史料汇编》第 7 册,第 419 页。

[361] "693.0031Tibet/7-2848. The Ambassador in China(Stuart) to the Secretary of State. Nanking, July26, 1948." *Foreign Relations of the United States, 1948. The Far East: China, Volume VII,* p.766.

[362]《外交部为告西藏商务代表团在美活动详情致蒙藏委员会代电》(1948 年 9 月 22 日),见《民国藏事史料汇编》第 7 册,第 422 页。

[363]《顾维钧回忆录》第 6 分册,第 412 页。

[364] "693.0031Tibet/7-2648. Telegram. The Secretary of State to the Ambassador in China(Stuart). Washington, July 26, 1948." *Foreign Relations of the United States, 1948. The Far East: China, Volume VII,* p.768.

[365]《外交部为调查西藏商务代表团赴美签证与英政府交涉等情形事致国民政府呈》(1948

年 9 月 17 日），见《民国藏事史料汇编》第 7 册，第 419 页。

[366]《国民党外交部政务次长代理部务刘师舜报告》（1948 年 9 月 17 日），见《西藏地方历史资料选辑》，第 364 页。

[367]《顾维钧回忆录》第 6 分册，第 408、409 页。

[368]“693.0031Tibet/8-1148. Memorandum of Conversation, by the Chief of the Division of Chinese Affairs(Sprouse). [Washington,] August11, 1948.” *Foreign Relations of the United States, 1948. The Far East: China, Volume VII,* p.779.

[369]《外交部为调查西藏商务代表团赴美签证与英政府交涉等情形事致国民政府呈》（1948 年 9 月 17 日），见《民国藏事史料汇编》第 7 册，第 420 页。

[370]《顾维钧回忆录》第 6 分册，第 410、412 页。

[371]《外交部为告西藏商务代表团在美活动详情致蒙藏委员会代电》（1948 年 9 月 22 日），见《民国藏事史料汇编》第 7 册，第 422 页。

[372]“693.0031Tibet/8-248. Memorandum of Conversation, by the Assistant Chief of the Division of Chinese Affairs(Freeman). [Washington,] August2, 1948.” *Foreign Relations of the United States, 1948. The Far East: China, Volume VII,* pp.770、771.

[373]《顾维钧回忆录》第 6 分册，第 410 页。

[374]《外交部为告西藏商务代表团在美活动详情致蒙藏委员会代电》（1948 年 9 月 22 日），见《民国藏事史料汇编》第 7 册，第 422 页。

[375]《顾维钧回忆录》第 6 分册，第 412—413 页。

[376]《外交部为告西藏商务代表团在美活动详情致蒙藏委员会代电》（1948 年 9 月 22 日），见《民国藏事史料汇编》第 7 册，第 422 页。

[377]“693.0031Tibet/7-248. Telegram. The Secretary of State to the Ambassador in China(Stuart). Washington, August4, 1948.” *Foreign Relations of the United States, 1948. The Far East: China, Volume VII,* p.773.

[378]《西藏政治史》，第 248—249 页。

[379]“693.0031Tibet/8-648. The Dalai Lama of Tibet to President Truman.” *Foreign Relations of the United States, 1948. The Far East: China, Volume VII,* p.773.

[380]《外交部为告西藏商务代表团在美活动详情致蒙藏委员会代电》（1948 年 9 月 22 日），见《民国藏事史料汇编》第 7 册，第 422 页。

[381]《西藏政治史》，第 249 页。

[382]“693.0031Tibet/8-248. Memorandum of Conversation, by the Assistant Chief of the Division of Chinese Affairs(Freeman). [Washington,] August2, 1948.” *Foreign Relations of the United States, 1948. The Far East: China, Volume VII,* pp.770、771.

[383]《西藏官员访华府》，《申报》1948 年 7 月 21 日第 1 版。

[384]“693.0031Tibet/8-748. Memorandum of Telephone Conversation, by the Chief of the Division of Chinese Affairs(Sprouse). [Washington,] August6, 1948.” *Foreign Relations of the United States, 1948. The Far East: China, Volume VII,* p.776.

[385]《蒙藏委员会为报西藏商务代表团向美洽商借款事致国民政府等呈》（1948 年 8 月 19 日），见《民国藏事史料汇编》第 7 册，第 413 页。

[386] "693.0031Tibet/8-748. The Tibet Trade Commission(Shakabpa) to the Secretary of State. Washington,7th August, 1948." *Foreign Relations of the United States, 1948. The Far East: China, Volume VII,* p.777、778.

[387] "693.0031Tibet/8-748. The Secretary of State to the Tibet Trade Commission(Shakabpa) ,in New York. Washington, August27, 1948." *Foreign Relations of the United States, 1948. The Far East: China, Volume VII,* p.780.

[388] "693.0031 Tibet/8-2147. The Secretary of State to the Ambassador in India(Grady), Washington, October 28, 1947." *Foreign Relations of the United States, 1947. The Far East: China, Volume VII,* pp.601、602.

[389] "693.0031 Tibet/12-3047. The Charge in India(Donovan) to the Secretary of State, New Delhi, December 30, 1947." *Foreign Relations of the United States, 1947. The Far East: China, Volume VII,* p.605.

[390] "693.0031Tibet/8-748. The Secretary of State to the Secretary of the Treasury(Snyder). Washington, August27, 1948." *Foreign Relations of the United States, 1948. The Far East: China, Volume VII,* p.780.

[391] "693.0031Tibet/8-3048. Memorandum of Conversation, by the Assistant Chief of the Division of Chinese Affairs(Freeman). [Washington,] August30, 1948." *Foreign Relations of the United States, 1948. The Far East: China, Volume VII,* p.781.

[392] "693.0031Tibet/8-8148. Memorandum of Conversation, by the Assistant Chief of the Division of Chinese Affairs(Freeman). [Washington,] August31, 1948." *Foreign Relations of the United States, 1948. The Far East: China, Volume VII,* pp.782-783.

[393] "693.0031Tibet/8-448. Memorandum of Conversation, by the Assistant Chief of the Division of Chinese Affairs(Freeman). [Washington,] September4, 1948." *Foreign Relations of the United States, 1948. The Far East: China, Volume VII,* p.784.

[394] "693.0031Tibet/8-3148. The Secretary of State to the Leader of the Tibetan Trade Commission (Shakabpa), in New York. Washington, September27, 1948." *Foreign Relations of the United States, 1948. The Far East: China, Volume VII,* p.785.

[395] "693.0031Tibet/9-2748. Memorandum of Telephone Conversation, by the Assistant Chief of the Division of Chinese Affairs(Freeman). [Washington,] September 27, 1948." *Foreign Relations of the United States, 1948. The Far East: China, Volume VII,* p.786.

[396]《行政院为抄送外交部报告西藏商务代表团在欧洲各国活动情形呈文致蒙藏委员会代电》(1949 年 3 月 11 日),见《民国藏事史料汇编》第 7 册,第 455 页。

[397]《外交部为抄送驻美大使馆驻纽约总领事关于西藏商务代表团在美购械等事致蒙藏委员会代电》(1948 年 10 月 19 日),见《民国藏事史料汇编》第 7 册,第 424 页。

[398]《抗战前后中美英西藏问题的交涉》,《抗日战争研究》2007 年第 1 期,第 47 页。

[399] "693.0031Tibet/7-2648. Telegram. The Secretary of State to the Ambassador in China(Stuart). Washington, July 26, 1948." *United States Department of State: Foreign Relations of the United States, 1948. The Far East: China, Volume VII,* p.768.

[400] *No. 1078. Ref: 1131/14/48. British Embassy, Washington, D. C, 11th August, 1948.* 英国政

府印度事务部秘密档案。

[401]《外交部为调查西藏商务代表团赴美签证与英政府交涉等情形事致国民政府呈》（1948年9月17日），见《民国藏事史料汇编》第7册，第419页。

[402]“693.0031Tibet/7-1248. Memorandum of Telephone Conversation, by the Chief of the Division of Chinese Affairs(Sprouse), [Washington,] July 12, 1948.” *Foreign Relations of the United States, 1948. The Far East: China, Volume VII,* p.760.

[403] *F13425. British Consulate-General, 25,. Broadway, New York 4, N.Y. September 22, 1948.* 英国政府印度事务部秘密档案。

[404] *Cypher/CTP. F. 15288/71/94, Confidential. From Foreign Office to New York (Consul General), No. 149. 3rd November, 1948.* 英国政府印度事务部秘密档案。

[405]《许世英为请履行诺言不谈政治事致夏格巴》（1948年10月2日），见《民国藏事史料汇编》第7册，第423页。

[406]《郑天锡为报力劝西藏商务代表团勿得单独晋见英王情形事致外交部电》（1948年12月1日），见《民国藏事史料汇编》第7册，第445页。

[407]《驻英大使馆为西藏商务代表团在英会晤梅休情形致外交部电》（1948年11月27日），见《民国藏事史料汇编》第7册，第440页。

[408]《行政院为抄送外交部报告西藏商务代表团在欧洲各国活动情形呈文致蒙藏委员会代电》（1949年3月11日），见《民国藏事史料汇编》第7册，第455页。

[409]《郑天锡关于英首相宫内大臣拟接见夏格巴等事致外交部蒙藏委员会电》（1948年11月30日），见《民国藏事史料汇编》第7册，第441页。

[410]《郑天锡为报与英外交部次长辩论西藏商务代表团拟谒英王事致许世英电》（1948年12月1日），见《民国藏事史料汇编》第7册，第444页。

[411] *From Commonwealth Relations Office to India (H. C,).* 英国政府印度事务部秘密档案。

[412] *Downing Street, 16th November, 1948.* 英国政府印度事务部秘密档案。

[413] 杜波：《中国人民一定要解放西藏》，《人民日报》1949年9月7日第2版。

[414]《西藏从政纪略》，见《西藏文史资料选辑》I，第290页。

[415]《驻法大使钱泰为报夏格巴等在法国活动情形致外交部蒙藏委员会电》（1948年11月22日），见《民国藏事史料汇编》第7册，第440页。

[416]《国民党政府驻义使馆报告》（1948年12月30日），见《西藏地方历史资料选辑》，第366页。

[417]《行政院为抄送外交部报告西藏商务代表团在欧洲各国活动情形呈文致蒙藏委员会代电》（1949年3月11日），见《民国藏事史料汇编》第7册，第455页。

[418]《国民党拉萨情报》（1948年12月27日），见《西藏地方历史资料选辑》，第366页。

[419]《西藏政治史》，第249页。

[420]《西藏问题之分析》，《边政公论》第7卷第3期，1948年9月，第4页。

结论：
西藏问题之所在、核心与中国国家统一的维系

西藏自古以来就是中国领土不可分割的一部分，是中央政府直接统辖下的一个行政区。但是近代以来，西方殖民主义者千方百计地破坏中国在西藏的主权，企图分裂西藏，制造了所谓西藏问题。中国政府、中华民族为了维护国家的统一与领土的完整，同英帝国主义展开了斗争。尽管学术界对民国时期的西藏问题已有一些研究[1]，但是还不足以总结出此问题之所在、核心和中国国家统一得以维系的原因，本书经过探讨，可以从三方面做出总结。

第一节　西藏问题之所在及中英噶厦两国三方关系之演变

由于西藏是英国争夺中亚细亚地区的关键和侵略中国西南边疆的“战略缓冲区”，西藏问题不可避免地产生。中英两国政府围绕西藏问题展开了激烈的较量与交涉，中英两国和噶厦三方之间关系发生了独特的演变。贯穿民国始终的西藏问题包含康藏纠纷、班禅返藏等一系列问题，其核心是西藏地方与中央的正常关系如何恢复的问题。英国唆使噶厦“自治”，阻止国民政府解决西藏问题。为了维持西南门户和捍卫国家领土与主权的完整，国民政府采取一系列措施，在恢复西藏地方与中央正常政治关系上取得了步步的成绩，但是由于英国竭力阻拦和噶厦竭力维持既得权益，国民政府终未能解决西藏问题。

一、西藏问题产生之原因：英国推行“战略缓冲区”

关于西藏问题产生的原因，有各种各样的看法，其中之一是清政府的错误政策。蒙藏委员会驻藏办事处职员李有义以文化方面的政策为例说，清政府“不

准内地人自由赴边地，亦不准边人自由入内地，更不准诗书出关，以防边人获得知识后不易统治，边疆大吏都一律任用满人，而且多系宗室以防携贰”。他认为“这些措施虽然加强了清廷的直接控制，在文化上反而使中原和边地愈形隔离了”。他强调：“假定在满清统治的三百年中，稍稍注意到文化的沟通，今日也许根本没有所谓‘西藏问题’了。今日的‘西藏问题’正是在吃满清对藏政策的后果。”[2]

虽然西藏问题的产生与晚清时期的错误政策有一定的关系，实质原因却在于英国推行“战略缓冲区”。即是说，由于西藏地理位置极其重要，英国在对印度实行殖民统治的基础上必然将其魔掌伸向西藏。美国政府曾列举了英国在华五大利益，即香港、威海卫、扬子江流域、“外藏”、通商。[3]“外藏”即一般意义上的西藏，美国政府看到了西藏在英国整个对华战略体系中的地位。

对外，西藏“沿印度北境蜿蜒二千哩，与印度成为居高临下”；对内，与新、青、川、滇等省区“地理上实连成一气”。[4]侵藏急先锋贝尔宣称：“西藏地势之高，幅员之大，甚可为印度北方最善之屏障。”如果西藏仍然属于中国，“则仍听中国指示，以逼胁印度边界”，因此“吾等所求于西藏者何耶？简言之，吾等之所大欲，在于西藏必强而能自主，以其人口之少气候之热，决不能威吓印度，反足为印度之北方坚壁”。他进而声称西藏是英国最适合的“战略缓冲区”：“吾等欲以西藏为印度北方一缓冲地。缓冲地今固不少，但多无大用。惟西藏为合吾等理想之地。其北方有广大荒凉之平原，统于拉萨政府之下，西藏中部南部，亦属其管辖。而喜马拉雅山麓沿边诸国又服从英国印度政府之指导，或曾与之定有密切之联盟，故西藏之足为一缓冲地，纵不胜于世界各处所有，亦必与之京也。西藏欲得其自主权，自理一切事务，厌恶外人干涉，此诚佳事，理有当然。能如此，则其为缓冲地，必更为有力矣。”[5]因此，中国政府在1918年的一份文件中指出：“英自经营印度以来，尝思建一大帝国于中亚，而以南亚为根据，意欲尽取喜马拉雅山诸部落，以置于势力范围之内，因不得不注重于西藏。”[6]

缓冲区“本来是指政治现实中一种客观存在的状态”，但是“当有人提出要建立一个缓冲区，那实际是要把它置于自己的控制和保护之下的意思”，英印总督寇松在1901年6月11日致印度事务部大臣的信函中即阐述了此点意思。[7]当时很多人认为英国侵藏之目的“厥有四端”，即“巩固北印度的边防”、“开发印藏的贸易”、“垂涎西藏的富源”和“假道西藏进窥中国南部”。[8]但是一般说来，“由于地广人稀，自然条件恶劣，且处于及（极）其腐朽、黑暗的政教合一的封建农奴制度下，西藏的政治、经济、文化处于中世纪的极端落后状态，所以……对于英国政府来说，西藏没有多少政治、经济利益可言，而西藏自身也不足以对英属印度安全利益构成任何威胁”[9]。因此在这四端中，主要是第一端和第四端。

第一，西藏是英国与俄国争夺亚洲中亚细亚地区“暗斗之关键”[10]，是英国“谋巩固印度边防的结果”。英国“侵略亚洲之步骤，自西而东以达远东”，夺取印度后与俄国争夺中亚细亚地区。[11]英国政府宣称：“藏之与印，无异阿富汗之与印！”[12]俄国则一方面“利用塔什干为根据地，南侵印度”[13]，一方面“夺外蒙，入新疆，其势浸且侵入西藏，英之东亚宝库——印度，从兹发生危险，苟英人能握藏也，则俄无能为力矣”[14]。中国政府在 1922 年 5 月 6 日的文件中指出：“查藏印境界毗连，英人之蓄意谋藏者，实欲谋自印度发展商务，以铁路贯通川藏，揽扬子流域之权力。其次，则欲用藏为印之外障，吞食我之新疆、青海，以掣俄人之势。”[15]

第二，侵藏是英国“图谋青海蒙古的先声”和“中国南部阴谋的表现”。就前者来说，“西藏北接青海，越甘肃而达蒙古，西藏与蒙古宗教同，民族性同，英苟能利用达赖喇嘛以完成西藏侵略，则不难更进一步，而从事蒙古青海之侵略”。就后者来说，“英国苟得西藏，不难凭借之而东窥四川，则整个长江流域，且均入英国势力范围之下矣”。[16]

为了实现这两个目的，英国政府竭力唆使和支持噶厦“自治”。“自治”实际上等于“变相独立”。如此一来，英国政府“可以收到一箭双雕之效：一方面可以禁止其他西方列强插足‘外藏’，另一方面防范新建中华民国的存在和影响……使西藏处于某种‘政治真空’状态，从而使广袤的青藏高原成为英属印度高枕无忧的‘战略缓冲区’”[17]。在这种战略利益下，英国政府却宣称“陛下政府和中国政府在西藏的利益根本上是一致的”[18]。

中国舆论从两方面阐述了西藏的重要性，对英国的论调做了针锋相对的反驳。

第一，“西藏雄踞西南，为我国天然屏障”[19]。

地理学家胡焕庸将西藏在国防上的重要性提到了前所未有的高度，指出：“我们的版图，除了东南部，沿着大海，其他边疆方面，计有四个区域，东北有辽吉黑，北面有蒙古，西北有新疆，西南有西藏。根据地方经济来说，自然要推东北第一，新疆第二，蒙古第三，西藏第四。但是要从国防形势来说，要推西藏第一，蒙古第二，新疆第三，东北第四。”[20]可见，“边疆问题，关系国防，尤以西藏至为重要”[21]。署名“五九”的学者引用前人的论述，强调西藏是中国西部的要隘和“抵制侵略不可缺少的工具”——“姚锡光在《筹藏刍议》里面曾说：‘西藏东俯川滇，北倚青海回疆。于我国大陆全土地居首部，有高屋建瓴之势。是得失之故，非特疆场之间一彼一此也。’他继续又说：‘西藏地势最高，而处中权（中央），值中东亚细亚之交，故其利害于东亚全部，均有关系。左顾可扼青海甘新之咽喉，东下可握蜀江之脑卤（脑颅），其消长盈虚，非一域一区可比论。’”[22]

国民政府也较重视“西藏在国防上之重要”。蒙藏委员会委员长黄慕松在1935年的一次演讲中从几方面作了强调。首先，在民族发祥地与西藏的地理位置上，他指出：“西藏是我民族的发源地，其地势位于高原，向东、向西，俱有居高临下之势，对于民族之发展，裨益匪浅，倘不能巩固西藏，要谈边疆问题，等于纸上谈兵。”其次，他针对当时开发西北以建设抗日的民族复兴基地，认为“如开发西北，则须先求西藏之安定”：“因为经营西北，一方面需要大量的财力，一面也得要就地开发，若论财力，我们现在已经有捉襟见肘之势，若论就地开发，则陕甘的土质已变，非大加培植不为功。故谈经营西北，莫不以开发新疆为依归，而西藏为新疆之南方屏藩，倘西藏有事则新疆更危，甘、青、川、滇愈加危险，我们在下游的人，失却根据，失却水源，一定更难生存。且以西藏之天然形势，扼着中国同西方之咽喉，不啻中国的项背，倘西藏有警，则不但西康有唇亡齿寒之感，即长江上游一带，亦将感受胁迫，而造成中国的致命伤。倘使把西藏经营好，不但可以巩固中国内部，并且遵照总理的实业计划，建筑铁路，西出藏境，向西发展，大有高屋建瓴之势，故在自卫上保守上，西藏实在是万分重要。”[23]

第二，西藏在中华民族的伟大复兴中具有极其重要的地位。

无论对于中国还是对于世界，西藏问题的解决都极其重要。对中国来说，西藏是中国不可分割的领土之一，西藏人民是整个中华民族的构成分子，“藏失则康危，而康亡，则四川难守，而长江流域由此动摇，于中国民族前途，至关紧要”[24]。“所以为巩固长江流域起见，我们要解决西藏问题。为保全南疆起见，我们也要解决西藏问题。至于青康的巩固，自然更与西藏问题密切地关联着。”[25]对世界来说，由于英国与俄国、日本等列强企图瓜分中国，西藏问题“是整个世界帝国主义与整个被压迫民族的问题，同时西藏问题不独是西藏民族的前途，是整个中华民族革命及世界被压迫民族的前途”[26]。

针对英国关于西藏是印度屏障的言论，“五九”予以反驳：“西藏是印度的保障，难道印度就不是西藏的保障吗？英国人可以攫取西藏以安宁印度，为什么中国就不可以得到印度以巩固西藏？”他还指出，英国所称的“西藏自治，还不和日本的独立的朝鲜一样吗？但是英国既并吞了西藏，不是又和中国的四川连（接）壤么？英国是不是又要因受一个绝大的经济损失——驻重兵于西藏——而再谋进占四川”？！[27]接替黄慕松担任蒙藏委员会委员长的吴忠信进而指出“喜马拉雅山与中国国防之关系至为重要”。他强调：“如能控制该山全部，并将南部失地收回，方可左右亚洲。余前主张对于西南国防应从西藏入手，如欲贯彻此种主张，更应掌握喜马拉雅山也。”[28]

总之，中英两国在西藏的战略利益是根本对立的。对于英国来说，它如能控制西藏，“自可利用以为中英俄缓冲地区。破坏中国西南国防，将来尚可相机吞并，以广印度殖民区域，控制黄河长江上游”[29]。对于中国来说，西藏是中国的重要领土和西南门户，其存亡“关系中国整个西南之安全”[30]，“不可一日忽视”[31]。一度负责处理西藏问题的国民政府军事委员会委员长重庆行营向蒋介石提出了具体政策，强调“西藏地处西南边陲，为川康滇甘青诸省屏障”，建议一面以四川为“治藏的后方基地”，一面“对于西藏地方政府要洞察其动向，制定对策，相机处理。若藏局妥稳，可消弭边患，并可促进我国与英、印关系的和缓，在西南形成有利于‘安内攘外’的国际环境”。[32]

二、西藏问题之所在：中央政府如何恢复治藏主权

为了使西藏变成“战略缓冲区”，英国采取了三步走的步骤，从四条路线入侵中国西南边疆，采取一系列阴谋手段。

三步走，是英国在从西面侵占拉达克、南面侵占不丹和锡金、东南面侵占缅甸并制造滇缅划界纠纷之时和之后采取的。第一步为“探测西藏内部情形”；第二步为“占据哲孟雄为通藏之路”，接着为“强开商埠实行经济侵略”、“排除俄人势力，用武力压迫藏人”；[33]第三步为笼络和唆使十三世达赖喇嘛，“阻挠中央统治西藏，鼓励藏人独立自主”[34]。

四条路线，是英国在中国整个民国时期实施的入侵中国西南边疆的路线。王履康指出：“从萨尔温江向北侵略，就有了班洪问题。从滇缅铁路线向东北侵略，就有了片马问题和江心坡问题。从吉大港到萨的雅（即印度萨地亚）的铁路，是一把预备宰割西康的大刀。其次，印藏铁路，是英国侵略西藏的基本干线。”他警言：“这侵略的四条路线，没有一条不险恶，没有一条不凶狠。”[35]

为了便于入藏，英国打着“帮助”旗号，采取笼络、控制双管齐下的灵活阴谋手段。黎吉生宣称：“英国给西藏或西藏人的任何帮助，都是应西藏政府的要求作出的。”[36]蒙藏委员会对此有着清楚的认识。吴忠信1940年入藏后指出：“最近英人在藏之活动，一为造成西藏在经济上对印度之依存性，一为供给西藏以大量军火。同时对于一般世家公子联络尽致，每年必请客送礼一二次，并随时邀约作种种游戏。此外，且于拉萨设一英文学校，专供世家子弟学习英文，现时之世家子弟即将来之政府官吏，英人之处心积虑盖可知也。”[37]孔庆宗在1945年的述职报告中进一步指出英国采取的手段：其一，“除根据条约在藏所得各项权利外，擅在拉萨设置代表，统一办理政治、军事、交通、教育、慈善及与藏方接洽各事。以印度政府为主动、锡金政治官为指导、驻亚东江孜之英员为联络，政策一贯，行动一致，积极进行”。其二，对于西藏，“暗助藏人应付中央，以深悉藏政之底蕴与西藏密约控制印藏交通，不令汉人商货自由出入，以博藏人欢心。对西藏达官巨商免税、赠物，频施小惠，以抵制反对英人之喇嘛。为藏训兵，售藏以械，以壮藏人抵制中央之胆气”。同时，“一切事件均为藏人直接交涉，不问中央，如中央对藏有所措施，英人必设法并进，不落中国之后，或要求合办，以增进其在藏之权势，否则暗中破坏，支持藏人之立场，如我国根据事实提出质问，则彼托词推诿，机诈百出”。其三，“严厉管制印藏进出口贸易，在藏推行卢比，以掌握西藏之经济与金融”。其四，“蚕食藏边，整顿交通，一由森姆拉进窥阿里；二由哲孟雄通前后藏；三由布丹（不丹）门德旺（门达旺）紧逼拉萨；四由萨地亚突入察隅。四路并进，预布军事，以为后图。其侵略之露骨、猛进，至堪惊惧”。[38]

在此情况下，西藏问题不可避免地发生了。曾任蒙藏委员会藏事处处长、驻藏办事处处长的孔庆宗，认为西藏问题包含八个子问题。

第一、第二为政治问题、外交问题。在政治上，本来“在清代统治二百余年间，对内对外，领土主权，均已确定，任官驻兵，政令推行，地静人安，无所谓问题也”。但是自19世纪末叶“英俄对藏互相角逐”至1911年辛亥革命发生后，十三世达赖喇嘛“宣告独立，同时派兵进犯川边，由此中央对藏之政治关系，发生动摇，所谓政治问题，即指此事及与此有关之事项也”。在外交上，“西藏政治问题之发生与其难于解决之原因，实由涉外关系而起，故外交问题在西藏问题中占重要之地位”。英国一方面怂恿噶厦“独立”，一方面“于亚东、江孜两地，设官驻兵，经营商业，噶大克开为临时商场，每年为定期贸易”。这样，“中央与西藏间发生事端，几莫不有英人明密参与，从事梗阻”。[39]

第三为界务问题，这是“西藏问题中之最重要最复杂者”。“西藏最初所提意见，不特不承认以江达丹达山等处为康藏之界，其要求直欲至川边之打箭炉。其后英人造出内外藏名称以为调停，根据英人所制地图，将甘青川滇诸省毗连（邻）西藏之区，曲为牵附，指为西藏外围，由是青康两省之地位，几难于在英制地图中见之。指西藏接近印度之部份（分）为外藏，包括后藏前藏及卅九族昌都等地，接近内地之部份（分）为内藏，包括巴塘里塘康定德格甘孜瞻化等地，主张外藏自治，并对于内藏有管理寺院与任命地方头人之权。依此办法，不但外藏自治，且将川滇青边土司之地，向系川滇诸省治理，形同内地者，被以‘内藏’名称，而使西藏获得其政教大权。”[40]

第四、第五为国防问题、经济问题。就前者而言，“西藏屏蔽新青滇蜀，以拉萨为据点，北通新青，东达川康，南入云南，苟有所失，则居高建瓴……西南半壁无宁日，则中原震动矣。自俄人窥视新疆，英人宰割锡金，西藏更为英俄交争之标的，在国防更显示其重要性”。就后者而言，本来经济“在内地与西藏之联系上，占首要地位”，然而“印藏商务关系，日益发展，而藏人之经济命脉，遂操于英印之手。其结果每年由印度入藏之各种货物，大约占计有十万驮，而由内地滇康青方面入藏者，则不及其十之一二焉”。[41]

第六为交通问题。“交通问题本为一般边疆问题中之先决条件，在万山横断、险峻崎岖之藏地，此项问题尤为重要。”第七为班禅转世问题。自九世班禅喇嘛1937年圆寂后，有关各方极为关注转世灵童的遴选。1942年上半年，班禅所属罗桑坚赞、王罗皆等人认定青海灵童官保慈丹“为班禅大师转世呼毕勒罕之正身，并已举行盛大庆祝，以示确认之意”，“只是在征认程序上班辕方面遂与中央西藏及札什伦布各方面之看法，微有出入”。第八为“留居藏地汉人之管辖权及其生活问题”，孔庆宗视此为“西藏问题中最为重要而最不为内地人士所注意之问题”。[42]

这些问题是孔庆宗在1948年列举的，反映了国民政府高层认为西藏问题演变到国民党的统治即将崩溃时之所在。孔庆宗因其身份与经历而相当了解西藏问题之所在。他将西藏地方与中央政府的关系正常化、英国的干涉放在前两位，说明国民政府关注的重点仍然在此。国防问题置于第四位，原因在于印度已经独立，中国的压力减轻。班禅问题置于第七位，说明国民政府在九世班禅喇嘛圆寂之后已不重视班禅返藏问题。但是，贯穿整个民国时期的核心问题有三，即班禅回藏、康藏纠纷和中央治藏主权的恢复。

自 1923 年 11 月 15 日九世班禅被迫出走内地以来，班禅喇嘛如何返藏成为一大问题。它实质是反映了三大问题。首先，藏传佛教内部达赖班禅两个系统的传统关系能否继续维持下去？按照达赖班禅互为师徒之制，“将来新世达赖，于其举行‘呼毕勒罕礼’后，应拜班禅为大师”，如果九世班禅喇嘛能返藏，其“今后之地位，自然增高”。[43] 但是，达赖系统不待九世班禅喇嘛返藏，就明确以热振为十四世达赖喇嘛的师父，亦就是不再承认互为师徒之制。其次，达赖班禅分别治理前后藏之制能否继续维持？国民政府曾问：“达赖班禅在西藏政教上地位与权限一律仍旧？抑或另有规定？”十三世达赖喇嘛回答：“西藏政教向归西藏政府掌治，班禅在后藏有一庙宇，至札什伦布系第一辈达赖所建筑，后一辈达赖到拉萨时，无人掌管其庙宇，特选班禅掌管札什伦布，并赠号班禅，后由五辈达赖因屡次师徒关系，将札什伦布给与（予）班禅，若照以前旧规办理，西藏人民无不悦服云。”[44] 亦就是反对前后藏分别治理之制。再次，西藏地方与中央关系的恢复问题。九世班禅喇嘛强调：“有中央即有班禅，无中央即无班禅。”[45] 他宣布：第一，“当如何把三民主义和喇嘛教打成一片！这是班禅之职分，也是回藏后可能的宣化力量！使两族同胞日趋团结，中藏问题自会消灭”。第二，“使西藏的实际建设有进一步的发展”。[46]

“某国作家”看到了这些问题，宣称：“班禅喇嘛之归藏问题能否实现？乃决定西藏之将来之重大问题也，即或由中国派班禅之归藏而西藏之主权归还中国欤？抑或因其入藏被拒绝而西藏仍由亲英派的达赖一族继续排斥中国欤？”[47] 在十三世达赖喇嘛 1933 年 12 月 17 日圆寂后，无论是“某国作家”还是中国舆论“咸以达赖圆寂，班禅入藏之始，为解决藏事之时机已至”[48]，西藏问题能否解决“全系于班禅此次入藏之成功与否以为断也”[49]。但是，达赖系统和噶厦竭力阻拦九世班禅喇嘛，英国政府也担心“对于西藏的前途，将发生重大的关系”[50] 而暗中反对。有人就此建议国民政府：“吾人须注意者，班禅回藏与否应以国家利害为转移，易言之，达赖班禅之争夺事小，而中央在西藏恢复统治权之事大，吾人应认清事实，权衡轻重而为之；否则，顾小失大。”[51] 国民政府不能采取强硬措施，九世班禅喇嘛在返藏无望中圆寂。

康藏纠纷“是西藏问题的另一面”。“民元以后，达赖多少自动地和川康发生地方性的纠葛，通常叫作康藏纠纷。”[52] 首先，它的发生“实以英国内外藏之谬论为嚆矢”[53]。其次，它长达数十年，1917 至 1918 年、1920 至 1921 年、1930 至 1933 年发生三次大规模的冲突，基本停止在 1939 年，康藏界务解决则在中华人民共和国成立之后。再次，它在中英两国较量与交涉的演变中具有独特的性质。从英国 1888 年发动第一次侵藏战争到 1917 年第一次康藏冲突发生，西藏问题“是以中英为中心的外交方式的西藏问题”。康藏纠纷的发生，一方面“使西藏问题变为三角的中英藏关系”，一方面使西藏问题从国际性的中英交涉“转变到这种地方性的康藏纠纷”。[54] 因此，中国非常重视康藏纠纷，国民政府认为它“不但有关我国西陲两省的治安，且有关整个中华民族的兴亡”[55]。中国舆论“以康藏纠纷为整个西藏问题之核心”，认为“康藏纠纷之得解决，整个西藏问题当易解决也”[56]，强调要想恢复正常的西藏地方与中央政府的关系，“必定地要把康藏纠纷的边界悬案彻底解决，使再无过去之隔阂愤恨”[57]。英国政府也将康藏界务问题视为“大不列颠与中国之间唯一重要、悬而未决的问题”[58]。

时人认为，“中央对西藏统治权之恢复为西藏问题之核心，因其关系国家主权领土之完整，至大且巨，其他若康藏划界问题、班禅回藏问题，皆为西藏问题之枝节，故无关国家主权领土之得失”[59]。但是从上述来看，班禅返藏与康藏问题并非仅仅属于“枝节”问题，实际上也反映了中央政府治藏主权的恢复。

围绕主权的恢复，时人提出了解决西藏问题的四项基本原则：“西藏外交权应归中央”、“西藏军事权应归中央”、“西藏政教领袖之册封与任命权应归中央”、“恢复驻藏办事长官”。解决办法为：第一，“派员赴藏联络感情，晓示内向亲英之利害”。第二，“开辟川藏交通以为商榷藏事之准备”。第三，“召集西藏政教领袖来京使之认识中国”。第四，“解决藏事应以西藏地方政府为交涉之对策”，不许他人干涉内政。[60] 国民政府成立之初，国民党中央政治委员会通过《解决中藏问题条件》十一条，以恢复西藏地方与中央政府的正常关系为核心，规定：在西藏的地位与权力上，噶厦拥有“完全自治权”，其“外交及军政重大事项应由国民政府负责办理”，不得与外国“发生政治关系”，与“他国旧订之约得提请国民政府处理”；国民政府“派专员常川驻藏，达赖、班禅应负保护全责，并予以种种便利”，西藏“得派专员常川驻京，并由国民政府酌给办公费”。在达赖、班禅两个系统的关系上，双方“在西藏政教上之权利概仍其旧”，“达赖应欢迎班禅回藏”。在康藏纠纷问题上，“达赖应将占领西康各县完全交还国民政府”。[61]1934 年黄慕松入藏前，国民政府再次决定：“根据国内民族平等之原则，除外交国防及与各国通商等重要交涉，归中央负责外，关于藏方政教等问题，仍由藏政府自行处理。将来班禅回藏后，中央并以人力财力开发藏地实业教育交通等建设，完成近代化自治政府。为沟通中藏隔阂，决恢复驻藏办事处，对达赖班禅原有薪俸及三大寺津贴，一律仍依前清例照给，并鼓励藏地青年至内地就学及服务中央，以敦感情。又为免藏民误会，决不派军入藏，但对藏军须加训练，使合时代化。驻藏大员由中央遴选廉洁人员担任，如有贪污或虐待情事，准藏民随时控告严惩。对拉萨通成都青海交通，如汽车道邮电及飞行场，均赶速完成。并豁免中藏间一切关税，保护藏商至内地贸易。西康划界纠纷，如藏方承认中央有主权对外交涉，秉承中央命令处理，依照藏方意见，亦无不可。对外如印藏划界，中央将向英国交涉划清，以免纠纷云。”[62]

国民政府实施上述治藏政策，具有几个明显的特征。

其一，视为内政问题，反对外来干涉。北洋政府虽然一直强调中国对西藏拥有无可争辩的主权，西藏问题是中国内政，坚决反对外国干涉，但是出于各种原因多次与英国谈判藏事，犯下参加西姆拉会议的大错。国民政府引以为鉴，坚持“西藏为中国领土，我国内政决不受任何国家预问”[63]的基本立场，未与英国就西藏问题进行过谈判，坚决反对英国政府提出的所谓“三方协约”，争取与噶厦在国家内部解决藏事。吴忠信提出了具体措施：“（子）运用各种适宜方略，使藏人与中央诚意协作，一致对付英人，而阻止其事实上之侵略，拒绝其无端之干预。（丑）根据条约，认西藏行政区划及中央关系上之调整为内政范围之事，应直接与西藏商决，努力避免英人之参加。而于藏人受英印无形钳制之处，须于体谅之中代求解脱之法。（寅）所有藏英间民元以来订结之明密各条约或类似条约性质之文件，应报告中央研究后，再定应付方式。（卯）英人在藏于条约所得之权利，有损我领土主权或与藏人生存攸关者，应视我国国力、国际事变及印度情势为何，逐渐收回之。”[64]

其二，视为中华民族的团结与统一问题。石青阳担任蒙藏委员会委员长后致函西藏全体代表指出：“中华民国以五族合组而成，西藏乃五族之一，一切平等，从无歧视，按之历史，唐代以来，一千余年，文化政治，息息相关，国家无藏，便是已缺金瓯，藏离国家，不异去革之毛毳。”[65]黄慕松入藏期间再次阐述此点。噶厦作了一定的回应：“我们中国民族之大，人民散布不集中，受外人侵略，必须大家团结起来。”[66]

其三，想法解决西藏地方政制。1933 年 8 月 3 日电称：“中央以西藏政制应否恢复前清驻藏大臣制度，或由中央派员辅助达赖处理政治，其职权如何划分，行政系统如何认定，及西藏外交、军事、财政、宗教等项处置，均应有详密考虑，已交边疆政制研究会讨论。”[67]另有人赞同说：“……恢复从前关系之首要步骤，则为今后‘政’‘教’应分立而治，达赖班禅只管宗教，政治则由中央委任官吏治理。关于后者，中央对西藏应恢复前清驻藏大臣之关系。按清代驻藏大臣之职业，有任用官吏、稽核财政、管理军事、处置诉讼等之最高权。今日中央欲恢复驻藏大臣（民国后改为驻藏办事长官）之关系，应有此等权限。”[68]

三、阶段划分：中英藏两国三方之间关系演变的基本轨迹

围绕西藏问题，中英噶厦两国三方之间关系出现了独特的演变。

就英国侵藏来说，著名藏学家周源认为“英国政府的西藏政策及其发展演变的轨迹，大致可以分为三个阶段”。第一阶段，从1888年发动第一次侵藏战争到1893年签订《中英会议藏印条约续约》，英国政府对藏政策的核心是“承认西藏是中国的一部分，承认中国中央政府对西藏的主权管辖，是以清中央政府为谈判对象解决涉藏问题的，谋取在藏利益”。第二阶段从1904年发动第二次侵藏战争至1909年签订《中英续订藏印通商章程》，“英国政府试图挑战中国对西藏的主权管辖，但未得逞，但通过与清政府和沙俄政府签订的涉藏条约，实现了其基于地缘政治需要，把西藏变为禁止沙俄和其他西方列强插足的独占势力范围和拱卫英属印度安全的‘战略缓冲区’的战略目标”。第三阶段为民国时期，“英国政府正面挑战中国对西藏的主权，企图代之以‘宗主权’，以实现‘自治外藏’的‘变相独立’”。周源进而认为：“民国期间，政局动荡，外患不已，战乱频仍，国家积贫，但历届民国中央政府坚持在西藏问题上的底线，始终未放弃对西藏的主权管辖，不承认所谓‘宗主权’，所以，整个民国期间，中英政府未就西藏问题缔结过任何条约。而西姆拉会议是近代以来英国侵略西藏的最高峰，此后，随着英国自身的衰落和西藏地缘政治价值的下降，英国对西藏的侵略总的来说走下坡路，面对中华民国政府恢复和加强对西藏的主权管辖的努力，英国基本处于守势，维护既得利益。尽管它一直企图把‘宗主权’关系强加于中国政府，但这只能是它的一厢情愿，终未得逞。”[69]

三阶段划分基本上反映了晚清以来至1917—1918年第一次康藏冲突爆发之前中英两国政府围绕西藏问题展开争论与交涉的变化，当时即有人分析了这一变化轨迹：“一则从光绪或者更早以前至民元时，是以中英为中心的外交方式之西藏问题；二则民元以后，政府无力顾及西陲，转而以英藏为中心；三则因达赖之企图独立，即演成康藏纠纷，使西藏问题一变而为中英藏三角关系。”[70]此外，周源还深刻指出了1927年后国民政府的立场坚定与英国的企图未能得逞。

英国在1918年后的侵略政策的确不如以前强硬，署名“景”的作者1934年分析说：“大战以前，英人经营西藏之野心在政治，以印藏接壤，唇齿相依，为防止帝俄南侵，不得不谋攫取西藏。战后此种色彩，渐趋消极。其目标仅止于经济利益，深望西藏为一缓冲地带，以固印度北圉。此其理由，不仅因帝俄倾覆，英在藏已失防御对象，且以英领土之过度膨胀，逐渐离心，并吞西藏，亦非得计。”[71]“西康民众代表”陈尊泉1935年著文进一步分析：“现在英人对藏事已比较缓和，其缓和原因，大约如次：(1) 英人侵藏之动机，最初恐怕俄人掠得西藏，以威胁其印度殖民地，故先发制人，以阻俄国势力之侵入。(2) 英人正感掠得之印度，已难保持。印度不保，西藏无所用；且恐侵藏而激起藏人更激烈之反感。(3) 英国战后，其经济远不如前，其殖民地已遍满全球，不感缺少。其目前需要，在保守殖民地，稳定殖民地，而不在掠夺殖民地，使其对外关系恶化，而增进其国家经济困难。(4) 中国自身底不健全，经营西藏，一时尚难得显著底成功，将来英国需要侵夺西藏时，尚不失其机会。”[72]这些分析具有一定的道理，但实际原因在于国民政府尚无力解决西藏问题，英国还能维持“战略缓冲区”的利益。因此，它一方面“屡向我表示无占领藏土之野心”，一方面“亦不愿我派兵入藏，妨及印边之治安”。[73]

然而，英国在一段时期里“对藏不是放弃侵略，而是暂缓侵略”[74]。从日本制造华北危机到发动全面侵华战争时，英印趁火打劫，有学者指出了1935至1940年间英国对西藏采取的“前进政策”和由此爆发的门隅、洛渝、察隅危机。[75]日本进攻缅甸期间，英印的侵略行动有所放慢，但自1943年前后逐渐加剧。1945年秋，英国驻锡金政治专员霍普金森入藏，以噶厦割让包括白马岗、察隅、门达旺在内的藏南土地为条件，换取将来“进一步干与（预）中藏事务”，即支持噶厦“独立”。[76]1946年，黎吉生唆使达扎派“代表团”出席在印度举行的泛亚洲会议，声称“如今正是搞西藏独立的大好时机”，“英国政府也表示将为西藏的独立活动予以各方面的支持”。这些表明，英印“妄图利用国民党政权摇摇欲坠的政治形势，扶持地方政府中的分裂主义势力，策划‘西藏独立’，进而染指西藏”[77]，并在中印两国之间留下领土争端。

就民国时期中央政府与西藏地方的关系演变来说，以1940年为界，分为两个大阶段。在第一大阶段里，中央政府对西藏地方的政治关系和治藏主权逐渐恢复。

吴忠信将第一个大阶段分为三阶段。第一阶段为1911至1933年12月十三世达赖喇嘛圆寂。“综观此一阶段内中央与西藏之关系，外有英人之指使，内有达赖之反复，冲突频仍，纠纷迭起，洵属两方感情最恶劣之时期。”第二阶段为1934年黄慕松入藏致祭十三世达赖喇嘛至1936年秋去职蒙藏委员会委员长。十三世达赖喇嘛“渐次觉悟非拥护中央不足以图存”。他圆寂后，黄慕松入藏致祭，“中央遂乘此机会打破两方隔阂之局”。“综括此一阶段内，中央与西藏之关系，虽已由冲突时期变为商讨时期，然对西藏主权之掌握，则尚有所未能也。”第三阶段为吴忠信1936年秋接任蒙藏委员会委员长至1940年主持十四世达赖喇嘛坐床大典。“达赖转世及坐床为西藏政教上最重要之事，现由中央派员主持，而西藏能遵照办事；热振系代理藏王，此次接受中央册封，即不啻表明西藏政教上最高主权已属之中央。”[78]孔庆宗认为应将第一阶段分为1911至1928年、1929至1933年两个时期。1929年，蒋介石任命西藏驻北平雍和宫堪布贡觉仲尼为慰问专员入藏慰问，十三世达赖喇嘛“以昔年迎接朝旨之仪式，接受蒋主席所致之亲笔函件”。接着，他以贡觉仲尼“为驻京代表继续联络接洽，由是中央与西藏之关系，断而复续”。[79]

英印政府注意到上述关系的变化。驻锡金政治专员威尔声称，自贝尔1921年“访问”拉萨后，“西藏对大不列颠的友好情谊到达顶峰”。但是“1924年以来，西藏的亲英感情不断下降”。[80]贝尔也宣称：“到1925年，达赖喇嘛日益坚定地撇开英国，转向中国……俄国报刊幸灾乐祸地报道说：英国在西藏的影响崩溃。毫无疑问，英国大大地失去了影响……在那些年代里，西藏的两位领袖达赖喇嘛和班禅喇嘛已经有明显转向中国的趋势。”[81]

第二大阶段自1940到1949年，中央政府与噶厦的政治关系跌宕起伏。

1940年至1944年，孔庆宗担任蒙藏委员会驻藏办事处处长。他在1945年6月1日的述职报告中，将其任期分为前后两期。前期自1940年4月1日起至1942年“西藏承认测修中印公路案止”，约两年余。他称这一时期为“好转期”，好转原因是：“吴委员长入藏主持达赖坐床，确定中央对藏主权，国威远播，藏局开展。斯时藏方军备空虚，热振亲华，英国惨遭日寇打击，未遑顾及藏事。”好转事实为：“如西藏摄政更易之预呈中央；日伪鼓动外蒙活佛哲布尊丹巴转世事之被阻止；宁静盐井石油产地之允派员调查；外人对藏交涉之允报中央承认；中央在拉萨添设无线电话台；欢迎班禅法体回藏；派遣西藏出席国民大会代表；默许创办拉萨古札（贵族）学校、江达、昌都两小学校及收回管辖汉人之司法权等，均于是时交涉，圆满成功。”

孔庆宗称后期为“逆转期”，“自西藏拒绝测修中印路”起至其去职时止，亦有两年余。逆转之因在于几方面：“日军迫近印度，藏人意向动摇，中央提洽各要案如修路、撤侨、驿运物资等，均与藏方闭关自主之基本政策相抵触。斯时英国对藏已采进取方针，遇事挑拨，敌谍、汉奸散布谣言，中央驻藏少数人员行动纷歧。”逆转事实表现为：“西藏拒路成功，认为中央在抗战期中不致武力对藏，遂擅设外交局。职奉令不与该局接洽事件，而噶厦亦以不与职处往还为抵制，两相坚持，势不得不成为僵局。此后藏方凌虐汉人、纵警扰处、停止支应等，无非欲藉以迫职就其范围之枝节作用，幸青军进驻玉树，藏局未生他变。”[82]

沈宗濂于1944至1946年初担任蒙藏委员会驻藏办事处处长；此后至1949年7月，由陈锡璋代理。曾任办事处英文秘书的柳陞祺将这段时期分为“顺风路”、“逆风路”两个阶段：“大致从1944年我们和沈宗濂入藏算起，到1946年初他离开拉萨去南京‘述职’为止，作为一个阶段，这是我们走顺风路的日子。从这以后，我们就慢慢走上逆风路，直到（1949年7月）离开。”他进而指出了从“顺风路”到“逆风路”的原因：“走顺风路”在于1944年中美英三国开罗会议之后中国成为四强之一，1945年又赢得了抗日战争的伟大胜利。本来“这一切无疑为我国解决所谓西藏问题，创造了过去从来未有过的有利的国际条件”，但是这个有利时机被国民党对中国共产党的内战打跑了，中央政府对西藏地方的关系也就“走上逆风路”。[83]

的确，沈宗濂任职时期噶厦与中央政府的关系“渐佳”[84]。蒙藏委员会1945年7月在工作报告中列举了表现情况：噶厦恢复了对蒙藏委员会驻藏办事处“一度停止之正常供应”；“藏政府擅设之外事局，原为抵制该处接洽公务之门路，现中央与西藏间日常事务，仍由沈处长与摄政及噶厦等直接商洽”；“其对中央一般指示，亦尚能开诚相见，虚心接纳，如对外交之应付及国防安全等，均经遵照中央意旨，以国家民族为前提，在领土主权完整原则下，予以适宜之处置”；“班禅转世事，西藏当局对中央核定办法两年避不答复，近则来电报告，愿照中央指示，依从旧例办理”。报告还阐述了西藏人民的抗日热情：“三十三年国庆日，拉萨官民曾发起响应一县一机运动，结果捐献飞机二十五架，计国币五百万元。此就西藏政府方面言也。至于僧俗民众方面，对抗战胜利之信心……亦与日俱进。前后藏各大寺庙及其所属各札仓，年来呈报中央诵经祝祷抗战胜利……络绎不绝；尤以拉萨三大寺中色拉寺，自民元与驻军冲突后，素以反汉者著称，近亦先后具呈中央，供献法物，表示真诚拥护之意。”[85]英国方面极为恼火，声称：“证据越来越表明，中国驻藏办事处代表沈宗濂同包括西藏外交局索康札萨在内的西藏政治中的头面人物的关系日益密切。”[86]

走上逆风路的原因，除了内地政局变化外，自然与英国政府和印度政府的挑唆有关。英国政府“以印度行将独立为诱饵，唆使西藏酝酿独立之要求”[87]。如前所指出，印度独立前担任英国“驻藏代表”、独立后担任印度“驻藏代表”的黎吉生，先是唆使噶厦组织“代表团”赴印参加泛亚洲会议，接着表示“愿意从多方干预和阻挠共产党进入西藏”[88]。于是，噶厦进行三次分裂活动：1947 年上半年达扎派“代表团”出席泛亚洲会议；1947 年 10 月至 1949 年 4 月夏格巴率团赴印、美、英进行“商务”活动；1949 年 7 月 8 日制造“驱汉事件”。

四、“尚有待于磋商”：国民政府未能解决西藏问题

经过努力，国民政府在解决西藏问题和维护国家领土主权的完整和中华民族的团结与统一上取得了步步的显著成绩：1929 年，刘曼卿入藏沟通中央政府与西藏地方政府的意见，十三世达赖喇嘛明确表示“决不亲英，也无意脱离中央”[89]。贡觉仲尼入藏后，西藏驻京办事处于 1930 年成立。1934 年，黄慕松入藏致祭十三世达赖喇嘛，噶厦承认西藏为中国领土的一部分。1940 年，吴忠信入藏主持十四世达赖喇嘛坐床大典，表明达赖喇嘛转世灵童的遴选需要中央政府认可，坐床大典须由中央政府派遣大员主持；蒙藏委员会驻藏办事处的成立，使中央政府在藏正式机关的恢复走出了第一步。1946 年，西藏地方代表出席国民大会参与起草《中华民国宪法》，西藏是中国领土不可分割的重要组成部分，其政治地位在宪法上再次得到明确规定。1948 年，噶厦根据宪法的规定，选举立法委员、监察委员，参加立法院、监察院的工作。曾任噶伦的阿沛·阿旺晋美总结说：整个民国时期，“西藏和中央的关系没有清朝那么紧密，西藏地方有自己的政府，有军队，有法律，有藏币，也有邮政。所有这些，同我国其他少数民族地区相比，确实有其特殊的地方，但西藏和中央的关系仍继续保持着：一方面，国民党在拉萨设有办事处，西藏地方也正式在南京设立了办事处；另一方面，即便在这样的情况下，也没有任何一个外国承认过西藏是‘独立’的，国民党中央政府和西藏地方仍是一种政治隶属关系”[90]。

但是，除了班禅返藏和康藏划界问题未能解决外，尚有其他涉及治藏主权的许多问题亦未能解决，即阿沛·阿旺晋美所说的“西藏地方有自己的政府，有军队，有法律，有藏币，也有邮政”。黄慕松指出，虽然噶厦“承认西藏为中国领土之一部大前提虽已解决，而其他政治、防军一切之解决，尚有待于磋商也”[91]。

孔庆宗也指出，虽然吴忠信主持十四世达赖喇嘛坐床大典表明“确定中央对藏之主权”，但是“惟待细目上之解决”。[92] 对于这一系列问题，国民政府未能解决。

首先，英国政府、英印政府竭力阻拦和干涉国民政府解决西藏问题。

国民政府曾有两次出兵解决西藏问题的机会，但均因内部未协调好和英国的干涉而丧失。一次是抗战中期。很多人认为“中央对藏仅用武力即可成功”[93]。拉卜楞布寺嘉木样活佛对吴忠信提出：噶厦除热振本人对中央政府“表面上尚有一点表示外，其他则并此而无之”，如欲根本解决西藏问题，“惟在力量”。1940年3月29日，曾任藏军总司令的龙厦对吴忠信所派前去看望的朱章强调：“西藏无疑的为中国领土之一，中国如欲保存领土，则解决藏事在今日不容再缓，否则十数年后藏局即不可收拾矣。”[94]1943年，蒋介石计划云南龙云、西康刘文辉、青海马步芳三路出兵。英国政府威胁声称，不能坐视蒋介石出兵。蒋介石考虑再三，终止出兵计划，因而噶厦“认为中央在抗战期中不致武力对藏”[95]，其原因诚如此前朱章在回答龙厦的建议时所说：“君观察透彻，见解明达，实令人佩服……惟目前国际形势复杂，西藏问题虽属中国内政范围，苟操之过切，反生其他阻碍，君洞明国际大势，当能悉其症结。”[96]

另一次是抗战之后。孔庆宗建议在抗战胜利后“即彻底解决藏事”[97]。西藏一些僧民也“颇切望中央能作有效之措施，以改善西藏之政治，自胜利以来即在引颈以待”[98]。沈宗濂接任蒙藏委员会驻藏办事处处长后建议：一方面“现在应当积极准备，相机与西藏地方政府协商改进关系。另一方面，应向英国提出西藏问题，进行交涉，解决两国间的悬案，然后对藏进行工作才有轨道可行”。但蒋介石指示戴季陶、陈布雷具名回电强调“维持现状，不宜多事更张”，并强调“以无事为大事，无功为大功”。[99] 孔庆宗就此指出：国民党政府内“须安定后方。外顾国际情势，致对英不能为有效之交涉，对藏不能作实力之控制”[100]。可见，这次机会除了被国民党发动的内战打跑外，也与“国际情势”有关。

其次，噶厦竭力维持现状，反对中央政府收回治权。

不论达扎这样的分裂头子，即使是被视为“亲近中央”[101] 的热振，亦竭力维持既得利益。在1940年3月31日与孔庆宗、张威白的讨论中，热振的“答语极为可异”。孔、张二人指出：“近年国际形势险恶，西藏甚为安稳，固由当局善为应付，但中央与西藏关系密切非他国所能比拟，休戚相关，亦一原因。万一外国真有以武力侵略西藏之事，只要西藏需要，中央乐受（于）帮助，中央决不袖手旁观。”热振回答：“现在西藏形势复杂，一般看法，以为客气点说，西藏系自治，坦白说西藏是独立国。对中央，英、俄、日本、尼泊尔等国都是一样，无论西藏自身人力如何，总要自己向各国应付，无须他国代劳。前清向西藏压迫，直至军事冲突，可见藏人之意志。且英国承认西藏是独立国，现僧俗官员中实有不少倾向英国者，所以望中央对于西藏之事最好缓和，求其进步。”[102]

不仅国民政府在英国的威胁下慎重，而且西藏僧俗也“惧英人实力强大及英经济侵略，尤以藏中当局为甚”。泽墨对黄慕松担心地称：“英国国势强大，通藏交通便利，一旦藏英有事，英军两周内兵力可抵拉萨，即使中央帮忙，增援部队，但交通阻滞，至快非三个月不能到拉萨。”[103]这是噶厦迟疑改善与中央政府关系的原因之一。不过，英国的干涉和介入也成为噶厦维持现状、阻止国民政府“采取更进一步措施的借口，即如果对中央做出任何让步，西藏也得同样地给予英国以利益。例如，蒙藏委员会驻藏办事处有一个无线电台和一个小诊所，驻拉萨的英国代表处也要扩充相应设施；中央高级官员刚来拉萨，英国相当级别的人物也立即出现了”[104]。沈宗濂以外交权为例指出：“至外交由中央主持，藏人亦明知智力均不能与英人抗衡，但顾虑外交归中央后将伤（丧）失自主之地位。西藏仍在封建制下，世家官吏对平民有生杀予夺之权，英人煽惑最有力者为此，如归中央统制，西藏统制（治）阶级之地位财职俱将不保。”[105]

总之，英国的干涉和噶厦竭力维持既得利益，是国民政府未能解决西藏问题的两大原因。当然，国民政府还面临其他困难，吴忠信指出有三：“（一）环境，过去神权、贵族积习已深，欲改革环境，颇为不易。（二）经费，如从事种种开发事业，每年耗费数千万尚不易表现成绩。（三）人才，各项高等专门人才，类视边地为畏途，未必能踊跃从事。”[106]李有义指出：“目前国内对西藏情形之隔膜，远过于任何外国，西藏虽为中国领土，然国人对之明了者则极少……不仅民间如此，即政府亦无例外，作者在藏时曾见有多数政府机关公文有寄西藏省政府者，有交市参议会者，有交妇女运动委员会者，更有专司边教之机关，如教育部边疆教育司，竟有将后藏扎什仑布小学之公文寄绥远者，诸如此类不胜枚举，要皆出于隔膜。”他强调：如要改变此种局面，就须“加强边地之调查研究工作，并将所得多向国人报道，庶国人对西藏逐渐有明确之认识，任何正确之政策必基于正确之认识，目前政府之错误实际亦由于缺乏认识之故”。[107]

总而言之，西藏是中国的西南门户，战略地位重大，不容他人染指。“英国之所以要侵略和分裂我国的西藏，目的就是将其变为保护印度东北边境的‘缓冲区’，排除其他国家插手的可能而由英国独自控制这片广袤的高原。”[108]为此，英国政府采取了一系列阴谋手段，从各种渠道侵略西藏，竭力阻止国民政府解决西藏问题。国民政府相应地采取了一系列维护国家领土与主权完整的措施。虽然西藏问题包含着康藏纠纷、班禅返藏等一系列问题，但核心是西藏地方与中央政府的正常关系如何恢复的问题。围绕此核心问题，中英噶厦两国三方之间关系随着阶段的变化发生了相应的演变。

第二节 “宗主权”：中英两国政府关于西藏问题较量与争论之核心

近代以来，“西藏成为一个国际上有争议的问题”，争议的内容就是“围绕着对中国主权的看法”[109]，而“宗主权”是英帝国主义否定中国主权、分裂西藏的核心工具，国民政府为恢复治藏主权同英国政府展开了激烈的较量与交涉。虽然学术界研究了宗主权的产生和实质[110]，亦分析了1943年中英两国关于西藏政治地位的争论，但是自1907年英俄签订《圣彼得堡条约》“第一次把中国政府与西藏的关系用‘宗主权’（suzerainty）一词界定下来”，“没有人下工夫弄清楚它的准确含义”[111]，亦未探讨国民政府如何与英国政府围绕宗主权问题进行较量与争论，这里需要总结一下。

一、较量渐起：所谓“中国理论上的宗主权”下的“自治”

在探讨国民政府同英国政府较量与争论之前，有必要阐述“宗主权”的出笼和国民政府对其的认识。1903年1月8日，英印总督寇松首次提出中国对西藏只有“宗主权”。英国接着发动第二次侵藏战争，企图“变西藏为实际上的保护领”[112]。1907年，英俄合谋以“宗主权”否定中国对西藏的主权，声称“西藏是中国宗主权下的一个外国君主统治的国家（a feudatory state），不仅拥有很大的自治权，而且有权和邻近国家就相互间贸易、边界缔结条约”[113]。1912年6月，英印政府对十三世达赖喇嘛强调愿意“看到西藏在中国的宗主权之下保持内部自主权，不受中国干预”[114]。至1921年，以反对中国政府恢复驻藏办事长官和派驻军队、企图制造“大西藏”两大内容为核心，以“宗主权”为幌子的侵藏政策基本确定，英国政府宣称：“大不列颠所取得的唯一特殊利益，是作为一个在地理位置上使其对西藏具有压倒优势的政治影响的强国理应有权要求的。”[115]国民政府总结了它成立以前英国以宗主权为工具的侵略手段，指出：“甲、取得我政府对于其在西藏已经获得之权益之承认，则可假尊重我宗主权之名义，而阻止其他国家对西藏作任何之企图。乙、在不变更我宗主权之名义下，将历次条约关于‘外国’之各项规定，一律施诸我方，故凡遇中央在藏有所行动，彼即要求享受一相抵或相同之权利。丙、一面支持现状，牢笼一般藏官心理，一面唆使藏方推拒中央一切新设施，而维持英国在藏所占之优势。丁、对中央及各外国种种抵拒行为，多由英人暗中操纵而概诿诸藏方，以卸责任。”[116]

国民政府成立后设法表明拥有对西藏的主权，英国政府置之不理。1928 年 10 月 9 日，即五院制国民政府成立次日，外长王正廷照会英国驻华公使兰普森提出：中英两国关于《藏印通商章程》是 1908 年 4 月 20 日签订的，第 13 款规定“此次章程自两国全权大臣及西藏代表员签押之日起，应通行十年。若期满后六个月内，彼此俱未知照更改，此章应再行十年。每至十年，俱照此办理”[117]，“今年 4 月 20 日，第二个十年已结束。中英两国应根据现况，缔结新的藏印条约，以发展藏印贸易，并加强中英两国的友好关系”[118]。这不仅仅是以新的通商章程取代旧的通商章程的问题，而且是行使对藏主权的问题。兰普森建议英国政府说：“最好置之不理；即使要回答，也要非常简便。因为如果争辩，南京政府就会反驳，从而给它提供炫耀自己（享有主权）的机会，而目前中藏关系仍然朦胧模糊（nebulous），我们没有必要去争论它那不确定的宗主国权力（suzerain rights）。”[119]英国政府也认为“任何回答都会引起中国的抗议”，因而“没有给中国任何回答”。[120]

国民政府见英国政府置之不理，设法通过内部协商解决西藏问题，英国政府敏感地注视着国民政府的行动。1929 年，达赖、班禅两个系统争吵，国民政府协调双方矛盾，英国政府担心国民政府乘机以武力解决班禅返藏问题，因为“自国民政府在南京成立后就不断传言提议中国干涉，以维护对藏宗主权(suzerainty)”[121]。1930 年初，刘曼卿、贡觉仲尼受国民政府所派到拉萨与十三世达赖喇嘛、噶厦交换改善西藏地方与中央关系的意见，英国政府认为国民政府派遣的目的“毫无疑问在于再次确认中国对西藏的传统宗主权（traditional suzerainty)”[122]。英国政府有意以“suzerain rights”或“suzerainty”一词替换国民政府强调的主权。随后爆发第三次康藏冲突，国民政府与噶厦的协商进程中断，英国政府放下心来。

十三世达赖喇嘛于 1933 年 12 月 17 日圆寂后，国民政府派遣黄慕松于 1934 年入藏致祭，并与噶厦“就西藏在中国的地位展开协商”。英国政府批评认为，噶厦“不再坚持甚至不要求英国政府代表在场，而这是 1914 年西姆拉草约第 5

款规定的”[123]。1934年11月10日，黄慕松为“西藏当然为中华民国领土之一部分”及“西藏服从中央”[124]两点致噶厦说帖。11月16日，噶厦复函黄慕松，回答十条，前四条如下：“对外西藏为中国之领土，中国政府须答应不将西藏改为行省”；“西藏之内外大小权力暨法规等，无违害政教者，可以依从中国政府之谕”；“西藏内务之政教所有例规，应如现在自权自主，所有西藏之文武权力不由汉政府加以干预，应如先后口允者为准”；“为西藏地方安宁，故边界之国家及奉行佛法之人类，应予和好如现在，然西藏与外国立约未尽之事，其重要者，由汉政府共同办理”。[125]英方档案所载噶厦致黄慕松信函，说：“在黄慕松不断要求之下，为了对外表现一致，由于西藏毗连中国边界，我们承认从属于中国，但是所有对外关系和内政之权不受干涉。”[126]这把西藏为中国领土的一部分称为“从属于中国”，却称西藏所有内政外交权完全由噶厦自己掌握。黄慕松则指出噶厦“对于领土主权，较有相当认识”，只是对于服从中央政府“颇多扞格矛盾处”。[127]

本来，黄慕松与噶厦商定派遣一名噶伦入京，以答谢中央政府致祭为由，进一步协商西藏地方与中央的关系。为阻断此进程，英国政府决定派驻锡金政治专员威廉逊入藏活动。威廉逊启程前，英国政府、英印政府讨论了行动准则。6月28日，英印政府致电英国政府印度事务部，提出对藏政策需要考虑：其一，“由于陛下政府在华具有巨大的商业利益，对藏政策必须服务于英国政府对华的总政策，所采取的措施必须避免招致南京政府的敌对和猜疑。即是说，所采取的措施不能被认为是将西藏从中国分裂出来，我们自己在1914年（参见这年未获批准的西姆拉草约第2条）承认了中国对西藏的宗主权（suzerainty）。在黄慕松入藏期间，西藏政府也承认了此宗主权”。其二，“近年来东亚和中亚出现的新政治因素对于英印政府维持对友好西藏的影响，无比重要”，主要表现在：首先，“中国共产主义者被驱赶至靠近西藏边界的地区。我们有理由相信苏联当局已考虑在其新疆的机构与西部中国的红军建立联系的可能性”。其次，“日本对中国霸权的任何发展，都不可避免使日本对中国坚持拥有宗主权（suzerainty）的边远各省的兴趣日益增加，特别是日本认为其有可能在新疆或蒙古迎接苏联的侵略”。因此，“维持一个神权统治的独立而自治的西藏（an independent and autonomous Tibet），比起任何恢复中国对西藏的有效控制来说，对于防止苏联前进到印度边界来说，要有保证得多”。[128]

在上述考虑之下，英印政府建议：如果噶厦询问威廉逊“英印政府能否保证保卫拉萨，则威廉逊应清楚地回答印度政府不能保证保卫西藏反对南京政府，因为西藏人自己确认了中国的宗主权（suzerainty）”。但是，“印度政府要更全面地给予西藏政府保证，虽然印度政府准备承认中国理论上的宗主权（the theoretic suzerainty of China），但要遵守西藏事实上为一自治国（an autonomous country）的政策。这一保证完全符合于西藏在致黄慕松函中所表明的承认中国的宗主权（Chinese suzerainty）的意思”。总之，“印度政府渴望维持与西藏的传统友谊，同过去一样直接与西藏打交道；如果西藏卷入同中国的任何冲突，印度政府在南京给予西藏全面的外交支持。西藏不能就西藏问题同中国进行谈判，除非其代表能在平等的条件上参加谈判。任何驻扎在拉萨的中国官员，应被西藏视为外交代表，他们无权干涉西藏政策。进一步说，由于中国自己和西藏确认了中国的宗主权（Chinese suzerainty），中国无权干涉西藏；这一宗主权在允诺外来支持上禁止向西藏政府建议对华采取独立态度”。[129]

英国政府指示英印政府，威廉逊入藏向噶厦传达下列态度：“(a) 在准备承认中国理论上的宗主权的同时，陛下政府坚持过去视西藏为事实上的一个自治国的政策。(b) 陛下政府渴望维持对藏传统友谊，继续同过去一样与西藏直接来往。(c) 如果西藏卷入与中国的争端，陛下政府准备在正当法理依据范围内在南京全力给予西藏外交支持。”指示还称：“陛下政府愿意参加中藏之间可能举行的任何一般性谈判，为重新铸造西藏作为中国宗主权（the suzerainty of China）下一个自治邦的地位（the status of Tibet as an autonomous State）而努力。”[130]

从上来看，黄慕松对噶厦强调的是主权，噶厦复函承认的也是主权，英国却有意将主权偷换为“宗主权”，称国民政府和西藏双方确认的是“宗主权”。与此偷换相对应的是：英国虽然声称不支持噶厦“对华采取独立态度”，却又称“中国理论上的宗主权”，西藏为“自治国”或“自治邦”，企图维持西藏“缓冲区”的地位。此外，英国还担心中国在解决西藏问题的基础上影响喜马拉雅山脉南麓地区政治版图的变化，英印政府即称“中国坚持对尼泊尔拥有一个模糊不清的宗主权（a shadowy suzerainty）”；“中国在西藏权力的发展，不可避免地要介入锡金问题”。[131]

威廉逊于 8 月下旬入藏，11 月死于拉萨。他竭力“全面而坦诚地”与噶厦讨论西藏问题。[132] 按照英方档案所称，噶厦的态度在威廉逊入藏破坏后发生变化。12 月 16 日，黎吉生向英印政府汇报：“西藏政府现在无疑地不承认中国的宗主权（Chinese suzerainty）。”[133] 英国政府在一份注明日期为 1936 年 2 月 18

日的文件中进一步宣称:“关于承认西藏从属于理论上的中国宗主权(theoretical Chinese suzerainty)的独立,西藏政府现在甚至连西藏只是名义上在中国宗主权之下(under the suzerainty of China)的实际地位都不承认。噶厦在两种场合清楚表明此点,泽墨噶伦即宣布西藏的地位如下:‘去年(1934 年)黄慕松将军在藏期间,强迫西藏对外承认中国的宗主权(Chinese suzerainty)。西藏政府回答,如果汉人让出指定的地方,即位于东部边界上的德格和瞻对,同时仍然维持西藏内务与对外独立,不受中国干涉,则准备承认。西藏政府意识到中国还未让出德格和瞻对,因此现在拒绝承认中国的宗主权(Chinese suzerainty)——无论是理论上还是事实上。’”[134] 按此,威廉逊挑拨噶厦如果国民政府不接受“外藏”、“内藏”的划分,不把德格、瞻对(即新龙)从西康划入西藏,就不承认“中国的宗主权”。

综合来看,英国政府声称“继续把西藏当作是中国名义宗主权下的一个自治体”[135],其含义是“英国政府认为西藏虽在中国宗主权之下,但在其本身管区内则属自治的”[136]。1940 年 5 月,继任驻锡金政治专员的古德入藏期间以其“最简单易懂的语言”,进一步对噶厦声称西藏在中国的宗主权之下享有“实际的自治”,此种“自治”“属于并非完全的独立”。[137] 至于 1935 年华北危局逐渐恶化到 1940 年期间国民政府的态度,英国政府认为:“因为迫于日本的强大的压力,变得越来越默认英国的地位。例如,1940 年,中国外交部长向英国保证,在拉萨的中国官员将劝说西藏人,虽然中国愿意在西藏人希望中国帮助他们的时候随时提供帮助,但是他将不试图去阻止西藏沿着自己的路线方针发展。”[138]

二、正面交锋:所谓中国名义上的“宗主权”的“自治西藏”

1940 至 1941 年,国民政府计划修建一条穿越西藏东南部至阿萨姆平原的物资供应线。英国政府极为“震惊”,一方面认为国民政府乘机要在西藏派驻官员,“以监督对华物资供应线”[139],这样一来就恢复了中央官员在西藏的设置;一方面认为“这意味着有效地行使自治的西藏,其大部分毗邻阿萨姆喜马拉雅山地区的土地就会被中国夺去”。它对国民政府声称:“对于与继续维持西藏作为缓冲区完整的传统政策相悖的任何计划,都坚决反对。因此,对于在法律上属于拉萨管辖的土地上修建道路,如果事先未获西藏政府的同意,我们不能同意。”[140]

1942 年 6 月 7 日,艾登指示驻华大使薛穆(Horace James Seymour)对国民政府强调:“西藏反对物资供应路线计划,因为他们担心此计划不仅使他们卷入与日本的战争,而且会便利中国对西藏独立的侵犯(encroachment)。西藏拥有任何道义上的权利维持自己的独立；而此独立，我们过去已成功地捍卫，我们有责任支持藏人维持独立。”他进而宣称：“中国政府应更明确、公开地承诺其尊重西藏自治的意愿，不要干涉这个国家的内部事务”，既然“我们已经允诺赋予印度实际上的独立，中国对西藏也应如此”。[141] 在随后出笼的《关于西藏的备忘录》中，英国政府宣称：“英国支持西藏独立或完全自治的政策，依据于从克什米尔到缅甸的印藏边界的和平与安宁的利益。这一边界线不仅包含英属印度的三个邦（旁遮普、联合属地、阿萨姆）和两个印度土王（克什米尔、锡金），还包括两个位于喜马拉雅山的独立国家尼泊尔、不丹。”又称：“中国的民族主义者强调中华民国的领土即以前属于称之为‘中国’的所有领土，即满清王朝、满清帝国。但是，由于新中国建基于纯粹的中国民族主义，由于西藏像外蒙古一样已经有一段时间事实上独立于中国的统治之外，中国并无什么理由可以声称对一个国家（a nation）拥有十足的主权（an unqualified right of sovereignty）。”[142] 显然，英国政府要求国民政府在上述所谓“不试图去阻止西藏沿着自己的路线方针发展”的基础上不仅要尊重西藏“自治”而且准许“独立”，这就是此时英国政府将中国对西藏的主权混为“宗主权”的目的所在。

在这里，英国政府担心国民政府恢复对下列地区传统的政治关系，亦即它认为中国在下列地区曾经享有“宗主权”。其一，喜马拉雅山脉南麓地区。英印政府在 1940 年早期的一份文件中宣称：“过去的清王朝声称对尼泊尔拥有宗主权，而尼泊尔是印度招募军队极其重要的兵员地。一旦中国政府在西藏设立，就会宣称以前对尼泊尔的宗主权。也有可能，中国会将这种宗主权扩大至锡金和不丹。”[143] 柏尔曾言：“单就布丹而言，其民原属西藏族，又尊达赖为其精神上之首领，西藏与之联络甚久，几可扩充成为中国式之无形宗主权。”[144] 其二，缅甸和马来半岛。英国外交部官员克拉克（Ashley Clarke）致函印度事务部官员皮尔（R. T. Peel），声称：“虽然宋子文博士在华盛顿与艾登先生的交谈中宣布中国对缅甸或马来亚无任何领土野心，但是我们具有充分理由担心，中国不过是希望将西方列强的这些和其他殖民地纳入中国的轨道。”一些英国人就此认为：“换句话说，中国在西藏的‘宗主权’可以被中国用来描述以前在缅甸或马来亚的中国的‘宗主权’。的确，对英国来说问题就在于如何消除‘宗主权’。”[145]

在上述情况下，英国政府分裂中国活动的程度加剧。在其挑唆下，噶厦于 1942 年 7 月成立“外交局”，“以办理中国及其他外国交涉事件”，由贡觉仲尼、索康两人负责。记者询问“西藏政府是否认西藏为中国领土”，两人不答而称“俟战后再谈”。[146] 噶厦对英国驻江孜副政治专员卢德楼称：“鉴于近来西藏在对外事务方面面临着一些急迫的本质问题，根据几年前十三世达赖喇嘛提出的建议，决定成立新的‘外交局’。”[147] 英国政府对此大为欢迎，宣称：“目前应不受限地通过新成立的西藏‘外交局’在拉萨处理西藏对外事务。如果西藏提议在印度派驻代表，我们应准备考虑同意，因为这有利于印藏间关于包括贸易在内事务的讨论；此种派驻，视为对英国派驻拉萨代表的补充。如果中国提出质疑，我们可以回答我们并未给予西藏代表完全的外交地位，因为我们自己驻藏代表也不是外交层次上的。”[148]

国民政府的反应强烈。蒋介石批评“英国干涉我国西藏之政策与态度，毫未改变”[149]。他在 10 月 27 日对噶厦驻京代表阿旺坚赞的谈话中，谴责噶厦“竟派其外事局向中央驻藏办事处交涉，此即视本国为外国，视祖国为异国”，指出“必须认识西藏乃是中国领土之一部，西藏同胞亦为中国同胞之手足”，“西藏主权，必须恢复完整。现存种种不合正轨之情况，必须自动改进，否则即为违反时代潮流，而为我国抗战建国前途之所不容”。他批评噶厦受人唆使，指出“现在西藏境内，已有日本第五纵队，假装喇嘛，阴谋捣乱，煽惑西藏人民，排斥其他中国同胞，西藏政府如不洞烛奸谋，严格防止，而要假借外力，以图自重，则一旦落入日本陷阱，即成朝鲜第二，此点西藏政府与藏族同胞不可不特别警戒觉悟”。他指出：“凡事只须服从中央政府命令，遵守中央既定国策，力求统一进步，则中央政府爱护扶持之不遑，即任何国家，亦不敢侵略我西藏主权，欺压我藏族同胞，否则西藏前途，尚复何望。”[150] 他还强调：“近自国外传来消息，西藏将派驻印度代表，如果属实，中央绝难容忍。自家内部之事，有时尚可迁就，如对外国有出轨行动，定加制裁。”[151]1943 年到来之后，蒋介石决定“西藏主权之收回”为这年重要业务之一，解决西藏问题的政策为：“决予以高度自治权；惟外交与国防应统一于中央。”[152]3 月 15 日，宋子文在华盛顿对英国外交大臣艾登强调西藏为中国领土不可分割的一部分。4 月，蒋介石下令青海、西康、云南三省出兵，震慑噶厦中的分裂分子。

对于国民政府的立场，薛穆报告艾登称“看来中国政府比以前更决心在对西藏理论上的宗主国权力（the suzerain Power）的地位上不妥协”[153]。英国政府也将宋子文所强调的中国对藏主权称为“claiming Chinese suzerainty over Tibet”。英国政府虽然仍然有意将国民政府强调的主权称为宗主权，但是开始怀疑“宗主权”一词“到底是否好概念”，包括克拉克、皮尔在内的官员有过讨论。克拉克认为：

“虽然印度政府乐意‘与拉萨达成一个新的、更有束缚的协议，以保护麦克马洪线，也有利于防止中国在有利其时机到来时的企图’，但是西藏在该词之下无权就有关印度边界——特别是麦克马洪线——同印度政府达成协议。”皮尔赞同说“或许最好应永远放弃‘宗主权’一词”。[154]但其他官员反对，认为需要这个工具，只不过是要“对‘宗主权’一词作出很好的解释”，“其含义极大不同于福勒的定义（the Fowler definition），该定义认为一国在另一国的宗主权下无权处理自己的对外关系”。讨论结果为：“无论怎样，英国须有条件地承认中国对西藏的宗主权，即中国要正式地、清楚地承认西藏的自治。”[155]

5 月 7 日，薛穆抗议宋子文称：“西藏当局深感不安，英国政府以为中国政府在中亚细亚有所举动不甚相宜，希望中国政府能表示无此事实，以便转告西藏当局，使其相安。”还宣称：“西藏与中国其他部分不同，似系自主。”宋子文回称：“一国之内部队之调遣，实与另一国无关，至于一国之中央与地方接洽事件，无论其友国如何友好，亦无友国代为转达之必要。”[156]5 月 8 日，代理外长吴国桢对薛穆指出：“无论外国政府如何看待西藏，但西藏就是中国的一部分。”薛穆认为“中国政府或许认为任何外国在西藏同在中国本部各省一样并无更多的权力介入西藏事务”，因而回称“无论西藏在理论上的地位如何，西藏事实上完全不同于中国普通各省”[157]，即西藏为“自治西藏（autonomous Tibet）”[158]。5 月 10 日，蒋介石指示吴国桢：“西藏为中国领土，我国内政，决不受任何国家预问。我西藏之事，如其不再提时，则我方亦可不提。如其再提此事，应请其勿遭干预我国内政之嫌，以保全中英友谊。”[159]但艾登在 5 月 19 日致薛穆电中，指示回答：“如果中国承认西藏的自治，我们就准备承认中国的宗主权（suzerainty）。”[160]5 月 21 日，英国首相丘吉尔悍然宣称西藏为“独立国家”[161]。

由于宋子文要访问伦敦，英国政府认为要“起草一份文件，对‘宗主权’作出合适解释”，于 7 月 7 日批准了外交部与印度事务部讨论后拟定的《西藏之地位——陛下政府关于西藏与中国关系的政策》，7 月 22 日分别发给驻华大使、驻美大使，核心是：

其一，提出了实际上的“宗主权”和名义上的“宗主权”两个概念。文件宣称：1911 年辛亥革命前，中国对西藏拥有的是实际上的“宗主权”（suzerainty），“西藏承认满族帝国的宗主权和北京的控制措施——从军事占领到名义上的联系，并不稳定”；1911 年后，西藏“在中国名义上的宗主权（the nominal suzerainty of China）之下实行自治”。

其二，承认“宗主权”的先决条件是中国允许西藏“自治”。文件宣称：在中国不断强调“西藏是中国领土的一部分”的情况下，“陛下政府重新考虑了西藏的地位问题，特别认为如果无条件承认中国的宗主权（Chinese suzerainty），就会削弱陛下政府保护西藏自治地位的要求”。而“西藏的自治对于印度安全和印度东北边界的安宁来说极为重要，陛下政府允诺支持西藏政府维持实际上的自治，有义务履行此诺言”。

其三，为了“尽可能防止中藏之间关于西藏地位的分歧陷入僵局”，目前最好不要讨论西藏问题。如果不可避免地要同国民政府讨论，则遵循四点原则：(1)“应指出西藏事实上认为自己是自治的，维持自己的自治地位已有30年。”(2)“应无条件地强调无论是陛下政府还是印度政府，除了维持友好关系外，对西藏并无任何企图。”(3)“应重申我们一直承认中国的宗主权（Chinese suzerainty），但条件应视西藏为自治。”(4)“应强调这仍然是我们的立场。我们应避免无条件承认中国的宗主权；如果中国感觉到要同西藏协商，在共同边界和承认西藏的自治上达成友好协议，换取西藏对中国宗主权的承认，则联合王国的陛下政府和印度政府非常欢迎，并乐意为双方达成此友好协议提供帮助。”[162]

显然，这份文件表明英国以宗主权为楔子分裂中国西藏进入了一个新的历史时期，即所谓“确立了英国承认中国对西藏的宗主权和中国接受西藏自治的相互关系”[163]。艾登强调，文件清楚地表明“如果中国不同意西藏自治”，则“陛下政府和印度政府在今天环境已经发生变化的情况下，必然要考虑是否有权力继续承认西藏理论上的附属地位（a theoretical status of subservience）”，亦即要考虑是否“承认中国是宗主国（suzerain）”。[164]

根据文件的精神，艾登在1943年7月底至8月初与宋子文会面中提出备忘录，阐述了“目前英国关于宗主权问题的重要词句（the key words）”：“一直以来，英国政府准备承认中国对西藏的宗主权，但条件只能是西藏是自治的。英国政府和印度政府虽然对西藏都无领土野心，但是有志于维持友好关系，维护毗邻（coterminous）印度东北边界地区的和平环境。英国政府和印度政府欢迎中国与西藏达成的任何友好协议（amicable arrangements）；如果中国与西藏能就边界达成共识并确认西藏自治，则英国政府和印度政府就确认中国的宗主权，并乐意为此提供帮助。”宋子文回应说：“西藏是中国的一部分，中藏关系问题纯属中国内务。虽然由于地理上的接壤，英属印度的确在西藏拥有某种特殊利益，但是从政治上、法律上来说，中国对西藏的（主权）要求比起英国所声称的（宗主权）要扎实得多得多。”[165]蒋介石谴责指出：“（英）提备忘录，是英侵略我藏之野心，丝毫未有变更也！”[166]

继宋子文交涉之后，中英两国在1943年又有几次面对面争论。一次是开罗会议期间国防最高委员会秘书长王宠惠与艾登的争论，艾登仍然声称西藏“系中国宗主权下之自治邦”[167]。另一次是12月驻英大使顾维钧再次提出中国对西藏拥有的是主权，艾登声称“彼此立场不同”[168]。这两次争论之后，英国政府决定终止与国民政府讨论宗主权问题，认为“详细争论中国对西藏宗主权的本质是在浪费时间”[169]。

英国政府决定终止争论的原因之一，是等待美国政府的态度发生变化后再向中国发起挑战。在与国民政府争论期间，英国政府寻求美国政府的支持。5月7日，艾登指示驻美大使哈利法克斯（Viscount Halifax）对美国政府强调，中英争论症结在于“中国坚持认为西藏是仆从国(a vassal State)，西藏决心维护自己的独立”，“我们对于西藏政府的责任，需要我们给予西藏在外交上反对中国的军事侵略”。[170]5月15日，美国政府向英国政府递交备忘录：“美国政府始终考虑到这一事实，即中国政府一直声明对西藏的宗主权（suzerainty)，中国宪法把西藏列入中华民国领土范围之内。对这两项要求，美国政府从未提出过疑问，也不相信目前讨论西藏的地位问题会得到什么有益结果。”[171]美国政府的“宗主权”实际上为主权，英国政府对此认为：“不论宗主权是什么或者不意味什么，也不论在1911年清王朝崩溃后发生了什么或未发生什么，事实是美国政府几乎在一切方面一直认为西藏是中国的一部分。”[172]7月22日，英国政府递备忘录给美国政府：其一，“1911年前，西藏承认满清王朝的宗主权（suzerainty)”。但“1911年以来，西藏享受事实上的独立”，“维持自治地位已有三十多年”。其二，“陛下政府的态度一直是承认中国的宗主权（Chinese suzerainty)，条件是中国承认西藏自治”。“如果中国不同意西藏自治，则陛下政府就无义务承认中国的宗主国地位（suzerain)。”其三，“在目前情况下，最好能维持现状”。[173]接着在10月，克拉克、布兰克布恩（Arthur Blackburn，英国驻华大使馆官员）、桑桑姆（George Sansom，英国驻美大使馆官员）一起向美国国务院官员霍恩贝克（Hornbeck）“讨论宗主权的实质”。美国政府“在西藏的地位问题上持‘善意的中立’态度，反对可能的西藏宣布独立”；也“反对中国侵略（invasion）拉萨”，称“西藏问题是一个小问题，不应让之干扰英中关系”。[174]

由此看来，英国政府以西藏的保护者自居，提出了一个新的名词，将中国对西藏的主权称为“仆从国”。见美国政府承认中国对西藏的主权后，英国政府改变态度，向美国政府一方面重申了《西藏之地位——陛下政府关于西藏与中国关系的政策》的精神，一方面提出维持现状。美国政府的立场亦有所改变，同意维持现状。尽管如此，英国政府对美国政府不支持它寻求西藏“独立”而感到愤怒。克拉克一方面批评美国政府“从未认为有必要对中国声称的西藏为中国领土的一部分采取任何立场”，另一方面辩称“虽然我们英国（关于宗主权）的方案模糊不清，但是我们并不想把精确定义的中藏关系强加给中国，而是想防止对现在关系的破坏”。[175]薛穆认为现在还不到对美国强调“宗主权本质”的时候，因为美国人“尚无时机对西藏是中国的领土提出疑问”。英印政府外长卡罗（Olaf Caroe）更明确地宣称：“我们只能拭目以待，同时要继续努力教育美国人改变观点——无论是军事部门还是国务院，希望他们最终认识到宗主权问题并非只是展示英帝国主义而是一种契机，从而诚恳地完全地支持我们获取西藏自治。”[176]

1943 年前后这场争论，是中英两国政府正面大交锋。英国侵藏政策的特点是回归与发展。所谓回归，即回到了寇松备忘录，克拉克提出“最好的办法就是实施寇松爵士 1921 年 8 月 26 日提出的备忘录。该备忘录强调：既然中国不能同英国和西藏达成任何正式协议，则英国可以说不再承认中国先前在西藏的地位”。换句话说，如果中国不承认西藏“自治”，英国政府一则不承认中国对西藏的“宗主权”，二则将西藏视为“自治邦”而与之交往。所谓发展，指英国政府表示要推动西藏从“自治”走向“独立”，不再承认中国对西藏的“宗主权”。克拉克声称：“我们或者明确指出，在任何由战争特别是由大西洋宪章引起的任何民族问题上，我们以前的态度不再有效。”[177]

围绕此特点，英国政府在宗主权问题上有两个新的“贡献”。第一，对宗主权作了“合适”的解释，强调中国不能摆脱英国的干涉。有人宣称：清政府享有的是“宗主权（suzerainty），西藏对此的确承认。但是此词的含义——特别是自中国未签署西姆拉草约——已经变得相当薄弱”。又宣称：“印度政府不能不强调‘中藏关系并不只是由中国单方决定的事务’，西藏人也有权提出自己的观点，并且——如有必要——有权寻求英国的外交支持。”[178]第二，“邀请”美国政府卷入西藏问题，“教育”它要认识到制造西藏“独立”对其利益来说也很重要。尽管美国政府承认中国对西藏的主权，但是将此主权称为“宗主权”，实际上接受了英国政府偷换概念的做法。总之，英国政府再次玩弄了“宗主权”这个工具，黎吉生总结说：“1943 年的几桩事件和西藏人成功地坚持了中立，使西藏比不久以前更受到国际的注意，它并且表明，不论政治理论家们怎样说，西藏政府能够而且确实保持了在行动上对中国政府的完全独立。那些事件也导致了英国重申对西藏的态度，无可怀疑英国将不承认中国对西藏的宗主权，除非它满足了已经规定好的条件。在回答中国人要求澄清英国的立场时，艾登爵士在致中国外交部长宋子文的一份备忘录中，叙述了从 1911 年以来西藏享受着实际上的独立以后，表示‘英国政府随时准备承认中国对西藏的宗主权，但只能在承认西藏是自治的这一谅解之下’。”[179]

对国民政府来说，它坚持中国对西藏的主权，国民政府外交部指出：“我始终认藏为领土，在我主权之下，为适应地方需要，允许西藏具有自治权”。但是，“英国自西姆拉会议以来，虽承认西藏为领土，但只认我对之仅有宗主权，此项态度至今未变”，因而“要求英方完全放弃干涉政策，实属困难”，只有在内政上军事上加强西藏地方与中央的关系后才能“更为得力”排除英国的干涉。[180] 此外，国民政府对美国政府在英国“教育”下的态度的实质有所认识，罗斯福总统“谓西藏问题，如中国不进占，则英国亦不致有所行动，劝我对西藏事暂时搁置”，蒋介石愤怒地批评“此其欺人太甚矣”！他无可奈何，“此时惟有暂时置之，徐待补救”。[181]

三、进入高潮：所谓“一个主权西藏”

虽然中英两国政府均决定各自争议，但是自 1944 年后至 1949 年英国政府进一步煽动西藏“独立”，双方的较量与争论进入高潮。

1944 年的争论以《被禁止了的西藏》（*Forbidden Tibet*）一书为始。该书为澳大利亚记者约翰斯顿（Johnston）所著，书中声称“英印政府在本世纪之初曾屡次抗议中国在藏主权，民国初年西藏宣布独立，将中国政府军队逐出，迄今仍系一独立国”。国民政府外交部指出：“殊与事实不符。查清末英方与我所订之《中英藏印续约》及一九〇八年中英所订《藏印通商章程》，英国均承认中国在藏主权。”辛亥革命爆发后，虽然驻藏军队退出，十三世达赖喇嘛“宣布独立”，但“旋于民国二年自行撤销其独立，迄于今日，西藏并未要求独立”。[182]

5 月 6 日至 14 日，沈宗濂赴藏接任蒙藏委员会驻藏办事处处长途中到新德里拜访卡罗。在五次谈话中，双方争论两点：其一，“宗主权”的定义。沈宗濂询问卡罗：“我们中国一贯坚持对西藏拥有主权，而你们说是宗主权，请问这宗主权是指什么呢？”卡罗“也说不清楚”。[183] 他查阅了牛津字典、英国百科全书等书籍后回答:“依据牛津字典之解释,‘宗主权’系指中古时代,封建制度时,藩邦对其君主之关系。实际君主对其藩邦究有若干权限,并无详明界说。现代国家大都依照‘习惯’与‘事实’而执行之。”他还“引挪威、瑞典及英国与印度各藩邦之关系为例”,宣称“‘宗主权’为一空虚不确实之名称,故可有各种便利之使用法”。[184] 他强调:总之,此词“极富伸缩性,看不出与主权有何明显的区别”,“当国家实力强大时,宗主权可说是与主权相等,并无分别,否则就另当别论了”。[185] 沈宗濂指出:“中国正在推行宪政,全国各处均实施自治制度,西藏当然可以配合其特殊之人情风俗,实行自治。宗主权虽可有各种解释,然宗主国对其属地,必须有外交代表权,否则宗主权即无异不存在。”其二,西藏“缓冲区”与“独立”问题。卡罗宣称:“英国政府在维持帝国现有之疆土,对西藏无领土野心,经济关系亦浅,但因西藏为印度之屏障,英国对与印度毗邻各国,如尼泊尔、伊朗、阿富汗等,均希望其能成为强国间之缓冲地区。”沈宗濂指出:“中国对英对印,向极友好,中华民族爱好和平,人所共知。其对邻邦,亦从无侵略之事,如中央政府加强其在西藏之地位,英印政府实无庸顾虑。”卡罗宣称:“在西藏人之观念中,西藏为一独立国家,事实上,三十年来亦确系如此,在中国人看来,西藏为中国之一部分,此两种观念,距离过远,不易融合。在英人态度,一面不顾令西藏人感觉不快,一面对中国之‘宗主权’亦向所承认,此实为一种折衷办法。”[186]

由此看来,英国声称宗主权是解决噶厦和国民政府双方主张的折衷办法,反对“中央政府加强其在西藏之地位”,企图“使西藏能如其他各国维持自主之地位”。沈宗濂一方面强调了“西藏事务为我内政问题”,指出西藏虽可自治但外交权须归中央政府,一方面认识到只要中国自己壮大,英国就会放弃宗主权而承认中国主权,因而向国民政府提出:“由卡氏对‘宗主权’之解释,可知中藏关系端在吾人之努力,如吾人实力上能加强对西藏之统治,英方似亦难作有力之阻挠,至相当时机,根据‘宗主权’,中央将藏地外交权完全收回,似亦非不可能。”[187]

沈宗濂入藏后,卡罗即指示古德入藏活动:第一,“提醒西藏政府注意陛下政府的政策仍然同过去一样,即愿意承认中国对西藏的宗主权,条件是中国一方须承认西藏在同意的边界内进行地方自治(Tibet's local autonomy with agreed frontiers)。为此,应再次强调陛下政府和印度政府同以前一样,准备给予西藏全力的外交支持以面对中国政府,给予合理的军火援助,帮助发展教育,帮助提高贸易，等等”。第二，“必须提醒西藏政府，陛下政府的外交支持取决于其维持自己地位的情况。几个月来，许多事例说明西藏政府显然未能做到此点。在中国政府对美国和其他地方的舆论宣传西藏不过是中国的一个省的面前，西藏政府应该注意自己的地位，这比以前任何时候都更重要”。[188]

古德于8月31日抵达拉萨，12月12日离开，停留三个半月。沈宗濂对其指出：西藏问题是影响战后中英关系发展的两大问题之一（另一为香港问题），“中国准备同意内部自治，但是对外关系须由中央政府管理”。“西藏是中国的一部分，一个国家的一部分不能和同一国家的另一部分订立条约，因而并不存在通过中藏条约的方式加以解决的问题，这种方式不仅荒唐而且不必要。”从沈宗濂的言语中，古德所得结论是：“中国既无驻军、官员（在拉萨的办事处 mission 除外）的打算，也不打算以任何形式干涉西藏的内部行政。在开发西藏的矿产资源上，中国充分准备和英国合作。中国接受‘西藏是普通政治气氛之外的宗教占统治地位的地区’的观念……虽然中国最终接受了西藏内部自治政府的原则，但是中国公开反对‘自治’或‘宗主权’词语出现在任何正式条约或交换的备忘录中。”[189]他煽动噶厦“独立”，“派外交代表常川驻印”，“停派赴中央代表”。[190]他“保证于将来战后和会中，英国决提出西藏独立问题讨论，并支持西藏达到此一目的”[191]。噶厦则提出“努力要求中国政府承认其自治”，要求英国政府“支持其努力到底”。英印政府建议：在此情况下，“陛下政府需要再次检讨关于西藏的政策，以便决定西藏应享有多大程度、什么样的自治，才符合印度的利益。为实现此目标，陛下政府准备做多大的努力？在国际讨论时，采取什么样的路线？事实上，是否希望鼓励这样的国际讨论”？[192]

针对英国的煽动，国民政府设法遏制。1945年8月24日，蒋介石在国防最高委员会与中央常务委员会临时联席会议上提出，边疆民族自治的原则是边疆民族“必须对其祖国以和睦亲善的态度，循合法的程序，向其政府提出愿望，以达成其目的，不可采取反抗祖国的行动，以引起民族之间相互的仇恨”，解决西藏问题的方案是“如果西藏民族此时提出自治的愿望，我们政府亦必将赋予高度的自治”。[193]如果西藏“将来在经济条件上，能够达到独立自主的时候，我们政府亦将与对外蒙古一样，扶持其独立”，但前提是“必须西藏能巩固其本身永远独立的地位，不致蹈袭高丽过去的覆辙”。[194]英国政府认识到蒋介石所说“高度的自治”的实质是“相当有限的西藏自治”[195]，是在汉、满、蒙、回、藏五族组成中华民国一个家庭下的自治。沈宗濂遵令将此“中央政策”宣扬后，于11月6日向蒙藏委员会委员长罗良鉴报告了西藏各阶层拥护“高度自治”的情况：“在民众方面，久苦差役繁重，极度剥削，纵能获得自治，仍望中央予以扶持，出诸水火。在僧侣方面，全藏僧众来自西康、青海者占十之六七，因宗教种族关系，向来倾（向）中央，西藏自治后，仍愿拥护中央，保持密切联系。在官吏方面，老成一派深知西藏缺乏独立条件，惟冀保全禄位、财产，今得中央许以自治，认为私人权利不受影响，表示欣慰庆祝，推选代表在渝参加国大。此派在藏政府会议中极力主张，可见中央政策已收实效。此外仅有少数意志薄弱者，则在中央势力未达到前，不敢吐露真意。揣其心理，一系慑于英人虚声，且亚东、江孜有英驻军威力……有所畏惧；一面心存观望，欲挟英以自重。倘我能向英交涉，取消驻军，此少数人之心理亦将大有改变，中藏关系必易调整。”[196] 按此，国民政府努力争取西藏各阶层的支持，维护中华民族的团结和统一。

英国政府进一步煽动。1945 年 9 月 21 日至 1946 年 1 月 31 日，接任驻锡金政治专员的霍普金森入藏，同噶厦“讨论西藏在印度，即使不在新德里，那么至少也要在甘托克派驻代表的可能性”。他宣称：“如果英国能在拉萨设置使团，为何西藏就不能在印度派驻代表？”这是“一个主权西藏（a sovereign Tibet）”拥有的权利。[197] 黎吉生也“加紧分化中藏工作”，声称“英帝国向以谋西藏之自由与独立为目的，并护助西藏以大量军火及金钱。现国际战事已息，各民族皆得有平等独立之权利，西藏可向中国要求与外蒙同样之独立。他如国际会议、国际联合会均可由英方提出邀请西藏参加”。[198] 达扎派遣亲信夏格巴挟带 4 个问题秘密赴印与英印政府商讨：“（一）中藏边境应如何划分；（二）可否允许中央军队入藏；（三）中央在藏设立高级行政机构将有何种影响；（四）对中央修筑道路之要求应取何种态度。”英印政府宣称“除疆界问题须以西姆拉会议为划分之根据外，其他各项均不利于西藏，尤以修筑道路，实足影响西藏之独立及生存”，要求达扎“绝不可承认”。[199] 可见，英国政府在宗主权的基础上公然煽动噶厦“独立”，将西藏从中国分裂出去的野心昭然若揭。

国民政府争取噶厦派遣代表出席制宪国民大会，西藏地方代表排除英国的阻拦和干扰，参与拟定《中华民国宪法》有关西藏的条文。该宪法于 1947 年元旦公布，孔庆宗对其中关于西藏的规定作了概括和解释：第一，西藏为中国领土不可分割的一部分。第 4 条规定“中华民国之领土，依其固有之疆域。非经国民大会之决议，不得变更之”。“所谓中国领土依其固有之疆域者，即中华民国之前身，原为满清帝国，故前清于民国建立以前所有之领土，即为民国之领土，西藏直至清末均为清国领土，故仍为民国疆域。所谓非经国民大会之决议，不得变更之者，乃规定行宪以后，变更领土之合法程序，即所以确保民国故有之疆域也。”第二，中国境内各民族一律平等。第 5 条规定中华民国各民族一律平等，“此就构成中国人民之各整个民族，如汉满蒙藏回族等之平等而言，即不使各民族间有人为的尊卑贵贱优劣强弱等之差别，一切观念与待遇，均以彼此平等为基础”。第三，西藏实行地方自治。第 120 条规定“西藏自治制度，应予以保障”。“即中央对于西藏，应保障其自治制度，而明定之于宪法，以示尊重藏人所行适宜之政制。但所谓自治制度者，究指西藏地方于行宪时根据宪法所规定之新制度？抑指西藏于行宪时所行之原有制度乎？就宪法条文之本旨言，两者似均无不可。盖中央对于西藏之内政制度，固已许其以自治为原则，而未加以若何之限制也。”[200]

可见，西藏地方代表维护了中华民族的团结与统一，“高度自治”具体落实为“西藏地方自治制度，应予以保障”的条文，西藏“为中华领土，重复昭示世界”。[201] 行政院指出：“西藏问题之彻底解决，必须依据宪法，保障其自治。”[202] 英国政府大为恼火。在西藏“选派代表团出席国民大会时”，“驻藏代表”黎吉生借口“西姆拉草约”提出抗议，声称“该约规定西藏为独立国家，非经英方同意，不得参与任何第三国会议”[203]，“如西藏派员参加国民大会，是无异承认西藏为中国之一部分，则西藏现行政治体制自不容存在，现任官吏及贵族亦在淘汰之列”[204]。

英国在退出印度之际，将制造西藏“缓冲区”的战略和“宗主权”这个工具传给印度，印度政府亦认为“最理想的是维持西藏自治，尽可能将潜在的入侵者排除在一定距离之外”[205]。1947 年 12 月 21 日，尼赫鲁对中国驻印大使罗家伦宣称：“西藏为中国之自治领土，英人所承认者为在西藏之宗主权。”[206] 英国驻印官员唐纳森（Donaldson）认为此时宗主权主要点“在于承认西藏的独立”，向印度政府提议：“陛下政府继续承认西藏的独立，犹如过去一样。至于印度，可以根据其打算而决定适合于它的态度。”[207] 英国从噶伦堡秘密运送武器给噶厦，从担任英国“驻藏代表”到印度“驻藏代表”的黎吉生“唆使西藏酝酿独立之要求”[208]。在这种背景下，噶厦就出席行宪国民大会的西藏代表是否在蒋介石、李宗仁当选总统、副总统证书上签字一事，宣称：“西藏乃佛法圣地自治自主之国，宜照现况保持平静。”[209] 国民政府认识到“目前英方在藏之活动已逾常态，其欲鼓动西藏独立之阴谋益形显明”[210]，当即作了回应。罗家伦对尼赫鲁指出：“自治领土非独立国家之谓，西藏之自治权以中国宪法所赋予者为限。”[211]蒙藏委员会委员长许世英致函噶厦指出：“政教自主固为历史所昭垂，地方自治亦为宪法所规定；西藏乃佛法圣地，自治自主，中央决予尊重，若称之为国，则未可承认。”[212]

噶厦中分裂分子制造分裂的一大活动，就是派遣夏格巴率“商务代表团”赴印、美、英寻求支持“独立”。国民政府指示驻三国使领馆与驻在国政府办理夏格巴一行事宜，夏格巴一行的活动须通过使领馆进行。唐纳森对此反对，于1947年12月31日建议英国政府：“我们不能承认中国大使馆有权介入西藏代表团问题，因为陛下政府与西藏的关系仍然受到1914年西姆拉会议的约束，在西姆拉会议上我们承认‘外藏’自治。因此，如果西藏代表团得到合适的授权，则应以独立政府的代表加以对待。”[213]如果采纳此建议，就是赤裸裸地分裂中国，英国政府权衡再三，折衷处理，于1948年1月13日一方面回答“不能同意正式接待代表团的主张；在接待前，当然应找机会先与南京协商”，一方面指示要“按照个人身份给予代表团成员的签证”。[214]在10月12日致驻纽约总领事馆电中，它进一步解释：“我们尚未接到西藏政府关于接待商务代表团的正式请求，我们打算只是以知名来访者（distinguished visitors）的名义对待‘使团’；他们在印度时，我们就表明此立场。此外，驻南京大使馆在给予代表团到英国的签证时，中国政府向我们正式抗议。我们虽未无条件承认中国对西藏的宗主权（suzerainty）要求，但是也不想在代表逗留英国期间同中国大使馆争论。”[215]其中“中国对西藏的宗主权要求”显然指主权，英国政府仍然有意换为宗主权。英国政府未把夏格巴一行当作“独立政府的代表”而是作为“知名来访者”加以接待，可以说是再一次运用了宗主权这个工具。11月29日，英国政府竟然同意夏格巴等未经中国大使馆陪同而拜见首相艾德礼。中国驻英大使郑天锡当即提出抗议：“愿英国政府考量利害，接受我方意见。”英国政府回称：“英国对此并无任何政治作用，一向认为西藏为自治，而受中国宗主权UNDER CHINESE SUZERAITY，此政策至今不变。至于访谒首相，乃非正式之拜会……英国对此种非正式拜会，即对于未经承认之政府其派员来此，亦往往行之。”又说：“英国政府对该团不能不有平常礼貌，允其非正式谒见首相与宫内大臣，实与中国宗主权并无抵触，势难改变。”[216]

四、“宗主权”是英国政府随心所欲分裂中国的工具

中英两国政府的较量与交涉经历了1928至1940年、1940至1943年、1944

至1949年三个阶段的演变。第一阶段为渐渐展开，国民政府首先设法通过缔结新的藏印通商条约，宣示对藏主权；接着通过内部协商，恢复治藏主权。英国政府先是置之不理，接着宣称西藏在所谓中国理论上的“宗主权”下的“自治”。第二阶段为正面交锋，国民政府设法解决西藏问题；英国政府竭力阻拦，宣称西藏是所谓中国名义上的“宗主权”下的“自治邦”。第三阶段进入高潮，英国政府声称“一个主权西藏”，竭力煽动噶厦“自治”、“独立”；国民政府制定和通过《中华民国宪法》，明确规定对西藏的主权和西藏是中国领土的一部分。

在这场较量与争论中，中英双方的立场是根本对立的。就英国政府来说，它在1921年8月26日致中国政府的节略中就声称，如中国政府不接受“西姆拉草约”，“英政府拟即承认西藏在中国宗主权下为自治邦，将来即按此地位与之往来”。1943年8月，艾登对宋子文宣称：“英之态度仍系认西藏在中国宗主权下为自治邦。”[217]就国民政府来说，它“对西藏问题的立场，是从来明确的。第一，中国对西藏的立场，一贯坚持的是主权，而不是其他。第二，关于自治权，这纯粹属于一个国家的内政。任何一个主权国家都不允许外人过问它的内政，这是起码的常识”[218]。英国政府总结各自立场说：“英国政府坚持主张西藏在中国宗主权下实行自治。中国政府则坚持认为西藏是中国的一部分，但拥有独特的政府形式。”[219]

有人说“无论是宗主权还是自治权，要替它们下一个明确的定义是不可能的”[220]，英国积极鼓吹侵藏的学者麦凯也称“宗主权一词并无确定的或一致的含义，在西藏问题中亦从未得到合适的解释”[221]，然而英国政府正是“用特别的方法来解释外藏的‘宗主权’”[222]。一方面，它以“宗主权”替换主权，称两者并无区别，宣称：“我们承认中国对西藏拥有宗主权，这是一重障碍，因为中国政府可以申辩：宗主权就包括一定程度的统治在内。”[223]另一方面，它又声称“宗主权”与主权不同，否定中国对西藏的主权，称西藏是中国宗主权下的“自治邦”，又称是“自治领”、“自治国”、“仆从国”，将中国和西藏的关系描述为类似英印关系。黎吉生宣称：“中国是宗主国而不是主权国”；“外藏多少像一个中国的自治领”。[224]英国政府在1961年的文件中进一步声称：西藏1720年前“一般来说，是独立的。中国行使着断断续续的宗主权”；“从1728年到1911年，中国人通过驻藏大臣和驻军保持着对西藏的直接影响，但是留下了一个完全由达赖控制的西藏政府及其统治。在这一阶段，中国人在西藏拥有的名义上权力扩展成了“宗主权”；它与英国在其领地印度实行的权力越来越相似”。[225]由此看来，不仅给“宗主权”下定义是可能的，而且“注定要由某些人根据不同时间、不同事件和不同情况作不同解释”[226]。

英国政府随心所欲玩弄“宗主权”，主要有两个目的：

其一，糊弄中国政府和中国人民，达到分裂西藏的目的。正因为英国常常以宗主权替换主权，所以中国舆论以为宗主权就是主权。署名“景”的作者认为治藏原则之一就是“保留宗主权，凡国防外交对外通商等事，专由中央负责是也”[227]。刘熙认为解决西藏问题第一途径为“中英共认西藏为中国有宗主权之属国”，说：“森姆拉草约所载关于中国宗主权及大员驻扎权诸项，即中英共认西藏为中国有宗主权之一属国。虽现实之权弗逮英，然幸有此一种名词存在，未尝不可以挽回一切也。”[228]但是按照“西姆拉草约”，“中国与‘外藏’的关系不在（再）是一个国家内部中央与地方的关系，而是‘宗主国’与‘附属国’的关系，中国政府完全丧失了对‘外藏’内政、外交、军事等各个方面事务的主权管辖，‘外藏’以‘自治’之名行‘变相独立’之实。——这就是所谓‘宗主权’的实质和要害”[229]。

其二，在维持西藏现状的基础上，阻止中国恢复与喜马拉雅山南麓地区的传统关系。英人宣称：“虽然中国在外藏拥有一些模糊的象征权力（或许是一点点，类似于英国君主在英国清教运动后所保有的‘宗教捍卫者’的头衔），但是在内藏、外藏边界以西，中国的命令从任何实际效果来说未得到实行。将来不准外藏成为未来中国政权行政层级的一部分，不准中国在外藏驻军，不准中国利用外藏与不丹、锡金和尼泊尔直接联系。如果能实现这些目的，无论外藏实际上的理论政府如何独特，都无关系。”[230]

总之，英国政府随心所欲玩弄“宗主权”，就是企图分裂西藏。“‘宗主权’首先可以赋予某一地区以‘特殊地位’，由特殊的强调，引发这一地区的民族主义，再随着时间的推移及政治、军事、外交手段的运用，弱化这一地区与原‘宗主国’的关系，从而达到‘自治’(autonomy)，甚至还能以民族主义的特殊形式‘民族自决’(self-determination) 为理由，彻底切断与宗主国的关系，最终完成‘民族独立’(ethno-independence) 。”[231]2008 年 10 月 29 日，英国外交大臣戴维·米利班德（David Miliband）发表声明，宣布“英国‘非常肯定地’承认西藏是中华人民共和国的一部分”；并称：“英国在 20 世纪对于西藏地位的立场是‘基于那个时代的地缘政治’和‘过时的宗主国概念’。”[232]

第三节　从夏扎到擦绒：噶厦中亲英派的政治态度

尽管噶厦竭力维持既得权益，反对国民政府恢复治藏主权，但是整个民国时期仍然维系了国家的统一，这也同噶厦的政治态度有关。因此，有必要对噶厦的政治态度特别是噶厦中亲英派的政治态度作出总结。

认识这个问题，首先要认识“西藏内部派别之纷歧”[233]，中外从各个角度认为西藏上层贵族存在一个“亲英派”。孔庆宗从是否主张恢复噶厦与中央正常政治关系的角度，把西藏各阶层分为“亲英派”和“亲汉派”，认为：“自达赖出亡印度，英帝国主义即在西藏上层集团中逐步豢养起一批亲英分子，即所谓‘亲英派’。”亲英派把“爱护西藏、怀念西藏与祖国重归统一的广大僧俗官员和人民群众”称为“亲汉派”。[234]当今学者也从这个角度认为西藏封建农奴主“保守、昏聩而又亲英”[235]。贝尔从十三世达赖喇嘛曾经利用英国的唆使和支持同中央政府对抗的角度，宣称：“达赖喇嘛亲英亲俄，但反华；班禅喇嘛亲英，但反对拉萨；达赖喇嘛的噶伦们清一色的亲英；基巧堪布既亲英又亲俄。”[236]国内舆论从解决九世班禅喇嘛返藏问题以解决西藏问题的角度，认为“达赖喇嘛被认为亲英派的首领，他在西藏的统治地位是在英国和印度的支持之下”；班禅喇嘛则“被认为亲华派的首领”。[237]国外舆论也认为“达赖一族”为“亲英派”，班禅系统是“中国派”。[238]

无论从哪个角度划分，都认为“英帝国主义在西藏物色、培植了一个亲英集团，从事分裂活动”[239]，亲英派就是分裂派。公认夏扎·班觉多吉和擦绒·达桑占堆先后为亲英派领袖，也就是说两人就是分裂派的头子。从分析这两人政治态度演变的角度，可以深刻认识即使是亲英派，也是主张维护国家统一的，因此民国政府维系了西藏在中国不可分割的政治地位。

一、夏扎：其政治态度及其与十三世达赖喇嘛的关系的演变

夏扎·班觉多吉[240]（1860—1919年），曾任大昭寺商卓特巴、噶伦（亦称噶布伦）、司伦之职。清末民初，在处理英国侵藏步伐和对英关系，在面对噶厦（亦称商上）与中央政府剧烈的矛盾冲突中，夏扎成为噶厦中一个极具代表和标志性的人物。他以参加西姆拉会议和与英国代表麦克马洪私自画押“麦克马洪线”而著称，关于探讨西姆拉会议的一系列文章中都提到了他。但是，对于他在历史巨

变时期的政治态度及其与十三世达赖喇嘛的关系、与英国的关系，尚缺乏专门的分析，因此不能深刻认识晚清以来至民国初年西藏与中央的政治关系。

（一）英国两次发动侵藏战争期间的夏扎："亲俄派"

夏扎是在处理英国发动第一次侵藏战争的善后问题中脱颖而出的。1890 年《中英会议藏印条约》签订，时任四品官、大昭寺商卓特巴（主管财务官员）的夏扎反对。但在条约签订要实施后，驻藏大臣升泰同意摄政第穆呼图克图的提议，于 1892 年 1 月 2 日上奏清政府，以夏扎为代理噶伦前往边界办理：

> 再据第穆呼图克图阿旺洛桑称勒拉普结秉称：此次赴边应派噶布伦一员前往。查商上例设噶布伦四员，自伊喜洛布汪曲于十六年十一月初六日（1891 年 12 月 4 日）病故后，悬缺未补，现只三员，均皆年逾六旬，于洋务边情未甚熟悉。且商上公事繁多，势难分派。查大招商卓特巴边觉多吉，前经大众公议，秉请奏派赴边办理边务。该员年力正强，办事老练，可否准其即以商卓特巴暂署伊喜洛布汪曲所遗噶布伦一缺，以重事权，而资鼓励。一年后果堪胜任，再行秉请补放等情前来。奴才伏查摄政前递保尔复函内称，请饬商上派一掌事番官，当经奴才译饬遵办。旋据秉称，驻边番员边觉多吉，系由商上大众公议秉请奏派之员，即可掌事，无庸另派，当经函复具奏名在案。兹既据称该商卓特巴办事老练，恳以该员暂署伊喜洛布汪曲噶布伦遗缺，核与保尔函内请派掌事番官之议相符。噶布伦又系商卓特巴应升之阶。合无仰恳天恩，即以该商卓特巴边觉多吉署理伊喜洛布汪曲所遗噶布伦一缺，实于边务不无裨益……[241]

在驻藏大臣的奏折中，对一个噶伦的任用理由叙述这么长，是少见的，仅此而言就可知夏扎的地位。升泰本来要求派遣一名在任噶伦前往边界商议，但被噶厦拒绝。噶厦从多方面陈述夏扎最合适，其中两点最值得注意，一是夏扎本人"年力正强，办事老练"，该升官了；二是夏扎是合适人选，因为他熟悉"洋务边情"。

夏扎于 1891 年前往大吉岭与英方交涉开放西藏关口和商埠之事，其后人称赞他"办事认真，责任心强"[242]，西方学者毕达克称他"受到了一群英国副官的侮辱和无礼"。这说明夏扎竭力维持噶厦权益，也说明他此时并不亲英。但在 1893 年出任噶伦后，夏扎对外态度开始转变，"据说他不仅和英国官员过从甚密

（尽管是私人的），而且还主张承认一位俄国使者（即德尔智，Dorjeer）的过分的权力”。如果此传闻属实，说明英国开始拉拢夏扎，也说明夏扎对英对俄都想处理好。这引起清政府的怀疑，清政府下令对他“作全面细致的调查”，但无结果。[243]

紧接着，第穆呼图克图在激烈的噶厦内部权力斗争中不得不于 1894 年“因病辞退”，光绪帝于 1895 年下旨同意西藏“政教两务，即归达赖喇嘛掌管”[244]，年满 18 岁的十三世达赖喇嘛开始执掌政教大权。他亲政后不久一方面加强自己的权力，第穆呼图克图被指控“使用圆经邪咒，图害达赖生命”。虽然第穆呼图克图在扣押中病故而“毋庸置议”，但被禁止转世。[245] 另一方面，十三世达赖喇嘛和噶厦与驻藏大臣的权力之争日趋激烈，驻藏大臣裕刚指责“达赖之骄抗，番众之冥顽”[246]。

与此同时，噶厦逐渐形成了以夏扎为中心的权力格局。十三世达赖喇嘛 1894 年左右“任命四品僧官宇妥·江央旦增为三品职位，待圣旨到后，改任噶伦并行就职礼”[247]，但未见清政府的任命令。1900 至 1902 年，清政府先后批准十三世达赖喇嘛提名的羌勤·阿旺白桑、霍康·索朗多吉、雪康·才旦旺久担任噶伦，驻藏大臣裕刚上奏称赞羌勤“老成谙练、才具明干”，霍康“老成谙练、才具优长”，雪康“老成稳练、才具安详”[248]。耐人寻味的是：十三世达赖喇嘛计划任命的宇妥是否因为夏扎反对而未得到批准？羌勤、霍康、雪康三人为何得到十三世达赖喇嘛的提名？三人与夏扎的关系如何？为何得到驻藏大臣的认可？裕刚还上奏给予夏扎、羌勤等人二品顶戴，称赞他们“历年在藏办事均属妥协”[249]。但英人于 1902 年指出：“汉人专制统治的主要反对者，过去是，现在也是，现任噶厦首席噶布伦边觉夺吉。从此之后汉人就逐渐失去其权威，藏人不再尊重或畏惧汉人，西藏的命运掌握在更强有力的人手中的那一天看来已为期不远。”[250] 由此看来，这一切是夏扎作用的结果。无论怎样，至 1903 年英国发动第二次侵藏战争前夕，噶厦形成以夏扎为首，与雪康、羌勤、霍康四人共同担任噶伦的格局。

这个“更强有力的人”就是十三世达赖喇嘛。以夏扎为中心的四噶伦遭到十三世达赖喇嘛及其左右的反对，双方之间的关系演变又和如何应对英国发动的第二次侵藏战争交织在一起。后来成为著名分裂分子的夏格巴称，在春都杰措（即全藏官员大会）讨论时，四噶伦“强调了和平解决而不要诉诸战争，因为认识到西藏没有足够力量从事这一行动”，春都杰措因此指责夏扎是“卖国贼”。[251] 夏扎的后人则说，春都杰措“一致强调要以武力抗击”，四噶伦也主张抗击，但所取方略则不同，认为“英军武器精良，又诡诈多端，若我军贸然付诸武力，恐无必胜把握”。但“与会多数人不但不听进言，反而诬告夏扎·班觉多吉过去在印度大吉岭时，接受了英方的珊瑚筷子、金银等大量贿赂，因而答应英人入藏的要求”。[252]

此外，十三世达赖喇嘛还怀疑四噶伦遵从驻藏大臣的指示。裕刚从春都杰措的讨论中认识到“藏中虽噶布伦亦无自行定断之权”[253]。他将四噶伦叫到驻藏大臣公署，面谕：“如英人不听阻挡，必欲入藏，尔等断不可以兵力抵敌，仍宜依理相商，庶几不致决裂，其事或有转圜。尔等如果仍听三大寺主持，一经开衅，兵连祸结，有不堪设想者，虽有驻藏大臣居中调处，恐亦无济于事矣。”[254]因此，春都杰措进而指责四噶伦“不遵从达赖喇嘛的谕示”，特别是夏扎“对达赖喇嘛的谕示心怀抵触,用指甲抠刮达赖喇嘛的批示”。十三世达赖喇嘛也“疑其不轨”[255]，一方面进而“查封噶厦机构，收回噶厦大印，并把四噶伦囚禁在罗布林卡，交全藏官员大会审处”[256]，霍康投河自尽；一方面任命强巴旦增为代理噶伦。他先派人对裕刚指责四噶伦“近来办理商上事务多有不合”，接着于 1903 年 11 月 30 日咨文裕刚，称“该噶布伦自达赖接办政务以来，迄今八年，于商上公务，擅改达赖盖印亲笔公件，自知过错，讯供承认。深辜大皇帝鸿恩，违悖之愆万难解释”，兹将四噶伦之职“一并斥革，以昭炯戒，请为据情奏明”。裕刚一方面只得将十三世达赖喇嘛所说“理合恭折奏陈”，一方面指责十三世达赖喇嘛“刚愎不仁，毫无阅历，只崇信护法降神”，“将四噶布伦斥革囚禁”；又指责他“一味夜郎自大，于国恩深重不知，于藏臣保卫苦心更不知，徒以反侧之言是听，倚为心腹。视藏印交涉一事在达赖不至一败涂地不悟，在公众不至激成大变不休”。[257]在此情况下，清政府外务部建议裕刚“如能带同噶布伦亲赴边界相机商办，于事实为有益”[258]，是不可能的。

从上述来看，夏扎在噶厦内部和与中央政府的权力斗争和矛盾中，在处理英国的侵略中，逐渐成为噶厦中的核心人物。但是，他又在这些种种关系的演变中被革职。夏扎的后人称四噶伦是在十三世达赖喇嘛的身边人物基巧堪布宇妥·强巴旦增等人的逼迫下遭到革职的[259]，毕达克称是十三世达赖喇嘛的长兄顿珠多吉与乃穹护法神合力导致四噶伦“全部辞职”[260]的。此外，夏格巴称夏扎“发现自己处于困难地位，有两股势力在控诉他”：春都杰措“怀疑他和英国人勾结，因为他主张和平解决”；英国人“则怀疑他和俄国人有勾结”，因为他“坚决反对

1890 年条约”。[261] 按此，英人虽然曾经拉拢夏扎，但夏扎此时在其眼中属于“亲俄派”。

（二）噶厦与中央政府的剧烈冲突时期：十三世达赖喇嘛的得力助手

随后在 1904 年 6 月至 1913 年 12 月期间，清政府“欲缩小达赖喇嘛之权力，使西藏之对于中央，如内地行省然”[262]。在十三世达赖喇嘛因英军即将侵入拉萨而离开后，清政府以噶勒丹池巴代理噶厦事务，驻藏大臣有泰称赞他“其人老成持重”，“足可镇抚阖藏，与达赖在藏无异”。[263] 同时，有泰奏请补授策丹旺曲、彭错汪垫、汪曲结布、洛桑称勒四人为噶伦，称赞他们“人尚明白，办事可靠”。在发现彭错汪垫、洛桑称勒、策丹旺曲与十三达赖喇嘛保持联系之后，驻藏帮办大臣张荫棠、驻藏大臣联豫先后将其奏革，只有汪曲结布“照常当差”，联豫保荐滚噶顿柱、四郎棍缴、登珍曲札三人代理噶伦。[264] 不过，驻藏大臣只能就噶勒丹池巴提出的人选提请清政府任命，但十三世达赖喇嘛指责联豫“遇事干涉，实为过分”[265]，矛盾激化。

在这种背景下，十三世达赖喇嘛起用夏扎。先是，十三达赖喇嘛出走赴京之时，取消对夏扎、雪康、羌勤三人的囚禁，批准他们“回到各自庄园养息的要求”[266]。要起用夏扎，强巴旦增必然被罢免，全藏大会出面呈文驻藏大臣有泰，指责强巴旦增在“任内蹂躏百姓，办事更亦不力”，提出“为根除此类恶习，经报达赖喇嘛批准拟罢免其代理噶伦之职，祈请驻藏办事大臣呈秉皇上恩准”。[267]1907 年，十三世达赖喇嘛致书噶勒丹池巴，以夏扎、雪康、羌勤为司伦“帮同办事”。虽然联豫“坚执不允”，但是三人“惟达赖之命是听，私入公所，主持一切”。[268]

这样，夏扎转而成为十三世达赖喇嘛处理与中央政府的权力之争和争取英国支持的得力助手。在 1909 年 12 月十三世达赖喇嘛从北京返回拉萨前后，清政府计划分开西藏政教两权，军机处提出“达赖主持黄教是其本职，若肯安分，不生枝节，自可消弭后患”，驻藏帮办大臣张荫棠提出由噶勒丹池巴“署理达赖管理西藏事务”。[269] 川军入藏时，夏扎等人“奉达赖之命，多处调兵，意图抗拒”[270]，时人批评藏军“谋围使署，且有剿灭内地居留民之谣，主谋者为夏扎噶伦”[271]。川军入藏后，联豫指责十三世达赖喇嘛任用夏扎等人“一意拒汉”，指责夏扎“专横自恣”，“所行各事，亦欲与英夺我主权”。[272] 十三世达赖喇嘛接到联豫关于政教两权分开、保留其宗教权力的文书后[273]，带着夏扎、羌勤、雪康等人于 1910 年 2 月出逃印度大吉岭，“想把英国政府作为他同中国陈述意见的中间人”[274]。

“对印度国内情形颇为熟悉”[275]的夏扎自然成为十三世达赖喇嘛与英方联系的桥梁。时人认为:“达赖堪布夏扎噶布伦，狡黠阴险，凡藏事皆主之。联豫屡欲杀之，皆为人劝阻而止。夏扎噶布伦闻之惧，遂挟达赖逃居英属大吉岭。”[276]联豫对夏扎恨之入骨，缺席判处夏扎死刑，指责他和雪康、羌勤等人“平日虐民以逞”，“其抗拒大兵，或系造意为首，或系随意为从，若不分别惩治，无以伸国法而杜后患”。[277]

驻藏左参赞、兵备处总办罗长裿“赴印劝达赖返藏”，十三世达赖喇嘛本“意已动”，但因夏扎“力阻”而“竟不听”。[278]后来担任护理驻藏办事长官的陆兴祺认为:“达赖颇知悔心，无如外受洋员唆怂，全（内）被夏扎等迫挟，故仍苦与中央争权争地。”[279]罗长裿报告清政府：十三世达赖喇嘛要求“藏中政教两端更改之事，必须仍复旧观，今宜一一提议，叙入正式公文，作为善后办法”。夏扎、雪康、羌勤等人一一列举“一不能驻川军，二不能设巡警，三不能封闭造枪造币两厂，四不能惩办犯官犯僧，五不能平反第穆呼图克图冤狱”[280]。总之，“除非将行政权交给他们，并允许他们在西藏建立自己事实上之政府”。夏扎和雪康、羌勤等人还为此“一直在函恳请英国政府干预西藏未解决之事务”。[281]他称:“他们出走拉萨系因达赖与驻藏大臣联豫之间发生争执”[282]，即使罗长裿“能允许以上各节，尚须请凭英官作为中证，以昭凭信”[283]。

到了大吉岭之后，夏扎等人一方面即“派令赴工布调兵，屯踞江达汛，肆行抢掠”[284]，一方面积极寻求尼泊尔、不丹等国的帮助。亚东海关暂行代理税务司事宜汪曲策忍 1910 年 9 月 5 日报告说:“一些西藏高级官员已进入廓尔喀及布坦的城市，或许系达赖喇嘛所派遣，目的在于如藏人有必要以武力夺回过去之自治权时将向此二国寻求援助。有谣传称，西藏欲与廓尔喀及布坦结成联盟。如真的形成此种联合，事态将十分严重。”[285]联豫也报告说：不丹闻被夏扎等人“多方煽惑，有调兵扰藏之信”[286]。

辛亥革命爆发后，十三世达赖喇嘛派遣夏扎传檄各处藏军 50 余人“围攻江孜”[287]。夏扎一方面建议“密求英助”，一方面建议令擦绒“带兵往拒川军”。[288]十三世达赖喇嘛采纳其建议，以夏扎主要负责求援，以擦绒回藏活动“独立”。1912 年 6 月 14 日，袁世凯命令四川都督尹昌衡西征平叛，云南都督蔡锷派兵配合。英国一方面在外交上向中国政府施压，一方面在军事上有“保护商埠之议”[289]，计划调兵入藏截击川军。这给以十三世达赖喇嘛和夏扎极大的支持，陆兴祺报告说:“闻英使阻我进兵，达赖党羽，气焰益盛，迫藏民胁从仇汉，凡事必先请命于英（而）后办。”[290]1913年1月6日，他又报告：“现闻达赖已派噶布伦一人、堪布四人，来印致谢，其中必有别谋。”[291]这个噶伦，即夏扎。

在上述与中央政府的激烈冲突中，夏扎的地位得到极大的提高，也埋下了日后十三世达赖喇嘛对夏扎猜忌的种子。十三世达赖喇嘛在1907年重新启用夏扎之时，夏扎表示必须同时启用雪康、羌勤两人，否则不能从命，十三世达赖喇嘛只能同意，于是在噶厦政制史上出现了奇特的三司伦设置之制。贝尔将夏扎和十三世达赖喇嘛并列，声称“此种时候，西藏则宣称：达赖喇嘛和夏扎是西藏两个最坚定的人，是为西藏独立而斗争的民族团体的主要支柱。夏扎位居三位主要噶伦（司伦）之首，凭借他在他们中间的威信，完全可以称为西藏的首相”[292]。1912年9月，蒙藏局提议“归还达赖封号，并开夏扎等官职”[293]，北洋政府“迭颁命令，封复达赖及夏扎等名号”[294]，这也在无形中提高了夏扎的地位。当然，蒙藏局提议的目的还在于分化夏扎与十三世达赖喇嘛的关系，即“借以解散党羽，消除阻梗”[295]。

总而言之，夏扎在此一时期为维护和扩大十三世达赖喇嘛的权力和地位，竭力反对中央政府，积极寻求英国的支持。藏政改革的趋势是必然的，但是清政府操之过急，并错误地革除了十三世达赖喇嘛的封号，引起十三世达赖喇嘛和夏扎等人的激烈反弹，时人批评夏扎“为人有智谋”、“最狡黠阴险”，十三世达赖喇嘛“敢于始终反对汉人者，实以有此人也”[296]，联豫本人也认识到革除封号的错误。辛亥革命爆发后，虽然民国政府恢复了十三世达赖喇嘛的封号，但是因两个原因而不能解决问题。第一，英国从中作梗。赴藏宣慰员杨芬多次致电十三世达赖喇嘛和夏扎等人“多方解劝”，“然所发函电，皆为英人扣留。复密行雇人持递两次，亦为该处英人劝回”。第二，十三世达赖喇嘛、夏扎等人“似未悉民国内容，又恐违背皇帝，中多隔膜”。夏扎以噶伦名义致电杨芬：“不知蒙藏局系何等衙门，处若何地位，何以辄能复还封号？达赖封号乃前清皇帝所革黜，仍需由清帝复还。且皇帝为明智弘善之嘉班阳（藏人称皇帝为嘉班阳，出佛经），不敢违背，请报大总统筹画。”[297]这种情况说明，十三世达赖喇嘛宣布的“独立”，等同于内地各省宣布的对清廷的“独立”。

（三）1913年后的夏扎：一个并无实权的亲英派领袖

1913年后，夏扎与十三世达赖喇嘛的关系进入冷淡时期，双方的矛盾在两大问题上展现出来。第一个问题就是在西姆拉会议上如何处理西藏对英和对中央政府的关系。

夏扎为西藏地方政府的首席代表，泽墨为副代表。十三世达赖喇嘛对夏扎此行的期望甚大，曾在寝宫单独对其“授意甚细”；在夏扎一行出发时，派人“面授护身符等物品”，“又命布达拉宫的札萨和大喇嘛等僧俗官员十八人前往龙定林卡，按官位等次献哈达送行”。[298] 但是，两人的主张差别甚大，夏扎向贝尔透露十三世达赖喇嘛“所欲订之条款如下：(一）西藏自理内政；(二）西藏自理外交，遇重要之事，则咨询英国；(三）中国大臣或其他中国官吏及中国军队不得驻扎西藏，但许中国商人往来贸易；(四）所谓西藏，包括里郎（即瞻对，今天四川新龙县)、德格、巴塘、里塘以至于打箭炉一带地方”[299]。夏扎本人则主张：“(一）中国军队自西藏东部撤走。(二）恢复西藏边境之和平。(三）标明自理塘至巴塘之边界线，即自古以来人们所认定之边界。(四）在西藏建立自己之行政权。(五）建立由自己人组成之军队。(六）驻藏大臣与官员们及其卫队可住在拉萨。(七）希望英国人居中调停，以避免以上建议如前驻藏联（即联豫）大臣所为，再度遭到破坏。”[300] 对比来看，在对内关系上，十三世达赖喇嘛提出“自理”内政、外交，夏扎主张行政权、军事权掌握在噶厦手中，未提“自治”；十三世达赖喇嘛要求康藏界线划至位于大渡河上的打箭炉，夏扎所主张的理塘至巴塘位于雅砻江至金沙江之间。在对英关系上，十三世达赖喇嘛提出“重要之事”要“咨询英国”，夏扎只是提出由英国“调停”西藏与中央的关系。总之，十三世达赖喇嘛“要求自立，不欲中国再设长官，并追溯唐时吐蕃疆域情形，思欲攘夺青海全部并巴塘诸境”[301]，夏扎则称“中国内乱未已，专使不来，将由藏自谋建设”[302]，这说明两人的主张是不同的。但是，夏扎还是执行了十三世达赖喇嘛的指示，在1913年12月13日西姆拉会议开始时声称“西藏已与中国完全脱离关系，中国对于西藏并无所谓主权”[303]；又称“拉萨不能同意中国再次设置驻藏长官，也不能同意将瞻对和德格划入内藏”[304]。

夏扎还积极寻求英国的帮助；英国则为分裂西藏而竭力争取夏扎。1913年8月25日，贝尔先到江孜迎接夏扎，双方“互送礼物，实行笼络”。在印期间，夏扎“备受英人优待”[305]，贝尔宣称：“盖一九一三以来，吾等鼓励藏人信赖吾等。一九一四年签约时英政府许以外交援助，并许以在相当范围内接济军火。”[306] 他建议夏扎“搜集所有关于昔日中藏交涉以及陆续为中国占领而西藏现今要求归还之各州县等项之文牍，携之赴会”。夏扎采纳其建议，“凡家宅、寺院、佃户、田主、租税、进款之册籍，门户灶炉之册籍，忠顺之保结，民军之表册，与夫各县分摊军额之合同，法律规章、判决书、指令以及其他实际行政之证据等等，无不收集，以便要求将先后归中国管辖之各县藏民，仍然退还，属拉萨政府统治”。[307] 按此，夏扎接受了英国关于“内藏”、“外藏”的划分。著名藏学家拉巴平措就此认为：“被蒙在鼓里的十三世达赖喇嘛对将藏区分为‘内藏’、‘外藏’表示困惑，拒不承认所谓‘麦克马洪线’，还罢免了与会的亲英派贵族司伦夏扎·边觉多杰的职务。”[308]

新任护理驻藏长官陆兴祺致函夏扎，设法“相机联络夏扎，共归和好”，提出“所有应商事件由兴祺代呈中央主持”[309]；北洋政府也选举夏扎为参议院参议员，夏扎成为第一位民国以来被选举为中央政府官员的西藏地方大员。夏扎作了较积极的回应，回函陆兴祺：“前奉长官照会，准蒙藏局电开，夏扎被举参议员，如愿换选，希即速复，以便转达。等因。当即电秉（禀）达赖喇嘛，奉复前奉大总统以汉官在大吉岭会议，英派代表会商，藏已派员，至三大寺代表于阴五月抵靖（即靖西），听候会商，早定藏局，中央已派何人到印，祈速电复。”陆兴祺由此认为：“查前月兴祺寄达赖函电未得一复，今夏扎有此复函，其意似又一变。”[310]1914 年 1 月 10 日左右，夏扎先是质问中央政府代表陈贻范四条：“（一）内地果能维持藏地之秩序否？（二）内地果能有财力抚恤藏地之损失否？（三）内地果能实行平等主义否？（四）内地果能禁止英人不增兵于藏否？”[311] 这四条不知是十三世达赖喇嘛采纳夏扎的建议而指示他提出来的，还是夏扎征求了十三世达赖喇嘛的指示后提出的，但反映了噶厦批评过去的中央政府实行歧视的民族政策，也反映了担心中央政府无力抗击英国侵略。接着，夏扎提出，中央政府提出条件目前可以承认三件：“（一）民国对于西藏应加优待及晋爵。（二）民国对于藏民有辅助教育之义务。（三）西藏各寺院，民国应加以岁俸及津贴。”四条、三件实际上表明西藏是中国领土不可分割的一部分，噶厦承认中央政府的主权，“以上惟中央辅助藏人行政一节，仍在磋商未定”。[312]

西姆拉会议毫无疑问是英国分裂中国的顶峰，未获中国政府同意的“西姆拉草约”成为此后英国继续进行分裂的借口，“宗主权”、“自治”成为分裂中国的代名词，毕达克称赞夏扎“善于处理复杂形势的应变能力为西藏获得了不少成功的议案，尽管北京政府拒绝批准这一由他们的代表提出的协定”[313]。对于西姆拉会议和西姆拉草约史家已有许多研究，这里不再赘述，但要指出几点：其一，西姆拉草约声称“中英两国政府，同认西藏为属于中国宗主权之国，并认外藏有自治权，今为尊重该国自治之完全，所有外藏行政（选举达赖喇嘛事在内）应由拉萨政府管理，中英两国政府均不加以干涉”。但《西姆拉会议之交换文书》则说“缔约国承认西藏为中国领土之一部分”；“达赖喇嘛选举就职后，由西藏政府呈明中国政府，中国政府即颁给达赖封号，由中国驻扎拉萨长官正式转授之”。[314]其二，如上指出，夏扎根据十三世达赖喇嘛的指示强调不能同意再设驻藏长官，但是“西姆拉草约”规定“中国驻藏代表，率带相当卫队驻扎西藏，惟此项卫队不得逾三百人”[315]。其三，至于康藏、青藏之界线，按照十三世达赖喇嘛的主张，“几将川边之地及青海全境划归西藏”，但商议结果是康藏、青藏分别以怒江、昆仑山为界。[316]

这几方面从中央政府的立场来说，“界务一层仅能争回巴塘及青海之一部分，至白康普陀岭及阿美倾岭而止，与我所之争持者，仍大相径庭”。从噶厦的立场来说，“自立等项各要求均已逐一取消”[317]，可以看出夏扎为国家领土主权的完整和中华民族的团结还是做出了一些贡献。他“反对英国向西藏派遣驻扎官”，称因为“俄国就会向拉萨派驻领事”。当然，他的态度受到了随同前往西姆拉的三大寺代表的影响。他称：“小股中国军队我们能对付。不过，如果他们把强大的军队集中起来攻打我们，我们无法抵抗。这就是我们希望英国政府保障我们免遭攻击之原因。”[318]三大寺代表反对，强调“若此次会议有英国保护西藏之事，彼等誓不承认”[319]。

夏扎为今人所激烈谴责的，是他同意了英国政府代表麦克马洪所划“麦克马洪线”。本来，夏扎“严词回绝”了英方关于割让该线以南土地的要求，但十三世达赖喇嘛指示：如果英国能帮助西藏实现“独立自主”并使“滞留在康区的川军尽快撤出”，即可“依照英方所提保证及其实施情况，我派专人正式划界并将田地和百姓连其噶厦政府的收入一并交于英方”。[320]于是，夏扎和麦克马洪“私自划了一条西自不丹东北，东至我国西藏、云南同缅甸接境之处的分界线，把我国门隅、珞瑜、察隅三个地区的全部或大部划入了印度范围之内”[321]。但是，这条线是背着中国中央政府私划的，完全非法。对于十三达赖喇嘛来说，由于英国未能满足其前提两个条件，他和噶厦也不同意。因此，夏扎的后人指出“事实上在十三世达赖喇嘛及其司伦夏扎、羌勤、雪康主持政务期间，并没有实质性的丧地情况”[322]。

上述表明，夏扎在 1913 年后的政治立场和十三世达赖喇嘛的有着明显的不同。他“于藏历 1914 年 9 月 17 日返回拉萨”[323]后，“发现达赖喇嘛对他在谈判中的所作所为很不满意。他在上午六点钟被召见，但达赖却让他一直等到下午五点”[324]。

第二个问题，就是虽然夏扎有首席司伦之名，但是十三世达赖喇嘛不可能让其享有实权，两人的政治关系在夏扎从西姆拉返回拉萨后进入最冷淡的时期。

陆兴祺曾言“夏扎素挟达赖而揽大权”[325]，但事实并非如此。贝尔声称：十三世达赖喇嘛“意志坚定，他使自己比五世达赖走得更远。五世达赖执政仅数年，即将政权交与一个能力超群的噶伦，让噶伦以达赖的名义进行统治。但十三世达赖喇嘛不然，他竭力巩固自己的权力，以致事事躬亲，不用他人代庖”。因此，“达赖喇嘛对夏扎不那么同情，也许是后者的能力使他不满”。[326]的确，十三世达赖喇嘛一方面将夏扎列为榜样，要求新任命的官员向他学习[327]；一方面对其“威望生出几分猜忌”[328]。

在夏扎前往西姆拉期间，十三世达赖喇嘛先后任命协噶林巴、擦绒·达桑占堆、凯墨·仁钦旺杰为噶伦。夏扎返回拉萨前后，十三世达赖喇嘛任命泽墨·诺布旺杰填补去世的协噶林巴的空缺，这说明十三世达赖喇嘛以泽墨为噶厦谈判的副代表，具有监视和牵制夏扎的作用。这样在1914年，以擦绒为藏军总司令兼首席噶伦，凯墨、泽墨、强巴旦达为噶伦，新的四噶伦形成，十三世达赖喇嘛以擦绒作为夏扎之外的“另一个行使要权的人”[329]。有学者认为擦绒和泽墨是夏扎的“得力助手”[330]，但实际情况并非如此，贝尔发现“到了晚年，夏扎很孤独。他身居高位……许多人都想把他拉下马来”[331]。

这样，前述的三司伦设置之制在1918年左右夏扎、羌勤两人去世之后也发生了变化。贝尔1920年入藏时只有雪康一人，自此规定只设置一名司伦，英国称为“首席噶伦”。雪康虽然尚未去世，但是“已年老，主要职责是训练达赖喇嘛的幼侄司伦朗顿（Silon Langdun）接替其位置”[332]。十三世达赖喇嘛之所以还保留一名司伦职位，主要是留给自己侄子。按照惯例，“达赖喇嘛的家庭成员不得担任公职”，然而十三世达赖喇嘛“更加露骨地把规章制度抛在一边，将至为重要的首席噶伦的职位授与他的另一位侄子，以接替雪康”。[333]

探讨到这里，可以对上述作出结论。夏扎在1890年后的政治生涯分为三个阶段。在1890至1903年期间，他在处理对英关系和噶厦与清政府的矛盾中逐渐成为核心人物，但是在如何应对英国发动的第二次侵藏战争和与十三世达赖喇嘛的权力冲突中被革职。在1904至1913年与中央政府的剧烈矛盾中，夏扎重新被起用而成为十三世达赖喇嘛的得力助手，他竭力寻求英国的援助。在1913至1919

年里，他竭力维持噶厦既得的权力和地位，但与十三世达赖喇嘛的政治关系也进入冷淡时期。一般认为“亲英派”在“从事分裂活动”[334]，有人认为是在“分离”[335]。根据实际情况来看，“分离”一词为当。

正是为了反对中央政府恢复治藏主权，为了维持和巩固噶厦的地位与权力，夏扎和贝尔、麦克唐纳等侵藏急先锋来往密切。在1913年随同十三世达赖喇嘛返回拉萨时，夏扎对麦克唐纳称“有特别的感情”、“我俩前世缔有夙缘”[336]。去世前，夏扎致了封“语气很亲切”的信函给贝尔：“您是我亲爱的、好心的朋友，我非常信任您。我深信，这种友谊是您和我在前世祈祷念经的结果。”[337]因此，夏扎的后人称他与贝尔“交往颇深”[338]。陆兴祺批评夏扎“仇汉最深，媚外最切”[339]，具有一定的道理。

如果说噶厦在清末民初已经产生了一个亲英派，那么这个派别应以夏扎、雪康和羌勤三人为代表，夏扎是三人中的核心。十三世达赖喇嘛用他们尤其是前两人与英人打交道，他们也对十三世达赖喇嘛产生了影响。英方称：“随着夏扎的去世，西藏再无持亲英态度的强势噶伦对达赖喇嘛施加影响。”[340]接任英国驻锡金政治专员的贝利1927年6月6日报告说：雪康是英国“最坚定的朋友”，对英国极为“友好和依赖”，其去世是“西藏政府对英印政府不再像以前那么友好”的“更直接原因”。[341]至于擦绒和泽墨，虽然也“亲英”，但是并不听命夏扎，而是十三世达赖喇嘛用来架空夏扎的亲信。

二、擦绒：从亲英派领袖到维新派首领

擦绒·达桑占堆（1888—1959年），西藏彭波人，农奴出生。早年因家贫而到色拉寺出家，后来成为十三世达赖喇嘛随身侍从，并还俗，入赘擦绒家族，曾任藏军总司令、噶厦首席噶伦。虽然学术界对擦绒作了一些研究[342]，但是并未弄清楚擦绒事件的实质，也未弄清擦绒一生政治态度变化的轨迹，自然不易弄清噶厦中亲英派的本质。对擦绒的政治活动进行总结，可以深刻地认识到包括擦绒在内的广大西藏僧俗官员都反对将西藏从中国分裂出去。

（一）应运而起：擦绒军官集团的形成及亲英派领袖的坐实

擦绒是噶厦在1910至1915年十三世达赖喇嘛与中央政府的激烈冲突中涌现出来的显赫人物。擦绒“出身甚微，原系罗布林冈达赖游宫之外侍者。达赖见其聪明伶俐，调入内侍”。1910年川军入藏，他保护十三世达赖喇嘛出逃印度，正

是由于他率领僧侣十五六人在曲水渡口的山头“遥击川军”[343]，“才能使达赖喇嘛安然逃脱”[344]，他因此成为十三世达赖喇嘛的“坚塞朗嘎”（即亲信侍卫）。接着在1912年，十三世达赖喇嘛着手加强藏军建设，以堪仲强巴旦达任藏军总司令，孜本泽墨·洛色旺杰为副司令；同年，以坚色朗康接任总司令。不久，十三世达赖喇嘛又以噶伦喇嘛强巴旦达兼任总司令，擦绒、泽墨为副司令，并特地要求擦绒“还俗，入赘于擦绒家族”[345]，擦绒挤进了西藏上层贵族。1913年，十三世达赖喇嘛“谋倒川军”，派擦绒“入拉萨运动独立”。由于拉萨川军哗变，他轻易地赶走川军，再立大功。因此，十三世达赖喇嘛在返回拉萨后，于1915年成立“玛基列空”即藏军总司令部，升任擦绒为总司令兼首席噶伦，宇拉·丹巴次旺为副司令，擦绒集军权、行政权两权于一身。

如果说噶厦内形成了一个以擦绒为首的亲英军官集团，那么这个集团应该是在十三世达赖喇嘛力求藏军近代化的过程中形成的。1913年，十三世达赖喇嘛派遣50名士兵和军官到江孜，由英印军官训练。1915年11月，仲巴札萨、噶西台吉等人在江孜受训后拜见十三世达赖喇嘛。12月，十三世达赖喇嘛“派桑颇公子班丹曲旺、定恰·多吉坚赞、吉普次公子索朗旺杰和罗杰囊巴·索朗多吉等政府供职人员和部分普通藏兵前往印度果札和西罗二地学习火炮和机枪的射击、拆、装等项技术”。1921年11月，“派雪仲德门去江孜学习英军军操，雪仲吉素雪巴到大吉岭学习电话线架设技术，孜本麦如钦热俄珠、布达拉僧官学校的拉俄巴阿扎仓的却丹旦达和热窝德庆更登热杰三人前往印度学习外语”。[346]1923年11月，派多仁台吉到印度留学，江乐金到甘托克接收英援武器。

在这个过程中，擦绒作为藏军总司令，“负责统一筹划、管理和指挥藏军的组织、训练、作战、装备、后勤等各项工作”。他“确定部队代号和编制序列，仿照当时英国军队的建制，以藏文字母将原6个团3000人的藏军扩编成10个团约6000人的规模”。这样，“藏军的体制、地位和作用都发生了根本性的变化”。[347]在这种情况下，擦绒必然要同麦克唐纳、贝尔等英人打交道。1920年11月17日至1921年10月19日，贝尔入藏活动，擦绒尽力保卫安全。贝尔离藏时，擦绒“在事前未作正式安排的情况下”为其送行。擦绒“不仅十分亲英，而且还养成了一些欧洲习惯，这一点从他的椅子、桌子、其他一些家具、刀叉餐具、部分衣物、偶尔为之的半英式穿着和他现在‘前来给你送行的拜访’就可以看出”。贝尔对擦绒的表现很满意，宣称“擦绒从少年时代到成年一直是英国人坚贞不渝的朋友，他对我也始终是坚定的朋友”[348]；麦克唐纳也声称擦绒“为我的挚友”[349]。擦绒自然要戴上亲英派领袖的帽子，英国政府称擦绒“是西藏第一个绅士”[350]和“亲英领袖”[351]，黄慕松称“民国初年，亲英派以首席噶伦擦绒为首领”[352]。

至于亲英军官集团的主要成员，黄慕松追述说如“贡江罗敬（即江洛金·索朗杰布）代本、所岗代本、楚葛（崔科）代本及台吉杜林（即多仁）、四品官深珠品江、四品官定直，均属重要人物”，并认为“西藏高级军官代本、如本等，几全属亲英派，而政界中亦占有一部分潜势力”。[353]其中一些军官“穿西式服装，剪短头发”，对英人也很“亲善”，麦克唐纳即称崔科在他1924年离开江孜时送上“一件无上的贡品”，即崔科“将那地方所有的藏军指挥处作一种荣耀护卫，并令号手吹奏送别的音曲，这种尊荣，仅对达赖而设”。因此，麦克唐纳称自己“同很多西藏军官变成挚友，其中有前达赖后裔江罗坚公（Changlochenkung，即江洛金），靠近江孜一位大地主的儿子道陵台吉（Doring Theji，即多仁台吉），出科代本（Tsoko Depon，即崔科）、肯铺国学 (Kyipup Kusho)”。[354]

但是，擦绒军官集团是否真正“亲英”，值得怀疑。1919年，北洋政府以甘肃督军张广建的名义派李仲莲、朱绣入藏，交换恢复西藏与中央关系的意见。1920年9月，他们在报告中将西藏上层贵族分为新旧两派，认为“旧派居十分之七，新派只居十之二三，旧派以藏王及总堪布、三大寺为最有势力，多数尚有思念故国之意。新派以四噶布伦为最，常受英人愚弄，藉为护符。而此四人中又以现驻昌都统兵官降巴丹达为最，现在降巴丹达颇知英人阴毒，甚愿内向，又恐我国不能保护，只持保守主义，以俟将来”[355]。此报告认为只有新派而无亲英派，并认为即使是在第一次康藏冲突后率兵坐镇昌都的强巴旦达因祖国贫弱而迫不得已“亲英”。

（二）擦绒事件：噶厦权力格局及对中央对英态度变化的分水岭

擦绒军官集团形成后，同两方面的矛盾日益发展。一方面，以擦绒和江洛金“为主的激进派”和以三大寺“为代表的旧势力”冲突激烈[356]，擦绒要求十三世达赖喇嘛“不顾寺院的反对”，实施训练警察和扩充藏军的计划[357]。另一方面，军权同政权碰撞，擦绒和宇拉长期担任总司令、副司令，“大小事务均由司令部做主决定，不请示达赖喇嘛和噶厦”。在这双重矛盾之下发生了一系列事件，曾任藏军总司令部秘书的次仁多杰说：“一次，第八代本的几名士兵和警察代本的人争斗殴打，伤亡数人。总司令部捉拿打架的人并施以解肢酷刑，没有请示达赖喇嘛和噶厦，武器库枪械也无故短缺。”[358]麦克唐纳也说：擦绒的“实在罪名”是“同新举办的拉萨巡警斗争”，他“曾发命令割掉一个兵士的腿，和割去另外一个兵士的耳朵”；一些军官从江孜受训完毕“回到拉萨，因政府来复枪事被牵入漩涡而受诽谤，谓他们不将枪械藏在‘国家’军械局而私自藏在他们家中”。[359]在这种情况下，贝尔发现擦绒“遭到势力强大的僧侣阶层的强烈反对，他们坚持要他辞去总司令或噶厦成员的职位”；并说擦绒“现在是如此不得人心，连生命也经常受到威胁”而不得不三次请辞噶伦、藏军总司令、造币厂厂长三个职务，但被十三世达赖喇嘛驳回。[360]

1923年11月，“激进派”和“旧势力”的矛盾激化，僧俗大会开会讨论时因无军方代表参加，几个代本闯入开会地点质问，十三世达赖喇嘛亲自调解，“藏军官员中有的被免职，有的被降职”，江洛金被调任为阿里总管（但他未去阿里就职而留在拉萨主管“恰擦列空”即盐茶局）。[361]虽然擦绒未直接出面，但是十三世达赖喇嘛对其策划“甚为不满”[362]。擦绒不但未认识到此点，反而在1924年10月召集副司令宇拉及各代本杰白赛、萨龙瓦、唐本、崔科娃、丁甲瓦、金巴瓦、乃堆、仲巴瓦（仲巴赛）、新卡瓦等人召开秘密会议，决定上书噶厦：(1)“要求允许武官派代表参加西藏政教重大会议”；(2)“军方军事审判无需通过请示噶厦再行办理，诸事概由藏军总司令部全会自行决定”。[363]前者是以军干政，后者是军事独立。洛桑顿珠指出：这是擦绒“未经请示噶厦和达赖喇嘛，私自召开（的）军事会议”[364]。仲巴瓦向十三世达赖喇嘛告密，十三世达赖喇嘛对擦绒进行惩处，这就是擦绒事件。

英人认为擦绒事件的性质是“改革”。麦克唐纳称：擦绒“是一个社会改革家，而且是介绍欧西思想到西藏的一个人”[365]。他否认擦绒召开秘密会议是要举行政变，认为只是“有几位年龄轻的军官，曾经于一种盟约上签字，表示无论如何，在军政暗潮里，要彼此互相帮助”[366]。贝尔也宣称：擦绒事件是改革与守旧的斗争，擦绒“赞同英国的管理方法。达赖及其去过印度的官员也赞同英国的某些办法；留在‘国’内的官员则希望不要改变西藏或中国的方式”[367]。他批评擦绒“过分鲁莽”，“感情冲动，招致不幸”；这是辩护擦绒事件与英国无关。但是后来一些英文著作说，传言擦绒1924至1925年间与莱登拉合谋发动政变[368]，而莱登拉是英籍锡金人，帮助噶厦训练警察。还值得指出的是，擦绒事件恰恰是在1924年麦克唐纳离开江孜后发生的。

国人对于擦绒事件的性质有多种说法。一种是英人策划和支持擦绒推翻达赖喇嘛的未遂“政变”。陆兴祺认为：“英人以达赖始终不忘中国，欲密谋以倾复（覆）之，其第一步非先令其政教分离不可。故思扶植藏中之亲英派以为藏王，如在布丹时拥立终萨琫洛，逼退桑结确哥故事。如是则西藏政权可归英人掌握。”[369]孔庆宗进一步认为：英国积极策划亲英派头子擦绒等上层分子，“密谋于一九二四年十月某夜，准备发动政变，推翻达赖喇嘛，另组‘清一色’的亲英政权”[370]。社会舆论认为擦绒“勾结英人，拟在机什城（即拉萨北郊的札什城）建筑英领事馆，并废达赖”[371]。次仁多杰认为，由于“每当周末或假日，达桑占堆为首的军官聚集京太饭馆，吃喝玩乐”，十三世达赖喇嘛“怀疑他们谋划军事政变”。[372]

另一说法是未遂“革命”，是擦绒图谋改革西藏旧制度、实行政教分立的革命。蒙藏委员会认为：“迄民国十三年，擦戎（擦绒）党羽图谋革命，欲划分政教两权，使达（赖）喇嘛专掌教权。政权仍依旧制，恢复藏王制度，由藏王掌之，并拟自为藏王。”[373]曾任中国驻加尔各答总领事黄朝琴进一步认为是英国策划的“革命”：“擦绒及其党羽谋革命，拟划分政教两权，达赖主教，擦绒为藏王主政，盖英国以达赖一人总握政教两权，照例又须中国敕封，分权则是侵藏之张本也。”[374]社会舆论也认为是“革命”，不过是西藏人民对英帝国主义的革命：“藏人群起暴动，将建筑领事馆之英工程师殴死数名，并重殴擦戎几死。达赖亦稍觉悟，疏远擦戎；近来藏人拟大举革命，脱离英人羁绊，渴望汉兵救援。”[375]

关于十三世达赖喇嘛因何革去擦绒的职务，是总司令与噶伦两职同时革掉抑或先去前职，说法也不同。次仁多杰说，擦绒噶伦、总司令两职同时被免，罪名是“滥用职权”[376]。甘典认为“自此，札萨达桑占堆文武双职被撤”[377]。孔庆宗和黄朝琴也认为两职是“立即革除”，但原因是十三世达赖喇嘛察觉到了擦绒的“政变”阴谋。[378]英国政府说擦绒“1925年因明显亲英而被剥夺藏军总司令和噶伦两职”[379]。麦克唐纳称擦绒失掉的是总司令职，因为他对“英国常表示强烈的同情”[380]。当今西方学者毕达克称：擦绒在好些年里“是西藏最有影响的人物”，十三世达赖喇嘛“对他的权势和财富产生了几分疑虑，便在1925年突然解除了他藏军司令的职务”。[381]

总结来看，原因有权力争夺、“政变”和“亲英”三说。由于英国政府和英人均强调擦绒“亲英”，擦绒脱不下亲英派领袖的帽子。麦克唐纳还解释擦绒只被革职，是因为“达赖曾经发过誓言，谓要报札隆（擦绒）一千九百一十年在嘉桑渡口（即曲水渡口）抵御中国军队和救主的劳绩，将永远地保护他。假使叉隆（擦绒）没有这种保障，恐怕所受处分更要厉害些”[382]。但是，如果擦绒发动军事政变推翻十三世达赖喇嘛并改变政教合一制度，即使十三世达赖喇嘛发誓“将永远地保护他”，也会受到严厉的处分。因此，擦绒的真正罪名是亲英以稳固自己的权力，进而以军干政。他首先被撤掉的是总司令职，噶伦职如后所指出是在1929年因帮助莱登拉再次入藏时而被革掉。自1924年被革掉总司令职务后，擦绒再无左右噶厦政局的地位，英方甚至认为他“虽然还活着，自由，并且仍然的确属于噶厦成员，但是其政治生涯已经结束”[383]。

十三世达赖喇嘛还对擦绒军官集团作出处理，麦克唐纳声称“当这时候，另外还有一种严重的谣言，使政府所任用一般很多的有希望的青年军官，同时下台”[384]。黄慕松指出：擦绒“重要党羽，如所岗、楚葛各代本，均革去代本职而降为五品官，贡江罗敬、杜林均降为五品”[385]。次仁多杰所说有些不同：“副总司令四品官宇拉·丹巴次旺降为七品官员；擦绒派的代本噶西·旦增诺布、崔科和定甲瓦多吉坚赞等人也被免去代本职务，降为七品官员；代本聂堆巴贬为普通庶民。”“这样瓦解了以擦绒·达桑占堆为首的军官势力。”[386]又有人指出，宇拉是因“编制军械目录，违背了达赖的旨意”而被撤职削为平民。[387]无论怎样，英国政府对此不满，声称“许多受到英国训练的军官被免职”[388]。

一般认为十三世达赖喇嘛瓦解了亲英的藏军军官集团，亲英分子已“寥寥无几，无何等势力”[389]，其实不然。英国政府在标注1936年2月18日的文件中分析了这年情况：警卫司令虞多代本（Yutok Depon），35岁，“一名地位非常高、颇具影响的士兵。在奎塔(Quetta，位于巴基斯坦西部)受过重炮训练，强烈亲英”。噶许巴代本（Tering Jigme Detsab，可能是如后黄慕松所说的蔡林代本），30岁，“锡金土王的近亲，英国驻江孜商务代办的朋友，与擦绒家族联姻而有姻亲关系。他在大吉岭的圣保罗学校受过教育，在江孜的印军接受军事训练，强烈亲英”。定江（Ksuhuo Dingja）代本，“40岁，四品官，亲英，现为日喀则资深宗本……在西隆（Shillong，位于印度西北部）受过步兵训练，在奎塔受过炮兵训练”。[390]因此，只能说“亲英派势力稍杀”。擦绒实职虽被革去“而给与间散之札萨克”，但是“尚握有造币实权，且英在藏有驻兵、邮局、电报等之设施，亲英派之潜势力仍未可蔑视”。[391]

对于擦绒事件的发生，须放在西藏地方政治权力格局的演变和对中央、对英国的关系变化下来考察，才能认识其实质。

按照贝尔所称，擦绒是“达赖的主要心腹”，“达赖喇嘛十分坚定地支持他，致使他在一段时间里超过了首席噶伦（即司伦贡嘎旺秋）的权力”。[392]其实，擦绒权力过度膨胀必然遭致十三世达赖喇嘛的压抑，剥夺擦绒的兵权是十三世达赖喇嘛加强自己权力的一大举措。告密的仲巴瓦（即仲巴赛、君色巴、札隆仲贝）是十三世达赖喇嘛的嫡亲侄子，十三世达赖喇嘛有以他掌握军队的打算。1913 年，十三世达赖喇嘛从大吉岭返回拉萨后不久即派仲巴瓦“在军队中担任了一个小小的职务”[393]；到 1924 年，仲巴瓦已官居代本。十三世达赖喇嘛革除擦绒总司令职务后，以仲巴瓦继任。同时，十三世达赖喇嘛加强对噶厦的控制，以司伦雪康“年事已高”为由，任命自己的另一位嫡亲侄子贡嘎旺秋为司伦助理，称贡嘎旺秋“熟悉政府事务”。1926 年，正式任命贡嘎旺秋担任司伦，“教戒其为现今和长远之善业而效力”。[394]但是，十三世达赖喇嘛对藏军的直接控制并不怎样成功，仲巴瓦“居位不久”即被革职，至于原因，一种说法是他“在昌都视察期间染上吸食鸦片恶习”[395]而“竟变成一位鸦片鬼”[396]，另一说法是他“放荡不羁，失误甚大”[397]，“仲巴瓦终日闲适，无所用心，不能胜任总司令之职”。无论什么说法，十三世达赖喇嘛被迫免去其职，只能以龙厦兼任藏军总司令，次仁多杰指出：十三世达赖喇嘛“对达桑占堆日趋疏远，而看重孜本（原地方政府孜康负责人）龙厦·多吉次杰和大卓尼丹巴达杰。传闻龙厦·多吉次杰和丹巴达杰在达赖喇嘛面前谗言诽谤达桑占堆等人”[398]。

擦绒事件不仅是西藏与中央紧张关系缓和的分水岭，也是十三世达赖喇嘛对英态度变化的分水岭。英国政府曾称自贝尔“访问”拉萨后，“西藏对大不列颠的友好情谊到达顶峰”[399]。但是自 1924 年停办江孜军事训练学校开始，十三世达赖喇嘛“亲英的态度有所改变”[400]。贝尔称：“到 1925 年，达赖喇嘛日益坚定地撇开英国，转向中国”，“一贯亲英”的擦绒“失去了大部分权力，继而被贬职”，俄国报刊幸灾乐祸地说“英国在西藏的影响崩溃。毫无疑问，英国大大地失去了影响”。[401]英国政府也认为：“1924 年以来，西藏的亲英感情不断下降。”[402]又说：“1924 年贝利入藏以来，西藏对英关系就处于不断恶化境地，直至 1929 年尼藏冲突爆发。”[403]因此，将擦绒事件视为英国策划下的“政变”，也有一定的道理，孔庆宗认为“英帝国主义假手其走狗，以攫取西藏之阴谋，遭到沉重打击”[404]。吴忠信认为：擦绒“酝酿革命，谋夺达赖政权，机泄被黜，因以促成达赖内向之心，而有派贡觉仲尼等来北京之举”[405]。

还值得指出的是，如果说擦绒力图改革政教合一之制，则改革时机并不成熟，必然失败。曾任十三世达赖喇嘛的代表与国民政府交换意见的蒋致余指出：三大寺“实握有西藏政教大权，俨然等于各国之国会，关于宗教政治之设施，须得其同意，无论宗教政治，遇有纠纷，悉取决于三大寺，即以今世达赖之精明强干，亦不能削减三大寺之权而独裁。现时三大寺，对于西藏与中央恢复原来之关系，关怀尤为密切。”在这情况下，噶厦内“亲英派”尤其是擦绒的政治态度有所变化，蒋致余接着认为：擦绒“以达赖已渐远英国，而企图复归于我，方亟亟从事于亲我，谋得首功，以恢复其前日之势力”。[406]曾任蒙藏委员会副委员长的赵戴文赞同此看法，认为擦绒“以亲英关系”而丧失实权，为“恢复旧日信任，亦欲顺达赖意，以作成中藏和好”。[407]

（三）擦绒事件之后：维护国家统一与维持西藏现状的双重态度

的确，擦绒在国民政府成立后，为恢复西藏地方与中央的正常关系做出了一些贡献。

1929年8月，北平雍和宫两堪布贡觉仲尼、楚称丹增及江卜桃梅（十三世达赖喇嘛心腹，当时在雍和宫）先后到太原、南京晋谒蒙藏委员会委员长阎锡山、国民政府主席蒋介石。贡觉仲尼虽然为十三世达赖喇嘛所派，但是同擦绒“为同门弟，故感情甚挚”[408]，因而也与擦绒有关。因此，贡觉仲尼报告了擦绒“拥护中央，热诚内向”的态度。阎锡山当即致函擦绒，肯定其态度，强调国民政府力谋中华民族的团结，希望他“努力赞襄，早日完成整个的大中华民国”[409]。

9月10日，赵戴文提出：贡觉仲尼、楚称丹增、江卜桃梅“均极愿由中央派遣回藏，因此事可邀达赖之嘉慰”，但江卜桃梅“系达赖最信任之人”，贡觉仲尼系擦绒“（亲）信之人”，此二人“均有由政府正式派遣回藏之必要”。[410]蒋介石决定以贡觉仲尼为特派专员入藏慰问，“并开谕藏民咸知五族共和之真谛”[411]。1930年8月3日，巴文峻、谢国樑在给蒙藏委员会的呈文中透露了此决定与擦绒的关系：国民政府拟派二人回藏，“嗣棍（即贡觉仲尼）向国樑表示谓伊与察戎噶不伦（擦绒噶伦）系弟兄，拟请主席密与察戎一函，以促达赖信任。国樑素知察戎系亲英首领，前年受英人贿使，欲加不利于达赖，遂被削去总司令及总噶不伦职位，因与英人亲密，故得仍留现职。去岁察戎屡次函托国樑援助棍却仲尼，想以亲华之功迎合达赖，恢复旧职”[412]。

贡觉仲尼随身携带蒋介石、阎锡山致擦绒的信函。蒋介石一方面称赞擦绒“拥护共和、倾诚内向”，强调“藏卫虽遥，其地为中华民国之领土，其民为中华民国之国民”，提出“执事匡扶藏族，威望夙孚，必能远瞩遐观，深明时势”；一方面谴责“帝国主义日以侵略弱小民族为急务，如印度、缅甸、安南、朝鲜均被其蚕食鲸吞”，指出“藏卫服从中央，外人何敢轻于窥伺”？[413]阎锡山一方面称赞擦绒“抚字藏胞，捍卫地方，醉心共和，倾诚中央，力毅心慈，艰苦备任，拟古名贤，有过无愧矣”；另一方面安慰擦绒，对其“亲英”做了定论，称“印藏密迩，动辄受制，又以国家多故，未能顾及西陲，致我藏胞日受帝国主义者之侵迫，而执藏者又不得不与周旋。此情此苦，概难宣喻，惟有人心，早引为痛心者也”。接着，阎锡山要求擦绒“大展经纶，恢鸿素志，体中央意旨，谋国家幸福，团结一致，以御外侮”。[414]总之，蒋介石、阎锡山要求擦绒为西藏问题的解决做出贡献。

2 月 16 日，贡觉仲尼“安抵拉萨”。3 月 15 日，他向阎锡山报告说：“当将尊函及各项赠品敬谨赍呈达赖佛爷及擦绒、（各）沙北（即噶伦），俱已分别收受，并甚欣悦。仲尼即将中央德意力为宣传，并再三婉陈吾藏应仍与中央力谋联络，以收唇齿辅车之效，颇蒙佛爷及擦绒采纳。”[415]在贡觉仲尼抵达拉萨前，谢国樑于 1 月 10 日接到擦绒来函，函称“俟棍抵藏后中藏如何恢复旧好，当详细函知”[416]。结果商定：十三世达赖喇嘛设置西藏驻京、驻平、驻康办事处，并以贡觉仲尼为驻京总代表，西藏与中央的关系得到初步恢复。

同一时期入藏的还有刘曼卿，擦绒对她强调了自己对中央政府、对英国的立场。他说：“人家以为我们西藏有外国人活动，其实这都是传闻之误！现在中央政府派人来就可以到街上观察，看有一个外国人没有呢？”[417]他“笑谓予曰世皆指渠为亲英派”，强调“学西人盖取其长，岂鄙人竟有卖藏、卖中国之意耶”？！刘曼卿要求他“终守此语不移，果为爱藏爱国而有刷新之志，子其行之勿瞻徇，否则慎诸”。但是，从擦绒公馆“厅际悬蒋主席像，旁衬以英国帝后合照”中，可知擦绒对中央政府和英国的微妙态度。[418]

在贡觉仲尼、刘曼卿入藏后，英国政府也提出派人入藏，驻锡金政治专员威尔宣称：“达赖喇嘛希望我 1930 年访问拉萨，讨论重要问题。”[419]十三世达赖喇嘛实际上是被迫发出“邀请”的。威尔派遣莱登拉入藏协商其入藏事宜，但噶厦反对莱登拉到拉萨，莱登拉在擦绒的帮助下才得以前往。威尔入藏前，十三世达赖喇嘛免去擦绒噶伦之职，麦克唐纳称“擦绒由于帮助莱登拉到拉萨而被免噶伦职”[420]。擦绒也称自己被革职之因就在于亲英。[421]英国认为，擦绒自此“虽然管理铸币厂和军火库，但并非噶厦要员，也并非以前那样是西藏的‘强力’人物”[422]。

在威尔活动期间，擦绒“小心地与威尔保持距离”[423]，威尔“收到一封来自擦绒的信，虽然很和善，但是请求说两人之间的交流越少越好”。至于其他“亲英派”，虽然对威尔表示了“友好”，但“找各种借口而不来见”。威尔在英国政府的报告中称：“非常清楚的是，许多西藏官员初次来拜访时就流露出不愿意的脸色，而这些拜访是我们所期待的，其中一些官员在英格兰受过教育，或在印度的基地里受过训。他们不愿之因是：(a) 近年来，长久停滞的印藏边界问题又开始争论；这是最主要的原因。(b) 由于将尼泊尔籍的人下狱，尼藏两当局之间发生冲突，担心此种冲突演变为战争。(c) 不久前，西藏政府领袖、众所周知亲英的擦绒被贬黜，原因就在于他对所有外国人都很友好。”[424]这几个原因说明了亲英派并非投英卖国卖藏的分裂派。

1934 年 8 月 28 日至 11 月 28 日，黄慕松入藏致祭十三世达赖喇嘛，并与噶厦交换解决西藏问题的意见。擦绒虽然不再担任噶伦职务，但是仍然具有影响，英国政府认为他在 1932 年、1934 年有两次机会出任噶伦，但是“都设法逃避了”，因而“整个西藏，无论僧官俗官，都喜欢他”。[425]黄慕松在其《使藏纪程》中记载了按照西藏上层贵族习俗多次与擦绒来往：9 月 3 日上午，擦绒来见，黄慕松午后答拜；9 月 13 日午后，黄慕松“偕同人往扎什城参观机器厂及兵营”，擦绒作为会办和总办郎中噶伦招待；10 月 8 日 12 时至 17 时，黄慕松“赴擦绒札萨克家，应其招宴，中午面席，下午茶会，宾主尽欢。同席有德家昂仔辖及擦绒之连襟蔡林代本”；10 月 26 日 15 时，黄慕松“赴擦绒茶会”，19 时“进晚餐”，“两家及蔡林两代本及一甘肃喇嘛为哲蚌寺格西者在座”；11 月 5 日午，黄慕松欢宴四噶伦、总堪布、擦绒等；11 月 26 日，黄慕松访谈包括擦绒在内各要人；11 月 27 日，擦绒等人给黄慕松“送礼送行”。[426]

在这些来往中，黄慕松与擦绒“谈晤尤欢”[427]，擦绒阐述了对两大问题的态度：其一，对英关系。《申报》1934 年 3 月 26 日登载一封信函，称擦绒在十三世达赖喇嘛圆寂后“殆惧僧官民众痛恨将不利于彼”，忽然潜逃江孜英军营中，有人“谓彼另有野心，或将为媚外行动，亦未可知”。[428]擦绒解释说：“当达赖圆寂时适在甘（江）孜，外人有劝其率兵助英人入拉萨，行政上改革者，以时机未至却之。”并强调“与英人来往，纯为一种交际”。其二，西藏与中央的关系。擦绒虽然认为“西藏不能独立，惟中国可靠”，但是提出“办事步骤不宜过急，似宜先从交通教育着手”，并认为“对于中央，可照达赖五世时之檀越关系做去，否则恐无结果”。黄慕松“告以藉交通教育增进感情，为余素所主张者。但交通如何联系，教育何人办理，若无主持者，从何进行。此事因果相乘，亦不可不注意及之也”。擦绒虽然“亦以为然”，但“又证明凡事皆宜缓行之主张”。[429]总之，擦绒虽然错误地认为中央与西藏的关系为檀越关系，但是认识到西藏在中国的不可分。黄慕松一方面认为擦绒作为“新派之领袖，极聪明干练”[430]，另一方面认为其态度不够明确，虽“自不免仍有亲英嫌疑，但据各方报告观察，可目之为中立派，其主要目的在恢复其原有地位，亲汉亲英均无不可”[431]。因此，英国政府认为“擦绒非常值得观察”[432]。

但是，擦绒仍然同英人保持联系，反对中央政府即刻恢复治藏主权，这在九世班禅喇嘛返藏问题上体现出来。1936 年 8 月，英国驻锡金政治专员古德入藏唆使反对国民政府派兵护送九世班禅喇嘛返藏，英方宣称擦绒“这位给先后担任驻锡金政治专员留下深刻印象的人，在古德抵达拉萨后就立即拜访了古德”[433]。1937 年 3 月中旬，四名噶伦和几名札萨克同蒙藏委员会驻藏代表蒋致余进行协商，擦绒提出：虽然不再担任噶伦而以“彼之地位，本不应多言”，但是“关于中央派遣官办护送班禅回藏一事，可否似如黄专使入藏前例，派遣官员三四员，率卫士二十名前来”。彭休、尊东、郎中、哲康四噶伦赞同擦绒的主张，“只求中央不派兵护送班禅回藏”。蒋致余指出：如果中央政府不派兵护送，“班禅终不肯回藏”。[434]

自黄慕松入藏致祭十三世达赖喇嘛之后，擦绒表现其政治态度值得注意的又一场合，是 1940 年上半年吴忠信入藏主持十四世达赖喇嘛坐床大典，擦绒却缺席此一重要大典而“忽然携妻来印就医”。国民政府对其“有无其他使命，不无可疑”[435]，指示黄朝琴调查。在 2 月 22 日与黄朝琴“倾谈竟夜”中，擦绒提出：为使青海省主席马步芳放行达赖喇嘛转世灵童拉木登珠，噶厦花费了相当费用，“甚盼中央能赔此款，以免藏人永存恶感”。黄朝琴回答：“中央视西藏如一家，达赖既转世，藏人自是宗教上有领袖，中央必能多多帮助西藏。”此次交谈，黄朝琴感到满意，因而在 2 月 25 日给国民政府和吴忠信的汇报中说擦绒“送妻来印就医”，总领事馆“热诚招待，印象甚佳”。[436]但一月后，黄朝琴在 3 月 26 日的报告中提出“擦绒此次到印有数事殊堪注意”：

（一）擦绒常对琴表示：“本人向崇拜蒋委员长，近与总领事相聚多日，益知中央最近情形，承总领事多方照料，尤不能忘怀，吴委员长此次入藏，予藏人以极好印象，自信必能增进中藏之关系。”云云。惟对于中藏之关系应如何改进，英藏关系之内容，则避而不提。（二）英政府派不丹小王随行照料，且备有上等汽车供其使用，琴每往访，常见其接到英文电报，似不断与英方有所接洽。（三）渠在本埠月余，每两日至少与琴相见一次，惟凡对于公开英人所到场所，则不愿同往，如琴邀其同赴总督府游园慈善会、徐悲鸿作品展览会，渠均藉故不到，同赴泰哥尔王茶会，渠则不喜报馆拍照，临行时在车站记者询问藏人对中日战争感想如何，渠即答以“西藏无报纸，外界消【息】不得而知”，传为新闻界之佳话，凡此种种均可看出其虽喜与我方来往，而怕英方所知。（四）其夫人系患胃病，并非危急，何其竟当新达赖将举行坐床典礼之时，而离开西藏，抑其以吴委员长到藏后，必有一番提议，渠此一避，可作将来推翻藏中所决各事张本，抑或与英国有急须接洽者，查印人要求独立，英国已不堪其扰，英本国对于西藏似无多大野心，不过驻印英官欲图建功耳，犹忆春间印督宴琴，对于俄国在新疆之设施，询问甚殷，或者为对俄计，不得不在西藏树立一防线耶。[437]

黄朝琴指出擦绒在印度期间，英人竭力笼络，并认为擦绒带其妻治病为由来印的确值得怀疑。擦绒一方面肯定吴忠信主持坐床大典的意义，一方面却拒绝与黄朝琴同时参加一系列活动以表示与中央政府的一致。总之，黄朝琴认为擦绒的态度是模糊的，可能是“怕英人所知”。

吴忠信则认为擦绒及其一派维护国家统一的态度是明确的。1月初，吴忠信途经江孜相遇擦绒，晤谈后认为擦绒“头脑清楚，洵非普通之藏人可比”，因而嘱咐他持其介绍信到印度加尔各答后拜访黄朝琴。接到黄朝琴2月25日关于“接晤擦绒经过”的报告后，吴忠信当即复电称“擦绒为藏中杰出之人才，余早知其为人”。[438]3月21日，吴忠信与拉萨电灯局长甲鄂巴交谈，认为甲鄂巴虽然“留英十四年”，与“古德感情甚挚，与英方关系亦深”，但是其“表示甚诚恳”：“中藏一家，乃系天然结合，曩在英留学，与中国同学感情异常亲切”；“藏人多疑，不易谋始，中央如遇事采用渐进态度，将来终有达到目的之一日”。他认为须与英国交涉才能解决西藏问题，批评“蒋致余在藏时与英方始终不见面，背后互诋，几至挥拳，似此殊损国家荣誉”。由此，吴忠信认为甲鄂巴“为藏中亲英有力分子，今既竭诚表示，亦为空气转变之一端，似与擦绒一派最近变更心理互有关系也”。[439]吴忠信的随从朱少逸从甲鄂巴的表态中“得一结论，即藏人所谓亲英亲汉之派别云云，实非绝对耳”[440]。

5月7日至9日，吴忠信在返回途中在甘托克特地停留三天，与在此相候的擦绒迭“将中央及西藏之关系加以研究”。吴忠信阐述了英国的侵藏野心，擦绒“亦深切明了英人对藏之蓄意，惟过去苦于无法认识中央”，表示“此后愿对中央多所致力”，“愿奔走汉藏之间，冀使双方感情融洽”，还提出“想至中央一行”。[441]关于国防问题，擦绒认为“中国应从速修路，并谓英人将筑公路至拉萨，以防苏联攻击印度”。吴忠信指出：“苏联如攻印度，必经新疆及克什米尔，断不经拉萨。英人修路至拉萨，乃防中国。果成事实，中国对英断难谅解。”关于西藏发展问题，吴忠信说“前在拉萨，本想在卫生与教育方面为西藏帮忙。因藏人多病，知识不高，必须多设医院，创办学校，始能补救。倘中国对于西藏施用愚民政策，断不愿举办此等有益事件”。擦绒答说“英人即不愿藏人有知识”。吴忠信总结说，擦绒“能道出此语，足证具有诚意。擦原为亲英主要人物，今如此表示，可见亲英战线日渐动摇”。两人“彼此倾心畅谈，意见十分接近，遂共拍一照以留纪念”。[442]

探讨至此，可以对擦绒及其亲英派的实质作出结论。虽然刘曼卿认为擦绒“擅长谈辩，又极狡猾，态度至难捉摸”[443]，但是还是可以从吴忠信的几段总结看出擦绒态度的演变。入藏之前，吴忠信认为：“自达赖之由印返藏也，几与中土隔绝，重用亲英分子擦绒掌理军政大权，造成亲英派，与英沆瀣一气，联合谋我。”[444]即是说，亲英派是在西藏地方政府与中央政府的隔绝和剧烈冲突中形成的，在英国的支持下或者利用英国的支持反对中央政府。入藏并与擦绒交谈后，吴忠信认为擦绒在被革去总司令、噶伦职务之后从亲英派领袖变成维新派首领，成员亦从藏军军官变成电灯局局长甲鄂巴、札萨索康这样的文官。此派一方面“主张开发资源，建立工业，训练军队，致富致强”；一方面主张在维护国家统一的前提下维持噶厦现状。此派虽“因与英人接近，其分子中亦多系英印留学学生，故有亲英派之说”[445]，但是显然与英国政府在1936年所说的亲英军官不同。擦绒本人和维新派自与吴忠信晤谈后，坚持了维护国家统一的基本立场。1946年初，噶厦“外交局”局长索康“极力主张外交应归中央政府，‘外交局’应即取消，如不从其主张，彼即辞职”；擦绒“亦竭力赞助”。[446]12月25日，国民大会通过《中华民国宪法》，规定西藏为中国固有疆域之一。达扎、夏格巴等分裂分子“坚决反对国民大会所通过宪法中有关西藏之部分”[447]，遭到包括擦绒在内的其他噶厦官员的反对。像达扎、夏格巴这样的分裂分子毕竟是极少数，西藏广大僧俗官员反对将西藏从中国分裂出去，这是维系国家统一的内在纽带。

总而言之，虽然“由于中国陷于长期的军阀割据和不断的内忧外患，所以一直没有能实现国家真正的统一”，但是“尽管如此，西藏地方和中央关系终将恢复正常已是大势所趋，是任何力量也无法阻挡得了的历史潮流了”[448]，中国共产党和新中国政府在 1951 年成功地解决了西藏问题。西藏问题给予中国的经验教训就是：“无论哪个国家，当它强盛的时候，一定是边疆最安全的时候，因为国家的强盛，必须先要把边疆做成金城汤池，使敌国外患无由侵入，然后中枢权威才能巩固，整个国家的安全才算有了保障。”[449]

当今，西方一些国家也时时拿西藏问题做文章。尽管过去的西藏问题与今天的含义不同，但其实质则都是企图分裂中国。针对西方的企图，中共中央总书记习近平 2013 年 3 月 9 日在参加十二届全国人大一次会议西藏代表团的审议时明确提出了“治国必治边、治边先稳藏”的战略思想，强调要“努力实现西藏持续稳定、长期稳定、全面稳定”，从而将西藏在中国发展中的地位提到了前所未有的高度。

注 释

[1] 学术界的研究成果，主要在四个方面。第一，所谓西藏“独立”问题，是英国因侵略中国而制造的。代表作有：杨公素《所谓“西藏独立”活动的由来及剖析》，《中国藏学》1989 年第 1 期；黄颢《西方帝国主义是制造“西藏独立”的罪魁》，《西藏研究》1991 年第 2 期；石硕《民国时期西藏独立论质疑》，《中国藏学》1995 年第 1 期；王维远《“西藏独立”问题是帝国主义侵华政策的产物》，《辽宁师范大学学报（社科版）》1997 年第 6 期；胡岩《近代“西藏独立”的由来及其实质》，《西藏研究》2000 年第 1 期。第二，英国侵藏的各个阶段及手段。李碧宪、梁劲泰在《英国干涉西藏的不同历史阶段及特点》（《西藏研究》1997 年第 4 期）一文中概括了 18 世纪末以来英国干涉西藏的八个阶段及手段：“以利益为导向的通商活动（18 世纪末—19 世纪中叶）”、“以情报为目的的探险活动（19 世纪中—19 世纪末）”、“以武力为手段的直接侵略（19 世纪 80 年代—20 世纪初）”、“以上层为对象的拉拢活动（20 世纪初）”、“以排汉为宗旨的分裂活动（辛亥革命—西姆拉会议）”、“以新政为幌子的控制活动（20 世纪 20 年代—30 年代”、“以挑拨为途径的干涉活动（30 年代中后期）”、“以外交为形式的‘独立’活动（40 年代—西藏和平解放）”。第三，面对英国的侵略，中国政府采取了维护主权的措施及治藏政策，并同英国交涉。代表作有：唐景福《民国时期历届中央政府维护西藏主权的措施》，《中国藏学》1997 年第 1 期；曹心宝《浅析民国时期（1912—1949）的治藏政策》，《辽宁行政学院学报》2008 年第 6 期；胡岩《中华民国时期中英之间关于西藏问题的交涉》，《中共中央党校学报》1999 年第 1 期；陈崇凯《民国历届政府反对分裂、维护对西藏主权的斗争》，《西藏民族学

院学报（哲社版）》2001 年第 1 期。这些文章认为，虽然当时的中国政府“不可能根本解决西藏问题”，但是“又同英国进行了一定的斗争，客观上为维护国家主权和民族利益做了一些好事”。第四，西藏地方与内地、中央政府的关系演变。代表性成果有：姚兆麟《西藏地方与祖国内地历史关系概述》，《西藏民族学院学报》1985 年第 2 期；刘德川《1912—1940 年西藏地方与中央政府关系研究》，《西藏民族学院学报（哲社版）》2007 年第 5 期。刘德川的文章分析了西藏地方与中央政府关系的演变特点，即：“民国初年西藏地方与中央政府关系的恶化”、“西藏地方与中央政府关系的僵持和缓慢发展”、“西藏地方与中央政府关系的曲折发展与恢复定制”。文章认为：“西藏地方与中央政府关系虽然一度受到极为严峻的挑战，但一直被传统的历史纽带和中央政府的努力圈定在了统一的框架内，而并非某些人所宣称的民国时期西藏在事实上是独立的。”

[2] 《西藏问题之分析》，《边政公论》第 7 卷第 3 期，1948 年 9 月，第 1 页。

[3] *AMERICAN PLANS AND PREPARATIONS[Enclosure 2], Memorandum of Needs,* United States Department of State Papers relating to the foreign relations of the United States, 1919. The Paris Peace Conference: Volume I(1919), p.72.

[4] 《康藏纠纷与西藏独立》，《创进半月刊》1934 年第 1 期。

[5] 《西藏之过去与现在》，第 7、174、122—123、159 页。

[6] 《外交部存〈中英藏案交涉〉文稿》（1918 年），见《民国藏事史料汇编》第 4 册，第 291 页。

[7] 《评范普拉赫先生的西藏史观及其它》，见《柳陞祺藏学文集》（汉文卷·上），第 406 页。

[8] 《西藏问题之今昔观》，《时事月报》1930 年第 2 卷第 4 期，第 168 页。

[9] 周源：《从涉藏条约看英国政府西藏政策的实质及其演变轨迹（提纲）——兼论“宗主权”问题》，见《任乃强与康藏研究学术研讨会论文摘要》，2009 年铅印，第 241—242 页。

[10] 《一月来之边疆：西藏问题仍颇严重》，《时事月报》1930 年第 2 卷第 6 期，第 317 页。

[11] 铁盦：《西藏问题》，《边事研究》1935 年第 2 卷第 5 期，第 3 页。

[12] 严格里：《列强环伺之下西藏问题》，《康藏前锋》1933 年第 3 期，第 24 页。

[13] 《西藏问题之今昔观》，《时事月报》1930 年第 2 卷第 4 期，第 167 页。

[14] 铁盦：《西藏问题》，《边事研究》1935 年第 2 卷第 5 期，第 3 页。

[15] 《国务院转发总统府交下英政府派贝尔赴藏活动应予以注意说帖致蒙藏院》（1922 年 5 月 6 日），见《元以来西藏地方与中央政府关系档案史料汇编》第 6 册，第 2466 页。

[16] 铁盦：《西藏问题》，《边事研究》1935 年第 2 卷第 5 期，第 3 页。

[17] 《从涉藏条约看英国政府西藏政策的实质及其演变轨迹（提纲）——兼论“宗主权”问题》，见《任乃强与康藏研究学术研讨会论文摘要》，第 241—242 页。

[18] *China, India & Tibet 1914-1950. A History of Imperial Diplomacy,* p.287.

[19] 《西藏问题之今昔观》，《时事月报》1930 年第 2 卷第 4 期，第 167 页。

[20] 胡焕庸：《西藏在国防上的地位（地理教学补充教材）》（下），《教育通讯（汉口）》1940 年第 3 卷第 7 期，第 4 页。

[21] 《蒙藏时闻：亟待解决之康藏问题》,《蒙藏旬刊》1933年第61期，第7页。
[22] 五九:《西藏问题》,《清华周刊》1928年第29卷第7期，第491页。
[23] 黄慕松:《西藏真相与边疆问题》,《警高月刊》1935年第2卷第6期，第100—101页。
[24] 《西藏问题之今昔观》,《时事月报》1930年第2卷第4期，第167页。
[25] 《西藏问题之检讨》,《新中华杂志》1934年第2卷第18期，第14页。
[26] 举安:《英人侵略西藏之探讨》,《康藏前锋》1934年第8期，第25页。
[27] 五九:《西藏问题》,《清华周刊》1928年第29卷第7期，第489、490页。
[28] 《黄慕松、吴忠信、赵守钰、戴传贤奉使办理藏事报告书》,第230页。
[29] 《国民政府蒙藏委员会卸任驻藏办事处处长孔庆宗述职报告》(1945年6月1日)，见《民国藏事史料汇编》第7册，第270页。
[30] 《西藏问题之分析》,《边政公论》第7卷第3期，1948年9月，第3页。
[31] 释超一、绛央尼马:《西藏的透视（下)》,《国闻周报》1936年第13卷第18期，第18页。
[32] 沈重宇遗稿，沈元加整理:《回忆蒋介石重庆行营对西藏问题的研究片断》,见《西藏文史资料选辑》II，第558页。
[33] 《西藏问题之今昔观》,《时事月报》1930年第2卷第4期，第168—173页。
[34] 《国民政府蒙藏委员会卸任驻藏办事处处长孔庆宗述职报告》(1945年6月1日)，见《民国藏事史料汇编》第7册，第270页。
[35] 《西藏问题之检讨》,《新中华杂志》1934年第2卷第18期，第14页。
[36] 《西藏简史》,第138页。
[37] 《黄慕松、吴忠信、赵守钰、戴传贤奉使办理藏事报告书》,第197页。
[38] 《国民政府蒙藏委员会卸任驻藏办事处处长孔庆宗述职报告》(1945年6月1日)，见《民国藏事史料汇编》第7册，第270页。
[39] 《行宪与西藏及西藏问题》,《边政公论》第7卷第1期，1948年3月，第4、4—5页。
[40] 同上文，第5—6页。
[41] 同上文，第6、6—7页。
[42] 同上文，第7、8页。
[43] 《国内一月大事记：达赖圆寂后之西藏问题》,《侨务月报》1934年第1卷第4期，第93页。
[44] 《中央对西藏统治权之恢复问题》,《边事研究》1937年第6卷第1期，第19页。
[45] 若山:《班禅问题与西藏》,《国情》1949年新1第1期，第10页。
[46] 《班禅大师与西藏》,《边疆半月刊》1937年第2卷第5期，第14页。
[47] 陶仲译:《英国之西藏军事强化》,《边事研究》1936年第4卷第1期，第23页。
[48] 《西藏问题之症结及今后根本解决之方策》,《边事研究》1935年第3卷第6期，第68页。
[49] 《英国之西藏军事强化》,《边事研究》1936年第4卷第1期，第23页。
[50] 方秋苇:《达赖逝世后西藏之前途》,《前途杂志》1934年第2卷第3号，第6—7页。
[51] 《中央对西藏统治权之恢复问题》,《边事研究》1937年第6卷第1期，第19页。
[52] 《西藏问题之检讨》,《新中华杂志》1934年第2卷第18期，第19、18页。

[53] 《西藏问题之症结及今后根本解决之方策》，《边事研究》1935 年第 3 卷第 6 期，第 68—69 页。

[54] 《西藏问题之检讨》，《新中华》1934 年第 2 卷第 18 期，第 20、19 页。

[55] 《藏康纠纷与班禅回藏》，《中华教育界》1934 年第 22 卷第 5 期，第 71 页。

[56] 《西藏问题之症结及今后根本解决之方策》，《边事研究》1935 年第 3 卷第 6 期，第 73 页。

[57] 《班禅大师与西藏》，《边疆半月刊》1937 年第 2 卷第 5 期，第 13—14 页。

[58] "Annual Report, 1922." *British Documents on Foreign Affairs–Reports and Papers from the Foreign Office Confidential Print. Part II. Volume 19, China, 1919-1926*, p.125.

[59] 《中央对西藏统治权之恢复问题》，《边事研究》1937 年第 6 卷第 1 期，第 18 页。

[60] 同上文，第 13—15、16—18 页。

[61] 《国民党中央执行委员会政治会议关于解决中央与西藏地方及西藏地方与尼泊尔纠纷问题决议致国民政府函件》(1930 年 3 月 26 日)，见《元以来西藏地方与中央政府关系档案史料汇编》第 6 册，第 2518 页。

[62] 《半月来时事摘要：西藏问题中央已定解决办法》，《进修半月刊》1934 年第 3 卷第 9 期，第 22 页。

[63] 《中国政府反对英国插手西藏干涉中国内政的一件史料》，《民国档案》1990 年第 3 期，第 34 页。

[64] 《吴忠信为拟具入藏任务与组织暨经费意见事致行政院折呈》(1939 年 8 月 4 日)，见《十三世达赖圆寂致祭和十四世达赖转世坐床档案选编》，第 226—227 页。

[65] 《石委员长致西藏全体代表书：论中央与西藏之关系》，《蒙藏旬报》1932 年第 2 卷第 2 期，第 1 页。

[66] 张清云笔记：《由西藏返京后的感想——黄专使慕松在蒙藏学校演词》，《边事研究》1935 年第 1 卷第 4 期，第 129 页。

[67] 《中央研究西藏政制》，《申报》1933 年 8 月 4 日第 10 版。

[68] 《西藏问题之症结及今后根本解决之方策》，《边事研究》1935 年第 3 卷第 6 期，第 71 页。

[69] 《从涉藏条约看英国政府西藏政策的实质及其演变轨迹（提纲）——兼论"宗主权"问题》，见《任乃强与康藏研究学术研讨会论文摘要》，第 238—242 页。

[70] 《西藏问题之症结及今后根本解决之方策》，《边事研究》1935 年第 3 卷第 6 期，第 70 页。

[71] 景：《以外交安定西藏》，《康藏前锋》1934 年第 12 期，第 40 页。

[72] 陈尊泉：《从欢迎黄专使说到解决西藏问题》，《新亚细亚》1935 年第 9 卷第 4 期，第 31—32 页。

[73] 《西藏问题之症结及今后根本解决之方策》，《边事研究》1935 年第 3 卷第 6 期，第 74 页。

[74] 《从欢迎黄专使说到解决西藏问题》，《新亚细亚》1935 年第 9 卷第 4 期，第 34 页。

[75] 张永攀：《1935—1940 年英国对藏政策与中国西藏门、珞、察地区边界危机》，《四川师范大学学报》2006 年第 1 期。

[76] 《蒙藏委员会工作人员调查报告》(1945 年 11 月 18 日)，见《西藏地方历史资料选

辑》，第 354 页。

[77] 桑颇·单增顿珠、贡噶坚赞：《“西藏代表团”出席泛亚洲会议真相》，见《西藏文史资料选辑》I，第 146 页。

[78] 《黄慕松、吴忠信、赵守钰、戴传贤奉使办理藏事报告书》，第 128、129、131、132 页。

[79] 《行宪与西藏及西藏问题》，《边政公论》第 7 卷第 1 期，1948 年 3 月，第 4 页。

[80] “Doc.19/ Inclosure in Doc.18. Letter from the Political Officer in Sikkim, Gangtok, November18, 1930.” *British Documents on Foreign Affairs–Reports and Papers from the Foreign Office Confidential Print. Part II. Volume 39, China, October 1930-December 1931.* p.32.

[81] 《十三世达赖喇嘛传》，第 366 页。

[82] 《国民政府蒙藏委员会卸任驻藏办事处处长孔庆宗述职报告》（1945 年 6 月 1 日），见《民国藏事史料汇编》第 7 册，第 269 页。

[83] 《拉萨旧事（1944—1949）》，第 61、62 页。

[84] 《国民政府蒙藏委员会卸任驻藏办事处处长孔庆宗述职报告》（1945 年 6 月 1 日），《民国藏事史料汇编》第 7 册，第 269 页。

[85] 《蒙藏委员会向国民参政会第四届第一次大会所作工作报告》（1945 年 7 月），见《民国藏事史料汇编》第 7 册，第 273—274 页。

[86] *China, India & Tibet 1914-1950. A History of Imperial Diplomacy,* p.486.

[87] 《英人侵藏之活动》（1945 年 4 月 5 日），见《外交部档案业书——界务类》第五册西藏卷（一），第 77 页。

[88] 夏扎·甘登班觉：《原西藏地方政府驱逐国民党蒙藏委员会驻拉萨办事处人员前后》，见《西藏文史资料选辑》III，第 490 页。

[89] 《所谓“西藏独立”及西藏的“宗主权”》，见《柳陞祺藏学文集》（汉文卷·上），第 288 页。

[90] 阿沛·阿旺晋美：《西藏历史的若干问题》，《中国藏学》1989 年第 1 期，第 5 页。

[91] 《黄慕松、吴忠信、赵守钰、戴传贤奉使办理藏事报告书》，第 112 页。

[92] 《行宪与西藏及西藏问题》，《边政公论》第 7 卷第 1 期，1948 年 3 月，第 4 页。

[93] 《西藏问题之分析》，《边政公论》第 7 卷第 3 期，1948 年 9 月，第 4 页。

[94] 《黄慕松、吴忠信、赵守钰、戴传贤奉使办理藏事报告书》，第 265、290 页。

[95] 《国民政府蒙藏委员会卸任驻藏办事处处长孔庆宗述职报告》（1945 年 6 月 1 日），见《民国藏事史料汇编》第 7 册，第 269 页。

[96] 《黄慕松、吴忠信、赵守钰、戴传贤奉使办理藏事报告书》，第 290 页。

[97] 《国民政府蒙藏委员会卸任驻藏办事处处长孔庆宗述职报告》（1945 年 6 月 1 日），见《民国藏事史料汇编》第 7 册，第 271 页。

[98] 《西藏问题之分析》，《边政公论》第 7 卷第 3 期，1948 年 9 月，第 3 页。

[99] 《西藏从政纪略》，见《西藏文史资料选辑》I，第 285 页。

[100] 《国民政府蒙藏委员会卸任驻藏办事处处长孔庆宗述职报告》（1945 年 6 月 1 日），见《民国藏事史料汇编》第 7 册，第 269 页。

[101]《西藏问题之演变》,《边疆服务》1948 年第 27 期，第 6 页。

[102]《黄慕松、吴忠信、赵守钰、戴传贤奉使办理藏事报告书》，第 291、292 页。

[103] 同上书，第 112 页。

[104]《西藏与西藏人》，第 68 页。

[105]《外交部抄转沈宗濂关于藏政府对英国要求派外交代表割地驻兵等事态度等情致蒙藏委员会代电》(1945 年 3 月 1 日)，见《民国藏事史料汇编》第 7 册，第 267 页。

[106]《黄慕松、吴忠信、赵守钰、戴传贤奉使办理藏事报告书》，第 270 页。

[107]《西藏问题之分析》,《边政公论》第 7 卷第 3 期，1948 年 9 月，第 4 页。

[108]《柳陞祺先生谈所谓的英国“驻藏办事机构”——从黎吉生的去世说起》,《中国西藏》2001 年第 3 期。

[109]《一次关于西藏问题的谈话》，见《柳陞祺藏学文集》(汉文卷·上)，第 414 页。

[110] 代表性成果主要有：李欣的《清末英国所持中国对西藏宗主权谬说之起源及实质》,《扬州大学学报（人文社会科学版）》2006 年第 1 期；柳陞祺的《所谓“西藏独立”及西藏的“宗主权”》，载《柳陞祺藏学文集》(汉文卷·上)；艾虹、李晔的《英俄对中国西藏的侵略与西藏“宗主权”谬论的由来》,《东北师大学报（哲学社会科学版）》2010 年第 3 期；张曦的《近代史上的外交概念——外蒙及西藏问题中的“主权”与“宗主权”》,《中央民族大学学报（哲学社会科学版）》2013 年第 1 期等。笔者亦曾探讨了 1898 至 1921 年“宗主权”的提出与加剧情况（《“宗主权”的提出与加剧：1898 至 1921 年英国侵藏政策的演变》,《青海民族研究》2014 年第 4 期）。

[111]《西藏与西藏人》，第 65 页。

[112]《英俄在西藏的争夺——外交文件选译》,《近代史资料》总 48 号，第 15 页。

[113] “Doc.75. Memorandum on the Correspondence relating to the proposed Agreement between Great Britain and Russia on the subject of Thibet.” *British Documents on Foreign Affairs–Reports and Papers from the Foreign Office Confidential Print. Part I. Volume 13, China, Miscellaneous, 1894-1910, University Publications of America, 1991,* pp.485-486.

[114]《沙俄侵略西藏——外交文件选译》,《近代史资料》总 48 号，第 80 页。

[115]《英俄在西藏的争夺——外交文件选译》,《近代史资料》总 48 号，第 21 页。

[116]《驻藏办事处为录送英国使团在藏活动情形文电事致蒙藏委员会呈》(1946 年 11 月 25 日)，见《民国藏事史料汇编》第 7 册，第 326 页。

[117]《藏印通商章程》，见《西藏史地大纲》，第 311 页。

[118] “Doc. 375[F6198/296/10] Sir M. Lampson to Lord Cushendun. Peking, November 13, 1928.” *British Documents on Foreign Affairs–Reports and Papers from the Foreign Office Confidential Print. Part II. Volume 35, China, June 1928-December 1928.* pp.359-360.

[119] “Doc. 376[F6201/296/10] Sir M. Lampson to Lord Cushendun. Peking, November 13, 1928.” *British Documents on Foreign Affairs–Reports and Papers from the Foreign Office Confidential Print. Part II. Volume 35, China, June 1928-December 1928.* p.360.

[120] “Annual Report, 1928.” *British Documents on Foreign Affairs–Reports and Papers from the Foreign Office Confidential Print. Part I. Volume 20, China,* p.112.

[121] “Annual Report, 1929.” *British Documents on Foreign Affairs–Reports and Papers from the*

Foreign Office Confidential Print. Part II. Volume 20, China, 1927-1931*, p.205.

[122] "Annual Report, 1930." *British Documents on Foreign Affairs–Reports and Papers from the Foreign Office Confidential Print. Part II. Volume 20, China, 1927-1931,* p.304.

[123] "Doc. 48[F1036/4/10] Extracts from the Report on the Mission to Lhassa in 1935.–(Communicated by India Office, February 20, 1936; Received February 22.)" *British Documents on Foreign Affairs–Reports and Papers from the Foreign Office Confidential Print. Part II. Volume44, China, January 1936-June1937,* p.68.

[124]《黄慕松为重申西藏当然为中国领土之一部分及西藏服从中央事致四噶伦说帖》（1934年11月10日），见《元以来西藏地方与中央政府关系档案史料汇编》第6册，第2681页。

[125]《噶厦复十一月十日说帖致黄慕松函》（1934年11月16日），见《元以来西藏地方与中央政府关系档案史料汇编》第6册，第2684页。

[126] "Doc. 281[F4503/12/10] India Office to Foreign Office.–(Received July 12.) India Office, July 11, 1935." *British Documents on Foreign Affairs–Reports and Papers from the Foreign Office Confidential Print. Part II. Volume43, China, April 1934-December1935,* p284. 这段英文为："On repeated pressure from Huang Mu-sung, and in order to show the outside nations, and as Tibet adjoins Chinese territory, we admit that we are subordinate to China, but all our external relations and internal administration will be carried on by Tibet."

[127]《使藏纪程》，见《西藏学汉文文献丛书》第2辑，第381页。

[128] "Doc. 281[F4503/12/10] India Office to Foreign Office.–(Received July 12.) India Office, July 11, 1935." *British Documents on Foreign Affairs–Reports and Papers from the Foreign Office Confidential Print. Part II. Volume43, China, April 1934-December1935,* p.282.

[129] Ibid., p.284.

[130] "Doc. 79[F2253/4/10] Letter from the Political Office in Sikkim, No.7(7)-p./35, dated February 18, 1936.——(Communicated by India Office, April 17, 1936.)" *British Documents on Foreign Affairs–Reports and Papers from the Foreign Office Confidential Print. Part II. Volume44, China, January 1936-June1937,* p.117.

[131] "Doc. 281[F4503/12/10] India Office to Foreign Office.–(Received July 12.) India Office, July 11, 1935." *British Documents on Foreign Affairs–Reports and Papers from the Foreign Office Confidential Print. Part II. Volume43, China, April 1934-December1935,* p.282.

[132] "Doc. 79[F2253/4/10] Letter from the Political Office in Sikkim, No.7(7)-p./35, dated February 18, 1936. –(Communicated by India Office, April 17, 1936.)" *British Documents on Foreign Affairs–Reports and Papers from the Foreign Office Confidential Print. Part II. Volume44, China, January 1936-June1937,* pp.122-124.

[133] "Doc. 48[F1036/4/10] Extracts from the Report on the Mission to Lhassa in 1935. –(Communicated by India Office, February 20, 1936; Received February 22.)" *British Documents on Foreign Affairs–Reports and Papers from the Foreign Office Confidential Print. Part II. Volume44, China, January 1936-June1937,* p.69.

[134] "Doc. 79[F2253/4/10] Letter from the Political Office in Sikkim, No.7(7)-p./35, dated

February 18, 1936.–(Communicated by India Office, April 17, 1936.)" *British Documents on Foreign Affairs–Reports and Papers from the Foreign Office Confidential Print. Part II. Volume44, China, January 1936-June1937,* p.125.

[135]《西藏对外关系总结》,《近代史资料》第 108 辑,第 257 页。

[136]《外交部为英国干涉班禅仪仗队入藏并亦认为不宜入藏事致蒙藏委员会公函》(1937 年 10 月 1 日),见《九世班禅内地活动及返藏受阻档案选编》,第 459 页。

[137] *China, India & Tibet 1914-1950. A History of Imperial Diplomacy,* p.288.

[138]《西藏对外关系总结》,见《近代史资料》第 108 辑,第 257 页。

[139] *893.00 Tibet/70. The British Embassy to the Department of State, Status of Tibet.* Foreign Relations of the United States, Diplomatic Papers 1943, China. Washington 1957, p.635.

[140] *China, India & Tibet 1914-1950. A History of Imperial Diplomacy,* p.306.

[141] "[F4095/78/10] Mr. Eden to Sir H. Seymour(Chungking). Foreign Office, June 7, 1942." *British Documents on Foreign Affairs–Reports and Papers from the Foreign Office Confidential Print. Part III. Volume 5, Far Eastern Affairs, January 1942-September 1942,* p.65.

[142] "[F7546/2768/10] No. 1. Note on Tibet." *British Documents on Foreign Affairs–Reports and Papers from the Foreign Office Confidential Print. Part III, Volume 6, Part 21, January to March 1943, China,* pp.3、4.

[143] *China, India & Tibet 1914-1950. A History of Imperial Diplomacy,* p.322.

[144]《西藏之过去与现在》,第 66—67 页。

[145] *China, India & Tibet 1914-1950. A History of Imperial Diplomacy,* p.320.

[146]《西藏设立外交局情报》(1942 年 12 月 21 日),见《外交部档案业书——界务类》第五册西藏卷(一),第 248 页。

[147] "[F7252/1689/10] Sir H. Seymour to Mr. Eden.–(Received October 21.) Chungking, September 7, 1942." *British Documents on Foreign Affairs–Reports and Papers from the Foreign Office Confidential Print. Part III, Volume 6, Part 20, October to December 1942, China,* pp.33-34.

[148] *China, India & Tibet 1914-1950. A History of Imperial Diplomacy,* pp.321-322.

[149] 黄自进、潘光哲编:《蒋中正"总统"五记:困勉记》下,台北"国史馆"2011 年版,第 870 页。

[150]《关于藏警冲扰蒙藏委员会驻藏办事处案,委员长对阿旺坚赞之训话》(1942 年 11 月 17 日),见《外交部档案业书——界务类》第五册西藏卷(一),第 246—247 页。

[151]《蒙藏委员会藏事处致孔庆宗电》(1944 年 3 月 8 日),见《民国藏事史料汇编》第 7 册,第 224 页。

[152]《蒋中正"总统"五记:困勉记》下,第 880、881 页。

[153] "[F7411/1689/10] Sir H. Seymour to Mr. Eden. –(Received October 29.) Chungking, October 5, 1942." *British Documents on Foreign Affairs–Reports and Papers from the Foreign Office Confidential Print. Part III, Volume 6, Part 20, October to December 1942, China,* p.47.

[154] *China, India & Tibet 1914-1950. A History of Imperial Diplomacy,* pp.322、320、320.

[155] Ibid., pp321、320-321.

[156]《外交部关于劝阻英国大使勿再提干涉中国西藏内政事务呈及蒋介石批》（1943 年 5 月 8—10 日），见《中华民国史档案资料汇编》第五辑第二编，外交，江苏古籍出版社 1997 年版，第 593 页。

[157] "No. 8. Sir H. Seymour to Mr. Eden. –(Received 8th May.) Chungking, 8th May, 1943." *British Documents on Foreign Affairs–Reports and Papers from the Foreign Office Confidential Print. Part III, Volume 6, April to June 1943, China,* pp.11-12.

[158] "[F2894/254/10] Sir H. Seymour to Mr. Eden –(Received 4th June.) Chungking, 7th May, 1943." *British Documents on Foreign Affairs–Reports and Papers from the Foreign Office Confidential Print. Part III, Volume 6, April to June 1943, China,* p.95.

[159]《外交部关于劝阻英国大使勿再提干涉中国西藏内政事务呈及蒋介石批》（1943 年 5 月 8—10 日），见《中华民国史档案资料汇编》第五辑第二编，外交，第 593 页。

[160] "[F2486/40/10]Mr. Eden to Sir H. Seymour (Chungking). Foreign Office, 19th May, 1943." *British Documents on Foreign Affairs–Reports and Papers from the Foreign Office Confidential Print. Part III, Volume 6, April to June 1943, China,* p.85.

[161]《蒋中正总统五记：困勉记》下，第 903 页。

[162] "Enclosure in No. 11. Status of Tibet." *British Documents on Foreign Affairs–Reports and Papers from the Foreign Office Confidential Print. Part III, Volume 7, For Eastern Affairs, July 1943-December 1944,* pp.25-26.

[163] *China, India & Tibet 1914-1950. A History of Imperial Diplomacy,* p.323.

[164] "[F3742/40/10]Mr. Eden to Sir H. Seymour (Chungking). Foreign Office, 21st July, 1943." *British Documents on Foreign Affairs–Reports and Papers from the Foreign Office Confidential Print. Part III, Volume 7, For Eastern Affairs, July 1943-December 1944,* p24.

[165] *China, India & Tibet 1914-1950. A History of Imperial Diplomacy,* p.324.

[166]《蒋中正总统五记：困勉记》下，第 926 页。

[167]《签呈：欧洲司签报提交藏务会议讨论藏英勾结一案资料概要》（1944 年 9 月 8 日），见《外交部档案业书——界务类》第五册西藏卷（一），第 321 页。

[168]《驻英大使馆报告》（1944 年 7 月 15 日），见《外交部档案业书——界务类》第五册西藏卷（一），第 76 页。

[169] *China, India & Tibet 1914-1950. A History of Imperial Diplomacy,* p.326.

[170] "[F2245/40/10]Mr. Eden to Viscount Halifax (Washington). Foreign Office, 7th May, 1943." *British Documents on Foreign Affairs–Reports and Papers from the Foreign Office Confidential Print. Part III, Volume 6, April to June 1943, China,* pp.10、11.

[171] "893.24/1594. The Department of State to the British Embassy, Aid-Memoire." *Foreign Relations of the United States, Diplomatic Papers 1943, China,* p.630.

[172] *China, India & Tibet 1914-1950. A History of Imperial Diplomacy,* p.319.

[173] "893.00 Tibet/70. The British Embassy to the Department of State, Status of Tibet." *Foreign Relations of the United States, Diplomatic Papers 1943, China,* pp.634-636.

[174] *China, India & Tibet 1914-1950. A History of Imperial Diplomacy,* pp.326、325.

[175] Ibid., p.326.

[176] Ibid., pp.325、326-327.

[177] Ibid., p.320.

[178] Ibid., p.319.

[179]《西藏简史》，第 144 页。

[180]《签呈：欧洲司签报提交藏务会议讨论藏英勾结一案资料概要》（1944 年 9 月 8 日），见《外交部档案业书——界务类》第五册西藏卷（一），第 321—322 页。

[181]《蒋中正总统五记：困勉记》下，第 913 页。

[182]《说帖：欧一科林昌恒驳斥 Forbidden Tibet 乙文所书中国在康藏无主权谬论之意见书》，见《外交部档案业书——界务类》第五册西藏卷（一），第 257 页。

[183]《用历史的眼光认识西藏》，见《柳陞祺藏学文集》（汉文卷·上），第 411 页。

[184]《沈宗濂与印度外交部长卡罗谈话纪录》（1944 年 5 月），见《民国藏事史料汇编》第 7 册，第 232 页。

[185]《西藏从政纪略》，见《西藏文史资料选辑》I，第 278 页。

[186]《沈宗濂与印度外交部长卡罗谈话纪录》（1944 年 5 月），见《民国藏事史料汇编》第 7 册，第 232、231、232 页。

[187] 同上文，第 232 页。

[188] *China, India & Tibet 1914-1950. A History of Imperial Diplomacy,* p.330.

[189] Ibid., p331.

[190]《沈宗濂为报古德在藏煽动西藏独立噶厦拒绝英割地要求等情致蒙藏委员会电》（1944 年 12 月 1 日），见《民国藏事史料汇编》第 7 册，第 255 页。

[191]《国民党组织部关于古德提出保证支持西藏独立等情致蒙藏委员会代电》（1944 年 12 月 27 日），见《民国藏事史料汇编》第 7 册，第 256 页。

[192] "[F1/1/10] Mir. Henderson to the Under-Secretary of State for India. Foreign Office, 2nd January, 1945." *British Documents on Foreign Affairs–Reports and Papers from the Foreign Office Confidential Print. Part III, Volume 8, For Eastern Affairs, January 1945-December 1945,* p.90.

[193]《完成民族主义，维护国际和平》（1945 年 8 月 24 日），见《先"总统"蒋公思想言论总集》第 21 卷，第 172—173 版。

[194]《国防中常联席会议蒋主席训辞全文（续完）》，《申报》1945 年 8 月 26 日第 2 版。

[195] *China, India & Tibet 1914-1950. A History of Imperial Diplomacy,* p.486.

[196]《沈宗濂为报藏中各方对高度自治之态度致罗良鉴电》（1945 年 11 月 6 日），见《民国藏事史料汇编》第 7 册，第 289 页。

[197] *China, India & Tibet 1914-1950. A History of Imperial Diplomacy,* p.486.

[198]《国民党组织部抄送英国唆使西藏当局向中央要求与外蒙同样之独立情报致蒙藏委员会代电》（1945 年 11 月 30 日），见《民国藏事史料汇编》第 7 册，第 292 页。

[199]《蒋介石为抄送夏格巴赴印就中央在藏驻军修路设立机构等征询英当局意见情报致蒙藏委员会代电》（1946 年 4 月 1 日），见《民国藏事史料汇编》第 7 册，第 306 页。

[200]《行宪与西藏及西藏问题》,《边政公论》第 7 卷第 1 期,1948 年 3 月,第 2—3 页。

[201]《陈锡章为藏当局构陷热振分析内幕情形致沈宗濂电》(1947 年 4 月 21 日),见《民国藏事史料汇编》第 7 册,第 355 页。

[202]《抄送处理西藏问题之方针一件》(1947 年 12 月 12 日),见《外交部档案业书——界务类》第五册西藏卷(一),第 315 页。

[203]《英人侵藏之活动》(1945 年 4 月 5 日),见《外交部档案业书——界务类》第五册西藏卷(一),第 77 页。

[204]《为据报西藏派代表来渝参加国民大会等情,特电参考由》(1945 年 11 月 6 日),见《外交部档案业书——界务类》第五册西藏卷(一),第 263 页。

[205] *China, India & Tibet 1914-1950. A History of Imperial Diplomacy*, p.504.

[206]《西藏商务代表团考察案节略》(1948 年 2 月 5 日),见《民国藏事史料汇编》第 7 册,第 387 页。

[207] *From Secretary of State for India to Government of India External Affairs and Commonwealth Relations Department, Dispatched 00.30 hours, 16th July 1947.* 英国政府印度事务部秘密档案。

[208]《英人侵藏之活动》(1945 年 4 月 5 日),见《外交部档案业书——界务类》第五册西藏卷(一),第 77 页。

[209]《噶厦为新选总统证书西藏代表不必签字事致蒙藏委员会电》(1948 年 5 月 17 日),见《民国藏事史料汇编》第 7 册,第 402 页。

[210]《军委会委员长侍从室为抄送英人借运粮密藏武器赠与藏方情报事致蒙藏委员会函》(1948 年 4 月 19 日),见《民国藏事史料汇编》第 7 册,第 399 页。

[211]《西藏商务代表团考察案节略》(1948 年 2 月 5 日),见《民国藏事史料汇编》第 7 册,第 387 页。

[212]《蒙藏委员会为拟批驳噶厦称西藏为自治自主之国意见事致国民政府呈》(1948 年 5 月 25 日),见《民国藏事史料汇编》第 7 册,第 403 页。

[213] *From Commonwealth Relations Office to India (H. C,).* 英国政府印度事务部秘密档案。

[214] *(F71.71、94). Foreign Office, 13th January, 1948.* 英国政府印度事务部秘密档案。

[215] *(F13881/71/94). Confidential. Foreign Office, S.W.L. 12th October, 1948.* 英国政府印度事务部秘密档案。

[216]《郑天锡关于英首相宫内大臣拟接见夏格巴等事致外交部蒙藏委员会电》(1948 年 11 月 30 日),见《民国藏事史料汇编》第 7 册,第 441 页。

[217]《驻英大使馆报告》(1944 年 7 月 15 日),见《外交部档案业书——界务类》第五册西藏卷(一),第 76 页。

[218]《所谓“西藏独立”及西藏的“宗主权”》,见《柳陞祺藏学文集》(汉文卷·上),第 291 页。

[219]《西藏对外关系总结》,见《近代史资料》第 108 辑,第 246 页。

[220]《所谓“西藏独立”及西藏的“宗主权”》,见《柳陞祺藏学文集》(汉文卷·上),第 290 页。

[221] *Tibet and the British Raj–The Frontier Cadre 1904-1947*, p.14.

[222] *China, India & Tibet 1914-1950. A History of Imperial Diplomacy,* p.322.
[223]《用历史的眼光认识西藏》，见《柳陞祺藏学文集》（汉文卷·上），第 410 页。
[224]《西藏简史》，第 96 页。
[225]《西藏对外关系总结》，见《近代史资料》第 108 辑，第 245、249 页。
[226]《用历史的眼光认识西藏》，见《柳陞祺藏学文集》（汉文卷·上），第 411 页。
[227]《以外交安定西藏》，《康藏前锋》1934 年第 12 期，第 39 页。
[228] 刘熙：《解决西藏问题之我见》，《新亚细亚》1933 年第 5 卷第 4 期，第 75 页。“西姆拉草约”第 2 条规定：“中、英政府同认西藏属于中国宗主权之国，并认外藏有自治权。今为尊重该国疆界之完全，所有外藏之内政（选举达赖喇嘛事在内）应由拉萨政府管理，中英政府均不干涉。中国政府不改西藏为行省，西藏不出代表于中国议院及类似之团体。”参见《黄慕松、吴忠信、赵守钰、戴传贤奉使办理藏事报告书》，第 127—128 页。
[229]《从涉藏条约看英国政府西藏政策的实质及其演变轨迹（提纲）——兼论“宗主权”问题》，见《任乃强与康藏研究学术研讨会论文摘要》，第 241 页。
[230] *China, India & Tibet 1914-1950. A History of Imperial Diplomacy,* p.322.
[231] 张曦：《近代史上的外交概念——外蒙及西藏问题中的“主权”与“宗主权”》，《中央民族大学学报（哲学社会科学版）》2013 年第 1 期。
[232]《英法德在西藏问题上转口风》，《信息时报》2008 年 11 月 11 日第 A4 版。
[233]《黄慕松、吴忠信、赵守钰、戴传贤奉使办理藏事报告书》，第 111 页。
[234]《黄慕松入藏纪实》，见《西藏文史资料选辑》I，第 419 页。
[235]《从涉藏条约看英国政府西藏政策的实质及其演变轨迹（提纲）——兼论“宗主权”问题》，见《任乃强与康藏研究学术研讨会论文摘要》2009 年，第 241—242 页。
[236]《十三世达赖喇嘛传》，第 115 页。
[237]《西藏政变与班禅坐床》，《公平报》1949 年第 5 卷第 3 号，第 13 页。
[238]《英国之西藏军事强化》，《边事研究》1936 年第 4 卷第 1 期，第 23 页。
[239] 陈炳：《藏军史略》，西藏自治区政协文史资料编辑部编：《西藏文史资料选辑》I，第 363 页。
[240] 夏扎，英文为 Lonchen Shatra，即伦钦夏扎。班觉多吉，驻藏大臣称边觉多吉，也写为边觉夺吉、边觉多杰。除引文外，本书采用夏扎后人的说法，统称夏扎·班觉多吉。
[241]《升泰驻藏奏稿》，见《清代藏事奏牍》下册，第 808 页。
[242]《甘丹夏扎家族史概述》，见《西藏文史资料选辑》II，第 473 页。
[243]［意］毕达克著，沈卫荣、宋黎明译：《西藏的贵族和政府（1728—1959）》，第 146 页。
[244]《奎焕驻藏奏稿》，见《清代藏事奏牍》下册，第 839 页。
[245]《裕刚驻藏奏稿》，见《清代藏事奏牍》下册，第 1099—1100 页。
[246] 同上文，第 1126 页。
[247]《第十三世达赖喇嘛年谱》，见《西藏文史资料选辑》II，第 131 页。
[248]《裕刚驻藏奏稿》，见《清代藏事奏牍》下册，第 1082、1114、1115 页。
[249] 同上文，第 1094 页。
[250]《巴尔为从惠德领兵侵占甲冈地区事件中分析藏人中分裂势力渐长等事致裴式楷半官

方性函》（1902 年 9 月 12 日），见《西藏亚东关档案选编》（下），第 804 页。

[251]《西藏政治史》，第 173 页。

[252]《甘丹夏扎家族史概述》，见《西藏文史资料选辑》II，第 474 页。

[253]《裕刚驻藏奏稿》，见《清代藏事奏牍》下册，第 1142 页。

[254] 同上文，第 1138—1139 页。

[255]《甘丹夏扎家族史概述》，见《西藏文史资料选辑》II，第 474 页。

[256] 同上文，第 474 页。

[257]《裕刚驻藏奏稿》，见《清代藏事奏牍》下册，第 1162、1161 页。

[258] 同上文，第 1159 页。

[259]《甘丹夏扎家族史概述》，见《西藏文史资料选辑》II，第 474 页。

[260]《西藏的贵族和政府（1728—1959）》，第 22 页。

[261]《西藏政治史》，第 174 页。

[262]《记西藏问题之经过》（1914 年 8 月），见《清末民初藏事资料选编（1877 ～ 1919）》，第 610 页。

[263]《联豫驻藏奏稿》，见《清代藏事奏牍》下册，第 1538 页。

[264]《有泰驻藏奏稿》，见《清代藏事奏牍》下册，第 1204 页。

[265]《西藏独立始末之报告》（1913 年 3 月），见《清末民初藏事资料选编（1877 ～ 1919）》，第 131 页。

[266] 李苏·晋美旺秋、恰宗·其米杰布、德苏·仁钦旺堆、色仲·旺杰：《西藏人民抗英斗争史料（1888 ～ 1904 年）》，见西藏自治区政协文史资料编辑部编：《西藏文史资料选辑》I，第 554 页。

[267]《全藏大会为罢免代理噶伦之职呈驻藏大臣文》，《西藏档案》2004 年第 1 期，第 14 页。

[268]《联豫驻藏奏稿》，见《清代藏事奏牍》下册，第 1525 页。

[269]《张荫棠驻藏奏稿》，见《清代藏事奏牍》下册，第 1314、1325 页。

[270]《联豫驻藏奏稿》，见《清代藏事奏牍》下册，第 1527 页。

[271]《边藏最近之闻见》（1912 年 6 月 1 日），见《清末民初藏事资料选编（1877 ～ 1919）》，第 118 页。

[272]《联豫驻藏奏稿》，见《清代藏事奏牍》下册，第 1526、1527、1525 页。

[273]《第十三世达赖喇嘛年谱》，见《西藏文史资料选辑》II，第 179 页。

[274]《十三世达赖喇嘛传》，第 72 页。

[275]《旅藏二十年》，第 44 页。

[276]《西藏篇》，见吴丰培辑：《民元藏事电稿、藏乱始末见闻记四种》，西藏人民出版社 1983 年版，第 137 页。

[277]《联豫驻藏奏稿》，见《清代藏事奏牍》下册，第 1538 页。

[278]《西藏独立始末之报告》（1913 年 3 月），见《清末民初藏事资料选编（1877 ～ 1919）》，第 131 页。

[279]《陆兴祺为探报现在藏情并闻英员至江孜接护夏扎来大吉岭事致袁世凯等电》（1913 年 6 月 23 日），见《元以来西藏地方与中央政府关系档案史料汇编》第 6 册，第

2400 页。

[280]《联豫驻藏奏稿》，见《清代藏事奏牍》下册，第 1567—1568 页。

[281]《汪曲策忍为报三名藏官奉驻藏大臣之命赴印劝达赖返回西藏等事致安格联半官方性函》（1910 年 7 月 29 日），见《西藏亚东关档案选编》（下），第 1140 页。

[282]《张玉堂为报达赖喇嘛率众出逃暂住春丕英国商务局当地汉官前往劝阻等事致裴式楷半官方性函》（1910 年 2 月 22 日），见《西藏亚东关档案选编》（下），第 1113 页。

[283]《联豫驻藏奏稿》，见《清代藏事奏牍》下册，第 1568 页。

[284] 同上文，第 1537 页。

[285]《汪曲策忍为报达赖向驻藏大臣提出回藏条件及出逃印藏官赴廓尔喀和布坦活动等事致安格联半官方性函》（1910 年 9 月 5 日），见《西藏亚东关档案选编》（下），第 1144 页。

[286]《联豫驻藏奏稿》，见《清代藏事奏牍》下册，第 1556 页。

[287]《西藏篇》，见《民元藏事电稿、藏乱始末见闻记四种》，第 138 页。

[288]《陆兴祺为探报现在藏情并闻英员至江孜接护夏扎来大吉岭事致袁世凯等电》（1913 年 6 月 23 日），见《元以来西藏地方与中央政府关系档案史料汇编》第 6 册，第 2399、2400 页。

[289]《联豫驻藏奏稿》，见《清代藏事奏牍》下册，第 1566 页。

[290]《陆兴祺电政府请设法拯救钟军》（十一月三十日），见《民元藏事电稿、藏乱始末见闻记四种》，第 104 页。

[291]《陆兴祺为报告钟颖已退至靖西及藏事首宜注重外交事致袁世凯电》（1913 年 1 月 6 日），见《元以来西藏地方与中央政府关系档案史料汇编》第 6 册，第 2365 页。

[292]《十三世达赖喇嘛传》，第 128 页。

[293]《西藏独立始末之报告》（1913 年 3 月），见《清末民初藏事资料选编（1877 ～ 1919）》，第 134 页。

[294]《姚锡光代呈赴藏劝慰员杨芬报告致袁世凯呈》（1913 年 7 月），见《元以来西藏地方与中央政府关系档案史料汇编》第 6 册，第 2381 页。

[295]《蒙藏局为恢复达赖喇嘛名号赏加封号廪金并派员赴藏宣慰事致袁世凯呈》（1912 年 9 月 12 日），见《元以来西藏地方与中央政府关系档案史料汇编》第 6 册，第 2353 页。

[296]《西藏独立始末之报告》（1913 年 3 月），见《清末民初藏事资料选编（1877 ～ 1919）》，第 131 页。

[297]《姚锡光代呈赴藏劝慰员杨芬报告致袁世凯呈》（1913 年 7 月），见《元以来西藏地方与中央政府关系档案史料汇编》第 6 册，第 2380、2381 页。

[298]《第十三世达赖喇嘛年谱》，见《西藏文史资料选辑》II，第 185 页。

[299]《西藏之过去与现在》，第 99 页。

[300]《汪曲策忍为西藏当局设建邮局驿站及对和谈之态度等事致包罗半官方性函》（1913 年 8 月 23 日），见《西藏亚东关档案选编》（下），第 1222 页。

[301]《陈贻范为陈英藏往来与英对藏政策并擅自划约自请惩戒事致袁世凯呈》（1914 年 10 月 15 日），见《民国藏事史料汇编》第 4 册，第 265 页。

[302]《陆兴祺为报达赖喇嘛受英人唆使谓西藏不与中国通商电即居于独立地位及西藏代表

为英把持等情致袁世凯等电》（1913 年 8 月 22 日），见《民国藏事史料汇编》第 4 册，第 196 页。

[303]《藏使之宣言》（1913 年 12 月 15 日），见《清末民初藏事资料选编（1877 ～ 1919）》，第 605 页。

[304]《1914 年 4 月 22 日至 27 日西姆拉会议第七次会议议事录（英文印刷本）》，见《外交部档案业书——界务类》第五册西藏卷（一），第 22 页。

[305]《陆兴祺为选夏扎任参议员事俟会议定局酌办致蒙藏局电》（1913 年 7 月 31 日），见《元以来西藏地方与中央政府关系档案史料汇编》第 6 册，第 2401 页。

[306]《西藏之过去与现在》，第 112—113 页。

[307] 同上书，第 99 页。

[308] 拉巴平措:《论西藏和平解放的历史基础——纪念〈十七条协议〉签订 50 周年》，《中国藏学》2001 年第 2 期。

[309]《陆兴祺为探报现在藏情并闻英员至江孜接护夏扎来大吉岭事致袁世凯等电》（1913 年 6 月 23 日），见《元以来西藏地方与中央政府关系档案史料汇编》第 6 册，第 2400 页。

[310]《陆兴祺为夏扎来函询中央代表何日来印其态度似有转变请促专使早赴大吉岭事致袁世凯等电》（1913 年 8 月 14 日），见《元以来西藏地方与中央政府关系档案史料汇编》第 6 册，第 2402 页。

[311]《达赖质问中央》（1914 年 1 月 15 日），见《清末民初藏事资料选编（1877 ～ 1919）》，第 606 页。

[312]《西藏交涉近情》（1914 年 2 月 25 日），见《清末民初藏事资料选编（1877 ～ 1919）》，第 606 页。

[313]《西藏的贵族和政府（1728—1959）》，第 147 页。

[314]《附录：未经中国中国签字的所谓“西姆拉条约”》，见《西藏地方历史资料选辑》，第 303、305 页。

[315] 同上文，第 303 页。

[316]《藏案交涉经过情形》，见《元以来西藏地方与中央政府关系档案史料汇编》第 6 册，第 2409 页。

[317]《陈贻范为陈英藏往来与英对藏政策并擅自划约自请惩戒事致袁世凯呈》（1914 年 10 月 15 日），见《民国藏事史料汇编》第 4 册，第 266 页。

[318]《俄国外交文书选译——关于“英中藏”西姆拉会议》，《中国藏学》2012 年第 3 期，第 196 页。

[319]《陆兴祺为报与陈贻范商谈藏情等事致袁世凯和国务院电》（1913 年 10 月 5 日），见《元以来西藏地方与中央政府关系档案史料汇编》第 6 册，第 2408 页。

[320]《甘丹夏扎家族史概述》，见《西藏文史资料选辑》II，第 476 页。

[321]《藏族简史（摘文）——17 世纪西方势力入侵至西姆拉会议》，见《柳陞祺藏学文集》（汉文卷·上），第 82 页。

[322]《甘丹夏扎家族史概述》，见《西藏文史资料选辑》II，第 476 页。

[323]《西藏的贵族和政府（1728 ～ 1959）》，第 147 页。

[324]《十三世达赖喇嘛传》，第 196 页。

[325]《陆兴祺为报达赖喇嘛受英人唆使谓西藏不与中国通商电即居于独立地位及西藏代表为英把持等情致袁世凯等电》（1913 年 8 月 22 日），见《民国藏事史料汇编》第 4 册，第 196 页。

[326]《十三世达赖喇嘛传》，第 128、196—197 页。

[327]《甘丹夏扎家族史概述》，见《西藏文史资料选辑》II，第 477 页。

[328]《西藏的贵族和政府（1728 ～ 1959）》，第 147 页。

[329]《十三世达赖喇嘛传》，第 128 页。

[330] 陈崇凯：《简论西藏近代反分裂斗争的内涵和历史特点》，《西藏民族学院学报（哲学社会科学版）》2002 年第 3 期。

[331]《十三世达赖喇嘛传》，第 196—197 页。

[332] *China, India & Tibet 1914-1950. A History of Imperial Diplomacy,* p.114.

[333]《十三世达赖喇嘛传》，第 140、141 页。

[334] 陈炳：《藏军史略》，见《西藏文史资料选辑》I，第 363 页。

[335] 陈崇凯：《简论西藏近代反分裂斗争的内涵和历史特点》，《西藏民族学院学报（哲学社会科学版）》2002 年第 3 期。

[336]《旅藏二十年》，第 78 页。

[337]《十三世达赖喇嘛传》，第 197 页。

[338]《甘丹夏扎家族史概述》，见《西藏文史资料选辑》II，第 476 页。

[339]《陆兴祺为探报现在藏情并闻英员至江孜接护夏扎来大吉岭事致袁世凯等电》（1913 年 6 月 23 日），见《元以来西藏地方与中央政府关系档案史料汇编》第 6 册，第 2400 页。

[340] *China, India & Tibet 1914-1950. A History of Imperial Diplomacy,* p.114.

[341] "Doc.61/ Inclosure in Doc.60. Lieutenant-Colonel Bailey to Government of India. Gangtok, June 6, 1927." *British Documents on Foreign Affairs–Reports and Papers from the Foreign Office Confidential Print. Part II. Volume 33. China, June 1927-December 1927,* p.73.

[342] 专门探讨擦绒的代表作为昂毛吉的《试论民国时期擦绒·达桑占堆其人其事》（中央民族大学 2012 年硕士学位论文）。此文探讨了擦绒的多变人生（从农奴挤进上层贵族）、"近代化思想"及实践（对藏军、货币的改革及其他举措）、"擦绒事件"（并非政变）。还有一些文章的研究涉及擦绒，正如昂毛吉所指出，主要有次仁央宗的《试论西藏贵族家庭》（《中国藏学》1997 年第 1 期）、达瓦的《十三世达赖喇嘛对"坚塞"的扶植及"坚塞"在施政过程中的作用》（《西藏研究》2003 年第 4 期）和王献军的《民国时期西藏政教合一制受到的冲击》（《青海民族学院学报（社会科学版）》2003 年第 4 期）。分歧在于：王献军虽然认为擦绒"认识到要使西藏赶上世界进步潮流必须变革"，但是发动的是"未遂政变"。昂毛吉则认为擦绒为"政变者"是"莫须有"的罪名。达瓦认为是擦绒事件是擦绒与十三世达赖喇嘛之间的权力冲突事件。

[343]《西藏内情及其对外关系研究报告》，见《民国藏事史料汇编》第 18 册，第 169 页。

[344]《旅藏二十年》，第 56 页。

[345]《我所了解的擦绒·达桑占堆其人》，见《西藏文史资料选辑》I，第 437、436 页。

[346]《第十三世达赖喇嘛年谱》，见《西藏文史资料选辑》II，第 190、200 页。
[347]《玛基康全宗》，《西藏档案》2012 年第 1 期。
[348]《十三世达赖喇嘛传》，第 339、129 页。
[349]《旅藏二十年》，第 56 页。
[350] "Doc. 79[F2253/4/10] Letter from the Political Office in Sikkim, No.7(7)-p./35, dated February 18, 1936.——(Communicated by India Office, April 17, 1936.)" *British Documents on Foreign Affairs–Reports and Papers from the Foreign Office Confidential Print. Part II. Volume44, China, January 1936-June1937,* p.119.
[351] *China, India & Tibet 1914-1950. A History of Imperial Diplomacy,* p.179.
[352] [353]《黄慕松、吴忠信、赵守钰、戴传贤奉使办理藏事报告书》，第 68 页。
[354]《旅藏二十年》，第 136、135 页。
[355]《李仲莲朱绣呈报抵藏情形文》（1920 年 9 月），见《元以来西藏地方与中央政府关系档案史料汇编》第 6 册，第 2456 页。
[356] 尕藏智华：《西藏江洛金贵族世家简史》，《西藏档案》2013 年第 2 期。
[357]《旅藏二十年》，第 265 页。
[358] 定甲·次仁多杰：《原西藏地方政府阻止西藏和平解放的事件之一》，见《西藏文史资料选辑》III，第 47 页。
[359]《旅藏二十年》，第 186、135 页。
[360]《十三世达赖喇嘛传》，第 296 页。
[361]《西藏江洛金贵族世家简史》，《西藏档案》2013 年第 2 期。
[362]《第十三世达赖喇嘛年谱》，见《西藏文史资料选辑》II，第 202 页。
[363]《我所了解的擦绒·达桑占堆其人》，见《西藏文史资料选辑》I，第 437 页。
[364] 色新·洛桑顿珠：《我所知道的藏军情况》，见《西藏文史资料选辑》I，第 595 页。
[365]《旅藏二十年》，第 56 页。
[366] 同上书，第 136 页。
[367]《十三世达赖喇嘛传》，第 129—130 页。
[368] *China, India & Tibet 1914-1950. A History of Imperial Diplomacy,* p.180.
[369]《西藏交涉纪要》下篇，第 91—92 页。
[370]《回忆国民党政府对西藏政务的管理》，见《文史资料选辑》第 93 辑，第 87 页。
[371]《西藏问题之今昔观》，《时事月报》1930 年第 2 卷第 4 期，第 173 页。
[372]《原西藏地方政府阻止西藏和平解放的事件之一》，见《西藏文史资料选辑》III，第 47 页。
[373]《西藏内情及其对外关系研究报告》，见《民国藏事史料汇编》第 18 册，第 170 页。
[374]《呈报办理西藏事务情形由》（1940 年 3 月 26 日），见《外交部档案业书——界务类》第五册西藏卷（一），第 227 页。
[375]《西藏问题之今昔观》，《时事月报》1930 年第 2 卷第 4 期，第 173 页。
[376]《原西藏地方政府阻止西藏和平解放的事件之一》，见《西藏文史资料选辑》III，第 47 页。
[377]《我所了解的擦绒·达桑占堆其人》，见《西藏文史资料选辑》I，第 437 页。

[378]《回忆国民党政府对西藏政务的管理》，见《文史资料选辑》第 93 辑，第 87 页。

[379] "Doc. 79[F2253/4/10] Letter from the Political Office in Sikkim, No.7(7)-p./35, dated February 18, 1936.——(Communicated by India Office, April 17, 1936.)" *British Documents on Foreign Affairs–Reports and Papers from the Foreign Office Confidential Print. Part II. Volume44, China, January 1936-June1937,* p.119.

[380]《旅藏二十年》，第 56 页。

[381]《西藏的贵族和政府（1728—1959)》，第 111 页。

[382]《旅藏二十年》，第 186 页。

[383] *China, India & Tibet 1914-1950. A History of Imperial Diplomacy,* p.179.

[384]《旅藏二十年》，第 136 页。

[385]《黄慕松、吴忠信、赵守钰、戴传贤奉使办理藏事报告书》，第 68—69 页。

[386]《原西藏地方政府阻止西藏和平解放的事件之一》，见《西藏文史资料选辑》III，第 48 页。

[387]《我所知道的藏军情况》，见《西藏文史资料选辑》I，第 595 页。

[388] "Annual Report, 1928." *British Documents on Foreign Affairs–Reports and Papers from the Foreign Office Confidential Print. Part I. Volume 20, China, University Publications of America, 1991,* p.112.

[389]《黄慕松、吴忠信、赵守钰、戴传贤奉使办理藏事报告书》，第 69 页。

[390] "Doc. 79[F2253/4/10] Letter from the Political Office in Sikkim, No.7(7)-p./35, dated February 18, 1936.——(Communicated by India Office, April 17, 1936.)" *British Documents on Foreign Affairs–Reports and Papers from the Foreign Office Confidential Print. Part II. Volume44, China, January 1936-June1937,* p.119.

[391]《呈报办理西藏事务情形由》（1940 年 3 月 26 日），见《外交部档案业书——界务类》第五册西藏卷（一），第 227 页。

[392]《十三世达赖喇嘛传》，第 295 页。

[393] 同上书，第 141 页。

[394]《第十三世达赖喇嘛年谱》，见《西藏文史资料选辑》II，第 204、205 页。

[395]《我所知道的藏军情况》，见《西藏文史资料选辑》I，第 595 页。

[396]《旅藏二十年》，第 136 页。

[397]《第十三世达赖喇嘛年谱》，见《西藏文史资料选辑》II，第 202 页。

[398]《原西藏地方政府阻止西藏和平解放的事件之一》，见《西藏文史资料选辑》III，第 48、47 页。

[399] "Doc.19/ Inclosure in Doc.18. Letter from the Political Officer in Sikkim, Gangtok, November18, 1930." *British Documents on Foreign Affairs–Reports and Papers from the Foreign Office Confidential Print. Part II. Volume 39, China, October 1930-December 1931,* p.32.

[400]《回忆国民党政府对西藏政务的管理》，见《文史资料选辑》第 93 辑，第 87 页。

[401]《十三世达赖喇嘛传》，第 365、366 页。

[402] "Doc.19/ Inclosure in Doc.18. Letter from the Political Officer in Sikkim, Gangtok,

November18, 1930." *British Documents on Foreign Affairs–Reports and Papers from the Foreign Office Confidential Print. Part II. Volume 39, China, October 1930-December 1931,* p.32.

[403] "Report on China for Year 1930." *British Documents on Foreign Affairs–Reports and Papers from the Foreign Office Confidential Print. Part II. Volume 20, China,* p.305.

[404]《回忆国民党政府对西藏政务的管理》，见《文史资料选辑》第 93 辑，第 87 页。

[405]《吴忠信为拟具入藏任务与组织暨经费意见事致行政院折呈》（1939 年 8 月 4 日），见《元以来西藏地方与中央政府关系档案史料汇编》第 7 册，第 2773 页。

[406]《三十年来藏事之回顾及其解决之途径》，第 59—60 页。

[407]《赵戴文为中央派遣回藏人选事致阎锡山电》（1929 年 9 月 10 日），见《元以来西藏地方与中央政府关系档案史料汇编》第 6 册，第 2477 页。

[408]《国民政府女特使赴藏纪实：康藏轺征》，第 94 页。

[409]《阎锡山为赞襄达赖喇嘛完成五族团结国家统一大业致擦绒噶伦函》（1929 年 9 月），见《民国藏事史料汇编》第 4 册，第 392 页。

[410]《赵戴文为中央派遣回藏人选事致阎锡山电》（1929 年 9 月 10 日），见《元以来西藏地方与中央政府关系档案史料汇编》第 6 册，第 2477 页。

[411]《蒋介石为派贡觉仲尼赴藏宣慰事致噶伦擦绒函》（1929 年 9 月 23 日），见《元以来西藏地方与中央政府关系档案史料汇编》第 6 册，第 2484 页。

[412]《蒙藏委员会参事巴文峻等为陈藏中内情及入藏行程事致蒙藏委员会马福祥密呈》（1930 年 8 月 3 日），见《中国第二历史档案馆所存西藏和藏事档案汇编》第 9 册，第 476 页。

[413]《蒋介石为派贡觉仲尼赴藏宣慰事致噶伦擦绒函》（1929 年 9 月 23 日），见《元以来西藏地方与中央政府关系档案史料汇编》第 6 册，第 2484 页。

[414]《阎锡山为派贡觉仲尼回藏慰问望促成西藏与中央和好致噶伦擦绒函》（1929 年），见《元以来西藏地方与中央政府关系档案史料汇编》第 6 册，第 2493 页。

[415]《贡觉仲尼为报会见达赖喇嘛等晤谈情形事致阎锡山函》（1930 年 3 月 15 日），见《元以来西藏地方与中央政府关系档案史料汇编》第 6 册，第 2496 页。

[416]《谢国梁条陈调解西藏地方与尼泊尔纠纷办法致阎锡山等呈》（1930 年 2 月 17 日），见《民国藏事史料汇编》第 4 册，第 400 页。

[417]《刘曼卿女士考察西康西藏的路程谈》，《新亚细亚》1930 年第 1 卷第 1 期，第 124 页。

[418]《国民政府女特使赴藏纪实：康藏轺征》，第 93、94 页。

[419] "Doc.19/ Inclosure in Doc.18. Letter from the Political Officer in Sikkim, Gangtok, November18, 1930." *British Documents on Foreign Affairs–Reports and Papers from the Foreign Office Confidential Print. Part II. Volume 39,* p.32.

[420] *Tibet and the British Raj–The Frontier Cadre 1904-1947,* p.120.

[421] *China, India & Tibet 1914-1950. A History of Imperial Diplomacy,* p.185.

[422] Ibid., p.276.

[423] *Tibet and the British Raj–The Frontier Cadre 1904-1947,* p.120.

[424] "Doc.19/ Inclosure in Doc.18. Letter from the Political Officer in Sikkim, Gangtok,

November18, 1930." *British Documents on Foreign Affairs–Reports and Papers from the Foreign Office Confidential Print. Part II. Volume 39,* pp.34、33.

[425] "Doc. 79[F2253/4/10] Letter from the Political Office in Sikkim, No.7(7)-p./35, dated February 18, 1936. –(Communicated by India Office, April 17, 1936.)" *British Documents on Foreign Affairs–Reports and Papers from the Foreign Office Confidential Print. Part II. Volume44,* p.119.

[426]《使藏纪程》，见《西藏学汉文文献丛书》第 2 辑，第 294、342、364、391 页。

[427] 同上文，第 275 页。

[428]《达赖圆寂后之珍闻》，《申报》1934 年 3 月 26 日第 8 版。

[429]《使藏纪程》，见《西藏学汉文文献丛书》第 2 辑，第 344、343—344 页。

[430] 同上文，第 275 页。

[431]《黄慕松、吴忠信、赵守钰、戴传贤奉使办理藏事报告书》，第 69 页。

[432] "Doc. 79[F2253/4/10] Letter from the Political Office in Sikkim, No.7(7)-p./35, dated February 18, 1936. –(Communicated by India Office, April 17, 1936.)" *British Documents on Foreign Affairs–Reports and Papers from the Foreign Office Confidential Print. Part II. Volume44, China, January 1936-June1937,* p.119.

[433] *China, India & Tibet 1914-1950. A History of Imperial Diplomacy,* p.276.

[434]《行政院秘书处奉转蒋致余报告欢宴藏官商谈班禅返藏及解决卫藏事项情形电致蒙藏委员会笺函》（1937 年 3 月 26 日），见《民国藏事史料汇编》第 6 册，第 257 页。

[435]《呈报办理西藏事务情形由》（1940 年 3 月 26 日），见《外交部档案业书——界务类》第五册西藏卷（一），第 227 页。

[436]《驻加尔各答黄朝琴密呈青海护送达赖灵儿，勒索藏方费用事》（1940 年 2 月 26 日），见《外交部档案业书——界务类》第五册西藏卷（一），第 225 页。

[437]《擦绒此次到印有数事殊堪注意者》（1940 年 3 月 26 日），见《外交部档案业书——界务类》第五册西藏卷（一），第 227—228 页。

[438]《黄慕松、吴忠信、赵守钰、戴传贤奉使办理藏事报告书》，第 141—142、269 页。

[439] 同上书，第 284—285 页。

[440] 朱少逸：《拉萨见闻记》，见《西藏学汉文文献丛书》第 2 辑，第 47 页。

[441]《黄慕松、吴忠信、赵守钰、戴传贤奉使办理藏事报告书》，第 156 页。

[442] 同上书，第 304—305 页。

[443]《国民政府女特使赴藏纪实：康藏轺征》，第 93 页。

[444]《吴忠信为拟具入藏任务与组织暨经费意见事致行政院折呈》（1939 年 8 月 4 日），见《元以来西藏地方与中央政府关系档案史料汇编》第 7 册，第 2773 页。

[445]《西藏纪要》，见《西藏学汉文文献丛书》第 2 辑，第 120 页。

[446]《驻加城领馆呈藏代表经印赴京之艰难、霍金森之挑拨及索康家族在藏势力等情由》（1946 年 1 月 24 日），见《外交部档案业书——界务类》第五册西藏卷（一），第 266 页。

[447]《国民党组织部关于藏政府商讨对宪法有关西藏部分及出席泛亚会议之对策事致蒙藏委员会代电》（1947 年 2 月 13 日），见《民国藏事史料汇编》第 7 册，第 342 页。

[448]《所谓“西藏独立”及西藏的“宗主权”》，见《柳陞祺藏学文集》(汉文卷·上)，第288页。

[449] 高长柱编著:《边疆问题论文集》，正中书局1941年版，第3页。

后 记

这部《1927～1950年中英两国关于西藏问题的较量与争论》，是我多年来研究的心得体会。

这是一部宏观上探讨国民政府与英国政府关于西藏问题各自立场与主张的基本点的著作，尽管我已经尽力了，但是其中一些问题尚待深化，可以作为个案系统地展开研究，比如康藏纠纷（包括青藏纠纷）、九世班禅喇嘛回藏、热振事件等等问题。这样，可以进一步明晰英国在中国近现代史上插手西藏问题的手段和特点，国民政府应对和处理的态度和效果，从而更好地揭示今天西方大国的动机和手段，为中国"治国必治边，治边先稳藏"提供借鉴。

这部著作的初稿完成之后，得到了中国藏学研究中心张羽新研究员、中央民族大学喜饶尼玛教授、当代中国研究所宋月红研究员、中国人民大学张永江教授等著名学者的指导。他们提出了许多中肯的意见，这是我要非常感谢的。定稿之后，在九州出版社报审的过程中，又得到了一些匿名评审专家的指导，他们不厌其烦列举了一些值得注意的问题，这是我要非常感谢的。这部著作自始至终得到九州出版社的大力支持，前总编辑张海涛先生和第二分社社长周春女士为选题、审稿、报审费心费力，这也是我要非常感谢的。

张 皓

2016年4月8日于北京师范大学历史学院